Van Hulle/Maul/Drinhausen

Handbuch zur
Europäischen Gesellschaft (SE)

# Handbuch zur Europäischen Gesellschaft (SE)

von

**Dr. Florian Drinhausen, LL.M.**
Rechtsanwalt
Honorarprofessor der EBS Universität

**Dr. Silja Maul**
Rechtsanwältin

mitbegründet von

**Karel Van Hulle**
Professor an der Katholischen Universität Leuven
Honorarprofessor an der Universität Frankfurt a. M.

2. Auflage 2022

Zitiervorschlag:
Van Hulle/Maul/Drinhausen SE-HdB/Bearbeiter § … Rn. …
HMD SE-HdB/Bearbeiter § … Rn. …

www.beck.de

ISBN 978 3 406 71272 2

© 2022 Verlag C.H. Beck oHG
Wilhelmstraße 9, 80801 München

Druck: Westermann Druck Zwickau GmbH
Crimmitschauer Straße 43, 08058 Zwickau
Satz: 3w+p GmbH, Rimpar
Umschlaggestaltung: Druckerei C.H. Beck Nördlingen

chbeck.de/nachhaltig

Gedruckt auf säurefreiem, alterungsbeständigem Papier
(hergestellt aus chlorfrei gebleichtem Zellstoff)

# Vorwort

Seit dem Erscheinen der ersten Auflage dieses Handbuchs sind rund 15 Jahre vergangen. Mit der ersten Auflage dieses Handbuchs verfolgten wir das Ziel, die damals junge Rechtsform der Societas Europaea (SE) in Deutschland bekannt und dem Rechtsanwender vertraut zu machen. Seitdem hat sich die Rechtsform der SE in Deutschland etabliert. So sind etwa unter den 40 im DAX vertretenen Gesellschaften mittlerweile 12 in der Rechtsform der SE organisiert.

Die für SE mit Sitz in Deutschland in zahlreichen Aspekten maßgeblichen nationalen gesetzlichen Regelungen, insbesondere die des deutschen Aktienrechts, haben seit der ersten Auflage zahlreiche Änderungen erfahren. Durch die Verbreitung der Rechtsform bei deutschen Unternehmen konnten umfangreiche praktische Erfahrungen mit der SE gesammelt werden. Um weiterhin dem mit diesem Handbuch verfolgten Anliegen gerecht zu werden, Praktikern eine kompakte Darstellung der wesentlichen gesellschafts-, arbeits-, bilanz- und steuerrechtlichen Fragestellungen zu geben, die bei der SE von ihrer Gründung bis zur Liquidation auftreten, war daher eine Neuauflage überfällig. In der zweiten Auflage neu aufgenommen wurde ein Abschnitt zur grenzüberschreitenden Verschmelzung nach den §§ 122a ff. UmwG, an der die SE mit Sitz in Deutschland sich ebenso wie eine deutsche Aktiengesellschaft beteiligen kann.

Wir freuen uns, dass aus dem Autorenteam der ersten Auflage zahlreiche Autoren auch an der zweiten Auflage mitgewirkt haben. Als neue Autoren hinzugetreten sind Herr Prof. Dr. Georg Annuß und Herr Jan Rudolph, die den in der ersten Auflage von Herrn Dr. Alper Köklü verantworteten Abschnitt zur Arbeitnehmerbeteiligung übernommen haben. Der neue Abschnitt zur grenzüberschreitenden Verschmelzung wurde von den ebenfalls neu hinzugekommenen Autoren Herrn Prof. Dr. Notker Polley und Herrn Dr. Pascal Heßeling bearbeitet. Frau Dr. Gabriele Rautenstrauch hat als neue Autorin den in der ersten Auflage von Herrn Dr. Rolf Diemer bearbeiteten Abschnitt zu den EU-Vorgaben bei der Besteuerung übernommen. Schließlich führt Herr Prof. Dr. Florian Drinhausen die Abschnitte zur SE-Gründung durch Umwandlung sowie die Einleitung zur inneren Organisation, zum dualistischen System und zum monistischen System nunmehr gemeinsam mit Frau Astrid Keinath fort. Wir freuen uns, dass wir mit den neuen Autoren weitere erfahrene Praktiker für die Bearbeitung des Handbuchs gewonnen haben, und heißen sie im Autorenkreis herzlich willkommen.

Herrn Professor Karel van Hulle, Mitherausgeber der ersten Auflage, möchten wir ganz herzlich für seine unermüdliche Arbeit und Unterstützung danken. Ohne ihn wäre dieses Handbuch nicht möglich gewesen.

Dank gebührt auch dem Verlag für die tatkräftige Unterstützung bei dieser Neuauflage.
Die Benutzer bitten wir herzlich um Anregungen und Kritik.

Im Februar 2022

*Dr. Silja Maul*
*Prof. Dr. Florian Drinhausen*

# Bearbeiter

*Dr. Georg Annuß, LL.M.*
Rechtsanwalt in München
Professor an der Universität Regensburg

*Dr. Jens Blumenberg*
Steuerberater in Hamburg
Honorarprofessor an der Universität Göttingen

*Dr. Florian Drinhausen*
Rechtsanwalt in Frankfurt a. M.
Honorarprofessor der EBS Universität für Wirtschaft und Recht, Wiesbaden

*Dr. Pascal Heßeling*
Notarassessor in Homburg/Saar

*Astrid Keinath*
Rechtsanwältin in Frankfurt a. M.

*Dipl.-Kfm. Georg Lanfermann*
Präsident des DRSC e.V., Berlin

*Dr. Silja Maul*
Rechtsanwältin in Mannheim

*Dr. Notker Polley*
Rechtsanwalt in Meerbusch
Honorarprofessor an der Universität Köln

*Dr. Gabriele Rautenstrauch*
Steuerberaterin in München

*Jan Rudolph*
Rechtsanwalt in München

*Dr. Christoph Teichmann*
Professor an der Universität Würzburg

*Dr. Martin Wenz*
Professor an der Universität Liechtenstein in Vaduz

# Verzeichnis der ausgeschiedenen Bearbeiter

*Dr. Rolf Diemer:* 9. Abschnitt § 1 EU-Vorgaben: 1. Aufl. 2007
*Dr. Alper Köklü:* 6. Abschnitt: 1. Aufl. 2007

# Bearbeiterverzeichnis

## Im Einzelnen haben bearbeitet

### Abschnitt 1 – Einsatzmöglichkeiten
§ 1  Einsatzmöglichkeiten   Prof. Dr. Martin Wenz

### Abschnitt 2 – Wesensmerkmale
§ 2  Wesensmerkmale   Dr. Silja Maul

### Abschnitt 3 – Rechtsquellen
§ 3  Rechtsquellen   Prof. Dr. Florian Drinhausen, Prof. Dr. Christoph Teichmann

### Abschnitt 4 – Die Gründung der Societas Europaea
§ 4  Einleitung   Prof. Dr. Christoph Teichmann
§ 5  Verschmelzung   Prof. Dr. Christoph Teichmann
§ 6  Holding-SE   Prof. Dr. Florian Drinhausen, Prof. Dr. Christoph Teichmann
§ 7  Tochter-SE   Dr. Silja Maul
§ 8  Umwandlung   Prof. Dr. Florian Drinhausen, Astrid Keinath
§ 9  Tochter-SE einer SE   Dr. Silja Maul

### Abschnitt 5 – Innere Organisation
§ 10  Einleitung   Prof. Dr. Florian Drinhausen, Astrid Keinath
§ 11  Dualistisches System   Prof. Dr. Florian Drinhausen, Astrid Keinath
§ 12  Monistisches System   Prof. Dr. Florian Drinhausen, Astrid Keinath
§ 13  Hauptversammlung   Dr. Silja Maul

### Abschnitt 6 – Arbeitnehmerbeteiligung
§ 14  Arbeitnehmerbeteiligung   Prof. Dr. Georg Annuß, Jan Rudolph

### Abschnitt 7 – Grenzüberschreitende Sitzverlegung der SE
§ 15  Grenzüberschreitende Sitzverlegung   Prof. Dr. Christoph Teichmann

### Abschnitt 8 – Grenzüberschreitende Verschmelzung
§ 16  Grenzüberschreitende Verschmelzung   Prof. Dr. Notker Polley, Dr. Pascal Heßeling

### Abschnitt 9 – Konzernrecht
§ 17  Konzernrecht   Dr. Silja Maul

### Abschnitt 10 – Besteuerung
§ 18  EU-Vorgaben   Dr. Gabriele Rautenstrauch
§ 19  Die SE im deutschen Steuerrecht   Prof. Dr. Jens Blumenberg

### Abschnitt 11 — Rechnungslegung

§ 20 Rechnungslegung, Abschlussprüfung und Offenlegung — Georg Lanfermann

### Abschnitt 12 — Auflösung, Abwicklung und Insolvenz

§ 21 Auflösung, Abwicklung und Insolvenz — Dr. Silja Maul

# Inhaltsverzeichnis

| | |
|---|---|
| Vorwort ................................................................................................. | V |
| Bearbeiter ............................................................................................. | VII |
| Verzeichnis der ausgeschiedenen Bearbeiter ........................................ | VII |
| Im Einzelnen haben bearbeitet ............................................................ | VIII |
| Abkürzungsverzeichnis ........................................................................ | XXVII |
| Literaturverzeichnis ............................................................................. | XXXV |

## Abschnitt 1 – Einsatzmöglichkeiten
### § 1 Einsatzmöglichkeiten

| | |
|---|---|
| A. Einführung ...................................................................................... | 1 |
| B. Grenzüberschreitende Flexibilität und Mobilität ......................... | 4 |
|     I. Vollendung des Europäischen Binnenmarktes ....................... | 5 |
|     II. Zielsystem der SE .................................................................... | 7 |
|     III. Europäische Dimension sowie nationale Integration und Umsetzung ......... | 10 |
|     IV. Rechtsformspezifika und Motivation für die Rechtsformwahl ............... | 12 |
| C. Europäisierung von Unternehmen und Konzernen ...................... | 15 |
|     I. Beurteilung der Leistungsfähigkeit der SE ............................. | 15 |
|     II. Grenzüberschreitende Mobilität von Unternehmen in Europa ............... | 18 |
|     III. Gesamtanzahl gegründeter und registrierter SE in Europa ................. | 22 |
|     IV. Gesamtanzahl der Beschäftigten operativ tätiger SE in Europa ............ | 23 |
|     V. Tätigkeitsbereiche operativ tätiger SE in Europa .................. | 24 |
|     VI. Formen der Gründung von SE in Europa ............................. | 25 |
|     VII. Systeme der Corporate Governance von SE in Europa ....... | 27 |
|     VIII. Mitbestimmung der Arbeitnehmerinnen und Arbeitnehmer von SE in Europa ......... | 29 |
|     IX. Grenzüberschreitende Mobilität von SE in Europa .............. | 31 |
|     X. Börsennotierte, Familien- und weitere Unternehmen in der Rechtsform einer SE in Deutschland und Europa ......... | 33 |
| D. Einsatzmöglichkeiten der SE im Überblick .................................. | 34 |
| E. Merger-SE ....................................................................................... | 37 |
|     I. Ausgangssituation .................................................................... | 37 |
|     II. Durchführung ......................................................................... | 38 |
|     III. Beurteilung ............................................................................. | 40 |
|     IV. Verschmelzung im Konzern ................................................... | 44 |
| F. Acquisition-SE ................................................................................. | 45 |
|     I. Ausgangssituation .................................................................... | 45 |
|     II. Durchführung ......................................................................... | 45 |
|     III. Beurteilung ............................................................................. | 48 |
| G. Joint Venture-SE ............................................................................. | 49 |
| H. Reorganisation-SE .......................................................................... | 50 |
|     I. Ausgangssituation .................................................................... | 50 |
|     II. Vorgehensweise ....................................................................... | 51 |
|     III. Beurteilung ............................................................................. | 53 |

# Inhaltsverzeichnis

|   |   |   |
|---|---|---|
| I. | European Group-SE | 55 |
| J. | Reengineering-SE | 57 |
| K. | Cross Border-SE | 59 |
| L. | Ergebnis | 61 |

## Abschnitt 2 – Wesensmerkmale
### § 2 Wesensmerkmale

| | | |
|---|---|---|
| A. | Rechtsnatur | 63 |
| B. | Kapital und Mitgliedschaft | 64 |
| C. | Firma | 65 |
| D. | Sitz | 65 |
| E. | Satzung | 65 |
| | I. Satzungsinhalt und -autonomie | 66 |
| |    1. Notwendiger Satzungsinhalt | 66 |
| |    2. Fakultative Satzungsbestimmungen | 67 |
| | II. Rechtsfolgen von Satzungsmängeln | 69 |
| F. | Handelsregister | 71 |
| | I. Anmeldung | 71 |
| | II. Prüfung und Entscheidung des Registergerichts | 72 |
| | III. Eintragung | 72 |
| | IV. Bekanntmachungen der Eintragung | 73 |

## Abschnitt 3 – Rechtsquellen
### § 3 Rechtsquellen

| | | |
|---|---|---|
| A. | Verordnung und Richtlinie | 75 |
| B. | Normenhierarchie | 76 |
| | I. Anwendbares Recht bei der Gründung | 76 |
| | II. Anwendbares Recht auf die bestehende SE | 76 |
| C. | Auslegung der Rechtsquellen | 79 |

## Abschnitt 4 – Die Gründung der Societas Europaea
### § 4 Einleitung

| | | |
|---|---|---|
| A. | Gründungsformen | 81 |
| B. | Allgemeine Gründungsfragen | 83 |

### § 5 Verschmelzung

| | | |
|---|---|---|
| A. | Vorbemerkung | 87 |
| B. | Einführung | 88 |
| | I. Besonderheiten gegenüber der innerstaatlichen Verschmelzung | 88 |
| | II. Gesetzliche Regelungstechnik | 90 |
| | III. Gründungsphasen | 91 |

C. Voraussetzungen und Ablauf der Verschmelzung ........................................ 92
    I. Beteiligte Gesellschaften ........................................................................ 92
        1. Aktiengesellschaften ......................................................................... 93
        2. Dem Recht verschiedener Mitgliedstaaten unterliegend .................... 93
        3. Sitz und Hauptverwaltung in der Gemeinschaft ............................... 94
    II. Aufstellung des Verschmelzungsplans .................................................... 94
        1. Gleich lautende Verschmelzungspläne ............................................. 94
        2. Zuständiges Organ: Vorstand .......................................................... 94
        3. Inhalt des Verschmelzungsplans ....................................................... 95
        4. Form des Verschmelzungsplans ........................................................ 99
        5. Zuleitung an den Betriebsrat ............................................................ 99
    III. Verschmelzungsbericht ........................................................................ 100
    IV. Prüfung der Verschmelzung ................................................................. 101
    V. Offenlegung des Verschmelzungsvorhabens .......................................... 101
    VI. Aufnahme der Verhandlungen mit den Arbeitnehmern ....................... 102
    VII. Hauptversammlungsbeschluss ............................................................ 103
    VIII. Rechtmäßigkeitsprüfung .................................................................. 104
    IX. Eintragung und Wirkungen der Verschmelzung .................................. 105

D. Einzelfragen .................................................................................................. 105
    I. Unternehmensbewertung ........................................................................ 105
    II. Kontrolle des Umtauschverhältnisses .................................................... 108
        1. Ausschluss der Anfechtungsklage und Spruchverfahren ................... 108
        2. Zustimmung der ausländischen Gesellschaft(en) ............................. 109
    III. Barabfindung widersprechender Aktionäre .......................................... 109
    IV. Gläubigerschutz ................................................................................... 110
        1. SE mit Sitz in Deutschland .............................................................. 110
        2. SE mit Sitz im Ausland .................................................................... 111

## § 6 Holding-SE

A. Einführung .................................................................................................... 113

B. Regelungstechnik .......................................................................................... 113

C. Gründungsphasen ......................................................................................... 114

D. Voraussetzungen und Ablauf der Gründung ................................................. 114
    I. Beteiligte Gesellschaften ........................................................................ 114
    II. Vorbereitung der Anteilseignerversammlung ........................................ 115
    III. Beschlussfassung durch die Anteilseignerversammlung ...................... 118
    IV. Einbringung der Anteile in die SE ....................................................... 119
    V. Das Umtauschverhältnis ........................................................................ 121
    VI. Eintragung der Gründung ................................................................... 122
        1. Gründungsprüfung .......................................................................... 122
        2. Negativerklärung ............................................................................. 123
        3. Einbringung des Mindestprozentsatzes ........................................... 123
        4. Grundkapital der SE ........................................................................ 124
        5. Wirkungen der Eintragung .............................................................. 125
    VII. Rechtsfolgen der Gründung einer Holding-SE .................................... 125

E. Einzelfragen der Holding-Gründung ............................................................. 126
    I. Die Beteiligung der Anteilseignerversammlung ...................................... 126
    II. Die Kontrolle des Umtauschverhältnisses ............................................. 127
    III. Das Austrittsrecht gegen Barabfindung im Gründungsplan ................ 128
        1. Voraussetzungen des Austrittsrechts ............................................... 128

## Inhaltsverzeichnis

|   |   |
|---|---|
| 2. Rechtsfolgen des Austrittsrechts: Erwerb eigener Aktien durch eine Gründungs-AG | 130 |
| IV. Anwendbarkeit des WpÜG | 131 |

### § 7 Tochter-SE

|   |   |
|---|---|
| A. Besonderheiten gegenüber der Tochtergründung nationalen Rechts | 135 |
| B. Gesetzliche Regelungstechnik | 136 |
| C. Gründungsphasen | 136 |
| D. Ablauf der Tochtergründung | 137 |
| I. Beteiligte Gesellschaften | 137 |
| 1. Gesellschaften iSd Art. 54 Abs. 2 AEUV | 137 |
| 2. Juristische Personen des öffentlichen oder privaten Rechts | 137 |
| II. Gründung nach dem Recht eines Mitgliedstaates und Sitz in einem solchen | 138 |
| III. Mehrstaatigkeitserfordernis | 138 |
| E. Gründungsverfahren | 138 |
| I. Vorbereitungen zur Einbeziehung der Arbeitnehmer | 139 |
| II. Gründung | 139 |
| III. Erfordernis auf Seiten der Gründer | 140 |
| 1. AG | 140 |
| 2. GmbH | 141 |
| 3. Personenhandelsgesellschaft | 141 |
| IV. Bewertung/Besteuerung | 141 |
| V. Anmeldung der Gründung | 142 |
| VI. Eintragung | 142 |
| VII. Kapitalmarktrechtliche Publizitätspflichten | 142 |

### § 8 Umwandlung

|   |   |
|---|---|
| A. Einführung | 143 |
| B. Regelungstechnik | 144 |
| C. Gründungsphasen | 145 |
| D. Voraussetzungen und Ablauf der Gründung | 146 |
| I. Umwandlungsfähige Rechtsträger | 146 |
| 1. Aktiengesellschaft | 146 |
| 2. Tochtergesellschaft, die dem Recht eines anderen Mitgliedstaats unterliegt | 146 |
| II. Vorbereitung der Hauptversammlung | 147 |
| 1. Erstellung des Umwandlungsplans | 147 |
| a) Inhalt des Umwandlungsplans | 147 |
| b) Form des Umwandlungsplans | 149 |
| c) Zuleitung an den Betriebsrat | 150 |
| 2. Offenlegung des Umwandlungsplans | 150 |
| 3. Erstellung des Umwandlungsberichts | 151 |
| 4. Bescheinigung über Nettovermögenswerte | 152 |
| 5. Einberufung der Hauptversammlung | 153 |
| III. Beschlussfassung durch die Hauptversammlung | 153 |
| IV. Eintragung der SE | 154 |

E. Einzelfragen .................................................................................. 156
 I. Erforderlichkeit von Gründungsprüfungen (§ 33 AktG) und
  Gründungsbericht (§ 32 AktG) ............................................................ 156
 II. Barabfindungsangebot (§§ 207 ff. UmwG) ........................................ 158
 III. Verbot der grenzüberschreitenden Sitzverlegung anlässlich des
  Formwechsels ................................................................................... 159

### § 9 Tochter-SE einer SE

A. Besonderheiten gegenüber der Verschmelzung nationalen Rechts ............ 161
B. Gesetzliche Regelungstechnik ...................................................................... 161
C. Ablauf der Tochtergründung ........................................................................ 162
 I. Kein Mehrstaatigkeitserfordernis .......................................................... 162
 II. Einpersonen-Gründung ........................................................................ 162
 III. Gründungsverfahren ............................................................................ 162
  1. Bar- oder Sachgründung ................................................................ 163
  2. Ausgliederung ................................................................................. 163
  3. Erfordernis auf Seiten der Gründungs-SE ..................................... 163

## Abschnitt 5 – Innere Organisation

### § 10 Einleitung

### § 11 Dualistisches System

A. Die Grundstruktur einer dualistischen SE nach deutschem Recht ............. 167
B. Das Leitungsorgan ......................................................................................... 167
 I. Bestellung der Mitglieder des Leitungsorgans ..................................... 168
 II. Abberufung der Mitglieder des Leitungsorgans .................................. 170
 III. Innere Organisation des Leitungsorgans ............................................ 171
 IV. Vertretung der SE durch das Leitungsorgan ....................................... 171
C. Das Aufsichtsorgan ........................................................................................ 172
 I. Bestellung der Mitglieder des Aufsichtsorgans .................................... 172
 II. Abberufung der Mitglieder des Aufsichtsorgans ................................ 174
 III. Innere Organisation des Aufsichtsorgans .......................................... 174
 IV. Vertretung der SE durch das Aufsichtsorgan ..................................... 175
 V. Informationsfluss .................................................................................. 175
D. Einzelfragen zur Unternehmensführung ..................................................... 176
 I. Zustimmungsbedürftige Geschäfte ...................................................... 176
 II. Die Beschlussfassung der Organe ........................................................ 177
 III. Die Haftung der Mitglieder der Organe .............................................. 178

### § 12 Monistisches System

A. Die Grundstruktur einer monistischen SE nach deutschem Recht ............ 179
B. Der Verwaltungsrat ....................................................................................... 180
 I. Aufgabenbereich des Verwaltungsrats .................................................. 180
 II. Bestellung der Mitglieder des Verwaltungsrats .................................. 181
 III. Abberufung der Mitglieder des Verwaltungsrats ............................... 183
 IV. Innere Ordnung des Verwaltungsrats ................................................. 183
 V. Vertretungsbefugnis des Verwaltungsrats ........................................... 184

## Inhaltsverzeichnis

- C. Die geschäftsführenden Direktoren .................................................. 184
  - I. Aufgabenbereich der geschäftsführenden Direktoren ........................... 184
  - II. Das Verhältnis der geschäftsführenden Direktoren zu anderen Organen der SE ................................................................................................. 185
    - 1. Verhältnis zum Verwaltungsrat ................................................... 185
    - 2. Verhältnis zur Hauptversammlung .............................................. 187
  - III. Bestellung der geschäftsführenden Direktoren ................................ 187
  - IV. Abberufung der geschäftsführenden Direktoren ............................... 188
  - V. Anstellungsvertrag ................................................................... 189
  - VI. Innere Ordnung der geschäftsführenden Direktoren ......................... 189
  - VII. Vertretungsbefugnis der geschäftsführenden Direktoren .................. 189
- D. Einzelfragen zur Unternehmensführung .......................................... 190
  - I. Informationsfluss innerhalb der Gesellschaft ................................... 190
  - II. Zustimmungsbedürftige Geschäfte ............................................... 190
  - III. Beschlussfassung des Verwaltungsrats ......................................... 191
  - IV. Beschlussfassung durch die geschäftsführenden Direktoren ............... 192
- E. Haftung ...................................................................................... 192
  - I. Haftung der Mitglieder des Verwaltungsrats .................................... 192
  - II. Haftung der geschäftsführenden Direktoren ................................... 193
  - III. Strafrechtliche Haftung ............................................................ 194

### § 13 Hauptversammlung

- A. Besonderheiten gegenüber der Hauptversammlung nationalen Rechts ....... 195
- B. Zuständigkeit ................................................................................ 196
  - I. Zuständigkeit nach der SE-Verordnung .......................................... 197
    - 1. Satzungsänderungen .................................................................. 197
    - 2. Bestellung der Mitglieder des Aufsichtsorgans bzw. Verwaltungsrats ... 198
    - 3. Direkte Bestellung der Mitglieder des Leitungsorgans ..................... 198
    - 4. Gründung und Umwandlung ...................................................... 198
  - II. Zuständigkeit aufgrund der SE-Ergänzungsrichtlinie ......................... 198
  - III. Zuständigkeit nach den Vorschriften des Sitzstaates – deutsches Aktienrecht ................................................................................. 199
    - 1. Kompetenzen nach § 119 AktG iVm Art. 52 SE-VO ....................... 199
      - a) Verwendung des Bilanzgewinns ............................................. 199
      - b) Entlastung ........................................................................... 199
      - c) Bestellung des Abschlussprüfers ............................................ 200
      - d) Maßnahmen der Kapitalbeschaffung und der Kapitalherabsetzung .... 200
      - e) Bestellung von Sonderprüfern ............................................... 201
      - f) Auflösung der Gesellschaft .................................................... 201
    - 2. Sonstige Kompetenzen aufgrund Verweises auf nationales Recht ........ 201
      - a) Verzicht und Vergleich auf Ersatzansprüche der Gesellschaft ....... 201
      - b) Zustimmung zu Nachgründungsverträgen ............................... 201
      - c) Ermächtigung zum Erwerb/zur Einziehung eigener Aktien ......... 202
      - d) Vorbereitung von Hauptversammlungsbeschlüssen .................... 202
      - e) Entzug des Vertrauens ........................................................... 202
      - f) Abberufung der Mitglieder des Aufsichtsorgans bzw. Verwaltungsrats ................................................................ 202
      - g) Letztentscheidungsrecht bei vorlagepflichtigen Geschäftsführungsangelegenheiten ....................................... 203
      - h) Festsetzung der Vergütung des Aufsichtsorgans bzw. des Verwaltungsrats ................................................................... 203

|     |     |     |
| --- | --- | --- |
|     | i) Geltendmachung von Ersatzansprüchen gegenüber Gründern und Verwaltungsmitgliedern | 203 |
|     | j) Widerruf der Wahl zum Abschlussprüfer | 204 |
|     | k) Feststellung des Jahresabschlusses | 204 |
|     | l) Übertragung des gesamten Vermögens | 204 |
|     | m) Bewertung von Erträgen aufgrund höherer Bewertung | 204 |
|     | n) Konzernrechtliche Maßnahmen. | 204 |
|     | o) Bestellung und Abberufung von Arbeitnehmervertretern | 205 |
|     | IV. Zuständigkeiten aufgrund der Satzung der SE | 205 |
|     | V. Ungeschriebene Hauptversammlungszuständigkeiten | 205 |
|     | VI. Ordentliche und außerordentliche Hauptversammlung | 206 |
| C. | Organisation der Hauptversammlung | 207 |
|     | I. Zeitpunkt des Zusammentretens | 207 |
|     | II. Ort | 208 |
|     | III. Tag und Uhrzeit | 208 |
|     | IV. Sprache | 208 |
|     | V. Gründe für die Einberufung | 209 |
|     | VI. Einberufungsberechtigte | 209 |
|     | 1. Organe | 209 |
|     | 2. Zuständige Behörde | 210 |
|     | 3. Andere Personen | 210 |
|     | 4. Minderheitsverlangen | 210 |
|     | VII. Art und Weise der Einberufung | 212 |
|     | 1. Form und Frist der Einberufung | 212 |
|     | 2. Tagesordnung | 212 |
|     | 3. Sonstige Mitteilungspflichten im Vorfeld der Hauptversammlung | 213 |
| D. | Ablauf und Leitung der Hauptversammlung | 213 |
| E. | Beschlussfassung | 214 |
|     | I. Einfacher Beschluss | 214 |
|     | 1. Stimmenmehrheit | 214 |
|     | 2. Satzungsgestaltung | 215 |
|     | II. Satzungsändernde Mehrheit | 216 |
|     | 1. Qualifizierte Mehrheit | 216 |
|     | 2. Satzungsgestaltung | 216 |
|     | III. Stimmrechte | 217 |
|     | IV. Wertung der Stimmen | 217 |
|     | V. Sonderbeschlüsse | 218 |
| F. | Anfechtungs- und Nichtigkeitsklage | 218 |

## Abschnitt 6 – Arbeitnehmerbeteiligung
### § 14 Arbeitnehmerbeteiligung

|     |     |     |
| --- | --- | --- |
| A. | Einleitung | 220 |
|     | I. Grundsätze | 220 |
|     | II. Anwendbare Rechtsnormen | 221 |
|     | III. Grundbegriffe | 222 |
| B. | Bildung des besonderen Verhandlungsgremiums | 224 |
|     | I. Einleitung des Verfahrens | 224 |
|     | 1. Aufforderung zur Bildung des BVG | 224 |

## Inhaltsverzeichnis

      2. Information über die Gründung ................................................. 225
          a) Informierender und Adressat ............................................ 225
          b) Formalien ........................................................................ 226
          c) Inhalt der Information ...................................................... 227
          d) Folgen einer fehlerhaften Information ............................. 228
          e) Korrektur der Information im laufenden Verfahren ........ 228
    II. Sitzverteilung im BVG ................................................................... 229
      1. Grundsatz ................................................................................. 229
      2. Sonderfall Verschmelzung ....................................................... 231
      3. Änderung der Zusammensetzung im laufenden Verfahren ..... 233
      4. Ersatzmitglieder ....................................................................... 233
      5. Nicht ausreichende Zahl an Arbeitnehmern ........................... 233
    III. Bestellung/Wahl der Mitglieder in Deutschland ......................... 234
      1. Allgemeine Bestimmungen für die Wahl ................................ 234
          a) Wählbarkeit und Mindestsitze ........................................... 234
          b) Verteilung der Sitze auf die Gesellschaften ....................... 235
      2. Wahl durch Wahlgremium ...................................................... 237
          a) Zusammensetzung des Wahlgremiums ............................. 238
          b) Wahlverfahren .................................................................. 242
      3. Ausnahmefall Urwahl .............................................................. 246
      4. Streitigkeiten über die Wirksamkeit der Wahl ....................... 247
    IV. Wahl/Bestellung der Mitglieder in den anderen Mitgliedstaaten ... 248
    V. Informationspflichten nach der Wahl/Bestellung ....................... 249
    VI. Frist für die Wahl/Bestellung der Mitglieder ............................... 250

C. Verhandlungsverfahren ........................................................................ 251
    I. Konstituierende Sitzung und weitere Sitzungen des BVG ......... 251
      1. Konstituierende Sitzung ........................................................... 251
          a) Einladung .......................................................................... 251
          b) Durchführung der konstituierenden Sitzung ................... 252
      2. Weitere Sitzungen des BVG ..................................................... 254
    II. Durchführung der Verhandlung .................................................. 255
      1. Grundsatz der vertrauensvollen Zusammenarbeit .................. 255
      2. Information durch die Leitungen ............................................ 256
      3. Sitzungen .................................................................................. 257
      4. Hinzuziehung von Sachverständigen ...................................... 257
      5. Information Außenstehender ................................................. 258
      6. Abschluss der Verhandlungen ................................................ 259
          a) Abschluss der Beteiligungsvereinbarung .......................... 259
          b) Nichtaufnahme oder Abbruch der Verhandlungen ........ 259
          c) Ablauf der Verhandlungsfrist ........................................... 259
    III. Beschlussfassung des BVG ........................................................... 261
      1. Vertretung der Arbeitnehmer im BVG ................................... 261
      2. Allgemeine Beschlüsse ............................................................. 261
      3. Beschlussfassung bei Minderung der Mitbestimmungsrechte .... 262
      4. Beschluss über Nichtaufnahme oder Abbruch der Verhandlungen ......... 264
    IV. Kosten der Verhandlungen .......................................................... 265
    V. Schutz der BVG-Mitglieder ......................................................... 266
    VI. Verschwiegenheitspflichten ......................................................... 267
    VII. Sonderfälle ..................................................................................... 267
      1. Neuverhandlungen .................................................................. 267
          a) Neuverhandlungen nach Nichtaufnahme oder Abbruch der Verhandlungen ......................................................... 267

## Inhaltsverzeichnis

|   |   |   |
|---|---|---|
| | b) Neuverhandlungen bei strukturellen Änderungen | 269 |
| | c) Neuverhandlungen bei Anwendung der gesetzlichen Auffanglösung | 274 |
| | d) Wiederaufnahme aufgrund Vereinbarung | 274 |
| | 2. Aktivierung einer Vorrats-SE | 274 |
| D. | Die Beteiligungsvereinbarung | 275 |
| | I. Rechtsnatur | 276 |
| | II. Zustandekommen/Abschluss | 277 |
| | III. Inhalt | 277 |
| |    1. Allgemeine Regelungen | 277 |
| |       a) Räumlicher Geltungsbereich | 277 |
| |       b) Geltungsdauer | 278 |
| |       c) Neuverhandlungen | 279 |
| |       d) Sprache der Vereinbarung | 279 |
| |       e) Rechtswahl | 279 |
| |       f) Konfliktlösung | 280 |
| |       g) Salvatorische Klausel | 280 |
| |       h) Definitionen | 280 |
| |    2. Unterrichtung und Anhörung | 280 |
| |       a) Allgemeines | 280 |
| |       b) Größe des SE-BR und Sitzverteilung | 281 |
| |       c) Wahl/Bestellung der SE-BR-Mitglieder | 282 |
| |       d) Binnenverfassung/Beschlussfassung | 283 |
| |       e) Verfahren zur Unterrichtung und Anhörung | 284 |
| |       f) Arbeitsbedingungen des SE-Betriebsrats/Kosten | 284 |
| |       g) Alternative Verfahren für Unterrichtung und Anhörung | 285 |
| |       h) Einführung betrieblicher Mitbestimmung? | 285 |
| |    3. Unternehmensmitbestimmung | 286 |
| |       a) Pflicht zur Regelung der Mitbestimmung? | 286 |
| |       b) Rahmen und Grenzen der Vereinbarungsautonomie bei der Unternehmensmitbestimmung | 286 |
| |       c) Einzelne Regelungen in der Beteiligungsvereinbarung | 287 |
| |    4. Möglichkeit der (teilweisen) Anwendung der Auffanglösung | 290 |
| | IV. Mängel der Beteiligungsvereinbarung | 291 |
| E. | Beteiligung kraft Gesetzes | 291 |
| | I. Unterrichtung und Anhörung kraft Gesetzes | 292 |
| |    1. Voraussetzung für die Anwendung | 292 |
| |    2. Errichtung des SE-Betriebsrats kraft Gesetzes | 293 |
| |       a) Zeitpunkt der Bildung | 293 |
| |       b) Arbeitnehmer als Mitglieder | 293 |
| |       c) Sitzverteilung | 294 |
| |       d) Wahlverfahren | 295 |
| |       e) Amtsdauer | 295 |
| |    3. Binnenverfassung des SE-BR kraft Gesetzes | 296 |
| |    4. Prüfung der Zusammensetzung des SE-BR kraft Gesetzes | 297 |
| |    5. Neuverhandlungen über den Abschluss einer Beteiligungsvereinbarung | 298 |
| |    6. Unterrichtung und Anhörung des SE-BR kraft Gesetzes | 298 |
| |       a) Allgemeines | 298 |
| |       b) Reguläre Anhörung | 298 |
| |       c) Unterrichtung und Anhörung im Sonderfall | 300 |
| |       d) Information der nationalen Arbeitnehmervertretungen | 301 |

## Inhaltsverzeichnis

       7. Arbeitsbedingungen des SE-BR kraft Gesetzes ................................. 301
          a) Fortbildung ................................................................................. 301
          b) Sachverständige .......................................................................... 302
          c) Kosten und Sachaufwand ........................................................... 303
    II. Mitbestimmung kraft Gesetzes .............................................................. 303
       1. Vorrausetzungen der Mitbestimmung kraft Gesetzes ........................ 303
          a) formwechselnde Umwandlung ................................................. 303
          b) Verschmelzung ............................................................................ 304
          c) Holding- oder Tochter-SE .......................................................... 305
          d) Bestimmung der Form der Mitbestimmung ............................. 305
          e) Mitteilung an die Leitungen ...................................................... 305
       2. Umfang der Mitbestimmung ............................................................. 306
          a) formwechselnde Umwandlung ................................................. 306
          b) Verschmelzung, Holding- oder Tochter-SE ............................. 307
          c) Auswirkung von späteren Änderungen auf die Mitbestimmung ........ 307
       3. Sitzverteilung und Bestellung ........................................................... 307
          a) Verteilung der Sitze auf die einzelnen Mitgliedstaaten ................. 307
          b) Wahl/Bestellung der Mitglieder ................................................ 308
          c) Bestellung durch die Hauptversammlung und gerichtliche Bestellung ............................................................................... 309
       4. Abberufung und Anfechtung ............................................................ 310
          a) Abberufung ................................................................................ 310
          b) Anfechtung und Nichtigkeit der Wahl ..................................... 311
       5. Rechtsstellung; Innere Ordnung ....................................................... 312
    III. Arbeitnehmerbeteiligung in Tendenzbetrieben .................................... 314
F. Grundsätze der Zusammenarbeit/Schutzbestimmungen ............................. 314
    I. Vertrauensvolle Zusammenarbeit/Verschwiegenheit ............................ 314
       1. Vertrauensvolle Zusammenarbeit ..................................................... 314
       2. Geheimhaltung und Vertraulichkeit ................................................. 315
    II. Schutz der Arbeitnehmervertreter .......................................................... 316
    III. Missbrauchsverbot ................................................................................... 317
    IV. Allgemeine Schutzvorschriften ............................................................... 318
G. Unterschiede bei grenzüberschreitender Verschmelzung ............................ 319

### Abschnitt 7 – Grenzüberschreitende Sitzverlegung der SE
### § 15 Grenzüberschreitende Sitzverlegung

A. Vorbemerkung ................................................................................................ 323
B. Einführung ...................................................................................................... 324
    I. Der „Sitz" der Gesellschaft ..................................................................... 324
       1. Internationales Gesellschaftsrecht ..................................................... 324
       2. Mitgliedstaatliches Sachrecht ............................................................ 324
       3. SE-Verordnung .................................................................................. 325
    II. Rechtsrahmen der Sitzverlegung ............................................................ 326
    III. Wechsel des ergänzend anwendbaren Gesellschaftsrechts .................. 327
    IV. Beteiligungsrechte der Arbeitnehmer .................................................... 327
C. Verfahren der Sitzverlegung .......................................................................... 329
    I. Überblick ................................................................................................... 329
    II. Ablauf der Sitzverlegung im Einzelnen ................................................. 329
       1. Verlegungsplan ................................................................................... 329

|  |  | 2. Verlegungsbericht | 331 |
|---|---|---|---|
|  |  | 3. Verlegungsbeschluss | 333 |
|  |  | 4. Rechtmäßigkeitskontrolle | 334 |
|  |  | a) Wegzugsstaat | 334 |
|  |  | b) Zuzugsstaat | 335 |
|  |  | 5. Eintragung im neuen Sitzstaat | 336 |
| D. | Schutz widersprechender Minderheitsaktionäre | | 336 |
| E. | Gläubigerschutz | | 337 |
|  | I. Gerichtsstand | | 337 |
|  | II. Sicherheitsleistung | | 338 |
| F. | Fortbestand öffentlich-rechtlicher Genehmigungen | | 339 |

## Abschnitt 8 – Grenzüberschreitende Verschmelzung

### § 16 Grenzüberschreitende Verschmelzung

|  |  | |  |
|---|---|---|---|
| A. | Einführung | | 341 |
| B. | Begriff der grenzüberschreitenden Verschmelzung | | 342 |
|  | I. Bedeutung und Vorgaben der GesR-RL | | 342 |
|  | II. Verschmelzung | | 343 |
|  | III. Grenzüberschreitend | | 343 |
| C. | Ablauf der grenzüberschreitenden Verschmelzung | | 344 |
|  | I. Vorbereitungsphase | | 344 |
|  | 1. Schlussbilanz des übertragenden Rechtsträgers | | 344 |
|  | 2. Aufstellung des Verschmelzungsplans (§ 122c UmwG) | | 345 |
|  | a) Allgemeines | | 345 |
|  | b) Rechtsnatur | | 346 |
|  | c) Zuständigkeit | | 346 |
|  | d) Gemeinsamer Verschmelzungsplan und anwendbares Recht | | 347 |
|  | e) Inhalt | | 348 |
|  | 3. Bekanntmachung des Verschmelzungsplans (§ 122d UmwG) | | 352 |
|  | a) Voraussetzungen | | 352 |
|  | b) Rechtsfolgen | | 353 |
|  | c) Kein Verzicht | | 354 |
|  | 4. Verschmelzungsbericht (§§ 8, 122e UmwG) | | 354 |
|  | 5. Verschmelzungsprüfung (§§ 9–12, 122f UmwG) | | 356 |
|  | 6. Kartellrechtliche Aspekte | | 358 |
|  | 7. Vorbereitung der Hauptversammlung | | 358 |
|  | 8. Beachtung der Nachgründungsvorschriften (§ 67 UmwG) | | 360 |
|  | II. Beschlussphase | | 360 |
|  | 1. Erforderliche Mehrheit | | 360 |
|  | 2. Zustimmungsvorbehalt im Hinblick auf Arbeitnehmermitbestimmung | | 360 |
|  | 3. Entbehrlichkeit der Beschlussfassung | | 361 |
|  | 4. Zustimmungsvorbehalt im Hinblick auf das Umtauschverhältnis | | 362 |
|  | 5. Zustimmungsvorbehalt hinsichtlich eines etwaigen Abfindungsangebots | | 364 |
|  | 6. Kapitalerhöhung | | 364 |
|  | a) Kapitalerhöhungsverbote | | 364 |
|  | b) Kapitalerhöhungswahlrechte | | 365 |
|  | c) Verschmelzung mit Kapitalerhöhung | | 365 |

III. Vollzugsphase .................................................................. 366
   1. Beteiligung einer deutschen SE als übertragende Gesellschaft (§§ 16, 17, 122k UmwG) ................................................................................ 366
   2. Beteiligung einer deutschen SE als übernehmende Gesellschaft (§ 122l UmwG) ............................................................................................. 369

## Abschnitt 9 – Konzernrecht

### § 17 Konzernrecht

A. Besonderheiten gegenüber dem Konzernrecht nationalen Rechts ..... 373
B. Anwendung der konzernrechtlichen Regelungen auf die SE ............ 374
C. Allgemeine Vorschriften ................................................................ 376
D. Vertragskonzern ............................................................................ 376
   I. Abschluss von Unternehmensverträgen .................................. 376
   II. Beherrschungsverträge ............................................................. 377
     1. Die SE als herrschendes Unternehmen .............................. 377
       a) Weisungsbefugnis ........................................................ 377
       b) Schutz der Aktionäre und Gläubiger ........................... 378
       c) Haftung der Vertreter des herrschenden Unternehmens ..... 378
     2. Die SE als abhängige Gesellschaft ...................................... 380
       a) Beherrschungsvertragliche Weisungen ........................ 380
       b) Umsetzung des § 308 Abs. 3 AktG .............................. 381
       c) Haftung der Organmitglieder der abhängigen Gesellschaft ..... 382
       d) Rechte der Aktionäre und Gläubiger .......................... 382
   III. Gewinnabführungsverträge .................................................... 382
E. Faktische Unternehmensverbindungen .......................................... 383
   I. Die SE als herrschendes Unternehmen ................................... 383
   II. Die SE als abhängige Gesellschaft ............................................ 383
     1. Eigenverantwortliche Leitung ............................................ 383
     2. Abhängigkeitsbericht ......................................................... 384
     3. Haftung der Organmitglieder der abhängigen SE .............. 385
F. Existenzvernichtender Eingriff – qualifiziert faktischer Konzern ..... 385
G. Eingliederung ................................................................................ 386
   I. Hauptgesellschaft ..................................................................... 386
   II. Eingegliederte Gesellschaft ...................................................... 386
H. Grenzüberschreitende Sachverhalte ............................................... 386
   I. Beherrschungs- und Gewinnabführungsverträge ..................... 387
   II. Faktische Unternehmensverbindungen ................................... 387
   III. Eingliederung ........................................................................ 388

## Abschnitt 10 – Besteuerung

### § 18 EU-Vorgaben

A. Besteuerung der Gründungsvorgänge der SE nach EU-Recht ......... 389
   I. Überblick über die Gründungsvorgänge der SE ...................... 389
   II. Überblick über die einschlägigen Regelungen der EU-Fusionsrichtlinie ..... 390
     1. Ausgangslage ..................................................................... 390
     2. Sachlicher Anwendungsbereich ......................................... 390

3. Persönlicher Anwendungsbereich ................................................. 391
　　　4. Transparente bzw. hybride Unternehmen ...................................... 391
　　　5. Missbrauchsvorbehalt ................................................................ 391
　　　6. Weiterhin vorhandene Probleme .................................................. 392
　　　7. Steueraufschub für die Sitzverlegung der Europäischen Aktiengesellschaft
　　　　 (Societas Europaea – SE) und der Europäischen Genossenschaft (Societas
　　　　 Cooperativa Europaea – SCE) ................................................... 392
　　　8. Klarstellende Regelung der Umwandlung von einer Betriebsstätte in eine
　　　　 Tochtergesellschaft ................................................................... 392
　　III. Ertragsteuerliche Behandlung der Gründung einer SE im Einzelnen ........ 393
　　　1. Verschmelzungsgründung .......................................................... 393
　　　2. Gründung einer Holding-SE ....................................................... 394
　　　3. Gründung einer Tochter-SE ....................................................... 395
　　　4. Formwechselnde Umwandlung einer AG in eine SE ....................... 396
　　IV. Anwendung der Kapitalverkehrsteuerrichtlinie ................................... 396
B. Besteuerung der grenzüberschreitenden Sitzverlegung der SE ..................... 397
　　I. Sitzverlegung der SE ....................................................................... 397
　　II. Besteuerung der Sitzverlegung nach der Fusionsrichtlinie ..................... 398
C. Laufende Besteuerung der SE ................................................................ 399
　　I. Keine steuerlichen Regelungen für die Besteuerung der SE auf
　　　 EU-Ebene .................................................................................... 399
　　II. Körperschaftsteuerliche Probleme und Hindernisse ............................. 400
　　III. Europäische Rechtsgrundlagen für die laufende Besteuerung einer SE .... 401
　　　1. Mutter-Tochter-Richtlinie .......................................................... 401
　　　2. Zins- und Lizenzgebührenrichtlinie ............................................. 402
　　　3. Verrechnungspreise .................................................................. 402
　　　4. Grenzüberschreitender Verlustausgleich ..................................... 402

## § 19 Die SE im deutschen Steuerrecht

A. Einleitung .......................................................................................... 405
B. Grundlagen der Besteuerung der SE ....................................................... 406
　　I. Behandlung der SE generell als Kapitalgesellschaft .............................. 406
　　II. Besondere Bedeutung der Regelungen zur Entstrickung und Verstrickung
　　　 von Wirtschaftsgütern ................................................................... 408
　　　1. Hintergrund ............................................................................. 408
　　　2. Entstrickung ............................................................................. 408
　　　3. Verstrickung ............................................................................ 410
　　III. Behandlung der SE im UmwStG ...................................................... 412
C. Die Besteuerung der SE-Gründungsvorgänge ........................................... 413
　　I. Gründungsvarianten ...................................................................... 413
　　II. Gründung durch Verschmelzung ..................................................... 414
　　　1. Grundlagen .............................................................................. 414
　　　2. Herausverschmelzung ............................................................... 414
　　　　a) Besteuerung auf Gesellschaftsebene ....................................... 415
　　　　b) Besteuerung der Anteilseigner .............................................. 418
　　　3. Hereinverschmelzung ............................................................... 419
　　　　a) Besteuerung auf Ebene der übertragenden Gesellschaft ........... 419
　　　　b) Besteuerung auf Ebene der übernehmenden Gesellschaft ........ 420
　　　　c) Besteuerung der Anteilseigner .............................................. 421
　　　4. Ausländische Verschmelzung mit Inlandsbezug ........................... 421

XXIII

## Inhaltsverzeichnis

|   |   |
|---|---|
| III. Gründung einer Holding-SE | 422 |
| 1. Gesellschaftsrechtliche Grundlagen | 422 |
| 2. Anwendungsbereich des UmwStG | 423 |
| 3. Steuerliche Folgen für die Gründungsgesellschaften | 423 |
| 4. Steuerliche Folgen für die übernehmende Holding-SE | 423 |
| 5. Steuerliche Folgen beim Einbringenden | 424 |
| 6. Folgen bei Weiterveräußerung der eingebrachten Anteile durch die erwerbende Holding-SE | 425 |
| IV. Gründung einer Tochter-SE | 426 |
| 1. Gesellschaftsrechtliche Grundlagen | 426 |
| 2. Beteiligte Rechtsträger und Einbringungsgegenstände | 426 |
| 3. Steuerliche Folgen für die übernehmende Tochter-SE | 427 |
| 4. Steuerliche Folgen für die einbringenden Gründungsgesellschaften | 428 |
| 5. Folgen der Veräußerung durch den Einbringenden/Anteilseigner nach der Einbringung | 430 |
| V. Formwechsel | 431 |
| D. Sitzverlegung | 431 |
| I. Gesellschaftsrechtliche Grundlagen | 431 |
| II. Steuerliche Behandlung der Sitzverlegung | 431 |
| 1. Allgemeines | 431 |
| 2. Sitzverlegung aus dem Inland ins EU/EWR-Ausland | 432 |
| a) Behandlung auf Gesellschaftsebene | 432 |
| b) Behandlung auf Gesellschafterebene | 433 |
| 3. Sitzverlegung aus dem Ausland ins Inland | 434 |
| 4. Sitzverlegung zwischen verschiedenen ausländischen EU/EWR-Staaten | 435 |

### Abschnitt 11 – Rechnungslegung

### § 20 Rechnungslegung, Abschlussprüfung und Offenlegung

|   |   |
|---|---|
| A. Besonderheiten gegenüber der Rechnungslegung, Abschlussprüfung und Offenlegung einer deutschen Aktiengesellschaft | 437 |
| B. Gesetzliche Regelungstechnik | 438 |
| C. Finanzberichterstattungsprozess einer deutschen SE | 438 |
| I. Dualistisches Modell | 438 |
| II. Monistisches Modell | 438 |
| 1. Aufstellung des Jahresabschlusses | 438 |
| 2. Führung der Handelsbücher und Risikomanagement | 439 |
| 3. Überprüfung des Jahresabschlusses durch den Verwaltungsrat | 439 |
| 4. Feststellung des Jahresabschlusses | 440 |
| 5. Haftung | 440 |
| III. Besonderheiten bei Unternehmen von öffentlichem Interesse | 441 |
| D. Offenlegungspflichten der deutschen Zweigniederlassung einer ausländischen SE | 442 |
| E. Rechnungslegungsaspekte bei der Verschmelzung zu einer deutschen SE | 442 |
| I. Vorbereitung der beschließenden Hauptversammlungen der beteiligten Rechtsträger | 442 |
| II. Schlussbilanz der übertragenden Aktiengesellschaft | 443 |
| III. Bilanzierung bei der übernehmenden deutschen SE | 444 |

F. Rechnungslegungsaspekte bei der Gründung einer deutschen Holding-SE ........ 446
G. Rechnungslegungsaspekte bei der Gründung einer deutschen Tochter-SE ......... 446
H. Rechnungslegungsaspekte beim Formwechsel ............................................. 447
I. Rechnungslegungsaspekte bei der Sitzverlegung einer SE ............................ 448
    I. Zuzug der SE nach Deutschland ................................................... 448
    II. Wegzug der SE aus Deutschland .................................................. 448

## Abschnitt 12 – Auflösung, Abwicklung und Insolvenz
### § 21 Auflösung, Abwicklung und Insolvenz

A. Abweichungen vom nationalen Recht ................................................... 451
B. Verweisungstechnik ........................................................................ 451
C. Auflösungsgründe .......................................................................... 452
D. Abwicklung .................................................................................. 453
    I. Anwendbares Recht ................................................................... 453
    II. Aufgabenverteilung .................................................................. 454
        1. Abwickler ......................................................................... 454
        2. Aufsichtsrat/Verwaltungsrat .................................................. 455
        3. Hauptversammlung ............................................................. 455
    III. Anmeldung zum Handelsregister ................................................. 455
    IV. Fortsetzung ............................................................................ 456
    V. Nachtragsliquidation ................................................................ 456
E. Insolvenz .................................................................................... 456
F. Auflösungsbesteuerung ................................................................... 458

Sachverzeichnis .................................................................................. 459

# Abkürzungsverzeichnis

| | |
|---|---|
| aA | andere Ansicht |
| ABl. | Amtsblatt; Amtsblatt der Europäischen Union |
| abl. | ablehnend |
| ArbGG | Arbeitsgerichtsgesetz |
| Abs. | Absatz |
| Abschn. | Abschnitt |
| abw. | abweichend |
| aE | am Ende |
| AEUV | Vertrag über die Arbeitsweise der Europäischen Union |
| aF | alte Fassung |
| AG | Aktiengesellschaft; Amtsgericht; Die Aktiengesellschaft (Zeitschrift) |
| AktG | Aktiengesetz |
| allg. | allgemein |
| Alt. | Alternative |
| amtl. | amtlich |
| AnfG | Anfechtungsgesetz |
| Anh. | Anhang |
| Anm. | Anmerkung |
| AO | Abgabenordnung |
| AP | Arbeitsrechtliche Praxis, Zeitschrift |
| AR | Aufsichtsrat |
| ArbG | Arbeitsgericht |
| ArbGG | Arbeitsgerichtsgesetz |
| Art. | Artikel |
| ARUG | Gesetz zur Umsetzung der Aktionärsrechterichtlinie |
| Aufl. | Auflage |
| AuR | Arbeit und Recht, Zeitschrift für die Arbeitsrechtspraxis |
| Az. | Aktenzeichen |
| BaFin | Bundesanstalt für Finanzdienstleistungen |
| BAG | Bundesarbeitsgericht |
| BAGE | Entscheidungen des Bundesarbeitsgerichts |
| BAnz. | Bundesanzeiger |
| BauSparkG | Bausparkassengesetz |
| BayOblG | Bayerisches Oberstes Landesgericht |
| BB | Betriebsberater (Zeitschrift) |
| Bd. | Band |
| BeckRS | Entscheidungssammlung in BeckOnline |
| Begr. | Begründung |
| Bem. | Bemerkung |
| Beteiligungs-RL | Richtlinie 2001/86/EG des Rates vom 8.10.2001 zur Ergänzung des Statuts der Europäischen Gesellschaft hinsichtlich der Beteiligung der Arbeitnehmer |
| Betr.; betr. | Betreff; betrifft; betreffend |
| BetrVG | Betriebsverfassungsgesetz |
| BeurkG | Beurkundungsgesetz |
| BFH | Bundesfinanzhof |
| BFHE | Entscheidungen des Bundesfinanzhofs |
| BGB | Bürgerliches Gesetzbuch |

## Abkürzungsverzeichnis

| | |
|---|---|
| BGBl. | Bundesgesetzblatt |
| BGH | Bundesgerichtshof |
| BGHZ | Entscheidungen des Bundesgerichtshofs in Zivilsachen |
| BNotO | Bundesnotarordnung |
| BörsG | Börsengesetz |
| BR | Bundesrat |
| BR-Drs. | Bundesrats-Drucksache |
| Brüssel I-VO | Verordnung (EG) Nr. 44/2001 des Rates vom 22.12.2000 über die gerichtliche Zuständigkeit und die Anerkennung und Vollstreckung von Entscheidungen in Zivil- und Handelssachen (ABl. L 12, 1) |
| Brüssel Ia-VO | Verordnung (EU) Nr. 1215/2012 des Europäischen Parlaments und des Rates vom 12.12.2012 über die gerichtliche Zuständigkeit und die Anerkennung und Vollstreckung von Entscheidungen in Zivil- und Handelssachen (ABl. L 351, 1) |
| bspw. | beispielsweise |
| Bsp. | Beispiel€ |
| BStBl. | Bundessteuerblatt |
| BT-Drs. | Bundestags-Drucksache |
| Buchst. | Buchstabe |
| BVerfG | Bundesverfassungsgericht |
| BVerfGE | Entscheidungen des Bundesverfassungsgerichts |
| BVerwG | Bundesverwaltungsgericht |
| BVerwGE | Entscheidungen des Bundesverwaltungsgerichts |
| BVG | besonderes Verhandlungsgremium |
| bzgl. | bezüglich |
| bzw. | beziehungsweise |
| ca. | circa |
| CMLR | Common Market Law Review (Zeitschrift) |
| COVFAG | Gesetz zur Abmilderung der Folgen der COVID-19-Pandemie im Zivil-, Insolvenz- und Strafverfahrensrecht |
| COVMG | Gesetz über Maßnahmen im Gesellschafts-, Genossenschafts-, Vereins-, Stiftungs- und Wohnungseigentumsrecht zur Bekämpfung der Auswirkungen der COVID-19-Pandemie |
| DB | Der Betrieb (Zeitschrift) |
| DBA | Doppelbesteuerungsabkommen |
| dh | das heißt |
| DJT | Deutscher Juristentag |
| DK | Der Konzern (Zeitschrift) |
| DNotZ | Deutsche Notarzeitschrift |
| DrittelbG | Drittelbeteiligungsgesetz |
| Drs. | Drucksache |
| DStR | Deutsches Steuerrecht (Zeitschrift) |
| DStZ | Deutsche Steuer-Zeitung |
| EBOLR | European Business Organization Law Review |
| EBRG | Gesetz über Europäische Betriebsräte |
| ECDB | European Company Database |
| Ecolex | österreichische Fachzeitschrift für Wirtschaftsrecht |
| EFTA | Europäische Freihandelsassoziation (engl. European Free Trade Association) |
| EG | Europäische Gemeinschaft |
| eG | eingetragene Genossenschaft |

## Abkürzungsverzeichnis

| | |
|---|---|
| EGV | Vertrag zur Gründung der Europäischen Gemeinschaft |
| Einl. | Einleitung |
| einsch. | einschließlich |
| EJIR | European Journal of International Relations |
| Erg. | Ergebnis |
| EStG | Einkommensteuergesetz |
| ET | European Taxation (Zeitschrift) |
| etc | et cetera |
| ETUI | European Trade Union Institute |
| EU | Europäische Union |
| EuGH | Gerichtshof der Europäischen Gemeinschaften |
| EuInsVO | Verordnung (EU) 2015/848 des Europäischen Parlaments und des Rates vom 20.5.2015 über Insolvenzverfahren |
| EUR | Euro |
| EuZW | Europäische Zeitschrift für Wirtschaftsrecht |
| eV | eingetragener Verein |
| evtl. | eventuell |
| EWG | Europäische Wirtschaftsgemeinschaft |
| EWiR | Entscheidungen zum Wirtschaftsrecht |
| EWIV | Europäische wirtschaftliche Interessenvereinigung |
| EWR | Europäischer Wirtschaftsraum |
| EWS | Europäisches Wirtschafts- und Steuerrecht |
| f., ff. | folgende, fortfolgende |
| FA | Finanzamt |
| FamFG | Gesetz über das Verfahren in Familiensachen und in Angelegenheiten der freiwilligen Gerichtsbarkeit |
| FAZ | Frankfurter Allgemeine Zeitung (Tageszeitung) |
| FG | Finanzgericht€ |
| Fn. | Fußnote |
| FR | Finanzrundschau |
| FS | Festschrift |
| FT | Financial Times (Tageszeitung) |
| FuS | Zeitschrift für Familienunternehmen und Stiftungen |
| Fusions-RL | Richtlinie 2009/133/EG des Rates vom 19.10.2009 über das gemeinsame Steuersystem für Fusionen, Spaltungen, Abspaltungen, die Einbringung von Unternehmensteilen und den Austausch von Anteilen, die Gesellschaften verschiedener Mitgliedstaaten betreffen, sowie für die Verlegung des Sitzes einer Europäischen Gesellschaft oder einer Europäischen Genossenschaft von einem Mitgliedstaat in einen anderen Mitgliedstaat (ABl. L 310, 34 |
| GBl. | Gesetzblatt |
| GbR | Gesellschaft bürgerlichen Rechts |
| gem. | gemäß |
| GesR-RL | Richtlinie (EU) 2017/1132 des Europäischen Parlaments und des Rates vom 14.6.2017 über bestimmte Aspekte des Gesellschaftsrechts |
| GewStG | Gewerbesteuergesetz |
| ggf. | gegebenenfalls |
| ggü. | gegenüber |
| GKKB | gemeinsame konsolidierte Körperschaftsteuer-Bemessungsgrundlage |
| GmbH | Gesellschaft mit beschränkter Haftung |
| GmbHG | Gesetz betreffend die Gesellschaften mit beschränkter Haftung |

## Abkürzungsverzeichnis

| | |
|---|---|
| GmbHR | GmbH-Rundschau (Zeitschrift) |
| GoB | Grundsätze ordnungsgemäßer Buchführung |
| grds. | grundsätzlich |
| GS | Gedächtnisschrift |
| GuV | Gewinn- und Verlustrechnung |
| GVG | Gerichtsverfassungsgesetz |
| GWB | Gesetz gegen Wettbewerbsbeschränkungen |
| GWG | geringwertige Wirtschaftsgüter |
| HdB | Handbuch |
| HGB | Handelsgesetzbuch |
| hM | herrschende Meinung |
| HR | Handelsregister |
| Hrsg.; hrsg. | Herausgeber, herausgegeben |
| HRV | Handelsregisterverordnung |
| Hs. | Halbsatz |
| HV | Hauptversammlung |
| IASB | International Accounting Standards Board |
| idF | in der Fassunf |
| idR | In der Regel |
| idS | in diesem Sinne |
| iE | im Ergebnis |
| IFRS | International Financial Reporting Standards |
| insbes. | insbesondere |
| InsO | Insolvenzordnung |
| Intertax | International Tax Review (Zeitschrift) |
| IPRax | Praxis des internationalen Privat- und Verfahrensrechts (Zeitschrift) |
| iRd | im Rahmen des |
| iSd | im Sinne des/der |
| iStR | Internationales Steuerrecht (Zeitschrift) |
| iSv | im Sinne von |
| iVm | in Verbindung mit |
| IWB | Internationale Wirtschaftsbriefe (Zeitschrift) |
| iwS | im weiteren Sinne |
| JCMS | Journal of Common Market Studies |
| JZ | Juristenzeitung (Zeitschrift) |
| KG | Kommanditgesellschaft |
| KGaA | Kommanditgesellschaft auf Aktien |
| KOM | Kommissionsdokumente |
| krit. | kritisch |
| KSchG | Kündigungsschutzgesetz |
| KStG | Körperschaftssteuergesetz |
| KWG | Kreditwesengesetz |
| LAG | Landesarbeitsgericht |
| lfd. | laufend |
| Lfg. | Lieferung |
| LG | Landgericht |
| lit. | litera |
| Ls. | Leitsatz |
| lt. | laut |
| Ltd. | Limited Company |

# Abkürzungsverzeichnis

| | |
|---|---|
| mablAnm | mit ablehnender Anmerkung |
| mAnm | mit Anmerkung |
| maW | mit anderen Worten |
| mE | meines Erachtens |
| MgVG | Gesetz über die Mitbestimmung der Arbeitnehmer bei einer grenzüberschreitenden Verschmelzung |
| Mio. | Million/en |
| MitbestErgG | Mitbestimmungsergänzungsgesetz |
| MitbestG | Mitbestimmungsgesetz |
| mkritAnm | mit kritischer Anmerkung |
| MoMiG | Gesetz zur Modernisierung des GmbH-Rechts und zur Bekämpfung von Missbräuchen |
| MontanMitbestErgG | Montanmitbestimmungsergänzungsgesetz |
| MontanMitbestG | Montan-Mitbestimmungsgesetz |
| Mrd. | Milliard/en |
| mwN | mit weiteren Nachweisen |
| mWv | mit Wirkung vom |
| mzustAnm | mit zustimmender Anmerkung |
| nF | neue Fassung |
| NJW | Neue Juristische Wochenschrift (Zeitschrift) |
| Nr. | Nummer |
| nrkr | nicht rechtskräftig |
| NVwZ | Neue Zeitschrift für Verwaltungsrecht |
| NZA | Neue Zeitschrift für Arbeitsrecht |
| NZG | Neue Zeitschrift für Gesellschaftsrecht |
| oÄ | oder Ähnliche/s |
| öBGBl. | österreichisches Bundesgesetzblatt |
| OHG | Offene Handelsgesellschaft |
| OLG | Oberlandesgericht |
| OLGE | Rechtsprechung des Oberlandesgerichts in Zivilsachen |
| OWiG | Ordnungswidrigkeitengesetz |
| PublG | Publizitätsgesetz |
| RabelsZ | Rabels Zeitschrift für ausländisches und internationales Privatrecht |
| rd. | rund |
| RdA | Recht der Arbeit (Zeitschrift) |
| RefE | Referentenentwurf |
| RegE | Regierungsentwurf |
| RG | Reichsgericht |
| RGBl. | Reichsgesetzblatt |
| RIW | Recht der internationalen Wirtschaft (Zeitschrift) |
| rkr. | rechtskräftig |
| RL | Richtlinie |
| Rn. | Randnummer |
| RNotZ | Rheinische Notar-Zeitschrift |
| Rs. | Rechtssache |
| Rspr. | Rechtsprechung |
| S. | Satz; Seite |
| s. | siehe |
| s. a. | siehe auch |

# Abkürzungsverzeichnis

| | |
|---|---|
| S.A. | Société anonyme (belgische/französische/luxemburgische Aktiengesellschaft); Sociedade Anónima (portugiesische Aktiengesellschaft); Sociedad anónima (spanische Aktiengesellschaft) |
| SCE | Societas Cooperativa Europaea |
| SCE-VO | Verordnung (EG) Nr. 1435/2003 des Rates vom 22.7.2003 über das Statut der Europäischen Genossenschaft (SCE) |
| SE | Societas Europaea; Europäische Aktiengesellschaft |
| SEAG | Gesetz zur Ausführung der Verordnung (EG) Nr. 2157/2001 des Rates vom 8.10.2001 über das Statut der Europäischen Gesellschaft (SE) (SE-Ausführungsgesetz) |
| SEBG | Gesetz über die Beteiligung der Arbeitnehmer in der Europäischen Gesellschaft (SE-Beteiligungsgesetz) |
| SEEG | Gesetz zur Einführung einer Europäischen Gesellschaft |
| SE-RL | Richtlinie 2001/86/EG des Rates vom 8.10.2001 zur Ergänzung des Statuts der Europäischen Gesellschaft hinsichtlich der Beteiligung der Arbeitnehmer (Abl. EG L 294, 22) |
| SEStEG | Gesetz über steuerliche Begleitmaßnahmen zur Einführung der Europäischen Gesellschaft und zur Änderung weiterer steuerlicher Vorschriften (SE-Steuereinführungsgesetz) |
| SE-VO | Verordnung (EG) Nr. 2157/2001 des Rates vom 8.10.2001 über das Statut der Europäischen Gesellschaft (SE) (ABl. EG L 294, 1) |
| s.o. | siehe oben |
| sog. | sogenannt |
| str. | strittig |
| StuW | Steuer und Wirtschaft (Zeitschrift) |
| SZ | Süddeutsche Zeitung (Tageszeitung) |
| SZW | Schweizerische Zeitschrift für Wirtschafts- und Finanzmarktrecht |
| teilw. | teilweise |
| TVG | Tarifvertragsgesetz |
| u. | und; unter; unten |
| ua | und andere; unter anderem |
| UAbs. | Unterabsatz |
| ULR | Uniform Law Review |
| UmwG | Umwandlungsgesetz |
| UmwStG | Umwandlungssteuergesetz |
| Unterabs. | Unterabsatz |
| UStG | Umsatzsteuergesetz |
| usw | und so weiter |
| uU | unter Umständen |
| uvm | und viele(s) mehr |
| UWG | Gesetz gegen den unlauteren Wettbewerb |
| v. | von; vom |
| va | vor allem |
| VAG | Versicherungsaufsichtsgesetz |
| VereinsG | Vereinsgesetz |
| Vfg. | Verfügung |
| vgl. | vergleiche |
| VO | Verordnung |
| Vorb. | Vorbemerkung |
| VVaG | Versicherungsverein auf Gegenseitigkeit |

## Abkürzungsverzeichnis

| | |
|---|---|
| WOMitbestG | Wahlordnung zum Mitbestimmungsgesetz |
| WPg | Die Wirtschaftsprüfung (Zeitschrift) |
| zB | zum Beispiel |
| ZESAR | Zeitschrift für europäisches Sozial- und Arbeitsrecht |
| ZGR | Zeitschrift für Unternehmens- und Gesellschaftsrecht |
| ZHR | Zeitschrift für das gesamte Handels- und Wirtschaftsrecht |
| ZIP | Zeitschrift für Wirtschaftsrecht und Insolvenzpraxis |
| zit. | zitiert |
| zT | zum Teil |
| zZ | zur Zeit |
| zzgl. | zuzüglich |

# Literaturverzeichnis

| | |
|---|---|
| Annuß/Kühn/Rudolph/Rupp | *Annuß/Kühn/Rudolph/Rupp,* Europäisches Betriebsräte-Gesetz: EBRG, Kommentar, 1. Aufl. 2014 |
| Bartone/Klapdor Europ. AG | *Bartone/Klapdor,* Die Europäische Aktiengesellschaft, Handbuch, 2. Aufl. 2007 |
| Baumbach/Hueck | *Baumbach/Hueck,* GmbHG, Kommentar, 22. Aufl. 2019 |
| BeckHdB AG | *Drinhausen/Eckstein,* Beck'sches Handbuch der AG, Handbuch, 3. Aufl. 2018 |
| BeckOGK | *Gsell/Krüger/Lorenz/Reymann,* beck-online.GROSSKOMMENTAR, Kommentar, Band BGB, 32. Aufl. 2020 |
| Blümich | *Blümich,* EStG, KStG, GewStG, Nebengesetze, Kommentar, 156. Aufl. 2021 |
| Breithaupt/Ottersbach GesR | *Breithaupt/Ottersbach,* Kompendium Gesellschaftsrecht, Handbuch, 1. Aufl. 2010 |
| Butzke HV AG | *Butzke,* Die Hauptversammlung der Aktiengesellschaft, Handbuch, 5. Aufl. 2011 |
| Deubert/Förschle/Störk Sonderbilanzen | *Deubert/Förschle/Störk,* Sonderbilanzen, Handbuch, 6. Aufl. 2021 |
| Däubler/Klebe/Wedde | *Däubler/Klebe/Wedde,* BetrVG: Betriebsverfassungsgesetz, Kommentar, 17. Aufl. 2020 |
| Emmerich/Habersack | *Emmerich/Habersack,* Aktien- und GmbH-Konzernrecht, Kommentar, 9. Aufl. 2019 |
| Emmerich/Habersack KonzernR | *Emmerich/Habersack,* Konzernrecht, Lehrbuch, 11. Aufl. 2020 |
| EuArbRK | *Franzen/Gallner/Oetker,* Kommentar zum europäischen Arbeitsrecht, Kommentar, 3. Aufl. 2020 |
| Fitting | *Fitting,* Betriebsverfassungsgesetz, Kommentar, 30. Aufl. 2020 |
| Frotscher/Drüen | *Frotscher/Drüen,* KStG/GewStG/UmwStG, Kommentar, 158. Aufl. 2021 |
| FS K. Schmidt, 2019 | Boele-Woelki/Faust/Jacobs/Kuntz/Röthel/Thorn/Weitemeyer, Festschrift für Karsten Schmidt zum 80. Geburtstag, Festschrift, 1. Aufl. 2019 |
| FS Marsch-Barner, 2018 | *Spindler/Wilsing/Butzke/Linden,* Unternehmen, Kapitalmarkt, Finanzierung – Festschrift für Reinhard Marsch-Barner zum 75. Geburtstag, Festschrift, 1. Aufl. 2018 |
| Gaul/Ludwig/Forst EuMitbestR | *Gaul/Ludwig/Forst,* Europäisches Mitbestimmungsrecht, Handbuch, 1. Aufl. 2015 |
| Gehrlein/Born/Simon GmbHG | *Gehrlein/Born/Simon,* GmbHG: Gesetz betreffend die Gesellschaften mit beschränkter Haftung, Kommentar, 4. Aufl. 2018 |

## Literaturverzeichnis

| | |
|---|---|
| Geßler/Hefermehl/Eckardt/Kropff | *Geßler/Hefermehl/Eckardt/Kropff,* Aktiengesetz, Kommentar, Band 1, 2, 3, 4, 5, 6, 7, 8, 9, 10, 11, 12, 13, 14, 2. Aufl. 1986 |
| Goebel/Ungemach | *Goebel/Ungemach,* Praktiker-Kommentar Umwandlung von Unternehmen, Kommentar, 2014 |
| Gosch KStG | *Gosch,* Körperschaftsteuergesetz, Kommentar, 4. Aufl. 2020 |
| GroßkommAktG | *Hirte/Mülbert/Roth,* AktG, Kommentar, Band 1, 2/1, 2/2, 4/1, 4/2, 5, 7/1, 7/2, 5. Aufl. 2015 |
| Habersack/Drinhausen | *Habersack/Drinhausen,* SE-Recht, Kommentar, 2. Aufl. 2016 |
| Habersack/Henssler | *Habersack/Henssler,* Mitbestimmungsrecht, Kommentar, 4. Aufl. 2018 |
| Habersack/Verse EuGesR | *Habersack/Verse,* Europäisches Gesellschaftsrecht, Lehrbuch, 5. Aufl. 2019 |
| Habersack/Wicke | *Habersack/Wicke,* Umwandlungsgesetz: UmwG, Kommentar, 2. Aufl. 2021 |
| Haritz/Menner/Bilitewski | *Haritz/Menner/Bilitewski,* Umwandlungssteuergesetz, Kommentar, 5. Aufl. 2019 |
| Henssler/Strohn | *Henssler/Strohn,* Gesellschaftsrecht: GesR, Kommentar, 5. Aufl. 2021 |
| Henssler/Willemsen/Kalb | *Henssler/Willemsen/Kalb,* Arbeitsrecht, Kommentar, 9. Aufl. 2020 |
| Herrmann/Heuer/Raupach | *Herrmann/Heuer/Raupach,* Einkommensteuer- und Körperschaftsteuergesetz: EStG KStG, Kommentar, Loseblatt, Kommentar, 303. Aufl. 2021 |
| HK-UmwG | *Maulbetsch/Klumpp/Rose,* Heidelberger Kommentar zum Umwandlungsgesetz, Kommentar, 2. Aufl. 2017 |
| Hölters | *Hölters,* Aktiengesetz: AktG, Kommentar, 3. Aufl. 2017 |
| Hüffer/Koch | *Hüffer/Koch,* Aktiengesetz, Kommentar, 15. Aufl. 2021 |
| Jannott/Frodermann SE-HdB | *Jannott/Frodermann,* Handbuch der Europäischen Aktiengesellschaft – Societas Europaea, Handbuch, 2. Aufl. 2014 |
| K. Schmidt GesR | *Schmidt,* Gesellschaftsrecht, Unternehmensrecht II, Kommentar, 4. Aufl. 2002 |
| Kallmeyer | *Kallmeyer,* Umwandlungsgesetz, Kommentar, 7. Aufl. 2020 |
| Kalss/Hügel | *Kalss/Hügel,* Europäische Aktiengesellschaft – SE-Kommentar, Kommentar, 1. Aufl. 2004 |
| Kokott EU-SteuerR | *Kokott,* Das Steuerrecht der Europäischen Union, Handbuch, 1. Aufl. 2018 |
| Kropff | *Kropff,* Aktiengesetz – Textausgabe, Kommentar, 1. Aufl. 1965 |
| Kölner Komm AktG | *Zöllner/Noack,* Kölner Kommentar zum Aktiengesetz (Kölner Komm AktG), Kommentar, Band II/1, II/2, III/1, III/2, III/3, III/4, III/5, III/7, V/1, V/2, V/3, V/5, VII/1, VII/2, VIII/1, VIII/2, I, VI, IX, 3. Aufl. 2004 |
| Kölner Komm UmwG | *Dauner-Lieb/Simon,* Kölner Kommentar zum Umwandlungsgesetz: UmwG, Kommentar, 1. Aufl. 2009 |

# Literaturverzeichnis

| | |
|---|---|
| Langenbucher AktKapMarktR | *Langenbucher,* Aktien- und Kapitalmarktrecht, Lehrbuch, 4. Aufl. 2017 |
| Limmer Unternehmensumwandlung-HdB | *Limmer,* Handbuch der Unternehmensumwandlung, Handbuch, 6. Aufl. 2019 |
| Lutter/Hommelhoff/Teichmann SE | *Lutter/Hommelhoff/Teichmann,* SE-Kommentar SE-VO – SEAG – SEBG – Arbeitsrecht – Steuerrecht – Konzernrecht, Kommentar, 2. Aufl. 2015 |
| Lutter/Hommelhoff EU-Gesellschaft | *Lutter/Hommelhoff,* Die Europäische Gesellschaft – Prinzipien, Gestaltungsmöglichkeiten und Grundfragen aus der Praxis, Lehrbuch, 1. Aufl. 2005 |
| Lutter UmwG | *Lutter,* Umwandlungsgesetz (UmwG), Kommentar, 6. Aufl. 2019 |
| MHdB GesR IV | *Hoffmann-Becking,* Münchener Handbuch des Gesellschaftsrechts, Band 4: Aktiengesellschaft, Handbuch, 5. Aufl. 2020 |
| MHdB GesR VI | *Leible/Reichert,* Münchener Handbuch des Gesellschaftsrechts, Internationales Gesellschaftsrecht, Grenzüberschreitende Umwandlungen, Band 6: Internationales Gesellschaftsrecht, Grenzüberschreitende Umwandlungen, Handbuch, 4. Aufl. 2013 |
| Musil/Weber-Grellet | *Musil/Weber-Grellet,* Europäisches Steuerrecht, Kommentar, 1. Aufl. 2019 |
| MüKoAktG | *Goette/Habersack/Kalss,* Münchener Kommentar zum Aktiengesetz: AktG, Kommentar, Band 1, 2, 4, 5, 5. Aufl. 2019 |
| MüKoBGB | *Säcker/Rixecker/Oetker/Limperg,* Münchener Kommentar zum Bürgerlichen Gesetzbuch: BGB, Kommentar, Band 1, 2, 3, 4, 5, 6, 7, 8, 8a, 9, 10, 11, 12, 13, 8. Aufl. 2018 |
| MüKoGmbHG | *Fleischer/Goette,* Münchener Kommentar zum Gesetz betreffend die Gesellschaften mit beschränkter Haftung: GmbHG, Kommentar, Band 1, 2, 3, 3. Aufl. 2018 |
| Nagel/Freis/Kleinsorge SE | *Nagel/Freis/Kleinsorge,* SEBG, SCEBG, MgVG – Beteiligung der Arbeitnehmer im Unternehmen auf der Grundlage europäischen Rechts, Monografie, 3. Aufl. 2018 |
| Neye Eur. AG | *Neye,* Die Europäische Aktiengesellschaft, Monografie, 1. Aufl. 2005 |
| NK-ArbR | *Boecken/Düwell/Diller/Hanau,* Gesamtes Arbeitsrecht, Kommentar, 1. Aufl. 2016 |
| NK-EBRG | *Blanke/Hayen/Kunz/Carlson,* Europäische Betriebsräte-Gesetz, Kommentar, 3. Aufl. 2019 |
| NK-SE | *Manz/Mayer/Schröder,* Europäische Aktiengesellschaft SE, Kommentar, 3. Aufl. 2019 |
| NK-UmwR | *Böttcher/Habighorst/Schulte,* Umwandlungsrecht, Kommentar, 2. Aufl. 2019 |
| Raiser/Veil KapGesR | *Raiser/Veil,* Recht der Kapitalgesellschaften, Lehrbuch, 6. Aufl. 2015 |

## Literaturverzeichnis

| | |
|---|---|
| Richardi BetrVG | *Richardi,* Betriebsverfassungsgesetz, Kommentar, 16. Aufl. 2018 |
| Rödder/Herlinghaus/Neumann | *Rödder/Herlinghaus/Neumann,* KStG, Kommentar, 1. Aufl. 2015 |
| Rödder/Herlinghaus/van Lishaut | *Rödder/Herlinghaus/van Lishaut,* UmwStG, Kommentar, 3. Aufl. 2019 |
| Schaumburg/Englisch EurSteuerR | *Schaumburg/Englisch,* Europäisches Steuerrecht, Handbuch, 2. Aufl. 2019 |
| Schmitt/Hörtnagl | *Schmitt/Hörtnagl,* Umwandlungsgesetz, Umwandlungssteuergesetz, Kommentar, 9. Aufl. 2020 |
| Schwarz | *Schwarz,* Verordnung (EG) Nr. 2157/2001 des Rates über das Statut der Europäischen Gesellschaft (SE): SE-VO, Kommentar, 1. Aufl. 2006 |
| Semler/Stengel | *Semler/Stengel,* Umwandlungsgesetz: UmwG, Kommentar, 4. Aufl. 2017 |
| Semler/Volhard/Reichert HV-HdB | *Semler/Volhard/Reichert,* Arbeitshandbuch für die Hauptversammlung, Handbuch, 4. Aufl. 2018 |
| Staudinger | *Staudinger,* BGB – J. von Staudingers Kommentar zum Bürgerlichen Gesetzbuch mit Einführungsgesetz, Kommentar, 18. Aufl. 2018 |
| Theisen/Wenz EurAG | *Theisen/Wenz,* Die Europäische Aktiengesellschaft, Handbuch, 2. Aufl. 2005 |
| Thümmel Persönliche Haftung | *Thümmel,* Persönliche Haftung von Managern und Aufsichtsräten, Handbuch, 5. Aufl. 2016 |
| v. Bar IPR AT I | *von Bar,* Internationales Privatrecht, Allgemeine Lehren, Lehrbuch, Band I, 1. Aufl. 1987 |
| von der Groeben/Thiesing/Ehlermann EGV | *von der Groeben/Thiesing/Ehlermann,* Kommentar zum EU-/EG-Vertrag, Kommentar, 5. Aufl. 1997 |
| Wassermeyer | *Wassermeyer,* DBA, Kommentar, 153. Aufl. 2021 |
| Widmann/Mayer | *Widmann/Mayer,* Umwandlungsrecht, Kommentar, 184. Aufl. 2020 |
| Wißmann/Kleinsorge/Schubert | *Wißmann/Kleinsorge/Schubert,* Mitbestimmungsrecht, Kommentar, 5. Aufl. 2017 |

# Abschnitt 1 – Einsatzmöglichkeiten

# § 1 Einsatzmöglichkeiten

## Übersicht

| | Rn. |
|---|---|
| A. Einführung | 1 |
| B. Grenzüberschreitende Flexibilität und Mobilität | 7 |
|     I. Vollendung des Europäischen Binnenmarktes | 8 |
|     II. Zielsystem der SE | 15 |
|     III. Europäische Dimension sowie nationale Integration und Umsetzung | 18 |
|     IV. Rechtsformspezifika und Motivation für die Rechtsformwahl | 21 |
| C. Europäisierung von Unternehmen und Konzernen | 27 |
|     I. Beurteilung der Leistungsfähigkeit der SE | 27 |
|     II. Grenzüberschreitende Mobilität von Unternehmen in Europa | 30 |
|     III. Gesamtanzahl gegründeter und registrierter SE in Europa | 36 |
|     IV. Gesamtanzahl der Beschäftigten operativ tätiger SE in Europa | 37 |
|     V. Tätigkeitsbereiche operativ tätiger SE in Europa | 38 |
|     VI. Formen der Gründung von SE in Europa | 39 |
|     VII. Systeme der Corporate Governance von SE in Europa | 41 |
|     VIII. Mitbestimmung der Arbeitnehmerinnen und Arbeitnehmer von SE in Europa | 43 |
|     IX. Grenzüberschreitende Mobilität von SE in Europa | 46 |
|     X. Börsennotierte, Familien- und weitere Unternehmen in der Rechtsform einer SE in Deutschland und Europa | 49 |
| D. Einsatzmöglichkeiten der SE im Überblick | 52 |
| E. Merger-SE | 56 |
|     I. Ausgangssituation | 56 |
|     II. Durchführung | 58 |
|     III. Beurteilung | 61 |
|     IV. Verschmelzung im Konzern | 72 |
| F. Acquisition-SE | 76 |
|     I. Ausgangssituation | 76 |
|     II. Durchführung | 77 |
|     III. Beurteilung | 80 |
| G. Joint Venture-SE | 85 |
| H. Reorganisation-SE | 89 |
|     I. Ausgangssituation | 89 |
|     II. Vorgehensweise | 90 |
|     III. Beurteilung | 94 |
| I. European Group-SE | 99 |
| J. Reengineering-SE | 104 |
| K. Cross Border-SE | 110 |
| L. Ergebnis | 114 |

## A. Einführung

Der Erfolg der Europäischen Aktiengesellschaft (Societas Europaea, SE),[1] die den Unternehmen und Konzernen seit dem 8.10.2004, mithin seit über 17 Jahren in den nunmehr

---

[1] S. Verordnung (EG) Nr. 2157/2001 des Rates vom 8.10.2001 über das Statut der Europäischen Gesellschaft (SE), ABl. EG 2001 L 294, 1 ff., zuletzt geändert durch Verordnung (EU) Nr. 517/2013 des Rates vom 13.5.2013 zur Anpassung einiger Verordnungen und Beschlüsse in den Bereichen freier Warenverkehr,

27 (zwischenzeitlich sogar 28) Mitgliedstaaten der Europäischen Union (sog. EWR-EU-Staaten) sowie auch in den 3 Vertragsstaaten des Europäischen Wirtschaftsraumes (sog. EWR-EFTA-Staaten)[2] gleichsam zur Verfügung steht, hängt insbesondere von den spezifischen Charakteristika sowie der grenzüberschreitenden Flexibilität und Mobilität, mithin den rechtlichen und betriebswirtschaftlichen Besonderheiten und Vorteilen sowie den konkreten Möglichkeiten des Einsatzes dieser mittlerweile etablierten und teilweise durchaus bevorzugten supranational-europäischen Rechtsform in der Unternehmenspraxis ab.[3]

2   Denn insbesondere dann, wenn sich durch die konkreten Einsatz- und Anwendungsmöglichkeiten einer SE deren ggf. vorhandene rechts- und organisationsformspezifische Vorteile insbesondere in der Ausgestaltung der statutarischen Organisationsstruktur sowie ergänzend auch der Corporate Governance und der Unternehmensmitbestimmung von grenzüberschreitend sowie auch global tätigen Unternehmen und Konzernen im Europäischen Binnenmarkt gegenüber den bislang erforderlichen, teilweise sehr komplexen und ineffizienten Ersatzkonstruktionen und alternativen Corporate Governance-Systemen einzelwirtschaftlich realisieren lassen, wird sich die SE – anders als die konstruktionsbedingt erfolglose Europäische Wirtschaftliche Interessenvereinigung (EWIV[4]) sowie die sehr speziell und genossenschaftlich ausgeprägte Europäische Genossenschaft (Societas Cooperativa Europaea, SCE[5]) – gegenüber der Vielzahl nationaler und vertrauter Rechtsformen auch weiterhin als supranational-europäische Rechtsformalternative behaupten und ggf. sogar durchzusetzen.[6] Erforderlich hierfür ist ferner, dass diese rechtsformspezifischen Besonderheiten und Vorteile insbesondere aus grenzüberschreitender Sicht nicht aufgrund unzureichender oder fehlender steuerrechtlicher Vorschriften zu sehr eingeschränkt, verhindert oder mit prohibitiven Auflagen verbunden werden.[7]

3   Um zu beurteilen, ob und inwieweit die supranational-europäische Rechtsform der SE diesen zentralen Beitrag im und für den Europäischen Binnenmarkt in den letzten Jahren

---

Freizügigkeit, Gesellschaftsrecht, Wettbewerbspolitik, Landwirtschaft, Lebensmittelsicherheit, Tier- und Pflanzengesundheit, Verkehrspolitik, Energie, Steuern, Statistik, transeuropäische Netze, Justiz und Grundrechte, Recht, Freiheit und Sicherheit, Umwelt, Zollunion, Außenbeziehungen, Außen-, Sicherheits- und Verteidigungspolitik und Organe aufgrund des Beitritts der Republik Kroatien, ABl. EU 2013 L 158, 1 ff.

[2] S. Art. 77 EWR-Abkommen iVm Anhang XXII.
[3] Dazu vgl. auch bereits *Wenz*, Die Societas Europaea (SE), 1993, 179 f.
[4] S. Verordnung (EWG) Nr. 2137/85 des Rates vom 25.7.1985 über die Schaffung einer Europäischen wirtschaftlichen Interessenvereinigung (EWIV), ABl. EG 1985 L 199, 1 ff.
[5] S. Verordnung (EG) Nr. 1435/2003 des Rates vom 22.7.2003 über das Statut der Europäischen Genossenschaft (SCE), ABl. EG 2003 L 207, 1 ff.
[6] Dazu siehe auch die bisherigen Studien und Untersuchungen zu den möglichen rechtlichen und betriebswirtschaftlichen sowie auch den rechtspolitischen Besonderheiten, den Vor- und Nachteilen sowie der Leistungsfähigkeit der Verordnung über das Statut der Europäischen Aktiengesellschaft (SE) auch in Bezug auf den Einsatz der SE in der Unternehmens- und Konzernpraxis von *Becker/Schreiner*, Die Europäische Aktiengesellschaft (SE) als Rechtsformalternative für Familienunternehmen, 2016; *Bergmann/Kiem/Mülbert/Verse/Wittig*, 10 Jahre SE, 2015; *Buchheim*, Europäische Aktiengesellschaft und grenzüberschreitende Konzernverschmelzung, 2001, 179 ff.; *Casey/Fiedler/Fath* European Journal of Industrial Relations 2016, 73 ff.; *Casey/Fiedler/Fath* Human Relations 2021, 1033 ff.; *Ernst & Young*, Study on the operation and the impact of the Statute for a European Company (SE), Final Report, 2009; *Götz* ZIP 2003, 1067; *Eidenmüller/Engert/Hornuf* EBOLR 2009, 1 ff.; *Eidenmüller/Engert/Hornuf* EBOLR 2010, 35 ff.; *Eidenmüller/Lasak* JCLS 2012, 237 ff.; *Enriques* JCLS 2004, 77 ff.; *Haider-Giangreco/Polte* BB 2014, 2947 ff.; *Hornuf/Mohamed/Schwienbacher* JCMS 2019, 659 ff.; *Kallmeyer* AG 2003, 197 ff.; *Keller/Rosenbohm* EJIR 2020, 23 ff.; *Kiem* ZHR 2009, 156 ff.; *Kiem* CFL 2011, 134 ff.; *Kirshner* EFCR 2010, 444 ff.; *Kloster* EuZW 2003, 293 ff.; *Lasek*, Intereulaweast, 2020, 151 ff.; *Lenoir* ULR 2008, 13 ff.; *Lutter/Hommelhoff* EU-Gesellschaft/*Maul/Wenz* 261 ff.; *Maul/Wenz*, FAZ vom 6.10.2004, 23; *Meiselles/Graute* EBLR 2017, 667 ff.; *Nagel* DB 2004, 1299 ff.; Börsen-Zeitung vom 17.1.2004, 4; *Petri/Wenz* AR 2004, 4; *Reichert* ZIP 2014, 1957 ff.; *Schaper*, Die Europäische Aktiengesellschaft (SE), 2018; *Schneider*, Die Societas Europaea (SE) in Deutschland, 2020; *Schuberth/von der Höh/Marc* AG 2014, 439 ff.; *Schröder/Maul/Wenz*, Mobilität von Unternehmen in Europa, 2005, 193 ff.; *Wenz*, Die Societas Europaea (SE), 1993, 170 ff.; *Wenz* AG 2003, 185 f.; *Wenz* in Theisen/*Wenz* EurAG 655 ff.; European Trade Union Institute/Hans-Boeckler Foundation/*Wenz*, The SE as the Flagship of European Company Law, 2004, 27 ff.; *Wicke* RNotZ 2020, 25 ff.; *Wiedemann/Frohnmayer* FuS 2014, 10 ff.
[7] Dazu vgl. auch → § 18 Rn. 1 ff.

## A. Einführung § 1

auch tatsächlich leisten konnte, mithin um die Leistungsfähigkeit der Verordnung über das Statut der Europäischen Aktiengesellschaft (SE) konkret beurteilen zu können, kann insbesondere auf verschiedene Studien und Untersuchungen, empirische Daten, konkrete Fallkonstellationen in Form von Fallbeispielen und Fallstudien sowie auch die – datenbedingt nur bedingt aussagekräftige – rechtsempirische Forschung zurückgegriffen werden.

Die nachfolgenden Ausführungen befassen sich zunächst mit der grenzüberschreitenden Flexibilität und Mobilität der SE im Europäischen Binnenmarkt. Denn als wichtigste supranational-europäische Rechtsform stellt die SE auch weiterhin einen zentralen Bestandteil des Programms zur stetigen Vollendung des Europäischen Binnenmarktes dar. Dabei werden neben dem Zielsystem, das der SE zugrunde liegt, insbesondere auch ihre europäische Dimension einerseits und ihre nationale Integration und Umsetzung andererseits thematisiert; ferner werden die rechtsformspezifischen Charakteristika der SE und die möglichen Motive für die Wahl einer SE als Unternehmensrechtsform dargelegt sowie der Beitrag der SE für die Europäisierung und grenzüberschreitende Mobilität von Unternehmen und Konzernen im Europäischen Binnenmarkt insbesondere auch anhand verschiedener empirischer Daten und Erhebungen sowie Studien und Untersuchungen aufgezeigt. 4

Daran anschließend wird ein Überblick über die verschiedenen Einsatzmöglichkeiten der SE gegeben. Anhand von konkreten Fallkonstellationen und Strukturen aus der Unternehmens- und Konzernpraxis werden die Unterschiede, die sich durch den Einsatz einer SE anstelle von Rechtsformen nationalen Rechts ergeben können, für diejenigen Unternehmen und Konzerne aufgezeigt und analysiert werden, die originär oder auch ausgehend von Drittstaaten gemeinschaftsweit also grenzüberschreitend im Europäischen Binnenmerkt agieren und sich dementsprechend auch gemeinschaftsweit strukturieren, reorganisieren oder zusammenschließen sowie ihren Sitz grenzüberschreitend in andere Mitgliedstaten der EU oder des EWR verlegen wollen. In diesem Zusammenhang ist auch das Bedürfnis der Unternehmen und Konzerne zu berücksichtigen, die Leistungsfähigkeit ihres jeweiligen Systems der Unternehmensleitung und -überwachung (Corporate Governance) durch dessen Anpassung an unternehmens- oder konzernindividuelle Besonderheiten sowie an die Anforderungen des Kapitalmarktes und des gesamten Unternehmens- und Konzernumfeldes standortunabhängig aufrecht zu erhalten oder noch weiter zu steigern. Zu beachten ist ferner die Notwendigkeit, aber auch die erstmalige Möglichkeit, das System der Beteiligung von Arbeitnehmerinnen und Arbeitnehmern unabhängig, ggf. aber auch unter Berücksichtigung von traditionellen, gesetzlich festgeschriebenen Mitbestimmungsstandards unternehmens- oder konzernindividuell neu und europaweit einheitlich sowie ggf. auch unabhängig von den Regelungen in den betreffenden Nationalstaaten, mithin standortunabhängig ausgestaltet zu können. Darüber hinaus ist auch auf die steuerrechtlichen Rahmenbedingungen des Einsatzes einer SE in der Unternehmens- und Konzernpraxis einzugehen, welche einerseits durch das nationale und internationale Steuerrecht der Mitgliedstaaten der EU und des EWR einschließlich der weitgehend flächendeckend bestehenden bilateralen und teilweise auch multilateralen Doppelbesteuerungsabkommen und andererseits insbesondere durch die Grundfreiheiten also das Primärrecht der EU und des EWR sowie die Steuerrichtlinien also das Sekundärrecht aber ausschließlich der EU gekennzeichnet sind.[8] 5

Im Mittelpunkt der Ausführungen stehen somit insbesondere die gesellschaftsrechtlich bedingten Einsatz- und Ausgestaltungsmöglichkeiten der statutarischen Organisationsstruktur, des Systems der Corporate Governance sowie der Beteiligung von Arbeitnehmerinnen und Arbeitnehmern, aber auch steuerrechtliche Fragestellungen sowie Aspekte der internationalen Steuerplanung von grenzüberschreitend tätigen Unternehmen und Konzernen durch die Rechtsform der SE. Die SE wird dabei zumindest in ihren Kernbereichen und 6

---

[8] Ausführlich zum Steuerrecht der SE vgl. auch Kölner Komm AktG/*Wenz/Daisenberger/Kloster*, Bd. 2, Schlussanhang III, 1108–1249; Lutter/Hommelhoff/Teichmann SE/*Schön*, Die SE im Steuerrecht, 1369–1408; NK-SE/*Preisser/Ruhlmann* 979–1149.

grenzüberschreitenden Aspekten durch die SE-VO und (nur) ergänzend durch das jeweilige nationale (Aktien-)Recht, insbesondere aber auch durch das jeweilige nationale SE-AG des betreffenden SE-Sitzstaates geregelt; zu beachten sind in diesem Zusammenhang ferner die Bestimmungen der nationalen SE-BG betreffend die Mitbestimmung der Arbeitnehmerinnen und Arbeitnehmer, welche die Bestimmungen der SE-RL in das jeweilige nationale Recht der Mitgliedstaaten der EU und des EWR transformiert haben und alle gleichermaßen und standortunabhängig zum Schutz bestehender Mitbestimmungsformen beitragen. Hinsichtlich der steuerrechtlichen Fragestellungen ist auf das nationale und das internationale Steuerrecht der konkret betroffenen Mitgliedstaaten der EU und des EWR einschließlich Doppelbesteuerungsabkommen sowie auf die Bestimmungen des europäischen Primärrechts der EU und des EWR und des Sekundärrechts der EU, welches in das nationale Recht der Mitgliedstaaten der EU transformiert wurde, abzustellen.

## B. Grenzüberschreitende Flexibilität und Mobilität

7   Im Anschluss an den historischen, allerdings völlig unerwarteten Durchbruch im Europäischen Rat von Nizza Ende 2000, dem sog. „Wunder von Nizza"[9], steht den Unternehmen und Konzernen in der Europäischen Union (EU) sowie gleichermaßen auch im Europäischen Wirtschaftsraum (EWR) seit dem 8.10.2004 das „Flaggschiff des europäischen Gesellschaftsrechts"[10], die damals neue supranational-europäische Rechtsform der Europäischen Aktiengesellschaft (Societas Europaea, SE) zur Verfügung, die ihnen seither eine umfassende grenzüberschreitende Mobilität und Flexibilität gemeinschaftsweit ermöglicht. Zu diesem Zeitpunkt trat die Verordnung über das Statut der SE (SE-VO)[11] in Kraft. Gleichzeitig waren sowohl zahlreiche Verpflichtungen und Ermächtigungen der SE-VO von den inzwischen 27 (zwischenzeitlich sogar 28) Mitgliedstaaten der EU und den 3 Mitgliedstaaten des EWR in nationales Recht umzusetzen sowie insbesondere auch die Richtlinie betreffend die Beteiligung der Arbeitnehmer (SE-RL)[12] in nationales Recht der 30 (zwischenzeitlich sogar 31) Mitgliedstaaten der EU und des EWR zu transformieren. Nach Jahrzehnten der kontroversen Diskussion, nicht zuletzt über die Frage der Mitbestimmung der Arbeitnehmerinnen und Arbeitnehmer, hat der Europäische Gesetzgeber damals die gesellschaftsrechtlichen Voraussetzungen zur Vollendung des Europäischen Binnenmarktes auch im Bereich der Rechtsformen geschaffen.[13] Unternehmen und Konzerne können sich seither über Hoheits- und Ländergrenzen hinweg nach prinzipiell einheitlichen europäischen Regeln auf Gemeinschaftsebene neu strukturieren, reorganisieren und zusammenschließen sowie ihren Sitz identitätswahrend über die Grenze in andere Mitgliedstaaten der EU und des EWR verlegen.[14] Zumindest das durch die EU und den EWR institutionell vereinigte Europa verfügt damit neben der EWIV und der SCE über die erste gemeinsame supranational-europäische Rechts- und Organisationsform für euro-

---

[9] *Hirte* NZG 2002, 1 f.
[10] *Hopt* ZIP 1998, 99.
[11] S. Verordnung (EG) Nr. 2157/2001 des Rates vom 8.10.2001 über das Statut der Europäischen Gesellschaft (SE), ABl. EG 2001 L 294, 1 ff., zuletzt geändert durch Verordnung (EU) Nr. 517/2013 des Rates vom 13.5.2013 zur Anpassung einiger Verordnungen und Beschlüsse in den Bereichen freier Warenverkehr, Freizügigkeit, Gesellschaftsrecht, Wettbewerbspolitik, Landwirtschaft, Lebensmittelsicherheit, Tier- und Pflanzengesundheit, Verkehrspolitik, Energie, Steuern, Statistik, transeuropäische Netze, Justiz und Grundrechte, Recht, Freiheit und Sicherheit, Umwelt, Zollunion, Außenbeziehungen, Außen-, Sicherheits- und Verteidigungspolitik und Organe aufgrund des Beitritts der Republik Kroatien, ABl. EU 2013 L 158, 1 ff.
[12] S. Richtlinie 2001/86/EG des Rates zur Ergänzung des Statuts der Europäischen Gesellschaft hinsichtlich der Beteiligung der Arbeitnehmer v. 8.10.2001, ABl. EG 2001 L 294, 22 ff.
[13] Vgl. *Wenz*, Die Societas Europaea (SE), 1993, 35 ff.
[14] Dazu vgl. *Wenz* AG 2003, 185 ff.; sowie auch Lutter/Hommelhoff EU-Gesellschaft/*Maul/Wenz* 261 f.; *Petri/Wenz* AR 2004, 3 f.; *Sauter/Wenz* CommerceGermany 2002, 10.

päisch oder sogar global aufgestellte Unternehmen und Konzerne im Europäischen Binnenmerkt.

## I. Vollendung des Europäischen Binnenmarktes

Die Schaffung der Rechtsform einer Europäischen Aktiengesellschaft steht in unmittelbarem Zusammenhang mit den Zielsetzungen des EG-Vertrages mithin des Vertrages über die Arbeitsweise der Europäischen Union (AEUV) sowie ergänzend auch des Abkommens über den Europäischen Wirtschaftsraum (EWR-Abkommen), namentlich der Verwirklichung des Gemeinsamen Marktes sowie der Vollendung des Europäischen Binnenmarktes;[15] für die Konkretisierung der übergeordneten Zielsetzung der SE und deren Verständnis müssen allerdings auch die Unterschiede zwischen den beiden Konzeptionen zur wirtschaftlichen Integration in der EU (Gemeinsamer Markt versus Europäischer Binnenmarkt) beachtet werden.

Der Europäische Binnenmarkt[16] wird insbesondere durch die Grundfreiheiten des EG-Vertrages[17] bzw. des AEUV[18] und – dem entsprechend – auch des EWR-Abkommens,[19] die auch als binnenmarktspezifische Freiheitsgrade verstanden werden können, legal definiert und gewährleistet. Er kann entsprechend der damit in Zusammenhang stehenden Europäischen Marktrechtsordnung durch einen intensiven grenzüberschreitenden Wettbewerb sowohl zwischen einzelnen Unternehmen als auch zwischen Standorten, mithin der verschiedenen nationalen Rechtsordnungen und -systeme gekennzeichnet werden (Integration durch Wettbewerb). Dagegen ist der Gemeinsame Markt darüber hinaus auch durch die Verschmelzung der nationalen Märkte zu einem einheitlichen Markt ohne jegliche va staatsinduzierte Wettbewerbsverzerrungen gekennzeichnet und setzt insoweit auch die gemeinschaftliche Koordination der einzelstaatlichen Wirtschafts- und Steuerpolitik der Mitgliedstaaten voraus (Integration durch Wettbewerb und Intervention).[20]

Während die SE-VO-Vorschläge von 1970 und 1975 noch davon ausgingen, dass die Schaffung der SE einen Bestandteil zur Verwirklichung des Gemeinsamen Marktes darstellt,[21] sind die SE-VO-Vorschläge von 1989 und 1991 als rechtspolitische Maßnahme zur Vollendung des Europäischen Binnenmarktes zu verstehen.[22] Die SE war zunächst also dafür gedacht, den weitgehend einheitlichen Gemeinsamen Markt durch eine ebenfalls weitgehend einheitliche europäische Rechtsform auf der Grundlage eines dementsprechend nahezu vollständig eigenständigen europäischen Aktiengesetzes zu verwirklichen.[23] Allerdings scheiterte dieses Vorhaben gerade daran, dass sich die Mitgliedstaaten der EU nicht von ihren nationalen Aktienrechtstraditionen lösen, ihre nationalen Wettbewerbspositionen nicht aufgeben und nicht auf ein von ihrem jeweiligen nationalen Aktienrecht vollkom-

---

[15] S. Art. 2–4 EG-Vertrag.
[16] S. Art. 26 Abs. 2 AEUV (ex-Art. 14 Abs. 2 EG-Vertrag): „Der Binnenmarkt umfasst einen Raum ohne Binnengrenzen, in dem der freie Verkehr von Waren, Personen, Dienstleistungen und Kapital (...) gewährleistet ist."
[17] S. Art. 12–69, 294 EG-Vertrag.
[18] S. Art. 18–66 AEUV.
[19] S. Art. 8–52 EWR-Abkommen.
[20] Grundlegend dazu vgl. insbesondere *Eyles,* Das Niederlassungsrecht der Kapitalgesellschaften in der Europäischen Gemeinschaft, 1990, 15 ff.; Ohr/*Mussler/Streit,* Integrationspolitische Strategien in der EU, 1996, 266 ff.; *Zacker* RIW 1989, 489 f.
[21] S. *Kommission der Europäischen Wirtschaftsgemeinschaft,* Denkschrift über die Schaffung einer europäischen Handelsgesellschaft, SEK(66) 1250 vom 22. 4. 1966, S. 1, 6.
[22] S. Erwägungsgrund Nr. 1 SE-VO-Vorschlag 1991. Dazu vgl. *Wenz* ET 2004, 6.
[23] Vgl. *Lenoir* ULR 2008, 13 ff.; *Lutter* BB 2002, 1; Lutter/Hommelhoff EU-Gesellschaft/*Lutter/Hommelhoff* 1 f.; *Wenz,* Die Societas Europaea (SE), 1993, 27, 35 f.

11  Durch die Wiederbelebungsversuche des SE-Projekts in Zusammenhang mit dem Inkrafttreten des Europäischen Binnenmarktes, änderte sich dementsprechend auch die Zielsetzung des EG-Vertrages bzw. des AEUV, welche der Schaffung einer SE zugrunde liegt. Fortan war die SE (nur noch) als supranational-europäische, aber nicht mehr als vollkommen eigenständige Rechtsform zur Vollendung des Europäischen Binnenmarktes, die dementsprechend insbesondere über sämtliche binnenmarktspezifischen Freiheitsgrade verfügen soll, konzipiert,[25] ua um dadurch auch die Unternehmens- an die Europäische Marktrechtsordnung anzupassen.

12  Der entscheidende Unterschied besteht folglich darin, dass die SE-VO per se kein vollkommen einheitliches Regelungsstatut mehr darstellt und auch nicht mehr darstellen soll, sondern sowohl der Bezugnahme auf die Vorschriften des jeweiligen (harmonisierten) nationalen Rechts, insbesondere des Sitzstaats der SE, als auch der verstärkten Verankerung von Elementen des rechtlichen Wettbewerbs und der rechtlichen Arbitrage, zB durch die Gewährung von rechtsformspezifischen Unternehmenswahlrechten, offen gegenüber steht.[26] Dieser Ansatz nimmt somit Bezug auf die bislang erreichten Fortschritte in der Harmonisierung nationalen Rechts, akzeptiert insbesondere die gegenseitige Anerkennung und Nutzung der bestehenden gesellschaftsrechtlichen Standards und Unterschiede in den Mitgliedstaaten der EU und des EWR und stellt auf mehr Eigenverantwortlichkeit und Regelungsautonomie bis hin zur europaweiten Auswahlfreiheit einschließlich Company Law Shopping und Tax Law Arbitrage,[27] mithin auf erheblich mehr Vielfalt statt Einheit ab.[28] Nur dort, wo eine einheitliche supranational-europäische Regelung zwingend erforderlich ist, um die Kernbereiche der SE zu bestimmen und va deren grenzüberschreitende Einsatz- und Anwendungsmöglichkeiten gemeinschaftsweit zu gewährleisten, bleiben weitgehend einheitliche Regelungen der SE-VO vorbehalten[29] (Ausfluss des Subsidiaritätsprinzips).[30]

13  Dieser Paradigmenwechsel in der übergeordneten Zielsetzung der SE stellt eine der Grundvoraussetzungen der spezifischen Charakteristika der SE entsprechend der nunmehr verabschiedeten Fassung der SE-VO dar.[31] Entscheidend ist somit, dass die SE insbesondere über sämtliche binnenmarktspezifischen Freiheitsgrade verfügt und dadurch die auch nach der Verabschiedung und der teilweise noch ausstehenden Umsetzung des EU-Company Law Packages weiterhin bestehenden Hindernisse für grenzüberschreitende Aktivitäten von Unternehmen und Konzernen im Europäischen Binnenmarkt überwunden werden können, welche die Effizienz und Wettbewerbsfähigkeit wirtschaftlichen Handelns in Europa seit Jahrzehnten hinsichtlich der Ausgestaltung ihrer statutarischen Organisationsstruktur beeinträchtigen;[32] diesem konzeptionellen Verständnis der SE entsprechend ist es dagegen irrelevant, ob es mit der Einführung der SE in „Wahrheit" 30 oder – aufgrund verschiedener Corporate Governance-Systeme – 60 oder noch viel mehr verschiedene SE-

---

[24] Dazu vgl. insbesondere auch *Lenoir* ULR 2008, 13 ff. mit Erläuterungen zu weiteren nationalen Vorbehalten auch zB im Steuerrecht.
[25] S. Erwägungsgründe Nr. 1–5 SE-VO-Vorschlag 1991; Erwägungsgründe Nr. 1–4, 6 SE-VO.
[26] Dazu s. Erwägungsgründe Nr. 9, 14 SE-VO.
[27] Dazu vgl. auch *Wehlau* CMLR 1992, 477, 505; sowie auch *Eidenmüller/Engert/Hornuf* EBOLR 2009, 1 ff.; *Enriques* JCLS 2004, 77 ff.; *Grundmann* ZGR 2001, 801 f.; *Hauschka* AG 1990, 96 ff.; *Hommelhoff*, Der Wettbewerb der Rechtsordnungen im Europäischen Unternehmensrecht, 2001, 4; *Hornuf/Mohamed/Schwienbacher* JCMS 2019, 659 ff.; *Keller/Rosenbohm* EJIR 2020, 23 ff.; *Kirshner* EFCR 2010, 444 ff.
[28] Vgl. *Grundmann* ZIP 2004, 2402 ff.
[29] *Lutter* und *Hommelhoff* gehen daher davon aus, dass höchstens 40% des auf eine SE anwendbaren Rechts europäisch sind. Vgl. Lutter/Hommelhoff EU-Gesellschaft/*Lutter/Hommelhoff* 2.
[30] S. Art. 5 EG-Vertrag; Erwägungsgrund Nr. 29 SE-VO.
[31] Dazu vgl. auch *Wehlau* CMLR 1992, 477 f., 505 f.; *Wenz* ET 2004, 6. Zumindest auf das Ergebnis Bezug nehmend vgl. Lutter/Hommelhoff EU-Gesellschaft/*Lutter/Hommelhoff* 1 f.
[32] Speziell dazu vgl. auch *Wymeersch*, Company Law in Europe and European Company Law, Working Paper Series WP 2001-06, Universiteit Gent 2001, 21, 44.

Formen gibt und geben wird. Dadurch und durch die Verankerung von Elementen des rechtlichen Wettbewerbs und der rechtlichen Arbitrage in der und durch die SE-VO eröffnet die SE vielmehr auch einen Wettbewerb und eine Arbitrage der nationalen Gesellschaftsrechts- sowie zB auch der nationalen Steuerrechtssysteme sowie der Rechtsformen im Europäischen Binnenmarkt insgesamt (Integration durch Wettbewerb).[33]

Im Ergebnis kann durch die SE folglich die Europäische Unternehmensrechtsordnung an die Europäische Marktrechtsordnung angepasst und insoweit auch die Zielsetzung des EG-Vertrages bzw. des AEUV, die Vollendung des Europäischen Binnenmarktes im Bereich der Rechtsformen, sowohl anwendungs- bzw. faktorbezogen als auch institutionell bzw. wettbewerbsbezogen erreicht werden. Über die positiv zu beantwortende Frage, inwieweit die Einheitlichkeit der SE-VO zudem wünschenswert ist, und welche Anwendungsprobleme sich bei einer nicht einheitlich, sondern teilweise einerseits wettbewerbsorientiert und andererseits nationalstaatlich geregelten SE ergeben können, ist dadurch aber noch nichts weiter gesagt.

## II. Zielsystem der SE

Ausgehend von den Zielen des EG-Vertrages bzw. des AEUV und des EWR-Abkommens liegt der Schaffung der Europäischen Aktiengesellschaft das Ziel der Vollendung des Europäischen Binnenmarktes auch im Bereich der Rechtsformen[34] insbesondere zur Realisierung von Effizienzsteigerungen aufgrund verminderter Transaktions- und Organisations(form)kosten zugrunde. Unternehmen und Konzerne, die originär oder auch ausgehend von Drittstaaten gemeinschaftsweit also grenzüberschreitend und im Europäischen Binnenmerkt agieren, sollen sich eines angemessenen rechtlich-institutionellen Rahmens bedienen können, mithin gemeinschaftsweit strukturieren, reorganisieren und zusammenschließen, ihren Sitz grenzüberschreitend in andere Mitgliedstaten der EU oder des EWR verlegen sowie ihre Corporate Covernance und die Form der Beteiligung der Arbeitnehmerinnen und Arbeitnehmer unternehmens- und konzernindividuell ausgestalten können, um wirklich europäische Unternehmen und Konzerne mit entsprechender europäischer Identität herausbilden und die nationalen Hoheits- und Ländergrenzen überwinden, aber auch um mit amerikanischen, japanischen und insbesondere auch chinesischen Unternehmen und Konzernen auf globaler Ebene konkurrieren und entsprechende Größenvorteile (economies of scale, scope and speed) erzielen zu können.[35] Damit verbunden ist folgendes komplexes Zielsystem der SE (vgl. auch die nachstehende Abbildung[36]):

---

[33] Dazu vgl. auch *Eidenmüller/Engert/Hornuf* EBOLR 2009, 1 ff.; *Enriques* JCLS 2004, 77 ff.; Lutter/Hommelhoff EU-Gesellschaft/*Lutter/Hommelhoff* 2; *Hornuf/Mohamed/Schwienbacher* JCMS 2019, 659 ff.; *Keller/Rosenbohm* EJIR 2020, 23 ff.; *Kirshner* EFCR 2010, 444 ff. Zur Bedeutung der SE für die Arbitrage im Europäischen Gesellschaftsrecht vgl. *Enriques* JCLS 2004, 77 ff. Allgemein zu den Voraussetzungen eines Wettbewerbs der Systeme, insbesondere der nationalen Rechtsordnungen, vgl. *Dreher* JZ 1999, 108 f.
[34] S. Art. 26 Abs. 2 AEUV (ex-Art. 14 Abs. 2 EG-Vertrag), Erwägungsgründe Nr. 1, 4, 8 SE-VO. Dazu vgl. auch *Blanquet* ZGR 2002, 29 f. (33, 62); Lutter/Hommelhoff EU-Gesellschaft/*Maul/Wenz* 261; *Wenz*, Die Societas Europaea (SE), 1993, 35 f.; *Wenz* AG 2003, 186 f.; *Wenz* ET 2004, 4 ff.; *Wymeersch*, Company Law in Europe and European Company Law, Working Paper Series WP 2001–06, Universiteit Gent 2001, 27; sowie auch den *Ciampi*-Bericht: *Competitiveness Advisory Group*, Enhancing European Competitiveness – First Report, 1995, 9.
[35] Grundlegend dazu vgl. *Wenz* AG 2003, 186; sowie auch *Blanquet* ZGR 2002, 24, 28, 30; *Wehlau* CMLR 1992, 473, 476; *Wenz*, Die Societas Europaea (SE), 1993, 39 f.
[36] Überarbeitete Version aus *Wenz*, Die Societas Europaea (SE), 1993, 44. Auf die Urversion abstellend vgl. beispielsweise *Bleicher*, Normatives Management, 1994, 329 ff.; *Buchheim*, Europäische Aktiengesellschaft und grenzüberschreitende Konzernverschmelzung, 2001, 116 ff.

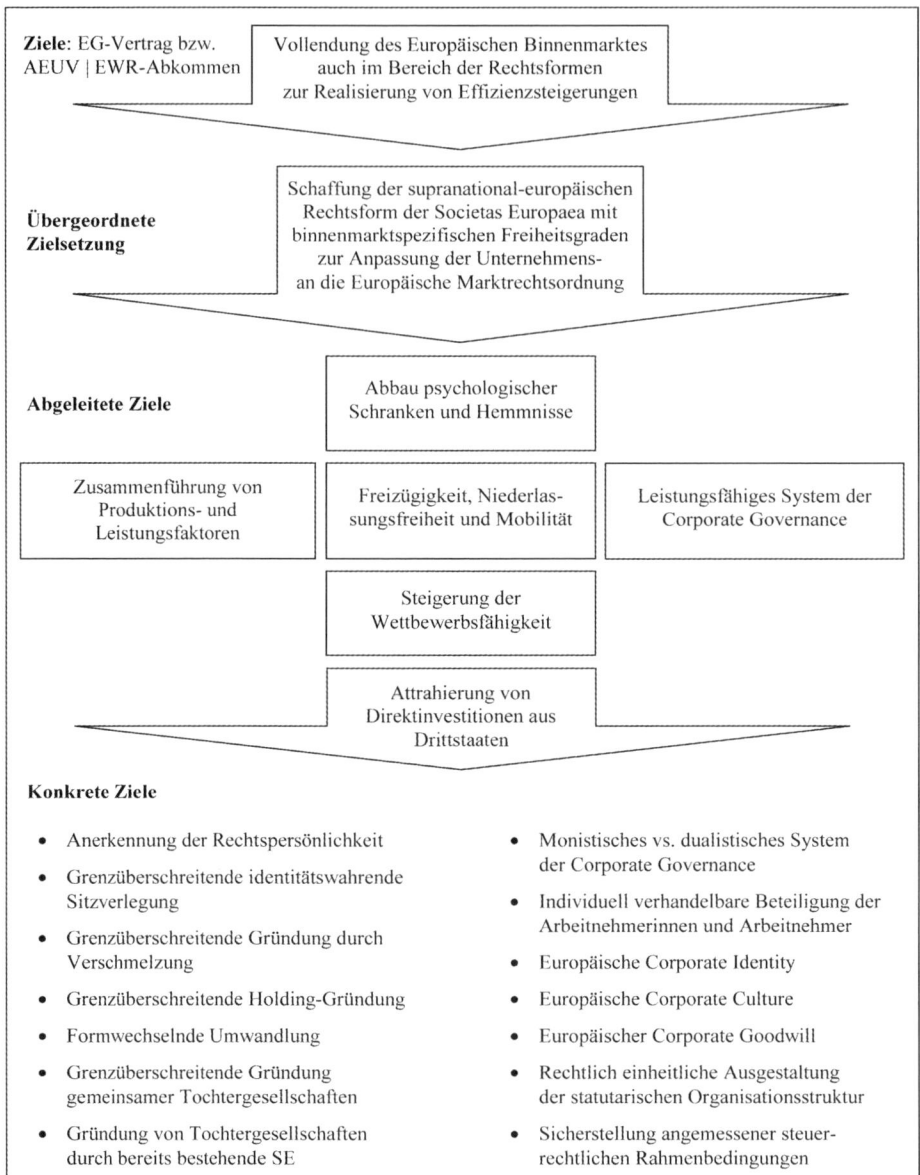

Zielsystem der Societas Europaea (SE)

16  Die übergeordnete Zielsetzung der SE besteht in der Schaffung einer supranational-europäischen Rechtsform der Europäischen Aktiengesellschaft (Societas Europaea, SE), die über sämtliche binnenmarktspezifischen Freiheitsgrade verfügt und dadurch zur Anpassung der Unternehmens- an die Europäische Marktrechtsordnung führt.[37] Den Unternehmen und Konzernen im Europäischen Binnenmarkt soll folglich eine Rechtsform zur Verfügung gestellt werden, die zum Abbau psychologischer Schranken und Hemmnisse beiträgt und über

---

[37] S. auch Erwägungsgründe Nr. 4, 6 SE-VO. Dazu vgl. auch *Wenz* AG 2003, 186 f.; *Wenz* ET 2004, 6.

## B. Grenzüberschreitende Flexibilität und Mobilität § 1

die gleiche Freizügigkeit, Niederlassungsfreiheit und Mobilität sowie dieselben Möglichkeiten der Zusammenführung von Produktions- und Leistungsfaktoren verfügt, wie Rechtsformen nationalen Rechts im jeweilgen nationalen Markt;[38] die Rechtsform einer SE soll darüber hinaus auch über ein leistungsfähiges System der Unternehmensleitung und -überwachung (Corporate Governance) verfügen[39] und die Möglichkeit zur Attrahierung von Direktinvestitionen aus Drittstaaten besitzen[40] (abgeleitete Zielsetzung). Um diese abgeleiteten Ziele zu erreichen, hat die SE eine Vielzahl von konkreten Zielsetzungen zu erfüllen:

- Uneingeschränkte Anerkennung der Rechtspersönlichkeit der SE in allen gegenwärtig 30 Mitgliedstaaten der EU und des EWR,[41]
- Identitätswahrende grenzüberschreitende Sitzverlegung und jeweils identischer Hauptverwaltung der SE von einem Mitgliedstaat der EU oder des EWR in einen anderen Mitgliedstaat der EU oder des EWR,[42]
- Grenzüberschreitende Verschmelzung von Aktiengesellschaften nationalen Rechts verschiedener Mitgliedstaaten der EU oder des EWR zu einer SE mit freier Wahl des Sitzes und identischer Hauptverwaltung in einem Mitgliedstaat der EU oder des EWR,[43]
- Grenzüberschreitende Errichtung einer übergeordneten Holding-SE mit freier Wahl des Sitzes und identischer Hauptverwaltung in einem Mitgliedstaat der EU oder des EWR durch Aktiengesellschaften oder Gesellschaften mit beschränkter Haftung nationalen Rechts der Mitgliedstaaten der EU oder des EWR,[44]
- Umwandlung von Aktiengesellschaften nationalen Rechts der Mitgliedstaaten der EU oder des EWR in eine SE mit demselben Sitz und identischer Hauptverwaltung in dem betreffenden Mitgliedstaat der EU oder des EWR,[45]
- Grenzüberschreitende Gründung gemeinsamer Tochtergesellschaften in der Rechtsform einer SE mit freier Wahl des Sitzes in einem Mitgliedstaat der EU oder des EWR durch Gesellschaften des bürgerlichen und des Handelsrechts sowie juristische Personen des öffentlichen oder privaten Rechts der Mitgliedstaaten der EU oder des EWR,[46]
- Gründung von Tochtergesellschaften in der Rechtsform einer SE mit freier Wahl des Sitzes und identischer Hauptverwaltung in einem Mitgliedstaat der EU oder des EWR durch bereits bestehende SE,
- Rechtlich einheitliche Ausgestaltung der statutarischen Organisationsstruktur von gemeinschaftsweit tätigen Unternehmen insbesondere auch mit unselbstständigen Niederlassungen anstelle von selbstständigen Tochtergesellschaften in anderen Mitgliedstaaten der EU und des EWR,[47]
- Standortunabhängige Auswahlfreiheit zwischen dualistischem und monistischem System der Unternehmensleitung und -überwachung, die ua auch den Bedürfnissen und Anforderungen des Kapitalmarktes entspricht mit größenmäßig im Vergleich zu nationalen Systemen der Corporate Governance ggf. erheblich reduzierten Gremien,[48]

---

[38] S. Erwägungsgründe Nr. 1–8 SE-VO. Dazu vgl. auch *Wenz* AG 2003, 187; *Wymeersch*, Company Law in Europe and European Company Law, Working Paper Series WP 2001–06, 17, 39.
[39] S. Erwägungsgrund Nr. 14 SE-VO. Dazu vgl. auch *Wenz* AG 2003, 187.
[40] Dazu vgl. *Wehlau* CMLR 1992, 507 f. mwN; *Wenz* ET 2004, 6; sowie auch *Blanquet* ZGR 2002, 64.
[41] S. auch Erwägungsgründe Nr. 1–6 SE-VO. Dazu vgl. auch *Wenz*, Die Societas Europaea (SE), 1993, 36.
[42] S. Erwägungsgründe Nr. 5, 24 SE-VO. Dazu vgl. auch *Wehlau* CMLR 1992, 506.
[43] S. Erwägungsgrund Nr. 10 SE-VO. Dazu vgl. auch *Blanquet* ZGR 2002, 25.
[44] S. Erwägungsgrund Nr. 10 SE-VO. Dazu vgl. auch *Buchheim*, Europäische Aktiengesellschaft und grenzüberschreitende Konzernverschmelzung, 2001, 121.
[45] S. Erwägungsgrund Nr. 11 SE-VO. Dazu vgl. auch *Teichmann* ZGR 2002, 439 ff.
[46] S. Erwägungsgrund Nr. 10 SE-VO. Dazu vgl. auch *Wenz*, Die Societas Europaea (SE), 1993, 39 ff.
[47] S. Erwägungsgrund Nr. 4 SE-VO. Vgl. auch *Petri/Wenz* AR 2004, 3 f.; Lutter/Hommelhoff EU-Gesellschaft/*Maul/Wenz* 261, 264.
[48] S. Erwägungsgrund Nr. 14 SE-VO. Vgl. auch *Hommelhoff* AG 2001, 282 ff.; *Hornuf/Mohamed/Schwienbacher* JCMS 2019, 659 ff.; *Keller/Rosenbohm* EJIR 2020, 23 ff.; Lutter/Hommelhoff EU-Gesellschaft/*Maul/Wenz* 264.

- Individuell und standortunabhängig verhandelbare Beteiligung und europaweite Vertretung der Arbeitnehmerinnen und Arbeitnehmer an Entscheidungen, die den Geschäftsverlauf der SE betreffen, insbesondere auch im Rahmen des gewählten Systems der Corporate Governance,[49]
- Entwicklung einer Europäischen Corporate Identity, einer Europäischen Corporate Culture und eines Europäischen Corporate Goodwill der SE, mithin eines Europäischen Images der einbezogenen Unternehmen und Konzerne,[50]
- Sicherstellung von angemessenen steuerrechtlichen Rahmenbedingungen, welche durch das nationale und internationale Steuerrecht der betreffenden Mitgliedstaaten der EU und des EWR einschließlich Doppelbesteuerungsabkommen sowie die Bestimmungen des europäischen Primärrechts des AEUV sowie des EWR-Abkommens als auch des Sekundärrechts der EU determiniert sind.

17 Ausgehend von den konkreten Zielen, die mit der Schaffung der Europäischen Aktiengesellschaft verbunden sind und von dieser auch grundsätzlich erfüllt werden können, kann der SE in der 2001 verabschiedeten Fassung der SE-VO konstatiert werden, dass sie insoweit auch die abgeleiteten Ziele, die mit ihrer Einführung verbunden sind, erfüllen kann. Ungeachtet ihrer rechtlichen Komplexität aufgrund des Zusammenwirkens von einheitlichem Recht der SE-VO, nationalen SE-AG und differenziertem, zumindest teilweise harmonisiertem Recht der einzelnen Mitgliedstaaten, kann die SE, die über sämtliche binnenmarktspezifischen Freiheitsgrade verfügt, den Europäischen Binnenmarkt im Bereich der Rechtsformen vollenden und insoweit auch die Europäische Unternehmens- an die Europäische Marktrechtsordnung anpassen: Erfüllung der übergeordneten Zielsetzung sowie derjenigen des EG-Vertrages bzw. des AEUV und des EWR-Abkommens.

## III. Europäische Dimension sowie nationale Integration und Umsetzung

18 Die Societas Europaea stellt in der am 8.10.2001 verabschiedeten Fassung die erste supranational-europäische Rechts- und Organisationsform wirtschaftlichen Handelns im Europäischen Binnenmarkt dar, die den Unternehmen und Konzernen (abgesehen von der EWIV und der SCE) alternativ zu den Rechtsformen nationalen Rechts zur Verfügung steht. Sie ist als genuine Schöpfung des europäischen Gemeinschaftsrechts[51] eine Gesellschaft europäischen Rechts mit eigener Rechtspersönlichkeit,[52] die in das jeweilige Register ihres Sitzstaates, an dem sich zwingend auch ihre Hauptverwaltung befinden muss,[53] einzutragen ist,[54] deren festes Kapital in Aktien zerlegt ist und deren Grundkapital mindestens 120.000 EUR zu betragen hat.[55] Eine SE kann nur nach bestimmten Gründungsformen von Unternehmen mit einer bestimmten Rechtsform sowie unter Berücksichtigung räumlich und zeitlich genau festgelegter Aspekte der Mehrstaatlichkeit errichtet werden (numerus clausus);[56] sie verfügt entweder über ein monistisches oder dualistisches System der Unternehmensleitung und -überwachung (Corporate Governance),[57] das jeweils vergleichsweise flexibel ausgestaltet werden kann, und kann erst dann eingetragen werden, wenn insbesondere eine unternehmensindividuelle Vereinbarung über die Beteiligung der

---

[49] S. Erwägungsgründe Nr. 19, 21 SE-VO. Dazu vgl. auch *Hommelhoff/Teichmann* SZW 2002, 6f.; *Hornuf/Mohamed/Schwienbacher* JCMS 2019, 659 ff.; *Keller/Rosenbohm* EJIR 2020, 23 ff.
[50] S. auch Erwägungsgrund Nr. 3 SE-VO. Dazu vgl. auch *Buchheim,* Europäische Aktiengesellschaft und grenzüberschreitende Konzernverschmelzung, 2001, 242 ff.; *Wehlau* CMLR 1992, 507.
[51] Dazu vgl. *Wicke* RNotZ 2020, 25 (26).
[52] S. Art. 1 SE-VO.
[53] Dazu und zu den historischen Zusammenhängen der sog. Sitztheorie vgl. auch *Kirshner* ECFR 2010, 444 (446 mwN).
[54] S. Art. 7, 12 SE-VO.
[55] S. Art. 1, 4 SE-VO. Insofern wird sie auch als Rechtsform für Großunternehmen angesehen. Dazu vgl. *Hommelhoff/Teichmann* SZW 2002, 3; *Teichmann* ZGR 2002, 388 f.
[56] S. Art. 2–3 SE-VO.
[57] S. Art. 38 SE-VO.

Arbeitnehmerinnen und Arbeitnehmer entsprechend den Vorgaben der SE-RL getroffen wurde oder die Auffangregelung nach dem sog. Vorher-Nachher-Prinzip zur Anwendung kommt.[58] Ihrer Firmenbezeichnung ist der Zusatz „SE" voran- oder nachzustellen,[59] um sie als Europäische Aktiengesellschaft im Vergleich zu den entsprechenden Rechtsformen nationalen Rechts eindeutig zu kennzeichnen.

In ihren Grundzügen ist die SE in einer EG-Verordnung (SE-VO) geregelt, die aus 70 Artikeln besteht, in allen Mitgliedstaaten der EU und des EWR unmittelbar anwendbar und am 8.10.2004 in Kraft getreten ist. Aufgrund der verschiedenen Verweisungen und Ermächtigungen in der SE-VO, die insbesondere auf die Bestimmungen des nationalen Aktienrechts des Sitzstaats der SE verweisen, sowie der Notwendigkeit, die SE in die gegebene Rechtsordnung der Mitgliedstaaten der EU und des EWR zu integrieren, war darüber hinaus die Verabschiedung von nationalen Ausführungsgesetzen in den einzelnen Mitgliedstaaten bis zum 8.10.2004 erforderlich.[60] Ferner musste die EG-Richtlinie (SE-RL), welche die Regelungen zur Mitbestimmung der Arbeitnehmerinnen und Arbeitnehmer beinhaltet, bis zu diesem Tag in nationales Recht transformiert sein.[61]

Mittlerweile haben alle 27 (zwischenzeitlich 28) Mitgliedstaaten der EU und alle 3 Mitgliedstaaten des EWR – soweit erforderlich – die Bestimmungen der SE-VO in nationales Recht integriert und diejenigen der SE-RL in nationales Recht transformiert. Ferner wurden europaweit von Oktober 2004 bis Juni 2021 nach den Angaben des European Trade Union Institutes (ETUI)[62] insgesamt 3.364 SE errichtetet und registriert, wobei 2.172 SE auf Tschechien (meist Vorratsgesellschaften aufgrund von staatlichen Finanzierungsanreizen[63]), 717 SE auf Deutschland, 176 SE auf die Slowakei, 41 SE auf Luxemburg und 37 SE auf die Niederlande (top 5 Länder EU/EWR) entfallen.[64] Im Einzelnen verteilen sich die errichteten und registrierten SE auf die einzelnen Mitgliedstaaten der EU und des EWR wie folgt:

---

[58] S. Art. 12 SE-VO.
[59] S. Art. 11 Abs. 1 SE-VO.
[60] S. auch Art. 68 Abs. 1 SE-VO.
[61] Zum Gang des Gesetzgebungsverfahrens speziell in *Deutschland* vgl. *Neye* Eur. AG 1 ff.; Kölner Komm AktG/*Siems/Müller-Leibinger,* Bd. 1, Vor Art. 1, Rn. 22–57.
[62] Dazu vgl. European Trade Union Institute (ETUI), European Company Database (ECDB), abrufbar unter: http://ecdb.worker-participation.eu (zuletzt abgerufen am 20.6.2021).
[63] Dazu vgl. auch *Eidenmüller/Lasak* JCLS 2012, 237 ff. Zur Entwicklung der SE speziell in Tschechien vgl. *Lasek,* Intereulaweast, 2020, 151 ff.
[64] Zur Bedeutung und den Möglichkeiten der Nutzung der SE in der Form einer Vorratsgesellschaft vgl. insbesondere auch *Wicke* RNotZ 2020, 25 ff.

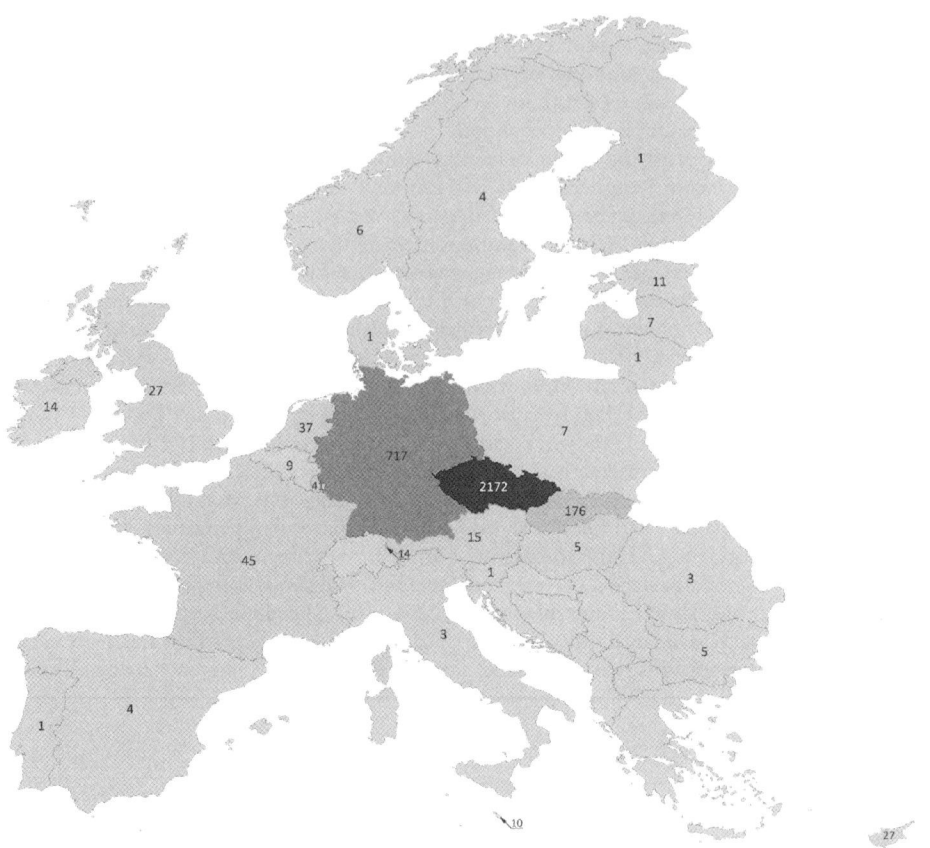

Gesamtanzahl registrierter SE in den Mitgliedstaaten der EU und des EWR (Quelle: ETUI[65])

## IV. Rechtsformspezifika und Motivation für die Rechtsformwahl

21 *(1) Grenzüberschreitende Mobilität, Flexibilisierung und Europäisierung der statutarischen Organisationsstruktur:* Besonders hervorzuheben ist, dass es den Unternehmen durch die Einführung der supranational-europäischen Rechtsform der SE auf der Grundlage eines europarechtlich abgesicherten Verfahrens seit nunmehr über 17 Jahren möglich ist, sich – ungeachtet der mittlerweile bestehenden oder noch zu schaffenden Möglichkeiten für Rechtsformen nationalen Rechts[66] – insbesondere grenzüberschreitend bei europaweit freier Sitzwahl und identischer Hauptverwaltung zu verschmelzen sowie den Sitz und die damit zwingend identische Hauptverwaltung über die Grenze von einem Mitgliedstaat der EU oder des EWR in einen anderen identitätswahrend zu verlegen. Dadurch können sich die Unternehmen im gesamten Europäischen Binnenmarkt auch grenzüberschreitend neu strukturieren, reorganisieren und zusammenschließen. An die Stelle der ersatzweise bislang erforderlichen,

---

[65] Dazu vgl. European Trade Union Institute (ETUI), European Company Database (ECDB), abrufbar unter: http://ecdb.worker-participation.eu (zuletzt abgerufen am 20.6.2021).
[66] S. Richtlinie (EU) 2019/2121 des Europäischen Parlaments und des Rates vom 27.11.2019 zur Änderung der Richtlinie (EU) 2017/1132 in Bezug auf grenzüberschreitende Umwandlungen, Verschmelzungen und Spaltungen, ABl. EU 2019 L 321, 1 ff. Diese Richtlinie ist bis 31.1.2023 in nationales Recht umzusetzen und von Bedeutung auch für die Mitgliedstaaten des EWR.

teilweise äußerst komplexen rechtlichen Strukturen, können Organisationsstrukturen treten, die wesentlich einfacher sind und den geänderten Rahmenbedingungen im Europäischen Binnenmarkt Rechnung tragen sowie mit geringeren Transaktions- und Organisations(form)kosten einhergehen.[67]

Auch bestehende Unternehmen und Konzerne können seither in einer klar strukturierten, auch rechtlich einheitlichen Organisationsstruktur durch eine einzige SE mit rechtlich unselbstständigen Niederlassungen in den anderen Mitgliedstaaten der EU und des EWR europaweit agieren. Dadurch können nicht nur Entscheidungswege verkürzt, sondern insbesondere auch die Organisations- und Verwaltungskosten für zahlreiche Tochtergesellschaften und deren jeweilige Organisation, Verwaltung, Führung, Überwachung, Rechnungslegung, Prüfung, Publizität und Hauptversammlung etc eingespart oder zumindest erheblich reduziert werden und darüber hinaus auch die regulatorischen Bedingungen und die Erfüllung der entsprechenden Anforderungen teilweise erheblich vereinfacht werden.[68] Diese Möglichkeit ist insbesondere für gemeinschaftsweit über Länder- und Hoheitsgrenzen hinweg zentral organisierte Unternehmen und Konzerne, beispielsweise auch aus Drittstaaten, von Interesse, da sie insoweit auch ihre statutarische Organisationsstruktur an die gewählte strategische Ausrichtung europaweit anpassen können.

*(2) Europäisierung der Corporate Governance Struktur und der Unternehmensmitbestimmung:* Als geradezu revolutionär und dem Binnenmarkt-Konzept entsprechend konnte und kann zudem die Einführung von Wettbewerbselementen in die SE-VO[69] angesehen werden, die über die Rechtsform der SE somit auch zumindest insoweit in die Mitgliedstaaten der EU und des EWR diffundieren. Zu nennen sind über die Möglichkeiten der grenzüberschreitenden Restrukturierung und Sitzverlegung hinaus va die generelle Auswahlfreiheit und größenbedingte Ausgestaltungsfreiheit zwischen einem dualistischen und einem monistischen System der Unternehmensleitung und -überwachung,[70] mithin die damit verbunde-

---

[67] Dazu vgl. insgesamt auch *Ernst & Young*, Study on the operation and the impact of the Statute for a European Company (SE), Final Report, 2009, 12, 209–225; *Europäische Kommission*, Bericht der Kommission an das Europäische Parlament und den Rat über die Anwendung der Verordnung (EG) Nr. 2157/2001 des Rates vom 8.10.2001 über das Statut der Europäischen Gesellschaft (SE) vom 17.11.2010, KOM(2010) 676 endgültig, 4 f.; *Europäische Kommission*, Aktionsplan für den Finanzbinnenmarkt, COM(1999)232 vom 11.05.1999, 8; *Hornuf/Mohamed/Schwienbacher* JCMS 2019, 659 (671 f.); *Jannott/Frodermann* in Jannott/Frodermann SE-HdB 1 f., 4–6; Kölner Komm AktG/*Siems/Müller-Leibinger*, Bd. 1, Vor Art. 1, Rn. 72–83.; *Keller/Rosenbohm* EJIR 2020, 23 ff.; *Kirshner* EFCR 2010, 444 ff.; *Lasek*, Intereulaweast, 2020, 151 ff.; *Lenoir* ULR 2008, 13 ff.; *Marsch-Barner*, Was spricht für die Gründung einer SE?, Studien des DAI, Heft 38: Die Societas Europaea (SE), 2007, 90–94; *Meiselles/Graute* EBLR 2017, 667 ff.; *Schaper*, Die Europäische Aktiengesellschaft (SE), 2018, 3 f.; *Teichmann* ZGR 2002, 385; *Monti* WM 1997, 607 f.; *Wehlau* CMLR 1992, 502 (507); *Wenz*, Die Societas Europaea (SE), 1993, 170 ff.; *Wenz* AG 2003, 185 ff.; *Wicke* RNotZ 2020, 25 ff.

[68] Dazu vgl. *Wenz* AG 2003, 187; sowie auch *Blanquet* ZGR 2002, 64; *Bungert/Beier* EWS 2002, 9; *Ernst & Young*, Study on the operation and the impact of the Statute for a European Company (SE), Final Report, 2009, 12, 209–226; *Europäische Kommission*, Bericht der Kommission an das Europäische Parlament und den Rat über die Anwendung der Verordnung (EG) Nr. 2157/2001 des Rates vom 8.10.2001 über das Statut der Europäischen Gesellschaft (SE) vom 17.11.2010, KOM(2010) 676 endgültig, 4 f.; *Jannott/Frodermann* in Jannott/Frodermann SE-HdB 1 f., 4–6; Kölner Komm AktG/*Siems/Müller-Leibinger*, Bd. 1, Vor Art. 1, Rn. 72–79.; *Lutter/Hommelhoff* EU-Gesellschaft/*Maul/Wenz* 264; und ferner *Wymeersch*, Company Law in Europe and European Company Law, Working Paper Series WP 2001–06, 17.

[69] Dazu vgl. auch *Hommelhoff*, Der Wettbewerb der Rechtsordnungen im Europäischen Unternehmensrecht, Vortrag vom 20.10.2001, 2 f.; und ferner zu dem durch die SE induzierten Wettbewerb der Rechtsordnungen *Teichmann* ZGR 2002, 400 ff.

[70] Dazu vgl. auch *Europäische Kommission*, Bericht der Kommission an das Europäische Parlament und den Rat über die Anwendung der Verordnung (EG) Nr. 2157/2001 des Rates vom 8.10.2001 über das Statut der Europäischen Gesellschaft (SE) vom 17.11.2010, KOM(2010) 676 endgültig, 4 f.; *Hornuf/Mohamed/Schwienbacher* JCMS 2019, 659 (671 f.); *Jannott/Frodermann* in Jannott/Frodermann SE-HdB 2, 6 f.; *Keller/Rosenbohm* EJIR 2020, 23 ff.; *Kirshner* EFCR 2010, 444 ff.; *Lasek*, Intereulaweast, 2020, 151 ff.; *Lenoir* ULR 2008, 13 ff.; *Marsch-Barner*, Was spricht für die Gründung einer SE?, Studien des DAI, Heft 38: Die Societas Europaea (SE), 2007, 94–99; *Meiselles/Graute* EBLR 2017, 667 ff.; *Schaper*, Die Europäische Aktiengesellschaft (SE), 2018, 3; *Wenz*, Die Societas Europaea (SE), 1993, 170 ff.; *Wenz* AG 2003, 185 ff. Eher

ne, ggf. kapitalmarkt-, mittelstands- und/oder auch nachfolgeinduzierte flexible Entwicklung einer European Corporate Governance, unabhängig vom Sitz der betreffenden SE, aber möglicherweise eben einheitlich und – im Vergleich zum nationalen Recht – größenangepasst über alle Konzernstrukturen und Mitgliedstaten der EU und des EWR hinweg (ggf. auch einschließlich des Mutterunternehmens eines Drittstaates) betreffend der Konzernunternehmen, welche jedenfalls in der Rechtsform der SE organisiert und strukturiert sind.[71]

24 Ferner ist in diesem Zusammenhang insbesondere auch die supranational-europäisch verankerte sog. Verhandlungslösung betreffend den Umfang der informativen, konsultativen und/oder partizipativen Beteiligung der Arbeitnehmerinnen und Arbeitnehmer an den Entscheidungsprozessen in einer SE (Mitbestimmung) zu nennen. Dadurch wird den Unternehmensleitungen sowie den Vertreterinnen und Vertretern der Arbeitnehmerinnen und Arbeitnehmer der betreffenden Unternehmen einerseits die Möglichkeit eingeräumt, eigenverantwortlich und standortunabhängig eine unternehmensspezifische sowie europäisch statt national ausgerichtete, europaweit einheitlich ausgestaltbare und europäisch besetzbare, mithin individuelle Vereinbarung betreffend die Mitbestimmung herbeizuführen; andererseits greifen alternativ zu einer (nicht gefundenen) Vereinbarung standortunabhängig die nationalen Auffangregelungen entsprechend dem sog. Vorher-Nachher-Prinzip, um grundsätzlich das höchste Mitbestimmungsniveau, welches in den beteiligten Gesellschaften besteht, standortunabhängig zu sichern und auf die SE auszudehnen.[72] Dadurch kann sowohl die befürchtete Flucht aus der Mitbestimmung grundlegend vermieden als auch eine flexible Verhandlungslösung gefunden und vereinbart werden, was eine Begrenzung oder sogar einen Ausschluss der Unternehmensmitbestimmung allerdings nicht gänzlich ausschließt.

25 *(3) Europäisierung des Corporate Goodwills, der Corporate Identity und Culture:* Aufgrund ihrer supranational-europäischen Rechtsgrundlage und Ausrichtung einschließlich des obligatorischen Firmenzusatzes „SE" verfügt die SE über einen originären rechtsformspezifischen Europäischen Corporate Goodwill und kann zur Herausbildung einer unternehmensindividuellen Europäischen Corporate Identity und Culture beitragen.[73] Bei einem

---

kritisch hingegen Kölner Komm AktG/*Siems/Müller-Leibinger*, Bd. 1, Vor Art. 1, Rn. 87 mwN sowie auch Rn. 84; *Wicke* RNotZ 2020, 25 ff.

[71] Gegenwärtig kann nur in folgenden Mitgliedstaaten der EU ebenfalls zwischen einem dualistischen und einem monistischen System der Corporate Governance gewählt werden: Bulgarien, Frankreich, Italien, Kroatien, Litauen, Luxemburg, Niederlande, Portugal, Rumänien, Slowenien, Tschechien, Ungarn sowie grundsätzlich auch in Dänemark und Finnland. Demgegenüber ist folgenden Mitgliedstaaten zwingend das dualistische Corporate Governance System anzuwenden: Estland, Deutschland, Lettland, Österreich, Polen, Slowakei und in den folgenden Mitgliedstaaten das monistische Corporate Governance System verbindlich vorgeschrieben: Belgien, Griechenland, Irland, Malta, Spanien, Zypern und grundsätzlich auch Schweden sowie vormals auch im Vereinigten Königreich. Dazu vgl. auch Kölner Komm AktG/*Siems/Müller-Leibinger*, Bd. 1, Vor § 20 SEAG Anh. zu Art. 51 SE-VO Rn. 22.

[72] Dazu vgl. auch *Europäische Kommission*, Bericht der Kommission an das Europäische Parlament und den Rat über die Anwendung der Verordnung (EG) Nr. 2157/2001 des Rates vom 8.10.2001 über das Statut der Europäischen Gesellschaft (SE) vom 17.11.2010, KOM(2010) 676 endgültig, 4 f.; *Jannott/Frodermann* in Jannott/Frodermann SE-HdB 2 f., 6 f.; Kölner Komm AktG/*Siems/Müller-Leibinger*, Bd. 1, Vor Art. 1, Rn. 84–88; *Schaper*, Die Europäische Aktiengesellschaft (SE), 2018, 3 f.; *Wenz*, Die Societas Europaea (SE), 1993, 170 ff.; *Wenz* AG 2003, 185 ff.

[73] Dazu vgl. *Buchheim*, Europäische Aktiengesellschaft und grenzüberschreitende Konzernverschmelzung, 2001, 242 ff.; *Ernst & Young*, Study on the operation and the impact of the Statute for a European Company (SE), Final Report, 2009, 12 f., 209–211; *Europäische Kommission*, Bericht der Kommission an das Europäische Parlament und den Rat über die Anwendung der Verordnung (EG) Nr. 2157/2001 des Rates vom 8.10.2001 über das Statut der Europäischen Gesellschaft (SE) vom 17.11.2010, KOM(2010) 676 endgültig, 3; *Hornuf/Mohamed/Schwienbacher* JCMS 2019, 659 ff.; *Jannott/Frodermann* in Jannott/Frodermann SE-HdB 3; *Kallmeyer* AG 2003, 200; *Lasek*, Intereulaweast, 2020, 151 ff.; *Lenoir* ULR 2008, 13 ff.; *Marsch-Barner*, Was spricht für die Gründung einer SE?, Studien des DAI, Heft 38: Die Societas Europaea (SE), 2007, 99 f.; *Meiselles/Graute* EBLR 2017, 667 ff.; *Schaper*, Die Europäische Aktiengesellschaft (SE), 2018, 3; *Wenz*, Die Societas Europaea (SE), 1993, 170 ff.; *Wenz* AG 2003, 185 ff. sowie abwägend auch

## C. Europäisierung von Unternehmen und Konzernen

Zusammenschluss bislang eigenständiger Unternehmen und Konzerne können dadurch im Innenverhältnis vielfältige psychologische Schranken und Hemmnisse sowie Nationalitätseffekte auch im Bereich der Unternehmensmitbestimmung sowie der Unternehmenskultur vermieden oder zumindest erheblich reduziert, gemeinsame Ziele und Wertvorstellungen auf europäischer Ebene neu bestimmt und soziale Integrationseffekte ohne (nationale) „Gewinner" und „Verlierer" erzielt werden. Im Außenverhältnis kann die neu entstandene Unternehmensverbindung nicht nur an den Kapital-, Absatz-, Arbeits- und Beschaffungsmärkten, sondern allgemein in der gesamten öffentlichen Wahrnehmung einheitlich und integriert als europäisches Unternehmen mit einem nationenübergreifenden europäischen Unternehmensimage auftreten.[74] Dies kann insbesondere auch für Unternehmen und Konzerne aus Drittstaaten für ihren Europäischen Unternehmensauftritt von besonderer Bedeutung sein.

*(4) Europäisierung der internationalen Steuerplanung:* Aus Sicht der internationalen Steuerplanung kann die Rechtsform einer SE, welche im Vergleich zu einer Aktiengesellschaft nationalen Rechts über kein eigenständiges nationales, internationales und/oder europäisches Steuerrecht verfügt, dazu beitragen, die statutarische Organisationsstruktur europäischer Unternehmen und Konzerne derart auszugestalten, um im grenzüberschreitenden Verhältnis beispielsweise Quellensteuern auf Dividenden, Zinsen und Lizenzen, 5%-ige Pauschalbesteuerungen auf repatriierte in- und ausländische (konzerninterne) Dividenden sowie Beschränkungen der konzerninternen Gesellschafter-Fremdfinanzierung zu vermeiden.[75] Speziell durch die Wahl des Sitzstaates der SE kann zudem ggf. ein größeres oder anders ausgerichtetes Netz an Doppelbesteuerungsabkommen angewendet, die Steuerbelastung auf zukünftig erwirtschaftete Gewinne reduziert, die steuerliche Befreiung von Veräußerungsgewinnen auf Beteiligungen unabhängig von ideologisch motivierten Gesetzesänderungen sichergestellt, Gewinne mit Verlusten ggf. auch grenzüberschreitend zumindest temporär miteinander verrechnet sowie auch – vor dem Hintergrund des Mindeststandards, welcher durch die Richtlinie zur Bekämpfung von Steuervermeidungspraktiken (sog. Anti-Tax Avoidance Directive, ATAD)[76] in allen Mitgliedstaaten der EU eingeführt wurde – die Anwendung außensteuergesetzlicher Bestimmungen vermieden oder reduziert werden.[77]

26

## C. Europäisierung von Unternehmen und Konzernen

### I. Beurteilung der Leistungsfähigkeit der SE

Aufgrund der spezifischen Charakteristika der Europäischen Aktiengesellschaft (SE) nach Maßgabe der SE-VO sowie der jeweils ergänzend anwendbaren nationalen SE-AG und der Bestimmungen des nationalen (Aktien-)Rechts des konkreten EU- oder EWR-Sitzstaates der betreffenden SE war diese supranational-europäische Rechtsform grundsätzlich und potenziell in der Lage, in den vergangenen ca. 17 Jahren einen zentralen Beitrag für die Europäisierung und grenzüberschreitende Flexibilität und Mobilität von Unternehmen und Konzernen im Europäischen Binnenmarkt sowie generell betreffend die Europäisie-

27

---

Kölner Komm AktG/*Siems/Müller-Leibinger*, Bd. 1, Vor Art. 1, Rn. 62–71 mwN; *Wicke* RNotZ 2020, 25 ff.
[74] Dazu vgl. auch *Petri/Wenz* AR 2004, 3 f.; *Wenz* AG 2003, 190.
[75] Dazu vgl. *Wenz* ET 2004, 10.
[76] S. Richtlinie (EU) 2016/1164 des Rates vom 12.07.2016 mit Vorschriften zur Bekämpfung von Steuervermeidungspraktiken mit unmittelbaren Auswirkungen auf das Funktionieren des Binnenmarkts, ABl. EU 2016 L 193, 1 ff.
[77] Dazu vgl. *Wenz* ET 2004, 10.

rung des Gesellschaftsrechts zu leisten.[78] Um zu beurteilen, ob und inwieweit die supranational-europäische Rechtsform der SE diesen zentralen Beitrag im und für den Europäischen Binnenmarkt in den letzten Jahren auch tatsächlich leisten konnte, mithin um die Leistungsfähigkeit der Verordnung über das Statut der Europäischen Aktiengesellschaft (SE) konkret beurteilen zu können, kann insbesondere auf verschiedene Studien und Untersuchungen,[79] empirische Daten (dazu siehe weiter unten ab → Rn. 30 ff.),[80] konkrete Fallkonstellationen in Form von Fallbeispielen (dazu vgl. auch → Rn. 56 ff.) und Fallstudien[81] sowie auch die – datenbedingt nur bedingt aussagekräftige – rechtsempirische Forschung (dazu sogleich) zurückgegriffen werden. Zu erwähnen ist diesem Zusammenhang auch, dass weder die Ergebnisse der von der Europäischen Kommission beauftragten Studie von *Ernst & Young* aus dem Jahr 2009[82] noch diejenigen aus der entsprechenden öffentlichen Konsultation und der Konferenz hierzu aus dem Jahr 2010 noch weitere Diskussionen, empirische Studien und rechtspolitische Vorschläge dazu geführt haben, dass die Europäische Kommission seit der Verabschiedung der SE-VO konkrete Vorschläge zu deren Änderung vorgelegt hat; dies insbesondere auch deshalb, da nach Auffassung der Europäischen Kommission deren mögliche Vorteile die Nachteile einer damit ggf. einhergehenden erneuten langwierigen Diskussion um die SE-VO nicht aufwiegen.[83] Nach Art. 69 SE-VO

---

[78] Dazu vgl. auch die ebenfalls eher positive Einschätzung von *Jannott/Frodermann* in Jannott/Frodermann SE-HdB 1; eher kritisch hingegen Kölner Komm AktG/*Siems/Müller-Leibinger*, Bd. 1, Vor Art. 1, Rn. 58 f.; sowie auch *Ernst & Young,* Study on the operation and the impact of the Statute for a European Company (SE), Final Report, 2009, 288.

[79] Dazu siehe auch die bisherigen Studien und Untersuchungen zu den möglichen rechtlichen und betriebswirtschaftlichen sowie auch den rechtspolitischen Besonderheiten, den Vor- und Nachteilen sowie der Leistungsfähigkeit der Verordnung über das Statut der Europäischen Aktiengesellschaft (SE) auch in Bezug auf den Einsatz der SE in der Unternehmens- und Konzernpraxis von *Becker/Schreiner,* Die Europäische Aktiengesellschaft (SE) als Rechtsformalternative für Familienunternehmen, 2016; *Bergmann/Kiem/Mülbert/ Verse/Wittig,* 10 Jahre SE, 2015; *Buchheim,* Europäische Aktiengesellschaft und grenzüberschreitende Konzernverschmelzung, 2001, 179 ff.; *Casey/Fiedler/Fath* European Journal of Industrial Relations 2016, 73 ff.; *Casey/Fiedler/Fath* Human Relations 2021, 1033 ff.; *Ernst & Young,* Study on the operation and the impact of the Statute for a European Company (SE), Final Report, 2009; *Götz* ZIP 2003, 1067; *Eidenmüller/ Engert/Hornuf* EBOLR 2009, S. 1 ff.; *Eidenmüller/Engert/Hornuf* EBOLR 2010, 35 ff.; *Eidenmüller/Lasak* JCLS 2012, 237 ff.; *Enriques* JCLS 2004, 77 ff.; *Haider-Giangreco/Polte* BB 2014, 2947 ff.; *Hornuf/Mohamed/ Schwienbacher* JCMS 2019, 659 ff.; *Kallmeyer* AG 2003, 197 ff.; *Keller/Rosenbohm* EJIR 2020, 23 ff.; *Kiem* ZHR 2009, 156 ff.; *Kiem* CFL 2011, 134 ff.; *Kirshner* EFCR 2010, 444 ff.; *Kloster* EuZW 2003, 293 ff.; *Lasek,* Intereulaweast, 2020, 151 ff.; *Lenoir* ULR 2008, 13 ff.; Lutter/Hommelhoff EU-Gesellschaft/*Maul/ Wenz* 261 ff.; *Maul/Wenz* FAZ vom 6.10.2004, 23; *Meiselles/Graute* EBLR 2017, 667 ff.; *Nagel* DB 2004, 1299 ff.; Börsen-Zeitung vom 17.1.2004, 5; *Petri/Wenz* AR 2004, 4; *Reichert* ZIP 2014, 1957 ff.; *Schaper,* Die Europäische Aktiengesellschaft (SE), 2018; *Schneider,* Die Societas Europaea (SE) in Deutschland, 2020; *Schuberth/von der Höh/Marc* AG 2014, 439 ff.; *Schröder/Maul/Wenz,* Mobilität von Unternehmen in Europa, 2005, 193 ff.; *Wenz,* Die Societas Europaea (SE), 1993, 170 ff.; *Wenz* AG 2003, 185 f.; *Wenz* in Theisen/Wenz EurAG 655 ff.; European Trade Union Institute/Hans-Boeckler Foundation/*Wenz,* The SE as the Flagship of European Company Law, 2004, 27 ff.; *Wicke* RNotZ 2020, 25 ff.; *Wiedemann/Frohnmayer* FuS 2014, 10 ff.

[80] Dazu vgl. European Trade Union Institute (ETUI), European Company Database (ECDB), abrufbar unter: http://ecdb.worker-participation.eu (zuletzt abgerufen am 20.6.2021); ITEM/ICGI, Report on Cross-border Corporate Mobility in the European Union, 2020; sowie auch *Carlson,* SE Companies, abrufbar unter: https://www.worker-participation.eu/content/download/6230/103998/file/SE-FactsFigures-2018-03-13 %20Bologna.pdf, S. 6 (zuletzt abgerufen am 20.6.2021) und *Rosenbohm/Misterek,* Fakten zur Europäischen Aktiengesellschaft (Stand 31.12.2020), abrufbar unter: https://www.imu-boeckler.de/data/Mitbestim mung_SE_in_Europa_2020_12.pdf , S. 6 (zuletzt abgerufen am 20.6.2021), die beide auf die Daten des European Trade Union Institute (ETUI), European Company (SE) Database (ECDB) zurückgreifen.

[81] Dazu vgl. insbesondere auch *Wiedemann/Frohnmayer* FuS 2014, 10 ff.

[82] Dazu vgl. *Ernst & Young,* Study on the operation and the impact of the Statute for a European Company (SE), Final Report, 2009, mit zahlreichen konkreten und teilweise auch detaillierten Vorschlägen insbesondere betreffend die Anforderungen und restriktiven Formen der Gründung einer SE, die vorgeschriebene Höhe des Mindestkapitals, die zwingende Identität von Satzungssitz und Hauptverwaltung, die Unternehmensmitbestimmung mit Verhandlungslösung und Auffangregelung sowie das gegenwärtige System der Corporate Governance.

[83] Dazu vgl. Europäische Kommission, Mitteilung der Kommission an das Europäische Parlament, den Rat, den Europäischen Wirtschafts- und Sozialausschuss und den Ausschuss der Regionen: Aktionsplan: Euro-

## C. Europäisierung von Unternehmen und Konzernen § 1

war die Europäische Kommission dazu angehalten, fünf Jahre nach dem Inkrafttreten der SE-VO einen Bericht[84] über deren Anwendung und ggf. Vorschläge zu deren Änderung vorzulegen.[85]

In Bezug auf die rechtsempirische Forschung,[86] welche aufgrund der teilweise äußerst 28 geringen Untersuchungszahlen nur sehr begrenzt aussagefähig ist, kann festgehalten werden, dass die Rechtsform der SE durchaus bewusst dafür gewählt wird, um die Mitbestimmung der Arbeitnehmerinnen und Arbeitnehmer ungeachtet sowie auch im Rahmen des sog. Vorher-Nachher-Prinzips zwar nicht grundsätzlich zu reduzieren, aber durchaus zu begrenzen[87] oder sogar von vornherein betreffend das mögliche organische Unternehmenswachstum und das damit verbundene Überschreitenden bestimmter Beschäftigtenzahlen gänzlich auszuschließen;[88] dies kann ua auch die Beliebtheit der SE als Rechtsform speziell für den ambitionierten und wachstumsorientierten Mittelstand mit Beschäftigtenzahlen unterhalb derjenigen Schwellenwerte, welche bei Aktiengesellschaften nationalen Rechts zu einer obligatorischen Unternehmensmitbestimmung führen, erklären. Weitere Studien stellen fest, dass sich die Umwandlung einer AG nationalen Rechts in eine supranational-europäische SE, jedenfalls dann positiv auf den Aktienwert auswirkt, wenn dies mit einer Reduktion der – anderweitig ggf. maßgeblichen – partizipativen Mitbestimmung einhergeht[89] bzw. allgemein zur vermeintlich rechtlichen Arbitrage als Ausfluss der größeren Freiheitsgrade der SE im Vergleich zu Rechtsformen nationalen Rechts betreffend das System der Corporate Governance oder die Unternehmensmitbestimmung genutzt wird oder insbesondere auch nur genutzt werden könnte[90] oder damit eine grenzüberschreitende Sitzverlegung in einen anderen Mitgliedstaat der EU oder des EWR mit einer niedrigeren Steuerbelastung verbunden ist.[91] Uneinheitlich beurteilt wird demgegenüber die Evidenz, ob die Umwandlung einer AG nationalen Rechts in eine SE primär europäischen Rechts den Aktienwert jedenfalls dann reduziert, wenn damit ein Wechsel vom bislang verpflichtenden dualistischen System der Corporate Governance zum jetzt alternativ möglichen monistischen System der Corporate Governance verbunden ist.[92]

Entsprechend den empirischen Erhebungen und Auswertungen des Europäischen Netz- 29 werkes SEEurope[93] als auch – diese übernehmend und weiterführend – des European Trade Union Institutes (ETUI)[94] sowie auch des Institutes für Transnational and Euregional cross border cooperation and Mobility (ITEM) und des Institutes für Corporate Law, Governance and Innovation Policies (ICGI) der Maastricht University, welche zusammen

---

päisches Gesellschaftsrecht und Corporate Governance – ein moderner Rechtsrahmen für engagiertere Aktionäre und besser überlebensfähige Unternehmen vom 12.12.2012, KOM(2012) 676 endgültig, 14.
[84] Dazu vgl. *Europäische Kommission,* Bericht der Kommission an das Europäische Parlament und den Rat über die Anwendung der Verordnung (EG) Nr. 2157/2001 des Rates vom 8.10.2001 über das Statut der Europäischen Gesellschaft (SE) vom 17.11.2010, KOM(2010) 676 endgültig.
[85] Dazu vgl. insbesondere auch *Bergmann/Kiem/Mülbert/Verse/Wittig,* 10 Jahre SE, 2015; *Kiem* ZHR 2009, 156 ff.; *Kiem* CFL 2011, 134 ff.; *Schuberth/von der Höh/Marx* AG 2014, 439 ff.
[86] Dazu vgl. auch Kölner Komm AktG/*Siems/Müller-Leibinger,* Bd. 1, Vor Art. 1, Rn. 60.
[87] Dazu vgl. auch *Eidenmüller/Engert/Hornuf* EBOLR 2009, 1 ff. Zur Bedeutung der Unternehmensmitbestimmung für die SE und deren Beurteilung vgl. ferner *Casey/Fiedler/Fath* EJIR 2016, 73 ff.; *Casey/Fiedler/Fath* Human Relations 2021, 1033 ff.; *Hornuf/Mohamed/Schwienbacher* JCMS 2019, 659 ff.
[88] Allgemein hierzu vgl. auch *Hornuf/Mohamed/Schwienbacher* JCMS 2019, 659 ff.
[89] Dazu vgl. auch *Hornuf/Mohamed/Schwienbacher* JCMS 2019, 659 ff. Vgl. ferner *Eidenmüller/Engert/Hornuf* EBOLR 2010, 35 ff.
[90] Dazu vgl. auch *Hornuf/Mohamed/Schwienbacher* JCMS 2019, 659 ff.
[91] Dazu vgl. auch *Hornuf/Mohamed/Schwienbacher* JCMS 2019, 659 ff.
[92] Dazu mit positiver Evidenz vgl. *Lamp,* Value creation and value destruction in the Societas Europaea: Evidence from the new legal form (https://ssrn.com/abstract=1728162, zuletzt abgerufen am 16.9.2021). Anders dagegen *Hornuf/Mohamed/Schwienbacher* JCMS 2019, 659 ff.
[93] Dazu vgl. insbesondere auch *Carlson,* SE Companies, abrufbar unter: https://www.worker-participation.eu/content/download/6230/103998/file/SE-FactsFigures-2018-03-13%20Bologna.pdf, S. 6 (zuletzt abgerufen am 20.6.2021), auf Basis der Daten des European Trade Union Institute (ETUI), European Company Database (ECDB), abrufbar unter: http://ecdb.worker-participation.eu (zuletzt abgerufen am 20.6.2021).
[94] Dazu vgl. European Trade Union Institute (ETUI), European Company Database (ECDB), abrufbar unter: http://ecdb.worker-participation.eu (zuletzt abgerufen am 20.6.2021).

das „Projekt Cross-border Corporate Mobility in the EU" durchführen und den „Report on Cross-border Corporate Mobility in the European Union"[95] erstellen und veröffentlichen, lassen sich zahlreiche empirische Befunde zur Europäisierung und grenzüberschreitenden Flexibilität und Mobilität von Unternehmen und Konzernen im Europäischen Binnenmarkt allgemein und zum speziellen Beitrag und damit auch zur Leistungsfähigkeit der supranational-europäische Rechtsform der SE im Besonderen ableiten und aufzeigen. Hierauf wird nachfolgend näher eingegangen.

## II. Grenzüberschreitende Mobilität von Unternehmen in Europa

30  Entsprechend den Angaben und Erhebungen der Institute ITEM und ICGI[96] lässt sich seit dem Jahr 2000 und insoweit insbesondere seit 2007, mithin va in den letzten 10 Jahren eine grundlegende Zunahme der grenzüberschreitenden Mobilität von Unternehmen und Konzernen in Europa konstatieren. Dies hängt regulatorisch einerseits mit der Verabschiedung und der nationalen Umsetzung der EU-Richtlinie 2017/1132 über bestimmte Aspekte des Gesellschaftsrechts,[97] in welcher die ursprüngliche Verschmelzungsrichtlinie 2005/56/EG aufgegangen ist,[98] sowie mit der diese ändernden und erweiternden EU-Richtlinie 2019/2121 in Bezug auf grenzüberschreitende Umwandlungen, Verschmelzungen und Spaltungen (sog. Mobilitätsrichtlinie)[99] als Teil des EU-Company Law Packages[100] und andererseits mit der Verabschiedung der Verordnung über das Statut der supranatio-

---

[95] Dazu vgl. auch ITEM/ICGI, Report on Cross-border Corporate Mobility in the European Union, 2020.
[96] Vgl. umfassend ITEM/ICGI, Report on Cross-border Corporate Mobility in the European Union, 2020.
[97] S. Richtlinie (EU) 2017/1132 des Europäischen Parlaments und des Rates vom 14.6.2017 über bestimmte Aspekte des Gesellschaftsrechts, ABl. EU 2017 L 169, 46 ff.
[98] S. Richtlinie 2005/56/EG des Europäischen Parlaments und des Rates vom 26.10.2005 über die Verschmelzung von Kapitalgesellschaften aus verschiedenen Mitgliedstaaten, ABl. EG 2005 L 310, 1 ff., zuletzt geändert durch Richtlinie 2014/59/EU des Europäischen Parlaments und des Rates vom 15.5.2014 zur Festlegung eines Rahmens für die Sanierung und Abwicklung von Kreditinstituten und Wertpapierfirmen und zur Änderung der Richtlinie 82/891/EWG des Rates, der Richtlinien 2001/24/EG, 2002/47/EG, 2004/25/EG, 2005/56/EG, 2007/36/EG, 2011/35/EU, 2012/30/EU und 2013/36/EU sowie der Verordnungen (EU) Nr. 1093/2010 und (EU) Nr. 648/2012 des Europäischen Parlaments und des Rates, ABl. EU 2014 L 173, 190 ff., aufgehoben durch Richtlinie (EU) 2017/1132 des Europäischen Parlaments und des Rates vom 14.6.2017 über bestimmte Aspekte des Gesellschaftsrechts, ABl. EU 2017 L 169, 46 ff., diese wiederum zuletzt geändert durch Richtlinie (EU) 2019/2121 des Europäischen Parlaments und des Rates vom 27.11.2019 zur Änderung der Richtlinie (EU) 2017/1132 in Bezug auf grenzüberschreitende Umwandlungen, Verschmelzungen und Spaltungen, ABl. EU 2019 L 321, 1 ff.
[99] S. Richtlinie (EU) 2019/2121 des Europäischen Parlaments und des Rates vom 27.11.2019 zur Änderung der Richtlinie (EU) 2017/1132 in Bezug auf grenzüberschreitende Umwandlungen, Verschmelzungen und Spaltungen, ABl. EU 2019 L 321, 1 ff. Diese Richtlinie ist bis 31.1.2023 in nationales Recht umzusetzen und von Bedeutung auch für die Mitgliedstaaten des EWR.
[100] S. European Commission: Company Law Package (https://ec.europa.eu/info/publications/company-law-package_en, zuletzt abgerufen am 16.9.2021). Das EU-Company Law Package umfasst zwei Vorschläge der Europäischen Kommission zur Änderung der Richtlinie (EU) 2017/1132 vom 14.6.2017 über bestimmte Aspekte des Gesellschaftsrechts, ABl. EU 2017 L 169, 46 ff. Einerseits betreffend grenzüberschreitende Umwandlungen, Verschmelzungen und Spaltungen, mithin soll zukünftig insbesondere auch der Satzungssitz einer Gesellschaft von einem Mitgliedstaat der EU oder des EWR in einen anderen Mitgliedstaat der EU oder des EWR identitätswahrend verlegt werden können. S. Richtlinie (EU) 2019/2121 des Europäischen Parlaments und des Rates vom 27.11.2019 zur Änderung der Richtlinie (EU) 2017/1132 in Bezug auf grenzüberschreitende Umwandlungen, Verschmelzungen und Spaltungen, ABl. EU 2019 L 321, 1 ff. Andererseits soll die Digitalisierung des Gesellschaftsrechts vorangetrieben werden, mithin sollen Kapitalgesellschaften zukünftig online gegründet, Gesellschaftsunterlagen online eingereicht und Zweigniederlassungen online registriert werden können. S. Richtlinie (EU) 2019/1151 des Europäischen Parlaments und des Rates vom 20.6.2019 zur Änderung der Richtlinie (EU) 2017/1132 im Hinblick auf den Einsatz digitaler Werkzeuge und Verfahren im Gesellschaftsrecht, ABl. EU 2019 L 186, 80 ff. Dazu vgl. auch *Bock* RNotZ 2021, 326 ff.; *Bormann/Stelmaszczyk* NZG 2019, 601 ff.; *Bosse* EY Tax & Law Magazine, 5.2.2020; *Fink/Chilevych* NZG 2020, 544 ff.; *Halder* NJOZ 2020, 1505 ff.; *Keller/Schümmer* NZG 2021, 573 ff.; *Luy* NJW 2019, 1905 ff.; *Mörsdorf* EuZW 2019, 141 ff.; *Müller-Bonanni/Jenner/Thomas* NZG 2021, 764 ff.; *Schurr* EuZW 2019, 772 ff.; *Teichmann* NZG 2019, 241 ff.; *Titze* NZA 2021, 752 ff.

## C. Europäisierung von Unternehmen und Konzernen § 1

nal-europäischen Rechtsform der Europäischen Aktiengesellschaft (SE)[101] sowie der Richtlinie zur Ergänzung des Statuts der Europäischen Aktiengesellschaft hinsichtlich der Beteiligung der Arbeitnehmerinnen und Arbeitnehmer[102] zusammen.

Die allgemeine grenzüberschreitende Mobilität von Unternehmen ohne Einbezug der Europäischen Aktiengesellschaft (SE) stieg in allen Mitgliedstaaten der EU und des EWR (sog. cross-border company mobility, CBCM), gemessen als Summe aus grenzüberschreitenden Verschmelzungen (sog. cross-border mergers, CBM), grenzüberschreitenden Umwandlungen (sog. cross-border conversions, CBC) und grenzüberschreitenden Spaltungen (sog. cross-border divisions, CBD), von 2000 bis 2019, beginnend in 2007 mit 21 grenzüberschreitenden Transaktionen über 2013 mit 623 und 2018 mit 886 grenzüberschreitenden Transaktionen auf 528 grenzüberschreitende Transaktionen im Jahr 2019 an. Für den gesamten Zeitraum von 2007 bis 2019 betrug die allgemeine grenzüberschreitende Mobilität von Unternehmen ohne Einbezug der Europäischen Aktiengesellschaft (SE) in allen Mitgliedstaaten der EU und des EWR kumuliert insgesamt 6.236 grenzüberschreitende Transaktionen. Im Einzelnen verteilen sich die verschiedenen grenzüberschreitenden Transaktionen nach den Angaben und Erhebungen der Institute ITEM und ICGI für die gesamte EU und den EWR auf die einzelnen Jahre wie folgt:[103] 31

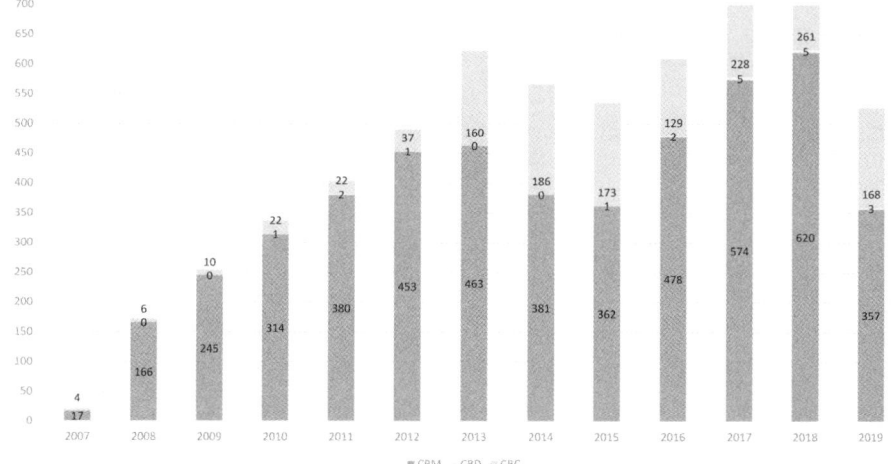

Grenzüberschreitende Mobilität von Unternehmen in Europa (Quelle: ITEM/ICGI[104])

Dabei trugen nach den Angaben und Erhebungen der Institute ITEM und ICGI allein Deutschland mit 15%, mithin 1.810, Luxemburg mit 14%, mithin 1.722, die Niederlande mit 13%, mithin 1.585, das Vereinigte Königreich von Großbritannien und Nordirland mit 9%, mithin 1.070, und Italien mit 8%, mithin 968, zu etwa 50% aller grenzüber- 32

---

[101] S. Verordnung (EG) Nr. 2157/2001 des Rates vom 8.10.2001 über das Statut der Europäischen Gesellschaft (SE), ABl. EG 2001 L 294, 1 ff., zuletzt geändert durch Verordnung (EU) Nr. 517/2013 des Rates vom 13.5.2013 zur Anpassung einiger Verordnungen und Beschlüsse in den Bereichen freier Warenverkehr, Freizügigkeit, Gesellschaftsrecht, Wettbewerbspolitik, Landwirtschaft, Lebensmittelsicherheit, Tier- und Pflanzengesundheit, Verkehrspolitik, Energie, Steuern, Statistik, transeuropäische Netze, Justiz und Grundrechte, Recht, Freiheit und Sicherheit, Umwelt, Zollunion, Außenbeziehungen, Außen-, Sicherheits- und Verteidigungspolitik und Organe aufgrund des Beitritts der Republik Kroatien, ABl. EU 2013 L 158, 1 ff.
[102] S. Richtlinie 2001/86/EG des Rates zur Ergänzung des Statuts der Europäischen Gesellschaft hinsichtlich der Beteiligung der Arbeitnehmer v. 8.10.2001, ABl. EG 2001 L 294, 22 ff.
[103] Vgl. ITEM/ICGI, Report on Cross-border Corporate Mobility in the European Union, 2020, 9–10.
[104] Vgl. ITEM/ICGI, Report on Cross-border Corporate Mobility in the European Union, 2020, 10.

schreitenden Zu- und Abflüsse bei (top 5 Länder EU/EWR), wobei diesbezüglich nicht nur die grenzüberschreitenden Transaktionen als solche, sondern sowohl die dadurch jeweils verursachten Zuflüsse als auch die damit verbundenen Abflüsse gleichermaßen gezählt werden (Summe: 12.470 exit und entry transactions). Hervorzuheben ist hierbei ferner, dass insbesondere Deutschland (Delta: + 390) und Luxemburg (Delta + 233) beide eine deutlich positive Bilanz an grenzüberschreitenden Zu- versus Abflüssen aufweisen, mithin mehr Zu- als Abflüsse zu verzeichnen haben, während die Niederlande (Delta − 461), Frankreich (Delta − 197) und Österreich (Delta − 115) jeweils den größten Abfluss aufweisen; dazu vgl. die nachfolgende Darstellung:[105]

| Land | Art der Transaktion | | | |
| --- | --- | --- | --- | --- |
|  | CBM | CBC | CBD | Summe |
| Deutschland | 1.517 | 288 | 5 | 1.810 |
| Luxembourg | 1.093 | 625 | 4 | 1.722 |
| Niederlande | 1.264 | 319 | 2 | 1.585 |
| Vereinigtes Königreich | 798 | 271 | 1 | 1.070 |
| Italien | 580 | 384 | 4 | 968 |
| Frankreich | 388 | 348 | 3 | 739 |
| Österreich | 524 | 37 |  | 561 |
| Spanien | 265 | 152 | 17 | 434 |
| Belgien | 298 | 119 |  | 417 |
| Schweden | 378 | 1 |  | 379 |
| Tschechische Republik | 263 | 40 |  | 303 |
| Irland | 269 | 4 |  | 273 |
| Zypern | 242 | 21 |  | 263 |
| Finnland | 219 |  |  | 219 |
| Dänemark | 208 | 11 |  | 219 |
| Polen | 193 | 6 | 1 | 200 |
| Slowakei | 172 | 8 |  | 180 |
| Norwegen | 165 |  | 1 | 166 |
| Estland | 145 |  |  | 145 |
| Lettland | 126 | 1 |  | 127 |
| Malta | 67 | 59 |  | 126 |
| Litauen | 112 |  |  | 112 |
| Rumänien | 77 | 33 |  | 110 |
| Ungarn | 96 | 9 |  | 105 |
| Portugal | 42 | 23 | 2 | 67 |
| Bulgarien | 22 | 35 |  | 57 |
| Liechtenstein | 23 | 16 |  | 39 |
| Kroatien | 33 |  |  | 33 |
| Slowenien | 23 | 1 |  | 24 |
| Griechenland | 9 | 1 |  | 10 |
| Island | 7 |  |  | 7 |
| **Gesamtsumme** | 9.618 | 2.812 | 40 | 12.470 |

Grenzüberschreitende Zu- und Abflüsse von Unternehmen in Europa (Quelle: ITEM/ICGI[106])

33 In Bezug auf entsprechende Länderkombinationen betreffend grenzüberschreitende Verschmelzungen (sog. CBM transactions), weist nach den Angaben und Erhebungen der Institute ITEM und ICGI das Vereinigte Königreich von Großbritannien und Nordirland die meisten Abflüsse und Deutschland die meisten Zuflüsse (323 exit and entry transactions) auf, gefolgt von den Niederlanden und Luxemburg (193 exit and entry transactions), Österreich und Deutschland (175 exit and entry transactions) sowie den Niederlan-

---

[105] Vgl. ITEM/ICGI, Report on Cross-border Corporate Mobility in the European Union, 2020, 11–12.
[106] Vgl. ITEM/ICGI, Report on Cross-border Corporate Mobility in the European Union, 2020, 11.

den und Deutschland (127 exit and entry transactions). Bei den Länderkombinationen betreffend grenzüberschreitende Umwandlungen (sog. CBC transactions), weist nach den Angaben und Erhebungen der Institute ITEM und ICGI Frankreich die meisten Abflüsse und das Vereinigte Königreich von Großbritannien und Nordirland die meisten Zuflüsse (133 exit and entry transactions), insbesondere zwischen 2010 und 2016 also noch vor dem BREXIT, auf, gefolgt von Deutschland und Luxemburg (104 exit and entry transactions) sowie Italien und dem Vereinigten Königreich von Großbritannien und Nordirland (101 exit and entry transactions), insbesondere zwischen 2013 und 2017.[107]

Hervorzuheben ist ferner, dass nach den Angaben und Erhebungen der Institute ITEM und ICGI Deutschland nicht nur die meisten grenzüberschreitenden Transaktionen insgesamt (1.810 exit und entry transactions) mit einer positiven Bilanz von 369 Nettozuflüssen, sondern auch die meisten grenzüberschreitenden Verschmelzungen (1.517 exit und entry transactions) mit einer positiven Bilanz von 16 Nettozuflüssen aufzuweisen hat, während Luxemburg an den meisten grenzüberschreitenden Umwandlungen (625 CBC transactions), allerdings mit einer negativen Bilanz von 5 Nettoabflüssen, beteiligt war, wohingegen die Niederlande in Bezug auf alle Formen der verschiedenen grenzüberschreitenden Transaktionen insgesamt (1.585 exit and entry transactions) stets und auch insgesamt eine negative Bilanz von 463 Nettoabflüssen zu verzeichnet hat.[108]

Bezieht man in die allgemeine grenzüberschreitende Mobilität von Unternehmen in allen Mitgliedstaaten der EU und des EWR auch die Rechtsform der Europäischen Aktiengesellschaft (SE) in Form der Gründungen und grenzüberschreitenden Sitzverlegungen (sog. combined cross-border company mobility, cCBCM) mit ein, gemessen als Summe aus grenzüberschreitenden Verschmelzungen (sog. CBM), grenzüberschreitenden Umwandlungen (sog. CBC), grenzüberschreitenden SE-Sitzverlegungen (sog. cross-border seat transfers of SEs, SE-CBST), grenzüberschreitenden Spaltungen (sog. CBD) und SE-Gründungen (SE-formations), erhöhen sich die damit verbundenen grenzüberschreitenden Transaktionen nach den Angaben und Erhebungen der Institute ITEM und ICGI um 3.512 auf 9.748, wobei die SE insbesondere in den Jahren 2006, 2007 und 2012 den jeweils größten Anteil an der insoweit ergänzend definierten grenzüberschreitenden Mobilität von Unternehmen auf sich vereinen konnte.[109]

---

[107] Vgl. ITEM/ICGI, Report on Cross-border Corporate Mobility in the European Union, 2020, 12–13.
[108] Vgl. ITEM/ICGI, Report on Cross-border Corporate Mobility in the European Union, 2020, 12–13.
[109] Vgl. ITEM/ICGI, Report on Cross-border Corporate Mobility in the European Union, 2020, 9, 30.

## III. Gesamtanzahl gegründeter und registrierter SE in Europa

36 Von Oktober 2004 bis Juni 2021 wurden nach den Angaben und Erhebungen des ETUI[110] insgesamt mindestens 3.364 SE in den 30 (zwischenzeitlich 31) Mitgliedstaaten der EU und des EWR errichtet und registriert,[111] im – nur bedingt aussagekräftigen – jährlichen Durchschnitt also ca. 186 SE pro Jahr. Speziell in Deutschland wurden in diesem Zeitraum 717 SE errichtet und registriert, im jährlichen Durchschnitt also ca. 40 SE pro Jahr. Im Einzelnen verteilen sich die errichteten und registrierten SE für die gesamte EU und den EWR einerseits sowie für Deutschland andererseits auf die einzelnen Jahre ihrer Gründung in kumulierter Form wie folgt:

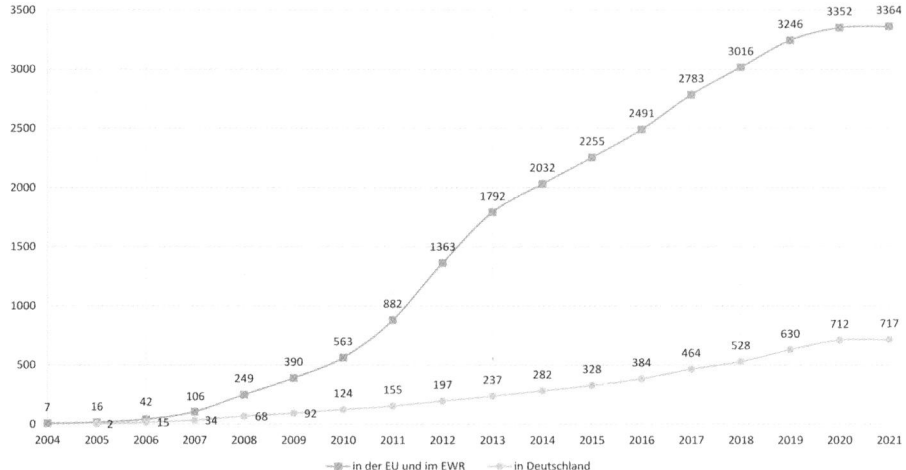

Gesamtanzahl (kumuliert) registrierter SE in Europa und in Deutschland (Quelle: ETUI[112])

---

[110] Dazu vgl. European Trade Union Institute (ETUI), European Company Database (ECDB), abrufbar unter: http://ecdb.worker-participation.eu (zuletzt abgerufen am 20.6.2021).

[111] Da es sich hierbei um die insgesamt in allen Mitgliedstaaten der EU und des EWR errichteten SE handelt, sind hierin insbesondere auch diejenigen SE mit einbezogen, welche im Vereinigten Königreich von Großbritannien und Nordirland (UK) errichtet wurden. Diese im UK errichteten und dort eingetragenen SE wurden spätestens zum 1.1.2021 aufgrund des BREXIT nach Massgabe des European Union (Withdrawal) Act 2018 sowie des Statutory Instrument 2018 No. 1298 in Form der The European Public Limited-Liability Company (Amendment etc) (EU Exit) Regulations 2018 in nationale UK Societas (UKS) zwingend umgewandelt. Dazu vgl. auch *Schmidt* ZIP 2019, 1093ff.; *Teichmann* EuZW-Sonderausgabe 1/2020, 14ff.

[112] Dazu vgl. European Trade Union Institute (ETUI), European Company Database (ECDB), abrufbar unter: http://ecdb.worker-participation.eu (zuletzt abgerufen am 20.6.2021).

C. Europäisierung von Unternehmen und Konzernen § 1

## IV. Gesamtanzahl der Beschäftigten operativ tätiger SE in Europa

Von den zwischen Oktober 2004 und März 2018 insgesamt errichteten und registrierten 37
534 SE, welche zudem eine operative Tätigkeit mit mindestens 5 Beschäftigten ausüben,
haben nach den Angaben von SEEurope und ETUI[113] 16% zwischen 6 und 19 Beschäftigte, 14% zwischen 20 und 99 Beschäftigte, 16% zwischen 100 und 499 Beschäftigte,
18% zwischen 500 und 1.999 Beschäftigte, 12% zwischen 2.000 und 4.999 Beschäftigte,
5% zwischen 5000 und 9.999 Beschäftigte sowie 7% mindestens 10.000 Beschäftigte (12%
können nicht zugeordnet werden); diese 7%, mithin die 36 größten SE, beschäftigen insgesamt über 1,5 Mio Arbeitnehmerinnen und Arbeitnehmer. Im Einzelnen verteilen sich
die Beschäftigten der 534 SE, welche im März 2018 operativ mit mindestens 5 Beschäftigten tätig waren, in Bezug auf die verschiedenen Unternehmensgrößen nach der Anzahl
der Beschäftigten wie folgt:

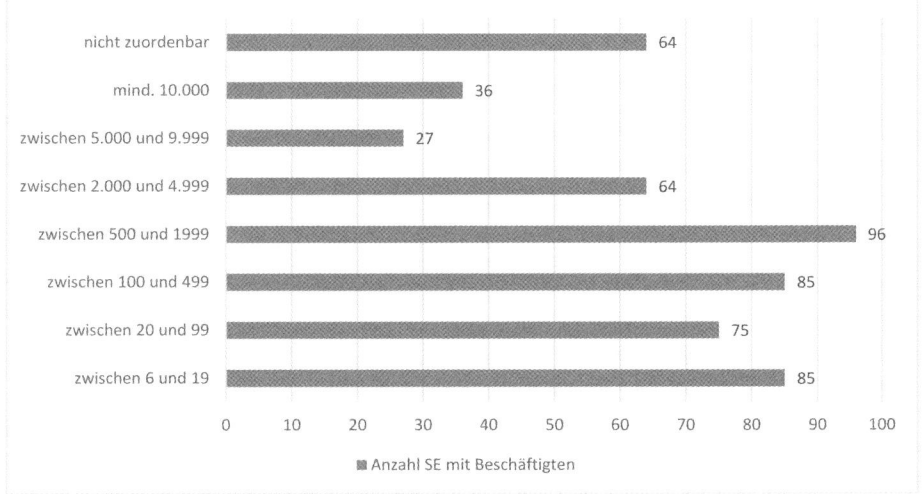

Gesamtanzahl der Beschäftigten operativ tätiger SE in Europa (Quelle: ETUI[114])

---

[113] Dazu vgl. *Carlson*, SE Companies, abrufbar unter: https://www.worker-participation.eu/content/download/6230/103998/file/SE-FactsFigures-2018-03-13%20Bologna.pdf, S. 6 (zuletzt abgerufen am 20.6.2021), auf Basis der Daten des European Trade Union Institute (ETUI), European Company Database (ECDB), abrufbar unter: http://ecdb.worker-participation.eu (zuletzt abgerufen am 20.6.2021).

[114] Dazu vgl. *Carlson*, SE Companies, abrufbar unter: https://www.worker-participation.eu/content/download/6230/103998/file/SE-FactsFigures-2018-03-13%20Bologna.pdf, S. 6 (zuletzt abgerufen am 20.6.2021), auf Basis der Daten des European Trade Union Institute (ETUI), European Company Database (ECDB), abrufbar unter: http://ecdb.worker-participation.eu (zuletzt abgerufen am 20.6.2021).

## V. Tätigkeitsbereiche operativ tätiger SE in Europa

38 Von den zwischen Oktober 2004 und Dezember 2017 insgesamt errichteten und registrierten 526 SE, welche zudem eine operative Tätigkeit mit mindestens 5 Beschäftigten ausüben, sind nach den Angaben von SEEurope und ETUI[115] insbesondere 16% im Metallbereich, 15% im Finanzdienstleistungsbereich, 12% im gewerblichen Dienstleistungsbereich, 9% in anderen Dienstleistungen sowie jeweils 8% in den Industrie-, Wirtschafts- und Informationstechnologiedienstleistungen und in der Chemischen Industrie tätig (12% entfallen insgesamt auf Bereiche von individuell unter 5% und 20% können nicht zugeordnet werden). Im Einzelnen verteilen sich die verschiedenen Tätigkeitsbereiche der 526 SE, welche im Dezember 2017 operativ mit mindestens 5 Beschäftigten tätig waren, wie folgt:

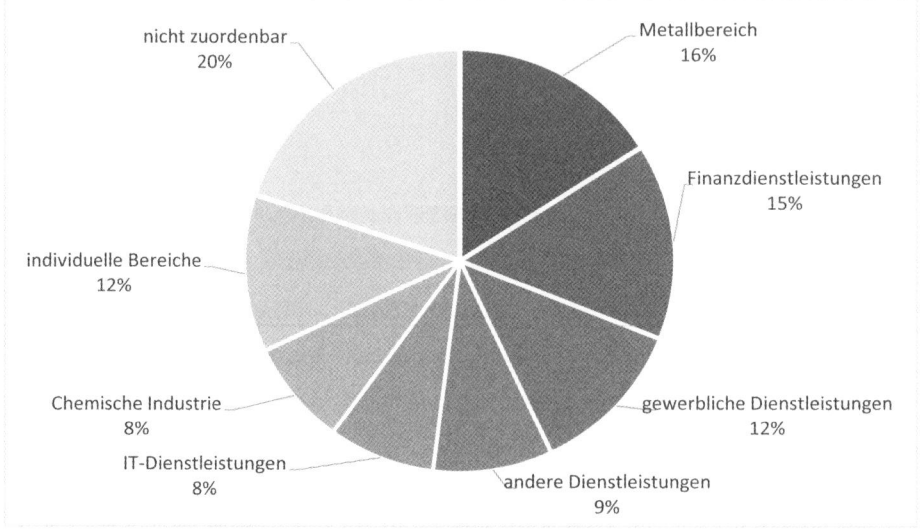

Tätigkeitsbereiche operativ tätiger SE in Europa (Quelle: ETUI[116])

---

[115] Dazu vgl. *Carlson*, SE Companies, abrufbar unter: https://www.worker-participation.eu/content/download/6230/103998/file/SE-FactsFigures-2018-03-13%20Bologna.pdf, S. 7 (zuletzt abgerufen am 20.6.2021), auf Basis der Daten des European Trade Union Institute (ETUI), European Company Database (ECDB), abrufbar unter: http://ecdb.worker-participation.eu (zuletzt abgerufen am 20.6.2021).

[116] Dazu vgl. *Carlson*, SE Companies, abrufbar unter: https://www.worker-participation.eu/content/download/6230/103998/file/SE-FactsFigures-2018-03-13%20Bologna.pdf, S. 7 (zuletzt abgerufen am 20.6.2021), auf Basis der Daten des European Trade Union Institute (ETUI), European Company Database (ECDB), abrufbar unter: http://ecdb.worker-participation.eu (zuletzt abgerufen am 20.6.2021).

C. Europäisierung von Unternehmen und Konzernen    § 1

## VI. Formen der Gründung von SE in Europa

Von den zwischen Oktober 2004 und Juni 2021 insgesamt errichteten und registrierten 39 3.364 SE wurden nach den Angaben des ETUI[117] 5% im Wege der grenzüberschreitenden Verschmelzung, 1% in der Form einer übergeordneten Holding-SE, 77% als gemeinsame SE-Tochtergesellschaft oder als SE-Tochtergesellschaft bereits bestehender SE und 9% durch Umwandlung von Aktiengesellschaften nationalen Rechts in eine SE errichtet (8% können nicht zugeordnet werden). Im Einzelnen verteilen sich die errichteten und registrierten SE in Bezug auf die einzelnen Gründungsformen wie folgt:

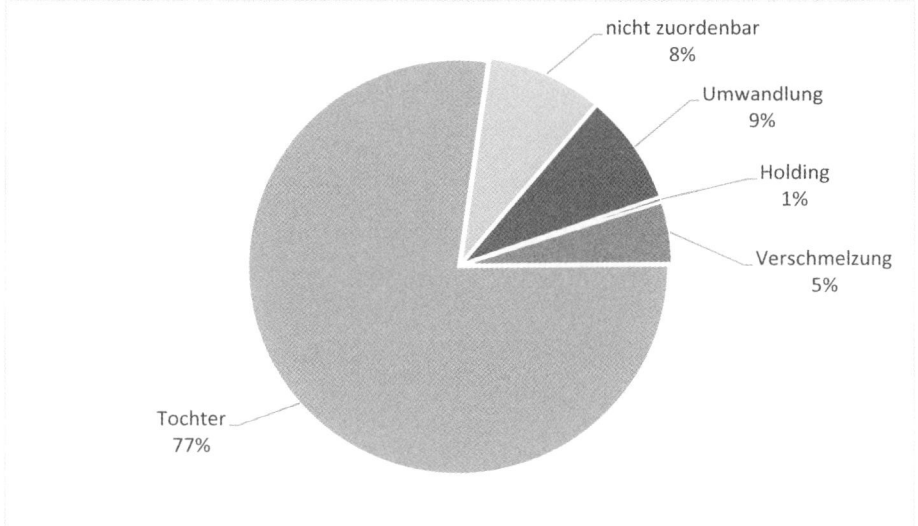

Gründungsformen registrierter SE in den Mitgliedstaaten der EU und des EWR (Quelle: ETUI[118])

---

[117] Dazu vgl. European Trade Union Institute (ETUI), European Company Database (ECDB), abrufbar unter: http://ecdb.worker-participation.eu (zuletzt abgerufen am 20.6.2021).
[118] Dazu vgl. European Trade Union Institute (ETUI), European Company Database (ECDB), abrufbar unter: http://ecdb.worker-participation.eu (zuletzt abgerufen am 20.6.2021).

40  Speziell in Deutschland wurden von den zwischen Oktober 2004 und Juni 2021 insgesamt errichteten und registrierten 717 SE nach den Angaben des ETUI[119] 10% im Wege der grenzüberschreitenden Verschmelzung, 1% in der Form einer übergeordneten Holding-SE, 56% als gemeinsame SE-Tochtergesellschaft oder als SE-Tochtergesellschaft bereits bestehender SE und 24% durch Umwandlung von Aktiengesellschaften nationalen Rechts in eine SE errichtet (9% können nicht zugeordnet werden). Im Einzelnen verteilen sich die errichteten und registrierten SE in Bezug auf die einzelnen Gründungsformen in Deutschland wie folgt:

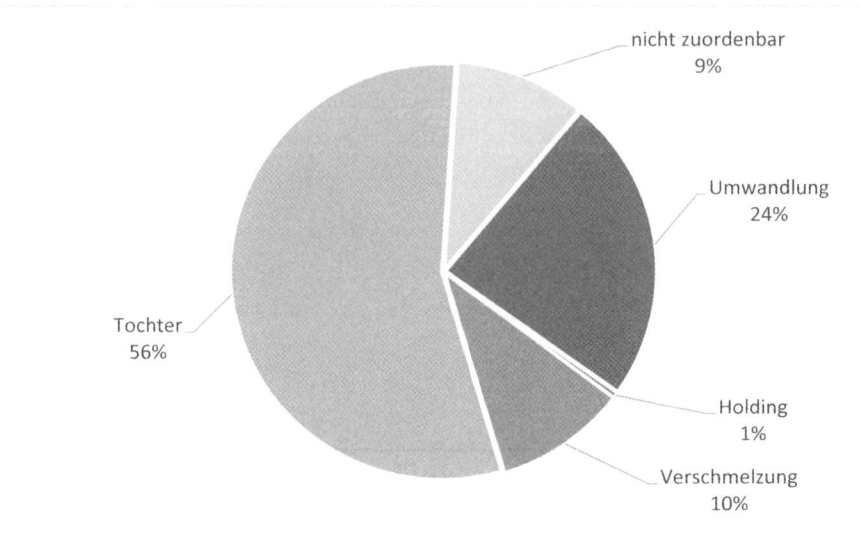

Gründungsformen registrierter SE in Deutschland (Quelle: ETUI[120])

---

[119] Dazu vgl. European Trade Union Institute (ETUI), European Company Database (ECDB), abrufbar unter: http://ecdb.worker-participation.eu (zuletzt abgerufen am 20.6.2021).
[120] Dazu vgl. European Trade Union Institute (ETUI), European Company Database (ECDB), abrufbar unter: http://ecdb.worker-participation.eu (zuletzt abgerufen am 20.6.2021).

C. Europäisierung von Unternehmen und Konzernen § 1

### VII. Systeme der Corporate Governance von SE in Europa

Betreffend die Corporate Governance verfügen von den zwischen Oktober 2004 und Juni 2021 insgesamt errichteten und registrierten 3.364 SE nach den Angaben des ETUI[121] 16% der SE über ein monistisches System der Unternehmensleitung und Unternehmensüberwachung und 80% der SE über ein dualistisches System der Unternehmensleitung und Unternehmensüberwachung (4% können nicht zugeordnet werden), ungeachtet des konkreten Sitzstaates und der identischen Hauptverwaltung der jeweiligen SE. Im Einzelnen verteilen sich die errichteten und registrierten SE in Bezug auf ihr System der Corporate Governance wie folgt:

41

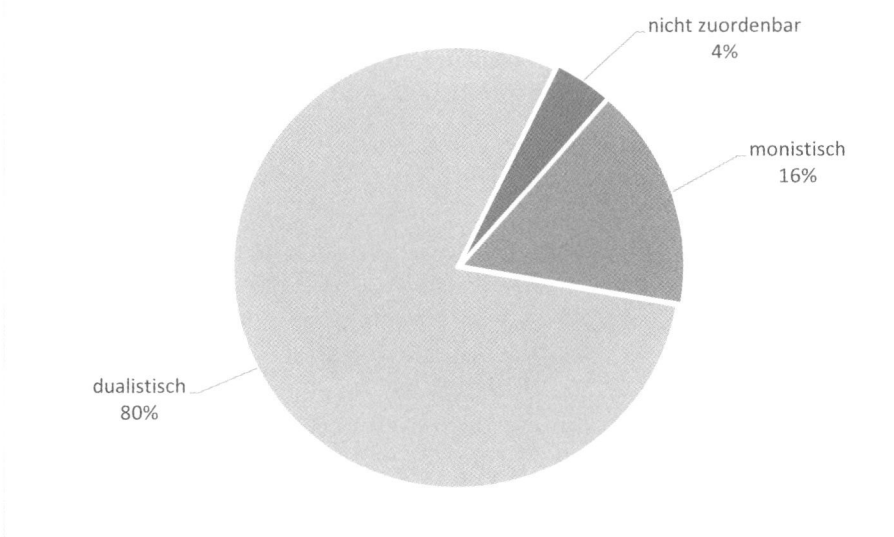

Corporate Governance registrierter SE in den Mitgliedstaaten der EU und des EWR (Quelle: ETUI[122])

---

[121] Dazu vgl. European Trade Union Institute (ETUI), European Company Database (ECDB), abrufbar unter: http://ecdb.worker-participation.eu (zuletzt abgerufen am 20.06.2021).
[122] Dazu vgl. European Trade Union Institute (ETUI), European Company Database (ECDB), abrufbar unter: http://ecdb.worker-participation.eu (zuletzt abgerufen am 20.6.2021).

42  Speziell in Deutschland verfügen von den zwischen Oktober 2004 und Juni 2021 insgesamt errichteten und registrierten 717 SE nach den Angaben des ETUI[123] 41% der SE über ein monistisches System der Unternehmensleitung und Unternehmensüberwachung und 45% der SE über ein dualistisches System der Unternehmensleitung und Unternehmensüberwachung (14% können nicht zugeordnet werden). Im Einzelnen verteilen sich die errichteten und registrierten SE in Bezug auf ihr System der Corporate Governance in Deutschland wie folgt:

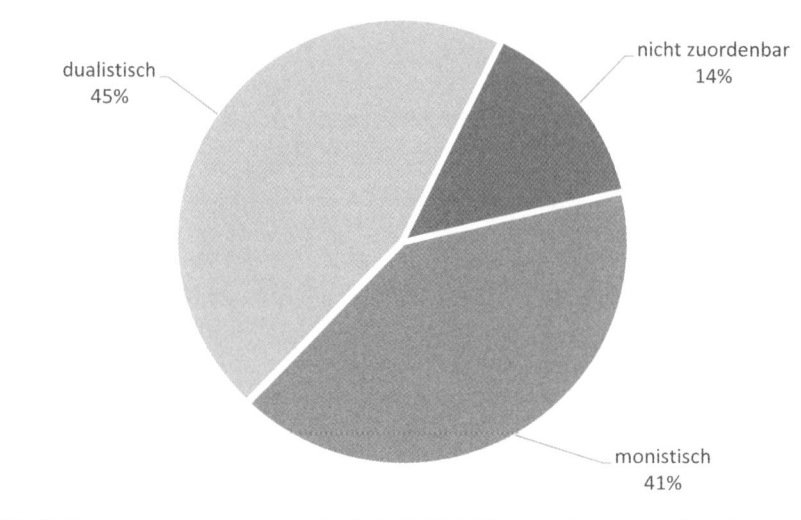

Corporate Governance registrierter SE in Deutschland (Quelle: ETUI[124])

---

[123] Dazu vgl. European Trade Union Institute (ETUI), European Company Database (ECDB), abrufbar unter: http://ecdb.worker-participation.eu (zuletzt abgerufen am 20.6.2021).
[124] Dazu vgl. European Trade Union Institute (ETUI), European Company Database (ECDB), abrufbar unter: http://ecdb.worker-participation.eu (zuletzt abgerufen am 20.6.2021).

C. Europäisierung von Unternehmen und Konzernen § 1

## VIII. Mitbestimmung der Arbeitnehmerinnen und Arbeitnehmer von SE in Europa

Betreffend die Mitbestimmung der Arbeitnehmerinnen und Arbeitnehmer verfügen von 43 den zwischen Oktober 2004 und Dezember 2017 insgesamt errichteten und registrierten 2.943 SE nach den Angaben von SEEurope und ETUI[125] 94% über keine Form der Mitbestimmung, 3% über eine Mitbestimmung mit Informations- und Konsultationsrechten und 2% über eine Mitbestimmung mit Informations-, Konsultations- sowie insbesondere auch Partizipationsrechten bis hin zu einer paritätischen Unternehmensmitbestimmung insbesondere im Rahmen des dualistischen, aber auch des monistischen Systems der Unternehmensleitung und Unternehmensüberwachung (Corporate Governance), wobei 1% nicht zugeordnet werden können. Im Einzelnen verteilen sich diese errichteten und registrierten SE in Bezug auf die verschiedenen Formen der Mitbestimmung der Arbeitnehmerinnen und Arbeitnehmer wie folgt:

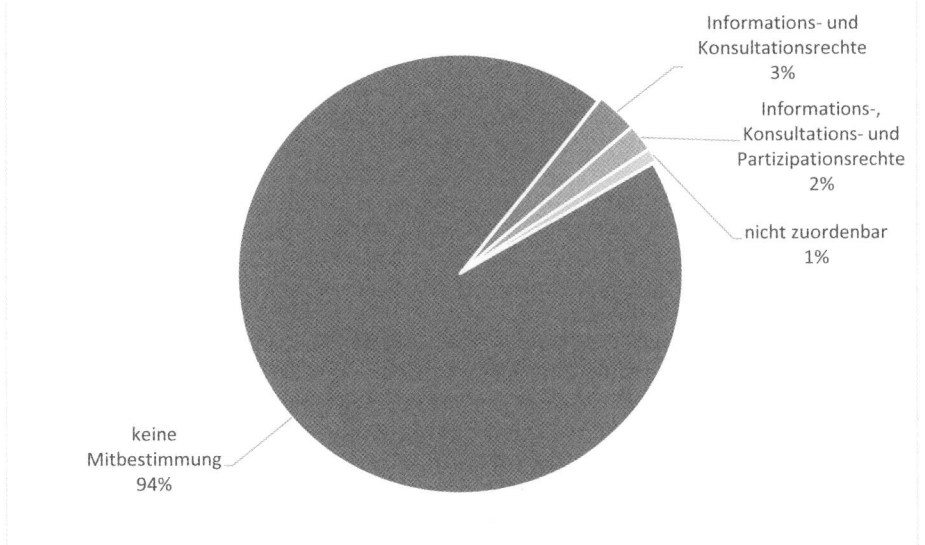

Mitbestimmung registrierter SE in Europa (Quelle: ETUI[126])

In Bezug auf die zwischen Oktober 2004 und März 2018 insgesamt errichteten und 44 registrierten 534 SE, welche zudem eine operative Tätigkeit mit mindestens 5 Beschäftigten ausüben, verfügen nach den Angaben von SEEurope und des ETUI[127] 59%, mithin 315 SE über keine Form der Mitbestimmung, 27%, mithin 145 SE über eine Mitbestimmung mit Informations- und Konsultationsrechten und 14%, mithin 74 SE über eine Mitbestimmung mit Informations-, Konsultations- sowie insbesondere auch Partizipations-

---

[125] Dazu vgl. *Carlson,* SE Companies, abrufbar unter: https://www.worker-participation.eu/content/download/6230/103998/file/SE-FactsFigures-2018-03-13%20Bologna.pdf, S. 13 (zuletzt abgerufen am 20.6.2021), auf Basis der Daten des European Trade Union Institute (ETUI), European Company (SE) Database (ECDB), abrufbar unter: http://ecdb.worker-participation.eu (zuletzt abgerufen am 20.6.2021).
[126] Dazu vgl. European Trade Union Institute (ETUI), European Company (SE) Database (ECDB), abrufbar unter: http://ecdb.worker-participation.eu (zuletzt abgerufen am 20.6.2021).
[127] Dazu vgl. *Carlson,* SE Companies, abrufbar unter: https://www.worker-participation.eu/content/download/6230/103998/file/SE-FactsFigures-2018-03-13%20Bologna.pdf, S. 15 (zuletzt abgerufen am 20.6.2021), auf Basis der Daten des European Trade Union Institute (ETUI), European Company (SE) Database (ECDB), abrufbar unter: http://ecdb.worker-participation.eu (zuletzt abgerufen am 20.6.2021).

rechten mit Unternehmensmitbestimmung im Rahmen des dualistischen oder auch des monistischen Systems der Unternehmensleitung und Unternehmensüberwachung (Corporate Governance). Im Einzelnen verteilen sich diese 534 SE, welche operativ mit mindestens 5 Beschäftigten tätig sind, in Bezug auf die verschiedenen Formen der Mitbestimmung der Arbeitnehmerinnen und Arbeitnehmer wie folgt:

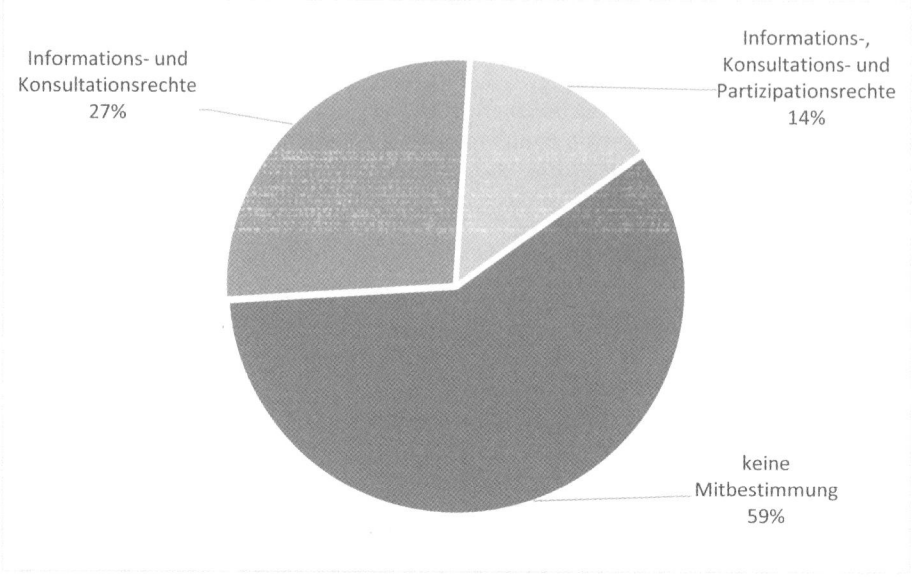

Mitbestimmung operativ tätiger SE in Europa (Quelle: ETUI[128])

45  Speziell in Deutschland verfügen von den zwischen Oktober 2004 und Dezember 2020 insgesamt errichteten und registrierten 413 SE mit Sitz in Deutschland, welche zudem eine operative Tätigkeit mit mindestens 5 Beschäftigten ausüben, nach den Angaben des Institutes für Mitbestimmung und Unternehmensführung (IMU) sowie des ETUI[129] 83%, mithin 344 SE über eine Mitbestimmung mit höchstens Informations- und Konsultationsrechten, 12%, mithin 48 SE über eine Mitbestimmung mit Informations-, Konsultations- sowie insbesondere auch Partizipationsrechten mit mindestens drittelbeteiligter Unternehmensmitbestimmung im Rahmen des dualistischen oder ausnahmsweise auch sogar des monistischen Systems der Unternehmensleitung und Unternehmensüberwachung (Corporate Governance) und 5%, mithin 21 SE über eine Mitbestimmung mit Informations-, Konsultations- sowie insbesondere auch Partizipationsrechten mit paritätischer Unternehmensmitbestimmung im Rahmen ausschließlich des dualistischen Systems der Unternehmensleitung und Unternehmensüberwachung (Corporate Governance). So verfügt gegenwärtig ausschließlich eine SE, die Lindner SE, über ein monistisches System der Unternehmensleitung und Unternehmensüberwachung mit einem Verwaltungsrat, welcher mit insgesamt 3 Personen besetzt ist und zu einem Drittel mitbestimmt und im konkreten Fall als Dreiergremium (2:1) mit einer Person die Vertretung der Interessen der Ar-

---

[128] Dazu vgl. European Trade Union Institute (ETUI), European Company (SE) Database (ECDB), abrufbar unter: http://ecdb.worker-participation.eu (zuletzt abgerufen am 20.6.2021).
[129] Dazu vgl. *Rosenbohm/Misterek,* Fakten zur Europäischen Aktiengesellschaft (Stand 31.12.2020), abrufbar unter: https://www.imu-boeckler.de/data/Mitbestimmung_SE_in_Europa_2020_12.pdf, S. 6 (zuletzt abgerufen am 20.6.2021), auf Basis der Daten des European Trade Union Institute (ETUI), European Company (SE) Database (ECDB), abrufbar unter: http://ecdb.worker-participation.eu (zuletzt abgerufen am 20.6.2021).

C. Europäisierung von Unternehmen und Konzernen § 1

beitnehmerinnen und Arbeitnehmer wahrnimmt.[130] Im Einzelnen verteilen sich diese SE mit Sitz in Deutschland, welche operativ mit mindestens 5 Beschäftigten tätig sind, in Bezug auf die verschiedenen Formen der Mitbestimmung der Arbeitnehmerinnen und Arbeitnehmer wie folgt:

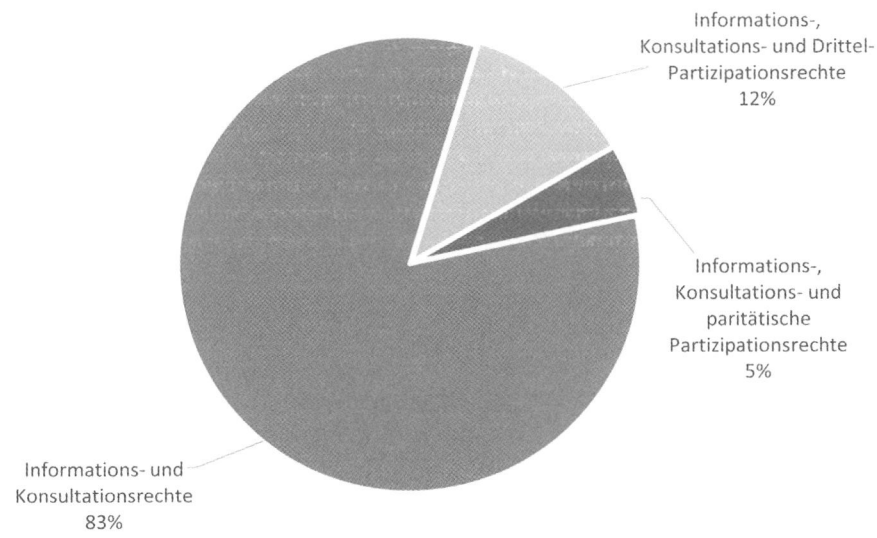

Mitbestimmung operativ tätiger SE in Deutschland (Quelle: ETUI[131])

## IX. Grenzüberschreitende Mobilität von SE in Europa

Von den zwischen Oktober 2004 und Juni 2021 insgesamt errichteten und registrierten 46 3.364 SE haben nach den Angaben von ETUI[132] in diesem Zeitraum insgesamt 164 SE sowohl ihren statutarischen Sitz als auch ihren zwingend identischen Ort der Hauptverwaltung von einem Mitgliedstaat der EU oder des EWR in einen anderen Mitgliedstaat der EU oder des EWR grenzüberschreitend sowie identitätswahrend nach Maßgabe von Art. 8 SE-VO sowie den betreffenden Bestimmungen sowohl der einschlägigen nationalen SE-AG als

---

[130] Dazu vgl. *Rosenbohm/Misterek,* Fakten zur Europäischen Aktiengesellschaft (Stand 31.12.2020), abrufbar unter: https://www.imu-boeckler.de/data/Mitbestimmung_SE_in_Europa_2020_12.pdf, S. 7 (zuletzt abgerufen am 20.6.2021), auf Basis der Daten des European Trade Union Institute (ETUI), European Company (SE) Database (ECDB), abrufbar unter: http://ecdb.worker-participation.eu (zuletzt abgerufen am 20.6.2021). Demgegenüber hat die Puma SE, welche ebenfalls über ein drittelmitbestimmtes monistisches System der Unternehmensleitung und Unternehmensüberwachung verfügt hat (dazu vgl. auch Schaper, Die Europäische Aktiengesellschaft (SE), 2018, 16), ihr System der Corporate Governance am 12.7.2018 geändert und verfügt seither über ein wiederum drittelmitbestimmtes dualistisches System der Unternehmensleitung und Unternehmensüberwachung. Dazu vgl. European Trade Union Institute (ETUI), European Company (SE) Database (ECDB), abrufbar unter: http://ecdb.worker-participation.eu (zuletzt abgerufen am 20.6.2021).

[131] Dazu vgl. *Rosenbohm/Misterek,* Fakten zur Europäischen Aktiengesellschaft (Stand 31.12.2020), abrufbar unter: https://www.imu-boeckler.de/data/Mitbestimmung_SE_in_Europa_2020_12.pdf, S. 6f. (zuletzt abgerufen am 20.6.2021), auf Basis der Daten des European Trade Union Institute (ETUI), European Company (SE) Database (ECDB), abrufbar unter: http://ecdb.worker-participation.eu (zuletzt abgerufen am 20.6.2021).

[132] Dazu vgl. European Trade Union Institute (ETUI), European Company (SE) Database (ECDB), abrufbar unter: http://ecdb.worker-participation.eu (zuletzt abgerufen am 20.6.2021).

auch der Bestimmungen der nationalen (Aktien-)Rechte des Wegzugsstaates und des Zuzugsstaates verlegt. Im Einzelnen verteilen sich die weggezogenen SE (out) sowie die zugezogenen SE (in) auf die einzelnen Mitgliedstaaten der EU und des EWR wie folgt:

Verlegung des Sitzes von SE zwischen den Mitgliedstaaten der EU und des EWR (Quelle: ETUI[133])

47  Dementsprechend fanden im betreffenden Zeitraum von Oktober 2004 bis Juni 2021 in folgenden Mitgliedstaaten der EU und des EWR insgesamt die meisten grenzüberschreitenden Sitzverlegungen von SE in Form von Weg- und Zuzügen nach den Angaben von ETUI[134] statt (top 5 EU/EWR Länder): Im Vereinigten Königreich von Grossbritannien und Nordirland erfolgten 48 Weg- und 22 Zuzüge, mithin insgesamt 70 Sitzverlegungen, in Luxemburg erfolgten 17 Weg- und 22 Zuzüge, mithin insgesamt 39 Sitzverlegungen, in Tschechien erfolgten 12 Weg- und 22 Zuzüge, mithin insgesamt 34 Sitzverlegungen, in Deutschland erfolgten 15 Weg- und 14 Zuzüge, mithin insgesamt 29 Sitzverlegungen und in den Niederlanden erfolgten 19 Weg- und 9 Zuzüge, mithin insgesamt 28 Sitzverlegun-

---

[133] Dazu vgl. European Trade Union Institute (ETUI), European Company (SE) Database (ECDB), abrufbar unter: http://ecdb.worker-participation.eu (zuletzt abgerufen am 20.6.2021).
[134] Dazu vgl. European Trade Union Institute (ETUI), European Company (SE) Database (ECDB), abrufbar unter: http://ecdb.worker-participation.eu (zuletzt abgerufen am 20.6.2021).

## C. Europäisierung von Unternehmen und Konzernen                              § 1

gen. Die einzelnen Summen von Weg- und Zuzügen von SE stellen sich für die einzelnen Mitgliedstaaten der EU und des EWR wie folgt dar (siehe → Rn. 48).

In Bezug auf die grösste Differenz von Wegzügen versus Zuzügen stellt sich die Situation 48 im betreffenden Zeitraum in folgenden Mitgliedstaaten der EU und des EWR nach den Angaben von ETUI[135] wie folgt dar (top 5 EU/EWR Länder): Das Vereinigte Königreich von Grossbritannien und Nordirland weist demnach die grösste Differenz von − 26 SE auf (22 Zuzüge abzüglich 48 Wegzüge), gefolgt von den Niederlanden mit einer Differenz von − 10 (9 Zuzüge abzüglich 19 Wegzüge) und der Slowakei mit einer Differenz von ebenfalls − 10 (2 Zuzüge abzüglich 12 Wegzüge), gefolgt von Dänemark mit einer Differenz von − 5 (0 Zuzüge abzüglich 5 Wegzüge) und Schweden mit einer Differenz von − 2 (0 Zuzüge abzüglich 2 Wegzüge). Die einzelnen Differenzen von Wegzügen versus Zuzügen von SE stellen sich für die einzelnen Mitgliedstaaten der EU und des EWR wie folgt dar:

| Länder | Wegzüge | Differenz | Länder | Zuzüge | Weg- und Zuzüge |
|---|---|---|---|---|---|
| AT | 8 | 1 | AT | 9 | 17 |
| BE | 3 | 2 | BE | 5 | 8 |
| BG | 1 | 2 | BG | 3 | 4 |
| CY | 4 | 8 | CY | 12 | 16 |
| CZ | 12 | 10 | CZ | 22 | 34 |
| DE | 15 | -1 | DE | 14 | 29 |
| DK | 5 | -5 | DK | 0 | 5 |
| EE | 0 | 2 | EE | 2 | 2 |
| ES | 1 | 2 | ES | 3 | 4 |
| FI | 1 | 0 | FI | 1 | 2 |
| FR | 7 | 1 | FR | 8 | 15 |
| GR | 1 | -1 | GR | 0 | 1 |
| HU | 1 | 0 | HU | 1 | 2 |
| IE | 3 | 6 | IE | 9 | 12 |
| IT | 0 | 3 | IT | 3 | 3 |
| LI | 0 | 1 | LI | 1 | 1 |
| LU | 17 | 5 | LU | 22 | 39 |
| MT | 0 | 7 | MT | 7 | 7 |
| NL | 19 | -10 | NL | 9 | 28 |
| NO | 2 | 1 | NO | 3 | 5 |
| PL | 2 | 2 | PL | 4 | 6 |
| SE | 2 | -2 | SE | 0 | 2 |
| RO | 0 | 2 | RO | 2 | 2 |
| SK | 12 | -10 | SK | 2 | 14 |
| UK | 48 | -26 | UK | 22 | 70 |
| Summen | 164 | 0 | | 164 | 328 |

Differenzen von Weg- vs. Zuzügen von SE zwischen den Mitgliedstaaten der EU und des EWR (Quelle: ETUI[136])

### X. Börsennotierte, Familien- und weitere Unternehmen in der Rechtsform einer SE in Deutschland und Europa

Von den im Juni 2021 insgesamt errichteten und registrierten 717 SE mit Sitz in Deutsch- 49 land sind insgesamt 41 Unternehmen in der Rechtsform einer SE in den verschiedenen Deutschen Aktienindizes (DAX, MDAX, SDAX, TecDAX) teilweise doppelt gelistet. So

---
[135] Dazu vgl. European Trade Union Institute (ETUI), European Company (SE) Database (ECDB), abrufbar unter: http://ecdb.worker-participation.eu (zuletzt abgerufen am 20.6.2021).
[136] Dazu vgl. European Trade Union Institute (ETUI), European Company (SE) Database (ECDB), abrufbar unter: http://ecdb.worker-participation.eu (zuletzt abgerufen am 20.6.2021).

sind im Deutschen Aktienindex DAX acht von dreißig Unternehmen in der Rechtsform einer SE gelistet, namentlich die Allianz SE, die BASF SE, die Delivery Hero SE, die Deutsche Wohnen SE, die E.ON SE, die Fresenius SE & Co. KGaA, die SAP SE und die Vonovia SE. Im Deutschen Aktienindex MDAX sind siebzehn von fünfzig Unternehmen in der Rechtsform einer SE gelistet, namentlich die Airbus SE, die Aixtron SE, die AUTO1 Group SE, die Cancom SE, die CompuGroup Medical SE, die Evotec SE, die Fuchs Petrolub SE, die HelloFresh SE, die Nemetschek SE, die Nordex SE, die Porsche Automobil Holding SE, die ProSiebenSat. 1 Media SE, die Puma SE, die Scout24 SE, die Ströer SE & Co. KGaA, die Uniper SE und die Zalando SE. Im Deutschen Aktienindex SDAX sind zehn von fünfzig Unternehmen in der Rechtsform einer SE gelistet, namentlich die Bilfinger SE, die Klöckner & Co SE, die KWS SAAT SE & Co. KGaA, die Nagarro SE, die New Work SE, die SGL Carbon SE, die Sixt SE, die Süss Microtec SE, die Traton SE und die Wacker Neuson SE. Im Deutschen Aktienindex TecDAX sind sechs von dreißig Unternehmen in der Rechtsform einer SE gelistet, namentlich die Aixtron SE, die Cancom SE, die CompuGroup Medical SE, die Nemetschek SE, die Nordex SE und die SAP SE.

50 Im Europäischen Aktienindex Eurostoxx-50 sind acht von fünfzig Unternehmen in der Rechtsform einer SE gelistet, vier davon sind auch im DAX und eine im MDAX gelistet, namentlich die Airbus SE, die Allianz SE, die BASF SE, die Fresenius SE & Co. KGaA, die LVMH Moët Hennessy – Louis Vuitton SE, die SAP SE, die Schneider Electric SE und die TotalEnergies SE.

51 Darüber hinaus setzen in den letzten Jahren auch zahlreiche bekannte deutsche Familien- und weitere Unternehmen die supranational-europäische Rechtsform der Europäischen Aktiengesellschaft (SE) aufgrund ihrer rechtsformspezifischen Charakteristika und auch ihrer rechtsformspezifischen Flexibilität betreffend die Möglichkeit der Verankerung eines ggf. sogar (perpetuierend) mitbestimmungsfreien monistischen Systems der Corporate Governance und auch um ggf. den mittelständischen Führungs- und Nachfolgeüberlegungen im Familienkreis besser Rechnung tragen zu können, ein, einerseits als eigenständige oder sog. reine SE und andererseits als Komplementärin einer SE & Co. KG sowie insbesondere auch einer SE & Co. KGaA.[137] Namentlich zu nennen sind insbesondere die Berner SE, die Bertelsmann SE & Co. KGaA, die Max Bögl SE, die Braun SE, die Conrad Electronic SE, die Deichmann SE, die Fresenius SE & Co. KGaA, die Hager SE, die Hochland SE, die Jägermeister-Mast SE, die Lenze SE, die LichtBlick SE, die Axel Springer SE, die STO SE & Co. KGaA, die UBS Europe SE, die Wacker Neuson SE, die Wilo SE und die XING SE.

## D. Einsatzmöglichkeiten der SE im Überblick

52 Die wesentlichen rechtlichen und betriebswirtschaftlichen Vorteile sowie insbesondere auch die verschiedenen Einsatzmöglichkeiten der Rechtsform einer Europäischen Aktiengesellschaft (SE) für Unternehmen und Konzerne im Europäischen Binnenmarkt können grundsätzlich nach unterschiedlichen methodischen Vorgehensweisen herausgearbeitet und analysiert werden. Nachfolgend soll dies insbesondere anhand verschiedener Fallkonstellationen erfolgen, wodurch typisierend die verschiedenen Einsatzmöglichkeiten der Rechtsform einer SE aufgezeigt und die unterschiedlichen insoweit ggf. konkret realisierbaren Vorteile sowie die damit einhergehenden Anforderungen identifiziert werden können. Im Einzelnen können insoweit insbesondere folgende Gruppen an Fallkonstellationen unter-

---

[137] Dazu vgl. auch *Becker/Schreiner,* Die Europäische Aktiengesellschaft (SE) als Rechtsformalternative für Familienunternehmen, 2016, 25 ff.; *Haider-Giangreco/Polte* BB 2014, 2947 (2951 ff. mwN); *Reichert* ZIP 2014, 1957; *Wicke* RNotZ 2020, 25 (37 ff. mwN).

## D. Einsatzmöglichkeiten der SE im Überblick　§ 1

schieden werden, auf die in der Mehrzahl in den nachfolgenden Ausführungen eingegangen wird und für die jeweils auch verschiedene Praxisbeispiele angeführt werden:[138]

(1) **Grenzüberschreitender Zusammenschluss von Unternehmen und Konzernen:** Der grenzüberschreitende Zusammenschluss von Unternehmen und Konzernen im Europäischen Binnenmarkt kann insbesondere in Zusammenhang mit den durch die SE-VO abschließend vorgesehenen Gründungsformen einer SE erfolgen. Derartige SE können darüber hinaus insbesondere das anzuwendende System der Unternehmensleitung und -überwachung (Corporate Governance) und ihren Sitz und damit auch das ergänzend auf die SE anwendbare Recht sowohl des jeweiligen SE-AG als auch des nationalen (Aktien-) Rechts des betreffenden Mitgliedstaates innerhalb der EU und des EWR frei wählen. Ferner kann die Unternehmensmitbestimmung im Verhandlungswege unter Beachtung des Vorher-Nachher-Prinzips grundsätzlich frei und europaweit sowie insbesondere auch europaspezifisch ausgestaltet und die hiervon betroffenen Gremien können zudem auch international sowie insbesondere europäisch besetzt werden.

53

– **Merger-SE:** Der grenzüberschreitende Zusammenschluss von zwei oder mehreren unabhängigen, ggf. gleichberechtigten (merger of equals) oder auch konzerninternen Unternehmen in der Rechtsform von Aktiengesellschaften nationalen Rechts im Wege der grenzüberschreitenden Verschmelzung zu einer SE mit freier Wahl des Systems der Corporate Governance sowie des Sitzes und der damit identischen Hauptverwaltung innerhalb der EU und des EWR sowie verhandelbarer Unternehmensmitbestimmung unter Beachtung des Vorher-Nachher-Prinzips;

– **Acquisition-SE:** Die grenzüberschreitende Akquisition eines ausländischen Zielunternehmens durch Einsatz einer SE mit anschließender grenzüberschreitender up- oder down-stream-Verschmelzung der beteiligten Unternehmen in der Rechtsform von Aktiengesellschaften nationalen Rechts zu einer SE mit freier Wahl des Systems der Corporate Governance sowie des Sitzes und der damit identischen Hauptverwaltung innerhalb der EU und des EWR sowie verhandelbarer Unternehmensmitbestimmung unter Beachtung des Vorher-Nachher-Prinzips;

– **European Holding-SE:** Der grenzüberschreitende Zusammenschluss von Unternehmen in der Rechtsform von Aktiengesellschaften oder Gesellschaften mit beschränkter Haftung nationalen Rechts durch Errichtung einer gemeinsamen übergeordneten Holdinggesellschaft in der Rechtsform einer SE mit freier Wahl des Systems der Corporate Governance sowie des Sitzes und der damit identischen Hauptverwaltung innerhalb der EU und des EWR sowie verhandelbarer Unternehmensmitbestimmung unter Beachtung des Vorher-Nachher-Prinzips;

– **Integrated European Group-SE:** Der grenzüberschreitende Zusammenschluss operativ tätiger Unternehmen insbesondere in der Rechtsform von Aktiengesellschaften nationalen Rechts zu einem integrierten europäischen Konzern mit einer einheitlichen europäischen Dachgesellschaft in der Rechtsform einer SE mit freier Wahl des Systems der Corporate Governance sowie des Sitzes und der damit identischen Hauptverwaltung innerhalb der EU und des EWR sowie verhandelbarer Unternehmensmitbestimmung unter Beachtung des Vorher-Nachher-Prinzips;

– **Joint Venture-SE:** Die Errichtung einer gemeinsamen Joint Venture-Tochtergesellschaft in der Rechtsform einer SE durch zwei oder mehrere europäische Partnerunternehmen, welche Gesellschaften des bürgerlichen Rechts, des Handelsrechts oder juristische Personen des öffentlichen oder privaten Rechts der Mitgliedstaaten der EU oder des EWR sind, mit freier Wahl des Systems der Corporate Governance sowie des Sitzes und der damit identischen Hauptverwaltung innerhalb der EU und des EWR sowie verhandelbarer Unternehmensmitbestimmung unter Beachtung des Vorher-Nachher-Prinzips.

---

[138] Dazu vgl. auch bereits *Wenz*, Die Societas Europaea (SE), 1993, 170 ff.; sowie Lutter/Hommelhoff EU-Gesellschaft/*Maul/Wenz* 261 ff.; *Petri/Wenz* AR 2004, 4; *Wenz* AG 2003, 185 ff.; *Wenz* ET 2004, 27 ff.

54 **(2) Reorganisation und Reengineering von Unternehmen:** Die grenzüberschreitende Reorganisation, Anpassung und Europäisierung der Organisationsstruktur eines in den Mitgliedstaaten der EU und des EWR operierenden Unternehmens und Konzerns kann im Europäischen Binnenmarkt auch dann, wenn das betreffende Unternehmen oder der maßgebliche Konzern originär in einem Drittstaat beheimatet ist, insbesondere wiederum durch die in der SE-VO abschließend vorgesehenen Gründungsformen einer SE erfolgen. Darüber hinaus kann diese Reorganisation insbesondere auch durch die freie Wahl des auf die SE anzuwendenden Systems der Unternehmensleitung und -überwachung (Corporate Governance) sowie durch die freie Wahl des Sitzes und der damit identischen Hauptverwaltung der SE, mithin des ergänzend auf die SE anwendbaren Rechts sowohl des jeweiligen SE-AG als auch des nationalen (Aktien-)Rechts des betreffenden Mitgliedstaates innerhalb der EU und des EWR, aber auch durch die grundsätzlich frei und europaweit sowie europaspezifisch ausgestaltbare und besetzbare Unternehmensmitbestimmung erfolgen.

– **Reorganisation-SE:** Die Reorganisation der europäischen Organisationsstruktur eines in den Mitgliedstaaten der EU und/oder des EWR operierenden Unternehmens und Konzerns aus einem Drittstaat, durch:
  – **European Holding-SE:** Zwischenschaltung einer europäischen Holdinggesellschaft in der Rechtsform einer SE mit freier Wahl des Systems der Corporate Governance sowie des Sitzes und der damit identischen Hauptverwaltung innerhalb der EU und des EWR sowie verhandelbarer Unternehmensmitbestimmung unter Beachtung des Vorher-Nachher-Prinzips;
  – **European Single Entity-SE:** Verschmelzung einzelner Gesellschaften zu einem einheitlichen europäischen Unternehmen in der Rechtsform einer SE mit freier Wahl des Systems der Corporate Governance sowie des Sitzes und der damit identischen Hauptverwaltung innerhalb der EU und des EWR sowie verhandelbarer Unternehmensmitbestimmung unter Beachtung des Vorher-Nachher-Prinzips mit rechtlich unselbstständigen Niederlassungen anstelle von selbstständigen Tochtergesellschaften in verschiedenen EU- und/oder EWR-Mitgliedstaaten;
  – **European Group-SE:** Die Umwandlung und Errichtung von Mutter- und Tochtergesellschaften eines europaweit agierenden Konzerns in der Rechtsform einer SE mit freier Wahl des Systems der Corporate Governance und daran anschließend ggf. auch des Sitzes und der damit identischen Hauptverwaltung sowie verhandelbarer Unternehmensmitbestimmung unter Beachtung des insoweit besonders strengen Vorher-Nachher-Prinzips;
– **Reengineering-SE:** Die Europäisierung der Unternehmensrechtsform durch Umwandlung einer Aktiengesellschaft nationalen Rechts in eine SE, ggf. verbunden mit einem Wechsel des Systems der Corporate Governance sowie daran anschließend ggf. auch des Sitzes und der hiermit identischen Hauptverwaltung, um den Bedürfnissen des Kapitalmarktes und weiterer Anspruchsgruppen besser Rechnung tragen zu können. Eine besondere Ausprägung hiervon ist die **deutsche Familien-SE**, welche ebenfalls durch Umwandlung einer deutschen Aktiengesellschaft, welche ggf. zuvor aus einer deutschen GmbH entstanden ist, in eine SE entsteht, über ein monistisches System der Unternehmensleitung und -überwachung (Corporate Governance) mit einer oder einem CEO verfügt, welche oder welcher gleichermaßen dem Verwaltungsrat als auch den geschäftsführenden Direktorinnen und Direktoren vorsitzt und aufgrund frühzeitiger Verhandlungen über die Unternehmensmitbestimmung unter Beachtung des Vorher-Nachher-Prinzips den entsprechenden Status Quo derart perpetuiert, dass die betreffende SE mitbestimmungsfrei bleibt und auch über keinen SE-Betriebsrat verfügt.

55 **(3) Grenzüberschreitende Sitzverlegung von Unternehmen:** Die grenzüberschreitende Verlegung des Sitzes (Satzungssitz) sowie gleichermaßen auch der zwingend identischen Hauptverwaltung von Unternehmen in der Rechtsform einer SE im Europäischen Binnenmarkt, mithin von einem Mitgliedstaat der EU oder des EWR in einen anderen

Mitgliedstaat der EU oder des EWR, erfolgt insbesondere in Zusammenhang mit den und nach Maßgabe der durch die SE-VO vorgesehenen Bedingungen. Auch wenn die betreffende SE auch weiterhin primär den Bestimmungen der SE-VO unterliegt, erfolgt durch die Sitzverlegung stets ein Wechsel des ergänzend auf die SE anwendbaren Rechts betreffend sowohl das jeweilige nationale SE-AG als auch das jeweilige nationale (Aktien-)Recht der betreffenden Mitgliedstaaten der EU und des EWR, wobei auch derartige SE insbesondere das anzuwendende System der Unternehmensleitung und -überwachung (Corporate Governance) in diesem Zusammenhang frei wählen können.

- **Cross Border-SE:** Die Identitätswahrende Sitzverlegung eines Unternehmens in der Rechtsform einer SE über die Grenze von einem Mitgliedstaat der EU oder des EWR in einen anderen Mitgliedstaat der EU oder des EWR mit freier Wahl des Systems der Corporate Governance.

## E. Merger-SE

### I. Ausgangssituation

Ein grenzüberschreitender Zusammenschluss von mehreren unabhängigen (oder auch konzerninternen), insbesondere gleichberechtigten Unternehmen und Konzernen erfolgt bislang auch im Europäischen Binnenmarkt va durch die Gründung einer gemeinsamen Obergesellschaft nationalen Rechts, auf die nach einem Anteilstausch der Gesellschafter nur diejenigen Unternehmen, die in demselben Mitgliedstaat ansässig sind, verschmolzen werden können.[139] Für die anderen Unternehmen bleibt es dagegen bei dem Anteilstausch, weshalb sie zu Tochterunternehmen der gemeinsamen Obergesellschaft werden. Alternativ besteht die Möglichkeit, dass eines der bestehenden Unternehmen die Rolle der gemeinsamen Obergesellschaft übernimmt, während die anderen Unternehmen durch Anteilstausch der Gesellschafter zu dessen Tochterunternehmen werden[140] (financial merger).[141]

Unabhängig davon, dass die Grundfreiheiten des EG-Vertrages bzw. des AEUV und des EWR-Abkommens, die den Europäischen Binnenmarkt legal definieren und den freien Verkehr von Waren, Personen, Dienstleistungen und Kapital gewährleisten, galt dies in dieser Form bis zur Verabschiedung der sog. Verschmelzungsrichtlinie auch für den Europäischen Binnenmarkt. Abweichend davon besteht durch den Einsatz der Rechtsform einer SE seit 2004 die Möglichkeit, dass sich mehrere Unternehmen, jeweils in der Rechtsform einer Aktiengesellschaft nationalen Rechts, die in verschiedenen Mitgliedstaaten der EU und des EWR ansässig sind, auf Gemeinschaftsebene durch die Gründung einer Europäischen Aktiengesellschaft (SE) im Wege der grenzüberschreitenden Verschmelzung vollständig sowohl rechtlich als auch wirtschaftlich zusammenschließen (full merger),[142] um dadurch bestimmte rechts- und organisationsformspezifische Vorteile aufgrund einer veränderten statutarischen Organisationsstruktur realisieren zu können. Infolge der Verabschiedung der sog. Verschmelzungsrichtlinie besteht seit 2007 diese Möglichkeit nunmehr auch nach nationalem Recht, mithin können sich auch Aktiengesellschaften nationalen

---

[139] Dazu vgl. auch den Zusammenschluss der Daimler-Benz AG und der Chrysler Corporation. S. *Daimler-Chrysler AG,* Bericht des Aufsichtsrats 1999, 1 ff. Vgl. auch *Thoma/Leuering* NJW 2002, 1452 f.
[140] Dazu vgl. auch den Zusammenschluss der Hoechst AG und der Rhône-Poulenc S.A. zur Aventis S.A. S. *Hoechst AG,* Bericht des Vorstands über den Zusammenschluss von Hoechst und Rhône-Poulenc 1999, 62 ff.; vgl. *Hoffmann* NZG 1999, 1077 f.; *Theisen,* Der Konzern, 2. Aufl. 2000, 83 ff. Vgl. ferner den Zusammenschluss von Arbed, Usinor und Aceralia zur Arcelor S.A.
[141] Dazu vgl. auch *Horn* FS Lutter, 2000, 1114; *Wymeersch,* Company Law in Europe and European Company Law, Working Paper Series WP 2001–06, 26.
[142] S. Art. 2 Abs. 1 SE-VO.

Rechts, die in verschiedenen Mitgliedstaaten der EU und des EWR ansässig sind, grenzüberschreitend verschmelzen.

## II. Durchführung

58 Ausgehend zB von einer deutschen und einer französischen Konzernunternehmung,[143] deren Muttergesellschaften jeweils in verschiedenen Mitgliedstaaten der EU (Deutschland und Frankreich) ansässig sind und die zumindest teilweise über weitere Tochtergesellschaften verfügen, die ebenfalls in verschiedenen Mitgliedstaaten der EU und des EWR ansässig sind, beschließen die beiden Aktionärskreise individuell und im Anschluss an eine entsprechende Übereinkunft der Unternehmensleitung beider Mutterunternehmen,[144] dass diese sich grenzüberschreitend als gleichberechtigte Partner zu einer einheitlichen europäischen Konzernunternehmung[145] zusammenschließen wollen (merger of equals). Die statutarische Organisationsstruktur der beiden Konzernunternehmungen stellt sich zunächst jeweils wie folgt dar (Ausgangssituation):

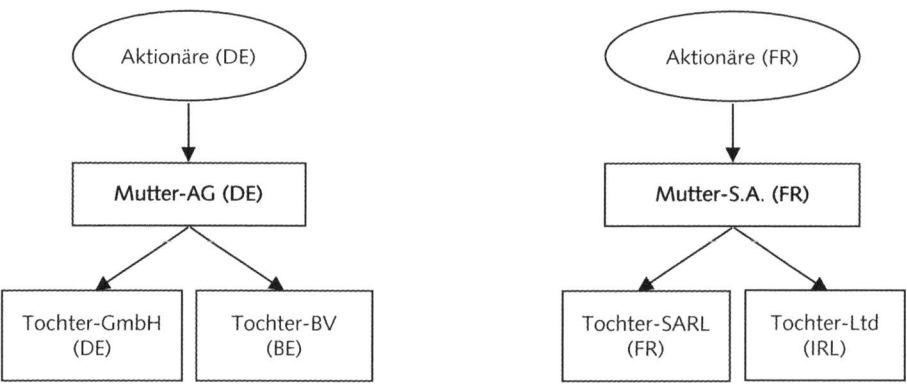

Ausgangssituation

59 Ohne die Möglichkeit, die Rechtsform einer SE einsetzen zu können oder eine grenzüberschreitende Verschmelzung der deutschen AG und der französischen S.A. vorzunehmen, wird die Muttergesellschaft beispielsweise der französischen Konzernunternehmung als gemeinsame neue Muttergesellschaft der europäischen Konzernunternehmung bestimmt. Der grenzüberschreitende Zusammenschluss erfolgt somit dadurch, dass die Aktionäre der bisherigen deutschen Muttergesellschaft ihre Anteile in neu zu schaffende Anteile der französischen Mutter S.A. umtauschen. Dadurch kann die Mutter-S.A. die deutsche Muttergesellschaft, die zukünftig als eine Art funktionslose Landesholding fungiert (Holding-AG), beherrschen. Die Aktionäre der deutschen Mutter-AG werden wahlweise nahezu vollständig zu Aktionären der französischen Mutter-S.A.[146] Zum Zusammenschluss ohne die Rechtsform einer SE oder eine grenzüberschreitende Verschmelzung vgl. die statutarische Organisationsstruktur der europäischen Konzernunternehmung in der nachstehenden Abbildung:

---

[143] Zum Begriff vgl. *Theisen*, Der Konzern, 2. Aufl. 2000, 15 ff., 27 f.
[144] S. *Hoechst AG,* Bericht des Vorstands über den Zusammenschluss von Hoechst und Rhône-Poulenc 1999, 119 ff.: Vertrag über den Zusammenschluss (einschließlich Anlagen).
[145] Zum Begriff vgl. *Wenz*, Die Societas Europaea (SE), 1993, 179; und ferner *Salzberger,* Die steuerliche Gewinnermittlung einer Konzernunternehmung in der Europäischen Union, 1994, 9.
[146] S. *Hoechst AG,* Bericht des Vorstands über den Zusammenschluss von Hoechst und Rhône-Poulenc 1999, 62 ff.

## E. Merger-SE § 1

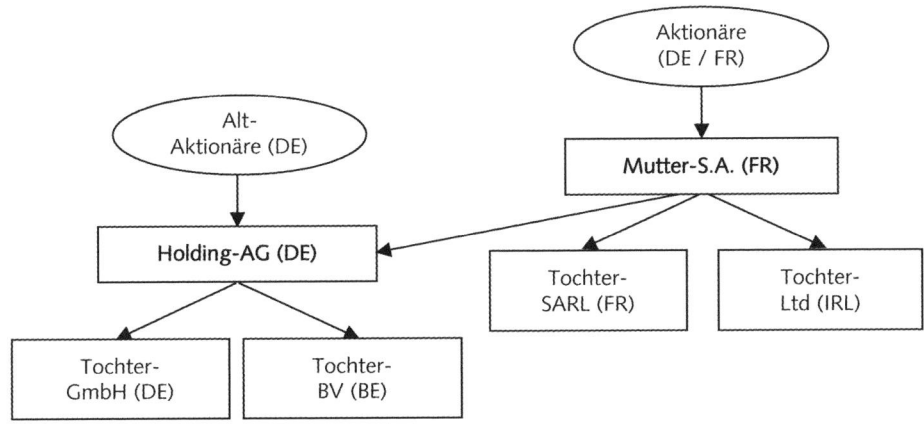

Zusammenschluss ohne SE

Abweichend davon ergibt sich durch den Einsatz der Rechtsform einer SE (oder einer grenzüberschreitenden Verschmelzung), deren Satzungssitz als auch deren zwingend identische Hauptverwaltung sich in diesem Fall zB in Frankreich oder Deutschland, aber auch in den Niederlanden befinden kann (Merger-SE) und die im Wege der grenzüberschreitenden Verschmelzung[147] durch die beiden nationalen Mutterunternehmen in der Rechtsform einer Aktiengesellschaft deutschen und französischen Rechts gegründet wird (Mutter-AG und Mutter-S.A.), eine deutlich veränderte statutarische Organisationsstruktur. Diese spiegelt die Gleichberechtigung der beiden rechtlich und wirtschaftlich bislang voneinander unabhängigen Konzerne sowohl in organisatorischer als auch in struktureller Hinsicht wider und vermeidet dadurch insbesondere eine asymmetrische statutarische Organisationsstruktur der europäischen Konzernunternehmung[148] sowie auch die Existenz voneinander abweichender Aktionärsgruppen mit ggf. divergierenden Interessen. Die statutarische Organisationsstruktur des Zusammenschlusses der beiden Konzerne zu einer einheitlichen europäischen Konzernunternehmung unter Beteiligung einer Merger-SE stellt sich dementsprechend wie folgt dar:

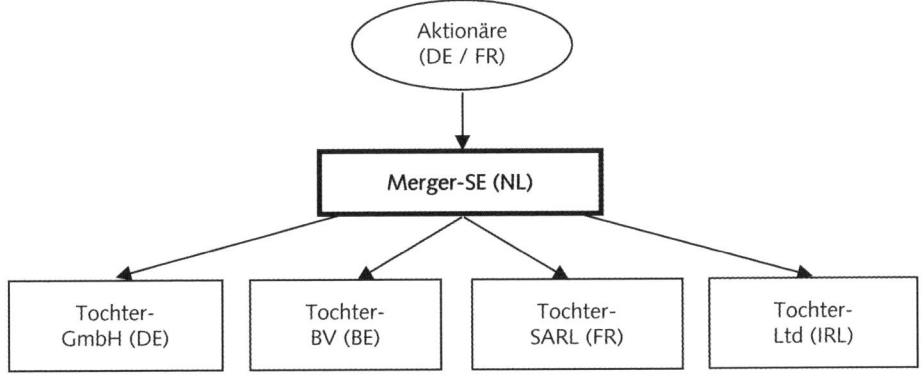

Merger-SE

---

[147] S. Art. 2 Abs. 1 SE-VO. Dazu vgl. auch *Kloster* EuZW 2003, 294 f.
[148] Allgemein dazu vgl. auch *Horn* FS Lutter, 2000, 1120.

## III. Beurteilung

61 Im Vergleich zu der bislang praktizierten Vorgehensweise der Bildung einer gemeinsamen Obergesellschaft sowie zumindest einer weiteren Zwischen- oder Landesholding, jeweils in einer Rechtsform nationalen Rechts, können durch den Einsatz der supranational-europäischen Rechtsform einer SE (oder durch eine grenzüberschreitende Verschmelzung) insbesondere die nachfolgend skizzierten rechts- und organisationsformspezifischen Vorteile erzielt werden.

62 Die statutarische Organisationsstruktur der gesamten, sowohl wirtschaftlich als auch rechtlich zusammengeschlossenen europäischen Konzernunternehmung kann vollständig vereinheitlicht werden, da die Muttergesellschaften der beiden Konzerne, die sich zusammenschließen wollen, nunmehr in symmetrischer Weise behandelt und gleichberechtigt zu einer SE verschmolzen werden (Ebene der Gesellschaften).[149] Zudem kann die Existenz voneinander abweichender Aktionärsgruppen mit ggf. divergierenden Interessen vermieden werden. Die beiden bisherigen Aktionärskreise können – unter Beachtung eventueller Minderheitsschutzrechte[150] – vollständig zusammengeführt werden, da die Muttergesellschaften der beiden Konzerne infolge der grenzüberschreitenden Verschmelzung zu einer SE nicht fortbestehen, vielmehr sämtliche Aktionäre der Mutter-AG und der Mutter-S.A. zu solchen der Merger-SE werden (Ebene der Gesellschafter).[151]

63 Infolgedessen stellt sich die statutarische Organisationsstruktur der gesamten europäischen Konzernunternehmung wesentlich einfacher dar, trägt der neuen strategischen Ausrichtung der gleichberechtigt zusammengeschlossenen Konzerne umfassend und integrierend Rechnung und vermeidet unnötige Organisations- und Verwaltungskosten betreffend die Organisation, Verwaltung, Führung, Überwachung, Controlling, Berichterstattung, Rechnungslegung, Prüfung, Publizität und Hauptversammlung der anderenfalls verbleibenden, regelmäßig funktionslosen Holding-AG.[152] Ferner können Restrukturierungsaktivitäten, wie die konzerninterne Umgliederung von Beteiligungen, wie beispielsweise diejenige an der deutschen Tochter-GmbH oder an der belgischen Tochter-BV, ohne Rücksichtnahme auf die durch das deutsche Konzernrecht[153] geschützten Interessen der andernfalls ggf. noch vorhandenen Alt-Aktionäre (Minderheitsgesellschafter) der Holding-AG vorgenommen werden, da die deutsche Mutter-AG durch den Einsatz der Merger-SE nicht weiter besteht. Dagegen können im Fall ohne SE an der deutschen Holding-AG auch weiterhin schutzbedürftige Minderheitsgesellschafter beteiligt sein.[154] Die Rechtsform einer SE kann somit in besonderer Weise dazu beitragen, zuvor voneinander unabhängige Konzerne zu einer einheitlichen europäischen Konzernunternehmung sowohl in wirtschaftlicher als auch in rechtlicher Hinsicht zu verbinden und zu deren Integration einen nicht unerheblichen Beitrag leisten.[155]

64 Das System der Unternehmensleitung und -überwachung (Corporate Governance) kann auf Ebene der Obergesellschaft der zusammengeschlossenen Konzernunternehmung durch den Einsatz der Merger-SE unabhängig von ihrem Sitzstaat entweder nach dem

---

[149] Allgemein dazu vgl. *Horn* FS Lutter, 2000, 1120 f.; *Wenz*, Die Societas Europaea (SE), 1993, 179 f.
[150] S. Art. 24 Abs. 2 SE-VO, Art. 25 Abs. 3 SE-VO, §§ 6–7 SE-AG. Dazu vgl. *Kalss* ZGR 2003, 593 ff.; *Teichmann* ZGR 2003, 379 ff.; Lutter/Hommelhoff EU-Gesellschaft/*Vetter* 118 ff.
[151] Dazu vgl. auch *Wenz* AG 2003, 189. Vgl. ferner *Ernst & Young*, Study on the operation and the impact of the Statute for a European Company (SE), Final Report, 2009, 215–217.
[152] Dazu vgl. *Blanquet* ZGR 2002, 64; *Bungert/Beier* EWS 2002, 9; *Schwarz* ZIP 2001, 1859 f.; und ferner *Wymeersch*, Company Law in Europe and European Company Law, Working Paper Series WP 2001-06, 17.
[153] S. §§ 311–318 AktG. Zum Konzernrecht der SE vgl. *Brandi* NZG 2003, 889 ff.; *Ebert* BB 2003, 1854 ff.; *Habersack* ZGR 2003, 724 ff.; *Maul* ZGR 2003, 743 ff.; Lutter/Hommelhoff EU-Gesellschaft/*Maul* 249 ff.
[154] Dazu vgl. *Hoffmann* NZG 1999, 1081 f.
[155] Dadurch können Mängel in der statutarischen Organisationsstruktur vermieden werden, die zB, bei dem grenzüberschreitenden Zusammenschluss zwischen der niederländischen Hoogovens NV und der deutschen Hoesch AG bestanden haben und für das Scheitern dieses grenzüberschreitenden Zusammenschlusses mit verantwortlich gemacht werden. Dazu vgl. *Wenz*, Die Societas Europaea (SE), 1993, 185 f.

monistischen oder dem dualistischen System ausgestaltet werden.[156] Folglich kann die SE im Vergleich zu einer Rechtsform nationalen Rechts sowohl den Bedingungen am jeweils relevanten oder dominanten Kapitalmarkt als auch den konzerninternen, im Zeitablauf ggf. variierenden Bedürfnissen flexibel und daher besser Rechnung tragen,[157] da sie nicht auf ein Modell gesetzlich fixiert ist.[158] Die Mitbestimmung in der Merger-SE kann durch eine Vereinbarung zwischen den Vertretern der Arbeitnehmer (besonderes Verhandlungsgremium) und den Leitungs- oder Verwaltungsorganen der beteiligten SE-Gründungsgesellschaften grundsätzlich frei ausgehandelt werden.[159] Alternativ findet die in nationales Recht transformierte Auffanglösung und damit ggf. das paritätische deutsche Mitbestimmungsmodell entsprechend dem Vorher-Nachher-Prinzip zur Wahrung bestehender Mitbestimmungsstandards Anwendung; Voraussetzung hierfür ist allerdings, dass – im Verhältnis zur Gesamtzahl – mindestens 25 % der Arbeitnehmer hiervon bislang erfasst wurden oder das besondere Verhandlungsgremium einen entsprechenden Beschluss fasst.[160] In jedem Fall aber werden alle Arbeitnehmerinnen und Arbeitnehmer europaweit einbezogen und insoweit auch gleichermaßen vertreten.[161]

Darüber hinaus besitzt die europäische Konzernunternehmung durch den Einsatz der Merger-SE eine Obergesellschaft, die über eine Europäische Corporate Identity verfügt, zur Entstehung einer Europäischen Corporate Culture beiträgt und einen rechtsformspezifischen Europäischen Goodwill mithin über ein Europäisches Image besitzt.[162] Dadurch können im Innenverhältnis vielfältige psychologische Schranken und Hemmnisse sowie Nationalitätseffekte beim Zusammenschluss der beiden bislang eigenständigen Konzerne vermieden oder reduziert, gemeinsame Ziele und Wertvorstellungen auf europäischer Ebene neu bestimmt und soziale Integrationseffekte ohne „Gewinner" und „Verlierer" erzielt werden. Im Außenverhältnis kann die neu entstandene Konzernunternehmung nicht nur an den Kapital-, Absatz-, Arbeits- und Beschaffungsmärkten, sondern allgemein in der gesamten öffentlichen Wahrnehmung einheitlich und integriert als europäisches Unternehmen mit einem nationenübergreifenden europäischen Unternehmensimage auftreten und zugleich ihren europäischen Ursprung und ihre europäische Herkunft aufzeigen.[163]

Aus steuerlicher Sicht kann auf Ebene der sich grenzüberschreitend verschmelzenden Aktiengesellschaften der beiden Konzerne eine Aufdeckung und sofortige steuerliche Erfassung der stillen Reserven vermieden werden; dies gilt sowohl bei einer Hereinverschmelzung einer ausländischen Aktiengesellschaft auf eine inländische SE als auch bei der Herausverschmelzung einer inländischen Aktiengesellschaft auf eine ausländische SE.[164] Voraussetzung hierfür ist nach den in das deutsche Steuerrecht transformierten Bestimmungen der steuerlichen Fusionsrichtlinie (FRL)[165] allerdings, dass die betreffenden Wirtschaftsgüter von der übernehmen SE mit den steuerlichen Buchwerten der untergehenden

---

[156] S. Art. 38 Buchst. b SE-VO. Dazu vgl. auch *Kallmeyer* AG 2003, 200; Lutter/Hommelhoff EU-Gesellschaft/*Teichmann* 195 ff.
[157] Dazu vgl. *Bungert/Beier* EWS 2002, 9.
[158] Zu den international unterschiedlichen Ansätzen zur Lösung der Corporate Governance Probleme vgl. *Theisen* in Macharzina/Oesterle Handbuch Internationales Management, 2002, 1056 ff.; Nippa/Petzold/Kürsten/*Witt*, Corporate Governance, 2002, 59 ff.
[159] S. §§ 4–21 SE-BG; Art. 3–6 SE-RL.
[160] S. §§ 34–35 SE-BG; Art. 7, Anh. SE-RL.
[161] Dazu ausführlich vgl. *Herfs-Röttgen* NZA 2001, 424 ff.; *Wenz* AR 2004, 9; Lutter/Hommelhoff EU-Gesellschaft/*Oetker* 309 f.
[162] Dazu vgl. *Buchheim*, Europäische Aktiengesellschaft und grenzüberschreitende Konzernverschmelzung, 2001, 242 ff.; *Ernst & Young*, Study on the operation and the impact of the Statute for a European Company (SE), Final Report, 2009, 215–217; *Kallmeyer* AG 2003, 200.
[163] Dazu vgl. auch *Wenz* AG 2003, 190. Dazu vgl. auch *Ernst & Young*, Study on the operation and the impact of the Statute for a European Company (SE), Final Report, 2009, 215–217.
[164] Dazu vgl. *Conci* ET 2004, 15 ff.; *Kenter/Brendt* IWB 2004, 622 ff.
[165] S. Richtlinie 90/434/EWG des Rates vom 23.7.1990, ABl. EG 1990 L 225, 1–5. Zur Möglichkeit, die Fusionsrichtlinie unmittelbar, dh ohne Transformation in das nationale Steuerrecht der Mitgliedstaaten anwenden zu können, vgl. EuGH C-62/00, Slg. 2002, I-6325, Rn. 25 – Marks & Spencer (ständige Rechtsprechung) sowie auch *Schulz/Eicker* Intertax 2001, 337 f.; *Schulz/Petersen* DStR 2002, 1514.

Aktiengesellschaft angesetzt werden sowie auch weiterhin einer in- oder ausländischen Betriebsstätte zuzurechnen sind und dadurch in dem betreffenden Mitgliedstaat steuerverhaftet bleiben.[166] Auf Ebene der Gesellschafter der an einer grenzüberschreitenden Verschmelzung beteiligten Aktiengesellschaften kann die Aufdeckung und sofortige steuerliche Erfassung der stillen Reserven, die in den jeweiligen Anteilen enthalten sind, die gegen die Anteile an der SE eingetauscht werden, ebenfalls vollständig vermieden werden, sofern die bisherigen Buchwerte fortgeführt werden.[167]

67    In Bezug auf Deutschland als maßgeblicher Steuerstandort stellt sich die Situation wie folgt dar: Im Einzelnen sind nach § 11 Abs. 1 UmwStG die übergehenden Wirtschaftsgüter einschließlich nicht entgeltlich erworbener oder selbst geschaffener immaterieller Wirtschaftsgüter in der steuerlichen Schlussbilanz der übertragenden deutschen Aktiengesellschaft mit dem gemeinen Wert anzusetzen. Lediglich die Bewertung der Pensionsrückstellungen hat weiterhin zum Buchwert nach § 6a EStG zu erfolgen. Auf Antrag und unter bestimmten Voraussetzungen kann von diesem Grundsatz durch den Ansatz von niedrigeren Buch- oder Zwischenwerten abgewichen werden.[168] Der Zwischenwertansatz ist vor allem dann vorteilhaft, wenn die infolgedessen aufgedeckten stillen Reserven mit verrechenbaren Verlusten neutralisiert werden können.[169] Die übernehmende SE profitiert von einem im Vergleich zum Buchwertansatz erhöhten Abschreibungspotenzial.

68    Bei einer Herausverschmelzung kann der Buch- oder Zwischenwertansatz nur insoweit gewählt werden, als sichergestellt ist, dass die auf die übernehmende SE übertragenen stillen Reserven auch nach ihrem Übergang im Inland weiterhin der Körperschaftsteuer unterliegen und das Besteuerungsrecht hinsichtlich des Gewinns aus der Veräußerung der übertragenen Wirtschaftsgüter bei der übernehmenden SE nicht ausgeschlossen oder beschränkt wird. Zudem darf keine Gegenleistung gewährt werden, es sei denn, diese besteht in Gesellschaftsrechten.[170] Die spätere Besteuerung mit Körperschaftsteuer ist im Fall der Herausverschmelzung regelmäßig sichergestellt, soweit das Vermögen der übertragenden Aktiengesellschaft auch nach dem Verschmelzungsvorgang einer inländischen Betriebsstätte zuzurechnen ist und die im Ausland ansässige SE mit dem Ergebnis der inländischen Betriebsstätte der beschränkten deutschen Körperschaftsteuerpflicht unterliegt.[171] Der Antrag auf Buch- oder Zwischenwertansatz ist für alle Wirtschaftsgüter, welche die Voraussetzungen erfüllen, einheitlich und insbesondere mit der Abgabe der steuerlichen Schlussbilanz bei dem für die Besteuerung der übertragenden Aktiengesellschaft zuständigen Finanzamt zu stellen.[172] Sofern ein Übertragungsgewinn entsteht, unterliegt dieser den allgemeinen Vorschriften des KStG sowie nach § 19 UmwStG auch dem GewStG. Verbleibt nach dem Verschmelzungsvorgang ein steuerlicher Verlustvortrag, geht dieser nicht auf die übernehmende SE über, sondern endgültig unter.[173] Gleiches gilt für EBITDA-Vorträge im Kontext der Zinsschrankenregelung nach den §§ 8a KStG und 4h EStG. Die übernehmende SE tritt gemäß § 12 Abs. 3 UmwStG iVm § 4 Abs. 2 S. 1 UmwStG in die steuerliche Rechtsstellung der übertragenden deutschen Aktiengesellschaft ein und hat infolgedessen aus inländischer Sicht auch die steuerlichen Werte dieser fortzuführen. Die übernehmende

---

[166] S. §§ 11–13 UmwStG; Art. 4 Abs. 1–2 FRL. Dazu vgl. *Herzig/Griemla* StuW 2002, 62 ff.; *Förster/Lange* DB 2002, 289 ff.

[167] S. § 13 UmwStG; Art. 8 Abs. 1–2 FRL. Dazu vgl. *Herzig/Griemla* StuW 2002, 70 f.; *Förster/Lange* DB 2002, 290 f.

[168] Vgl. zur Antragsstellung Rödder/Herlinghaus/van Lishaut/*Rödder* UmwStG § 11 Rn. 217 ff.

[169] S. § 10d EStG und § 10a GewStG. Vgl. ferner Rödder/Herlinghaus/van Lishaut/*Rödder* UmwStG § 11 Rn. 207 ff.

[170] Dazu vgl. kritisch vor dem Hintergrund des Art. 2 lit. a) FRL auch Kölner Komm AktG/*Wenz/Daisenberger/Kloster*, Bd. 2, Schlussanhang III, Rn. 35.

[171] Die Zurechnung der Wirtschaftsgüter richtet sich dabei primär nach der Personalfunktion iSd § 5 Abs. 1 BsGAV.

[172] S. § 11 Abs. 2 UmwStG iVm § 3 Abs. 3 S. 1 UmwStG.

[173] S. § 12 Abs. 2 UmwStG iVm. § 4 Abs. 2 S. 2 UmwStG.

SE ist damit grundsätzlich an die in der Schlussbilanz getroffenen Wertansätze der untergehenden deutschen Aktiengesellschaft gebunden.

Auf Ebene der Gesellschafter kommt es grundsätzlich zu einem Tauschvorgang und damit zu einer Aufdeckung der in den Anteilen der übertragenden deutschen Aktiengesellschaft enthaltenen stillen Reserven. Nach § 13 Abs. 1 UmwStG ist nach der Konzeption des UmwStG im Grundsatz stets der gemeine Wert anzusetzen. Die Anteile an der übertragenden deutschen Aktiengesellschaft gelten als zum gemeinen Wert veräußert und die Anteile an der übernehmenden SE gelten als zum gemeinen Wert angeschafft. Von diesem Grundsatz kann wiederum nach § 13 Abs. 2 UmwStG auf Antrag durch Ansatz eines Buch- oder Zwischenwertes abgewichen werden, wenn das Besteuerungsrecht hinsichtlich der Besteuerung des Gewinns aus der Veräußerung der Anteile an der übernehmenden SE nicht ausgeschlossen oder beschränkt wird oder die FRL (bei Verschmelzungen innerhalb der EU) anzuwenden ist.[174] Für inländische Anteilseigner kommt es aufgrund der fortbestehenden unbeschränkten Einkommen- oder Körperschaftsteuerpflicht regelmäßig nicht zu einem Ausschluss des Besteuerungsrechts, zumal dieses auch nach Art. 13 Abs. 5 OECD-MA 2017 dem Ansässigkeitsstaat des Anteilseigners zugewiesen wird. Ausnahmen können in einzelnen DBA, die nicht dem OECD-MA folgen, bestehen.[175] Mit Blick auf ausländische Anteilseigner kommt es regelmäßig ebenfalls zu keinem Ausschluss oder einer Beschränkung des Besteuerungsrechts, da die von Deutschland abgeschlossenen DBA regelmäßig das Besteuerungsrecht dem Ansässigkeitsstaat des Anteilseigners zuweisen und Deutschland somit bereits vor dem Verschmelzungsvorgang über kein Besteuerungsrecht verfügt, das beschränkt oder ausgeschlossen werden könnte.[176]

Bei der Hereinverschmelzung kommt es hingegen für die übertragende ausländische Aktiengesellschaft im Inland nur dann zu steuerlichen Auswirkungen, sofern inländisches Vermögen auf die inländische SE übertragen wird, das bereits der beschränkten Körperschaftsteuerpflicht in Deutschland unterliegt. Dies betrifft vorwiegend inländische Immobilien und Betriebstätten. Der Ansatz der Wirtschaftsgüter hat wiederum grundsätzlich zum gemeinen Wert zu erfolgen, wovon bei Vorliegen der Voraussetzungen des § 11 Abs. 2 UmwStG wiederum abgewichen werden kann. Auf Ebene der übernehmenden inländischen SE ist dabei zu unterscheiden, ob es sich um Wirtschaftsgüter handelt, die bereits vor dem Verschmelzungsvorgang im Inland steuerverstrickt waren (Buchwertverknüpfung nach § 12 Abs. 1 S. 1 UmwStG) oder erst infolge des Verschmelzungsvorgangs (zB aufgrund einer geänderten Personalfunktion) steuerverstrickt werden. Für Wirtschaftsgüter, die infolge des Verschmelzungsvorgangs erstmalig steuerverstrick werden, ist zwar ebenfalls eine Buchwertverknüpfung zulässig, aber meist unvorteilhaft, da somit stille Reserven ins Inland transferiert werden, für die Deutschland bislang über kein Besteuerungsrecht verfügt. Dies wird durch eine vorrangige Anwendung der allgemeinen Verstrickungsregelungen, die zum Ansatz des gemeinen Wertes führen, vermieden.[177] In Bezug auf die Ebene der Gesellschafter der übertragenen ausländischen Aktiengesellschaft kann auf die vorhergehenden Ausführungen zur Hereinverschmelzung verwiesen werden.

Steuerneutrale Umwandlungen und insbesondere grenzüberschreitende Verschmelzungen waren bislang nach deutscher Rechtslage nur nach dem ausschließlich für EU/EWR-Gesellschaften geltenden UmwStG oder für den Fall der Verschmelzung von Drittstaaten-Kapitalgesellschaften innerhalb derselben Steuerjurisdiktion nach § 12 Abs. 2 KStG möglich. Dies hat sich infolge des Gesetzes zur Modernisierung des Körperschaftsteuergesetzes[178] mit Wirkung zum 1.1.2021 geändert, da § 12 Abs. 2 KStG insoweit aufgehoben

---

[174] S. § 13 UmwStG; Art. 8 Abs. 1–2 FRL.
[175] S. Art. 13 Abs. 3 DBA Deutschland/Tschechien.
[176] Dazu vgl. weiterführend Kölner Komm AktG/*Wenz/Daisenberger/Kloster,* Bd. 2, Schlussanhang III, Rn. 52 ff.
[177] S. § 8 Abs. 1 KStG, § 4 Abs. 1 S. 8 EStG iVm § 6 Abs. 1 Nr. 5a EStG. Dazu vgl. auch *Rödder/Schumacher* DStR 2006, 1528; *Schaflitzl/Widmayer* BB-Special 8/2006, 40.
[178] S. Gesetz zur Modernisierung des Körperschaftsteuergesetzes vom 25.6.2021, BGBl. 2021 I 2050.

wurde. Dessen Regelungsgehalt wurde in das UmwStG aufgenommen, wobei die territoriale Begrenzung auf Verschmelzungen innerhalb eines Drittstaates entfällt. Erforderlich bleibt hingegen, dass die Umwandlung hinsichtlich ihrer Strukturmerkmale einer inländischen Umwandlung entspricht und das deutsche Besteuerungsrecht nicht eingeschränkt oder ausgeschlossen wird.

### IV. Verschmelzung im Konzern

72 Über die Möglichkeit des grenzüberschreitenden Zusammenschlusses von mehreren, insbesondere gleichberechtigten Unternehmen und Konzernen hinaus eröffnet die supranational-europäische Rechtsform der Europäischen Aktiengesellschaft (SE) den europaweit agierenden, bereits bestehenden Konzernen zudem die Möglichkeit, zukünftig in einer erheblich klarer strukturierten sowie europaweit stärker integrierten Organisationsstruktur mit nur einer oder wenigen rechtlich selbstständigen SE sowie va rechtlich unselbstständigen Niederlassungen anstelle von selbstständigen Tochtergesellschaften gemeinschaftsweit zu agieren. Derartige Überlegungen wurden und werden in zahlreichen börsennotierten Konzernen europaweit angestellt, um die bestehenden teilweise äußerst komplexen rechtlichen Strukturen, die aufgrund zahlreicher Zukäufe regelmäßig historisch entstanden sind, zu vereinfachen und die von den zahlreichen ausländischen Tochtergesellschaften ausgeführten Aktivitäten einer strafferen Führung zuzuführen.

73 Insbesondere hat als wichtiges Beispiel die deutsche Allianz AG[179] die konzerninterne Gründung der Allianz SE im Wege der grenzüberschreitenden Verschmelzung insbesondere mit der Riunione Adriatica di Sicurtà SA (RAS SA) vorgenommen (up-stream merger). Ziel war und ist es, sich als vollständig sowohl wirtschaftlich als auch rechtlich integrierte europäische Unternehmensgruppe aufzustellen, die Komplexität der rechtlichen Struktur, aber auch die Anwendung regulatorischer und aufsichtsrechtlicher Rahmenbedingungen erheblich zu vereinfachen und zu reduzieren[180] sowie die Effizienz des operativen Geschäfts und damit auch des Kapitals nicht zuletzt durch die Anwendung einheitlicher Regelungen im Europäischen Binnenmarkt zu steigern. Darüber hinaus kann eine konzerninterne grenzüberschreitende Verschmelzung von Tochtergesellschaften zu einer SE auch auf horizontaler Ebene zwischen verschiedenen Schwester- und Enkelgesellschaften erfolgen (side-stream merger).

74 Durch eine konzerninterne grenzüberschreitende Verschmelzung von Mutter-, Tochter- und/oder Schwester- und Enkelgesellschaften können, wie auch bei einer Verschmelzung gleichrangiger Unternehmen und Konzerne, unnötige Organisations- und Verwaltungskosten betreffend die Organisation, Verwaltung, Führung, Überwachung, Controlling, Berichterstattung, Rechnungslegung, Prüfung, Publizität und Hauptversammlung der zahlreichen Tochterunternehmen vermieden oder reduziert sowie verschiedene unternehmerische Funktionen (Einkauf, Produktion, Vertrieb, Verwaltung, Finanzen etc) grenzüberschreitend zusammengefasst werden. Probleme in Zusammenhang mit austrittswilligen Minderheitsaktionären bestehen zumindest dann nicht, wenn sämtliche Anteile der betreffenden Tochter- oder Enkelgesellschaften von der jeweiligen Muttergesellschaft gehalten werden. Mit dem Wegfall der rechtlich selbstständigen Tochter- oder Enkelgesellschaften entsteht andererseits ein Haftungsverbund zwischen der SE und ihren Niederlassungen, sofern dieser nicht bereits rechtlich aufgrund der zu beachtenden

---

[179] Dazu vgl. *Ernst & Young,* Study on the operation and the impact of the Statute for a European Company (SE), Final Report, 2009, 215–217; *Hemeling,* Umwandlung der Allianz AG in die Allianz SE, Studien des DAI, Heft 38: Die Societas Europaea (SE), 2007, 2007, 38 ff.; *Kuhr/Reim* SZ vom 8.9.2005, 19; *Maier/Fromme/Carlo* FTD vom 12.9.2005, 18; *Flämig* Börsen-Zeitung vom 13.9.2005, 3; *Fromme* FTD vom 14.9.2005, 18.

[180] Dazu vgl. insbesondere auch *Ernst & Young,* Study on the operation and the impact of the Statute for a European Company (SE), Final Report, 2009, 225 f.

Bestimmungen des ggf. anwendbaren nationalen Konzernrechts oder aber zumindest wirtschaftlich bestanden hat.

Aus Sicht der internationalen Steuerplanung können aufgrund der veränderten Organisationsstruktur der europäischen Konzernunternehmung insbesondere Quellensteuern auf Dividenden, Zinsen und Lizenzen, 5%ige Pauschalbesteuerungen in- und ausländischer konzernintern repatriierter Dividenden und Beschränkungen der konzerninternen Gesellschafter-Fremdfinanzierung vermieden werden. In Abhängigkeit des Sitzstaates der SE kann ggf. auch ein größeres oder anders ausgerichtetes Netz an Doppelbesteuerungsabkommen angewendet, die Steuerbelastung auf zukünftig erwirtschaftete Gewinne reduziert und die steuerliche Befreiung von Veräußerungsgewinnen auf Beteiligungen nachhaltig sichergestellt werden.[181] Zudem können ggf. auch Gewinne mit Verlusten grenzüberschreitend zumindest temporär verrechnet sowie auch – vor dem Hintergrund des Mindeststandards, welcher durch die Richtlinie zur Bekämpfung von Steuervermeidungspraktiken (sog. Anti-Tax Avoidance Directive, ATAD)[182] in allen Mitgliedstaaten der EU eingeführt wurde – die Anwendung außensteuergesetzlicher Bestimmungen vermieden oder reduziert werden.[183]

## F. Acquisition-SE

### I. Ausgangssituation

Eine grenzüberschreitende Akquisition eines ausländischen Zielunternehmens oder einer Konzernunternehmung, deren Muttergesellschaft im Vergleich zum erwerbenden Unternehmen in einem anderen Mitgliedstaat der EU oder des EWR ansässig ist, erfolgt bislang regelmäßig durch den Erwerb der Anteile gegen Geldmittel oder gegen eigene Anteile des übernehmenden Unternehmens.[184] Dagegen ermöglicht es die SE-VO erstmals und alternativ zu einer grenzüberschreitenden Verschmelzung, dass sich im Anschluss an eine derartige Akquisition die erwerbende und die übernommene Gesellschaft zudem grenzüberschreitend zu einer Europäischen Aktiengesellschaft (SE) verschmelzen können (post acquisition integration).[185]

### II. Durchführung

Ausgehend zB von einer deutschen und einer irischen Konzernunternehmung, deren Muttergesellschaften jeweils in verschiedenen Mitgliedstaaten der EU (Deutschland und Irland) ansässig sind und die zumindest teilweise über Tochtergesellschaften auch in anderen Mitgliedstaaten der EU und des EWR verfügen, beschließen die beiden Aktionärskreise nach dem Erwerb beispielsweise von 95% der Aktien der deutschen Mutter-AG durch die irische Mutter-plc gegen Gewährung eigener Aktien individuell und im Anschluss an eine entsprechende Übereinkunft der Unternehmensleitung beider Gesellschaften, sich grenzüberschreitend zu einer gemeinsamen Acquisition-SE zu verschmelzen (up-stream mer-

---

[181] Dazu vgl. *Wenz* ET 2004, 10. Vgl. ferner *Kessler*, Grundlagen der Steuerplanung mit Holdinggesellschaften, in Gosch/Grotherr/Bergmann (Hrsg.), Steuerplanung und Compliance, 2021.
[182] S. Richtlinie (EU) 2016/1164 des Rates vom 12.7.2016 mit Vorschriften zur Bekämpfung von Steuervermeidungspraktiken mit unmittelbaren Auswirkungen auf das Funktionieren des Binnenmarkts, ABl. EU 2016 L 193, 1 ff.
[183] Dazu vgl. *Wenz* ET 2004, 10.
[184] Dazu vgl. auch die Akquisition der Mannesmann AG durch die britische Vodafone plc sowie den acquisitorischen Zusammenschluss der HypoVereinsbank AG mit der österreichischen Bank Austria AG und der italienischen Unicredit S.p.A.
[185] Dazu vgl. auch *Wenz* AG 2003, 190; *Wenz* ET 2004, 29 f.

ger),[186] um die statutarische Organisationsstruktur der dadurch entstehenden europäischen Konzernunternehmung zu vereinfachen und die Integration der beiden Konzerne voranzutreiben. Die statutarische Organisationsstruktur der beiden Konzerne stellt sich zunächst wie folgt dar (Ausgangssituation):

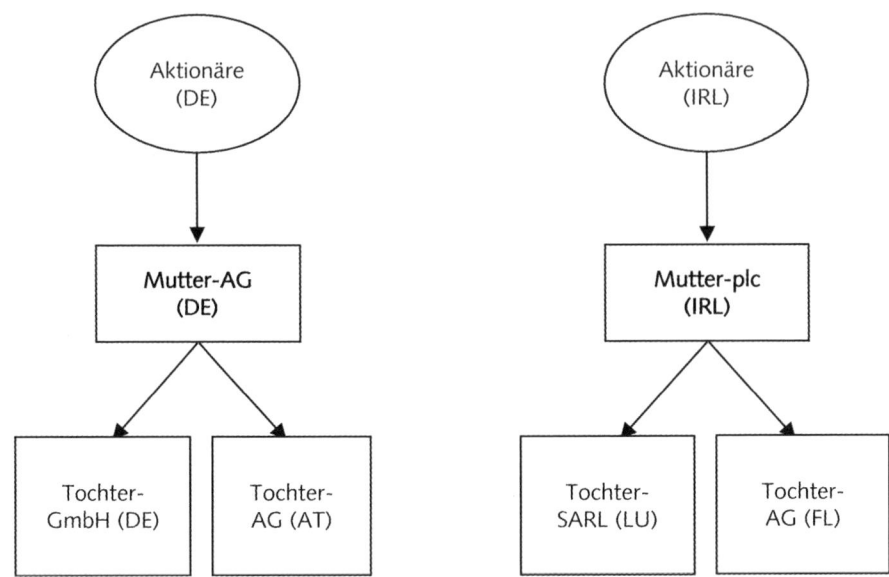

Ausgangssituation

78  Sofern dagegen von der Möglichkeit, die supranational-europäische Rechtsform einer Europäischen Aktiengesellschaft (SE) einsetzen zu können oder eine grenzüberschreitende Verschmelzung vorzunehmen, kein Gebrauch gemacht wird, verbleibt es dabei, dass die irische Mutter-plc die deutsche Mutter-AG zu 95 % übernimmt und dadurch die Rolle der gemeinsamen neuen Obergesellschaft einnimmt. Der grenzüberschreitende Zusammenschluss erfolgt somit dadurch, dass die Aktionäre der deutschen Mutter-AG ihre Anteile in neu zu schaffende Anteile der irischen Mutter-plc eintauschen. Dadurch kann die irische Mutter-plc die deutsche Mutter-AG, die zukünftig als eine Art deutsche Landesholding (Holding-AG) fungiert, beherrschen. Die Aktionäre der Mutter-AG werden wahlweise nahezu vollständig zu Aktionären der Mutter-plc. Zur statutarischen Organisationsstruktur des Zusammenschlusses ohne den Einsatz der Rechtsform einer SE und ohne eine grenzüberschreitende Verschmelzung vgl. die nachfolgende Abbildung:

---

[186] S. Art. 2 Abs. 1 SE-VO.

## F. Acquisition-SE § 1

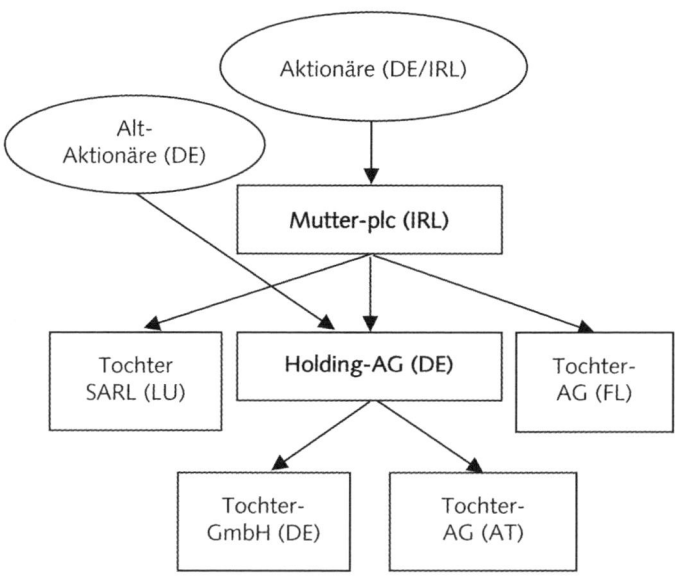

Zusammenschluss ohne SE

Durch die Schaffung der supranational-europäischen Rechtsform der Europäischen Aktiengesellschaft (SE) kann die grenzüberschreitende Akquisition einer ausländischen Konzernunternehmung nunmehr ebenfalls im Wege einer grenzüberschreitenden Verschmelzung[187] fortgeführt und die statutarische Organisationsstruktur der strategischen Ausrichtung, die von der gesamten europäischen Konzernunternehmung verfolgt werden soll, angepasst werden.[188] Die statutarische Organisationsstruktur der europäischen Konzernunternehmung unter Beteiligung einer Acquisition-SE mit europaweit freier Sitzwahl mit identischer Hauptverwaltung, zB in Österreich oder den Niederlanden, aber auch in jedem anderen Mitgliedstaat der EU oder des EWR, stellt sich dementsprechend wie folgt dar: 79

---

[187] S. Art. 2 Abs. 1 SE-VO.
[188] Dazu vgl. auch *Wenz* AG 2003, 191.

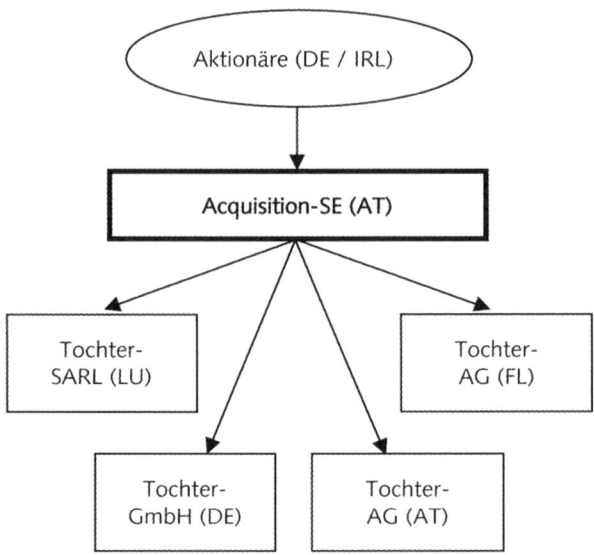

Acquisition-SE

## III. Beurteilung

80  Im Vergleich zu der bislang praktizierten Vorgehensweise des Erwerbs der Anteile an der zu übernehmenden deutschen Muttergesellschaft, die als Zwischen- oder Landesholding in der neuen Konzernunternehmung weitgehend funktionslos wird, können durch den sich an eine Akquisition anschließenden Einsatz der Rechtsform einer Europäischen Aktiengesellschaft (SE) insbesondere die nachfolgend im Überblick skizzierten rechts- und organisationsformspezifischen Vorteile erzielt werden; diese entsprechen im Wesentlichen denjenigen in Zusammenhang mit dem Einsatz einer Merger-SE.

81  Die statutarische Organisationsstruktur der einheitlich zu führenden europäischen Konzernunternehmung kann durch die Acquisition-SE wesentlich vereinheitlicht sowie auch vereinfacht werden (Ebene der Gesellschaften).[189] Zudem können die Aktionärskreise der beiden Mutterunternehmen – unter Beachtung eventueller Minderheitenschutzrechte – vollständig zusammengeführt werden, da beide Muttergesellschaften durch die grenzüberschreitende Verschmelzung zu einer Acquisition-SE nicht mehr fortbestehen, im Ergebnis vielmehr sämtliche Aktionäre der Mutter-AG und der Mutter-plc zu solchen der Acquisition-SE werden (Ebene der Gesellschafter).[190]

82  Dadurch stellt sich die statutarische Organisationsstruktur der europäischen Konzernunternehmung durch den Einsatz der Europäischen Aktiengesellschaft (SE) wesentlich einfacher dar, trägt der neuen strategischen Ausrichtung der Konzernunternehmung uneingeschränkt Rechnung und vermeidet unnötige Organisations- und Verwaltungskosten bei der anderenfalls verbleibenden deutschen Holding-AG.[191] Ferner können Restrukturierungsaktivitäten, wie die konzerninterne Umgliederung von Beteiligungen, wiederum ohne Rücksichtnahme auf die andernfalls zu beachtenden Interessen der Alt-Aktionäre der deutschen Holding-AG, uneingeschränkt vorgenommen werden, da auch die deutsche

---

[189] Dazu vgl. auch *Horn* FS Lutter, 2000, 1120 f.
[190] Vgl. *Wenz* AG 2003, 191; *Wenz,* Die Societas Europaea (SE), 1993, 189 f.
[191] Dazu vgl. *Bungert/Beier* EWS 2002, 9.

Mutter-AG durch den Einsatz der Acquisition-SE nicht fortbesteht und insoweit auch keine für schutzbedürftig erachteten Minderheitsgesellschafter mehr existieren.[192]

Anders als bei einer irischen Mutter-plc kann das System der Corporate Governance bei Einsatz einer Acquisition-SE auf Ebene der Obergesellschaft der europäischen Konzernunternehmung unabhängig vom Sitzstaat der SE frei ausgewählt und beispielsweise auch in Irland oder konkret in Österreich nunmehr entsprechend dem dualistischen oder auch dem monistischen Corporate Governance System nach Maßgabe der Bestimmungen der SE-VO sowie des ergänzend anwendbaren österreichischen SE-AG ausgestaltet werden, um beispielsweise den konzerninternen Bedürfnissen umfassend, aber auch flexibel Rechnung zu tragen.[193] Die Mitbestimmung in der Acquisition-SE kann wiederum durch eine Vereinbarung zwischen den Leitungs- und Verwaltungsorganen der Gründungsgesellschaften der Acquisition-SE sowie den Vertreterinnen und Vertretern der Arbeitnehmerinnen und Arbeitnehmer grundsätzlich frei ausgehandelt werden;[194] alternativ findet die Auffanglösung und damit ggf. das paritätische deutsche Mitbestimmungsmodell Anwendung, sofern bestimmte Schwellenwerte bereits zuvor überschritten wurden.[195]

Durch den Einsatz der Acquisition-SE verfügt die europäische Konzernunternehmung zudem über eine Obergesellschaft, die eine Europäische Corporate Identity besitzt, zur Entstehung einer Europäischen Corporate Culture beiträgt und über einen rechtsformspezifischen Europäischen Goodwill verfügt.[196] Hierzu und zur steuerlichen Behandlung der Akquisition eines ausländischen Zielunternehmens kann in Bezug auf den Einsatz einer Acquisition-SE auf die Ausführungen zur Merger-SE uneingeschränkt verwiesen werden.

## G. Joint Venture-SE

Rechtlich und wirtschaftlich selbstständige Unternehmen und Konzerne, die nicht nur in Bezug auf eine bestimmte Aufgabe oder ein konkretes Projekt, sondern langfristig in bestimmten operativen Bereichen grenzüberschreitend zusammenarbeiten wollen, können ihre diesbezüglichen Aktivitäten beispielsweise in der Form eines rechtlich selbstständigen Joint Venture-Unternehmens bündeln. Dieses kann alternativ zu den bestehenden Rechtsformen nationalen Rechts in der supranational-europäischen Rechtsform einer Europäischen Aktiengesellschaft (SE) organisiert werden, da die SE in Bezug auf ihre Kernbereiche, die in der SE-VO sowie in der in nationales Recht zu transformierten SE-RL zumindest ansatzweise europaweit einheitlich geregelt sind, grundsätzlich unabhängig von dem Recht ihres Sitzstaates sowie von demjenigen der Sitzstaaten der Gesellschafterunternehmen ist.[197]

Als Beispiel hierfür sei auf die Brenner Basis Tunnel BBT-SE mit Sitz in Innsbruck verwiesen, die mit der Durchführung dieses zentralen transeuropäischen Verkehrsinfrastrukturprojektes beauftragt ist. Die BBT-SE wurde durch hierfür eigens gegründete italienische und österreichische Aktiengesellschaften im Wege der grenzüberschreitenden Verschmelzung gegründet und hat zudem die bislang mit diesem Projekt beauftragte Brenner Basistunnel-EWIV im Wege der Gesamtrechtsnachfolge übernommen.[198]

Über den europäischen Charakter der SE hinaus bietet diese die Möglichkeit, dass sowohl das System der Unternehmensleitung und -überwachung als auch die grundsätzlich frei aushandelbare Mitbestimmung der Arbeitnehmerinnen und Arbeitnehmer über Län-

---

[192] Dazu vgl. *Bungert/Beier* EWS 2002, 10.
[193] Vgl. *Sauter/Wenz* CommerceGermany 2002, 10.
[194] S. §§ 4–21 SE-BG; Art. 3–6 SE-RL.
[195] S. §§ 34–35 SE-BG; Art. 7, Anhang SE-RL.
[196] Dazu vgl. auch *Buchheim*, Europäische Aktiengesellschaft und grenzüberschreitende Konzernverschmelzung, 2001, 242 ff.; *Wenz* AG 2003, 191.
[197] Zur Normenhierarchie der SE vgl. Lutter/Hommelhoff EU-Gesellschaft/*Hommelhoff* 5 ff.
[198] Im Einzelnen dazu vgl. www.bbt-se.com (zuletzt abgerufen am 13.12.2021).

der- und Hoheitsgrenzen hinweg einheitlich und insoweit auch europäisch und nicht mehr nach Mitgliedstaaten differenziert ausgestaltet werden kann. Durch den Einsatz einer Europäischen Aktiengesellschaft (SE) kann somit auch ein Joint Venture-Unternehmen, das beispielsweise in Irland oder Spanien ansässig ist und dessen Gesellschafterunternehmen in Deutschland und in Österreich ansässig sind, über ein System der Unternehmensleitung und -überwachung entsprechend dem dualistischen Corporate Governance System (Vorstands-/Aufsichtsratsmodell) verfügen, um in der betreffenden Joint Venture-SE sowie in den beteiligten Partnerunternehmen bzw. -konzernen einheitliche Corporate Governance-Strukturen unter Einschluss auch der Joint Venture-SE zu etablieren.[199] Ferner besteht dadurch die Möglichkeit, in dem Joint Venture-Unternehmen eine von den betreffenden Partnerunternehmen möglichst unabhängige, nicht weisungsgebundene Führung zu installieren. Die damit verbundene statutarische Organisationsstruktur kann sich dementsprechend wie folgt darstellen:

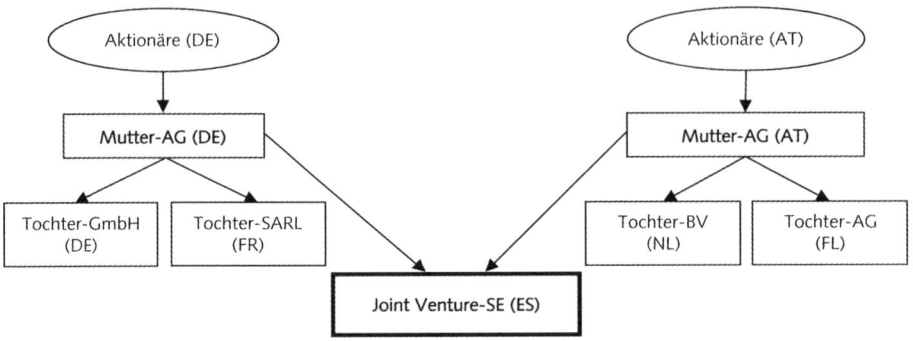

Joint Venture-SE

88  Eingeschränkt wird diese Vorteilhaftigkeit der SE allerdings dadurch, dass für die Satzungsbestimmungen, die nach der SE-VO[200] und ggf. auch nach dem ergänzend anwendbaren nationalen Aktienrecht des Sitzstaates der SE[201] zulässig sind, das Prinzip der Satzungsstrenge gilt. In Bezug auf die steuerliche Behandlung der Errichtung eines Gemeinschaftsunternehmens in der Rechtsform einer SE durch mehrere europäische Partnerunternehmen, kann auf die Ausführungen zur European Group-SE verwiesen werden.

## H. Reorganisation-SE

### I. Ausgangssituation

89  Europäische Organisationsstrukturen von Unternehmen und Konzernen aus Drittstaaten, wie beispielsweise Japan, den USA oder China sowie nach dem BREXIT neuerdings auch aus dem Vereinigten Königreich von Großbritannien und Nordirland, bedienen sich bislang der Rechtsformen nationalen Rechts, die in den einzelnen Mitgliedstaaten der EU und des EWR zur Verfügung stehen; so wird zB für die Ausgestaltung der statutarischen Organisationsstruktur eines europäischen Vertriebsnetzes regelmäßig in jedem Mitgliedstaat eine eigenständige Vertriebstochtergesellschaft in der Rechtsform einer GmbH oder AG nationalen Rechts gegründet oder zumindest eine Vertriebsniederlassung errichtet. Dies

---

[199] Dazu vgl. auch Lutter/Hommelhoff EU-Gesellschaft/*Maul/Wenz* 271 f.; *Wenz* AG 2003, 194 f.; *Wenz* ET 2004, 32 f.
[200] S. Art. 9 Abs. 1 Buchst. b SE-VO.
[201] In Bezug auf eine SE mit Sitz in Deutschlands. Art. 9 Abs. 1 Buchst. c iii SE-VO; § 23 Abs. 5 AktG.

# H. Reorganisation-SE § 1

kann europaweit nicht nur zu unnötig hohen Organisations- und Verwaltungskosten, sondern insbesondere auch zu gemeinschaftsweit nicht koordinierten nationalen Vertriebsaktivitäten und -strukturen, zumindest aber zu einer nicht angemessen repräsentierten Vertriebsstrategie im Europäischen Binnenmarkt führen, die durch den Einsatz der Rechtsform einer Europäischen Aktiengesellschaft (SE) stärker fokussiert sowie zielgerichteter ausgestaltet und umgesetzt werden kann (Reorganisation-SE).[202]

## II. Vorgehensweise

Die Reorganisation der europäischen Organisations- sowie insbesondere der Vertriebsstruktur einer Konzernunternehmung mit einer Muttergesellschaft aus einem Drittstaat kann durch den Einsatz der Rechtsform einer Europäischen Aktiengesellschaft (SE) entweder durch die Zwischenschaltung einer europäischen Holdinggesellschaft (European Holding-SE)[203] oder die Verschmelzung der bestehenden nationalen Vertriebsgesellschaften zu einer einheitlichen europäischen Vertriebsgesellschaft mit rechtlich unselbstständigen Niederlassungen in den verschiedenen anderen Mitgliedstaaten der EU und des EWR erfolgen (European Single Entity-SE).[204] 90

Ausgehend von einer Konzernunternehmung, deren Muttergesellschaft in Japan und deren europäische Vertriebstochtergesellschaften in verschiedenen Mitgliedstaaten der EU und des EWR (Deutschland, Liechtenstein, Österreich) ansässig sind, stehen somit verschiedene Möglichkeiten zur Reorganisation der europäischen Vertriebsstruktur zur Verfügung.[205] Die statutarische Organisationsstruktur der Konzernunternehmung sowie insbesondere der europäischen Vertriebsstruktur stellt sich zunächst wie folgt dar: 91

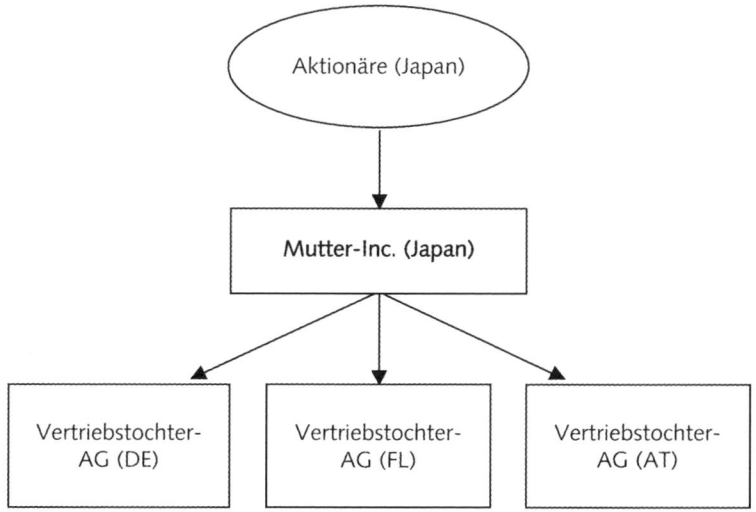

Ausgangssituation

Die Vertriebsgesellschaften der japanischen Mutter-Inc. können einerseits beispielsweise eine übergeordnete European Holding-SE[206] mit Sitz beispielsweise in den Niederlanden grenzüberschreitend gründen, wodurch insbesondere die nationalen Vertriebsaktivitäten 92

---

[202] Dazu vgl. auch *Wenz* AG 2003, 192; *Wenz* ET 2004, 33 f.
[203] S. Art. 2 Abs. 2 SE-VO.
[204] S. Art. 2 Abs. 1 SE-VO.
[205] Vgl. *Sauter/Wenz* CommerceGermany 2002, 10.
[206] S. Art. 2 Abs. 2 SE-VO.

auf europäischer Ebene besser koordiniert werden können.[207] Dazu und zur statutarischen Organisationsstruktur sowohl der Konzernunternehmung als auch insbesondere der European Holding-SE vgl. die nachstehende Abbildung:

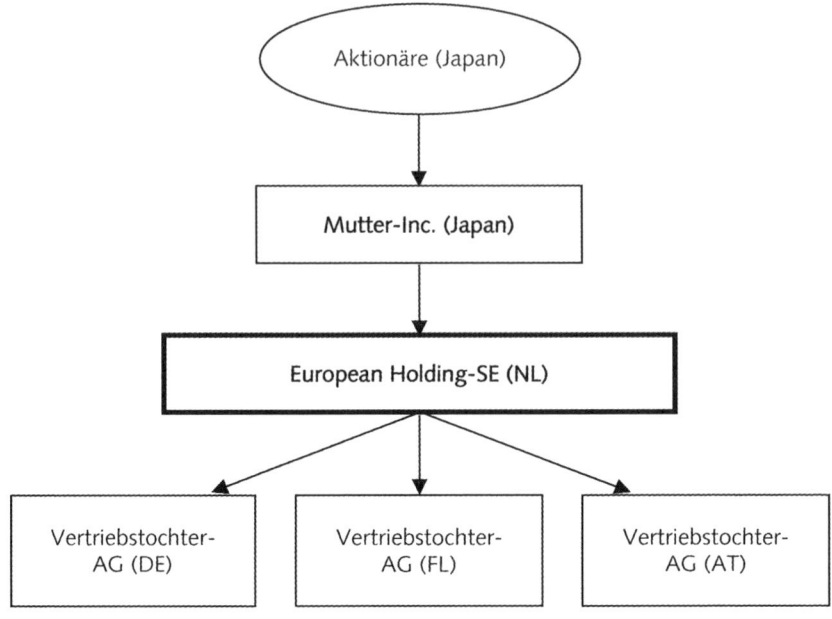

European Holding-SE

93  Andererseits können die nationalen Vertriebsgesellschaften der japanischen Mutter-Inc. auch eine einheitliche europäische Vertriebsgesellschaft (European Single Entity-SE) mit Sitz beispielsweise in Belgien im Wege der grenzüberschreitende Verschmelzung[208] gründen, wodurch die nationalen Vertriebsaktivitäten auf europäischer Ebene strukturell zusammengefasst und auch europäisch repräsentiert werden können; die operativen Aktivitäten vor Ort werden in diesem Fall insbesondere durch lokale Niederlassungen vorgenommen. Dazu und zur statutarischen Organisationsstruktur sowohl der Konzernunternehmung als auch insbesondere der European Single Entity-SE vgl. die nachstehende Abbildung:

---

[207] Dazu vgl. *Wenz* Die Societas Europaea (SE), 1993, 194 ff.
[208] S. Art. 2 Abs. 1 SE-VO. Zu Alternativen, um diese Form der Organisationsstruktur zu entwickeln, vgl. insbesondere auch *Ernst & Young,* Study on the operation and the impact of the Statute for a European Company (SE), Final Report, 2009, 218–220.

H. Reorganisation-SE § 1

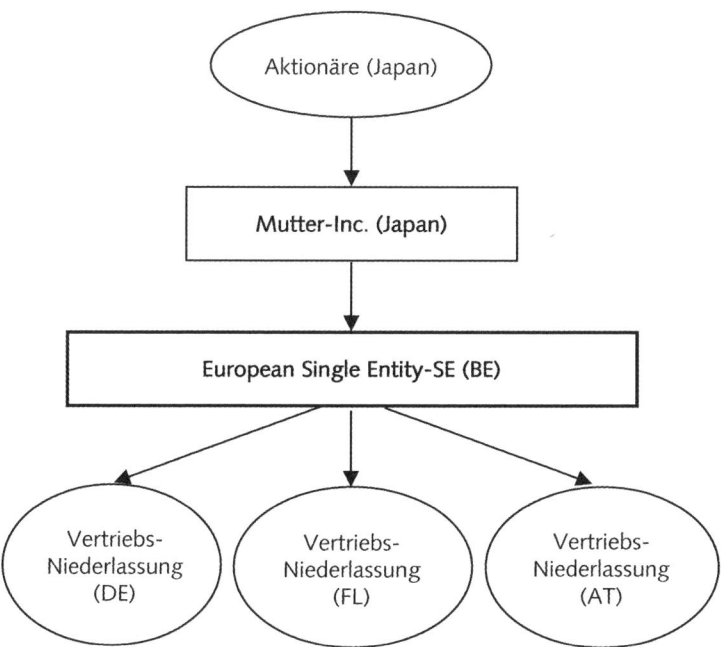

European Single Entity-SE

## III. Beurteilung

Bei der Reorganisation der europäischen Vertriebsstruktur einer Konzernunternehmung 94
aus einem Drittstaat (zB aus Japan) können durch den Einsatz der Rechtsform einer Europäischen Aktiengesellschaft (SE) als European Holding-SE einerseits sowie als European Single Entity-SE andererseits im Vergleich zur bisherigen Organisationsstruktur insbesondere wiederum die folgenden, nachstehend im Überblick dargestellten rechts- und organisationsformspezifischen Vorteile erzielt werden.[209]

Durch die Errichtung einer European Holding-SE oder einer European Single Entity-SE 95
können die europäischen Vertriebsaktivitäten nicht nur in den einzelnen Mitgliedstaaten der EU und des EWR, sondern insbesondere auch auf Gemeinschaftsebene strategisch und operativ besser koordiniert, strukturell unter einem gemeinsamen Dach besser zusammengefasst sowie auch Dritten gegenüber europäisch repräsentiert werden. Dem trägt der Einsatz der prestigeträchtigen europäischen Rechtsform einer SE, die über einen rechtsformspezifischen Europäischen Goodwill verfügt, im Vergleich zu ausschließlich „provinziellen" Tochtergesellschaften, die jeweils nur auf einen bestimmten Mitgliedstaat fokussiert sind, in besonderer Weise Rechnung.[210] Die SE verfügt ferner über eine Europäische Corporate Identity und trägt zur Entstehung einer Europäischen Corporate Culture bei, wodurch psychologische Schranken und Hemmnisse im Innenverhältnis überwunden und im Außenverhältnis eine höhere Akzeptanz der außereuropäischen Konzernunternehmung und ihrer Produkte und Dienstleistungen, insbesondere im Europäischen Binnenmarkt, erreicht werden können. Zudem kann die SE ihren Sitz grenzüberschreitend innerhalb der EU und des EWR verlegen,

---
[209] Dazu vgl. auch *Wenz* AG 2003, 193.
[210] S. Art. 11 SE-VO schreibt ua vor, dass der Firma einer Europäischen Aktiengesellschaft der einheitliche europäische Zusatz „SE" voran- oder nachzustellen ist.

so dass sie gemeinschaftsweit nicht nur mobil ist, sondern auch die jeweils günstigsten Standortfaktoren nutzen kann.

96 Das System der Unternehmensleitung und -überwachung kann durch den Einsatz einer SE unabhängig von deren Sitzstaat frei ausgewählt und beispielsweise entsprechend dem monistischen System (Boardmodell) ausgestaltet werden, um die Corporate Governance-Strukturen in allen Gesellschaften der japanischen Konzernunternehmung möglichst einheitlich auszugestalten. Die Mitbestimmung der Arbeitnehmerinnen und Arbeitnehmer in der European Holding-SE und in der European Single Entity-SE kann durch eine Vereinbarung mit den Vertreterinnen und Vertretern der Arbeitnehmerinnen und Arbeitnehmer grundsätzlich frei ausgehandelt werden.[211] Dagegen kommt die alternative Auffanglösung nur dann – entsprechend dem Vorher-Nachher-Prinzip – zur Anwendung, sofern zumindest in einer der Vertriebsgesellschaften zuvor bereits Mitbestimmungsrechte zugunsten der Arbeitnehmerinnen und Arbeitnehmer bestanden haben (zB in der deutschen oder österreichischen Vertriebstochter-AG) und zudem die insoweit relevanten Schwellenwerte (mindestens 50%) im Verhältnis zur Gesamtzahl der Arbeitnehmerinnen und Arbeitnehmer[212] überschritten sind oder das besondere Verhandlungsgremium einen entsprechenden Beschluss fasst.[213]

97 Aus steuerlicher Sicht stellt die Gründung einer European Holding-SE eine Einbringung von Anteilen an den verschiedenen Vertriebsgesellschaften in die neu errichtete Holding-SE dar, wobei im Unterschied zur Verschmelzung die übertragenen Rechtsträger nicht untergehen. Die damit verbundene Auflösung und sofortige steuerliche Erfassung der stillen Reserven, die in den jeweiligen Anteilen enthalten sind, die von der japanischen Mutter-Inc. als Gesellschafterin der SE-Gründungsgesellschaften gegen die Anteile an der SE eingetauscht werden, kann grundsätzlich vollständig vermieden werden.[214] In Bezug auf die steuerliche Behandlung der Gründung einer European Single Entity-SE kann auf die Ausführungen zur Merger-SE verwiesen werden.

98 In Bezug auf Deutschland als maßgeblicher Steuerstandort stellt sich die Situation wie folgt dar: Erfolgt die Gründung der betreffenden European Holding-SE im Inland, können die erhaltenen Anteile abweichend vom Grundsatz des § 21 UmwStG zum Buch- oder Zwischenwert angesetzt werden, sofern die European Holding-SE nach dem Anteilstausch nachweislich über die jeweilige Mehrheit der Stimmrechte an jeder erworbenen Gesellschaft verfügt (qualifizierter Anteilstausch)[215] und soweit der gemeine Wert von sonstigen Gegenleistungen, die neben den neuen Anteilen gewährt werden, nicht mehr als 25% des Buchwerts der eingebrachten Anteile oder 500.000 EUR höchstens jedoch den Buchwert der eingebrachten Anteile beträgt. Zu beachten ist ferner, dass der Ansatz von Buch- oder Zwischenwerten nicht an das Besteuerungsrecht Deutschlands geknüpft ist, denn unabhängig vom gewählten Wertansatz kommt es im Inland unmittelbar zu keiner Steuerbelastung. Der Buchwertansatz wirkt sich unmittelbar nur auf den Umfang der Steuerverstrickung aus.[216] Aus dem Gesetz zur Modernisierung des Körperschaftsteuergesetzes[217] ergeben sich für Einbringungen nach § 20 UmwStG keine Auswirkungen. Folglich bleiben Sacheinlagen sowie der qualifizierte Anteilstausch auch weiterhin nach § 21 UmwStG auf Gesellschaften beschränkt, welche in den Mitgliedstaaten der EU oder des EWR ansässig sind.

---

[211] S. §§ 4–21 SE-BG; Art. 3–6 SE-RL.
[212] S. § 34 SE-BG; Art. 7 Abs. 2 Buchst. b und c, Anh. SE-RL.
[213] S. § 35 SE-BG; Art. 7, Anh. SE-RL.
[214] S. § 21 UmwStG; Art. 8 Abs. 1–2 FRL. Dazu vgl. *Conci* ET 2004, 18 f.; *Herzig/Griemla* StuW 2002, 71 ff.; *Förste/Lange* DB 2002, 292 f.
[215] Dies ist regelmäßig erfüllt, vgl. Art. 32 Abs. 2 S. 4 SE-VO.
[216] Dazu vgl. auch Rödder/Herlinghaus/van Lishaut/*Rabback* UmwStG § 21 Rn. 78 ff. Weiterführend vgl. insbesondere auch Kölner Komm AktG/*Wenz/Daisenberger/Kloster*, Bd. 2, Schlussanhang III, Rn. 86 ff.
[217] S. Gesetz zur Modernisierung des Körperschaftsteuergesetzes vom 25.6.2021, BGBl. 2021 I 2050.

## I. European Group-SE

Konzernunternehmungen operieren international in den verschiedenen Staaten in der Regel durch wirtschaftlich abhängige, aber rechtlich selbstständige Konzernunternehmen, die sich einer Rechtsform nationalen Rechts bedienen. Dadurch bestimmt sich bei einer operationalen Organisation nach Sparten- oder Divisionen die Anzahl der notwendigen Tochtergesellschaften sowohl nach den einzelnen Sparten oder Divisionen als auch nach der Anzahl der Länder, in denen die betreffende Konzernunternehmung insgesamt tätig ist.[218] Dazu und zur statutarischen Organisationsstruktur einer derartigen Konzernunternehmung vgl. auch die nachfolgende Abbildung (Ausgangssituation):

99

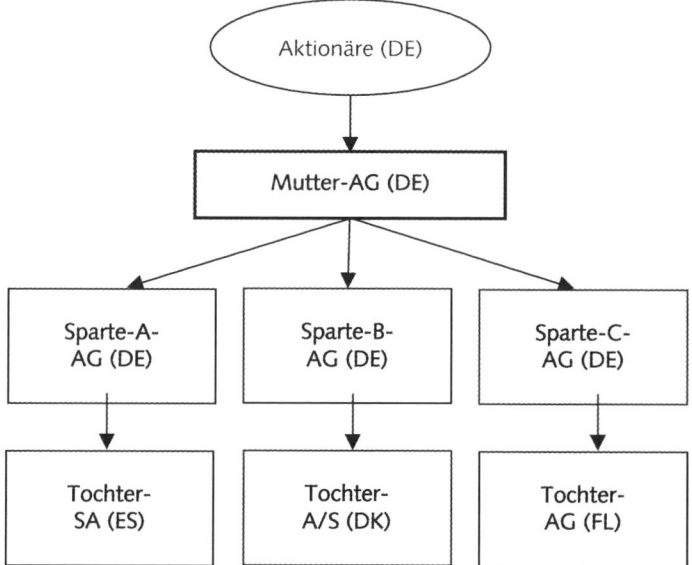

Ausgangssituation

Um nicht nur der operationalen Organisationsstruktur in diesem Fall umfassend Rechnung zu tragen, sondern auch um sie zu vereinheitlichen und insoweit auch zu vereinfachen, verfügen insbesondere die Konzernunternehmungen im Europäischen Binnenmarkt[219] durch die Rechtsform einer Europäischen Aktiengesellschaft (SE) über die Möglichkeit, sowohl die Mutter- als auch die rechtlich selbstständigen Tochtergesellschaften zumindest in ihren Kernbereichen, die einheitlich von der SE-VO und der in nationales Recht transformierten SE-RL geregelt werden, rechtlich einheitlich auszugestalten.[220] Dies kann insbesondere durch die Umwandlung einer deutschen Muttergesellschaft (Mutter-AG) als auch von in- und ausländischen Tochtergesellschaften, die jeweils in der Rechtsform einer nationalen Aktiengesellschaft organisiert sind, in eine Mutter-SE sowie in verschiedene Sparten- und Tochter-SE[221] und zudem durch die Gründung weiterer SE-

100

---

[218] Die meisten rechtlich selbstständigen Unternehmen stehen daher in Konzern- oder zumindest konzernähnlichen Verbindungen. Dazu vgl. *Theisen,* Der Konzern, 2. Aufl. 2000, 21.
[219] Einschließlich der europäischen Teilkonzerne von außereuropäischen Konzernmuttergesellschaften.
[220] Dazu vgl. auch *Kallmeyer* AG 2003, 201 f.
[221] S. Art. 2 Abs. 4 SE-VO.

§ 1  Einsatzmöglichkeiten

Tochtergesellschaften durch die Mutter-SE selbst erfolgen,[222] sofern die jeweiligen Voraussetzungen der Mehrstaatlichkeit erfüllt sind[223] (European Group-SE).[224] Die damit verbundene statutarische Organisationsstruktur stellt sich wie folgt dar:

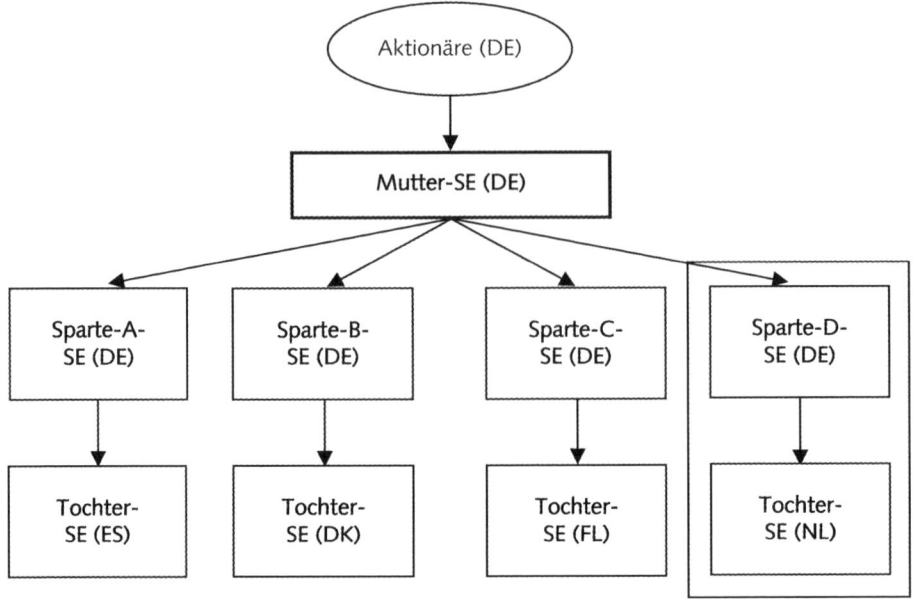

European Group-SE

101  Diese Einsatzmöglichkeit der Rechtsform einer SE kann insbesondere auch in Bezug auf die Erweiterung und/oder Reduzierung der EU auf nunmehr 27 bzw. des gesamten EWR auf nunmehr 30 Mitgliedstaaten aus rechts- und organisationsformspezifischer Sicht von besonderer Bedeutung sein. Denn die SE bietet erstmals die Chance, dass nicht nur die rechtliche Struktur der Unternehmen, sondern insbesondere auch das jeweilige System der Unternehmensleitung und -überwachung sowie auch die grundsätzlich frei aushandelbare Mitbestimmung der Arbeitnehmerinnen und Arbeitnehmer über Länder- und Hoheitsgrenzen hinweg einheitlich und insoweit auch europäisch und nicht mehr nach Mitgliedstaaten differenziert ausgestaltet wird. So könnte bei einer Entscheidung für das monistische System der Corporate Governance im Vergleich zum dualistischen System einer nationalen AG die Leitung der verschiedenen Tochtergesellschaften verkleinert und gestrafft werden. Zudem kann auch bei einer monistisch strukturierten SE mit Sitz in Deutschland der Verwaltungsrat, wenn er nicht mitbestimmt ist und sich das Grundkapital auf weniger als drei Millionen Euro beläuft, aus einer einzigen Person bestehen,[225] die allerdings nicht zugleich auch geschäftsführende Direktorin oder geschäftsführender Direktor in Personalunion sein kann,[226] während bei einer dualistisch strukturierten SE oder AG

---

[222] S. Art. 3 Abs. 2 SE-VO. Von *Hommelhoff* AG 2001, 280, wird diese Form der Errichtung einer SE auch als „sekundäre Gründung" bezeichnet.
[223] S. Art. 2 Abs. 4 SE-VO.
[224] Dazu vgl. auch *Wenz* AG 2003, 193f.; *Wenz* ET 2004, 34f. und ferner *Ernst & Young*, Study on the operation and the impact of the Statute for a European Company (SE), Final Report, 2009, 215–224.
[225] S. Art. 43 Abs. 2 S. 2 SE-VO iVm § 23 Abs. 1 SE-AG.
[226] S. Art. 43 Abs. 1 S. 2 SE-VO iVm § 40 Abs. 1 S. 2 SE-AG. Dazu vgl. insbesondere auch *Haider-Giangreco/ Polte* BB 2014, 2947 (2950 mwN). Zu den Möglichkeiten, den Verwaltungsrat und die geschäftsführenden Direktorinnen und Direktoren einer SE nach dem Vorbild eines Président Directeur Général (PDG)

mindestens ein weisungsunabhängiger Vorstand und drei Aufsichtsräte zu bestellen sind. Ferner ist die geschäftsführende Direktorin oder der geschäftsführende Direktor im monistischen Modell weisungsabhängig vom Verwaltungsrat mit der Folge, dass bei faktischen Konzernen die mit dem Konzernrecht vereinbaren Anweisungen des Mutterunternehmens auch über den Verwaltungsrat, der typischerweise mit Vertreterinnen und Vertretern des herrschenden Unternehmens besetzt ist, durchgesetzt werden können. Die Weisungsgebundenheit der geschäftsführenden Direktorin oder des geschäftsführenden Direktors bedeutet allerdings nicht, dass die Tochter-SE über den Verwaltungsrat vom Konzernrecht untersagte nachteilige Anweisungen ohne weiteres folgen darf. Vielmehr stehen dem die allgemeinen Regelungen über faktische Unternehmensverbindungen entgegen.

Eingeschränkt wird diese Vorteilhaftigkeit der SE allerdings dadurch, dass für die nach der SE-VO und ggf. auch für die nach dem ergänzend anwendbaren nationalen Aktienrecht zulässigen Satzungsbestimmungen das Prinzip der Satzungsstrenge zu beachten ist.[227] Sofern die rechtliche Ausgestaltungsfreiheit der Tochtergesellschaften dementsprechend besonders bedeutsam ist, bietet sich die Rechtsform der SE nur insoweit an, als zumindest das ergänzend anwendbare nationale Aktienrecht des Sitzstaates der SE nicht dem Prinzip der Satzungsstrenge folgt, wie dies beispielsweise in Liechtenstein de lege lata der Fall ist.[228] Zu beachten ist ferner, dass der vor der jeweiligen Umwandlung einer nationalen in eine Europäische Aktiengesellschaft bestehende Mitbestimmungsstandard auch einvernehmlich im Verhandlungswege nicht unterschritten werden darf.[229]

Aus steuerlicher Sicht führt die Gründung einer Mutter-SE oder einer Tochter-SE im Wege der Umwandlung weder auf Ebene der Gesellschaft noch auf derjenigen der Gesellschafter infolge der jeweils fortbestehenden Identität des Rechtsträgers zu ertragsteuerlichen Folgen.[230] Die Gründung einer Tochter-SE durch eine bereits bestehende SE im Wege der Neugründung kann sowohl auf der Ebene der Gründungsgesellschaft (SE) als auch der Tochter-SE grundsätzlich ebenfalls steuerneutral vorgenommen werden; denn die Errichtung einer Tochtergesellschaft ist erfolgsneutral und die Einbringung von Sacheinlagen führt nur dann zur Auflösung der darin enthaltenen stillen Reserven bei der einbringenden Gründungsgesellschaft (SE), sofern einzelne Wirtschaftsgüter anstelle von Betrieben oder Teilbetrieben eingelegt werden.[231]

## J. Reengineering-SE

Unternehmen in der Rechtsform einer Aktiengesellschaft nationalen Rechts haben den Änderungen des unternehmerischen Umfeldes als Folge sowohl der Globalisierung als auch der Europäisierung grundlegend Rechnung zu tragen. Im Hinblick beispielsweise auf die verstärkte Fokussierung der Unternehmen und Konzerne auf den Europäischen Binnenmarkt als ihren Heimatmarkt, anstelle einer nationalstaatlichen Marktabgrenzung, als auch in Bezug auf die freie Ausgestaltung des Systems der Unternehmensleitung und -überwachung, stellt die Europäische Aktiengesellschaft (SE) für die Mutter- oder Tochterunternehmen in der Rechtsform einer Aktiengesellschaft nationalen Rechts eine im Wege

---

oder eines Chief Executive Officers (CEO) auszugestalten, vgl. insbesondere auch *Wicke* RNotZ 2020, 25 (32 mwN).
[227] S. Art. 9 Abs. 1 Buchst. B SE-VO, Art. 9 Abs. 1 Buchst. c iii SE-VO; § 23 Abs. 5 AktG.
[228] S. Art. 279–280, 116–117 Personen- und Gesellschaftsrecht.
[229] S. Art. 3 Abs. 6 SE-RL, Art. 4 Abs. 4 SE-RL.
[230] Dazu vgl. *Conci* ET 2004, 20 f.; *Herzig/Griemla* StuW 2002, 75; *Schulz/Eicker* Intertax 2001, 339; *Schulz/Geismar* DStR 2001, 1084; *Wenz*, Die Societas Europaea (SE), 1993, 127 ff.
[231] S. Art. 9, 4 Abs. 1–2 FRL. Dazu vgl. *Rödder/Herlinghaus/von Lishaut/Herlinghaus* UmwStG § 20 Rn. 62 ff.; *Herzig/Griemla* StuW 2002, 73 ff.; *Schulz/Geismar* DStR 2001, 1084; Kölner Komm AktG/*Wenz/Daisenberger/Kloster*, 4. Aufl. 2021, Bd. 2, Schlussanhang III, Rn. 126 ff.

der Umwandlung[232] einfach realisierbare Alternative dar: Reengineering-SE.[233] Denn durch den Formwechsel einer AG in eine SE verändern sich aufgrund des – anlässlich der Umwandlung – zwingend beizubehaltenden Satzungssitzstaates[234] ausschließlich diejenigen Regelungsbereiche, für welche die SE-VO nicht auf die Bestimmungen des nationalen Sitzstaatsrechts der SE verweist. Eine im Wege der Umwandlung einer Aktiengesellschaft nationalen Rechts errichtete SE unterscheidet sich von dieser folglich nahezu ausschließlich in den durch die SE-VO sowie ergänzend durch die in nationales Recht transformierten Bestimmungen der SE-RL einheitlich geregelten Kernbereichen und grenzüberschreitenden Aspekten.

105 Infolgedessen steht es den Unternehmen in der Rechtsform einer SE insbesondere frei, sich für ein dualistisches versus monistisches System der Corporate Governance zu entscheiden.[235] Auch vor dem Hintergrund der Diskussion über die Grenzen der organisatorischen Freiheit bei der Ausgestaltung der deutschen Vorstands-/Aufsichtsratsverfassung deutscher Aktiengesellschaften, erhöht dieses Wahlrecht der SE-VO, das den Wettbewerb der Rechtsordnungen erheblich verstärkt hat und noch weiter verstärken wird, die Attraktivität der Rechtsform einer SE nicht unerheblich.[236] Die Mitbestimmung der Arbeitnehmerinnen und Arbeitnehmer einer Reengineering-SE kann wiederum grundsätzlich frei im Wege der Vereinbarung zwischen dem Leitungs- oder Verwaltungsorgan der umzuwandelnden Aktiengesellschaft nationalen Rechts und den Vertreterinnen und Vertretern der Arbeitnehmerinnen und Arbeitnehmer ausgehandelt werden; alternativ findet die Auffanglösung Anwendung.[237] Speziell für die Gründungsform der Umwandlung ist allerdings zu beachten, dass der vor dem Formwechsel bestehende Mitbestimmungsstandard auch einvernehmlich im Verhandlungswege generell nicht gemindert und infolgedessen auch nicht unterschritten werden darf[238] (keine innerstaatliche „Flucht" aus der Mitbestimmung), dementsprechend aber auch ein mitbestimmungsfreier Zustand vor Umwandlung in eine SE in diese dauerhaft übertragen und insoweit auch perpetuiert werden kann.

106 Dies stellt insbesondere auch für deutsche Familien-Unternehmen, welche durch Umwandlung einer deutschen Aktiengesellschaft in eine Europäische Aktiengesellschaft (SE) entstanden sind und bislang keiner Unternehmensmitbestimmung unterlegen haben, eine interessante und zielführende Gestaltungsüberlegung in Bezug auf die Wahl des monistischen Systems der Unternehmensleitung und -überwachung (Corporate Governance) mit einer oder einem CEO, welche oder welcher zunächst gleichermaßen dem Verwaltungsrat als auch den geschäftsführenden Direktorinnen und Direktoren vorsitzt, dar. Dadurch können einerseits die Interessen der betreffenden Unternehmerfamilie und ggf. auch des Familienoberhaupts aufgrund dieser Personalunion gewahrt und in besonderer Weise sichergestellt werden; andererseits können durch einen sukzessiven Rückzug des Familienoberhaupts zunächst aus dem Kreis der geschäftsführenden Direktorinnen und Direktoren und anschließend auch aus dem Verwaltungsrat die Überlegungen betreffend die Unternehmensnachfolge zielführend und insbesondere auch individuell ausgestaltet werden. Ferner kann durch die Umwandlung einer deutschen Familien-AG in eine europäische Familien-SE diese auch bei weiterem Unternehmenswachstum und ungeachtet davon, dass der vor dem Formwechsel bestehende Mitbestimmungsstandard auch einvernehmlich im Verhandlungswege generell nicht gemindert und infolgedessen auch nicht unterschritten wer-

---

[232] S. Art. 2 Abs. 4 SE-VO.
[233] Dazu vgl. auch *Wenz* AG 2003, 195 f.; *Wenz* ET 2004, 36.
[234] S. Art. 37 Abs. 3 SE-VO.
[235] S. Art. 38 Buchst. b SE-VO.
[236] Dazu vgl. auch *Hommelhoff* AG 2001, 282 f.
[237] S. Art. 7, Anh. SE-RL.
[238] S. Art. 3 Abs. 6 SE-RL, Art. 4 Abs. 4 SE-RL.

den kann, ggf. dennoch mitbestimmungsfrei bleiben, sofern die Umwandlung bereits vor dem Erreichen der mitbestimmungsrelevanten Schwellenwerte erfolgt.[239]

Darüber hinaus verfügen die Unternehmen in der prestigeträchtigen Rechtsform einer SE über eine Europäische Corporate Identity, tragen zur Entstehung einer Europäischen Corporate Culture bei und besitzen einen rechtsformspezifischen Europäischen Goodwill.[240] Ferner stehen ihnen sämtliche binnen- und wirtschaftsraumspezifischen Freiheitsgrade zur Verfügung, weshalb sie insbesondere auch ihren Sitz und die identische Hauptverwaltung in einen anderen Mitgliedstaat der EU oder des EWR unter Wahrung ihrer rechtlichen Identität grenzüberschreitend verlegen[241] sowie individuell auch Tochtergesellschaften in der Rechtsform einer SE gründen können.[242]

Dementsprechende Überlegungen standen auch bei der Umwandlung der österreichischen Strabag-AG[243] in eine der europaweit ersten SE Pate und lagen zudem auch der Umwandlung der finnischen Elcoteq[244] in eine SE zugrunde. Bei beiden Unternehmen spielen die konkreten Möglichkeiten, sich durch die Umwandlung in eine SE eine europaweit einheitliche Identität geben und sich sowohl betriebswirtschaftlich als auch rechtlich europaweit aufstellen zu können, die tragenden Überlegungen.

Aus steuerlicher Sicht führt die Umwandlung einer nationalen Aktiengesellschaft in eine supranational-europäische SE weder auf Ebene der Gesellschaft noch auf derjenigen der Gesellschafter zu ertragsteuerlichen Konsequenzen, da die Identität des Rechtsträgers uneingeschränkt fortbesteht.[245]

## K. Cross Border-SE

Die Rechtsform der Europäischen Aktiengesellschaft (SE) ermöglicht es den Unternehmen in der EU sowie im EWR erstmals ohne das Risiko einer Auflösung im Wegzugstaat und einer Neugründung im Zuzugstaat ihren Satzungssitz sowie ihre damit zwingend identische Hauptverwaltung[246] grenzüberschreitend von einem Mitgliedstaat in einen anderen unter Wahrung der rechtlichen Identität zu verlegen:[247] Cross Border-SE.[248] Während Rechtsformen nationalen Rechts jenseits ihrer nationalen Rechtsordnung, durch die sie gegründet wurden, bislang – von Ausnahmen abgesehen – keine Realität haben,[249] verfügt die SE grundsätzlich über sämtliche binnenmarktspezifischen Freiheitsgrade und kann daher beispielsweise auch von der Niederlassungsfreiheit weitgehend uneingeschränkt

---

[239] Dazu vgl. insbesondere auch *Becker/Schreiner*, Die Europäische Aktiengesellschaft (SE) als Rechtsformalternative für Familienunternehmen, 2016, 25 ff.; *Haider-Giangreco/Polte* BB 2014, 2947 ff., 2951 ff. mwN; *Reichert* ZIP 2014, 1957 ff.; *Wicke* RNotZ 2020, 25 (37 ff. mwN).
[240] Dazu vgl. auch *Buchheim*, Europäische Aktiengesellschaft und grenzüberschreitende Konzernverschmelzung, 2001, 242 ff.
[241] S. Art. 8 SE-VO.
[242] S. Art. 3 Abs. 2 SE-VO.
[243] Vgl. Strabag SE (http://www.strabag.com).
[244] Vgl. *Mumford*, Elcotec proposes Conversion into a European Company, 2004; Kirshner St. John's Law Review 2010, 1273 ff.
[245] Dazu vgl. → § 19 Rn. 1 ff.; *Conci* ET 2004, 21; sowie auch *Herzig/Griemla* StuW 2002, 75; *Schulz/Eicker* Intertax 2001, 339; *Schulz/Geismar* DStR 2001, 1084; *Wenz*, Die Societas Europaea (SE), 1993, 127 ff.; Kölner Komm AktG/*Wenz/Daisenberger/Kloster*, 4 Aufl. 2021, Bd. 2, Schlussanhang III, Rn. 172.
[246] S. Art. 7, 64 Abs. 1–2 SE-VO.
[247] S. Art. 8 Abs. 1 SE-VO.
[248] Dazu vgl. auch *Wenz* AG 2003, 194 f.; *Wenz* ET 2004, S. 36 f.; sowie auch Lutter/Hommelhoff EU-Gesellschaft/*Maul/Wenz* 272 ff.; *Petri/Wenz* AR 2004, 4.
[249] Dazu s. EuGH C-81/87, Slg. 1988, 5505 (5510) – Daily Mail. Zur neueren Entwicklung s. aber EuGH C-208/00, IStR 2002, 809 – Überseering, mAnm *Sedemund* und Anm. *Schnitger*; dazu vgl. auch *Forsthoff* DB 2002, 2471 ff.; *Kallmeyer* DB 2002, 2521 f. S. ferner EuGH C-167/01, BB 2003, 2195 – Inspire Art; dazu vgl. auch *Bayer* BB 2003, 2357 ff.; *Kersting/Schindler* RdW 2003, 621 ff.; *Leible/Hoffmann* EuZW 2003, 677 ff.; *Maul/Schmidt* BB 2003, 2297 f.; *Triebel/Hase* BB 2003, 2409 ff.

Gebrauch machen. Dadurch kann die SE den Mobilitätsbedürfnissen der Unternehmen im Europäischen Binnenmarkt grundlegend und effizient Rechnung tragen.

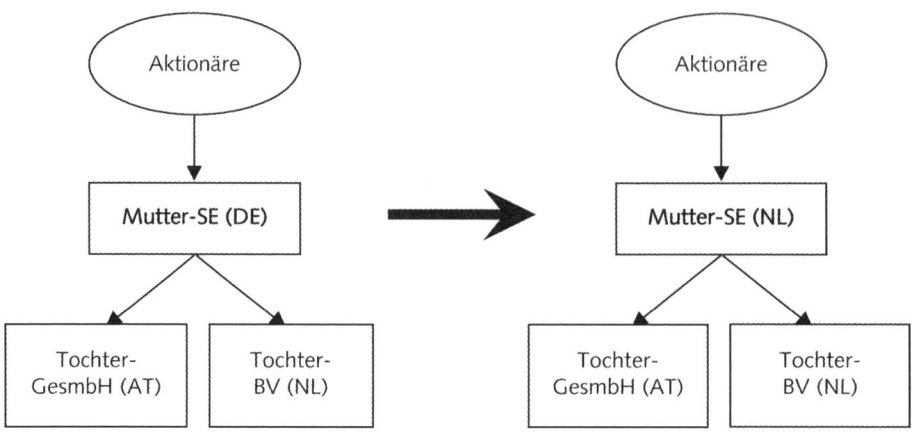

Cross Border-SE

111  Um bei der grenzüberschreitenden Sitzverlegung einer SE deren Rechtspersönlichkeit aufrecht zu erhalten sowie insbesondere den Wechsel in dem auf die SE ergänzend anwendbaren Recht des Sitzstaates zu koordinieren und dabei auch den Schutzinteressen[250] insbesondere der widersprechenden Minderheitsaktionäre sowie auch der Gläubigerinnen und Gläubiger hinreichend Rechnung zu tragen, sehen die SE-VO sowie insbesondere auch die nationalen SE-AG sowohl im Wegzugstaat als auch im Zuzugstaat verschiedene (Schutz-)Maßnahmen vor. Darüber hinaus ermöglicht es die Rechtsform einer SE den Unternehmen, die ihren Sitz grenzüberschreitend verlegen wollen, ihre europäische Identität und ihre wesentlichen rechtlichen und wirtschaftlichen Charakteristika sowie insbesondere auch das von ihnen gewählte monistische oder dualistische System der Corporate Governance als auch den ggf. ausgehandelten Umfang der Mitbestimmung der Arbeitnehmerinnen und Arbeitnehmer unabhängig von den nationalen Bestimmungen und Mitbestimmungsstandards des Zuzugstaates, die für Rechtsformen nationalen Rechts relevant sind, beizubehalten.[251]

112  Aus steuerlicher Sicht führt die grenzüberschreitende Sitzverlegung einer SE auf Ebene der in Deutschland oder im Ausland ansässigen Gesellschafter der SE weder bei einem Wegzug ins Ausland noch bei einem Zuzug ins Inland zu einer Realisierung und Besteuerung der in den Anteilen enthaltenen stillen Reserven in Deutschland.[252] Für die SE stellt sich die grenzüberschreitende Sitzverlegung sowohl im Fall des Zuzugs als auch des Wegzugs immer dann steuerneutral dar, wenn insbesondere bei einem Wegzug aus Deutschland die betreffenden Wirtschaftsgüter in einer deutschen Betriebsstätte steuerverhaftet bleiben.[253]

113  Aus Sicht der internationalen Steuerplanung können durch die Wahl des Sitzstaates der SE ggf. ein größeres oder anders ausgerichtetes Netz an Doppelbesteuerungsabkommen angewendet, die Steuerbelastung auf zukünftig erwirtschaftete Gewinne reduziert und die steuerliche Befreiung von Veräußerungsgewinnen auf Beteiligungen nachhaltig sicherge-

---

[250] Dazu vgl. auch *Kalss* ZGR 2003, 593 ff.; *Teichmann* ZGR 2003, 398 ff.
[251] Alternativ steht es den Unternehmen in der Rechtsform einer SE offen, ihr System der Corporate Governance im Zuge einer grenzüberschreitenden Sitzverlegung oder auch zu einem früheren oder späteren Zeitpunkt zu ändern. S. Art. 38 SE-VO.
[252] S. §§ 15, 17 EStG; § 12 KStG.
[253] Kritisch dazu vgl. bereits *Wenz*, Die Societas Europaea (SE), 1993, 131 ff.

stellt werden.[254] Zudem können auch Gewinne mit Verlusten ggf. grenzüberschreitend zumindest temporär verrechnet sowie auch – vor dem Hintergrund des Mindeststandards, welcher durch die Richtlinie zur Bekämpfung von Steuervermeidungspraktiken (sog. Anti-Tax Avoidance Directive, ATAD)[255] in allen Mitgliedstaaten der EU eingeführt wurde – die Anwendung außensteuergesetzlicher Bestimmungen vermieden oder reduziert werden.[256]

## L. Ergebnis

Die Europäische Aktiengesellschaft (SE) stellt im Ergebnis eine supranational-europäische Rechtsform dar, die aufgrund ihrer rechtsformspezifischen Charakteristika nicht nur über sämtliche binnenmarktspezifischen Freiheitsgrade verfügt, sondern zudem auch äußerst flexibel und vielseitig in der Unternehmenspraxis eingesetzt werden kann. Sie ermöglicht es den grenzüberschreitend tätigen Unternehmen und Konzernen, ihre statutarische Organisationsstruktur in der EU und im EWR über Länder- und Hoheitsgrenzen hinweg einer vereinheitlichten sowie auch einer einfachen und daher effizienten europäischen Organisationsstruktur zuzuführen, auch um die bislang erforderlichen, teilweise sehr komplexen und ineffizienten Ersatzkonstruktionen in Zukunft vermeiden und ersetzen zu können. Damit trägt die SE den tief greifenden Änderungen des unternehmerischen Umfeldes als Folge sowohl der Globalisierung als auch der Europäisierung grundlegend Rechnung, indem sie die insoweit ggf. erforderliche strategische Neuausrichtung der Unternehmen und Konzerne anforderungsgerecht unterstützt und im Vergleich zu alternativ einsetzbaren nationalen Rechtsformen und komplexen grenzüberschreitenden Organisationsstrukturen zudem transaktions- und koordinationskostenminimal umzusetzen versucht. 114

Mit der supranational-europäischen Rechtsform einer SE lassen sich für grenzüberschreitend tätige Unternehmen und Konzerne darüber hinaus bestimmte rechts- und organisationsformspezifische Vorteile erzielen, weshalb sie nicht nur eine bedeutsame Rechtsforminnovation, sondern seit 2004 auch eine wichtige Rechtsformalternative wirtschaftlichen Handelns im Europäischen Binnenmarkt darstellt. Die SE erfüllt folglich sowohl in konzeptioneller als auch insbesondere in anwendungsbezogener Hinsicht die Voraussetzungen, um den Europäischen Binnenmarkt im Bereich der Rechtsformen zu vollenden. Ferner stellt sie einen zentralen Entwicklungsschritt hin zu einem modernen und leistungsfähigen Gesellschafts- und Unternehmensrecht in der EU und im EWR dar, nicht zuletzt, um deren strategisches Ziel erreichen zu können, Europa zu einem wettbewerbsfähigen und dynamischen Wirtschaftsraum der Welt zu machen.[257] 115

---

[254] Dazu vgl. *Wenz* ET 2004, 10. Vgl. ferner *Kessler,* Grundlagen der Steuerplanung mit Holdinggesellschaften, in Gosch/Grotherr/Bergmann (Hrsg.), Steuerplanung und Compliance, 2021.
[255] S. Richtlinie (EU) 2016/1164 des Rates vom 12.7.2016 mit Vorschriften zur Bekämpfung von Steuervermeidungspraktiken mit unmittelbaren Auswirkungen auf das Funktionieren des Binnenmarkts, ABl. EU 2016 L 193, 1 ff.
[256] Dazu vgl. *Wenz* ET 2004, 10.
[257] Im Jahr 2005 modifizierte Schlussfolgerungen des Europäischen Rates von Lissabon vom 23./24.03.2000.

# Abschnitt 2 – Wesensmerkmale

## § 2 Wesensmerkmale

### Übersicht

|  | Rn. |
|---|---|
| A. Rechtsnatur | 1 |
| B. Kapital und Mitgliedschaft | 2 |
| C. Firma | 4 |
| D. Sitz | 5 |
| E. Satzung | 6 |
|    I. Satzungsinhalt und -autonomie | 7 |
|       1. Notwendiger Satzungsinhalt | 8 |
|       2. Fakultative Satzungsbestimmungen | 10 |
|    II. Rechtsfolgen von Satzungsmängeln | 13 |
| F. Handelsregister | 16 |
|    I. Anmeldung | 17 |
|    II. Prüfung und Entscheidung des Registergerichts | 18 |
|    III. Eintragung | 19 |
|    IV. Bekanntmachungen der Eintragung | 20 |

## A. Rechtsnatur

Die SE ist ihrer Rechtsform nach Aktiengesellschaft. Sie verfügt über eigene **Rechtspersönlichkeit** (Art. 1 Abs. 3 SE-VO),[1] ist also juristische Person. Die Rechtsfähigkeit der SE als solche beginnt mit der Eintragung in das Handelsregister (Art. 16 Abs. 1 SE-VO, s. → § 5 Rn. 67, § 6 Rn. 30; → § 7 Rn. 19; → § 8 Rn. 46). Zuvor besteht eine Vor-SE (Art. 16 Abs. 2 SE-VO; vgl. → § 4 Rn. 12ff.).[2] Als juristische Person ist die SE selbst Trägerin von Rechten und Pflichten. Nur die SE selbst ist Zuordnungssubjekt, nicht auch ihre Aktionäre, soweit es um Rechtsbeziehungen zu Dritten geht (zum Durchgriff s. → § 17 Rn. 27). Die SE ist **Handelsgesellschaft** (Formkaufmann).[3] Aus § 3 Abs. 1 AktG, § 6 HGB iVm Art. 9 Abs. 1 lit. c ii SE-VO folgt, dass die SE notwendig den Bestimmungen des Handelsrechts unterliegt.[4] Die SE ist **börsenfähig;** für SE mit Sitz in Deutschland gilt wie für eine deutsche Aktiengesellschaft das deutsche Börsenrecht.[5]

1

---

[1] Kölner Komm AktG/*Siems/Müller-Leibenger* SE-VO Art. 1 Rn. 23ff.; Lutter/Hommelhoff/Teichmann SE/*Lutter* SE-VO Art. 1 Rn. 13ff.; MüKoAktG/*Oechsler/Mihaylova* SE-VO Art. 1 Rn. 5; Habersack/Drinhausen/*Habersack* SE-VO Art. 1 Rn. 7; *Schwarz* Art. 1 Rn. 28ff.

[2] *Schwarz* Art. 16 Rn. 8; *Schindler*, Die Europäische Aktiengesellschaft, 2002, 18; Habersack/Drinhausen/*Habersack* SE-VO Art. 1 Rn. 8.

[3] *Schwarz* Art. 1 Rn. 13; MüKoAktG/*Oechsler* SE-VO Art. 2 Rn. 4.

[4] Kölner Komm AktG/*Siems/Müller-Leibenger* SE-VO Art. 1 Rn. 11. Zur Diskussion, ob die SE auch ein anderes als ein Handelsgewerbe betreiben kann, s. BeckOGK/*Casper*, 1.2.2021, SE-VO Art. 1 Rn. 2; MüKoAktG/*Oechsler/Mihaylova* SE-VO Art. 1 Rn. 1, 4.

[5] S. insoweit weiterführend Kölner Komm AktG/*Wenz* SE-VO Art. 5 Rn. 10f. (Aufbringung), Kölner Komm AktG/*Wenz* SE-VO Art. 5 Rn. 12 (Erhaltung) und Kölner Komm AktG/*Wenz* SE-VO Art. 5 Rn. 16ff. (Änderungen); Lutter/Hommelhoff/Teichmann SE/*Fleischer* SE-VO Art. 5 Rn. 10; Lutter/Hommelhoff EU-Gesellschaft/*Merkt* 185ff.

## B. Kapital und Mitgliedschaft

2 Die SE verfügt über ein festes **in Aktien zerlegtes Kapital,** das sich auf mindestens 120.000 belaufen muss (Art. 4 Abs. 2 SE-VO). Die Aktionäre schulden lediglich die Erbringung der von ihnen erbrachten **Einlage;** für die Verbindlichkeiten der Gesellschaft haften sie nicht. Im Hinblick auf die **Kapitalaufbringung des gezeichneten Kapitals** kommt über Art. 15 SE-VO das für Aktiengesellschaften geltende Recht des Sitzstaates zur Anwendung (zB verdeckte Sacheinlage), das seinerseits den Vorgaben der Kapitalrichtlinie zu entsprechen hat.[6] Hinsichtlich der **Kapitalerhaltung** kommen über die Verweisungsnorm des Art. 5 SE-VO die nationalen Vorschriften zur Anwendung, etwa die §§ 57–62 AktG, die §§ 71 ff. AktG und § 92 AktG.[7] Im Rahmen des Rückerwerbes eigener Aktien nach den §§ 71 ff. AktG ist zu beachten, dass nach hM bei der Bedienung von Abfindungsansprüchen und zur Erfüllung von Erwerbsansprüchen der SE bei der Sitzverlegung (Art. 8 Abs. 5 SE-VO, § 12 SEAG), der Verschmelzung (Art. 24 Abs. 2 SE-VO, § 7 SEAG) sowie der Holding-Gründung (Art. 34 SE-VO, § 9 SEAG) die SE eigene Aktien nach § 71 Abs. 1 Nr. 3 AktG erwerben können soll, da diese Vorschrift für gesetzliche Abfindungsansprüche geschaffen worden ist.[8] Die Kapitalerhaltungsregeln, die nunmehr im Insolvenzrecht geregelt sind, wie etwa die kapitalersetzenden Gesellschafterdarlehn, kommen im Ergebnis auf eine SE zur Anwendung, da für sie auf deutsches Recht als dem sog. Insolvenzstatut zurückzugreifen ist.[9] Gleiches gilt für die Grundsätze des existenzvernichtenden Eingriffs, nur das insoweit die allgemeine Verweisungsnorm des Art. 9 Abs. 1 lit. c ii SE-VO zur Anwendung gelangt (s. → Art. 17 Rn. 27). Weitere Fragen des Kapitals, wie diejenige nach den Kapitalmaßnahmen, namentlich Kapitalerhöhungen und Kapitalherabsetzungen, richten sich über Art. 5 SE-VO nach nationalen Vorschriften.[10] So kann die SE auch ein bedingtes Kapital oder ein genehmigtes Kapital schaffen (§§ 192 ff AktG). Art. 5 SE-VO verweist darüber hinaus auf die Regelungen zu den Aktienarten und -gattungen.[11] Gleiches gilt für die Zulässigkeit von Mischformen zwischen Eigen- und Fremdkapital. Dem nationalen Recht unterliegen bspw. die Ausgabe von Wandel- und Optionsanleihen ebenso wie diejenige von Gewinnschuldverschreibungen oder Genussrechten.[12]

3 Im Hinblick auf die **Mitgliedschaftsrechte und -pflichten** der Aktionäre enthält die SE-VO lediglich einige wenige Regelungen. Hierzu zählen vor allem die Regelungen zur Haftungsbeschränkung auf die Einlageleistung des Aktionärs (Art. 1 Abs. 2 SE-VO) sowie vereinzelte Verwaltungsrechte, die im Zusammenhang mit der Hauptversammlung zur Anwendung gelangen (zB Einberufung der Hauptversammlung und Aufstellung der Tagesordnung gem. Art. 55 Abs. 1 SE-VO sowie Ergänzung der Tagesordnung gem. Art. 56 SE-VO; s. → § 13 Rn. 57 ff.). Im Übrigen gelten die Regelungen des deutschen Aktienrechts, so dass sich beispielsweise die Frage der Einsichts-, Auskunfts-, Stimm- und Dividendenrechte, der Treupflichten und des Gleichbehandlungsgebots nach den Regelungen

---

[6] S. im Einzelnen BeckOGK/*Casper,* 1.2.2021, SE-VO Art. 5 Rn. 1; MüKoAktG/*Oechsler/Mihaylova* SE-VO Art. 5 Rn. 7; Habersack/Drinhausen/*Habersack* SE-VO Art. 5 Rn. 22 ff.; *Schwarz* Art. 5 Rn. 4 ff.; *Koke,* Die Finanzverfassung der Europäischen Aktiengesellschaft, 2005, 21 ff.; für eine Anwendung des Art. 5 SE-VO: Kölner Komm AktG/*Wenz* SE-VO Art. 5 Rn. 25 ff.
[7] Habersack/Drinhausen/*Diekmann* SE-VO Art. 5 Rn. 5 ff.
[8] MüKoAktG/*Oechsler/Mihaylova* SE-VO Art. 5 Rn. 12; Lutter/Hommelhoff/Teichmann SE/*Fleischer* SE-VO Art. 5 Rn. 7 BeckOGK/*Casper,* 1.2.2021, SE-VO Art. 5 Rn. 3; Habersack/Drinhausen/*Diekmann* SE-VO Art. 5 Rn. 6.
[9] Lutter/Hommelhoff/Teichmann SE/*Fleischer* SE-VO Art. 5 Rn. 7; BeckOGK/*Casper,* 1.2.2021, SE-VO Art. 5 Rn. 5.
[10] MüKoAktG/*Oechsler/Mihaylova* SE-VO Art. 5 Rn. 28; Kölner Komm AktG/*Wenz* SE-VO Art. 5 Rn. 3.
[11] Habersack/Drinhausen/*Diekmann* SE-VO Art. 5 Rn. 13 ff.
[12] Kölner Komm AktG/*Wenz* SE-VO Art. 5 Rn. 26; MüKoAktG/*Oechsler/Mihaylova* SE-VO Art. 5 Rn. 35 f.; Lutter/Hommelhoff EU-Gesellschaft /*Fleischer* 170 f.; s. auch *Hirte* NZG 2000, 83 ff.; *Koke,* Die Finanzverfassung der Europäischen Aktiengesellschaft, 2005, 22.

E. Satzung                                                                                      § 2

und Grundsätzen des Aktienrechts richtet.[13] Das nationale Recht ist zudem für die Fragen des Erwerbs, die Übertragbarkeit und den Verlust der Mitgliedschaft maßgeblich.

## C. Firma

Die SE hat ihrer Firma zwingend den Zusatz „SE" voran- oder nachzustellen (Art. 11 Abs. 1 SE-VO). Da weder die SE-VO noch das Ausführungsgesetz weitergehende Regelungen enthalten, kommen im Übrigen das nationale Firmenrecht (§§ 18 ff. HGB) sowie die durch die Rechtsprechung entwickelten Grundsätze mit Ausnahme von § 4 AktG, der durch Art. 11 SE-VO ersetzt wird, ergänzend über Art. 15 Abs. 1 SE-VO sowie nach Abschluss der Gründung über Art. 9 Abs. 1 lit. c ii SE-VO zur Anwendung.[14] Die Firmenfähigkeit beginnt mit der Eintragung der SE in das Handelsregister (s. → Rn. 1). Die Vor-SE ist nicht **Formkaufmann** und daher nicht schon als solche firmenfähig (zur Vor-SE s. → § 4 Rn. 12 ff.; zur Kaufmannseigenschaft s. → Rn. 1). Ihr Name ist aber schon dann firmenfähig, wenn im Gründungsstadium ein Gewerbe betrieben wird, das einer kaufmännischen Betriebsorganisation bedarf. Der Zusatz „SE" darf nur von einer Gesellschaft in Form der Europäischen Aktiengesellschaft (SE) geführt werden (Art. 11 Abs. 2 SE-VO). Anderes gilt für Gesellschaften und sonstige juristische Personen, die vor Inkrafttreten der SE-VO eingetragen worden sind; ihnen wird Bestandsschutz gewährt (Art. 11 Abs. 3 SE-VO).

4

## D. Sitz

Der (statutarische) Sitz der SE muss in der Gemeinschaft liegen, und zwar in dem Mitgliedstaat, in dem sich die Hauptverwaltung der SE befindet (Art. 7 S. 1 SE-VO). Die frühere Regelung, wonach die Satzung der SE nach § 2 SEAG aF den Ort als Sitz bestimmen musste, wo die Hauptverwaltung geführt wird (statutarischer und tatsächlicher Sitz mussten zusammenfallen), ist durch das MoMiG aufgegeben worden. Eine in Deutschland ansässige AG kann somit ihre Hauptverwaltung an einem anderen Sitz als dem Satzungssitz führen, soweit dieser Ort im Gebiet der Bundesrepublik Deutschland liegt (zu den Einzelheiten s. → § 15 Rn. 7 ff.).

5

## E. Satzung

Der SE liegt als vertragliche Basis eine Satzung zugrunde. Die Satzung ist gem. § 23 Abs. 1 AktG iVm Art. 15 Abs. 1 SE-VO durch notarielle Beurkundung festzustellen (s. → § 5 Rn. 9, 41; → § 6 Rn. 11, 35; → § 7 Rn. 2; → § 8 Rn. 12, 42; → § 9 Rn. 2), wobei die Aktienübernahmeerklärung gem. § 23 Abs. 2 AktG als Bestandteil der Satzungsfeststellung

6

---

[13] Lutter/Hommelhoff/Teichmann SE/*Ziemons*, SE-VO Anh. I Art. 5 Rn. 1 bis 4; BeckOGK/*Casper*, 1.2.2021, SE-VO Art. 5 Rn. 1; MüKoAktG/*Oechsler-Mihaylova* SE-VO Art. 5 Rn. 35.
[14] Kölner Komm AktG/*Kiem* SE-VO Art. 11 Rn. 3; Lutter/Hommelhoff/Teichmann SE/*Langhain* SE-VO Art. 11 Rn. 3; MüKoAktG/*Schäfer* SE-VO Art. 11 Rn. 1; BeckOGK/*Casper*, 1.2.2021, SE-VO Art. 11 Rn. 5; Lutter/Hommelhoff EU-Gesellschaft/*Bayer* 36; *Hirte* NZG 2002, 1 (4); *Grundmann*, Europäisches Gesellschaftsrecht, 2011, Rn. 1026; für eine Anwendung auch von § 4 AktG *Mahi*, Die Europäische Aktiengesellschaft, 2004, 39; Theisen/Wenz EurAG/*Neun* 51 Rn. 82; *Torggler* Ecolex 2001, 442 (444); *Schwarz* Art. 11 Rn. 7; MüKoAktG/*Schäfer* SE-VO Art. 11 Rn. 2.

anzusehen ist.[15] Die Satzung kann über materielle und formelle Satzungsbestandteile verfügen (streitig).[16] Spätere Änderungen der Satzung obliegen der Hauptversammlung, die mit qualifizierter Mehrheit zu beschließen hat (Art. 59 Abs. 1 SE-VO; s. → § 13 Rn. 68).

## I. Satzungsinhalt und -autonomie

7 Der notwendige Satzungsinhalt, also diejenigen Regelungen, die in der Satzung[17] getroffen werden müssen, ergeben sich zunächst aus der SE-VO (s. → Rn. 8). Zudem kommen, soweit es sich um Bereiche handelt, die nicht oder nur teilweise durch die Verordnung geregelt sind, die notwendigen aktienrechtlichen Regelungen, insbesondere § 23 Abs. 2 und 3 AktG zur Anwendung (s. → Rn. 12). Daneben kann die Satzung weitere Bestimmungen beinhalten, soweit die Beschränkungen der **Satzungsautonomie**, die durch die SE-VO und das zur Anwendung gelangende nationale Recht vorgegeben werden, eingehalten werden (doppelte Einschränkung der Satzungsautonomie): Soweit das Verordnungsrecht betroffen ist, dürfen nur Regelungen in die Satzung aufgenommen werden, die die SE-VO ausdrücklich zulässt (Art. 9 Abs. 1 lit. b SE-VO). Ausgeschlossen sind damit zum einen von der SE-VO abweichende Satzungsbestimmungen sowie verordnungsergänzende Satzungsbestimmungen.[18] Soweit es sich um Bereiche handelt, die nicht oder nur teilweise durch die SE-VO geregelt sind, kommt über die Verweisungsnorm auch der Grundsatz der Satzungsstrenge nach § 23 Abs. 5 AktG (Art. 9 Abs. 1 lit. c ii SE-VO) zur Anwendung. Die Satzung darf daher von den zur Anwendung gelangenden Regelungen des Aktiengesetzes nur abweichen, wenn dies ausdrücklich zugelassen ist. Ergänzende Bestimmungen des Aktienrechts dürfen nach § 23 Abs. 5 S. 2 AktG vorgenommen werden, wenn das aufgrund mangelnder Regelung in der SE-VO zur Anwendung gelangende Aktiengesetz keine abschließende Regelung beinhaltet.[19]

### 1. Notwendiger Satzungsinhalt

8 In die SE-Satzung müssen, folgend einer dreistufigen Hierarchie, an deren Spitze die SE-VO gefolgt vom SEAG und dem Aktiengesetz steht, verschiedene Regelungen aufgenommen werden. Nach der SE-VO muss die Satzung zwingend die folgenden Regelungen vorsehen:
– Wahl zwischen dem dualistischen und dem monistischen Modell (Art. 38 lit. b SE-VO; s. → § 10 Rn. 1);
– Festlegung der Zahl der Mitglieder des Leitungsorgans oder Bestimmung, nach welchen Regeln diese Zahl festzulegen ist (Art. 39 Abs. 4 S. 1 SE-VO; s. → § 11 Rn. 3); bei Gesellschaften mit einem Grundkapital von mehr als 3 Millionen Euro hat das Leitungsorgan aus mindestens zwei Personen zu bestehen; wenn die Satzung nicht eine Person festlegt (§ 16 SEAG);
– Festlegung der Zahl der Mitglieder des Aufsichtsorgans oder Bestimmung, nach welchen Regeln diese Zahl festzulegen ist (Art. 40 Abs. 3 SE-VO; s. → § 11 Rn. 19); das Aufsichtsorgan hat aus mindestens drei Mitgliedern zu bestehen; bei einer höheren Zahl muss diese durch drei teilbar sein und die Höchstzahlen des SEAG müssen beachtet werden (§ 17 Abs. 1 SEAG). Insoweit ist streitig, ob die Größe des Aufsichtsorgans der

---

[15] Kölner Komm AktG/*Maul* SE-VO Art. 6 Rn. 11; s. auch *Hüffer/Koch/Koch* AktG § 23 Rn. 16; MüKo-AktG/*Pentz* SE-VO § 23 AktG Rn. 12; s. auch der Auffassung, wonach die Aktienübernahmeerklärung ein eigenes Rechtsgeschäft darstellen soll, Kölner Komm AktG/*Kraft* AktG § 23 Rn. 87.
[16] Kölner Komm AktG/*Maul* SE-VO Art. 6 Rn. 6; *Brandt*, Die Hauptversammlung der Europäischen Aktiengesellschaft (SE), 2004, 136 f.
[17] Zu der Unterscheidung zwischen Gründungsurkunde und Binnensatzung, s. Kölner Komm AktG/*Maul* SE-VO Art. 6 Rn. 4; MüKoAktG/*Oechsler/Mihaylova* SE-VO Art. 6 Rn. 1 f.; *Schwarz* Art. 6 Rn. 28 ff.
[18] Kölner Komm AktG/*Maul* SE-VO Art. 6 Rn. 3, 29 ff.; *Hommelhoff* FS Ulmer, 2003, 267 (272).
[19] Kölner Komm AktG/*Maul* SE-VO Art. 6 Rn. 16; Lutter/Hommelhoff EU-Gesellschaft/*Seibt* 69.

### E. Satzung                                                                                     § 2

Verhandlungsautonomie zwischen dem besonderen Gremium und der Leitung der Gesellschaft unterliegt[20] oder in die Zuständigkeit der Hauptversammlung[21] fällt;
- Festlegung der Zahl der Mitglieder des Verwaltungsrats oder Bestimmung, nach welchen Regeln diese Zahl festzulegen ist (Art. 43 Abs. 2 UAbs. 1 S. 1 SE-VO; s. → § 12 Rn. 9); er hat aus drei Mitgliedern zu bestehen, wenn die Satzung nicht etwas anderes vorschreibt; bei Gesellschaften mit einem Grundkapital mit mehr als 3 Millionen Euro hat er stets aus mindestens drei Mitgliedern zu bestehen; die Höchstzahlen des SEAG müssen beachtet werden (§ 23 Abs. 1 SEAG); zur Frage der Zuständigkeit s. vorherigen Spiegelstrich;
- Bestimmung der Sitzungsperiode des Verwaltungsrats, das in den durch die Satzung bestimmten Abständen, mindestens aber alle 3 Monate zusammenzutreten hat (Art. 44 Abs. 1 SE-VO);
- Amtsdauer der Organmitglieder (Art. 46 Abs. 1 SE-VO; s. → § 11 Rn. 10, 24); sie darf sechs Jahre nicht überschreiten; und
- Festlegung der zustimmungspflichtigen Geschäfte (Art. 48 Abs. 1 SE-VO; s. → § 11 Rn. 34).
- Sicherstellung des Gleichlaufs der Satzung mit der ausgehandelten Vereinbarung über die Beteiligung der Arbeitnehmer (Art. 12 Abs. 4 UAbs. 1 SE-VO).

Angaben in der Satzung zum Verfahren und den Fristen für den Aktionärsantrag auf Ergänzung der HV-Tagesordnung, sind für eine SE mit Sitz in Deutschland nicht erforderlich, da § 124 AktG zur Anwendung kommt. Hingegen ist eine Festlegung von Verfahren und Fristen für Aktionärsanträge auf Ergänzung der HV-Tagesordnung nach Art. 56 S. 2 SE-VO für SE mit Sitz in Deutschland nicht erforderlich, da insoweit die nationalen Regelungen des Aktiengesetzes zur Anwendung gelangen (§ 124 AktG; s. → § 13 Rn. 58).

Zudem sind die folgenden zwingenden Satzungsbestimmungen zu beachten: Aufgrund des über Art. 9 Abs. 1 lit. c ii SE-VO bzw. Art. 15 Abs. 1 SE-VO zur Anwendung gelangenden Aktienrechts müssen die zwingenden Regelungen des Aktiengesetzes, insbesondere die Angaben des § 23 Abs. 3 AktG zum Mindestinhalt, aber auch die Angaben des § 23 Abs. 4 (Form der freiwilligen Bekanntmachung), des § 26 Abs. 1 und 2 AktG (Sondervorteile und Gründungsaufwand) und des § 27 AktG (soweit vorhanden: Sacheinlagen und Sachübernahmen, jedenfalls bei der Tochtergründung und der Verschmelzung zur Neugründung[22] sowie alle Sacheinlagen und Sachübernahmen, die in der Satzung der übertragenden Gesellschaft vorhanden waren, soweit nicht die Fristen des § 26 Abs. 4 AktG abgelaufen sind[23]) in der Satzung enthalten sein,[24] soweit sie nicht bereits durch andere Bestimmungen vorgeschrieben sind. Die bisherige Vorschrift des § 2 SEAG aF, wonach in der SE-Satzung der Ort als Sitz zu bestimmen war, an dem die Hautverwaltung geführt wird, ist durch das MoMiG gestrichen worden (s. → Rn. 5).

9

### 2. Fakultative Satzungsbestimmungen

Daneben sehen SE-VO und SEAG verschiedene fakultative Regelungen vor, die in die Satzung aufgenommen werden können. Hierzu zählen nach der SE-VO:
- Bestellung der Mitglieder des ersten Aufsichts- bzw. des ersten Verwaltungsorgans (Art. 40 Abs. 2 S. 2, 43 Abs. 3 S. 2 SE-VO);
- Einschränkungen für Wiederbestellungen von Organmitgliedern (Art. 46 Abs. 2 SE-VO);

10

---

[20] *Oetker* ZIP 2006, 1113.
[21] *Habersack* AG 2006, 345.
[22] Bei der Verschmelzungsgründung sind modifizierte Angaben aufzunehmen, s: Kölner Komm AktG/*Maul* SE-VO Art. 20 Rn. 52; bei der Holdinggründung werden diese Angaben von der hM nicht als erforderlich angesehen, s. Kölner Komm AktG/*Paefgen* SE-VO Art. 32 Rn. 39 ff.
[23] Lutter/Hommelhoff/Teichmann SE/*Seibt* SE-VO Art. 6 Rn. 9.
[24] Lutter/Hommelhoff EU-Gesellschaft/*Seibt* 71; *Schwarz* Art. 6 Rn. 105.

- Eignungsvoraussetzungen für Organmitglieder der Anteilseigner (Art. 47 Abs. 3 SE-VO);
- Beschlussfähigkeit und Mehrheitserfordernisse bei Organbeschlüssen (Art. 50 Abs. 1 SE-VO);
- Doppelstimmrecht des Organvorsitzenden (Art. 50 Abs. 2 SE-VO);
- erleichterte Einberufung der Hauptversammlung durch eine Aktionärsminderheit (Art. 55 Abs. 1 Hs. 2 SE-VO) und
- erleichterte Ergänzung der Tagesordnung durch eine Aktionärsminderheit (Art. 56 SE-VO).

Für SE mit Sitz in Deutschland kann nicht auf die Regelungen des Art. 47 Abs. 1 SE-VO (Juristische Person als Organmitglieder) und Art. 39 Abs. 2 S. 2 SE-VO (Bestellung der Mitglieder des Leitungsorgans durch die Hauptversammlung) zurückgegriffen werden. Sie sind vom deutschen Gesetzgeber nicht umgesetzt worden.

11 Nach dem SEAG sind die folgenden fakultativen Satzungsregelungen zulässig:
- Reduzierung der Mitgliederzahl beim Leitungsorgan auf ein Mitglied, soweit es sich um eine Gesellschaft mit 3 Millionen Euro Grundkapital oder weniger handelt (§ 16 Abs. 1 SEAG);
- Erhöhung der Mitgliederzahl beim Aufsichtsorgan auf mehr als drei Mitglieder; die Zahl muss durch drei teilbar sein und die gesetzlichen Höchstzahlen sind zu respektieren (§ 17 Abs. 1 SEAG);
- beim Verwaltungsrat eine Festlegung der Mitglieder über und unter drei; bei Gesellschaften mit einem Grundkapital von mehr als 3 Millionen Euro muss die Anzahl mindestens drei betragen; die gesetzlichen Höchstzahlen sind zu respektieren (§ 23 Abs. 1 SEAG);
- Entsendung von Mitgliedern in den Verwaltungsrat (§ 101 Abs. 2 AktG iVm § 28 Abs. 2 SEAG);
- andere Mehrheit als die Dreiviertel-Mehrheit und weitere Erfordernisse im Hinblick auf die Abberufung von Verwaltungsratsmitgliedern (§ 29 Abs. 1 S. 3 SEAG);
- Regelung des Wahlverfahrens mit Blick auf den Stellvertreter des Verwaltungsratsvorsitzenden (§ 34 Abs. 1 SEAG);
- Regelung von Einzelfragen der Geschäftsordnung des Verwaltungsrats (§ 34 Abs. 2 SEAG);
- schriftliche, fernmündliche oder andere vergleichbare Formen der Beschlussfassung des Verwaltungsrats und seiner Ausschüsse (§ 35 Abs. 2 SEAG);
- Teilnahme von Personen, die dem Verwaltungsrat nicht angehören, anstelle von Verwaltungsratsmitgliedern an den Sitzungen des Verwaltungsrats und seiner Ausschüsse, wenn eine Ermächtigung in Textform vorliegt (§ 36 Abs. 3 SEAG);
- Regelungen zur Bestellung von geschäftsführenden Direktoren (§ 40 Abs. 1 S. 5 SEAG);
- abweichende Regelung von gemeinschaftlicher Geschäftsführung durch geschäftsführende Direktoren (§ 40 Abs. 2 S. 2 Hs. 2 SEAG);
- Festlegung der Regelungen zur Geschäftsordnung der geschäftsführenden Direktoren durch den Verwaltungsrat (§ 40 Abs. 4 S. 1 SEAG);
- Regelung von Einzelfragen der Geschäftsordnung der geschäftsführenden Direktoren (§ 40 Abs. 4 S. 2 SEAG);
- anderweitige Regelung im Hinblick auf die Abberufung des geschäftsführenden Direktors als jederzeitige Abberufung durch Beschluss des Verwaltungsrats (§ 40 Abs. 5 SEAG);
- anderweitige Regelung im Hinblick auf Berichte der geschäftsführenden Direktoren an den Verwaltungsrat (§ 40 Abs. 6 SEAG);
- anderweitige Regelung als gemeinschaftliche Vertretung durch die geschäftsführenden Direktoren (§ 41 Abs. 2 SEAG);
- Vertretung von geschäftsführenden Direktoren einzeln oder in Gemeinschaft mit einem Prokuristen (§ 41 Abs. 3 SEAG) und

E. Satzung §2

– Änderung der Satzung durch die Hauptversammlung mit einem Beschluss mit einfacher Mehrheit der abgegebenen Stimmen und der Hälfte des vertretenen Grundkapitals, soweit nicht die Ausnahmen des S. 2 erfüllt sind (§ 51 SEAG).

Zudem können die fakultativen Regelungen des Aktiengesetzes in die SE-Satzung aufgenommen werden, soweit das Aktiengesetz mangels Regelung in der SE-VO über die Verweisungsnorm zur Anwendung gelangt und sie im Einklang mit dem höherrangigen Verordnungsrecht und dem SEAG stehen. Dies gilt etwa für die folgenden Bestimmungen: 12

– Entsenderecht für Mitglieder des Aufsichtsorgans (§ 101 Abs. 2 AktG iVm Art. 47 Abs. 4 SE-VO);
– Abweichungen zur Gesamtgeschäftsführung hinsichtlich der Mitglieder des Leitungsorgans (§ 77 Abs. 1 S. 2 AktG iVm Art. 39 Abs. 1 SE-VO);
– Geschäftsordnung durch das Leitungsorgan (§ 77 Abs. 2 S. 1 AktG iVm Art. 9 Abs. 1 lit. c SE-VO);
– Innere Ordnung des Aufsichtsorgans (stellvertretender Vorsitzender (§ 107 Abs. 1 AktG iVm Art. 9 Abs. 1 lit. c SE-VO);
– Teilnahmerecht von Dritten in Sitzungen des Aufsichtsorgans, soweit das betreffende Organmitglied verhindert ist (§ 109 Abs. 3 AktG iVm Art. 9 Abs. 1 lit. c SE-VO);
– Form der Beschlussfassung im Aufsichtsorgan (§ 108 Abs. 4 AktG iVm Art. 9 Abs. 1 lit. c SE-VO);
– Erfordernisse hinsichtlich der Abberufung von Mitgliedern des Aufsichtsorgans, die durch die Hauptversammlung gewählt worden sind (§ 103 Abs. 1 und 2 AktG iVm Art. 9 Abs. 1 lit. c SE-VO).

## II. Rechtsfolgen von Satzungsmängeln

Weder die SE-VO noch das SEAG enthalten Regelungen, die sich mit den Folgen von Satzungsmängeln befassen. Lediglich Art. 64 Abs. 1 SE-VO iVm § 52 Abs. 1 SEAG stellt das mangelnde Zusammenfallen von Sitz und Hautverwaltung in einem Mitgliedstaat einem Satzungsmangel gleich. Im Ergebnis kommen daher über die Verweisungsnorm die Regelungen des Aktienrechts zur Anwendung. Wie bei der AG ist bei der SE zwischen dem Stadium vor und nach Eintragung in das Handelsregister zu unterscheiden. Ist die SE noch nicht eingetragen und in Vollzug gesetzt und handelt es sich um grundlegende Mängel, kommen die allgemeinen Regelungen des BGB über Willensmängel und sonstige Fehler von Rechtsgeschäften zur Anwendung; ausgenommen ist § 139 BGB.[25] Nach Invollzugsetzung findet das Sonderrecht der **fehlerhaften Gesellschaft** auf die SE Anwendung. Grundlegende Mängel können deshalb nicht mehr mit Wirkung ex tunc geltend gemacht werden, sondern können nur noch zur Auflösung der Gesellschaft führen.[26] Anderes gilt, wenn lediglich einzelne Satzungsbestandteile mangelhaft sind, da dies wegen der Unanwendbarkeit des § 139 BGB nicht die Mangelhaftigkeit der gesamten Satzung zur Folge hat. Vielmehr trifft die Aktionäre der SE dann aufgrund der gesellschafterlichen Treupflicht (s. → § 3 Rn. 10) die Pflicht, den Mangel durch Satzungsänderung zu beseitigen.[27] 13

Nach Eintragung der SE im Handelsregister ist auch für die SE von dem Grundsatz auszugehen, dass Gründungsmängel grundsätzlich nicht mehr geltend gemacht werden können.[28] Zur Anwendung gelangen können im Hinblick auf die Gründungsformen der Holdinggründung, der gemeinsamen Tochtergründung und der 100%-igen Tochtergrün- 14

---

[25] Kölner Komm AktG/*Maul* SE-VO Art. 6 Rn. 30; MüKoAktG/*Pentz* AktG § 23 Rn. 167ff.; *Hüffer/Koch/Koch* AktG, § 23 Rn. 41.
[26] Kölner Komm AktG/*Maul* SE-VO Art. 6 Rn. 30; MüKoAktG/*Pentz* AktG § 23 Rn. 167.
[27] MüKoAktG/*Pentz* AktG § 23 Rn. 172 mwN; im Einzelnen umstritten.
[28] S. im Einzelnen MüKoAktG/*Pentz* AktG § 23 Rn. 174ff.

dung jedoch die Regelung des § 275 AktG iVm § 397 FamFG.[29] Streitig ist indessen, ob dies auch bei der Gründungsform der Verschmelzung gilt.[30] Im Hinblick auf die Gründungsformen, auf die die § 275 AktG iVm § 397 FamFG zur Anwendung gelangen, kann das Fehlen von Satzungsbestimmungen über die Höhe des Grundkapitals oder den Gegenstand des Unternehmens (§ 23 Abs. 3 Nr. 3, 2 AktG) durch **Nichtigkeitsklage** geltend gemacht werden. Entsprechendes gilt, wenn die Satzungsbestimmung über den Unternehmensgegenstand nichtig ist. Das Fehlen einer Bestimmung zur Firma und dem Sitz der Gesellschaft (§ 23 Abs. 3 Nr. 1 AktG iVm § 2 SEAG), zur Zerlegung des Grundkapitals (§ 23 Abs. 3 Nr. 4 AktG), zur Ausstellung der Aktien auf den Inhaber oder den Namen (§ 23 Abs. 3 Nr. 5 AktG) und zur Zahl der Mitglieder des Leitungsorgans (Art. 39 Abs. 4 SE-VO iVm § 23 Abs. 3 Nr. 6 AktG) oder des Verwaltungsrats (Art. 43 Abs. 2 UAbs. 1 S. 1 SE-VO iVm § 22 Abs. 6 SEAG) oder eine nichtige Bestimmung nach § 23 Abs. 3 Nr. 3 AktG können gem. § 399 FamFG iVm § 262 Abs. 1 Nr. 5 AktG zur **Auflösung** der SE führen. Weder durch die SE-VO noch durch das Ausführungsgesetz geklärt ist, ob das Fehlen anderer durch die SE-VO vorgeschriebener zwingender Regelungen zur Auflösung der Gesellschaft führen kann. Die Auflösungsregelungen des FamFG beschränken sich auf die ausdrücklich genannten Fälle des Aktiengesetzes und können daher nicht direkt angewendet werden, wenn eine zwingende Satzungsregelung der SE-VO nicht eingehalten wird. Ob eine analoge Anwendung in Betracht kommt, hängt von der einzelnen Regelung ab. Bei der Auslegung ist aber zu beachten, dass der Grundsatz des **Vertrauensschutzes,** der die Eintragung der Gesellschaft sichern will, vorrangiges Ziel ist. Auch lässt sich aus der SE-VO (Art. 7 SE-VO iVm Art. 64 Abs. 2 SE-VO) entnehmen, dass der SE-Verordnungsgeber Auflösungsmaßnahmen zwar kennt, sie aber nur in engen Grenzen anwendet. Vor diesem Hintergrund sind Satzungsmängel bei den einzelnen zwingenden SE-Bestimmungen wie folgt zu bewerten: Beim Fehlen der Festlegung der Zahl der Mitglieder des Aufsichtsorgans in der Satzung erscheint eine entsprechende Anwendung der Auflösungsregelung des FamFG nicht angemessen, da in diesem Fall die gesetzliche Mindestzahl ersatzweise zur Anwendung gelangen kann.[31] Gleiches gilt im Ergebnis bei fehlender Festlegung der Amtszeit der Organmitglieder in der Satzung, da in diesem Fall die Höchstdauer von sechs Jahren ersatzweise zum Zuge kommen kann. Ebenso erscheint eine entsprechende Anwendung der Regelungen zur Auflösung der SE nicht angezeigt, wenn die Satzung keine Regelungen über Geschäfte enthält, die der Zustimmung des Aufsichtsrats bzw. eines Gesamtbeschlusses des Verwaltungsorgans bedürfen. In diesem Fall kann es dabei verbleiben, dass dem Aufsichtsorgan bzw. dem Verwaltungsrat bis zu einer Satzungsänderung keine besonderen Zustimmungs- bzw. Beschlussrechte zustehen. Es ist auch ansonsten möglich, dass diesen Organen keine solchen Rechte übertragen werden.

15 Im Hinblick auf die Frage, welche Folgen es nach sich zieht, wenn der Gleichlauf zwischen der Satzung und der **ausgehandelten Vereinbarung** gem. Art. 12 Abs. 4 SE-VO nicht hergestellt ist, ist zu unterscheiden. Besteht eine solche Vereinbarung, ist sie nur nicht oder nicht ordnungsgemäß in der Satzung wiedergegeben, erscheint eine entsprechende Anwendung von § 399 FamFG iVm § 262 Abs. 1 Nr. 5 AktG nicht angemessen. Dies ergibt sich unmittelbar aus Art. 12 Abs. 4 S. 2 SE-VO, wonach die Satzung zu ändern ist, soweit eine Neuvereinbarung (zB nach Durchführung von Strukturmaßnahmen) im Widerspruch zu ihr steht. Gleiches muss aber auch für den Fall gelten, dass Vereinbarung und Satzung von vorneherein nicht übereinstimmen und das Registergericht dennoch einträgt (zum Vorliegen eines Eintragungshindernisses nach § 38 AktG[32] s. → Rn. 18). Denn Art. 12 Abs. 4 S. 2 SE-VO macht deutlich, dass die SE-VO für das Auseinanderfallen von

---

[29] Kölner Komm AktG/*Maul* SE-VO Art. 6 Rn. 33.
[30] Nach *Schwarz* Art. 6 Rn. 119f. scheidet die Anwendung des § 275 AktG aus, da Art. 30 Abs. 1 SE-VO abschließend sei. Nach aA soll es hingegen zur entsprechenden Anwendung der §§ 276, 277 AktG kommen; Kölner Komm AktG/*Maul* SE-VO Art. 56 Rn. 32.
[31] S. zum Aktienrecht Recht Hüffer/Koch/*Koch* AktG § 95 Rn. 7.
[32] S. auch *Schwarz* Art. 12 Rn. 42f.

tatsächlicher und satzungsmäßiger Vereinbarung das mildere Mittel der Satzungsänderung wählt.[33] Im betreffenden Fall käme zur Lückenfüllung das Statusverfahren nach § 97 AktG zur Anwendung. Ist eine SE trotz des nach § 38 AktG vorliegenden Hindernisses eingetragen worden, obwohl es zu keinen Verhandlungen zwischen Arbeitnehmern und Verwaltung gekommen ist, ua kein Verhandlungsgremium eingesetzt worden ist und damit in der Satzung die erforderliche Regelung fehlt bzw. mangelhaft ist, ist umstritten, welche Folge dies nach sich ziehen soll. Zum Teil wird eine **Amtslöschung** vorgeschlagen;[34] teilweise wird eine analoge Anwendung der Auflösungsvorschrift des § 399 FamFG für notwendig erachtet.[35] Vorzugswürdig erscheint es, bei der Verschmelzung und Gründung von Holding- und Tochtergesellschaft die Auffanglösung als Mindestregelung anzuwenden. Zwar macht die SE-VO das Eingreifen der Auffangregelung davon abhängig, dass die Verhandlungen bzw. Neuverhandlungen bei strukturellen Änderungen gescheitert sind oder die Geltung der Auffangregelung vereinbart worden ist. Mit Blick auf die Vergleichbarkeit der Interessenlage erscheint es insoweit aber angemessen, diese für das Scheitern der vorgeschriebenen Verhandlungen geltenden Regelungen auch beim gänzlichen Fehlen von Verhandlungen entsprechend anzuwenden, die Parteien aber gleichwohl zur (nachträglichen) Durchführung der vorgeschriebenen Verhandlungen als verpflichtet anzusehen. Bei der formwechselnden Umwandlung stellen sich demgegenüber diese Probleme nicht, da es ohnehin bei dem vorherigen Mitbestimmungsmodell verbleiben muss.

## F. Handelsregister

Die SE ist im Sitzstaat gemäß den für Aktiengesellschaften geltenden Vorschriften im Handelsregister einzutragen (Art. 12 Abs. 1 SE-VO iVm § 3 SEAG). Dementsprechend sind SE mit Sitz in Deutschland bei dem für die Eintragung zuständigen Gericht anzumelden, wobei sich dessen **Zuständigkeit** aus § 375 Nr. 4 FamFG, §§ 376, 377 FamFG ergibt (§ 4 SEAG). Hiernach ist sachlich zuständig das Amtsgericht als Registergericht.[36] Örtlich zuständig ist das Registergericht, in dessen Bezirk die SE ihren Sitz hat (§ 14 AktG).[37]

16

### I. Anmeldung

Zur Anmeldung berufen sind entsprechend § 36 Abs. 1 AktG iVm Art. 15 SE-VO die Gründer und alle Mitglieder des Leitungs- und Aufsichtsorgans der neu gegründeten SE bzw. – im monistischen Modell – die Mitglieder des Verwaltungsrats und die geschäftsführenden Direktoren[38] der neuen SE (§ 21 Abs. 1 SEAG; zu den einzelnen Gründungsformen s. → § 5 Rn. 65; → § 6 Rn. 30; → § 7 Rn. 18; → § 8 Rn. 46). Im Hinblick auf den **Inhalt** der Anmeldung kommen die für die Eintragung von Aktiengesellschaften geltenden Regelungen, dh die §§ 36 ff. AktG zur Anwendung (§ 3 SEAG). Der Inhalt der Anmeldung richtet sich nach § 37 AktG und § 24 HRV.[39] Bei einer SE mit dualistischer Leitungsstruktur kommen die Regelungen ohne weitere Anpassungen zur Anwendung. Bei SE mit monistischer Leitungsstruktur sind gewisse Anpassungen erforderlich (§ 21 Abs. 2 SEAG): Im monistischen System haben die Mitglieder des Verwaltungsrats und die geschäftsführenden Direktoren zu **versichern,** dass keine Umstände vorliegen, die ihrer Bestellung entgegenstehen (§ 40 Abs. 1 S. 4 AktG) und dass sie über ihre unbeschränkte Aus-

17

---

[33] Kölner Komm AktG/*Kiem* SE-VO Art. 12 Rn. 76, 77.
[34] Lutter/Hommelhoff EU-Gesellschaft/*Oetker* 277 ff.
[35] Lutter/Hommelhoff EU-Gesellschaft/*Kleindiek* 105 f.
[36] Kölner Komm AktG/*Kiem* SE-VO Art. 12 Rn. 7.
[37] *Ihrig/Wagner* NZG 2004, 1749 (1750); Lutter/Hommelhoff EU-Gesellschaft/*Kleindiek* 97.
[38] Kölner Komm AktG/*Kiem* SE-VO Art. 12 Rn. 8.
[39] Zu den Einzelheiten MüKoAktG/*Pentz* AktG § 37 Rn. 12 ff.

kunftspflicht gegenüber dem Gericht belehrt worden sind (§ 21 Abs. 2 S. 1 SEAG gegenüber § 37 Abs. 2 S. 1 AktG). Ferner ist in der Anmeldung die Vertretungsbefugnis der geschäftsführenden Direktoren anzugeben (§ 21 Abs. 2 S. 2 SEAG gegenüber § 37 Abs. 3 AktG). Der Anmeldung sind die Urkunden über die Bestellung des Verwaltungsrats und der geschäftsführenden Direktoren sowie die Prüfungsberichte der Mitglieder des Verwaltungsrats beizufügen (§ 21 Abs. 2 S. 3 SEAG gegenüber § 37 Abs. 4 Nr. 3 und 4 AktG). Schließlich haben die geschäftsführenden Direktoren ihre **Namensunterschrift** zur Aufbewahrung beim Gericht zu zeichnen (§ 21 Abs. 2 S. 4 SEAG gegenüber § 37 Abs. 5 AktG). Die Anmeldungen sind zur Eintragung in das Handelsregister einzureichen, wobei die Unterschriftzeichnungen öffentlich beglaubigter Form bedürfen (§ 129 BGB, §§ 39, 40 BeurkG, § 12 Abs. 1 S. 1 HGB). Der Anmeldung sind die notwendigen Schriftstücke in Urschrift, Ausfertigung oder öffentlich beglaubigter Abschrift beizufügen (§ 37 Abs. 6 AktG).

## II. Prüfung und Entscheidung des Registergerichts

18 Die Frage der Prüfung durch das Registergericht richtet sich nach nationalem Recht (Art. 15 SE-VO). Das zuständige Gericht hat nach § 38 Abs. 1 S. 1 AktG zu prüfen, ob die SE ordnungsgemäß errichtet und angemeldet worden ist. Ist dies nicht der Fall, hat das Registergericht die Eintragung abzulehnen (§ 38 Abs. 1 S. 2 AktG).[40] Der Maßstab für die Prüfung ergibt sich zum einen aus den Angaben der SE-VO. Sie macht in Art. 27 Abs. 2 und 33 Abs. 5 SE-VO die Eintragung der SE im Fall der Verschmelzung bzw. Holdinggründung von den in die Art. 25 und 26 SE-VO und Art. 32 und 33 Abs. 2 SE-VO genannten Voraussetzungen abhängig.[41] Zudem ist Art. 12 Abs. 2 SE-VO von Bedeutung, wonach die SE erst eingetragen werden darf, wenn die Vereinbarung (s. → § 14 Rn. 139ff.) über die **Beteiligung der Arbeitnehmer** geschlossen worden ist, ein Beschluss nach Art. 3 Abs. 6 RL 2001/86/EG vorliegt oder die Verhandlungsfrist abgelaufen ist.[42] Weiter hat das Registergericht ua die Ordnungsgemäßheit des Gründungs- und Prüfungsberichts nach § 38 Abs. 2 S. 1 AktG und der Erbringung der Sacheinlagen nach § 38 Abs. 2 S. 2 AktG zu prüfen. § 38 Abs. 2 S. 1 AktG ist dabei bei monistisch strukturierten SE dahin gehend zu modifizieren, dass die Eintragung auch abgelehnt werden kann, wenn die Gründungsprüfer erklären, dass der Prüfungsbericht des Verwaltungsrats unrichtig, unvollständig oder nicht gesetzeskonform sei (§ 21 Abs. 3 SEAG). Schließlich erstreckt sich die Prüfungspflicht des Gerichts auf die Frage, ob die Satzung ordnungsgemäß festgestellt ist, ob mangelhafte, fehlende oder nichtige Satzungsbestimmungen die Nichtigkeit der Satzung insgesamt zur Folge haben und ob die Satzung alle obligatorischen Satzungsbestimmungen enthält (§ 38 Abs. 3 AktG), wobei die Bestimmungen der SE-VO, des SEAG und des Aktiengesetzes mit in die Prüfung einbezogen werden müssen (s. → Rn. 8ff.).

## III. Eintragung

19 Die Eintragung der SE richtet sich nach deutschem Recht (Art. 15 SE-VO). Sie ist im **Handelsregister** in der Abteilung B einzutragen (§ 3 Abs. 3 HRV). Für den Inhalt der Eintragung gilt § 39 AktG in entsprechender Weise; bei SE mit monistischem System sind die geschäftsführenden Direktoren sowie deren Vertretungsbefugnis anzugeben (§ 41 SEAG).

---

[40] *Schwarz* Art. 6 Rn. 114ff.
[41] Kölner Komm AktG/*Kiem* SE-VO Art. 12 Rn. 38.
[42] Kölner Komm AktG/*Kiem* SE-VO Art. 12 Rn. 23; *Schwarz* Art. 12 Rn. 41.

## IV. Bekanntmachungen der Eintragung

Die Eintragung der Gesellschaft ist bekannt zu machen. Im Hinblick auf monistisch strukturierte SE kommt ergänzend § 21 Abs. 5 SEAG zur Anwendung, wonach die Bekanntmachung der Eintragung die Zahl der Mitglieder des Verwaltungsrats und der geschäftsführenden Direktoren oder die Regeln aufzunehmen hat, nach denen diese Zahl festgesetzt wird. Außerdem sind Name, Beruf und Wohnort der Mitglieder des ersten Verwaltungsrats anzugeben. Die Angaben sind nach den Regelungen der § 10 Abs. 1 S. 1 HGB, § 11 Abs. 1 HGB bekannt zu machen. Die SE ist zudem im **Amtsblatt der Europäischen Gemeinschaften** bekannt zu machen (Art. 14 Abs. 1 SE-VO). Anzugeben sind Firma, Nummer, Datum und Ort der Eintragung sowie Datum, Ort und Titel der Veröffentlichung im Bundesanzeiger. Zudem sind Sitz und Geschäftszweig der SE bekannt zu machen. Das Registergericht ist verpflichtet, die Angaben innerhalb eines Monats nach der Eintragung der SE im Handelsregister und Bekanntmachung an das Amt für amtliche Veröffentlichungen der Europäischen Gemeinschaften zu übermitteln.

# Abschnitt 3 – Rechtsquellen

## § 3 Rechtsquellen

### Übersicht

|   | Rn. |
|---|---|
| A. Verordnung und Richtlinie | 1 |
| B. Normenhierarchie | 5 |
|    I. Anwendbares Recht bei der Gründung | 6 |
|    II. Anwendbares Recht auf die bestehende SE | 7 |
| C. Auslegung der Rechtsquellen | 14 |

## A. Verordnung und Richtlinie

Die europäische Rechtsgrundlage der SE ist eine Kombination aus zwei Rechtsakten, der **1** Verordnung über das Statut der Europäischen Gesellschaft (SE-VO) und der Richtlinie zur Ergänzung des Statuts der Europäischen Gesellschaft hinsichtlich der Beteiligung der Arbeitnehmer (Beteiligungs-RL).[1] Während die SE-VO als unmittelbar in jedem Mitgliedstaat anwendbares Recht grundsätzlich keiner Umsetzung des nationalen Gesetzgebers bedurfte,[2] mussten die Regelungen der Beteiligungs-RL zur Erlangung unmittelbarer Geltung von den Mitgliedstaaten in nationales Recht umgesetzt werden.[3]

Die SE-VO enthält Regelungen zu Kernbereichen der SE, insbesondere der Gründung, **2** der Sitzverlegung sowie der inneren Organisation der SE. Diese Regelungen sind jedoch nicht in allen Punkten abschließend.[4] Andere Bereiche der SE, wie beispielsweise die Kapitalaufbringung und Kapitalerhaltung, das Steuerrecht sowie das Wettbewerbsrecht sind in der SE-VO gar nicht angesprochen. Für diese nur teilweise oder überhaupt nicht geregelten Bereiche enthält die SE-VO zum Teil Ermächtigungen an die nationalen Gesetzgeber oder Verweise auf das jeweilige nationale Recht des Sitzstaates der SE (vgl. dazu bspw. Art. 9, 15, 34 SE-VO). Insgesamt hat der europäische Verordnungsgeber damit ein Regelungskonzept gewählt, welches aus einem Nebeneinander von EU-Recht und nationalem Recht besteht.

Die Beteiligungs-RL regelt die Beteiligung der Arbeitnehmer an der Unternehmens- **3** führung in der SE und beinhaltet daher Vorgaben zur Unterrichtung und Anhörung sowie zur Mitbestimmung. Zentraler Inhalt der Regelung ist das Verhandlungsverfahren, das zum Abschluss einer SE-Beteiligungsvereinbarung führen kann (vgl. → § 14 Rn. 17 ff., 109 ff.).

Der deutsche Gesetzgeber hat sämtliche Umsetzungsmaßnahmen im Zuge der Einfüh- **4** rung der Europäischen Aktiengesellschaft in dem Gesetz zur Einführung der Europäischen Gesellschaft (SEEG) zusammengefasst. Das SEEG besteht aus zwei Teilen, dem „Gesetz zur Ausführung der Verordnung (EG) Nr. 2157/2001 des Rates vom 8.10.2001 über das Statut der Europäischen Gesellschaft (SE) – (SE-Ausführungsgesetz – SEAG)" und dem „Gesetz über die Beteiligung der Arbeitnehmer in einer Europäischen Gesellschaft (SE-

---
[1] *Lind*, Die Europäische Aktiengesellschaft – Eine Analyse der Rechtsanwendungsvorschriften, 2004, 17 ff.; *Teichmann* ZGR 2002, 383 (391); vgl. Verordnung (EG) Nr. 2157/2001 und Richtlinie 2001/86/EG.
[2] Einige Regelungen der SE-VO enthalten Regelungsermächtigungen bzw. Regelungsaufträge, die die Mitgliedstaaten durch entsprechende Ausführungsgesetze umgesetzt haben. In Deutschland erfolgte die Umsetzung im SE-Ausführungsgesetz, → Rn. 4.
[3] Vgl. Art. 249 Abs. 2 und 3 EG-Vertrag zu den Rechtswirkungen der verschiedenen europäischen Rechtsquellen.
[4] *Neye/Teichmann* AG 2003, 169.

Beteiligungsgesetz – SEBG)". Wesentlicher Gegenstand des SEAG sind die Regeln zum monistischen Verwaltungssystem der SE, das im deutschen Aktienrecht bisher unbekannt war. Regelungsgegenstand des SEBG ist die Umsetzung der Beteiligungs-RL.

## B. Normenhierarchie

5 Vorrangige Rechtsquelle für die SE ist die SE-VO (vgl. Art. 9 Abs. 1 lit. a SE-VO). Nur soweit diese es ausdrücklich in Form von Verweisungen oder zur Lückenfüllung anordnet, kommt ergänzend nationales Recht zur Anwendung. Innerhalb der SE-VO gilt das Spezialitätsprinzip; spezielle Regelungen haben daher Vorrang vor allgemeinen.[5]

### I. Anwendbares Recht bei der Gründung

6 Zu unterscheiden ist zunächst zwischen dem in der Gründungsphase der SE und dem auf die entstandene SE anwendbaren Recht.[6] Auf die SE in der Gründungsphase ist gemäß Art. 15 Abs. 1 SE-VO das Recht des Staates anwendbar, in dem die SE ihren Sitz begründet. Für die Gründungsgesellschaften wird weitgehend das für sie maßgebliche nationale Recht für anwendbar erklärt, vgl. Art. 18 SE-VO für die Gründung durch Verschmelzung und Art. 36 SE-VO für die Gründung einer Tochter-SE. Hinsichtlich der Holdinggründung und der Gründung durch Formwechsel fehlen vergleichbare spezielle Verweisungsvorschriften. Auch hier gilt aber zumindest für die Willensbildung in den Gründungsgesellschaften deren nationales Recht. In Ermangelung einer ausdrücklichen Verweisungsnorm kann dies der allgemeinen Systematik der SE-VO[7] oder einer Analogie zu den Art. 18 und 36 SE-VO[8] entnommen werden. Für den eigentlichen Gründungsvorgang der SE im engeren Sinne greift dann die Vorschrift des Art. 15 Abs. 1 SE-VO.[9]

### II. Anwendbares Recht auf die bestehende SE

7 Die zentrale Rechtsanwendungsvorschrift für die bestehende SE stellt Art. 9 Abs. 1 SE-VO dar, in welcher das grundsätzliche Verhältnis der anwendbaren Normen für die SE im Sinne einer „rechtsquellendurchmischten Regelungspyramide" festgelegt ist.[10] Danach unterliegt die SE zunächst den Bestimmungen der SE-VO und, soweit dies durch die SE-VO ausdrücklich zugelassen ist, gemäß Art. 9 Abs. 1 lit. b SE-VO den Regelungen in der Satzung der SE. Für alle nicht oder nur teilweise durch die SE-VO oder die Satzung der SE erfassten Bereiche kommen nach Art. 9 Abs. 1 lit. c SE-VO die Rechtsvorschriften zur Anwendung, die die Mitgliedstaaten in Umsetzung entsprechender Regelungsermächti-

---

[5] *Brandt/Scheifele* DStR 2002, 547 (553).
[6] Lutter/Hommelhoff/Teichmann SE/*Hommelhoff/Teichmann* SE-VO Art. 9 Rn. 8.
[7] Vgl. *Teichmann* ZGR 2003, 367 (388ff.) für die Holdinggründung. Für die Gründung durch Umwandlung findet sich ein Anhaltspunkt hierzu in Art. 37 Abs. 7 S. 2 SE-VO: Demnach gilt für den Beschluss der Hauptversammlung das nationale Recht, das zur Durchführung von Art. 7 RL 78/855/EWG (Richtlinie 78/855/EWG (Verschmelzungsrichtlinie betreffend die Verschmelzung von Aktiengesellschaften, ABl. EG 1978 L 295, 36ff.) erlassen wurde. Zur Gründung durch formwechselnde Umwandlung kann auch bezüglich des anwendbaren Rechts in den Gründungsgesellschaften auf Art. 15 Abs. 1 SE-VO zurückgegriffen werden, vgl. dazu die Ausführungen in → § 5 Rn. 13.
[8] Vgl. Lutter/Hommelhoff EU-Gesellschaft/*Bayer* 60; *Heckschen* DNotZ 2003, 251 (264); Theisen/Wenz EurAG/*Neun* 160; *Scheifele*, Die Gründung der Europäischen Aktiengesellschaft (SE), 2004, 403; *Schwarz* SE-VO Art. 37 Rn. 10.
[9] Vgl. dazu näher → § 5 Rn. 13, → § 6 Rn. 17 und → § 8 Rn. 9.
[10] Lutter/Hommelhoff/Teichmann SE/*Hommelhoff/Teichmann* SE-VO Art. 9 Rn. 1; weiterhin: *Lind*, Die Europäische Aktiengesellschaft – Eine Analyse der Rechtsanwendungsvorschriften, 2004, 63ff.; *Wagner* NZG 2002, 985 (986).

## B. Normenhierarchie § 3

gungen speziell für die SE erlassen haben. Subsidiär dazu gelten das nationale Aktienrecht des Sitzstaates der SE, Art. 9 Abs. 1 lit. c ii SE-VO, und zuletzt die Bestimmungen der Satzung, wenn diese auch bei einer nach dem Recht des Sitzstaates der SE gegründeten Aktiengesellschaft eingreifen würden, Art. 9 Abs. 1 lit. c iii. Damit hat der europäische Verordnungsgeber in einer Generalverweisung die grundsätzliche subsidiäre Geltung des jeweiligen nationalen Rechtes festgeschrieben.[11] Daneben enthält die SE-VO weitere partielle Verweise auf nationales Recht (vgl. ua Art. 15, 18, 36 SE-VO).

Enthält die SE-VO keine Regelung zu einem bestimmten Bereich, finden gemäß Art. 9 Abs. 1 lit. b SE-VO die Satzungsbestimmungen der SE Anwendung, soweit die SE-VO die Satzungsautonomie ausdrücklich zulässt. Satzungsautonomie wird durch die Art. 38 lit. b SE-VO, Art. 39 Abs. 4 S. 1 SE-VO, Art. 40 Abs. 2 S. 2 und Abs. 3 S. 1 SE-VO, Art. 43 Abs. 2 S. 1 und Abs. 3 S. 2 SE-VO, Art. 44 Abs. 1 SE-VO, Art. 46 Abs. 1 und 2 SE-VO, Art. 47 Abs. 1 S. 1 und Abs. 3 SE-VO, Art. 48 Abs. 1 S. 1 SE-VO, Art. 50 Abs. 1 und 2 SE-VO, Art. 55 Abs. 1 SE-VO, Art. 56 S. 3 SE-VO eingeräumt. 8

Nachrangig bei fehlender Regelung durch die SE-VO bzw. die Satzungsbestimmungen der SE greifen gemäß Art. 9 Abs. 1 lit. c i SE-VO die Rechtsvorschriften ein, die die nationalen Gesetzgeber auf der Grundlage von in der Verordnung enthaltenen Ermächtigungen erlassen haben. Der deutsche Gesetzgeber hat im SE-Ausführungsgesetz (SEAG) spezielle Regelungen im Sinne des Art. 9 Abs. 1 lit. c i SE-VO erlassen, die insbesondere aufgrund der Ermächtigungen der Art. 24 Abs. 2 SE-VO, Art. 34 und 43 Abs. 4 SE-VO ergangen sind. Da die vom Verordnungsgeber konzipierten Ermächtigungen grundsätzlich dazu dienen, den nationalen Besonderheiten gerecht zu werden, enthalten sie regelmäßig keinen Rechtsanwendungsbefehl.[12] Daher hat der deutsche Gesetzgeber lediglich von den Ermächtigungen Gebrauch gemacht, die notwendig waren, um eine Umsetzung der SE-VO zu gewährleisten, namentlich um die Einführung der bislang dem deutschen Aktienrecht unbekannten monistischen Verwaltungsstruktur sowie die Gründung einer Holding-SE zu ermöglichen, und Minderheitenschutzrechte einzuführen. Entsprechend der vorgegebenen Normenhierarchie des Art. 9 Abs. 1 SE-VO sieht § 1 SEAG vor, dass auf im Inland ansässige SE sowie auf die an der Gründung einer SE beteiligten Gesellschaften mit Sitz im Inland die Vorschriften des SEAG Anwendung finden, soweit nicht die SE-VO selbst Regelungen trifft.[13] 9

Falls die nationalen Ausführungsnormen ebenfalls keine den betreffenden Bereich ausfüllenden Regelungen enthalten, erfolgt ein Rückgriff auf das nationale Recht gemäß Art. 9 Abs. 1 lit. c ii SE-VO oder aufgrund einer speziellen Verweisung, wie sie sich beispielsweise in Art. 53 SE-VO für Organisation und Ablauf der Hauptversammlung einer SE findet. Eines Rückgriffs auf die Generalverweisung des Art. 9 SE-VO bedarf es nur dann, wenn sich keine solche speziellere Verweisung in der SE-VO findet, da das Spezialitätsprinzip auch im Unionsrecht Geltung erlangt.[14] Daraus folgt, dass die Generalverweisung des Art. 9 Abs. 1 lit. c ii SE-VO nur für die Fälle einer vorhandenen Regelungslücke der SE-VO Anwendung findet.[15] Der Verweis auf das nationale Recht bezieht sich dabei nicht nur auf die jeweiligen nationalen Gesetze des Sitzstaates, sondern umfasst auch das entsprechende Richterrecht.[16] 10

Der Verweis auf mitgliedstaatliches Recht führt nach überwiegender Auffassung unmittelbar zur Anwendung des Sachrechts, ohne dass die nationalen Regelungen des interna- 11

---

[11] *Hirte* DStR 2005, 653 (654); *Thoma/Leuering* NJW 2002, 1449 (1450).
[12] *Wagner* NZG 2002, 985 (986).
[13] *Hirte* DStR 2005, 653 (654).
[14] *Brandt/Scheifele* DStR 2002, 547 (553); Lutter/Hommelhoff/Teichmann SE/*Hommelhoff/Teichmann* SE-VO Art. 9 Rn. 7 ff.; *Wagner* NZG 2002, 985 (986).
[15] *Wagner* NZG 2002, 985 (988).
[16] BeckOGK/*Casper*, 1.6.2021, SE-VO Art. 9 Rn. 15; *Hirte* DStR 2005, 653 (654); Lutter/Hommelhoff/Teichmann SE/*Hommelhoff/Teichmann* SE-VO Art. 9 Rn. 55; *Jaecks/Schönborn* RIW 2003, 254 (255).

tionalen Privatrechts zwischengeschaltet werden (Sachnormverweisung).[17] Begründet wird dies mit der Notwendigkeit der einheitlichen Rechtsanwendung. Diese würde beseitigt, wenn das anwendbare Recht von der Zwischenschaltung des jeweiligen internationalen Privatrechts abhinge. Zudem leide die Praktikabilität, wenn ein weiterer Zwischenschritt nötig wäre, um das anwendbare Recht zu ermitteln.

12  Es sprechen allerdings gute Gründe dafür, in der Verweisung des Art. 9 Abs. 1 lit. c ii SE-VO entgegen der herrschenden Meinung eine Verweisung zu sehen, die das Kollisionsrecht mit einschließt.[18] Allein dies entspricht dem Grundsatz der Gleichbehandlung von SE und nationaler Aktiengesellschaft, der in der SE-VO an vielen Stellen aufscheint.[19] Auch Art. 9 Abs. 1 lit. c ii SE-VO folgt diesem Gedanken, indem verwiesen wird auf die „Rechtsvorschriften der Mitgliedstaaten, die auf eine nach dem Recht des Sitzstaats der SE gegründete Aktiengesellschaft Anwendung finden würden". Da auf eine im Sitzstaat der SE gegründete Aktiengesellschaft auch das nationale Kollisionsrecht Anwendung findet, spricht nach dem Wortlaut des Art. 9 SE-VO alles dafür, dies auch auf die SE anzuwenden. Die Einheitlichkeit des Statuts leidet darunter nicht. Denn der „Sitzstaat" der SE ist nach der Terminologie der SE-VO eindeutig als Staat ihres Satzungssitzes definiert.[20] Es kann also nicht etwa jedes Gericht sein eigenes Kollisionsrecht anwenden; vielmehr gilt allein das Kollisionsrecht des Staates, in dem die SE ihren satzungsmäßigen Sitz hat. Die Zwischenschaltung des Kollisionsrechts ist auch sachlich geboten, denn grenzüberschreitende Sachverhalte erfordern nun einmal eine wertende Entscheidung darüber, welches nationale Recht anwendbar sei.

13  In den allermeisten Fällen der Rechtspraxis dürften beide Theorien zum gleichen Ergebnis kommen. Dort, wo der Meinungsstreit erstmals relevant wurde – im Bereich des Konzernrechts – kommt allerdings die herrschende Meinung nicht ohne das Zugeständnis aus, in diesem konkreten Fall doch auf das Kollisionsrecht der Mitgliedstaaten zu rekurrieren.[21] Denn würde Art. 9 Abs. 1 lit. c ii SE-VO unmittelbar auf das Sachrecht verweisen, könnte eine in Deutschland ansässige SE mit einer ausländischen Gesellschaft einen Beherrschungsvertrag schließen, weil das deutsche Aktienrecht dies vorsieht. Das ausländische Recht kennt diese Konstruktion aber zumeist nicht, und es ist unbestritten, dass in einem solchen Fall das Sachrecht der ausländischen Tochtergesellschaft gilt und nicht dasjenige der Muttergesellschaft.

---

[17] *Brandt,* Die Hauptversammlung der Europäischen Aktiengesellschaft (SE), 2004, 44 ff.; BeckOGK/*Casper,* 1.6.2021, SE-VO Art. 9 Rn. 6; *Lächler/Oplustil* NZG 2005, 381 ff.; *Lind,* Die Europäische Aktiengesellschaft – Eine Analyse der Rechtsanwendungsvorschriften, 2004, 61 f.; MüKoAktG/*Schäfer* SE-VO Art. 9 Rn. 15; *Scheifele,* Die Gründung der Europäischen Aktiengesellschaft (SE), 2004, 31; Habersack/Drinhausen/*Schürnbrand* SE-VO Art. 9 Rn. 34; Kölner Komm AktG/*Veil* SE-VO Art. 9 Rn. 71.
[18] Zum Folgenden *Teichmann,* Binnenmarktkonformes Gesellschaftsrecht, 2006, 281 ff. sowie Lutter/Hommelhoff/Teichmann SE/*Hommelhoff/Teichmann* SE-VO Art. 9 Rn. 28 ff.
[19] Vgl. nur Erwägungsgrund 5, Art. 3 Abs. 1 SE-VO und Art. 10 SE-VO.
[20] Zum „Sitz" im Sinne der SE-VO ausführlich *Zang,* Sitz und Verlegung des Sitzes einer Europäischen Aktiengesellschaft mit Sitz in Deutschland, 2005, 5 ff., der auf S. 42 zu dem Ergebnis gelangt, Sitz der SE im Sinne der SE-VO sei der Satzungssitz. Diese Auffassung ist soweit ersichtlich im Schrifttum unstreitig. Vgl. dazu auch über die Sitzverlegung → § 15 Rn. 4 ff., insbes. → § 15 Rn. 6.
[21] *Lächler/Oplustil* NZG 2005, 381 (386); Kölner Komm AktG/*Veil* SE-VO Art. 9 Rn. 22. Eine vermittelnde Meinung sieht für das Konzernrecht in Erwägungsgrund 15 SE-Verordnung eine Auslegungshilfe, die im Rahmen des Art. 9 SE-VO zu berücksichtigen sei (ausführlich Kölner Komm AktG/*Paefgen* Schlussanh II, Rn. 25 ff., ihm folgend Habersack/Drinhausen/*Schürnbrand* SE-VO Art. 9 Rn. 37).

## C. Auslegung der Rechtsquellen

Die Auslegung der SE-VO erfolgt autonom nach europäischem Recht.[22] Die Auslegungskompetenz hinsichtlich ihrer Vorschriften einschließlich der Reichweite von Verweisungen auf mitgliedstaatliche Rechte steht gemäß Art. 267 AEUV dem Europäischen Gerichtshof zu. Die Auslegung mitgliedstaatlichen Rechts, das aufgrund einer Verweisungsvorschrift der SE-VO zur Anwendung kommt, erfolgt hingegen allein nach dessen Auslegungsmethoden.[23] Abzulehnen ist in diesem Zusammenhang eine „europafreundliche", SE-spezifische Auslegung nationaler Rechtsvorschriften dergestalt, dass in Bezug auf die SE bei mehreren denkbaren Auslegungsvarianten einer aktienrechtlichen Vorschrift – entgegen ihrer Anwendung im nationalen Aktienrecht – diejenige gewählt wird, die der Rechtslage in anderen Mitgliedstaaten weitestgehend entspricht.[24] Dies würde nicht nur zu erheblicher Rechtsunsicherheit führen, sondern letztlich auch Art. 10 SE-VO widersprechen, nach dem die SE wie eine Aktiengesellschaft ihres Sitzstaates zu behandeln ist, soweit nicht die SE-VO etwas anderes bestimmt.

Auch bei der Auslegung von Satzungsbestimmungen sprechen die überzeugenderen Gründe für eine einheitliche Auslegung anhand der Grundsätze des jeweiligen Sitzstaatsrechts der SE, unabhängig davon, ob die jeweilige Satzungsregelung unmittelbar auf einer Zuweisung durch die Verordnung beruht oder ob die Regelungskompetenz für den entsprechenden Gegenstand durch das nationale Recht – das seinerseits durch die Verordnung zur Anwendung berufen wurde – auf den Satzungsgeber übertragen wurde.[25] Abgesehen davon, dass eine gespaltene Auslegung wiederum zu erheblicher Rechtsunsicherheit führen würde und keine europarechtlichen Auslegungsgrundsätze in Bezug auf gesellschaftsrechtliche Satzungen existieren,[26] lässt sich dafür bereits der Wortlaut von Art. 9 Abs. 1 lit. c iii SE-VO heranziehen: dieser bestimmt, dass die SE den Regelungen ihrer Satzung „unter den gleichen Voraussetzungen wie im Falle einer nach dem Recht des Sitzstaates der SE gegründeten Aktiengesellschaft" unterliegt.

---

[22] BeckOGK/*Casper,* 1.6.2021, SE-VO Art. 9 Rn. 16 ff.; *Casper* FS Ulmer, 2003, 51 (54); Lutter/Hommelhoff/Teichmann SE/*Hommelhoff/Teichmann* SE-VO Art. 9 Rn. 36; Habersack/Drinhausen/*Schürnbrand* SE-VO Art. 9 Rn. 11; Kölner Komm AktG/*Veil* SE-VO Art. 9 Rn. 23 ff.
[23] BeckOGK/*Casper,* 1.6.2021, SE-VO Art. 9 Rn. 15; *Casper* FS Ulmer, 2003, 51 (69); Lutter/Hommelhoff/Teichmann SE/*Hommelhoff/Teichmann* SE-VO Art. 9 Rn. 55; Habersack/Drinhausen/*Schürnbrand* SE-VO Art. 9 Rn. 43.
[24] So auch *Casper* FS Ulmer, 2003, 51 (69 f.).
[25] Habersack/Drinhausen/*Schürnbrand* SE-VO Art. 9 Rn. 49; Kölner Komm AktG/*Veil* SE-VO Art. 9 Rn. 80; aA mit gewichtigen Argumenten *Gössl,* Die Satzung der Europäischen Aktiengesellschaft (SE) mit Sitz in Deutschland, 2010, 61 ff., der allerdings ebda. einräumt, dass die Unterscheidung praktisch nicht allzu sehr ins Gewicht falle.
[26] *Casper* FS Ulmer, 2003, 51 (70).

# Abschnitt 4 – Die Gründung der Societas Europaea

## § 4 Einleitung

**Übersicht**

|  | Rn. |
|---|---|
| A. Gründungsformen | 1 |
| B. Allgemeine Gründungsfragen | 9 |

## A. Gründungsformen

Die Gründung einer SE unterliegt in dreifacher Hinsicht formalen Einschränkungen: Erstens ist die Gründung nur nach einem von der SE-VO ausdrücklich geregelten Gründungsverfahren möglich (sog. **numerus clausus** der Gründungsformen).[1] Zweitens können an den verschiedenen Gründungsformen nur die von der SE-VO zugelassenen Rechtsträger teilnehmen, die zudem je nach Gründungsform variieren (s. Art. 2 SE-VO); eine Gründung unter Beteiligung natürlicher Personen ist überhaupt nicht vorgesehen. Drittens muss jede SE-Gründung ein grenzüberschreitendes Element aufweisen; auch dies ist wiederum in Art. 2 SE-VO für jede einzelne Gründungsform unterschiedlich geregelt. Diese Unterscheidungen sollen nachfolgend im Überblick dargestellt werden, bevor in den weiteren Abschnitten jedes Gründungsverfahren im Detail erläutert wird. Die Frage, welches Gründungsverfahren für ein konkretes Vorhaben am besten geeignet ist, hängt stark vom Einzelfall ab; insoweit ist auf die Ausführungen zu den Einsatzmöglichkeiten der SE (→ § 1 Rn. 52 ff.) zu verweisen. 1

Zum „Königsweg" der SE-Gründung wurde einst die **Verschmelzung** erklärt.[2] Sie ist nur möglich zwischen Aktiengesellschaften, von denen mindestens zwei dem Recht verschiedener Mitgliedstaaten unterliegen (Art. 2 Abs. 1 SE-VO). Zu beachten sind dabei die Schutzvorschriften zu Gunsten der Aktionäre, Gläubiger und Arbeitnehmer, die je nach Lage des Einzelfalles einen gewissen zeitlichen Vorlauf erforderlich machen. 2

Das Verfahren zur Gründung einer **Holding-SE** ist demjenigen der Verschmelzung weitgehend nachgebildet. Insbesondere ist – ebenso wie bei einer Verschmelzung – eine Beschlussfassung in den beteiligten Gründungsgesellschaften erforderlich. An dieser Gründungsform können sich Aktiengesellschaften und Gesellschaften mit beschränkter Haftung beteiligen. Von ihnen müssen wenigstens zwei dem Recht verschiedener Mitgliedstaaten unterliegen oder seit mindestens zwei Jahren eine dem Recht eines anderen Mitgliedstaats unterliegende Tochtergesellschaft oder eine Zweigniederlassung in einem anderen Mitgliedstaat haben (Art. 2 Abs. 2 SE-VO). 3

Die Gründung einer **Tochter-SE** ist hingegen für Gesellschaften im Sinne des Art. 54 AEUV (ehemals Art. 48 Abs. 2 EG-Vertrag) sowie juristische Personen des öffentlichen und des privaten Rechts eröffnet. Wiederum müssen zwei von ihnen dem Recht verschiedener Mitgliedstaaten unterliegen oder seit mindestens zwei Jahren eine dem Recht eines anderen Mitgliedstaats unterliegende Tochtergesellschaft oder eine Zweigniederlassung in einem anderen Mitgliedstaat haben (Art. 2 Abs. 3 SE-VO). 4

Möglich ist auch die **Umwandlung** einer bestehenden Gesellschaft in eine SE; dies steht allerdings nur Aktiengesellschaften offen. Um einen grenzüberschreitenden Bezug 5

---

[1] Lutter/Hommelhoff/Teichmann SE/*Bayer* SE-VO Art. 2 Rn. 1; Habersack/Drinhausen/*Habersack* SE-VO Art. 2 Rn. 1; Kölner Komm/*Veil* SE-VO Art. 2 Rn. 3; außerdem *Casper* AG 2007, 97 ff.
[2] Vgl. *Blanquet* ZGR 2002, 20 (40).

herzustellen, muss eine solche Gesellschaft seit mindestens zwei Jahren eine dem Recht eines anderen Mitgliedstaats unterliegende Tochtergesellschaft haben (Art. 2 Abs. 4 SE-VO).

6 Ist die SE einmal gegründet, können im Wege der so genannten **„sekundären Gründung"** weitere SEs gegründet werden.[3] Denn eine existierende SE kann gemäß Art. 3 Abs. 2 SE-VO selbst Tochtergesellschaften in Form einer SE gründen. Ein besonderes Mehrstaatlichkeitserfordernis entfällt;[4] auch ist – anders als bei der primären Gründung einer Tochter-SE – kein weiterer Gründungspartner erforderlich[5]. Die SE als europäische Rechtsform genießt insoweit größere Gründungsfreiheit als die nationalen Rechtsformen.

7 Popularität hat in der Praxis die Nutzung von **Vorrats-SEs** gewonnen. Dabei handelt es sich nicht um ein Gründungsverfahren im eigentlichen Sinne, sondern um die Aktivierung einer bereits existenten Gesellschaft, die nach den eben beschriebenen Möglichkeiten gegründet wurde. Diese Variante der „Gründung" der SE wird allgemein als zulässig angesehen.[6] Im Zeitpunkt der Aktivierung zum Wirtschaftsunternehmen greifen die richterrechtlichen Grundsätze zur „wirtschaftlichen Neugründung".[7] Sollte die als Vorrats-SE gegründete Gesellschaft im Zuge der Aktivierung Arbeitnehmer aufnehmen, sind eventuell Verhandlungen nach dem SEBG nachzuholen (näher → § 14 Rn. 189).

8
| Überblick zu den Gründungsformen der SE | | |
| --- | --- | --- |
| **I. Gründungsverfahren** | beteiligte Rechtsträger | Mehrstaatlichkeitserfordernis |
| **1. Verschmelzung** | Aktiengesellschaften | dem Recht zwei verschiedener Mitgliedstaaten unterliegend |
| **2. Holding-SE** | Aktiengesellschaften, GmbH | dem Recht zwei verschiedener Mitgliedstaaten unterliegend oder mit Tochtergesellschaften, die dem Recht eines anderen Mitgliedstaats unterliegen, oder mit Zweigniederlassungen in einem anderen Mitgliedstaat |
| **3. Tochter-SE** | a) Gesellschaften im Sinne des Art. 54 AEUV, juristische Personen des öffentlichen und privaten Rechts | dem Recht zwei verschiedener Mitgliedstaaten unterliegend oder mit Tochtergesellschaften, die dem Recht eines anderen Mitgliedstaats unterliegen, oder mit Zweigniederlassungen in einem anderen Mitgliedstaat |

---

[3] Lutter/Hommelhoff/Teichmann SE/*Bayer* SE-VO Art. 2 Rn. 3; *Hommelhoff* AG 2001, 279 (280).
[4] Lutter/Hommelhoff/Teichmann SE/*Bayer* SE-VO Art. 3 Rn. 10; Habersack/Drinhausen/*Habersack* SE-VO Art. 3 Rn. 9.
[5] Lutter/Hommelhoff/Teichmann SE/*Bayer* SE-VO Art. 3 Rn. 7; Habersack/Drinhausen/*Habersack* SE-VO Art. 3 Rn. 8.
[6] OLG Düsseldorf DNotZ 2009, 699 (701); Lutter/Hommelhoff/Teichmann SE/*Bayer* SE-VO Art. 2 Rn. 31 mwN; Habersack/Drinhausen/*Habersack* SE-VO Art. 2 Rn. 29; Kölner Komm/*Veil* SE-VO Art. 2 Rn. 50.
[7] Lutter/Hommelhoff/Teichmann SE/*Bayer* SE-VO Art. 2 Rn. 32.

| Überblick zu den Gründungsformen der SE | | |
|---|---|---|
| | b) existierende SE | entfällt |
| **4. Umwandlung** | Aktiengesellschaften | seit mindestens zwei Jahren Tochtergesellschaft, die dem Recht eines anderen Mitgliedstaats unterliegt |

## B. Allgemeine Gründungsfragen

Allgemeine Voraussetzung jeder SE-Gründung ist, dass die an der Gründung beteiligten Rechtsträger **Sitz und Hauptverwaltung** in der Europäischen Gemeinschaft haben (Art. 2 Abs. 1–4 SE-VO);[8] gleichgestellt sind Rechtsträger aus Staaten des EWR.[9] Art. 2 Abs. 5 SE-VO erlaubt davon eine Ausnahme für Gesellschaften, die ihre Hauptverwaltung nicht in der Gemeinschaft haben, sofern sie nach dem Recht eines Mitgliedstaats gegründet wurden, ihren Sitz in diesem Mitgliedstaat haben und mit der Wirtschaft eines Mitgliedstaats in tatsächlicher und dauerhafter Verbindung stehen. Diese Ausnahme ist allerdings lediglich eine Regelungsoption für die Mitgliedstaaten; der deutsche Gesetzgeber hat von dieser Option im SEAG keinen Gebrauch gemacht.[10]

9

Im Zuge der Gründung sind stets auch **Verhandlungen mit den Arbeitnehmern** gemäß den Regelungen des SEBG zu führen. Dies kann selbst für die Gründung einer arbeitnehmerlosen Vorrats-SE gelten, wenn die Gründungsgesellschaften Arbeitnehmer beschäftigen (näher → § 14 Rn. 45). Die SE kann nach Art. 12 Abs. 2 SE-VO erst eingetragen werden, wenn eine Vereinbarung über die Beteiligung der Arbeitnehmer geschlossen worden ist, ein Beschluss über die Geltung der Auffangregelung gefasst worden oder die Verhandlungsfrist abgelaufen ist, ohne dass eine Vereinbarung zustande gekommen ist.

10

Der recht strenge numerus clausus der Gründungsformen mit ihren im Einzelnen erschwerend wirkenden Voraussetzungen legt die Frage nahe, ob eine bestimmte Gründungsform durch Wahl einer anderen Gestaltung vermieden werden kann oder ob dies als unzulässige **Umgehung** zu qualifizieren wäre. Beispielsweise lässt sich die zweijährige Wartezeit, die für die Umwandlung nach Art. 2 Abs. 4 SE-VO erforderlich ist (Mehrstaatlichkeitserfordernis: Tochtergesellschaft im Ausland seit mindestens zwei Jahren) dadurch abkürzen, dass mit einer noch nicht seit zwei Jahren bestehenden Tochtergesellschaft – sofern sie die Rechtsform der Aktiengesellschaft besitzt – eine Verschmelzung durchgeführt wird. Auch wenn dies auf den ersten Blick als eine Umgehung zwingender Verfahrensvorschriften erscheint, besteht kein Anlass, einer solchen Gründung, wenn sie die Voraussetzungen der gewählten Verfahrensart einhält, die Wirksamkeit zu versagen.[11] Gerade die Verschmelzung mit einer ausländischen Tochtergesellschaft ist ohne Zweifel zulässig, denn sie wird in Art. 31 SE-VO ausdrücklich angesprochen. Generell lässt sich der SE-VO keine Präferenz für eine bestimmte Gründungsform entnehmen. Jeder Gründungsweg ist somit gleichwertig und muss daher, soweit seine Verfahrensschritte korrekt durchgeführt wurden, zur wirksamen Gründung einer SE führen.

11

---

[8] Habersack/Drinhausen/*Habersack* SE-VO Art. 2 Rn. 5.
[9] S. Kölner Komm/*Veil* SE-VO Art. 2 Rn. 18, 24, 38, 43.
[10] Krit. insoweit Habersack/Drinhausen/*Habersack* SE-VO Art. 2 Rn. 25.
[11] In diesem Sinne etwa *Scheifele,* Die Gründung der Europäischen Aktiengesellschaft (SE), 2004, 138 und *Teichmann* ZGR 2002, 383 (410ff.); Habersack/Drinhausen/*Habersack* SE-VO Art. 2 Rn. 27 f.; MüKo-AktG/*Oechsler/Mihaylova* SE-VO Art. 2 Rn. 13 mwN.

12 Eventuelle **Missbrauchsfälle** müssten nach **nationalem Recht** gelöst werden. Dies gilt beispielsweise für den immerhin nicht ganz fern liegenden Gedanken, eine deutsche Aktiengesellschaft im Wege der SE-Gründung auf eine ausländische Gesellschaft zu verschmelzen, um den Minderheitsaktionären ihre nach deutschem Aktiengesetz starke Rechtsposition zu entziehen (vgl. zum Missbrauch in Bezug auf Arbeitnehmerrechte, → § 14 Rn. 333 ff.). Darin mag im Einzelfall eine Verletzung der auch unter Aktionären geltenden Treuepflicht liegen. Dieses Argument kann möglicherweise eine Anfechtung des Verschmelzungsbeschlusses der deutschen Aktiengesellschaft rechtfertigen; der Beschluss kommt gemäß Art. 18 SE-VO unter der Geltung des nationalen Rechts zustande und unterliegt insoweit naturgemäß auch den Anfechtungsregelungen des deutschen Aktienrechts. Der SE-VO lassen sich für die Auflösung derartiger Konflikte in der nationalem Recht unterliegenden Gründungsgesellschaft keine Anhaltspunkte entnehmen.

13 Sobald die Gründungsgesellschaften mit der Planung des Zusammenschlusses beginnen, kann die Notwendigkeit entstehen, bestimmte Rechtshandlungen bereits im Namen der künftigen SE vorzunehmen. Dabei ist die **Handelndenhaftung** des **Art. 16 Abs. 2 SE-VO** zu beachten. Wurden im Namen der SE vor ihrer Eintragung Rechtshandlungen vorgenommen und übernimmt die SE nach der Eintragung die sich aus diesen Rechtshandlungen ergebenden Verpflichtungen nicht, so haften die natürlichen Personen, die Gesellschaften oder anderen juristischen Personen, die diese Rechtshandlungen vorgenommen haben, vorbehaltlich anders lautender Vereinbarungen unbegrenzt und gesamtschuldnerisch.[12]

14 Die Handelndenhaftung ist zwingendes Recht, kann also von den an der Gründung beteiligten Personen und Gesellschaften nicht abbedungen werden.[13] Wohl aber ist eine Regelung im Innenverhältnis denkbar, wodurch diejenigen, die vereinbarungsgemäß bereits im Gründungsstadium Handlungen für die künftige SE vornehmen, sich von den anderen Beteiligten eine Freistellung von der Haftung zusagen lassen. Im Regelfall wird eine Haftung der handelnden **natürlichen Personen** ohnehin ausscheiden, weil diese nach den Grundsätzen des unternehmensbezogenen Geschäfts als Vertreter einer der Gründungsgesellschaften handeln und die eingegangenen Verpflichtungen allein diese Gesellschaft treffen.[14] Eine Haftung scheidet außerdem aus, wenn der Handelnde für Dritte klar erkennbar verdeutlicht, dass er nur die künftige SE und nicht sich selbst verpflichten will.[15]

15 Unklar ist, ab welchem **Zeitpunkt** die Vorschrift des Art. 16 Abs. 2 SE-VO eingreift. Ihrem Wortlaut nach gilt sie für alle Handlungen, die im Namen der künftigen SE „vor ihrer Eintragung" vorgenommen werden. Darin kommt der Gedanke zum Ausdruck, dass derjenige, der bereits im Namen einer noch nicht existierenden Rechtsperson auftritt, das Risiko dieser Ungewissheit auch tragen muss und nicht auf den Vertragspartner abwälzen kann.[16] Jede nationale Rechtsordnung kennt Mechanismen, den Vertragspartner in einer solchen Konstellation zu schützen (beispielsweise die Haftung als Vertreter ohne Vertretungsmacht oder für in Anspruch genommenes Vertrauen); allerdings hat der Schutz keineswegs überall dasselbe Niveau.[17] Wegen der nationalen Unterschiede im allgemeinen

---

[12] Vgl. *Kersting* DB 2001, 2079 ff.; Habersack/Drinhausen/*Diekmann* SE-VO Art. 16 Rn. 7 ff.
[13] Der am Ende von Art. 16 Abs. 2 SE-VO zu findende Zusatz „vorbehaltlich anderer Vereinbarungen" bezieht sich nur auf die Frage, ob mehrere Handelnde unbegrenzt und gesamtschuldnerisch haften (vgl. Habersack/Drinhausen/*Diekmann* SE-VO Art. 16 Rn. 19).
[14] Lutter/Hommelhoff/Teichmann SE/*Bayer* SE-VO Art. 16 Rn. 18; Habersack/Drinhausen/*Diekmann* SE-VO Art. 16 Rn. 14; *Schäfer* NZG 2004, 785 (790).
[15] Lutter/Hommelhoff/Teichmann SE/*Bayer* SE-VO Art. 16 Rn. 25; Habersack/Drinhausen/*Diekmann* SE-VO Art. 16 Rn. 13.
[16] Zu den verschiedenen denkbaren Legitimationsgründen der Handelndenhaftung im deutschen und europäischen Recht *Kersting,* Die Vorgesellschaft im europäischen Gesellschaftsrecht, 2000, 230 ff.
[17] Vgl. die Nachweise bei *Kersting,* Die Vorgesellschaft im europäischen Gesellschaftsrecht, 2000, 191 f.

## B. Allgemeine Gründungsfragen § 4

Zivilrecht erschien es dem europäischen Gesetzgeber sinnvoll, diesen Bereich zu vereinheitlichen.[18]

Teilweise wird vertreten, die Handelndenhaftung greife erst nach Vornahme des Gründungsgeschäfts, wenn also – nach deutschem Verständnis – eine „Vorgesellschaft" entstanden ist.[19] Für ein früheres Einsetzen der Handelndenhaftung könnte aber sprechen, dass das in der SE-VO geregelte Gründungsverfahren schon einige Zeit vor den Hauptversammlungen beginnt. Die Leitungs- oder Verwaltungsorgane der beteiligten Gesellschaften müssen sich jedenfalls bei Verschmelzung und Holdinggründung über das Gründungsvorhaben in seinen Grundzügen bereits vorher einigen; denn alle Hauptversammlungen müssen über einen inhaltlich gleich lautenden Gründungsplan abstimmen. So regelt Art. 20 Abs. 1 SE-VO, dass die Leitungs- oder Verwaltungsorgane der sich verschmelzenden Gesellschaften einen Verschmelzungsplan aufzustellen haben. Art. 16 Abs. 2 SE-VO lässt sich in diesem Sinne auch als eine allgemeine Norm verstehen, die ihrer systematischen Stellung nach für die gesamte „Gründung" im Sinne der Verordnung gilt.[20] Eine an Wortlaut und Systematik der SE-VO orientierte Auslegung des Art. 16 Abs. 2 SE-VO könnte also durchaus zu dem Schluss gelangen, dass bereits in der von Art. 20 SE-VO angesprochenen **Planungsphase** eine Handelndenhaftung in Betracht kommt. In der Terminologie des deutschen Verständnisses betrifft das die Phase der „Vorgründungsgesellschaft". Diese Parallele kann aber nur zur Veranschaulichung dienen. Der maßgebliche Zeitraum bestimmt sich autonom aus der SE-VO, nicht nach deutschem Recht. Erfasst wird deshalb der gesamte Zeitraum, der vor der Eintragung der SE liegt.[21] Die Praxis sollte diese Interpretationsmöglichkeit bedenken und, falls gewünscht, die Absicherung der handelnden Personen durch Vereinbarungen im Innenverhältnis regeln, die sowohl mit der europäischen Vorschrift als auch mit den möglicherweise einschlägigen nationalen Vorschriften abzustimmen sind.

Neben das Institut der Handelndenhaftung tritt bei einer in Deutschland einzutragenden SE das Recht der **Vorgesellschaft.** Diese findet sich zwar nicht im europäischen Rechtstext, die Anwendung der entsprechenden Rechtsgrundsätze ergibt sich aber aus dem Verweis von Art. 15 Abs. 1 SE-VO auf das nationale Recht.[22]

16

17

---

[18] Erstmals in Art. 7 Erste gesellschaftsrechtliche Richtlinie (RL 68/151/EWG vom 9.3.1968; inzwischen Art. 7 Abs. 2 RL (EU) 2017/1132 über bestimmte Aspekte des Gesellschaftsrechts), sodann in Anlehnung an diese Regelung in Art. 9 Abs. 2 EWIV-Verordnung (Verordnung EWG Nr. 2137/85 vom 25.7.1985) und schließlich in Art. 16 Abs. 2 SE-VO.
[19] *Kersting* DB 2001, 2079 (2081); Kölner Komm/*Maul* SE-VO Art. 16 Rn. 14; ebenso *Schwarz* SE-VO Art. 16 Rn. 17.
[20] Art. 16 SE-VO findet sich im Abschnitt 1 „Allgemeines", auf den mit den Art. 17 ff. SE-VO der Abschnitt 2 „Gründung einer SE durch Verschmelzung" folgt.
[21] Wie hier Lutter/Hommelhoff/Teichmann SE/*Bayer* SE-VO Art. 16 Rn. 19; Habersack/Drinhausen/*Diekmann* SE-VO Art. 16 Rn. 10; *Zöllter-Petzold,* Die Verknüpfung von europäischem und nationalem Recht bei der Gründung einer Societas Europaea (SE), 2005, 184 ff. Der Tendenz nach auch Kalss/Hügel/*Hügel* Vor § 17 SEG Art. 16 Rn. 4.
[22] Lutter/Hommelhoff/Teichmann SE/*Bayer* SE-VO Art. 16 Rn. 6; Habersack/Drinhausen/*Diekmann* SE-VO Art. 16 Rn. 21.

# § 5 Verschmelzung

## Übersicht

|  | Rn. |
|---|---|
| A. Vorbemerkung | 1 |
| B. Einführung | 4 |
|    I. Besonderheiten gegenüber der innerstaatlichen Verschmelzung | 4 |
|    II. Gesetzliche Regelungstechnik | 11 |
|    III. Gründungsphasen | 15 |
| C. Voraussetzungen und Ablauf der Verschmelzung | 21 |
|    I. Beteiligte Gesellschaften | 21 |
|       1. Aktiengesellschaften | 22 |
|       2. Dem Recht verschiedener Mitgliedstaaten unterliegend | 24 |
|       3. Sitz und Hauptverwaltung in der Gemeinschaft | 27 |
|    II. Aufstellung des Verschmelzungsplans | 29 |
|       1. Gleich lautende Verschmelzungspläne | 29 |
|       2. Zuständiges Organ: Vorstand | 31 |
|       3. Inhalt des Verschmelzungsplans | 32 |
|       4. Form des Verschmelzungsplans | 47 |
|       5. Zuleitung an den Betriebsrat | 48 |
|    III. Verschmelzungsbericht | 49 |
|    IV. Prüfung der Verschmelzung | 54 |
|    V. Offenlegung des Verschmelzungsvorhabens | 55 |
|    VI. Aufnahme der Verhandlungen mit den Arbeitnehmern | 58 |
|    VII. Hauptversammlungsbeschluss | 61 |
|    VIII. Rechtmäßigkeitsprüfung | 65 |
|    IX. Eintragung und Wirkungen der Verschmelzung | 67 |
| D. Einzelfragen | 68 |
|    I. Unternehmensbewertung | 68 |
|    II. Kontrolle des Umtauschverhältnisses | 75 |
|       1. Ausschluss der Anfechtungsklage und Spruchverfahren | 75 |
|       2. Zustimmung der ausländischen Gesellschaft(en) | 80 |
|    III. Barabfindung widersprechender Aktionäre | 83 |
|    IV. Gläubigerschutz | 86 |
|       1. SE mit Sitz in Deutschland | 86 |
|       2. SE mit Sitz im Ausland | 87 |

## A. Vorbemerkung

Die Gründung der SE durch Verschmelzung ist umfangreicher geregelt als die anderen Gründungsformen (Art. 17 bis 31 SE-VO) und bildet einen wichtigen Baustein im unionsrechtlichen **System der grenzüberschreitenden Umwandlungen.** Als die SE-Verordnung 2004 in Kraft trat, gab es außerhalb dieser Verordnung noch keine Verfahrensregeln für grenzüberschreitende Umwandlungen. Einige Jahre später kam die grenzüberschreitende Verschmelzung auf Basis der Richtlinie 2005/56/EG hinzu,[1] deren Umsetzung in das deutsche Umwandlungsgesetz Eingang gefunden hat (§§ 122a ff. 1

---

[1] Inzwischen finden sich die europäischen Regelungen zur grenzüberschreitenden Verschmelzung von Kapitalgesellschaften in Art. 118 ff. GesR-RL (RL (EU) 2017/1132) über bestimmte Aspekte des Gesellschaftsrechts.

UmwG).² Die sog. Mobilitätsrichtlinie (Richtlinie 2019/2121) ergänzt die Palette um den grenzüberschreitenden Formwechsel und die grenzüberschreitende Spaltung.³

2   Allen Umwandlungsformen ist ein in der Grundstruktur vergleichbares **Umwandlungsverfahren** gemeinsam: Sie beginnen mit einem Umwandlungsplan, der in einem Umwandlungsbericht erläutert und anschließend geprüft wird. Es folgen der Umwandlungsbeschluss, die Anmeldung und die Eintragung. Ungeachtet dessen lohnt sich im Einzelfall ein Vergleich der Umwandlungsverfahren, da es im Detail **Unterschiede** gibt, die für die konkrete Transaktion möglicherweise bedeutsam sind. Beispielsweise ist für die grenzüberschreitende Verschmelzung nach der Mobilitätsrichtlinie die Durchführung eines Spruchverfahrens erheblich erleichtert worden;⁴ weitere Unterschiede finden sich bei den Mitbestimmungsverhandlungen mit den Arbeitnehmern.⁵

3   Letztlich weicht das grenzüberschreitende Verschmelzungsverfahren nur in einigen bedeutsamen Punkten von demjenigen des nationalen Verschmelzungsrechts ab, weshalb zunächst in → Rn. 2 ff. dargelegt werden soll, wo die wesentlichen Unterschiede zwischen einer nationalen Verschmelzung und einer grenzüberschreitenden SE-Gründung durch Verschmelzung liegen. In → Rn. 21 ff. folgt eine genauere Darlegung der Voraussetzungen und des Ablaufs einer Verschmelzung zur SE. Besonders erörterungsbedürftige Einzelfragen, wie etwa die Unternehmensbewertung sowie der Aktionärs- und Gläubigerschutz, werden in → Rn. 68 ff. behandelt.

## B. Einführung

### I. Besonderheiten gegenüber der innerstaatlichen Verschmelzung

4   Die SE-VO kennt vier primäre Gründungsarten: Verschmelzungs-SE, Holding-SE, Tochter-SE und Umwandlung in die SE; von einer „sekundären" Gründung kann man sprechen, wenn eine bereits existierende SE gemäß Art. 3 Abs. 2 SE-VO Tochtergesellschaften in Form der SE gründet (→ § 4 Rn. 6). Von diesen Gründungsformen ist die Verschmelzung das am ausführlichsten geregelte Verfahren. Die SE-VO sieht damit – insoweit dem deutschen Umwandlungsrecht vergleichbar⁶ – in der Verschmelzung das **Grundmodell,** das teilweise auch den konzeptionellen Hintergrund für die anderen Gründungsformen bildet. Insbesondere die Holding-Gründung orientiert sich an diesem Vorbild.⁷

5   Neben der Regelungstechnik weist auch das **Verfahren der Verschmelzung** deutliche Parallelen zum deutschen Umwandlungsrecht auf: Erstellung eines Verschmelzungsplanes, Prüfung des Umtauschverhältnisses, Hauptversammlungsbeschluss, Eintragung. Dies alles entspricht in groben Zügen dem Verschmelzungsverfahren nach nationalem Recht. Überraschend ist das nicht, beruht doch die Regelung des Umwandlungsgesetzes weitgehend auf der europäischen Verschmelzungsrichtlinie. Ebenso wie aus dem nationalen Recht bekannt, gibt es zwei Formen der Verschmelzung: Die Verschmelzung durch **Aufnahme,** bei der die aufnehmende Gesellschaft die Rechtsform der SE annimmt, und die Verschmelzung durch **Neugründung,** bei welcher die neu gegründete Gesellschaft eine SE ist (Art. 17 SE-VO). Weiterhin kennt das Recht der SE ein vereinfachtes Verfahren der **Konzernverschmelzung** (Art. 31 SE-VO).

---

² Zum Verfahren der grenzüberschreitenden Verschmelzung nach UmwG sei auf die Kommentarliteratur zum Umwandlungsgesetz verwiesen; siehe außerdem die Darstellung von MHdB GesR VI/*Hoffmann*, 5. Aufl. 2022 (in Vorbereitung), Int GesR § 47 Rn. 20 ff.
³ Siehe nur *Teichmann* NZG 2019, 241 ff.
⁴ *Teichmann* NZG 2019, 241 (244 f.).
⁵ Instruktiv die vergleichende Darstellung der Verhandlungsverfahren bei SE-Gründung und grenzüberschreitender Verschmelzung von MHdB GesR VI/*Brandes*, 5. Aufl. 2022 (in Vorbereitung), Int GesR § 52.
⁶ Vgl. dazu *Raiser/Veil* KapGesR § 67 Rn. 16.
⁷ Siehe dazu *Teichmann* ZGR 2003, 367 (387 ff.); vgl. zum Ablauf der Holding-Gründung → § 6 Rn. 1 ff.

## B. Einführung § 5

Auch die von der Verschmelzung nationalen Rechts bekannten **Grundprinzipien** finden sich im Recht der SE wieder: Die Verschmelzung bedarf der Zustimmung einer qualifizierten Mehrheit der Gesellschafter; die überstimmten Gesellschafter genießen unter gewissen Voraussetzungen einen zusätzlichen Minderheitenschutz; die Verschmelzung führt zum Vermögensübergang im Wege der Gesamtrechtsnachfolge; sie wird mit Eintragung wirksam und lässt sich danach nur in eng begrenzten Ausnahmefällen wieder rückgängig machen. 6

Somit kann für die Vorbereitung und Durchführung der Verschmelzung grundsätzlich auf die Erfahrungen zurückgegriffen werden, die mit innerstaatlichen Verschmelzungen bereits gesammelt wurden. Besonderes Augenmerk verdienen indessen die Abweichungen vom innerstaatlichen Verschmelzungsverfahren, welche die SE-Verschmelzung kennzeichnen. 7

**Rechtliche Abweichungen** der SE-VO gegenüber dem nach dem UmwG bekannten Verfahren liegen vor allem in folgenden Punkten: 8

1. An einer Verschmelzung zur SE kann nur eine bereits existierende **Aktiengesellschaften nationalen Rechts (Art. 2 Abs. 1 SE-VO)**[8] oder eine bereits existierende SE (Art. 3 Abs. 1 SE-VO) teilnehmen; eine Mischverschmelzung wie im deutschen Recht (§ 3 Abs. 4 UmwG, § 122a UmwG) ist nicht möglich.
2. Die SE-VO verlangt keinen Verschmelzungsvertrag, sondern einen **Verschmelzungsplan**. Der Unterschied ist allerdings hauptsächlich terminologischer Natur; denn der Inhalt des Verschmelzungsplans entspricht in nahezu allen Einzelheiten demjenigen des Verschmelzungsvertrags nach dem deutschen Umwandlungsgesetz (ausführlich → Rn. 29 ff.).
3. Spätestens mit der Offenlegung des Verschmelzungsplans müssen **Verhandlungen** über die Beteiligung der **Arbeitnehmer** eingeleitet werden; die SE kann erst eingetragen werden, wenn eine Vereinbarung über die Beteiligung der Arbeitnehmer geschlossen worden ist oder die Verhandlungsphase ohne Abschluss einer Vereinbarung endet (Art. 12 Abs. 2 SE-VO).
4. Die Verschmelzung zu einer SE kann einen **sitzverlegenden** Charakter haben, wenn die übertragende Gesellschaft deutschen Rechts dabei erlischt und die aufnehmende oder neue Gesellschaft in der Rechtsform der SE ihren Sitz im Ausland hat. Für diesen Sonderfall der sitzverlegenden Verschmelzung hält das deutsche SE-Ausführungsgesetz spezifische Regeln des Gläubiger- und Aktionärsschutzes bereit (ausführlich → Rn. 68 ff.).

In **praktischer Hinsicht** bedingt der grenzüberschreitende Charakter der Transaktion vor allem in folgenden Fragen ein zusätzliches Element der Komplexität: 9

1. Die Ermittlung des Umtauschverhältnisses der Anteile setzt eine **Unternehmensbewertung** voraus. Da an einer SE-Gründung durch Verschmelzung zwingend Gesellschaften aus verschiedenen Rechtsordnungen beteiligt sind (Art. 2 Abs. 1 SE-VO), kann es zur Kollision unterschiedlicher Bewertungsmethoden kommen. Eine methodische Abstimmung ist unerlässlich, um zu einem einheitlichen und angemessenen Umtauschverhältnis zu gelangen (vgl. → Rn. 68).
2. Die Einhaltung der **Acht-Monats-Frist** des wegen Art. 18 SE-VO anwendbaren § 17 Abs. 2 S. 4 UmwG (Stichtag der Schlussbilanz) kann im Einzelfall Probleme bereiten. Dies insbesondere dann, wenn sich die Unternehmensbewertung oder auch die Verhandlungen mit den Arbeitnehmern über längere Zeit hinziehen.
3. Regelungen zum **Schutz von Gläubigern und Minderheitsaktionären** können in den Ausgangsstaaten unterschiedlich sein und müssen aufeinander abgestimmt werden, soweit ihre Rechtsfolgen sich auch gegen den neu entstehenden Rechtsträger richten (zB Ansprüche auf Schadensersatz, Sicherheitsleistung oder Abfindung).

---

[8] Welche Rechtsformen in den unterschiedlichen Mitgliedstaaten der deutschen AG entsprechen, ergibt sich aus Anhang I zur SE-VO.

4. Hingegen dürften rechtliche Unterschiede im **Willensbildungsverfahren** der beteiligten Gründungsgesellschaften (insb. Einberufung und Durchführung der Hauptversammlung) in aller Regel keine zusätzlichen rechtlichen Komplikationen hervorrufen; denn dieses Verfahren läuft in jeder Gründungsgesellschaft separat nach dem auf sie anwendbaren Recht ab (Art. 18 SE-VO) und muss vor Eintragung der SE abgeschlossen sein.
5. Die **Satzung der SE** ist an das Recht ihres künftigen Sitzstaates anzupassen, da für die SE kraft der Verweisungsnormen der SE-VO weitgehend das nationale Aktienrecht ihres künftigen Sitzstaates zu beachten ist (vgl. → § 3 Rn. 7 ff.).
6. Mit einzelnen Aktien oder Aktiengattungen verbundene **Sonderrechte** können möglicherweise in der Zielrechtsordnung, der die SE unterworfen sein wird, nicht mehr gewährt werden. Außerdem können aus dem bisher anwendbaren Recht gewohnte Rechte entfallen; hier ist insbesondere an Minderheitenrechte zu denken, die in anderen Mitgliedstaaten der Gemeinschaft unbekannt oder an andere Quoren gebunden sind.

10 Zu bedenken bleibt schließlich das **Steuerrecht** und das hier einschlägige SEStEG (vgl. → § 19 Rn. 1 ff.).

## II. Gesetzliche Regelungstechnik

11 Bei Gründung einer SE durch Verschmelzung greifen verschiedene Rechtssysteme ineinander: die SE-VO, die hierzu ergangenen Ausführungsgesetze der Mitgliedstaaten und in Teilen das allgemeine Gesellschaftsrecht der betroffenen Mitgliedstaaten.

12 Rechtsgrundlage für die Gründung einer Societas Europaea ist die **SE-VO.** Die Verordnung gilt unmittelbar in jedem Mitgliedstaat (Art. 288 Abs. 2 AEUV), ist also von deutschen Gerichten und Behörden ohne weiteres zu beachten; ein nationaler Umsetzungsakt ist – anders als bei einer Richtlinie (Art. 288 Abs. 3 AEUV) – nicht notwendig.

13 Wegen der Lückenhaftigkeit der Verordnung, die ganz bewusst darauf verzichtet, alle Rechtsfragen der SE umfassend zu regeln, kommt schon bei der Gründung auch das nationale Recht ins Spiel. Denn die SE-VO verweist vielfach auf nationales Recht, das in diesem Fall eine „Hilfsfunktion" zur Ergänzung des europäischen Rechts erfüllt.[9] Für die **Gründung der SE** übernimmt **Art. 15 SE-VO** die Scharnierfunktion zwischen europäischem und nationalem Recht: Gemäß Art. 15 Abs. 1 SE-VO gilt für die Gründung der SE das für Aktiengesellschaften geltende Recht des Staates, in dem die SE ihren Sitz begründet.

14 Aus einem weiteren Grund ist der Gründungsvorgang vom nationalen Recht geprägt: Die Ausgangsgesellschaften sind Gesellschaften nationalen Rechts und bleiben es bis zur Eintragung der SE; bekanntlich erlöschen die übertragenden Rechtsträger erst mit der Eintragung der Verschmelzung in das Handelsregister. So regelt es auch Art. 29 SE-VO für die Verschmelzung zur SE. Bis zu diesem Zeitpunkt existieren also Aktiengesellschaften nationalen Rechts, die weiterhin ihrer heimatlichen Rechtsordnung unterworfen bleiben. Bedeutung hat dies insbesondere für die Willensbildung im Vorfeld der eigentlichen Verschmelzung: Einberufung und Durchführung der Hauptversammlung unterliegen dem nationalen Recht, soweit nicht die europäische Verordnung speziellere Vorschriften enthält. Dies spricht **Art. 18 SE-VO** aus, wonach in den von der SE-VO nicht erfassten Bereichen oder Teilbereichen auf jede **Gründungsgesellschaft** die für die Verschmelzung von Aktiengesellschaften geltenden Rechtsvorschriften des Mitgliedstaats anwendbar sind, dessen Recht sie unterliegt. Es handelt sich hier um eine Verweisung, die auch das Internatio-

---

[9] *Teichmann* ZGR 2002, 383 (395 ff.); *Scheifele,* Die Gründung der Europäischen Aktiengesellschaft (SE), 2004, 21 ff.; zu den Einzelheiten Lutter/Hommelhoff/Teichmann SE/*Bayer* SE-VO Art. 15 Rn. 4 ff.; Habersack/Drinhausen/*Diekmann* SE-VO Art. 15 Rn. 10 ff.

B. Einführung                                                                                           § 5

nale Gesellschaftsrecht mit einbezieht. Das mitgliedstaatliche Internationale Gesellschaftsrecht entscheidet also darüber, welches Sachrecht Anwendung findet.[10]

### III. Gründungsphasen

Art. 15 SE-VO beruft das Recht des künftigen SE-Sitzes nur „vorbehaltlich der Bestimmungen der Verordnung" zur Anwendung. Art. 18 SE-VO trifft für die Verschmelzung ausdrücklich eine andere Regelung und hat insoweit als lex specialis Vorrang vor dem für alle Gründungsformen geltenden Art. 15 SE-VO. Bestätigung findet dies in Art. 25 Abs. 1 SE-VO: „Die Rechtmäßigkeit der Verschmelzung wird, was die die einzelnen sich verschmelzenden Gesellschaften betreffenden Verfahrensabschnitte anbelangt, nach den für die Verschmelzung von Aktiengesellschaften geltenden Rechtsvorschriften des Mitgliedstaats kontrolliert, dessen Recht die jeweilige verschmelzende Gesellschaft unterliegt."[11] 15

Aus Perspektive des anwendbaren Rechts ist damit der Gründungsvorgang **zweigeteilt:**[12] Das Verfahren in den Gründungsgesellschaften folgt zunächst demjenigen mitgliedstaatlichen Aktienrecht, dem die Gesellschaft bisher unterworfen war (Art. 18 SE-VO), modifiziert allein durch einige Sonderregelungen der SE-VO – zB muss der von der Hauptversammlung beschlossene Verschmelzungsplan den in Art. 20 SE-VO vorgesehenen Inhalt aufweisen. Sobald die neu entstehende SE als solche angesprochen ist, gilt das mitgliedstaatliche Aktienrecht im künftigen Sitzstaat der SE (Art. 15 SE-VO); so etwa die Gründungsvorschriften der §§ 23 ff. AktG und die registerrechtlichen Verfahrensvorschriften zur Eintragung der SE in das Handelsregister. Um die Vorschriften der Art. 15 und 18 SE-VO sinnvoll voneinander abgrenzen zu können, muss man das Gründungsverfahren der Verschmelzung gedanklich in zwei Phasen unterteilen:[13] Erstens das Verfahren der Willensbildung in der Gründungsgesellschaft (Art. 18 SE-VO: auf die Gründungsgesellschaft anwendbares nationales Recht); zweitens das Gründungsverfahren der neu entstehenden SE (Art. 15 SE-VO: Recht am künftigen Sitz der SE). 16

Die **erste Phase** erfasst die Vorbereitung, Einberufung und Durchführung der Hauptversammlung in der jeweiligen Gründungsgesellschaft. Hier gilt grundsätzlich über Art. 18 SE-VO das bisher auf die Gründungsgesellschaft anwendbare Recht.[14] Es wird ergänzt und überlagert durch materielle Sonderregeln in den Art. 17 ff. SE-VO, die dazu dienen, dem grenzüberschreitenden Charakter der Verschmelzung Rechnung zu tragen. Beispielsweise wäre es höchst misslich, wenn die Hauptversammlungen der beteiligten Gesellschaften Beschlüsse verschiedenen Inhaltes fassten. Aus Art. 26 Abs. 3 SE-VO folgt daher, dass beide Gesellschaften gleich lautenden Verschmelzungsplänen zustimmen müssen. Auch das Erfordernis des deutschen Umwandlungsrechts, wonach ein Verschmelzungsvertrag abgeschlossen werden muss, entfällt;[15] Art. 20 SE-VO ordnet ausdrücklich nur die Aufstellung eines Verschmelzungsplans an. 17

---

[10] Lutter/Hommelhoff/Teichmann SE/*Bayer* SE-VO Art. 18 Rn. 4; BeckOGK/*Eberspächer* SE-VO Art. 18 Rn. 2; Habersack/Drinhausen/*Marsch-Barner* SE-VO Art. 18 Rn. 5; Kölner Komm AktG/*Maul* SE-VO Art. 18 Rn. 5; MüKoAktG/*Schäfer* SE-VO Art. 18 Rn. 2; *Scheifele,* Die Gründung der Europäischen Aktiengesellschaft (SE), 2004, 43; *Schwarz* SE-VO Art. 18 Rn. 17 ff.; *Wagner* NZG 2002, 985 (990).
[11] Hervorhebung durch den *Verf.*
[12] Lutter/Hommelhoff/Teichmann SE/*Bayer* SE-VO Art. 15 Rn. 7; Habersack/Drinhausen/*Marsch-Barner* SE-VO Art. 18 Rn. 4; *Scheifele,* Die Gründung der Europäischen Aktiengesellschaft (SE), 2004, 37 ff., *Schwarz* SE-VO Art. 15 Rn. 10; *Teichmann* ZGR 2002, 383 (416).
[13] Dazu ausführlich *Teichmann* ZGR 2003, 367 (371 ff.).
[14] Lutter/Hommelhoff/Teichmann SE/*Bayer* SE-VO Art. 18 Rn. 3; *Jannott* in Jannott/Frodermann SE-HdB Kap. 3 Rn. 29; Habersack/Drinhausen/*Marsch-Barner* SE-VO Art. 18 Rn. 4; *Teichmann* ZGR 2003, 367 (371); *Wagner* NZG 2002, 985 (990).
[15] Lutter/Hommelhoff/Teichmann SE/*Bayer* SE-VO Art. 20 Rn. 3; MüKoAktG/*Schäfer* SE-VO Art. 20 Rn. 8; *J. Schmidt,* „Deutsche" vs. „britische" Societas Europaea (SE), 2007, 166; *Teichmann* ZGR 2002, 383 (418 ff.); offengelassen bei *Neun* in Theisen/Wenz EurAG 85. Rechtspraktisch macht dies keinen großen Unterschied im Vergleich zur gemeinsamen Aufstellung eines Verschmelzungsplans; zu dessen Rechts-

**18** Die **zweite Phase** betrifft das Gründungsverfahren der SE, das sich an die Hauptversammlungsbeschlüsse der Gründungsgesellschaften anschließt. Hier greift der allgemein für jede Form der Gründung geltende Art. 15 SE-VO. Er beruft das Recht im künftigen Sitzstaat der SE zur Anwendung, soweit es nicht durch Regelungen der SE-VO überlagert wird. Beispielsweise finden bei einer Verschmelzung zur Neugründung einer SE mit Sitz in Deutschland vermittelt durch Art. 15 SE-VO der § 36 Abs. 2 UmwG und damit die Gründungsvorschriften einer Aktiengesellschaft deutschen Rechts Anwendung.[16] Ebenso vollzieht sich die Anmeldung nach den Vorschriften, die im künftigen Sitzstaat der SE gelten.

**19** Dabei kommt auch das **Prüfungsrecht** der zuständigen Behörde im künftigen Sitzstaat der SE zum Tragen. Sie muss unter anderem prüfen, ob die SE-Satzung den Bestimmungen des nationalen Aktienrechts im künftigen Sitzstaat gerecht wird; denn insoweit gilt über Art. 9 SE-VO und einige Spezialverweisungen (namentlich Art. 5 SE-VO für Aktien und Kapital und Art. 53 SE-VO für Organisation und Ablauf der SE-Hauptversammlung) weitgehend das für Aktiengesellschaften im Sitzstaat maßgebliche nationale Recht (→ § 3 Rn. 7ff.). Da die SE ihren Sitz nicht zwingend in einem der Staaten haben muss, aus dem die Gründungsgesellschaften stammen, kann die Notwendigkeit entstehen, drei verschiedene Rechtsordnungen aufeinander abzustimmen.

**20** Zusammenstellung der wichtigsten auf die Verschmelzung anwendbaren Rechtsvorschriften:

*SE-VO:* Inhalt des Verschmelzungsplans (Art. 20 SE-VO), Bekanntmachung im Amtsblatt des jeweiligen Mitgliedstaats (Art. 21 SE-VO), Bestellung gemeinsamer Sachverständiger (Art. 22 SE-VO), Zustimmungsbeschlüsse der Hauptversammlungen (Art. 23 SE-VO), Schutz der Gläubiger und Minderheitsaktionäre (Art. 24 SE-VO), rechtliche Kontrolle des Verfahrens (Art. 25 und 26 SE-VO), Wirksamwerden der Verschmelzung (Art. 27 SE-VO), Offenlegung der Durchführung der Verschmelzung (Art. 28 SE-VO), Wirkungen der Verschmelzung (Art. 29 und 30 SE-VO), Verschmelzung von Konzerngesellschaften (Art. 31 SE-VO). Für die von der SE-VO nicht erfassten Bereiche verweist Art. 18 auf das für jede Gründungsgesellschaft anwendbare nationale Recht; dies sind im deutschen Recht vor allem das Aktien- und das Umwandlungsgesetz.

*Umwandlungsgesetz:* Allgemeine Vorschriften zur Verschmelzung (§§ 2–38 UmwG), Verschmelzung unter Beteiligung von Aktiengesellschaften (§§ 60–77 UmwG); jeweils anwendbar, soweit die SE-VO den Bereich nicht eigenständig regelt.

*Aktiengesetz:* Abschnitt über die Hauptversammlung (§§ 118–147 AktG) für die sich verschmelzende Gesellschaft; Gründungsvorschriften (§§ 23 ff. AktG) für die neu entstehende SE.

*SE-Ausführungsgesetz:* Unterabschnitt über die Verschmelzung (§§ 1–8 SEAG).

## C. Voraussetzungen und Ablauf der Verschmelzung

### I. Beteiligte Gesellschaften

**21** Die Gründung einer SE ist an gewisse formale Voraussetzungen gebunden und enthält zwingend ein Element der Mehrstaatlichkeit: Die Verschmelzung steht Aktiengesellschaften offen, von denen mindestens zwei dem Recht verschiedener Mitgliedstaaten unterliegen (Art. 2 Abs. 1 SE-VO).

---

natur Kölner Komm AktG/*Maul* SE-VO Art. 20 Rn. 10ff.; *Scheifele,* Die Gründung der Europäischen Aktiengesellschaft (SE), 2004, 142ff.

[16] Lutter/Hommelhoff/Teichmann SE/*Bayer SE-VO Art. 15 Rn. 9;* Habersack/Drinhausen/*Marsch-Barner* SE-VO Art. 15 Rn. 14.

## 1. Aktiengesellschaften

Welche nationalen Rechtsformen als „Aktiengesellschaft" einzuordnen sind, regelt **Anhang I** der SE-VO. In Deutschland ist dies die nach dem Aktiengesetz gegründete Aktiengesellschaft. Die Mitwirkung einer KGaA wird vielfach mit dem Argument abgelehnt, dass sie in Anhang I nicht genannt sei.[17] Überzeugender ist die Gegenauffassung. Die KGaA ist eine Sonderform der AG;[18] daher ist sie vom Begriff der „Aktiengesellschaft" gemäß Anhang I SE-VO erfasst.[19] Gemäß Art. 3 Abs. 1 SE-VO kann sich auch eine bereits gegründete SE an einer Verschmelzung zu einer neuen SE beteiligen. 22

Denkbar ist auch die Verschmelzung einer Tochtergesellschaft auf die Muttergesellschaft, sofern beide die Rechtsform der Aktiengesellschaft haben und verschiedenen Rechtsordnungen unterliegen. Dieser **konzerninternen Verschmelzung** dürfte sogar eine ganz besondere praktische Bedeutung zukommen, weil sie eine Verschlankung der Konzernstrukturen erlaubt und relativ unkompliziert durchzuführen ist.[20] Obwohl unmittelbar nach Verabschiedung der SE-VO angezweifelt,[21] dürfte es mittlerweile ganz herrschende Meinung sein, dass konzerninterne Verschmelzungen rechtlich zulässig sind.[22] Dafür spricht schon die Regelung des Art. 31 SE-VO, die gerade der Vereinfachung derartiger Verschmelzungen dient. 23

## 2. Dem Recht verschiedener Mitgliedstaaten unterliegend

Die SE-VO enthält keine Angaben darüber, wie festzustellen ist, ob zwei Aktiengesellschaften „dem Recht verschiedener Mitgliedstaaten unterliegen". Grundsätzlich ist dafür das Internationale Gesellschaftsrecht jedes einzelnen Mitgliedstaats zuständig. Dabei folgen einige Staaten der „Sitztheorie", andere der „Gründungstheorie". Ob eine Gesellschaft dem eigenen Recht unterliegt, entscheidet sich in Sitztheorie-Staaten nach der Lage des tatsächlichen Verwaltungssitzes, in Gründungstheorie-Staaten nach dem Ort der Gründung. 24

Die **Sitztheorie** ist zwar aufgrund der Rechtsprechung des Europäischen Gerichtshofes zur Niederlassungsfreiheit deutlich im Rückzug begriffen;[23] dies betrifft aber nur die Behandlung von ausländischen Gesellschaften. Gegenüber ihren eigenen Gesellschaften sind die Mitgliedstaaten nach verbreiteter Auffassung weiterhin berechtigt, an der Sitztheorie festzuhalten. Die SE-VO selbst entscheidet die Frage nicht (vgl. auch Erwägungsgrund 27). Es bleibt also denkbar, dass einzelne Mitgliedstaaten im Hinblick auf die verschmelzende Gesellschaft aus ihrem Staat verschiedene Regeln des Internationalen Gesellschaftsrechts anwenden. 25

Divergenzen können auftreten, wenn der Ort der Gründung und der Ort der Hauptverwaltung nicht im selben Staat liegen und der Gründungsstaat der Gründungstheorie, der Staat, in dem die Hauptverwaltung liegt, jedoch der Sitztheorie folgt. Dann muss allerdings – der EuGH-Rechtsprechung zufolge – der Sitztheorie-Staat die im Staat der 26

---

[17] Lutter/Hommelhoff/Teichmann SE/*Bayer* SE-VO Art. 2 Rn. 8.; MüKoAktG/*Schäfer* SE-VO Art. 17 Rn. 8.
[18] BeckOGK/*Bachmann*, 1.6.2021, AktG § 278 Rn. 1; *Raiser/Veil* KapGesR § 23 Rn. 3.
[19] Siehe bereits MHdB GesR VI/*Teichmann* § 49 Rn. 18. Ebenso mit Umkehrschluss aus Anhang II SE-VO, MüKoAktG/*Oechsler/Mihaylova* SE-VO Art. 2 Rn. 24.
[20] Zu dieser Einsatzmöglichkeit der SE *Wenz* AG 2003, 185 (192 ff.). Die große praktische Bedeutung bestätigt auch Kölner Komm AktG/*Veil* SE-VO Art. 2 Rn. 14 mwN.
[21] *Hirte* NZG 2002, 1 (3).
[22] Lutter/Hommelhoff/Teichmann SE/*Bayer* SE-VO Art. 2 Rn. 13; Habersack/Drinhausen/*Habersack* SE-VO Art. 2 Rn. 23; *Neun* in Theisen/Wenz EurAG 67; *Scheifele*, Die Gründung der Europäischen Aktiengesellschaft (SE), 2004, 137 f.; *Teichmann* ZGR 2002, 383 (412); Kölner Komm AktG/*Veil* SE-VO Art. 2 Rn. 16.
[23] Eingehend und mwN MüKoBGB/*Kindler* IntWirtR Rn. 99 ff. (Niederlassungsfreiheit) sowie MüKoBGB/*Kindler* IntWirtR Rn. 354 ff. (Gründungs- und Sitztheorie).

Gründung verliehene Rechtsfähigkeit respektieren,[24] so dass die Gesellschaft für die Fragen der SE-Gründung als eine Gesellschaft anzusehen ist, für die das Recht des Gründungsstaates gilt. Somit können zwei Gesellschaften mit Verwaltungssitz im selben Mitgliedstaat, aber unterschiedlichen Gründungsstaaten an einer SE-Verschmelzung partizipieren.

### 3. Sitz und Hauptverwaltung in der Gemeinschaft

27 Die Gründungsgesellschaften müssen Sitz und Hauptverwaltung in der Gemeinschaft haben (Art. 2 Abs. 1 SE-VO). Dieses Kriterium begründet die Zugehörigkeit der Gesellschaften zur Europäischen Gemeinschaft. Mit der soeben behandelten Frage des Internationalen Gesellschaftsrechts besteht kein unmittelbarer Zusammenhang, denn Sitz und Hauptverwaltung können nach Art. 2 Abs. 1 SE-VO durchaus in verschiedenen Staaten liegen.

28 Die Mitgliedstaaten können vorsehen, dass sich eine Gesellschaft, deren Hauptverwaltung nicht in der Gemeinschaft liegt, an der Gründung einer SE beteiligen kann. Der deutsche Gesetzgeber hat von dieser Möglichkeit keinen Gebrauch gemacht (siehe → § 4 Rn. 9).

## II. Aufstellung des Verschmelzungsplans

### 1. Gleich lautende Verschmelzungspläne

29 Nach einer vorbereitenden Planungsphase[25] besteht der erste formale Schritt der Verschmelzung in der Aufstellung des Verschmelzungsplans. Anders als das deutsche Umwandlungsrecht, das einen „Verschmelzungsvertrag" vorsieht, spricht die SE-VO ausdrücklich vom „Verschmelzungsplan". Da die europäische Regelung Vorrang hat, ist bei einer Verschmelzung zur SE auch bei Beteiligung deutscher Gesellschaften kein Verschmelzungsvertrag erforderlich (vgl. → Rn. 17).[26] Die Pläne müssen allerdings inhaltlich gleich lautend sein (Art. 26 Abs. 3 SE-VO), so dass in der Praxis kaum ein Unterschied zum Abschluss eines Verschmelzungsvertrages bestehen dürfte.

30 Die juristische Dogmatik ist darüber uneins, ob der Verschmelzungsplan ein **„gemeinsamer" Plan** beider Gesellschaften sein muss oder ob beide Gesellschaften je für sich einen Verschmelzungsplan aufstellen, der jedoch inhaltsgleich sein muss. *Scheifele* tritt mit überzeugenden Argumenten dafür ein, dass es sich um einen gemeinsamen Plan handeln muss.[27] Für die Praxis dürfte der Streit irrelevant sein – denn anders als durch vorherige inhaltliche Abstimmung und damit gemeinsame Aufstellung des Planes wird der von Art. 26 Abs. 3 SE-VO geforderte Beschluss aller beteiligten Gesellschaften über einen *gleich lautenden* Verschmelzungsplan schwerlich zustande kommen.

### 2. Zuständiges Organ: Vorstand

31 Die Leitungs- oder Verwaltungsorgane der sich verschmelzenden Gesellschaften stellen den Verschmelzungsplan auf. Mit dem „Leitungsorgan" meint die Terminologie der SE-VO das geschäftsführende Organ im dualistischen System (vgl. Art. 38 b SE-VO); im deutschen Aktienrecht ist somit der Vorstand zuständig.

---

[24] EuGH C-208/00, NJW 2002, 3614 – *Überseering*, Slg. 2002, I-9919 ff.
[25] Hierzu Widmann/Mayer/*Heckschen* Anh. 14 Rn. 141, 145; *Walden/Meyer-Landrut* DB 2005, 2119 (2120 f.).
[26] *Jannott* in Jannott/Frodermann SE-HdB Kap. 3 Rn. 36; MüKoAktG/*Schäfer* SE-VO Art. 20 Rn. 8; *Teichmann* ZGR 2002, 383 (418 ff.); *Neun* in Theisen/Wenz EurAG 85 lässt die Frage hingegen offen.
[27] *Scheifele*, Die Gründung der Europäischen Aktiengesellschaft (SE), 2004, 141 f.; ebenso *Schwarz* SE-VO Art. 20 Rn. 10 f.; Kölner Komm AktG/*Maul* SE-VO Art. 20 Rn. 13; aA Lutter/Hommelhoff/Teichmann SE/*Bayer* SE-VO Art. 20 Rn. 3; Habersack/Drinhausen/*Marsch-Barner* SE-VO Art. 20 Rn. 4.

## C. Voraussetzungen und Ablauf der Verschmelzung § 5

### 3. Inhalt des Verschmelzungsplans

Den Inhalt des Verschmelzungsplans regelt Art. 20 Abs. 1 SE-VO. Der Verschmelzungsplan 32
muss demnach die folgenden Angaben enthalten:[28]

1. **Die Firma und den Sitz der sich verschmelzenden Gesellschaften sowie die für** 33
**die SE vorgesehene Firma und ihren geplanten Sitz:** Unter dem Sitz der Gesellschaft ist der jeweilige Registersitz zu verstehen.[29] Das Firmenrecht der SE richtet sich über Art. 15 SE-VO nach dem Recht des künftigen Sitzstaates.[30] Gemäß Art. 11 Abs. 1 SE-VO muss der Zusatz „SE" voran- oder nachgestellt werden. Die Regelung des § 2 SEAG, nach der die Satzung als Sitz den Ort zu bestimmen hatte, wo die Hauptverwaltung geführt wurde, wurde durch das MoMiG ersatzlos gestrichen.

   Streitig ist weiterhin, ob der Sitz der künftigen SE mit dem Sitz der aufnehmenden 34
   Gesellschaft übereinstimmen muss, oder ob auch eine Sitznahme in einem Drittstaat möglich ist. Im letzteren Fall würde die Verschmelzung mit einer grenzüberschreitenden **Sitzverlegung der aufnehmenden Gesellschaft** kombiniert.[31] Für den Fall der Umwandlung in eine SE ist eine solche Sitzverlegung durch Art. 32 Abs. 3 SE-VO ausdrücklich ausgeschlossen. Zur Verschmelzung findet sich eine solche Regelung nicht. Dies erscheint auch konsequent, denn anders als bei der bloßen Umwandlung wohnt der Verschmelzung notwendig ein grenzüberschreitendes Element inne; die entsprechenden Schutzinstrumentarien stehen also bereit, um eventuellen Gefährdungen von Minderheitsaktionären, Gläubigern oder Arbeitnehmern zu begegnen.[32] Die gebotene autonome Auslegung des europäischen Textes kann dabei nicht berücksichtigen, dass § 7 Abs. 1 SEAG hier möglicherweise eine Lücke im Aktionärsschutz entstehen lässt, weil er ein Abfindungsrecht nur für Aktionäre einer übertragenden Gesellschaft vorsieht. Fungiert eine deutsche Aktiengesellschaft als aufnehmende Gesellschaft, die anlässlich der SE-Gründung ihren Sitz ins Ausland verlegt, entsteht aus Sicht des deutschen SE-Ausführungsgesetzes eine Schutzlücke, die durch eine analoge Anwendung des § 7 SEAG zu schließen ist. Denn es kann im Lichte von § 12 SEAG (Austrittsrecht bei Sitzverlegung) und angesichts der Regelung in § 122i UmwG (grenzüberschreitende Verschmelzung) kein Zweifel daran bestehen, dass der deutsche Gesetzgeber den Aktionären einer deutschen Gesellschaft im Falle der grenzüberschreitenden Sitzverlegung ein Austrittsrecht zugestehen will und insoweit § 7 Abs. 1 SEAG eine planwidrige Lücke aufweist.

2. **Das Umtauschverhältnis der Aktien und gegebenenfalls die Höhe der Aus-** 35
**gleichsleistung:** Die Ermittlung des Umtauschverhältnisses setzt eine Bewertung der beteiligten Gesellschaften voraus, wobei namentlich auf die Anwendung einheitlicher Bewertungsmethoden zu achten ist.[33] Die Ausgleichsleistung hat den Zweck, nach dem Umtausch verbleibende Spitzenbeträge auszugleichen.[34] Für die Festlegung des Umtauschverhältnisses ist ein für alle beteiligten Gesellschaften einheitlicher Bewertungs-

---

[28] Wird eine 100%ige Tochtergesellschaft durch Aufnahme auf ihre Muttergesellschaft verschmolzen, findet Art. 20 Abs. 1 Buchst. b, c und d SE-VO keine Anwendung (Art. 31 Abs. 1 SE-VO).
[29] Die SE-VO verwendet den Begriff „Sitz" stets für den Registersitz und spricht bezüglich des Verwaltungssitzes von „Hauptverwaltung" (vgl. den Wortgebrauch in den Art. 7, 8 und 64 SE-VO).
[30] Lutter/Hommelhoff/Teichmann SE/*Bayer* SE-VO Art. 20 Rn. 16; Habersack/Drinhausen/*Marsch-Barner* SE-VO Art. 20 Rn. 12. Siehe für das deutsche Recht die §§ 17ff. HGB.
[31] Dies halten beispielsweise Lutter/Hommelhoff/Teichmann SE/*Bayer* SE-VO Art. 20 Rn. 17 und Habersack/Drinhausen/*Marsch-Barner* SE-VO Art. 20 Rn. 12 für zulässig.
[32] In diesem Sinne *Scheifele,* Die Gründung der Europäischen Aktiengesellschaft (SE), 2004, 154; aA Kölner Komm AktG/*Maul* SE-VO Art. 17 Rn. 27; MüKoAktG/*Schäfer* SE-VO Art. 20 Rn. 13.
[33] Hierzu sogleich ausführlicher → Rn. 68ff.
[34] *Walden/Meyer-Landrut* DB 2005, 2119 (2122); s. auch Kölner Komm AktG/*Maul* SE-VO Art. 20 Rn. 35; zum nationalen Recht Lutter UmwG/*Drygala* UmwG § 5 Rn. 62 und Semler/Stengel/Leonard/*Schröer/Greitemann* UmwG § 5 Rn. 31ff.

stichtag zu wählen,[35] der sinnvollerweise mit dem Stichtag der Schlussbilanzen übereinstimmen sollte.[36]

36 3. **Die Einzelheiten hinsichtlich der Übertragung der Aktien der SE:** Die Aktionäre der übertragenden Gesellschaft werden zwar gemäß Art. 29 Abs. 1 lit. b SE-VO mit Vollzug der Verschmelzung ipso jure Aktionäre der übernehmenden Gesellschaft. Zum Verfahren des Anteilsübergangs muss der Verschmelzungsplan jedoch die nötigen Angaben enthalten. Dazu gehört der Hinweis auf die regelmäßig in der übernehmenden Gesellschaft nötig werdende Kapitalerhöhung[37] und die Abwicklung der Anteilsübertragung über den nach § 71 UmwG zu bestellenden Treuhänder.[38]

37 4. **Den Zeitpunkt, von dem an diese Aktien das Recht auf Beteiligung am Gewinn gewähren, sowie alle Besonderheiten in Bezug auf dieses Recht:** Hier knüpft man häufig an den Beginn des Geschäftsjahres beim übernehmenden Rechtsträger an, um einen lückenlosen Übergang der Gewinnberechtigung zu gewährleisten. Denkbar sind aber auch andere Regelungen – was insbesondere dann notwendig werden kann, wenn die beteiligten Rechtsträger verschiedene Geschäftsjahre haben – bis hin zur Festlegung eines variablen Stichtages.[39]

38 5. **Den Zeitpunkt, von dem an die Handlungen der sich verschmelzenden Gesellschaften unter dem Gesichtspunkt der Rechnungslegung als für die Rechnung der SE vorgenommen gelten:** Der Verschmelzungsstichtag bezeichnet den Zeitpunkt, zu welchem die Rechnungslegung vom übertragenden auf den übernehmenden Rechtsträger wechselt. Er kann grundsätzlich frei festgelegt werden, allerdings ist darauf zu achten, dass er unmittelbar an den Stichtag der Schlussbilanz anknüpfen muss, die der Verschmelzung zu Grunde liegt.[40] Angesichts der besonderen Verfahrensdauer, mit der bei einer SE-Verschmelzung mitunter zu rechnen sein wird, bietet sich ein variabler Stichtag an, der sich verschiebt, wenn die Verschmelzung bis zum Eintritt des zunächst festgelegten Stichtages nicht zum Abschluss gelangt ist.[41] Fraglich ist, ob die sich verschmelzenden Gesellschaften verschiedene Verschmelzungsstichtage wählen können. Bei abweichenden Geschäftsjahren kann durchaus ein praktisches Bedürfnis dafür bestehen, den Verschmelzungsstichtag jeweils individuell festzulegen. Der Wortlaut des Art. 20 Abs. 1 lit. e SE-VO spricht entgegen dem ersten Anschein[42] nicht zwingend für einen einheitlichen Verschmelzungsstichtag. Daher dürfte die Festlegung verschiedener Stichtage zulässig sein.[43] Da die abschließende Rechtmäßigkeitsprüfung sich darauf bezieht,

---

[35] Kölner Komm AktG/*Maul* SE-VO Art. 20 Rn. 33; *Walden/Meyer-Landrut* DB 2005, 2119 (2122).
[36] So *Lutter UmwG/Drygala* UmwG § 5 Rn. 32.
[37] *Lutter UmwG/Drygala* UmwG § 5 Rn. 64; Semler/Stengel/Leonard/*Schröer/Greitemann* UmwG § 5 Rn. 36.
[38] Widmann/Mayer/*Heckschen* Anh. 14 Rn. 160; *Lutter UmwG/Drygala* UmwG § 5 Rn. 65; MüKoAktG/*Schäfer* SE-VO Art. 20 Rn. 16; *Scheifele,* Die Gründung der Europäischen Aktiengesellschaft (SE), 2004, 158; Semler/Stengel/Leonard/*Schröer/Greitemann* UmwG § 5 Rn. 37; *Schwarz* SE-VO Art. 20 Rn. 30.
[39] Näher Widmann/Mayer/*Heckschen* Anh. 14 Rn. 163; *Lutter UmwG/Drygala* UmwG § 5 Rn. 68 ff.; Habersack/Drinhausen/*Marsch-Barner* SE-VO Art. 20 Rn. 20; Semler/Stengel/Leonard/*Schröer/Greitemann* UmwG § 5 Rn. 42 ff.
[40] Vgl. hierzu beispielsweise *Lutter UmwG/Drygala* UmwG § 5 Rn. 74 f.; Kölner Komm AktG/*Maul* SE-VO Art. 20 Rn. 39 ff.; Semler/Stengel/Leonard/*Schröer/Greitemann* UmwG § 5 Rn. 51 ff.
[41] Lutter/Hommelhoff/Teichmann SE/*Bayer,* Art. 20 Rn. 22; Habersack/Drinhausen/*Marsch-Barner* SE-VO Art. 20 Rn. 21; *Scheifele* Die Gründung der Europäischen Aktiengesellschaft (SE), 2004, 159 f. Siehe für das nationale Recht *Lutter UmwG/Drygala* UmwG § 5 Rn. 75, und Semler/Stengel/Leonard/*Schröer/Greitemann* UmwG § 5 Rn. 62 ff.
[42] Dort heißt es, der Verschmelzungsplan müsse enthalten „den Zeitpunkt, von dem an die Handlungen der sich verschmelzenden Gesellschaften … als für Rechnung der SE vorgenommen gelten". Den Singular verwendet Art. 20 SE-VO aber auch an anderer Stelle (lit. a: „die Firma und den Sitz der sich verschmelzenden Gesellschaften"), wo ganz gewiss verschiedene, auf die jeweilige Gesellschaft bezogene Angaben gemeint sind. Daher ist eine Auslegung, die nur einen einzigen Stichtag zuließe, nicht zwingend.
[43] Ebenso Habersack/Drinhausen/*Marsch-Barner* SE-VO Art. 20 Rn. 21; Kölner Komm AktG/*Maul* SE-VO Art. 20 Rn. 41; *Scheifele,* Die Gründung der Europäischen Aktiengesellschaft (SE), 2004, 160, und *Schwarz* SE-VO Art. 20 Rn. 33.

dass die Hauptversammlungen gleich lautenden Verschmelzungsplänen zugestimmt haben (Art. 26 Abs. 3 SE-VO), sollte der einer Hauptversammlung vorgelegte Verschmelzungsplan auch den für die jeweils andere sich verschmelzende Gesellschaft geltenden Stichtag nennen.[44]

6. **Die Rechte, welche die SE den mit Sonderrechten ausgestatteten Aktionären der Gründungsgesellschaften und den Inhabern anderer Wertpapiere als Aktien gewährt, oder die für diese Personen vorgeschlagenen Maßnahmen:** Die Information bezieht sich zum einen auf die Rechtsstellung derjenigen Aktionäre, die in den Gründungsgesellschaften Sonderrechte genießen konnten.[45] Sie dient damit der Information dieser Aktionäre über ihre künftige Rechtsposition, klärt aber zugleich auch die übrigen Aktionäre – und damit vor allem diejenigen der anderen Gründungsgesellschaften – darüber auf, inwieweit der Gleichbehandlungsgrundsatz in der künftigen gemeinsamen SE durchbrochen sein wird.[46] Ebenso ist über Sonderrechte oder besondere Maßnahmen zu Gunsten der Inhaber anderer Wertpapiere zu informieren. 39

7. **Jeder besondere Vorteil, der den Sachverständigen, die den Verschmelzungsplan prüfen, oder den Mitgliedern der Verwaltungs-, Leitungs-, Aufsichts- oder Kontrollorgane der sich verschmelzenden Gesellschaften gewährt wird:** Diese Information soll die Aktionäre insbesondere davon in Kenntnis setzen, wer von den beteiligten Personen im Zusammenhang mit der Verschmelzung besondere Vorteile erlangt und daher möglicherweise in seinem objektiven Urteil beeinträchtigt sein könnte.[47] 40

8. **Die Satzung der SE:** Hier ist besonders zu beachten, dass die Satzung der SE inhaltlich mit dem Aktienrecht des Sitzstaates der SE kompatibel sein muss.[48] Gemäß der Generalverweisung des Art. 9 SE-VO und einiger Spezialverweisungen im weiteren Text der Verordnung findet auf die SE für alle Rechtsfragen, die in der Verordnung selbst nicht oder nur teilweise geregelt sind, ergänzend das im Sitzstaat für Aktiengesellschaften geltende Recht Anwendung. Satzungsgestaltungen sind damit nur zulässig, soweit entweder die Verordnung sie ausdrücklich zulässt (Art. 9 Abs. 1 lit. b SE-VO) oder soweit – in von der Verordnung nicht oder nur teilweise geregelten Bereichen – das nationale Aktienrecht sie gestattet (Art. 9 Abs. 1 lit. c iii SE-VO).[49] Soll die SE ihren Sitz in Deutschland haben, bedarf die Feststellung der Satzung der notariellen Beurkundung; der Zustimmungsbeschluss der Hauptversammlung der Gründungsgesellschaft erfüllt diese Form.[50] 41

9. **Angaben zu dem Verfahren, nach dem die Vereinbarung über die Beteiligung der Arbeitnehmer gemäß der Richtlinie 2001/86/EWG geschlossen wird:** Das Verfahren, nach dem die Vereinbarung über die Beteiligung der Arbeitnehmer geschlossen wird, steht grundsätzlich nicht zur Disposition der beteiligten Gesellschaften, sondern ist für Deutschland im SE-Beteiligungsgesetz geregelt, das die SE-Richtlinie in nationales Recht transformiert. Insoweit kann die für den Verschmelzungsplan geforderte Information im Wesentlichen nur über den gesetzlich vorgegebenen Ablauf informie- 42

---

[44] So auch Kölner Komm AktG/*Maul* SE-VO Art. 20 Rn. 41.
[45] Sie unterscheidet sich damit von § 5 Abs. 1 Nr. 7 UmwG. Denn nach dieser Vorschrift sind nicht nur die *einzelnen* Aktionären gewährten Sonderrechte zu informieren, während Art. 20 lit. f SE-VO auch die *allen* Aktionären gewährten Sonderrechte erfasst (Lutter/Hommelhoff/Teichmann SE/*Bayer* SE-VO Art. 20 Rn. 23; Habersack/Drinhausen/*Marsch-Barner* SE-VO Art. 20 Rn. 23).
[46] Habersack/Drinhausen/*Marsch-Barner* SE-VO Art. 20 Rn. 22.
[47] Lutter/Hommelhoff/Teichmann SE/*Bayer* SE-VO Art. 20 Rn. 24; Habersack/Drinhausen/*Marsch-Barner* SE-VO Art. 20 Rn. 24; Kölner Komm AktG/*Maul* SE-VO Art. 20 Rn. 45. Vgl. zur vergleichbaren Regelung im nationalen Recht: Lutter UmwG/*Drygala* UmwG § 5 Rn. 79 ff.; Semler/Stengel/*Leonard/Schröer/Greitemann* UmwG § 5 Rn. 70 ff.
[48] Habersack/Drinhausen/*Marsch-Barner* SE-VO Art. 20 Rn. 26 (mit einer Auflistung der wichtigsten Inhalte, Rn. 28 ff.).
[49] Zu Satzungsstrenge und Gestaltungsfreiheit in der SE *Hommelhoff* FS Ulmer, 2003, 267–278.
[50] Habersack/Drinhausen/*Marsch-Barner* SE-VO Art. 20 Rn. 27; *Schwarz* SE-VO Art. 20 Rn. 40. S. auch Kölner Komm AktG/*Maul* SE-VO Art. 20 Rn. 56.

ren.⁵¹ Dabei sollte jedoch auf die spezifischen Verhältnisse der konkreten Verschmelzung eingegangen werden.⁵² Dazu kann es beispielsweise gehören, den Modus der Bestellung des Besonderen Verhandlungsgremiums (BVG) zu beschreiben. Denn die Aktionäre haben durchaus ein Interesse daran zu erfahren, ob die Mitglieder im BVG von den vorhandenen Betriebsverfassungsorganen bestellt,⁵³ im Wege einer Urwahl oder etwa von den Gewerkschaften bestimmt werden; denn dies kann nicht nur den Zeitplan der Verschmelzung, sondern auch das zu erwartende Klima im Verhandlungsgremium beeinflussen.

43  10. **Weitere Angaben:** Neben den in der Verordnung zwingend vorgeschriebenen Angaben können die Gesellschaften dem Verschmelzungsplan weitere Punkte hinzufügen (Art. 20 Abs. 2 SE-VO). Diese Ergänzungen sind fakultativ. Zusätzliche Angaben, die das nationale Verschmelzungsrecht vorschreibt, gelten für den SE-Verschmelzungsplan nicht, können also allenfalls auf **freiwilliger** Basis aufgenommen werden.⁵⁴ Dies kommt im deutschen Recht insbesondere für die bei innerstaatlichen Verschmelzungen vorgeschriebenen Angaben über die Folgen der Verschmelzung für die Arbeitnehmer und ihre Vertretungen (vgl. § 5 Abs. 1 Nr. 9 UmwG) in Betracht.

44  Eine Ausnahme sind mitgliedstaatliche Regelungen, zu denen die SE-VO ausdrücklich ermächtigt, also konkret die Vorschriften zum Schutz von Minderheitsaktionären (vgl. Art. 24 Abs. 2 SE-VO).⁵⁵ Verschmilzt eine deutsche Aktiengesellschaft auf eine SE mit Sitz im Ausland, muss in den Verschmelzungsplan gemäß § 7 Abs. 1 SEAG ein **Barabfindungsangebot** aufgenommen werden.

45  Zu beachten ist, dass die Verschmelzungspläne der verschiedenen Gesellschaften auch hinsichtlich der zusätzlichen Angaben **inhaltlich übereinstimmen** müssen, da die spätere Rechtmäßigkeitskontrolle darauf achten wird, dass alle beteiligten Gesellschaften einem gleich lautenden Verschmelzungsplan zugestimmt haben (Art. 26 Abs. 3 SE-VO). Eine wörtliche Identität ist allerdings nicht erforderlich, jedenfalls dann nicht, wenn die Verschmelzungspläne in verschiedenen Sprachen abgefasst sind.⁵⁶

46  Die zusätzliche Aufnahme einer **Rechtswahlklausel** wird in der Literatur zwar vorgeschlagen,⁵⁷ verspricht aber nur begrenzten Nutzen; denn die Verschmelzungsregelungen der SE-VO und des nationalen Umwandlungsrechts sind zumeist zwingender Natur.⁵⁸ Auch das gemäß Art. 9 SE-VO auf die SE anwendbare Aktienrecht kann nicht frei bestimmt werden, weil die beiden international üblichen kollisionsrechtlichen Anknüpfungspunkte der Registereintragung (Gründungstheorie) und der Hauptverwaltung (Sitztheorie) gemäß Art. 7 S. 1 SE-VO zwingend in ein und demselben Mitgliedstaat liegen müssen. Bedeutung kann eine Rechtswahlklausel daher allenfalls für schuldrechtliche Abreden der beteiligten Gesellschaften oder ihrer Gesellschafter erlangen.⁵⁹

---

[51] Ebenso Kalss/Hügel/*Hügel* SEG § 17 Rn. 12; Kölner Komm AktG/*Maul* SE-VO Art. 20 Rn. 57.
[52] Habersack/Drinhausen/*Marsch-Barner* SE-VO Art. 20 Rn. 35.
[53] So im Regelfall bei den beteiligten deutschen Gesellschaften, sofern dort Arbeitnehmervertretungen existieren (§ 8 SE-Beteiligungsgesetz). Andere Mitgliedstaaten können dies aber für die in ihrem Hoheitsgebiet betroffenen Arbeitnehmer anders regeln.
[54] Für abschließenden Charakter des Art. 20 SE-VO Kalss/Hügel/*Hügel* SEG § 17 Rn. 11; Habersack/Drinhausen/*Marsch-Barner* SE-VO Art. 20 Rn. 9; *Neun* in Theisen/Wenz EurAG 84 f.; *Scheifele*, Die Gründung der Europäischen Aktiengesellschaft (SE), 2004, 170 f.; NK-SE/*Schröder* SE-VO Art. 20 Rn. 12; *Teichmann* ZGR 2002, 383 (418 ff.).
[55] Habersack/Drinhausen/*Marsch-Barner* SE-VO Art. 20 Rn. 9.
[56] Lutter/Hommelhoff/Teichmann SE/*Bayer* SE-VO Art. 20 Rn. 10; Widmann/Mayer/*Heckschen* Anh. 14 Rn. 152; Habersack/Drinhausen/*Marsch-Barner* SE-VO Art. 20 Rn. 8.
[57] Sie wird empfohlen von NK-SE/*Schröder* SE-VO Art. 20 Rn. 6, der allerdings den Anwendungsbereich einer solchen Klausel nicht näher beleuchtet.
[58] Kölner Komm AktG/*Maul* SE-VO Art. 20 Rn. 61; *Lennerz*, Die Internationale Verschmelzung und Spaltung unter Beteiligung deutscher Gesellschaften, 2001, 192 ff. lehnt aus diesem Grund die Möglichkeit einer Rechtswahl für den Verschmelzungsvertrag, auch soweit allein das Verhältnis der sich verschmelzenden Gesellschaften zueinander betroffen ist, ab.
[59] Zu denken wäre hier an das so genannte „business combination agreement", das eine derartige Transaktion häufig begleitet (siehe *Brandes* AG 2005, 177 (181), *Walden/Meyer-Landrut* DB 2005, 2119 (2121), und *Aha*

## 4. Form des Verschmelzungsplans

Die SE-VO regelt die Form des Verschmelzungsplans nicht. Nach überwiegender Auffassung gilt jedoch für eine deutschem Recht unterliegende Gründungsgesellschaft das Formerfordernis der **notariellen Beurkundung** aus § 6 UmwG.[60] Dies folgt letztlich aus der Verweisung des Art. 18 SE-VO, der für das Verfahren in den beteiligten Gesellschaften ergänzend auf nationales Recht verweist.[61] Abzulehnen ist hingegen die Auffassung, wonach das Formerfordernis auch auf die anderen Gründungsgesellschaften ausstrahlt.[62] Da die SE-VO keinen Verschmelzungsvertrag, sondern nur einen Verschmelzungsplan vorschreibt, findet § 6 UmwG nur sinngemäße Anwendung auf den von der Gesellschaft deutschen Rechts zu beschließenden Verschmelzungsplan.[63] Der Zweck der Vorschrift liegt darin, den Inhalt des Vereinbarten beweiskräftig festzuhalten.[64] Hat die künftige SE ihren Sitz in einem Staat, dessen Rechtsordnung keine notarielle Beurkundung verlangt, kann § 6 UmwG nur für die deutschem Recht unterliegende Gesellschaft zur Anwendung gebracht werden. Nimmt die SE hingegen ihren Sitz in Deutschland, gelten über Art. 15 SE-VO die deutschen Gründungsvorschriften. Da hiernach die Satzung der Gesellschaft notariell beurkundet sein muss, wird man das Erfordernis der notariellen Beurkundung auch auf die Gesellschaft ausländischen Rechts erstrecken müssen. Allerdings sollte dann die Beurkundung durch ortsansässige Notare ohne Weiteres ausreichend sein.[65]

47

## 5. Zuleitung an den Betriebsrat

Der Verweis des Art. 18 SE-VO erfasst auch die Vorschrift des § 5 Abs. 3 UmwG:[66] Der Verschmelzungsplan muss daher spätestens einen Monat vor der Hauptversammlung dem Betriebsrat der Gesellschaft zugeleitet werden.[67]

48

---

BB 2001, 2225 ff.). Soweit dieses über die gesellschaftsrechtlichen Fragen hinaus auch schuldrechtliche Elemente enthält, kann ein Bereich der Rechtswahlfreiheit eröffnet sein (dazu *Horn* FS Buxbaum, 2000, 315, 324 f.).

[60] Widmann/Mayer/*Heckschen* Anh. 14 Rn. 198 ff.; *Jannott* in Jannott/Frodermann SE-HdB Kap. 3 Rn. 37; Habersack/Drinhausen/*Marsch-Barner* SE-VO Art. 20 Rn. 5; Kölner Komm AktG/*Maul* SE-VO Art. 20 Rn. 16; *Neun* in Theisen/Wenz EurAG 96; MüKoAktG/*Schäfer* SE-VO Art. 20 Rn. 6; NK-SE/*Schröder* SE-VO Art. 20 Rn. 53; *Schwarz* SE-VO Art. 20 Rn. 50; *Teichmann* ZGR 2002, 383 (420 f.); ebenso im Ergebnis *Scheifele*, Die Gründung der Europäischen Aktiengesellschaft (SE), 2004, 172 ff. A-A *Schulz/Geismar* DStR 2001, 1078 (1080) und *Brandes* AG 2005, 177 (182).

[61] Habersack/Drinhausen/*Marsch-Barner* SE-VO Art. 20 Rn. 5. Dazu *Scheifele,* Die Gründung der Europäischen Aktiengesellschaft (SE), 2004, 172 ff., der auch die damit verbundenen kollisionsrechtlichen Fragen behandelt.

[62] So aber NK-SE/*Schröder* SE-VO Art. 20 Rn. 9.

[63] Habersack/Drinhausen/*Marsch-Barner* SE-VO Art. 20 Rn. 5. Dazu bereits *Teichmann* ZGR 2002, 383 (420 f.).

[64] BGHZ 82, 188 (194).

[65] Ebenso; *Jannott* in Jannott/Frodermann SE-HdB Kap. 3 Rn. 37; Habersack/Drinhausen/*Marsch-Barner* SE-VO Art. 20 Rn. 7; zurückhaltend NK-SE/*Schröder* SE-VO Art. 20 Rn. 56 iVm Art. 6 Rn. 32. A-A Kalss/Hügel/*Hügel* SEG § 17 Rn. 6; Kölner Komm AktG/*Maul* SE-VO Art. 20 Rn. 19, die Gleichwertigkeit der ausländischen Beurkundung fordern. Kritisch gegenüber Auslandsbeurkundungen auch Widmann/Mayer/*Heckschen* Anh. 14 Rn. 202 ff. und MüKoAktG/*Schäfer* SE-VO Art. 20 Rn. 7; *Schwarz* SE-VO Art. 20 Rn. 53, plädiert dafür, an die Gleichwertigkeit geringere Anforderungen zu stellen, weil es sich um eine supranationale Rechtsform handele und insoweit der Einwand fehlender Kenntnis des nationalen Rechts eine geringere Bedeutung habe.

[66] Lutter/Hommelhoff/*Teichmann* SE/*Bayer* SE-VO Art. 18 Rn. 18; Habersack/Drinhausen/*Marsch-Barner* SE-VO Art. 18 Rn. 7; *Teichmann* ZGR 2002, 383 (421); MüKoAktG/*Schäfer* SE-VO Art. 20 Rn. 10; *Scheifele*, Die Gründung der Europäischen Aktiengesellschaft (SE), 2004, 191; *Neun* in Theisen/Wenz EurAG 120, stützt sich hierzu auf Art. 15 SE-VO (dagegen ist einzuwenden, dass Art. 15 SE-VO nicht das Verfahren in den Gründungsgesellschaften betrifft; siehe dazu bereits → Rn. 17).

[67] Zur Fristberechnung Kallmeyer/*Willemsen* UmwG § 5 Rn. 77.

## III. Verschmelzungsbericht

49 Die SE-VO erwähnt den Verschmelzungsbericht nicht ausdrücklich. Es gilt jedoch, vermittelt über Art. 18 SE-VO, die Regelung des Umwandlungsgesetzes.[68] Folglich hat der Vorstand der sich verschmelzenden Aktiengesellschaft nach § 8 UmwG einen ausführlichen **schriftlichen Bericht** zu erstatten, in dem die Verschmelzung und der Verschmelzungsplan im Einzelnen rechtlich und wirtschaftlich erläutert und begründet werden. Besonderes Augenmerk ist dabei auf das Umtauschverhältnis der Anteile sowie die Höhe einer eventuell anzubietenden Barabfindung[69] zu richten.

50 Die Berichtpflicht der beteiligten Gesellschaften, die nicht deutschem Recht unterliegen, richtet sich nach deren nationalem Verschmelzungsrecht. Da Art. 95 GesR-RL (RL (EU) 2017/1132 über bestimmte Aspekte des Gesellschaftsrechts) einen Verschmelzungsbericht vorschreibt, darf man annehmen, dass hierzu auch in allen Mitgliedstaaten der Gemeinschaft eine Regelung anzutreffen ist. Denkbar ist auch eine **gemeinsame Berichterstattung,** sofern beide Rechtsordnungen dies gestatten.[70] Das deutsche Recht lässt dies zu (§ 8 Abs. 1 S. 1 UmwG aE). Allerdings bleibt stets zu bedenken, dass der Verschmelzungsbericht eine Informationsfunktion gegenüber den Aktionären der einzelnen beteiligten Gesellschaften hat. Die Aktionärsinteressen der beteiligten Gesellschaften können durchaus divergieren, beispielsweise wenn Unklarheiten über das Umtauschverhältnis entstehen. Daher muss auch ein gemeinsamer Bericht die jeweils spezifischen Interessen der Aktionäre der einzelnen Gesellschaften ansprechen.[71] Bei der grenzüberschreitenden Verschmelzung kommt es auf diese Weise zu einer Kumulation der Rechtsordnungen.[72] Ein gemeinsam vorgelegter Bericht muss den Anforderungen aller beteiligten Rechtsordnungen gerecht werden.

51 Einen **Verzicht** auf den Verschmelzungsbericht erlaubt § 8 Abs. 3 UmwG, wenn alle Aktionäre aller beteiligten Rechtsträger dem zustimmen. Bei Gründung einer SE wäre also darauf zu achten, dass alle Aktionäre aller beteiligten Gesellschaften verzichten und dies auch von allen beteiligten Rechtsordnungen zugelassen wird. Verzichten nur die Aktionäre der deutschen Gesellschaft, entbindet dies die andere beteiligte Gesellschaft nicht von der Berichtspflicht.[73]

52 Ein Verzicht auf den Bericht ist auch bei **Konzernverschmelzungen** denkbar. Befinden sich alle Anteile des übertragenden Rechtsträgers in der Hand des übernehmenden Rechtsträgers, ist ein Verschmelzungsbericht nicht erforderlich (§ 8 Abs. 3 S. 1 UmwG). Da die SE-VO die Frage des Verschmelzungsberichts nicht regelt,[74] findet § 8 Abs. 3 S. 1 UmwG über Art. 18 SE-VO Anwendung.[75] Die deutsche Regelung stützt sich auf Art. 110 GesR-RL; Vergleichbares dürfte sich im Recht anderer Mitgliedstaaten finden.[76]

---

[68] Lutter/Hommelhoff/Teichmann SE/*Bayer* SE-VO Art. 20 Rn. 29; Widmann/Mayer/*Heckschen* Anh. 14 Rn. 210; Habersack/Drinhausen/*Marsch-Barner* SE-VO Art. 20 Rn. 39; Kölner Komm AktG/*Maul* SE-VO Art. 22 Rn. 29; *Neun* in Theisen/Wenz EurAG 93; MünchKommAktG/*Schäfer* SE-VO Art. 22 Rn. 13; *Scheifele,* Die Gründung der Europäischen Aktiengesellschaft (SE), 2004, 178; *Teichmann* ZGR 2003, 367 (374).
[69] Dazu → Rn. 87 ff.
[70] Lutter/Hommelhoff/Teichmann SE/*Bayer* SE-VO Art. 20 Rn. 30; Widmann/Mayer/*Heckschen* Anh. 14 Rn. 213; Habersack/Drinhausen/*Marsch-Barner* SE-VO Art. 20 Rn. 41; Kölner Komm AktG/*Maul* SE-VO Art. 22 Rn. 32; *Neun* in Theisen/Wenz EurAG 94 f.; *Scheifele,* Die Gründung der Europäischen Aktiengesellschaft (SE), 2004, 179 f.
[71] Kallmeyer/*Marsch-Barner* UmwG § 8 Rn. 4.
[72] Kölner Komm AktG/*Maul* SE-VO Art. 22 Rn. 32; *Scheifele,* Die Gründung der Europäischen Aktiengesellschaft (SE), 2004, 180.
[73] Habersack/Drinhausen/*Marsch-Barner* SE-VO Art. 20 Rn. 48; *Schwarz* SE-VO Art. 20 Rn. 61.
[74] Auch nicht in Art. 31 Abs. 1 SE-VO, der die Erleichterungen bei der Konzernverschmelzung regelt.
[75] Lutter/Hommelhoff/Teichmann SE/*Bayer* SE-VO Art. 20 Rn. 32; Habersack/Drinhausen/*Marsch-Barner* SE-VO Art. 20 Rn. 47. Nach Auffassung von *Scheifele,* Die Gründung der Europäischen Aktiengesellschaft (SE), 2004, 284, findet § 8 Abs. 3 UmwG kraft der Verweisung des Art. 31 Abs. 1 S. 2 SE-VO Anwendung; das Ergebnis – Anwendbarkeit des § 8 Abs. 3 UmwG – bliebe das Gleiche. Vgl. auch Kölner Komm AktG/*Maul* SE-VO Art. 31 Rn. 13.

Wird eine Verschmelzung durch Aufnahme von einer Gesellschaft vollzogen, die mindestens 90% der Anteile an einer anderen Gesellschaft hält, ist ein Verschmelzungsbericht entbehrlich, es sei denn, das einzelstaatliche Recht würde ihn verlangen (Art. 31 Abs. 2 SE-VO).[77] Da § 8 Abs. 3 UmwG insoweit strenger ist, kommt Art. 31 Abs. 2 SE-VO für in Deutschland ansässige Aktiengesellschaften nicht zur Anwendung.[78]   53

### IV. Prüfung der Verschmelzung

Eine Verschmelzungsprüfung ist in der SE-VO nicht geregelt, über die GesR-RL aber europaweiter Standard. Die SE-VO setzt diesen harmonisierten Rechtszustand unausgesprochen voraus, der über die Verweisungsnorm des Art. 18 SE-VO auch für die Verschmelzung zur SE gilt.[79] Mittelbar wird dies erkennbar in der Regelung des Art. 22 SE-VO zur gemeinsamen Prüferbestellung. Demnach können die beteiligten Gesellschaften die Prüfung einem gemeinsam bestellten Prüfer übertragen.[80] Art. 22 SE-VO regelt auch ausdrücklich das Recht der Prüfer, von den beteiligten Gesellschaften alle für die Prüfung erforderlichen Auskünfte zu verlangen. Im Übrigen richtet sich die Prüfung nach den für nationale Verschmelzungen geltenden Grundsätzen.[81] Bei einer gemeinsamen Prüfung gelangen die materiellen Anforderungen der anwendbaren Rechtsordnungen kumulativ zur Anwendung.[82] Die Prüfung ist entbehrlich bei der Konzernverschmelzung im Sinne des Art. 31 Abs. 1 SE-VO.[83]   54

### V. Offenlegung des Verschmelzungsvorhabens

Im Gründungsverfahren ist jede der beteiligten Gesellschaften grundsätzlich noch ihrem eigenen Gesellschaftsrecht unterworfen (vgl. Art. 18 SE-VO). Sie muss daher auch die nach nationalem Recht geltenden Offenlegungspflichten beachten, die indessen durch die Richtlinie über bestimmte Aspekte des Gesellschaftsrechts weitgehend harmonisiert sind. Eine an der Verschmelzung beteiligte Gesellschaft deutschen Rechts muss daher gemäß § 61 UmwG den **Verschmelzungsplan** vor der Einberufung der Hauptversammlung zum Handelsregister einreichen.[84] Das Gericht wird dies bekannt machen und darauf hinweisen, dass der Verschmelzungsplan eingereicht worden ist (§ 61 S. 2 UmwG).   55

---

[76] Allerdings haben nicht alle Mitgliedstaaten den von Art. 110 GesR-RL eröffneten Freiraum ausgeschöpft. So lässt § 232 Abs. 1 öAktG den Bericht nicht gänzlich entfallen, sondern gewährt nur inhaltliche Erleichterungen.

[77] Die Vorschrift gilt dem Wortlaut nach sowohl für den Upstream-, als auch für den Downstream-Merger (insoweit zutreffend Kalss/Hügel/*Hügel* SEG § 20 Rn. 13; aA *Scheifele,* Die Gründung der Europäischen Aktiengesellschaft (SE), 2004, 281). Nach ihrem Sinn und Zweck – dass die infolge der Verschmelzung untergehende Gesellschaft keine oder nur wenige Minderheitsaktionäre hat – kann sie jedoch nur auf den Upstream-Merger Anwendung finden.

[78] Ebenso Lutter/Hommelhoff/Teichmann SE/*Bayer,* Art. 20 Rn. 32; *Scheifele,* Die Gründung der Europäischen Aktiengesellschaft (SE), 2004, 288; s. auch Kölner Komm AktG/*Maul* SE-VO Art. 31 Rn. 16.

[79] Widmann/Mayer/*Heckschen* Anh. 14 Rn. 216; Habersack/Drinhausen/*Marsch-Barner* SE-VO Art. 22 Rn. 2; MüKoAktG/*Schäfer* SE-VO Art. 22 Rn. 1.

[80] Zum etwas missverständlichen Wortlaut der Norm, der – fälschlicherweise – zu dem Schluss verleiten könnte, der Prüfer müsse nicht unabhängig sein, Schwarz SE-VO Art. 22 Rn. 10 ff.

[81] Vgl. Widmann/Mayer/*Heckschen* Anh. 14 Rn. 222 ff. Habersack/Drinhausen/*Marsch-Barner* SE-VO Art. 22 Rn. 12 ff. und MüKoAktG/*Schäfer* SE-VO Art. 22 Rn. 9, jew. mwN.

[82] Kölner Komm AktG/*Maul* SE-VO Art. 22 Rn. 16; MüKoAktG/*Schäfer* SE-VO Art. 22 Rn. 8; aA (nur Rechtsordnung des Staates, in dem der Antrag gestellt wird) Lutter/Hommelhoff/Teichmann SE/*Bayer* SE-VO Art. 22 Rn. 6, Habersack/Drinhausen/*Marsch-Barner* SE-VO Art. 22 Rn. 8.

[83] Habersack/Drinhausen/*Marsch-Barner* SE-VO Art. 22 Rn. 22; Kölner Komm AktG/*Maul* SE-VO Art. 22 Rn. 33.

[84] Habersack/Drinhausen/*Marsch-Barner* SE-VO Art. 21 Rn. 9; Kölner Komm AktG/*Maul* SE-VO Art. 21 Rn. 4; *Schwarz* SE-VO Art. 22 Rn. 27.

56 Für die SE-Verschmelzung tritt neben diese nationale Regelung Art. 21 SE-VO, der die Bekanntmachung folgender **Mindestangaben** vorschreibt:
a) Rechtsform, Firma und Sitz der sich verschmelzenden Gesellschaften,
b) das Register, bei dem die in Art. 3 Abs. 2 RL 68/151/EWG genannten Urkunden für jede der sich verschmelzenden Gesellschaften hinterlegt worden sind, sowie die Nummer der Eintragung in das Register,
c) einen Hinweis auf die Modalitäten für die Ausübung der Rechte der Gläubiger der betreffenden Gesellschaft gemäß Art. 24 SE-VO sowie die Anschrift, unter der erschöpfende Auskünfte über diese Modalitäten kostenlos eingeholt werden können,
d) einen Hinweis auf die Modalitäten für die Ausübung der Rechte der Minderheitsaktionäre der betreffenden Gesellschaft gemäß Art. 24 SE-VO sowie die Anschrift, unter der erschöpfende Auskünfte über diese Modalitäten kostenlos eingeholt werden können,
e) die für die SE vorgesehene Firma und ihr künftiger Sitz.

57 § 5 SEAG dient dazu, die nationale und die europäische Offenlegungsvorschrift zu koordinieren. Demnach wird das Register, zu dem der Verschmelzungsplan eingereicht wurde, bei der nach § 61 S. 2 UmwG gebotenen Bekanntmachung zugleich die nach Art. 21 SE-VO vorgeschriebenen Angaben bekannt machen. Dem entsprechend muss die sich verschmelzende Gesellschaft bei Einreichung des Verschmelzungsplans dem Register zugleich die nach Art. 21 SE-VO nötigen Angaben übermitteln.[85]

## VI. Aufnahme der Verhandlungen mit den Arbeitnehmern

58 Jede SE-Gründung löst zwingend Verhandlungen über die künftigen Beteiligungsrechte der Arbeitnehmer aus. Damit die Arbeitnehmer aller beteiligten Gesellschaften in diesen Verhandlungen mit einer Stimme sprechen können, sieht die SE-Richtlinie die Bildung eines **besonderen Verhandlungsgremiums** vor (s. Art. 3 Beteiligungs-RL), in dem die Arbeitnehmer entsprechend ihrer Aufteilung auf die verschiedenen Mitgliedstaaten gleichberechtigt repräsentiert sind. Dieses Verfahren in Gang zu bringen, ist Aufgabe der Unternehmensleitungen der an der Verschmelzung beteiligten Gesellschaften. Sie müssen nach Offenlegung des Verschmelzungsplanes so rasch wie möglich die erforderlichen Schritte einleiten, um mit den Verhandlungen beginnen zu können. Ablauf und Inhalt der Verhandlungen werden in → § 14 Rn. 17 ff. ausführlich erläutert.

59 Es empfiehlt sich, bereits im **Planungsstadium** mit den Arbeitnehmervertretern im Unternehmen zu sprechen. Da nach § 8 SEBG in aller Regel das höchste der bereits vorhandenen betriebsverfassungsrechtlichen Organe (Betriebsrat, Gesamtbetriebsrat, Konzernbetriebsrat) über die Besetzung des besonderen Verhandlungsgremiums entscheidet, lässt sich der Verhandlungsbedarf durch frühzeitige Einbeziehung dieses Organs möglicherweise schon vorab klären.

60 Welches der Zeitpunkt der **Offenlegung** ist, die das Verfahren der Arbeitnehmerbeteiligung auslöst, sagt die SE-Richtlinie nicht. Für eine in Deutschland eingetragene Aktiengesellschaft, die sich an der Verschmelzung zu einer SE beteiligt, gilt insoweit § 61 UmwG (vgl. → Rn. 55): Der Verschmelzungsplan ist vor der Einberufung der Hauptversammlung zum Handelsregister einzureichen; das Gericht macht sodann einen Hinweis darauf bekannt, dass der Verschmelzungsplan beim Handelsregister eingereicht worden ist. Streng genommen wird man von einer „Offenlegung" erst dann sprechen können, wenn dieser Hinweis bekannt gemacht worden ist. Aus praktischer Sicht spricht aber nichts dagegen, mit der Bildung des besonderen Verhandlungsgremiums bereits zeitgleich mit der Einreichung des Verschmelzungsplans zum Handelsregister zu beginnen.

---

[85] Vgl. Habersack/Drinhausen/*Marsch-Barner* SE-VO Art. 21 Rn. 13; Kölner Komm AktG/*Maul* SE-VO Art. 21 Rn. 11.

## VII. Hauptversammlungsbeschluss

Die Verschmelzung zur SE bedarf ebenso wie die innerstaatliche Verschmelzung eines Hauptversammlungsbeschlusses, der mit einer **Mehrheit** von mindestens drei Vierteln des bei der Beschlussfassung vertretenen Grundkapitals gefasst werden muss.[86] **Einberufung und Durchführung** der Hauptversammlung richten sich nach dem allgemeinen Aktien- und Umwandlungsrecht.[87] Von der Einberufung der Hauptversammlung an sind die in § 63 Abs. 1 UmwG genannten Unterlagen auszulegen, wobei an die Stelle des Verschmelzungsvertrages der Verschmelzungsplan tritt. Die Unterlagen sind sodann in der Hauptversammlung auszulegen (§ 64 Abs. 1 S. 1 UmwG); der Vorstand hat den Verschmelzungsplan zu Beginn der Verhandlung mündlich zu erläutern (§ 64 Abs. 1 S. 2 UmwG).

61

Jedem Aktionär ist auf Verlangen **Auskunft** über alle für die Verschmelzung wesentlichen Angelegenheiten der anderen beteiligten Rechtsträger zu geben (§ 64 Abs. 2 UmwG). Der Vorstand hat sich entsprechend vorzubereiten und im Regelfall auch dafür Sorge zu tragen, dass kompetente Vertreter der anderen Gründungsgesellschaften anwesend sind.[88] Eine Besonderheit ergibt sich bei der Verschmelzung zur SE aus dem grenzüberschreitenden Kontext. Es ist durchaus denkbar, dass die Rechtsordnung der anderen beteiligten Gesellschaften vergleichbare Auskunftsrechte nicht kennt oder sie anders ausgestaltet.[89] Der Vorstand der deutschen Aktiengesellschaft sollte daher vor Beginn der Hauptversammlung klären, in welcher Form und in welchem Umfang die Vertretungsorgane der ausländischen Gesellschaften Informationen erteilen können. Soweit sie nach dem Statut der ausländischen Gesellschaft eine Information verweigern dürfen, muss dies von den Aktionären der deutschen Gesellschaft hingenommen werden.

62

Der Hauptversammlungsbeschluss unterliegt der Anfechtbarkeit nach den allgemeinen aktienrechtlichen Regeln. Ebenso wie im nationalen Verschmelzungsrecht ist jedoch auch bei der Verschmelzung zur SE eine **Anfechtungsklage** unzulässig, die sich allein darauf stützt, dass das Umtauschverhältnis nicht angemessen sei (§ 6 Abs. 1 SEAG) oder die Barabfindung zu niedrig bemessen oder im Verschmelzungsplan nicht oder nicht ordnungsgemäß angeboten sei (§ 7 Abs. 5 SEAG). Zur Kontrolle des Umtauschverhältnisses und der Barabfindung ist das **Spruchverfahren** eröffnet (§ 6 Abs. 4 SEAG, § 7 Abs. 7 SEAG). Ist allerdings ein derartiges Verfahren in der Rechtsordnung der anderen beteiligten Gesellschaften unbekannt, hängt seine Anwendung davon ab, dass die Aktionäre der ausländischen Gesellschaft bei der Zustimmung zum Verschmelzungsplan der eventuellen Durchführung eines solchen Verfahrens zustimmen (Art. 25 Abs. 3 SE-VO).[90] Wird diese Zustimmung nicht erteilt, können die Aktionäre der deutschen Gesellschaft Mängel des Umtauschverhältnisses oder der Barabfindung im Wege der allgemeinen Anfechtungsklage rügen.[91] Bei Vorbereitung des Verschmelzungsplanes sollten die Vertreter der deutschen

63

---

[86] Art. 23 Abs. 1 ordnet an, dass die Hauptversammlung jeder sich verschmelzenden Gesellschaft dem Verschmelzungsplan zustimmen muss. Das Mehrheitserfordernis ergibt sich über den Verweis des Art. 18 SE-VO aus § 65 UmwG (Habersack/Drinhausen/*Marsch-Barner* SE-VO Art. 23 Rn. 13; Kölner Komm AktG/*Maul* SE-VO Art. 23 Rn. 10; *Schwarz* SE-VO Art. 23 Rn. 17).
[87] Grundlage ist der Verweis in Art. 18 SE-VO. Vgl. Widmann/Mayer/*Heckschen* Anh. 14 Rn. 231 ff.; Habersack/Drinhausen/*Marsch-Barner* SE-VO. 23 Rn. 5; Kölner Komm AktG/*Maul* SE-VO Art. 23 Rn. 3.
[88] So zu § 64 für das nationale Recht Lutter UmwG/*Grunewald* UmwG § 64 Rn. 12.
[89] Das unionsrechtlich vorgegebene Fragerecht der Aktionärsrechterichtlinie betrifft nur börsennotierte Gesellschaften und bietet zudem erheblichen Spielraum für die nationale Umsetzung (siehe nur *Huprich*, Die Umsetzung der Aktionärsrechterichtlinie (2007/36/EG) in Deutschland und Europa, 2019, 372 ff.).
[90] Hierzu Lutter/Hommelhoff/*Teichmann* SE/*Bayer* SE-VO Art. 25 Rn. 20 ff. und Habersack/Drinhausen/*Marsch-Barner* SE-VO Art. 25 Rn. 28 ff.
[91] § 6 Abs. 1 SEAG und § 7 Abs. 5 SEAG stellen den Ausschluss der Anfechtungsklage ausdrücklich unter den Vorbehalt, dass die Voraussetzung des Art. 25 Abs. 3 S. 1 SE-VO erfüllt sei. Die Frage wurde vom Gesetzgeber nicht etwa übersehen, wie NK-SE/*Schröder* Art. 24 Rn. 46, annimmt, sondern in der vorangegangenen Diskussion mehrfach angesprochen (vgl. *Teichmann* in Theisen/Wenz EurAG 586, und *Teichmann* ZGR 2002, 383 (428)) und auf Vorschlag des DAV (Stellungnahme zum DiskE, DAV NZG 2004, 75 (77)) ausdrücklich im Gesetzestext klargestellt.

Gesellschaft daher darauf dringen, dass die Hauptversammlung der ausländischen Gesellschaften in ihrem Verschmelzungsbeschluss der Anwendung des Spruchverfahrens zustimmt. Für die Aktionäre der ausländischen Gesellschaft kann ein gemeinsamer Vertreter bestellt werden (§ 6a SpruchG).

64 Die Hauptversammlung kann sich in dem Beschluss das Recht vorbehalten, die Eintragung der SE davon abhängig zu machen, dass die **Vereinbarung über die Arbeitnehmerbeteiligung** von ihr genehmigt wird (Art. 23 Abs. 2 S. 2 SE-VO). In praktischer Hinsicht wird sich dies nur selten empfehlen, da für diese Genehmigung eine weitere Hauptversammlung abzuhalten wäre.[92] Fraglich ist auch, mit welcher Mehrheit die Hauptversammlung erklären kann, dass die Vereinbarung von ihr genehmigt werden soll, und mit welcher Mehrheit anschließend über die Genehmigung abzustimmen ist. Die SE-VO trifft hierzu keine Regelung. Es ist also gemäß Art. 18 SE-VO nationales Recht heranzuziehen. Da dieses einen vergleichbaren Beschluss nicht kennt, stellt sich die Frage, ob nach allgemeiner Regel (§ 133 Abs. 1 AktG) einfache Mehrheit genügt, wofür die überwiegende Auffassung eintritt,[93] oder wegen des sachlichen Zusammenhangs mit der Verschmelzung die hierfür nötige Dreiviertel-Mehrheit zu fordern ist.[94] Die Nähe zum Verschmelzungsbeschluss, die sich auch aus dem Regelungszusammenhang der SE-VO ergibt, spricht für die **qualifizierte Mehrheit**. Denn die SE-VO statuiert mit dem fakultativen Genehmigungsvorbehalt ein Entscheidungskriterium, im Lichte dessen die Verschmelzung nach dem Willen der Hauptversammlung – wenn sie denn davon Gebrauch macht – „stehen oder fallen" soll. Dass die Aktionäre dieses ihnen wichtige Kriterium nicht bereits bei der Abstimmung über die Verschmelzung in ihre Willensbildung einbeziehen können, liegt allein an der zeitlichen Streckung des Verfahrens, die nicht selten dazu führen wird, dass am Tag der Hauptversammlung das Arbeitnehmerbeteiligungsmodell noch nicht feststeht. Insoweit soll die Erklärung im Sinne des Art. 23 Abs. 2 S. 2 SE-VO den Aktionären die Möglichkeit vorbehalten, die Verschmelzung auch und gerade im Lichte der künftigen Arbeitnehmerbeteiligung zu beurteilen. Daher ist auch bei dem nachgeschobenen Beschluss über die Arbeitnehmerbeteiligung dieselbe Mehrheit wie bei der Verschmelzung erforderlich. Ließe man einfache Mehrheit genügen, hätten die Verhandlungsführer es durch Hinauszögern der Vereinbarung in der Hand darüber zu bestimmen, ob die Aktionäre über das Modell der Arbeitnehmerbeteiligung mit Dreiviertelmehrheit abstimmen – wenn es bei Abstimmung über die Verschmelzung bereits bekannt wäre – oder nur mit einfacher Mehrheit – wenn es erst nach der Hauptversammlung bekannt würde und die Aktionäre sich lediglich die Genehmigung vorbehalten hätten.

## VIII. Rechtmäßigkeitsprüfung

65 Die SE-VO sieht für die Verschmelzung – entsprechend dem in zwei Phasen aufgeteilten Gründungsverfahren (→ Rn. 15 ff.) – eine **zweistufige Rechtmäßigkeitsprüfung** vor:[95]

---

[92] Denkbar ist aber die Begründung eines Zustimmungsvorbehalts zugunsten des Aufsichtsrats (Habersack/Drinhausen/*Marsch-Barner* SE-VO Art. 23 Rn. 24; MüKoAktG/*Schäfer* SE-VO Art. 23 Rn. 2; *Teichmann* ZGR 2002, 383 (430)); Zweifel an der rechtlichen Tragfähigkeit dieser Lösung äußern ua Lutter/Hommelhoff/Teichmann SE/*Bayer* SE-VO Art. 23 Rn. 21 sowie *Neun* in Theisen/Wenz EurAG 132 f.

[93] Lutter/Hommelhoff/Teichmann SE/*Bayer* SE-VO Art. 23 Rn. 17 (für den Genehmigungsvorbehalt) und Lutter/Hommelhoff/Teichmann SE/*Bayer* SE-VO Rn. 20 (für die Genehmigung selbst); BeckOGK/*Eberspächer* SE-VO Art. 23 Rn. 7 (für den Genehmigungsvorbehalt) und BeckOGK/*Eberspächer* SE-VO Art. 23 Rn. 8 (für die Genehmigung selbst); Habersack/Drinhausen/*Marsch-Barner* SE-VO Art. 23 Rn. 20 (für den Genehmigungsvorbehalt) und Habersack/Drinhausen/*Marsch-Barner* SE-VO Art. 23 Rn. 22 (für die Genehmigung selbst); MüKoAktG/*Schäfer* SE-VO Art. 23 Rn. 11 (für den Genehmigungsvorbehalt) und MüKoAktG/*Schäfer* SE-VO Art. 23 Rn. 12 (für die Genehmigung selbst); *Schwarz* SE-VO Art. 23 Rn. 27 (für den Genehmigungsvorbehalt) und *Schwarz* SE-VO Art. 23 Rn. 32 (für die Genehmigung selbst).

[94] *Oplustil*, German Law Journal, Vol. 4 No. 2, S. 118.

[95] Widmann/Mayer/*Heckschen* Anh. 14 Rn. 249; Habersack/Drinhausen/*Marsch-Barner* SE-VO Art. 25 Rn. 1; MüKoAktG/*Schäfer* SE-VO Art. 25 Rn. 1; *Schwarz* SE-VO Art. 25 Rn. 5 ff.

Die erste Stufe wird abgeschlossen von der Rechtmäßigkeitsbescheinigung, die das zuständige Gericht über das in der jeweiligen Gründungsgesellschaft vollzogene Verfahren ausstellt (Art. 25 Abs. 2 SE-VO). Gemäß § 4 SEAG ist hierfür das Gericht zuständig, das gemäß §§ 376 und 377 FamFG (Gesetz über das Verfahren in Familiensachen und in den Angelegenheiten der freiwilligen Gerichtsbarkeit) für die Eintragungen betreffend die Gründungsgesellschaft zuständig ist. Dem deutschen Registergericht sind in einem solchen Fall die nach §§ 16, 17 UmwG notwendigen Unterlagen vorzulegen.[96]

Die Bescheinigung des Herkunftsstaats ist der eintragenden Behörde **im künftigen** **Sitzstaat** der SE vorzulegen (Art. 26 Abs. 2 SE-VO). Diese prüft, ob die Gesellschaften einem gleich lautenden Verschmelzungsplan zugestimmt haben (Art. 26 Abs. 3 SE-VO); weiterhin werden die Gründungsvoraussetzungen des Sitzstaatrechts geprüft (Art. 26 Abs. 4 SE-VO) und der Abschluss einer Vereinbarung über die Arbeitnehmerbeteiligung (Art. 26 Abs. 3 SE-VO). Eine Pflicht, die Einhaltung der Verfahrensvorschriften derjenigen Rechtsordnungen zu überprüfen, denen die Gründungsgesellschaften unterliegen, besteht grundsätzlich nicht; insoweit hat die Rechtmäßigkeitsbescheinigung des Herkunftsstaats abschließenden Charakter.[97] Bei offenkundigen Verfahrensfehlern muss die Eintragung verweigert werden.

66

## IX. Eintragung und Wirkungen der Verschmelzung

Die Verschmelzung wird mit ihrer **Eintragung** im künftigen Sitzstaat der SE **wirksam.** Die Wirkungen der Verschmelzung regelt Art. 29 SE-VO: Es geht das gesamte Aktiv- und Passivvermögen aller übertragenden Gründungsgesellschaften auf die SE über; die Aktionäre der übertragenden Gesellschaften werden Aktionäre der übernehmenden Gesellschaft; die übertragende Gesellschaft erlischt; die übernehmende Gesellschaft nimmt – bei einer Verschmelzung zur Aufnahme – die Rechtsform der SE an. Die Verschmelzung ist für jede sich verschmelzende Gesellschaft offenzulegen (Art. 28 SE-VO), bei der beteiligten deutschen Gesellschaft also gemäß §§ 8 ff. HGB in das Handelsregister einzutragen.[98] Die Verschmelzung kann nach Eintragung der SE nicht mehr für nichtig erklärt werden (Art. 30 S. 1 SE-VO). Das Fehlen der Rechtmäßigkeitskontrolle nach Art. 25 und 26 SE-VO kann allerdings einen Grund für die Auflösung der SE darstellen (Art. 30 S. 2 SE-VO).

67

## D. Einzelfragen

### I. Unternehmensbewertung

Der Vorgang der Verschmelzung setzt eine Bewertung der beteiligten Unternehmen voraus. Der hierbei ermittelte Wert bestimmt über das Umtauschverhältnis der Aktien, das in den Verschmelzungsplan aufzunehmen ist. Da hiervon die Aktionäre aller beteiligten Gesellschaften unmittelbar in ihrer Rechtsstellung betroffen sind, muss die Bewertung der Gesellschaften denselben Methoden folgen.[99] Welche **Methoden** anzuwenden sind,

68

---

[96] Dies folgt aus dem allgemeinen Verweis des Art. 18 SE-VO; näher Widmann/Mayer/*Heckschen* Anh. 14 Rn. 251.
[97] In diesem Sinne auch Widmann/Mayer/*Heckschen* Anh. 14 Rn. 266; Habersack/Drinhausen/*Marsch-Barner* SE-VO Art. 26 Rn. 10; Kölner Komm AktG/*Maul* SE-VO Art. 26 Rn. 2; MüKoAktG/*Schäfer* SE-VO Art. 25 Rn. 6, und *Schwarz* SE-VO Art. 26 Rn. 16.
[98] Habersack/Drinhausen/*Marsch-Barner* SE-VO Art. 28 Rn. 5; Kölner Komm AktG/*Maul* SE-VO Art. 28 Rn. 5.
[99] Siehe zu diesem Fragenkreis *Neun* in Theisen/Wenz EurAG 81 ff. und *Schwarz* SE-VO Art. 20, Rn. 25 f.; für das deutsche Recht Lutter UmwG/*Drygala* UmwG § 5 Rn. 28 mwN.

schreibt das Gesetz nicht vor.[100] Die Auswahl der geeigneten Methode ist somit in erster Linie eine Frage der Betriebswirtschaftslehre. In der Praxis ist nach Möglichkeit für alle beteiligten Gesellschaften dasselbe Bewertungsverfahren anzuwenden.[101]

69  Insoweit stellt sich auch die Frage, ob bei Ermittlung des Umtauschverhältnisses berücksichtigt werden muss, dass die Anteile an der künftigen SE möglicherweise andere Rechtspositionen bieten als die bisherigen Anteile an einer Aktiengesellschaft deutschen Rechts; eine Situation, die vor allem dann eintreten kann, wenn die SE ihren Sitz im Ausland hat. Im nationalen Verschmelzungsrecht entsteht eine vergleichbare Konstellation, wenn Rechtsträger unterschiedlicher Rechtsform miteinander verschmelzen. § 29 UmwG sieht hierfür aus gutem Grund ein Austrittsrecht gegen Barabfindung vor. Denn zum einen soll dem Gesellschafter der **Wechsel des Rechtsrahmens** nicht gegen seinen Willen aufgezwungen werden. Zum anderen lassen sich die Unterschiede in der rechtlichen Ausgestaltung eines Anteilsrechts kaum wirtschaftlich bewerten.[102] Die Existenz eines Austrittsrechts ist daher zugleich Rechtfertigung dafür, dass bei Ermittlung des Umtauschverhältnisses allein der Vermögenswert des Unternehmens und nicht die rechtliche Ausstattung der Anteile berücksichtigt wird. Da § 7 SEAG diesen Mechanismus übernimmt, gelten die gleichen Überlegungen auch für die Verschmelzung zur Gründung einer SE.[103]

70  Zur Bewertung des Unternehmens üblich ist die Ertragswertmethode.[104] Daneben gewinnt das Discounted Cash-Flow-Verfahren an Bedeutung, das gerade im internationalen Bereich die „Nase vorn"[105] hat. Bei einer grenzüberschreitenden Transaktion ist allerdings nicht auszuschließen, dass die in einer Rechtsordnung übliche oder gar von Gesetzes wegen geforderte Bewertung von der anderen Rechtsordnung nicht anerkannt wird.[106] Denkbar ist beispielsweise, dass im ausländischen Recht die Orientierung am Börsenkurs einen anderen Stellenwert genießt als in Deutschland.[107] Da jedoch zumeist verschiedene Bewertungsmethoden bereit stehen, die jeweils noch als de lege artis angesehen werden können, sollte es in den meisten Fällen möglich sein, eine **gemeinsame Bewertungsbasis und -methode** zu finden, die beiden Rechtsordnungen gerecht wird. Allenfalls könnte sich gegenüber der rein nationalen Verschmelzung durch die Abstimmung der verschiedenen Systeme die Palette der beiderseits zulässigen Bewertungsmethoden reduzieren. Nach Auffassung von *Großfeld* hat das Discounted Cash-Flow-Verfahren die größeren Chancen, sich international durchzusetzen, weil es unabhängig von den Bewertungsspielräumen der Rechnungslegung ist, die bislang noch allzu sehr vom nationalen Regelungsrahmen und damit unterschiedlich geprägt sind.[108]

---

[100] Es gilt also das Recht der jeweiligen Gründungsgesellschaft (Habersack/Drinhausen/*Marsch-Barner* SE-VO Art. 20 Rn. 14). Bei börsennotierten Gesellschaften bildet der Börsenkurs zumindest die Untergrenze für die Bewertung (nach BVerfGE 100, 289 ff.; näher *Lutter* UmwG/*Drygala* UmwG § 5 Rn. 36 ff.; monographisch *Gude*, Strukturänderungen und Unternehmensbewertung zum Börsenkurs, 2004).
[101] Habersack/Drinhausen/*Marsch-Barner* SE-VO Art. 20 Rn. 14.
[102] Zumal es hier stets nur um Minderheitenpositionen gehen kann, also beispielsweise das Fragerecht in der Hauptversammlung oder die Möglichkeit, das Quorum für eine Einberufung der Hauptversammlung zu erreichen. Es steht den Gesellschaften allerdings frei, für derartige Verschiebungen in der rechtlichen Ausstattung des Anteils eine bare Zuzahlung als Kompensation festzusetzen (so zum nationalen Recht Semler/Stengel/*Leonard/Schröer/Greitemann* UmwG § 5 Rn. 41).
[103] Hierzu *Walden/Meyer-Landrut* DB 2005, 2119 (2122).
[104] Diskontierung der den Unternehmenseignern künftig zufließenden finanziellen Überschüsse; vgl. IDW-Standard: Grundsätze zur Durchführung von Unternehmensbewertungen (IDW S 1), Nr. 107 (WPg 2000, 825 (835)).
[105] *Großfeld* NZG 2002, 353 (355).
[106] Ausführlich dazu *Großfeld* NZG 2002, 353 ff.
[107] Darauf weist *Neun* in Theisen/Wenz EurAG 81 hin.
[108] *Großfeld* NZG 2002, 353 (355). Weitere europaweit übliche Bewertungsmethoden nennt Kölner Komm AktG/*Maul* SE-VO Art. 20 Rn. 32.

## D. Einzelfragen §5

Schwierigkeiten bereitet auch die Festlegung des **Kapitalisierungszinssatzes,** der die 71 Rendite einer risikolosen Alternativanlage bestimmt.[109] Der Kapitalisierungszins orientiert sich am landesüblichen Zinssatz für eine risikofreie Kapitalmarktanlage.[110] Bei Beteiligung mehrerer Länder ist zu klären, wie mit dieser Bewertungsregel umgegangen werden soll.[111] Da der Kapitalisierungszins die Alternativanlage aus Sicht des Gesellschafters der jeweiligen nationalen Gesellschaft bemisst, könnte man es für gerechtfertigt halten, auch im grenzüberschreitenden Kontext für jede Gesellschaft am jeweils landesüblichen Zinssatz festzuhalten. Andererseits ist gerade im europäischen Binnenmarkt nicht recht einzusehen, warum für eine Alternativanlage nur der Zinssatz am Sitz der Gesellschaft herangezogen werden sollte, zumal die Anleger nicht zwingend aus demselben Staat stammen müssen. Im Schrifttum neigt man daher dazu, bei Bewertung aller beteiligten Gesellschaften einen gemeinsamen Zinssatz zu Grunde zu legen.[112] Auch der anschließend zu bestimmende Risikozuschlag sollte nach einheitlichen Maßstäben ermittelt werden.[113]

Ein Unsicherheitsfaktor bleibt: Der **Rechtsschutz** der betroffenen Aktionäre richtet 72 sich nach nationalem Aktienrecht, denn sie wenden sich in der Sache gegen den Hauptversammlungsbeschluss, der über den Verschmelzungsplan und damit auch über die dort festgelegte Wertrelation entscheidet. Art. 24 Abs. 2 SE-VO erlaubt überdies den Mitgliedstaaten, besondere Vorkehrungen für den Schutz von Minderheitsaktionären zu treffen, die sich gegen die Verschmelzung ausgesprochen haben. Das deutsche Ausführungsgesetz greift insoweit auf das im nationalen Umwandlungsrecht bekannte Spruchverfahren zur Überprüfung des Umtauschverhältnisses zurück (s. § 6 Abs. 4 SEAG).

Rechtssichere Vorkehrung gegen ein Auseinanderfallen der Bewertungspraxis lässt sich 73 kaum treffen. Das europäische Recht äußert sich zum anwendbaren Bewertungsverfahren nicht.[114] Die SE-VO belässt es insoweit bei der Regelung der Richtlinie über bestimmte Aspekte des Gesellschaftsrechts. Nach Art. 96 Abs. 2 SE-VO müssen die Prüfer angeben, welche Methoden sie angewandt haben. Dies erlaubt den Umkehrschluss, dass die Richtlinie selbst keine konkrete Methode vorschreibt; sie überlässt die Methodenwahl der Fachkunde des Prüfers und verlangt von ihm lediglich die **Offenlegung** der gewählten Methode.[115]

Die zu verschmelzenden Gesellschaften können Divergenzen in der Bewertungsmetho- 74 de am ehesten dadurch vermeiden, dass sie die Prüfung gemeinsam ein und demselben Prüfer übertragen, der sodann einen für alle Aktionäre einheitlichen Bericht erstellt. Art. 22 SE-VO lässt die Bestellung eines **gemeinsamen Prüfers** aller beteiligten Gesellschaften ausdrücklich zu. Dieser muss sich allerdings bei der Bewertung jeder Gesellschaft an dem für diese Gesellschaft maßgeblichen Recht orientieren.

---

[109] Dazu IDW-Standard: Grundsätze zur Durchführung von Unternehmensbewertungen (IDW S 1), Nr. 94 ff. (WPg 2000, 825 (833 f.)); weiterhin *Großfeld* NZG 2002, 353 (356) und *Lutter UmwG/Drygala* UmwG § 5 Rn. 60.
[110] IDW-Standard: Grundsätze zur Durchführung von Unternehmensbewertungen (IDW S 1), Nr. 120 (WPg 2000, 825 (836)).
[111] Vgl. die Beispiele bei *Großfeld* NZG 2002, 353 (356).
[112] *Großfeld* NZG 2002, 353 (356); *Neun* in Theisen/Wenz EurAG 82 f.
[113] *Großfeld* NZG 2002, 353 (357).
[114] Kölner Komm AktG/*Maul* SE-VO Art. 20 Rn. 30. Vergleichbare Zurückhaltung zeigt der EuGH im Bereich der Rechnungslegung, obwohl diese durch die Bilanzrichtlinie (RL 2013/34/EU) harmonisiert ist. In C-257/97, *DE + ES Bauunternehmung gegen Finanzamt Bergheim*, Slg. 1999, S. I-5331, 5359 (Rn. 35 f.) zur Berechnung der Höhe von Rückstellungen überlässt der EuGH die konkrete Berechnung dem nationalen Recht und erinnert lediglich daran, dass dieses sich am in der Bilanzrichtlinie festgelegten Grundsatz der Bilanzwahrheit orientieren müsse.
[115] Ebenso *Neun* in Theisen/Wenz EurAG 76 f.

## II. Kontrolle des Umtauschverhältnisses

### 1. Ausschluss der Anfechtungsklage und Spruchverfahren

75 Bei **Verschmelzungen nach nationalem Recht** gewährt § 15 UmwG den Aktionären des übertragenden Rechtsträgers ein Recht auf Kontrolle des Umtauschverhältnisses und – bei einem unangemessenen Umtauschverhältnis – einen Ausgleich durch bare Zuzahlung. Die Höhe der Zuzahlung wird in einem Gerichtsverfahren nach dem Spruchverfahrensgesetz ermittelt (§ 1 Nr. 4 SpruchG). Eine Anfechtungsklage gegen den Verschmelzungsbeschluss, die sich auf die Unangemessenheit des Umtauschverhältnisses stützt, ist unzulässig (§ 14 Abs. 2 UmwG).

76 Diesen Mechanismus überträgt § 6 SEAG auf die **Verschmelzung zur SE**. Dies soll zum einen verhindern, dass die Verschmelzung mit Anfechtungsklagen wegen des Umtauschverhältnisses belastet wird; zum zweiten soll den Aktionären einer deutschen Aktiengesellschaft auch bei einer Verschmelzung zur SE der nach deutschem Recht übliche Schutzstandard zustehen.[116] Das Ergebnis des Spruchverfahrens bindet die Gesellschaft und alle ihre Aktionäre, auch diejenigen, die bereits gegen Barabfindung ausgeschieden sind (§ 13 SpruchG). Im Kontext der SE-Gründung stellt Art. 25 Abs. 3 S. 4 SE-VO sicher, dass die Entscheidung auch für die übernehmende Gesellschaft und deren Aktionäre bindend ist. Für Voraussetzungen des Anspruchs auf bare Zuzahlung und das Spruchverfahren gelten im Grundsatz die allgemeinen Regeln; insoweit kann auf die Literatur zum Umwandlungsgesetz und zum Spruchverfahrensgesetz verwiesen werden.[117]

77 Das Recht auf Überprüfung des Umtauschverhältnisses steht nur den Aktionären der **übertragenden Gesellschaft** zu. Dies ist bereits für das Umwandlungsgesetz kritisiert worden.[118] Die Planungen zum SE-Ausführungsgesetz sahen daher ursprünglich vor, auch den Aktionären der übernehmenden Gesellschaft ein Recht auf Überprüfung des Umtauschverhältnisses zu gewähren.[119] Dieser Vorschlag ist jedoch nicht Gesetz geworden,[120] so dass die Befürworter einer derartigen Lösung weiterhin auf eine Änderung des Umwandlungsgesetzes, der das SE-Ausführungsgesetz vermutlich folgen würde, hoffen müssen.

78 Anders als das Angebot auf Barabfindung (dazu → Rn. 83 ff.) setzt die Überprüfung des Umtauschverhältnisses nach § 6 SEAG **nicht** voraus, dass der Aktionär, der davon Gebrauch machen möchte, gegen den Verschmelzungsbeschluss **Widerspruch** eingelegt hat. Dies entspricht der Lösung in § 15 UmwG und ist auch sinnvoll. Denn ein Aktionär, der lediglich das Umtauschverhältnis angreift, möchte nicht die Verschmelzung als solche zu Fall bringen.[121]

79 Der Verzicht auf das Widerspruchserfordernis hat Zweifel daran geweckt, ob § 6 SEAG von der **Ermächtigungsgrundlage** des Art. 24 Abs. 2 SE-VO gedeckt ist. Dort heißt es, die Mitgliedstaaten könnten Vorschriften zum Schutz der Minderheitsaktionäre erlassen, „die sich gegen die Verschmelzung ausgesprochen haben". Teilweise wird angenommen, diese Norm rechtfertige nur den Schutz derjenigen Aktionäre, die dem Verschmelzungsbeschluss widersprochen haben.[122] Andererseits zeigt Art. 25 Abs. 3 SE-VO unmissverständlich, dass bei einer SE-Gründung ein Verfahren nationalen Rechts zur Kontrolle des

---

[116] Zu den gesetzgeberischen Überlegungen vor Erlass des SE-Ausführungsgesetzes *Teichmann* in Theisen/Wenz EurAG 584 f., *Teichmann* ZGR 2002, 383 (425 ff.).
[117] Beispielsweise Lutter UmwG/*Decher* UmwG § 15; *Klöcker/Frowein,* Spruchverfahrensgesetz, 2004.
[118] Siehe nur *Hoffmann-Becking* ZGR 1990, 383 (384 f.).
[119] So noch der Diskussionsentwurf aus dem Frühjahr 2003 (dazu *Neye/Teichmann* AG 2003, 169 (171), und *Teichmann* ZGR 2003, 367 (380 ff.)).
[120] Dazu kritisch Widmann/Mayer/*Heckschen* Anh. 14 Rn. 190 ff.
[121] Näher *Teichmann* ZGR 2003, 367 (384 f.).
[122] Zur Diskussion, jeweils mwN *Kalss*, ZGR 2003, 593 (603), sowie Kölner Komm AktG/*Maul* SE-VO Art. 24 Rn. 18; MüKoAktG/*Schäfer* SE-VO Art. 24 Rn. 5; *Scheifele*, Die Gründung der Europäischen Aktiengesellschaft (SE), 2004, 230 ff. und *Schwarz* SE-VO Art. 24 Rn. 17.

Umtauschverhältnisses Anwendung finden kann. Sollte man daher zu der Auffassung gelangen, dass Art. 24 Abs. 2 SE-VO dafür nicht einschlägig ist, ergäbe sich die Anwendung des § 15 UmwG unmittelbar aus der Verweisung des Art. 18 SE-VO. Im praktischen Ergebnis ist daher kaum daran zu zweifeln, dass Aktionäre einer deutschen Gesellschaft vom Recht auf Kontrolle des Umtauschverhältnisses auch dann Gebrauch machen können, wenn sie der Verschmelzung grundsätzlich zugestimmt haben.[123]

## 2. Zustimmung der ausländischen Gesellschaft(en)

Das Recht auf Überprüfung des Umtauschverhältnisses steht nur den Aktionären der dem deutschen Recht unterliegenden Gesellschaft zu. Für die Aktionäre der ausländischen Gesellschaften hat der deutsche Gesetzgeber keine Regelungskompetenz. Soweit das ausländische Recht ein derartiges Verfahren nicht kennt, könnten sich die Aktionäre der an der Verschmelzung beteiligten ausländischen Gesellschaften benachteiligt fühlen. Dies wird besonders deutlich, wenn man sich vor Augen hält, dass die SE-Gründung beim rechtskräftigen Abschluss des Spruchverfahrens in aller Regel bereits vollzogen sein wird – das Spruchverfahren dient ja gerade dazu, den Fortgang der Verschmelzung zu ermöglichen und nicht durch Anfechtungsklagen zu belasten. Obwohl die bare Zuzahlung rechtlich gesehen eine „Altlast" aus dem Anteilsrecht der Aktionäre der deutschen Gesellschaft ist, führt sie dann wirtschaftlich zu einem **Abfluss von Vermögen aus der SE.** Dies könnte den Unmut von Aktionären der beteiligten ausländischen Gesellschaften erwecken, die nach ihrer Rechtsordnung keine Möglichkeit hatten, eine bare Zuzahlung zu erlangen. 80

Allerdings sind auch Aktionäre ausländischer Gesellschaften keineswegs schutzlos gestellt. Zwar ist das Spruchverfahren deutscher Prägung dort – mit Ausnahme Österreichs und Tschechiens – nicht bekannt. Indessen können Minderheitsaktionäre, die sich benachteiligt fühlen, in der Regel auf Institute des allgemeinen Gesellschaftsrechts zurückgreifen; teilweise existieren Austrittsrechte, Schadensersatzansprüche oder allgemeine Tatbestände, die den Missbrauch von Mehrheitsmacht zum Gegenstand haben.[124] 81

Wegen der Besonderheit des deutschen Spruchverfahrens, das über den Zeitpunkt der Verschmelzung hinaus Wirkungen zeitigt, fordert **Art. 25 Abs. 3 SE-VO,** dass diejenigen Gesellschaften, deren Rechtsordnung ein Verfahren zur Kontrolle und Änderung des Umtauschverhältnisses nicht kennt, der Anwendung des Spruchverfahrens im Verschmelzungsplan ausdrücklich zustimmen müssen. Sollte diese Zustimmung nicht zu erlangen sein, entfällt mit dem Spruchverfahren auch der in § 6 Abs. 1 SEAG geregelte Ausschluss der Anfechtungsklage. Opponierende Aktionäre hätten also die Möglichkeit, die Unternehmensbewertung im Wege der Anfechtungsklage anzugreifen.[125] Dies zu vermeiden, liegt auch im Interesse der übrigen beteiligten Gesellschaften, so dass es sinnvoll ist, in der Hauptversammlung der ausländischen Gesellschaft die Zustimmung zum deutschen Spruchverfahren untrennbar mit der Zustimmung zur Verschmelzung zu verbinden. Sofern die Aktionäre der ausländischen Gesellschaft die Transaktion als solche billigen, sollte auch ihre Zustimmung zum Spruchverfahren zu erlangen sein. 82

## III. Barabfindung widersprechender Aktionäre

Aktionäre, die der Verschmelzung widersprechen, haben Anspruch auf ein Barabfindungsangebot, wenn der Sitz der künftigen SE im Ausland liegen soll (§ 7 SEAG). Entgegen der 83

---

[123] Ebenso Lutter/Hommelhoff/Teichmann SE/*Bayer* SE-VO Art. 24 Rn. 26, Habersack/Drinhausen/*Marsch-Barner* SE-VO Art. 24 Rn. 18.
[124] Vgl. die Literatur zum ausländischen Recht *Oplustil/Teichmann* (Hrsg.), The European Company – all over Europe, 2004; weiterhin die Länderberichte in *Jannott/Frodermann* SE-HdB Kap. 15.
[125] Vgl. die Begründung zu § 6 SEAG (RegE); weiterhin *Teichmann* in Theisen/Wenz EurAG 586.

Fassung im vorangegangenen Diskussionsentwurf[126] beschränkt die Gesetzesfassung das Austrittsrecht auf den Fall einer Verschmelzung, bei welcher die entstehende SE ihren **Sitz im Ausland** nimmt.[127] Denn ein Schutzbedürfnis der Aktionäre besteht vor allem dann, wenn sich der gesellschaftsrechtliche Rahmen und das sonstige rechtliche Umfeld erheblich verändern.

84 Wer dem entgegenhält, die SE sei eine europäisch „im Kern einheitliche" Rechtsform,[128] verkennt, dass sich die Einheitlichkeit weitgehend in der Regelung des Gründungsverfahrens erschöpft. Zieht man die zur Gründung gehörenden Vorschriften ab, widmet sich die SE-VO nur in etwa dreißig Artikeln dem Innenleben der Gesellschaft; ein Teil davon besteht gar nur in der bloßen Verweisung auf das **Aktienrecht des Sitzstaates** der SE, auf das Art. 9 SE-VO für die nicht oder nur teilweise geregelten Bereiche ohnehin verweist. De facto gibt es also keine einheitliche SE, sondern mindestens so viele SE-Variationen wie es Mitgliedstaaten gibt. Dass die nationalen Aktienrechtssysteme ungeachtet aller Harmonisierungsbestrebungen gerade im Bereich der Aktionärsrechte noch erhebliche Unterschiede aufweisen, lässt sich nicht leugnen; darin liegt möglicherweise sogar ein Vorteil der SE, die auf diese Weise ein Vehikel im Wettbewerb der Rechtsordnungen sein kann.[129] Der Sinn des Austrittsrechts liegt indessen darin, dass ein Minderheitsaktionär, der den von der Mehrheit gewollten Wechsel der Rechtsordnung ablehnt, nicht gezwungen werden soll, in der Gesellschaft auszuharren, die nicht mehr dieselbe ist, der er einst beigetreten ist. Ein Verstoß gegen die europäische **Niederlassungsfreiheit** lässt sich darin nicht erkennen.[130] Denn aus keiner der bislang ergangenen EuGH-Entscheidungen lässt sich das Recht der Mehrheit ableiten, über die Rechtspositionen der Minderheit gegen deren Willen zu disponieren.[131] Die SE-VO selbst erkennt deren Schutzbedürfnis an, indem sie nicht nur bei der Verschmelzung, sondern auch bei der Sitzverlegung ausdrücklich nationale Regelungen zum Schutz der Minderheitsaktionäre zulässt (Art. 8 Abs. 5 SE-VO).

85 Der deutsche Gesetzgeber greift hier in **Anlehnung an das UmwG** auf bewährtes Instrumentarium zurück. Die Regelung des § 7 SEAG entspricht in weiten Teilen derjenigen der §§ 29 ff. UmwG; das hierauf bezogene Schrifttum kann daher zur Interpretation des § 7 SEAG herangezogen werden. Ebenso wie bei der Kontrolle des Umtauschverhältnisses kann ein Angebot auf Barabfindung allerdings nur gewährt werden, wenn die Gesellschafter der ausländischen Gesellschaft zustimmen (Art. 25 Abs. 3 SE-VO); andernfalls steht den Minderheitsaktionären die Anfechtungsklage offen (§ 7 Abs. 5 SEAG).

## IV. Gläubigerschutz

### 1. SE mit Sitz in Deutschland

86 Die Besonderheit der Verschmelzung liegt darin, dass die Gläubiger der sich verschmelzenden Gesellschaften einen neuen Schuldner erhalten. Im Zuge der Gesamtrechtsnachfolge

---

[126] Hierzu *Neye/Teichmann* AG 2003, 169 ff.
[127] Ob das Recht im künftigen Sitzstaat der SE die deutsche Regelung – insbesondere den damit verbundenen Erwerb eigener Aktien – akzeptieren und umsetzen muss, ist umstritten. Bejaht wird dies ua von Lutter/Hommelhoff/*Teichmann* SE/*Bayer* SE-VO Art. 24 Rn. 56 und *Teichmann* ZGR 2003, 367 (376 ff.); ablehnend hingegen beispielsweise *Brandes* AG 2005, 177 (180) und Habersack/Drinhausen/ *Marsch-Barner* SE-VO Art. 24 Rn. 49.
[128] So *Kübler* ZHR 167 (2003), 627 (629).
[129] In diesem Sinne *Enriques* ZGR 2004, 735 ff.
[130] Wie hier MüKoAktG/*Schäfer*, SE-VO Art. 20 Rn. 22; Habersack/Drinhausen/*Marsch-Barner* SE-VO Art. 24 Rn. 53; aA Kalss/Hügel/*Hügel* SEG § 17 Rn. 26, der in der parallel gelagerten österreichischen Vorschrift einen Verstoß gegen die Niederlassungsfreiheit erblickt. In diese Richtung auch für den deutschen § 7 SEAG Kölner Komm AktG/*Maul*, SE-VO Art. 24 Rn. 28.
[131] So fordert der EuGH in seiner SEVIC-Entscheidung (C-411/03) auch nicht etwa, die grenzüberschreitende Verschmelzung ohne jede Einschränkung zu ermöglichen, sondern lediglich eine Beteiligung der ausländischen Gesellschaft unter Einhaltung der inländischen, dem Schutze von Drittinteressen dienenden Verfahrensregeln (näher dazu *Teichmann* ZIP 2006, 355 (358 f.)).

gehen ihre Forderungen auf den übernehmenden Rechtsträger über, ohne dass hierfür – in Abweichung von den allgemeinen zivilrechtlichen Regeln (§§ 414 ff. BGB) – die Zustimmung der Gläubiger eingeholt werden müsste. Zum Schutz der Gläubiger regelt daher § 22 UmwG einen an bestimmte Voraussetzungen geknüpften Anspruch auf **Sicherheitsleistung.** Diese Regelung gilt – für die beteiligte Gesellschaft deutschen Rechts – auch bei einer Verschmelzung zur SE.[132] Die Gläubiger der an der Verschmelzung beteiligten Gesellschaft deutschen Rechts haben demnach für ihre noch nicht fälligen Leistungen einen Anspruch auf Sicherheitsleistung, wenn sie glaubhaft machen, dass durch die Verschmelzung die Erfüllung ihrer Forderungen gefährdet wird.[133] Grund einer Gefährdung kann insbesondere die Zusammenführung der Vermögensmasse des bisherigen Schuldners mit einer Gesellschaft von geringerer Bonität sein. Zur schriftlichen Anmeldung ihres Anspruchs setzt das Gesetz den Gläubigern eine Frist von sechs Monaten, die mit dem Tag zu laufen beginnt,[134] an dem die Eintragung der Verschmelzung in das Register des Sitzes desjenigen Rechtsträgers, dessen Gläubiger sie sind, nach § 19 Abs. 3 UmwG als bekannt gemacht gilt.

## 2. SE mit Sitz im Ausland

Nimmt die durch die Verschmelzung gegründete SE ihren Sitz im Ausland, ordnet § 8 SEAG einen vorgeschalteten Gläubigerschutz an. Er verweist hierzu auf § 13 SEAG, also die Gläubigerschutznorm bei der Sitzverlegung. Diese auf den grenzüberschreitenden Charakter der Verschmelzung angepasste Regelung verstößt entgegen vielfach vertretener Auffassung[135] nicht gegen die Ermächtigungsgrundlage des Art. 24 Abs. 1 lit. a SE-VO.[136] Mittlerweile hat der EU-Gesetzgeber für die grenzüberschreitende Verschmelzung im Kontext der Richtlinie zu bestimmten Fragen des Gesellschaftsrechts explizit einen vorgelagerten Gläubigerschutz geregelt[137] und damit bestätigt, dass Gläubigerschutz bei einer grenzüberschreitenden Transaktion sinnvollerweise vor- und nicht nachgelagert stattfinden sollte.

87

Nach der Regelung in §§ 8, 13 SEAG können die Gläubiger noch **vor dem Wirksamwerden** der Verschmelzung Sicherheit verlangen, wenn sie glaubhaft machen können, dass durch die (sitzverlegende) Verschmelzung die Erfüllung ihrer Forderungen gefährdet wird. Das Gefährdungspotential resultiert hier einerseits aus der Verschmelzung selbst, insoweit unterscheidet sich die Lage nicht von derjenigen des § 22 UmwG; eine Gefährdung kann zum zweiten aber auch aus dem sitzverlegenden Charakter der Verschmelzung resultieren, wenn beispielsweise die Rechtsverfolgung dadurch erheblich erschwert wür-

88

---

[132] § 22 UmwG gilt kraft der Spezialverweisung des Art. 24 Abs. 1 SE-VO. Es handelt sich um eine „distributive" Anknüpfung, die vermeidet, dass kumulativ die Rechtsordnungen aller beteiligten Rechtsträger angewandt werden müssten (hierzu *Scheifele,* Die Gründung der Europäischen Aktiengesellschaft (SE), 2004, 223).
[133] Näher zu den Anspruchsvoraussetzungen Lutter UmwG/*Grunewald* UmwG § 22 Rn. 4 ff. und Semler/Stengel/Leonard/*Seulen* UmwG § 22 Rn. 6 ff.
[134] Fristberechnung nach §§ 187 ff. BGB. Der Tag, in den das fristauslösende Ereignis fällt, wird demnach nicht mitgerechnet.
[135] Siehe nur Lutter/Hommelhoff/Teichmann SE/*Bayer* SE-VO Art. 24 Rn. 15 f. sowie Habersack/Drinhausen/*Marsch-Barner* SE-VO Art. 24 Rn. 10.
[136] Kölner Komm AktG/*Maul* SE-VO Art. 24 Rn. 11. Die EuGH-Entscheidung KA Finanz (EuGH NZG 2016, 513) äußert sich – entgegen vielfach vertretener Interpretation (siehe nur Habersack/Drinhausen/Marsch-Barner SE-VO Art. 24 Rn. 10) – nicht zur Frage, inwieweit der nationale Gesetzgeber den innerstaatlichen Gläubigerschutz an die grenzüberschreitende Sachlage anzupassen berechtigt ist. Eine solche Norm stand in dem Fall nicht zur Überprüfung. Die dort zu entscheidende Frage war lediglich, welche Rechtsordnung überhaupt für den Gläubigerschutz Anwendung findet, nachdem die sich verschmelzende Gesellschaft auf dem Standpunkt stand, Rechte aus der Herkunftsrechtsordnung seien im Zuge der Verschmelzung untergegangen (vgl. EuGH NZG 2016, 513 Rn. 47).
[137] Hierzu *Schollmeyer* ZGR 2020, 62 (72 ff.).

de.[138] Eine Sicherheitsleistung setzt allerdings voraus, dass eine **Gefährdung** glaubhaft gemacht werden kann und der Anspruch innerhalb von zwei Monaten nach der Offenlegung des Verschmelzungsplanes angemeldet wurde. Die für den Vollzug der Verschmelzung nötige Bescheinigung des Registergerichts wird erst ausgestellt, wenn die Vorstandsmitglieder der sich verschmelzenden deutschen AG versichert haben, dass allen Gläubigern, die hierauf Anspruch haben, angemessene Sicherheit gewährt wurde (§ 8 S. 2 SEAG).

89 Die Regelung über die Sicherheitsleistung kann zu einer **Behinderung der Verschmelzung** werden, wenn zahlreiche Gläubiger einen Anspruch auf Sicherheitsleistung geltend machen. Denn selbst, wenn die Ansprüche zumeist unbegründet sein dürften, weil eine Gefährdung der Forderungen im Regelfall nicht glaubhaft gemacht werden kann, wird der Streit hierüber einige Zeit kosten. Je nach der Höhe der geltend gemachten Forderungen wird sich die vorsorgliche Bestellung einer Sicherheit empfehlen. Gläubiger mit bedeutenden Forderungen an die Gesellschaften sollten bereits im Vorfeld der Planungen eingebunden und von der ökonomischen Sinnhaftigkeit der Transaktion überzeugt werden.

90 Der in § 8 SEAG angeordnete Gläubigerschutz bedeutet keinen Verstoß gegen die unionsrechtliche **Niederlassungsfreiheit.**[139] Der Vorgang der Verschmelzung unterliegt zwar dem Anwendungsbereich der Niederlassungsfreiheit, wie der EuGH in der Sevic-Entscheidung klargestellt hat.[140] Dies gilt, wenngleich vom EuGH nicht ganz klar ausgesprochen, auch für die sogenannte Herausverschmelzung.[141] Daraus folgt aber nur, dass jede Beschränkung der grenzüberschreitenden Verschmelzung einer Rechtfertigung bedarf. Belange des Gläubigerschutzes können eine Beschränkung rechtfertigen. Sofern der EuGH eine Beschränkung als unzulässig abgelehnt hat, ging es regelmäßig um präventive und vor dem Marktzugang greifende Gläubigerschutzmaßnahmen (insb. das Mindestkapital), während ein nachgelagerter Schutz zu Gunsten konkreter Gläubiger mit konkreten Forderungen entweder keine Beschränkung oder jedenfalls leichter zu rechtfertigen ist.[142] Vorliegend geht es um den Schutz konkreter Forderungen, die in ihrem Bestand von der Verschmelzung betroffen und durch diese glaubhaft gefährdet sind; dass angesichts dessen ein Anspruch auf Sicherheitsleistung das Maß des Erforderlichen übersteigt, lässt sich nicht erkennen.

91 Fraglich ist, ob die betreffenden Gläubiger die **Kosten einer vorsorglich bestellten Sicherheit** an die Gesellschaft erstatten müssen, wenn sich der Anspruch auf Sicherheitsleistung im Nachhinein als unbegründet erweist. Zu den Kosten des Gerichtsverfahrens wird man sie nicht rechnen können. Ein Anspruch aus Verletzung der vertraglichen Rücksichtnahmepflichten (§§ 280, 241 Abs. 2 BGB) dürfte nur dann eingreifen, wenn für den Gläubiger erkennbar war, dass sein Verlangen nach Sicherheitsleistung unbegründet war. Gegenüber Großgläubigern empfiehlt sich künftig kautelarjuristische Vorsorge: In die Verträge sollte für den Fall der Sitzverlegung oder der sitzverlegenden Verschmelzung die Möglichkeit einer freiwilligen Sicherheitsleistung aufgenommen werden, deren Kosten derjenige zu tragen hat, der im Gerichtsverfahren unterliegt.

---

[138] Dass dies auch im europäischen Rechtsraum immer noch denkbar ist, zeigt der Fall eines dänischen Versäumnisurteils, das in Deutschland nicht vollstreckt werden konnte (hierzu *Fogt/Schack* IPRax 2005, 118 ff.).
[139] Siehe dazu auch die entsprechenden Ausführungen im 7. Abschnitt über die Sitzverlegung → § 15 Rn. 54.
[140] EuGH 13.12.2005 – C-411/03, ZIP 2006, 2311 ff.
[141] Dazu *Teichmann* ZIP 2006, 355 ff.
[142] Zu dieser Entwicklungslinie von der *Inspire Art* zur *Kornhaas*-Entscheidung eingehend *Teichmann* in Gebauer/Teichmann (Hrsg.), Europäisches Privat- und Unternehmenrecht, Band 6 der Enzyklopädie Europarecht, 2021, § 9 Rn. 55 ff.

# § 6 Holding-SE

## Übersicht

|  | Rn. |
|---|---|
| A. Einführung | 1 |
| B. Regelungstechnik | 3 |
| C. Gründungsphasen | 4 |
| D. Voraussetzungen und Ablauf der Gründung | 5 |
|    I. Beteiligte Gesellschaften | 5 |
|    II. Vorbereitung der Anteilseignerversammlung | 6 |
|    III. Beschlussfassung durch die Anteilseignerversammlung | 16 |
|    IV. Einbringung der Anteile in die SE | 20 |
|    V. Das Umtauschverhältnis | 26 |
|    VI. Eintragung der Gründung | 30 |
|       1. Gründungsprüfung | 31 |
|       2. Negativerklärung | 33 |
|       3. Einbringung des Mindestprozentsatzes | 34 |
|       4. Grundkapital der SE | 35 |
|       5. Wirkungen der Eintragung | 37 |
|    VII. Rechtsfolgen der Gründung einer Holding-SE | 39 |
| E. Einzelfragen der Holding-Gründung | 41 |
|    I. Die Beteiligung der Anteilseignerversammlung | 41 |
|    II. Die Kontrolle des Umtauschverhältnisses | 43 |
|    III. Das Austrittsrecht gegen Barabfindung im Gründungsplan | 49 |
|       1. Voraussetzungen des Austrittsrechts | 50 |
|       2. Rechtsfolgen des Austrittsrechts: Erwerb eigener Aktien durch eine Gründungs-AG | 57 |
|    IV. Anwendbarkeit des WpÜG | 63 |

## A. Einführung

Ein dem deutschen Recht **zuvor unbekanntes weiteres Gründungsverfahren** stellt die Gründung einer Holding-SE gemäß Art. 2 Abs. 2 SE-VO dar, auf das neben Art. 32–34 SE-VO die §§ 9–11 SEAG Anwendung finden. 1

Bei Gründung einer Holding-SE **tauschen** die Gesellschafter der beteiligten Gründungsgesellschaften **ihre Anteile unmittelbar in Aktien** der neu entstehenden Holding-SE.[1] Damit wird die SE zur Muttergesellschaft der beteiligten Gründungsgesellschaften, die regelmäßig als abhängige Gesellschaften der neuen Holding-SE weiter bestehen.[2] Die Holding-Gründung stellt somit eine Sachgründung durch Einbringung von Unternehmensanteilen dar.[3] 2

## B. Regelungstechnik

Die Gründung der Holding-SE richtet sich primär nach den Vorschriften der **Art. 2 Abs. 2, 32–34 SE-VO** und den **§§ 9–11 SEAG**. Soweit diese bezüglich des Verfahrens in den Gründungsgesellschaften keine Regelungen enthalten, ist in entsprechender An- 3

---

[1] *Teichmann* ZGR 2002, 383 (432).
[2] *Thoma/Leuering* NJW 2002, 1449 (1452).
[3] *Brandt* Beil. BB 2005, 1 (2); *Thoma/Leuering* NJW 2002, 1449 (1452). Zu Gestaltungsmöglichkeiten siehe → § 1 Rn. 21 ff., 52 ff.

wendung von Art. 18 SE-VO auf das jeweilige **nationale Recht** der Gründungsgesellschaften zurückzugreifen.[4] In Bezug auf die zu gründende SE gilt hingegen das Recht ihres zukünftigen Sitzstaats gemäß Art. 15 Abs. 1 SE-VO.[5]

## C. Gründungsphasen

4 Die Gründung vollzieht sich in folgenden Phasen:
- Zur **Vorbereitung** der Anteilseignerversammlungen der Gründungsgesellschaften erstellen nach Art. 32 Abs. 2 SE-VO die Leitungsorgane der beteiligten Gesellschaften zunächst einen Gründungsplan,[6] der von einem oder mehreren unabhängigen Sachverständigen zu prüfen ist (Art. 32 Abs. 4). Im Gründungsplan haben die beteiligten Gesellschaften den Mindestprozentsatz der Aktien oder sonstigen Anteile festzusetzen, die von den Aktionären oder Gesellschaftern eingebracht werden müssen, damit die SE gegründet werden kann (Art. 32 Abs. 2 S. 3). Dieser Prozentsatz muss mehr als 50% der Stimmrechte betragen.
- Die **Haupt- bzw. Gesellschafterversammlung** jeder beteiligten Gesellschaft muss anschließend dem Gründungsplan durch Beschluss **zustimmen** (Art. 32 Abs. 6; bei einer GmbH tritt an die Stelle der Hauptversammlung die Gesellschafterversammlung).
- Daran schließt sich eine **dreimonatige Frist** an, in welcher die Anteilseigner der beteiligten Gesellschaften diesen mitteilen können, dass sie die **Einbringung ihrer Anteile** im Rahmen der Gründung der Holding-SE beabsichtigen (Art. 33 Abs. 1). Nach Art. 33 Abs. 2 SE-VO in Verbindung mit Art. 32 Abs. 2 S. 4 SE-VO kommt es nur dann zur Gründung der Holding-SE, wenn innerhalb dieser Drei-Monats-Frist der im Gründungsplan festgelegte Mindestprozentsatz an Gesellschaftsanteilen in die Holding-SE eingebracht wird.
- Schließlich wird die Gründung der Holding-SE mit Sitz in Deutschland in das deutsche **Handelsregister eingetragen**.[7]

## D. Voraussetzungen und Ablauf der Gründung

### I. Beteiligte Gesellschaften

5 Die Gründung einer Holding-SE steht nach Art. 32 Abs. 1 SE-VO in Verbindung mit Art. 2 Abs. 2 SE-VO, im Gegensatz zur Gründung durch Verschmelzung,[8] sowohl **Aktiengesellschaften** wie auch **Gesellschaften mit beschränkter Haftung** offen.[9] Voraussetzung für eine Holding-Gründung ist, dass die die Gründung anstrebenden Gesellschaften nach dem Recht eines Mitgliedstaates der Europäischen Union gegründet wurden und sowohl ihren Sitz als auch ihre Hauptverwaltung in einem Mitgliedstaat haben (Art. 2

---

[4] BeckOGK/*Eberspächer*, 1.2.2021, SE-VO Art. 32 Rn. 5; *Heckschen* DNotZ 2003, 251 (261); Lutter/Hommelhoff/Teichmann SE/*Bayer* SE-VO Art. 32 Rn. 7; Kölner Komm AktG/*Paefgen* SE-VO Art. 32 Rn. 10; MüKoAktG/*Schäfer* SE-VO Art. 32 Rn. 3; *Scheifele*, Die Gründung der Europäischen Aktiengesellschaft (SE), 2004, 311; Habersack/Drinhausen/*Scholz* SE-VO Art. 32 Rn. 10; *Schwarz* SE-VO Vorb. Art. 32–34 Rn. 11; *Teichmann* ZGR 2002, 383 (434) gelangt hingegen über die allgemeinen Grundsätze des harmonisierten europäischen Gesellschaftsrechts zu einer lückenfüllenden Anwendung des nationalen Rechts, was aber im Ergebnis keinen Unterschied macht.
[5] Zur Abgrenzung von Art. 18 und Art. 15 SE-VO ausführlich → § 5 Rn. 9, 15 ff.
[6] Siehe dazu → Rn. 6 ff.
[7] Art. 12 Abs. 1 SE-VO. Der Eintragung kommt für die Entstehung der SE konstitutive Wirkung zu, Art. 16 Abs. 1 SE-VO.
[8] Zur SE-Gründung durch Verschmelzung siehe → § 5 Rn. 21 ff.
[9] Vgl. hierzu Anhang II zur SE-VO.

D. Voraussetzungen und Ablauf der Gründung  § 6

Abs. 2 SE-VO). Weiterhin ist erforderlich, dass mindestens zwei der beteiligten Gesellschaften (i) dem Recht verschiedener Mitgliedstaaten unterliegen[10] oder (ii) seit zwei Jahren eine Tochtergesellschaft, die dem Recht eines anderen Mitgliedstaates unterliegt,[11] bzw. eine Zweigniederlassung in einem anderen Mitgliedstaat haben. Im Rahmen der Gründung einer Holding-SE kann es daher auch zu nationalen Holding-Bildungen kommen, beispielsweise wenn zwei deutsche GmbH beteiligt sind, die jeweils seit zwei Jahren entweder eine dem Recht eines anderen Mitgliedstaates unterliegende Tochtergesellschaft haben oder eine innerhalb der EU gelegene Zweigniederlassung unterhalten.[12] Im Hinblick auf die Frist von zwei Jahren kommt es nur auf das Bestehen der Gesellschaft und nicht auf die Dauer der Mitgliedschaft des Sitzstaates in der EU an.[13] Unschädlich ist dabei, wenn der Sitz der Gesellschaft bzw. der Zweigniederlassung während der Zwei-Jahres-Frist in einen anderen Mitgliedstaat der EU verlegt wird.[14]

## II. Vorbereitung der Anteilseignerversammlung

**Erstellung des Gründungsplans.** Die Erstellung eines Gründungsplans ist die erste Voraussetzung für die Gründung einer Holding-SE und dient der Vorbereitung der Gründung. Die Notwendigkeit der Erstellung des Gründungsplans durch die **Leitungs- oder Verwaltungsorgane** der die Gründung anstrebenden Gesellschaften ergibt sich aus Art. 32 Abs. 2 SE-VO. Der Plan muss für alle beteiligten Gesellschaften den **gleichen Inhalt** haben und erfordert deshalb das Einvernehmen der Leitungsorgane aller an der Gründung beteiligten Gesellschaften.[15]  6

**Ferner** schreibt Art. 32 Abs. 2 S. 2 SE-VO vor, dass der Gründungsplan einen **Bericht** enthalten muss, welcher die Gründung aus rechtlicher und wirtschaftlicher Sicht erläutert und begründet und zudem darlegt, welche Auswirkungen sich aus dem Übergang zur Rechtsform einer SE für die Anteilseigner und Arbeitnehmer ergeben.  7

Art. 34 SE-VO enthält eine Ermächtigung, aufgrund derer die Mitgliedstaaten Vorschriften zum Schutz der die Gründung ablehnenden Minderheitsgesellschafter, Gläubiger und Arbeitnehmer erlassen können. Von dieser Ermächtigung hat der deutsche Gesetzgeber in § 9 SEAG Gebrauch gemacht. In § 9 Abs. 1 SEAG wird für Gründungsgesellschaften in der Rechtsform einer deutschen Aktiengesellschaft vorgesehen, dass diese ihren Aktionären im Gründungsplan zwingend den **Erwerb ihrer Aktien anbieten** müssen, wenn diese **Widerspruch** gegen den Zustimmungsbeschluss zur Niederschrift erklärt haben und die Holding-SE ihren **Sitz im Ausland** haben soll oder ihrerseits eine im Sinne des § 17 AktG **abhängige Gesellschaft** ist. Allerdings gelten die Vorschriften des Aktiengesetzes über den Erwerb eigener Aktien gemäß § 9 Abs. 1 S. 2 SEAG entsprechend. Aufgrund der Regelung des § 9 Abs. 1 SEAG muss das **Barabfindungsangebot** bereits im Gründungsplan enthalten sein.[16] Im Hinblick auf den Verweis des § 9 Abs. 2 SEAG, der die Abfindungsvorschrift der Verschmelzung für anwendbar erklärt, kann auf die entsprechenden Ausführungen zur Gründung durch Verschmelzung Bezug genommen werden.[17] Die Regelung des § 9 SEAG ist bewusst auf die Aktionäre von Aktiengesellschaften als Gründer beschränkt, da der Gesetzgeber davon ausgegangen ist, dass GmbH-Gesellschafter sich  8

---

[10] Diese Voraussetzung besteht auch bei der Gründung durch Verschmelzung (Art. 2 Abs. 1 SE-VO), dazu ausführlich → § 5 Rn. 24 ff.
[11] Diese Voraussetzung besteht auch beim Formwechsel in eine SE (Art. 2 Abs. 4 SE-VO), dazu → § 8 Rn. 16.
[12] *Kalss* ZGR 2003, 593 (630).
[13] *Vossius* ZIP 2005, 741 (745).
[14] Habersack/Drinhausen/*Habersack* SE-VO Art. 2 Rn. 17.
[15] *Teichmann* AG 2004, 67 (69).
[16] *Ihrig/Wagner* BB 2004, 1749 (1752); näher zu diesem Problemkreis, siehe → Rn. 43 ff., 49 ff.
[17] Siehe → § 5 Rn. 83 ff.

durch entsprechende Ausgestaltung des Gesellschaftsvertrags selbst gegen unerwünschte Konzernierungen schützen können.[18]

9 Der Gründungsplan muss ferner nach Art. 32 Abs. 2 S. 3 SE-VO zwingend den **Prozentsatz der einzubringenden Anteile** der Gründungsgesellschaften festschreiben, der zur erfolgreichen Gründung einer Holding-SE zu erreichen ist. Dabei muss dieser Prozentsatz nach Art. 32 Abs. 2 S. 4 SE-VO mehr als 50 Prozent der Stimmrechte der Anteile betragen. Darüber hinaus beinhaltet der Gründungsplan nach Art. 32 Abs. 2 S. 3 SE-VO in Verbindung mit Art. 20 Abs. 1 SE-VO die meisten der Angaben, die auch der **Verschmelzungsplan** bei der Gründung einer SE durch Verschmelzung enthalten muss.

10 Aufzunehmen sind danach folgende Angaben:[19]
– Firma und Sitz der Gründungsgesellschaften und der SE;
– Das Umtauschverhältnis der Aktien und ggf. die Höhe der Ausgleichsleistung;
– Die Einzelheiten hinsichtlich der Übertragung der Aktien der SE;
– Rechte, die den mit Sonderrechten ausgestatteten Gesellschaftern der Gründungsgesellschaften und den Inhabern anderer Wertpapiere als Aktien in der SE gewährt werden oder für diese Personen vorgeschlagene Maßnahmen;
– Besondere Vorteile, die den Prüfern des Gründungsplans oder Mitgliedern der Verwaltungs-, Leitungs- oder Aufsichtsorgane der Gründungsgesellschaften gewährt werden;
– Die Satzung der SE;
– Angaben zu dem Verfahren, nach dem die Beteiligung der Arbeitnehmer in der SE geregelt wird. Insoweit ist das Gründungsverfahren der Holding-SE dem der Verschmelzung angeglichen.[20]

Nicht aufzunehmen sind die Angaben nach Art. 20 Abs. 1 S. 2 lit. d und e SE-VO (Zeitpunkt der Gewinnberechtigung und Verschmelzungsstichtag), da die Gründungsgesellschaften fortbestehen und nicht unter Übergang ihres Vermögens auf die SE erlöschen.[21]

11 Da das **Grundkapital** der Holding-SE zum Zeitpunkt der Erstellung des Gründungsplans noch nicht feststeht, kann die Satzung diesbezüglich lediglich die Angabe des Mindestkapitals enthalten, das sich aufgrund der prozentual festgelegten Mindestquote der einzubringenden Anteile und des feststehenden Umtauschverhältnisses errechnen lässt (s. dazu → Rn. 35 ff.). Da die Satzung der SE Bestandteil des Gründungsplans ist, bedarf er gemäß Art. 15 SE-VO in Verbindung mit § 23 Abs. 1 AktG der **notariellen Beurkundung**.[22] Art. 15 Abs. 1 SE-VO ist hier anzuwenden, da es nicht um den Ablauf des Willensbildungsverfahrens in den Gründungsgesellschaften, sondern um die Satzung der künftigen SE geht. Der **Gründungsbericht** wäre als Bestandteil des Gründungsplans (Art. 32 Abs. 2 S. 2 SE-VO) grundsätzlich mitzubeurkunden. Nach überwiegender und zutreffender Auffassung kann er jedoch auch als separates Dokument erstellt werden, was bereits daraus folgt, dass der Bericht, um seine Informationsfunktion hinsichtlich der Folgen für die Anteilseigner zu erfüllen, auch auf die jeweiligen rechtsformspezifischen Besonderheiten der davon betroffenen Anteilseigner eingehen muss. Die Gründungsgesellschaften können daher separate Berichte erstellen, die sich allerdings inhaltlich nicht widersprechen dürfen.[23]

---

[18] Regierungsbegründung zu § 9 SEAG, BT-Drs. 15/3405, 34, siehe dazu noch → Rn. 50 ff.
[19] Angaben in Art. 20 Abs. 1 lit. a, b, c, f, g, h und i SE-VO; dazu im Einzelnen → § 5 Rn. 33 ff. sowie Kölner Komm AktG/*Paefgen* SE-VO Art. 32 Rn. 37 ff.
[20] *Teichmann* AG 2004, 67 (69).
[21] Kölner Komm AktG/*Paefgen* SE-VO Art. 32 Rn. 38; MüKoAktG/*Schäfer* Art. 32 SE-VO Rn. 11.
[22] BeckOGK/*Eberspächer*, 1.2.2021, SE-VO Art. 32 Rn. 17; *Brandes* AG 2005, 177 (182); *Heckschen* DNotZ 2003, 251 (261); Schmitt/Hörtnagl/*Hörtnagl/Rinke* SE-VO Art. 32 Rn. 3; Kölner Komm AktG/*Paefgen* SE-VO Art. 32 Rn. 79; *Vossius* ZIP 2005, 741 (745); im Ergebnis ebenso MüKoAktG/*Schäfer* SE-VO Art. 32 Rn. 23; Habersack/Drinhausen/*Scholz* SE-VO Art. 32 Rn. 38, dies zusätzlich auf eine Analogie zu Art. 18 SE-VO iVm § 6 UmwG stützen.
[23] BeckOGK/*Eberspächer*, 1.2.2021, SE-VO Art. 32 Rn. 15; Kölner Komm AktG/*Paefgen* SE-VO Art. 32 Rn. 73; MüKoAktG/*Schäfer* SE-VO Art. 32 Rn. 17; Habersack/Drinhausen/*Scholz* SE-VO Art. 32 Rn. 39; aA *Scheifele*, Die Gründung der Europäischen Aktiengesellschaft (SE), 2004, 312.

**Offenlegung des Gründungsplans.** Mindestens einen Monat vor jeder angesetzten 12
Gesellschafter- bzw. Hauptversammlung, die nach Art. 32 Abs. 6 SE-VO über den Gründungsplan zu beschließen hat, muss dieser für jede der die Gründung anstrebenden Gesellschaften gemäß Art. 16 GesR-RL (früher Art. 3 Publizitäts-RL) entsprechend den jeweiligen nationalen Verfahrensvorschriften offengelegt werden (Art. 32 Abs. 3 SE-VO). Dies bedeutet für jede beteiligte deutsche Gesellschaft die **Einreichung** des vollständigen Gründungsplans beim zuständigen **Handelsregister**. Die Einreichung muss in elektronischer Form erfolgen (§ 12 Abs. 2 HGB). Da der **Gründungsbericht** – anders als der Verschmelzungsbericht bei der Gründung durch Verschmelzung und der Umwandlungsbericht bei der Gründung durch Formwechsel – Teil des Gründungsplans ist, ist er von der Offenlegungspflicht des Art. 32 Abs. 3 SE-VO formal umfasst und daher zum Handelsregister einzureichen.[24] Das Handelsregister veranlasst sodann die vorgeschriebenen Bekanntmachungen.[25] Nach zutreffender Auffassung genügt dabei die Bekanntmachung eines Hinweises auf die Einreichung entsprechend § 61 UmwG, eine Eintragung von Plan (und Bericht) in das Handelsregister und entsprechende Bekanntmachung ist also nicht erforderlich.[26]

**Prüfung des Gründungsplans.** Aus Art. 32 Abs. 4 SE-VO ergibt sich die Notwen- 13
digkeit der Prüfung des von den Leitungsorganen der beteiligten Gesellschaften erstellten Gründungsplans durch **unabhängige Sachverständige.** Diese müssen bei einem Gericht oder einer Verwaltungsbehörde des Mitgliedstaates der einzelnen Gesellschaften zugelassen sein (vgl. Art. 32 Abs. 4 S. 1 SE-VO). Im gegenseitigen Einvernehmen können wie auch bei der Verschmelzung **gemeinsame Sachverständige** für alle beteiligten Gesellschaften gemäß Art. 32 Abs. 4 S. 2 SE-VO bestellt werden.[27] Die Sachverständigen fertigen nach erfolgter Prüfung des Gründungsplans einen **schriftlichen Bericht** für die Anteilsinhaber der beteiligten Ausgangsgesellschaften. Dabei muss dieser Bericht nach Art. 32 Abs. 5 SE-VO inhaltlich auf besondere Bewertungsschwierigkeiten hinweisen und eine Stellungnahme der Sachverständigen zur Angemessenheit des festgelegten Umtauschverhältnisses der Anteile enthalten. Ferner gibt der Bericht Auskunft über die Methode, nach der das Umtauschverhältnis ermittelt wurde, und erläutert die konkrete Eignung derselben.

Die Sachverständigen sind berechtigt, von den Gründungsgesellschaften alle für die Prü- 14
fung notwendigen **Unterlagen und Informationen** zu verlangen. Im Gegensatz zur Gründung durch Verschmelzung findet sich insoweit zwar keine Regelung in der SE-VO, jedoch ist ein solches Recht Voraussetzung für die Erstellung eines Prüfungsberichtes. Die fehlende Regelung in der Verordnung kann daher nur als redaktionelles Versehen gewertet werden.[28]

**Einberufung der Anteilseignerversammlung.** Die Einberufung der Haupt- bzw. 15
Gesellschafterversammlungen der Gründungsgesellschaften ist in der SE-VO nicht geregelt und richtet sich entsprechend der Verweisung des Art. 18 SE-VO nach deren Sitzstaatrecht. Für deutsche Gründungsgesellschaften gelten deshalb die §§ 121 ff. AktG für die AG

---

[24] Lutter/Hommelhoff EU-Gesellschaft/*Bayer* 49; Habersack/Drinhausen/*Scholz* SE-VO Art. 32 Rn. 73; *Neun* in Theisen/Wenz EurAG 155; aA *Kalss* ZGR 2003, 593 (630), die Art. 32 Abs. 3 SE-VO insoweit teleologisch reduzieren will; ebenso MüKoAktG/*Schäfer* SE-VO Art. 32 Rn. 24; ähnlich BeckOGK/*Eberspächer*, 1.2.2021, SE-VO Art. 32 Rn. 18 (der Bericht ist einzureichen, unterliegt aber nicht der Offenlegung).
[25] *Teichmann* ZGR 2002, 383 (433).
[26] Lutter/Hommelhoff SE/*Bayer* SE-VO Art. 32 Rn. 47; BeckOGK/*Eberspächer*, 1.2.2021, SE-VO Art. 32 Rn. 18; Kölner Komm AktG/*Paefgen* SE-VO Art. 32 Rn. 83f.; MüKoAktG/*Schäfer* SE-VO Art. 32 Rn. 24; Habersack/Drinhausen/*Scholz* SE-VO Art. 32 Rn. 74.
[27] BeckOGK/*Eberspächer*, 1.2.2021, SE-VO Art. 32 Rn. 19; Habersack/Drinhausen/*Scholz* SE-VO Art. 32 Rn. 80; *Teichmann* ZGR 2002, 383 (433); siehe → § 5 Rn. 54.
[28] *Teichmann* ZGR 2002, 383 (423f.), der ferner ausführt, aus welchem Grund hinsichtlich der Verschmelzung in Art. 22 S. 2 SE-VO eine ausdrückliche Regelung enthalten ist; ebenso MüKoAktG/*Schäfer* SE-VO Art. 32 Rn. 28; Habersack/Drinhausen/*Scholz* SE-VO Art. 32 Rn. 82.

und §§ 48 ff. GmbHG für die GmbH.[29] Zusätzlich sind in entsprechender Anwendung der §§ 63 f. UmwG zur Information der Aktionäre bzw. Gesellschafter der **Gründungsplan** einschließlich des **Gründungsberichts** sowie der **Gründungsprüfungsbericht** im Vorfeld der jeweiligen Anteilseignerversammlung in den Geschäftsräumen der Gesellschaft **auszulegen** und den Gesellschaftern auf Verlangen in Abschrift zuzusenden oder auf der Internetseite der Gesellschaft zugänglich zu machen. Da die Gründung einer Holding-SE nach dem Muster der Gründung durch Verschmelzung gestaltet ist und ebensolche Voraussetzungen in Form eines Gründungsplans, Gründungsberichts und Prüfungsberichts vorsieht, liegt auch in diesem Zusammenhang über eine entsprechende Anwendung von Art. 18 SE-VO die Anwendbarkeit der Informationspflichten entsprechend § 63 UmwG nahe.[30] Für die Gründung einer Holding-SE unter Beteiligung einer GmbH, für die die Verschmelzungsrichtlinie keine Anwendung findet, müssen wohl die gleichen Standards herangezogen werden, da eine Differenzierung keine sachliche Grundlage hätte (vgl. auch Art. 32 Abs. 7 SE-VO).[31]

### III. Beschlussfassung durch die Anteilseignerversammlung

16 In jeder Ausgangsgesellschaft muss nach Art. 32 Abs. 6 SE-VO dem **Gründungsplan** durch Beschluss der Haupt- bzw. Gesellschafterversammlung **zugestimmt** werden.

17 Da die SE-VO bezüglich der notwendigen **Mehrheit** des Zustimmungsbeschlusses keine Regelung enthält, hat der deutsche Gesetzgeber diese Lücke im Ausführungsgesetz geschlossen.[32] In § 10 Abs. 1 SEAG ist festgelegt, dass der Zustimmungsbeschluss einer Mehrheit von mindestens **drei Vierteln** des bei der Beschlussfassung vertretenen Grundkapitals bei einer deutschen Aktiengesellschaft oder drei Vierteln der abgegebenen Stimmen bei einer GmbH bedarf. Das Erfordernis einer qualifizierten Mehrheit hat der Gesetzgeber damit gegen eine verschiedentlich vor Verabschiedung des Gesetzes geäußerte Meinung in der Literatur, die sich für das Ausreichen eines einfachen Mehrheitsbeschlusses ausgesprochen hatte, in das Ausführungsgesetz aufgenommen.[33] Aus der gesetzgeberischen Begründung ergibt sich, dass diese Entscheidung hauptsächlich auf einer Anlehnung an die anderen Gründungsarten der SE, namentlich die Gründung durch Verschmelzung und durch Umwandlung, beruhte.[34]

18 Ebenso wie bei der Verschmelzungsgründung (s. Art. 23 Abs. 2 S. 2 SE-VO) kann die Anteilseignerversammlung jeder beteiligten Gesellschaft nach Art. 32 Abs. 6 S. 3 SE-VO die Eintragung der SE davon **abhängig** machen, dass eine geschlossene Vereinbarung zwischen den Leitungsorganen der Gründungsgesellschaften und dem besonderen Verhandlungsgremium der Arbeitnehmer über die **Beteiligung der Arbeitnehmer in der SE** von ihr **genehmigt** wird.[35] Dadurch wird die Mitwirkung der Anteilseigner der Gründungsgesellschaften bei der Frage der Arbeitnehmerbeteiligung in der SE sichergestellt.[36]

---

[29] BeckOGK/*Eberspächer*, 1.2.2021, SE-VO Art. 32 Rn. 21; Habersack/Drinhausen/*Scholz* SE-VO Art. 32 Rn. 86; *Schwarz* SE-VO Art. 32 Rn. 60.
[30] BeckOGK/*Eberspächer*, 1.2.2021, SE-VO Art. 32 Rn. 21; MüKoAktG/*Schäfer* SE-VO Art. 32 Rn. 33; Habersack/Drinhausen/*Scholz* SE-VO Art. 32 Rn. 88; vgl. auch *Teichmann* ZGR 2002, 383 (434), der zu diesem Ergebnis über eine entsprechende Anwendung von Art. 11 Abs. 1 Verschmelzungsrichtlinie bzw. Art. 9 Abs. 1 Spaltungsrichtlinie gelangt.
[31] Lutter/Hommelhoff/Teichmann SE/*Bayer* SE-VO Art. 32 Rn. 61; *Teichmann* ZGR 2002, 383 (434); aA Kölner Komm AktG/*Paefgen* SE-VO Art. 32 Rn. 112; Habersack/Drinhausen/*Scholz* SE-VO Art. 32 Rn. 87; wohl auch MüKoAktG/*Schäfer* SE-VO Art. 32 Rn. 33.
[32] BT-Drs. 15/3405, 34.
[33] Vgl. ua DAV-Stellungnahme NZG 2004, 75 (79); *Ihrig/Wagner* BB 2004, 1749 (1753).
[34] BT-Drs. 15/3405, 34.
[35] *Schwarz* ZIP 2001, 1847 (1853).
[36] *Kalss* ZGR 2003, 593 (632).

Macht die Versammlung von dieser Möglichkeit Gebrauch, muss sie nach Abschluss der Verhandlungen erneut Beschluss fassen.[37]

Da im Hinblick auf ein mögliches Vorgehen einzelner Gesellschafter gegen den Beschluss der Anteilseignerversammlung der jeweiligen Gründungsgesellschaft in der SE-VO keine Regelung getroffen wurde, gilt über die Verweisung des Art. 18 SE-VO das Gesellschaftsrecht des Mitgliedstaates, in dem die betreffende Gründungsgesellschaft ihren Sitz hat. Daher ist der Hauptversammlungsbeschluss einer Aktiengesellschaft mit Sitz in Deutschland nach den §§ 241 ff. AktG **nichtig bzw. anfechtbar.**[38]

## IV. Einbringung der Anteile in die SE

Nach erfolgreicher Beschlussfassung durch die Hauptversammlungen bzw. Gesellschafterversammlungen aller beteiligten Ausgangsgesellschaften haben die einzelnen Anteilseigner gemäß Art. 33 Abs. 1 SE-VO zunächst drei Monate Zeit, um die Absicht der Einbringung ihrer Aktien oder Geschäftsanteile in die Holding-SE zu **erklären.** Die Frist beginnt mit der endgültigen Festlegung des Gründungsplans der SE. Grundsätzlich ist der Gründungsplan dann als endgültig festgelegt zu betrachten, wenn die Hauptversammlung bzw. die Gesellschafterversammlung jeder Gründungsgesellschaft diesem mit entsprechender Mehrheit zugestimmt hat, Fristbeginn ist also nach zutreffender Auffassung der letzte Zustimmungsbeschluss.[39] Etwas anderes muss jedoch für den Fall des Art. 32 Abs. 6 S. 3 SE-VO gelten, da bei einem Zustimmungsvorbehalt zugunsten der Anteilseignerversammlung über eine Vereinbarung der Arbeitnehmerbeteiligung in der SE ein zusätzlicher Beschluss erforderlich ist. In diesem Fall kann die Drei-Monats-Frist nicht vor Fassung des entsprechenden Genehmigungsbeschlusses aller Anteilseignerversammlungen, die zuvor einen Zustimmungsvorbehalt festgelegt hatten, beginnen, da die endgültige Festlegung des Gründungsplans im Sinne des Art. 33 Abs. 1 S. 2 SE-VO erst mit diesem erreicht ist. Die Frist beginnt hier also mit Fassung des letzten Genehmigungsbeschlusses.[40] Der noch im Entwurf einer SE-VO von 1991 enthaltene Hinweis auf den „ersten" Beschluss als Fristbeginn ist wegen des neu eingefügten Vorbehalts zugunsten der Anteilseignerversammlung in Art. 32 Abs. 6 S. 3 SE-VO entfallen.[41]

Wegen Art. 33 Abs. 2 SE-VO ist die erfolgreiche Gründung der Holding-SE von dem tatsächlichen Einbringen des im Gründungsplan festgelegten Mindestprozentsatzes von Anteilen innerhalb der Drei-Monats-Frist des Art. 33 Abs. 1 SE-VO abhängig. Insoweit kommt es nicht darauf an, ob die Absichtserklärung der einzelnen Gesellschafter verbindlich ist oder innerhalb der Frist zurückgenommen werden kann,[42] da erst die Einbringung selbst die Voraussetzung für eine tatsächliche Holding-Gründung im Sinne des Art. 33 Abs. 2 SE-VO darstellt. Dabei bedeutet **Einbringung** das **Übertragen der Verfügungsbefugnis** auf die Vorgesellschaft, sodass der Gesellschaftsanteil aus dem Vermögen des je-

---

[37] *Teichmann* ZGR 2002, 383 (436).
[38] Davon geht wohl auch die Regierungsbegründung zu § 10 SEAG, BT-Drs. 15/3405, 34 aus. Gleiches gilt auch für den Beschluss der Gesellschafterversammlung einer an der Gründung beteiligten GmbH, da insoweit nach ständiger Rechtsprechung des Bundesgerichtshofs die §§ 241 ff. AktG analoge Anwendung finden; vgl. BGHZ 104, 66; MüKoGmbHG/*Wertenbruch* GmbHG Anh. § 47 Rn. 1.
[39] *Teichmann* ZGR 2002, 383 (436); ferner BeckOGK/*Eberspächer*, 1.2.2021, SE-VO Art. 33 Rn. 4; Kölner Komm AktG/*Paefgen* SE-VO Art. 33 Rn. 41; Habersack/Drinhausen/*Scholz* SE-VO Art. 33 Rn. 19; aA Lutter/Hommelhoff/Teichmann SE/*Bayer* SE-VO Art. 33 Rn. 13; Schmitt/Hörtnagl/*Hörtnagl/Rinke* SE-VO Art. 33 Rn. 2: Frist beginnt für jede Gründungsgesellschaft mit dem Beschluss ihrer Anteilseignerversammlung.
[40] BeckOGK/*Eberspächer*, 1.2.2021, SE-VO Art. 33 Rn. 4; MüKoAktG/*Schäfer* SE-VO Art. 33 Rn. 4; Habersack/Drinhausen/*Scholz* SE-VO Art. 33 Rn. 20.
[41] Vgl. *Teichmann* ZGR 2002, 383 (436).
[42] Siehe zur Frage der Rechtsverbindlichkeit und Rechtsnatur der Mitteilung etwa BeckOGK/*Eberspächer*, 1.2.2021, SE-VO Art. 33 Rn. 5; MüKoAktG/*Schäfer* SE-VO Art. 33 Rn. 6; Habersack/Drinhausen/*Scholz* SE-VO Art. 33 Rn. 13 f.

weiligen Anteilseigners ausgesondert wird.⁴³ Durch eine bedingte Übertragung, abhängig von der Eintragung der Holding-SE, kann einer möglichen Rückübertragung für den Fall des Nichterreichens des Mindestprozentsatzes nach Ablauf der Frist des § 33 Abs. 1 SE-VO vorgebeugt werden.⁴⁴ Nach der Gegenauffassung genügt es für die Einbringung im Sinne von Art. 33 Abs. 2 SE-VO hingegen, wenn bis zum Ablauf der Frist genügend Zeichnungsverträge (in Form der als entsprechendes Angebot oder als Annahme verstandenen Mitteilung gemäß Art. 33 Abs. 1 SE-VO) zustande gekommen sind, um die Mindestanteilsquote zu erreichen⁴⁵; teilweise wird zusätzlich verlangt, dass bis zur Eintragung der SE (aber nicht innerhalb der Drei-Monats-Frist) Anteilsübertragungen in Höhe der Mindestanteilsquote erfolgt sein müssen.⁴⁶

22 Da die SE-VO die rechtlichen Einzelheiten der Absichtserklärung und der Einbringung nicht regelt, bleiben diese entsprechend Art. 18 SE-VO dem nationalen Recht vorbehalten. Insoweit richten sich die **Form** und die Wirksamkeitsvoraussetzungen ausschließlich nach dem Recht, dem die jeweilige Gründungsgesellschaft unterliegt.⁴⁷ Bei der Einbringung von Anteilen deutscher Gründungsgesellschaften gilt demnach deutsches Recht, wobei für die deutsche Aktiengesellschaft die allgemein für die Übertragung von Aktien geltenden Vorschriften eingreifen. Gleiches gilt für die Einbringung von Geschäftsanteilen an einer deutschen GmbH. Nach § 15 Abs. 4 S. 1 GmbHG bedarf bei einer GmbH nicht nur die Übertragung, sondern bereits die schuldrechtliche Verpflichtung zur Übertragung der notariellen Beurkundung. Geht man mit der überwiegenden Auffassung⁴⁸ davon aus, dass die Mitteilung gemäß Art. 33 Abs. 1 SE-VO eine Verpflichtung zur Anteilsübertragung begründet, unterliegt diese bei einer GmbH als Gründungsgesellschaft folglich der Beurkundungspflicht.⁴⁹

23 Nach Art. 33 Abs. 4 SE-VO erhalten die einbringenden Gesellschafter der Ausgangsgesellschaften im Wege des **Anteilstausches Aktien der SE**. Das hierzu nötige dingliche Rechtsgeschäft kommt zwischen den Anteilseignern und der Vor-SE zustande.⁵⁰ Die Entstehung der Vor-SE richtet sich nach deutschem Recht (Art. 15 SE-VO); sie entsteht mit dem letzten zustimmenden Gesellschafter- bzw. Hauptversammlungsbeschluss der Gründungsgesellschaften.⁵¹

24 Sobald der im Gründungsplan festgelegte **Mindestprozentanteil** der einzubringenden Aktien erreicht wurde, muss jede der beteiligten Ausgangsgesellschaften dies gemäß Art. 33 Abs. 3 S. 1 SE-VO entsprechend den jeweiligen nationalen Vorschriften offenlegen. Für beteiligte inländische Gesellschaften gilt in Bezug auf das Verfahren im Wesentlichen das bereits zur Offenlegung des Gründungsplans im Sinne des Art. 32 Abs. 3 SE-VO Gesagte (s. → Rn. 7). Die Gründungsgesellschaften haben daher dem jeweils für sie zuständigen Handelsregister die Tatsache des Erreichens des Mindestprozentsatzes sowie den tatsächlich erreichten Prozentsatz in elektronischer Form (§ 12 Abs. 2 HGB) mitzuteilen.⁵² Das Registergericht veranlasst dann die Bekanntmachung gemäß §§ 10, 8 Abs. 2 Nr. 5 HGB.⁵³

---

⁴³ NK-SE/*Schröder* SE-VO Art. 33 Rn. 6.
⁴⁴ Kölner Komm AktG/*Paefgen* SE-VO Art. 33 Rn. 67; NK-SE/*Schröder* SE-VO Art. 33 Rn. 7.
⁴⁵ Etwa Lutter/Hommelhoff/Teichmann SE/*Bayer* SE-VO Art. 33 Rn. 16; Habersack/Drinhausen/*Scholz* SE-VO Art. 33 Rn. 25 mwN.
⁴⁶ Etwa Lutter/Hommelhoff/Teichmann SE/*Bayer* SE-VO Art. 33 Rn. 19; BeckOGK/*Eberspächer*, 1.2.2021, SE-VO Art. 33 Rn. 9; MüKoAktG/*Schäfer* SE-VO Art. 33 Rn. 9; Schmitt/Hörtnagl/*Hörtnagl/Rinke* SE-VO Art. 33 Rn. 2.
⁴⁷ NK-SE/*Schröder* SE-VO Art. 33 Rn. 10 f.
⁴⁸ Vgl. → Rn. 21.
⁴⁹ Lutter/Hommelhoff/Teichmann SE/*Bayer* SE-VO Art. 33 Rn. 20; BeckOGK/*Eberspächer*, 1.2.2021, SE-VO Art. 33 Rn. 5; MüKoAktG/*Schäfer* SE-VO Art. 33 Rn. 6.
⁵⁰ Lutter/Hommelhoff/Teichmann SE/*Bayer* SE-VO Art. 33 Rn. 21; Kölner Komm AktG/*Paefgen* SE-VO Art. 33 Rn. 60.
⁵¹ Ausführlich Kölner Komm AktG/*Paefgen* SE-VO Art. 33 Rn. 21 ff.
⁵² Habersack/Drinhausen/*Scholz* SE-VO Art. 33 Rn. 31 f.
⁵³ Habersack/Drinhausen/*Scholz* SE-VO Art. 33 Rn. 32.

## D. Voraussetzungen und Ablauf der Gründung § 6

Nach der **Offenlegung des erreichten Mindestprozentsatzes** wird den Anteilseignern, die ihre Einbringungsabsicht nicht innerhalb der Drei-Monats-Frist erklärt hatten, nach Art. 33 Abs. 3 S. 2 SE-VO eine Nachfrist von einem weiteren Monat eingeräumt, um doch noch die Einbringung ihres Anteils in die zu gründende Holding-SE zu erklären. Maßgeblich für den Fristbeginn ist für die Anteilseigner jeweils die Bekanntmachung der eigenen Gesellschaft.[54] Eine Verlängerung der von der Verordnung gesetzten Fristen nach Ermessen der Leitungsorgane der Gründungsgesellschaften ist nicht möglich. Die diesbezüglichen Regelungen der Verordnung sind – auch im Interesse der nicht zur Einbringung bereiten Minderheitsgesellschafter an einem Ende des Gründungsverfahrens – nicht als Mindestfristen, sondern als absolute Fristen anzusehen.[55] Nach Ablauf der Nachfrist steht auch die Höhe des Grundkapitals der SE endgültig fest.[56]  25

### V. Das Umtauschverhältnis

Bezüglich des im Gründungsplan festzulegenden Umtauschverhältnisses (Art. 32 Abs. 2 S. 3 SE-VO iVm Art. 20 Abs. 1 lit. b SE-VO) der Anteile enthält § 11 SEAG, der auf der Grundlage des Art. 34 SE-VO in das Ausführungsgesetz aufgenommen wurde, Regelungen darüber, inwieweit und unter welchen Umständen die Gesellschafter der Ausgangsgesellschaften eine **Verbesserung** des fixierten Umtauschverhältnisses erreichen können (näher dazu → Rn. 43 ff.).  26

Nach § 11 Abs. 1 SEAG steht jedem Anteilsinhaber der die Gründung anstrebenden Gesellschaften ein Anspruch auf **bare Zuzahlung** zu, wenn das Umtauschverhältnis nicht angemessen ist. Demnach haben sowohl die Anteilsinhaber, die ihre Anteile in die SE einbringen, als auch die, die sich gegen einen Umtausch entschieden haben, nach dem Willen des deutschen Gesetzgebers einen Barzuzahlungsanspruch.[57] Dabei bleibt im Hinblick auf die nicht am Umtausch beteiligten Anteilsinhaber unklar, welcher Vermögensnachteil durch den Anspruch auf Barzuzahlung ausgeglichen werden soll.[58] Denn im Gegensatz zur Gründung durch Verschmelzung bleiben die Ausgangsgesellschaften bei der Gründung der Holding-SE bestehen und die den Umtausch ablehnenden Gesellschafter verlieren daher ihre Anteile daran nicht.[59] Dementsprechend ist davon auszugehen, dass ein Anspruch auf bare Zuzahlung nur den Anteilseignern zustehen kann, die ihre Anteile auch tatsächlich umtauschen.[60]  27

Bezüglich der Anteilsinhaber, die ihre Anteile einbringen und dafür im Tausch Aktien der SE erhalten, erscheint die Regelung in § 11 Abs. 1 SEAG dagegen sinnvoll, da Auseinandersetzungen über die Bewertung der Anteile die Gründung der Holding-SE blockieren könnten. Im Lichte des Art. 34 SE-VO wird teilweise bezweifelt, ob die Vorschrift des § 11 Abs. 1 SEAG verordnungskonform ist, da die Ermächtigung in Art. 34 SE-VO keine Regelung zum Schutze der am Umtausch teilnehmenden, sondern allein der den Umtausch ablehnenden Minderheitsgesellschafter erlaubt.[61] Die überwiegende Gegenauf-  28

---

[54] BeckOGK/*Eberspächer*, 1.2.2021, SE-VO Art. 33 Rn. 14; Habersack/Drinhausen/*Scholz* SE-VO Art. 33 Rn. 34.
[55] Lutter/Hommelhoff/Teichmann SE/*Bayer* SE-VO Art. 33 Rn. 14; Widmann/Mayer/*Heckschen* Anh. 14 Rn. 319 f.; Kölner Komm AktG/*Paefgen* SE-VO Art. 33 Rn. 37; aA Kalss/Hügel/*Hügel* SEG §§ 25, 26 Rn. 30.
[56] MüKoAktG/*Schäfer* SE-VO Art. 32 Rn. 14.
[57] Regierungsbegründung zu § 11 SEAG, BT-Drs. 15/3405, 34.
[58] DAV-Stellungnahme NZG 2004, 75 (79); vgl. auch MüKoAktG/*Schäfer* SE-VO Art. 34 Rn. 6; *Scheifele, Die Gründung der Europäischen Aktiengesellschaft (SE)*, 2004, 351.
[59] Vgl. Art. 32 Abs. 1 S. 2; Neye/Teichmann AG 2003, 169 (173).
[60] Lutter/Hommelhoff/Teichmann SE/*Bayer* SE-VO Art. 34 Rn. 36; BeckOGK/*Eberspächer*, 1.2.2021, SE-VO Art. 34 Rn. 5; Kölner Komm AktG/*Paefgen* SE-VO Art. 34 Rn. 39; MüKoAktG/*Schäfer* SE-VO Art. 34 Rn. 6; Habersack/Drinhausen/*Scholz* SE-VO Art. 34 Rn. 8.
[61] So DAV-Stellungnahme NZG 2004, 75 (79); vgl. allgemein dazu *Scheifele, Die Gründung der Europäischen Aktiengesellschaft (SE)*, 2004, 350 ff.

fassung versteht allerdings die Ermächtigung zu Recht in einem weiteren Sinne, wonach Art. 34 SE-VO auch Schutzvorschriften für Anteilseigner erlaubt, die nur mit einzelnen Aspekten (hier dem Umtauschverhältnis) nicht einverstanden sind.[62] Andernfalls müssten Gesellschafter, die der Holding-Gründung grundsätzlich positiv gegenüberstehen, diese aus taktischen Gründen ablehnen, um eine Kontrolle des Umtauschverhältnisses herbeiführen zu können. Dies würde den gesamten Vorgang der Holding-Gründung unnötigerweise gefährden.

29 Die **Überprüfung der Angemessenheit** des Umtauschverhältnisses kann unter den Voraussetzungen des § 11 Abs. 2 SEAG in Verbindung mit § 6 Abs. 4 S. 1 SEAG im Wege des **Spruchverfahrens** erfolgen. Auf die Ausführungen im Rahmen der Gründung durch Verschmelzung kann an dieser Stelle insoweit Bezug genommen werden.[63] Zum Verweis in § 6 SEAG auf Art. 25 Abs. 3 S. 1 SE-VO stellt der Gesetzgeber in der Begründung ausdrücklich klar, dass dieser analog auch auf die Gründung der Holding-SE Anwendung finden soll.[64]

## VI. Eintragung der Gründung

30 Nach Art. 33 Abs. 5 SE-VO kann die SE erst bei nachweislicher **Erfüllung aller Formvorgaben** des Art. 32 SE-VO sowie nach **Einbringung des Mindestprozentsatzes** an Anteilen der beteiligten Gesellschaften im Sinne des Art. 33 Abs. 2 SE-VO eingetragen werden. Die Erbringung des erforderlichen Nachweises ist in der SE-VO im Gegensatz zu einer entsprechenden Regelung für die Gründung durch Verschmelzung nicht geregelt.[65] Gemäß Art. 15 Abs. 1 SE-VO finden daher die entsprechenden Vorschriften des **Aktiengesetzes zur Sachgründung** Anwendung.[66]

### 1. Gründungsprüfung

31 Auf die Gründung einer Holding-SE mit Sitz in Deutschland finden demnach grundsätzlich auch die Vorschriften des Aktiengesetzes zur **Gründungsprüfung** gemäß §§ 33, 34 AktG Anwendung. Daraus folgt, dass regelmäßig eine Gründungsprüfung inklusive Gründungsbericht für die Holding-Gründung erforderlich ist. Jedenfalls hat der deutsche Gesetzgeber im SE-Ausführungsgesetz eine Ausnahme von der Verpflichtung zur Gründungsprüfung, wie sie beispielsweise in § 75 Abs. 2 UmwG enthalten ist, nicht vorgesehen. Daher stellt sich die Frage, ob die aktienrechtliche Gründungsprüfung im Lichte der bereits nach Art. 32 Abs. 4 SE-VO zwingend erforderlichen Gründungsprüfung zusätzlich nach den Vorschriften des Aktiengesetzes notwendig ist.

32 Die Gründungsprüfung der §§ 33, 34 AktG dient der **Feststellung der Werthaltigkeit** der zu erbringenden Sacheinlagen. Insoweit sollte zwar der Gründungsplan nach Art. 32 Abs. 2 SE-VO, der den Gründungsprüfern der SE nach Art. 32 Abs. 4 SE-VO als Grundlage für ihre Prüfung und die Erstellung ihres Gründungsberichtes dient, bereits eine detaillierte Aussage über die Bewertung der jeweiligen Gründungsunternehmen enthalten, damit die Gründungsprüfer die erforderlichen Aussagen zur Angemessenheit des im Gründungsplan festgelegten Umtauschverhältnisses, die von der SE-VO zwingend für den Gründungsbericht vorgeschrieben sind, treffen können. Jedoch wird zutreffend darauf hingewiesen, dass die Gründungsprüfung nach Art. 32 Abs. 4 SE-VO eine andere Schutz-

---

[62] Lutter/Hommelhoff/Teichmann SE/*Bayer* SE-VO Art. 34 Rn. 10; Kölner Komm AktG/*Paefgen* SE-VO Art. 34 Rn. 38; MüKoAktG/*Schäfer* SE-VO Art. 34 Rn. 3; Habersack/Drinhausen/*Scholz* SE-VO Art. 34 Rn. 7; *Teichmann* ZGR 2003, 367 (393).
[63] Siehe → § 5 Rn. 75 ff.
[64] Regierungsbegründung zu § 11 SEAG, BT-Drs. 15/3405, 34.; siehe dazu auch → Rn. 44 ff.
[65] Vgl. Art. 25 Abs. 2; siehe → § 5 Rn. 65 f.
[66] Regierungsbegründung zu § 10 SEAG, BT-Drs. 15/3405, 34.

richtung verfolgt (Schutz und Information der Anteilseigner) als die aktienrechtlichen Gründungsprüfungs- und -berichtspflichten (Kapitalaufbringung und damit Schutz der Gläubiger).[67] Denkbar ist allenfalls eine analoge Anwendung von § 75 Abs. 2 UmwG, der bei der Gründung einer Aktiengesellschaft im Wege der Verschmelzung durch Neugründung den aktienrechtlichen Gründungsbericht und die Gründungsprüfung entfallen lässt, soweit übertragender Rechtsträger eine Kapitalgesellschaft oder eine eingetragene Genossenschaft sind. Dem liegt der Gedanke zugrunde, dass die übertragende Kapitalgesellschaft oder Genossenschaft bereits ihrerseits umfassenden Kapitalaufbringungs- und -erhaltungsvorgaben unterlag, so dass die Kapitalaufbringung bei der neu gegründeten Aktiengesellschaft hinreichend gewährleistet sei.[68] Die Interessenlage erscheint insoweit vergleichbar, als zwar nicht wie bei der Verschmelzung das Vermögen der Gründungsgesellschaften eingebracht wird, sondern „nur" die Beteiligung an diesen.[69] Der Wert der eingebrachten Beteiligungen hängt jedoch letztlich von der Werthaltigkeit des Gesellschaftsvermögens ab. Auch wenn man von einer entsprechenden Anwendbarkeit des § 75 Abs. 2 UmwG ausgeht, ist jedenfalls die interne Gründungsprüfung gem. § 33 Abs. 1 AktG, § 34 AktG erforderlich.[70] Angesichts der rechtlichen Unsicherheit hinsichtlich der Erforderlichkeit des Gründungsberichts und der externen Gründungsprüfung empfiehlt sich in der Praxis eine Abstimmung mit dem zuständigen Registergericht.

## 2. Negativerklärung

Um sicherzustellen, dass eine Eintragung der Holding-SE nicht erfolgen kann, wenn einer der Zustimmungsbeschlüsse der Ausgangsgesellschaften angefochten wird, hat der deutsche Gesetzgeber nach dem Vorbild des § 16 Abs. 2 UmwG die Abgabe einer Negativerklärung bei der Anmeldung der Eintragung in § 10 Abs. 2 SEAG vorgesehen.[71] Diese Erklärung ist von den **Vertretungsorganen** der einzelnen **Ausgangsgesellschaften** abzugeben. Trotz vorheriger Diskussionen und Anregungen im Schrifttum hat der deutsche Gesetzgeber das **Freigabeverfahren** nach § 16 Abs. 3 UmwG nicht in das Ausführungsgesetz aufgenommen.[72] Eine analoge Anwendung oder ein Rückgriff nach Art. 15 Abs. 1 SE-VO auf die Vorschrift des Umwandlungsgesetzes scheidet daher mangels Regelungslücke aus, da der Gesetzgeber offensichtlich insoweit bewusst keine entsprechende Regelung für die SE treffen wollte.[73]

33

## 3. Einbringung des Mindestprozentsatzes

Die Eintragung kann nach vielfach vertretener Auffassung bereits dann erfolgen, wenn nach Ablauf der Drei-Monats-Frist des Art. 33 Abs. 1 SE-VO der im Gründungsplan festgelegte Mindestprozentsatz der entsprechenden Anteile an den Gründungsgesellschaften

34

---

[67] Kölner Komm AktG/*Paefgen* SE-VO Art. 33 Rn. 82; MüKoAktG/*Schäfer* SE-VO Art. 32 Rn. 37.
[68] Kritisch dazu etwa BeckOGK/*Weiß*, 1.7.2021, UmwG § 58 Rn. 19.1 mwN.
[69] Aus diesem Grund spricht sich die hM gegen die entsprechende Anwendung von § 75 Abs. 2 UmwG aus, so etwa Lutter/Hommelhoff/Teichmann SE/*Bayer* SE-VO Art. 33 Rn. 39; Kölner Komm AktG/*Paefgen* SE-VO Art. 33 Rn. 83; MüKoAktG/*Schäfer* SE-VO Art. 32 Rn. 37; Habersack/Drinhausen/*Scholz* SE-VO Art. 33 Rn. 41 jew. mwN.
[70] Vgl. BeckOGK/*Weiß*, 1.7.2021, UmwG § 75 Rn. 24.
[71] Vgl. Regierungsbegründung zu § 10 SEAG, BT-Drs. 15/3405, 34.
[72] *Teichmann* AG 2004, 67 (70); bei der Gründung durch Verschmelzung findet § 16 Abs. 3 UmwG hingegen aufgrund der Verweisung des Art. 18 SE-VO Anwendung, vgl. BeckOGK/*Eberspächer*, 1.2.2021, SE-VO Art. 25 Rn. 7.
[73] Wie hier Lutter/Hommelhoff/Teichmann SE/*Bayer* SE-VO Art. 33 Rn. 54; Widmann/Mayer/*Heckschen* Anh. 14 Rn. 328 ff.; *Spitzbart* RNotZ 2006, 369 (410); aA BeckOGK/*Eberspächer*, 1.2.2021, SE-VO Art. 33 Rn. 19; Kölner Komm AktG/*Paefgen* SE-VO Art. 33 Rn. 110; MüKoAktG/*Schäfer* SE-VO Art. 33 Rn. 30; Habersack/Drinhausen/*Scholz* SE-VO Art. 33 Rn. 101.

eingebracht wurde.[74] Denn Art. 33 Abs. 5 SE-VO verlangt für die Eintragung nur, dass die Formalitäten gemäß Art. 32 SE-VO und die in Art. 33 Abs. 2 SE-VO genannten Voraussetzungen nachweislich erfüllt sind; die Erfüllung der Anforderungen von Art. 33 Abs. 3 SE-VO ist dort gerade nicht verlangt. Zu folgen ist allerdings der Gegenansicht, wonach die Eintragung erst erfolgen kann, wenn auch die Nachfrist des Art. 33 Abs. 3 S. 2 SE-VO abgelaufen ist.[75] Das entscheidende Argument für diese Auffassung liegt in der Einhaltung der Kapitalaufbringungsregeln. Die hierfür gebotene Sachgründungsprüfung lässt sich erst dann sinnvoll durchführen, wenn feststeht, welche Höhe das Grundkapital der SE haben wird.

### 4. Grundkapital der SE

35   Da die Satzung der SE, die Teil des den Anteilseignerversammlungen vorzulegenden Gründungsplans ist (Art. 32 Abs. 2 S. 3 SE-VO iVm Art. 20 Abs. 1 lit. h SE-VO, § 23 Abs. 3 Nr. 3 AktG) das Grundkapital enthalten muss und die Eintragung der Gründung einer Holding-SE mit Sitz in Deutschland ohne Angabe des Grundkapitals der Gesellschaft vom Registergericht abgelehnt würde, muss bereits bei der Aufstellung des Gründungsplans zwingend eine entsprechende Angabe in der **Satzung** enthalten sein. Schwierigkeiten bereitet dies, da die Höhe des Grundkapitals der SE davon abhängt, in welchem Umfang die Anteilseigner ihre Anteile an den Gründungsgesellschaften in die SE einbringen, was zu diesem Zeitpunkt noch nicht feststeht. Zur Lösung dieses Problems wird zum Teil vorgeschlagen, als Grundkapital in der SE-Satzung die Kapitalziffer anzugeben, die sich bei Einbringung der Mindestbeteiligungsquote ergeben würde, und zur Schaffung weiterer SE-Aktien bei höheren Einbringungsquoten ergänzend **genehmigtes und/oder bedingtes Kapital** vorzusehen.[76] Alternativ wird vorgeschlagen, neben dem in der Satzung festgelegten Kapital in Höhe der Mindestbeteiligungsquote eine **„bis-zu"-Kapitalerhöhung** mit einem Höchstbetrag, der jeweils einer 100%igen Einbringungsquote entspricht, zu beschließen, die dann bis zur Höhe der tatsächlichen Einbringungsquote durchzuführen wäre.[77] Als dritte Lösungsmöglichkeit wird erwogen, in der im Gründungsplan festgestellten Satzung ein **vorläufiges Grundkapital** entsprechend der Mindestbeteiligungsquote auszuweisen, wobei im Gründungsplan darauf hinzuweisen ist, dass sich das endgültige Grundkapital aus der tatsächlichen Umtauschquote ergibt. Nachdem alle Einbringungen erfolgt sind und die Höhe des Grundkapitals endgültig feststeht, ist die Satzung aufgrund einer entsprechenden Ermächtigung gemäß § 179 Abs. 1 S. 2 AktG vom Aufsichts- oder Verwaltungsorgan der SE entsprechend zu berichtigen.[78]

36   Die beiden erstgenannten Lösungswege erscheinen problematisch. Gegen die Verwendung genehmigten und/oder bedingten Kapitals ist einzuwenden, dass ein bedingtes Kapital nach überwiegender Ansicht in der Gründungssatzung nicht vorgesehen werden kann.[79] Fraglich ist zudem, ob die Gewährung weiterer Umtauschaktien von den in § 192 Abs. 2 AktG abschließend aufgeführten Zwecken der bedingten Kapitalerhöhung erfasst

---

[74] *Scheifele*, Die Gründung der Europäischen Aktiengesellschaft (SE), 2004, 378 ff.; *Teichmann*, ZGR 2002, 383 (437); wohl auch BeckOGK/*Eberspächer*, 1.2.2021, SE-VO Art. 33 Rn. 18; weitergehend (Eintragung kann bereits nach Erreichen der Mindestbeteiligungsquote erfolgen, auch wenn die Drei-Monatsfrist noch nicht abgelaufen ist) MüKoAktG/*Schäfer* SE-VO Art. 33 Rn. 5, 19, 26.

[75] Lutter/Hommelhoff/Teichmann SE/*Bayer* SE-VO Art. 33 Rn. 37; Kölner Komm AktG/*Paefgen* SE-VO Art. 33 Rn. 76; Habersack/Drinhausen/*Scholz* SE-VO Art. 33 Rn. 4.

[76] Etwa Lutter/Hommelhoff/Teichmann SE/*Bayer* SE-VO Art. 32 Rn. 34; *Brandes* AG 2005, 177 (182); DAV-Stellungnahme NZG 2004, 75 (78 f.); MüKoAktG/*Schäfer* SE-VO Art. 33 Rn. 22 ff.

[77] *Jannott* in Jannott/Frodermann SE-HdB § 3 Rn. 142; ebenso BeckOGK/*Eberspächer*, 1.2.2021, SE-VO Art. 32 Rn. 11; MHdB GesR IV/*Austmann* § 84 Rn. 53; Kölner Komm AktG/*Paefgen* SE-VO Art. 32 Rn. 59.

[78] Etwa Habersack/Drinhausen/*Scholz* SE-VO Art. 32 Rn. 71 f. ( auch Habersack/Drinhausen/*Scholz* SE-VO Art. 32 Rn. 66 ff. mwN zum Meinungsstand).

[79] S. etwa Hüffer/Koch/*Koch* AktG § 192 Rn. 7; MüKoAktG/*Fuchs* AktG § 192 Rn. 22 jew. mwN.; ebenso Kölner Komm AktG/*Paefgen* SE-VO Art. 32 Rn. 56.

wäre.[80] Ferner können sowohl bedingtes als auch genehmigtes Kapital jeweils nur in Höhe von bis zu 50% des bestehenden Grundkapitals geschaffen werden (§ 192 Abs. 3 S. 1 AktG, § 202 Abs. 3 S. 1 AktG). Eine „bis-zu"-Kapitalerhöhung unterliegt diesen Restriktionen zwar nicht. Jedoch würde sich die Komplexität der SE-Gründung durch eine zugleich durchzuführende Sachkapitalerhöhung nicht unerheblich erhöhen und zusätzliche Rechtsunsicherheiten mit sich bringen. So würde sich etwa die Frage stellen, ob neben der Gründungsprüfung gemäß Art. 32 Abs. 4 SE-VO und zumindest der internen Gründungsprüfung gemäß § 33 Abs. 1 AktG, § 34 AktG (s. dazu → Rn. 32) auch eine Sacheinlageprüfung gemäß §§ 183 f. AktG erforderlich wäre. Am **überzeugendsten** ist daher die **zuletzt genannte Lösung:** Für die Festlegung des Grundkapitals in der Gründungssatzung zunächst entsprechend der Mindestbeteiligungsquote spricht, dass die SE nur entstehen kann, wenn die Mindestbeteiligungsquote erreicht wird. Daher steht fest, dass Grundkapital und Anzahl ausgegebener Aktien bei erfolgreicher Gründung mindestens in dieser Höhe bestehen müssen. Diese Angabe genügt auch den Bestimmtheitsanforderungen des § 23 Abs. 3 Nr. 3 AktG, denn es handelt sich um einen bestimmten Betrag. Gehen die tatsächlich eingebrachten Anteile über die Mindestbeteiligungsquote hinaus, sind den Anteilseignern nach der gesetzlichen Anordnung in Art. 33 Abs. 4 SE-VO in dem im Gründungsplan vorgesehenen Umfang Aktien der SE zu gewähren. Dass sich dadurch nach Festlegung der Satzung durch Beschlussfassung der Anteilseignerversammlungen über den Gründungsplan das in der Satzung vorgesehene Grundkapital noch ändern kann, ist unschädlich, denn Änderungen gegenüber der in der Satzung ausgewiesenen Kapitalziffer können auch im Rahmen von Umwandlungsmaßnahmen vorkommen, wenn beispielsweise bei einem Formwechsel nach dem Umwandlungsbeschluss und vor Eintragung der Umwandlung noch bedingte oder genehmigte Kapitalerhöhungen bei dem formwechselnden Rechtsträger durchgeführt werden.[81] Auch eine Gefährdung der Interessen von Anteilseignern und Gläubigern ist in diesem Fall ausgeschlossen, da das festgelegte Grundkapital das Mindestkapital ist, das Gläubigern als Haftungsmasse in jedem Fall zur Verfügung steht, und es durch höhere Umtauschquoten lediglich zu einer Erhöhung kommen kann; die Anteilseigner hingegen akzeptieren durch entsprechende Festlegung im Gründungsplan – der den Anteilseignerversammlungen zur Zustimmung vorgelegt wird – ein Grundkapital in Höhe des höchstmöglichen Betrags bei Umtausch aller Beteiligungen. Die Möglichkeit, dass die Beteiligungen vollständig umgetauscht sind und das Grundkapital eine dementsprechende Höhe erreicht, ist der Gründung einer Holding-SE ferner ohnehin immanent.

### 5. Wirkungen der Eintragung

Diejenigen Anteilseigner, die ihre Aktien bereits innerhalb der Drei-Monats-Frist in die SE eingebracht haben, werden automatisch mit Eintragung der Holding-SE in das Handelsregister **Aktionäre der SE** (vgl. dazu → Rn. 20). 37

Mit der Eintragung der Holding-SE ins Handelsregister gemäß § 3 SEAG erlangt diese nach Art. 16 Abs. 1 SE-VO **Rechtspersönlichkeit.** 38

## VII. Rechtsfolgen der Gründung einer Holding-SE

Im Gegensatz zur Gründung durch Verschmelzung **bestehen** die an der Gründung einer Holding-SE **beteiligten Rechtsträger fort** (Art. 32 Abs. 1 S. 2 SE-VO). Daraus folgt, dass diejenigen Anteilseigner, die ihre Aktien nicht umtauschen, Minderheitsgesellschafter der jeweiligen Gründungsgesellschaft bleiben.[82] Mit der Holding-SE entsteht somit eine 39

---
[80] In Betracht käme § 192 Abs. 2 Nr. 2 AktG (Unternehmenszusammenschluss).
[81] Vgl. für den Formwechsel § 247 Abs. 1 UmwG.
[82] *Brandes* AG 2005, 177 (178).

**Muttergesellschaft,** die gegenüber den abhängigen Tochtergesellschaften, den ehemaligen Gründungsgesellschaften, die Stellung einer herrschenden Gesellschaft einnimmt.[83] Es kommt daher durch die Holding-Gründung zu einer Konzernbildung.

40 Nach erfolgter Gründung der Holding-SE kann es von Seiten der Ausgangsgesellschaften Gründe geben, die einem Verbleib der Minderheitsgesellschafter in den nunmehr abhängigen Tochtergesellschaften entgegenstehen. Dem kann in verschiedener Weise begegnet werden. Zum einen können Gründungsgesellschaften in Form einer Aktiengesellschaft die Minderheitsaktionäre nach den jeweiligen Vorschriften zum **Squeeze-out,** soweit solche im entsprechenden Sitzstaat existieren, in Deutschland nach den §§ 327a ff. AktG, aus der Gesellschaft ausschließen.[84] Eine weitere Möglichkeit, sich der Minderheitsaktionäre in den Ausgangsgesellschaften zu entledigen, stellt ein Up-stream-Merger auf die Holding-SE dar.[85]

## E. Einzelfragen der Holding-Gründung

### I. Die Beteiligung der Anteilseignerversammlung

41 De facto stellt die Gründung einer Holding-SE eine **Konzernierung** der Gründungsgesellschaften dar. Dafür fordert Art. 32 Abs. 6 SE-VO die Zustimmung der Anteilseignerversammlungen der gründenden Rechtsträger. Dies stellt ein Novum im europäischen Gesellschaftsrecht dar, denn die Unterwerfung einer Gesellschaft unter eine Obergesellschaft vollzieht sich auf der Ebene der Aktionäre, die ihre Anteile in die SE einbringen. Ein Beschluss der Hauptversammlung ist ansonsten regelmäßig nur für Transaktionen auf Gesellschaftsebene notwendig.[86] Damit hat der europäische Verordnungsgeber eine Art **Konzerneingangskontrolle** geschaffen, da es bei der Gründung einer Holding-SE stets um eine Konzernbildung kraft Beteiligung gehen wird, denn die Holding-SE kann nur entstehen, wenn die Mehrheit der Anteilseigner der beteiligten Ausgangsgesellschaften ihre Anteile einbringt.[87] Dies muss zwangsläufig zu einer Abhängigkeit der Gründungsgesellschaften von der SE führen.[88] Daher ist Gegenstand des Hauptversammlungsbeschlusses die Konzernbildung der Ausgangsgesellschaft mit der SE.

42 Das **deutsche Aktienrecht** sieht eine Zustimmungspflicht der Hauptversammlung im Zusammenhang mit einer Konzernierung lediglich in den Fällen des Abschlusses eines Beherrschungs- oder Gewinnabführungsvertrages gemäß § 293 AktG vor. Darüber hinaus wird im Schrifttum zwar im Zusammenhang mit der Begründung einer konzernrechtlichen Abhängigkeit über das Erfordernis einer Zustimmung durch die Hauptversammlung diskutiert, jedoch wird dies von der herrschenden Meinung und zwischenzeitlich auch der instanzgerichtlichen Rechtsprechung abgelehnt.[89]

---

[83] *Thoma/Leuering* NJW 2002, 1449 (1452).
[84] Vgl. Habersack/Drinhausen/*Scholz* SE-VO Art. 32 Rn. 12; *Thoma/Leuering* NJW 2002, 1449 (1453). Neben Deutschland kennen auch Frankreich, Italien und Großbritannien einen Squeeze-out.
[85] *Brandes* AG 2005, 177 (178); vgl. dazu auch → § 1 Rn. 71.
[86] *Thoma/Leuering* NJW 2002, 1449 (1453).
[87] Art. 33 Abs. 2; *Kalss* ZGR 2003, 593 (634). Vgl. auch die rechtspolitische Kritik an diesem Instrument der Konzerneingangskontrolle bei Kölner Komm AktG/*Paefgen* SE-VO Art. 32 Rn. 106 ff.
[88] *Teichmann* AG 2004, 67 (70).
[89] *Thoma/Leuering* NJW 2002, 1449 (1453) mwN. Siehe dazu jüngst die Entscheidung des LG München I NZG 2019, 384 (387 ff.) iS „Linde/Praxair" und dazu Hölters/Weber/*Drinhausen*, 4. Aufl. 2021 (im Erscheinen), AktG § 119 Rn. 21.

## E. Einzelfragen der Holding-Gründung § 6

### II. Die Kontrolle des Umtauschverhältnisses

Im Hinblick auf das Recht der Anteilseigner der Gründungsgesellschaften zur **Überprüfung des Umtauschverhältnisses** sowie deren **Ausgleichsanspruch durch bare Zuzahlung,** die für die Gründung einer Holding-SE in § 11 SEAG geregelt sind, kann grundsätzlich auf die Ausführungen zur Gründung durch Verschmelzung verwiesen werden.[90] Lediglich die Besonderheiten bei der Holding-Gründung sollen hier dargestellt werden. 43

Wie bei der Gründung durch Verschmelzung kann das Umtauschverhältnis nur dann im Wege des **Spruchverfahrens** kontrolliert werden, wenn das Recht der anderen beteiligten Gesellschaften ein **vergleichbares Verfahren** zur Kontrolle und Änderung des Umtauschverhältnisses kennt (das trifft derzeit etwa auf Österreich und Tschechien zu) oder die Anteilseigner dieser Gesellschaften der Durchführung des Verfahrens **ausdrücklich zustimmen.** Dies ergibt sich aus § 11 Abs. 2 SEAG, in dem sich ein Verweis auf § 6 Abs. 1, 3 und 4 SEAG findet, welcher wiederum auf Art. 25 Abs. 3 S. 1 SE-VO verweist. Der deutsche Gesetzgeber hat diese Verfahrensweise für die Gründung einer Holding-SE übernommen, weil insoweit die Interessenlage bei der Holding-Gründung derjenigen bei der Gründung einer SE durch Verschmelzung entspricht.[91] 44

Der Anspruch auf **bare Zuzahlung,** der sich aus § 11 Abs. 1 SEAG ergibt, steht bei der Gründung einer Holding-SE auch denjenigen Anteilsinhabern zu, die ihre Anteile tauschen wollen.[92] Dies steht im Gegensatz zur Regelung des § 6 Abs. 2 SEAG für die Verschmelzungsgründung, bei welcher lediglich die Aktionäre der übertragenden Gesellschaft einen solchen Anspruch geltend machen können. Die abweichende Regelung erklärt sich aus der Intention des deutschen Gesetzgebers, Anfechtungsklagen der einbringenden Anteilseigner zu verhindern, indem er den Anspruch auf Barzuzahlung auf **alle Gesellschafter** der Gründungsgesellschaften ausweitete. Dem liegt der Gedanke zugrunde, dass eine erhebliche Verzögerung der Eintragung der Holding-SE als Folge der Erhebung der Anfechtungsklage zu befürchten wäre, auch für den an sich unkomplizierten Fall, dass die betreffenden Anteilseigner allein mit dem Umtauschverhältnis nicht einverstanden sind, die Gründung als solche jedoch nicht ablehnen.[93] Dies erscheint auch im Hinblick darauf sachgerecht, dass zwar die Negativerklärung im Sinne des § 16 Abs. 2 UmwG in § 10 Abs. 2 SEAG vom deutschen Gesetzgeber für die Holding-Gründung übernommen worden ist, jedoch eine Vorschrift, die eine Registersperre wegen einer anhängigen Anfechtungsklage überwinden kann, nach dem Vorbild des Freigabeverfahrens gemäß § 16 Abs. 3 UmwG nicht eingeführt wurde (s. dazu → Rn. 33). 45

Bei der Holding-Gründung fehlt es an einer Regelung wie in Art. 25 Abs. 3 S. 4 SE-VO für die Gründung durch Verschmelzung; auf diese verweist auch § 11 Abs. 2 UmwG iVm § 6 SEAG nicht. Sinn und Zweck dieser Vorschrift zur Verschmelzung ist es, einen möglichen **Konflikt der Rechtsordnungen zu vermeiden** und insoweit verbindlich festzulegen, dass im Hinblick auf ein durchgeführtes Gerichtsverfahren über das Umtauschverhältnis eine Bindungswirkung für die übernehmende SE und ihre Aktionäre besteht. Ein Konflikt der Rechtsordnungen ist dabei insoweit möglich, als Anspruchsgegner des Anteilseigners der übertragenden Gesellschaft die SE ist, die in der Regel ihren Sitz im Ausland haben wird, wobei die **Zuständigkeit für das Spruchverfahren** nach § 6 Abs. 4 S. 1 SEAG in Verbindung mit § 2 Abs. 1 SpruchG beim Landgericht am Sitz des übertragenden Rechtsträgers, also einem inländischen Gericht, liegt. 46

---

[90] Siehe → § 5 Rn. 75 ff.
[91] Regierungsbegründung zu § 11 SEAG, BT-Drs. 15/3405, 34. Zustimmend die wohl allgemeine Meinung im Schrifttum, s. etwa BeckOGK/*Eberspächer*, 1.2.2021, SE-VO Art. 34 Rn. 3; MüKoAktG/*Schäfer* SE-VO Art. 34 Rn. 4; Habersack/Drinhausen/*Scholz* SE-VO Art. 34 Rn. 102, jew. mwN.
[92] Siehe dazu → Rn. 27 f.
[93] Vgl. Regierungsbegründung zu § 10 SEAG, BT-Drs. 15/3405, 34; MüKoAktG/*Schäfer* SE-VO Art. 34 Rn. 3; Habersack/Drinhausen/*Scholz* SE-VO Art. 34 Rn. 7; *Schwarz* SE-VO Art. 34 Rn. 13.

47 Das Fehlen einer solchen Regelung für die Gründung einer Holding-SE erscheint als lückenhaft, da die Interessenlage bei den beiden Gründungsarten identisch ist. Auch bei der Holding-Gründung können gleichartige Konflikte der Rechtsordnungen auftreten, sodass sich die Frage stellt, ob eine analoge Heranziehung des Art. 25 Abs. 3 S. 4 SE-VO in Betracht kommt. Dies könnte insbesondere deshalb notwendig sein, weil der deutsche Gesetzgeber nach seiner Begründung zu § 11 SEAG wohl fälschlich angenommen hat, er habe in § 6 SEAG, der aufgrund der Verweisung des § 11 Abs. 2 SEAG anwendbar ist, auf Art. 25 Abs. 3 SE-VO komplett verwiesen.[94] Dies ist jedoch nicht der Fall – der Verweis betrifft ausdrücklich nur Art. 25 Abs. 3 S. 1 SE-VO. Daher muss wegen der deckungsgleichen Interessenlage und der Rechtssicherheit im europäischen Gesellschaftsrecht auch Art. 25 Abs. 3 S. 4 SE-VO analog herangezogen werden.[95] Dem steht auch nicht die inter-omnes-Wirkung des § 13 SpruchG entgegen, da dieser als nationales Recht eine ausländische Gesellschaft nicht ohne weiteres binden kann.

48 Weiterhin erscheint die **internationale Zuständigkeit** der deutschen Gerichte für das Spruchverfahren nach § 11 Abs. 2 SEAG in Verbindung mit § 6 Abs. 4 S. 1 SEAG fraglich, da Anspruchsgegner die ausländische SE ist, sodass sich aus der Brüssel Ia-VO nicht ohne weiteres die Zuständigkeit der deutschen Gerichte ergibt. Diese richtet sich regelmäßig nach dem Sitz des Beklagten, hier also der SE mit Sitz im Ausland. Aus der Tatsache, dass der deutsche Gesetzgeber in § 6 Abs. 4 S. 2 SEAG für Klagen ausländischer Aktionäre zusätzlich die internationale Zuständigkeit der deutschen Gerichte fordert, wird deutlich, dass er wohl davon ausgegangen ist, dass im Falle der Einleitung des Spruchverfahrens durch einen deutschen Anteilseigner die internationale Zuständigkeit der deutschen Gerichte unproblematisch gegeben ist. Eine Stütze dafür ergibt sich bei Beteiligung einer ausländischen SE als Anspruchsgegner aus der analogen Anwendung des Art. 25 Abs. 3 SE-VO.[96]

### III. Das Austrittsrecht gegen Barabfindung im Gründungsplan

49 Auf der Grundlage des Art. 34 SE-VO hat der deutsche Gesetzgeber in § 9 SEAG die Festlegung eines Barabfindungsangebots an die der Holding-Gründung widersprechenden Aktionäre im Gründungsplan vorgeschrieben, wenn die SE ihren Sitz im Ausland haben soll oder ihrerseits abhängige Gesellschaft im Sinne von § 17 AktG sein wird. Das **deutsche Aktienrecht** kannte bislang bezüglich der Kontrollerlangung einer Gesellschaft über eine andere ein entsprechendes Austrittsrecht nur im Rahmen des § 305 AktG. Der Gesetzgeber wollte somit offensichtlich ein darüber hinausgehendes Recht nur unter den besonderen Voraussetzungen des § 9 SEAG gewähren.[97]

#### 1. Voraussetzungen des Austrittsrechts

50 Nach § 9 Abs. 1 SEAG steht **jedem Anteilseigner,** der gegen den Zustimmungsbeschluss der Hauptversammlung im Sinne des § 10 Abs. 1 SEAG **Widerspruch** zur Niederschrift erklärt hat, das Recht zu, der die Gründung anstrebenden Gesellschaft seine Gesellschaftsanteile gegen eine angemessene Barabfindung anzubieten. Hiermit statuiert der deutsche Gesetzgeber im Ausführungsgesetz einen gesellschaftsrechtlichen Minderheitenschutz.[98] Ein derartiger Schutz erklärt sich vor allem daraus, dass die Gründungsgesellschaften im

---

[94] Vgl. Regierungsbegründung zu § 11 SEAG, BT-Drs. 15/3405, 34.
[95] Für eine analoge Anwendung von Art. 25 Abs. 3 SE-VO etwa Lutter/Hommelhoff/Teichmann SE/*Bayer* SE-VO Art. 34 Rn. 12; *Kalss* ZGR 2003, 593 (633); *Teichmann* ZGR 2002, 383 (437).
[96] Vgl. dazu Kölner Komm AktG/*Paefgen* SE-VO Art. 34 Rn. 287; NK-SE/*Schröder* SE-VO Art. 34 Rn. 30. Vgl. auch Lutter/Hommelhoff/Teichmann SE/*Bayer* SE-VO Art. 34 Rn. 40.
[97] Vgl. *Ihrig/Wagner* BB 2004, 1749 (1752).
[98] *Neye/Teichmann* AG 2003, 169 (173).

### E. Einzelfragen der Holding-Gründung

§ 6

Gegensatz zur Gründung durch Verschmelzung fortbestehen und sich die der Gründung ablehnend gegenüberstehenden Anteilseigner nach Entstehung der Holding-SE automatisch in der Minderheit einer abhängigen Gesellschaft wiederfinden. Denn die Holding-SE hält grundsätzlich mehr als die Hälfte der Anteile der Gründungsgesellschaft.[99]

Das Austrittsrecht gegen Barabfindung steht gemäß § 9 Abs. 1 S. 1 SEAG nur den Aktionären einer **deutschen Aktiengesellschaft** zu. Den Gesellschaftern einer an der Gründung beteiligten **GmbH** wird ein solches Recht hingegen **nicht** eingeräumt. Der Gesetzgeber begründet diese Differenzierung damit, dass der Gesellschaftsvertrag einer GmbH Regelungen enthalten kann, die eine unerwünschte Konzernierung verhindern bzw. die Gesellschafter ausreichend schützen können.[100] Damit ist offensichtlich die Vinkulierung der GmbH-Anteile angesprochen.[101] 51

Darüber hinaus ist das Austrittsrecht der Aktionäre einer Aktiengesellschaft in § 9 Abs. 1 S. 1 SEAG auf **zwei Fälle beschränkt** worden: 52

Einerseits besteht das Recht dann, wenn sich der **Sitz** der zu gründenden Holding-SE **im Ausland** befinden soll. Diese Regelung erklärt sich daraus, dass die Holding-SE mit Sitz im Ausland zwangsläufig einer anderen Rechtsordnung unterliegt. Das Unterfallen unter eine fremde Rechtsordnung soll jedoch den der Gründung der Holding-SE kritisch gegenüberstehenden Aktionären nicht zugemutet werden.[102] Denn insoweit bliebe ihnen ohne das Austrittsrecht gegen Barabfindung allein die Möglichkeit, Aktien der SE zu erhalten, wobei damit faktisch Anteile an die Gesellschafter übergehen, die einer anderen ihnen nicht vertrauten Rechtsordnung unterliegen. Ein ausreichender Minderheitenschutz könnte so nach Meinung des Gesetzgebers nicht gewährleistet werden.[103] Gegen diese Begründung lässt sich zwar einwenden, dass bei der Holding-Gründung im Gegensatz zur Gründung durch Verschmelzung die Gründungsgesellschaft bestehen bleibt und der Anteilseigner gerade nicht gezwungen wird, einen Anteil an der SE zu übernehmen, sodass er nicht zwangsweise Anteilseigner einer Gesellschaft wird, die einer anderen Rechtsordnung unterfällt, wenn die SE ihren Sitz im Ausland haben soll (insoweit unterscheidet sich die Interessenlage von der bei der Verschmelzung). Dennoch ist das Barabfindungsangebot im genannten Fall zu unterbreiten. 53

Des Weiteren steht das Austrittsrecht dem Anteilseigner einer Gründungsgesellschaft dann zu, wenn die Holding-SE selbst eine **abhängige Gesellschaft** im Sinne des § 17 AktG ist. Auch dies dient dem Minderheitenschutz, da den Aktionären ohne das Austrittsrecht gegen Barabfindung als Alternative zur Anteilseignerschaft an der nach erfolgter Holding-Gründung von der SE abhängigen Gründungsgesellschaft allein der Umtausch ihrer Anteile in SE-Aktien bliebe. Dies hätte zur Folge, dass der betroffene Anteilseigner durch den Umtausch erneut Aktien einer abhängigen Gesellschaft erhalten würde, wodurch kein ausreichender Minderheitenschutz zu gewährleisten ist.[104] 54

Problematisch erscheint der zweitgenannte Fall im Hinblick auf den **Zeitpunkt,** auf den bezüglich der Abhängigkeit der Holding-SE im Sinne des § 17 AktG abzustellen ist.[105] Bei Abfassung des Gründungsplans steht nicht immer bereits fest, ob die spätere SE abhängig sein wird. Dies folgt daraus, dass bei zwei Gründungsgesellschaften, die beide lediglich den festgelegten, identischen Mindestprozentsatz an Aktien einbringen, keine Mehrheitsmacht vorliegen muss und daher keine Abhängigkeit der Holding-SE entsteht. Bringen beispielsweise die Mehrheitsaktionäre zweier beteiligter Gründungsgesellschaften 55

---
[99] *Kalss* ZGR 2003, 593 (634).
[100] Regierungsbegründung zu § 9 SEAG, BT-Drs. 15/3405, 34. Zur Kritik an dieser Einschränkung Kölner Komm AktG/*Paefgen* SE-VO Art. 34 Rn. 14 ff.
[101] *Teichmann* AG 2004, 67 (76).
[102] Regierungsbegründung zu §§ 9 und 7 SEAG, BT-Drs. 15/3405, 34, 32; vgl. auch *Teichmann* AG 2004, 67 (74).
[103] Regierungsbegründung zu §§ 9 und 7 SEAG, BT-Drs. 15/3405, 34, 32.
[104] Regierungsbegründung zu § 9 SEAG, BT-Drs. 15/3405, 34; *Teichmann* AG 2004, 67 (74).
[105] *Ihrig/Wagner* BB 2004, 1749 (1752).

den festgelegten Mindestprozentsatz der Anteile in Höhe von je 51% in die Holding-SE ein, halten sie nach der Holding-Gründung jeweils 50% der Aktien der Holding-SE, sodass diese von keinem der beiden Mehrheitsaktionäre der beteiligten Gründungsgesellschaften abhängig ist. Demzufolge ist das Vorliegen einer Abhängigkeit in bestimmten Konstellationen erst nach Ablauf der Nachfrist endgültig feststellbar. Somit sollte dieser Zeitpunkt für die Bestimmung der Abhängigkeit der SE herangezogen werden. Um dies mangels einer ausdrücklichen Regelung sicherzustellen, empfiehlt es sich, ein Barabfindungsangebot im Gründungsplan vorzusehen und dabei für das Vorliegen der Voraussetzungen des Austrittsrechts ausdrücklich auf den Zeitpunkt des Ablaufs der Nachfrist abzustellen, da dies der gesetzgeberischen Intention des Minderheitenschutzes am ehesten gerecht wird.[106]

56 Das Austrittsrecht mit Barabfindungsangebot soll nach § 9 Abs. 1 S. 1 und 3 SEAG bereits im **Gründungsplan** im Wortlaut **festgelegt** werden. Es muss in jedem Fall in den – gemeinsamen, für alle Gesellschaften gleich lautenden – Plan aufgenommen werden, da ein etwaiger Widerspruch gegen den Zustimmungsbeschluss der Hauptversammlung in der Regel nicht ausgeschlossen werden kann. Zwar ist es denkbar, dass die Festlegung eines Barabfindungsgebotes nicht für alle Gründungsgesellschaften zwingend notwendig ist, da eine dem § 9 SEAG entsprechende Regelung nicht in jedem Mitgliedstaat vorhanden sein muss. Trotzdem muss bei Beteiligung einer deutschen Aktiengesellschaft als Gründerin das Barabfindungsangebot, welches jedoch nur für ihre Aktionäre Gültigkeit erlangt, im für alle identischen Gründungsplan enthalten sein.

### 2. Rechtsfolgen des Austrittsrechts: Erwerb eigener Aktien durch eine Gründungs-AG

57 In § 9 Abs. 1 S. 2 SEAG ist festgelegt, dass die Vorschriften des Aktiengesetzes zum **Erwerb eigener Aktien** entsprechende Anwendung finden. Damit gilt § 71 AktG auch bei der Gründung einer Holding-SE. Allerdings erwerben anders als bei der Gründung durch Verschmelzung bei der Gründung einer Holding-SE die Gründungsgesellschaften die Anteile der austretenden Gesellschafter, sodass aus Sicht dieser ein Rückerwerb eigener Aktien durch die Übernahme der Anteile vorliegt.[107] Daher ist § 71 AktG anders als bei der Gründung durch Verschmelzung nicht auf die SE, sondern auf die Gründungsgesellschaften anwendbar.

58 Die Anwendbarkeit des § 71 Abs. 4 S. 2 AktG, in welchem die Unwirksamkeit des Rückerwerbs eigener Aktien bei Verstoß gegen § 71 Abs. 1 oder 2 AktG für die deutsche Aktiengesellschaft angeordnet wird, ist jedoch im Ausführungsgesetz ausgeschlossen. Dies bedeutet, dass das Abfindungsangebot im Gründungsplan **nicht unwirksam** ist, weil darin ein Verbot des Erwerbs eigener Aktien im Sinne des § 71 Abs. 1 AktG zu sehen wäre.[108]

59 Der Verweis des § 9 Abs. 1 S. 5 SEAG auf die Vorschrift des § 29 Abs. 2 UmwG stellt klar, dass ein Austrittsrecht gegen Barabfindung auch demjenigen Aktionär zusteht, der **keinen Widerspruch** zur Niederschrift hinsichtlich des Zustimmungsbeschlusses der Hauptversammlung erklärt hat, wenn er zu **Unrecht nicht zur Hauptversammlung** zugelassen wurde, die Versammlung nicht ordnungsgemäß einberufen wurde oder der Gründungsplan als Gegenstand der Beschlussfassung nicht ordnungsgemäß bekannt gemacht worden war.

60 Trotz des Verweises auf die Vorschriften des Aktiengesetzes über den Erwerb eigener Aktien und die parallele Ausgestaltung des § 9 Abs. 1 SEAG – wie auch des im Rahmen der Gründung durch Verschmelzung diesen Sachverhalt regelnden § 7 Abs. 1 SEAG – zu § 29 Abs. 1 UmwG, hat der Gesetzgeber den **Erwerb eigener Aktien** im Rahmen der

---

[106] Vgl. hierzu Kölner Komm AktG/*Paefgen* SE-VO Art. 34 Rn. 23.
[107] Vgl. BT-Drs. 15/3405, 34.
[108] Kölner Komm AktG/*Paefgen* SE-VO Art. 34 Rn. 27; NK-SE/*Schröder* SE-VO Art. 34 Rn. 30.

## E. Einzelfragen der Holding-Gründung § 6

Gründung der Holding-SE und im Rahmen der Gründung durch Verschmelzung nicht in die Privilegierung des § 71 Abs. 1 Nr. 3 AktG aufgenommen. Hierbei handelt es sich wohl um ein **Redaktionsversehen,** so dass der Erwerb eigener Aktien in analoger Anwendung von § 71 Abs. 1 Nr. 3 AktG auch ohne entsprechende Hauptversammlungsermächtigung zulässig sein dürfte.[109]

Ein weiteres Problem stellt sich hinsichtlich der **10%-Grenze** des § 71 Abs. 2 S. 1 AktG. Um den Sinn und Zweck des § 9 Abs. 1 S. 1 SEAG nicht zu konterkarieren, muss es jedem der Holding-Gründung widersprechenden Aktionär möglich sein, von dem im Gründungsplan enthaltenen Abfindungsangebot Gebrauch zu machen. Dabei kann es sich jedoch um Aktionäre handeln, die mehr als 10% des Grundkapitals halten, da bei der Einbringung lediglich des Mindestprozentsatzes an Anteilen im Sinne des Art. 32 Abs. 2 S. 4 AktG noch mehr als 49% der Aktionäre der Gründungsgesellschaft Minderheitsaktionäre werden, die theoretisch von dem Abfindungsangebot Gebrauch machen könnten. Daher kann sich ein Verstoß gegen § 71 Abs. 2 S. 1 AktG ergeben, wonach der Anteil der von der Aktiengesellschaft erworbenen Aktien nicht mehr als 10% des Grundkapitals betragen darf. Zu der parallelen Problematik im Rahmen des Austrittsrechts gegen Barabfindung bei der Verschmelzung gemäß § 29 Abs. 1 UmwG wird verbreitet angenommen, dass der Verschmelzungsbeschluss der Hauptversammlung anfechtbar oder nichtig sei, wenn sich eine Überschreitung der 10%-Grenze abzeichne.[110] Überzeugender ist es, in diesem Zusammenhang von der Unanwendbarkeit des § 71 Abs. 2 S. 1 AktG auszugehen, da die Anfechtbarkeit oder Nichtigkeit des Zustimmungsbeschlusses der Hauptversammlung der Intention des Gesetzgebers, der mit der Unanwendbarkeit von § 71 Abs. 4 S. 1 AktG das Barabfindungsangebot ungeachtet der 10%-Grenze wirksam sein lässt, zuwiderliefe.[111] Anwendung finden jedoch § 71c Abs. 2 und Abs. 3 AktG, die die Veräußerung der die 10%-Grenze überschreitenden Aktien durch die Aktiengesellschaft innerhalb von drei Jahren und, soweit eine Veräußerung unterblieben ist, deren Einziehung vorschreiben.[112]

Die nähere Ausgestaltung des Austrittsrechts hat der deutsche Gesetzgeber durch einen Verweis in § 9 Abs. 2 SEAG auf die Verschmelzungsregelung des § 7 Abs. 2 bis 7 SEAG geregelt. Insoweit kann auf die entsprechenden Ausführungen zur Gründung durch Verschmelzung verwiesen werden.[113]

## IV. Anwendbarkeit des WpÜG

Nach vollzogener Gründung der Holding-SE bestehen die Ausgangsgesellschaften als **abhängige Gesellschaften** weiter, in denen die nicht am Umtausch der Anteile teilnehmenden Gesellschafter als Minderheit verbleiben. Die Holding-Gründung stellt daher eine **Konzernbildung** kraft Beteiligung dar.[114] In diesem Zusammenhang stellt sich die Frage der Anwendbarkeit des WpÜG, wenn an der SE-Gründung eine börsennotierte deutsche Gesellschaft beteiligt ist. Umstritten ist dabei zum einen, ob bereits die Gründung der Holding-SE dem WpÜG unterliegt,[115] zum anderen, ob nach Gründung der Holding-SE

---

[109] Vgl. BeckOGK/*Eberspächer*, 1.2.2021, SE-VO Art. 34 Rn. 4 iVm BeckOGK/*Eberspächer*, 1.2.2021, SE-VO Art. 20 Rn. 12; gegen eine analoge Anwendung von § 71 Abs. 1 Nr. 3 AktG, aber mit demselben Ergebnis Habersack/Drinhausen/*Scholz* SE-VO Art. 34 Rn. 5.
[110] Siehe dazu die Nachweise bei Habersack/Drinhausen/*Scholz* SE-VO Art. 34 Rn. 5.
[111] *Habersack/Drinhausen/Scholz* 2. Aufl. (2016), Art. 34 SE-VO Rn. 5.
[112] *Habersack/Drinhausen/Scholz* 2. Aufl. (2016), Art. 34 SE-VO Rn. 5.
[113] Siehe → § 5 Rn. 83 ff.
[114] *Kalss* ZGR 2003, 593 (634).
[115] Dafür etwa auch Lutter/Hommelhoff/Teichmann SE/*Bayer* SE-VO Art. 32 Rn. 19; BeckOGK/*Eberspächer*, 1.2.2021, SE-VO Art. 32 Rn. 7; aA Brandt NZG 2002, 991 (995); *Ihrig/Wagner* BB 2003, 969 (973); MHdB GesR IV/*Austmann* § 84 Rn. 55; MüKoAktG/*Oechsler* SE-VO Art. 2 Rn. 20; MüKoAktG/*Schäfer* SE-VO Art. 32 Rn. 6; Habersack/Drinhausen/*Scholz* SE-VO Art. 32 Rn. 25, jew. mwN.

von dieser infolge der Kontrollerlangung über die börsennotierte Gründungsgesellschaft ein Pflichtangebot gemäß § 35 WpÜG unterbreitet werden muss.[116]

64 Bei der **SE-Gründung** könnte man daran zweifeln, dass der **sachliche Anwendungsbereich** des WpÜG eröffnet ist. Das WpÜG verfolgt das Ziel, Rahmenbedingungen für eine faire und geordnete Übernahme von Unternehmen zur Verfügung zu stellen.[117] Insoweit erscheint bereits fraglich, ob bei der Gründung einer Holding-SE überhaupt eine Übernahmesituation vorliegt, da der Gründungsplan mit dem Umtauschangebot nicht von der (Vor-)SE, die im Umtauschfall die Anteile erwirbt, sondern von den Gründungsgesellschaften erstellt wird, und die Anteilseigner der Gründungsgesellschaften von diesen keine Gegenleistung im Sinne von § 31 WpÜG erhalten, sondern kraft Gesetzes Aktionäre der Holding-SE werden.[118] Es steht allerdings nichts entgegen, die Vor-SE als Bieter im Sinne des § 2 Abs. 4 WpÜG anzusehen, da diese bereits mit den Zustimmungsbeschlüssen der Gesellschafter- bzw. Hauptversammlungen entsteht.[119]

65 Ob für die Anwendung des Übernahmerechts allerdings ein materielles Schutzbedürfnis besteht, wird unterschiedlich beurteilt. Es lässt sich auch durchaus ein Schutzbedürfnis feststellen, da das Übernahmerecht eine eigenständige Schutzrichtung verfolgt, die von den Vorschriften der Holdinggründung nicht vollständig abgedeckt wird.[120] Das WpÜG dient einer Stärkung der Stellung der Minderheitsaktionäre bei Unternehmensübernahmen durch eine Preiskontrolle, die einen fairen Ausstiegspreis garantieren soll.[121] Dem gleichen Schutzzweck dient jedoch bereits Art. 32 Abs. 4 und 5 SE-VO, der die sachverständige Überprüfung des Gründungsplanes und einen diesbezüglichen Sachverständigenbericht vorschreibt, der die Angemessenheit des im Gründungsplan festgelegten Umtauschverhältnisses der Aktien beurteilt und für die Anteilseigner darstellt (s. → Rn. 13 f.). Allerdings unterschieden sich die Instrumentarien im Detail erheblich.[122]

66 Der Sache nach wird die vom deutschen Gesetzgeber insbesondere in § 9 Abs. 1 SEAG getroffene Regelung zum Austrittsrecht für die Minderheitsgesellschafter der Gründungsgesellschaften dem Schutz der Minderheiten vor einer ungewollten Konzernierung ausreichend gerecht. Ein doppelter Konzerneingangsschutz insbesondere durch die zusätzliche Abgabe eines Pflichtangebotes durch die (Vor-)SE oder die Gründungsgesellschaften nach § 35 WpÜG erscheint daneben nicht sachgerecht.[123] Da jedoch der deutsche **Gesetzgeber** bezüglich der Begründung zur Regelung in § 9 SEAG im Ausführungsgesetz **keine Aussage** über die Anwendbarkeit des WpÜG getroffen hat, obgleich es zuvor in der Literatur eine breite Diskussion darüber gegeben hatte, wird in der Literatur die Anwendbarkeit des WpÜG neben der SE-VO und dem SEAG überwiegend bejaht.[124] Zudem ist der Minderheitenschutz des § 9 SEAG nur für die im Tatbestand genannten Fälle einschlägig, wodurch bei Nichtvorliegen der Voraussetzungen den betroffenen Minderheitsaktionären der Ausgangsgesellschaften kein Austrittsrecht gegen Barabfindung zusteht.

67 Schließt man sich der wohl herrschenden Meinung der Literatur an und bejaht die Anwendbarkeit des WpÜG jedenfalls nach der SE-Gründung, hätte die Holding-SE nach ihrer Eintragung für eine börsennotierte deutsche Gründungsgesellschaft aufgrund der fak-

---

[116] Dafür etwa MHdB GesR IV/*Austmann* § 84 Rn. 55; MüKoAktG/*Schäfer* SE-VO Art. 32 Rn. 6; MüKoAktG/*Oechsler* SE-VO Art. 2 Rn. 20; ebenso BeckOGK/*Eberspächer*, 1.2.2021, SE-VO Art. 32 Rn. 7 (für den Fall, dass das Übernahmeangebot im Rahmen der Gründung unterblieben ist); aA Habersack/Drinhausen/*Scholz* SE-VO Art. 32 Rn. 25.
[117] BT-Drs. 14/7034, 28.
[118] MüKoAktG/*Oechsler* SE-VO Art. 2 Rn. 20.
[119] Kölner Komm AktG/*Paefgen* SE-VO Art. 32 Rn. 139.
[120] Lutter/Hommelhoff/Teichmann SE/*Bayer* SE-VO Art. 32 Rn. 19; Kölner Komm AktG/*Paefgen* SE-VO Art. 32 Rn. 140; *Teichmann* AG 2004, 67 (81, 83); aA *Brandt* NZG 2002, 991 (995); *Ihrig/Wagner* BB 2004, 1749 (1753); *Brandes* AG 2005, 177 (186).
[121] Vgl. die Ausführungen zum Pflichtangebot in BT-Drs. 14/7034, 30.
[122] Eingehend Kölner Komm AktG/*Paefgen* SE-VO Art. 32 Rn. 140 ff.
[123] *Brandes* AG 2005, 177 (186, 188); Habersack/Drinhausen/*Scholz* SE-VO Art. 32 Rn. 25.
[124] S. zum Meinungsstand → Rn. 63.

tischen Kontrollerlangung über diese gemäß § 35 Abs. 2 WpÜG ein **Pflichtangebot** zu veröffentlichen. Allerdings kommt in diesem Fall eine Befreiung von der Angebotspflicht aufgrund des § 37 WpÜG in Betracht, da das in § 9 Abs. 1 SEAG festgelegte, zwingende Barabfindungsangebot an die Minderheitsgesellschafter diese genauso wirksam schützt wie es das Pflichtangebot tun würde.[125] Dies gilt allerdings mit der Einschränkung, dass § 9 Abs. 1 SEAG einschlägig sein muss, es sich also um die Gründung einer abhängigen Holding-SE handelt (s. → Rn. 54). Bei der Gründung einer Holding-SE mit Sitz im Ausland ist das WpÜG als deutsches Gesetz ohnehin unanwendbar.

In Bezug auf die Verweisung in § 9 Abs. 2 SEAG auf die Abfindungsvorschriften bei der Gründung durch Verschmelzung ergeben sich insoweit keine Abweichungen, sodass auf die entsprechenden Ausführungen verwiesen werden kann.[126]

---

[125] *Teichmann* AG 2004, 67 (82). Auf dieses Instrument verweisen auch Lutter/Hommelhoff/Teichmann SE/ *Bayer* SE-VO Art. 32 Rn. 20 und Kölner Komm AktG/*Paefgen* SE-VO Art. 32 Rn. 149 ff.
[126] Siehe dazu → § 5 Rn. 83 ff.

# § 7 Tochter-SE

## Übersicht

| | Rn. |
|---|---|
| A. Besonderheiten gegenüber der Tochtergründung nationalen Rechts | 1 |
| B. Gesetzliche Regelungstechnik | 3 |
| C. Gründungsphasen | 4 |
| D. Ablauf der Tochtergründung | 5 |
|     I. Beteiligte Gesellschaften | 5 |
|         1. Gesellschaften iSd Art. 54 Abs. 2 AEUV | 6 |
|         2. Juristische Personen des öffentlichen oder privaten Rechts | 7 |
|     II. Gründung nach dem Recht eines Mitgliedstaates und Sitz in einem solchen | 8 |
|     III. Mehrstaatigkeitserfordernis | 9 |
| E. Gründungsverfahren | 10 |
|     I. Vorbereitungen zur Einbeziehung der Arbeitnehmer | 11 |
|     II. Gründung | 12 |
|     III. Erfordernis auf Seiten der Gründer | 13 |
|         1. AG | 14 |
|         2. GmbH | 15 |
|         3. Personenhandelsgesellschaft | 16 |
|     IV. Bewertung/Besteuerung | 17 |
|     V. Anmeldung der Gründung | 18 |
|     VI. Eintragung | 19 |
|     VII. Kapitalmarktrechtliche Publizitätspflichten | 20 |

## A. Besonderheiten gegenüber der Tochtergründung nationalen Rechts

Nach Art. 2 Abs. 3 SE-VO kann eine SE in Form einer gemeinsamen Tochtergesellschaft 1 gegründet werden, wobei diese Gründungsform ua zur Nutzung eines Joint Ventures von Vorteil sein kann (s. → § 1 Rn. 83 ff.). An der Gründung der SE müssen zwingend mindestens zwei Gründungsrechtsträger beteiligt sein; die Ausgründung einer Tochter-SE aus einem einzigen Gründungsrechtsträger ist mit diesem Verfahren nicht möglich.[1] Das Gründungsverfahren ist im Vergleich zu den anderen Gründungsformen der Verschmelzung, Holdinggründung und Umwandlung, soweit die gesellschaftsrechtliche Seite betroffen ist,[2] flexibler: Zum einen steht das Verfahren mehr Gesellschaftsformen offen (s. → § 4 Rn. 4). Zum anderen ist das Verfahren einfacher: Gründungsplan, Gründungsbericht, Gründungsprüfung und regelmäßig auch die Zustimmung der Gründer sind nicht erforderlich. Diese größere Flexibilität des Verfahrens kann es nach sich ziehen, dass in Fällen, in denen mit der Tochtergründung ähnliche Ergebnisse erzielt werden können wie mit der Verschmelzung oder Holding-Gründung, erstere vorgezogen wird (zur Frage der Umgehung s. → Rn. 14).

Das Verfahren der Tochtergründung richtet sich aufgrund der zahlreichen Verweisungen 2 im Wesentlichen nach den Regelungen des nationalen Aktienrechts. Abweichungen vom nationalen Verfahren bestehen vor allem in den folgenden Bereichen:
1. Die Gründung einer gemeinsamen Tochter-SE steht nur den **Gesellschaften iSd Art. 54 Abs. 2 AEUV** sowie sonstigen **juristischen Personen des öffentlichen Rechts** offen; der Kreis der Gründer ist also im Vergleich zur nationalen Tochtergründung beschränkt.

---

[1] Kölner Komm AktG/*Veil* SE-VO Art. 2 Rn. 34; *Schwarz* Art. 35 Rn. 2.
[2] Im Hinblick auf die Beteiligung der Arbeitnehmer ist das SEBG anwendbar s. → § 14 Rn. 1 ff.

2. Spätestens mit der Vereinbarung des Plans zur Gründung der Tochter-SE müssen Verhandlungen über die **Beteiligung der Arbeitnehmer** eingeleitet werden; die SE kann erst eingetragen werden, wenn eine Vereinbarung über die Beteiligung der Arbeitnehmer geschlossen worden ist oder die Verhandlungsphase ohne Abschluss einer Vereinbarung endet. Hervorzuheben ist zudem, dass sich die Mitbestimmung beim Zuzugekommen der Auffangregelung durchsetzt, soweit mindestens 50% der Gesamtzahl der Arbeitnehmer der beteiligten Gesellschaft und der betroffenen Tochtergesellschaften Mitbestimmungsrechte hatten (s. → § 14 Rn. 300).

3. Aufgrund des grenzüberschreitenden Charakters der Transaktion kann die **Bewertung von Sacheinlagen** mit Schwierigkeiten behaftet sein.

4. Die **Satzung** der gemeinsamen Tochter-SE richtet sich nach den Regelungen der Verordnung (s. → § 2 Rn. 8), des SEAG (s. → § 2 Rn. 9) und dem Aktiengesetz (insbesondere § 23 Abs. 3, 4 AktG sowie §§ 26 f. AktG, s. → § 2 Rn. 9). Die zwingenden Angaben der SE-VO und des SEAG sind in die Satzung aufzunehmen, die sich ansonsten in wesentlichen Teilen nach dem Recht des künftigen Sitzstaates des SE richtet.

## B. Gesetzliche Regelungstechnik

3 Obwohl sich die Gründung einer gemeinsamen Tochter-SE nach den Regelungen des nationalen Rechts richtet, ist Rechtsgrundlage für die Gründung einer solchen SE die SE-VO. Die Normen des nationalen Rechts kommen kraft des Anwendungsbefehls der SE-VO zur Anwendung. Entsprechend der Zweistufigkeit des Gründungsverfahrens beinhaltet die SE-VO zwei unterschiedliche Verweisungsnormen: Art. 15 SE-VO, wonach die Gründung der Tochter-SE als solche dem Recht des SE-Sitzstaates unterliegt (s. → § 3 Rn. 6), und Art. 36 SE-VO, wonach die Gründungsrechtsträger im Hinblick auf ihre Beteiligung an der Gründung den Regelungen unterliegen, die für die Gründung einer Tochtergesellschaft in Form einer Aktiengesellschaft nationalen Rechts gelten (s. → § 3 Rn. 6). Art. 36 SE-VO verweist mithin auf das jeweilige nationale Recht des Gründungsmitglieds, soweit es um die Frage geht, ob die Gesellschafter der Gründungsrechtsträger bei der Entscheidung über die Gründung der SE einzubeziehen sind.

## C. Gründungsphasen

4 Das Gründungsverfahren zur Errichtung einer gemeinsamen Tochtergesellschaft kann wie dasjenige der Verschmelzung in zwei Phasen unterteilt werden: Das Verfahren der Willensbildung in der Gründungsgesellschaft (Art. 36 SE-VO) und das Gründungsverfahren der neu entstehenden SE (Art. 15 SE-VO). In der ersten Phase ist zu klären, ob in der jeweiligen Gründungsgesellschaft die Voraussetzungen bestehen, um eine Tochter zu gründen (s. → Rn. 5 ff.). In der zweiten Phase kommen die nationalen Regelungen zur Gründung von Tochtergesellschaften und das Prüfungsrecht der zuständigen Behörde im zukünftigen Sitzstaat der SE zum Tragen (s. → Rn. 10 ff.).

## D. Ablauf der Tochtergründung

### I. Beteiligte Gesellschaften

Die Gründung einer gemeinsamen Tochtergesellschaft steht allen Gesellschaften iSd 5
Art. 54 Abs. 2 AEUV sowie sonstigen juristischen Personen des öffentlichen oder privaten Rechts offen (Art. 2 Abs. 3 SE-VO).

#### 1. Gesellschaften iSd Art. 54 Abs. 2 AEUV

Der Gesellschaftsbegriff nach Art. 54 AEUV (ex Art. 48 Abs. 2 EGV) umfasst alle Gesell- 6
schaften des bürgerlichen Rechts und des Handelsrechts einschließlich der Genossenschaften und der sonstigen juristischen Personen des öffentlichen oder privaten Rechts, mit Ausnahme derjenigen, die keinen Erwerbszweck verfolgen. Erfasst werden alle Wirtschaftssubjekte, die keine natürlichen Personen sind. In Deutschland können dementsprechend als Gründer einer gemeinsamen Tochter-SE fungieren:[3] Juristische Personen des privaten Rechts (AG, KGaA, GmbH, Vereine, eG, VVaG, Stiftungen), Personenhandelsgesellschaften (OHG, KG), nicht rechtsfähige Vereine, Gesellschaften bürgerlichen Rechts in Form von Außengesellschaften,[4] juristische Personen des öffentlichen Rechts, Vorgesellschaften (Vor-AG, Vor-GmbH),[5] besondere Rechtsformen wie Partnergesellschaften, Reedereien und bergwerkliche Gesellschaften sowie europäische Rechtsformen (EWIV und SE).[6] Die durch Art. 54 AEUV definierten Gesellschaften müssen einen **Erwerbszweck** verfolgen (s. zu den juristischen Personen des öffentlichen oder privaten Rechts sogleich → Rn. 7), wobei der Begriff des Erwerbszweckes weit ausgelegt wird. Nach allgemeiner Auffassung ist die Entgeltlichkeit der Tätigkeit ausreichend.[7] Gewinnerzielungsabsicht ist nicht erforderlich. Daher kann auch der EWIV und der Genossenschaft Gründerfähigkeit zukommen. Demgegenüber ist die Gründerfähigkeit von Vereinen, Stiftungen und BGB-Gesellschaften, die ausschließlich karitativen, sportlichen, religiösen oder kulturellen Zwecken nachkommen, vor dem Hintergrund des Art. 54 Abs. 2 AEUV zu verneinen.[8]

#### 2. Juristische Personen des öffentlichen oder privaten Rechts

Nach Art. 2 Abs. 3 SE-VO sollen neben den Gesellschaften aus Art. 54 Abs. 2 AEUV ju- 7
ristische Personen des öffentlichen oder privaten Rechts Gründer einer gemeinsamen Tochter-SE sein können. Die SE-VO selbst legt nicht fest, was unter einer solchen juristischen Person des privaten oder öffentlichen Rechts zu verstehen ist. Der Begriff als solcher spricht zwar dafür, dass die Gesellschaften Rechtsfähigkeit aufweisen müssen. Die historische Auslegung und ein Vergleich der Sprachfassungen der englischen[9] und französischen Texte[10] sprechen nach hM jedoch dafür, dass anstelle des Begriffs „juristische Person" der-

---

[3] Kölner Komm AktG/*Veil* SE-VO Art. 2 Rn. 37; MüKoAktG/*Oechsler/Mihaylova* SE-VO Art. 2 Rn. 36; BeckOGK/*Casper*, 1.2.2021, SE-VO Art. 2, 3 Rn. 15; *Schwarz* Art. 2 Rn. 80.
[4] BGHZ 146, 341; Kölner Komm AktG/*Veil* SE-VO Art. 2 Rn. 37.
[5] *Scheifele*, Die Gründung der Europäischen Aktiengesellschaft (SE), 2004, 85; Kölner Komm AktG/*Veil* SE-VO Art. 2 Rn. 37; Lutter/Hommelhoff EU-Gesellschaft/*Bayer* S. 30; *Schwarz* Rn. 993 zu Art. 4 Abs. 1 EWIV-VO.
[6] *Blanquet* ZGR 2002, 20 (45); *Wagner* NZG 2002, 985 (990); *Schindler*, Die Europäische Aktiengesellschaft (SE), 2002, 37; *Scheifele*, Die Gründung der Europäischen Aktiengesellschaft (SE), 2004, 86.
[7] Von der Groeben/Thiesing/Ehlermann EGV/*Troberg* EGV Art. 52 Rn. 26; NK-SE/*Schröder* SE-VO Art. 35 Rn. 3; *Schwarz* Art. 2 Rn. 85; BeckOGK/*Casper*, 1.2.2021, SE-VO Art. 2, 3 Rn. 15; MüKoAktG/*Oechsler/Mihaylova* SE-VO Art. 2 Rn. 36; aA Habersack/Drinhausen/*Habersack* SE-VO Art. 2 Rn. 18.
[8] *Schwarz* Rn. 149; *Scheifele*, Die Gründung der Europäischen Aktiengesellschaft (SE), 2004, 86.
[9] Im Englischen wird der Begriff „legal body" verwendet.
[10] Im Französischen wird der Begriff „entité juridique" verwendet; zutreffend wäre juristische Person als „personnalité juridique" zu übersetzen gewesen.

jenige der „juristischen Einheit" gemeint war, mit der Folge, dass Art. 2 Abs. 3 SE-VO im Rahmen dieses Gründungskriteriums keine Rechtsfähigkeit als solche voraussetzt.[11] Diese in diesem Sinne zu verstehenden juristischen Einheiten müssen – anders als die Gesellschaften iSd Art. 54 Abs. 2 AEUV – keinen Erwerbszweck verfolgen.[12] Von ihnen ist jedoch entsprechend dem Erwägungsgrund 10 SE-VO zu verlangen, dass sie sich wirtschaftlich betätigen[13] (streitig), wobei hierfür eine Teilnahme am Markt ohne Eigeninteresse genügt. Unter den Begriff der juristischen Person iSd Art. 2 Abs. 3 SE-VO fallen daher beispielsweise auch Stiftungen und Idealvereine.[14]

## II. Gründung nach dem Recht eines Mitgliedstaates und Sitz in einem solchen

8 Zudem ist für die Gründungsgesellschaften, unabhängig davon, ob es sich bei ihnen um Gesellschaften iSd Art. 54 Abs. 2 AEUV oder um juristische Einheiten des öffentlichen oder privaten Rechts handelt, erforderlich, dass sie nach dem Recht eines Mitgliedstaates gegründet worden sind und **Sitz** und **Hauptverwaltung** in der Gemeinschaft haben (s. → § 4 Rn. 8).[15] Gleichgültig ist, wie lange vor Gründung der SE die Gründungsgesellschaft in der betreffenden Rechtsform existiert hat. Anders als bei den Mehrstaatigkeitskriterien (s. → Rn. 9) ist keine bestimmte Bestehensfrist vorgesehen.

## III. Mehrstaatigkeitserfordernis

9 Zur Begründung des grenzüberschreitenden Charakters reicht wie bei der Holding-Gründung eingeschränkte Mehrstaatigkeit aus. Sie ist erfüllt, wenn mindestens zwei Gründungsgesellschaften dem Recht verschiedener Mitgliedstaaten unterliegen oder seit mindestens zwei Jahren über eine dem Recht eines Mitgliedstaates unterliegende Tochtergesellschaft oder Zweigniederlassung in einem anderen Mitgliedstaat verfügen (zu den Einzelheiten s. → § 6 Rn. 5).

## E. Gründungsverfahren

10 Die Gründung der Tochter-SE richtet sich – soweit die SE in Entstehung betroffen ist – nach nationalem Recht, namentlich dem Recht des SE-Sitzstaates (Art. 15 Abs. 1 SE-VO), und hat im Weg einer einfachen **Bar-** oder **Sachgründung** zu erfolgen.[16] Möglich ist auch eine Ausgliederung im Wege der Einzelrechtsübertragung, die sich aus Sicht der Tochtergesellschaft als eine Sachgründung darstellt.[17] Demgegenüber ist die Errichtung einer gemeinsamen Tochter-SE im Wege der Spaltung durch Ausgliederung nach § 123 Abs. 3 Nr. 2 UmwG, bei der die Gründungsgesellschaften einen Teil ihres Vermögens im

---

[11] S. im Einzelnen *Scheifele*, Die Gründung der Europäischen Aktiengesellschaft (SE), 2004, 88; im Ergebnis ebenso NK-SE/*Schröder* SE-VO Art. 35 Rn. 2; *Schwarz* Art. 2 Rn. 87; BeckOGK/*Casper*, 1.2.2021, SE-VO Art. 2, 3 Rn. 15; Kölner Komm AktG/*Veil* SE-VO Art. 2 Rn. 37; MüKoAktG/*Oechsler/Mihaylova* SE-VO Art. 2 Rn. 36.
[12] BeckOGK/*Casper*, 1.2.2021, SE-VO Art. 2, 3 Rn. 15; Habersack/Drinhausen/*Habersack* SE-VO Art. 2 Rn. 18.
[13] *Schwarz* Rn. 991, 993 mwN; *Scheifele*, Die Gründung der Europäischen Aktiengesellschaft (SE), 2004, 88, 89; aA insoweit BeckOGK/*Casper*, 1.2.2021, SE-VO, Art. 2, 3 Rn. 15 Fn. 62 sowie Habersack/Drinhausen/*Habersack* SE-VO Art. 2 Rn. 18, die keine wirtschaftliche Betätigung voraussetzen.
[14] S. im Einzelnen *Scheifele*, Die Gründung der Europäischen Aktiengesellschaft (SE), 2004, 90.
[15] Habersack/Drinhausen/*Habersack* SE-VO Art. 2 Rn. 18.
[16] *Scheifele*, Die Gründung der Europäischen Aktiengesellschaft (SE), 2004, 390.
[17] MüKoAktG/*Oechsler/Mihaylova* SE-VO Art. 2 Rn. 39; MüKoAktG/*Schäfer* SE-VO Art. 35, 36 Rn. 4.

E. Gründungsverfahren  §7

Wege der partiellen Gesamtrechtsnachfolge auf die durch die Spaltung neu gegründete Gesellschaft übertragen, nicht möglich.[18] Hiergegen spricht Art. 2 Abs. 3 SE-VO, wonach eine Tochter-SE durch Zeichnung von Aktien gegründet werden muss. Das Verfahren der Bar- bzw. Sachgründung richtet sich nach den für Aktiengesellschaften geltenden Regelungen; im Hinblick auf die Beteiligung der Arbeitnehmer kommen die Regelungen des SEBG zur Anwendung (s. → § 14 Rn. 17 ff.). Zudem müssen, soweit die künftige Tochter-SE nach dem monistischen System strukturiert sein soll, bestimmte Anpassungen bei der Gründung vorgenommen werden.

## I. Vorbereitungen zur Einbeziehung der Arbeitnehmer

Das SEBG sieht vor, dass das Verfahren zur Gründung einer Tochter-SE nach Abschluss der Vereinbarung eines Plans zur Gründung derselben zu beginnen hat (§ 4 Abs. 2 SEBG). Wie dieser Plan im Einzelnen ausgestaltet sein soll, regelt das SEBG und auch die SE-VO, die keine materiellen Regelungen zur Gründung einer Tochter-SE beinhaltet, nicht. Entsprechend dem Sinn und Zweck der Regelung, den Zeitpunkt festzulegen, zu dem die Arbeitnehmer über die anstehende Gründung der SE informiert werden sollen, ist lediglich erforderlich, dass sich die Gründer form- und fristlos auf die Gründung einer Tochter einigen, dh zwischen ihnen ein schuldrechtlicher Vertrag abgeschlossen wird. Die Leitungs- bzw. Verwaltungsorgane der Gründer haben, soweit sie selbst oder die künftige Tochter-SE über einen Sitz in Deutschland verfügt, unverzüglich nach Abschluss der Vereinbarung des Plans zur Gründung der Tochter-SE die Arbeitnehmervertretungen in ihren Gesellschaften und ihren Tochtergesellschaften und Betrieben, soweit diese in die Tochtergesellschaft eingebracht werden sollen, über das Gründungsvorhaben zu informieren (s. → § 14 Rn. 22 ff.). Besteht keine Arbeitnehmervertretung, erfolgt diese Information gegenüber den Arbeitnehmern (s. → § 14 Rn. 23). Der Mindestinhalt der Information richtet sich nach § 4 Abs. 3 SEBG (s. → § 14 Rn. 26 ff.). Gleichzeitig sind nach § 4 Abs. 1 SEBG die Arbeitnehmervertretungen und Sprecherausschüsse bzw. Arbeitnehmer schriftlich aufzufordern, das besondere Verhandlungsgremium nach §§ 5 ff. SEBG zu bilden (s. → § 14 Rn. 19).

11

## II. Gründung

Die Tochtergesellschaft wird mittels notariell beurkundetem **Gründungsprotokoll** errichtet; ihr Inhalt richtet sich nach Art. 15 Abs. 1 SE-VO iVm § 23 AktG. Unter anderem muss das Protokoll die Gründer der Tochter-SE namentlich ausweisen und die Aktienübernahme durch die Gründer und die Zahlungen auf die Einlagen regeln. Im Rahmen der Gründungsurkunde wird die **Satzung** der Tochter-SE festgestellt. Der Inhalt der Satzung richtet sich nach den Regelungen der Verordnung (s. → § 2 Rn. 8), des SEAG (s. → § 2 Rn. 9) und dem Aktiengesetz (insbesondere § 23 Abs. 3, 4 AktG sowie § 26 AktG, s. → § 2 Rn. 9). Zu beachten sind insoweit die zwingenden abweichenden Angaben, die die SE-VO aufstellt, beispielsweise die zwingende Wahl zwischen dualistischem und monistischem Modell, die Angaben zum Sitz und das höhere Mindestgrundkapital von 120 000 Euro. Die Mitglieder des **ersten Aufsichtsorgans** der dualistisch strukturierten SE bzw. des **ersten Verwaltungsrats** bei einer monistisch strukturierten SE sind zu bestellen (s. → § 11 Rn. 21, → § 3 Rn. 8). Die Bestellung des ersten **Abschlussprüfers** erfolgt nach Art. 15 Abs. 1 SE-VO iVm § 30 Abs. 1 AktG durch die Gründer der SE. Die Bestellung hat in notarieller Form zu erfolgen, so dass ihre Vornahme im Rahmen der Gründungsurkunde zweckmäßig erscheint. Im Hinblick auf die Zahlung der **Einlagen**

12

---

[18] *Scheifele*, Die Gründung der Europäischen Aktiengesellschaft (SE), 2004, S. 390 f.; Lutter/Hommelhoff EU-Gesellschaft/*Bayer* 58.

gelten die §§ 36 Abs. 2 und 36a AktG iVm Art. 15 SE-VO, dh auf Bareinlagen muss mindestens ein Viertel des Nennbetrages sowie das Aufgeld einbezahlt sein. Bei Sacheinlagen muss die Leistung der Einlagen vor der Anmeldung erfolgt sein, sofern nicht bloß ein Vermögensgegenstand einzubringen ist. Im Einzelfall kann zudem die Zustimmung der Gründer erforderlich sein (s. → Rn. 14). Nach Art. 15 Abs. 1 SE-VO iVm § 32 AktG haben die Gründer einen **Gründungsbericht** zu erstellen. Dieser ist bei dualistisch strukturierten SE durch die Mitglieder des Leitungsorgans und des Aufsichtsorgans zu prüfen (Art. 15 Abs. 1 SE-VO iVm § 33 Abs. 1 AktG). Für monistisch strukturierte SE ist die Gründungsprüfung durch die Mitglieder des Verwaltungsrats vorzunehmen (§ 22 Abs. 6 SEAG). Zusätzlich hat eine externe Gründungsprüfung durch einen oder mehrere gerichtlich bestellte Gründungsprüfer stattzufinden, wenn eine der genannten Voraussetzungen erfüllt ist (Art. 15 Abs. 1 SE-VO iVm § 33 Abs. 2 AktG). Durch das Leitungsorgan und das Aufsichtsorgan bzw. den Verwaltungsrat ist ein Gründungsprüfungsbericht zu erstatten (Art. 15 Abs. 1 SE-VO iVm § 34 Abs. 2 AktG). Die Handelndenhaftung nach Art. 16 Abs. 2 SE-VO (s. → § 4 Rn. 13) greift im Fall der Tochtergründung mit der Feststellung der Satzung und der Übernahme der Aktien ein.[19]

## III. Erfordernis auf Seiten der Gründer

13 Die Erfordernisse auf Seiten der Gründer zur Gründung einer Tochter-SE richten sich nach den jeweils auf den Gründungsrechtsträger anwendbaren Regelungen des nationalen Aktienrechts (Art. 36 SE-VO).[20]

### 1. AG

14 Aus deutscher Sicht ist insoweit das Vorhandensein einer **Konzernkontrollklausel** in der Satzung,[21] dh. einer Ermächtigung zur Gründung von Tochtergesellschaften erforderlich. Liegt sie nicht vor, empfiehlt sich vor der Gründung eine entsprechende Satzungsänderung. Weiteres Erfordernis kann im Ausnahmefall die Zustimmung der Hauptversammlung der Gründungsgesellschaft sein. Das gilt zum einen, wenn die Satzung die Zustimmung der Hauptversammlung vorsieht. In diesem Fall benötigen die Leitungsorgane im Innenverhältnis die Zustimmung. Zum anderen kann die Zustimmung erforderlich sein, soweit die **Holzmüller- bzw. Gelatine-Grundsätze** Anwendung finden (s. → § 17 Rn. 14) oder das **gesamte Vermögen** übertragen wird (§ 179a AktG). Demgegenüber kommen aufgrund des grenzüberschreitenden Charakters keine besonderen Zustimmungserfordernisse zur Anwendung. Insbesondere ist es nicht erforderlich, dass die Haupt- bzw. Gesellschafterversammlung der Gründungsgesellschaft der Gründung der gemeinsamen Tochter-SE zustimmt. Das gilt auch dann, wenn der Sitz der künftigen Tochtergesellschaft außerhalb der Bundesrepublik Deutschland liegt.[22] Fraglich ist indessen, ob Kompetenzen der Gesellschafterversammlungen der Gründungsgesellschaften bestehen, wenn mit der Gründung der Tochtergesellschaft die strengeren Verfahren zur Gründung einer SE im Wege der Verschmelzung oder einer Holding-SE **umgangen** werden. Diskutiert wird zunächst der Fall, dass in eine gemeinsame SE-Tochtergesellschaft von den beiden Gründungsgesellschaften jeweils das gesamte Vermögen eingebracht wird, was im Ergebnis einer Verschmelzung gleichkommt (synthetischer Zusammenschluss). Dass insoweit eine Regelungslücke auf Verordnungsebene vorliegt, die durch analoge Anwendung der Art. 17 ff.

---

[19] *Kersting* DB 2001, 2079 (2081 ff.).
[20] BeckOGK/*Casper*, 1.2.2021, SE-VO Art. 2, 3 Rn. 16; *Scheifele*, Die Gründung der Europäischen Aktiengesellschaft (SE), 2004, 390.
[21] *Schwarz* Art. 36 Rn. 11 f.; MüKoAktG/*Schäfer* SE-VO Art. 35, 36 Rn. 5.
[22] *Scheifele*, Die Gründung der Europäischen Aktiengesellschaft (SE), 2004, 392 f.

SE-VO zu schließen wäre,[23] ist im Ergebnis abzulehnen.[24] Zum einen kann bei der Tochtergründung nicht von dem gleichen Schutzbedürfnis der Aktionäre wie im Fall der Verschmelzung ausgegangen werden. Bei der Tochtergründung bleibt die Gründungsgesellschaft anders als bei der Verschmelzung bestehen, so dass die Gesellschafter in der ursprünglichen Gesellschaft verbleiben; es findet kein Anteilstausch statt. Zudem kommt es anders als bei der Verschmelzung nicht zur Gesamtrechtsnachfolge.[25] Zum anderen entspricht es dem Grundprinzip der SE-VO, in nicht geregelten Fällen auf das nationale Recht zu verweisen. Im Ergebnis verbleibt es daher bei der Anwendung nationalen Rechts, so dass sich eine Zustimmungspflicht lediglich aus § 179a AktG bzw. den Grundsätzen der Holzmüller/Gelatine-Rechtsprechung ergeben kann.[26] Bei dem weiteren sich in Diskussion befindlichen Fall, der der Gründung einer Holding-SE gleichkommt (zwei Gesellschaften gründen in einem ersten Schritt jeweils eine nationale Tochtergesellschaft, in die sie ihr wesentliches Betriebsvermögen einbringen; in einem zweiten Schritt gründen sie eine gemeinsame Tochter-SE, in die das Vermögen der beiden [nationalen] Tochtergesellschaften eingelegt wird), sind im Ergebnis ebenfalls nicht die Regelungen zur SE-Gründung entsprechend anzuwenden (Art. 32 ff. SE-VO). In den zu vergleichenden Fällen besteht ein unterschiedliches Maß an Schutzbedürftigkeit der Gesellschafter, was vor allem darauf zurückzuführen ist, dass die gemeinsame Tochter-SE abhängige Gesellschaft ist; sie also weiter durch die Gründer kontrolliert werden kann, was bei der Gründung nach Art. 32 ff. SE-VO nicht der Fall wäre. Zudem ist auch hier der gewollte rudimentäre Charakter der SE-VO mit in die Betrachtung einzubeziehen.[27] Auch insoweit verbleibt es bei der Anwendung der nationalen Regelungen.

### 2. GmbH

Ist eine GmbH Gründer, haben die Geschäftsführer beabsichtigte Maßnahmen, die einen außergewöhnlichen Charakter haben und mit besonderen Risiken verbunden sind, von sich aus den Gesellschaftern zur Beschlussfassung vorzulegen (§ 49 GmbHG). Insoweit ist im Einzelfall zu messen, ob die Gründung einer gemeinsamen Tochter diese Anforderungen erfüllt.[28]

### 3. Personenhandelsgesellschaft

Handelt es sich bei einem Gründer um eine Personenhandelsgesellschaft, bedürfen konzernbildende Maßnahmen grundsätzlich der Zustimmung der Gesellschafter, da diese eine außergewöhnliche Maßnahme iSd § 116 Abs. 2 HGB, § 164 S. 1 HGB bzw. Grundlagengeschäfte darstellen.[29]

## IV. Bewertung/Besteuerung

Zur Bewertung und Besteuerung ist auf die Anforderungen des § 19 Rn. 70 ff. zu verweisen.

---

[23] *Teichmann* ZGR 2002, 383 (438); *Casper* FS Ulmer, 2003, 51 (63); die Frage ebenfalls aufwerfend *Hommelhoff/Teichmann* SZW 2002, 1 (9).
[24] *Scheifele*, Die Gründung der Europäischen Aktiengesellschaft (SE), 2004, 395; NK-SE/*Schröder* SE-VO Art. 35 Rn. 7.
[25] Vgl. Hüffer/Koch/*Koch* AktG § 179a Rn. 12a; *Bungert* NZG 1998, 367 ff.
[26] S. im Einzelnen Hüffer/Koch/*Koch* AktG § 179a Rn. 23.
[27] *Scheifele*, Die Gründung der Europäischen Aktiengesellschaft (SE), 2004, 395.
[28] *Scheifele*, Die Gründung der Europäischen Aktiengesellschaft (SE), 2004, 396; *Schwarz* Art. 36 Rn. 18; MüKoAktG/*Schäfer* SE-VO Art. 35, 36 Rn. 6.
[29] *Emmerich/Habersack* KonzernR § 9 II 1; *Schwarz* Art. 36 Rn. 19; MüKoAktG/*Schäfer* SE-VO Art. 35, 36 Rn. 6.

## V. Anmeldung der Gründung

18 Die Gründung der Tochter-SE ist beim zuständigen Registergericht (s. → § 2 Rn. 17) anzumelden (Art. 15 Abs. 1 SE-VO iVm §§ 3, 21 AktG). Die Tochter-SE ist von allen Gründern, allen Mitgliedern des Vorstandes und des Aufsichtsrats bzw. allen Mitgliedern des Verwaltungsrats und allen geschäftsführenden Direktoren anzumelden. Der Inhalt der Anmeldung, Nachweise und Anlagen richten sich nach nationalem Aktienrecht. Zudem ist ein Nachweis über die Vereinbarung der Arbeitnehmerbeteiligung vorzulegen oder, soweit keine Einigung getroffen wurde, ein Nachweis, dass die Verhandlungen nicht aufgenommen bzw. abgebrochen wurden oder die Verhandlungsfrist abgelaufen ist.

## VI. Eintragung

19 Ergibt die Prüfung durch das Registergericht nach § 38 AktG, dass die Tochter-SE ordnungsgemäß errichtet und angemeldet ist und die Voraussetzungen des Art. 12 Abs. 2 SE-VO erfüllt sind (zu Mängeln s. → § 2 Rn. 18), wird sie in das Handelsregister in Abteilung B eingetragen (s. → § 2 Rn. 19). Mit der Eintragung entsteht die Tochter-SE (Art. 15 Abs. 1 SE-VO iVm § 41 Abs. 1 S. 1 AktG; zur Vor-SE s. → § 4 Rn. 9 ff., 17).

## VII. Kapitalmarktrechtliche Publizitätspflichten

20 Ist eine börsennotierte Gesellschaft an der Gründung einer gemeinsamen Tochtergesellschaft beteiligt, besteht eine ad-hoc-Meldepflicht, soweit die Maßnahme eine erhebliche Kursbeeinflussung bewirken kann.[30]

---

[30] *Kalss* ZGR 2003, 593 (637).

# § 8 Umwandlung

## Übersicht

|   | Rn. |
|---|---|
| A. Einführung | 1 |
| B. Regelungstechnik | 8 |
| C. Gründungsphasen | 10 |
| D. Voraussetzungen und Ablauf der Gründung | 14 |
|   I. Umwandlungsfähige Rechtsträger | 14 |
|     1. Aktiengesellschaft | 15 |
|     2. Tochtergesellschaft, die dem Recht eines anderen Mitgliedstaats unterliegt | 16 |
|   II. Vorbereitung der Hauptversammlung | 17 |
|     1. Erstellung des Umwandlungsplans | 17 |
|     2. Offenlegung des Umwandlungsplans | 29 |
|     3. Erstellung des Umwandlungsberichts | 32 |
|     4. Bescheinigung über Nettovermögenswerte | 35 |
|     5. Einberufung der Hauptversammlung | 39 |
|   III. Beschlussfassung durch die Hauptversammlung | 41 |
|   IV. Eintragung der SE | 46 |
| E. Einzelfragen | 51 |
|   I. Erforderlichkeit von Gründungsprüfungen (§ 33 AktG) und Gründungsbericht (§ 32 AktG) | 51 |
|   II. Barabfindungsangebot (§§ 207 ff. UmwG) | 54 |
|   III. Verbot der grenzüberschreitenden Sitzverlegung anlässlich des Formwechsels | 58 |

## A. Einführung

Art. 2 Abs. 4 SE-VO erlaubt die Gründung einer SE durch Formwechsel. Die SE-VO spricht zwar von „Umwandlung", diese entspricht aber – in der Terminologie des UmwG – dem Formwechsel. Die Gründungsart des Formwechsels steht nur den in Anh. I der SE-VO aufgeführten Gesellschaften der Mitgliedstaaten offen, in Deutschland also der **Aktiengesellschaft.** Das Gründungsverfahren der formwechselnden Umwandlung ist in Art. 37 SE-VO geregelt. Im Verordnungsentwurf von 1991 war eine (noch) weniger umfangreiche Regelung als die des Art. 37 SE-VO enthalten. Zwischenzeitlich war sogar ein gänzlicher Verzicht auf diese Gründungsform beabsichtigt, da eine „Flucht aus der Mitbestimmung" befürchtet wurde.[1] Durch die Vorgaben der Richtlinie über die Arbeitnehmerbeteiligung (in Deutschland umgesetzt durch die Regelungen des SEBG) soll jedoch heute das vor der Umwandlung bestehende Maß an Mitbestimmung auch bei der Gründung durch Formwechsel erhalten bleiben (s. § 21 Abs. 6 SEBG: Verbot eines geringeren Mitbestimmungsniveaus durch Vereinbarung, und § 35 Abs. 1 SEBG: Fortgeltung des vor der Umwandlung bestehenden Mitbestimmungsniveaus bei Eingreifen der gesetzlichen Auffangregelungen; vgl. dazu im Einzelnen → § 14 Rn. 233, 304 f.). Da Art. 37 Abs. 3 SE-VO die **Sitzverlegung** in einen anderen Mitgliedstaat im Zuge des Formwechsels **verbietet,** kann eine dem deutschen Recht unterliegende Aktiengesellschaft immer nur in eine deutschem Recht unterliegende SE formgewechselt werden. Ist eine grenzüberschreitende Sitzverlegung beabsichtigt, kann diese erst **nach vollzogenem Formwechsel** unter den Voraussetzungen des Art. 8 SE-VO erfolgen; Art. 37 Abs. 3 SE-VO verbietet nur das zeitliche Zusammenfallen der Umwandlung mit der Sitzverlegung (näher → Rn. 58). Die

1

---

[1] Vgl. NK-SE/*Schröder* Vor Art. 37 Rn. 1; *Scheifele,* Die Gründung der Europäischen Aktiengesellschaft (SE), 2004, 398 f.

Gründung einer SE durch Formwechsel ist heute die für börsennotierte Gesellschaften am häufigsten verwendete Gründungsart.

2  Im Gegensatz zu den anderen Gründungsarten sind die formwechselnde Gesellschaft und die entstandene SE **identische Rechtspersönlichkeiten** (vgl. Art. 37 Abs. 2 SE-VO; diese Rechtsfolge entspricht der eines Formwechsels nach §§ 190 ff. UmwG, vgl. § 202 Abs. 1 Nr. 1 UmwG). Es kommt daher – anders als bei anderen Gründungsformen – nicht zu einer Übertragung von Vermögen oder Gesellschaftsanteilen. Der Formwechsel erfordert, ähnlich wie der Formwechsel nach dem UmwG, einen **Beschluss der Hauptversammlung** der Gesellschaft, der nach den aktien- bzw. umwandlungsrechtlichen Vorschriften vorzubereiten ist, und die **Eintragung** des Formwechsels in das Handelsregister.

3  Besonderheiten gegenüber dem Formwechsel nach dem UmwG finden sich in folgenden Punkten:

4  Art. 37 Abs. 4 SE-VO verlangt die Erstellung eines **Umwandlungsplans,** der vor der Fassung des Hauptversammlungsbeschlusses über die Umwandlung beim Handelsregister offenzulegen ist (→ Rn. 17 ff.). Demgegenüber ist für den Formwechsel nach deutschem Umwandlungsrecht lediglich der Entwurf des Umwandlungsbeschlusses vorgesehen (§ 194 UmwG), der im Vorfeld der Hauptversammlung einer formwechselnden Aktiengesellschaft oder KGaA nach zutreffender Ansicht in der Einberufung der Hauptversammlung bekanntzumachen[2] und gem. § 194 Abs. 2 UmwG dem zuständigen Betriebsrat zu übermitteln ist.

5  Der **Umwandlungsbericht** muss auch die Auswirkungen der Umwandlung auf die Arbeitnehmer der Gesellschaft erläutern (→ Rn. 32 ff.).

6  Nach allgemeiner Ansicht entfällt ein **Barabfindungsangebot** für der Umwandlung widersprechende Aktionäre (→ Rn. 54 ff.).

7  Nach heute weit überwiegender Auffassung ist **keine Gründungsprüfung und kein Gründungsbericht** nach den §§ 32 ff. AktG erforderlich; an deren Stelle tritt die in Art. 37 Abs. 6 SE-VO vorgeschriebene Prüfung und Bescheinigung der Nettovermögensdeckung (→ Rn. 51 ff.).

## B. Regelungstechnik

8  Wie bei den übrigen Gründungsformen sind für die Umwandlung in eine SE vorrangig die Vorschriften der SE-Verordnung anzuwenden, hier also **Art. 37 SE-VO**. Nur soweit die SE-VO für einen Bereich keine Regelungen vorsieht, kann im Ergebnis auf das **nationale Recht** der formwechselnden Gesellschaft zurückgegriffen werden. Im Fall der Umwandlung einer deutschen Aktiengesellschaft in eine SE gelten daher die Vorschriften des **AktG** und des **UmwG** (§§ 190 ff.) **ergänzend.**

9  Umstritten ist dabei die **Rechtsgrundlage,** auf der ein Rückgriff auf nationales Aktien- bzw. Umwandlungsrecht erfolgen kann. Nach überzeugender Auffassung gilt hier **Art. 15 Abs. 1 SE-VO,** wonach auf die Gründung einer SE das für Aktiengesellschaften geltende Recht des künftigen Sitzstaats der SE Anwendung findet, soweit die Verordnung selbst keine Regelungen trifft.[3] Für den Formwechsel bedeutet dies, dass zunächst die Regelungen des UmwG über den Formwechsel in eine Aktiengesellschaft (§§ 190 ff. UmwG) und subsidiär dazu (entspr. § 197 UmwG) die Gründungsvorschriften für die Neugründung von Aktiengesellschaften (in Deutschland die §§ 23 ff. AktG) gelten. Art. 15 Abs. 1 SE-VO stellt eine Auffangregelung dar, die grundsätzlich für den gesamten Grün-

---

[2] So etwa Kallmeyer/*Blasche* UmwG § 230 Rn. 10; Semler/Stengel/*Ihrig* UmwG § 230 Rn. 13; Habersack/Wicke/*Sparfeld* UmwG § 230 Rn. 17.
[3] Habersack/Drinhausen/*Bücker* SE-VO Art. 37 Rn. 4; Kallmeyer/*Marsch-Barner/Wilk* UmwG Anh. I Rn. 92; Widmann/Mayer/*Heckschen* Anh. 14 Rn. 377; MüKoAktG/*Schäfer* SE-VO Art. 37 Rn. 4.

dungsvorgang gilt, soweit die Verordnung nichts anderes bestimmt.[4] In Bezug auf die Gründung durch Verschmelzung bestimmt die Verordnung mit der Sonderregelung des Art. 18 etwas anderes, so dass Art. 15 Abs. 1 SE-VO insoweit verdrängt wird. Der Grund für diese Sonderregelung liegt darin, dass die Anwendung des durch Art. 15 Abs. 1 SE-VO berufenen Rechts des zukünftigen Sitzstaates der SE auf das Willensbildungsverfahren einer dem Recht eines anderen Mitgliedstaates unterliegenden Gründungsgesellschaft wenig sachgerecht erscheint und zu erheblichen Schwierigkeiten führen würde. Das Gleiche gilt auch für die mit Art. 18 SE-VO vergleichbare Verweisungsnorm des Art. 36 SE-VO für die Gründung einer Tochtergesellschaft durch Aktiengesellschaften verschiedener Mitgliedstaaten. Bei der Gründung durch formwechselnde Umwandlung stellt sich die Lage jedoch anders dar. Hier kann es zu einem Auseinanderfallen der auf die Gründungsgesellschaft und die künftige SE anwendbaren Rechte nicht kommen, da Art. 37 Abs. 3 SE-VO die Sitzverlegung anlässlich der Gründung verbietet. Das Recht des Sitzstaates der SE gemäß Art. 15 Abs. 1 SE-VO ist daher bei dieser Gründungsform immer zwingend identisch mit dem Recht, dem die Gründungsgesellschaft unterliegt. Es bedurfte deshalb keiner mit Art. 18 oder 36 SE-VO vergleichbaren, von Art. 15 Abs. 1 SE-VO abweichenden Sonderregelung. Die von einem Großteil des Schrifttums vorgeschlagene Bildung einer Analogie zu Art. 18 SE-VO[5] ist daher mangels Regelungslücke nicht erforderlich.[6] Auch der Rückgriff auf das vom mitgliedstaatlichen IPR berufene Sachrecht[7] erscheint nicht überzeugend, da die Verordnung der Anwendung des IPR vorgeht.[8]

## C. Gründungsphasen

Der Formwechsel in die SE lässt sich in drei Phasen unterteilen: 10

Zur Vorbereitung der SE-Gründung muss die über den Formwechsel beschließende Hauptversammlung vorbereitet und einberufen werden (→ Rn. 17 ff.). Hierfür muss das Leitungsorgan der formwechselnden Gesellschaft, in Deutschland also der Vorstand der formwechselnden Aktiengesellschaft, zunächst einen Umwandlungsplan und einen Umwandlungsbericht erstellen. Der Umwandlungsplan ist gemäß Art. 37 Abs. 5 SE-VO einen Monat vor dem Tag der Hauptversammlung offenzulegen und entsprechend § 194 Abs. 2 UmwG dem zuständigen Betriebsrat zuzuleiten. Außerdem ist die Satzung der zukünftigen SE zu verfassen und ein unabhängiger Sachverständiger hat eine Bescheinigung über die Nettovermögenswerte der Aktiengesellschaft zu erstellen (Art. 37 Abs. 6 SE-VO). Spätestens in dieser Phase ist auch das Verfahren zur Beteiligung der Arbeitnehmer einzuleiten; empfehlenswert ist es, das Verfahren so rechtzeitig zu beginnen, dass es noch vor Erstellung von Umwandlungsplan und -bericht abgeschlossen werden kann, um die Ergebnisse aus diesem Verfahren dort bereits berücksichtigen zu können.[9] Gemäß § 4 Abs. 3 S. 2 SEBG hat die Unternehmensleitung das Verfahren durch Information und Aufforderung der Arbeitnehmerseite zur Bildung des sogenannten besonderen Verhandlungsgremiums der Arbeitnehmer unverzüglich nach Offenlegung des Umwandlungsplans einzuleiten. Richtigerweise ist dies jedoch als spätester Zeitpunkt für die Einleitung des Verfahrens 11

---

[4] BeckOGK/*Eberspächer*, 1.2.2021, SE-VO Art. 37 Rn. 5; *Teichmann* ZGR 2002, 383 (414).
[5] Lutter/Hommelhoff EU-Gesellschaft/*Bayer* 60; *Heckschen* DNotZ 2003, 251 (264); Theisen/Wenz EurAG/ *Neun* 160; Kölner Komm AktG/*Paefgen* SE-VO Art. 37 Rn. 15: Gesamtanalogie zu Art. 18 SE-VO und Art. 36 SE-VO; *Scheifele*, Die Gründung der Europäischen Aktiengesellschaft (SE), 2004, 403, der vorschlägt, jeweils im Einzelfall zu prüfen, ob eine Analogie in Betracht kommt; *Schwarz* SE-VO Art. 37 Rn. 10; *Teichmann* ZGR 2002, 383 (440).
[6] MüKoAktG/*Schäfer* SE-VO Art. 37 Rn. 4.
[7] *Wagner* NZG 2002, 985 (990).
[8] *Schwarz* SE-VO Art. 37 Rn. 10.
[9] Vgl. MüKoAktG/*Schäfer* SE-VO Art. 37 Rn. 7.

zu verstehen, so dass es der Unternehmensleitung freisteht, auch einen früheren Zeitpunkt zu wählen (→ § 14 Rn. 20).[10]

12 Anschließend muss die Hauptversammlung der Aktiengesellschaft dem Umwandlungsplan zustimmen und die Satzung der SE genehmigen (→ Rn. 41 ff.).

13 Schließlich bedarf es noch der Eintragung der SE ins Handelsregister, der konstitutive Wirkung zukommt (Art. 16 Abs. 1; → Rn. 46 ff.).

## D. Voraussetzungen und Ablauf der Gründung

### I. Umwandlungsfähige Rechtsträger

14 Wie die übrigen Gründungsformen steht auch die Gründung durch Formwechsel **nur bestimmten,** in der SE-VO abschließend aufgezählten, **Gesellschaftsformen** zur Verfügung. Ferner ist auch für den Formwechsel ein **grenzüberschreitender Bezug** zu einem anderen Mitgliedstaat erforderlich.

#### 1. Aktiengesellschaft

15 Die Gründung durch Formwechsel steht ausschließlich den in Anh. I SE-VO aufgeführten Gesellschaftsformen offen. Die Gründungsgesellschaft muss gemäß Art. 2 Abs. 4 SE-VO nach dem Recht eines Mitgliedstaats gegründet sein und ihren Sitz und ihre Hauptverwaltung in einem Mitgliedstaat der Europäischen Union haben. In Deutschland kann eine SE im Wege des Formwechsels nur von einer Aktiengesellschaft gegründet werden. Wird der Formwechsel in eine SE durch eine Gesellschaft anderer Rechtsform angestrebt, bleibt dieser also nur die Möglichkeit, zunächst nach deutschem Umwandlungsrecht den Formwechsel in eine Aktiengesellschaft und anschließend, nach dessen Wirksamwerden, die Umwandlung in eine SE zu vollziehen. Zur Beschleunigung können beide Formwechselmaßnahmen weitgehend parallel vorbereitet werden, so dass die Vollzugsmaßnahmen möglichst zügig aufeinander folgen können. Denkbar ist dabei auch eine „**Kettenumwandlung**" mit gleichzeitiger Beschlussfassung über beide Umwandlungsmaßnahmen und unmittelbar aufeinanderfolgenden Handelsregistereintragungen.[11] In der Praxis empfiehlt es sich aus Gründen der Rechtssicherheit und zur Vermeidung unnötiger Komplexität jedoch, möglichst die Handelsregistereintragung des Formwechsels aus der Ausgangsrechtsform in die Aktiengesellschaft abzuwarten, bevor die Vollzugsmaßnahmen für den Formwechsel in die SE umgesetzt werden.[12]

#### 2. Tochtergesellschaft, die dem Recht eines anderen Mitgliedstaats unterliegt

16 Die für alle Gründungsarten notwendige Mehrstaatlichkeit wird durch das Erfordernis des Art. 2 Abs. 4 SE-VO hergestellt, nach dem die formwechselnde Aktiengesellschaft seit mindestens zwei Jahren eine Tochtergesellschaft haben muss, die dem Recht eines anderen Mitgliedstaats unterliegt. Zu der Frage, wann eine Gesellschaft (aus Sicht des deutschen IPR) dem Recht eines anderen Staates unterliegt, → § 5 Rn. 24 ff. Im Gegensatz zur Holdinggründung genügt eine Zweigniederlassung der Gründungsgesellschaft in einem anderen Mitgliedstaat für diese Gründungsform nicht.[13] Unter „Tochtergesellschaft" iSd Art. 2 Abs. 4 SE-VO ist dabei eine rechtlich selbständige Gesellschaft zu verstehen, an der eine

---

[10] Habersack/Drinhausen/*Hohenstatt/Müller-Bonanni* SEBG § 4 Rn. 9; s. auch MüKoAktG/*Jacobs* SEBG § 4 Rn. 6.
[11] Dazu Habersack/Drinhausen/*Bücker* SE-VO Art. 37 Rn. 13.
[12] So auch Habersack/Drinhausen/*Bücker* SE-VO Art. 37 Rn. 13.
[13] Kritisch zu dieser unterschiedlichen Behandlung *Hommelhoff* AG 2001, 279 (281).

andere Gesellschaft (hier also die formwechselnde Aktiengesellschaft) mittelbar oder unmittelbar die Mehrheit der Stimmrechte besitzt oder beherrschenden Einfluss ausübt.[14] Die Rechtsform sowohl der Tochtergesellschaft als auch der formwechselnden Aktiengesellschaft während der Zweijahresfrist ist dabei unerheblich.[15] Möglich ist die Umwandlung in eine SE daher auch dann, wenn die Gründungsgesellschaft erst kurz vor dem SE-Formwechsel in die Rechtsform der Aktiengesellschaft umgewandelt wurde (→ Rn. 15). Maßgeblicher Zeitpunkt, zu dem die Zweijahresfrist spätestens abgelaufen sein muss, ist der Zeitpunkt der Eintragung der SE in das Handelsregister.[16] Möglich ist daher auch eine Anmeldung des SE-Formwechsels zum Handelsregister vor Ablauf der Frist mit der Maßgabe, die Eintragung erst mit Fristablauf vorzunehmen.[17]

## II. Vorbereitung der Hauptversammlung

### 1. Erstellung des Umwandlungsplans

Art. 37 SE-VO schreibt die Erstellung eines „Umwandlungsplans" vor. Hier liegt ein Unterschied zum nationalen Umwandlungsrecht, das für den Formwechsel lediglich die Beschlussfassung durch die Hauptversammlung gemäß § 193 UmwG und die Erstellung eines entsprechenden Beschlussentwurfs im Vorfeld der Hauptversammlung (der Beschlussentwurf ist Teil des Umwandlungsberichts, § 192 Abs. 1 S. 3 UmwG) vorsieht. Die Erstellung des Umwandlungsplans obliegt gemäß Art. 37 Abs. 4 SE-VO dem Vorstand der formwechselnden Aktiengesellschaft. 17

#### a) Inhalt des Umwandlungsplans

Hinsichtlich des Inhalts des Umwandlungsplans enthält die Verordnung keine Vorgaben. Es findet sich weder eine Art. 20 SE-VO über den Verschmelzungsplan vergleichbare Regelung noch ein Verweis auf die entsprechende Anwendbarkeit des Art. 20 SE-VO wie bei der Holdinggründung (Art. 32 Abs. 2 S. 3 SE-VO). 18

Die wohl hM spricht sich für eine entsprechende Anwendung von **Art. 20 Abs. 1 S. 2 SE-VO** bzw. dessen Heranziehung als „Leitlinie" für den Inhalt des Umwandlungsplans aus, soweit die dortigen Vorgaben für den Verschmelzungsplan bei einer SE-Gründung durch Verschmelzung sich für eine Anwendung auf den Formwechsel eignen.[18] Vertreten wird auch eine Orientierung an den Vorgaben des **§ 194 UmwG**.[19] Letzteres erscheint auf der Grundlage der oben vertretenen Auffassung, wonach auf Bereiche, die von der SE-VO nicht geregelt werden, über die Verweisung des Art. 15 Abs. 1 SE-VO ergänzend die Vorschriften des nationalen Umwandlungs- und Aktienrechts zur Anwendung gelangen, überzeugender. Im Ergebnis unterscheiden sich diese Ansichten allerdings kaum. 19

In der Praxis dürfte es sich aus Vorsichtsgründen empfehlen, **sowohl** die in **Art. 20 Abs. 1 S. 2 lit. a, b, c, f, g und i SE-VO** als auch die in **§ 194 Abs. 1 Nr. 1–5 sowie** 20

---

[14] MüKoAktG/*Oechsler* SE-VO Art. 2 Rn. 31.
[15] Habersack/Drinhausen/*Bücker* SE-VO Art. 37 Rn. 13, 15; *Scheifele*, Die Gründung der Europäischen Aktiengesellschaft (SE), 2004, 120; *Schwarz* SE-VO Art. 2 Rn. 77, 105.
[16] Habersack/Drinhausen/*Bücker* SE-VO Art. 37 Rn. 16; MüKoAktG/*Schäfer* SE-VO Art. 37 Rn. 1.
[17] Habersack/Drinhausen/*Bücker* SE-VO Art. 37 Rn. 16.
[18] Habersack/Drinhausen/*Bücker* SE-VO Art. 37 Rn. 23; Kölner Komm AktG/*Paefgen* SE-VO Art. 37 Rn. 27 ff.; NK-SE/*Schröder* SE-VO Art. 37 Rn. 20 ff., der zusätzlich die aus den nationalen Umsetzungsvorschriften zu Art. 3 und 4 GesR-RL (früher Art. 2 und 3 Kapital-RL) hervorgehenden Vorgaben für den Errichtungsakt bzw. die Satzung bei Gründung einer Aktiengesellschaft anwenden will; MüKoAktG/*Schäfer* SE-VO Art. 37 Rn. 10 f.; *Scheifele*, Die Gründung der Europäischen Aktiengesellschaft (SE), 2004, 406 f.; *Schindler*, Die Europäische Aktiengesellschaft, 2002, 39; Schmitt/Hörtnagl/*Hörtnagl/Rinke* SE-VO Art. 37 Rn. 4; *Schwarz* SE-VO Art. 37 Rn. 17 ff.
[19] Lutter/Hommelhoff EU-Gesellschaft/*Bayer* 61; BeckOGK/*Eberspächer*, 1.2.2021, SE-VO Art. 37 Rn. 10; *Jannott* in Jannott/Frodermann SE-HdB Kap. 3 Rn. 237; Theisen/Wenz EurAG/*Neun* 174; *Vossius* ZIP 2005, 741 (747).

Nr. 7 UmwG aufgelisteten Angaben in den Umwandlungsplan aufzunehmen.[20] Angaben zum Umwandlungsstichtag entsprechend Art. 20 Abs. 1 S. 2 lit. d und e SE-VO entfallen aufgrund der Identität der Rechtsträger vor und nach der Umwandlung.[21] Zur entsprechenden Anwendung von Art. 20 Abs. 1 S. 2 lit. h SE-VO → Rn. 19. Nach hier vertretener – und herrschender – Auffassung entfällt bei der Umwandlung in eine SE auch die Unterbreitung eines Abfindungsangebots iSd § 194 Abs. 1 Nr. 6 UmwG (→ Rn. 54 ff.).

21 Der Umwandlungsplan sollte daher Folgendes **enthalten** (vgl. zu den einzelnen Angaben auch → § 5 Rn. 32 ff. zum Verschmelzungsplan):
– Rechtsform, Firma und Sitz der SE (entsprechend Art. 20 Abs. 1 S. 2 lit. a SE-VO und § 194 Abs. 1 Nr. 1 UmwG);
– Beteiligung der Aktionäre an der SE und Zahl, Art und Umfang der Anteile (entsprechend Art. 20 Abs. 1 S. 2 lit. b und c SE-VO und § 194 Abs. 1 Nr. 3 und Nr. 4 UmwG);[22]
– Gewährung von Sonderrechten durch die SE für Aktionäre oder sonstige Inhaber von Sonderrechten in der formwechselnden Aktiengesellschaft (entsprechend Art. 20 Abs. 1 S. 2 lit. f SE-VO und § 194 Abs. 1 Nr. 5 UmwG);
– Gewährung von Sondervorteilen für Sachverständige, die die Werthaltigkeitsprüfung gemäß Art. 37 Abs. 6 SE-VO vornehmen, oder Mitglieder des Verwaltungs-, Leitungs- oder Aufsichtsorgans (entsprechend Art. 20 Abs. 1 S. 2 lit. g SE-VO);
– Folgen der Umwandlung für die Arbeitnehmer und ihre Vertretungen sowie Angaben zu dem Verfahren, nach dem die Vereinbarung über die Beteiligung der Arbeitnehmer nach dem SEBG geschlossen wird (entsprechend Art. 20 Abs. 1 S. 2 lit. i SE-VO und § 194 Abs. 1 Nr. 7 UmwG).

22 Nach überwiegender Auffassung muss der Umwandlungsplan zudem entsprechend Art. 20 Abs. 1 S. 2 lit. h SE-VO die **Satzung der künftigen SE enthalten**.[23] Das ist jedoch nicht überzeugend, denn – anders als bei der Holdinggründung und der Gründung durch Verschmelzung, bei der die Satzung als Bestandteil von Gründungs- bzw. Verschmelzungsplan genannt wird – muss die Hauptversammlung der formwechselnden Gesellschaft gemäß Art. 37 Abs. 7 SE-VO ausdrücklich dem Umwandlungsplan zustimmen **und** die Satzung genehmigen. Daraus folgt, dass die Satzung nicht Bestandteil des Umwandlungsplans sein kann. Insoweit trifft Art. 37 SE-VO eine eigene Regelung, die der entsprechenden Anwendung von Art. 20 Abs. 1 lit. h SE-VO entgegensteht. Praktisch folgen daraus allerdings im Ergebnis keine wesentlichen Unterschiede gegenüber der Auffassung, nach der die Satzung Bestandteil des Umwandlungsplans ist, denn die gemäß Art. 37 Abs. 7 SE-VO erforderliche Vorlage der Satzung an die Hauptversammlung steht ohnehin in untrennbarem Zusammenhang mit dem Umwandlungsplan und wird daher stets in einem Tagesordnungspunkt verknüpft sein, über den die Hauptversammlung einheitlich zu beschließen hat. Ein Unterschied würde lediglich darin bestehen, dass die Satzung, wenn sie nicht Bestandteil des Umwandlungsplans ist, auch nicht Teil der **Offenlegung** gemäß Art. 37 Abs. 5 SE-VO, also der Einreichung des Umwandlungsplans zum Handelsregister mindestens einen Monat vor der Hauptversammlung wäre. Da die Satzung aber mit der

---

[20] Ähnlich im Ergebnis NK-SE/*Schröder* SE-VO Art. 37 Rn. 20 ff., 72 ff.
[21] Vgl. MüKoAktG/*Schäfer* SE-VO Art. 37 Rn. 11; *Scheifele,* Die Gründung der Europäischen Aktiengesellschaft (SE), 2004, 407; *Schwarz* SE-VO Art. 37 Rn. 22.
[22] Zu einem Anteilstausch und einer Übertragung von Aktien im Sinne von Art. 20 Abs. 1 S. 2 lit. b und c SE-VO kommt es beim Formwechsel nicht, so dass die entsprechende Anwendung von Art. 20 Abs. 1 lit. b und c SE-VO letztlich nur zu einer Orientierung an § 194 Abs. 1 Nr. 3 und Nr. 4 UmwG führt; vgl. *Scheifele,* Die Gründung der Europäischen Aktiengesellschaft (SE), 2004, 406 f.; *Schwarz* SE-VO Art. 37 Rn. 20 f.; s. auch MüKoAktG/*Schäfer* SE-VO Art. 37 Rn. 11.
[23] Habersack/Drinhausen/*Bücker* SE-VO Art. 37 Rn. 27; *Jannott* in Jannott/Frodermann SE-HdB Kap. 3 Rn. 238; Kallmeyer/*Marsch-Barner*/*Wilk* UmwG Anh. I Rn. 99; Kölner Komm AktG/*Paefgen* SE-VO Art. 37 Rn. 29; NK-SE/*Schröder* SE-VO Art. 37 Rn. 21; MüKoAktG/*Schäfer* SE-VO Art. 37 Rn. 13; *Scheifele,* Die Gründung der Europäischen Aktiengesellschaft (SE), 2004, 407; Schmitt/Hörtnagl/*Hörtnagl*/*Rinke* SE-VO Art. 37 Rn. 5; *Schwarz* SE-VO Art. 37 Rn. 25.

## D. Voraussetzungen und Ablauf der Gründung § 8

Einberufung der Hauptversammlung – die in der Regel spätestens zu diesem Zeitpunkt, praktisch meist schon früher erfolgt[24] – ohnehin zu veröffentlichen ist, sollte aus Vorsichtsgründen zur Vermeidung von Formfehlern jedenfalls auch eine Einreichung der Satzung zusammen mit dem Umwandlungsplan zum Handelsregister zum Zweck der Offenlegung gemäß Art. 37 Abs. 5 SE-VO vorgenommen werden. Der **Inhalt** der Satzung richtet sich nach den Vorgaben der Verordnung und ergänzend dazu gemäß Art. 15 Abs. 1 SE-VO nach § 23 Abs. 2 bis 4 AktG und § 26 AktG (vgl. auch → § 5 Rn. 41).

Teilweise wird auch der **Umwandlungsbericht** als Bestandteil des Umwandlungsplans 23 angesehen.[25] Begründet wird dies damit, dass der Bericht in Art. 37 Abs. 5 SE-VO nicht eigens als offenzulegendes Dokument erwähnt werde, aber aufgrund eines entsprechenden Informationsbedürfnisses der Aktionäre von der Offenlegungspflicht erfasst sein müsse. Daher sei der Bericht – ebenso wie bei Art. 32 Abs. 2 SE-VO, der den Gründungsbericht bei der Holdinggründung ausdrücklich als Bestandteil des Gründungsplans nennt – auch beim Formwechsel Bestandteil des Umwandlungsplans. Dies vermag nicht zu überzeugen, denn gerade aus der ausdrücklichen Regelung des Art. 32 Abs. 2 SE-VO für die Holdinggründung lässt sich schließen, dass der Verordnungsgeber den Umwandlungsbericht im Rahmen des Art. 37 SE-VO bewusst nicht als Bestandteil des Umwandlungsplans, sondern als separates Dokument angesehen hat.[26] Zudem unterliegt der Umwandlungsbericht den allgemeinen Informationspflichten im Vorfeld der Hauptversammlung, durch die eine Kenntnisnahme der Aktionäre unabhängig von der Offenlegung gemäß Art. 37 Abs. 5 SE-VO gewährleistet ist (→ Rn. 39 f.).

### b) Form des Umwandlungsplans

Die SE-VO enthält keine ausdrücklichen Formvorschriften für den Umwandlungsplan. 24 Aus dem Erfordernis der Offenlegung in Art. 37 Abs. 5 SE-VO ergibt sich aber, dass der Umwandlungsplan zumindest der **Schriftform** unterliegt.[27]

Nach einer inzwischen wohl in der Minderheit vertretenen Ansicht ist der Umwandlungsplan im Ergebnis **notariell zu beurkunden,** wobei das Beurkundungserfordernis aus 25 unterschiedlichen Rechtsgrundlagen hergeleitet wird.[28]

Die heute wohl herrschende Ansicht **verneint hingegen richtigerweise das Beur-** 26 **kundungserfordernis.**[29] Der Wortlaut des Art. 37 SE-VO sieht eine Beurkundungspflicht nicht vor. Unabhängig davon, ob der Inhalt des Umwandlungsplans aus einer Analogie zu Art. 20 Abs. 1 S. 2 SE-VO oder aus Art. 15 Abs. 1 SE-VO iVm § 194 UmwG folgt, entsprechen die aufzunehmenden Angaben dem Entwurf des Umwandlungsbeschlusses gemäß den §§ 193 f. UmwG, der keiner Beurkundungspflicht unterliegt. Es ist kein sachlicher Grund ersichtlich, nach dem der Umwandlungsplan nach der SE-VO einer strengeren Form zu unterstellen wäre als der Entwurf des Formwechselbeschlusses nach dem UmwG. Da die Satzung der SE nicht notwendigerweise Bestandteil des Umwand-

---

[24] Für die Hauptversammlung der formwechselnden AG gelten die Vorgaben der §§ 121 ff. AktG, insbesondere also die Einberufungsfrist des § 123 Abs. 1 AktG.
[25] Kölner Komm AktG/*Paefgen* SE-VO Art. 37 Rn. 49; MüKoAktG/*Schäfer* SE-VO Art. 37 Rn. 15 und 19.
[26] Vgl. Habersack/Drinhausen/*Bücker* SE-VO Art. 37 Rn. 36; Theisen/Wenz EurAG/*Neun* 161; *Scheifele*, Die Gründung der Europäischen Aktiengesellschaft (SE), 2004, 409; NK-SE/*Schröder* SE-VO Art. 37 Rn. 26; *Schwarz* SE-VO Art. 37 Rn. 31.
[27] NK-SE/*Schröder* SE-VO Art. 37 Rn. 17.
[28] *Heckschen* DNotZ 2003, 251 (264) hält den Umwandlungsplan für mit dem Spaltungsplan nach dem UmwG vergleichbar und entnimmt die Beurkundungspflicht aus einer Analogie zu § 125 S. 1, 6 UmwG; für Beurkundungspflicht wohl auch Lutter/Drinhausen/*Bayer* 61, gestützt auf eine analoge Anwendung von § 6 UmwG; im Ergebnis wohl auch *Vossius* ZIP 2005, 741 (747) Fn. 74.
[29] BeckOGK/*Eberspächer,* 1.2.2021, SE-VO Art. 37 Rn. 11; Habersack/Drinhausen/*Bücker* SE-VO Art. 37 Rn. 30; *Jannott* in Jannott/Frodermann SE-HdB Kap. 3 Rn. 236; Kölner Komm AktG/*Paefgen* SE-VO Art. 37 Rn. 45; NK-SE/*Schröder* SE-VO Art. 37 Rn. 74 (in Bezug auf die Umwandlung einer deutschen Aktiengesellschaft; generell aber für Möglichkeit eines Beurkundungserfordernisses nach nationalem Recht in NK-SE/*Schröder* SE-VO Art. 37 Rn. 17); MüKoAktG/*Schäfer* SE-VO Art. 37 Rn. 14.

lungsplans ist (→ Rn. 22), lässt sich – anders als bei der Holdinggründung (vgl. → § 6 Rn. 11) – eine Beurkundungsbedürftigkeit auch nicht aus Art. 15 Abs. 1 SE-VO iVm § 23 Abs. 1 AktG herleiten.

27 Für die Praxis ist zu empfehlen, zur Vermeidung von Schwierigkeiten bei der Durchführung des Formwechsels vor Anmeldung der Eintragung eine **Abstimmung mit dem zuständigen Registergericht** bezüglich eines eventuellen Beurkundungserfordernisses herbeizuführen[30] und im Zweifel die Beurkundung vorzunehmen.[31]

### c) Zuleitung an den Betriebsrat

28 **Ob der Umwandlungsplan** gemäß Art. 15 Abs. 1 SE-VO in Verbindung mit § 194 Abs. 2 UmwG dem zuständigen Betriebsrat des formwechselnden Rechtsträgers zuzuleiten ist, ist **umstritten.** Eine verbreitete Ansicht verneint dies, da sie hierfür keine Rechtsgrundlage und aufgrund der Einbeziehung der Arbeitnehmerseite in den Gründungsprozess über das Verfahren zur Regelung der Arbeitnehmerbeteiligung nach den Vorgaben des SEBG, insbesondere die Informationspflichten gemäß § 4 Abs. 2 und Abs. 3 SEBG, auch kein Bedürfnis sieht.[32] Diese Ansicht ist **nicht überzeugend.**[33] Geht man mit der hier vertretenen Auffassung (→ Rn. 20) davon aus, dass der Umwandlungsplan entsprechend § 194 Abs. 1 Nr. 7 UmwG auch Angaben zu den Folgen des Formwechsels für die Arbeitnehmer enthalten muss, liegt durchaus ein dem innerstaatlichen Formwechsel entsprechendes Informationsbedürfnis seitens der Arbeitnehmervertretungen vor. Ferner zielt die Information gemäß § 4 Abs. 2 und Abs. 3 SEBG in erster Linie darauf ab, die Arbeitnehmerseite in die Lage zu versetzen, das besondere Verhandlungsgremium für ihre Vertretung in den Verhandlungen über die Arbeitnehmerbeteiligung in der SE zu bilden.[34] Informationen über individual- und kollektivarbeitsrechtliche Folgen der SE-Gründung sind dementsprechend in § 4 SEBG nicht vorgesehen. Der Umwandlungsplan ist daher spätestens einen Monat vor Durchführung der über den Formwechsel beschließenden Hauptversammlung dem iSv § 194 Abs. 2 UmwG zuständigen Betriebsrat der formwechselnden Aktiengesellschaft zuzuleiten.[35] Bezüglich der Einzelheiten, etwa der Verzichtsmöglichkeit des Betriebsrats auf die Zuleitung oder die Einhaltung der Frist, bestehen keine Besonderheiten gegenüber einem Formwechsel nach dem Umwandlungsgesetz.[36]

## 2. Offenlegung des Umwandlungsplans

29 Gemäß Art. 37 Abs. 5 SE-VO ist der Umwandlungsplan mindestens einen Monat vor dem Tag der Hauptversammlung, die über den Formwechsel zu beschließen hat, offenzulegen. Die Offenlegung hat nach den mitgliedstaatlichen Vorschriften zur Umsetzung des heutigen Art. 14 GesR-RL (früher Art. 3 RL 68/151/EWG, der auch in Art. 37 Abs. 5 SE-VO noch zitiert wird) zu erfolgen.

30 Nach deutschem Recht ist der Umwandlungsplan somit beim **zuständigen Handelsregister** in elektronischer Form (§ 12 Abs. 2 HGB) einzureichen, das dann die erforderli-

---

[30] Habersack/Drinhausen/*Bücker* SE-VO Art. 37 Rn. 30; *Jannott* in Jannott/Frodermann SE-HdB Kap. 3 Rn. 236; Kallmeyer/*Marsch-Barner/Wilk* UmwG Anh. I Rn. 102.
[31] Kölner Komm AktG/*Paefgen* SE-VO Art. 37 Rn. 45.
[32] Habersack/Drinhausen/*Bücker* SE-VO Art. 37 Rn. 34; Kölner Komm AktG/*Paefgen* SE-VO Art. 37 Rn. 48; MüKoAktG/*Schäfer* 37 SE-VO Art. Rn. 20; Schmitt/Hörtnagl/*Hörtnagl/Rinke* SE-VO Art. 37 Rn. 8; *Schwarz* SE-VO Art. 37 Rn. 37; wohl auch Kallmeyer/*Marsch-Barner/Wilk* UmwG Anh. I Rn. 105.
[33] So auch BeckOGK/*Eberspächer*, 1.2.2021, SE-VO Art. 37 Rn. 13; *Jannott* in Jannott/Frodermann SE-HdB Kap. 3 Rn. 239; NK-SE/*Schröder* SE-VO Art. 37 Rn. 81.
[34] S. etwa Habersack/Drinhausen/*Hohenstatt/Müller-Bonanni* SEBG § 4 Rn. 11; MüKoAktG/*Jacobs* SEBG § 4 Rn. 22.
[35] Die Zuleitung zumindest aus Vorsichtsgründen wird auch von Vertretern der Gegenauffassung empfohlen, so etwa Habersack/Drinhausen/*Bücker* SE-VO Art. 37 Rn. 34; Kallmeyer/*Marsch-Barner/Wilk* UmwG Anh. I Rn. 105.
[36] Dazu etwa Kallmeyer/*Willemsen* UmwG § 194 Rn. 60 ff.

che Bekanntmachung durch Hinweis in dem elektronischen Informations- und Kommunikationssystem vornimmt, das die jeweilige Landesjustizverwaltung dafür bestimmt hat (vgl. § 10 S. 1 HGB iVm § 61 S. 2 UmwG analog, ggf. iVm § 5 S. 2 SEAG analog).[37]

Spätestens nach[38] der Offenlegung des Umwandlungsplans hat der Vorstand der formwechselnden Aktiengesellschaft die erforderlichen Schritte zur **Beteiligung der Arbeitnehmer** einzuleiten, indem er gemäß § 4 Abs. 2 SEBG den zuständigen Arbeitnehmervertretungen oder den Arbeitnehmern die in § 4 Abs. 2 und Abs. 3 SEBG genannten Informationen übermittelt und sie gemäß § 4 Abs. 1 SEBG zur Bildung des besonderen Verhandlungsgremiums für die Verhandlungen über die Arbeitnehmerbeteiligung in der SE auffordert (→ § 14 Rn. 20). 31

### 3. Erstellung des Umwandlungsberichts

Ähnlich wie bei der Holdinggründung (vgl. Art. 32 Abs. 2 S. 2) muss auch der Vorstand der formwechselnden Aktiengesellschaft gemäß Art. 37 Abs. 4 SE-VO einen Bericht erstellen, in dem die rechtlichen und wirtschaftlichen Aspekte des Formwechsels sowie die Auswirkungen des Übergangs zur Rechtsform der SE auf die Arbeitnehmer der Gesellschaft erläutert und begründet werden. Anders als bei der Holdinggründung ist der Bericht aber nicht Teil des Umwandlungsplans (dazu und zur Gegenauffassung → Rn. 23). Konsequenz dessen ist, dass bei der Gründung durch Formwechsel allein der Umwandlungsplan – ohne den Bericht – der Offenlegungspflicht des Art. 37 Abs. 5 SE-VO unterliegt.[39] Von der Offenlegungspflicht des Art. 37 Abs. 5 SE-VO zu unterscheiden sind die Informationspflichten gegenüber den Aktionären im Vorfeld der Hauptversammlung, von denen auch der Umwandlungsbericht erfasst ist (→ Rn. 39 f.). 32

Der Umwandlungsbericht soll den Aktionären ermöglichen, in Kenntnis der wesentlichen Umstände eine Plausibilitätskontrolle hinsichtlich Zweckmäßigkeit und Gesetzmäßigkeit der Umwandlung in die Rechtsform der SE vorzunehmen und eine **sachgerechte Entscheidung in der Hauptversammlung** zu treffen.[40] Der Umwandlungsbericht entspricht in Bezug auf die Darstellung der Auswirkungen auf die Anteilseigner inhaltlich weitgehend dem für den Formwechsel nach dem Umwandlungsgesetz vorgesehenen Bericht nach § 192 Abs. 1 S. 1 UmwG.[41] Insoweit kann auf die umwandlungsrechtliche Literatur verwiesen werden.[42] Zusätzlich zu den dort genannten Erläuterungen sind im Umwandlungsbericht nach Art. 37 Abs. 4 SE-VO auch die rechtlichen und wirtschaftlichen Auswirkungen der Umwandlung auf die Arbeitnehmer der formwechselnden Gesellschaft darzustellen. Darunter fallen etwaige personelle Umstrukturierungen im Zuge der Umwandlung sowie ggf. Veränderungen hinsichtlich der Beteiligung der Arbeitnehmer in der SE gegenüber der Aktiengesellschaft. Aufgrund der Identität der Rechtsträger dürften sich unmittelbar aus der Umwandlung als solcher keine Veränderungen bezüglich der individuellen Arbeitsverhältnisse ergeben. Das sollte ausdrücklich im Umwandlungsbericht erwähnt werden.[43] Ferner ist es in der Praxis mittlerweile üblich, auch eine vergleichende Gegen- 33

---

[37] Derzeit erfolgen die Bekanntmachungen in allen Bundesländern über das Portal www.handelsregisterbekanntmachungen.de (zuletzt abgerufen am 6.5.2021).
[38] Zulässig und aus Zeitgründen in der Praxis üblich ist die Einleitung des Arbeitnehmerbeteiligungsverfahrens bereits vor Offenlegung des Umwandlungsplans, s. etwa Habersack/Drinhausen/*Hohenstatt/Müller-Bonanni* SEBG § 4 Rn. 5.
[39] Habersack/Drinhausen/*Bücker* SE-VO Art. 37 Rn. 43; Kallmeyer/*Marsch-Barner/Wilk* UmwG Anh. I Rn. 109; NK-SE/*Schröder* SE-VO Art. 37 Rn. 33a; Theisen/Wenz EurAG/*Neun* 161; aA Kölner Komm AktG/*Paefgen* SE-VO Art. 37 Rn. 67; MüKoAktG/*Schäfer* SE-VO Art. 37 Rn. 15 und 19, die den Bericht als Teil des Umwandlungsplans ansehen, wonach er konsequenterweise auch Bestandteil der Offenlegung gemäß Art. 37 Abs. 5 SE-VO ist.
[40] *Jannott* in Jannott/Frodermann SE-HdB Kap. 3 Rn. 241.
[41] Kallmeyer/*Marsch-Barner/Wilk* UmwG Anh. I Rn. 107; *Vossius* ZIP 2005, 741 (747).
[42] Dazu etwa Semler/Stengel/*Bärwaldt* UmwG § 192 Rn. 6 ff.
[43] NK-SE/*Schröder* SE-VO Art. 37 Rn. 31.

34 Nach ganz überwiegender Auffassung können die Aktionäre in entsprechender Anwendung von § 192 Abs. 2 UmwG auf die Erstellung des Umwandlungsberichts **verzichten.**[45] Die SE-VO sieht eine Verzichtsmöglichkeit zwar nicht vor. Da der Umwandlungsbericht – obwohl er auch die Auswirkungen der Umwandlung auf die Arbeitnehmer zu erläutern hat – allein der Information der Aktionäre dient, spricht vom Schutzzweck des Art. 37 Abs. 4 SE-VO her jedoch nichts dagegen, einen Verzicht auch im Rahmen der SE-Gründung durch Formwechsel zuzulassen.[46] Nach der hier vertretenen Auffassung kommt daher bereits über die Verweisung des Art. 15 Abs. 1 SE-VO § 192 Abs. 2 UmwG zur Anwendung, der den Bericht für entbehrlich erklärt, wenn der formwechselnde Rechtsträger nur einen Anteilsinhaber hat oder alle Anteilsinhaber eine Verzichtserklärung abgeben. Der Verzicht muss in notariell beurkundeter Form erklärt werden (Art. 15 Abs. 1 SE-VO iVm § 192 Abs. 2 S. 2 UmwG).

### 4. Bescheinigung über Nettovermögenswerte

35 Art. 37 Abs. 6 SE-VO schreibt vor, dass vor Durchführung der Hauptversammlung, die über die Umwandlung beschließt, von einem oder mehreren unabhängigen Sachverständigen zu bescheinigen ist, dass die Aktiengesellschaft über Nettovermögenswerte mindestens in Höhe ihres Kapitals zuzüglich der kraft Gesetzes oder Statut[47] nicht ausschüttungsfähigen Rücklagen verfügt. Hinsichtlich der Person des Sachverständigen verweist Art. 37 Abs. 6 SE-VO auf die einzelstaatlichen Durchführungsregelungen zur Umsetzung des früheren Art. 10 RL 78/855/EWG (heute Art. 96 GesR-RL), so dass in der Bundesrepublik nur Wirtschaftsprüfer und Wirtschaftsprüfungsgesellschaften dafür in Betracht kommen (vgl. § 11 Abs. 1 UmwG, § 319 HGB).

36 Aus dem Erfordernis der **Unabhängigkeit** ergibt sich, dass die Sachverständigen weder unmittelbar noch mittelbar mit der Gesellschaft verbunden sein dürfen. Nicht bestellt werden kann daher, wer Aktionär, Organmitglied, Arbeitnehmer oÄ der Gründungsgesellschaft ist.[48]

37 Anders als bei der Verschmelzung und Holdinggründung ist neben der Werthaltigkeitsbescheinigung eine Prüfung des Umwandlungsplans weder von der Verordnung noch vom über Art. 15 Abs. 1 SE-VO anwendbaren deutschen Umwandlungsrecht vorgesehen. Das erklärt sich daraus, dass im Gegensatz zu diesen Gründungsarten hier kein Anteilstausch erfolgt, der eine Prüfung des Umtauschverhältnisses erforderlich macht.[49]

38 Eine Gründungsprüfung und -berichterstattung nach den **§§ 32 ff. AktG** ist ebenfalls nicht erforderlich (→ Rn. 51 ff.).

---

[44] Habersack/Drinhausen/*Bücker* SE-VO Art. 37 Rn. 39.
[45] BeckOGK/*Eberspächer*, 1.2.2021, SE-VO Art. 37 Rn. 12; Habersack/Drinhausen/*Bücker* SE-VO Art. 37 Rn. 42; Kallmeyer/*Marsch-Barner/Wilk* UmwG Anh. I Rn. 109; Kölner Komm AktG/*Paefgen* SE-VO Art. 37 Rn. 63; NK-SE/*Schröder* SE-VO Art. 37 Rn. 85; MüKoAktG/*Schäfer* SE-VO Art. 37 Rn. 17; *Scheifele*, Die Gründung der Europäischen Aktiengesellschaft (SE), 2004, 409 f.; *Schwarz* SE-VO Art. 37 Rn. 35; *Vossius* ZIP 2005, 741 (747) Fn. 74 bzw. *Vossius* ZIP 2005, 741 (745) Fn. 47; aA etwa *Jannott* in Jannott/Frodermann SE-HdB Kap. 3 Rn. 242; *Seibt/Reinhard* Der Konzern 2005, 407 (416).
[46] Habersack/Drinhausen/*Bücker* SE-VO Art. 37 Rn. 42; Lutter/Hommelhoff EU-GesellschaftsR/*Bayer* 61; *Scheifele*, Die Gründung der Europäischen Aktiengesellschaft (SE), 2004, 410; *Schwarz* SE-VO Art. 37 Rn. 35.
[47] Mit Statut ist die Satzung gemeint, was sich aus einem Vergleich mit der englischen und französischen Fassung der SE-VO ergibt, s. *Teichmann* ZGR 2002, 383 (439) Fn. 208.
[48] NK-SE/*Schröder* SE-VO Art. 37 Rn. 48.
[49] BeckOGK/*Eberspächer*, 1.2.2021, SE-VO Art. 37 Rn. 14.

## 5. Einberufung der Hauptversammlung

Die Verordnung trifft keine Regelungen zur Einberufung der Hauptversammlung der Gründungsgesellschaft (die Art. 52 ff. SE-VO beziehen sich auf die Hauptversammlung der SE). Art. 37 SE-VO bezieht sich in seinem Abs. 7 lediglich auf die Beschlussfassung. Über Art. 15 Abs. 1 SE-VO kommen die Regelungen der §§ 121 ff. AktG sowie der § 238 S. 1 UmwG, § 230 UmwG zur Anwendung.[50] Nicht anwendbar ist allerdings § 238 S. 1 UmwG iVm § 231 UmwG, da bei der Gründung durch Formwechsel kein Abfindungsangebot gemäß § 207 UmwG zu unterbreiten ist (→ Rn. 54 ff.). 39

Ab dem Zeitpunkt der Einberufung der Hauptversammlung sind den Aktionären folgende **Unterlagen** auf der Internetseite (für börsennotierte Aktiengesellschaften ist die Zugänglichmachung über die Internetseite verpflichtend, § 124a Abs. 1 Nr. 3 AktG) oder durch Auslegung in den Geschäftsräumen der formwechselnden Aktiengesellschaft zugänglich zu machen: 40
– Umwandlungsplan,
– die Satzung der SE,
– der Umwandlungsbericht,
– die Werthaltigkeitsbescheinigung gemäß Art. 37 Abs. 6 SE-VO.[51]
Werden die Unterlagen nur in den Geschäftsräumen ausgelegt, sind den Aktionären auf Verlangen Abschriften zuzusenden.

## III. Beschlussfassung durch die Hauptversammlung

Die Hauptversammlung muss gemäß Art. 37 Abs. 7 S. 1 SE-VO dem Umwandlungsplan zustimmen. Für die Beschlussfassung verweist Art. 37 Abs. 7 S. 2 SE-VO auf die Vorschriften, die das Sitzstaatenrecht der formwechselnden Aktiengesellschaft in Umsetzung des früheren Art. 7 RL 78/855/EWG (nunmehr Art. 93 GesR-RL), erlassen hat. Für eine deutsche Aktiengesellschaft gilt insoweit § 65 UmwG.[52] Der Beschluss bedarf danach einer Mehrheit von mindestens **drei Vierteln** des bei Beschlussfassung vertretenen Grundkapitals. Aus der Satzung der Aktiengesellschaft können sich das Erfordernis einer größeren Kapitalmehrheit und weitere Erfordernisse ergeben. Sind mehrere Gattungen von Aktien vorhanden, bedarf der Beschluss der Zustimmung der stimmberechtigten Aktionäre jeder Gattung durch Sonderbeschluss. Die Beschlüsse sind gemäß Art. 37 Abs. 7 S. 2 SE-VO, § 13 Abs. 3 S. 1 UmwG **notariell zu beurkunden**.[53] 41

Zusätzlich muss die Hauptversammlung ausdrücklich die **Satzung der SE** genehmigen, Art. 37 Abs. 7 S. 1 Hs. 2 SE-VO. Das entfällt bei der Holdinggründung bzw. Gründung durch Verschmelzung, bei denen die Satzung der SE gemäß Art. 20 Abs. 1 lit. h SE-VO bereits zwingender Bestandteil des Gründungs- bzw. Verschmelzungsplans ist (vgl. 42

---

[50] BeckOGK/*Eberspächer*, 1.2.2021, SE-VO Art. 37 Rn. 15; Habersack/Drinhausen/*Bücker* SE-VO Art. 37 Rn. 55 ff.; Kallmeyer/*Marsch-Barner/Wilk* UmwG Anh. I Rn. 114; MüKoAktG/*Schäfer* SE-VO Art. 37 Rn. 27; im Ergebnis auch *Teichmann* ZGR 2002, 383 (440) und dem folgend *Jannott* in Jannott/Frodermann SE-HdB Kap. 3 Rn. 251, die allerdings von der Nichtanwendbarkeit des Art. 15 Abs. 1 SE-VO ausgehen und die diesbezügliche Regelungslücke der Verordnung durch die (unmittelbare) Anwendung nationalen Rechts schließen wollen, und Lutter/Hommelhoff EU-Gesellschaft/*Bayer* 62 f., auf Basis einer entsprechenden Anwendung von Art. 18 SE-VO.
[51] Vgl. Habersack/Drinhausen/*Bücker* SE-VO Art. 37 Rn. 57; *Scheifele,* Die Gründung der Europäischen Aktiengesellschaft (SE), 2004, 418; *Schwarz* SE-VO Art. 37 Rn. 53.
[52] BeckOGK/*Eberspächer*, 1.2.2021, SE-VO Art. 37 Rn. 16; Habersack/Drinhausen/*Bücker* SE-VO Art. 37 Rn. 60; Kallmeyer/*Marsch-Barner/Wilk* UmwG Anh. I Rn. 115; NK-SE/*Schröder* SE-VO Art. 37 Rn. 87.
[53] BeckOGK/*Eberspächer*, 1.2.2021, SE-VO Art. 37 Rn. 16; Habersack/Drinhausen/*Bücker* SE-VO Art. 37 Rn. 60; Kallmeyer/*Marsch-Barner/Wilk* UmwG Anh. I Rn. 115; Lutter/Hommelhoff EU-Gesellschaft/*Bayer* 63; *Jannott* in Jannott/Frodermann SE-HdB Kap. 3, Rn. 257 und Fn. 504; NK-SE/*Schröder* SE-VO Art. 37 Rn. 90; MüKoAktG/*Schäfer* SE-VO Art. 37 Rn. 14; *Scheifele,* Die Gründung der Europäischen Aktiengesellschaft (SE), 2004, 419; *Schwarz* SE-VO Art. 37 Rn. 56; im Ergebnis auch *Heckschen* DNotZ 2003, 251 (264), gestützt auf Art. 15 Abs. 1 SE-VO iVm § 130 AktG.

→ Rn. 22). Die ausdrückliche Genehmigung der Satzung durch Beschluss der Hauptversammlung ist angesichts des Wortlauts des Art. 37 Abs. 7 S. 1 Hs. 2 SE-VO auch dann erforderlich, wenn man – entgegen der hier vertretenen Auffassung – die Satzung der SE bereits als Bestandteil des Umwandlungsplans ansieht. Um den Anforderungen der Vorschrift zweifelsfrei zu genügen, ist zu empfehlen, die Genehmigung der Satzung zumindest ausdrücklich in den Zustimmungsbeschluss zum Umwandlungsplan aufzunehmen.[54]

43  Soweit die Mitglieder des **ersten Verwaltungsorgans** (bei monistischer Verfassung der SE) bzw. des **ersten Aufsichtsorgans** nicht direkt in der Satzung bestellt werden (Art. 43 Abs. 3 S. 2 SE-VO bzw. Art. 40 Abs. 2 S. 2 SE-VO), sind sie ausdrücklich von der Hauptversammlung zu bestellen. Jedenfalls bei einer mitbestimmten Aktiengesellschaft sowie beim Wechsel in das monistische System **enden die Ämter** der Aufsichtsratsmitglieder der formwechselnden Aktiengesellschaft mit Wirksamwerden des Formwechsels; ein Fortbestand gemäß Art. 15 Abs. 1 SE-VO, § 203 S. 1 UmwG kommt beim Formwechsel einer mitbestimmten Aktiengesellschaft nach überzeugender Auffassung aufgrund der veränderten Rechtsgrundlage für die Zusammensetzung des Aufsichtsorgans – Geltung der deutschen Mitbestimmungsgesetze für die Aktiengesellschaft, Geltung der Vereinbarung oder der Auffangregelung nach den Regelungen des SEBG – selbst dann nicht in Betracht, wenn das Mitbestimmungsniveau (zB Drittelbeteiligung) unverändert bleibt.[55] Eine **Amtskontinuität** besteht daher nur beim Formwechsel einer mitbestimmungsfreien Aktiengesellschaft in eine ebenfalls mitbestimmungsfreie SE. Auch die Bestellung des **ersten Abschlussprüfers** der SE gemäß Art. 15 Abs. 1 SE-VO iVm § 30 AktG muss im Rahmen der Beschlussfassung über die Umwandlung erfolgen.[56]

44  **Art. 37 Abs. 8 SE-VO** erlaubt den Mitgliedstaaten, die Umwandlung von der Zustimmung des arbeitnehmermitbestimmten Organs der formwechselnden Gesellschaft abhängig zu machen. Der deutsche Gesetzgeber hätte daher die Zustimmung des mitbestimmten Aufsichtsrats der umzuwandelnden Aktiengesellschaft vorsehen können. Von der Ermächtigung wurde im deutschen Ausführungsgesetz zur SE-Verordnung jedoch **kein Gebrauch gemacht**, was im Einklang mit den im Vorfeld ausgesprochenen Empfehlungen des Schrifttums steht.[57]

45  Die Hauptversammlungsbeschlüsse der formwechselnden Aktiengesellschaft unterliegen gemäß Art. 15 Abs. 1 SE-VO dem Beschlussmängelrecht der **§§ 241 ff.** AktG und können dementsprechend wie sonstige Hauptversammlungsbeschlüsse **anfechtbar** oder **nichtig** sein.[58]

## IV. Eintragung der SE

46  Gemäß Art. 16 Abs. 1 SE-VO erlangt die SE erst mit Eintragung in das Handelsregister ihres Sitzes **Rechtsfähigkeit**. Die Pflicht zur Eintragung in das zuständige Handelsregister folgt für eine SE mit Sitz in Deutschland aus Art. 12 Abs. 1 SE-VO iVm § 3 SEAG. Die Eintragung der SE richtet sich nach den Vorgaben des Art. 12 SE-VO und den ergänzend über Art. 15 Abs. 1 SE-VO anwendbaren Regelungen der Mitgliedstaaten.

---

[54] Vgl. Habersack/Drinhausen/*Bücker* SE-VO Art. 37 Rn. 62.
[55] Ebenso MüKoAktG/*Reichert/Brandes* SE-VO Art. 40 Rn. 47; im Ergebnis auch NK-SE/*Schröder* SE-VO Art. 37 Rn. 109, der jedoch § 203 UmwG für insgesamt nicht anwendbar hält; aA Habersack/Drinhausen/*Bücker* SE-VO Art. 37 Rn. 63; Kleinhenz/Leyendecker-Langner AG 2013, 507 (510 ff.); Kölner Komm AktG/*Paefgen* SE-VO Art. 37 Rn. 42; MüKoAktG/*Schäfer* SE-VO Art. 37 Rn. 31. Ebenso enden mit Wirksamwerden des Formwechsels die Ämter des bisherigen Vorstands der Aktiengesellschaft, MüKoAktG/*Reichert/Brandes* SE-VO Art. 39 Rn. 28.
[56] Habersack/Drinhausen/*Bücker* SE-VO Art. 37 Rn. 66; *Jannott* in Jannott/Frodermann SE-HdB Kap. 3 Rn. 262.
[57] Vgl. *Brandt* NZG 2002, 991 (995); *Teichmann* ZIP 2002, 1109 (1113).
[58] Habersack/Drinhausen/*Bücker* SE-VO Art. 37 Rn. 69.

## D. Voraussetzungen und Ablauf der Gründung § 8

**Zur Anmeldung der Eintragung** enthält die Verordnung keine Vorgaben, sodass 47
über Art. 15 Abs. 1 SE-VO die Vorschriften des Umwandlungsgesetzes zur Anwendung
kommen. § 246 UmwG gilt daher entsprechend, sodass die Anmeldung der Eintragung
durch den **Vorstand der formwechselnden Aktiengesellschaft** in vertretungsberechtigter Zahl erfolgen muss.[59] Gemäß Art. 15 Abs. 1 SE-VO iVm § 198 Abs. 3 UmwG, § 16
Abs. 2 UmwG ist eine Negativerklärung abzugeben.[60] Ferner sind der Anmeldung gemäß
Art. 15 Abs. 1 SE-VO iVm § 199 UmwG eine Niederschrift des Umwandlungsbeschlusses
sowie ggf. der Zustimmungserklärungen einzelner Aktionäre und der Umwandlungsbericht oder die diesbezüglichen Verzichtserklärungen (wenn der Bericht nicht bereits entbehrlich ist, weil die Gesellschaft nur einen Aktionär hat) beizufügen.[61] Zusätzlich ist nach
allgemeiner Auffassung ein Nachweis der Gründungsberechtigung gemäß Art. 2 Abs. 4
SE-VO durch Vorlage eines Registerauszuges einer mindestens seit zwei Jahren bestehenden ausländischen Tochtergesellschaft beizufügen, ebenso der Umwandlungsplan, die Satzung der SE und die Werthaltigkeitsbescheinigung nach Art. 37 Abs. 6 SE-VO.[62] Zusätzlich gelten über die Verweisung des Art. 15 Abs. 1 SE-VO iVm § 197 UmwG dieselben
Vorgaben wie für die Neugründung einer Aktiengesellschaft. Die Anmeldung muss also
auch die nach § 37 AktG vorgesehenen Erklärungen und Unterlagen – mit Ausnahme des
Gründungsprüfungsberichts (→ Rn. 51 ff.) – enthalten.[63]

Gemäß Art. 12 Abs. 2 SE-VO ist weitere Voraussetzung der Eintragung, dass eine Re- 48
gelung bezüglich der **Beteiligung der Arbeitnehmer** getroffen wurde. Zum Zeitpunkt
der Einleitung des Verfahrens zur Beteiligung der Arbeitnehmer → Rn. 11; ausführlich
zum Verfahren → § 14 Rn. 103 ff. Daher ist der Anmeldung auch die Vereinbarung über
die Beteiligung der Arbeitnehmer beizufügen, sofern eine solche zustande gekommen ist;
ist dies nicht der Fall, ist entweder der Beschluss über den Abbruch der Verhandlungen
gemäß § 16 SEBG oder ein Nachweis über den Ablauf der Verhandlungsfrist (etwa durch
Vorlage des Einladungsschreibens für die konstituierende Sitzung des besonderen Verhandlungsgremiums mit Festsetzung des Sitzungsdatums, welches gemäß § 20 Abs. 1 SEBG die
Verhandlungsfrist in Lauf setzt) einzureichen.[64] Die Satzung der SE darf zu der Regelung
über die Arbeitnehmerbeteiligung nicht im Widerspruch stehen (Art. 12 Abs. 4 S. 1 SE-VO).

Die Eintragung ist gemäß Art. 13 SE-VO nach den mitgliedstaatlichen Vorschriften, die 49
in Umsetzung der früheren Publizitäts-RL (heute Art. 14 ff. GesR-RL) erlassen wurden,
**offenzulegen** und anschließend nach den Vorgaben des Art. 14 SE-VO im Amtsblatt der
Europäischen Gemeinschaften **bekanntzumachen.** In Deutschland finden daher die
§§ 8 ff. HGB Anwendung.[65] Danach erfolgt die Bekanntmachung in dem von der jeweiligen Landesjustizverwaltung bestimmten elektronischen Informations- und Kommunikationssystem (§ 10 HGB).[66] Wer für die Übermittlung der Angaben zur Bekanntmachung im
Amtsblatt der Europäischen Gemeinschaften gemäß Art. 14 Abs. 3 SE-VO zuständig ist,
regelt weder die Verordnung noch der deutsche Gesetzgeber. Hier ist von einer entspre-

---

[59] Habersack/Drinhausen/*Bücker* SE-VO Art. 37 Rn. 77; Kallmeyer/*Marsch-Barner*/*Wilk* UmwG Anh. I Rn. 121; NK-SE/*Schröder* SE-VO Art. 37 Rn. 103.
[60] MüKoAktG/*Schäfer* SE-VO Art. 37 Rn. 33.
[61] Vgl. BeckOGK/*Eberspächer,* 1.2.2021, SE-VO Art. 37 Rn. 17; Habersack/Drinhausen/*Bücker* SE-VO Art. 37 Rn. 82; MüKoAktG/*Schäfer* SE-VO Art. 37 Rn. 33; *Scheifele,* Die Gründung der Europäischen Aktiengesellschaft (SE), 2004, 429 f.; *Schwarz* SE-VO Art. 37 Rn. 80.
[62] BeckOGK/*Eberspächer,* 1.2.2021, SE-VO Art. 37 Rn. 17; Habersack/Drinhausen/*Bücker* SE-VO Art. 37 Rn. 82; Kallmeyer/*Marsch-Barner*/*Wilk* UmwG Anh. I Rn. 121; MüKoAktG/*Schäfer* SE-VO Art. 37 Rn. 33; *Scheifele,* Die Gründung der Europäischen Aktiengesellschaft (SE), 2004, 429 f.; *Schwarz* SE-VO Art. 37 Rn. 80.
[63] MüKoAktG/*Schäfer, SE-VO* Art. 37 Rn. 33; *Scheifele,* Die Gründung der Europäischen Aktiengesellschaft (SE), 2004, 430; *Schwarz* SE-VO Art. 37 Rn. 80.
[64] Kallmeyer/*Marsch-Barner*/*Wilk* UmwG Anh. I Rn. 121.
[65] BeckOGK/*Casper,* 1.2.2021, SE-VO Art. 13 Rn. 3; *Schwarz* SE-VO Art. 13 Rn. 13.
[66] Derzeit erfolgen die Bekanntmachungen in allen Bundesländern über das Portal www.handelsregisterbekanntmachungen.de (zuletzt abgerufen am 6.5.2021).

chenden Verpflichtung des zuständigen Registergerichts auszugehen, das die nach Art. 14 Abs. 1 SE-VO erforderlichen Daten an das Amt für Veröffentlichungen der Europäischen Gemeinschaften übermitteln muss.[67]

50    Mit erfolgter Eintragung im Handelsregister erlangt die SE Rechtsfähigkeit (Art. 16 Abs. 1 SE-VO). Die Umwandlung hat gemäß Art. 37 Abs. 2 SE-VO weder die Auflösung der formwechselnden Aktiengesellschaft noch die Entstehung der SE als neue juristische Person zur Folge. Die SE und die Aktiengesellschaft sind also identische Rechtspersönlichkeiten, bei denen lediglich ein Wechsel der Gesellschaftsform stattgefunden hat. Eine Gesamtrechtsnachfolge tritt nicht ein.[68] Der Vorschrift des Art. 37 Abs. 9 SE-VO, nach der die Umwandlung die mit der formwechselnden Aktiengesellschaft bestehenden Arbeitsverhältnisse unverändert auf die SE übergehen lässt, kommt lediglich deklaratorische Bedeutung zu.[69] In der Aktiengesellschaft bestehende **genehmigte** und **bedingte Kapitalia** bleiben in der SE unverändert erhalten.[70] Die Satzung der SE hat diese Kapitalia in der Höhe auszuweisen, in der sie zum Zeitpunkt des Wirksamwerdens des Formwechsels bestehen. Dementsprechend kann auch der Formwechselbeschluss bzw. der Beschluss über die Genehmigung der Satzung der SE nicht unter Hinweis auf eine etwaige Rechtswidrigkeit bereits in der Aktiengesellschaft rechtswirksam bestehender genehmigter bzw. bedingter Kapitalia angefochten werden. Auch eine **Börsennotierung** der formwechselnden Aktiengesellschaft bleibt unverändert erhalten.[71]

## E. Einzelfragen

### I. Erforderlichkeit von Gründungsprüfungen (§ 33 AktG) und Gründungsbericht (§ 32 AktG)

51    Nach herrschender und zutreffender Auffassung sind neben der durch Art. 37 Abs. 6 SE-VO vorgeschriebenen Werthaltigkeitsbescheinigung die Gründungsprüfungen gemäß § 33 Abs. 1 und Abs. 2 AktG und der Gründungsbericht nach § 32 AktG im Ergebnis **nicht erforderlich**.[72] Für die **Praxis** dürfte es sich allerdings aus Vorsichtsgründen empfehlen, das Erfordernis einer Gründungsprüfung und -berichterstattung nach dem AktG **mit dem zuständigen Registergericht** im Vorfeld der Gründung zu klären.[73]

52    Das Erfordernis von Gründungsbericht und Gründungsprüfungen wird von der **Gegenauffassung** aus Art. 15 Abs. 1 SE-VO iVm § 197 UmwG, §§ 32 ff. AktG hergeleitet.[74] Das wird bereits deshalb in Zweifel gezogen, weil die Gründung durch Umwandlung keine Neugründung darstelle und die Verweisungsnorm des § 197 UmwG, die die für die neue Rechtsform geltenden Gründungsregelungen auf den Formwechsel für anwendbar erklärt, keine direkte Anwendung finde.[75] Als Argument gegen die Anwendbarkeit der §§ 32 ff. AktG wird außerdem der Rechtsgedanke des § 75 Abs. 2 UmwG heran-

---

[67] MüKoAktG/*Schäfer* SE-VO Art. 13, 14 Rn. 3.
[68] NK-SE/*Schröder* SE-VO Art. 37 Rn. 7.
[69] Vgl. *Teichmann* ZGR 2002, 367 (440).
[70] S. Hensßler/Strohn/*Drinhausen/Keinath* UmwG § 247 Rn. 3.
[71] Habersack/Drinhausen/*Bücker* SE-VO Art. 37 Rn. 91.
[72] BeckOGK/*Eberspächer*, 1.2.2021, SE-VO Art. 37 Rn. 26; Habersack/Drinhausen/*Bücker* SE-VO Art. 37 Rn. 70 ff.; Kallmeyer/*Marsch-Barner/Wilk* UmwG Anh. I Rn. 118; MüKoAktG/*Schäfer* SE-VO Art. 37 Rn. 26; *Schwarz* SE-VO Art. 37 Rn. 74; im Ergebnis auch *Scheifele*, Die Gründung der Europäischen Aktiengesellschaft (SE), 2004, 427. Für Entbehrlichkeit jedenfalls des Gründungsberichts gemäß § 32 AktG und der externen Gründungsprüfung *Jannott* in Jannott/Frodermann SE-HdB Kap. 3 Rn. 263 und 267 (anders *Jannott* in Jannott/Frodermann SE-HdB Kap. 3 Rn. 265 f. bzgl. der Gründungsprüfung durch die Organe gemäß § 33 Abs. 1 AktG); ebenso Kölner Komm AktG/*Paefgen* SE-VO Art. 37 Rn. 98 ff.
[73] Habersack/Drinhausen/*Bücker* SE-VO Art. 37 Rn. 75; Kallmeyer/*Marsch-Barner/Wilk* UmwG Anh. I Rn. 118.
[74] S. Lutter/Hommelhoff EU-Gesellschaft/*Bayer* 64.
[75] *Jannott* in Jannott/Frodermann SE-HdB Kap. 3 Rn. 263.

E. Einzelfragen                                                                                                § 8

gezogen.⁷⁶ Nach dieser Vorschrift sind die externe Gründungsprüfung gemäß § 33 Abs. 2 AktG (nicht jedoch die interne Gründungsprüfung gemäß § 33 Abs. 1 AktG) und der Gründungsbericht gemäß § 32 AktG bei der Verschmelzung entbehrlich, wenn übertragender Rechtsträger eine Kapitalgesellschaft oder eine eingetragene Genossenschaft ist. Der Grund dafür sei die Gewährleistung der Kapitalerhaltung durch das jeweilige Organisationsrecht dieser Gesellschaftsformen. Dieser Gedanke könne auch für die Umwandlung dieser Rechtsträger herangezogen werden.⁷⁷ Gegen diese Überlegung spricht allerdings, dass die umwandlungsrechtlichen Vorschriften über den Formwechsel einer Aktiengesellschaft in eine Kommanditgesellschaft auf Aktien in § 245 Abs. 2 S. 1 UmwG die Anwendbarkeit der §§ 32 ff. AktG offenbar voraussetzen.⁷⁸ Von der grundsätzlichen Entbehrlichkeit einer Gründungsprüfung bei der Umwandlung von Kapitalgesellschaften ist daher nicht auszugehen.

Nach **hier vertretener Ansicht** entscheidend ist, dass eine Anwendung der §§ 32 ff. 53 AktG über die Verweisung des Art. 15 Abs. 1 SE-VO nicht möglich ist, wenn die Regelungen des **Art. 37 SE-VO insoweit abschließend** sind. Art. 37 SE-VO sieht zwar keine Gründungsprüfung vor. Im Gegensatz zur Holdinggründung, bei der eine Prüfung der Werthaltigkeit nicht explizit vorgeschrieben ist, aber im Rahmen der Prüfung des Gründungsplans notwendigerweise erfolgt (vgl. → § 6 Rn. 32), schreibt **Art. 37 Abs. 6 SE-VO** für die Gründung durch Formwechsel ausdrücklich die Erstellung einer Werthaltigkeitsbescheinigung durch externe Sachverständige vor. Diese Bescheinigung, der notwendigerweise eine entsprechende Prüfung durch den ausstellenden Sachverständigen vorausgehen muss, tritt ihrer Funktion nach an die Stelle von Gründungsbericht und -prüfungen iSd §§ 32 ff. AktG. Denn die Gründungsprüfungen nach dem Aktiengesetz dienen – ebenso wie die Werthaltigkeitsbescheinigung nach der Verordnung – lediglich der Feststellung der Werthaltigkeit von Sacheinlagen (→ § 6 Rn. 32). Die Kapitalaufbringung, die durch die Regelungen der § 197 UmwG, §§ 32 ff. AktG für den Fall der Umwandlung gewährleistet werden soll, ist daher bereits durch die Werthaltigkeitsprüfung gesichert. Ferner sind Gründungsbericht und jedenfalls die externe Gründungsprüfung nach dem Aktiengesetz gemäß § 75 Abs. 2 UmwG selbst im Fall einer Verschmelzung zur Neugründung, bei der ein neuer Rechtsträger entsteht, entbehrlich, wenn übertragender Rechtsträger eine Kapitalgesellschaft ist. Es ist nicht ersichtlich, weshalb im Fall des Formwechsels einer Aktiengesellschaft in eine SE, bei der derselbe Rechtsträger unter Wahrung seiner Identität fortbesteht, strengere Gründungsvorschriften gelten sollten.⁷⁹ Aus den §§ 32 ff. AktG ergibt sich zudem, dass grundsätzlich eine Prüfung und ein Bericht durch die Gründer bzw. die Gesellschaftsorgane selbst vorgesehen ist; eine weitere Prüfung durch externe Sachverständige ist demgegenüber nur unter den zusätzlichen Voraussetzungen des § 33 Abs. 2 AktG erforderlich. Daraus lässt sich entnehmen, dass der Prüfung durch von der Gesellschaft unabhängige Sachverständige eine größere Bedeutung beigemessen wird als der Prüfung durch die Gründer oder Organmitglieder. Die von der SE-VO vorgesehene Werthaltigkeitsbescheinigung wird aber immer zwingend von unabhängigen Sachverständigen erstellt, so dass daneben eine weitere Prüfung und Berichterstattung durch die Gründer und Organmitglieder überflüssig ist. Die besseren Gründe sprechen daher dafür, die Regelung des Art. 37 Abs. 6 SE-VO als abschließend hinsichtlich der Prüfung und Berichterstattung im Rahmen der Gründung anzusehen, so dass eine **Anwendung der §§ 32 ff. AktG** gemäß Art. 15 Abs. 1 SE-VO daneben nicht mehr in Betracht kommt.

---

⁷⁶ *Jannott* in Jannott/Frodermann SE-HdB Kap. 3 Rn. 263; Kallmeyer/*Marsch-Barner/Wilk* UmwG Anh. I Rn. 118.
⁷⁷ *Jannott* in Jannott/Frodermann SE-HdB Kap. 3 Rn. 263; Kallmeyer/*Marsch-Barner/Wilk* UmwG Anh. I Rn. 118.
⁷⁸ Vgl. Kölner Komm AktG/*Paefgen* SE-VO Art. 37 Rn. 101.
⁷⁹ Kallmeyer/*Marsch-Barner/Wilk* UmwG Anh. I Rn. 118; MüKoAktG/*Schäfer* SE-VO Art. 37 Rn. 26; *Scheifele*, Die Gründung der Europäischen Aktiengesellschaft (SE), 2004, 427.

## II. Barabfindungsangebot (§§ 207 ff. UmwG)

54 Das Erfordernis eines Barabfindungsangebots an Aktionäre, die dem Formwechsel widersprechen, wird in den dazu vorliegenden Stellungnahmen des Schrifttums zu Recht **einhellig verneint**.[80]

55 Die Verordnung selbst enthält in den Vorschriften zur Gründung durch Formwechsel **weder eine Regelung noch eine Regelungsermächtigung** für den nationalen Gesetzgeber in Bezug auf den Schutz von Aktionärsminderheiten, die dem Formwechsel widersprechen. Bei der Gründung durch Verschmelzung bzw. der Holdinggründung enthält die Verordnung demgegenüber in Art. 24 Abs. 2 SE-VO und Art. 34 SE-VO Ermächtigungsnormen für den Erlass von Schutzvorschriften zugunsten der Minderheitsaktionäre. Auf dieser Grundlage sieht das SEAG in den §§ 7 bzw. 9 SEAG Barabfindungsangebote im Verschmelzungs- bzw. Gründungsplan vor. Auch die Regelungen der §§ 207 ff. UmwG, die ein Barabfindungsangebot für der Umwandlung widersprechende Aktionäre vorsehen, können beim Formwechsel einer Aktiengesellschaft in eine SE **nicht über die Verweisung des Art. 15 Abs. 1 SE-VO zur Anwendung** kommen:

56 Zunächst ist nicht davon auszugehen, dass der Verordnungsgeber, nachdem er sowohl bei der Gründung durch Verschmelzung wie auch bei der Holdinggründung jeweils Ermächtigungsnormen zum Schutz von Minderheitsaktionären geschaffen hat, dies bei der Gründung durch Formwechsel „vergessen" hat. Es liegt also **keine Regelungslücke** der Verordnung vor, die über Art. 15 Abs. 1 SE-VO zu schließen wäre.[81]

57 Außerdem entspricht der hinter § 207 UmwG stehende **Normzweck** nicht der Situation bei der Umwandlung einer Aktiengesellschaft in eine SE. § 207 UmwG geht von einem Schutzbedürfnis der Anteilsinhaber aufgrund des Wechsels der Gesellschaft in eine andere Rechtsform aus, mit der eine für die Anteilsinhaber möglicherweise nachteilige Veränderung des anwendbaren Rechts einhergehen könnte. Dieses Schutzbedürfnis fehlt bei der Umwandlung einer Aktiengesellschaft in eine weitgehend den gleichen Rechtsvorschriften unterstehende SE. Dass die durch den Formwechsel entstehende SE den aktienrechtlichen Vorschriften ihrer Gründungsgesellschaft untersteht, wird durch das Verbot einer mit der Gründung einhergehenden Sitzverlegung (Art. 37 Abs. 3 SE-VO) erreicht. Die Rechtsstellung der Aktionäre bleibt dadurch nahezu unverändert. Es ist daher auch kein Bedürfnis dafür ersichtlich, den Aktionären eine Austrittsmöglichkeit infolge der Umwandlung zu eröffnen.[82] Vergleichbar ist insoweit der Fall der Umwandlung einer Aktiengesellschaft in eine Kommanditgesellschaft auf Aktien und umgekehrt, für den § 250 UmwG die Anwendbarkeit des § 207 UmwG ausschließt, weil beide Gesellschaftsformen weitgehend den aktienrechtlichen Vorschriften unterstehen.[83] Anwendbar ist gemäß der Verweisung des Art. 15 Abs. 1 SE-VO nach überzeugender Auffassung hingegen § 196 UmwG, der einen Anspruch auf **Verbesserung des Beteiligungsverhältnisses** gewährt; dieser Anspruch besteht auch beim Formwechsel einer Aktiengesellschaft in eine Kommanditgesellschaft auf Aktien und umgekehrt (§ 250 UmwG schließt nur die Anwendung der §§ 207–212 UmwG aus).[84]

---

[80] BeckOGK/*Eberspächer*, 1.2.2021, SE-VO Art. 37 Rn. 21; *Jannott* in Jannott/Frodermann SE-HdB Kap. 3 Rn. 274; *Kalss* ZGR 2003, 591 (614); Kallmeyer/Marsch-Barner/Wilk UmwG Anh. I Rn. 99; Kölner Komm AktG/*Paefgen* SE-VO Art. 37 Rn. 94; NK-SE/*Schröder* SE-VO Art. 37 Rn. 99f.; MüKoAktG/*Schäfer* SE-VO Art. 37 Rn. 37; *Scheifele*, Die Gründung der Europäischen Aktiengesellschaft (SE), 2004, 423; *Teichmann* ZGR 2003, 367 (395).
[81] *Teichmann* ZGR 2003, 367 (395).
[82] *Teichmann* ZGR 2003, 367 (395).
[83] Kallmeyer/*Marsch-Barner*/Wilk UmwG Anh. I Rn. 99; MüKoAktG/*Schäfer* SE-VO Art. 37 Rn. 37.
[84] Ebenso NK-SE/*Schröder* SE-VO Art. 37 Rn. 98; MüKoAktG/*Schäfer* SE-VO Art. 37 Rn. 38; Kölner Komm AktG/*Paefgen* SE-VO Art. 37 Rn. 95; aA BeckOGK/*Eberspächer*, 1.2.2021, SE-VO Art. 37 Rn. 22; Habersack/Drinhausen/*Bücker* SE-VO Art. 37 Rn. 68.

## III. Verbot der grenzüberschreitenden Sitzverlegung anlässlich des Formwechsels

**Art. 37 Abs. 3 SE-VO** verbietet die Sitzverlegung der Gesellschaft in einen anderen Mitgliedstaat anlässlich des Formwechsels. Hintergrund dieses Verbots ist die Befürchtung, der Formwechsel verbunden mit einer Sitzverlegung in einen Mitgliedstaat könne genutzt werden, um sich steuer- und arbeitsrechtlichen Beschränkungen („Flucht aus der Mitbestimmung") des bisherigen Sitzstaates zu entziehen.[85] Richtigerweise ist die Formulierung der SE-Verordnung dahin zu verstehen, dass Formwechsel und Sitzverlegung **nicht gleichzeitig** erfolgen dürfen. Die herrschende Meinung folgert daraus, dass die Hauptversammlung, die über den Formwechsel beschließt, nicht zugleich über eine grenzüberschreitende Sitzverlegung beschließen dürfe. Da die Bestimmung zur Sitzverlegung in Art. 8 SE-VO die Existenz der SE voraussetzt, kann die Hauptversammlung der Aktiengesellschaft vor Wirksamwerden des Formwechsels auch nicht aufschiebend bedingt auf das Wirksamwerden des Formwechsels über eine grenzüberschreitende Sitzverlegung beschließen. Möglich ist es hingegen, die Sitzverlegung in einen anderen Mitgliedstaat **unmittelbar nach erfolgtem Formwechsel** gemäß den Vorschriften des Art. 8 SE-VO durchzuführen. Dafür ist keine besondere Wartefrist einzuhalten, sodass das Leitungsorgan der SE praktisch unmittelbar nach vollendetem Formwechsel die Hauptversammlung, die über eine Sitzverlegung beschließen soll, vorbereiten kann.[86] Zu beachten sind hier nur die Fristen, die Art. 8 SE-VO selbst für die Sitzverlegung aufstellt (näher → § 15 Rn. 21).

58

---

[85] *Blanquet* ZGR 2002, 20 (46).
[86] Vgl. Habersack/Drinhausen/*Bücker* SE-VO Art. 37 Rn. 5; *Oechsler* NZG 2005, 697 (700).

# § 9 Tochter-SE einer SE

## Übersicht

| | Rn. |
|---|---|
| A. Besonderheiten gegenüber der Verschmelzung nationalen Rechts | 1 |
| B. Gesetzliche Regelungstechnik | 3 |
| C. Ablauf der Tochtergründung | 4 |
|    I. Kein Mehrstaatigkeitserfordernis | 4 |
|   II. Einpersonen-Gründung | 5 |
|  III. Gründungsverfahren | 6 |
|      1. Bar- oder Sachgründung | 7 |
|      2. Ausgliederung | 8 |
|      3. Erfordernis auf Seiten der Gründungs-SE | 9 |

## A. Besonderheiten gegenüber der Verschmelzung nationalen Rechts

Nach Art. 3 Abs. 2 SE-VO kann eine bereits bestehende SE eine 100%ige Tochtergesellschaft in Form einer SE gründen, wobei die neu zu gründende SE nach hM auch in Form einer Vorrats-SE gegründet werden kann.[1] Die Gründung ist zwingend Einpersonengründung.[2] Verfahrenstechnisch kann sie im Wege der Bar- bzw. Sachgründung oder durch Ausgliederung nach § 123 Abs. 3 UmwG erfolgen. **1**

Das Verfahren der Tochtergründung richtet sich aufgrund der zahlreichen Verweisungen im Wesentlichen nach den Regelungen des nationalen Aktienrechts. Abweichungen vom nationalen Verfahren bestehen vor allem in den folgenden Bereichen: **2**
1. Die Gründung einer Tochter-SE steht nur einer SE offen.
2. Im Hinblick auf die Frage der **Beteiligung der Arbeitnehmer** beinhaltet die SE-RL keine Regelung; nach hier vertretener Auffassung ist davon auszugehen, dass Verhandlungen mit dem SE-Betriebsrat zu führen sind (s. → § 14 Rn. 22 ff.); zur Frage der Mitbestimmung gilt das zur Gründung der gemeinsamen Tochter-SE Ausgeführte (s. → § 7 Rn. 2, 11).
3. Die **Satzung** der Tochter-SE richtet sich nach den Regelungen der Verordnung (s. → § 2 Rn. 8), des SEAG (s. → § 2 Rn. 9) und dem Aktiengesetz (insbesondere § 23 Abs. 3, 4 AktG sowie §§ 26f. AktG, s. → § 2 Rn. 9).

## B. Gesetzliche Regelungstechnik

Die Ausgründung der SE-Tochtergesellschaft richtet sich wie die anderen Gründungsformen nach einem zweistufigen Verfahren, wobei zwischen dem Teil des Verfahrens, das sich auf die Muttergesellschaft bezieht, und demjenigen, das sich auf die Entstehung der Tochter-SE bezieht, zu unterscheiden ist. Der interne Willensbildungsprozess bei der Muttergesellschaft, in dem zu klären ist, ob in der jeweiligen Gründungsgesellschaft die Voraussetzungen bestehen, um eine Tochter zu gründen, richtet sich nach dem nationalen Recht **3**

---

[1] OLG Düsseldorf ZIP 2009, 918 (920); Kölner Komm AktG/*Maul* SE-VO Art. 3 Rn. 19, 26 ff.; Lutter/Hommelhoff/Teichmann SE/*Bayer* SE-VO Art. 2 Rn. 31 ff.; MüKoAktG/*Schäfer* SE-VO Art. 16 Rn. 9; Casper/Schäfer ZIP 2007, 653 ff.; s. auch *Bayer/Schmidt* AG-RR 2008, 103.
[2] S. Kölner Komm AktG/*Maul* SE-VO Art. 3 Rn. 19; BeckOGK/*Casper,* 1.2.2021, Art. 2, 3 Rn. 28; Habersack/Drinhausen/*Habersack* SE-VO Art. 3 Rn. 8; *Scheifele,* Die Gründung der Europäischen Aktiengesellschaft (SE), 2004, 43.

(Art. 9 Abs. 1 lit. c SE-VO).³ Das in erster Linie anwendbare SE-Verordnungsrecht (Art. 9 Abs. 1 lit. A SE-VO) beinhaltet diesbezüglich keine Anforderungen.⁴ Das eigentliche Gründungsverfahren der Tochter-SE richtet sich nach Art. 15 SE-VO, wonach die Gründung der Tochter-SE als solche dem Recht des SE-Sitzstaates unterliegt (s. → § 3 Rn. 6).⁵

## C. Ablauf der Tochtergründung

### I. Kein Mehrstaatigkeitserfordernis

4 Die Gründung einer Tochter-SE durch eine SE setzt nicht das Mehrstaatigkeitskriterium voraus. Der Wortlaut des Art. 3 Abs. 2 SE-VO verlangt weder, dass die Mutter-SE mehrstaatlich strukturiert ist, noch setzt sie eine Grenzüberschreitung in dem Sinne voraus, dass die Tochter-SE in einem anderen Mitgliedstaat gegründet werden muss.⁶

### II. Einpersonen-Gründung

5 An dem Gründungsverfahren des Art. 3 Abs. 2 SE-VO darf sich lediglich eine Gesellschaft in Form der SE beteiligen. Die Gründung einer Tochter-SE nach Art. 3 Abs. 2 SE-VO ist kraft gesetzlicher Definition unilaterale Gründungsform.⁷ Sofern sich mehr Gründungsrechtsträger an der Gründung einer Tochter-SE beteiligen wollen, kommt das Verfahren nach Art. 2 Abs. 3 SE-VO zur Anwendung (s. → § 7 Rn. 1 ff.). Das folgt aus dem Typenzwang der Gründungsformen.

### III. Gründungsverfahren

6 Die Gründung der Tochter-SE richtet sich nach nationalem Recht und kann zunächst im Weg einer einfachen Bar- oder Sachgründung erfolgen.⁸ Möglich ist auch die Gründung im Wege der Spaltung durch Ausgliederung nach § 123 Abs. 3 Nr. 2 UmwG,⁹ bei der die Gründungsgesellschaften einen Teil ihres Vermögens im Wege der partiellen Gesamtrechtsnachfolge auf die durch die Spaltung neu gegründete Gesellschaft übertragen.¹⁰ Anders als Art. 2 Abs. 3 SE-VO beschränkt das Gründungsverfahren des Art. 3 Abs. 2 SE-VO die Gründung nicht auf ein solches Verfahren durch Zeichnung von Aktien, so dass insoweit alle nationalen Gründungsverfahren, die die Gründung durch Ausgliederung mit einschließen, zur Anwendung gelangen können. Streitig ist, ob im Falle der Ausgliederung aus der

---

³ Kölner Komm AktG/*Maul* SE-VO Art. 3 Rn. 20; MüKoAktG/*Schäfer* SE-VO Art. 36 Rn. 1.
⁴ *Scheifele*, Die Gründung der Europäischen Aktiengesellschaft (SE), 2004, 440; aA *Hommelhoff/Teichmann* SZW 2002, 1 (9), die sich für eine Anwendung von Art. 36 SE-VO aussprechen.
⁵ Kölner Komm AktG/*Maul* SE-VO Art. 3 Rn. 20; *Scheifele*, Die Gründung der Europäischen Aktiengesellschaft (SE), 2004, 440; aA *Hommelhoff/Teichmann* SZW 2002, 1 (9), wonach Art. 3 Abs. 1 SE-VO das anwendbare nationale Recht festlegen soll.
⁶ S. *Hommelhoff* AG 2001, 279 (281); *Hirte* NZG 2002, 1 (4); *Thoma/Leuering* NJW 2002, 1449 (1451); *Scheifele*, Die Gründung der Europäischen Aktiengesellschaft (SE), 2004, 438; *Schwarz* Art. 3 Rn. 21; Kölner Komm AktG/*Maul* SE-VO Art. 3 Rn. 22; Lutter/Hommelhoff/Teichmann SE/*Bayer* SE-VO Art. 3 Rn. 10.
⁷ Kölner Komm AktG/*Maul* SE-VO Art. 3 Rn. 23; Lutter/Hommelhoff/Teichmann SE/*Bayer* SE-VO Art. 3 Rn. 8; *Schwarz* Art. 3 Rn. 22.
⁸ Kölner Komm AktG/*Maul* SE-VO Art. 3 Rn. 24; *Schwarz* Art. 3 Rn. 28.
⁹ Kölner Komm AktG/*Maul* SE-VO Art. 3 Rn. 34; Lutter/Hommelhoff/Teichmann SE/*Bayer* SE-VO Art. 3 Rn. 16; *Schwarz* Art. 3 Rn. 29 f.; *Scheifele*, Die Gründung der Europäischen Aktiengesellschaft (SE), 2004, 440; aA *Kreuzer* EuZW 1994, 73 (75); *Hirte* NZG 2002, 1 (4); *Schindler*, Die Europäische Aktiengesellschaft (SE), 2002, S. 40; *Schwarz* Art. 3 Rn. 29.
¹⁰ *Scheifele*, Die Gründung der Europäischen Aktiengesellschaft (SE), 2004, 442 f., 390 f.

SE die Sperrfrist des Art. 66 Abs. 1 S. 2 SE-VO zur Anwendung kommt.[11] Im Ergebnis scheidet sie indessen für die Fälle aus, in denen durch die Ausgliederung nicht die essentiellen Vermögenswerte der SE nach unten in die Tochtergesellschaft verschoben werden.

### 1. Bar- oder Sachgründung

Das Verfahren zur Gründung der Tochter-SE beginnt ebenso wie bei der Gründung einer gemeinsamen Tochtergesellschaft mit der Vereinbarung eines **Plans** und der **Information der Arbeitnehmer** über das Gründungsvorhaben (§ 4 Abs. 2 SEBG, s. → § 14 Rn. 22 ff.). In den Folgeschritten richtet sich das Verfahren zur Gründung der Tochter ebenso wie bei der Gründung einer gemeinsamen Tochter-SE nach den Regelungen des nationalen Aktienrechts. Die **Satzung** der Tochter-SE richtet sich nach den Regelungen der Verordnung (s. → § 2 Rn. 8), des SEAG (s. → § 2 Rn. 9) und dem Aktiengesetz (insbesondere § 23 Abs. 3, 4 AktG sowie §§ 26 f. AktG, s. → § 2 Rn. 9). Die zwingenden Angaben der SE-Verordnung und des SEAG sind in die Satzung aufzunehmen, die sich in wesentlichen Teilen nach dem Recht des künftigen Sitzstaates der SE richtet. 7

### 2. Ausgliederung

Soll die SE im Wege der Ausgliederung gegründet werden, beginnt das Verfahren ebenfalls mit der unter → Rn. 7 dargelegten Information der Arbeitnehmer. Das Verfahren richtet sich ansonsten vollumfänglich nach den Regelungen des Umwandlungsgesetzes (§ 123 Abs. 3 UmwG), wobei nach hier vertretener Ansicht die Sperrfrist des Art. 66 Abs. 1 S. 2 SE-VO regelmäßig nicht anzuwenden ist (s. → Rn. 6). Unter anderem ist ein Ausgliederungsvertrag und -bericht durch das Leitungsorgan bzw. die geschäftsführenden Direktoren der SE aufzustellen (§§ 126, 127 UmwG). Ihm haben die Anteilsinhaber der SE zuzustimmen. Die Ausgliederung ist beim Handelsregister anzumelden und einzutragen (§§ 16–19 UmwG). 8

### 3. Erfordernis auf Seiten der Gründungs-SE

Die Erfordernisse auf Seiten der Gründungs-SE zur Gründung einer Tochter-SE richten sich nach der SE-Verordnung und den auf die Gründungs-SE anwendbaren Regelungen des nationalen Aktienrechts (Art. 9 Abs. 1 lit. a und c SE-VO).[12] Wird die Tochter-SE im Wege der Bar- oder Sachgründung errichtet, ergibt sich aus der SE-Verordnung keine ausdrückliche Kompetenznorm, die der Hauptversammlung Mitspracherechte einräumen würde. Ein Zustimmungserfordernis der Hauptversammlung kann sich aber über die Verweisung des Art. 52 Abs. 2 SE-VO (s. → § 13 Rn. 3)[13] auf das nationale Recht und insoweit die Holzmüller-/bzw. Gelatine-Grundsätze ergeben (s. → § 13 Rn. 37). Im Fall der Gründung der Tochter-SE durch Ausgliederung sind ebenfalls auf SE-Verordnungsebene keine ausdrücklichen Mitspracherechte vorgesehen. Insoweit ist aber nach § 125 S. 1 UmwG iVm § 13 UmwG zwingend die Zustimmung der Hauptversammlung der Gründungsgesellschaft erforderlich.[14] 9

---

[11] Gegen eine unbeschränkte Anwendung des Art. 66 Abs. 1 SE-VO: Kölner Komm AktG/*Maul* SE-VO Art. 3 Rn. 35; Widmann/Mayer/*Vossius* UmwG § 20 Rn. 425; Habersack/Drinhausen/*Drinhausen* SE-VO Art. 66 Rn. 41; aA *Marsch-Barner* FS Happ, 2006, 165 (177); *Oplustil/M. Schneider* NZG 2003, 13 ff.; *Schindler*, Die Europäische Aktiengesellschaft, 2002, 122 ff.
[12] Habersack/Drinhausen/*Habersack* SE-VO Art. 3 Rn. 11, *Schwarz* Art. 3 Rn. 25.
[13] Habersack/Drinhausen/*Habersack* SE-VO Art. 3 Rn. 11; *Schwarz* Art. 3 Rn. 31.
[14] *Schwarz* Art. 3 Rn. 32.

# Abschnitt 5 – Innere Organisation

# § 10 Einleitung

Dem Satzungsgeber der SE wird durch die SE-VO und das zugehörige deutsche Ausführungsgesetz (SEAG) die Freiheit eingeräumt, der SE eine **monistische oder dualistische Verwaltungsstruktur** zu geben. Anders als in der dualistischen Verfassung ist bei monistisch organisierten Gesellschaften eine organschaftliche Trennung von Geschäftsleitung und Überwachung nicht vorgesehen. An die Stelle von Leitungs- und Aufsichtsorgan tritt das einheitliche Verwaltungsorgan, das die Gesellschaft leitet und zugleich Überwachungsaufgaben wahrnimmt. Da die Wahlfreiheit unmittelbar aus der Verordnung folgt, war sie durch den deutschen Gesetzgeber im Wege der Ausführungsgesetzgebung nicht abdingbar.[1] Das monistische System ist insbesondere im angelsächsischen Rechtskreis, aber auch in der Schweiz und in Frankreich bekannt.[2] Es ist prognostiziert worden, die monistisch verfasste SE in Deutschland werde die aktienrechtliche Verfassung, die nur das dualistische System mit Vorstand und Aufsichtsrat kennt, in bahnbrechender Weise verändern.[3] Bisher ist die überwiegende Mehrheit der SEs mit Sitz in Deutschland jedoch nach der dualistischen Verfassung organisiert.[4]

1

Ein wesentlicher Vorteil des monistischen Systems liegt in der größeren **Gestaltungsfreiheit** des Satzungsgebers hinsichtlich der Ausgestaltung der Verwaltung[5] sowie dem besseren Informationsfluss durch die Konzentration von Leitung und Überwachung innerhalb eines Gesellschaftsorgans.[6] Sowohl für die Unternehmensleitung als auch für die Überwachung ist der Verwaltungsrat zuständig. Wie diese Aufgaben innerhalb des Organs verteilt werden, bleibt dem Satzungsgeber der SE überlassen. Die im dualistischen System gesetzlich vorgegebene strikte Trennung von Überwachungs- und Geschäftsführungsaufgaben existiert hier nicht; die Satzung oder die Geschäftsordnung des Verwaltungsrats kann jedoch, wenn dies gewünscht wird, eine entsprechende Geschäftsverteilung in Überwachungs- und Geschäftsführungsaufgaben vornehmen. Für die monistische SE mit Sitz in Deutschland hat die Gestaltungsfreiheit allerdings insoweit eine Einschränkung erfahren, als § 40 Abs. 1 S. 1 SEAG neben dem Verwaltungsrat zwingend die Bestellung eines oder mehrerer geschäftsführender Direktoren vorschreibt, denen die (laufende) Geschäftsführung obliegt. Durch das umfassende Weisungsrecht des Verwaltungsrats gegenüber den geschäftsführenden Direktoren (§ 44 Abs. 2 SEAG) und die Möglichkeit, diese jederzeit abzuberufen (§ 40 Abs. 5 S. 1 SEAG), bleibt die Geschäftsführung dennoch letztlich beim Verwaltungsrat. Sie kann jedoch durch entsprechende Satzungsgestaltung auch eingeschränkt werden, indem beispielsweise die Abberufung der geschäftsführenden Direktoren von bestimmten Sachgründen abhängig gemacht wird. Der Verwaltungsrat ist schließlich frei, entweder seine eigenen Mitglieder (§ 40 Abs. 1 S. 2 SEAG) oder externe Personen zu geschäftsführenden Direktoren zu bestellen. Die Mehrheit des Verwaltungsrats muss allerdings aus nicht geschäftsführenden Mitgliedern bestehen. Die Bestellung von Verwaltungsratsmitgliedern zu geschäftsführenden Direktoren bietet den Vorteil eines effizienteren Informationsflusses innerhalb der Gesellschaft, während die Bestellung externer Dritter sich etwa dazu nutzen lässt, den Einfluss von Arbeitnehmervertretern in mitbestimmten Ver-

2

---

[1] *Teichmann* ZGR 2002, 383 (443).
[2] MüKoAktG/*Reichert/Brandes* SE-VO Art. 38 Rn. 4.
[3] *Hommelhoff* AG 2001, 279 (282); *Kallmeyer* ZIP 2003, 1531.
[4] Vgl. MHdB GesR IV/*Austmann* § 86 Rn. 1 mit Fn. 1.
[5] Ausführlich dazu *Teichmann* BB 2004, 53 ff.
[6] Zur diesbezüglichen Schwäche des dualistischen Systems *Drinhausen/Keinath/Waldvogel* FS Marsch-Barner, 2018, 159 (163 ff.).

waltungsräten auszubalancieren.[7] Ermöglicht wird damit auch die Einsetzung einer Führungsstruktur entsprechend dem angelsächsischen Modell eines **„Chief Executive Officer"**, der zugleich „Chairman of the Board" ist, indem der Vorsitzende des Verwaltungsrats zugleich zum geschäftsführenden Direktor bestellt wird.[8] Schließlich erlaubt das monistische Verwaltungssystem auch eine „schlanke" Unternehmensleitung, die insbesondere für kleinere Tochtergesellschaften eines Konzerns von Interesse sein kann:[9] Die Satzung kann vorsehen, dass der Verwaltungsrat nur aus einer Person besteht. Daneben muss ein (externer) geschäftsführender Direktor bestellt werden. Die Unternehmensleitung besteht dann aus zwei Personen, während im dualistischen System neben dem Leitungsorgan ein mindestens dreiköpfiges Aufsichtsorgan erforderlich ist.[10] Das monistische System kann daher je nach Bedarf sowohl auf kleine und mittlere Gesellschaften, insbesondere auch Familienunternehmen, zugeschnitten werden, in denen die strikte Trennung zwischen Führungs- und Überwachungsaufgaben, die auf zwei Organe verteilt sind, unerwünscht und häufig nicht zweckmäßig ist.[11] Andererseits ist auch eine Ausgestaltung möglich, die den Interessen von Großunternehmen bzw. Konzernen gerecht wird.

3  Die SE-VO enthält in den **Art. 38–60 SE-VO** Vorschriften zum Aufbau der SE, wobei sowohl für das dualistische als auch für das monistische Modell spezielle Regelungen getroffen wurden. Gemeinsame Vorschriften für beide Struktursysteme finden sich in den Art. 46–51 SE-VO. Regelungen über die Hauptversammlung der Aktionäre, die nach Art. 38 SE-VO sowohl bei der dualistischen wie auch der monistischen SE als weiteres Organ der SE zwingend vorgeschrieben ist, enthalten die Art. 52–60 SE-VO.

4  Im Folgenden sollen die zwei Verwaltungssysteme für die SE mit ihren Besonderheiten dargestellt werden. Die Hauptversammlung als in beiden Verwaltungssystemen vorkommendes Organ wird sodann in einem eigenen Abschnitt dargestellt.

---

[7] Lutter/Hommelhoff EU-Gesellschaft/*Teichmann* 208.
[8] Zur Umsetzung eines CEO-Modells in der monistischen SE *Eder* NZG 2004, 544 ff.; vgl. auch *Merkt* ZGR 2003, 650 (664 f.); Lutter/Hommelhoff EU-Gesellschaft/*Teichmann* 209 f.
[9] Lutter/Hommelhoff EU-Gesellschaft /*Teichmann* 209.
[10] § 95 AktG für die deutsche Aktiengesellschaft und § 17 SEAG für die dualistische SE.
[11] *Kallmeyer* ZIP 2003, 1531 (1535).

## § 11 Dualistisches System

### Übersicht

|   | Rn. |
|---|---|
| A. Die Grundstruktur einer dualistischen SE nach deutschem Recht | 1 |
| B. Das Leitungsorgan | 2 |
|     I. Bestellung der Mitglieder des Leitungsorgans | 3 |
|     II. Abberufung der Mitglieder des Leitungsorgans | 13 |
|     III. Innere Organisation des Leitungsorgans | 14 |
|     IV. Vertretung der SE durch das Leitungsorgan | 16 |
| C. Das Aufsichtsorgan | 18 |
|     I. Bestellung der Mitglieder des Aufsichtsorgans | 19 |
|     II. Abberufung der Mitglieder des Aufsichtsorgans | 24 |
|     III. Innere Organisation des Aufsichtsorgans | 25 |
|     IV. Vertretung der SE durch das Aufsichtsorgan | 27 |
|     V. Informationsfluss | 28 |
| D. Einzelfragen zur Unternehmensführung | 33 |
|     I. Zustimmungsbedürftige Geschäfte | 33 |
|     II. Die Beschlussfassung der Organe | 35 |
|     III. Die Haftung der Mitglieder der Organe | 38 |

## A. Die Grundstruktur einer dualistischen SE nach deutschem Recht

Die Grundstruktur einer dualistisch strukturierten SE mit Sitz in Deutschland entspricht weitgehend der **Struktur einer Aktiengesellschaft** des deutschen Rechts. Mit dem Leitungsorgan nach Art. 39 SE-VO hat die SE ein dem Vorstand einer deutschen Aktiengesellschaft vergleichbares geschäftsführendes Organ. Das Aufsichtsorgan im Sinne des Art. 40 SE-VO überwacht demgegenüber die Geschäftsführung und lässt sich deshalb mit dem Aufsichtsrat einer deutschen Aktiengesellschaft vergleichen. Da das deutsche Aktienrecht dem dualistischen System folgt und damit die Zweiteilung der Verwaltung im AktG umfassend geregelt ist, war es dem deutschen Gesetzgeber verwehrt, auf der Grundlage des Art. 39 Abs. 5 SE-VO weitere Vorschriften für die SE zu erlassen. Die wenigen Bestimmungen zur dualistisch strukturierten SE im deutschen Ausführungsgesetz, namentlich die §§ 15 bis 19 SEAG, enthalten daher lediglich Regelungen zur Herstellung eines Gleichlaufs zwischen SE und Aktiengesellschaft in Deutschland.[1] Für Bereiche, die in der Verordnung nicht oder nur teilweise geregelt sind, erklärt Art. 9 Abs. 1 lit. c ii SE-VO das nationale Aktienrecht des Sitzstaats der SE für anwendbar.[2] Daher gelten insbesondere die §§ 76 bis 116 AktG, die als Ergänzungen zu den eine geringe Regelungsdichte aufweisenden Art. 39 bis 42 SE-VO verstanden werden müssen.[3] Zudem enthalten die Art. 46 bis 51 SE-VO Vorschriften, die sowohl für die monistisch als auch für die dualistisch strukturierte SE gelten. 1

## B. Das Leitungsorgan

Grundsätzliche Regelungen über Stellung und Zusammensetzung des Leitungsorgans sind in **Art. 39 SE-VO** enthalten. Nach dessen Abs. 1 führt das Leitungsorgan die Geschäfte 2

---

[1] *Ihrig/Wagner* BB 2004, 1749 (1753).
[2] Näher zur Regelungstechnik der SE-VO siehe → § 3 Rn. 5 ff.
[3] DAV-Stellungnahme NZG 2004, 75 (80).

der SE in eigener Verantwortung und hat somit die Leitungsautonomie inne.[4] Dies entspricht inhaltlich der Regelung des § 76 Abs. 1 AktG für die Leitung der deutschen Aktiengesellschaft durch den Vorstand.

## I. Bestellung der Mitglieder des Leitungsorgans

3 Nach Art. 39 Abs. 4 SE-VO wird die **Anzahl** der Mitglieder des Leitungsorgans durch die Satzung festgelegt. Die Ermächtigung zur Regelung einer Mindestzahl der Mitglieder in Abs. 4 S. 2 SE-VO hat der deutsche Gesetzgeber genutzt, um in **§ 16 SEAG** festzuschreiben, dass bei nicht mitbestimmten Gesellschaften mit einem Grundkapital von mehr als 3 Millionen Euro das Leitungsorgan aus mindestens zwei Personen zu bestehen hat. Nach § 16 S. 1 SEAG kann die Satzung der SE eine abweichende Regelung treffen. Dies entspricht der Vorschrift des § 76 Abs. 2 S. 2 AktG.[5] Dadurch wird auch in diesem Bereich der Gleichlauf mit dem deutschen Aktienrecht gewährleistet.[6] Entsprechend der bei deutschen Aktiengesellschaften üblichen Praxis kann auch bei der SE mit Sitz in Deutschland eine Satzungsregelung vorgesehen werden, nach der das Leitungsorgan „aus einer oder mehreren Personen" zu bestehen hat, wobei die Festlegung der genauen Anzahl dem Aufsichtsrat überlassen bleibt.[7] Ist die SE mitbestimmt[8] oder börsennotiert, kommt über die Verweisung des Art. 9 Abs. 1 lit. c ii SE-VO § 111 Abs. 5 AktG zur Anwendung, so dass das Aufsichtsorgan Zielgrößen für den Frauenanteil im Leitungsorgan festzulegen hat.

4 Nach § 16 S. 2 SEAG bleibt die Regelung des § 38 Abs. 2 SEBG, nach der bei einer der **Mitbestimmung** gemäß den Auffangregelungen der §§ 34 ff. SEBG unterliegenden SE die Zahl der Mitglieder des Leitungsorgans mindestens zwei beträgt, von denen eines für den Bereich Arbeit und Soziales zuständig ist, unberührt. Dies entspricht der Regelung in § 76 Abs. 2 S. 3 AktG bezüglich der Bestellung eines **Arbeitsdirektors** in der nach MitbestG oder MontanMitbestG mitbestimmten Aktiengesellschaft.[9]

5 Über Art. 47 Abs. 2 lit. a SE-VO gelten die **Voraussetzungen und Einschränkungen,** die § 76 Abs. 3 AktG für die Mitgliedschaft im Vorstand einer deutschen Aktiengesellschaft vorsieht, auch für die Mitglieder des Leitungsorgans einer SE mit Sitz in Deutschland. Mitglied des Leitungsorgans einer deutschen SE kann demnach nur eine natürliche, unbeschränkt geschäftsfähige Person sein. Die Vorschrift des Art. 47 Abs. 1 SE-VO, die auch eine **Bestellung juristischer Personen** als Organmitglieder zulässt, ist für die SE mit Sitz in Deutschland nicht anwendbar, da das deutsche Aktienrecht juristische Personen als Mitglieder des Vorstandes einer Aktiengesellschaft nicht zulässt.[10]

6 Von der Mitgliedschaft in einem Verwaltungsorgan der SE sind ferner Personen, die unter Betreuung stehen, wegen einer Insolvenzstraftat, Betrugs- und Untreuedelikten, Falschangaben[11] oder unrichtiger Darstellung[12] verurteilt wurden und seit deren Verurteilung noch keine fünf Jahre vergangen sind oder die infolge einer Gerichts- oder Verwal-

---

[4] BeckOGK/*Eberspächer,* 1.2.2021, SE-VO Art. 39 Rn. 4; MüKoAktG/*Reichert/Brandes* SE-VO Art. 39 Rn. 2; *Schwarz* ZIP 2001, 1847 (1854).
[5] *Neye/Teichmann* AG 2003, 169 (176).
[6] BT-Drs. 15/3405, 89.
[7] Vgl. BeckOGK/*Eberspächer,* 1.2.2021, SE-VO Art. 39 Rn. 10; Habersack/Drinhausen/*Seibt* SE-VO Art. 39 Rn. 39; MüKoAktG/*Reichert/Brandes* SE-VO Art. 39 Rn. 20.
[8] Ausreichend ist dabei jede Form der Arbeitnehmermitbestimmung im Aufsichtsorgan, vgl. auch → Rn. 19.
[9] Siehe ausführlicher dazu → § 14 Rn. 322. Zu Bedenken hinsichtlich der Vereinbarkeit der Regelung mit Art. 13 Abs. 2 SE-RL (Unbeachtlichkeit mitgliedstaatlicher Mitbestimmungsvorgaben für die SE) s. Habersack/Drinhausen/*Seibt* SE-VO Art. 39 Rn. 41 mwN.
[10] Vgl. § 76 Abs. 3 S. 1 AktG; ausführlich dazu *Brandes* NZG 2004, 642; ferner Habersack/Drinhausen/*Drinhausen* SE-VO Art. 47 Rn. 6; MüKoAktG/*Reichert/Brandes* SE-VO Art. 47 Rn. 1.
[11] § 399 AktG oder § 82 GmbHG.
[12] § 400 AktG, § 331 HGB, § 313 UmwG oder § 17 PublG.

tungsentscheidung dem Organ einer Aktiengesellschaft nicht angehören dürfen, ausgeschlossen **(Art. 47 Abs. 2 SE-VO iVm § 76 Abs. 3 AktG).**

Die Mitglieder des Leitungsorgans werden **vom Aufsichtsorgan** nach Art. 39 Abs. 2 **SE-VO bestellt und abberufen.** Von der Ermächtigung des Art. 39 Abs. 2 S. 2 SE-VO hat der deutsche Gesetzgeber im Ausführungsgesetz keinen Gebrauch machen können, da eine Übertragung dieser Aufgaben auf die Hauptversammlung nach deutschem Aktienrecht nicht möglich ist. Damit liegt bei der SE mit Sitz in Deutschland wie bei der deutschen Aktiengesellschaft die Kompetenz für die Bestellung der Mitglieder des Leitungsorgans, ebenso wie sie für die deutsche Aktiengesellschaft in § 84 Abs. 1 S. 1 AktG geregelt ist, allein und unübertragbar beim Aufsichtsorgan.[13] Der angestrebte Gleichlauf zwischen dualistisch strukturierter SE und deutscher Aktiengesellschaft ist damit in diesem Punkt sichergestellt. Andererseits hat der deutsche Gesetzgeber Anregungen des Schrifttums, das Aktiengesetz entsprechend zu ändern und zumindest für nicht börsennotierte und nicht der Mitbestimmung unterliegende Gesellschaften die Bestellung von Vorstandsmitgliedern durch die Hauptversammlung zu ermöglichen, unbeachtet gelassen.[14] Dies könnte im internationalen Wettbewerb einen Nachteil für die SE mit Sitz in Deutschland bedeuten, da die deutsche SE gegenüber einer SE mit Sitz in einem Land, in welchem von der Ermächtigung des Art. 39 Abs. 2 S. 2 SE-VO Gebrauch gemacht wurde, weniger Gestaltungsfreiheit zulässt.[15]

Die Bestellung eines Mitglieds des Leitungsorgans kann unter den Voraussetzungen des § 85 AktG (Bestellung eines **Notvorstands** bei der Aktiengesellschaft) auch durch das **zuständige Gericht** erfolgen. Die Anwendbarkeit des § 85 AktG auf die SE folgt aus Art. 9 Abs. 1 lit. c ii SE-VO.[16] Zwar regelt die Verordnung grundsätzlich die Bestellung des Leitungsorgans in Art. 39 Abs. 2 SE-VO. Jedoch schränkt sie auch die Freiheit des Satzungsgebers oder der nationalen Gesetzgeber nicht ein, eine bestimmte Anzahl von Mitgliedern für das Leitungsorgan vorzuschreiben. Zugleich enthält sie keine Regelung für den Fall, dass ein erforderliches Mitglied nicht bestellt worden ist. Die Besetzung eines fehlenden, aber erforderlichen Mitglieds des Leitungsorgans ist deshalb ein von der Verordnung nicht erfasster Aspekt eines teilweise geregelten Bereichs, sodass die entsprechenden Bestimmungen des Aktiengesetzes anzuwenden sind.

Die Bestellung der Mitglieder des Leitungsorgans erfolgt gemäß Art. 46 Abs. 1 SE-VO, der Vorgaben für die Bestelldauer aller Organmitglieder der SE enthält, für einen in der Satzung **festgelegten Zeitraum,** maximal jedoch für sechs Jahre. Bei deutschen Aktiengesellschaften ist die Amtszeit der Vorstandsmitglieder gemäß § 84 Abs. 1 S. 1 AktG demgegenüber auf fünf Jahre beschränkt. Abweichend von der Regelung des Aktiengesetzes muss die Dauer der Amtszeit entsprechend Art. 46 Abs. 1 SE-VO zwingend in der Satzung der SE geregelt werden.[17] Dem Wortlaut des Art. 46 Abs. 2 SE-VO ist aber nicht eindeutig zu entnehmen, ob eine genaue Festlegung des Bestellungszeitraums in der Satzung erforderlich ist oder ob der Satzungsgeber von seiner Befugnis in Art. 46 Abs. 1 SE-VO auch in der Weise Gebrauch machen darf, dass er in der Satzung nur die **Höchstdauer** der Bestellung regelt und es dem Bestellungsorgan überlässt, bei der Bestellung von Mitgliedern des Leitungsorgans deren individuelle Amtszeit im Rahmen der in der Satzung festgelegten Höchstdauer zu bestimmen.[18] Nach einer Entscheidung des **Amtsgerichts Hamburg**[19] ist eine Regelung, die die Amtsdauer für Mitglieder des Aufsichtsor-

---
[13] *Teichmann* ZIP 2002, 1109 (1113).
[14] DAV-Stellungnahme NZG 2004, 75 (80).
[15] *Hoffmann-Becking* ZGR 2004, 355 (367).
[16] BeckOGK/*Eberspächer*, 1.2.2021, SE-VO Art. 39 Rn. 7; Habersack/Drinhausen/*Seibt* SE-VO Art. 39 Rn. 17; für eine Anwendbarkeit von § 85 AktG auf der Grundlage von Art. 47 Abs. 4 SE-VO hingegen MüKoAktG/*Reichert/Brandes* SE-VO Art. 39 Rn. 17.
[17] DAV-Stellungnahme NZG 2004, 75 (81).
[18] *Jaecks/Schönborn* RIW 2003, 254 (262).
[19] AG Hamburg ZIP 2005, 2017 f. mit ablehnender Anmerkung *Reinhard* RIW 2006, 68 (70).

gans einer SE in Anlehnung an § 102 Abs. 1 AktG an den Entlastungsbeschluss für ein bestimmtes Geschäftsjahr knüpft, unzulässig.

10 Nach zutreffender und verbreiteter Auffassung genügt die Festlegung einer **Höchstdauer** in der Satzung jedoch den Anforderungen des Art. 46 Abs. 1 SE-VO.[20] Ein besonderer Grund für eine Einschränkung der Freiheit des Satzungsgebers, anstelle der konkreten Bestellungsdauer nur eine Höchstgrenze in die Satzung aufzunehmen und dem Aufsichtsorgan so mehr Flexibilität zu gewähren, ist nicht ersichtlich. Sinn und Zweck der Regelung des Art. 46 SE-VO, eine Bestellung der Mitglieder des jeweiligen Organs durch den Satzungsgeber für einen Zeitraum von mehr als sechs Jahren auszuschließen, um so die Verantwortlichkeit der betroffenen Organmitglieder zu stärken, wird mindestens in gleicher Weise erreicht, wenn der Satzungsgeber lediglich die **Höchstdauer** für die Bestellung der Organmitglieder festlegt, und die Bestimmung der konkreten Amtszeit dem für die Bestellung der Mitglieder zuständigen Organ (für das Leitungsorgan also dem Aufsichtsorgan und für das Aufsichtsorgan der jeweiligen Hauptversammlung) im Einzelfall überlässt.[21] Auch im Lichte der Ziele, die der europäische Verordnungsgeber mit den Regelungen in der SE-Verordnung verfolgt, nämlich insbesondere durch die Schaffung einer von den einzelstaatlichen Gesellschaftsrechtsordnungen weitgehend unabhängigen Gesellschaftsform bestehende gesellschaftsrechtliche Hemmnisse innerhalb der Europäischen Union zu reduzieren, ist kein Motiv erkennbar, welches eine Einschränkung der Freiheit des Satzungsgebers der SE rechtfertigen würde.[22] Gemäß Nr. 29 Erwägungsgrund SE-VO soll die Verordnung nicht über das erforderliche Maß hinausgehen, welches notwendig ist, um die Ziele der Verordnung zu erreichen. Dieser Anforderung genügt die Festlegung einer Höchstdauer für die Bestellung von Mitgliedern des Leitungsorgans in der Satzung.

11 Gemäß Art. 46 Abs. 2 SE-VO ist die ein- oder mehrmalige **Wiederbestellung** von Mitgliedern des Leitungsorgans für den in der Satzung festgelegten Zeitraum zulässig, sofern die Satzung dies nicht verbietet.

12 Der für die deutsche Aktiengesellschaft geltende § 84 Abs. 1 S. 2 AktG sieht neben der Wiederbestellung auch die Möglichkeit vor, die Amtszeit der Vorstandsmitglieder zu **verlängern.** Dies dürfte in der SE nicht zulässig sein. Da Art. 46 Abs. 2 SE-VO die Möglichkeit der Verlängerung der Bestellung nicht vorsieht, jedoch den Bereich der Wiederbestellung von Mitgliedern des Leitungsorgans regelt, wird man von einer abschließenden Regelung der SE-VO ausgehen müssen, so dass nur die **Wiederbestellung** in Betracht kommt. Diese kann – entsprechend der für den Vorstand einer Aktiengesellschaft anerkannten Vorgehensweise – aber auch schon vor Ablauf der Amtszeit erfolgen.[23]

## II. Abberufung der Mitglieder des Leitungsorgans

13 Die Abberufung der Mitglieder des Leitungsorgans erfolgt gemäß Art. 39 Abs. 2 SE-VO zwingend durch das Aufsichtsorgan. Die **vorzeitige Abberufung** von Mitgliedern des Leitungsorgans kann nach ganz überwiegender und zutreffender Auffassung entsprechend § 84 Abs. 3 AktG nur erfolgen, wenn ein **wichtiger Grund** vorliegt.[24] Art. 39 Abs. 2 SE-

---

[20] BeckOGK/*Eberspächer*, 1.2.2021, SE-VO Art. 46 Rn. 5; *Hoffmann-Becking* ZGR 2004, 355 (364); MüKo-AktG/*Reichert/Brandes* SE-VO Art. 46 Rn. 3; ausführlich auch Habersack/Drinhausen/*Drinhausen* SE-VO Art. 46 Rn. 10 ff. mwN; aA Kölner Komm AktG/*Siems* SE-VO Art. 46 Rn. 12; MHdB GesR IV/*Austmann* § 86 Rn. 4.

[21] BeckOGK/*Eberspächer,* 1.2.2021, SE-VO Art. 46 Rn. 5; *Hoffmann-Becking* ZGR 2004, 355 (364); *Reinhard* RIW 2006, 68 (70); Lutter/Hommelhoff EU-Gesellschaft/*Seibt* 74; *Schwarz* Art. 46 Rn. 9, 13 und 15.

[22] *Thoma/Leuring* NJW 2002, 1449 (1450) zu den Zielen der SE-VO.

[23] BeckOGK/*Eberspächer,* 1.2.2021, SE-VO Art. 46 Rn. 7; Habersack/Drinhausen/*Drinhausen* SE-VO Art. 46 Rn. 19.

[24] BeckOGK/*Eberspächer,* 1.2.2021, SE-VO Art. 39 Rn. 9; Habersack/Drinhausen/*Seibt* SE-VO Art. 39 Rn. 25; *Hirte* NZG 2002, 1 (5); *Frodermann* in Jannott/Frodermann SE-HdB Kap. 5 Rn. 23; Kölner Komm AktG/*Paefgen* SE-VO Art. 39 Rn. 69; MüKoAktG/*Reichert/Brandes* SE-VO Art. 39 Rn. 33;

VO, der die Modalitäten der Abberufung nicht regelt, stellt insoweit keine abschließende Regelung zur Abberufung von Mitgliedern der Verwaltungsorgane dar, so dass über Art. 9 Abs. 1 lit. c ii SE-VO das nationale Aktienrecht zur Anwendung kommt.

### III. Innere Organisation des Leitungsorgans

Die Verordnung enthält keine ausdrückliche Regelung über die **Bestimmung eines Vorsitzenden** des Leitungsorgans. Allerdings setzt Art. 50 Abs. 2 SE-VO das Vorhandensein eines Vorsitzenden für jedes Verwaltungsorgan der SE voraus. Daraus ergibt sich, dass die deutschen Regelungen bezüglich des Vorstandsvorsitzenden über die Generalverweisung des Art. 9 Abs. 1 lit. c ii SE-VO anwendbar sind. Gemäß **§ 84 Abs. 2 AktG** wird der Vorsitzende demnach durch das Aufsichtsorgan ernannt.[25] Seine Stellung entspricht weitgehend der des Vorstandsvorsitzenden einer deutschen Aktiengesellschaft. Im Unterschied zu letzterem gibt die Stimme des Vorsitzenden des Leitungsorgans allerdings gemäß Art. 50 Abs. 2 S. 1 SE-VO bei **Stimmengleichheit** im Rahmen einer Abstimmung den Ausschlag, wenn die Satzung nichts anderes bestimmt.[26] Der Vorsitzende des Leitungsorgans ist ferner gemäß Art. 9 Abs. 1 lit. c ii SE-VO, § 80 Abs. 1 S. 2 AktG auf **Geschäftsbriefen** der SE als solcher zu nennen.[27] Zulässig dürfte ferner die Wahl eines **Leitungsorgansprechers** durch die Mitglieder des Leitungsorgans selbst sein, sofern kein Vorsitzender bestellt wurde.[28] Einem solchen Leitungsorgansprecher dürfte allerdings die entscheidende Stimme in Pattsituationen nicht zustehen, da Art. 50 Abs. 2 S. 1 SE-VO dies ausdrücklich nur dem Vorsitzenden eines Organs zuweist.[29]

Das Leitungsorgan der SE mit Sitz in Deutschland kann sich selbst eine **Geschäftsordnung** geben, sofern dies nicht durch die Satzung dem Aufsichtsorgan vorbehalten ist oder das Aufsichtsorgan eine Geschäftsordnung erlässt (Art. 9 Abs. 1 lit. c ii SE-VO iVm § 77 Abs. 2 S. 1 AktG).[30] Zudem können Einzelfragen der Geschäftsordnung verbindlich in der Satzung der SE geregelt werden (Art. 9 Abs. 1 lit. c ii SE-VO iVm § 77 Abs. 2 S. 2 AktG).

14

15

### IV. Vertretung der SE durch das Leitungsorgan

Die Vertretung der SE ist in der SE-Verordnung nicht gesondert geregelt und richtet sich daher gemäß Art. 9 Abs. 1 lit. c ii SE-VO nach deutschem Aktienrecht, namentlich nach § 78 AktG. Folglich vertritt das **Leitungsorgan die Gesellschaft nach außen**.[31]

Von der **Ermächtigung des Art. 39 Abs. 1 S. 2 SE-VO,** wonach ein oder mehrere Geschäftsführer zur eigenverantwortlichen Führung der laufenden Geschäfte eingesetzt werden können, hat der deutsche Gesetzgeber keinen Gebrauch machen können. Dies war dem Gesetzgeber verwehrt, weil das deutsche Aktienrecht solche Geschäftsführer nicht kennt.[32] Insoweit war die Ermächtigung des Art. 39 Abs. 1 S. 2 SE-VO lediglich für die Mitgliedstaaten nutzbar, die eine solche Geschäftsführung bereits in ihrem nationalen

16

17

---

*Schwarz* Art. 39 Rn. 62 f.; im Ergebnis auch *Hommelhoff* AG 2001, 279 (283); aA Theisen/Wenz EurAG/ *Theisen/Hölzl* 269, die von einer jederzeitigen Abberufbarkeit im Rahmen von Art. 39 Abs. 2 SE-VO ausgehen.
[25] Habersack/Drinhausen/*Seibt* SE-VO Art. 39 Rn. 9; MüKoAktG/*Reichert/Brandes* SE-VO Art. 39 Rn. 29.
[26] Zur Anwendbarkeit von Art. 50 Abs. 1 S. 1 SE-VO auf das Leitungsorgan etwa Habersack/Drinhausen/ *Drinhausen* SE-VO Art. 50 Rn. 26; MüKoAktG/*Reichert/Brandes* SE-VO Art. 50 Rn. 3.
[27] Habersack/Drinhausen/*Seibt* SE-VO Art. 39 Rn. 9.
[28] MüKoAktG/*Reichert/Brandes* SE-VO Art. 39 Rn. 31.
[29] Vgl. MüKoAktG/*Reichert/Brandes* SE-VO Art. 39 Rn. 31.
[30] Habersack/Drinhausen/*Seibt* SE-VO Art. 39 Rn. 9.
[31] Habersack/Drinhausen/*Seibt* SE-VO Art. 39 Rn. 10; MüKoAktG/*Reichert/Brandes* SE-VO Art. 39 Rn. 8.
[32] Habersack/Drinhausen/*Seibt* SE-VO Art. 39 Rn. 13.

## C. Das Aufsichtsorgan

18 Die grundlegende Regelung über Aufgaben und Organisation des Aufsichtsorgans der SE enthält **Art. 40 SE-VO**. In Abs. 1 S. 1 wird als Hauptaufgabe des Aufsichtsorgans einer dualistisch strukturierten SE die **Überwachung des Leitungsorgans** festgeschrieben. Dies entspricht inhaltlich weitgehend der Regelung des § 111 Abs. 1 AktG und führt daher auch in diesem Bereich zu einem Gleichlauf mit dem deutschen Aktienrecht.[34] Da Art. 40 Abs. 1 S. 1 SE-VO die Überwachungsaufgabe ausdrücklich auf das Leitungsorgan beschränkt, gehört die Überwachung der weiteren Führungsebenen allerdings nicht zu den Aufgaben des Aufsichtsorgans.[35] Zugleich enthält Art. 40 Abs. 1 S. 2 SE-VO die Regelung, dass das Aufsichtsorgan der SE nicht berechtigt ist, die Geschäfte der Gesellschaft zu führen. Auch diese Vorschrift findet ein Pendant im deutschen Aktienrecht, namentlich in § 111 Abs. 4 AktG, sodass auch hier ein Gleichlauf besteht.[36]

### I. Bestellung der Mitglieder des Aufsichtsorgans

19 Nach Art. 40 Abs. 3 S. 1 SE-VO wird die **Anzahl** der Mitglieder des Aufsichtsorgans grundsätzlich durch die Satzung festgelegt. Der deutsche Gesetzgeber hat in diesem Zusammenhang von der Ermächtigung des Art. 40 Abs. 3 S. 2 SE-VO Gebrauch gemacht und bezüglich der Zusammensetzung des Aufsichtsorgans in **§ 17 SEAG** eine Regelung getroffen. Diese Vorschrift entspricht wörtlich der Regelung des § 95 S. 1 AktG. Nach § 17 Abs. 1 SEAG besteht das Aufsichtsorgan aus drei Mitgliedern, wobei die Satzung eine bestimmte höhere Zahl festsetzen kann, die jedoch durch drei teilbar sein muss, wenn dies für die Mitbestimmung der Arbeitnehmer erforderlich ist. Letzteres ist dann der Fall, wenn den Arbeitnehmern eine Drittelmitbestimmung auf Grundlage des SEBG[37] zusteht, also das Recht, ein Drittel der Mitglieder des Aufsichtsorgans zu bestimmen. Weiterhin enthält § 17 Abs. 1 **SEAG Höchstzahlen** für die Mitglieder, die sich nach dem Grundkapital der Gesellschaft staffeln. Regelungen die Mitbestimmung betreffend bleiben nach § 17 Abs. 2 bis 4 SEAG davon unberührt.[38] § 17 Abs. 2 SEAG enthält eine Sonderregelung zur Geschlechterparität für **börsennotierte und paritätisch mitbestimmte SE**: Danach müssen im Aufsichtsorgan solcher Gesellschaften Frauen und Männer mit einem Anteil von jeweils mindestens 30% vertreten sein. Die Regelung entspricht insoweit § 96 Abs. 2 S. 1 AktG für die paritätisch mitbestimmte und börsennotierte deutsche Aktiengesellschaft. Nicht in § 17 Abs. 2 SEAG übernommen wurden jedoch die Regelungen des § 96 Abs. 2

---

[33] Habersack/Drinhausen/*Seibt* SE-VO Art. 39 Rn. 12 f.; *Teichmann* ZIP 2002, 1109 (1113).
[34] BeckOGK/*Eberspächer*, 1.2.2021, SE-VO Art. 40 Rn. 2.
[35] BeckOGK/*Eberspächer*, 1.2.2021, SE-VO Art. 40 Rn. 4; Habersack/Drinhausen/*Seibt* SE-VO Art. 40 Rn. 8; MüKoAktG/*Reichert*/*Brandes* SE-VO Art. 40 Rn. 4 mit Hinweis auf die Streitfrage zum Umfang der Überwachungspflicht nach § 111 Abs. 1 AktG.
[36] BeckOGK/*Eberspächer*, 1.2.2021, SE-VO Art. 40 Rn. 2.
[37] Durch Beteiligungsvereinbarung auf der Grundlage von § 21 SEBG oder auf Grundlage der gesetzlichen Auffangregelungen gemäß §§ 34 ff. SEBG.
[38] Siehe dazu → § 14 Rn. 304 ff. Soweit das in einer Gründungsgesellschaft bestehende Mitbestimmungsniveau erhalten bleiben muss (etwa bei der SE-Gründung durch Formwechsel, bei der ein Abweichen unter das bestehende Mitbestimmungsniveau auch im Rahmen einer Beteiligungsvereinbarung unzulässig ist, s. § 21 Abs. 6 SEBG), führt dies lediglich dazu, dass der prozentuale Anteil an Arbeitnehmervertretern im jeweiligen Organ dem in der Gründungsgesellschaft zu entsprechen hat. Die Gesamtzahl der Organmitglieder kann hingegen durch die Satzung frei festgelegt werden, soweit die Erhaltung des prozentualen Anteils an Arbeitnehmervertretern dadurch nicht unmöglich gemacht wird.

AktG zur Möglichkeit der sog. Getrennterfüllung sowohl durch die Anteilseigner- als auch die Arbeitnehmerseite auf Initiative einer der beiden Seiten,[39] zur Auf- und Abrundung bei der Berechnung der für die Quote erforderlichen Mitgliederzahl[40] und die Nichtigkeit der Wahl neuer Mitglieder, wenn diese zu einem Verstoß gegen die Quotenvorgabe führt.[41] Auf Kritik ist dabei insbesondere das Fehlen einer Regelung zur Getrennterfüllung gestoßen, da hierin eine Diskriminierung der SE gegenüber einer Aktiengesellschaft gesehen wird, wenn die Quotenerfüllung im Ergebnis komplett auf die Anteilseignerseite entfällt, weil das deutsche Recht jedenfalls für die nach ausländischen Vorschriften zu wählenden Arbeitnehmervertreter[42] keine Quotenvorgabe vorsehen kann.[43] Unklar ist auch, ob eine Arbeitnehmerbeteiligungsvereinbarung von den Vorgaben des § 17 Abs. 2 SEAG abweichen darf.[44] Für SE, die **mitbestimmt oder börsennotiert** sind, gilt gemäß der Verweisung des Art. 9 Abs. 1 lit. c ii SE-VO die Verpflichtung zur Festlegung einer Geschlechterquote durch den Aufsichtsrat selbst (§ 111 Abs. 5 AktG).[45] Im Gegensatz zur gesetzlichen Quote gemäß § 17 Abs. 2 SEAG, der eine paritätische Mitbestimmung voraussetzt, genügt für die Anwendbarkeit des § 111 Abs. 5 AktG jede Form der Arbeitnehmermitbestimmung im Aufsichtsorgan.[46]

Bezüglich **Einschränkungen und Voraussetzungen** für die Mitgliedschaft im Aufsichtsorgan gilt, wie auch für das Leitungsorgan, Art. 47 Abs. 2 SE-VO. Daher ist § 100 AktG, der die persönlichen Voraussetzungen für die Mitglieder im Aufsichtsrat einer deutschen Aktiengesellschaft festlegt, auf die Mitglieder des Aufsichtsorgans der SE mit Sitz in Deutschland anwendbar. Ebenso sind Anforderungen für die Aufsichtsratsmitgliedschaft aus sonstigen Gesetzen, soweit sie für eine deutsche Aktiengesellschaft gelten, auch auf die SE anwendbar, etwa die Vorgaben des KWG für Mitglieder des Aufsichtsrats einer SE, die dem KWG unterliegt. Im Hinblick auf die einzelnen Voraussetzungen des Art. 47 Abs. 2 SE-VO kann auf die Ausführungen bezüglich des Leitungsorgans verwiesen werden (siehe dazu → Rn. 5f.). Gleiches gilt auch für die Ausführungen zu Art. 47 Abs. 1 SE-VO betreffend die Anwendbarkeit dieser Vorschrift auf die SE mit Sitz in Deutschland (siehe → Rn. 5). 20

Die Mitglieder des Aufsichtsorgans werden nach Art. 40 Abs. 2 S. 1 SE-VO grundsätzlich von der **Hauptversammlung** bestellt. Dies entspricht der Regelung des § 101 Abs. 1 AktG für die Bestellung des Aufsichtsrates einer deutschen Aktiengesellschaft. Allerdings enthält die Verordnung insoweit eine Erweiterung gegenüber der deutschen Regelung (§ 30 AktG), als sie es aufgrund von Art. 40 Abs. 2 S. 2 SE-VO dem Satzungsgeber ermöglicht, das **erste Aufsichtsorgan** bereits in der Satzung der SE zu bestellen. Aus Art. 40 Abs. 2 S. 3 Alt. 1 SE-VO iVm Art. 47 Abs. 4 SE-VO ergibt sich, dass **Entsenderechte** zur Bestellung von Mitgliedern des Aufsichtsorgans eingeräumt werden können (dadurch wird auf § 101 Abs. 2 AktG verwiesen). 21

Unberührt von der Bestellung der Aufsichtsorganmitglieder bleiben etwaige Rechte zur **Mitbestimmung der Arbeitnehmer,** wie sich aus Art. 40 Abs. 2 S. 3 SE-VO ergibt. Dies entspricht der Regelung in § 101 Abs. 1 S. 1 Hs. 2 AktG für die deutsche Aktienge- 22

---

[39] § 96 Abs. 2 S. 2 und 3 AktG sehen vor, dass die Quote grundsätzlich vom Aufsichtsrat insgesamt zu erfüllen ist, sowohl die Anteilseigner- und die Arbeitnehmerseite dieser sog. Gesamterfüllung jedoch widersprechen kann mit der Folge, dass jede Seite die Quote für sich zu erfüllen hat (sog. Getrennterfüllung), s. dazu etwa MüKoAktG/*Habersack* AktG § 96 Rn. 37 ff.
[40] § 96 Abs. 2 S. 4 AktG. Diese Regelung hält der Gesetzgeber jedoch über die Verweisung des Art. 9 Abs. 1 lit. c ii SE-VO für anwendbar, s. BT-Drs. 18/4227, 22.
[41] § 96 Abs. 2 S. 6 und S. 7 AktG.
[42] S. die gesetzliche Auffangregelung des § 36 Abs. 3 SEBG, wonach die auf jeden Mitgliedstaat entfallenden Arbeitnehmervertreter nach den Vorgaben der Umsetzungsvorschriften dieses Mitgliedstaates zur SE-RL zu wählen sind.
[43] Zur Kritik an der Regelung ausführlich MüKoAktG/*Reichert/Brandes* SE-VO Art. 40 Rn. 77 ff.
[44] MüKoAktG/*Reichert/Brandes* SE-VO Art. 40 Rn. 80. S. dazu auch → § 14 Rn. 234 ff.
[45] BT-Drs. 18/4227.
[46] S. zu den Einzelheiten der Festsetzungen gemäß § 111 Abs. 5 AktG etwa MüKoAktG/*Habersack* AktG § 111 Rn. 150 ff.

sellschaft. Die Arbeitnehmervertreter im Aufsichtsrat der SE werden entweder durch das in der Beteiligungsvereinbarung gemäß § 21 SEBG vereinbarte Verfahren oder nach Maßgabe der gesetzlichen Auffangregelungen der §§ 34 ff. SEBG bestimmt. Im letzteren Fall sind die Arbeitnehmervertreter zunächst nach Maßgabe von § 36 Abs. 2 und Abs. 3 SEBG zu ermitteln und dann von der Hauptversammlung der SE unter Bindung an Wahlvorschläge zu bestellen (§ 36 Abs. 4 SEBG).

23 Im Hinblick auf die **zeitliche Begrenzung** für die Bestellung der Mitglieder des Aufsichtsorgans gilt Art. 46 SE-VO; insoweit kann auf das bereits oben Ausgeführte verwiesen werden (siehe → Rn. 9f.). Die Mitglieder des Aufsichtsorgans können daher für einen in der Satzung festzulegenden Zeitraum, der sechs Jahre nicht überschreiten darf, bestellt werden. Nach § 102 Abs. 1 AktG darf der Aufsichtsrat einer Aktiengesellschaft demgegenüber nur für höchstens rund fünf Jahre bestellt werden.[47]

## II. Abberufung der Mitglieder des Aufsichtsorgans

24 Die Abberufung von Mitgliedern des Aufsichtsorgans wird in der SE-Verordnung nicht geregelt. Eine noch im Entwurf der Verordnung enthaltene diesbezügliche Regelung wurde in den endgültigen Verordnungstext nicht übernommen.[48] Daraus lässt sich schließen, dass der Verordnungsgeber insoweit den **nationalen Aktienrechten** Regelungsfreiraum einräumen wollte. Von der Hauptversammlung gewählte Mitglieder des Aufsichtsorgans einer SE mit Sitz in Deutschland können daher gemäß Art. 52 S. 2 SE-VO iVm **§ 103 AktG** jederzeit durch Beschluss der Hauptversammlung der SE abberufen werden.[49] Für den Beschluss ist eine **Mehrheit** von drei Vierteln der abgegebenen Stimmen erforderlich, wenn nicht die Satzung eine geringere Mehrheit zulässt.[50]

## III. Innere Organisation des Aufsichtsorgans

25 Nach Art. 42 S. 1 SE-VO muss das Aufsichtsorgan eines seiner Mitglieder zum **Vorsitzenden** wählen. Besteht das Aufsichtsorgan zur Hälfte aus Mitgliedern der Arbeitnehmer, gibt Art. 42 S. 2 SE-VO vor, dass nur ein Anteilseignervertreter zum Vorsitzenden gewählt werden darf.[51] Dies erschließt sich aus dem Wortlaut nicht unmittelbar, da jedenfalls im Fall der Mitbestimmung nach den gesetzlichen Auffangregelungen (§§ 34 ff. SEBG) sowohl Anteilseigner- als auch Arbeitnehmervertreter (Letztere unter Bindung an einen Wahlvorschlag der Arbeitnehmer gemäß § 36 Abs. 4 SEBG) durch die Hauptversammlung bestellt werden. Dass der Vorsitzende ein Anteilseignervertreter sein muss, folgt aber aus dessen Recht zum Stichentscheid gemäß Art. 50 Abs. 2 SE-VO, das bei einem paritätisch mitbestimmten Aufsichtsorgan nicht abdingbar ist (dazu Rn. 35). Von der SE-VO nicht geregelt wird das Verfahren, wenn es bei der Wahl des Vorsitzenden zu einer **Pattsituation** kommt. Die Zweitstimme des Vorsitzenden des Aufsichtsorgans gemäß Art. 50 Abs. 2 SE-VO besteht in diesem Fall noch nicht, da es einen Vorsitzenden jedenfalls bei Konstituierung des ersten Aufsichtsorgans der SE noch nicht gibt. Hier bietet es sich an, eine Satzungsregelung vorzusehen, die inhaltlich an **§ 27 Abs. 2 MitbestG** angelehnt ist.[52]

---

[47] Vgl. etwa MüKoAktG/*Habersack* AktG § 102 Rn. 7.
[48] *Schwarz* ZIP 2001, 1847 (1855).
[49] Habersack/Drinhausen/*Seibt* SE-VO Art. 40 Rn. 56; MüKoAktG/*Reichert/Brandes* SE-VO Art. 40 Rn. 58.
[50] Dies ergibt sich aus Art. 57 SE-VO iVm § 103 Abs. 1 S. 2 AktG, wobei die Satzung gemäß § 103 Abs. 1 S. 3 AktG eine andere Mehrheit festsetzen kann. Ebenso MüKoAktG/*Reichert/Brandes* SE-VO Art. 40 Rn. 58 mwN; aA (einfache Mehrheit genügt auch ohne Satzungsregelung) Habersack/Drinhausen/*Seibt* SE-VO Art. 40 Rn. 55.
[51] MüKoAktG/*Reichert/Brandes* SE-VO Art. 42 Rn. 2.
[52] BeckOGK/*Eberspächer*, 1.2.2021, SE-VO Art. 42 Rn. 2; Habersack/Drinhausen/*Seibt* SE-VO Art. 42 Rn. 10; MüKoAktG/*Reichert/Brandes* SE-VO Art. 42 Rn. 7 ff., 12; vgl. auch *Schwarz* Art. 42 Rn. 11, der

Zweckmäßig ist es auch, dies zum Gegenstand der Vereinbarung mit dem besonderen Verhandlungsgremium der Arbeitnehmer zu machen.[53] Die Regelung des Art. 50 Abs. 2 SE-VO ist zwingend und geht daher sowohl einer Vereinbarung über die Mitbestimmung als auch entsprechenden nationalen Rechten vor.[54] Neben dem Vorsitzenden ist mindestens ein **Stellvertreter** zu wählen (Art. 9 Abs. 1 lit. c ii SE-VO iVm § 107 Abs. 1 S. 1 AktG). Da dieser bei Verhinderung des Vorsitzenden vollumfänglich in dessen Rechtsstellung einrückt und ihm in diesem Fall ebenfalls die Zweitstimme zusteht, muss der Stellvertreter bei einer paritätisch mitbestimmten SE ebenfalls zwingend ein **Anteilseignervertreter** sein.[55] Werden mehrere Stellvertreter bestellt, ist durch entsprechende Satzungsregelung sicherzustellen, dass das Zweitstimmrecht nur Vertretern der Anteilseigner zusteht.

Gemäß Art. 39 Abs. 3 S. 1 SE-VO darf ein Mitglied des Aufsichtsorgans **nicht gleichzeitig dem Leitungsorgan** angehören. Dies entspricht dem auch im deutschen Aktienrecht geltenden Grundsatz der Trennung zwischen geschäftsführendem und überwachendem Organ der Gesellschaft (§ 105 AktG). Zulässig ist jedoch die **Abstellung** eines Aufsichtsorganmitglieds zur Wahrnehmung der Aufgaben eines Mitglieds des Leitungsorgans, solange dessen Posten nicht besetzt ist (Art. 39 Abs. 3 S. 2 SE-VO). Durch Art. 39 Abs. 3 S. 4 SE-VO werden die Mitgliedstaaten ermächtigt, eine zeitliche Begrenzung für die Abstellung vorzusehen. Davon hat der deutsche Gesetzgeber in § 15 SEAG Gebrauch gemacht. Danach ist die Abstellung eines Mitglieds des Aufsichtsorgans nur für einen im voraus begrenzten Zeitraum, der höchstens ein Jahr betragen darf, zulässig. Eine erneute Bestellung ist nach § 15 S. 2 SEAG möglich, wobei die Amtszeit insgesamt ein Jahr nicht überschreiten darf. Diese Regelung entspricht inhaltlich der des § 105 Abs. 2 S. 1, 2 AktG.[56] Nach Art. 39 Abs. 3 S. 3 SE-VO ruht das Amt des Mitglieds des Aufsichtsorgans während dieser Zeit. Dies entspricht der deutschen Regelung des § 105 Abs. 2 S. 3 AktG. 26

## IV. Vertretung der SE durch das Aufsichtsorgan

Die Vertretung der Gesellschaft wird in der Verordnung nicht geregelt, sodass über die Generalverweisung des Art. 9 Abs. 1 lit. c ii SE-VO die für die deutsche Aktiengesellschaft geltenden Vorschriften anzuwenden sind. Gemäß Art. 9 Abs. 1 lit. c ii SE-VO in Verbindung mit **§ 112 AktG** wird die SE gegenüber den Mitgliedern des Leitungsorgans vom Aufsichtsorgan vertreten.[57] 27

## V. Informationsfluss

Um seiner Überwachungsfunktion gerecht werden zu können, bedarf es festgelegter Befugnisse des Aufsichtsorgans der SE. Diese Überwachungsbefugnisse des Aufsichtsorgans bezüglich der Geschäftsführung durch das Leitungsorgan werden zunächst in **Art. 41 SE-VO** geregelt; daneben kommt über Art. 9 Abs. 1 lit. c ii SE-VO § 90 AktG zur Anwendung, soweit dort über Art. 41 SE-VO hinausgehende Informationsrechte vorgesehen sind.[58] Nach Art. 41 Abs. 1 SE-VO ist das Leitungsorgan verpflichtet, das Aufsichtsorgan alle drei Monate über den Gang der Geschäfte der Gesellschaft und deren voraussichtliche 28

---

sich bei Fehlen einer Satzungsregelung für die entsprechende Anwendung von § 27 Abs. 2 MitbestG ausspricht.
[53] MüKoAktG/*Reichert/Brandes* SE-VO Art. 42 Rn. 13.
[54] Vgl. dazu auch → § 14 Rn. 246.
[55] BeckOGK/*Eberspächer*, 1.2.2021, SE-VO Art. 42 Rn. 3; NK-SE*Manz* SE-VO Art. 42 Rn. 9; MüKoAktG/*Reichert/Brandes* SE-VO Art. 42 Rn. 19.
[56] BT-Drs. 15/3405, 35.
[57] Habersack/Drinhausen/*Seibt* SE-VO Art. 40 Rn. 14.
[58] BeckOGK/*Eberspächer*, 1.2.2021, SE-VO Art. 41 Rn. 2; Habersack/Drinhausen/*Seibt* SE-VO Art. 41 Rn. 4.

Entwicklung zu **informieren**.[59] Im Gegensatz zu § 90 AktG enthält Art. 41 SE-VO keine detaillierte Aufzählung hinsichtlich der Gegenstände, über die das Aufsichtsorgan konkret zu informieren ist, so dass insoweit ergänzend die Vorgaben des § 90 Abs. 1 und Abs. 2 AktG gelten.[60]

29 Daneben ist das Leitungsorgan gemäß Art. 41 Abs. 2 SE-VO verpflichtet, das Aufsichtsorgan **jederzeit** rechtzeitig **vollumfänglich** über Ereignisse zu unterrichten, „die sich auf die Lage der SE spürbar auswirken können". Diese Regelung unterscheidet sich insoweit von § 90 Abs. 1 S. 3 AktG, als letzterer für die deutsche Aktiengesellschaft die anlassbezogene Berichterstattung des Vorstands an den Vorsitzenden des Aufsichtsrats und nicht an den Gesamtaufsichtsrat vorschreibt (die Information des Aufsichtsrats obliegt dann gemäß § 90 Abs. 5 S. 2 AktG dem Aufsichtsratsvorsitzenden). Da die SE-VO insoweit eine eigenständige Regelung trifft, ist **§ 90 Abs. 1 S. 3 AktG nicht anwendbar**.[61]

30 Gemäß Art. 41 Abs. 3 S. 1 SE-VO kann das Aufsichtsorgan vom Leitungsorgan **jegliche Information verlangen,** die für die Ausübung der Kontrolle der Geschäftsführung erforderlich ist. Dieses Informationsrecht kann aufgrund der Ermächtigung des Art. 41 Abs. 3 S. 2 SE-VO, von der der deutsche Gesetzgeber in § 18 SEAG Gebrauch gemacht hat, von jedem Mitglied des Aufsichtsorgans geltend gemacht werden. Die Information ist an das Aufsichtsorgan als Ganzes zu richten.[62] Diese Regelung entspricht § 90 Abs. 3 S. 2 AktG und garantiert somit den Gleichlauf mit den aktienrechtlichen Vorschriften. Das Informationsrecht erstreckt sich auch auf Informationen, für die die Verschwiegenheitspflicht des Art. 49 SE-VO gilt, da die Mitglieder des Aufsichtsorgans diese nicht an Dritte weitergeben dürfen.

31 Nach Art. 41 Abs. 5 SE-VO kann jedes Mitglied des Aufsichtsorgans von den übermittelten Informationen Kenntnis nehmen. Dies entspricht der aktienrechtlichen Regelung des § 90 Abs. 5 S. 1 AktG.

32 Gemäß Art. 41 Abs. 4 SE-VO darf das Aufsichtsorgan neben der Ausübung seines Informationsrechtes alle zur Erfüllung seiner Aufgaben erforderlichen **Überprüfungen** vornehmen. Die Regelung entspricht im Ergebnis weitgehend § 111 Abs. 2 AktG.

## D. Einzelfragen zur Unternehmensführung

### I. Zustimmungsbedürftige Geschäfte

33 Die SE-Verordnung enthält in Art. 48 die Regelung, dass die **Satzung** der SE **Zustimmungsvorbehalte** für bestimmte Geschäfte zugunsten des Aufsichtsorgans festlegen muss. Art. 48 Abs. 1 S. 2 SE-VO enthält ferner eine Ermächtigung für den nationalen Gesetzgeber, vorzusehen, dass das Aufsichtsorgan selbst zustimmungsbedürftige Geschäfte festlegen kann. Richtigerweise ist dies so zu verstehen, dass der nationale Gesetzgeber dem Aufsichtsorgan gestatten kann, zusätzlich zu den in der Satzung festgelegten Zustimmungsvorbehalten weitere festzulegen.[63] Von dieser Ermächtigung hat der deutsche Gesetzgeber in **§ 19 SEAG** Gebrauch gemacht, sodass das **Aufsichtsorgan selbst weitere zustimmungsbedürftige Geschäfte festlegen kann.** Diese Regelung stellt eine Abweichung

---

[59] *Schwarz* ZIP 2001, 1847 (1855).
[60] BeckOGK/*Eberspächer*, 1.2.2021, SE-VO Art. 41 Rn. 3; Habersack/Drinhausen/*Seibt* SE-VO Art. 41 Rn. 6.
[61] Habersack/Drinhausen/*Seibt* SE-VO Art. 41 Rn. 16 mwN; aA MüKoAktG/*Reichert/Brandes* SE-VO Art. 41 Rn. 8 mwN.
[62] *Hirte* DStR 2005, 653 (658).
[63] Ebenso BeckOGK/*Eberspächer*, 1.2.2021, SE-VO Art. 48 Rn. 4; Habersack/Drinhausen/*Seibt* SE-VO Art. 48 Rn. 4, 22; MüKoAktG/*Reichert/Brandes* SE-VO Art. 48 Rn. 2 mwN; aA (keine satzungsmäßigen Zustimmungsvorbehalte erforderlich, wenn von der Ermächtigung Gebrauch gemacht wurde) noch die 1. Aufl. 2007, sowie *Hoffmann-Becking* ZGR 2004, 355 (365).

## D. Einzelfragen zur Unternehmensführung § 11

zu § 111 Abs. 4 S. 2 AktG dar, der die Festlegung zustimmungsbedürftiger Geschäfte durch die Satzung oder den Aufsichtsrat einer deutschen Aktiengesellschaft alternativ statuiert, also keine zwingende Festlegung von Zustimmungsvorbehalten in der Satzung verlangt.[64]

Von der Ermächtigung des Art. 48 Abs. 2 SE-VO, nach der die Mitgliedstaaten festlegen können, **welche Arten von Geschäften** zwingend in die Satzung als zustimmungsbedürftig aufzunehmen sind, hat der deutsche Gesetzgeber hingegen im SEAG keinen Gebrauch gemacht. 34

### II. Die Beschlussfassung der Organe

Die interne Beschlussfassung der Gesellschaftsorgane ist in Art. 50 SE-VO geregelt. Nach dessen Abs. 1 ist das Organ einer SE **beschlussfähig,** wenn mindestens die Hälfte der Mitglieder bei der Beschlussfassung anwesend bzw. vertreten sind. Beschlüsse werden grundsätzlich mit der **Mehrheit** der anwesenden oder vertretenen Stimmen gefasst. Bei **Stimmengleichheit** ist die Stimme des Vorsitzenden gemäß Art. 50 Abs. 2 SE-VO ausschlaggebend. Die Satzung kann hiervon jeweils abweichende Regelungen treffen. Abweichende Satzungsbestimmungen sind jedoch gemäß Art. 50 Abs. 2 S. 2 SE-VO nicht zulässig, wenn sich das betreffende Organ zur Hälfte aus Arbeitnehmervertretern zusammensetzt. In diesem Fall soll das **Letztentscheidungsrecht der Anteilseignervertreter** durch die zwingende Zweitstimme des Vorsitzenden des Aufsichtsorgans, der ein Vertreter der Anteilseigner sein muss (Art. 42 S. 2 SE-VO) (vgl. → Rn. 25), gesichert werden. 35

Vorschriften des nationalen Aktienrechts, die **andere Beschlussmehrheiten** vorsehen,[65] finden demgegenüber in der SE mit Sitz in Deutschland keine Anwendung;[66] von der diesbezüglichen Ermächtigung des Art. 50 Abs. 3 SE-VO hat der deutsche Gesetzgeber bislang keinen Gebrauch gemacht (näher dazu → Rn. 37). Da Art. 50 Abs. 1 lit. b SE-VO Abweichungen vom vorgesehenen Mehrheitsprinzip ausdrücklich der Verordnung oder der Satzung der SE vorbehält, fehlt es insoweit an einer Regelungslücke, die zu einer Verweisung auf nationales Recht gemäß Art. 9 Abs. 1 lit. c ii führen würde. Abweichende Vorschriften des AktG gelten daher für die SE nicht, soweit ihre Anwendbarkeit nicht durch Spezialverweisungen in der Verordnung angeordnet wird, wie zB durch Art. 54 Abs. 2 SE-VO, der für die Einberufung der Hauptversammlung durch die zuständigen Organe auf nationales Recht verweist.[67] Andere Beschlussmehrheiten können nur durch die Satzung der SE eingeführt werden. Unzulässig wären allerdings Satzungsregelungen, die eine Durchsetzung von Beschlüssen durch die Minderheit oder ein einzelnes Mitglied gegen die Mehrheit zulassen.[68] Möglich ist hingegen die Festlegung eines **Veto-Rechts** etwa zugunsten des Vorsitzenden des Leitungsorgans; da § 38 Abs. 2 SEBG für das für Arbeit und Soziales zuständige Mitglied keine § 33 Abs. 1 MitbestG für den Arbeitsdirektor entsprechende Regelung enthält, gilt dies auch für eine mitbestimmte SE.[69] 36

Art. 50 Abs. 3 SE-VO ermächtigt die Mitgliedstaaten, für SE, die nach den Vorgaben der SE-Richtlinie der Mitbestimmung der Arbeitnehmer unterliegen, von Art. 50 Abs. 1 und Abs. 2 SE-VO abweichende Regelungen für Beschlussfähigkeit und Beschlussfassung vorzusehen. Zulässig ist es dabei nur, die für Aktiengesellschaften des betreffenden Mitgliedstaats geltenden Regelungen für anwendbar zu erklären. Die Schaffung von Sonder- 37

---

[64] *Hoffmann-Becking* ZGR 2004, 355 (365).
[65] Etwa § 77 Abs. 2 S. 3 AktG, der für Beschlüsse des Vorstands über seine Geschäftsordnung Einstimmigkeit vorschreibt.
[66] Vgl. BeckOGK/*Eberspächer*, 1.2.2021, SE-VO Art. 50 Rn. 6; Habersack/Drinhausen/*Drinhausen* SE-VO Art. 50 Rn. 6; *Schwarz* Art. 50 Rn. 21.
[67] Vgl. *Schwarz* Art. 50 Rn. 21.
[68] BeckOGK/*Eberspächer*, 1.2.2021, SE-VO Art. 50 Rn. 9; Habersack/Drinhausen/*Drinhausen* SE-VO Art. 50 Rn. 19.
[69] Habersack/Drinhausen/*Drinhausen* SE-VO Art. 50 Rn. 20 mwN.

regelungen allein für die SE ist nicht zulässig. Bislang ungeklärt ist die Frage, ob Art. 50 Abs. 3 SE-VO dem nationalen Gesetzgeber auch die **Abweichung von Art. 50 Abs. 2 S. 2 SE-VO** erlauben würde, der – iVm Art. 42 S. 2 SE-VO – eine unabdingbare Zweitstimme des von den Anteilseignern gewählten Vorsitzenden eines paritätisch mitbestimmten Aufsichtsorgans vorschreibt. Obgleich der Wortlaut des Art. 50 Abs. 3 SE-VO darauf hindeutet, wird man dies ablehnen müssen:[70] Der europäische Normgeber wollte mit Art. 50 Abs. 2 S. 2 SE-VO sicherstellen, dass die Anteilseigner sich im Fall der Stimmengleichheit auch im paritätisch mitbestimmten Organ stets durchsetzen können.[71] Dieses Letztentscheidungsrecht hat er durch die zwingende Regelung des Art. 50 Abs. 2 S. 2 SE-VO sogar der Dispositionsbefugnis der Anteilsinhaber selbst entzogen. Dann kann aber nicht angenommen werden, dass er es zur Disposition der Mitgliedstaaten stellen wollte. Der deutsche Gesetzgeber hat von der Ermächtigung bislang keinen Gebrauch gemacht.

## III. Die Haftung der Mitglieder der Organe

38   Die Haftung der Mitglieder des **Leitungsorgans** aufgrund von Pflichtverletzungen richtet sich gemäß Art. 51 SE-VO nach dem für Aktiengesellschaften im Sitzstaat geltenden Recht. Daher entspricht die Haftung der Mitglieder des Leitungsorgans der der Vorstandsmitglieder einer Aktiengesellschaft, die in § 93 AktG geregelt ist.[72]

39   Die Haftung für Pflichtverletzungen der Mitglieder des **Aufsichtsorgans** entspricht der der Mitglieder des Aufsichtsrats einer deutschen Aktiengesellschaft, da Art. 51 SE-VO auch insoweit auf die deutschen Regelungen, namentlich auf die **§§ 116, 93 AktG** verweist.[73]

40   Eine dezidierte **Strafvorschrift** findet sich in **§ 53 SEAG,** der bestimmte Strafvorschriften des deutschen Rechtes für anwendbar erklärt. Insoweit enthält die SE-VO keine Regelung, sodass der deutsche Gesetzgeber im Ausführungsgesetz eine Regelung für die dualistisch und auch die monistisch strukturierte SE getroffen hat.

---

[70] So zutreffend *Schwarz* Art. 50 Rn. 50.
[71] MüKoAktG/*Reichert/Brandes* SE-VO Art. 50 Rn. 24.
[72] Habersack/Drinhausen/*Drinhausen* SE-VO Art. 51 Rn. 7; MüKoAktG/*Reichert/Brandes* SE-VO Art. 51 Rn. 10.
[73] Habersack/Drinhausen/*Drinhausen* SE-VO Art. 51 Rn. 7; MüKoAktG/*Reichert/Brandes* SE-VO Art. 51 Rn. 10.

# § 12 Monistisches System

## Übersicht

| | Rn. |
|---|---|
| A. Die Grundstruktur einer monistischen SE nach deutschem Recht | 1 |
| B. Der Verwaltungsrat | 4 |
|     I. Aufgabenbereich des Verwaltungsrats | 4 |
|     II. Bestellung der Mitglieder des Verwaltungsrats | 8 |
|     III. Abberufung der Mitglieder des Verwaltungsrats | 13 |
|     IV. Innere Ordnung des Verwaltungsrats | 14 |
|     V. Vertretungsbefugnis des Verwaltungsrats | 17 |
| C. Die geschäftsführenden Direktoren | 18 |
|     I. Aufgabenbereich der geschäftsführenden Direktoren | 18 |
|     II. Das Verhältnis der geschäftsführenden Direktoren zu anderen Organen der SE | 22 |
|         1. Verhältnis zum Verwaltungsrat | 22 |
|         2. Verhältnis zur Hauptversammlung | 27 |
|     III. Bestellung der geschäftsführenden Direktoren | 30 |
|     IV. Abberufung der geschäftsführenden Direktoren | 35 |
|     V. Anstellungsvertrag | 36 |
|     VI. Innere Ordnung der geschäftsführenden Direktoren | 37 |
|     VII. Vertretungsbefugnis der geschäftsführenden Direktoren | 39 |
| D. Einzelfragen zur Unternehmensführung | 41 |
|     I. Informationsfluss innerhalb der Gesellschaft | 41 |
|     II. Zustimmungsbedürftige Geschäfte | 45 |
|     III. Beschlussfassung des Verwaltungsrats | 48 |
|     IV. Beschlussfassung durch die geschäftsführenden Direktoren | 52 |
| E. Haftung | 53 |
|     I. Haftung der Mitglieder des Verwaltungsrats | 53 |
|     II. Haftung der geschäftsführenden Direktoren | 55 |
|     III. Strafrechtliche Haftung | 57 |

## A. Die Grundstruktur einer monistischen SE nach deutschem Recht

Die Grundstruktur einer monistisch strukturierten SE mit Sitz in Deutschland findet im 1 deutschen Aktienrecht bislang **keine Entsprechung.**[1] Die allgemeine Verweisung des Art. 9 Abs. 1 lit. c ii SE-VO auf nationales Aktienrecht zur Schließung von Regelungslücken sowie die Spezialverweisung des Art. 43 Abs. 1 S. 2 SE-VO gehen daher in Bezug auf ein monistisches Leitungssystem ins Leere.[2] Um die Wahl dieses dem deutschen Aktienrecht bisher unbekannten Verwaltungssystems zu ermöglichen, musste der deutsche Gesetzgeber im Hinblick auf die Ausführungsvorschriften verstärkt von der Ermächtigung des Art. 43 Abs. 4 SE-VO Gebrauch machen.[3] Diese Vorschrift erlaubt Mitgliedstaaten, deren Rechtsordnung kein monistisches System kennt, den Erlass entsprechender Regelungen für die SE.[4] Im Ausführungsgesetz finden sich auf dieser Grundlage umfassende Regelungen zum monistischen System in den §§ 20 bis 49 SEAG, die nach § 20 SEAG an die Stelle der für die dualistische Struktur geltenden §§ 76 bis 116 AktG treten.

---

[1] *Hoffmann-Becking* ZGR 2004, 355 (368); s. zum Vorschlag für eine „monistische AG" etwa *Drinhausen/Keinath/Waldvogel* FS Marsch-Barner, 2018, 159 ff.
[2] Lutter/Hommelhoff EU-Gesellschaft/*Teichmann* 201.
[3] So auch schon DAV-Stellungnahme NZG 2004, 75 (81).
[4] Eine entsprechende Ermächtigung zum Erlass von Vorschriften über ein dualistisches System findet sich in Art. 39 Abs. 5 SE-VO.

2   Kennzeichnend für das monistische System ist, dass es im Gegensatz zur dualistisch strukturierten Gesellschaft **keine Trennung zwischen Überwachungs- und Geschäftsführungsorgan** gibt, sondern ein einziges Organ die Geschäfte der SE führt und die Geschäftsführung überwacht.[5] Das unternehmensleitende Organ ist nach Art. 43 Abs. 1 SE-VO der **Verwaltungsrat,** der die Geschäfte der Gesellschaft führt. Ein Kontrollorgan, wie es das deutsche Aktienrecht in Form eines Aufsichtsrates vorsieht, existiert bei einer monistisch strukturierten SE nicht. Allerdings können die Verantwortungsbereiche der einzelnen Mitglieder innerhalb des Verwaltungsrats unterschiedlich ausgestaltet werden, sodass in aller Regel einigen Mitgliedern (als „executive directors") die Führung der Geschäfte und anderen (als „non-executive directors") die Aufsicht über die Geschäftsführung anvertraut sein wird.[6]

3   Neben dem Verwaltungsrat kennt die monistisch strukturierte SE in der deutschen Ausprägung **geschäftsführende Direktoren,** die keine Überwachungsfunktion haben. Vielmehr sind sie, funktional betrachtet, der verlängerte Arm des Verwaltungsrats zur laufenden Geschäftsführung der SE im Tagesgeschäft.[7] Geschäftsführende Direktoren können zugleich Mitglieder des Verwaltungsrats sein. Das SEAG sieht insoweit lediglich die Einschränkung vor, dass die Mehrheit des Verwaltungsrats stets aus nicht geschäftsführenden Mitgliedern bestehen muss (§ 40 Abs. 1 S. 2 SEAG). Eine strikte personelle Trennung wie im dualistischen System existiert also nicht. Anders als das Leitungsorgan im dualistischen System sind die geschäftsführenden Direktoren gegenüber dem Verwaltungsrat **weisungsgebunden** und **jederzeit auch ohne wichtigen Grund abberufbar.** Ihre Stellung ist daher eher mit der eines GmbH-Geschäftsführers als mit der des Vorstands einer Aktiengesellschaft vergleichbar.[8]

## B. Der Verwaltungsrat

### I. Aufgabenbereich des Verwaltungsrats

4   Die SE-Verordnung regelt in Art. 43 Abs. 1 S. 1 die grundsätzliche **Geschäftsführungsfunktion** des Verwaltungsrats als Organ der SE. In der Verordnung heißt es dazu kurz und knapp, dass der Verwaltungsrat die Geschäfte der SE führt. In diesem Zusammenhang müssen gemäß Art. 44 Abs. 1 SE-VO die Mitglieder des Verwaltungsrates zur Beratung über den Geschäftsverlauf und die zukünftige Entwicklung der SE mindestens alle drei Monate zusammentreten.[9]

5   Eine konkretere Ausformung der Geschäftsführungsbefugnis als in der SE-Verordnung findet sich in § 22 SEAG, in welchem die Aufgaben und Rechte des Verwaltungsrats einer SE mit Sitz in Deutschland festgeschrieben sind. Aus § 22 Abs. 1 SEAG geht hervor, dass der Verwaltungsrat die **Gesellschaft leitet,** die Grundlinien der Tätigkeit bestimmt und deren Umsetzung überwacht. Die Formulierung ist dem französischen Code de Commerce (Art. L. 225–35) entlehnt.[10] Sie soll verdeutlichen, dass die Aufgaben des Verwaltungsrates weitergehen als die des Aufsichtsrats einer deutschen Aktiengesellschaft. Der Verwaltungsrat im monistischen System trägt grundsätzlich die **Leitungsverantwortung,** auch wenn die Bestellung von geschäftsführenden Direktoren nach § 40 Abs. 1 SEAG

---

[5] So u. a. Habersack/Drinhausen/*Verse* SE-VO Art. 43 Rn. 1; *Hoffmann-Becking* ZGR 2004, 355 (370); *Ihrig/Wagner* BB 2004, 1749 (1756).
[6] Habersack/Drinhausen/*Verse* SE-VO Art. 43 Rn. 13; *Hoffmann-Becking* ZGR 2004, 355 (371).
[7] Vgl. Lutter/Hommelhoff EU-Gesellschaft/*Teichmann* 205; MüKoAktG/*Reichert/Brandes* SE-VO Art. 43 Rn. 7.
[8] Drinhausen/Habersack/*Verse* SEAG § 40 Rn. 1.
[9] *Hirte* DStR 2005, 700 (701).
[10] BT-Drs. 15/3405, 36; *Ihrig/Wagner* BB 2004, 1749 (1756).

zwingend vorgeschrieben ist.[11] Damit korrespondiert die Berechtigung des Verwaltungsrats, jederzeit die Geschäftsführung an sich zu ziehen, den geschäftsführenden Direktoren Weisungen zu erteilen und sie ohne besonderen Grund abzuberufen (siehe dazu → Rn. 22 ff.). Die Leitungsverantwortung beinhaltet, die Geschäftsführung der geschäftsführenden Direktoren zu **überwachen.**[12] Der Verwaltungsrat vereint auf diese Weise sowohl die **Geschäftsführungs- als auch die Überwachungsfunktion** in sich.[13] Daraus ergibt sich das wesentliche Merkmal einer monistisch strukturierten SE und der grundlegende Unterschied zum im deutschen Aktienrecht gelebten dualistischen System – die Letztverantwortung für die Unternehmenspolitik liegt allein beim Verwaltungsrat.[14]

Dementsprechend sind in **§ 22 Abs. 2 bis 5 SEAG** die Rechte und Pflichten des Verwaltungsrats normiert. Auch diese unterstreichen seine Gesamtleitungsfunktion innerhalb der Gesellschaft.[15] Wenn das Wohl der Gesellschaft es erfordert, hat der Verwaltungsrat nach § 22 Abs. 2 SEAG die Hauptversammlung einzuberufen. Ferner hat er unter anderem die Aufgabe, für die ordnungsgemäße Führung der Handelsbücher zu sorgen (§ 22 Abs. 3 SEAG) sowie im Überschuldungsfall die Eröffnung des Insolvenzverfahrens zu beantragen (§ 22 Abs. 5 S. 2 SEAG iVm § 15a InsO). Diese Pflichten sind nicht auf die geschäftsführenden Direktoren übertragbar, wie sich aus § 40 Abs. 2 S. 3 SEAG ergibt. 6

Neben diesen speziell im SEAG aufgeführten Pflichten ergeben sich weitere aus dem **Generalverweis des § 22 Abs. 6 SEAG,** der die Vorschriften des Aktiengesetzes für anwendbar erklärt, soweit dem Vorstand oder Aufsichtsrat darin Rechte und Pflichten zugewiesen werden. An die Stelle der beiden im Aktiengesetz genannten Organe tritt regelmäßig der Verwaltungsrat, es sei denn, das SEAG weist diese Rechte und Pflichten ausdrücklich den geschäftsführenden Direktoren zu. Auch hieraus ergibt sich die vorrangige Zuständigkeit und zentrale Stellung des Verwaltungsrats als Unternehmensleitung. Bei ihm laufen also die Verantwortlichkeiten, die im dualistischen System aufgeteilt sind, in einer Hand zusammen.[16] 7

## II. Bestellung der Mitglieder des Verwaltungsrats

Nach Art. 43 Abs. 3 S. 1 SE-VO werden die Mitglieder des Verwaltungsrats von der **Hauptversammlung** bestellt, wobei die Mitglieder des ersten Verwaltungsrats, wie auch in der dualistisch strukturierten SE beim ersten Aufsichtsorgan, bereits in der Satzung der SE bestellt werden können. Die Vorgaben für die Arbeitnehmermitbestimmung bleiben davon unberührt. Dies wird durch Art. 43 Abs. 3 S. 3 SE-VO klargestellt.[17] Zusätzlich verweist § 28 Abs. 2 SEAG auf die Vorschrift des § 101 Abs. 2 AktG, sodass auch eine Entsendung von Mitgliedern in den Verwaltungsrat entsprechend den aktienrechtlichen Vorschriften für Aufsichtsratsmitglieder möglich ist.[18] 8

Die **Anzahl** der Mitglieder des Verwaltungsrats oder die Regeln für deren Festsetzung werden gemäß Art. 43 Abs. 2 SE-VO durch die Satzung bestimmt. Aufgrund der Ermächtigung des Art. 43 Abs. 2 S. 2 SE-VO hat der deutsche Gesetzgeber in § 23 SEAG Vorgaben für die Anzahl der Mitglieder des Verwaltungsrats festgelegt. Dabei lehnt sich die Vorschrift an § 95 AktG an.[19] So muss der Verwaltungsrat aus mindestens drei Mitgliedern bestehen, wobei die Satzung insoweit etwas anderes, also im Gegensatz zum dualistischen 9

---

[11] BT-Drs. 15/3405, 36.
[12] MüKoAktG/*Reichert/Brandes* SE-VO Art. 43 Rn. 84.
[13] *Hirte* DStR 2005, 700 (701).
[14] BT-Drs. 15/3405, 36; *Eder* NZG 2004, 544 (547).
[15] Lutter/Hommelhoff EU-Gesellschaft/*Teichmann* 203.
[16] BT-Drs. 15/3405, 37.
[17] Vgl. BT-Drs. 15/3405, 38.
[18] Zur dogmatischen Einordnung der Bestellung von entsendeten und von den Arbeitnehmern gewählten Mitgliedern *Schwarz* Art. 43 Rn. 102.
[19] DAV-Stellungnahme NZG 2004, 75 (82); MüKoAktG/*Reichert/Brandes* SE-VO Art. 43 Rn. 58.

System grundsätzlich auch eine geringere Anzahl,[20] bestimmen kann. Weniger als drei Mitglieder dürfen allerdings nur für Verwaltungsräte von Gesellschaften mit einem Grundkapital von bis zu drei Millionen Euro vorgesehen werden. Ist die Mitbestimmung der Arbeitnehmer in der SE auf Grundlage der SE-Richtlinie geregelt, muss der Verwaltungsrat gemäß Art. 43 Abs. 2 S. 2 SE-VO zwingend aus mindestens drei Mitgliedern bestehen. Nach überzeugender Auffassung gilt dies jedoch nicht, wenn auf Grundlage der Umsetzungsbestimmungen zur SE-Richtlinie auf eine Mitbestimmung verzichtet wird, da die Regelung für diesen Fall keinen Sinn ergibt.[21] Soweit ein in der Gründungsgesellschaft der SE geltender **Mitbestimmungsstandard** erhalten bleiben muss, wie dies bei der Gründung durch Formwechsel der Fall ist,[22] muss nicht die absolute Zahl der Arbeitnehmervertreter im Verwaltungsrat der Zahl der Arbeitnehmervertreter im mitbestimmten Verwaltungs- oder Aufsichtsorgan der Gründungsgesellschaft entsprechen. Die Bestimmung der absoluten Zahl der Verwaltungsratsmitglieder bleibt vielmehr auch in diesem Fall dem Satzungsgeber überlassen. Abgebildet werden muss lediglich die mitbestimmungsgemäße Zusammensetzung des mitbestimmten Organs der Gründungsgesellschaft.[23] Unterlag daher das Verwaltungs- oder Aufsichtsorgan der Gründungsgesellschaft der paritätischen Mitbestimmung, muss die Hälfte der Verwaltungsratsmitglieder der SE aus Arbeitnehmervertretern bestehen. Im Gegensatz zum Aufsichtsorgan in der dualistischen SE (vgl. § 17 Abs. 1 S. 2 SEAG) wird für die Anzahl der Mitglieder des Verwaltungsrats keine Dreiteilbarkeit für den Fall vorgeschrieben, dass dies für die Mitbestimmung der Arbeitnehmer erforderlich ist. Dennoch muss die Anzahl der Verwaltungsratsmitglieder so festgesetzt werden, dass der kraft Vereinbarung oder kraft Gesetzes vorgesehene Umfang der Arbeitnehmermitbestimmung umgesetzt werden kann (also Dreiteilbarkeit der Anzahl bei Drittelmitbestimmung bzw. gerade Anzahl bei paritätischer Mitbestimmung).[24] Die **Höchstzahl** der Mitglieder ist gestaffelt nach dem Grundkapital der Gesellschaft von maximal 9 bei einem Grundkapital von bis zu EUR 1,5 Millionen bis zu maximal 21 bei einem Grundkapital von mehr als EUR 10 Millionen. Dabei übernimmt die Regelung die Schwellenwerte und Höchstzahlen des § 95 S. 4 AktG. Für die Zusammensetzung des Verwaltungsrats einer börsennotierten und paritätisch mitbestimmten SE ist die Regelung zur **Geschlechterquote** gemäß § 24 Abs. 3 SEAG zu beachten. Inhaltlich entspricht diese § 17 Abs. 2 SEAG für die Zusammensetzung des Aufsichtsorgans, so dass für Einzelheiten auf → § 11 Rn. 19 verwiesen wird.

10 Wie auch bei der dualistisch strukturierten SE können Mitglieder des Verwaltungsrats im Falle unvollständiger Besetzung des Organs gemäß § 30 SEAG durch das **Gericht bestellt** werden. Die Regelung entspricht weitgehend § 104 AktG.[25]

11 Der **Zeitraum** für die Bestellung der Mitglieder des Verwaltungsrats richtet sich, wie auch bei der dualistisch strukturierten SE, nach Art. 46 Abs. 1 SE-VO. Insoweit kann auf die Ausführungen zu den Organen der dualistischen SE verwiesen werden (siehe → § 11 Rn. 9 f.).

12 Die **persönlichen Voraussetzungen** für Mitglieder des Verwaltungsrats, die sich über die Verweisung des Art. 47 Abs. 2 SE-VO nach nationalem Recht richten, hat der Gesetzgeber in § 27 SEAG zusammengefasst. Dabei orientierte er sich inhaltlich an § 100 Abs. 2 AktG.[26] Zugleich stellt der Gesetzgeber in § 27 Abs. 3 SEAG ausdrücklich klar, dass eine juristische Person kein Mitglied des Verwaltungsrats sein kann. Diese Klarstellung wurde

---

[20] MüKoAktG/*Reichert/Brandes* SE-VO Art. 43 Rn. 59.
[21] Habersack/Drinhausen/*Verse* SE-VO Art. 43 Rn. 22; MüKoAktG/*Reichert/Brandes* SE-VO Art. 43 Rn. 61.
[22] § 21 Abs. 6 SEBG legt dies für die Vereinbarung, § 35 Abs. 1 SEBG bei Eingreifen der Auffangregelung fest.
[23] MüKoAktG/*Reichert/Brandes* SE-VO Art. 43 Rn. 68.
[24] Vgl. BeckOGK/*Eberspächer*, 1.2.2021, SE-VO Art. 43 Rn. 28; Habersack/Drinhausen/*Verse* SEAG § 23 Rn. 8 f.
[25] BT-Drs. 15/3405, 38.
[26] Habersack/Drinhausen/*Verse* SEAG § 27 Rn. 7; *Hirte* DStR 2005, 700.

aufgrund des Art. 47 Abs. 1 S. 1 SE-VO in das SEAG aufgenommen. Danach kann eine juristische Person dann Mitglied eines Verwaltungsorgans der SE sein, wenn das nationale Aktienrecht nichts anderes bestimmt. Da insoweit bezüglich einer monistischen Unternehmensfassung im deutschen Aktienrecht keine Regelung besteht, war die ausdrückliche Klarstellung im SEAG erforderlich, um die Mitgliedschaft einer juristischen Person im Verwaltungsrat auszuschließen.[27] § 100 Abs. 1 AktG, der bereits eine Beschränkung der Mitgliedschaft im Aufsichtsrat auf natürliche Personen enthält, ist dagegen nicht anwendbar, da sich diese nationale Regelung gerade nicht auf die monistische Struktur einer Aktiengesellschaft bezieht.[28]

### III. Abberufung der Mitglieder des Verwaltungsrats

Die Abberufung der Mitglieder des Verwaltungsrats ist in der SE-Verordnung nicht geregelt und findet sich aufgrund der Ermächtigungsnorm des Art. 43 Abs. 4 SE-VO in **§ 29 SEAG**. Nach dessen Abs. 1 können Mitglieder des Verwaltungsrats **jederzeit** von der **Hauptversammlung** abberufen werden, wobei eine Stimmmehrheit von mindestens drei Viertel der abgegebenen Stimmen ausreichend ist (vgl. § 29 Abs. 1 S. 2 SEAG). Diese Regelungen entsprechen wortgleich § 103 Abs. 1 bis 3 und 5 AktG, die für den Aufsichtsrat einer deutschen Aktiengesellschaft gelten.

### IV. Innere Ordnung des Verwaltungsrats

Die Wahl eines **Vorsitzenden** des Verwaltungsrats ist in Art. 45 SE-VO geregelt und entspricht wörtlich der Vorschrift des Art. 42 SE-VO für das Aufsichtsorgan der dualistisch strukturierten SE (dazu → § 11 Rn. 25). Die **zwingende** Bestellung eines Vorsitzenden schließt zugleich aus, dass der Verwaltungsrat – wie der Vorstand einer Aktiengesellschaft – einen Sprecher wählen kann. Wie der Vorsitzende des Aufsichtsorgans einer dualistischen SE hat auch der Vorsitzende des Verwaltungsrats bei Pattsituationen die **entscheidende Stimme,** die durch die Satzung nur abbedungen werden kann, wenn der Verwaltungsrat nicht der paritätischen Mitbestimmung der Arbeitnehmer unterliegt (Art. 50 Abs. 2 SE-VO).[29]

Die innere Ordnung des Verwaltungsrats ist in § 34 SEAG ausführlich geregelt. Diese Vorschrift beruht gleichfalls auf der Ermächtigung des Art. 43 Abs. 4 SE-VO, da die Verordnung selbst insoweit keine Regelung enthält. Das Erfordernis der Wahl eines **Stellvertreters für den Vorsitzenden** des Verwaltungsrats in § 34 Abs. 1 SEAG erfolgt in Anlehnung an § 107 Abs. 1 AktG. Dies erscheint sachgerecht, da die Funktionsfähigkeit des Organs mit einem Vorsitzenden stets gewährleistet sein soll. Nach § 34 Abs. 2 SEAG kann sich der Verwaltungsrat eine Geschäftsordnung geben, wobei der Satzungsgeber in der Satzung bereits bindende Vorgaben bezüglich des Inhalts der Geschäftsordnung treffen kann. Diese Vorschrift ist an § 77 Abs. 2 AktG angelehnt.[30]

An § 107 Abs. 3 AktG angelehnt ist die Festlegung über die Bildung von **Ausschüssen** aus der Mitte des Verwaltungsrates, die sich in § 34 Abs. 4 SEAG findet. Gebildete Ausschüsse müssen dem Verwaltungsrat regelmäßig über ihre Arbeit berichten (vgl. § 34 Abs. 4 S. 3 SEAG). In § 34 Abs. 4 S. 2 SEAG hat der deutsche Gesetzgeber die Aufgabenbereiche benannt, die der Verwaltungsrat nicht zur Beschlussfassung an Ausschüsse übertragen darf. Dies sind die Wahl des Verwaltungsratsvorsitzenden und seines Stellvertreters

---

[27] *Hirte* DStR 2005, 700.
[28] BT-Drs. 15/3405, 38; aA DAV-Stellungnahme NZG 2004, 75 (83); zweifelnd an der Befugnis des Gesetzgebers zu einer § 100 Abs. 1 und Abs. 2 AktG ersetzenden Regelung auch MüKoAktG/*Reichert/Brandes* SE-VO Art. 47 Rn. 30 Fn. 36.
[29] MüKoAktG/*Reichert/Brandes* SE-VO Art. 45 Rn. 14.
[30] BT-Drs. 15/3405, 38.

(§ 34 Abs. 1 S. 1 SEAG), die Geschäftsführung und Überwachung gemäß § 22 Abs. 1 und 3 SEAG, die Bestellung der geschäftsführenden Direktoren gemäß § 40 Abs. 1 S. 1 SEAG, die Prüfung des Jahresabschlusses gemäß § 47 Abs. 3 SEAG sowie die Aufgaben nach § 68 Abs. 2 S. 2 AktG (Zustimmung zur Übertragung von Namensaktien), § 203 Abs. 2 AktG (Entscheidung über Ausschluss des Bezugsrechts bei Kapitalerhöhung aus genehmigtem Kapital), § 204 Abs. 1 S. 1 AktG (Festlegung von Inhalt der Aktienrechte und Bedingungen der Aktienausgabe), § 205 Abs. 2 S. 1 AktG (Bestimmungen im Rahmen einer Kapitalerhöhung gegen Sacheinlage), § 314 Abs. 2 und 3 AktG (Prüfung des Abhängigkeitsberichts). Außerhalb dieses Katalogs kann der Verwaltungsrat alle Entscheidungen an Ausschüsse übertragen, sodass ein eingesetzter Ausschuss beispielsweise über die Abberufung der geschäftsführenden Direktoren[31] oder die Erteilung von Weisungen an diese in Angelegenheiten des Tagesgeschäfts[32] entscheiden darf.

### V. Vertretungsbefugnis des Verwaltungsrats

17  Die Vertretungsbefugnis des Verwaltungsrats ergibt sich aus § 41 Abs. 5 SEAG. Demnach vertritt der Verwaltungsrat die Gesellschaft nur gegenüber den geschäftsführenden Direktoren. Diese Regelung ist an § 112 AktG angelehnt, überrascht jedoch auf den ersten Blick, da man beim Verwaltungsrat als einzigem Organ der monistisch strukturierten SE grundsätzlich bei diesem die Vertretung der Gesellschaft erwartet hätte. Die Regelung lässt sich als Folge der Entscheidung des deutschen Gesetzgebers für die Zuweisung der laufenden Geschäftsführung an geschäftsführende Direktoren erklären. Wenn die geschäftsführenden Direktoren die laufenden Geschäfte führen, so ist es nur folgerichtig, wenn sie die Gesellschaft auch grundsätzlich nach außen vertreten, wie in § 41 Abs. 1 SEAG vorgesehen. Dem Verwaltungsrat ist es aufgrund der originären Zuweisung der Vertretungsbefugnis an die geschäftsführenden Direktoren und deren Unbeschränkbarkeit im Außenverhältnis auch verwehrt, die Vertretungsbefugnis an sich zu ziehen (§ 40 Abs. 2 S. 3 SEAG).[33]

## C. Die geschäftsführenden Direktoren

### I. Aufgabenbereich der geschäftsführenden Direktoren

18  Zu den geschäftsführenden Direktoren findet sich in der SE-Verordnung lediglich eine Ermächtigung an den nationalen Gesetzgeber in Art. 43 Abs. 1 S. 2 SE-VO, auf deren Grundlage vorgesehen werden kann, dass die Führung der laufenden Geschäfte unter denselben Voraussetzungen wie im nationalen Aktienrecht an geschäftsführende Direktoren übertragen werden kann. Da das deutsche Aktienrecht kein monistisches System kennt, bildet die Ermächtigung jedoch – entgegen einiger Stellungnahmen in der Literatur[34] – nicht die Grundlage der Vorschriften zu geschäftsführenden Direktoren in den §§ 40 ff. des deutschen SEAG. Diese stützen sich vielmehr auf die umfassende Ermächtigung des Art. 43 Abs. 4 SE-VO.[35] Deshalb kann Art. 43 Abs. 1 S. 2 SE-VO auch nicht als Argumentationsgrundlage für die Auffassung dienen, dass bei einer SE mit Sitz in der Bundesrepublik die Befugnis der geschäftsführenden Direktoren zwingend auf die „laufenden"

---

[31] *Eder* NZG 2004, 544 (546); MüKoAktG/*Reichert/Brandes* SE-VO Art. 43 Rn. 108; aA BeckOGK/*Eberspächer*, 1.2.2021, SE-VO Art. 43 Rn. 40 mwN.
[32] Habersack/Drinhausen/*Verse* SEAG § 34 Rn. 28 mwN.
[33] Habersack/Drinhausen/*Verse* SEAG § 41 Rn. 3; vgl. auch *Kallmeyer* ZIP 2003, 1531 (1532).
[34] Etwa *Frodermann* in Jannott/Frodermann SE-HdB Kap. 5 Rn. 227; *Ihrig/Wagner* BB 2003, 969 (975); davon geht wohl auch *Kallmeyer* ZIP 2003, 1531 (1533) aus.
[35] Habersack/Drinhausen/*Verse* SE-VO Art. 43 Rn. 7, 15 f. und Habersack/Drinhausen/*Verse* SEAG § 40 Rn. 3; *Teichmann* BB 2004, 53 (60); vgl. zur Unanwendbarkeit von Art. 43 Abs. 1 S. 2 SE-VO auch BeckOGK/*Eberspächer*, 1.2.2021, SE-VO Art. 43 Rn. 2; MüKoAktG/*Reichert/Brandes* SE-VO Art. 43 Rn. 3.

Geschäfte beschränkt sein müsse.[36] Die Hauptaufgabe der geschäftsführenden Direktoren ist in § 40 Abs. 2 SEAG festgelegt, wonach ihnen zwingend die Geschäftsführung der Gesellschaft obliegt.[37] Zu verstehen ist dies als **umfassende Geschäftsführungsbefugnis,** die grundsätzlich all das erfasst, was zur Führung der Geschäfte der Gesellschaft notwendig ist, soweit nicht eine zwingende Zuständigkeit des Verwaltungsrats oder der Hauptversammlung eingreift oder der Verwaltungsrat die entsprechende Angelegenheit an sich zieht.[38] Die Geschäftsführung ist nach § 40 Abs. 2 S. 2 SEAG als **Gesamtgeschäftsführung** ausgestaltet, von der jedoch durch Satzung oder in einer durch den Verwaltungsrat erlassenen Geschäftsordnung abgewichen werden kann.

Zu den Aufgaben der geschäftsführenden Direktoren gehört nach § 40 Abs. 3 SEAG ferner die Pflicht zur unverzüglichen Berichterstattung gegenüber dem Verwaltungsrat im Falle der **Überschuldung oder Zahlungsunfähigkeit** der Gesellschaft sowie bei Gefahr des **Verlustes der Hälfte des Grundkapitals.** Diese Pflicht korrespondiert mit den Pflichten des Verwaltungsrats zur Einberufung der Hauptversammlung bzw. Insolvenzanmeldung gemäß § 22 Abs. 5 SEAG iVm § 92 AktG bzw. § 15a Abs. 1 InsO.[39]

Eine weitere **Berichtspflicht** gegenüber dem Verwaltungsrat findet sich in § 40 Abs. 6 SEAG, die allerdings unter dem Vorbehalt einer abweichenden Regelung in der Satzung der SE oder der Geschäftsordnung für die geschäftsführenden Direktoren steht. Inhaltlich verweist die Vorschrift auf § 90 AktG, der die Berichtspflichten des Vorstandes einer deutschen Aktiengesellschaft gegenüber dem Aufsichtsrat regelt.

Zudem sind die geschäftsführenden Direktoren nach § 40 Abs. 2 S. 4 SEAG für **Handelsregisteranmeldungen** zuständig und stellen nach § 47 Abs. 1 und 4 SEAG den **Jahres- und Konzernabschluss** auf.

## II. Das Verhältnis der geschäftsführenden Direktoren zu anderen Organen der SE

### 1. Verhältnis zum Verwaltungsrat

Insgesamt hat der deutsche Gesetzgeber mit der konkreten Ausgestaltung des Verhältnisses des Verwaltungsrats zu den geschäftsführenden Direktoren im SEAG die typische Konzeption der Arbeitsteilung eines monistischen Systems übernommen, wie es in den Ländern praktiziert wird, die diese Art des Verwaltungssystems schon kennen. Der Verwaltungsrat entspricht weitgehend dem aus dem angloamerikanischen Rechtskreis bekannten Board of Directors; die geschäftsführenden Direktoren finden ihre Entsprechung in den Executive Directors.[40] Im Ganzen ergibt sich ein Verhältnis der **Über- und Unterordnung** zwischen Verwaltungsrat als Unternehmensleitung einschließlich Überwachungsfunktion einerseits und den geschäftsführenden Direktoren als Geschäftsführung der Gesellschaft andererseits.[41]

Die geschäftsführenden Direktoren unterstehen dem **Verwaltungsrat als oberster Unternehmensleitung;** sie stellen im Hinblick auf die Geschäftsführung dessen „ausführende Gewalt" dar.[42] Der Verwaltungsrat bestimmt gemäß § 22 Abs. 1 SEAG die Leitlinien der Geschäftspolitik. Darüber hinaus hat er das Recht, den geschäftsführenden Direktoren in Einzelfällen **Anweisungen** zu erteilen. Dieses ergibt sich aus § 44 Abs. 2 SEAG, wonach die geschäftsführenden Direktoren im Innenverhältnis verpflichtet sind, die Anwei-

---

[36] So *Kallmeyer* ZIP 2003, 1531 (1532).
[37] BT-Drs. 15/3405, 39.
[38] BeckOGK/*Eberspächer*, 1.2.2021, SE-VO Art. 43 Rn. 15 mwN, ebenso *Hirte* DStR 2005, 700 (702); Lutter/Hommelhoff EU-Gesellschaft/*Teichmann* 206.
[39] BT-Drs. 15/3405, 39.
[40] *Engert/Herschlein* NZG 2004, 459 ff.
[41] BT-Drs. 15/3405, 39; MüKoAktG/*Reichert/Brandes* SE-VO Art. 43 Rn. 13.
[42] MüKoAktG/*Reichert/Brandes* SE-VO Art. 43 Rn. 14; *Neye/Teichmann* AG 2003, 169 (179).

sungen und Beschränkungen zu beachten, die im Rahmen der für die SE geltenden Vorschriften die Satzung, der Verwaltungsrat, die Hauptversammlung und die Geschäftsordnungen des Verwaltungsrats und der geschäftsführenden Direktoren für die Geschäftsführungsbefugnis getroffen haben. Die Regelung des § 44 Abs. 2 SEAG ist vom Gesetzgeber bewusst sprachlich an die Regelung des § 37 Abs. 1 GmbHG angelehnt, da der Gesetzgeber so die Position des geschäftsführenden Direktors in Anlehnung an diejenige eines GmbH-Geschäftsführers ausgestalten wollte.[43] Entsprechend dieser Regelung ist der Verwaltungsrat berechtigt, die geschäftsführenden Direktoren durch Beschluss hinsichtlich einzelner Geschäftsführungsentscheidungen konkret anzuweisen.[44] Weisungen des Verwaltungsorgans müssen von den geschäftsführenden Direktoren ausgeführt werden, sofern sie nicht rechtswidrig sind.[45] Die geschäftsführenden Direktoren haben also **keinen eigenen Ermessensspielraum.**[46] Rechtswidrig ist eine Weisung dabei auch dann, wenn der Verwaltungsrat damit gegen seine Sorgfaltspflichten verstößt.[47] Dementsprechend entfällt auch die Haftung der geschäftsführenden Direktoren, wenn sie aufgrund einer nicht rechtswidrigen Weisung des Verwaltungsrats tätig werden.[48] Somit liegt die Grenze der Geschäftsführungsbefugnis der geschäftsführenden Direktoren in der Eingriffsberechtigung des Verwaltungsrats.[49]

24 Zuständig für die Beschlussfassung über die Erteilung von Weisungen ist grundsätzlich der **gesamte Verwaltungsrat** als Organ.[50] Die Entscheidung über die Weisungserteilung kann auch von einem **Ausschuss** des Verwaltungsrats getroffen werden.[51] Geschäftsführende Direktoren, die Mitglied des Verwaltungsrats sind, sind dabei grundsätzlich selbst dann nicht von der Beschlussfassung ausgeschlossen, wenn sie als geschäftsführende Direktoren Adressat der Weisung sind.[52]

25 Eine weitere Regelung, die die zentrale Leitungsfunktion des Verwaltungsrats in der Gesellschaft verdeutlicht, findet sich in § 40 Abs. 5 SEAG. Danach kann der Verwaltungsrat vorbehaltlich einer anderweitigen Satzungsbestimmung **jederzeit und ohne Begründung** durch Beschluss die geschäftsführenden Direktoren **abberufen.** Dies entspricht der Befugnis der Gesellschafterversammlung einer GmbH zur Abberufung des Geschäftsführers und führt zu einer beträchtlichen Abhängigkeit der geschäftsführenden Direktoren vom Verwaltungsrat.[53] Zur Abberufung durch Entscheidung eines Ausschusses des Verwaltungsrats s. → Rn. 16.

26 Dass die oberste Unternehmensleitung beim Verwaltungsrat liegt und dort trotz der zwingend angeordneten Bestellung von geschäftsführenden Direktoren in § 40 Abs. 1 S. 1 SEAG auch verbleibt, wird ferner in § 40 Abs. 2 S. 3 SEAG deutlich. Danach können die gesetzlich dem **Verwaltungsrat als Gesamtorgan zugewiesenen Aufgaben** nicht auf die geschäftsführenden Direktoren übertragen werden. Dazu gehören vor allem die Leitungsaufgaben des Verwaltungsrats, die sich aus § 22 SEAG ergeben.[54]

---

[43] BT-Drs. 15/3405, 39; *Merkt* ZGR 2003, 650 (663).
[44] Habersack/Drinhausen/*Verse* SEAG § 44 Rn. 10; *Kallmeyer* ZIP 2003, 1531 (1533); Lutter/Hommelhoff EU-Gesellschaft/*Teichmann* 205.
[45] BeckOGK/*Eberspächer*, 1.2.2021, SE-VO Art. 43 Rn. 15.
[46] MüKoAktG/*Reichert/Brandes* SE-VO Art. 43 Rn. 169.
[47] BeckOGK/*Eberspächer*, 1.2.2021, SE-VO Art. 51 Rn. 10; Habersack/Drinhausen/*Verse* SEAG § 44 Rn. 14f.; MüKoAktG/*Reichert/Brandes* SE-VO Art. 43 Rn. 168f.
[48] *Schwarz* Art. 43 Rn. 58; im Übrigen entspricht die Haftung der geschäftsführenden Direktoren gemäß § 40 Abs. 8 SEAG, der auf § 93 AktG verweist, der des Vorstands einer AG.
[49] Lutter/Hommelhoff EU-Gesellschaft/*Teichmann* 206.
[50] *Kallmeyer* ZIP 2003, 1531 (1533); *Schwarz* Anh. Art. 43 Rn. 340.
[51] Habersack/Drinhausen/*Verse* SEAG § 34 Rn. 28 und SEAG § 44 Rn. 20 mwN.
[52] Habersack/Drinhausen/*Verse* SEAG § 44 Rn. 20; *Schwarz* Anh. Art. 43 Rn. 340.
[53] BeckOGK/*Eberspächer*, 1.2.2021, SE-VO Art. 43 Rn. 40; *Kallmeyer* ZIP 2003, 1531 (1533).
[54] BeckOGK/*Eberspächer*, 1.2.2021, SE-VO Art. 43 Rn. 12.

## 2. Verhältnis zur Hauptversammlung

Nach dem Wortlaut von § 44 Abs. 2 SEAG haben die geschäftsführenden Direktoren auch **Anweisungen und Beschränkungen** zu beachten, die die Hauptversammlung für die Geschäftsführungsbefugnis getroffen hat. Ausweislich der Regierungsbegründung zu § 44 SEAG folgt die Vorschrift dem Vorbild des § 82 Abs. 2 AktG,[55] mit dessen Wortlaut die Vorschrift nahezu identisch ist. Daher könnte der Inhalt der Vorschrift bezüglich möglicher „Weisungsrechte" der Hauptversammlung dem des § 82 Abs. 2 AktG entsprechen mit der Folge, dass der Hauptversammlung der SE gegenüber den geschäftsführenden Direktoren ebenso wenig ein Weisungsrecht zustünde wie der Hauptversammlung einer Aktiengesellschaft gegenüber deren Vorstand.[56] Weder die Regierungsbegründung noch der Wortlaut von § 44 Abs. 2 SEAG differenzieren allerdings hinsichtlich des Umfangs von Anweisungen und Beschränkungen zwischen den einzelnen Quellen – also Hauptversammlung und Verwaltungsrat. Damit ließe sich, sowohl unter Berücksichtigung der Regierungsbegründung als auch des Wortlauts, für die Hauptversammlung der SE theoretisch ein ähnlich weitgehendes Weisungsrecht gegenüber geschäftsführenden Direktoren herleiten, wie dies für den Verwaltungsrat angenommen wird.

27

Einem derartigen Verständnis von § 44 Abs. 2 SEAG steht jedoch die Systematik des monistischen Systems entgegen: Wie oben ausgeführt (siehe → Rn. 4 ff.), obliegt die Geschäftsführung der Gesellschaft dem Verwaltungsrat. Die geschäftsführenden Direktoren werden nur als dessen „verlängerter Arm" tätig, wobei der Verwaltungsrat die von ihnen ausgeführten Geschäfte jederzeit wieder an sich ziehen oder durch bindende Weisungen steuern kann. Dementsprechend kann eine mögliche **Weisungsbefugnis der Hauptversammlung** den geschäftsführenden Direktoren gegenüber allenfalls in einem Umfang bestehen, in dem sie auch **den Verwaltungsrat selbst anweisen** könnte.

28

Da die SE-VO selbst nur einige wenige Zuständigkeiten der Hauptversammlung regelt und im Übrigen auf die entsprechenden Vorschriften des nationalen Aktienrechts verweist, entsprechen die Beschlusszuständigkeiten der Hauptversammlung einer SE mit Sitz in Deutschland weitgehend denen der Hauptversammlung einer deutschen Aktiengesellschaft (siehe dazu → § 13 Rn. 13 ff.). Die Zuständigkeit der Hauptversammlung für die Beschlussfassung zu Geschäftsführungsangelegenheiten beschränkt sich deshalb auch bei der SE auf Fälle, in denen der Hauptversammlung durch das Geschäftsführungsorgan – hier also den Verwaltungsrat – bestimmte Fragen zur Entscheidung vorgelegt werden, Art. 52 S. 2 SE-VO iVm § 119 Abs. 2 AktG. Über die Verweisung des Art. 52 S. 2 SE-VO sollen bei einer SE mit Sitz in der Bundesrepublik nach überwiegender Ansicht auch die richterrechtlichen Grundsätze der „Holzmüller"-/„Gelatine"-Rechtsprechung zur Anwendung kommen (näher dazu → § 13 Rn. 37).[57] Auf dieser Grundlage besteht eine Zuständigkeit der Hauptversammlung einer SE für die **Beschlussfassung in Geschäftsführungsangelegenheiten** nur, soweit der Verwaltungsrat selbst die Angelegenheit zur Beschlussfassung vorlegt oder zur Vorlage verpflichtet ist. Eine originäre „Weisungsbefugnis" der Hauptversammlung gegenüber Verwaltungsrat und geschäftsführenden Direktoren besteht somit nicht.[58]

29

## III. Bestellung der geschäftsführenden Direktoren

Die geschäftsführenden Direktoren werden gemäß § 40 Abs. 1 S. 1 SEAG durch den **Verwaltungsrat** bestellt. Dabei können nach S. 2 auch **Mitglieder des Verwaltungsrats** als geschäftsführende Direktoren bestellt werden. Allerdings muss die Mehrheit der Mitglieder

30

---

[55] Vgl. BT-Drs. 15/3405, 39.
[56] Vgl. dazu MüKoAktG/*Spindler* AktG § 82 Rn. 42 f.
[57] Nicht vorlageberechtigt sind demgegenüber die geschäftsführenden Direktoren, die ihrerseits den Weisungen des Verwaltungsrats unterliegen.
[58] Ebenso Habersack/Drinhausen/*Verse* SEAG § 44 Rn. 6 mwN.

des Verwaltungsrats aus nicht-geschäftsführenden Direktoren bestehen. Der Vorsitzende des Verwaltungsrats kann gleichzeitig als geschäftsführender Direktor agieren.[59] Im Hinblick auf eine börsennotierte SE wurde angeregt, die Trennung dieser Positionen durch den Corporate Governance Kodex zu empfehlen,[60] bisher ist dies jedoch nicht erfolgt.

31 Besteht der Verwaltungsrat aus nur **einer Person,** was nach § 23 Abs. 1 S. 2 SEAG aufgrund entsprechender Satzungsregelung möglich ist, kann diese Person nicht gleichzeitig geschäftsführender Direktor sein.[61] Dies folgt aus § 40 Abs. 1 S. 2 SEAG, wonach sich die Mehrheit der Mitglieder des Verwaltungsrats aus nicht-geschäftsführenden Direktoren zusammenzusetzen hat. In diesem Fall muss also ein **externer geschäftsführender Direktor** bestellt werden.[62]

32 Die Regelung des § 40 Abs. 1 S. 2 SEAG dient dazu, die Funktionen der Unternehmensleitung durch den Verwaltungsrat und die der Geschäftsführung durch die geschäftsführenden Direktoren klar zu trennen.[63] Der Gesetzgeber wollte insoweit eine Angleichung an die im deutschen Aktienrecht bekannte funktionale **Trennung von Geschäftsführung und Überwachung** erreichen. Insbesondere sollte bei Aufstellung und Feststellung des Jahresabschlusses und bei der Erstellung des konzernrechtlichen Abhängigkeitsberichts gewährleistet sein, dass nicht die vom Aktiengesetz vorgesehene Kontrolle der geschäftsführenden Personen ersatzlos entfällt. Daher sehen die § 47 Abs. 1 SEAG und § 49 Abs. 1 SEAG insoweit **eine zwingende Funktionstrennung** zwischen den geschäftsführenden Direktoren und dem Verwaltungsrat vor. Die dem Verwaltungsrat als Unternehmensleitung obliegende Überwachungsfunktion im Hinblick auf die Geschäftsführung durch die geschäftsführenden Direktoren wäre auch nicht zu gewährleisten, wenn mehr als die Hälfte der Mitglieder dieses Organs gleichzeitig die laufenden Geschäfte führen würden. Die Folge wäre ein Interessenkonflikt, der durch die Regelung des § 40 Abs. 1 S. 2 SEAG vermieden wird.[64]

33 Für den Fall, dass ein **Dritter,** also eine nicht dem Verwaltungsrat angehörende Person, zum geschäftsführenden Direktor bestellt wird, schreibt § 40 Abs. 1 S. 4 SEAG die entsprechende Geltung des § 76 Abs. 3 AktG vor.

34 Anders als für den Verwaltungsrat sowie Leitungs- und Aufsichtsorgan in der dualistischen SE muss die **Amtszeit** der geschäftsführenden Direktoren nicht zwingend in der Satzung festgelegt werden. Die Festlegung einer Amtszeit würde dem Grundsatz der freien Abberufbarkeit zuwiderlaufen, den § 40 Abs. 5 S. 1 SEAG – vorbehaltlich einer anders lautenden Satzungsregelung – enthält.[65] Art. 46 SE-VO gilt für die geschäftsführenden Direktoren nicht.[66] Die Satzung kann jedoch gemäß § 40 Abs. 5 S. 1 SEAG eine feste Amtszeit festlegen. Dann ist eine vorzeitige Abberufung der geschäftsführenden Direktoren nur noch aus wichtigem Grund möglich.[67]

### IV. Abberufung der geschäftsführenden Direktoren

35 Die Abberufung der geschäftsführenden Direktoren ist in § 40 Abs. 5 SEAG geregelt. Der Verwaltungsrat kann die geschäftsführenden Direktoren danach **jederzeit** ohne Vorliegen

---

[59] *Eder* NZG 2004, 544 (546).
[60] Lutter/Hommelhoff EU-Gesellschaft/*Teichmann* 205 f.; ebenfalls kritisch zur personellen Identität äußert sich die Begründung zum SEAG in BT-Drs. 15/3405, 39.
[61] Lutter/Hommelhoff EU-Gesellschaft/*Teichmann* 209.
[62] BeckOGK/*Eberspächer,* 1.2.2021, SE-VO Art. 43 Rn. 38.
[63] BT-Drs. 15/3405, 39.
[64] *Kallmeyer* ZIP 2003, 1531 (1533).
[65] MüKoAktG/*Reichert/Brandes* SE-VO Art. 43 Rn. 114.
[66] BeckOGK/*Eberspächer,* 1.2.2021, SE-VO Art. 43 Rn. 41; Habersack/Drinhausen/*Verse* SEAG § 40 Rn. 16; MüKoAktG/*Reichert/Brandes* SE-VO Art. 43 Rn. 115; aA NK-SE/*Manz* SE-VO Art. 43 Rn. 134; wohl auch *Frodermann* in Jannott/Frodermann SE-HdB Kap. 5 Rn. 242.
[67] MüKoAktG/*Reichert/Brandes* SE-VO Art. 43 Rn. 114.

eines wichtigen Grundes durch Beschluss abberufen, wenn die Satzung insofern keine abweichende Regelung enthält. Dies stärkt die Durchsetzungsfähigkeit des Verwaltungsrats und verdeutlicht zugleich, dass die geschäftsführenden Direktoren kein vom Verwaltungsorgan unabhängiges, eigenständiges Organ der monistisch strukturierten SE darstellen.[68]

## V. Anstellungsvertrag

36 Im SEAG findet sich nur eine Regelung zum Anstellungsverhältnis der geschäftsführenden Direktoren: Gemäß § 40 Abs. 5 S. 2 SEAG gelten im Fall der Abberufung für Ansprüche aus dem Anstellungsverhältnis die allgemeinen Vorschriften, namentlich die §§ 620 f. BGB.[69] Die Regelung entspricht § 84 Abs. 3 S. 5 AktG für den Vorstand einer Aktiengesellschaft und setzt voraus, dass neben der Bestellung durch den Verwaltungsrat auch ein Anstellungsverhältnis zwischen Gesellschaft und geschäftsführenden Direktoren begründet wird. Dementsprechend ordnet § 40 Abs. 7 SEAG für die Festsetzung der **Bezüge** der geschäftsführenden Direktoren die entsprechende Geltung der §§ 87 bis 89 AktG an, wobei anstelle des Aufsichtsrats der Verwaltungsrat für die Angemessenheit der gewährten Bezüge zu sorgen hat.[70] Die **Zuständigkeit für den Abschluss** der Anstellungsverträge liegt beim Verwaltungsrat, da dieser die Gesellschaft gegenüber den geschäftsführenden Direktoren vertritt.[71]

## VI. Innere Ordnung der geschäftsführenden Direktoren

37 Bei der Bestellung mehrerer geschäftsführender Direktoren können sich diese nach § 40 Abs. 4 S. 1 SEAG eine **Geschäftsordnung** geben, wenn nicht die Satzung insoweit die Zuständigkeit dem Verwaltungsrat zuweist oder der Verwaltungsrat eine Geschäftsordnung erlässt. Diese Regelung lehnt sich an § 77 Abs. 2 AktG an.[72] Dementsprechend dürfte auch die Wahl eines **Sprechers** aus der Mitte der geschäftsführenden Direktoren zulässig sein, sofern kein Vorsitzender ernannt wird. Dies entspricht der Möglichkeit des Vorstands einer Aktiengesellschaft, einen Sprecher zu wählen, dem sitzungsleitende und repräsentative Funktion zukommt.[73] Die **Satzung** kann gemäß § 40 Abs. 4 S. 2 SEAG **Einzelfragen der Geschäftsführung** bereits bindend festlegen.

38 Die Möglichkeit der Wahl eines **Vorsitzenden** der geschäftsführenden Direktoren eröffnet § 40 SEAG nur, wenn dies in der Satzung der SE vorgesehen ist.[74] Ein Rückgriff auf § 84 Abs. 2 AktG, der die Wahl eines Vorsitzenden des Vorstandes einer deutschen Aktiengesellschaft regelt, ist nicht möglich, da die Regelungen des SEAG als abschließend im Hinblick auf das monistische System betrachtet werden müssen.

## VII. Vertretungsbefugnis der geschäftsführenden Direktoren

39 Wie bereits an anderer Stelle angesprochen, vertreten grundsätzlich die geschäftsführenden Direktoren die SE gemäß § 41 Abs. 1 SEAG **nach außen** (siehe → Rn. 17). Die Vertretungsbefugnis der geschäftsführenden Direktoren kann gemäß § 44 Abs. 1 SEAG nach au-

---

[68] *Kallmeyer* ZIP 2003, 1531; siehe dazu bereits → Rn. 22 ff., 2 f.
[69] Vgl. Regierungsbegründung zu § 40 SEAG, BT-Drs. 15/3405, 39.
[70] MüKoAktG/*Reichert/Brandes,* SE-VO Art. 43 Rn. 157.
[71] BeckOGK/*Eberspächer,* 1.2.2021, SE-VO Art. 43 Rn. 39.
[72] BeckOGK/*Eberspächer,* 1.2.2021, SE-VO Art. 43 Rn. 42; *Hirte* DStR 2005, 700 (702).
[73] Vgl. MüKoAktG/*Reichert/Brandes* SE-VO Art. 43 Rn. 125; zum Vorstandssprecher der AG *Hüffer/Koch/ Koch* AktG § 84 Rn. 30.
[74] BT-Drs. 15/3405, 39; aA BeckOGK/*Eberspächer,* 1.2.2021, SE-VO Art. 43 Rn. 42; MüKoAktG/*Reichert/ Brandes* SE-VO Art. 43 Rn. 124.

ßen nicht beschränkt werden. Dies entspricht der Regelung des § 82 Abs. 1 AktG für die Vertretungsbefugnis des Vorstandes einer deutschen Aktiengesellschaft.

40 Wie sich aus § 41 Abs. 2 SEAG ergibt, ist die Vertretung in Anlehnung an die Vertretungsbefugnis der Mitglieder des Vorstandes einer deutschen Aktiengesellschaft gemäß § 78 Abs. 2 AktG im Zweifel als **Gesamtvertretung** ausgestaltet. Das Ausführungsgesetz enthält in § 41 Abs. 4 SEAG ferner eine Ermächtigung für die zur Gesamtvertretung befugten geschäftsführenden Direktoren, Einzelne unter ihnen zur Vornahme bestimmter Geschäfte oder Arten von Geschäften zu bestimmen.

## D. Einzelfragen zur Unternehmensführung

### I. Informationsfluss innerhalb der Gesellschaft

41 Die geschäftsführenden Direktoren sind nach § 40 Abs. 6 SEAG verpflichtet, dem Verwaltungsrat entsprechend der Regelung des § 90 AktG regelmäßig zu berichten. Diese Regelung des SEAG ist im Gegensatz zur vergleichbaren Anordnung der Berichtspflicht des Leitungsorgans in Art. 41 Abs. 1 SE-VO für das dualistische Modell **dispositiv** ausgestaltet.[75] Durch die Satzung oder in der Geschäftsordnung der geschäftsführenden Direktoren können abweichende Regelungen getroffen werden, sodass die Ausgestaltung der konkreten Berichtspflichten der geschäftsführenden Direktoren von der entsprechenden aktienrechtlichen Vorschrift des § 90 AktG abweichen kann.

42 Daneben ergeben sich bestimmte Berichtspflichten der geschäftsführenden Direktoren gegenüber dem Verwaltungsrat aus § 40 Abs. 3 SEAG (siehe → Rn. 19).

43 Grundsätzlich obliegt es unabhängig von den genannten Berichtspflichten der geschäftsführenden Direktoren dem **Verwaltungsrat,** den Informationsfluss von den geschäftsführenden Direktoren bezüglich der laufenden Geschäfte der Gesellschaft so zu gestalten, dass er seiner Überwachungsfunktion im Sinne des § 22 Abs. 3 S. 2 SEAG gerecht werden kann.[76] Daher wird der Verwaltungsrat aufgrund seiner weitreichenden Organisationshoheit zumindest einige der geschäftsführenden Direktoren gemäß § 40 Abs. 1 S. 2 SEAG aus seiner Mitte bestellen, um den Informationsfluss in der Weise zu gewährleisten, dass Fehlentwicklungen möglichst frühzeitig erkannt und ihnen entgegengewirkt werden kann. Eine solche Personenidentität hat den Vorteil, dass der Informationsfluss in einer monistisch strukturierten SE im Gegensatz zum dualistisch strukturierten Modell in der Regel schneller und direkter funktionieren kann.[77]

44 Nach Art. 44 Abs. 2 SE-VO kann jedes Mitglied des Verwaltungsrates von **allen Informationen,** die dem Organ übermittelt werden, Kenntnis nehmen.

### II. Zustimmungsbedürftige Geschäfte

45 Aus Art. 48 Abs. 1 S. 1 SE-VO, der sowohl für die dualistisch als auch für die monistisch strukturierte SE anwendbar ist, ergibt sich, dass der Satzungsgeber der SE bestimmte Arten von Geschäften in der Satzung festlegen kann, für deren Vornahme (in der monistischen SE) ein Beschluss des Verwaltungsrats erforderlich ist. Für die Durchführung solcher Geschäfte haben demnach die geschäftsführenden Direktoren im Rahmen ihrer täglichen Ge-

---

[75] Lutter/Hommelhoff EU-Gesellschaft/*Teichmann* 210. Zweifelnd bzgl. der Möglichkeit zur Absenkung der Berichtserfordernisse nach § 90 AktG Habersack/Drinhausen/*Verse* SEAG § 40 Rn. 42.
[76] *Merkt* ZGR 2003, 650 (669).
[77] Lutter/Hommelhoff EU-Gesellschaft/*Teichmann* 210 f. Zu dem Risiko einer dennoch verbleibenden Informationsasymmetrie aufgrund der mehrheitlichen Besetzung des Verwaltungsrats mit nicht geschäftsführenden Direktoren und dem Ausschluss des Verwaltungsrats als solchem von der Tagesgeschäftsführung *Drinhausen/Keinath/Waldvogel* FS Marsch-Barner, 2018, 159, 170 f.

schäftsführung ohne die ausdrückliche Zustimmung des Verwaltungsrates als Kollegium **keine Kompetenz.**

Die Ermächtigung des Art. 48 Abs. 1 S. 2 SE-VO bezieht sich nur auf die **dualistische SE** und wurde für diese in § 19 SEAG umgesetzt, wonach das Aufsichtsorgan der SE selbst bestimmte Geschäfte von seiner Zustimmung abhängig machen kann. Einer entsprechenden Ermächtigung für die monistisch strukturierte SE bedurfte es nicht, weil der Verwaltungsrat als einziges Organ der monistischen SE schon per se für die Unternehmensleitung zuständig ist, sodass er durch Mehrheitsbeschluss über die Durchführung jeglicher Geschäftsführungsmaßnahme direkt entscheiden kann.[78] Ob er dies im Einzelfall tut oder die Maßnahme den geschäftsführenden Direktoren oder den eigenen Ausschüssen überlässt, entscheidet der Verwaltungsrat nach pflichtgemäßem Ermessen.

Von der **Ermächtigung des Art. 48 Abs. 2 SE-VO,** wonach die Mitgliedstaaten vorschreiben können, welche Arten von zustimmungsbedürftigen Geschäften auf jeden Fall in die Satzung aufzunehmen sind, hat der deutsche Gesetzgeber im Ausführungsgesetz keinen Gebrauch gemacht.

### III. Beschlussfassung des Verwaltungsrats

Die Voraussetzungen für die Beschlussfähigkeit und die Beschlussfassung des Verwaltungsrats sind auch für die monistisch strukturierte SE in **Art. 50 SE-VO** geregelt. § 108 Abs. 2 AktG findet keine (entsprechende) Anwendung.[79] Diesbezüglich kann auf die Ausführungen zu den Organen der dualistisch strukturierten SE Bezug genommen werden (siehe → § 11 Rn. 35 ff.).

Einige Art. 50 SE-VO ergänzende **formale Regelungen** zur Beschlussfassung im Verwaltungsrat finden sich in § 35 SEAG. In Abs. 1 sind die Voraussetzungen für die Beschlussfassung bei **Abwesenheit** von Mitgliedern des Verwaltungsrats geregelt. Dies entspricht der Vorschrift des § 108 Abs. 3 AktG. In § 35 Abs. 2 SEAG ist festgelegt, dass schriftliche, fernmündliche oder vergleichbare Formen der Beschlussfassung im Verwaltungsrat vorbehaltlich einer Regelung in der Satzung oder der Geschäftsordnung des Verwaltungsrats nur dann zulässig sind, wenn kein Mitglied des Verwaltungsrats dieser Art der Beschlussfassung widerspricht. Diese Regelung entspricht § 108 Abs. 4 AktG.

Der deutsche Gesetzgeber hat in diesem Zusammenhang in der Begründung zum Ausführungsgesetz darauf hingewiesen, dass Art. 50 SE-VO ausdrücklich Regelungen in der Satzung zum Verfahren der Beschlussfassung zulässt und diese Satzungsfreiheit nach Art. 9 Abs. 1 lit. b SE-VO grundsätzlich Vorrang vor nationalen Ausführungsbestimmungen hat. Allerdings ergibt sich nach Ansicht des Gesetzgebers aus Art. 50 SE-VO nicht eindeutig, ob es sich bei dieser Regelung um eine abschließende Regelung zum Beschlussverfahren der Organe als solche handelt, da darin lediglich bestimmte Quoren festgelegt sind. Zum Zwecke der **Rechtssicherheit** hat der deutsche Gesetzgeber daher die Regelung des **§ 108 Abs. 4 AktG,** der auch eine abweichende Satzungsregelung zulässt und somit verordnungskonform ist, in das Ausführungsgesetz übernommen.[80]

In § 35 Abs. 3 SEAG ist für den Fall der **Verhinderung** eines geschäftsführenden Mitglieds des Verwaltungsrats geregelt, dass der Vorsitzende des Verwaltungsrats diesbezüglich bei einem Beschluss eine zusätzliche Stimme erhält. Diese Zweitstimme des Vorsitzenden wurde aufgrund eines Vorschlags des Rechtsausschusses eingefügt, um einer eventuell eintretenden einseitigen Verschiebung des Stimmenverhältnisses zu Lasten der Anteilseignerseite im Verwaltungsrat vorzubeugen.[81] Im Übrigen gilt auch für den Verwaltungsrat die Regelung des Art. 50 Abs. 2 S. 1 SE-VO, wonach der Vorsitzende des Verwaltungsrats bei

---
[78] Lutter/Hommelhoff EU-Gesellschaft/*Teichmann* 211 f.; siehe dazu auch → Rn. 5 ff.
[79] BT-Drs. 15/3405, 38.
[80] Siehe dazu BT-Drs. 15/3405, 38.
[81] *Hirte* DStR 2005, 700.

**Stimmengleichheit** eine Zweitstimme hat, wenn die Satzung nichts anderes vorsieht. Unklar ist, ob die Satzung eine andere Regelung treffen darf, wenn der Verwaltungsrat sich zur Hälfte aus Arbeitnehmervertretern zusammensetzt. Art. 50 Abs. 2 S. 2 SE-VO verbietet dies beim paritätisch mitbestimmten Aufsichtsorgan einer dualistischen SE (siehe dazu → § 11 Rn. 35). Aus der Regelung des Art. 45 S. 2 SE-VO, wonach der Vorsitzende des Verwaltungsrats zwingend ein Anteilseignervertreter sein muss, sowie aus den entsprechenden Regelungen für das Aufsichtsorgan der dualistischen SE ergibt sich aber, dass in der SE allgemein das Letztentscheidungsrecht der Anteilseigner festgeschrieben und auch der Disposition des Satzungsgebers entzogen sein soll. Daher muss sich das **Verbot des Art. 50 Abs. 2 S. 2 SE-VO** über seinen Wortlaut hinaus auch auf den Verwaltungsrat der monistischen SE erstrecken.[82]

### IV. Beschlussfassung durch die geschäftsführenden Direktoren

52 Aufgrund des in § 40 Abs. 2 S. 2 SEAG festgeschriebenen Grundsatzes der Gesamtgeschäftsführung ist davon auszugehen, dass Beschlüsse der geschäftsführenden Direktoren **grundsätzlich einstimmig** zu fassen sind, wenn die Satzung oder Geschäftsordnung nichts anderes bestimmt.[83] Die Regelung entspricht § 77 Abs. 1 S. 1 AktG für den Vorstand der Aktiengesellschaft. Möglich ist insbesondere eine Regelung in Satzung oder Geschäftsordnung, die **Mehrheitsentscheidungen** zulässt. Aufgrund des Fehlens einer § 77 Abs. 1 S. 2 Hs. 2 AktG entsprechenden Regelung, wonach nicht bestimmt werden kann, dass Beschlüsse gegen die Mehrheit der Mitglieder gefasst werden können, ist davon auszugehen, dass Satzung oder Geschäftsordnung für die geschäftsführenden Direktoren sogar vorsehen können, dass ein Mitglied oder bestimmte Mitglieder sich gegen die Mehrheit durchsetzen können.[84] Eine Ausnahme von der Dispositivität besteht in der Regelung in § 40 Abs. 4 S. 3 SEAG. Darin heißt es, dass ein Beschluss über die Geschäftsordnung einstimmig gefasst werden muss, so dass diesbezüglich auch Satzung oder Geschäftsordnung nichts anderes bestimmen können.

## E. Haftung

### I. Haftung der Mitglieder des Verwaltungsrats

53 Der Verweis des Art. 51 SE-VO auf nationales Recht, welcher für die dualistisch strukturierte SE mit Sitz in Deutschland anwendbar ist, ist für die monistisch strukturierte SE nicht brauchbar, da das deutsche Aktienrecht für das monistische System keine Regelungen enthält. Folgerichtig hat der deutsche Gesetzgeber auf der Grundlage des Art. 43 Abs. 4 SE-VO in § 39 SEAG eine Regelung bezüglich der Haftung der Mitglieder des Verwaltungsrats getroffen. Die Vorschrift des § 39 SEAG entspricht inhaltlich § 116 S. 1 AktG und ist damit an die Haftung der Aufsichtsratsmitglieder einer deutschen Aktiengesellschaft angelehnt.[85] Da § 39 SEAG auf die konkrete **Pflichtverletzung des einzelnen Mitglieds** des Verwaltungsrats abstellt, lässt er genügend Spielraum für eine individuelle

---

[82] BeckOGK/*Eberspächer*, 1.2.2021, SE-VO Art. 50 Rn. 7; Habersack/Drinhausen/*Drinhausen* SE-VO Art. 50 Rn. 29 mwN; MüKoAktG/*Reichert/Brandes* SE-VO Art. 50 Rn. 3; *Schwarz* Art. 50 Rn. 42. Zur Möglichkeit der Mitgliedstaaten, abweichende Regelungen gem. Art. 50 Abs. 3 SE-VO für anwendbar zu erklären, siehe → § 11 Rn. 37.
[83] BeckOGK/*Eberspächer*, 1.2.2021, SE-VO Art. 43 Rn. 42; Habersack/Drinhausen/*Verse* SEAG § 40 Rn. 36.
[84] BeckOGK/*Eberspächer*, 1.2.2021, SE-VO Art. 43 Rn. 42; Habersack/Drinhausen/*Verse* SEAG § 40 Rn. 37.
[85] So die Begr. in BT-Drs. 15/3405, 39.

und an der konkreten Aufgabenstellung orientierte Haftung.[86] Daraus ergibt sich, dass der Sorgfaltsmaßstab, an dem sich die Haftung des einzelnen Mitgliedes des Verwaltungsrates ausrichtet, jeweils von der rechtlichen Pflichtenstellung des Mitgliedes abhängig ist, sodass ein geschäftsführendes Verwaltungsratsmitglied in der Regel einem strengeren Sorgfaltsmaßstab unterliegen wird als ein nicht-geschäftsführendes Mitglied.[87]

Die **Entlastung** der Mitglieder des Verwaltungsrats erfolgt durch Beschluss der Hauptversammlung.[88] Diese hat allerdings – wie bei Vorstand und Aufsichtsrat der Aktiengesellschaft – keine enthaftende Wirkung.

54

## II. Haftung der geschäftsführenden Direktoren

Die Haftung der geschäftsführenden Direktoren ist in § 40 Abs. 8 SEAG geregelt. Dieser verweist auf die aktienrechtliche Regelung des § 93 AktG, welche die Haftung des Vorstandes einer deutschen Aktiengesellschaft festschreibt.[89] Bei der Bestimmung des haftungsrechtlichen Sorgfaltsmaßstabes sowie der individuellen Verantwortlichkeit der geschäftsführenden Direktoren ist allerdings deren **Weisungsgebundenheit** und jederzeitige Abberufbarkeit zu berücksichtigen.[90] Diesbezüglich gleicht die Stellung der geschäftsführenden Direktoren eher der des **GmbH-Geschäftsführers.** Daher wird sich im Zweifel die Sorgfaltspflicht an der Rechtsprechung zum GmbH-Geschäftsführer zu orientieren haben.[91] Nach der hier vertretenen Auffassung bedeutet dies, dass ein geschäftsführender Direktor, der aufgrund einer **rechtmäßigen Weisung** des Verwaltungsrats ein bestimmtes Geschäft vornimmt, von der Haftung gegenüber der Gesellschaft **befreit** sein muss.[92] Das gilt grundsätzlich auch für geschäftsführende Direktoren, die zugleich Mitglieder des Verwaltungsrats sind. Die Haftung für den entstandenen Schaden trifft dann nur die Mitglieder des Verwaltungsrats (ein beiden Gremien angehörendes Mitglied würde dann also nur als Mitglied des Verwaltungsrats haften).[93] Den geschäftsführenden Direktoren kann in diesem Fall keine Pflichtverletzung angelastet werden: Macht der Verwaltungsrat von seinem Weisungsrecht Gebrauch, steht den geschäftsführenden Direktoren grundsätzlich kein Entscheidungsspielraum mehr zu.[94] Sie sind gemäß § 44 Abs. 2 SEAG verpflichtet, die Weisung zu befolgen. Folgen sie dieser gesetzlichen Verpflichtung, kann dies nicht zugleich als Pflichtverletzung im Sinne des § 93 Abs. 2 AktG angesehen werden. Insoweit unterscheidet sich die Stellung eines geschäftsführenden Direktors von der des Vorstands einer Aktiengesellschaft bzw. des Leitungsorgans der dualistischen SE, die nicht weisungsgebunden sind, und entspricht eher der eines GmbH-Geschäftsführers. Wie bei dem Geschäftsführer einer GmbH besteht der Haftungsausschluss (und die Folgepflicht) allerdings nur, soweit es sich nicht um eine **offensichtlich rechtswidrige Weisung** handelt.[95] In diesem Fall ist die Befolgung der – nicht bindenden – Weisung als Verstoß gegen die den geschäftsführenden Direktoren obliegenden Sorgfaltspflichten anzusehen.

55

Zur **Entlastung** der geschäftsführenden Direktoren enthalten weder die Verordnung noch das Ausführungsgesetz Regelungen. Eine diesbezügliche Zuständigkeit der Hauptversammlung lässt sich auch nicht aus Art. 52 UAbs. 2 SE-VO iVm § 120 AktG herleiten,

56

---

[86] Vgl. Begr. in BT-Drs. 15/3405, 39.
[87] *Hoffmann-Becking* ZGR 2004, 355 (380); vgl. auch MüKoAktG/*Reichert/Brandes* SE-VO Art. 51 Rn. 15.
[88] Art. 52 UAbs. 2 SE-VO iVm § 22 Abs. 6 SEAG, § 120 AktG, vgl. dazu auch → § 13 Rn. 16.
[89] BT-Drs. 15/3405, 39.
[90] BT-Drs. 15/3405, 39.
[91] Lutter/Hommelhoff EU-Gesellschaft/*Teichmann* 213.
[92] S. dazu bereits →Rn. 23, insbesondere zu der Frage, wann eine Weisung rechtmäßig ist.
[93] Keine Haftung kann dann eintreten, wenn der dem Verwaltungsrat angehörende geschäftsführende Direktor an dem Weisungsbeschluss nicht mitgewirkt und anschließend erfolglos versucht hat, eine Korrektur der Weisung zu erreichen, s. MüKoAktG/*Reichert/Brandes* SE-VO Art. 51 Rn. 21.
[94] Anders ist dies nur bei rechtswidrigen Weisungen, zu deren Befolgung die geschäftsführenden Direktoren nicht verpflichtet sind.
[95] BGHZ 31, 258 (278) für den GmbH-Geschäftsführer.

da das Aktiengesetz keine Regelungen zur Entlastung geschäftsführender Direktoren enthält. Mehrheitlich angenommen wird daher eine **entsprechende Anwendung von § 120 AktG** für die geschäftsführenden Direktoren.[96] Eine Enthaftungswirkung kommt der Entlastung dabei nicht zu, da die Entlastung im Rahmen von § 120 AktG generell nicht enthaftend wirkt.

### III. Strafrechtliche Haftung

57 Im Hinblick auf eine strafrechtliche Verantwortlichkeit des Verwaltungsrates wie auch der geschäftsführenden Direktoren gilt ebenso wie in der dualistisch strukturierten SE **§ 53 SEAG** (siehe → § 11 Rn. 40).

---

[96] Habersack/Drinhausen/*Verse* SEAG § 48 Rn. 5 mwN; *Schwarz* Art. 52 Rn. 30.

# § 13 Hauptversammlung

## Übersicht

| | Rn. |
|---|---|
| A. Besonderheiten gegenüber der Hauptversammlung nationalen Rechts | 1 |
| B. Zuständigkeit | 3 |
|     I. Zuständigkeit nach der SE-Verordnung | 4 |
|         1. Satzungsänderungen | 5 |
|         2. Bestellung der Mitglieder des Aufsichtsorgans bzw. Verwaltungsrats | 9 |
|         3. Direkte Bestellung der Mitglieder des Leitungsorgans | 10 |
|         4. Gründung und Umwandlung | 11 |
|     II. Zuständigkeit aufgrund der SE-Ergänzungsrichtlinie | 12 |
|     III. Zuständigkeit nach den Vorschriften des Sitzstaates – deutsches Aktienrecht | 13 |
|         1. Kompetenzen nach § 119 AktG iVm Art. 52 SE-VO | 14 |
|         2. Sonstige Kompetenzen aufgrund Verweises auf nationales Recht | 21 |
|     IV. Zuständigkeiten aufgrund der Satzung der SE | 36 |
|     V. Ungeschriebene Hauptversammlungszuständigkeiten | 37 |
|     VI. Ordentliche und außerordentliche Hauptversammlung | 38 |
| C. Organisation der Hauptversammlung | 40 |
|     I. Zeitpunkt des Zusammentretens | 41 |
|     II. Ort | 42 |
|     III. Tag und Uhrzeit | 43 |
|     IV. Sprache | 44 |
|     V. Gründe für die Einberufung | 45 |
|     VI. Einberufungsberechtigte | 48 |
|         1. Organe | 48 |
|         2. Zuständige Behörde | 49 |
|         3. Andere Personen | 50 |
|         4. Minderheitsverlangen | 51 |
|     VII. Art und Weise der Einberufung | 56 |
|         1. Form und Frist der Einberufung | 56 |
|         2. Tagesordnung | 57 |
|         3. Sonstige Mitteilungspflichten im Vorfeld der Hauptversammlung | 60 |
| D. Ablauf und Leitung der Hauptversammlung | 61 |
| E. Beschlussfassung | 62 |
|     I. Einfacher Beschluss | 63 |
|         1. Stimmenmehrheit | 63 |
|         2. Satzungsgestaltung | 67 |
|     II. Satzungsändernde Mehrheit | 68 |
|         1. Qualifizierte Mehrheit | 68 |
|         2. Satzungsgestaltung | 69 |
|     III. Stimmrechte | 70 |
|     IV. Wertung der Stimmen | 72 |
|     V. Sonderbeschlüsse | 73 |
| F. Anfechtungs- und Nichtigkeitsklage | 74 |

## A. Besonderheiten gegenüber der Hauptversammlung nationalen Rechts

Weiteres gesetzlich vorgeschriebenes Organ der SE ist nach Art. 52 ff. SE-VO sowohl im 1 dualistischen als auch im monistischen System die Hauptversammlung. Die SE-Hauptversammlung steht als eigenständiges Organ der SE gleichrangig neben den Verwaltungsorganen des dualistischen Systems (Leitungs- und Aufsichtsorgan, s. → § 11 Rn. 2 ff., 19 ff.)

und dem Verwaltungsorgan des monistischen Systems (Verwaltungsrat, s. → § 12 Rn. 4 ff.). Die Konzeption der SE-Hauptversammlung entspricht im Wesentlichen derjenigen einer deutschen Aktiengesellschaft: Im Hinblick auf die Sachverhalte, die in die Zuständigkeit der Hauptversammlung fallen, legt die SE-Verordnung die gleichen Grundüberlegungen zugrunde wie im nationalen Aktienrecht und verweist zu großen Teilen auf das nationale Recht. Auch im Hinblick auf die Organisation, den Ablauf und die Leitung der Hauptversammlung verweist die SE-Verordnung zu großen Teilen auf das nationale Recht, so dass im Wesentlichen auf die Erfahrungen mit Hauptversammlungen von Aktiengesellschaften zurückgegriffen werden kann.

2 Abweichungen von den aktienrechtlichen Regelungen lassen sich vor allem im Hinblick auf die folgenden Punkte feststellen:
1. Hinsichtlich der **Zuständigkeiten** der Hauptversammlung ist zu beachten, dass das SE-Verordnungsrecht eigene Regelungen für die Hauptversammlung im Hinblick auf Satzungsänderungen, die Bestellung von Organmitgliedern und im Rahmen bestimmter Gründungsverfahren und der Sitzverlegung beinhaltet, wobei zum Teil Besonderheiten bestehen (s. → Rn. 5 ff.). Zudem beinhaltet das Verordnungsrecht zahlreiche **Satzungsregelungen,** die der Hauptversammlung zum Teil zwingende und zum Teil fakultative Zuständigkeiten übertragen und zum Teil von den aktienrechtlichen Regelungen abweichen (s. → Rn. 36). Kommen die Regelungen des Aktiengesetzes aufgrund der Verweisung auf das nationale Recht bzw. die Regelungen des SEAG zur Anwendung, ist insbesondere fraglich, ob durch die Verweisung auch die aktienrechtliche Zuständigkeit zur Entlastung, Abberufung von Organmitgliedern und Ausübung des Letztentscheidungsrechts umfasst werden (s. → Rn. 12 ff.); auch ist streitig, ob die Holzmüller/Gelatine-Doktrin bei der SE zur Anwendung gelangen kann (s. → Rn. 37).
2. Bei der **Organisation und dem Ablauf** der Hauptversammlung ist zu berücksichtigen, dass die SE-Verordnung abweichende Regelungen zu den Gründen für die Einberufung, den Einberufungsberechtigten, das Minderheitsverlangen (s. → Rn. 48 ff.) und der Ergänzung der Tagesordnung beinhaltet.
3. Im Hinblick auf die **Beschlussmehrheiten** bestehen Besonderheiten insoweit, als zum Teil davon ausgegangen wird, dass für **satzungsändernde** Mehrheiten zwei Drittel der abgegebenen Stimmen ausreichen (s. → Rn. 67). Zudem bestehen Zweifelsfragen im Hinblick auf die zusätzliche Anwendbarkeit der im nationalen Aktiengesetz vorgesehenen höheren **Kapitalmehrheit** von Dreivierteln, die sich sowohl bei einfachen als auch qualifizierten Mehrheiten stellt (s. → Rn. 63 ff.). Besonderheiten bestehen zudem bei Fragen der Satzungsgestaltung (s. → Rn. 67, 69) und im Hinblick auf Sonderbeschlüsse (s. → Rn. 73).

## B. Zuständigkeit

3 Die Zuständigkeiten der Hauptversammlung werden durch Art. 52 SE-VO festgelegt, der ein **vierstufiges System** vorsieht. Hiernach hat die Hauptversammlung über Angelegenheiten zu beschließen, in denen ihr die Zuständigkeit durch die Verordnung selbst (s. → Rn. 4 ff.) oder die SE-Richtlinie (s. → Rn. 12) übertragen wird. Zudem beschließt sie in Angelegenheiten, in denen ihr nach dem Recht des jeweiligen Sitzstaates (s. → Rn. 13 ff.) oder nach der mit den Rechtsvorschriften dieses Mitgliedstaates in Einklang stehenden Satzung eine Zuständigkeit übertragen ist (s. → Rn. 36). Entsprechend dem allgemeinen Vorrang des Europarechts gehen die Regelungen der SE-Verordnung den anderen Regelungen vor. Die nationalen Regelungen kommen daher zur Lückenfüllung zum Zuge.[1]

---

[1] Kölner Komm AktG/*Kiem* SE-VO Art. 52 Rn. 7; Lutter/Hommelhoff/Teichmann SE/*Spindler* SE-VO

## I. Zuständigkeit nach der SE-Verordnung

Entsprechend der anwendbaren Normenhierarchie richtet sich die Zuständigkeit der SE-Hauptversammlung gem. Art. 52 UAbs. 1 lit. a SE-VO in erster Linie nach den Regelungen der SE-Verordnung.

### 1. Satzungsänderungen

Nach der SE-Verordnung ist die Hauptversammlung für die Änderung der Satzung zuständig (Art. 59 Abs. 1 SE-VO), wobei diese Zuständigkeit ausschließlich ist, so dass weder die Satzung noch die Hauptversammlung selbst eine Änderung der Satzung von der Mitwirkung einer anderen Stelle abhängig machen kann. Der SE-Hauptversammlungskompetenz unterliegen alle **materiellen** Satzungsänderungen, die inhaltliche Abweichung nach sich ziehen. Die normative Grundordnung der SE kann nur nach Maßgabe des Art. 59 SE-VO verändert werden.[2]

Inwieweit die Hauptversammlung auch über Änderungen der Satzung im formalen Sinn (**Fassungsänderungen**) entscheiden muss, ist streitig.[3] Es spricht indessen viel dafür, dass insoweit eine Regelungslücke der SE-VO vorliegt, über die die Regelung des § 179 Abs. 1 S. 2 AktG zur Anwendung gelangt, so dass die Hauptversammlung die Befugnis, über Fassungsänderungen zu entscheiden, an das Aufsichtsorgan bzw. den Verwaltungsrat übertragen kann. Art. 59 Abs. 1 SE-VO beinhaltet zwar selbst keine Ausnahmeregelung für Fassungsänderungen, sondern bezieht sich seinem Wortlaut nach allgemein auf „die Änderung der Satzung". Dem Sinn und Zweck der Regelung nach kann Art. 59 Abs. 1 SE-VO indessen nicht als abschließend angesehen werden. Grund hierfür sind die erhöhten Beschlusserfordernisse des Art. 59 SE-VO, die nur dann einen Sinn ergeben, wenn sich die Änderung der Satzung inhaltlich auswirkt. Bei formalen Änderungen, etwa im Zusammenhang mit Kapitalerhöhungen aus genehmigtem Kapital, ist es daher zulässig, dass das Aufsichtsorgan bzw. der Verwaltungsrat auf der Grundlage des zuvor gefassten Hauptversammlungsbeschlusses in Ausführung dieses Beschlusses die Fassung der Satzung ändert. Auch die historische Auslegung dieser Bestimmung[4] spricht für dieses Ergebnis.

Satzungsänderungen sind, wie im deutschen Recht, als **Tagesordnungspunkt** anzukündigen, und der volle Wortlaut der Fassung der Satzung ist **offenzulegen** (§ 124 Abs. 2 S. 2 AktG iVm Art. 9 Abs. 1 lit. c ii SE-VO und Art. 59 Abs. 3 SE-VO iVm Art. 13 SE-VO, §§ 10, 11 HGB iVm § 8 b Abs. 2 S. 1 Nr. 1 HGB, § 9 Abs. 1 S. 4, 5 HGB[5]). Zu den Beschlussmehrheiten s. → Rn. 68. Der satzungsändernde Hauptversammlungsbeschluss ist nach Art. 53 SE-VO iVm § 130 Abs. 1 S. 1 AktG **notariell** zu beurkunden.[6] Bei nicht börsennotierten Gesellschaften ist nach § 130 Abs. 1 S. 3 AktG ein privatschriftliches Protokoll ausreichend.

Für SE mit Sitz in Deutschland besteht keine Ausnahme vom Beschlusserfordernis nach Art. 12 Abs. 4 SE-VO, der es ermöglichen würde, auf einen Hauptversammlungsbeschluss

---

Art. 52 Rn. 8; *Schwarz* Art. 52 Rn. 18; *Brandt,* Die Hauptversammlung der Europäischen Aktiengesellschaft (SE), 2004, 121; *vom Brocke,* Die Gründung der Europäischen Aktiengesellschaft, 2002, 123.
[2] Zu den einzelnen Satzungsänderungen im materiellen Sinn vgl. *Hüffer/Koch/Koch* AktG § 179 Rn. 4; Kölner Komm AktG/*Kiem* SE-VO Art. 59 Rn. 1,2.
[3] S. *Brandt,* Die Hauptversammlung der Europäischen Aktiengesellschaft (SE), 2004, 136f.; *Schwarz* Art. 59 Rn. 9; Kölner Komm AktG/*Kiem* SE-VO Art. 59 Rn. 9; Lutter/Hommelhoff/Teichmann SE/*Bayer* SE-VO Art. 59 Rn. 3; BeckOGK/*Eberspächer,* 1.2.2021, SE-VO Art. 59 Rn. 3; Habersack/Drinhausen/*Bücker* SE-VO Art. 59 Rn. 4f.; aA Lutter/Hommelhoff EU-Gesellschaftsrecht/*Spindler* S. 232f.; MüKoAktG/*Kubis* SE-VO Art. 59 Rn. 4.
[4] S. im Einzelnen *Brandt,* Die Hauptversammlung der Europäischen Aktiengesellschaft (SE), 2004, 136f.
[5] Kölner Komm AktG/*Kiem* SE-VO Art. 59 Rn. 34, Kölner Komm AktG/*Kiem* SE-VO Art. 13 Rn. 9ff.; Habersack/Drinhausen/*Bücker* SE-VO Art. 59 Rn. 30.
[6] *Schwarz* Art. 59 Rn. 23; Lutter/Hommelhoff/Teichmann SE/*Bayer* SE-VO Art. 59 Rn. 25; *Heckschen* DNotZ 2003, 251 (267).

zu verzichten, wenn die Satzung der SE im Widerspruch zu einer **Vereinbarung über die Beteiligung der Arbeitnehmer** steht. Von dieser Ausnahmemöglichkeit hat das Ausführungsgesetz keinen Gebrauch gemacht, um in diesem wichtigen Punkt die Entscheidungsfreiheit der Anteilseigner zu schützen. Das kann zur Folge haben, dass die ursprünglich im Verschmelzungs- oder Gründungsplan offengelegte Satzung nach abweichendem Verhandlungsergebnis durch die Hauptversammlung abgeändert werden muss.

### 2. Bestellung der Mitglieder des Aufsichtsorgans bzw. Verwaltungsrats

9  Die SE-Hauptversammlung ist grundsätzlich zuständig für die Bestellung der Mitglieder des Aufsichtsorgans[7] und der Mitglieder des Verwaltungsrats, Art. 43 Abs. 3 S. 1 SE-VO (s. → § 11 Rn. 21 ff.). Ausnahmen hiervon bestehen für Mitglieder des **ersten Aufsichtsorgans** bzw. des **ersten Verwaltungsrats,** die von den Gründern durch die Satzung bestellt werden können (Art. 40 Abs. 2 S. 2 SE-VO, Art. 43 Abs. 3 S. 1 SE-VO), sowie bei in der Satzung vorgesehenen **Entsendungsrechten** (Art. 40 Abs. 2 S. 3 SE-VO iVm Art. 47 Abs. 4 SE-VO iVm § 101 Abs. 2 S. 1 AktG). Die Wahlvorschläge sind durch das Aufsichtsorgan bzw. den Verwaltungsrat zu unterbreiten (§ 124 Abs. 3 AktG, § 22 Abs. 6 SE-AG iVm Art. 43 Abs. 4 SE-VO iVm Art. 9 Abs. 1 lit. c ii SE-VO), sofern sich nicht aus der SE-Richtlinie anderes ergibt (s. → § 14 Rn. 22 ff.). Die Art der Abstimmung wird durch den Verhandlungsleiter festgelegt.

### 3. Direkte Bestellung der Mitglieder des Leitungsorgans

10  Von der Ermächtigung des Art. 39 Abs. 2 S. 2 SE-VO, die den Mitgliedstaaten die Möglichkeit einräumt, eine direkte Wahl der Mitglieder des Leitungsorgans durch die Hauptversammlung vorzusehen, ist im SEAG kein Gebrauch gemacht worden.[8] Der Hauptversammlung einer SE mit Sitz in Deutschland stehen aus Art. 39 Abs. 2 S. 2 SE-VO keine solchen Befugnisse zu.

### 4. Gründung und Umwandlung

11  Weitere Hauptversammlungskompetenzen bestehen im Zusammenhang mit der Gründung bzw. Umwandlung von SE. Gemäß Art. 23 SE-VO bedarf es bei der Verschmelzung der Zustimmung der jeweiligen Hauptversammlung der sich verschmelzenden Gesellschaften (s. → § 5 Rn. 61 f.), und gem. Art. 32 Abs. 6 SE-VO muss bei der Gründung einer Holding-SE die Hauptversammlung der die Gründung anstrebenden Gesellschaften dem Gründungsplan zustimmen (s. → § 6 Rn. 16 ff.). Zudem ist die Hauptversammlung gem. Art. 8 Abs. 6 SE-VO zuständig für die Beschlussfassung zur Verlegung des Sitzes (s. → § 15 Rn. 35 f.). Auch bedarf es bei der Umwandlung einer SE in eine Aktiengesellschaft nationalen Rechts nach Art. 66 Abs. 6 SE-VO der Zustimmung der Hauptversammlung zum Umwandlungsplan (s. → § 8 Rn. 41 ff.).

## II. Zuständigkeit aufgrund der SE-Ergänzungsrichtlinie

12  Zuständigkeiten der SE-Hauptversammlung aufgrund der SE-Richtlinie bestehen nicht, da die SE-Verordnung im Gegensatz zu ihren Vorläufern[9] keine solche Regelung mehr

---

[7] Dualistisches System, Art. 40 Abs. 2 S. 1 SE-VO.
[8] Kölner Komm AktG/*Paefgen* SE-VO Art. 39 Rn. 38; *Teichmann* ZIP 2002, 1109 (1113); s. auch *Schwarz* ZIP 2001, 1847 (1854).
[9] S. bspw. Art. 3 Nr. 3 S. 2 des Richtlinienvorschlages vom 25.8.1989 (89/C 263/08) sowie Art. 3 Abs. 2 S. 1 des Vorschlags vom 6.4.1991 (91/C 138/08).

B. Zuständigkeit                                                                 § 13

enthält.¹⁰ Nach Art. 52 UAbs. 1 lit. b SE-VO können auf die Hauptversammlung weitere Zuständigkeiten durch die in Anwendung der SE-RL erlassenen Vorschriften des Sitzstaates der SE übertragen werden. Das SEBG weist der Hauptversammlung in der Hauptversammlung solche Zuständigkeiten für die Bestellung und Abberufung von Arbeitnehmervertretern im Aufsichts- bzw. Verwaltungsorgan zu (s. auch → § 14 Rn. 4, 46 f.).

### III. Zuständigkeit nach den Vorschriften des Sitzstaates – deutsches Aktienrecht

Aufgrund der Verweisung in Art. 52 UAbs. 2 SE-VO ist die Hauptversammlung zudem, 13 soweit ihr nicht schon durch die SE-Verordnung selbst Kompetenzen übertragen worden sind, in den Angelegenheiten zuständig, in denen ihr nach dem mitgliedstaatlichen Recht eine Zuständigkeit zugewiesen ist. Für SE mit Sitz in Deutschland kommen mithin vor allem die Regelungen des SEAG und des Aktiengesetzes zur Anwendung.

#### 1. Kompetenzen nach § 119 AktG iVm Art. 52 SE-VO

Aufgrund dieser Verweisungsnorm des Art. 52 UAbs. 2 SE-VO werden der Hauptver- 14 sammlung einer SE mit Sitz in Deutschland die Kompetenzen zugewiesen, die sich aus § 119 Abs. 1 Nr. 2 bis 4 und Nr. 6 bis 8 AktG ergeben.¹¹ Auf § 119 Abs. 1 Nr. 1 AktG (Änderungen der Satzung) und § 119 Abs. 1 Nr. 5 AktG (Wahl der Mitglieder des Aufsichtsorgans bzw. des Verwaltungsrats) wird demgegenüber nicht verwiesen. Insoweit sind die vorrangigen Verordnungsregelungen des Art. 59 SE-VO (s. → Rn. 5) und der Art. 40 Abs. 2 S. 1 SE-VO und Art. 43 Abs. 3 S. 1 SE-VO (s. → Rn. 9 f.) anwendbar.

##### a) Verwendung des Bilanzgewinns

Die Hauptversammlung beschließt über die Verwendung des Bilanzgewinns (§ 119 Abs. 1 15 Nr. 2 AktG, § 174 Abs. 1 AktG). Entsprechend den aktienrechtlichen Regelungen ist sie an den Jahresabschluss gebunden (§ 174 Abs. 1 S. 2 AktG iVm Art. 9 Abs. 1 lit. c ii SE-VO) und hat die erforderlichen Rücklagen einzustellen (§ 150 Abs. 2 AktG, § 58 AktG iVm Art. 9 Abs. 1 lit. c ii SE-VO).¹²

##### b) Entlastung

Zuständig ist die Hauptversammlung nach zutreffender Auffassung für die Entlastung der 16 Mitglieder des Leitungs- und Aufsichtsorgans bzw. des Verwaltungsorgans (§ 119 Abs. 1 Nr. 3 AktG, § 120 AktG),¹³ wobei die aktienrechtlichen Regelungen¹⁴ über die Verwei-

---

¹⁰ Habersack/Drinhausen/*Bücker* SE-VO Art. 52 Rn. 13.
¹¹ *Schwarz* Art. 52 Rn. 24.
¹² Kölner Komm AktG/*Kiem* SE-VO Art. 52 Rn. 30; Lutter/Hommelhoff/Teichmann SE/*Spindler* SE-VO Art. 52 Rn. 31; MüKoAktG/*Kubis* SE-VO Art. 52 Rn. 19; BeckHdB AG/*Reichert* § 5 Rn. 12.
¹³ So auch im Ergebnis Kölner Komm AktG/*Kiem* SE-VO Art. 52 Rn. 28; Lutter/Hommelhoff/Teichmann SE/*Spindler* SE-VO Art 52 Rn. 30; MüKoAktG/*Kubis* SE-VO Art 52 Rn. 19; *Schwarz* Art. 52 Rn. 30; Habersack/Drinhausen/*Bücker* SE-VO Art. 52 Rn. 26 ff.; Lutter/Hommelhoff EU-Gesellschaft/*Spindler* 236; *Schwarz* Art. 52 Rn. 30; aA *Brandt*, Die Hauptversammlung der Europäischen Aktiengesellschaft (SE), 2004, 148 ff.; *Hommelhoff* AG 1990, 422 (427) auf der Basis des Entwurfs von 1989.
¹⁴ Sie hat zur Folge, dass die Billigung der Tätigkeit der Mitglieder des Aufsichtsorgans bzw. des Verwaltungsrats zum Ausdruck kommt, aber bei ihrer Versagung nicht ohne weiteres ein wichtiger Grund zur Abberufung des/der betreffenden Organmitglieder begründet wird; s. Kölner Komm AktG/*Zöllner* AktG § 120 Rn. 42.

sungsnorm des Art. 52 UAbs. 2 SE-VO zur Anwendung kommen.[15] Hierfür spricht das der SE-Verordnung zugrunde liegende System. Es regelt nur bruchstückhaft einzelne Hauptversammlungskompetenzen und verweist zur Ausfüllung der Regelungslücken auf das nationale Recht und damit auch auf § 120 AktG. Gegen das Zumzugekommen des § 120 AktG können auch aus der Entstehungsgeschichte, insbesondere aus dem Umstand, dass der Entwurf von 1989 noch eine abschließende Liste enthielt, in der die Entlastung nicht enthalten war, keine gegenläufigen Rückschlüsse gezogen werden. Denn den Vorläufern des jetzigen Textes lag ein umfassendes Regelungssystem und im Fall der Hauptversammlungskompetenzen eine enumerative Aufzählung zugrunde, die in dem jetzigen Verordnungstext zugunsten eines Generalverweises auf nationales Recht abgeändert worden ist, so dass aus den Regelungen der Vorläufer keine Schlüsse mehr gezogen werden können. Auch können die Art. 39 ff. SE-VO insoweit nicht als abschließend angesehen werden.[16] Entsprechend dem deutschen Aktiengesetz gilt als Regelfall die **Gesamtentlastung;** es kann Einzelentlastung durch die Hauptversammlung beschlossen werden (zum Beschlusserfordernis s. → Rn. 62 ff.). Ferner besteht die Möglichkeit, dass eine Minderheit, deren Anteil den zehnten Teil des Grundkapitals oder den anteiligen Betrag von einer Million Euro erreicht, **Einzelentlastung** verlangen kann (§ 120 Abs. 1 S. 2 Alt. 2 AktG iVm Art. 9 Abs. 1 lit. c ii SE-VO). Die betreffenden Organmitglieder sind, soweit es um ihre Entlastung geht, vom Stimmrecht ausgeschlossen (§ 136 AktG iVm Art. 9 Abs. 1 lit. c ii SE-VO).

### c) Bestellung des Abschlussprüfers

17 Die Hauptversammlung hat jährlich über die Bestellung des Abschlussprüfers zu entscheiden (§ 119 Abs. 1 Nr. 4 AktG, § 318 Abs. 1 HGB). Der Vorschlag ist vom Aufsichtsorgan (§ 124 Abs. 3 AktG iVm Art. 9 Abs. 1 lit. c ii SE-VO) bzw. dem Verwaltungsrat (§ 124 Abs. 3 AktG iVm § 22 Abs. 6 SEAG) vorzulegen, dem auch die Erteilung des Prüfungsauftrages obliegt (§ 111 Abs. 2 S. 3 AktG, § 318 Abs. 1 S. 4 HGB).[17]

### d) Maßnahmen der Kapitalbeschaffung und der Kapitalherabsetzung

18 Zuständig ist die Hauptversammlung, um über Maßnahmen der Kapitalbeschaffung und der Kapitalherabsetzung zu beschließen, wozu auch die Ausgabe von Wandel- und Gewinnschuldverschreibungen gehört sowie die Einräumung von Genussrechten (§ 119 Abs. 1 Nr. 6 AktG iVm §§ 182, 192, 202, 207, 221, 222, 229, 237 AktG). Regelmäßig ergibt sich die Kompetenz der Hauptversammlung aus der Verordnung (Art. 59 SE-VO) selbst, namentlich bei Maßnahmen, die eine Satzungsänderung darstellen; andernfalls ergibt sich die Kompetenz über Art. 52 SE-VO aus den nationalen Bestimmungen.[18] Die weiteren Voraussetzungen dieser Maßnahmen richten sich, soweit nicht in der SE-Verordnung geregelt, nach nationalem Recht (s. Art. 5 SE-VO). Zu den erforderlichen Mehrheiten s. → Rn. 68 f.

---

[15] So im Ergebnis *Gutsche,* Die Eignung der Europäischen Aktiengesellschaft für kleine und mittlere Unternehmen, 1994, 84; *Leupold,* Europäische Aktiengesellschaft und ihre grenzüberschreitenden Umstrukturierungsmöglichkeiten, 2005, 100.
[16] Für diese Auffassung *Brandt,* Die Hauptversammlung der Europäischen Aktiengesellschaft (SE), 2004, 148 ff.; *Hommelhoff* AG 1990, 422 (427).
[17] Kölner Komm AktG/*Kiem* SE-VO Art. 52 Rn. 30; BeckOGK/*Eberspächer,* 1.2.2021, SE-VO Art. 52 Rn. 7; MüKoAktG/*Kubis* SE-VO Art. 52 Rn. 19; Lutter/Hommelhoff/Teichmann SE/*Spindler* SE-VO Art. 52 Rn. 33; Habersack/Drinhausen/*Bücker* SE-VO Art. 52 Rn. 25.
[18] Kölner Komm AktG/*Kiem* SE-VO Art. 52 Rn. 37; *Schwarz* Art. 52 Rn. 22; Lutter/Hommelhoff/Teichmann SE/*Spindler* SE-VO Art. 52 Rn. 36; für die Anwendung ausschließlich nationalen Rechts aufgrund der Enthaltsamkeit der SE-VO zu Fragen des Kapitals MüKoAktG/*Kubis* SE-VO Art. 52 Rn. 17.

### e) Bestellung von Sonderprüfern

Die Hauptversammlung beschließt über die Bestellung von Sonderprüfern zur Prüfung 19
von Vorgängen bei der Gründung oder der Geschäftsführung (§ 119 Abs. 1 Nr. 7 AktG).[19]
Die Bestellung der Sonderprüfer richtet sich ansonsten nach § 142 AktG iVm Art. 9
Abs. 1 lit. c ii SE-VO. Wird der Antrag durch die Hauptversammlung abgelehnt, kann es
unter den Voraussetzungen des § 142 Abs. 2 AktG iVm Art. 9 Abs. 1 lit. c ii SE-VO zur
gerichtlichen Bestellung eines Sonderprüfers kommen.

### f) Auflösung der Gesellschaft

Die Hauptversammlung beschließt über die Auflösung der Gesellschaft (§ 119 Abs. 1 Nr. 8 20
AktG iVm § 262 AktG). Als Verweisungsnorm ist insoweit die speziellere Regelung des
Art. 63 SE-VO heranzuziehen;[20] Teile der Literatur stellen auf Art. 52 SE-VO ab.[21] Durch
die Auflösung der Gesellschaft wird die werbende Tätigkeit der Gesellschaft eingestellt und
diese in eine Abwicklungsgesellschaft umfunktioniert. Zur Beschlussmehrheit s. im Einzelnen → § 21 Rn. 10.

## 2. Sonstige Kompetenzen aufgrund Verweises auf nationales Recht

Außer diesen Zuständigkeiten kommen über die Verweisungsnorm des Art. 52 UAbs. 2 21
SE-VO die folgenden weiteren im Aktiengesetz, SEAG und SEBG vorhandenen Zuständigkeitsregelungen zur Anwendung:

### a) Verzicht und Vergleich auf Ersatzansprüche der Gesellschaft

Die Hauptversammlung ist nach Art. 52 Abs. 2 SE-VO zuständig für einen Verzicht oder 22
Vergleich auf Ersatzansprüche der Gesellschaft gegen Gründer und Mitglieder der Verwaltungsorgane (§§ 50, 93 Abs. 4 AktG, § 116 AktG).[22] Es bedarf eines solchen Hauptversammlungsbeschlusses sowohl bei dem Verzicht auf die Ansprüche gegenüber dem Leitungsorgan als auch gegenüber den Mitgliedern des Verwaltungsrats (§ 33 SEAG) oder den
geschäftsführenden Direktoren (§ 40 Abs. 8 SEAG). Neben der Zustimmung der Hauptversammlung ist entsprechend den aktienrechtlichen Regelungen der §§ 50, 93 Abs. 4
AktG und § 116 AktG, deren weiterer Inhalt über Art. 9 Abs. 1 lit. c ii SE-VO zur Anwendung gelangt, zudem erforderlich, dass die Minderheitsaktionäre nicht widersprechen
(10 % des Grundkapitals) und nicht mehr als drei Jahre seit der Entstehung des Anspruchs
verflossen sind.

### b) Zustimmung zu Nachgründungsverträgen

Auf SE mit Sitz in Deutschland finden über Art. 5 SE-VO die Regelungen des Aktiengesetzes zum Kapital und damit auch diejenigen zur Nachgründung Anwendung. Entsprechend § 52 Abs. 5 AktG iVm Art. 52 UAbs. 2 SE-VO ist ein Hauptversammlungsbeschluss
zur Wirksamkeit des Nachgründungsvertrages erforderlich.[23] Zur Beschlussmehrheit s.
→ Rn. 68. Neben der Zustimmung der Hauptversammlung ist die Eintragung der Verträge im Handelsregister erforderlich. Die Verträge bedürfen der Schriftform (§ 52 AktG iVm
Art. 5 SE-VO).

---

[19] Kölner Komm AktG/*Kiem* SE-VO Art 52 Rn. 31; MüKoAktG/*Kubis* SE-VO Art. 52 Rn. 21; Habersack/Drinhausen/*Bücker* SE-VO Art. 52 Rn. 29; Lutter/Hommelhoff/Teichmann SE/*Spindler* SE-VO Art. 52 Rn. 34.
[20] Habersack/Drinhausen/*Bachmann* SE-VO Art. 63 Rn. 79 mwN.
[21] Kölner Komm AktG/*Kiem* SE-VO Art. 52 Rn. 32; Habersack/Drinhausen/*Bücker* SE-VO Art. 52 Rn. 29.
[22] Kölner Komm AktG/*Kiem* SE-VO Art. 52 Rn. 35; MüKoAktG/*Kubis* SE-VO Art. 52 Rn. 21; Habersack/Drinhausen/*Bücker* SE-VO Art. 52 Rn. 35; *Schwarz* Art. 52 Rn. 28.
[23] Kölner Komm AktG/*Kiem* SE-VO Art. 52 Rn. 37.

### c) Ermächtigung zum Erwerb/zur Einziehung eigener Aktien

24 Zuständig ist die Hauptversammlung für die Ermächtigung der Verwaltungsorgane zum Erwerb bzw. zur Einziehung eigener Aktien (§ 71 Nr. 7 und 8 AktG iVm Art. 52 UAbs. 2 SE-VO).[24] Die Ermächtigung der Hauptversammlung hat gegenüber dem Leitungsorgan bzw. dem Verwaltungsrat (§ 22 Abs. 6 SEAG) zu erfolgen; über Art. 5 SE-VO kommen die weiteren Voraussetzungen des § 71 AktG zur Anwendung.

### d) Vorbereitung von Hauptversammlungsbeschlüssen

25 Die Mitglieder des Leitungsorgans bzw. Verwaltungsrats (§ 22 Abs. 6 SEAG) können durch Beschluss der Hauptversammlung angehalten werden, Maßnahmen der Hauptversammlung vorzubereiten, die in ihren Zuständigkeitsbereich fallen (§ 83 Abs. 1 AktG iVm Art. 52 UAbs. 2 SE-VO). Der Beschluss bedarf der für die Maßnahme oder für die Zustimmung zum Vertrag erforderlichen Mehrheit.[25]

### e) Entzug des Vertrauens

26 Die Hauptversammlung kann durch Beschluss den Mitgliedern des Leitungsorgans das Vertrauen entziehen (§ 84 Abs. 3 AktG, § 22 Abs. 6 SE-AG iVm Art. 52 UAbs. 2 SE-VO), was einen wichtigen Grund für ihre Abberufung darstellt. Im monistischen System gilt diese Regelung nicht.

### f) Abberufung der Mitglieder des Aufsichtsorgans bzw. Verwaltungsrats

27 Die SE-Verordnung regelt nicht die Abberufung der Mitglieder des Aufsichtsorgans bzw. des Verwaltungsrats. Sie beinhaltet in ihrem Art. 40 Abs. 2 SE-VO bzw. Art. 43 Abs. 3 SE-VO lediglich Regelungen zur Bestellung dieser Mitglieder. Nach zutreffender Ansicht kommt daher über Art. 52 UAbs. 2 SE-VO die Regelung des § 103 Abs. 1 AktG bzw. im monistischen System diejenige des § 29 SEAG zur Anwendung so dass die Hauptversammlung diese Organmitglieder vor Ablauf ihrer Amtszeit mit **Dreiviertelstimmenmehrheit** abberufen kann, einschließlich der gewährten Satzungsgewalt, andere Mehrheiten vorzusehen.[26] Dem steht im Ergebnis auch nicht die Regelung des Art. 46 Abs. 1 SE-VO entgegen, die sich mit der Bestellung der Organmitglieder für einen satzungsmäßig festgelegten Zeitraum befasst und die teilweise derart interpretiert wird, dass sie einer freien Abberufung entgegenstünde.[27] Dieser Auffassung kann im Ergebnis nicht gefolgt werden, denn unmittelbar dient diese Regelung dazu, die Höchstdauer der Amtszeit durch eine Satzungsbestimmung festzulegen, was erforderlich ist, da die SE-Verordnung anders als das deutsche Recht keine unmittelbare gesetzliche Höchstamtsdauer festlegt, sondern insoweit auf eine Satzungsregelung verweist. Zudem sprechen die sich mit dem dualistischen System befassenden Regelungen des Art. 39 Abs. 1 und Abs. 2 S. 2 SE-VO für dieses Ergebnis. Sie erlauben, dass das Leitungsorgan, das vom Aufsichtsorgan bzw. direkt durch die Hauptversammlung bestellt worden ist, auch durch diese wieder abberufen werden kann. Denn wie sich anhand dieser Regelung zeigt, kann Art. 46 Abs. 1 SE-VO, der sich sowohl auf die Mitglieder des dualistischen als auch des monistischen Systems erstreckt, der Abberufung aus dem Leitungsorgan nicht entgegenstehen (vgl. → § 11 Rn. 25). Folglich kann Art. 46 Abs. 1 SE-VO auch kein Hindernis für die Abberufung der Mitglieder des Aufsichtsorgans bzw. des Verwaltungsrats (s. hierzu § 29 SEAG) darstellen.

---

[24] Kölner Komm AktG/*Kiem* SE-VO Art. 52 Rn. 37.
[25] S. zu den Einzelheiten Kölner Komm AktG/*Mertens/Cahn* AktG § 83 Rn. 9.
[26] So im Ergebnis Kölner Komm AktG/*Paefgen* SE-VO Art. 40 Rn. 79; *Brandt,* Die Hauptversammlung der Europäischen Aktiengesellschaft (SE), 2004, 146 ff.; *Buchheim,* Europäische Aktiengesellschaft und grenzüberschreitende Konzernverschmelzung, 2001, 246; Lutter/Hommelhoff EU-Gesellschaft/*Spindler* 234.
[27] So *Hirte* NZG 2002, 1 (5); *Hommelhoff* AG 2001, 279 (283), die davon ausgehen, dass Art. 46 SE-VO eine vorzeitige Abberufung ausschließe.

Vielmehr kann zur Lückenfüllung auf die nationalen Regelungen zurückgegriffen werden. Hierfür sprechen auch allgemeine verbandsrechtliche Überlegungen, nach denen die Bestellungskompetenz mit der Abberufungskompetenz einhergeht.[28]

### g) Letztentscheidungsrecht bei vorlagepflichtigen Geschäftsführungsangelegenheiten

Nach überwiegender Auffassung kommt es über Art. 52 UAbs. 2 SE-VO zur Anwendung des § 111 Abs. 4 S. 3 AktG auf die SE, so dass der Hauptversammlung bei Verweigerung der Zustimmung des Aufsichtsorgans bzw. des Gesamtverwaltungsrats ein Letztentscheidungsrecht zusteht.[29] Art. 48 SE-VO regelt die Zustimmungsbedürftigkeit von bestimmten Geschäften, verhält sich jedoch nicht dazu, welche Folgen eine mangelnde Zustimmung nach sich zieht, so dass diese Regelung nicht als abschließend angesehen werden kann. Auch eine historische Auslegung, die darauf aufbaut, dass die Vorläufer der SE-Verordnung trotz der bestehenden Forderung nach einem Letztentscheidungsrecht kein solches beinhalteten,[30] kann wegen des bereits erwähnten Systemwechsels in der Verweisungstechnik (s. → Rn. 16) nicht zu einem anderen Ergebnis führen. Im dualistischen System kommt es aufgrund des Verweises in Art. 52 UAbs. 2 SE-VO dazu, dass das Leitungsorgan der Hauptversammlung das Geschäft zur Entscheidung vorlegen kann, wenn das Aufsichtsorgan seine Zustimmung verweigert hat. Im monistischen System ergibt sich aus § 22 Abs. 6 SEAG iVm Art. 52 UAbs. 2 SE-VO iVm § 111 Abs. 4 S. 3 AktG die Anwendbarkeit des Letztentscheidungsrechts. Dementsprechend kann der Verwaltungsrat, wenn der Gesamtverwaltungsrat einem ihm zur Entscheidung vorgelegten Geschäft nicht zugestimmt hat, das Geschäft der Hauptversammlung zur endgültigen Entscheidung vorlegen.

28

### h) Festsetzung der Vergütung des Aufsichtsorgans bzw. des Verwaltungsrats

Nach § 113 Abs. 1 S. 2 SE-VO iVm Art. 52 UAbs. 2 SE-VO kann die Vergütung der Mitglieder des Aufsichtsorgans durch einen Hauptversammlungsbeschluss bewilligt werden.[31] Im monistischen System gilt für den Verwaltungsrat über § 38 Abs. 1 SEAG, der auf § 113 AktG verweist, entsprechendes.

29

### i) Geltendmachung von Ersatzansprüchen gegenüber Gründern und Verwaltungsmitgliedern

Die Hauptversammlung kann über Art. 52 UAbs. 2 SE-VO die Durchsetzung von Ersatzansprüchen gegenüber den Gründern, den Mitgliedern des Leitungsorgans (§ 147 AktG) und des Verwaltungsrats (§ 22 Abs. 6 SEAG) beschließen.[32] An die Stelle des Hauptver-

30

---

[28] *Brandt*, Die Hauptversammlung der Europäischen Aktiengesellschaft (SE), 2004, 146 ff.; *Buchheim*, Die Europäische Aktiengesellschaft unter besonderer Berücksichtigung des deutschen Rechts, 1993, 246.
[29] So im Ergebnis *Kölner Komm AktG/Kiem* SE-VO Art. 52 Rn. 33; *MüKoAktG/Reichert/Brandes* SE-VO Art. 48 Rn. 16; BeckOGK/*Eberspächer*, 1.2.2021, SE-VO Art. 52 Rn. 9, BeckOGK/*Eberspächer*, 1.2.2021, SE-VO Art. 48 Rn. 8; *Teichmann* ZGR 2002, 383 (454); *Schwarz* Art. 52 Rn. 26; aA für die mangelnde Anwendbarkeit des § 111 Abs. 4 S. 3 AktG *Brandt*, Die Hauptversammlung der Europäischen Aktiengesellschaft (SE), 2004, 150 f. So im Ergebnis ebenfalls *Gutsche*, Die Eignung der Europäischen Aktiengesellschaft für kleine und mittlere Unternehmen, 1994, 97 f.; *Leupold*, Europäische Aktiengesellschaft und ihre grenzüberschreitenden Umstrukturierungsmöglichkeiten, 2005, 94 f.; *Reinkensmeier*, Die Europäische Aktiengesellschaft, 1993, 133; Lutter/Hommelhoff EU-Gesellschaft/*Spindler* 235.
[30] Unter anderem auf die historische Auslegung abstellend *Brandt*, Die Hauptversammlung der Europäischen Aktiengesellschaft (SE), 2004, 150 f.
[31] So auch Kölner Komm AktG/*Kiem* SE-VO Art. 52 Rn. 34; MüKoAktG/*Kubis* SE-VO Art. 52 Rn. 21; Lutter/Hommelhoff/Teichmann SE/*Spindler* SE-VO Art. 52 Rn. 38; Habersack/Drinhausen/*Bücker* SE-VO Art. 52 Rn. 34; *Brandt*, Die Hauptversammlung der Europäischen Aktiengesellschaft (SE), 2004, 152 f.; Lutter/Hommelhoff EU-Gesellschaft/*Spindler* 235; *Schwarz* Art. 52 Rn. 27; vgl. im Einzelnen zum deutschen Recht Hüffer/Koch/*Koch* AktG § 113 Rn. 3.
[32] Kölner Komm AktG/*Kiem* SE-VO Art. 52 Rn. 35; MüKoAktG/*Kubis* SE-VO Art. 52 Rn. 21; Habersack/Drinhausen/*Bücker* SE-VO Art. 52 Rn. 28.

sammlungsbeschlusses kann ein Antrag einer Minderheit (10% des in der Hauptversammlung vertretenen Grundkapitals) treten (§ 147 Abs. 3 AktG iVm Art. 9 Abs. 1 lit c ii SE-VO).

### j) Widerruf der Wahl zum Abschlussprüfer

31 Die Hauptversammlung ist gem. Art. 52 UAbs. 2 SE-VO zuständig für den Widerruf der Wahl zum Abschlussprüfer. Im Hinblick auf die Abberufungsmodalitäten kommt § 318 HGB über Art. 9 Abs. 1 lit. c ii SE-VO zur Anwendung, so dass der Prüfungsauftrag des Abschlussprüfers nur nach der gerichtlichen Bestellung eines anderen Prüfers widerrufen werden kann.

### k) Feststellung des Jahresabschlusses

32 Die Hauptversammlung ist für die Feststellung des Jahresabschlusses zuständig, wenn der Aufsichtsrat bzw. der Verwaltungsrat den Jahresabschluss nicht billigt (§ 173 Abs. 1 AktG iVm Art. 52 UAbs. 2 SE-VO, § 47 Abs. 6 SEAG) oder wenn Vorstand und Aufsichtsrat bzw. der Verwaltungsrat die Feststellung des Jahresabschlusses der Hauptversammlung überlassen (§ 172 Abs. 1 AktG, § 173 Abs. 1 AktG iVm Art. 52 UAbs. 2 SE-VO, § 47 Abs. 6 SEAG).[33] Gleiches gilt, wenn das Aufsichtsorgan bzw. der Verwaltungsrat einer SE-Muttergesellschaft oder der Aufsichtsrat einer deutschen Muttergesellschaft den Konzernabschluss nicht gebilligt hat (§ 173 Abs. 1 S. 2 AktG iVm Art. 52 UAbs. 2 SE-VO). Auch in diesem Fall entscheidet die Hauptversammlung der SE. Schließlich besteht eine Zuständigkeit der Hauptversammlung im Fall einer rückwirkenden vereinfachten Kapitalherabsetzung (§ 234 Abs. 1 AktG iVm Art. 52 UAbs. 2 SE-VO). Für die Feststellung des Jahresabschlusses oder des Konzernabschlusses durch die Hauptversammlung gelten § 173 Abs. 2 und 3 AktG, § 22 Abs. 6 SEAG iVm Art. 9 Abs. 1 lit. c ii SE-VO. Zur Beschlussmehrheit s. → Rn. 68. Hinsichtlich des Beschlusses über die Gewinnverwendung ist die Hauptversammlung gem. Art. 52 UAbs. 2 SE-VO iVm § 119 Abs. 1 Nr. 2 AktG, § 174 AktG zuständig.[34]

### l) Übertragung des gesamten Vermögens

33 Die Hauptversammlung hat ihre Zustimmung zu Verträgen zu geben, durch die sich die Gesellschaft zur Übertragung ihres gesamten Vermögens verpflichtet, ohne dass die Übertragung dem Umwandlungsgesetz unterfällt (§ 179a AktG iVm Art. 52 UAbs. 2 SE-VO). Zur Beschlussmehrheit s. → Rn. 68.

### m) Bewertung von Erträgen aufgrund höherer Bewertung

34 Der Hauptversammlung steht die Entscheidung über die Bewertung des Ertrages, der durch höhere Bewertung aufgrund einer Sonderprüfung entsteht, zu (§ 261 Abs. 3 S. 2 AktG iVm Art. 52 UAbs. 2 SE-VO). Die Entscheidungsfreiheit der Hauptversammlung wird entsprechend den aktienrechtlichen Regelungen durch den erforderlichen Steuerabzug und den Ausgleich des Bilanzverlustes eingeschränkt.

### n) Konzernrechtliche Maßnahmen.

35 Die Hauptversammlung hat konzernrechtlichen Maßnahmen, wie dem Abschluss von Unternehmensverträgen, gem. § 293 Abs. 1 AktG und § 295 Abs. 1 AktG iVm Art. 52 UAbs.

---

[33] Kölner Komm AktG/*Kiem* SE-VO Art. 52 Rn. 29; Lutter/Hommelhoff/Teichmann/*Spindler* SE-VO Art. 52 Rn. 32; BeckOGK/*Eberspächer*, 1.2.2021, SE-VO Art. 52 Rn. 7; Habersack/Drinhausen/*Bücker* SE-VO Art. 52 Rn. 24.
[34] Kölner Komm AktG/*Kiem* SE-VO Art. 52 Rn. 30; BeckOGK/*Eberspächer*, 1.2.2021, SE-VO Art. 52 Rn. 7.

B. Zuständigkeit § 13

2 SE-VO zuzustimmen.³⁵ Im Bereich des Konzernrechts kommen die aktienrechtlichen Regelungen mit geringen Anpassungen zur Anwendung (s. → § 17 Rn. 1 ff.).

o) Bestellung und Abberufung von Arbeitnehmervertretern

Das SEBG weist der Hauptversammlung die Zuständigkeit für die Bestellung (§ 36 Abs. 4 SEBG) und Abberufung von Arbeitnehmervertretern (§ 37 Abs. 1 S. 4 SEBG) im Aufsichts- bzw. Verwaltungsorgan zu.³⁶ Gem. § 36 Abs. 4 S. 2 SEBG ist die Hauptversammlung jedoch an die Vorschläge bzw. Anträge der Arbeitnehmerseite gebunden. 35a

## IV. Zuständigkeiten aufgrund der Satzung der SE

Die satzungsmäßige Zuständigkeit der Hauptversammlung kann sich aus Regelungen der SE-Verordnung und des nationalen Rechts ergeben. Die SE-Verordnung, die dem Grundsatz der **Satzungsstrenge** folgt (Art. 9 Abs. 1 lit. b und lit. c iii SE-VO, s. → § 3 Rn. 7), weist der Satzung und damit den Gründern bzw. nach Eintragung der SE der Hauptversammlung Kompetenzen zu. Das gilt für die Wahl zwischen dem dualistischen und dem monistischen System (Art. 38 lit. b SE-VO), die Festlegung der Amtsperiode der Organmitglieder (Art. 46 SE-VO), die ggf. gewollte Einschränkung der Wiederwahl der Organmitglieder (Art. 46 SE-VO), die Festlegung der Zahl der Organmitglieder bzw. der Regelungen für ihre Festlegung (Art. 39 Abs. 4 SE-VO iVm § 16 SEAG, Art. 40 Abs. 3 SE-VO iVm § 17 SEAG, Art. 43 Abs. 2 SE-VO iVm § 23 SEAG; s. → § 2 Rn. 8) und die Festlegung der zustimmungspflichtigen Geschäfte (Art. 48 Abs. 1 SE-VO), wobei das Aufsichtsorgan (dualistisches System) selbst bestimmte Arten von Geschäften von seiner Zustimmung abhängig machen kann (§ 19 SEAG). Zudem besteht die Möglichkeit, in der Satzung für die Aktionärsvertreter besondere Eignungsvoraussetzungen vorzusehen (Art. 47 Abs. 3 SE-VO) und im Hinblick auf das monistische System den Sitzungsturnus des Verwaltungsrats festzulegen (Art. 44 Abs. 1 SE-VO; zum dualistischen System s. → § 2 Rn. 10). Im Hinblick auf die Hauptversammlung ist auf die Art. 55 Abs. 1 SE-VO und Art. 56 S. 2 und 3 SE-VO (s. → § 2 Rn. 10) zu verweisen. Auf der Ebene des nationalen Rechts, auf die Art. 52 UAbs. 2 SE-VO verweist, bestehen einige wenige Möglichkeiten, in denen die Hauptversammlung in den in der Satzung bestimmten Fällen beschließen kann. So können beispielsweise weitere Gremien auf der Grundlage eines Hauptversammlungsbeschlusses eingerichtet werden, wie zB Beiräte oder Aktionärsausschüsse,³⁷ soweit dadurch nicht in die gesetzlichen Organkompetenzen, die die Verordnung bzw. das Aktiengesetz vorschreiben (zum Verhältnis s. → § 3 Rn. 1 ff.), eingegriffen wird. Auch kann durch die Satzung die Erteilung der Zustimmung zur Übertragung von vinkulierten Aktien an die Hauptversammlung übertragen werden (§ 68 Abs. 2 S. 3 AktG iVm Art. 52 UAbs. 2 SE-VO). 36

## V. Ungeschriebene Hauptversammlungszuständigkeiten

Neben den ausdrücklich normierten Fällen der Zuständigkeit kommen nach überwiegender Auffassung auf SE mit Sitz in Deutschland auch die ungeschriebenen Hauptversammlungskompetenzen nach **„Holzmüller/Gelatine"**³⁸ über den allgemeinen Verweis auf die 37

---

³⁵ Kölner Komm AktG/*Kiem* SE-VO Art. 52 Rn. 37; Lutter/Hommelhoff/Teichmann SE/*Spindler* SE-VO Art. 52 Rn. 44.
³⁶ Kölner Komm AktG/*Kiem* SE-VO Art. 52 Rn. 25; Habersack/Drinhausen/*Bücker* SE-VO Art. 52 Rn. 14.
³⁷ BeckHdB AG/*Reichert* § 5 Rn. 25.
³⁸ BGHZ 83, 122 = NJW 1982, 1703 – Holzmüller; vgl. hierzu *Zimmermann/Pentz* FS Welf Müller, 2001, 151 ff.

nationalen Rechtsvorschriften nach Art. 52 UAbs. 2 SE-VO zur Anwendung.[39] Bei diesen Kompetenzen der Hauptversammlung handelt es sich um eine Grundlagenzuständigkeit, die im Wege der Rechtsfortbildung[40] herzuleiten ist und ihre Grundlage „in der Mediatisierung des Einflusses der Aktionäre" und zugleich „im Schutz der Anteilseigner vor einer durch grundlegende Entscheidungen des Vorstandes eintretenden nachhaltigen Schwächung des Wertes ihrer Beteiligung"[41] sowie der Anschauungslücke des Gesetzgebers hat. Es ist aus der Verordnung nicht erkennbar, dass eine solche sich aus der **richterlichen Rechtsfortbildung** herleitende Kompetenz ausgeschlossen werden sollte. Gleiches gilt im Ergebnis für die Zuständigkeit bei Entscheidungen über ein Delisting.[42] Auch insoweit kommen über den allgemeinen Verweis auf das nationale Recht die vom Bundesgerichtshof entwickelten Grundsätze zur Anwendung.[43]

## VI. Ordentliche und außerordentliche Hauptversammlung

38 Bei der SE, für die insoweit keine besonderen Regelungen vorgesehen sind, kann wie im Aktienrecht zwischen der ordentlichen und der außerordentlichen Hauptversammlung unterschieden werden. Von einer **ordentlichen Hauptversammlung** ist dementsprechend wie im Aktiengesetz auszugehen, wenn in ihr mindestens die folgenden Gegenstände behandelt werden: die Vorlage des Jahresabschlusses (s. → Rn. 32), die Verwendung des Bilanzgewinns (s. → Rn. 14), die Entlastung der Mitglieder des Leitungs- und Aufsichtsorgans bzw. des Verwaltungsrats (s. → Rn. 16) und die Bestellung der Abschlussprüfer für das laufende Geschäftsjahr (s. → Rn. 17). Diese Hauptversammlung ist gem. § 175 Abs. 1 AktG, § 48 Abs. 2 SEAG iVm Art. 9 Abs. 1 lit. c ii SE-VO unverzüglich nach Eingang des Berichts des Aufsichtsrats bzw. Verwaltungsrats nach § 171 Abs. 1 AktG einzuberufen, wobei die Hauptversammlung zumindest sechs Monate nach Abschluss des Geschäftsjahres zusammenzutreten hat (Art. 54 Abs. 1 SE-VO, s. → Rn. 41). Im dualistischen System ergeben sich die Verpflichtungen des Leitungsorgans über den Verweis auf das Sitzstaatrecht der SE: Dementsprechend hat das Leitungsorgan den Jahresabschluss mit Lagebericht (ggf. auch den Konzernabschluss und die Unterlagen der Rechnungslegung gem. § 325 a HGB), den Bericht des Aufsichtsorgans und seinen Vorschlag für die Verwendung des Bilanzgewinns der Hauptversammlung vorzulegen (§ 175 Abs. 2 AktG, § 176 Abs. 1 AktG iVm Art. 9 Abs. 1 lit. c ii SE-VO). Das Leitungsorgan hat seine Vorlagen und das Aufsichtsorgan seinen Prüfungsbericht zu erläutern. Dabei hat es auch zu einem wesentlichen Fehlbetrag oder einem Verlust Stellung zu nehmen, der das Jahresergebnis wesentlich beeinträchtigt hat. Auch im Übrigen gilt über Art. 9 Abs. 1 lit. c ii SE-VO deutsches Aktienrecht. Im monistischen System hat der Verwaltungsrat den von den geschäftsführenden Direktoren aufgestellten Jahresabschluss (§ 47 Abs. 1 SEAG), seinen Prüfungsbericht und

---

[39] Die ganz hM bejaht die Anwendung der Holzmüller bzw. Gelatine- Grundsätze auf die SE, so Kölner Komm AktG/*Kiem* SE-VO Art. 52 Rn. 36; BeckOGK/*Eberspächer*, 1.2.2021, SE-VO Art. 52 Rn. 12; Habersack/Drinhausen/*Bücker* SE-VO Art. 52 Rn. 44; *Artmann* WBl. 2002, 189 (196); *Buchheim,* Europäische Aktiengesellschaft und grenzüberschreitende Konzernverschmelzung, 2001, 249; *Casper* FS Ulmer, 2003, 51 (69); *Gutsche,* Die Eignung der Europäischen Aktiengesellschaft für kleinere und mittlere Unternehmen, 1994, 105; *Habersack* ZGR 2003, 724 (741); *Hommelhoff* AG 1990, 422 (428); *Maul,* Die faktisch abhängige SE (Societas Europaea) im Schnittpunkt zwischen deutschem und europäischem Recht, 1998, 40 ff.; *Schwarz* Art. 52 Rn. 35; Lutter/Hommelhoff EU-Gesellschaft/*Spindler* 230. Letzterer allerdings auf der Grundlage einer Analogie zu den Hauptversammlungszuständigkeiten der Satzungsänderung und der Sitzverlegung. Gegen eine Anwendung *Brandt,* Die Hauptversammlung der Europäischen Aktiengesellschaft (SE), 2004, 127 ff.; MüKoAktG/*Kubis* SE-VO Art. 52 Rn. 22; *Marsch-Barner* FS Happ, 2006, 165. S. auch GroßkommAktG/*Mülbert* AktG § 119 Rn. 79.
[40] *Teichmann* ZGR 2002, 383 ff. zur Anwendung von Richterrecht auf die SE.
[41] BGH NJW 2004, 1860 ff. – Gelatine; s. hierzu *Fleischer* NJW 2004, 2335 ff.; *Altmeppen* ZIP 2004, 999 ff.; *Goette* DStR 2004, 927 ff.; *Habersack* AG 2005, 137 ff.
[42] BGH NJW 2003, 1032.
[43] S. insoweit Lutter/Hommelhoff EU-Gesellschaft/*Spindler* 232, der von einer Analogie zu den Hauptversammlungszuständigkeiten der Satzungsänderung und der Sitzverlegung ausgeht.

den Vorschlag für die Gewinnverwendung der Hauptversammlung vorzulegen und seine Vorlagen zu erläutern (§ 175 Abs. 2 AktG, § 176 Abs. 1 AktG iVm Art. 9 Abs. 1 lit. c ii SE-VO). Auch die Pflicht, zu wesentlichen Fehlbeträgen oder einem Verlust Stellung zu nehmen, trifft den Verwaltungsrat (§ 45 Abs. 2 S. 4 SEAG).

Wie sich Art. 54 SE-VO entnehmen lässt, sind bei der SE weitere (außerordentliche) Hauptversammlungen möglich.[44] Von einer solchen **außerordentlichen Hauptversammlung** ist wie im Aktiengesetz auszugehen, wenn sich die Hauptversammlung nicht mit der Beschlussfassung über den Jahresgewinn befasst und auch die Entlastung der Mitglieder der Verwaltung nicht auf der Tagesordnung steht. Für die Einberufung einer außerordentlichen Hauptversammlung gelten keine besonderen Vorschriften; vielmehr kommen die allgemeinen Regelungen zur Anwendung (s. → Rn. 45). 39

## C. Organisation der Hauptversammlung

Im Hinblick auf die Organisation und den Ablauf der Hauptversammlung enthält die SE-Verordnung in ihren Art. 54 bis 56 Regelungen zum Zeitpunkt des Zusammentretens, zur Einberufung der Hauptversammlung und zur Tagesordnung. Soweit es um Bereiche geht, die nicht in den Art. 54 bis 56 SE-VO behandelt werden, kommen über die Verweisungsnorm des Art. 53 SE-VO ergänzend die im Sitzstaat der SE für Aktiengesellschaften maßgeblichen Rechtsvorschriften zur Anwendung. 40

### I. Zeitpunkt des Zusammentretens

Die Hauptversammlung der SE hat nach Art. 54 Abs. 1 S. 1 SE-VO mindestens einmal im Geschäftsjahr binnen **sechs Monaten** nach Abschluss des Geschäftsjahres zusammenzutreten **(ordentliche Hauptversammlung),** wobei dies unabhängig davon gilt, ob sie nach dem dualistischen oder monistischen System strukturiert ist. Art. 54 Abs. 1 S. 1 SE-VO markiert ein **Enddatum**.[45] Zur Einberufungsfrist s. → Rn. 56. Die SE-Regelung zum Zeitpunkt des Zusammentretens weicht mithin vom deutschen Aktienrecht ab, wonach die erste Hauptversammlung in den ersten acht Monaten nach Ablauf des Geschäftsjahres stattzufinden hat (§ 120 Abs. 1 S. 1 AktG, § 175 Abs. 1 S. 2 AktG). Weitere Hauptversammlungen (**außerordentliche Hauptversammlungen,** s. → Rn. 39) sind möglich. Von dem in Art. 54 Abs. 1 S. 2 SE-VO geregelten Mitgliedstaatenwahlrecht, die **erste** Hauptversammlung erst bis zu achtzehn Monate nach der Gründung der SE abhalten zu können, ist durch das SEAG kein Gebrauch gemacht worden. Es bleibt bei der ansonsten zur Anwendung gelangenden Sechs-Monats-Frist. Aufgrund der COVID-19-Pandemie hat der europäische Gesetzgeber Art. 54 Abs. 1 SE-VO vorübergehend ergänzt. Nach Art. 1 Verordnung (EU) 2020/669 konnte eine SE, die verpflichtet war im Jahr 2020 eine Hauptversammlung abzuhalten, diese Versammlung innerhalb von 12 Monaten nach Abschluss des Geschäftsjahres abhalten, sofern die Versammlung bis zum 31.12.2020 stattfand.[46] Für das Jahr 2021 hat der europäische Gesetzgeber bis dato keine Regelung vorgesehen. Auch wenn noch die sechs-Monatsfrist des Art. 54 Abs. 1 S.1 SE-VO läuft, kann dies zu Problemen etwa bei Gesellschaften führen, deren Geschäftsjahr vom Kalenderjahr 41

---

[44] Habersack/Drinhausen/*Bücker* SE-VO Art. 54 Rn. 5; *Schwarz* Art. 54 Rn. 26 ff.; aA MüKoAktG/*Kubis* SE-VO Art. 54 Rn. 9; Kölner Komm AktG/*Kiem* SE-VO Art. 54 Rn. 3.
[45] Kölner Komm AktG/*Kiem* SE-VO Art. 54 Rn. 5; Habersack/Drinhausen/*Bücker* SE-VO Art. 54 Rn. 10; aA auf die Einberufungsfrist abstellend: *Schwarz* Art. 54 Rn. 4; BeckOGK/*Eberspächer*, 1.2.2021, SE-VO Art. 54 Rn. 2.
[46] Verordnung (EU) 2020/699 des Rates vom 25.5.2020 über befristete Maßnahmen in Bezug auf die Hauptversammlungen Europäischer Gesellschaften (SE) und die Generalversammlungen Europäischer Genossenschaften (SCE), ABl. L 165, 25–26.

abweicht.[47] Demgegenüber findet die deutsche Regelung zur Verlängerung der Frist für die Durchführung der Hauptversammlung gem. § 1 Abs. 5 COVMG keine Anwendung.[48] Demgegenüber sind für SE die aufgrund der COVID-Pandemie erlassenen Regelungen des § 1 COVMG zu beachten, insbesondere die erweiterten Möglichkeiten der virtuellen Hauptversammlung (s. zur Anwendbarkeit auf die SE insbesondere § 1 Abs. 8 COVMG).

## II. Ort

42 Zu der Frage, an welchem Ort die Hauptversammlung stattfinden soll, enthält die SE-Verordnung keine Regelungen; es kommt über die Verweisungsnorm die Regelung des § 121 Abs. 5 AktG zur Anwendung. Sie überlässt dem Satzungsgeber diese Entscheidung und verweist die Hauptversammlung für den Fall gänzlich fehlender Satzungsdispositionen an den **Sitz der Gesellschaft** bzw. an denjenigen einer **inländischen Börse.** Nach zutreffender Meinung zum Aktienrecht kann in der Satzung ein ausländischer Versammlungsort bestimmt werden.[49] Das gilt auch bei der SE.[50]

## III. Tag und Uhrzeit

43 Die SE-VO enthält keine Bestimmungen zu der Frage, an welchem Tag bzw. zu welcher Uhrzeit die ordentliche Hauptversammlung stattzufinden hat. Über Art. 54 Abs. 2 SE-VO gelten jedoch die Grundsätze des Sitzstaates.[51] Dementsprechend ist die Abhaltung der Hauptversammlung an einem Sonntag oder (deutschen) gesetzlichen Feiertagen unzulässig.[52] Die Feiertage anderer Mitgliedstaaten sind nach dieser Regelung nicht zu berücksichtigen.[53]

## IV. Sprache

44 Im Hinblick auf die Frage, welche Sprache in der Hauptversammlung angewendet werden soll, beinhaltet die SE-Verordnung keine Regelung. Es kommt über die Verweisungsnorm nationales Aktienrecht zur Anwendung. Hiernach muss die Sprache in der Hauptversammlung **Deutsch** sein.[54] Eine andere Sprache darf nur zur Anwendung kommen, wenn alle Aktionäre einverstanden sind. Deshalb ist bei der SE – auch wenn sie regelmäßig über einen international zusammengesetzten Aktionärskreis verfügt – die Abhaltung einer Hauptversammlung auf Englisch nicht mit dem geltenden Recht vereinbar. Auch eine

---

[47] BeckOGK/Eberspächer, 1.2.2021, SE-VO Art. 54 Rn. 2, 3 mit weiteren Nachweisen.
[48] BeckOGK/Eberspächer, 1.2.2021, SE-VO Art. 54 Rn. 3.
[49] BGHZ 203, 68 = NJW 2015, 336; Hüffer/Koch/*Koch* AktG § 121 Rn. 14.
[50] S. auch Lutter/Hommelhoff EU-Gesellschaft/*Spindler* 238 f.; *Brandt,* Die Hauptversammlung der Europäischen Aktiengesellschaft (SE), 2004, 176.
[51] Allg. Auffassung: Kölner Komm AktG/*Kiem* SE-VO Art, 54 Rn. 24; Lutter/Hommelhoff/Teichmann SE/ *Spindler* SE-VO Art. 54 Rn. 18; MüKoAktG/*Kubis* SE-VO Art. 54 Rn. 8, 9, 11; BeckOGK/*Eberspächer,* 1.2.2021, SE-VO Art. 54 Rn. 6.
[52] Lutter/Hommelhoff/Teichmann SE/*Spindler* SE-VO Art. 54 Rn. 27; Kölner Komm AktG/*Kiem* SE-VO Art. 54 Rn. 25.
[53] Kölner Komm AktG/*Kiem* SE-VO Art. 54 Rn. 26; Lutter/Hommelhoff/Teichmann/*Spindler* SE-VO Art. 54 Rn. 10; MüKoAktG/*Kubis* SE-VO Art. 53 Rn. 7, 9; s. aber *Brandt,* Die Hauptversammlung der Europäischen Aktiengesellschaft (SE), 2004, 174 f., der die Beachtung der Feiertage als wünschenswert, aber wenig praktikabel ansieht; s. *Schwarz* Art. 54 Rn. 7, nach dem Feiertage in anderen Mitgliedstaaten aufgrund des europaweiten Charakters der SE berücksichtigt werden sollen, zumal eine erkennbare Diskriminierung ausländischer Aktionäre zur Unwirksamkeit der Einberufung führen würde.
[54] S. MüKoAktG/*Kubis* AktG § 118 Rn. 56; *Butzke* HV AG128; deutsche Sprache hinsichtlich der Veröffentlichung der Einberufung der SE: Lutter/Hommelhoff/Teichmann/*Spindler* SE-VO Art. 54 Rn. 19; *Brandt,* Die Hauptversammlung der Europäischen Aktiengesellschaft (SE), 2004, 177 f.; wohl auch BeckOGK/*Eberspächer,* 1.2.2021, SE-VO Art. 54 Rn. 5; im Ergebnis ebenso MüKoAktG/*Kubis* SE-VO Art. 53 Rn. 6.

Satzungsbestimmung kann, da weder die SE-Verordnung noch das Aktiengesetz eine Öffnungsmöglichkeit enthält, nichts anderes vorsehen.[55]

## V. Gründe für die Einberufung

Nach Art. 54 Abs. 2 SE-VO kann die Hauptversammlung **jederzeit** vom Leitungs-, Aufsichts- oder Verwaltungsorgan oder jedem anderen Organ nach den einzelstaatlichen Rechtsvorschriften einberufen werden. Wie durch den Begriff „jederzeit" deutlich wird, können die Organe mithin, ohne dass besondere Einberufungsgründe vorliegen müssten, die Hauptversammlung einberufen.[56] Das weicht vom deutschen Aktienrecht ab, das zwar dem Vorstand die Einberufung der Hauptversammlung nach freiem Ermessen erlaubt, nicht aber dem Aufsichtsrat. Entsprechend den allgemeinen Sorgfaltspflichten der Organe muss die Einberufung der SE-Hauptversammlung aber jedenfalls zweckmäßig und aus Kostengründen vertretbar sein.[57]

Da die SE-Verordnung keine Gründe beinhaltet, die zur zwingenden Einberufung verpflichten, kann insoweit nationales Recht zur Lückenfüllung zur Anwendung gelangen (Art. 53 SE-VO).[58] Hiernach hat das Leitungsorgan bzw. der Verwaltungsrat die Hauptversammlung ua einzuberufen, wenn

— der Bericht über die Prüfung des Jahresabschlusses eingegangen ist, damit der festgestellte Jahresabschluss und Lagebericht entgegengenommen werden können und über den Bilanzgewinn abgestimmt werden kann (**ordentliche Hauptversammlung**); die Einberufung hat unverzüglich nach dem Eingang des Berichts zu erfolgen (§ 175 Abs. 1 S. 1 AktG iVm § 48 SEAG);
— ein Verlust in Höhe der Hälfte des Grundkapitals besteht (§ 92 Abs. 1 AktG, § 22 Abs. 5 SEAG); die Einberufung hat unverzüglich nach Feststellung des Verlustes zu erfolgen;
— Aufsichtsrats- oder Verwaltungsratsmitglieder zu bestellen sind (Art. 40 Abs. 2 SE-VO, 43 Abs. 3 SE-VO);
— die Hauptversammlung selbst die Einberufung einer neuen Hauptversammlung beschlossen hat (§ 124 Abs. 4 S. 2 AktG).

Das Aufsichtsorgan bzw. der Verwaltungsrat ist zur Einberufung der Hauptversammlung verpflichtet, wenn es das **Wohl der Gesellschaft** erfordert (§ 111 Abs. 3 S. 1 AktG, § 22 Abs. 2 SEAG). Zudem kann das Leitungsorgan bzw. den Verwaltungsrat auf Verlangen einer Aufsichtsbehörde iSd § 44 Abs. 5 KWG, § 3 Abs. 1 S. 1 BauSparkG sowie § 83 Abs. 1 S. 1 Nr. 6 VAG die Pflicht treffen, eine Hauptversammlung einzuberufen.

## VI. Einberufungsberechtigte

### 1. Organe

Einberufungsberechtigt sind nach Art. 54 Abs. 2 SE-VO zunächst das Leitungs-, Aufsichts-, oder Verwaltungsorgan (zu den Gründen für die Einberufung s. → Rn. 45).[59] Die

---

[55] AA Lutter/Hommelhoff EU-Gesellschaft/*Spindler* 240, wonach die Möglichkeit bestehen soll, in der Satzung Englisch als lingua franca des internationalen Wirtschaftsverkehrs vorzusehen.
[56] Kölner Komm AktG/*Kiem* SE-VO Art. 54 Rn. 16; MüKoAktG/*Kubis* SE-VO Art. 54 Rn. 10; Lutter/Hommelhoff/Teichmann SE/*Spindler* SE-VO Art. 54 Rn. 16; aA Schwarz Rn. 28, der den Begriff jederzeit in zeitlicher Hinsicht versteht.
[57] Kölner Komm AktG/*Kiem* SE-VO Art. 54 Rn. 16; Habersack/Drinhausen/*Bücker* SE-VO Art. 54 Rn. 19; MüKoAktG/*Kubis* SE-VO Art. 54 Rn. 10; s. auch Lutter/Hommelhoff/Teichmann SE/*Spindler* SE-VO Art. 54 Rn. 16.
[58] Kölner Komm AktG/*Kiem* SE-VO Art. 54 Rn. 17; MüKoAktG/*Kubis* SE-VO Art. 54 Rn. 6; Lutter/Hommelhoff/Teichmann SE/*Spindler* SE-VO Art. 54 Rn. 17; Habersack/Drinhausen/*Bücker* SE-VO Art. 54 Rn. 20; *Brandt,* Die Hauptversammlung der Europäischen Aktiengesellschaft (SE), 2004, 184.
[59] Nach zutreffender Ansicht enthält Art. 54 Abs. 2 SE-VO eine konkrete unionsrechtliche Kompetenzzuweisung, so etwa Kölner Komm AktG/*Kiem* SE-VO Art. 54 Rn. 14; MüKoAktG/*Kubis* SE-VO Art. 54

Einberufung durch das jeweilige Organ bedarf eines Beschlusses. Das Leitungsorgan beschließt insoweit mit **einfacher Mehrheit,** vorausgesetzt, die Beschlussfähigkeit ist sichergestellt (mindestens die Hälfte der Mitglieder muss anwesend oder vertreten sein); Gleiches gilt für das Aufsichtsorgan (Art. 50 Abs. 1 lit. b SE-VO). Möglich ist die Einberufung auch durch ein anderes (fakultatives) Organ (Art. 54 Abs. 2 SE-VO), in Deutschland beispielsweise einen Beirat, soweit diesem die Kompetenz durch die Satzung übertragen worden ist.[60]

### 2. Zuständige Behörde

49 Eine Einberufungszuständigkeit für staatliche Stellen, wie sie Art. 54 Abs. 2 SE-VO zulässt, existiert nicht im deutschen Aktienrecht und wurde auch nicht durch das SEAG eingeführt. Diese Möglichkeit besteht im Hinblick auf eine deutsche SE nicht.[61]

### 3. Andere Personen

50 Anderen Personen (zB einem Aktionär oder einer Stiftung) kann durch die Satzung, anders als nach § 121 Abs. 2 S. 3 SE-VO, nicht die Einberufung der Hauptversammlung übertragen werden. Art. 54 Abs. 2 SE-VO ist insoweit abschließend.[62]

### 4. Minderheitsverlangen

51 Die Einberufung einer Hauptversammlung kann von Aktionären, deren Anteil einen gewissen Teil des Grundkapitals erreicht, verlangt werden (Art. 55 Abs. 1 SE-VO). Die SE-Verordnung geht in ihrem Art. 55 SE-VO von einem **Schwellenwert von 10%** aus. Erlaubt es aber, dass die Satzung oder einzelstaatliche Rechtsvorschriften unter denselben Voraussetzungen, wie sie für Aktiengesellschaften gelten, einen niedrigeren Prozentsatz vorschreiben. Von dieser Ermächtigung hat das SEAG Gebrauch gemacht und in seinem § 50 Abs. 1 SEAG entsprechend den nationalen Regelungen[63] den Schwellenwert auf **5% des Grundkapitals** festgelegt. Da entsprechend dem Sinn und Zweck des Art. 55 Abs. 1 SE-VO davon ausgegangen werden muss, dass abweichende Satzungsregelungen nur möglich sind, wenn das nationale Recht solche zulässt – was aber im deutschen Aktiengesetz nicht vorgesehen ist – spricht vieles dafür, dass der Schwellenwert von 5% für SE mit Sitz in Deutschland bindend ist und nicht durch die Festlegung in der Satzung auf 10% gehoben werden kann.[64]

---

Rn. 8; Lutter/Hommelhoff/Teichmann SE/*Spindler* SE-VO Art. 54 Rn. 13; BeckOGK/*Eberspächer*, 1.2. 2021, SE-VO Art. 54 Rn. 3; Habersack/Drinhausen/*Bücker* SE-VO Art. 54 Rn. 14; s. auch *Brandt,* Die Hauptversammlung der Europäischen Aktiengesellschaft (SE), 2004, 179 ff.; nach aA soll sich die konkrete Einberufungsermächtigung nach nationalem Recht richten, s. insoweit *Schwarz* Art. 54 Rn. 8.
[60] Kölner Komm AktG/*Kiem* SE-VO Art. 54 Rn. 13.
[61] Lutter/Hommelhoff/Teichmann SE/*Spindler* SE-VO Art. 54 Rn. 14; Habersack/Drinhausen/*Bücker* SE-VO Art. 54 Rn. 16; *Schwarz* Art. 54 Rn. 10; *Brandt,* Die Hauptversammlung der Europäischen Aktiengesellschaft (SE), 2004, 181, geht davon aus, dass eine Zuständigkeit durch den nationalen Gesetzgeber geschaffen werden müsste.
[62] *Schwarz* Art. 54 Rn. 12; *Brandt,* Die Hauptversammlung der Europäischen Aktiengesellschaft (SE), 2004, 182; Lutter/Hommelhoff EU-Gesellschaft/*Spindler* 242.
[63] Im deutschen Recht § 122 Abs. 1 AktG.
[64] Kölner Komm AktG/*Kiem* SE-VO Art, 55 Rn. 5; BeckOGK/*Eberspächer*, 1.2.2021, SE-VO Art. 55 Rn. 3, Fn. 6; Habersack/Drinhausen/*Bücker* SE-VO Art. 55 Rn. 7; *Schindler,* Die Europäische Aktiengesellschaft, 2002, 76; Lutter/Hommelhoff EU-Gesellschaft/*Spindler* 242; aA *Brandt,* Die Hauptversammlung der Europäischen Aktiengesellschaft (SE), 2004, 194 ff. und *Schwarz* Art. 55 Rn. 15, die davon ausgehen, dass die Satzungsgestaltung dem nationalen Recht vorgeht und die bestehende nationale Regelung des SE-AG nur zum Zuge kommen könne, wenn die Satzung keine Regelung bezüglich der Beteiligungsschwelle beinhalten würde.

## C. Organisation der Hauptversammlung § 13

Die maßgebliche Höhe des Grundkapitals bemisst sich entsprechend den allgemeinen Regelungen nach dem im Zeitpunkt des Verlangens im Handelsregister eingetragenen Grundkapital.[65] Aktien aus bedingtem Kapital sind nur zu berücksichtigen, wenn sich das Grundkapital durch Ausgabe der Bezugsaktien bereits erhöht hat. Anders als im deutschen Recht müssen die Aktionäre der SE nicht **glaubhaft machen,** dass sie seit **drei Monaten** Inhaber der Aktien sind.[66] Art. 55 SE-VO beinhaltet keine weiteren Anforderungen, er spricht lediglich von „einem oder mehreren Aktionären", so dass das Verlangen der Einhaltung der Drei-Monats-Frist zu einer zusätzlichen Voraussetzung und damit zu einer Einschränkung des durch Art. 55 SE-VO gewährten Minderheitenrechts führen würde, was nur auf der Grundlage einer Ermächtigung möglich wäre, an der es hier aber fehlt.[67]

52

Der **Antrag** richtet sich im Hinblick auf seine Form nach den nationalen Regelungen (§ 122 Abs. 1 S. 1 AktG iVm Art. 53 SE-VO); das Verlangen muss also schriftlich sein.[68] Daneben muss der Antrag die Punkte der **Tagesordnung** enthalten (Art. 55 Abs. 2 SE-VO). Zudem ist von einer **Begründungspflicht** auszugehen, dh es müssen die Gründe angegeben werden, warum eine Hauptversammlung einberufen werden soll.[69] Demgegenüber wird die Regelung des Art. 55 Abs. 1 SE-VO teilweise unter Rückgriff auf die Gesetzesgeschichte als abschließend angesehen und eine Begründungspflicht verneint.[70] Ein Vergleich zwischen Art. 55 Abs. 1 SE-VO und Art. 56 SE-VO, der sich mit der Ergänzung der Tagesordnung befasst, zeigt aber, dass methodisch von dem Bestehen einer Regelungslücke auszugehen ist. Denn anders lässt sich nicht erklären, warum es zur Erweiterung der Tagesordnung einer Begründung bedarf und die Einberufung einer Hauptversammlung, die als einschneidenderes Element einzustufen ist, eine solche nicht soll erfordern müssen.[71]

53

Der Antrag sollte aus Praktikabilitätsgründen gegenüber dem **geschäftsführenden Organ** (im dualistischen System Leitungsorgan und im monistischen System geschäftsführender Direktor) gestellt werden. Möglich ist aber auch, sich an das Aufsichtsorgan oder den Verwaltungsrat zu wenden, da die SE-Verordnung in Art. 54 Abs. 2 SE-VO jedem Organ die Einberufung zubilligt.

54

Wird die Hauptversammlung nicht rechtzeitig bzw. nicht spätestens zwei Monate nach Antragstellung abgehalten, kann eine Einberufung der Hauptversammlung durch die **Minderheitsaktionäre,** die den Antrag auf Einberufung nach Abs. 1 gestellt hatten[72], **erzwungen werden** (Art. 55 Abs. 3 SE-VO).[73] Das am Sitz der SE zuständige Gericht bzw. die Verwaltungsbehörde – bei SE mit Sitz in Deutschland: das örtlich zuständige Amtsgericht (§§ 376, 377 FamFG iVm § 4 S. 2 SEAG) – kann anordnen, dass die Hauptversammlung innerhalb einer bestimmten Frist einzuberufen ist oder die Aktionäre, die den Antrag gestellt haben, oder deren Vertreter hierzu ermächtigen. Das Gericht kann beides

55

---

[65] MüKoAktG/*Kubis* SE-VO Art. 55, 56 Rn. 5; BeckOGK/*Eberspächer,* 1.2.2021, SE-VO Art. 55 Rn. 3; Habersack/Drinhausen/*Bücker* SE-VO Art. 55 Rn. 7.
[66] Kölner Komm AktG/*Kiem* SE-VO Art. 55 Rn. 17; MüKoAktG/*Kubis* SE-VO Art. 55 Rn. 6; Lutter/Hommelhoff/Teichmann SE/*Spindler* SE-VO Art. 55 Rn. 8; Habersack/Drinhausen/*Bücker* SE-VO Art. 55 Rn. 11; BeckOGK/*Eberspächer,* 1.2.2021, SE-VO Art. 55 Rn. 3; *Schwarz* Art. 55 Rn. 9.
[67] So *Brandt,* Die Hauptversammlung der Europäischen Aktiengesellschaft (SE), 2004, 190; *Schwarz* Art. 55 Rn. 8.
[68] Kölner Komm AktG/*Kiem* SE-VO Art. 55 Rn. 15; MüKoAktG/*Kubis* SE-VO Art. 55, 56 Rn. 9; BeckOGK/*Eberspächer,* 1.2.2021, SE-VO Art. 55 Rn. 4; Habersack/Drinhausen/*Bücker* SE-VO Art. 15 Rn. 18; *Schwarz* Art. 55 Rn. 9; *Brandt,* Die Hauptversammlung der Europäischen Aktiengesellschaft (SE), 2004, 191.
[69] *Schwarz* Art. 55 Rn. 11; Lutter/Hommelhoff/Teichmann SE/*Spindler* SE-VO Art. 55 Rn. 12; *Brandt,* Die Hauptversammlung der Europäischen Aktiengesellschaft (SE), 2004, 192.
[70] Kölner Komm AktG/*Kiem* SE-VO Art. 55 Rn. 18; BeckOGK /*Eberspächer,* 1.2.2021, SE-VO Art. 55 Rn. 4; Habersack/Drinhausen/*Bücker* SE-VO Art. 55 Rn. 16; *Schindler,* Die Europäische Aktiengesellschaft, 2002, 75; *Schwarz* ZIP 2001, 1847 (1857) im Hinblick auf den Wortlaut.
[71] AA *Brandt,* Die Hauptversammlung der Europäischen Aktiengesellschaft (SE), 2004, 192.
[72] S. im Einzelnen Kölner Komm AktG/*Kiem* SE-VO *Art. 55 Rn. 34ff.; Brandt,* Die Hauptversammlung der Europäischen Aktiengesellschaft (SE), 2004, 198.
[73] S. zu den Einzelheiten *Schwarz* Art. 55 Rn. 20 ff.

anordnen; es muss sich nicht auf die im Aktiengesetz enthaltene Möglichkeit der Ermächtigung der Aktionäre beschränken. Die **Kosten** der Hauptversammlung trägt die Gesellschaft (§ 122 Abs. 4 AktG iVm Art. 9 Abs. 1 lit. c ii SE-VO).[74]

## VII. Art und Weise der Einberufung

### 1. Form und Frist der Einberufung

56 Die Form der Einberufung richtet sich nach nationalem Recht (Art. 54 Abs. 2 SE-VO iVm § 121 Abs. 3 AktG, § 124 AktG).[75] Dementsprechend ist die Einberufung in den Gesellschaftsblättern sowie im elektronischen Bundesanzeiger bekannt zu machen. Der Inhalt der Bekanntmachung ergibt sich aus § 121 Abs. 3 S. 2 AktG iVm Art. 54 Abs. 2 SE-VO. Die Einberufung kann auch mittels eingeschriebenen Briefes erfolgen, wenn die Aktionäre namentlich bekannt sind (§ 121 Abs. 4 AktG iVm Art. 54 Abs. 2 SE-VO).[76] Die Einberufungsfrist, die sich nach nationalem Recht richtet (Art. 54 Abs. 2 SE-VO), beträgt mindestens einen Monat (§ 123 Abs. 1 AktG, zur Berechnung vgl. §§ 187 ff. BGB). Die Satzung kann die Einberufungsfrist verlängern.

### 2. Tagesordnung

57 Der **Inhalt** der Tagesordnung richtet sich nach nationalem Recht (Art. 54 Abs. 2 SE-VO iVm § 124 AktG).[77] Die Tagesordnung hat mithin insbesondere die Versammlungs- und Beschlussgegenstände der Hauptversammlung in der Reihenfolge zu beinhalten, in der sie behandelt werden sollen. Sie ist gem. § 124 Abs. 1 S. 1 AktG zeitgleich zur Einberufung in den Gesellschaftsblättern **bekannt zu machen,** und zwar durch das Organ, das die Einberufung der Hauptversammlung bewirkt.[78] Auch ansonsten kommen bei SE mit Sitz in Deutschland die Regelungen des § 124 AktG zur Anwendung: Bei Satzungsänderungen ist der volle Wortlaut der vorgeschlagenen Änderungen mitzuteilen und bei Beschlüssen über Verträge, die nur mit Zustimmung der Hauptversammlung wirksam werden, ist der wesentliche Inhalt des Vertrages bekannt zu machen.[79] Beschlussvorschläge der Verwaltung zu den einzelnen Tagesordnungspunkten sind ebenfalls bekannt zu machen (§ 124 Abs. 3 S. 1 AktG iVm Art. 54 Abs. 2 SE-VO). Über Gegenstände, die nicht ordnungsgemäß bekannt gemacht worden sind, dürfen keine Beschlüsse gefasst werden. Gleichwohl gefasste Beschlüsse sind anfechtbar (§ 243 Abs. 1 AktG, § 124 Abs. 4 S. 1 AktG iVm Art. 9 Abs. 1 lit. c ii SE-VO).

58 Die **Ergänzung der Tagesordnung** kann von einem oder mehreren Aktionären, deren Anteil **5 % des Grundkapitals** oder den anteiligen Betrag von **500.000 EUR** erreicht, beantragt werden (Art. 56 SE-VO iVm § 50 Abs. 2 SEAG). Die von der SE-Verordnung grundsätzlich vorgesehenen 10 % des Grundkapitals sind durch das deutsche Ausführungsgesetz auf die zuvor genannten Schwellenwerte herabgesetzt worden; diese Festlegung eines niedrigeren Schwellenwertes ist zulässig. Das gilt auch im Hinblick auf

---

[74] So auch Kölner Komm AktG/*Kiem* SE-VO Art. 55 Rn. 53 f.; Habersack/Drinhausen/*Bücker* SE-VO Art. 55 Rn. 46; *Brandt,* Die Hauptversammlung der Europäischen Aktiengesellschaft (SE), 2004, 207; *Leupold,* Europäische Aktiengesellschaft und ihr grenzüberschreitenden Umstrukturierungsmöglichkeiten, 2005, 109; *Schwarz* Art. 55 Rn. 36.
[75] Lutter/Hommelhoff/Teichmann SE/*Spindler* SE-VO Art. 54 Rn. 19; Habersack/Drinhausen/*Bücker* SE-VO Art. 54 Rn. 25; MüKoAktG/*Kubis* SE-VO Art. 53 Rn. 6; *Schwarz* Art. 54 Rn. 18; s. auch *Brandt,* Die Hauptversammlung der Europäischen Aktiengesellschaft (SE), 2004, 185.
[76] Zu den Einzelheiten s. BeckHdB AG/*Reichert* § 5 Rn. 69 ff.
[77] Lutter/Hommelhoff/Teichmann SE/*Spindler* SE-VO Art. 54 Rn. 25; MüKoAktG/*Kubis* SE-VO Art. 53 Rn. 8; Kölner Komm AktG/Kiem SE-VO Art. 54 Rn. 31; *Schwarz* Art. 54 Rn. 22.
[78] Zu den Einzelheiten des nationalen Rechts vgl. Reichert/Balke/*Schlitt,* HV-HdB § 4 Rn. 173.
[79] Vgl. zum deutschen Recht GroßkommAktG/*Werner* AktG § 124 Rn. 34 f.

den Schwellenwert von 500.000 EUR, dessen Festsetzung nicht, wie teilweise vertreten,[80] gegen Art. 56 SE-VO verstößt. Dieser Festlegung des Schwellenwerts steht nicht der Wortlaut des Art. 56 SE-VO entgegen, wonach Mitgliedstaaten erlauben können, einen geringeren „Prozentsatz" festzusetzen, da anhand der Beteiligungsquote von 500.000 EUR unter Heranziehung des Grundkapitals der Prozentsatz errechnet werden kann. Auch dem Abstellen auf einen gedeckelten Schwellenwert als solchen steht Art. 56 SE-VO nicht entgegen. Er liegt bei Gesellschaften mit einem Grundkapital von mehr als 10 Mio. EUR unter dem 5%-igen Schwellenwert, ist also im Ergebnis geringer als der 5%ige Wert, was mit Art. 56 SE-VO vereinbar ist, der lediglich von einem geringeren Wert spricht. Dass der Wert von 500.000 EUR bei Gesellschaften mit kleinem Grundkapital über den 5% des Grundkapitals liegen kann, ist im Ergebnis auch unschädlich, da die Minderheit dann auf den Schwellenwert von 5% zurückgreifen kann.

Keine weitere Voraussetzung des Rechts zur Ergänzung der Tagesordnung ist die **Glaubhaftmachung der Besitzdauer,** wie sie in § 122 Abs. 1 S. 3 AktG vorgesehen ist.[81] Die Regelung des Aktiengesetzes kann insoweit nicht ergänzend zum Zuge kommen (s. → § 3 Rn. 7). Die Verfahren und die Fristen für den Antrag auf Ergänzung der Tagesordnung richten sich nach einzelstaatlichem Recht bzw., sofern solche nicht vorhanden sind, nach der Satzung der SE (Art. 56 S. 2 SE-VO). Für eine SE mit Sitz in Deutschland sind daher die **Schriftform** einzuhalten sowie der **Zweck** und die **Gründe** anzugeben.[82] Der Antrag ist an das Leitungsorgan bzw. den Verwaltungsrat zu richten. Ist die Hauptversammlung bereits einberufen, ist der Antrag zu einem Zeitpunkt zu stellen, zu dem die Frist des § 124 Abs. 1 S. 2 AktG noch gewahrt werden kann. Wird dem Verlangen der Aktionäre nicht entsprochen, kommt nach zutreffender Auffassung, da insoweit von einer Regelungslücke auszugehen ist, das Verfahren nach § 122 Abs. 3 AktG iVm Art. 9 Abs. 1 lit. c ii SE-VO zur Anwendung.[83]

### 3. Sonstige Mitteilungspflichten im Vorfeld der Hauptversammlung

Die weiteren Mitteilungspflichten der Gesellschaft gegenüber ihren Aktionären im Vorfeld der Hauptversammlung richten sich mangels eigenständiger Verordnungsregelungen nach dem nationalen Recht am Sitz der SE (Art. 56 S. 2 SE-VO). Das gilt für die besonderen **Mitteilungspflichten** nach §§ 125, 128 AktG und die **Gegenanträge** und **Wahlvorschläge** der Aktionäre nach § 126 AktG.

## D. Ablauf und Leitung der Hauptversammlung

Ablauf und Leitung der Hauptversammlung richten sich mangels eigenständiger Regelung und wegen der Verweisung in Art. 53 SE-VO nach nationalem Recht. Für SE mit Sitz in Deutschland gilt mithin deutsches Aktienrecht für die folgenden Bereiche: Auslegung von Unterlagen (§ 176 Abs. 1 AktG, § 52 Abs. 2 S. 4 AktG, § 179a Abs. 2 S. 3 AktG, § 293f Abs. 1 Nr. 1–3 AktG, § 293g Abs. 1 AktG, § 319 Abs. 4 AktG, § 320 Abs. 4 AktG), Übertragung der Hauptversammlung in Bild und Ton (§ 129 Abs. 1 AktG, § 118 Abs. 3 AktG), Teilnahmerecht der Aktionäre (§ 118 Abs. 1 AktG), Stimmrechtsvertretungen (§ 129 Abs. 3 AktG, § 134 Abs. 3 AktG, § 135 AktG), Hinterlegung von Aktien (§ 123

---

[80] AA *Brandt,* Die Hauptversammlung der Europäischen Aktiengesellschaft (SE), 2004, 209f.; *Schwarz* Art. 56 Rn. 7f.; Bedenken auch bei Lutter/Hommelhoff EU-Gesellschaft/*Spindler* 243.
[81] *Schwarz* Art. 56 Rn. 10.
[82] MüKoAktG/*Kubis* AktG § 122 Rn. 28, 13.
[83] So auch Lutter/Hommelhoff EU-Gesellschaft/*Spindler* 244; aA *Brandt,* Die Hauptversammlung der Europäischen Aktiengesellschaft (SE), 2004, 221, der von einer spezifischen SE-Regelungslücke ausgeht, die im Wege der gemeinschaftsrechtlichen Rechtsfortbildung geschlossen werden soll.

Abs. 2 bis 4 AktG), Auskunftsrecht (§ 131 AktG), Gleichbehandlungsgrundsatz (§ 53a AktG), Stimmrecht (§ 134 AktG) und Stimmverbot (§ 136 AktG).

## E. Beschlussfassung

62 Die SE-Hauptversammlung bildet und äußert durch Beschluss über die zur Abstimmung gestellten Gegenstände ihren Willen als Organ. Im Hinblick auf die Beschlussmehrheiten ist zwischen den einfachen Beschlüssen (s. → Rn. 63 ff.) und den satzungsändernden Beschlüssen (s. → Rn. 68 f.) zu unterscheiden.

### I. Einfacher Beschluss

#### 1. Stimmenmehrheit

63 Für die zum Zustandekommen eines positiven Beschlusses notwendigen Mehrheiten stellt die SE-Verordnung auf den Grundsatz der **einfachen Stimmenmehrheit** ab, lässt aber Raum für eine durch die Verordnung oder das nationale Sitzstaatrecht vorgeschriebene größere Mehrheit (Art. 57 SE-VO). Verbleibt es bei der Anwendung des Grundsatzes der einfachen Stimmenmehrheit, bedarf der Beschluss der einfachen Mehrheit der abgegebenen gültigen Stimmen. Wie im deutschen Recht (§ 133 AktG) müssen die Jastimmen die Neinstimmen um mindestens eine Stimme übertreffen.[84]

64 Eine **höhere Mehrheit** kann für die Beschlussfassung erforderlich sein, wenn die SE-Verordnung oder das nationale Recht eine solche höhere Mehrheit vorsehen. Die SE-Verordnung sieht eine solche höhere Mehrheit zunächst in Art. 59 Abs. 1 SE-VO (Satzungsänderung; s. sogleich → Rn. 69) und Art. 8 Abs. 6 S. 2 SE-VO iVm Art. 59 Abs. 1 SE-VO (Sitzverlegung) vor.[85] Darüber hinaus ergeben sich höhere Beschlussmehrheiten über die in Art. 63, 66 Abs. 6 S. 2 SE-VO enthaltenen Verweisungen in das nationale Aktienrecht (Auflösung und Liquidation und Rückumwandlung in eine nationale AG). Zudem ist eine solche höhere Mehrheit über Verweisungen auf nationale Beschlusserfordernisse im Zusammenhang mit der Gründung von SE's (etwa Art. 18 SE-VO oder Art. 32 Abs. 6 SE-VO) vorgesehen.[86] Im nationalen Aktienrecht besteht eine solche höhere Mehrheit in Form einer Stimmenmehrheit bspw. für die vorzeitige Abberufung von Aufsichtsratmitgliedern, die der Mehrheit von mindestens drei Viertel der abgegebenen Stimmen bedarf (§ 103 Abs. 1 AktG). Diese Regelung käme daher über Art. 57 SE-VO bei einer SE mit Sitz in Deutschland zur Anwendung.[87]

65 Zudem existieren nach dem deutschen Aktienrecht Fälle, in denen für die Fassung eines einfachen positiven Beschlusses neben der erforderlichen Stimmenmehrheit zusätzlich eine qualifizierte **Kapitalmehrheit** erforderlich ist (zB bei der Nachgründung gem. § 52 Abs. 5 AktG). Fraglich ist insoweit, ob diese Kapitalmehrheit über die Öffnungsklausel des Art. 57 SE-VO, wonach eine **„größere Mehrheit"** zugelassen ist, wenn sie durch das Sitzstaatrecht vorgeschrieben ist, zur Anwendung gelangen kann. Das wird von der hM insoweit bejaht, als sie aufgrund einer SE-spezifischen Auslegung die Dreiviertelkapitalmehrheit in eine Dreiviertelstimmenmehrheit umdeutet[88] bzw. wird in der VO ein Min-

---

[84] Kölner Komm AktG/*Kiem* SE-VO Art. 537Rn. 22; Lutter/Hommelhoff/Teichmann SE/*Spindler* SE-VO Art. 57 Rn. 2.
[85] Kölner Komm AktG/*Kiem* SE-VO Art. 57 Rn. 26; Habersack/Drinhausen/*Bücker* SE-VO Art. 57 Rn. 18.
[86] Habersack/Drinhausen/*Bücker* SE-VO Art. 57 Rn. 19.
[87] Kölner Komm AktG/*Kiem* SE-VO Art. 57 Rn. 28.
[88] So BeckOGK/*Eberspächer*, 1.2.2021, SE-VO Art. 58 Rn. 4; *Schwarz* Art. 57 Rn. 10; *Brandt*, Die Hauptversammlung der Europäischen Aktiengesellschaft (SE), 2004, 251; MüKoAktG/*Kubis* SE-VO Art. 57, 58 Rn. 10; so wohl auch *Leupold*, Europäische Aktiengesellschaft und ihre grenzüberschreitenden Umstrukturierungsmöglichkeiten, 2005, 110.

deststandard gesehen, der den Anwendungsbereich für mitgliedstaatlich qualifizierter Mehrheitserfordernisse eröffnet.[89] Sie beruft sich dazu ua auf den mit der Öffnungsklausel des Art. 57 SE-VO verfolgten Sinn und Zweck, nationale Gegebenheiten zu berücksichtigen. Die überwiegenden Argumente sprechen indessen gegen dieses Ergebnis. Nach dem Wortlaut und dem Satzbau der SE-Verordnung spricht viel dafür, dass der Begriff der größeren Mehrheit auf die Stimmenmehrheit zu beziehen ist. Für ein Abstellen allein auf die Stimmenmehrheit spricht weiter, dass Art. 58 SE-VO hinsichtlich der Frage, wann eine Mehrheit erreicht ist, lediglich auf eine Auszählung der Stimmen abstellt, also kein Verfahren für die Feststellung einer Kapitalmehrheit anbietet. Schließlich ist bei der Beantwortung dieser Frage mit in die Betrachtung einzubeziehen, dass eine Dreiviertelkapitalmehrheit nicht zwingend größer sein muss als die Stimmenmehrheit, so dass auch nicht dahin gehend argumentiert werden kann, die Dreiviertelkapitalmehrheit sei jedenfalls höher als die einfache Stimmenmehrheit. Im Ergebnis sprechen daher die besseren Argumente dafür, dass das zusätzliche Beschlusserfordernis der „Kapitalmehrheit" nicht unter Art. 57 SE-VO subsumiert werden kann, so dass die Dreiviertelkapitalmehrheit für SE mit Sitz in Deutschland bei der Fassung von einfachen Beschlüssen nicht zum Zuge kommen kann.

Weiter stellt sich die Frage, ob ein gesetzlich vorgesehenes **Quorum,** wie in § 52 Abs. 5 AktG vorgesehen (Anteile der zustimmenden Mehrheit müssen ein Viertel des gesamten Grundkapitals ausmachen), von der in Art. 57 SE-VO enthaltenen Verweisung auf die im Sitzmitgliedstaat bestehende höhere Mehrheit erfasst wird. Hierfür spricht, dass ein Quorum im Ergebnis auf eine höhere Mehrheit der Stimmen hinausläuft.[90]

## 2. Satzungsgestaltung

Nach deutschem Aktienrecht kann auch die Satzung gem. § 133 Abs. 1 AktG eine größere Mehrheit oder weitere Erfordernisse vorschreiben. Im Ergebnis erscheint eine solche Festschreibung bei der SE nicht möglich.[91] Der Wortlaut des Art. 57 SE-VO, wonach eine größere Mehrheit durch die Verordnung oder das gegebenenfalls im Sitzstaat der SE für Aktiengesellschaften maßgebliche Recht vorgeschrieben werden kann, spricht gegen die Möglichkeit der Satzungsgestaltung. Die Verwendung des Wortes „vorschreiben" – insbesondere, wenn diese Formulierung im Vergleich zu derjenigen des Art. 59 SE-VO gesehen wird – spricht dafür, dass es sich um eine von vorneherein durch das nationale Recht festgelegte Regelung handeln muss, und nicht eine solche, die der Gesellschaft, wie nach dem Aktiengesetz, durch Aufnahme in die Satzung einen Ermessensspielraum zubilligt. Auch kann insoweit nicht weiterhelfen, dass der Begriff „vorschreiben" im Zusammenhang mit demjenigen des im Sitzstaat der SE maßgeblichen Rechts verwendet wird, da an anderen Stellen der Begriff eindeutig nicht so verstanden werden kann, dass er auch Satzungsregelungen mitumfasst (s. Art. 56 S. 3 SE-VO). Vielmehr muss Art. 57 SE-VO als abschließend angesehen werden.

---

[89] Kölner Komm AktG/*Kiem* SE-VO Art. 57 Rn. 36 f.; *J. Schmidt,* Deutsche vs. Britische SE, 2006, 692; Lutter/Hommelhoff/Teichmann SE/*Bayer* SE-VO Art. 59 Rn. 5; Habersack/Drinhausen/*Bücker* SE-VO Art. 57 Rn. 27.
[90] Zu den Schwierigkeiten der Auslegung vgl. *Brandt,* Die Hauptversammlung der Europäischen Aktiengesellschaft (SE), 2004, 230 ff.
[91] So auch *Brandt,* Die Hauptversammlung der Europäischen Aktiengesellschaft (SE), 2004, 241; *Schwarz* Art. 57 Rn. 15; MüKoAktG/*Kubis* SE-VO Art. 57, 58 Rn. 7; Habersack/Drinhausen/*Bücker* SE-VO Art. 57 Rn. 27; Lutter/Hommelhoff/Teichmann SE/*Spindler* SE-VO Art. 57 Rn. 13; Lutter/Hommelhoff EU-Gesellschaft/*Spindler* 246 f.

## II. Satzungsändernde Mehrheit

### 1. Qualifizierte Mehrheit

68 Satzungsänderungen bedürfen im Grundsatz einer Mehrheit von **zwei Dritteln** der **abgegebenen Stimmen** (Art. 59 Abs. 1 SE-VO). Dieser Grundsatz der Zweidrittelmehrheit gilt allerdings nur insoweit, als die Verordnung oder das Sitzstaatrecht der SE nicht eine größere Mehrheit vorschreibt. Die Verordnung beinhaltet also, wie bei den einfachen Beschlüssen, eine Öffnung für höhere Mehrheiten, soweit diese nach nationalem Recht vorgesehen sind. Für SE mit Sitz in Deutschland stellt sich wiederum die Frage, ob diese Öffnung ein Zurückgreifen auf die in § 179 Abs. 2 AktG allgemein und an verschiedenen Stellen zwingend vorgeschriebene **Kapitalmehrheit von drei Vierteln** nicht nach sich ziehen kann (s. → Rn. 65). Die hM bejaht dies unter Umdeutung der Dreiviertelkapitalmehrheit in eine Dreiviertelstimmenmehrheit[92] bzw. der bereits vorhandenen Offenheit des SE-Beschlussrechts für mitgliedstaatliche Kapitalmehrheitserfordernisse.[93] Wie bei den einfachen Beschlüssen kann für eine solche Anwendbarkeit der Kapitalmehrheit der Sinn und Zweck der Regelung angeführt werden. Die überwiegenden Argumente sprechen indessen gegen dieses Ergebnis. So spricht der nicht ganz eindeutige Wortlaut des Art. 59 Abs. 1 SE-VO eher gegen eine Anwendbarkeit der Dreiviertelkapitalmehrheit, da sich der im zweiten Hs. verwendete Begriff der „Mehrheit" auf die im zuvor verwendeten Hs. verwendete Stimmenmehrheit bezieht. Ebenfalls spricht die Regelung des Art. 58 SE-VO für dieses Ergebnis (s. → Rn. 65). Sicherlich würde die Dreiviertelkapitalmehrheit in den meisten Fällen zu einer größeren Mehrheit als die Zweidrittelstimmenmehrheit führen. Soweit es sich aber um **Höchst-** oder **Mehrstimmrechte** handelt, kann es zu einem anderen Ergebnis kommen: die Kapitalmehrheit des § 179 Abs. 2 AktG muss mithin nicht zwingend größer sein als die Stimmenmehrheit des Art. 59 Abs. 1 SE-VO. Es bliebe insoweit die Möglichkeit, § 179 AktG auf die Fälle zu reduzieren, in denen die Kapitalmehrheit des § 179 Abs. 2 AktG größer ist als die Stimmenmehrheit des Art. 59 Abs. 1 SE-VO. Das kann im Ergebnis aber nicht überzeugen, da eine richtlinienkonforme Auslegung ausscheidet, es vielmehr allein auf den Inhalt des SE-Statuts ankommt. Im Ergebnis sprechen also auch hier die überwiegenden Argumente gegen eine zusätzliche Anwendung der Kapitalmehrheit. Da das Aktiengesetz für Satzungsänderungen zudem keine Regelungen beinhaltet, die eine über die Zweidrittelmehrheit hinausgehende Stimmenmehrheit vorschreiben, verbleibt es im Hinblick auf Satzungsänderungen bei der durch die SE-Verordnung vorgesehenen Zweidrittelstimmenmehrheit.[94]

### 2. Satzungsgestaltung

69 Die grundsätzlich zum Zuge kommende Mehrheit von zwei Drittel der Stimmen kann durch die Satzung **herabgesetzt** werden. Nach § 51 S. 1 SEAG iVm Art. 59 Abs. 2 SE-VO kann für Satzungsänderungen vorgesehen werden, dass die **einfache Mehrheit** der Stimmen ausreicht, wenn mindestens die Hälfte des gezeichneten Kapitals vertreten ist (Quorum).[95] Abweichendes gilt für die folgenden drei Fälle: Änderungen des Unternehmensgegenstandes, Beschlussfassungen nach Art. 8 Abs. 6 SE-VO und für Fälle, für die eine höhere Kapitalmehrheit gesetzlich zwingend vorgeschrieben ist. In diesen Fällen untersagt § 51 S. 2 SEAG eine Herabsetzung der ansonsten geltenden Zweidrittelmehrheit;

---

[92] S. BeckOGK/*Eberspächer*, 1.2.2021, SE-VO Art. 59 Rn. 4; *Brandt*, Die Hauptversammlung der Europäischen Aktiengesellschaft (SE), 2004, 252; *Schwarz* Art. 59 Rn. 15; MüKoAktG/*Kubis* SE-VO Art. 59 Rn. 6.
[93] Kölner Komm AktG/*Kiem* SE-VO Art. 59 Rn. 16 mwN.
[94] So auch *Bartone/Klapdor* Europ. AG 78.
[95] S. insoweit auch MüKoAktG/*Kubis* SE-VO Art. 59 Rn. 7, 8.

E. Beschlussfassung § 13

es verbleibt also bei dieser.[96] Da das Erreichen des Quorums von mindestens der Hälfte des vertretenen Grundkapitals in zahlreichen Gesellschaften nur selten erfüllt sein wird, wird von dieser Regelung in der Praxis aber kaum Gebrauch gemacht werden können. Daneben kann zur Herabsetzung der satzungsändernden Mehrheit nicht auf andere Satzungsregelungen zurückgegriffen werden. Art. 59 Abs. 2 SE-VO ist abschließend. Eine Heraufsetzung der Stimmenmehrheit durch die Satzung ist gem. Art. 59 Abs. 1 SE-VO möglich (Art. 59 Abs. 1 SE-VO).[97] Der Wortlaut des Art. 59 Abs. 1 SE-VO, der die Begriffe vorsehen oder zulassen verwendet, spricht für diese Möglichkeit, die das Aktienrecht über § 179 Abs. 2 S. 3 AktG vorsieht.[98]

### III. Stimmrechte

Die Aktionäre entscheiden über die Beschlussanträge durch Ausübung ihres Stimmrechts im Rahmen der Abstimmung. Die Stimmkraft der Aktien richtet sich aufgrund der in der SE-Verordnung bestehenden Regelungslücke über die Verweisungsnorm des Art. 9 SE-VO nach dem nationalen Sitzstaatrecht der SE. Dementsprechend bestimmt sich das Stimmrecht der Aktien bei Nennbetragsaktien nach dem Nennbetrag und bei Stückaktien nach der Zahl der Aktien (§§ 12, 134 AktG iVm Art. 9 Abs. 1 lit. c ii SE-VO). Bei noch vorhandenen Mehrstimmrechten verbleibt es bei den erhöhten Stimmrechten. Entsprechend verringert sich die Stimmkraft bei Höchststimmrechten. Handelt es sich um nicht voll eingezahlte Aktien, kommt § 134 AktG zum Zuge, so dass das Stimmrecht grundsätzlich erst mit der vollständigen Leistung der Einlage entsteht. Stimmrechtslose Vorzugsaktien nach § 139 AktG tragen grundsätzlich keine Stimme, es sei denn das Stimmrecht lebt nach § 140 Abs. 2 AktG wieder auf. 70

Zudem ruhen Stimmrechte, wenn es sich um eigene Aktien handelt, eine wechselseitige Beteiligung besteht oder Mitteilungspflichten verletzt wurden (§ 20 Abs. 7 AktG, § 28 WpHG iVm Art. 9 Abs. 1 lit. c ii SE-VO). Außerdem ist das Stimmrecht in bestimmten Fällen des Interessenwiderstreits ausgeschlossen (§ 136 AktG iVm Art. 9 Abs. 1 lit. c ii SE-VO).[99] 71

### IV. Wertung der Stimmen

Damit die Stimmen gewertet werden können, ist nach Art. 58 SE-VO die Teilnahme an der Abstimmung erforderlich. Das heißt aber nicht, dass die Abgabe der Stimme persönlich erfolgen muss. Art. 53 SE-VO eröffnet vielmehr die Möglichkeit der Stimmvertretung, die als Teilnahme iSd Art. 58 SE-VO zu werten ist.[100] **Leere und ungültige Stimmzettel** bleiben bei der Auszählung unberücksichtigt, wobei hieraus aber nicht geschlossen werden kann, dass zwingend auf Stimmzetteln abgestimmt werden muss.[101] Ebenfalls unberücksichtigt bleiben **Stimmenthaltungen** (Art. 58 SE-VO). Insoweit spielt es keine Rolle, ob die Stimmenthaltung ausdrücklich erklärt worden ist oder ob sie sich aus der bloßen Nichtbeteiligung ergibt. Hinsichtlich der Abstimmungs- und Zählverfahren kommt über Art. 53 SE-VO nationales Sitzstaatrecht zur Anwendung. Dementsprechend 72

---

[96] Habersack/Drinhausen/*Bücker* SE-VO Art. 59 Rn. 21.
[97] *Brandt,* Die Hauptversammlung der Europäischen Aktiengesellschaft (SE), 2004, 245 ff.; *Schwarz* Art. 59 Rn. 14, 16; MüKoAktG/*Kubis* SE-VO Art. 59 Rn. 6.
[98] Hüffer/Koch/*Koch* AktG § 179 Rn. 21.
[99] S.a. *Brandt,* Die Hauptversammlung der Europäischen Aktiengesellschaft (SE), 2004, 239; *Jaeger,* Die Europäische Aktiengesellschaft – europäischen oder nationalen Rechts, 1994, 128; *Raiser* FS Semler, 1993, 277 (294).
[100] MüKoAktG/*Kubis* SE-VO Art. 57, 58 Rn. 9.
[101] *Brandt,* Die Hauptversammlung der Europäischen Aktiengesellschaft (SE), 2004, 240 ff.; MüKoAktG/*Kubis* SE-VO Art. 57, 58 Rn. 11.

kann der Versammlungsleiter das Abstimmungsverfahren und das technische Verfahren zur Stimmrechtsauszählung festlegen.[102]

## V. Sonderbeschlüsse

73 Nach Art. 60 Abs. 1 SE-VO bedarf es im Fall unterschiedlicher **Aktiengattungen** neben dem Hauptversammlungsbeschluss noch einer gesonderten Abstimmung durch die Gruppe von Aktionären, deren Rechte durch den Beschluss berührt werden. Art. 60 SE-VO ersetzt insoweit die nationale Vorschrift des § 138 AktG, soweit es um besondere Gattungsrechte geht. Die in § 138 AktG behandelten Sonderbeschlüsse hinsichtlich außenstehender Aktionäre (§ 295 Abs. 2 AktG, § 296 Abs. 2 AktG, § 297 Abs. 2 AktG, § 302 Abs. 3 AktG, § 309 Abs. 3 AktG, § 310 Abs. 4 AktG) werden nicht von Art. 60 SE-VO erfasst;[103] sie kommen bei einer SE über Art. 9 Abs. 1 lit. c ii SE-VO zur Anwendung. Die Beschlussfassung der Gattungsaktionäre kann, da die Regelung des Art. 60 SE-VO insoweit als abschließend angesehen werden muss, nur in einer gesonderten Abstimmung erfolgen. Es kann, anders als in § 138 AktG vorgesehen, keine **gesonderte Versammlung** der Gattungsaktionäre erfolgen.[104] Sie erscheint im Rahmen des Art. 60 SE-VO auch nicht als erforderlich, da die von dieser Vorschrift erfassten Sonderbeschlüsse stets im Zusammenhang mit einem Hauptversammlungsbeschluss stehen, was bei § 138 AktG, der auch Beschlüsse außenstehender Aktionäre mitumfasst, nicht der Fall ist. Gem. Art. 60 Abs. 2 SE-VO bedürfen die Sonderbeschlüsse der satzungsändernden Mehrheit, wenn auch der Hauptversammlungsbeschluss der satzungsändernden Mehrheit bedarf. Für die anderen Beschlüsse verbleibt es bei der einfachen Mehrheit nach Art. 57 SE-VO.

## F. Anfechtungs- und Nichtigkeitsklage

74 Die SE-Verordnung enthält keine Regelungen im Zusammenhang mit Anfechtungs- und Nichtigkeitsklagen. Insoweit kommen über die Verweisung des Art. 9 Abs. 1 lit. c ii SE-VO die §§ 241 ff. AktG Anwendung. Die Verweisung gilt sowohl für die Nichtigkeits- und Anfechtungsgründe, als auch für die Befugnis zur Erhebung der Anfechtungsklage oder zur Einhaltung der Anfechtungsfristen.[105] Die Verweisung auf das nationale Recht umfasst auch die Aktionärsklage in Gestalt der vom BGH anerkannten Individualklagebefugnis in der Holzmüller- bzw. Gelatine-Entscheidung.[106] Gleiches gilt für mögliche Klagegründe aus Verletzung des Mitgliedschaftsrechts, wie sie der BGH in der Schärenkreuzer-Entscheidung vorgegeben hat.[107]

---

[102] MüKoAktG/*Kubis* SE-VO Art. 57, 58 Rn. 6.
[103] Habersack/Drinhausen/*Bücker* SE-VO Art. 60 Rn. 33 mit weiteren Beispielen.
[104] *Brandt*, Die Hauptversammlung der Europäischen Aktiengesellschaft (SE), 2004, 261.
[105] Habersack/Drinhausen/*Bücker* SE-VO Art. 57 Rn. 33.
[106] S. MüKoAktG/*Kubis* AktG § 119 Rn. 37.
[107] BGHZ 110, 323 ff.

# Abschnitt 6 – Arbeitnehmerbeteiligung

## § 14 Arbeitnehmerbeteiligung

### Übersicht

|  | Rn. |
|---|---|
| A. Einleitung | 1 |
|    I. Grundsätze | 1 |
|    II. Anwendbare Rechtsnormen | 4 |
|    III. Grundbegriffe | 7 |
| B. Bildung des besonderen Verhandlungsgremiums | 17 |
|    I. Einleitung des Verfahrens | 17 |
|       1. Aufforderung zur Bildung des BVG | 17 |
|       2. Information über die Gründung | 21 |
|    II. Sitzverteilung im BVG | 34 |
|       1. Grundsatz | 35 |
|       2. Sonderfall Verschmelzung | 41 |
|       3. Änderung der Zusammensetzung im laufenden Verfahren | 43 |
|       4. Ersatzmitglieder | 44 |
|       5. Nicht ausreichende Zahl an Arbeitnehmern | 45 |
|    III. Bestellung/Wahl der Mitglieder in Deutschland | 46 |
|       1. Allgemeine Bestimmungen für die Wahl | 47 |
|       2. Wahl durch Wahlgremium | 58 |
|       3. Ausnahmefall Urwahl | 87 |
|       4. Streitigkeiten über die Wirksamkeit der Wahl | 90 |
|    IV. Wahl/Bestellung der Mitglieder in den anderen Mitgliedstaaten | 93 |
|    V. Informationspflichten nach der Wahl/Bestellung | 96 |
|    VI. Frist für die Wahl/Bestellung der Mitglieder | 99 |
| C. Verhandlungsverfahren | 103 |
|    I. Konstituierende Sitzung und weitere Sitzungen des BVG | 103 |
|       1. Konstituierende Sitzung | 103 |
|       2. Weitere Sitzungen des BVG | 117 |
|    II. Durchführung der Verhandlung | 119 |
|       1. Grundsatz der vertrauensvollen Zusammenarbeit | 120 |
|       2. Information durch die Leitungen | 122 |
|       3. Sitzungen | 125 |
|       4. Hinzuziehung von Sachverständigen | 128 |
|       5. Information Außenstehender | 132 |
|       6. Abschluss der Verhandlungen | 133 |
|    III. Beschlussfassung des BVG | 139 |
|       1. Vertretung der Arbeitnehmer im BVG | 139 |
|       2. Allgemeine Beschlüsse | 141 |
|       3. Beschlussfassung bei Minderung der Mitbestimmungsrechte | 144 |
|       4. Beschluss über Nichtaufnahme oder Abbruch der Verhandlungen | 151 |
|    IV. Kosten der Verhandlungen | 153 |
|    V. Schutz der BVG-Mitglieder | 157 |
|    VI. Verschwiegenheitspflichten | 161 |
|    VII. Sonderfälle | 162 |
|       1. Neuverhandlungen | 163 |
|       2. Aktivierung einer Vorrats-SE | 189 |
| D. Die Beteiligungsvereinbarung | 192 |
|    I. Rechtsnatur | 193 |
|    II. Zustandekommen/Abschluss | 195 |
|    III. Inhalt | 196 |
|       1. Allgemeine Regelungen | 197 |
|       2. Unterrichtung und Anhörung | 208 |

|  | Rn. |
|---|---|
| 3. Unternehmensmitbestimmung | 232 |
| 4. Möglichkeit der (teilweisen) Anwendung der Auffanglösung | 250 |
| IV. Mängel der Beteiligungsvereinbarung | 251 |
| E. Beteiligung kraft Gesetzes | 254 |
| I. Unterrichtung und Anhörung kraft Gesetzes | 255 |
| 1. Voraussetzung für die Anwendung | 255 |
| 2. Errichtung des SE-Betriebsrats kraft Gesetzes | 259 |
| 3. Binnenverfassung des SE-BR kraft Gesetzes | 270 |
| 4. Prüfung der Zusammensetzung des SE-BR kraft Gesetzes | 276 |
| 5. Neuverhandlungen über den Abschluss einer Beteiligungsvereinbarung | 277 |
| 6. Unterrichtung und Anhörung des SE-BR kraft Gesetzes | 278 |
| 7. Arbeitsbedingungen des SE-BR kraft Gesetzes | 290 |
| II. Mitbestimmung kraft Gesetzes | 296 |
| 1. Vorrausetzungen der Mitbestimmung kraft Gesetzes | 297 |
| 2. Umfang der Mitbestimmung | 303 |
| 3. Sitzverteilung und Bestellung | 308 |
| 4. Abberufung und Anfechtung | 314 |
| 5. Rechtsstellung; Innere Ordnung | 320 |
| III. Arbeitnehmerbeteiligung in Tendenzbetrieben | 324 |
| F. Grundsätze der Zusammenarbeit/Schutzbestimmungen | 326 |
| I. Vertrauensvolle Zusammenarbeit/Verschwiegenheit | 326 |
| 1. Vertrauensvolle Zusammenarbeit | 326 |
| 2. Geheimhaltung und Vertraulichkeit | 328 |
| II. Schutz der Arbeitnehmervertreter | 331 |
| III. Missbrauchsverbot | 333 |
| IV. Allgemeine Schutzvorschriften | 336 |
| G. Unterschiede bei grenzüberschreitender Verschmelzung | 337 |

# A. Einleitung

## I. Grundsätze

1 Das wesentliche Merkmal der Beteiligung der Arbeitnehmer in der SE ist, dass sie im Rahmen der Gründung durch ein BVG und die Leitungen der an der Gründung beteiligten Gesellschaften in einer Vereinbarung über die Beteiligung der Arbeitnehmer in der SE („Beteiligungsvereinbarung") autonom geregelt werden kann **(Vorrang der Verhandlungslösung).** Dadurch soll sichergestellt werden, dass die Parteien eine „maßgeschneiderte" Lösung für die SE schaffen können.[1] Nur wenn es den Parteien nicht innerhalb der gesetzlich vorgesehenen Verhandlungsfrist nach § 20 SEBG (→ Rn. 136) gelingt, eine Einigung zu erzielen, greift zur Sicherung der Beteiligungsrechte eine gesetzliche Auffanglösung ein (→ Rn. 254 ff.). Für eine SE mit Sitz in Deutschland ist die Auffanglösung für die Unterrichtung und Anhörung in §§ 22–33 SEBG und für die Mitbestimmung in §§ 34–38 SEBG geregelt. Allerdings können die Arbeitnehmervertreter unter gewissen Umständen beschließen, das Verhandlungsverfahren vorzeitig zum Scheitern zu bringen, indem sie die Verhandlungen nicht aufnehmen oder abbrechen (→ Rn. 151 f.); in dieser Konstellation erfolgt keine Beteiligung der Arbeitnehmer nach dem SEBG, sondern kann auf europäischer Ebene allenfalls ein europäischer Betriebsrat errichtet werden.

2 Wesentlich ist die Sicherung bereits erworbener Beteiligungsrechte durch das „Vorher-Nachher-Prinzip". So ist im Falle der formwechselnden Umwandlung das höchste Niveau der Unternehmensmitbestimmung in den beteiligten Gesellschaften auch für die SE maß-

---

[1] Begr. RegE, BT-Drs. 15/3405, 43.

## A. Einleitung

geblich, so dass es sich über die Ländergrenzen des Sitzstaats hinaus innerhalb der EU und des EWR[2] grundsätzlich auf alle Arbeitnehmer erstreckt. Bei anderen Umwandlungsarten gilt das Vorher-Nachher-Prinzip nur begrenzt, da das BVG – allerdings nur unter erschwerten Bedingungen – auch einer Minderung der Mitbestimmungsrechte (→ Rn. 144 ff.) zustimmen kann.

Das Verhandlungsverfahren nach dem SEBG findet sein Ende durch  3
– Abschluss einer Beteiligungsvereinbarung,
– Nichtaufnahme oder Abbruch der Verhandlungen durch das BVG oder
– Ablauf der Verhandlungsfrist nach § 20 SEBG.

Die Beendigung des Verhandlungsverfahrens ist gemäß Art. 12 Abs. 2 SE-VO Voraussetzung für die Eintragung der SE in das Handelsregister. Anderes gilt nur, wenn die SE als reine Vorratsgesellschaft gegründet wird, weil in diesen Fällen mangels Arbeitnehmern kein BVG gebildet werden kann und daher keine Verhandlungen durchzuführen sind (zum nachgelagerten Verhandlungsverfahren in diesem Fall → Rn. 189 ff.).

### II. Anwendbare Rechtsnormen

Während die SE-VO einen einheitlichen gesellschaftsrechtlichen Rahmen für die SE  4
schafft, der durch nationale Vorschriften wie das SEAG nur ergänzt wird, hat der europäische Gesetzgeber auf eine unmittelbar geltende Regelung zur Beteiligung der Arbeitnehmer in der SE verzichtet. Stattdessen gibt die RL 2001/81/EG („SE-RL") insoweit nur einen Rahmen vor. Die SE-RL wurde in Deutschland durch das SE-Beteiligungsgesetz (SEBG) in Recht umgesetzt. In den übrigen Mitgliedstaaten der EU/des EWR[3] sind ebenfalls entsprechende Umsetzungsakte erfolgt.

Das SEBG findet gemäß § 3 Abs. 1 S. 1 SEBG Anwendung, wenn die SE ihren Sitz in  5
Deutschland hat. Maßgeblich ist ihr Satzungs- und nicht der Verwaltungssitz.[4] Zudem findet das Gesetz unabhängig vom Sitz der SE gemäß § 3 Abs. 1 S. 2 SEBG auf die in Deutschland beschäftigten Arbeitnehmer sowie beteiligte Gesellschaften, betroffene Tochtergesellschaften und betroffene Betriebe mit Sitz im Inland Anwendung. Gleichzeitig finden neben dem SEBG in den anderen Mitgliedstaaten die jeweiligen nationalen Umsetzungsakte Anwendung. Für die Ausgestaltung der Beteiligung der Arbeitnehmer in der SE

---

[2] Das Vereinigte Königreich ist aufgrund des BREXIT nicht nur aus der EU, sondern auch aus dem EWR ausgeschieden, so dass es kein Mitgliedstaat mehr ist; lediglich bis zum Ablauf der Übergangsphase wurde das Vereinigte Königreich gemäß Art. 126 BREXIT-Austrittsabkommen noch so behandelt, als sei es ein Mitgliedstaat; vgl. hierzu auch Kommissionsmitteilung „Notice to Stakeholders: withdrawal of the United Kingdom and EU rules on company law", abrufbar unter https://ec.europa.eu/newsroom/just/item-detail.cfm?item_id=607669 (zuletzt abgerufen am 14.9.2021) sowie die Stellungnahme der EFTA zum Brexit, abrufbar unter https://www.efta.int/About-EFTA/Frequently-asked-questions-EFTA-EEA-EFTA-membership-and-Brexit-328676 (zuletzt abgerufen am 14.9.2021). Mit Ablauf der Übergangsphase ist das Vereinigte Königreich endgültig aus dem Anwendungsbereich der SE-VO und der SE-RL ausgeschieden und ist kein Mitgliedstaat im Sinne des SEBG mehr, so dass auch die Arbeitnehmer aus dem Vereinigten Königreich nicht mehr kraft Gesetzes in der SE zu beteiligen sind; vgl. hierzu auch *Häferer/Klare* NZA 2019, 352 ff.; aA *Schroeter/Nemeczek* JZ 2017, 713. Dem steht auch nicht die Regelung in Teil 2, Titel XI, Kapitel 6, Art. 6.2 Abs. 2 *Handels- und Kooperationsabkommen EU/UK* entgegen, da nach Teil 2, Titel XI, Kapitel 6, Art. 6.1 Abs. 1 lit. (b) *Handels- und Kooperationsabkommen EU/UK* nur Informations- und Konsultationsrechte *auf Unternehmensebene* und nicht auf transnationaler Ebene geschützt sind und Mitbestimmungsrechte gar nicht erfasst werden.

[3] Auch, wenn das Vereinigte Königreich nicht mehr Mitglied in der EU/dem EWR ist, gelten die Schutznormen für Mitglieder in einem SE-BR oder Aufsichts- oder Verwaltungsorgan fort, vgl. Teil 2 Titel XI Kapitel 6 Art. 6.2 *Handels- und Kooperationsabkommen EU/UK*. Dies gilt jedoch nur, soweit freiwillig die Arbeitnehmer aus dem Vereinigten Königreich beteiligt werden (vgl. hierzu → Rn. 197), da das Vereinigte Königreich nach dem Ablauf des Übergangsabkommens endgültig als Drittstaat anzusehen ist, → Rn. 1.

[4] Habersack/Henssler/*Henssler* SEBG § 3 Rn. 1; Kölner Komm AktG/*Feuerborn* SEBG § 3 Rn. 5; Lutter/Hommelhoff/Teichmann SE/*Oetker* SEBG § 3 Rn. 3.

ist ausschließlich das für den Sitzstaat der SE geltende Umsetzungsgesetz maßgeblich.[5] Einzelne Aspekte des Verhandlungsverfahrens, insbesondere die Regelungen zur Wahl oder Bestellung der Vertreter im besonderen Verhandlungsgremium (BVG) (→ Rn. 46 ff.), richten sich dagegen nach dem Recht des jeweiligen Mitgliedstaates, für den die Mitglieder gewählt oder bestellt werden.[6] Gleiches gilt, obwohl insoweit das SEBG nicht auf die Gesetze anderer Mitgliedstaaten verweist, für die Information der Arbeitnehmer zu Beginn des Beteiligungsverfahrens (→ Rn. 21 ff.), die sich zumindest im Hinblick auf den Adressatenkreis ebenfalls nach nationalem Recht richtet.

6 Neben dem SEBG und den anderen nationalen Umsetzungsakten sind bei einer SE mit Sitz in Deutschland **weitere Gesetze und Regelungen** zu berücksichtigen, die Auswirkungen auf die Arbeitnehmerbeteiligung der Arbeitnehmer in der SE haben, zB in Bezug auf einzelne Regelungen der Mitbestimmung (→ Rn. 31). Allerdings finden die nationalen Mitbestimmungsgesetze der einzelnen Mitgliedstaaten neben dem SEBG keine Anwendung, wie sich aus § 47 Abs. 1 Nr. 1 SEBG ergibt. Dies schließt jedoch nicht aus, dass in einer Beteiligungsvereinbarung zumindest partiell auf nationale Mitbestimmungsgesetze verwiesen wird.

## III. Grundbegriffe

7 Der Begriff des **Arbeitnehmers** ist weder in der SE-RL noch im SEBG einheitlich geregelt. Stattdessen verweist § 2 Abs. 1 SEBG in Anlehnung an die Regelungen in der SE-RL auf die *„Rechtsvorschriften und Gepflogenheiten der jeweiligen Mitgliedstaaten"*, so dass je nach Mitgliedstaat ein (wenn auch nur in Nuancen) unterschiedlicher Arbeitnehmerbegriff Anwendung findet.

8 Die in § 2 Abs. 1 S. 2 SEBG enthaltene Definition des für **Deutschland einschlägigen Arbeitnehmerbegriffes** ist unscharf. Zwar regelt sie, dass auch leitende Angestellte im Sinne des § 5 Abs. 3 S. 2 BetrVG Arbeitnehmer sind, doch lässt sie offen, ob zwischen den beteiligten Gesellschaften bzw. den betroffenen Tochtergesellschaften und den Arbeitnehmern ein Arbeitsvertrag bestehen muss. Richtigerweise ist entsprechend § 3 Abs. 1 MitbestG eine solche arbeitsvertragliche Beziehung grundsätzlich erforderlich.[7] Eine Ausnahme gilt für Leiharbeitnehmer, die zwar nicht als Arbeitnehmer der beteiligten Gesellschaften oder Tochtergesellschaften zu qualifizieren sind, jedoch gemäß § 14 Abs. 2 S. 5, 6 AÜG ggf. mitzählen, soweit es um die Anzahl der Arbeitnehmer geht.[8]

9 Das **besondere Verhandlungsgremium** (BVG) ist ein aus Arbeitnehmervertretern der Mitgliedstaaten, in denen die beteiligten Gesellschaften oder betroffenen Tochtergesellschaften Arbeitnehmer beschäftigen, zusammengesetztes Organ, das die Verhandlungen für die Arbeitnehmer führt. Bei dem BVG handelt es sich nicht um ein Dauerorgan, sondern um ein „ad-hoc-Organ", dessen Amtszeit mit der konstituierenden Sitzung des BVG beginnt und mit dem Abschluss der Verhandlungen endet.[9] Das BVG besitzt keine eigene Rechtspersönlichkeit, jedoch ist es – vergleichbar mit dem Betriebsrat nach dem BetrVG –

---

[5] Habersack/Drinhausen/*Hohenstatt*/*Müller-Bonanni* SEBG § 3 Rn. 6; Lutter/Hommelhoff/Teichmann SE/*Oetker* SEBG § 3 Rn. 4; MüKoAktG/*Jacobs* SEBG § 5 Rn. 10.

[6] Habersack/Drinhausen/*Hohenstatt*/*Müller-Bonanni* SEBG § 3 Rn. 6; MüKoAktG/*Jacobs* SEBG § 5 Rn. 11; Lutter/Hommelhoff/Teichmann SE/*Oetker* SEBG § 3 Rn. 7.

[7] Habersack/Henssler/*Henssler* SEBG § 2 Rn. 2; Habersack/Drinhausen/*Hohenstatt*/*Müller-Bonanni* SEBG § 2 Rn. 5; Kölner Komm AktG/*Feuerborn* SEBG § 2 Rn. 5; MüKoAktG/*Jacobs* SEBG § 2 Rn. 3 f.; Lutter/Hommelhoff/Teichmann SE/*Oetker* SEBG § 2 Rn. 5; aA Nagel/Freis/Kleinsorge SE/*Nagel* SEBG § 2 Rn. 3.

[8] Habersack/Henssler/*Henssler* SEBG § 2 Rn. 2; Kölner Komm AktG/*Feuerborn* SEBG § 2 Rn. 8; Nagel/Freis/Kleinsorge SE/*Nagel* SEBG § 2 Rn. 2.

[9] LAG Berlin-Brandenburg BeckRS 2017, 103234; ArbG Stuttgart BeckRS 2007, 48644; Habersack/Drinhausen/*Müller-Bonanni* SEBG § 4 Rn. 2; Habersack/Henssler/*Henssler* SEBG § 4 Rn. 2; Kölner Komm AktG/*Feuerborn* SEBG § 4 Rn. 5; Lutter/Hommelhoff/Teichmann SE/*Oetker* SEBG § 4 Rn. 7 f.; Nagel/Freis/Kleinsorge SE/*Kleinsorge* SEBG § 4 Rn. 4; NK-ArbR/*Sagan* SEBG § 4 Rn. 2.

## A. Einleitung

## § 14

zur Erledigung seiner Aufgaben (beschränkt) rechtsfähig und kann insoweit auch Beteiligter in einem arbeitsgerichtlichen Beschlussverfahren sein.[10]

**Beteiligte Gesellschaften** sind gemäß § 2 Abs. 2 SEBG die an der Gründung unmittelbar beteiligten Gesellschaften, dh bei Gründung durch
- Verschmelzung die zu verschmelzenden Gesellschaften,
- Gründung einer Holding-SE oder einer Tochter-SE die Gründungs-Gesellschaften,
- Umwandlung die umzuwandelnde Gesellschaft.[11]

**Leitungen** sind gemäß § 2 Abs. 5 SEBG die vertretungsberechtigten Geschäftsführungsorgane der jeweiligen Gesellschaften. Bei einer deutschen AG oder einer dualistisch verfassten SE ist das der Vorstand, bei einer monistisch verfassten SE sind das die geschäftsführenden Direktoren. Bei Gesellschaften aus anderen Mitgliedstaaten ist die Leitung nach dem jeweils anwendbaren Recht des betroffenen Mitgliedstaats zu bestimmen. Anderen Gesellschaftsorganen, insbesondere dem Aufsichts- oder Verwaltungsrat sind im Rahmen der Arbeitnehmerbeteiligung nach dem SEBG keine unmittelbaren Aufgaben zugewiesen. Dies schließt jedoch nicht aus, dass zB die Satzung für den Abschluss oder die Änderung einer Beteiligungsvereinbarung Zustimmungsvorbehalte für den Aufsichts- oder Verwaltungsrat vorsieht.

**Tochtergesellschaften** sind gemäß § 2 Abs. 3 SEBG Gesellschaften, auf die eine andere Gesellschaft gemäß Art. 3 Abs. 2–7 EBR-RL beherrschenden Einfluss ausüben kann; eine tatsächliche Beherrschung ist nicht erforderlich.[12] Erforderlich ist jedoch, dass die Beherrschungsmöglichkeit gesellschaftsrechtlich vermittelt ist; eine sonstige, rein faktische Beherrschungsmöglichkeit, zB aufgrund wirtschaftlicher Abhängigkeit, genügt nicht.[13] Ausreichend ist auch eine nur mittelbare Beherrschung, so dass „Enkelgesellschaften", „Urenkelgesellschaften", etc ebenfalls Tochtergesellschaften im Sinne des § 2 Abs. 2 SEBG sind.[14] **Betroffene Tochtergesellschaften** sind gemäß § 2 Abs. 4 SEBG die Gesellschaften, die nach Gründung der SE deren Tochtergesellschaften sind.

Die **Beteiligung** der Arbeitnehmer als Oberbegriff umfasst gemäß § 2 Abs. 8 SEBG sowohl die in § 2 Abs. 10–12 SEBG ausdrücklich vorgesehenen Beteiligungselemente der
- Unterrichtung,
- Anhörung und
- Mitbestimmung,

als auch Rechte der „sonstigen Beteiligung", die sich insbesondere auf die Beteiligung nach nationalem Recht, in Deutschland zB nach dem BetrVG, sowie die nach nationalem Recht bestehenden Rechte der Arbeitnehmer in der Unternehmensmitbestimmung beziehen.[15] Erfasst sind dabei nicht nur gesetzlich, sondern auch privatautonom begründete Beteiligungsrechte der Arbeitnehmer, gleichgültig ob sie an die anstellende Gesellschaft oder ein anderes Konzernunternehmen gerichtet sind.[16]

Die **Unterrichtung** gemäß § 2 Abs. 10 SEBG betrifft nur Angelegenheiten mit grenzüberschreitender Bedeutung.[17] Angelegenheiten, die nur einen Mitgliedstaat betreffen, bleiben den lokalen Arbeitnehmervertretungen vorbehalten. Adressat der Unterrichtung

---

[10] ArbG Stuttgart BeckRS 2007, 48644; Habersack/Drinhausen/*Hohenstatt/Müller-Bonanni* SEBG § 4 Rn. 2; Habersack/Henssler/*Henssler* SEBG § 4 Rn. 2; Lutter/Hommelhoff/Teichmann SE/*Oetker* SEBG § 4 Rn. 7; NK-ArbR/*Sagan* SEBG § 4 Rn. 2.
[11] Habersack/Drinhausen/*Hohenstatt/Müller-Bonanni* SEBG § 2 Rn. 9; NK-ArbR/*Sagan* SEBG § 2 Rn. 5.
[12] Habersack/Henssler/*Henssler* SEBG § 2 Rn. 10; Lutter/Hommelhoff/Teichmann SE/*Oetker* SEBG § 2 Rn. 18; krit. Habersack/Drinhausen/*Hohenstatt/Müller-Bonanni* SEBG § 2 Rn. 12.
[13] ArbG Stuttgart Beck-RS 2008, 55726; Lutter/Hommelhoff/Teichmann SE/*Oetker* SEBG § 2 Rn. 18; Habersack/Henssler/*Henssler* SEBG § 2 Rn. 11; Habersack/Drinhausen/*Hohenstatt/Müller-Bonanni* SEBG § 2 Rn. 15; MüKoAktG/*Jacobs* SEBG § 2 Rn. 11; aA Nagel/Freis/Kleinsorge SE/*Nagel* SEBG § 2 Rn. 6.
[14] *Grobys* NZA 2005, 84 (85).
[15] Begr. RegE, BT-Drs. 15/3405, 44.
[16] Habersack/Henssler/*Henssler* SEBG § 2 Rn. 10.
[17] Habersack/Drinhausen/*Hohenstatt/Müller-Bonanni* SEBG § 2 Rn. 38; Nagel/Freis/Kleinsorge SE/*Nagel* SEBG § 2 Rn. 21; MüKoAktG/*Jacobs* SEBG § 2 Rn. 22; NK-ArbR/*Sagan* SEBG § 2 Rn. 16; NK-SE/*Kleinmann/Kujath* SEBG § 2 Rn. 11.

sind gemäß § 2 Abs. 10 S. 1 SEBG der SE-BR oder sonstige Arbeitnehmervertreter, nicht hingegen die Arbeitnehmervertreter im Aufsichts- oder Verwaltungsorgan der beteiligten Gesellschaften oder der SE. Ihre Rechte auf Information ergeben sich ausschließlich aus den für die jeweilige Gesellschaft geltenden gesellschaftsrechtlichen Regelungen.[18] § 2 Abs. 10 S. 2 SEBG verlangt, dass die Unterrichtung so rechtzeitig zu erfolgen hat, dass den Arbeitnehmervertretern eine Prüfung der Auswirkungen des Unterrichtungsgegenstandes und eine Vorbereitung auf die Anhörung möglich ist.

15 Die **Anhörung** bezeichnet gemäß § 2 Abs. 11 SEBG das an die Unterrichtung anschließende Verfahren des Dialogs und Meinungsaustausches zwischen der zuständigen Arbeitnehmervertretung und der Leitung der SE. Gefordert wird, dass die Leitung nicht nur formalistisch die Meinung der Arbeitnehmerseite einholt, sondern sich damit auch inhaltlich auseinandersetzt und sich mit der Arbeitnehmerseite austauscht.[19] Die Anhörung soll gemäß § 2 Abs. 11 S. 2 SEBG so rechtzeitig erfolgen, dass die Leitung die Stellungnahme der zuständigen Arbeitnehmervertretung bei der Entscheidungsfindung berücksichtigen kann.

16 **Mitbestimmung** meint gemäß § 2 Abs. 12 SEBG nur die Unternehmensmitbestimmung und nicht auch Mitbestimmungsrechte des SE-BR, da solche im SEBG nicht vorgesehen sind. Erfasst wird sowohl das Recht zur direkten Wahl oder Bestellung von Vertretern im Aufsichts- oder Verwaltungsorgan durch Arbeitnehmer oder deren Vertreter (Repräsentationsmodell), als auch das Recht, Vertreter zu empfehlen oder abzulehnen (Kooptationsmodell). Letzteres Modell fand nur bis zum Ablauf des 30. 9. 2004 in den Niederlanden Anwendung und existiert seitdem in keinem Mitgliedstaat mehr.

## B. Bildung des besonderen Verhandlungsgremiums

### I. Einleitung des Verfahrens

#### 1. Aufforderung zur Bildung des BVG

17 Nach § 4 Abs. 1 SEBG hat die **Initiative** für die Aufnahme der Verhandlungen über den Abschluss einer Beteiligungsvereinbarung von den Leitungen der beteiligten Gesellschaften auszugehen. Sie leiten das Verfahren für die Bildung des BVG und damit auch das Verhandlungsverfahren durch die Aufforderung zur Bildung des BVG nach § 4 Abs. 1 SEBG ein. Dabei handelt es sich nicht um eine Pflicht, sondern nur um eine Obliegenheit; ein Initiativrecht der Arbeitnehmer ist – anders als im EBRG – nicht vorgesehen. Ein solches Initiativrecht ist auch nicht erforderlich, weil die Gründung der SE erst nach Durchführung des Verhandlungsverfahrens in das Handelsregister eingetragen werden darf, so dass den Arbeitnehmern aus einer Verzögerung keine Nachteile entstehen können.[20]

18 Wer **Adressat** der Aufforderung ist, sagt § 4 Abs. 1 SEBG nicht. Nach Sinn und Zweck der Aufforderung muss der Adressatenkreis mit den Adressaten für die Information gemäß § 4 Abs. 2 SEBG (→ Rn. 23) identisch sein.[21] Soweit in den Unternehmen keine abweichenden Regelungen bestehen, hat die Aufforderung zur Bildung des BVG in der

---

[18] Habersack/Drinhausen/Hohenstatt/Müller-Bonanni SEBG § 2 Rn. 38; Kölner Komm AktG/*Feuerborn* SEBG § 2 Rn. 38; MüKoAktG/*Jacobs* SEBG § 2 Rn. 22.
[19] Habersack/Drinhausen/Hohenstatt/Müller-Bonanni SEBG § 2 Rn. 39; Kölner Komm AktG/*Feuerborn* SEBG § 2 Rn. 39; MüKoAktK/*Jacobs* SEBG § 2 Rn. 23; Nagel/Freis/Kleinsorge SE/*Nagel* SEBG § 2 Rn. 23.
[20] Habersack/Drinhausen/Hohenstatt/Müller-Bonanni SEBG § 4 Rn. 7; MüKoAktG/*Jacobs* SEBG § 4 Rn. 11; aA (Annahme eines Initiativrechts der Arbeitnehmer durch und Anspruchs auf Information: Kölner Komm AktG/*Feuerborn* SEBG § 4 Rn. 10; Lutter/Hommelhoff/Teichmann SE/*Oetker* SEBG § 4 Rn. 15; NK-ArbR/*Sagan* SEBG § 4 Rn. 3; *Krause* BB 2005, 1221 (1223).
[21] Habersack/Drinhausen/Hohenstatt/Müller-Bonanni SEBG § 4 Rn. 6; Lutter/Hommelhoff/Teichmann SE/*Oetker* SEBG § 4 Rn. 13; MüKoAktG/*Jacobs* SEBG § 4 Rn. 8; NK-ArbR/*Sagan* SEBG § 4 Rn. 4.

Sprache des jeweiligen Mitgliedstaats zu erfolgen.[22] Sind die Arbeitnehmer direkt aufzufordern und der Landessprache nicht mächtig, muss die Aufforderung eine Sprache übersetzt werden, der die Arbeitnehmer mächtig sind.[23]

Zwar fordert § 4 Abs. 1 SEBG, dass die Aufforderung „schriftlich" erfolgt, jedoch genügt dafür nach überwiegender Meinung **Textform**.[24] Erforderlich ist, dass die Aufforderung von allen Adressaten zur Kenntnis genommen werden kann. Dafür kann – je nach den Umständen des Einzelfalls – auch ein Aushang an öffentlich zugänglichen Stellen („schwarzes Brett") oder eine Information per E-Mail ausreichen. Teilweise wird vertreten, dass es nicht erforderlich sei, bei einer im Ausnahmefall erforderlichen direkten Aufforderung der Arbeitnehmer den Zugang bei jedem einzelnen Empfänger nachzuhalten.[25] Die Nichteinhaltung der Form wird durch ordnungsgemäße Bildung des BVG geheilt.[26] 19

Der **Zeitpunkt** der Aufforderung ist in § 4 Abs. 1 SEBG nicht ausdrücklich geregelt. Da gemäß Art. 3 Abs. 1 SE-RL *„so rasch wie möglich die erforderlichen Schritte [...] für die Aufnahme von Verhandlungen"* einzuleiten sind, ist die Aufforderung ebenso wie die nach § 4 Abs. 2 SEBG geforderte Information (→ Rn. 24) unverzüglich nach der Offenlegung des Gründungsplans zu übermitteln.[27] Nach zutreffender Ansicht ist sie auch bereits vor der Offenlegung des Gründungsplans möglich.[28] 20

## 2. Information über die Gründung

Neben der Aufforderung zur Bildung des BVG sind die Leitungen nach § 4 Abs. 2, 3 SEBG verpflichtet, umfassend über das Gründungsvorhaben zu informieren. 21

### a) Informierender und Adressat

Gemäß § 4 Abs. 2 S. 1 SEBG erfolgt die Information **durch die Leitungen,** womit die Leitungen der beteiligten Gesellschaften gemeint sind. Diese müssen nicht gemeinsam informieren, so dass die Information durch die Leitungen der beteiligten Gesellschaften jeweils auf ihr Unternehmen bzw. ihre Unternehmensgruppe beschränkt werden kann.[29] Auch eine Delegation an die Leitungen der Tochtergesellschaften ist zulässig.[30] Die Leitungen sind nicht verpflichtet, sich untereinander Auskünfte zu erteilen.[31] 22

**Adressat der Information sind im Inland** nach § 4 Abs. 2 S. 1 SEBG Arbeitnehmervertretungen und Sprecherausschüsse oder, soweit keine Arbeitnehmervertretungen bestehen, die Arbeitnehmer der beteiligten Gesellschaften, betroffenen Tochtergesellschaften und Betriebe. Unter den Begriff der Arbeitnehmervertretungen fallen gemäß § 2 23

---

[22] Habersack/Henssler/*Henssler* SEBG § 4 Rn. 4; Lutter/Hommelhoff/Teichmann SE/*Oetker* SEBG § 4 Rn. 11; MüKoAktG/*Jacobs* SEBG § 4 Rn. 7; NK-ArbR/*Sagan* SEBG § 4 Rn. 4; unternehmenseinheitlich geltende, abweichende Regelungen zur Sprache gelten jedoch nicht gegenüber Dritten (zB Gewerkschaften), wenn diese zur Bestellung der BVG-Mitglieder berufen sind.
[23] MüKoAktG/*Jacobs* SEBG § 4 Rn. 7.
[24] *Hinrichs/Plitt* NZA 2010, 207; Habersack/Henssler/*Henssler* SEBG § 4 Rn. 4; Henssler/Willemsen/Kalb/Hohenstatt/*Dzida* SEBG Rn. 12; Habersack/Drinhausen/*Hohenstatt/Müller-Bonanni* SEBG § 4 Rn. 5; Lutter/Hommelhoff/Teichmann SE/*Oetker* SEBG § 4 Rn. 10; MüKoAktG/*Jacobs* SEBG § 4 Rn. 5; NK-ArbR/*Sagan* SEBG § 4 Rn. 4.
[25] Henssler/Willemsen/Kalb/Hohenstatt/*Dzida* SEBG Rn. 12; *Grobys* NZA 2005, 84 (86).
[26] Kölner Komm AktG/*Feuerborn* SEBG § 4 Rn. 12; MüKoAktG/*Jacobs* SEBG § 4 Rn. 5.
[27] Habersack/Drinhausen/*Hohenstatt/Müller-Bonanni* SEBG § 4 Rn. 5.
[28] Habersack/Drinhausen/*Hohenstatt/Müller-Bonanni* SEBG § 4 Rn. 5; Kölner Komm AktG/*Feuerborn* SEBG § 4 Rn. 20; Lutter/Hommelhoff/Teichmann SE/*Oetker* SEBG § 4 Rn. 26; MüKoAktG/*Jacobs* SEBG § 4 Rn. 6; Nagel/Freis/Kleinsorge/*Kleinsorge* SEBG § 4 Rn. 13; NK-ArbR/*Sagan* SEBG § 4 Rn. 7; *Müller-Bonanni/Müntefering* BB 2009, 1698 (1699); *Seibt/Reinhard* Der Konzern 2005, 407 (417).
[29] *Forst*, Die Beteiligungsvereinbarung nach § 21 SEBG, 2010, 101; Habersack/Drinhausen/*Hohenstatt/Müller-Bonanni* SEBG § 4 Rn. 10; Kölner Komm AktG/*Feuerborn* SEBG § 4 Rn. 21; Lutter/Hommelhoff/Teichmann SE/*Oetker* SEBG § 4 Rn. 22; MüKoAktG/*Jacobs* SEBG § 4 Rn. 16 f.
[30] *Forst*, Die Beteiligungsvereinbarung nach § 21 SEBG, 2010, 101.
[31] Habersack/Drinhausen/*Hohenstatt/Müller-Bonanni* SEBG § 4 Rn. 10; Kölner Komm AktG/*Feuerborn* SEBG § 4 Rn. 24; MüKoAktG/*Jacobs* SEBG § 4 Rn. 18.

Abs. 6 SEBG der Konzernbetriebsrat, der Gesamtbetriebsrat, der Betriebsrat sowie nach § 3 Abs. 1 Nr. 1–3 BetrVG gebildete Vertretungen. Angesichts Sinn und Zweck der Information, den zuständigen Gremien die Bildung des BVG zu ermöglichen, sind nur die Gremien zu informieren, die im Einzelfall für die Bestellung der deutschen BVG-Mitglieder zuständig sind.[32] Soweit keine Arbeitnehmervertretungen bestehen, sind die einzelnen Arbeitnehmer nach § 4 Abs. 2 S. 2 SEBG zu informieren. Diese Regelung findet jedoch nur Anwendung, wenn es im Unternehmen bzw. der Unternehmensgruppe gar keine Arbeitnehmervertretung gibt, die zur Bestellung der BVG-Mitglieder zuständig ist.[33] Gleiches gilt für die leitenden Angestellten: Besteht kein Sprecherausschuss im Unternehmen bzw. der Unternehmensgruppe, so dass die leitenden Angestellten ihr Vorschlagsrecht unmittelbar ausüben können (→ Rn. 83), sind auch sie unmittelbar zu informieren.[34] Die **Adressaten der Information im Ausland** sind nach dem lokalen Recht des jeweiligen Mitgliedstaats zu bestimmen.[35]

b) Formalien

24 Der **Zeitpunkt** der Information ist in § 4 Abs. 2 S. 3 SEBG geregelt. Danach hat die Information durch die Leitungen unaufgefordert und unverzüglich[36] nach Offenlegung des Plans zur Gründung bzw. der Errichtung der SE zu erfolgen. Einer Aufforderung durch die Arbeitnehmervertretungen bedarf es nicht. Der im Gesetz festgelegte Zeitpunkt stellt nach allgemeiner Ansicht den spätestmöglichen Zeitpunkt der Information dar, so dass auch schon vor Offenlegung des Gründungsplans über das Gründungsvorhaben informiert und zur Bildung des BVG aufgefordert werden kann.[37]

25 Eine besondere **Form** ist für die Information – anders als für die Aufforderung in § 4 Abs. 2 SEBG – nicht vorgesehen. Allerdings ist es zu Beweiszwecken sinnvoll, die Information zusammen mit der Aufforderung zur Bildung des BVG zumindest in Textform zu erteilen.[38] Die Information hat grundsätzlich in der **Sprache** des jeweiligen Mitgliedstaats, für den die BVG-Mitglieder gewählt oder bestellt werden, zu erfolgen[39]; dies gilt jedoch wie bei der Aufforderung zur Bildung des BVG nur, soweit nicht im Unternehmen ab-

---

[32] Habersack/Drinhausen/*Hohenstatt*/*Müller-Bonanni* SEBG § 4 Rn. 10; Habersack/Henssler/*Henssler* SEBG § 4 Rn. 5; Henssler/Willemsen/Kalb/*Hohenstatt*/*Dzida* SEBG Rn. 12; NK-SE/*Evers*/*Bodenstedt* SEBG § 4 Rn. 7, 3; MüKoAktG/*Jacobs* SEBG § 4 Rn. 19; aA (Information aller Arbeitnehmervertretungen): *Forst*, Die Beteiligungsvereinbarung nach § 21 SEBG, 2010, 107; *Grobys* NZA 2005, 84 (86); Lutter/Hommelhoff/Teichmann SE/*Oetker* SEBG § 4 Rn. 19; Nagel/Freis/Kleinsorge SE/*Kleinsorge* SEBG § 4 Rn. 14; *Ziegler/Gey* BB 2009, 2050 (2051); in der Praxis werden jedoch gleichwohl oft alle Betriebsräte und Sprecherausschüsse informiert.

[33] *Grobys* NZA 2005, 84 (86); Habersack/Henssler/*Henssler* SEBG § 4 Rn. 5; Lutter/Hommelhoff/Teichmann SE/*Oetker* SEBG § 4 Rn. 20; Kölner Komm AktG/*Feuerborn* SEBG § 4 Rn. 18, 14; MüKoAktG/*Jacobs* SEBG § 4 Rn. 21; anders *Forst*, Die Beteiligungsvereinbarung nach § 21 SEBG, 2010, 107.

[34] Habersack/Henssler/*Henssler* SEBG § 4 Rn. 5; Kölner Komm AktG/*Feuerborn* SEBG § 4 Rn. 15; Habersack/Drinhausen/*Hohenstatt*/*Müller-Bonanni* SEBG § 4 Rn. 6; Lutter/Hommelhoff/Teichmann SE/*Oetker* SEBG § 4 Rn. 13, 21; MüKoAktG/*Jacobs* SEBG § 4 Rn. 21; aA Henssler/Willemsen/Kalb/*Hohenstatt*/*Dzida* SEBG Rn. 12.

[35] Habersack/Henssler/*Henssler* SEBG § 4 Rn. 7; MüKoAktG/*Jacobs* SEBG § 4 Rn. 20; Lutter/Hommelhoff/Teichmann SE/*Oetker* SEBG § 4 Rn. 19.

[36] Maßgeblich ist § 121 BGB, so dass die Information ohne schuldhaftes Zögern zu erfolgen hat; vgl. Habersack/Drinhausen/*Hohenstatt*/*Müller-Bonanni* SEBG § 4 Rn. 9; *Grobys* NZA 2005, 84 (86); Kölner Komm AktG/*Feuerborn* SEBG § 4 Rn. 20; Lutter/Hommelhoff/Teichmann SE/*Oetker* SEBG § 4 Rn. 25; MüKoAktG/*Jacobs* SEBG § 4 Rn. 14; Nagel/Freis/Kleinsorge SE/*Kleinsorge* SEBG § 4 Rn. 12.

[37] Habersack/Drinhausen/*Hohenstatt*/*Müller-Bonanni* SEBG § 4 Rn. 9; Kölner Komm AktG/*Feuerborn* SEBG § 4 Rn. 20; Lutter/Hommelhoff/Teichmann SE/*Oetker* SEBG § 4 Rn. 26; MüKoAktG/*Jacobs* SEBG § 4 Rn. 14; Nagel/Freis/Kleinsorge SE/*Kleinsorge* SEBG § 4 Rn. 13; NK-ArbR/*Sagan* SEBG § 4 Rn. 7; *Müller-Bonanni/Müntefering* BB 2009, 1698 (1699); *Seibt/Reinhard* Der Konzern 2005, 407 (417).

[38] *Grobys* NZA 2005, 84 (86); Habersack/Drinhausen/*Hohenstatt*/*Müller-Bonanni* SEBG § 4 Rn. 9; Lutter/Hommelhoff/Teichmann SE/*Oetker* SEBG § 4 Rn. 27; NK-SE/*Evers*/*Bodenstedt* SEBG § 4 Rn. 8.

[39] Habersack/Drinhausen/*Hohenstatt*/*Müller-Bonanni* SEBG § 4 Rn. 9; Lutter/Hommelhoff/Teichmann SE/*Oetker* SEBG § 4 Rn. 27; MüKoAktG/*Jacobs* SEBG § 4 Rn. 15; Gaul/Ludwig/Forst EuMitbestR/*Fleischmann* § 2 Rn. 147.

weichende Regelungen zur Unternehmenssprache gelten. Dritte, die nach dem Recht einzelner Mitgliedstaaten zu informieren sind (zB Gewerkschaften), sind an die in den Gesellschaften bestehenden Regelungen zur Kommunikation in einer Fremdsprache dagegen nicht gebunden.

### c) Inhalt der Information

**aa) Allgemeines.** § 4 Abs. 2 SEBG regelt nur, dass über das Gründungsvorhaben zu informieren ist. Der Umfang dieser Information ist im Gesetz nicht abschließend geregelt. Die Information soll die zuständigen Organe in die Lage versetzen, die Bestellung/Wahl der BVG-Mitglieder ordnungsgemäß durchzuführen. Die in § 4 Abs. 3 SEBG aufgeführten Informationen stellen daher nur den Mindestinhalt der Information dar.[40] Die Informationspflicht ist entsprechend dem mit ihr verfolgten Zweck beschränkt auf jene Informationen, die für eine ordnungsgemäße Bildung des BVG erforderlich sind.[41] Weitergehende Informationen brauchen daher grundsätzlich nicht erteilt zu werden.[42] 26

**bb) Der Informationskatalog gemäß § 4 Abs. 3 SEBG.** Gemäß § 4 Abs. 3 SEBG sind insbesondere (und mindestens) folgende Informationen zu gewähren: 27

(1) **Identität und Struktur der Gesellschaften** (§ 4 Abs. 3 Nr. 1 SEBG): Zu bezeichnen sind die Identität der beteiligten Gesellschaften und betroffenen Tochtergesellschaften sowie deren Betriebe in den Mitgliedstaaten unter Angabe des jeweiligen Sitzes der Gesellschaften sowie des jeweiligen Orts der Betriebsstätten. Die Informationspflicht bezieht sich auf die beteiligten Gesellschaften und die unmittelbar und mittelbar betroffenen Tochtergesellschaften.[43] Allerdings sind Tochtergesellschaften, die keine Tochtergesellschaften der SE sein werden, zB weil sie im Zuge des Gründungsvorhabens veräußert werden, bei der Information nicht zu berücksichtigen.

(2) **Arbeitnehmervertretungen** (§ 4 Abs. 3 Nr. 2 SEBG): Anzugeben sind für Deutschland die Gremien nach dem BetrVG und der jeweilige Vorsitzende mit Kontaktdaten, um eine Abstimmung der Bestellungsgremien untereinander zu ermöglichen. Der Sprecherausschuss ist nach der Definition der Arbeitnehmervertretungen in § 2 Abs. 6 SEBG nicht erfasst. Gleichwohl sind auch insoweit Angaben zu machen, wenn nach § 8 Abs. 1 S. 5 SEBG Vorschläge für einen Vertreter im BVG durch Sprecherausschüsse einzureichen sind.[44] 28

(3) **Arbeitnehmerzahlen** (§ 4 Abs. 3 Nr. 3 SEBG): Die Angabe der Arbeitnehmerzahlen ist für die Ermittlung der Sitzverteilung auf die einzelnen Mitgliedstaaten erforderlich (→ Rn. 34 ff.). Auch hier gelten die Arbeitnehmerbegriffe der einzelnen Mitgliedstaaten (→ Rn. 7 f.). Entscheidend ist die Zahl der Arbeitnehmer ohne Berücksichtigung ihres Beschäftigungsgrades[45] zum Zeitpunkt der Information, nicht etwa die Zahl der durchschnittlich im Betrieb beschäftigten Arbeitnehmer.[46] Nicht zum Mindestinhalt gemäß § 4 III Nr. 3 SEBG gehört die Angabe der Aufteilung der Arbeitnehmer auf bestimmte Arbeitnehmergruppen. Zumindest in Deutschland ist allerdings das bei der 29

---

[40] Habersack/Drinhausen/*Hohenstatt/Müller-Bonanni* SEBG § 4 Rn. 11; Kölner Komm AktG/*Feuerborn* SEBG § 4 Rn. 22; Lutter/Hommelhoff/Teichmann SE/*Oetker* SEBG § 4 Rn. 28; MüKoAktG/*Jacobs* SEBG § 4 Rn. 23; Nagel/Freis/Kleinsorge SE/*Kleinsorge* SEBG § 4 Rn. 7; NK-ArbR/*Sagan* SEBG § 4 Rn. 8.
[41] Begr. RegE, BT-Drs. 15/3405, 45.
[42] Zur Ausnahme → Rn. 30; wie hier: NK-SE/*Evers/Bodenstedt* SEBG § 4 Rn. 9; MüKoAktG/*Jacobs* SEBG § 4 Rn. 23; Nagel/Freis/Kleinsorge SE/*Kleinsorge* SEBG § 4 Rn. 7 Fn. 13; aA Kölner Komm AktG/*Feuerborn* SEBG § 4 Rn. 22; Lutter/Hommelhoff/Teichmann SE/*Oetker* SEBG § 4 Rn. 28; *Krause* BB 2005, 1221 (1223).
[43] A-A MüKoAktG/*Jacobs* SEBG § 4 Rn. 22, der nur die unmittelbaren Tochtergesellschaften einbeziehen will.
[44] Kölner Komm AktG/*Feuerborn* SEBG § 4 Rn. 26; Lutter/Hommelhoff/Teichmann SE/*Oetker* SEBG § 4 Rn. 30.
[45] Lutter/Hommelhoff/Teichmann SE/*Oetker* SEBG § 4 Rn. 31.
[46] Lutter/Hommelhoff/Teichmann SE/*Oetker* SEBG § 4 Rn. 32; MüKoAktG/*Jacobs* SEBG § 4 Rn. 18.

Besetzung der auf Deutschland entfallenden BVG-Sitze gemäß § 6 Abs. 1 S. 2 SEBG zu berücksichtigende Verhältnis von Männern und Frauen anzugeben.[47]

30 (4) **Mitbestimmungsrechte in den Organen** (§ 4 Abs. 3 Nr. 4 SEBG): Gemeint ist damit die Mitbestimmung gemäß § 2 Abs. 12 SEBG. Anzugeben sind nur Mitbestimmungsrechte in den beteiligten Gesellschaften. Diese Angabe ist notwendig für die Beantwortung der Frage, wie viele Arbeitnehmer einem Mitbestimmungsregime unterliegen und unter welchen Voraussetzungen eine Minderung der Mitbestimmungsrechte eintritt.[48] Diese Angabe bildet einen Fremdkörper in der Information zur Bildung des BVG, da sie nicht für die Bildung des BVG erforderlich ist, sondern erst für die spätere Arbeit des BVG.[49]

31 cc) **Information im Ausland.** Ob und inwieweit § 4 Abs. 2, 3 SEBG auch die Information der Arbeitnehmer und deren Vertretungen im Ausland regelt, ist bislang nicht abschließend geklärt. So wird teilweise vertreten, dass sich die Information nur nach dem Recht des jeweiligen Mitgliedstaates richte[50], während andererseits vertreten wird, auch für die Information im Ausland seien § 4 Abs. 3, 4 SEBG anzuwenden.[51] Im Ergebnis spielt dieser Meinungsstreit jedoch keine Rolle, da von dem Katalog in § 4 Abs. 3 SEBG abweichende, nach nationalem Recht eines anderen Mitgliedsstaates erforderliche Informationen gemäß § 4 Abs. 2 SEBG ebenfalls mitzuteilen sind. In der Praxis bietet sich daher an, auch für die übrigen Mitgliedstaaten vorsorglich die Mindestangaben gemäß § 4 Abs. 3 SEBG sowie im Einzelfall weitere nach dem Recht des jeweiligen Mitgliedstaates erforderliche Angaben in die Information aufzunehmen.

### d) Folgen einer fehlerhaften Information

32 Fehler bei der Information können erhebliche Auswirkungen auf den Ablauf des Verhandlungsverfahrens haben, da gemäß § 11 Abs. 1 S. 1 SEBG die Frist für die Bildung des BVG (→ Rn. 99 ff.) erst mit der ordnungsgemäßen Information anläuft, so dass die konstituierende Sitzung des BVG durch Fehler erheblich verzögert werden kann. Darüber hinaus stellt die unvollständige oder nicht rechtzeitige Information gemäß § 46 Abs. 1 Nr. 1 SEBG eine Ordnungswidrigkeit dar. Nicht abschließend geklärt ist, ob die Adressaten der Information einen gerichtlich durchsetzbaren Anspruch auf die vollständige und richtige Information haben.[52] Gegen einen solchen durchsetzbaren Anspruch spricht, dass durch die unzutreffende Information den Arbeitnehmern bzw. ihren Vertretern keine Nachteile entstehen.[53]

### e) Korrektur der Information im laufenden Verfahren

33 Während des laufenden Verfahrens, sei es während der Bildung des BVG oder danach vor Abschluss der Verhandlungen, kann es zu Änderungen der tatsächlichen Gegebenheiten kommen, die zu Änderungen bei der Zusammensetzung des BVG führen können (→ Rn. 43). Gemäß § 5 Abs. 4 S. 2 SEBG ist über Änderungen „*während der Tätigkeitsdauer*" des BVG durch die Leitungen zu informieren, wenn dies zu einer Änderung der Zusammensetzung des BVG führen würde. Aber auch, wenn eine erhebliche Änderung

---

[47] Lutter/Hommelhoff/Teichmann SE/*Oetker* SEBG § 4 Rn. 28.
[48] Kölner Komm AktG/*Feuerborn* SEBG § 4 Rn. 28; Lutter/Hommelhoff/Teichmann SE/*Oetker* SEBG § 4 Rn. 33.
[49] EuArbRK/*Oetker* RL 2001/86/EG Art. 3 Rn. 5.
[50] Lutter/Hommelhoff/Teichmann SE/*Oetker* SEBG § 4 Rn. 23; NK-SE/*Evers/Bodenstedt* SEBG § 4 Rn. 6.
[51] *Kraft*, Die Europäisierung der deutschen Mitbestimmung durch das SE-Beteiligungsgesetz, 2005, 159.
[52] Für einen solchen Anspruch: *Engels* AuR 2009, 20; *Krause* BB 2005, 1223; Lutter/Hommelhoff/Teichmann SE/*Oetker* SEBG § 4 Rn. 15, 25, 34; NK-ArbR/*Sagan* SEBG § 4 Rn. 5.
[53] *Forst*, Die Beteiligungsvereinbarung nach § 21 SEBG, 2010, 109 f.; *Güntzel*, Die Richtlinie über die Arbeitnehmerbeteiligung in der Europäischen Aktiengesellschaft (SE) und ihre Umsetzung in das deutsche Recht, 2006, 146 f.; Henssler/Willemsen/Kalb/*Hohenstatt/Dzida* SEBG Rn. 12, Fn. 7; Habersack/Drinhausen/*Hohenstatt/Müller-Bonanni* SEBG § 4 Rn. 13; MüKoAktG/*Jacobs* SEBG § 4 Rn. 27.

schon vor der Konstituierung des BVG erfolgt, kann sie nach zutreffender Ansicht bereits berücksichtigt werden.[54] Gleichfalls muss nicht bis zum Eintritt einer solchen Änderung zugewartet werden; vielmehr können die Leitungen über bereits feststehende Änderungen auch gleich von Beginn an informieren, so dass die Besetzung des BVG entsprechend der zukünftigen Sachlage erfolgt. Allerdings tragen die Leitungen das Risiko der fehlerhaften Information (→ Rn. 32), wenn die Änderungen nicht rechtzeitig wie mitgeteilt eintreten.

## II. Sitzverteilung im BVG

Die Bildung des BVG, dh die Bestellung/Wahl der einzelnen Mitglieder obliegt nicht den Leitungen, sondern den nach nationalem Recht der Mitgliedstaaten zuständigen Organen. Dafür ist zunächst die Zusammensetzung, dh die Zahl der Sitze sowie die Verteilung der Sitze auf die einzelnen Mitgliedstaaten, zu ermitteln. 34

### 1. Grundsatz

Das BVG als Repräsentationsorgan aller Arbeitnehmer in den Mitgliedstaaten hat keine einheitliche Größe. Vielmehr hängt die Zahl der Mitglieder gemäß § 5 SEBG davon ab, wie viele Arbeitnehmer in den einzelnen Mitgliedstaaten beschäftigt werden. Dem Grundsatz der Repräsentativität folgend, entfällt auf jeden Mitgliedstaat, in dem ein oder mehrere Arbeitnehmer beschäftigt werden, mindestens ein Sitz im BVG.[55] Für jedes angefangene in einem Mitgliedstaat beschäftigte Zehntel der Gesamtzahl der Arbeitnehmer entfällt auf den betreffenden Mitgliedstaat ein Sitz. Maßgeblich sind jeweils Kopfzahlen, so dass auch Teilzeitbeschäftigte voll zählen. Die Bildung von Entsendungskreisen mehrerer Länder ist nicht vorgesehen und auch nicht möglich. Ebenso kann nicht bindend mit den Entsendungsgremien vereinbart werden, dass aus einzelnen Mitgliedstaaten keine Mitglieder in das BVG entsandt werden.[56] 35

Bei der Verteilung der Sitze auf die Mitgliedstaaten sind nur die Arbeitnehmer der beteiligten Gesellschaften und betroffenen Tochtergesellschaften sowie betroffenen Betriebe zu berücksichtigen. Die Einbeziehung nur *betroffener* Tochtergesellschaften und Betriebe ist zB bei der Gründung einer Tochter-SE von Bedeutung, in die nicht alle Betriebe oder Tochtergesellschaften der beteiligten Gesellschaften eingebracht werden, sowie dann, wenn einzelne Tochtergesellschaften oder Betriebe im Zuge des Gründungsvorhabens veräußert werden. 36

Der **Arbeitnehmerbegriff** richtet sich gemäß § 2 Abs. 1 SEBG nach den Bestimmungen und Gepflogenheiten des jeweils betroffenen Mitgliedstaats. In Deutschland gilt der Arbeitnehmerbegriff des § 3 Abs. 1 MitbestG (→ Rn. 8). Leiharbeitnehmer sind zwar keine Arbeitnehmer im Sinne des SEBG, jedoch sind sie gemäß § 14 Abs. 2 S. 5, 6 AÜG mitzuzählen, wenn die Einsatzdauer sechs Monate übersteigt.[57] Ob **im EU-Ausland beschäftigte Arbeitnehmer** einer in einem anderen Mitgliedstaat ansässigen Gesellschaft zu berücksichtigen sind, richtet sich ebenfalls nach dem Recht und den Gepflogenheiten des jeweiligen Mitgliedstaats. Dadurch können sich Regelungskonflikte dergestalt ergeben, dass einzelne Arbeitnehmer mehrfach erfasst werden. Lassen sich solche Konflikte nicht nach den nationalen Bestimmungen auflösen, spricht einiges für die Einbeziehung nur in 37

---

[54] Habersack/Drinhausen/*Hohenstatt/Müller-Bonanni* SEBG § 5 Rn. 5; Habersack/Henssler/*Henssler* SEBG § 5 Rn. 8b; MüKoAktG/*Jacobs* SEBG § 5 Rn. 6; NK-ArbR/*Sagan* SEBG § 5 SEBG Rn. 6; aA *Grobys* NZA 2005, 84 (87); Kölner Komm AktG/*Feuerborn* SEBG § 5 Rn. 18; Lutter/Hommelhoff/Teichmann SE/*Oetker* SEBG § 5 SEBG Rn. 16.
[55] Kölner Komm AktG/*Feuerborn* SEBG § 5 Rn. 9; MüKoAktG/*Jacobs* SEBG § 5 Rn. 2.
[56] A-A Gaul/Ludwig/Forst EuMitbestR/*Fleischmann* § 2 Rn. 156; Habersack/Drinhausen/*Hohenstatt/Müller-Bonanni* SEBG § 5 Rn. 3.
[57] Habersack/Henssler/*Henssler* SEBG § 2 Rn. 2.

dem Mitgliedstaat, in dem der Arbeitnehmer tatsächlich oder überwiegend beschäftigt wird.

**38** Die **Mindestgröße** des BVG beträgt zehn Mitglieder, was dann der Fall ist, wenn in allen beteiligten Mitgliedstaaten jeweils die 10%-Anteile genau getroffen werden. Die **maximale Größe** der Mitglieder beträgt nach dem BREXIT 39 Mitglieder.

Beispiel:

Die Gesellschaft D soll durch formwechselnde Umwandlung in eine SE umgewandelt werden. D hat jeweils in Deutschland, den Niederlanden und Frankreich mehrere Tochtergesellschaften ($D_T$, $F_T$, $N_{T1}$ und $N_{T2}$), deren Arbeitnehmerzahlen sich wie folgt auf die einzelnen Mitgliedstaaten verteilen:

|  | Deutschland | Frankreich | Niederlande |
|---|---|---|---|
| Arbeitnehmerzahlen | D: 500 | $F_T$: 2.000 | $N_{T1}$: 250 |
|  | $D_T$: 6.000 |  | $N_{T2}$: 250 |
| Gesamtzahl | 6.500 | 2.000 | 500 |
| Beschäftigte insgesamt | 9.000 |  |  |
| Anteil in Prozent | 72,22 % | 22,22 % | 5,56 % |

Bei dieser Verteilung der Arbeitnehmer entfallen auf Deutschland acht, Frankreich drei und die Niederlande, auch wenn die Arbeitnehmer aus zwei Gesellschaften stammen, nur ein Mitglied, so dass das BVG insgesamt aus 12 Mitgliedern besteht.

**39** Die Regelungen zur Sitzverteilung sind grundsätzlich bei allen Gründungsformen anzuwenden (zur Ausnahme bei der Verschmelzung → Rn. 41 ff.), was mitunter zu unbefriedigenden, aber angesichts des klaren Wortlauts nicht zu vermeidenden Verzerrungen führen kann.[58]

Beispiel:

Die Gesellschaften D aus Deutschland und I aus Italien beabsichtigen die Gründung einer Tochter-SE. In diese Tochter-SE sollen jeweils die Tochtergesellschaften von D ($D_T$) und I ($I_T$) eingebracht werden. Die Arbeitnehmer verteilen sich wie folgt auf die Gesellschaften:

|  | Deutschland | Italien |
|---|---|---|
| Arbeitnehmerzahlen | D: 50 | I: 10.000 |
|  | $D_T$: 1.000 | $I_T$: 100 |
| Gesamtzahl | 1.050 | 10.100 |
| Beschäftigte insgesamt | 11.150 |  |
| Anteil in Prozent | 9,42 % | 90,58 % |

Obwohl der Anteil der Arbeitnehmer der SE und ihrer Tochtergesellschaften in Italien nach der Gründung deutlich geringer ist, ist durch die Arbeitnehmerverteilung in den beteiligten Gesellschaften das BVG mit nur einem deutschen Mitglied und zehn italienischen Mitgliedern besetzt. Würde man nur die Arbeitnehmerzahlen der betroffenen Tochtergesellschaften zugrunde legen, würden dagegen das BVG mit zehn deutschen Mitgliedern und einem italienischen Mitglied besetzt sein, was im Hinblick auf die Arbeitnehmerverteilung in der zukünftigen SE gerechter erschiene.

---

[58] Kritisch auch Habersack/Henssler/*Henssler* SEBG § 5 Rn. 5.

Umstritten ist, ob neben den zuvor genannten Voraussetzungen für die Anwendung des 40 SEBG auch erforderlich ist, dass die SE und ihre betroffenen Tochtergesellschaften Arbeitnehmer in mehr als einem Mitgliedstaat beschäftigen (Erfordernis der **Mehrstaatlichkeit der Arbeitnehmerschaft**). Zwar mag man davon ausgehen, dass dafür zunächst spricht, dass das Verfahren der Unterrichtung und Anhörung des SE-Betriebsrats („SE-BR") oder eines vergleichbaren Gremiums nur auf grenzübergreifende Angelegenheiten ausgerichtet ist (→ Rn. 14) und auch das SEBG von einer Verhandlung mit einem international besetzten besonderen Verhandlungsgremium („BVG") ausgeht.[59] Wollte man jedoch die Beteiligung der Arbeitnehmer nach dem SEBG nicht auch auf eine SE erstrecken, die nur in einem Mitgliedstaat Arbeitnehmer beschäftigt, würde dies dazu führen, dass infolge der Nichtanwendung der nationalen Mitbestimmungsgesetze die SE-Gründung dazu genutzt werden könnte, eine mitbestimmte Gesellschaft ohne Beteiligung der Arbeitnehmer in eine mitbestimmungsfreie SE umzuwandeln.[60] Zudem würde den Parteien die Möglichkeit genommen, auch bei einer nicht nach den nationalen Gesetzen mitbestimmten Gesellschaft zB im Vorgriff auf erwartete Entwicklungen ein auf die Gesellschaft zugeschnittenes System der Mitbestimmung zu etablieren.[61] Aus diesem Grund ist, obwohl der SE-BR in diesem Fall (zunächst) weitgehend funktionslos ist, das Verhandlungsverfahren nach dem SEBG auch durchzuführen, wenn nur in einem Mitgliedstaat Arbeitnehmer beschäftigt werden.[62]

## 2. Sonderfall Verschmelzung

In Abweichung von dem soeben beschriebenen Grundfall der Sitzverteilung sieht § 5 41 Abs. 2, 3 SEBG entsprechend den Vorgaben der SE-RL bei einer Verschmelzung vor, dass zusätzlich zu den nach Anzahl der Arbeitnehmer in den Mitgliedstaaten bestimmten Sitzen im BVG weitere Sitze auf einzelne Mitgliedstaaten entfallen, wenn ansonsten bei Sitzverteilung allein auf Grundlage der Arbeitnehmerzahlen nicht alle Arbeitnehmer der an der Verschmelzung beteiligten und erlöschenden Gesellschaften im BVG vertreten wären. Eine Doppelvertretung ist jedoch gemäß § 5 Abs. 2 S. 2 SEBG ausgeschlossen, so dass auf einen Mitgliedstaat nur dann zusätzliche Sitze entfallen, wenn nicht bereits bei der Verteilung nach den Arbeitnehmerzahlen genügend Sitze auf die jeweiligen Mitgliedstaaten entfallen. Besondere Vorrangregelungen für die Besetzung, wie zB die bevorzugte Besetzung von Sitzen mit Gewerkschaftsvertretern und leitenden Angestellten gemäß § 6 Abs. 3, 4 SEBG (→ Rn. 49 ff.), bleiben dabei unberücksichtigt, um eine Verschiebung der Sitzzahlen durch in der SE-RL nicht vorgesehene Vorrangregelungen zugunsten einzelner Mitgliedstaaten zu vermeiden.[63]

Beispiel:
Die deutschen Gesellschaften $D_1$, $D_2$, $D_3$, $D_4$, $D_5$ und $D_6$ sollen mit den in Frankreich ansässigen Gesellschaften $F_1$ sowie $F_2$ und den in Spanien ansässigen Gesellschaften $S_1$ und $S_2$ verschmolzen werden. Die Arbeitnehmerzahlen sind wie folgt auf die einzelnen Mitgliedstaaten verteilt:

---

[59] Habersack/Drinhausen/*Hohenstatt*/*Müller-Bonanni* SEBG § 3 Rn. 14; MüKoAktG/*Jacobs* SEBG § 3 Rn. 8; ähnlich (wenn die Gesellschaft nicht der Mitbestimmung unterliegt) Henssler/Willemsen/Kalb/*Hohenstatt*/ *Dzida* SEBG Rn. 5.
[60] Lutter/Hommelhoff/Teichmann SE/*Oetker* SEBG § 1 Rn. 24 mwN; *Luke* NZA 2013, 941 (944).
[61] Dies erkennt auch MüKoAktG/*Jacobs* SEBG § 3 Rn. 8, der allerdings unter gewissen Umständen eine spätere (erstmalige) Verhandlung über die Beteiligungsvereinbarung wie bei der Aktivierung einer Vorratsgesellschaft entsprechend § 18 Abs. 3 SEBG fordert.
[62] Lutter/Hommelhoff/Teichmann SE/*Oetker* SEBG § 1 Rn. 24 mwN; NK-ArbR/*Sagan* SEBG § 3 Rn. 6; *Luke* NZA 2013, 941 (944); im Erg. auch NK-EBRG/*Carlson* SE Rn. 103.
[63] Lutter/Hommelhoff/Teichmann SE/*Oetker* SEBG § 5 Rn. 13; iE auch Habersack/Henssler/*Henssler* SEBG § 5 Rn. 6; MüKoAktG/*Jacobs* SEBG § 5 Rn. 4; NK-ArbR/*Sagan* SEBG § 5 Rn. 3; aA: Nagel/Freis/Kleinsorge SE/*Kleinsorge* SEBG § 5 Rn. 3.

|  | Deutschland | Frankreich | Spanien |
|---|---|---|---|
| Arbeitnehmerzahlen | $D_1$: 500 | $F_1$: 1.500 | $S_1$: 700 |
|  | $D_2$: 2.000 | $F_2$: 500 | $S_2$: 300 |
|  | $D_3$: 2.000 |  |  |
|  | $D_4$: 1.500 |  |  |
|  | $D_5$: 500 |  |  |
|  | $D_6$: 500 |  |  |
| Gesamtzahl | 7.000 | 2.000 | 1.000 |
| Beschäftigte insgesamt | 10.000 |  |  |
| Anteil in Prozent | 70 % | 20 % | 10 % |

In Deutschland sind hinreichend Sitze vorhanden, um eine Vertretung der Arbeitnehmer der erlöschenden Gesellschaften sicherzustellen. Dass zwei Sitze auf Gewerkschaften und ein Sitz auf die leitenden Angestellten entfallen und somit nur noch vier Sitze zur „freien" Verfügung stehen, ist irrelevant. Auf Frankreich entfallen zwei Sitze, so dass die beiden erlöschenden Gesellschaften hinreichend vertreten sind. Lediglich auf Spanien würde ein weiterer Sitz entfallen.

42    Um eine ausufernde Vergabe weiterer Sitze im BVG bei der Verschmelzung zu verhindern, sieht § 5 Abs. 3 S. 1 SEBG eine **Kappungsgrenze** vor, wonach die Zahl der zusätzlichen Sitze auf maximal 20 % der gesamten Sitzzahl begrenzt ist. Reichen die zusätzlichen Sitze nicht aus, um jede erlöschende Gesellschaft zu berücksichtigen, werden gemäß § 5 Abs. 3 S. 2 SEBG die zusätzlichen Sitze in absteigender Reihenfolge der Zahl der bei den Gesellschaften beschäftigten Arbeitnehmer verteilt, wobei auf jeden Mitgliedstaat nur dann mehr als ein zusätzlicher Sitz entfällt, wenn sichergestellt ist, dass alle anderen betroffenen Mitgliedstaaten mit zusätzlichen Sitzen bedacht wurden.

Beispiel:
Die deutschen Gesellschaften $D_1$, $D_2$, $D_3$, $D_4$, $D_5$ und $D_6$ sollen mit den in Frankreich ansässigen Gesellschaften $F_1$, $F_2$, $F_3$ sowie $F_4$ und den in Spanien ansässigen Gesellschaften $S_1$, $S_2$ sowie $S_3$ verschmolzen werden. Die Arbeitnehmerzahlen sind wie folgt auf die einzelnen Mitgliedstaaten verteilt:

|  | Deutschland | Frankreich | Spanien |
|---|---|---|---|
| Arbeitnehmerzahlen | $D_1$: 500 | $F_1$: 250 | $S_1$: 400 |
|  | $D_2$: 2000 | $F_2$: 250 | $S_2$: 300 |
|  | $D_3$: 2.000 | $F_2$: 250 | $S_2$: 300 |
|  | $D_4$: 1.500 | $F_4$: 250 |  |
|  | $D_5$: 1.000 |  |  |
|  | $D_6$: 1.000 |  |  |
| Gesamtzahl | 8.000 | 1.000 | 1.000 |
| Beschäftigte insgesamt | 10.000 |  |  |
| Anteil in Prozent | 80 % | 10 % | 10 % |

Auch in diesem Beispiel reichen die nach dem Berechnungsmodus gemäß § 5 Abs. 1 SEBG berechneten acht Sitze für Deutschland aus. Auf Frankreich und Spanien würde jeweils nur ein Sitz entfallen. Bei ungedeckelter Erhöhung der Sitzzahlen in Frankreich (drei zusätzliche Sitze) und Spanien (zwei zusätzliche Sitze) würden insgesamt fünf zusätzliche Sitze auf die beiden Mitgliedstaaten entfallen. Gemäß § 5 Abs. 3 S. 1 SEBG ist die Zahl der zusätzlichen Sitze jedoch auf zwei begrenzt. Wenn man diese zwei Sitze allein nach § 5 Abs. 3 S. 2 SEBG auf Grundlage der Arbeitnehmerzahlen auf die noch nicht berücksichtigten Gesellschaften verteilte, entfielen sie allein auf Spanien. Da aber nach § 5 Abs. 3 S. 3 SEBG auch Frankreich zu bedenken ist, entfällt der zweite zusätzliche Sitz auf Frankreich, so dass auf Deutschland acht sowie auf Frankreich und Spanien jeweils zwei Sitze entfallen.

### 3. Änderung der Zusammensetzung im laufenden Verfahren

Ändern sich während des Verhandlungsverfahrens Arbeitnehmerzahlen so grundlegend, dass die Zahl der Sitze oder deren Verteilung sich gemäß § 5 Abs. 1 bis 3 SEBG ändern würde, ist das BVG auch während der laufenden Verhandlungen neu zusammenzusetzen.[64] Auch dann sind Nachbesetzungen nur in jenen Mitgliedstaaten erforderlich, in denen sich Änderungen ergeben haben.[65] Die in diesen Mitgliedstaaten durchzuführenden Neuwahlen oder -bestellungen haben keinen Einfluss auf die laufenden Verhandlungen.[66] Eine Pflicht zur Verlängerung der Verhandlungsfrist nach § 20 Abs. 2 SEBG (→ Rn. 136) besteht nicht.[67] Das BVG bleibt weiterhin beschlussfähig und die Mitglieder aus den Mitgliedstaaten, in denen neu zu bestellen/wählen ist, bleiben bis zum Abschluss der Wahl im Amt. Das BVG ist insbesondere nicht daran gehindert, während der laufenden Bestellung/Wahl eine Beteiligungsvereinbarung abzuschließen.

43

### 4. Ersatzmitglieder

Nicht einheitlich geregelt ist, ob für die jeweiligen Mitglieder aus den einzelnen Mitgliedstaaten Ersatzmitglieder zu wählen sind. Dies bestimmt sich gemäß § 7 Abs. 1 SEBG nach dem Recht des jeweiligen Mitgliedstaates. Für die deutschen BVG-Mitglieder verlangt § 6 Abs. 2 S. 3 SEBG, dass für jedes BVG-Mitglied ein Ersatzmitglied zu wählen ist (→ Rn. 86).

44

### 5. Nicht ausreichende Zahl an Arbeitnehmern

Vielfach wird vertreten, dass die Bildung des BVG entbehrlich sei, wenn in der SE und ihren betroffenen Tochtergesellschaften nicht genügend Arbeitnehmer beschäftigt werden, um alle Sitze des BVG besetzen zu können.[68] Überzeugend ist dies nicht, zumal dabei die Möglichkeit der Besetzung von Sitzen mit externen Mitgliedern (zB Gesellschaftsvertretern oder nach ausländischem Recht zu wählenden oder zu bestellenden Dritten) unberücksichtigt bleibt.

45

---

[64] Zur Berücksichtigung von Änderungen vor der Konstituierung des BVG → Rn. 33.
[65] Lutter/Hommelhoff/Teichmann SE/*Oetker* SEBG § 5 Rn. 19; NK-SE/*Evers/Bodenstedt* SEBG § 5 Rn. 7; MüKoAktG/*Jacobs* SEBG § 5 Rn. 7.
[66] Lutter/Hommelhoff/Teichmann SE/*Oetker* SEBG § 5 Rn. 19; NK-SE/*Evers/Bodenstedt* SEBG § 5 Rn. 7; MüKoAktG/*Jacobs* SEBG § 5 Rn. 7; NK-ArbR/*Sagan* SEBG § 5 Rn. 6.
[67] Henssler/Willemsen/Kalb/*Hohenstatt/Dzida* SEBG Rn. 11; Habersack/Drinhausen/*Hohenstatt/Müller-Bonanni* SEBG § 5 Rn. 5; NK-ArbR/*Sagan* SEBG § 5 Rn. 6; aA Lutter/Hommelhoff/Teichmann SE/*Oetker* SEBG § 5 Rn. 19; MüKoAktG/*Jacobs* SEBG § 5 Rn. 7.
[68] Habersack/Drinhausen/*Hohenstatt/Müller-Bonanni* SEBG § 3 Rn. 10; Kölner Komm AktG/*Feuerborn* SEBG § 1 Rn. 8; Kölner Komm AktG/*Kiem* SE-VO Art. 12 Rn. 42; MüKoAktG/*Jacobs* SEBG § 3 Rn. 4; NK-ArbR/*Sagan* SEBG § 2 Rn. 9; *Forst* RdA 2010, 55 (58).

### III. Bestellung/Wahl der Mitglieder in Deutschland

46 Entsprechend den Regelungen der SE-RL enthält das SEBG kein einheitliches Regelungsgerüst für die Bestellung/Wahl der Mitglieder des BVG in den Mitgliedstaaten. Stattdessen bestimmen sich die Bestellung/Wahl nach § 7 Abs. 1 SEBG sowie die persönlichen Voraussetzungen für die Mitgliedschaft im BVG gemäß § 6 Abs. 1 SEBG nach den nationalen Bestimmungen des jeweiligen Mitgliedstaats. Demgemäß enthalten §§ 6–10 SEBG Regelungen nur für die Wahl der deutschen Mitglieder im BVG, gleichgültig ob eine SE mit Sitz im Inland oder mit Sitz im Ausland gegründet wird.

#### 1. Allgemeine Bestimmungen für die Wahl

##### a) Wählbarkeit und Mindestsitze

47 § 6 Abs. 2–4 SEBG bestimmt die persönlichen Voraussetzungen für die Wahl der BVG-Mitglieder.

48 **aa) Arbeitnehmer.** Nach § 6 Abs. 2 S. 1 SEBG sind zunächst alle in Deutschland beschäftigten Arbeitnehmer der beteiligten Gesellschaften und der betroffenen Tochtergesellschaften wählbar, wobei unerheblich ist, wo die Gesellschaften ihren Sitz haben.[69] Einschlägig ist der Arbeitnehmerbegriff in § 2 Abs. 1 SEBG (→ Rn. 7f.), so dass leitende Angestellte unabhängig davon, ob ein Sitz zwangsweise auf leitende Angestellte entfällt (→ Rn. 52), zu Mitgliedern des BVG gewählt werden können.[70] Männer und Frauen sollen gemäß § 6 Abs. 2 S. 2 SEBG entsprechend ihrem zahlenmäßigen Verhältnis in Deutschland gewählt werden, jedoch führt die Nichteinhaltung dieser Soll-Vorschrift nicht zu einer Unwirksamkeit der Wahl.[71] Weitere Voraussetzungen sind nicht zu erfüllen, so dass insbesondere keine Mindestbetriebszugehörigkeit erforderlich ist.[72]

49 **bb) Gewerkschaftsmitglieder.** Neben Arbeitnehmern der beteiligten Gesellschaften und betroffenen Tochtergesellschaften können gemäß § 6 Abs. 2 S. 1 SEBG auch Vertreter der Gewerkschaften in das BVG gewählt werden, die nicht zwingend Arbeitnehmer der beteiligten Gesellschaften oder betroffenen Tochtergesellschaften[73] oder Mitglied in der Gewerkschaft[74] sein müssen. Gewerkschaften sind die tariffähigen Arbeitnehmervereinigungen im Sinne von § 2 Abs. 1 TVG.[75]

50 § 6 Abs. 3 SEBG bestimmt, dass jedes dritte auf Deutschland entfallende Mitglied ein Vertreter der in den beteiligten Unternehmen vertretenen Gewerkschaften sein muss. Der Begriff der beteiligten Unternehmen bezieht sich auch hier nicht nur auf die an der Gründung unmittelbar beteiligten Gesellschaften, sondern auch auf die betroffenen Toch-

---

[69] Habersack/Henssler/*Henssler* SEBG § 6 Rn. 2; Kölner Komm AktG/*Feuerborn* SEBG § 6 Rn. 3; Lutter/Hommelhoff/Teichmann SE/*Oetker* SEBG § 6 Rn. 9; Nagel/Freis/Kleinsorge SE/*Kleinsorge* SEBG § 6 Rn. 3.
[70] Kölner Komm AktG/*Feuerborn* SEBG § 6 Rn. 11; Lutter/Hommelhoff/Teichmann SE/*Oetker* SEBG § 6 Rn. 9; Nagel/Freis/Kleinsorge SE/*Kleinsorge* SEBG § 6 Rn. 5; Habersack/Henssler/*Henssler* SEBG § 6 Rn. 7.
[71] Habersack/Henssler/*Henssler* SEBG § 6 Rn. 2; Kölner Komm AktG/*Feuerborn* SEBG § 6 Rn. 5; Nagel/Freis/Kleinsorge SE/*Kleinsorge* SEBG § 6 Rn. 8; Lutter/Hommelhoff/Teichmann SE/*Oetker* SEBG § 6 Rn. 11.
[72] Lutter/Hommelhoff/Teichmann SE/*Oetker* SEBG § 6 Rn. 8; Nagel/Freis/Kleinsorge SE/*Kleinsorge* SEBG § 6 Rn. 2; NK-SE/*Evers/Bodenstedt* SEBG § 6 Rn. 5.
[73] *Güntzel*, Die Richtlinie über die Arbeitnehmerbeteiligung in der Europäischen Aktiengesellschaft (SE) und ihre Umsetzung in das deutsche Recht, 2006, 398; Habersack/Drinhausen/*Hohenstatt/Müller-Bonanni* SEBG § 6 Rn. 4; Habersack/Henssler/*Henssler* SEBG § 6 Rn. 6; Kölner Komm AktG/*Feuerborn* SEBG § 6 Rn. 4; Lutter/Hommelhoff/Teichmann SE/*Oetker* SEBG § 6 Rn. 14; MüKoAktG/*Jacobs* SEBG § 6 Rn. 4; Nagel/Freis/Kleinsorge SE/*Kleinsorge* SEBG § 6 Rn. 7; *Steinberg*, Mitbestimmung in der Europäischen Aktiengesellschaft, 2006, 146.
[74] Lutter/Hommelhoff/Teichmann SE/*Oetker* SEBG § 6 Rn. 14; NK-SE/*Evers/Bodenstedt* SEBG § 6 Rn. 3.
[75] Lutter/Hommelhoff/Teichmann SE/*Oetker* SEBG § 6 Rn. 15; MüKoAktG/*Jacobs* SEBG § 6 Rn. 4.

tergesellschaften und betroffenen Betriebe.[76] Es ist nicht erforderlich, dass die beteiligte Gesellschaft oder das betroffene Tochterunternehmen seinen Sitz in Deutschland hat.[77] Gleichfalls wird angenommen, dass die Gewerkschaft ihren Sitz nicht in Deutschland haben müsse.[78] Vertreten ist eine Gewerkschaft in einem Unternehmen, wenn mindestens einer der dort beschäftigten Arbeitnehmer ihr Mitglied ist.[79] Die zwangsweise Besetzung jedes dritten auf Deutschland entfallenen Sitzes mit einem Gewerkschaftsvertreter wurde unter Berufung auf die „Tradition des Mitbestimmungsgesetzes" in das Gesetz aufgenommen.[80] Sie wird zutreffend als richtlinienwidrig angesehen.[81] Da der Wortlaut des Gesetzes eine richtlinienkonforme Auslegung jedoch nicht zulässt[82], kann bis zu einer Gesetzesänderung nicht davon ausgegangen werden, dass die Besetzung mit Gewerkschaftsmitgliedern fakultativ ist oder das Wahlgremium bzw. – im Falle der Urwahl – die Arbeitnehmer an die Vorschläge der Gewerkschaften nicht gebunden sind.[83]

Da § 6 Abs. 2 S. 1 SEBG allgemein vorsieht, dass Gewerkschaftsvertreter in das BVG entsandt werden dürfen, können auch mehr Gewerkschaftsvertreter als gesetzlich vorgesehen gewählt werden. Insbesondere ist die Wahl eines Gewerkschaftsvertreters auch dann möglich, wenn nur ein oder zwei Sitze auf Deutschland entfallen.[84] 51

**cc) Leitende Angestellte.** Leitende Angestellte können jederzeit in das BVG gewählt werden.[85] Daneben bestimmt § 6 Abs. 4 SEBG, dass jeder siebte auf Deutschland entfallende Sitz mit einem leitenden Angestellten zu besetzen ist. Auch diese Regelung wird vielfach als richtlinienwidrig angesehen[86], jedoch lässt der eindeutige Wortlaut auch hier keine richtlinienkonforme einschränkende Auslegung zu[87]. 52

### b) Verteilung der Sitze auf die Gesellschaften

Wie die Sitze auf die einzelnen Gesellschaften verteilt werden, ist in § 7 Abs. 2 bis 5 SEBG näher geregelt. Dabei wird grundsätzlich ein Vorrang bei der Vergabe der Sitze für die an der SE-Gründung beteiligten Gesellschaften angenommen, die ihren Sitz in Deutschland haben. 53

**aa) Ausgangsfall.** Zur Umsetzung der Vorgaben der SE-RL[88] ist in § 7 Abs. 2 SEBG zunächst geregelt, dass alle beteiligten Gesellschaften mit Sitz in Deutschland mindestens einen Sitz im BVG erhalten sollen. Beteiligte Gesellschaften, die ihren Sitz im EU-/EWR-Ausland haben, sind daher zunächst nicht zu berücksichtigen. Diese Regelung weicht von der SE-RL ab, da diese nicht nach dem Sitz der beteiligten Gesellschaften differenziert. Gleichfalls werden Tochtergesellschaften nicht berücksichtigt, solange nicht alle beteiligten 54

---

[76] Gaul/Ludwig/Forst EuMitbestR/*Fleischmann* § 2 Rn. 161; Kölner Komm AktG/*Feuerborn* SEBG § 6 Rn. 7; Lutter/Hommelhoff/Teichmann SE/*Oetker* SEBG § 6 Rn. 16; NK-SE/*Evers/Bodenstedt* SEBG § 6 Rn. 2; MüKoAktG/*Jacobs* SEBG § 6 Rn. 5.
[77] So aber Lutter/Hommelhoff/Teichmann SE/*Oetker* SEBG § 6 Rn. 16.
[78] Lutter/Hommelhoff/Teichmann SE/*Oetker* SEBG § 6 Rn. 16; MüKoAktG/*Jacobs* SEBG § 6 Rn. 5.
[79] Lutter/Hommelhoff/Teichmann SE/*Oetker* SEBG § 6 Rn. 16.
[80] Begr. RegE, BT-Drs. 15/3405, 46.
[81] Kölner Komm AktG/*Feuerborn* SEBG § 6 Rn. 8; Habersack/Henssler/*Henssler* SEBG § 6 Rn. 5; krit. MüKoAktG/*Jacobs* SEBG § 6 Rn. 6; *Forst* ZESAR 2019, 271 (273f.); im Ergebnis wohl auch NK-ArbR/*Sagan* SEBG § 6 Rn. 4.
[82] EuArbRK/*Oetker* RL 2001/86/EG Art. 3 Rn. 16; aA NK-ArbR/*Sagan* SEBG § 6 Rn. 4.
[83] EuArbRK/*Oetker* RL 2001/86/EG Art. 3 Rn. 16; aA NK-ArbR/*Sagan* SEBG § 6 Rn. 4.
[84] *Forst* ZESAR 2019, 271 (272); aA *Calle-Lambach* Die Beteiligung der Arbeitnehmer in der Europäischen Gesellschaft (SE), 2004, 160; Lutter/Hommelhoff/Teichmann SE/*Oetker* SEBG § 6 Rn. 17.
[85] Habersack/Henssler/*Henssler* SEBG § 6 Rn. 7; Kölner Komm AktG/*Feuerborn* SEBG § 6 Rn. 11; Lutter/Hommelhoff/Teichmann SE/*Oetker* SEBG § 6 Rn. 24; Nagel/Freis/Kleinsorge SE/*Kleinsorge* SEBG § 6 Rn. 5.
[86] *Kienast* in Jannott/Frodermann SE-HdB Kap. 13 Rn. 169; Kölner Komm AktG/*Feuerborn* SEBG § 6 Rn. 11.
[87] EuArbRK/*Oetker* RL 2001/86/EG Art. 3 Rn. 17.
[88] S. Art. 3 Abs. 2 lit. b UAbs. 1 S. 2 SE-RL.

Gesellschaften einen Sitz erhalten haben.[89] Aufgrund des Umstandes, dass es sich bei den Regelungen in § 6 Abs. 2 und 3 SEBG um Muss-Vorschriften handelt, während § 7 Abs. 2 SEBG als Soll-Vorschrift ausgestaltet ist, sind zunächst die zwangsweise mit Gewerkschaftsvertretern und einem Vertreter der leitenden Angestellten zu besetzen, bevor eine Verteilung der Sitze auf die beteiligten Gesellschaften erfolgt.[90]

55 **bb) Weniger BVG-Sitze als beteiligte inländische Gesellschaften.** Für den Fall, dass (ggf. nach Verteilung der Sitze an Gewerkschaften und leitende Angestellte) nicht genügend Sitze im BVG auf Deutschland entfallen, um allen beteiligten inländischen Gesellschaften einen Sitz zukommen zu lassen, ist in § 7 Abs. 3 SEBG geregelt, dass die Sitze entsprechend der Anzahl der Arbeitnehmer in den Gesellschaften in absteigender Reihenfolge vergeben werden. Auch hier werden betroffene Tochtergesellschaften nicht berücksichtigt.[91]

**Beispiel:**
In Deutschland sind drei Gesellschaften an der Gründung der SE beteiligt: $D_1$ mit 15.000 Arbeitnehmern, $D_2$ mit 10.000 Arbeitnehmern und $D_3$ mit 3.000 Arbeitnehmern. $D_3$ hat zudem eine Tochtergesellschaft ($D_T$) mit 15.000 Arbeitnehmern. Auf Deutschland entfallen drei Sitze. Von diesen Sitzen ist ein Sitz mit einem Vertreter einer in den Betrieben der Gesellschaften vertretenen Gewerkschaften zu besetzen. Es verbleiben somit zwei Sitze zur Verteilung auf die beteiligten Gesellschaften, so dass $D_1$ und $D_2$ einen Sitz im BVG erhalten, während $D_3$ kein Sitz zugewiesen wird. $D_T$ bleibt ebenfalls unberücksichtigt.

56 **cc) Mehr Sitze als beteiligte Gesellschaften.** Entfallen im BVG mehr Sitze auf Deutschland, als beteiligte inländische Gesellschaften vorhanden sind, werden gemäß § 7 Abs. 4 SEBG die nach der Verteilung der Sitze gemäß § 7 Abs. 2 SEBG verbleibenden Sitze nach dem d'Hondtschen Höchstzahlverfahren entsprechend der Zahl der Arbeitnehmer auf die beteiligten Gesellschaften verteilt. Die Sitzgarantien für Gewerkschaftsvertreter und den Vertreter der leitenden Angestellte gemäß § 6 Abs. 2 und 3 SEBG sind dabei ebenfalls zu berücksichtigen.[92] Da in § 7 Abs. 4 SEBG nicht mehr nur auf die beteiligten Gesellschaften mit Sitz im Inland abgestellt wird, können auch die beteiligten Gesellschaften im Ausland berücksichtigt werden. Unter Berufung auf den Wortlaut wird teilweise auch hier angenommen, dass der Gesetzgeber zunächst davon ausgegangen ist, dass betroffene Tochtergesellschaften ebenfalls nicht zu berücksichtigen sind.[93] Unter Berücksichtigung der parallelen Regelungen in § 7 Abs. 4 SCEBG und § 9 Abs. 4 MgVG, in denen betroffene Tochtergesellschaften ausdrücklich aufgenommen wurden, ist davon auszugehen, dass es sich bei der unterbliebenen Nennung der betroffenen Tochtergesellschaften in § 7 Abs. 4 SEBG nur um ein Redaktionsversehen handelt.[94] Wollte man betroffene Tochtergesellschaften unberücksichtigt lassen, ergäbe die Aufnahme von Arbeitnehmern betroffener Tochtergesellschaften in den Kreis der wählbaren Arbeitnehmer keinen Sinn. Da in § 8 Abs. 1 SEBG ausdrücklich geregelt ist, dass auch Arbeitnehmer der betroffenen Tochtergesellschaften in das BVG gewählt werden können, ist daher davon auszugehen, dass bei

---

[89] Kölner Komm AktG/*Feuerborn* SEBG § 7 Rn. 3; Lutter/Hommelhoff/*Teichmann* SE/*Oetker* SEBG § 7 Rn. 4; Nagel/Freis/Kleinsorge SE/*Kleinsorge* SEBG § 7 Rn. 2; Habersack/Henssler/*Henssler* SEBG § 7 Rn. 2.
[90] Begr. RegE, BT-Drs. 15/3405, 46; Habersack/Drinhausen/*Hohenstatt/Müller-Bonanni* SEBG § 7 Rn. 2; Henssler/Willemsen/Kalb/*Hohenstatt/Dzida* SEBG Rn. 17; Nagel/Freis/Kleinsorge SE/*Kleinsorge* SEBG § 7 Rn. 2; MüKoAktG/*Jacobs* SEBG § 7 Rn. 2.
[91] Habersack/Henssler/*Henssler* SEBG § 7 Rn. 2; Kölner Komm AktG/*Feuerborn* SEBG § 7 Rn. 3; Lutter/Hommelhoff/*Teichmann* SE/*Oetker* SEBG § 7 Rn. 4; Nagel/Freis/Kleinsorge SE/*Kleinsorge* SEBG § 7 Rn. 2.
[92] Kölner Komm AktG/*Feuerborn* SEBG § 7 Rn. 7; MüKoAktG/*Jacobs* SEBG § 7 Rn. 3.
[93] EuArbRK/*Oetker* RL 2001/86/EG Art. 3 Rn. 14; Kölner Komm AktG/*Feuerborn* SEBG § 7 Rn. 10; Lutter/Hommelhoff/*Teichmann* SE/*Oetker* SEBG § 7 Rn. 4; Habersack/Henssler/*Henssler* SEBG § 7 Rn. 4.
[94] MüKoAktG/*Jacobs* SEBG § 7 Rn. 3.

der Verteilung der Sitze gemäß § 7 Abs. 4 SEBG auch betroffene Tochtergesellschaften berücksichtigt werden können.[95]

Beispiel:

In Deutschland sind drei Gesellschaften an der Gründung der SE beteiligt: $D_1$ mit 15.000 Arbeitnehmern, $D_2$ mit 10.000 Arbeitnehmern und $D_3$ mit 3.000 Arbeitnehmern. $D_3$ hat zudem eine Tochtergesellschaft ($D_T$) mit 12.000 Arbeitnehmern. Zudem ist die französische Gesellschaft F an der Gründung der SE beteiligt. F unterhält in Deutschland eine Niederlassung mit 400 Arbeitnehmern. Auf Deutschland entfallen im BVG insgesamt zehn Sitze. Nachdem drei Sitze auf die in den Betrieben der Gesellschaften vertretenen Gewerkschaften entfallen und ein Sitz auf einen Vertreter der leitenden Angestellten entfällt, sind insgesamt sechs Sitze frei zu verteilen.

In einem 1. **Schritt** werden gemäß § 7 Abs. 2 SEBG Sitze auf die inländischen beteiligten Gesellschaften verteilt, so dass D1, D2 und D3 jeweils einen Sitz erhalten. F bleibt unberücksichtigt.

In einem 2. **Schritt** werden die übrigen drei Sitze auf alle beteiligten Gesellschaften und die in Deutschland betroffene Tochtergesellschaft nach d'Hondt verteilt, dh die Arbeitnehmerzahlen der einzelnen Gesellschaften werden durch ganze Zahlen geteilt und die Sitze dann entsprechend den auf die einzelnen Gesellschaften entfallenden Quotientenwerten verteilt.

| Gesellschaft | Anzahl Arbeitnehmer | Divisor 1 | Divisor 2 | Divisor 3 |
|---|---|---|---|---|
| $D_1$ | 15.000 | 15.000 (1) | 7.500 (3) | 5.000 |
| $D_2$ | 6.000 | 6.000 | 3.000 | 2.000 |
| $D_3$ | 3.000 | 3.000 | 1.500 | 1.000 |
| $D_T$ | 12.000 | 12.000 (2) | 6.000 | 4.000 |
| F | 400 | 400 | 200 | 133,33 |

Im Ergebnis entfallen auf $D_1$ zwei und $D_T$ einer der übrigen zu verteilenden Sitze im BVG, so dass auf $D_1$ drei und $D_2$, $D_3$ und $D_T$ jeweils ein Sitz im BVG entfällt. F bleibt unberücksichtigt.

**dd) Keine inländischen Gesellschaften beteiligt.** Sind an der Gründung der SE keine Gesellschaften mit Sitz im Inland beteiligt, sondern nur Betriebe ausländischer Gesellschaften betroffen, werden die Sitze gemäß § 7 Abs. 5 SEBG in entsprechender Anwendung von § 7 Abs. 2–4 auf diese Betriebe verteilt. Dabei sind bei der Verteilung sowohl ausländische beteiligte Gesellschaften als auch betroffene Tochtergesellschaften zu berücksichtigen.[96]

## 2. Wahl durch Wahlgremium

Die Wahl der deutschen Vertreter in das BVG, einschließlich der Vertreter der Gewerkschaften und der Vertreter der leitenden Angestellten, erfolgt grundsätzlich durch ein Wahlgremium, dessen Zusammensetzung in § 8 Abs. 2–6 SEBG geregelt ist. Grundsätzlich wird das Wahlgremium durch die betriebsverfassungsrechtlichen Arbeitnehmervertretungen auf der jeweils höchsten Ebene gebildet. Nur im Ausnahmefall wählen die Arbeitnehmer ihre Vertreter im BVG unmittelbar.

---

[95] Habersack/Drinhausen/*Hohenstatt/Müller-Bonanni* SEBG § 7 Rn. 3; MüKoAktG/*Jacobs* SEBG § 7 Rn. 3; Nagel/Freis/Kleinsorge SE/*Kleinsorge* SEBG § 7 Rn. 6.
[96] Nagel/Freis/Kleinsorge SE/*Kleinsorge* SEBG § 7 Rn. 9.

### a) Zusammensetzung des Wahlgremiums

59 § 8 Abs. 2–5 SEBG differenziert für die Zusammensetzung des Wahlgremiums zunächst danach, ob im Ausland eine Unternehmensgruppe, nur ein Unternehmen oder nur ein Betrieb an der Gründung der SE beteiligt ist. Dabei ist der Begriff der Beteiligung irreführend, weil es nicht darum geht, dass eine an der Gründung beteiligte Gesellschaft ihren Sitz in Deutschland haben muss. Vielmehr bezieht „Beteiligung" sich darauf, dass in Deutschland entweder eine oder mehrere beteiligte Gesellschaften oder betroffene Tochtergesellschaften an der SE-Gründung beteiligt oder von dieser betroffen sind oder aber einen Betrieb in Deutschland unterhalten. Darüber hinaus ist in § 8 Abs. 6 SEBG der Sonderfall der Beteiligung mehrerer Unternehmensgruppen geregelt.

60 **aa) Nur eine Unternehmensgruppe in Deutschland.** § 8 Abs. 2 SEBG regelt den Fall, dass eine Unternehmensgruppe an der Gründung beteiligt ist. Der Begriff der Unternehmensgruppe ist im SEBG nicht definiert. Er entspricht dem Begriff der Unternehmensgruppe im EBRG bzw. in der EBRG-Richtlinie. Eine Unternehmensgruppe in diesem Sinne setzt sich aus einem herrschenden Unternehmen und den von dem herrschenden Unternehmen abhängigen Unternehmen zusammen, wobei nur die betroffenen Tochtergesellschaften zu berücksichtigen sind; die Unternehmensgruppe ist ein Unterfall verbundener Unternehmen iSd § 15 AktG.[97]

61 Ist in Deutschland eine Unternehmensgruppe an der SE-Gründung beteiligt, besteht das Wahlgremium gemäß § 8 Abs. 2 S. 1 Alt. 1 SEBG aus dem Konzernbetriebsrat, soweit ein solcher gewählt wurde. Wurde kein Konzernbetriebsrat gebildet, setzt sich gemäß § 8 Abs. 2 S. 1 Alt. 2 SEBG das Wahlgremium aus den in der Unternehmensgruppe gebildeten Gesamtbetriebsräten zusammen. Soweit in einem Unternehmen kein Gesamtbetriebsrat besteht, weil nur ein Betriebsrat gewählt wurde und daher kein Gesamtbetriebsrat gebildet werden kann, sind gemäß § 8 Abs. 2 S. 1 Alt. 3 SEBG die Mitglieder des Betriebsrats in das Wahlgremium zu entsenden. Nicht ausdrücklich geregelt ist der Fall, dass in einem Unternehmen mehrere Betriebsräte gewählt wurden, aber pflichtwidrig kein Gesamtbetriebsrat besteht. In diesem Fall haben die einzelnen Betriebsräte keine Auffangkompetenz, dh die Betriebsräte entsenden keine Vertreter in das Wahlgremium.[98] In Mischkonstellationen, in denen es sowohl Gesamtbetriebsräte in einigen Gesellschaften und nur Betriebsräte in anderen Gesellschaften gibt, setzt sich das Wahlgremium sowohl aus Gesamtbetriebsräten als auch aus lokalen Betriebsräten zusammen. Soweit gemäß § 3 BetrVG wirksam von den üblichen Betriebsratsstrukturen abgewichen worden ist, treten an die Stelle des Konzern- oder Gesamtbetriebsrats bzw. des lokalen Betriebsrats die stattdessen gebildeten Arbeitnehmervertretungen.[99]

**Beispiel:**
Die K ist herrschende Gesellschaft des Konzerns K, dem auch die Tochtergesellschaft T angehört. T soll in eine SE umgewandelt werden. T hat eine Tochtergesellschaft E. Bei K ist ein Konzernbetriebsrat gegründet worden. Bei T existiert ein Gesamtbetriebsrat, während bei E ein Betriebsrat gebildet wurde. Würde das Wahlgremium aus dem Konzernbetriebsrat der K bestehen, würden diesem auch Vertreter der anderen, nicht an der SE-Gründung beteiligten Gesellschaften angehören. Da aber die herrschende Gesellschaft nicht beteiligt ist, besteht die an der SE-Gründung beteiligte Unternehmensgruppe nur aus T und der E, die keinen eigenen Konzernbetriebsrat hat. Stattdessen setzt sich das Wahlgremium aus dem Gesamtbetriebsrat der T und dem Betriebsrat der E zusammen.

---

[97] Habersack/Henssler/*Henssler* SEBG § 8–10 Rn. 3; MüKoAktG/*Jacobs* SEBG § 8 Rn. 28.
[98] Ähnlich (Fall nicht genannt, weil regelwidrig): Henssler/Willemsen/Kalb/*Hohenstatt/Dzida* SEBG Rn. 19, Fn. 8; für den Fall, dass nur ein Unternehmen im Inland beteiligt ist Nagel/Freis/Kleinsorge SE/*Kleinsorge* SEBG § 8 Rn. 18.
[99] Nagel/Freis/Kleinsorge SE/*Kleinsorge* SEBG § 8 Rn. 16.

## B. Bildung des besonderen Verhandlungsgremiums § 14

§ 8 Abs. 2 S. 2 SEBG regelt, dass betriebsratslose Betriebe und Unternehmen von dem 62
Konzernbetriebsrat, Gesamtbetriebsrat oder Betriebsrat mitvertreten werden. Diese Regelung ist hinsichtlich der Zurechnung der einzelnen Betriebe für den Fall, dass nicht nur eine, sondern mehrere Arbeitnehmervertretungen bestehen, unklar. Fraglich ist insbesondere, ob die betriebsratslosen Betriebe dann – unabhängig von der Unternehmenszugehörigkeit – von allen Arbeitnehmervertretungen in der Unternehmensgruppe oder nur zu derjenigen der Gesellschaft im Rahmen des § 8 Abs. 2 S. 2 SEBG vertreten werden. Im Hinblick auf die Regelung in § 10 Abs. 2 S. 2 SEBG, der eine Stimmverteilung für nicht vertretene Arbeitnehmer über die Unternehmensgrenzen hinaus gesondert vorsieht, ist davon auszugehen, dass der Gesamtbetriebsrat bzw. lokale Betriebsräte jeweils nur die in ihrer Gesellschaft existierenden betriebsratslosen Betriebe im Rahmen des § 8 Abs. 2 S. 2 SEBG mit vertreten.

**Beispiel:**
Die deutsche Gesellschaft D ist eine an einer SE-Gründung beteiligte Gesellschaft. Sie hat einen Betrieb mit Betriebsrat. D hat drei betroffene Tochtergesellschaften $D_{T1}$, $D_{T2}$, $D_{T3}$. $D_{T1}$ hat drei Betriebe, zwei von ihnen mit Betriebsrat, und einen Gesamtbetriebsrat. $D_{T2}$ hat vier Betriebe, aber nur einen Betriebsrat. In den Betrieben der $D_{T3}$ wurden keine Betriebsräte gewählt:

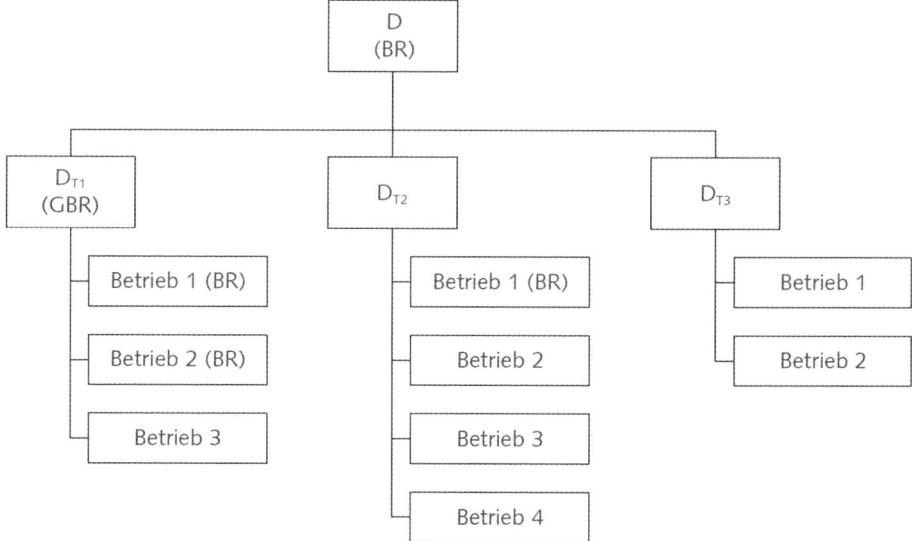

In dieser Konstellation besteht das Wahlgremium aus
- dem Betriebsrat der D, der den Betrieb der D vertritt,
- dem Gesamtbetriebsrat der $D_{T1}$, der unabhängig von der Wahl eines Betriebsrats alle Betriebe von $D_{T1}$ vertritt,
- dem Betriebsrat im Betrieb 1 der $D_{T2}$, der auch die anderen betriebsratslosen Betriebe der $D_{T2}$ mit vertritt.

Die betriebsratslosen Betriebe der $D_{T3}$ werden nicht gemäß § 8 Abs. 2 S. 2 SEBG mit vertreten, jedoch wird die Vertretung über die Hinzurechnung der Stimmen im Rahmen des § 10 Abs. 2 S. 2 SEBG realisiert (→ Rn. 78).

63   Besteht in der gesamten Unternehmensgruppe nur ein Betriebsrat, so setzt sich das Wahlgremium aus seinen Mitgliedern zusammen.[100] Die Mitglieder des Wahlgremiums vertreten gemäß § 10 Abs. 2 S. 2 SEBG alle Arbeitnehmer der Unternehmensgruppe (→ Rn. 76 f.), so dass es zu Konstellationen kommen kann, in denen ein Betriebsrat einer relativ kleinen Gesellschaft über die Zusammensetzung des BVG bestimmt.

**Beispiel:**
Die deutsche Gesellschaft D soll in eine SE umgewandelt werden. Sie beschäftigt 100 Arbeitnehmer und hat keinen Betriebsrat. D hat zwei Tochtergesellschaften in Deutschland, $D_{T1}$ (200 Arbeitnehmer verteilt auf zwei Betriebe, in denen keine Betriebsräte gewählt wurden) und $D_{T2}$ (350 Arbeitnehmer in drei Betrieben, in denen jeweils ein Betriebsrat gewählt wurde; ein Gesamtbetriebsrat wurde pflichtwidrig nicht gebildet). $D_{T2}$ hat eine Tochtergesellschaft $D_E$. Bei $D_E$ sind 20 Arbeitnehmer in einem Betrieb beschäftigt, in dem ein Betriebsrat besteht. Da die Betriebsräte der $D_{T2}$ keine Mitglieder in das Wahlgremium entsenden können (dies könnte nur ein Gesamtbetriebsrat der $D_{T2}$), setzt sich das Wahlgremium ausschließlich aus den Mitgliedern des Betriebsrats der $D_E$ zusammen.

64   Existieren keine Betriebsräte, sind die deutschen Mitglieder im BVG in einer Urwahl gemäß § 8 Abs. 7 SEBG zu wählen (→ Rn. 87 ff.).

65   **bb) Nur ein beteiligtes Unternehmen.** Existiert im Inland nur ein beteiligtes oder betroffenes Unternehmen, so setzt sich das Wahlgremium aus dem Gesamtbetriebsrat des Unternehmens zusammen, § 8 Abs. 3 S. 1 Alt. 1 SEBG. Gibt es keinen Gesamtbetriebsrat, aber in einem Betrieb einen Betriebsrat, so entsendet dieser seine Mitglieder in das Wahlgremium. Wie auch bei der Beteiligung einer Unternehmensgruppe (→ Rn. 60 ff.) gilt, dass bei Wahl mehrerer Betriebsräte diese auch dann keine Mitglieder in das Wahlgremium entsenden, wenn sie (pflichtwidrig) keinen Gesamtbetriebsrat gebildet haben oder dieser untätig bleibt.[101] Gemäß § 8 Abs. 3 S. 2 SEBG werden betriebsratslose Betriebe des Unternehmens vom Gesamtbetriebsrat oder Betriebsrat vertreten, so dass bei Existenz nur eines Betriebsrats alle übrigen Arbeitnehmer von diesem im Wahlgremium mit vertreten werden.[102] Soweit nach § 3 BetrVG abweichende Betriebsratsstrukturen etabliert wurden, treten diese an die Stelle des Gesamtbetriebsrats bzw. des Betriebsrats.[103] Existieren überhaupt keine Betriebsräte, sind die deutschen Mitglieder im BVG in einer Urwahl gemäß § 8 Abs. 7 SEBG (→ Rn. 87 ff.) zu wählen.

66   **cc) Nur ein betroffener Betrieb.** Ist nur ein Betrieb einer nicht in Deutschland ansässigen Gesellschaft von der Gründung betroffen, setzt sich das Wahlgremium aus dem Betriebsrat dieses Betriebs zusammen. Existiert kein Betriebsrat, wählen die Arbeitnehmer in Urwahl gemäß § 8 Abs. 7 SEBG die Mitglieder des BVG (→ Rn. 87 ff.).

67   **dd) Mischsachverhalte.** Neben den in § 8 Abs. 2–4 SEBG geregelten Fällen kann es vorkommen, dass mehrere Unternehmen oder Unternehmensgruppen an der SE-Gründung beteiligt sind, die nicht miteinander verbunden und daher keine gemeinsamen betriebsverfassungsrechtlichen Vertretungsorgane besitzen, die das Wahlgremium bilden könnten. Für diesen Fall ist in § 8 Abs. 5 S. 1 und 2 SEBG eine gemischte Zusammensetzung des Wahlgremiums aus den jeweils bei den eigenständigen Unternehmensgruppen bzw. Unternehmen auf höchster Ebene gebildeten betriebsverfassungsrechtlichen Gremien vorgesehen.

---

[100] Dies jedoch als (partiell) richtlinienwidrig ansehend: Habersack/Drinhausen/*Hohenstatt/Müller-Bonanni* SEBG § 8 Rn. 3; Habersack/Henssler/*Henssler* SEBG § 8–10 Rn. 5; MüKoAktG/*Jacobs* SEBG § 8 Rn. 8.
[101] Nagel/Freis/Kleinsorge SE/*Kleinsorge* SEBG § 8 Rn. 18; aA offenbar Lutter/Hommelhoff/Teichmann SE/*Oetker* SEBG § 8 Rn. 14.
[102] Nagel/Freis/Kleinsorge SE/*Kleinsorge* SEBG § 8 Rn. 18; krit. MüKoAktG/*Jacobs* SEBG § 8 Rn. 8, der auch insoweit von einer (partiellen) Richtlinienwidrigkeit ausgeht.
[103] Nagel/Freis/Kleinsorge SE/*Kleinsorge* SEBG § 8 Rn. 18.

### B. Bildung des besonderen Verhandlungsgremiums § 14

**Beispiel:**

Die Französische Gesellschaft F soll in eine SE umgewandelt werden. F besitzt drei unmittelbare Tochtergesellschaften in Deutschland:
– $D_{T1}$, die mehrere Tochtergesellschaften und einen Konzernbetriebsrat hat,
– $D_{T2}$, die zwei Betriebe mit Betriebsräten und einem Gesamtbetriebsrat hat, sowie
– $D_{T3}$, die nur einen Betrieb mit einem Betriebsrat hat.

In diesem Fall setzt sich das Wahlgremium aus den Mitgliedern des Konzernbetriebsrats der $D_{T1}$, den Mitgliedern des Gesamtbetriebsrats der $D_{T2}$ und den Mitgliedern des Betriebsrats der $D_{T3}$ zusammen.

Für den Fall, dass bei einer Mischkonstellation in einem beteiligten Unternehmen oder einer beteiligten Unternehmensgruppe oder einem betroffenen Betrieb kein Betriebsrat besteht, ist in § 8 Abs. 5 S. 3–5 SEBG die partielle Urwahl der Mitglieder des Wahlgremiums durch die Arbeitnehmer vorgesehen. Die Arbeitnehmer dieser beteiligten Unternehmen oder Unternehmensgruppen werden – anders als in den in § 8 Abs. 2–4 SEBG geregelten Fällen – nicht durch die betriebsverfassungsrechtlichen Gremien der anderen Unternehmen, Unternehmensgruppen oder betroffenen Betriebe mit vertreten.[104] Die Zahl der zu wählenden Mitglieder bestimmt sich gemäß § 8 Abs. 5 S. 5 Hs. 1 SEBG nach der fiktiven Anzahl der Mitglieder in dem Gremium, das bei Bestehen aller möglichen betriebsverfassungsrechtlichen Gremien Mitglieder in das Wahlgremium zu entsenden hätte. 68

Das Wahlverfahren ist im SEBG für den Fall der partiellen Urwahl der Mitglieder des Wahlgremiums nur rudimentär geregelt. So ist zunächst vorgesehen, dass die Urwahl in einer Wahlversammlung stattfindet, die auf Einladung der Konzern-, Unternehmens- oder Betriebsleitung erfolgt. Nähere Bestimmungen über die Einladung zur Wahlversammlung enthält das Gesetz nicht; die Einladung muss jedoch so rechtzeitig und in solcher Weise erfolgen, dass alle wahlberechtigten Arbeitnehmer an der Wahlversammlung teilnehmen können.[105] Die Arbeitnehmer haben kein Initiativrecht.[106] Die Leitungen sind zur Teilnahme an der Wahlversammlung nicht berechtigt. Für die Durchführung der Wahl ist ein Wahlvorstand zuständig, den die Arbeitnehmer aus ihrer Mitte wählen. Zum Wahlvorstand kann jeder Arbeitnehmer gewählt werden. Die Wahl des Wahlvorstandes muss nicht schriftlich durchgeführt werden, sondern kann auch durch Handzeichen oder Ähnliches erfolgen.[107] Die Wahl selbst erfolgt gemäß § 8 Abs. 5 S. 5 Hs. 2 SEBG nach den auch für die Urwahl der BVG-Mitglieder nach § 8 Abs. 7 S. 3 bis 5 SEBG geltenden Regelungen (→ Rn. 87 ff.). 69

**ee) maximale Größe des Wahlgremiums.** Die Zahl der Mitglieder des Wahlgremiums ist gemäß § 8 Abs. 6 SEBG auf 40 beschränkt, um die Arbeitsfähigkeit des Wahlgremiums sicherzustellen. Hätte das Wahlgremium nach den allgemeinen Regeln mehr als 40 Mitglieder, wird die Zahl der nach dem d'Hondtschen Höchstzahlverfahren unter Berücksichtigung der Zahl der Sitze der jeweils entsendenden Gremien in absteigender Reihenfolge reduziert, dh das Gremium, das die meisten Mitglieder entsendet, muss als erstes Sitze abgeben.[108] Die Reduktion der Sitzzahl hat keine Auswirkungen auf die Anzahl der im Wahlgremium insgesamt vertretenen Arbeitnehmer.[109] 70

**Beispiel:**

Die in Deutschland ansässige Gesellschaft D soll zur Gründung einer SE mit der französischen Gesellschaft F verschmolzen werden. Bei D besteht ein Konzernbetriebsrat mit 28

---
[104] Lutter/Hommelhoff/Teichmann SE/*Oetker* SEBG § 8 Rn. 18.
[105] Lutter/Hommelhoff/Teichmann SE/*Oetker* SEBG § 8 Rn. 19; MüKoAktG/*Jacobs* SEBG § 8 Rn. 10; Nagel/Freis/Kleinsorge SE/*Kleinsorge* SEBG § 8 Rn. 25.
[106] MüKoAktG/*Jacobs* SEBG § 8 Rn. 10; Nagel/Freis/Kleinsorge SE/*Kleinsorge* SEBG § 8 Rn. 25.
[107] Nagel/Freis/Kleinsorge SE/*Kleinsorge* SEBG § 8 Rn. 24 f.
[108] Begr. RegE, BT-Drs. 15/3405, 47; MüKoAktG/*Jacobs* SEBG § 8 Rn. 11.
[109] MüKoAktG/*Jacobs* SEBG § 8 Rn. 11; Nagel/Freis/Kleinsorge SE/*Kleinsorge* SEBG § 8 Rn. 38.

Mitgliedern. F hat in Deutschland zwei Tochtergesellschaften ($F_{T1}$ und $F_{T2}$), die in Deutschland nicht miteinander verbunden sind. Bei $F_{T1}$ ist ein Gesamtbetriebsrat mit fünf Mitgliedern vorhanden, während $F_{T2}$ nur einen Betrieb mit einem 17-köpfigen Betriebsrat hat. Ohne die Begrenzung der Mitgliederzahl würde das Wahlgremium aus 50 Mitgliedern bestehen, so dass nach dem d'Hondtschen Verfahren die Zahl zu verringern ist:

| Gesellschaft | Mitglieder | Divisor 1 | Divisor 2 | Divisor 3 | Divisor 4 | Divisor 5 | Divisor 6 |
|---|---|---|---|---|---|---|---|
| D | 28 | 28 (1) | 14 (3) | 9,33 (4) | 7 (6) | 5,6 (8) | 4,67 (10) |
| $F_{T1}$ | 5 | 5 (9) | 2,5 | 1,67 | 1,25 | 1 | 0,83 |
| $F_{T2}$ | 17 | 17 (2) | 8,5 (5) | 5,67 (7) | 4,25 | 3,4 | 2,83 |

Daraus ergibt sich, dass im BVG
– D sechs Sitze,
– $F_{T1}$ einen Sitz und
– $F_{T2}$ drei Sitze
weniger als nach den allgemeinen Regelungen erhält.

### b) Wahlverfahren

**71** **aa) Vorsitz und Einberufung des Wahlgremiums.** Die Einberufung des Wahlgremiums erfolgt nicht durch die Leitungen der betroffenen Gesellschaften, sondern gemäß § 9 Abs. 1 SEBG durch den Vorsitzenden des auf höchster Ebene beteiligten betriebsverfassungsrechtlichen Gremiums. Sind mehrere solche Gremien auf gleicher Ebene vorhanden (zB zwei Gesamtbetriebsräte), so ist gemäß § 9 Abs. 2 SEBG der Vorsitzende des Gremiums zuständig, das die meisten Arbeitnehmer vertritt.

**72** Der zuständige Vorsitzende hat vorrangig **Ort, Tag und Zeit der Versammlung** des Wahlgremiums festzulegen und zu dieser einzuladen. Bei der Festlegung hat der Vorsitzende im Interesse einer vertrauensvollen Zusammenarbeit die legitimen Interessen der beteiligten Unternehmen zu berücksichtigen, insbesondere bei der Wahl des Versammlungsortes und der Terminierung darauf zu achten, dass unnötige Kosten und Lasten für die Unternehmen vermieden werden.[110] Im Falle einer teilweisen Urwahl der Mitglieder des Wahlgremiums gemäß § 8 Abs. 5 S. 3 SEBG muss zudem abgewartet werden, bis die Urwahl erfolgt ist, damit die unmittelbar gewählten Mitglieder zur Wahlversammlung eingeladen werden können. Zudem ist darauf zu achten, dass die Wahl innerhalb der gesetzlichen Frist von zehn Wochen nach der Information nach § 4 Abs. 2, 3 SEBG erfolgt, damit die Verhandlungen nicht gemäß § 11 Abs. 2 SEBG, § 12 Abs. 1 SEBG ohne die deutschen Mitglieder eingeleitet werden.[111] **Formvorschriften** für die Einladung durch den zuständigen Vorsitzenden gibt das Gesetz nicht vor; sie bedarf nicht der Schriftform, so dass auch eine E-Mail oder anderweitige Übermittlung zulässig ist.[112] Die Einladung muss rechtzeitig vor der Wahlversammlung erfolgen, um möglichst allen Mitgliedern die Teilnahme an der Wahl zu ermöglichen.[113]

**73** Neben der Einladung zur Wahl hat der zuständige Vorsitzende für den Fall, dass das Wahlgremium bei Entsendung aller stimmberechtigten Mitglieder aus den Arbeitnehmer-

---

[110] Kölner Komm AktG/*Feuerborn* SEBG § 9 Rn. 5, 6; Lutter/Hommelhoff/Teichmann SE/*Oetker* SEBG § 9 Rn. 6; Nagel/Freis/Kleinsorge SE/*Kleinsorge* SEBG § 9 Rn. 7; NK-SE/*Evers/Bodenstedt* SEBG § 9 Rn. 3.

[111] Kölner Komm AktG/*Feuerborn* SEBG § 9 Rn. 6; Lutter/Hommelhoff/Teichmann SE/*Oetker* SEBG § 9 Rn. 6; Nagel/Freis/Kleinsorge SE/*Kleinsorge* SEBG § 9 Rn. 6.

[112] Habersack/Drinhausen/*Hohenstatt/Müller-Bonanni* SEBG § 9 Rn. 1; Habersack/Henssler/*Henssler*, SEBG §§ 8–10 Rn. 12; Kölner Komm AktG/*Feuerborn* SEBG § 9 Rn. 8; Lutter/Hommelhoff/Teichmann SE/*Oetker* SEBG § 9 Rn. 7; NK-SE/*Evers/Bodenstedt* SEBG § 9 Rn. 4.

[113] Kölner Komm AktG/*Feuerborn* SEBG § 9 Rn. 8; Lutter/Hommelhoff/Teichmann SE/*Oetker* SEBG § 9 Rn. 7.

vertretungen mehr als 40 Mitglieder hätte, die in § 8 Abs. 6 SEBG vorgesehene Verringerung der Mitgliederzahl im Wahlgremium durchzuführen (→ Rn. 70).

**bb) Beschlussfähigkeit.** Bei der Wahl der BVG-Mitglieder müssen nicht alle Mitglieder des Gremiums anwesend sein. Gemäß § 10 Abs. 1 S. 1 SEBG ist das Gremium beschlussfähig, wenn mindestens zwei Drittel seiner Mitglieder anwesend sind, die zugleich mindestens zwei Drittel der Arbeitnehmer vertreten. Eine Teilnahme an der Wahl ist neben der bloßen Anwesenheit nicht erforderlich.[114]

74

**cc) Stimmverteilung.** Die einzelnen Mitglieder des Wahlgremiums haben gemäß § 10 Abs. 1 S. 2 SEBG jeweils so viele Stimmen, wie sie Arbeitnehmer vertreten. Dies gilt für alle Mitglieder des Wahlgremiums, unabhängig davon, ob sie bei der Wahl anwesend sind oder nicht. Die Verteilung der vertretenen Arbeitnehmer auf die einzelnen Mitglieder ist in § 10 Abs. 2, 3 SEBG näher geregelt.

75

Gemäß § 10 Abs. 2 S. 1 SEBG vertreten die das Wahlgremium bildenden Mitglieder der Arbeitnehmervertretungen sowie die durch Urwahl bestimmten Mitglieder alle Arbeitnehmer der organisatorischen Einheit, für die sie gemäß § 8 Abs. 2 bis 5 SEBG in das Wahlgremium entsandt wurden. Gemäß § 10 Abs. 3 S. 1 SEBG vertreten die für eine Arbeitnehmervertretung entsandten Mitglieder die von ihnen so vertretenen Arbeitnehmer zu gleichen Teilen. Dies gilt auch dann, wenn das Wahlgremium nur aus einem Konzernbetriebsrat oder einem Gesamtbetriebsrat besteht, so dass auch dann die Aufteilung der vertretenen Arbeitnehmer und somit auch der Stimmen nach Köpfen erfolgt. Eine Gewichtung entsprechend § 47 Abs. 7 BetrVG, § 55 Abs. 3 BetrVG findet nicht statt.[115]

76

Gemäß § 10 Abs. 2 S. 2 SEBG vertreten diese Mitglieder auch die anderen Arbeitnehmer der Unternehmensgruppe, für deren Vertretung sie nicht bereits nach § 10 Abs. 2 S. 1 SEBG iVm § 8 Abs. 2 bis 5 SEBG zuständig sind, zu gleichen Teilen. Für die Stimmverteilung ist es unerheblich, auf welcher Ebene die Arbeitnehmervertretung gebildet wurde.

77

Beispiel:
Die Gesellschaft D, die an der Gründung der SE beteiligt ist, hat 10.000 Arbeitnehmer, aber keinen Betriebsrat. Zudem hat sie zwei Tochtergesellschaften, die $D_{T1}$ mit 5.000 Arbeitnehmern ohne Betriebsrat, sowie die $D_{T2}$ mit den Betrieben $B_1$ mit 1.000 Arbeitnehmern und $B_2$ mit 50 Arbeitnehmern, wobei nur im Betrieb $B_2$ ein Betriebsrat (mit drei Mitgliedern) besteht.
Die drei Betriebsratsmitglieder des Betriebs $B_2$ bilden das Wahlgremium und vertreten auch die Arbeitnehmer des Betriebes $B_1$ von $D_{T2}$ sowie die Arbeitnehmer von D und $D_{T1}$. Insgesamt werden 16.050 Arbeitnehmer vertreten. Jedes Mitglied vertritt mithin 5.350 Arbeitnehmer und hat entsprechend viele Stimmen.

Soweit in einer Unternehmensgruppe einzelne Gesellschaften oder Betriebe nicht von eigenen Arbeitnehmervertretungen vertreten werden, wird die Zahl der Stimmen zunächst gemäß § 10 Abs. 2 S. 1 SEBG entsprechend den Zuständigkeiten gemäß § 8 Abs. 2 SEBG verteilt. Erst danach erfolgt eine Verteilung der restlichen Stimmen gemäß der Auffangregelung in § 10 Abs. 2 S. 2 SEBG.

78

Beispiel:
Die deutsche Gesellschaft D ist eine an einer SE-Gründung beteiligte Gesellschaft. Sie hat einen Betrieb, in dem ein Betriebsrat mit drei Mitgliedern gewählt wurde. D hat weiterhin drei betroffene Tochtergesellschaften $D_{T1}$, $D_{T2}$, $D_{T3}$. $D_{T1}$ hat drei Betriebe, von denen in

---

[114] Lutter/Hommelhoff/Teichmann SE/*Oetker* SEBG § 10 Rn. 4; NK-SE/*Evers/Bodenstedt* SEBG § 10 Rn. 2.
[115] Henssler/Willemsen/Kalb/*Hohenstatt/Dzida* SEBG Rn. 22; aA ArbG Mannheim, 17.1.2014–7 BV 10/13; Habersack/Drinhausen/*Hohenstatt/Müller-Bonanni* SEBG § 10 Rn. 4; Lutter/Hommelhoff/Teichmann SE/*Oetker* SEBG § 10 Rn. 7.

zwei Betrieben Betriebsräte gewählt wurden, und einen Gesamtbetriebsrat mit vier Mitgliedern. $D_{T2}$ hat vier Betriebe, aber nur in einem Betrieb wurde ein Betriebsrat mit neun Mitgliedern gewählt. In den Betrieben der $D_{T3}$ wurden keine Betriebsräte gewählt. Die Verteilung der Betriebe, Betriebsräte und Arbeitnehmerzahlen gestaltet sich wie folgt:

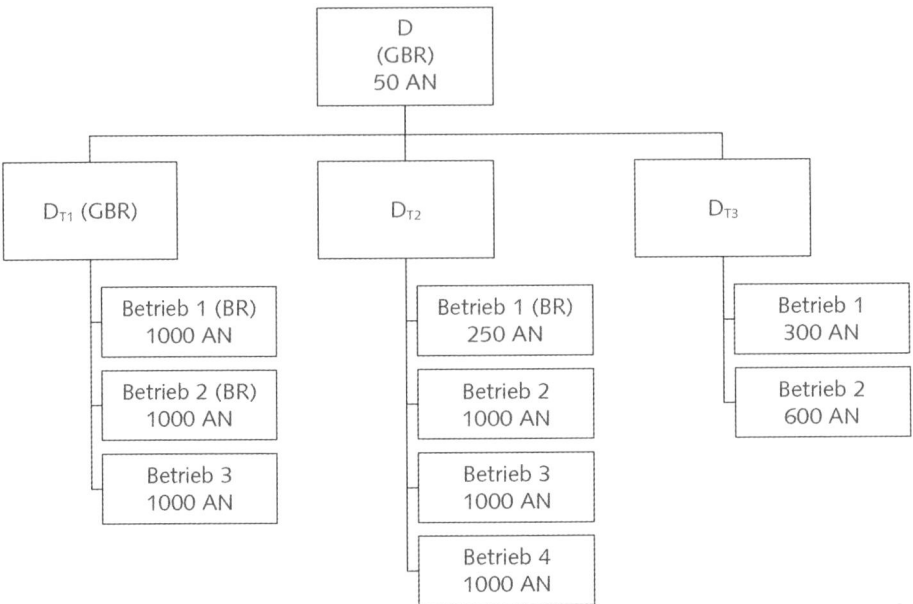

In dieser Konstellation vertreten die Mitglieder
- des Betriebsrats der D die 50 Arbeitnehmer der D sowie ein Drittel der Arbeitnehmer der $D_{T3}$, dh insgesamt 350 Arbeitnehmer,
- des Gesamtbetriebsrats der $D_{T1}$ die 3.000 Arbeitnehmer der $D_{T1}$ sowie ein Drittel der Arbeitnehmer der $D_{T3}$, dh insgesamt 3.300 Arbeitnehmer,
- des Betriebsrats im Betrieb 1 der $D_{T2}$ die 3.250 Arbeitnehmer der $D_{T2}$ sowie ein Drittel der Arbeitnehmer der $D_{T3}$, dh insgesamt 3.550 Arbeitnehmer.

Daraus ergibt sich folgende Stimmverteilung für die einzelnen Mitglieder des Wahlgremiums:

| Gremium | Mitglieder im Wahlgremium | Zahl der vertretenen Arbeitnehmer | vertr. Arbeitnehmer (=Stimmen)/Mitglied |
|---|---|---|---|
| Betriebsrat D | 3 | 350 | 116,67 |
| Gesamtbetriebsrat $D_{T1}$ | 4 | 3.300 | 825 |
| Betriebsrat $D_{T2}$ | 9 | 3.550 | 394,44 |

Eine Rundung der Stimmen erfolgt nicht.

79  Die Mitglieder einer dem BVG angehörenden Arbeitnehmervertretung müssen ihre Stimmen nicht einheitlich abgeben. Vielmehr kann jedes Mitglied seine Stimmen eigenständig abgeben.

80  Die vorstehenden Ausführungen gelten entsprechend für den Fall, dass einzelne Mitglieder des Wahlgremiums in Urwahl gewählt werden (→ Rn. 87 ff.).

dd) **Durchführung der Wahl.** Den eigentlichen Wahlvorgang im Wahlgremium regelt 81
das Gesetz nur unvollständig. In § 8 Abs. 1 Satz 1 SEBG ist zunächst der Grundsatz enthalten, dass die Wahl durch das Wahlgremium in einer **unmittelbaren und geheimen Wahl** erfolgt. Unmittelbar ist die Wahl, wenn sie direkt durch die Mitglieder des Wahlgremiums ohne die Zwischenschaltung von Wahlmännern erfolgt; daraus folgt auch, dass einzelne Mitglieder sich bei der Wahl nicht durch andere vertreten lassen können und insbesondere die Stimmen der abwesenden Mitglieder nicht den anderen Mitgliedern zuzurechnen sind. Die Wahl muss zudem so ausgestaltet werden, dass das Wahlverhalten der einzelnen Mitglieder des Wahlgremiums nicht nachvollziehbar ist.[116] Dies bedingt, dass die Wahl unter Zuhilfenahme von Wahlzetteln erfolgen muss. Dies kann insbesondere dann zu Problemen führen, wenn die einzelnen Mitglieder des Wahlgremiums nicht die gleiche Anzahl an Stimmen haben (vgl. Beispiel unter → Rn. 78). In diesen Fällen wird sich das Wahlgremium damit behelfen müssen, Wahlzettel so zu gestalten, dass ein Rückschluss auf das Mitglied des Wahlgremiums zwar nicht möglich ist, aber zugleich auch das Stimmgewicht erkennbar wird. Eine elektronische Auszählung unter Nutzung von Scannern und Software wäre jedoch gestattet, soweit eine manuelle Nachkontrolle und -korrektur möglich ist.[117]

Soweit gemäß § 6 Abs. 3 SEBG auch **Gewerkschaftsvertreter** zu wählen sind, werden 82
diese auf Vorschlag der in den Gesellschaften vertretenen Gewerkschaften durch das Wahlgremium gewählt, § 8 Abs. 1 S. 2 SEBG, wobei das Wahlgremium an wirksame Vorschläge gebunden ist.[118] § 8 Abs. 1 S. 3 SEBG regelt hierzu, dass bei Einreichung nur eines Vorschlages einer Gewerkschaft mindestens doppelt so viele Vertreter zur Wahl vorgeschlagen werden müssen, wie Sitze zu besetzen sind. Zudem muss gemäß § 8 Abs. 1 S. 4 SEBG jeder Gewerkschaftsvorschlag von einem Vertreter unterzeichnet sein, wobei eine einfache Vertretungsmacht ausreichend ist und nicht die Unterschrift eines Organs, zB des Vorstands, erforderlich ist.[119] Weitere Voraussetzungen für den Wahlvorschlag und die Wählbarkeit von Gewerkschaftsvertretern enthält das Gesetz nicht. Werden jedoch die genannten Anforderungen nicht eingehalten, ist der Vorschlag unwirksam und damit unbeachtlich.[120] Zeitliche Vorgaben zu den Gewerkschaftsvorschlägen enthält das SEBG nicht, so dass der Vorschlag bis unmittelbar vor der Wahl eingehen kann und dann auch berücksichtigt werden muss; ein nach der Wahl eingehender Vorschlag ist unbeachtlich.[121] Wird kein wirksamer Vorschlag für die nach dem Gesetz auf Gewerkschaften entfallende Sitze unterbreitet, kann das Wahlgremium sie auch mit „normalen" BVG-Mitgliedern besetzen.[122]

Der nach dem Gesetz zu wählende **Vertreter der leitenden Angestellten** wird eben- 83
falls durch das Wahlgremium auf Vorschlag aus den Reihen der leitenden Angestellten gewählt, § 8 Abs. 1 S. 5 SEBG. Vorschlagsberechtigt ist analog § 8 Abs. 2–4 SEBG der jeweils höchste Sprecherausschuss.[123] Der zuständige Sprecherausschuss muss einen ordnungsgemäßen Beschluss über den Vorschlag fassen. § 8 Abs. 1 S. 3 SEBG gilt entsprechend, so dass bei Einreichung nur eines Vorschlages dieser mindestens zwei Kandidaten

---

[116] MüKoAktG/*Jacobs* SEBG § 8 Rn. 3, 12.
[117] LAG HessenBeckRS 2018, 23972 für die Betriebsratswahl.
[118] MüKoAktG/*Jacobs* SEBG § 8 Rn. 4; Nagel/Freis/Kleinsorge SE/*Kleinsorge* SEBG § 8 Rn. 8.
[119] Kölner Komm AktG/*Feuerborn* SEBG § 8 Rn. 12; Lutter/Hommelhoff/Teichmann SE/*Oetker* SEBG § 8 Rn. 9.
[120] Lutter/Hommelhoff/Teichmann SE/*Oetker* SEBG § 8 Rn. 8, 9; Kölner Komm AktG/*Feuerborn* SEBG § 8 Rn. 12.
[121] Habersack/Drinhausen/*Hohenstatt/Müller-Bonanni* SEBG § 8 Rn. 2; Henssler/Willemsen/Kalb/*Hohenstatt/Dzida* SEBG Rn. 18 Fn. 3; MüKoAktG/*Jacobs* SEBG § 8 Rn. 5.
[122] Nagel/Freis/Kleinsorge SE/*Kleinsorge* SEBG § 8 Rn. 8.
[123] Habersack/Drinhausen/*Hohenstatt/Müller-Bonanni* SEBG § 8 Rn. 2; Kölner Komm AktG/*Feuerborn* SEBG § 8 Rn. 14; Lutter/Hommelhoff/Teichmann SE/*Oetker* SEBG § 8 Rn. 10; NK-SE/*Evers/Bodenstedt* SEBG § 8 Rn. 4; MüKoAktG/*Jacobs* SEBG § 8 Rn. 6; Nagel/Freis/Kleinsorge SE/*Kleinsorge* SEBG § 8 Rn. 7; Habersack/Henssler/*Henssler* SEBG §§ 8–10 Rn. 16.

benennen muss. Die Einreichung mehrerer Vorschläge ist möglich, wenn mehrere vorschlagsberechtigte Sprecherausschüsse nebeneinander bestehen. Ein unmittelbares Vorschlagsrecht der leitenden Angestellten besteht dagegen nur, wenn es in der Gesellschaft bzw. der Unternehmensgruppe keine Sprecherausschüsse gibt. Leitende Angestellte eines Betriebs ohne Sprecherausschuss werden von den Sprecherausschüssen anderer Betriebe bzw. Gesellschaften ihrer Unternehmensgruppe mit vertreten. Sofern leitende Angestellte selbst Vorschläge unterbreiten können, müssen diese gemäß § 8 Abs. 1 S. 6 SEBG von mindestens 5% oder 50 der leitenden Angestellten unterzeichnet sein. Wird kein wirksamer Vorschlag von Seiten der leitenden Angestellten eingereicht, kann der auf die leitenden Angestellten entfallende Sitz durch das Wahlgremium auch an einen nicht-leitenden Arbeitnehmer vergeben werden.

84 Im Übrigen können **Wahlvorschläge** für die sonstigen Sitze durch jedes Mitglied des Wahlgremiums eingereicht werden, ohne dass sie einer bestimmten Form oder Stützunterschriften oder einer sonstigen Unterstützung durch andere Mitglieder des Wahlgremiums bedürften.[124]

85 Schließlich regelt § 10 Abs. 1 S. 3 SEBG, dass die Wahl mit **einfacher Mehrheit** der abgegebenen Stimmen erfolgt. Im Übrigen ist das Wahlgremium in der Bestimmung der **weiteren Wahlvorschriften** frei. So kann es insbesondere selbst festlegen, ob die Wahl im Wege der **Mehrheits- oder Verhältniswahl** durchgeführt wird.[125]

86 Das Wahlgremium wählt darüber hinaus die gemäß § 6 Abs. 2 und 3 SEBG zu wählenden **Ersatzmitglieder.** Das Gesetz enthält für die Wahl keine detaillierten Bestimmungen, jedoch gelten die vorgenannten Mindestbestimmungen für die Wahl der ordentlichen Mitglieder entsprechend, so dass auch die Wahl der Ersatzmitglieder in einer unmittelbaren, geheimen Wahl mit einfacher Mehrheit erfolgt. Für die Ersatzmitglieder der Vertreter der Gewerkschaften und leitenden Angestellten sind überdies die zwingenden Vorschriften in § 6 Abs. 2 und 3 SEBG sowie § 8 Abs. 1 S. 2–6 SEBG zu beachten.[126] Darüber hinaus ist es dem Wahlgremium überlassen, festzulegen, ob die Ersatzmitglieder in einem gesonderten Wahlgang oder zusammen mit den ordentlichen Mitgliedern gewählt werden.[127] Auch ist nicht festgelegt, ob persönliche Ersatzmitglieder gewählt werden oder eine Nachrückerliste aufgestellt wird, bei der die Ersatzmitglieder der Reihe nach einrücken. Im Interesse einer reibungslosen Arbeit des BVG bietet es sich an, wie auch bei der Betriebsratswahl gemäß § 25 BetrVG für die Ersatzmitglieder eine Nachrückerliste aufzustellen.[128]

### 3. Ausnahmefall Urwahl

87 Soweit in den Gesellschaften in Deutschland keine Arbeitnehmervertretungen gewählt sind, werden die Mitglieder des BVG in Deutschland nicht durch ein Wahlgremium gewählt, sondern gemäß § 8 Abs. 7 SEBG in einer geheimen und unmittelbaren Urwahl. Die Wahl findet, wie auch die teilweise Urwahl einzelner Mitglieder des Wahlgremiums im Fall des § 8 Abs. 5 S. 3–5 SEBG in einer Wahlversammlung statt, zu der die jeweilige Leitung einlädt. Ein Initiativrecht zur Einleitung der Wahl haben die Arbeitnehmer nicht; etwaige Verzögerungen bei der Einleitung der Wahl gehen zulasten des Unternehmens, weil etwaige dadurch entstehende Verzögerungen den Arbeitnehmern nicht zuzurechnen sind, so dass auch die Frist für die Wahl/Bestellung der Mitglieder gemäß § 11 Abs. 1

---

[124] Lutter/Hommelhoff/Teichmann SE/*Oetker* SEBG § 10 Rn. 8, 9; NK-SE/*Evers/Bodenstedt* SEBG § 10 Rn. 3.
[125] Lutter/Hommelhoff/Teichmann SE/*Oetker* SEBG § 10 Rn. 11.
[126] Kölner Komm AktG/*Feuerborn* SEBG § 6 Rn. 6; Lutter/Hommelhoff/Teichmann SE/*Oetker* SEBG § 6 Rn. 13; MüKoAktG/*Jacobs* SEBG § 6 Rn. 2.
[127] Für eine gemeinsame Wahl Nagel/Freis/Kleinsorge SE/*Kleinsorge* SEBG § 6 Rn. 9.
[128] A-A (für eine persönliche Vertreterwahl entsprechend § 7 DrittelbG) MüKoAktG/*Jacobs* SEBG § 6 Rn. 2; Nagel/Freis/Kleinsorge SE/*Kleinsorge* SEBG § 6 Rn. 9.

SEBG nicht abläuft und die Leitungen nicht zur konstituierenden Sitzung des BVG einladen können (→ Rn. 103).

Die Wahl wird von einem Wahlvorstand geleitet und erfolgt gemäß § 8 Abs. 7 S. 3 SEBG grundsätzlich als Verhältniswahl, bei Vorliegen nur eines Vorschlags als Mehrheitswahl. Gemäß § 8 Abs. 7 S. 2 SEBG müssen Wahlvorschläge, die bis zum eigentlichen Wahlgang ohne Einhaltung von Fristen eingereicht werden können, von mindestens einem Zwanzigstel der Arbeitnehmer, mindestens jedoch drei, und maximal 50 Arbeitnehmern unterzeichnet sein. Aus dem Erfordernis der Unterzeichnung folgt, dass die Vorschläge in Schriftform eingereicht werden müssen. Darüber hinaus ist die Wahlversammlung für die zwingend auf Gewerkschaften und leitende Angestellte gemäß § 6 Abs. 2 und 3 SEBG entfallenden Sitze an die Wahlvorschläge der Gewerkschaften bzw. Sprecherausschüsse oder leitenden Angestellten gebunden (s. für die Vorschläge im Einzelnen → Rn. 82 f.). Weitere Vorschriften enthält das Gesetz zur Wahl nicht. Aus dem Erfordernis der geheimen Wahl folgt jedoch, dass eine Wahl durch Wahlzettel erfolgen muss. Eine Wahl mittels Wahlcomputer etc. ist nicht zulässig, wohl aber die Auszählung unter Zuhilfenahme technischer Hilfsmittel.[129] 88

Das Erfordernis der Wahl in einer Wahlversammlung kann die beteiligten Gesellschaften und betroffenen Tochtergesellschaften vor erhebliche logistische Probleme stellen, zB wenn die Unternehmen Betriebe an mehreren, weit voneinander entfernten Standorten unterhalten. In diesen Fällen behilft sich die Praxis vielfach damit, die Versammlung zum gleichen Zeitpunkt an mehreren Standorten durchzuführen und die Versammlungen mittels Telekommunikation (Videokonferenz etc.) zusammenzuschalten. Ob dies jedoch unter Berücksichtigung der im Arbeitsrecht geltenden Prinzipien, die grundsätzlich von **einer Präsenzveranstaltung** ausgehen, zulässig ist, ist bislang noch nicht entschieden und de lege lata zu verneinen.[130] 89

## 4. Streitigkeiten über die Wirksamkeit der Wahl

Verfahrensfehler führen nicht in allen Fällen zur Unwirksamkeit der Wahl. Das Gesetz sieht keine Regelungen für die Anfechtung der Wahl vor, jedoch ist die Wahl in analoger Anwendung von § 37 Abs. 2 S. 1 SEBG binnen einer Frist von einem Monat nach Bekanntgabe des Ergebnisses anfechtbar.[131] Zur Entscheidung über die Anfechtung berufen ist das Arbeitsgericht, das im Beschlussverfahren entscheidet. Die Anfechtung führt nur dann zur Unwirksamkeit der Wahl, wenn gegen wesentliche Vorschriften über das Wahlrecht, die Wählbarkeit oder das Wahlverfahren verstoßen wurde, eine Berichtigung nicht erfolgte und zudem der Fehler eine Auswirkung auf den Ausgang der Wahl haben konnte. Insoweit gelten die allgemeinen Grundsätze für eine Wahlanfechtung. Zur Anfechtung berechtigt sind in analoger Anwendung von § 37 Abs. 2 iVm Abs. 1 S. 1 SEBG auf Arbeitnehmerseite 90
– die Arbeitnehmervertretungen, die das Wahlgremium gebildet haben;
– in den Fällen der Urwahl mindestens drei wahlberechtigte Arbeitnehmer,

---

[129] Für die Betriebsratswahl zB LAG Hessen BeckRS 2018, 23972.
[130] Auch im Rahmen der Corona-Pandemie im Jahr 2020/2021 wurden bei der nur befristet geltenden Regelung zur Abhaltung von Sitzungen per Telefon- oder Videokonferenz in § 48 SEBG das BVG und die Wahlversammlung ausgespart; vgl. zur Urwahl in mehreren Betrieben auch Nagel/Freis/Kleinsorge SE/*Kleinsorge* SEBG § 8 Rn. 58, der stattdessen die Bildung mehrerer Wahlvorstände und eines Hauptwahlvorstandes zur Abhaltung verschiedener Wahlversammlungen vorschlägt, die jedoch keinerlei Grundlage im Gesetz finden.
[131] Habersack/Drinhausen/*Hohenstatt/Müller-Bonanni* SEBG § 10 Rn. 7; Habersack/Henssler/*Henssler* SEBG §§ 8–10 Rn. 21; Henssler/Willemsen/Kalb/*Hohenstatt/Dzida* SEBG Rn. 24; Lutter/Hommelhoff/Teichmann SE/*Oetker* SEBG § 10 Rn. 13; Kölner Komm AktG/*Feuerborn* SEBG § 10 Rn. 11 f.; MüKoAktG/ *Jacobs* SEBG § 10 Rn. 6; NK-SE/*Evers/Bodenstedt* SEBG § 10 Rn. 6; *Grobys* NZA 2005, 84 (87); aA (Anwendung von § 19 BetrVG analog) Nagel/Freis/Kleinsorge SE/*Kleinsorge* SEBG § 10 Rn. 9.

– betreffend ein Mitglied nach § 6 Abs. 3 SEBG nur die Gewerkschaft, die das Mitglied vorgeschlagen hat,
– betreffend ein Mitglied nach § 6 Abs. 4 SEBG nur der Sprecherausschuss, der das Mitglied vorgeschlagen hat,

sowie auf Arbeitgeberseite in jedem Fall die Leitungen der an der Gründung der SE beteiligten Gesellschaften.[132]

91 Die erfolgreiche Anfechtung der Wahl wirkt nicht zurück, sondern erst mit Rechtskraft der gerichtlichen Entscheidung, so dass die Mitglieder des BVG bis dahin im Amt bleiben und auch nicht daran gehindert sind, an den Verhandlungen und der Beschlussfassung über die Beteiligungsvereinbarung mitzuwirken.[133] Dies führt in der Praxis dazu, dass, soweit nicht im Ausnahmefall eine einstweilige Verfügung in Betracht kommt, eine gerichtliche Entscheidung aufgrund der Verfahrensdauer oft nicht vor Abschluss der Verhandlungen zu erwarten ist, so dass die Anfechtung in vielen Fällen ins Leere läuft.

92 Die Wahl der BVG-Mitglieder ist nicht nur anfechtbar, sondern nichtig, wenn offensichtlich gegen fundamentale Bestimmungen der Wahl verstoßen wurde, so dass nicht mehr von einer ordnungsgemäßen Wahl gesprochen werden kann.[134] Insoweit ist zu berücksichtigen, dass die Nichtigkeit jederzeit geltend gemacht werden kann[135] und die Unwirksamkeit der Wahl ex tunc begründet. Eine nichtige Wahl führt in der Regel dazu, dass auch eine unter Beteiligung der nichtig gewählten Mitglieder abgeschlossene Beteiligungsvereinbarung unwirksam ist[136], es sei denn die Teilnahme kann keine Auswirkungen auf das Abstimmungsergebnis des BVG gehabt haben.

## IV. Wahl/Bestellung der Mitglieder in den anderen Mitgliedstaaten

93 Die Wahl der BVG-Mitglieder in den anderen Mitgliedstaaten richtet sich nach dem jeweiligen nationalen Recht. Diese Regelungen sehen unterschiedlichste Mechanismen vor, nach denen die Mitglieder im BVG gewählt oder bestellt werden. Im Wesentlichen lassen sich vier Wahl-/Bestellungsmodi unterscheiden:[137]

94 – Wahl vorrangig durch betriebliche Arbeitnehmervertretungen,
– Wahl vorrangig durch Gewerkschaftsvertreter;
– Wahl vorrangig durch betriebliche Arbeitnehmervertretungen in Abstimmung oder im Einvernehmen mit gewerkschaftlichen Vertretern;
– Urwahl.

95 Bestehen keine betrieblichen oder gewerkschaftlichen Arbeitnehmervertretungen, ist in allen Ländern, in denen das BVG nicht von vornherein die Mitglieder durch Urwahl gewählt werden, mit Ausnahme Österreichs, eine Urwahl vorgesehen.

---

[132] Gaul/Ludwig/Forst EuMitbestR/*Fleischmann* § 2 Rn. 166; Habersack/Henssler/*Henssler* SEBG §§ 8–10 Rn. 21; Kölner Komm AktG/*Feuerborn* SEBG § 10 Rn. 12; MüKoAktG/*Jacobs* SEBG § 10 Rn. 6; NK-SE/*Evers/Bodenstedt* SEBG § 10 Rn. 8; *Grobys* NZA 2005, 87.

[133] *Forst*, Die Beteiligungsvereinbarung nach § 21 SEBG, 2010, 391 f.; *Hoops*, Die Mitbestimmungsvereinbarung in der Europäischen Aktiengesellschaft (SE), 2009, 183; Habersack/Henssler/*Henssler* SEBG §§ 8–10 Rn. 22; Kölner Komm AktG/*Feuerborn* SEBG § 10 Rn. 12; Lutter/Hommelhoff/Teichmann SE/*Oetker* SEBG § 10 Rn. 13; MüKoAktG/*Jacobs* SEBG § 10 Rn. 6; NK-SE/*Evers/Bodenstedt* SEBG § 10 Rn. 8; *Grobys* NZA 2005, 85 (87); NK-EBRG/*Carlson* SE Rn. 97; aA (ex-tunc-Wirkung der Anfechtung) Henssler/Willemsen/Kalb/*Hohenstatt/Dzida* SEBG Rn. 24.

[134] *Hoops*, Die Mitbestimmungsvereinbarung in der Europäischen Aktiengesellschaft (SE), 2009, 183; Henssler/Willemsen/Kalb/*Hohenstatt/Dzida* SEBG Rn. 24; Habersack/Henssler/*Henssler* SEBG §§ 8–10 Rn. 22; Kölner Komm AktG/*Feuerborn* SEBG § 10 Rn. 13; Lutter/Hommelhoff/Teichmann SE/*Oetker* SEBG § 10 Rn. 15; MüKoAktG/*Jacobs* SEBG § 10 Rn. 7; NK-SE/*Evers/Bodenstedt* SEBG § 10 Rn. 9.

[135] Kölner Komm AktG/*Feuerborn* SEBG § 10 Rn. 13; MüKoAktG/*Jacobs* SEBG § 10 Rn. 7.

[136] Habersack/Henssler/*Henssler* SEBG § 21 Rn. 63 mwN.

[137] S. auch die Übersicht unter http://www.worker-participation.eu/European-Company-SE/Countries-Transposition (zuletzt abgerufen am 14.9.2021).

## V. Informationspflichten nach der Wahl/Bestellung

Damit die Leitungen der an der Gründung beteiligten Gesellschaften die Mitglieder des BVG zu der konstituierenden Sitzung einladen können, ist in § 11 Abs. 1 S. 2 SEBG vorgesehen, dass die Leitungen nach der Wahl unverzüglich, dh ohne schuldhaftes Zögern[138], über die Namen der Mitglieder, ihre (Betriebs-)Anschriften und die jeweilige Betriebszugehörigkeit zu informieren sind. Verpflichtet sind die jeweiligen Wahlgremien.[139] In Deutschland ist bei Wahl durch das Wahlgremium der Vorsitzende der Arbeitnehmervertretung, der zur Wahl einlädt (→ Rn. 71) zuständig.[140] Zugleich ist, soweit nach den jeweils einschlägigen Vorschriften Ersatzmitglieder zu bestellen sind, über diese ebenfalls zu informieren.[141]

96

Die Information ist keine Wirksamkeitsvoraussetzung für die Wahl/Bestellung der BVG-Mitglieder und bedarf keiner Form.[142] Auch eine fernmündliche Information oder E-Mail ist ausreichend, solange diese gezielt an die Leitungen gerichtet ist. Ein Aushang am schwarzen Brett genügt hingegen nicht, allerdings dürfen sich die Leitungen bei anderweitiger Kenntniserlangung nicht darauf zurückziehen, nur die offiziell mitgeteilten Mitglieder einzuladen.[143] Zwar mag die Leitung einen Anspruch auf die Information haben[144], jedoch braucht sie ihn nicht durchzusetzen, bevor sie – nach Ablauf der Frist für die Wahl/Bestellung – zur konstituierenden Sitzung einlädt[145].

97

Nach erfolgter Information durch die Wahlgremien sind die Leitungen gemäß § 11 Abs. 1 S. 3 SEBG verpflichtet, die Informationen unverzüglich, dh ohne schuldhaftes Zögern an die örtlichen Betriebs- und Unternehmensleitungen, die nach nationalem Recht zuständigen Arbeitnehmervertretungen, Sprecherausschüsse und in Deutschland die in den Betrieben vertretenen Gewerkschaften mitzuteilen. Diese Mitteilung ist ebenfalls nicht konstitutiv für die ordnungsgemäße Wahl oder Bestellung der BVG-Mitglieder und bedarf keiner besonderen Form.[146] Ein Verstoß gegen die Pflicht zur Information bewirkt nicht, dass eine gleichwohl nach Einladung aller Mitglieder erfolgte Konstituierung des BVG unwirksam ist.

98

---

[138] Einschlägig ist § 121 BGB; Habersack/Drinhausen/*Hohenstatt/Müller-Bonanni* SEBG § 11 Rn. 4; Habersack/Henssler/*Henssler* SEBG §§ 11, 12 Rn. 2; Kölner Komm AktG/*Feuerborn* SEBG § 11 Rn. 11; Lutter/Hommelhoff/Teichmann SE/*Oetker* SEBG § 11 Rn. 11; NK-SE/*Evers/Bodenstedt* SEBG § 10 Rn. 6; MüKoAktG/*Jacobs* SEBG § 11 Rn. 2.

[139] Habersack/Drinhausen/*Hohenstatt/Müller-Bonanni* SEBG § 11 Rn. 4; Lutter/Hommelhoff/Teichmann SE/*Oetker* SEBG § 11 Rn. 10; MüKoAktG/*Jacobs* SEBG § 11 Rn. 2; NK-SE/*Evers/Bodenstedt* SEBG § 11 Rn. 6.

[140] Habersack/Drinhausen/*Hohenstatt/Müller-Bonanni* SEBG § 11 Rn. 4; Habersack/Henssler/*Hennsler* SEBG § 11 Rn. 2; Lutter/Hommelhoff/Teichmann SE/*Oetker* SEBG § 11 Rn. 10; NK-SE/*Evers/Bodenstedt* SEBG § 11 Rn. 6; MüKoAktG/*Jacobs* SEBG § 11 Rn. 2; NK-ArbR/*Sagan* SEBG § 11 Rn. 4; *von der Heyde,* Die Beteiligung der Arbeitnehmer in der Societas Europaea (SE), 2007, 190.

[141] Habersack/Drinhausen/*Hohenstatt/Müller-Bonanni* SEBG § 11 Rn. 4; Habersack/Henssler/*Henssler* SEBG § 11 Rn. 2; Kölner Komm AktG/*Feuerborn* SEBG § 11 Rn. 10; Lutter/Hommelhoff/Teichmann SE/*Oetker* SEBG § 11 Rn. 11; MüKoAktG/*Jacobs* SEBG § 11 Rn. 2; Nagel/Freis/Kleinsorge SE/*Freis* SEBG § 11 Rn. 5.

[142] Habersack/Drinhausen/*Hohenstatt/Müller-Bonanni* SEBG § 11 Rn. 4; Kölner Komm AktG/*Feuerborn* SEBG § 11 Rn. 12; Lutter/Hommelhoff/Teichmann SE/*Oetker* SEBG § 11 Rn. 11 f.; Nagel/Freis/Kleinsorge SE/*Freis* SEBG § 11 Rn. 5.

[143] Im Ergebnis auch Lutter/Hommelhoff/Teichmann SE/*Oetker* SEBG § 11 Rn. 12; Nagel/Freis/Kleinsorge SE/*Freis* SEBG § 11 Rn. 5.

[144] Habersack/Drinhausen/*Hohenstatt/Müller-Bonanni* SEBG § 11 Rn. 4; Kölner Komm AktG/*Feuerborn* SEBG § 11 Rn. 10; Lutter/Hommelhoff/Teichmann SE/*Oetker* SEBG § 11 Rn. 12; MüKoAktG/*Jacobs* SEBG § 11 Rn. 2.

[145] Lutter/Hommelhoff/Teichmann SE/*Oetker* SEBG § 11 Rn. 12.

[146] Lutter/Hommelhoff/Teichmann SE/*Oetker* SEBG § 11 Rn. 14; MüKoAktG/*Jacobs* SEBG § 11 Rn. 2; Nagel/Freis/Kleinsorge SE/*Freis* SEBG § 11 Rn. 6; NK-ArbR/*Sagan* SEBG § 11 Rn. 4.

## VI. Frist für die Wahl/Bestellung der Mitglieder

99 Die für die Wahl/Bestellung zuständigen Gremien haben nicht unbegrenzt Zeit, die Mitglieder in BVG zu wählen/zu bestellen. Vielmehr ist in § 11 Abs. 1 S. 1 SEBG ausdrücklich geregelt, dass die Wahl/Bestellung der Mitglieder innerhalb von zehn Wochen nach der Information gemäß § 4 Abs. 2, 3 SEBG zu erfolgen hat. Durch die Einführung einer Frist soll sichergestellt werden, dass die Gründung der SE zügig betrieben wird.[147]

100 Die Frist gilt sowohl für die Wahl der deutschen BVG-Mitglieder als auch für die Wahl/Bestellung der BVG-Mitglieder aus den anderen Mitgliedstaaten.[148] Sie beginnt mit dem Zeitpunkt, zu dem nach den jeweils einschlägigen Rechtsvorschriften des Mitgliedstaates die gemäß § 4 Abs. 2, 3 SEBG zu erteilenden Informationen den zuständigen Gremien oder bei einer Urwahl allen Arbeitnehmern zugegangen sind.[149] Ungeklärt ist, ob die Frist für alle Mitgliedstaaten einheitlich läuft, dh erst nach Zugang bei allen für die Wahl zuständigen Gremien in allen Mitgliedstaaten einheitlich beginnt,[150] oder je Mitgliedstaaten gesondert zu beurteilen ist, ob die zuständigen Stellen ordnungsgemäß unterrichtet wurden, um die Frist für den betreffenden Mitgliedstaat in Gang zu setzen. Da die Information gemäß § 4 Abs. 2, 3 SEBG sicherstellen soll, dass eine ordnungsgemäße Bildung des BVG erfolgt, müssen nur die Informationen erteilt werden, die für die Wahl/Bestellung der jeweiligen BVG-Mitglieder erforderlich sind.[151] Vor diesem Hintergrund ist es für die Bestellung der BVG-Mitglieder in einem Mitgliedstaat unerheblich, ob in einem anderen Mitgliedstaat die Informationen ordnungsgemäß erteilt wurden oder nicht. Im Interesse eines reibungslosen Ablaufes der SE-Gründung laufen die Fristen somit je Mitgliedstaat gesondert.[152]

**Beispiel:**
An der SE-Gründung sind ausschließlich Gesellschaften mit Arbeitnehmern in Deutschland und Irland beteiligt. In Deutschland ist der Konzernbetriebsrat für die Wahl der BVG-Mitglieder zuständig, während in Irland die Wahl durch die Arbeitnehmer erfolgt, die auch über die Gründung zu informieren sind. Der deutsche Konzernbetriebsrat wird ordnungsgemäß informiert. Dessen Vorsitzender versäumt es aber, zur Wahlversammlung einzuladen. In Irland wurde ein Arbeitnehmer bei der Information vergessen; gleichwohl erfolgt eine ordnungsgemäße Wahl der irischen BVG-Mitglieder unter Teilnahme aller Arbeitnehmer. Der deutsche Konzernbetriebsrat kann sich in diesem Fall nicht darauf berufen, dass die Information in Irland unvollständig erfolgt sei. Die Frist für die Wahl der deutschen BVG-Mitglieder begann bereits mit dem Zugang der Information beim Vorsitzenden des Konzernbetriebsrats zu laufen.

101 Läuft die Frist zur Wahl/Bestellung der Mitglieder des BVG ab, ohne dass für alle Sitze Kandidaten gewählt oder bestellt wurden, können die Leitungen gleichwohl nach § 11 Abs. 2 S. 1 SEBG iVm § 12 Abs. 1 S. 1 SEBG zur konstituierenden Sitzung einladen, wenn die für die Wahl/Bestellung zuständigen Stellen dies zu vertreten haben. Soweit die Frist jedoch abgelaufen ist, ohne dass die zuständigen Stellen dies zu verantworten haben, kann die Einladung zur konstituierenden Sitzung erst erfolgen, wenn die betreffenden

---

[147] Begr. RegE, BT-Drs. 15/3405, 48.
[148] Kölner Komm AktG/*Feuerborn* SEBG § 11 Rn. 2; NK-ArbR/*Sagan* SEBG § 11 Rn. 1; kritisch aber MüKoAktG/*Jacobs* SEBG § 11 Rn. 3.
[149] Lutter/Hommelhoff/Teichmann SE/*Oetker* SEBG § 11 Rn. 6; Nagel/Freis/Kleinsorge SE/*Freis* SEBG § 11 Rn. 4.
[150] Unklar insoweit Begr. RegE, BT-Drs. 15/3405, 48; Habersack/Henssler/*Henssler* SEBG § 11 Rn. 4; Lutter/Hommelhoff/Teichmann SE/*Oetker* SEBG § 11 Rn. 6; Nagel/Freis/Kleinsorge SE/*Freis* SEBG § 11 Rn. 4; MüKoAktG/*Jacobs* SEBG § 11 Rn. 3.
[151] Lutter/Hommelhoff/Teichmann SE/*Oetker* SEBG § 11 Rn. 6.
[152] NK-ArbR/*Sagan* SEBG § 11 Rn. 2.

Mitglieder des BVG ordnungsgemäß gewählt wurden.[153] Zu vertreten haben die Arbeitnehmer alle Verzögerungen, die in ihrer Sphäre liegen.[154] Hierzu gehört insbesondere das Versäumnis des nach § 9 SEBG zuständigen Vorsitzenden der Arbeitnehmervertretung, zur Sitzung des Wahlgremiums einzuladen (→ Rn. 72).[155] Naturkatastrophen, die eine Wahl oder Bestellung der Mitglieder des BVG verhindern und Arbeitskämpfe sind den Arbeitnehmern dagegen nicht zuzurechnen.[156] Der Beweis des Vertretenmüssens obliegt den Leitungen.[157] Etwaige nicht rechtzeitig besetzte Sitze bleiben nicht notwendigerweise dauerhaft unbesetzt, da gemäß § 11 Abs. 2 S. 2 SEBG nachträglich gewählte Mitglieder jederzeit an den Verhandlungen teilnehmen können. Die nachträgliche Wahl oder Bestellung hat jedoch keine Auswirkung auf den Lauf der Verhandlungsfrist nach § 20 SEBG.[158]

Ungeregelt ist der seltene Fall, dass nach Ablauf der Frist aus durch die Arbeitnehmer zu vertretenden Gründen gar kein BVG-Mitglied gewählt wurde. Da es den zuständigen Stellen dann immer noch rechtlich möglich ist, die versäumte Wahl/Bestellung während der Verhandlungsfrist nach § 20 SEBG nachzuholen, ist nicht etwa automatisch die gesetzliche Auffanglösung anzuwenden.[159] Vielmehr können die Leitungen gleichwohl zur konstituierenden Sitzung einladen, so dass erst nach Ablauf der Verhandlungsfrist die gesetzliche Auffanglösung greift.[160]

102

# C. Verhandlungsverfahren

## I. Konstituierende Sitzung und weitere Sitzungen des BVG

### 1. Konstituierende Sitzung

#### a) Einladung

Die Verhandlungen mit dem BVG werden wie die Bildung des BVG durch die Leitungen der beteiligten Gesellschaften initiiert. Gemäß § 12 Abs. 1 SEBG laden die Leitungen der beteiligten Gesellschaften unverzüglich nach der Wahl oder dem durch die Arbeitnehmer zu vertretenden Ablauf der Frist für die Bildung des BVG (→ Rn. 99ff.) zur konstituierenden Sitzung ein. Ist die Frist ohne Wahl/Bestellung aller BVG-Mitglieder abgelaufen, ohne dass dies die Arbeitnehmer zu vertreten haben, ist die Einladung unbeachtlich.[161] Erscheinen auf eine solche unbeachtliche Einladung jedoch alle zu wählenden Mitglieder

103

---

[153] Habersack/Drinhausen/*Hohenstatt/Müller-Bonanni* SEBG § 11 Rn. 3; Kölner Komm AktG/*Feuerborn* SEBG § 11 Rn. 6; Lutter/Hommelhoff/Teichmann SE/*Oetker* SEBG § 11 Rn. 8; MüKoAktG/*Jacobs* SEBG § 11 Rn. 4; Nagel/Freis/Kleinsorge SE/*Freis* SEBG § 11 Rn. 8; *Wisskirchen/Prinz* DB 2004, 2638 (2639).
[154] Habersack/Drinhausen/*Hohenstatt/Müller-Bonanni* SEBG § 11 Rn. 3.
[155] Kölner Komm AktG/*Feuerborn* SEBG § 11 Rn. 5.
[156] Habersack/Drinhausen/*Hohenstatt/Müller-Bonanni* SEBG § 11 Rn. 3; Kölner Komm AktG/*Feuerborn* SEBG § 11 Rn. 6.
[157] Habersack/Hensssler/*Henssler* SEBG §§ 11, 12 Rn. 5; Kölner Komm AktG/*Feuerborn* SEBG § 11 Rn. 5; Lutter/Hommelhoff/Teichmann SE/*Oetker* SEBG § 11 Rn. 8.
[158] Begr. RegE, BR-Drs. 15/3405, 121; *Kallmeyer* ZIP 2004, 1443; Lutter/Hommelhoff/Teichmann SE/*Oetker* SEBG § 11 Rn. 9; MüKoAktG/*Jacobs* SEBG § 11 Rn. 4; NK-ArbR/*Sagan* SEBG § 11 Rn. 3.
[159] Für eine sofortige Anwendung der Auffanglösung in diesem Fall aber Habersack/Drinhausen/*Müller-Bonanni* SEBG § 11 Rn. 3; Henssler/Willemsen/Kalb/*Hohenstatt/Dzida* SEBG Rn. 23; Habersack/Henssler/*Henssler* SEBG §§ 11, 12 Rn. 6.
[160] Kölner Komm AktG/*Feuerborn* SEBG § 11 Rn. 9; MüKoAktG/*Jacobs* SEBG § 11 Rn. 6; NK-SE/*Evers/Bodenstedt* SEBG § 11 Rn. 5; gänzlich anders *Kallmeyer* ZIP 2004, 1142 (1143), der in diesem Fall zumindest für Deutschland eine Urwahl der BVG-Mitglieder entsprechend § 8 Abs. 7 SEBG fordert, was aber keinerlei Stütze im Gesetzeswortlaut findet.
[161] Habersack/Drinhausen/*Hohenstatt/Müller-Bonanni* SEBG § 12 Rn. 2; Kölner Komm AktG/*Feuerborn* SEBG § 12 Rn. 5; Lutter/Hommelhoff/Teichmann SE/*Oetker* SEBG § 12 Rn. 7; MüKoAktG/*Jacobs* SEBG § 12 Rn. 2.

des BVG zur konstituierenden Sitzung, so ist der Fehler geheilt.[162] Da der Termin der konstituierenden Sitzung des BVG für die Bestimmung der Verhandlungsfrist nach § 20 SEBG (→ Rn. 136) von Bedeutung ist, ist es sinnvoll, einen Termin für die konstituierende Sitzung gleich in der Information und Aufforderung zur Bildung des BVG (→ Rn. 17 ff.) zu nennen[163]; das hat allerdings nur informatorische Bedeutung, weil eine wirksame Einladung zu diesem Zeitpunkt noch nicht möglich ist.

104 Zur Einladung **verpflichtet** sind alle Leitungen gemeinsam, jedoch können Sie die Einladung auf einzelne Leitungen delegieren.[164] Die Einladung hat unverzüglich, dh ohne schuldhaftes Zögern, zu erfolgen.[165] Eine verspätete Einladung hat lediglich zur Folge, dass der Beginn der Verhandlungsfrist nach § 20 SEBG verzögert wird.[166] Wie bei der Aufforderung zur Bildung des BVG steht der Arbeitnehmerseite hinsichtlich der Einladung kein Initiativrecht zu, da eine Verzögerung der Arbeitnehmerseite nicht zu Nachteilen gereicht.[167]

105 **Ort und Termin** der konstituierenden Sitzung können die Leitungen unter Berücksichtigung des Grundsatzes der vertrauensvollen Zusammenarbeit einseitig bestimmen.[168] Daher ist in der Regel eine rechtzeitige Abstimmung mit den BVG-Mitgliedern erforderlich, um sicherzustellen, dass möglichst viele von ihnen an der Sitzung teilnehmen können.[169]

106 Einzuladen sind **alle BVG-Mitglieder** sowie – im Falle der Verhinderung einzelner Mitglieder – die ggf. nach den nationalen Bestimmungen gewählten oder bestellten Ersatzmitglieder.[170] Eine besondere **Form** ist für die Einladung nicht vorgeschrieben; jedoch sollte die Einladung zum Zwecke des Nachweises in Schrift- oder Textform erfolgen und der Zugang bei den einzelnen Mitgliedern des BVG nachgehalten werden.[171] Die Einladung ist in einer für die einzelnen Mitglieder verständlichen **Sprache** abzufassen, so dass grundsätzlich in der jeweiligen Landessprache einzuladen ist.[172]

107 Gemäß § 12 Abs. 1 S. 1 SEBG sind durch die Leitungen auch die örtlichen **Betriebs- und Unternehmensleitungen zu informieren.** Die Mitteilung ist nicht formgebunden, so dass sie auch mündlich und in Textform (zB E-Mail) erfolgen kann.[173] Ein Verstoß gegen die Mitteilungspflicht führt nicht zur Unwirksamkeit der Einladung zur konstituierenden Sitzung und hat auch im Übrigen keine Auswirkungen.[174]

### b) Durchführung der konstituierenden Sitzung

108 In der konstituierenden Sitzung soll die Handlungsfähigkeit des BVG hergestellt werden. Das Gesetz regelt den Inhalt der konstituierenden Sitzung nur punktuell. So ist in § 12

---

[162] Gaul/Ludwig/Forst EuMitbestR/*Fleischmann* § 2 Rn. 219.
[163] Gaul/Ludwig/Forst EuMitbestR/*Fleischmann* § 2 Rn. 220.
[164] Lutter/Hommelhoff/Teichmann SE/*Oetker* SEBG § 12 Rn. 4; NK-SE/*Evers/Bodenstedt* SEBG § 12 Rn. 2.
[165] Kölner Komm AktG/*Feuerborn* SEBG § 12 Rn. 6; Lutter/Hommelhoff/Teichmann SE/*Oetker* SEBG § 12 Rn. 8; MüKoAktG/*Jacobs* SEBG § 12 Rn. 2; Nagel/Freis/Kleinsorge SE/*Kleinsorge* SEBG § 12 Rn. 3.
[166] Habersack/Drinhausen/*Hohenstatt/Müller-Bonanni* SEBG § 12 Rn. 2; Kölner Komm AktG/*Feuerborn* SEBG § 12 Rn. 6; Lutter/Hommelhoff/Teichmann SE/*Oetker* SEBG § 12 Rn. 8.
[167] Offen gelassen bei Lutter/Hommelhoff/Teichmann SE/*Oetker* SEBG § 12 Rn. 12.
[168] Habersack/Henssler/*Henssler* SEBG § 12 Rn. 7; Kölner Komm AktG/*Feuerborn* SEBG § 12 Rn. 8; Lutter/Hommelhoff/Teichmann SE/*Oetker* SEBG § 12 Rn. 5; Gaul/Ludwig/Forst EuMitbestR/*Fleischmann* § 2 Rn. 221; NK-SE/*Evers/Bodenstedt* SEBG § 12 Rn. 4; Henssler/Willemsen/Kalb/*Hohenstatt/Dzida* SEBG Rn. 25; aA (einvernehmliche Festlegung) Nagel/Freis/Kleinsorge SE/*Freis* SEBG § 12 Rn. 5.
[169] Habersack/Henssler/*Henssler* SEBG § 12 Rn. 7; Lutter/Hommelhoff/Teichmann SE/*Oetker* SEBG § 12 Rn. 10.
[170] Lutter/Hommelhoff/Teichmann SE/*Oetker* SEBG § 12 Rn. 11.
[171] Habersack/Henssler/*Henssler* SEBG § 12 Rn. 7; Lutter/Hommelhoff/Teichmann SE/*Oetker* SEBG § 12 Rn. 9; MüKoAktG/Jacobs SEBG § 12 Rn. 2.
[172] *Grobys* NZA 2005, 84 (87); Lutter/Hommelhoff/Teichmann SE/*Oetker* SEBG § 12 Rn. 9.
[173] Lutter/Hommelhoff/Teichmann SE/*Oetker* SEBG § 12 Rn. 13.
[174] Lutter/Hommelhoff/Teichmann SE/*Oetker* SEBG § 12 Rn. 13.

Abs. 1 S. 2 SEBG lediglich vorgesehen, dass das BVG aus seiner Mitte einen Vorsitzenden und mindestens zwei Stellvertreter wählt und sich eine Geschäftsordnung geben kann.

**aa) Teilnahmeberechtigte.** Das Gesetz bestimmt den Kreis der an der konstituierenden Sitzung des BVG teilnahmeberechtigten Personen nicht ausdrücklich. Entsprechend den allgemeinen im Arbeitsrecht geltenden Grundsätzen ist die Sitzung nicht öffentlich.[175] Die Leitungen der beteiligten Gesellschaften sind nicht teilnahmeberechtigt.[176] Sachverständige des BVG dürfen an der konstituierenden Sitzung und auch weiteren Sitzungen erst teilnehmen, wenn das BVG über deren Hinzuziehung einen ordnungsgemäßen Beschluss gemäß § 15 Abs. 2 SEBG gefasst hat, was jedoch erst nach der eigentlichen Konstituierung möglich ist. Gleichfalls dürfen Gäste nur hinzugezogen werden, soweit das für eine ordnungsgemäße Aufgabenerledigung des BVG erforderlich ist. Sachverständige und Gäste dürfen bei Beschlussfassungen nicht zugegen sein.

109

**bb) Wahl des Vorsitzenden und seiner Stellvertreter.** Zentraler Gegenstand der konstituierenden Sitzung ist die Wahl des Vorsitzenden des BVG und seiner Stellvertreter. Das Gesetz sieht vor, dass mindestens zwei Stellvertreter zu wählen sind, aber auch mehr gewählt werden können.[177]

110

In § 12 Abs. 1 S. 2 SEBG ist als einzige **Wahlvoraussetzung** für den Vorsitzenden des BVG und seine Stellvertreter vorgesehen, dass sie dem BVG angehören. Ersatzmitglieder sind nicht passiv wahlberechtigt, es sei denn, sie rücken wegen des dauernden Ausscheidens eines Mitglieds als reguläre Mitglieder nach.[178]

111

Die Wahl erfolgt durch **Beschluss mit der qualifizierten Mehrheit** gemäß § 15 Abs. 2 SEBG.[179] Notwendig ist also die Mehrheit der Mitglieder des BVG, in der zugleich die Mehrheit der im BVG vertretenen Arbeitnehmer enthalten sein muss (zur Beschlussfassung → Rn. 141 ff.). Die einfache Mehrheit reicht damit, anders als bei der Wahl des Vorsitzenden des Betriebsrats nach § 26 BetrVG, nicht aus. Für die Wahl ist **keine Form** vorgeschrieben; insbesondere ist eine mündliche Abstimmung möglich.[180] Die Wahl der Stellvertreter erfolgt in einem getrennten Wahlgang.[181]

112

Das SEBG enthält keine Regelungen zur **Abwahl** des Vorsitzenden; diese ist gleichwohl jederzeit durch Neuwahl eines anderen Vorsitzenden möglich. Die Anfechtung der Wahl ist im Gesetz nicht gesondert geregelt; eine entsprechende Anwendung von § 37 Abs. 2 SEBG bietet sich für die Anfechtung an (ex-nunc-Wirkung), wenngleich eine abschließende gerichtliche Entscheidung u. U. nicht vor Abschluss des Verhandlungsverfahrens zu erwarten ist. Daneben wird in schwerwiegenden Fällen die Nichtigkeit der Wahl in Betracht kommen (ex-tunc-Wirkung), jedoch wird dies insbesondere im Hinblick auf das eher informelle Verfahren nur in seltensten Fällen anzunehmen sein.[182]

113

Die **Aufgaben des Vorsitzenden** und seiner Stellvertreter sind im SEBG nur unvollständig geregelt. Insbesondere ist in § 12 Abs. 2 SEBG vorgesehen, dass der Vorsitzende zu weiteren Sitzungen des BVG einladen kann. Die Befugnisse des Vorsitzenden sind nicht im Einzelnen geregelt. Eine entsprechende Anwendung von § 23 Abs. 3 SEBG liegt nahe, so dass der Vorsitzende und im Falle seiner Verhinderung die Stellvertreter das BVG im

114

---

[175] MüKoAktG/*Jacobs* SEBG § 12 Rn. 4; Lutter/Hommelhoff/Teichmann SE/*Oetker* SEBG § 12 Rn. 19.
[176] Lutter/Hommelhoff/Teichmann SE/*Oetker* SEBG § 12 Rn. 19; MüKoAktG/*Jacobs* SEBG § 12 Rn. 4; NK-SE/*Evers/Bodenstedt* SEBG § 12 Rn. 4; Nagel/Freis/Kleinsorge SE/*Freis* SEBG § 12 Rn. 7.
[177] Lutter/Hommelhoff/Teichmann SE/*Oetker* SEBG § 12 Rn. 17.
[178] Habersack/Drinhausen/*Hohenstatt/Müller-Bonanni* SEBG § 12 Rn. 3; Kölner Komm AktG/*Feuerborn* SEBG § 12 Rn. 10; Lutter/Hommelhoff/Teichmann SE/*Oetker* SEBG § 12 Rn. 15: MüKoAktG/*Jacobs* SEBG § 12 Rn. 5; MüKoAktG/*Jacobs* SEBG § 12 Rn. 9.
[179] NK-ArbR/*Sagan* SEBG § 12 Rn. 4.
[180] MüKoAktG/*Jacobs* SEBG § 12 Rn. 5, der allerdings eine geheime schriftliche Wahl bevorzugt, ohne näher darzulegen, wie dann die Mehrheit der vertretenen Arbeitnehmer genau ermittelt werden soll.
[181] Vgl. zur Wahl der stellvertretenden Vorsitzenden im BetrVG: *Fitting* BetrVG § 26 Rn. 12; Richardi BetrVG/*Thüsing* BetrVG § 26 Rn. 8.
[182] Nagel/Freis/Kleinsorge SE/*Freis* SEBG § 11 Rn. 14.

Rahmen seiner Beschlüsse vertreten.[183] In der Praxis hat es sich bewährt, dass das BVG die Vertretung durch den Vorsitzenden bzw. die Stellvertreter ausdrücklich beschließt und ggf. in einer Geschäftsordnung niederlegt.

115 **cc) Geschäftsordnung.** Das BVG kann sich in der konstituierenden Sitzung (oder später) eine Geschäftsordnung geben. Den möglichen Inhalt einer Geschäftsordnung regelt das SEBG nicht näher, so dass das BVG in der inhaltlichen Ausgestaltung freie Hand hat, soweit nicht zwingende Vorschriften, insbesondere über die Beschlussfassung, entgegenstehen. Zudem darf das BVG keine Regelungen erlassen, die gegen den Grundsatz der vertrauensvollen Zusammenarbeit verstoßen. Möglich sind insbesondere Regelungen über die
– Fristen und Form der Ladung zu weiteren Sitzungen (nur des BVG; gemeinsame Verhandlungssitzungen sind zwischen den Leitungen und dem BVG abzustimmen, s. hierzu → Rn. 125)[184],
– Vollmachten des Vorsitzenden und seiner Stellvertreter,
– Bildung von Verhandlungsausschüssen/-delegationen[185] und
– Sprache im BVG[186] (nicht jedoch die Verhandlungssprache, die zwischen Leitung und BVG einvernehmlich zu bestimmen ist, s. hierzu → Rn. 126).

116 Die Geschäftsordnung wird durch Beschluss des BVG gemäß § 15 Abs. 2 SEBG gefasst.[187] Sie kann jederzeit durch Beschluss des BVG geändert werden.[188] Sie bedarf der Schriftform, dh muss in einer Urkunde niedergelegt sein, die vom Vorsitzenden zu unterzeichnen ist.[189]

## 2. Weitere Sitzungen des BVG

117 Der Vorsitzende des BVG kann gemäß § 12 Abs. 2 SEBG weitere Sitzungen des BVG einberufen. Dies bezieht sich nur auf interne Sitzungen des BVG; Verhandlungssitzungen mit den Leitungen der beteiligten Gesellschaften finden nach Abstimmung zwischen den Verhandlungsparteien statt (→ Rn. 125).[190] Ob, wann und wo weitere Sitzungen des BVG stattfinden, entscheidet der Vorsitzende des BVG nach pflichtgemäßem Ermessen.[191] Das bedeutet, dass das BVG zwar keiner Zustimmung der Leitungen zur Festlegung von Anzahl, Zeit und Ort der Sitzungen bedarf[192], jedoch bei der Festlegung unter Berücksichtigung des Grundsatzes der vertrauensvollen Zusammenarbeit mit den Leitungen (→ Rn. 120) die berechtigten Interessen der Leitungen und der übrigen Unternehmen in der Unternehmensgruppe zu beachten und unnötigen Aufwand zu vermeiden hat.[193] Das

---

[183] Begr. RegE, BT-Drs. 15/3405, 48.Lutter/Hommelhoff/Teichmann SE/*Oetker* SEBG § 12 Rn. 16; NK-SE/*Evers/Bodenstedt* SEBG § 12 Rn. 7; ähnlich unter Bezugnahme auf § 26 Abs. 2 BetrVG: Habersack/Drinhausen/*Hohenstatt/Müller-Bonanni* SEBG § 12 Rn. 3; MüKoAktG/*Jacobs* SEBG § 12 Rn. 5.
[184] Lutter/Hommelhoff/Teichmann SE/*Oetker* SEBG § 12 Rn. 25; Kölner Komm AktG/*Feuerborn* SEBG § 12 Rn. 11; MüKoAktG/*Jacobs* SEBG § 12 Rn. 5.
[185] Habersack/Drinhausen/*Hohenstatt/Müller-Bonanni* SEBG § 12 Rn. 4.
[186] Lutter/Hommelhoff/Teichmann SE/*Oetker* SEBG § 12 Rn. 25; Kölner Komm AktG/*Feuerborn* SEBG § 12 Rn. 11; MüKoAktG/*Jacobs* SEBG § 12 Rn. 5.
[187] Habersack/Drinhausen/*Hohenstatt/Müller-Bonanni* SEBG § 12 Rn. 4; Lutter/Hommelhoff/Teichmann SE/*Oetker* SEBG § 12 Rn. 27; MüKoAktG/*Jacobs* SEBG § 12 Rn. 5; Nagel/Freis/Kleinsorge SE/*Freis* SEBG § 12 Rn. 12.
[188] NK-SE/*Evers/Bodenstedt* SEBG § 12 Rn. 8.
[189] Habersack/Henssler/*Henssler* SEBG §§ 11, 12 Rn. 8; Lutter/Hommelhoff/Teichmann SE/*Oetker* SEBG § 12 Rn. 26.
[190] Gaul/Ludwig/Forst EuMitbestR/*Fleischmann* § 2 Rn. 221; Lutter/Hommelhoff/Teichmann SE/*Oetker* SEBG § 12 Rn. 22.
[191] Kölner Komm AktG/*Feuerborn* SEBG § 12 Rn. 12; Lutter/Hommelhoff/Teichmann SE/*Oetker* SEBG § 12 Rn. 22; NK-SE/*Evers/Bodenstedt* SEBG § 12 Rn. 5; Nagel/Freis/Kleinsorge SE/*Freis* SEBG § 12 Rn. 13.
[192] Lutter/Hommelhoff/Teichmann SE/*Oetker* SEBG § 12 Rn. 22.
[193] Habersack/Drinhausen/*Hohenstatt/Müller-Bonanni* SEBG § 12 Rn. 5; Lutter/Hommelhoff/Teichmann SE/*Oetker* SEBG § 12 Rn. 22; NK-SE/*Evers/Bodenstedt* SEBG § 12 Rn. 5; Nagel/Freis/Kleinsorge SE/*Freis* SEBG § 12 Rn. 13; ähnlich MüKoAktG/*Jacobs* SEBG § 12 Rn. 4, der auf die Erforderlichkeit der Sitzung

bedeutet jedoch nicht, dass die Sitzungen zwingend nur im zeitlichen und räumlichen Zusammenhang mit den Verhandlungssitzungen zwischen den Leitungen und dem BVG stattfinden dürfen.[194]

Im SEBG sind die Modalitäten der weiteren Sitzungen des BVG nicht geregelt. Entsprechend § 30 S. 4 BetrVG sind sie jedenfalls nicht öffentlich, so dass weder die Leitungen der beteiligten Gesellschaften noch Vertreter der in den Betrieben vertretenen Gewerkschaften ein Teilnahmerecht haben.[195] Nicht ausgeschlossen ist, dass vorbereitende Besprechungen und Sitzungen auch durch Nutzung moderner Kommunikationsmittel durchgeführt werden, wenngleich die Fassung von Beschlüssen nur in Präsenzsitzungen erfolgen kann (→ Rn. 142). Im Übrigen kann das BVG weitere Bestimmungen, insbesondere zu Form und Fristen für die Einladung, in der Geschäftsordnung (→ Rn. 115) regeln. 118

## II. Durchführung der Verhandlung

Das SEBG verzichtet weitgehend auf detaillierte Regelungen zur Durchführung der Verhandlungen zwischen den Leitungen und dem BVG und überlässt sie in weitem Umfang den Parteien. Es werden lediglich einige Grundsätze aufgestellt, aus denen sich Folgen für die Verhandlungen ableiten lassen. 119

### 1. Grundsatz der vertrauensvollen Zusammenarbeit

In § 13 Abs. 1 S. 1 SEBG ist zunächst geregelt, dass die Parteien eine schriftliche Vereinbarung über die Beteiligung der Arbeitnehmer in der SE abschließen. Daraus resultiert jedoch kein Abschlusszwang für die Parteien. Dies belegt § 16 SEBG, wonach das BVG die Verhandlungen abbrechen darf, sowie die gesetzliche Auffanglösung, die eingreift, wenn die Parteien bei Ablauf der Verhandlungsfrist nach § 20 SEBG keine Einigung finden (→ Rn. 254 ff.). Es handelt sich mithin um einen weitgehend überflüssigen Programmsatz, der nur das Schriftformerfordernis für die Beteiligungsvereinbarung festlegt.[196] 120

§ 13 Abs. 1 S. 2 SEBG regelt in Umsetzung von Art. 4 Abs. 1 SE-RL, dass die Parteien den auch aus dem deutschen Betriebsverfassungsrecht bekannten Grundsatz der vertrauensvollen Zusammenarbeit zu beachten haben. Die Parteien sollen dadurch zu Verhandlungen mit dem *„ernstlichen Willen zur Einigung"* gehalten werden.[197] Daraus folgt jedoch nach zutreffender Ansicht kein gerichtlich durchsetzbarer Verhandlungsanspruch.[198] Neben einigen speziellen Regelungen zur Verhandlung, ergibt sich aus dem Grundsatz der vertrauensvollen Zusammenarbeit insbesondere, dass im Rahmen der Verhandlungen keine 121

---

abstellt; allein auf die Kostenminimierung abstellend: Gaul/Ludwig/Forst EuMitbestR/*Fleischmann* § 2 Rn. 221.
[194] Lutter/Hommelhoff/Teichmann SE/*Oetker* SEBG § 12 Rn. 22; Nagel/Freis/Kleinsorge SE/*Freis* SEBG § 12 Rn. 13; aA Habersack/Drinhausen/*Hohenstatt/Müller-Bonanni* SEBG § 12 Rn. 5.
[195] Henssler/Willemsen/Kalb/*Hohenstatt/Dzida* SEBG Rn. 25; Lutter/Hommelhoff/Teichmann SE/*Oetker* SEBG § 12 Rn. 23; MüKoAktG/*Jacobs* SEBG § 12 Rn. 4.
[196] Habersack/Henssler/*Henssler* SEBG § 13 Rn. 1; Kölner Komm AktG/*Feuerborn* SEBG § 13 Rn. 4; Lutter/Hommelhoff/Teichmann SE/*Oetker* SEBG § 13 Rn. 5; NK-SE/*Evers/Bodenstedt* SEBG § 13 Rn. 1.
[197] Begr. RegE, DT-Drs. 15/3405, 49.
[198] Habersack/Drinhausen/*Hohenstatt/Müller-Bonanni* SEBG § 13 Rn. 3; Habersack/Henssler/*Henssler* SEBG § 13 Rn. 2; Kölner Komm AktG/*Feuerborn* SEBG § 13 Rn. 8; Lutter/Hommelhoff/Teichmann SE/*Oetker* SEBG § 13 Rn. 7; MüKoAktG/*Jacobs* SEBG § 13 Rn. 3; NK-SE/*Evers/Bodenstedt* SEBG § 13 Rn. 3; NK-ArbR/*Sagan* SEBG § 13 Rn. 2 *Forst*, Die Beteiligungsvereinbarung nach § 21 SEBG, 2010, 140 f.; *Hoops*, Die Mitbestimmungsvereinbarung in der Europäischen Aktiengesellschaft (SE), 2009, 82 ff.; *Scheibe*, Die Mitbestimmung der Arbeitnehmer in der SE unter besonderer Berücksichtigung des monistischen Systems, 2007, 76.

Arbeitskampfmaßnahmen zulässig sind.[199] Zudem müssen die Leitungen und das BVG die Interessen der jeweils anderen Partei angemessen berücksichtigen.[200]

## 2. Information durch die Leitungen

122 Nach § 13 Abs. 2 S. 1 SEBG hat das BVG gegen die Leitungen einen **umfassenden Anspruch** auf Information. Danach haben die Leitungen dem BVG alle zur ordnungsgemäßen Durchführung seiner Aufgaben erforderlichen Informationen zu gewähren. Mitzuteilen sind insbesondere
– alle gemäß § 4 Abs. 2, 3 SEBG den für die Bildung des BVG zuständigen Gremien zu erteilenden Informationen sowie
– die in § 13 Abs. 2 S. 2 genannten Informationen über das Gründungsvorhaben sowie den Verlauf des Verfahrens bis zur Eintragung.[201]

Darüber hinaus sind die Leitungen verpflichtet, alle sonstigen Informationen zu erteilen, die es dem BVG ermöglichen, eine den Interessen der SE und der Arbeitnehmer gerecht werdende Lösung für die Beteiligung der Arbeitnehmer zu finden und mit den Leitungen zu verhandeln.[202] § 13 Abs. 2 S. 2 SEBG gibt daher nur einen Ausschnitt der zu erteilenden Informationen wieder. So sind die Leitungen zB verpflichtet, über die beabsichtigte Verfassung der SE zu informieren, dh mitzuteilen, ob die SE monistisch oder dualistisch verfasst sein soll und wie groß die Gremien sind, in die Arbeitnehmervertreter entsandt werden können.[203] Auskünfte über Rechtsfragen müssen die Leitungen dem BVG jedoch im Hinblick auf das Recht, eigene Sachverständige hinzuzuziehen (→ Rn. 128), nicht erteilen.[204] Allerdings ist zu bedenken, dass durch die Erteilung von Rechtsauskünften die Kosten für externe Sachverständige ggf. (erheblich) gesenkt werden können.

123 Der Anspruch auf Information ist gerichtlich durchsetzbar.[205] In welcher **Form** die Leitungen die Information erteilen, ist in ihr pflichtgemäßes Ermessen gestellt, das sie unter Berücksichtigung des Grundsatzes der vertrauensvollen Zusammenarbeit auszuüben haben. Die Leitungen müssen daher insbesondere umfangreiche Informationen ggf. in Schrift- oder Textform übermitteln[206] und ggf. auf Verlangen des BVG auch die Einsichtnahme in Unterlagen ermöglichen.[207] Soweit die Mitglieder des BVG der Information in einer anderen **Sprache** nicht zugestimmt haben, sind sie in die jeweilige Landessprache der Mitglieder zu übersetzen.[208]

---

[199] Habersack/Drinhausen/*Hohenstatt*/*Müller-Bonanni* SEBG § 13 Rn. 3; Habersack/Henssler/*Henssler* SEBG § 13 Rn. 2; Kölner Komm AktG/*Feuerborn* SEBG § 13 Rn. 7; Lutter/Hommelhoff/Teichmann SE/*Oetker* SEBG § 13 Rn. 7; NK-ArbR/*Sagan* SEBG § 13 Rn. 2.
[200] NK-ArbR/*Sagan* SEBG § 13 Rn. 4.
[201] Habersack/Drinhausen/*Hohenstatt*/*Müller-Bonanni* SEBG § 13 Rn. 4; Kölner Komm AktG/*Feuerborn* SEBG § 13 Rn. 12; Lutter/Hommelhoff/Teichmann SE/*Oetker* SEBG § 13 Rn. 11; Nagel/Freis/Kleinsorge SE/*Freis* SEBG § 13 Rn. 8.
[202] Kölner Komm AktG/*Feuerborn* SEBG § 13 Rn. 12; MüKoAktG/*Jacobs* SEBG § 13 Rn. 4.
[203] Lutter/Hommelhoff/Teichmann SE/*Oetker* SEBG § 13 Rn. 11; NK-ArbR/*Sagan* SEBG § 13 Rn. 4.
[204] So aber zB für den Fall der Gründung des EBR, Däubler/Klebe/Wedde/*Klebe* EBRG § 8 Rn. 5.
[205] Habersack/Drinhausen/*Hohenstatt*/*Müller-Bonanni* SEBG § 13 Rn. 4; Habersack/Henssler/*Henssler* SEBG § 13 Rn. 4; Kölner Komm AktG/*Feuerborn* SEBG § 13 Rn. 21; Lutter/Hommelhoff/Teichmann SE/*Oetker* SEBG § 13 Rn. 9; NK-SE/*Evers/Bodenstedt* SEBG § 13 Rn. 8; Nagel/Freis/Kleinsorge SE/*Freis* SEBG § 13 Rn. 7; aA *Forst*, Die Beteiligungsvereinbarung nach § 21 SEBG, 2010, 155; *Hoops*, Die Mitbestimmungsvereinbarung in der Europäischen Aktiengesellschaft (SE), 2009, 86; MüKoAktG/*Jacobs* SEBG § 13 Rn. 4, der annimmt, dass die Leitungen bloß eine Obliegenheit zur Informationserteilung treffe.
[206] Lutter/Hommelhoff/Teichmann SE/*Oetker* SEBG § 13 Rn. 12; MüKoAktG/*Jacobs* SEBG § 13 Rn. 4; Nagel/Freis/Kleinsorge SE/*Freis* SEBG § 13 Rn. 11.
[207] Henssler/Willemsen/Kalb/*Hohenstatt*/*Dzida* SEBG Rn. 26; Lutter/Hommelhoff/Teichmann SE/*Oetker* SEBG § 13 Rn. 13; Kölner Komm AktG/*Feuerborn* SEBG § 13 Rn. 15.
[208] Lutter/Hommelhoff/Teichmann SE/*Oetker* SEBG § 13 Rn. 12; Nagel/Freis/Kleinsorge SE/*Freis* SEBG § 13 Rn. 10.

## C. Verhandlungsverfahren § 14

Der Informationsanspruch ist so rechtzeitig zu erfüllen, dass die Mitglieder des BVG die Informationen in ihre Entscheidungsfindung einfließen lassen können.[209] Gemäß § 41 Abs. 1 SEBG besteht der Anspruch nicht, soweit zu befürchten ist, dass Betriebs- oder Geschäftsgeheimnisse gefährdet werden. Ein Ausschluss des Informationsrechts wird jedoch im Hinblick auf die Verschwiegenheitspflichten der BVG-Mitglieder gemäß § 41 Abs. 2 SEBG nur im Ausnahmefall anzunehmen kein. 124

### 3. Sitzungen

Gemäß § 13 Abs. 2 S. 3 SEBG legen die Leitungen und das BVG **Zeitpunkt, Häufigkeit und Ort** der Verhandlungen **einvernehmlich** fest. Dabei ist der Grundsatz der vertrauensvollen Zusammenarbeit zu beachten, so dass beide Parteien bei der Festlegung der Termine und Verhandlungsorte die Interessen der jeweils anderen Partei in angemessenem Umfang zu berücksichtigen haben.[210] Kommt eine Einigung nicht zustande, ist mangels Verhandlungsanspruchs eine gerichtliche Durchsetzung oder einseitige Festlegung von Verhandlungsterminen nicht möglich.[211] Auch wenn der Sitzungsort gemeinsam festzulegen ist, so bedeutet dies nicht, dass die Verhandlungen als Präsenzsitzungen ausgestaltet sein müssen. Lediglich die Beschlussfassung des BVG (→ Rn. 139 ff.) muss in einer Präsenzsitzung erfolgen, so dass die Verhandlungen auch unter Nutzung moderner Kommunikationsmittel (Videokonferenz, Telefonkonferenz) durchgeführt werden können. 125

Die **weiteren Verhandlungsmodalitäten** sind, auch wenn dies nicht ausdrücklich im Gesetz geregelt ist, unter Berücksichtigung des Grundsatzes der vertrauensvollen Zusammenarbeit ebenfalls durch die Parteien einvernehmlich festzulegen.[212] So können die Parteien insbesondere die Verhandlungssprache, Modalitäten der Protokollführung, die Bildung von Verhandlungsgruppen/-ausschüssen im Einzelnen näher regeln.[213] Insbesondere bei der Verhandlungssprache ist jedoch zu berücksichtigen, dass die BVG-Mitglieder im Zweifel einen Anspruch auf Simultanübersetzung haben, wenn sie der gewählten Verhandlungssprache nicht hinreichend mächtig sind. 126

Das BVG entscheidet über seine Zustimmung zu den Modalitäten der Sitzungen durch Beschluss gemäß § 15 Abs. 2 SEBG, kann aber dem Vorsitzenden oder einem Gremium auch die alleinige Entscheidung über einzelne Fragen des Verhandlungsverfahrens übertragen.[214] 127

### 4. Hinzuziehung von Sachverständigen

Soweit dies für die ordnungsgemäße Erfüllung der Aufgaben erforderlich ist, kann das BVG gemäß § 14 Abs. 1 SEBG Sachverständige während der Verhandlungen hinzuziehen. Der Begriff des Sachverständigen ist nicht näher geregelt, jedoch ergibt sich aus dem Sinn und Zweck der Vorschrift, dass es sich um durch besondere – im BVG nicht vorhandene – Sachkunde ausgewiesene Personen handeln muss.[215] 128

---

[209] Nagel/Freis/Kleinsorge SE/*Freis* SEBG § 13 Rn. 12; ähnlich (rechtzeitig vor Verhandlungsbeginn): Habersack/Drinhausen/*Hohenstatt/Müller-Bonanni* SEBG § 13 Rn. 4; MüKoAktG/*Jacobs* SEBG § 13 Rn. 4.
[210] Habersack/Henssler/*Henssler* SEBG § 13 Rn. 3; Lutter/Hommelhoff/Teichmann SE/*Oetker* SEBG § 13 Rn. 14.
[211] Habersack/Henssler/*Henssler* SEBG § 13 Rn. 3; dies gilt nicht für die internen Sitzungen des BVG, für die es keiner Einigung bedarf, s. → Rn. 117.
[212] Habersack/Henssler/*Henssler* SEBG § 13 Rn. 3; Lutter/Hommelhoff/Teichmann SE/*Oetker* SEBG § 13 Rn. 17; NK-SE/*Evers/Bodenstedt* SEBG § 13 Rn. 5.
[213] Lutter/Hommelhoff/Teichmann SE/*Oetker* SEBG § 13 Rn. 17.
[214] Habersack/Henssler/*Henssler* SEBG § 13 Rn. 3; Lutter/Hommelhoff/Teichmann SE/*Oetker* SEBG § 13 Rn. 16; NK-SE/*Evers/Bodenstedt* SEBG § 13 Rn. 5.
[215] Kölner Komm AktG/*Feuerborn* SEBG § 14 Rn. 4; Lutter/Hommelhoff/Teichmann SE/*Oetker* SEBG § 14 Rn. 8.

129 Über die Hinzuziehung von Sachverständigen entscheidet das BVG durch Beschluss gemäß § 15 Abs. 2 SEBG.[216] Das Recht zur Hinzuziehung steht nur dem Gremium insgesamt zu, nicht jedoch einzelnen Mitgliedern des BVG.[217] Bei der Hinzuziehung von Sachverständigen hat das BVG den Grundsatz der vertrauensvollen Zusammenarbeit zu berücksichtigen. So kann es zwar mehrere Sachverständige gleichzeitig hinzuziehen, doch muss es auf die legitimen (Kosten-)Interessen der Leitungen (vgl. → Rn. 153 ff.), Rücksicht nehmen.[218] Bei seiner Entscheidung hat das BVG einen Beurteilungsspielraum[219], so dass die Hinzuziehung des Sachverständigen im Zweifel zulässig ist.

130 Neben dem Sachkundegebot normiert das Gesetz keine weiteren Anforderungen an die Person des Sachverständigen. Gemäß § 14 Abs. 1 S. 1 SEBG können auch Vertreter von Gewerkschaftsorganisationen auf Gemeinschaftsebene Sachverständige sein. Dies stellt jedoch nur eine nicht abschließende Klarstellung dar, so dass zB auch lokale Gewerkschaftsvertreter Sachverständige sein können.[220] Im Übrigen können auch Arbeitnehmer aus der Unternehmensgruppe oder Dritte Sachverständige sein. Die Hinzuziehung von Sachverständigen ist nicht erforderlich, soweit dem BVG ausreichend sachkundige Mitglieder angehören.

131 Bestellte Sachverständige können gemäß § 14 Abs. 1 S. 2 SEBG beratend an den Sitzungen teilnehmen. Dies gilt nicht nur für die Vertreter der gemeinschaftsweit tätigen Gewerkschaftsorganisationen.[221] Die Rolle der Sachverständigen beschränkt sich auf die Beratung des BVG; ein Stimmrecht oder ein eigenes Rederecht haben sie nicht. Auch die Teilnahme an der Sitzung ist durch das BVG nach § 15 Abs. 2 SEBG zu beschließen.[222] Die Sachverständigen unterliegen gemäß § 41 Abs. 4 SEBG der gleichen Schweigepflicht wie die Mitglieder des BVG.

### 5. Information Außenstehender

132 Das BVG ist gemäß § 14 Abs. 2 SEBG berechtigt, die Vertreter geeigneter außenstehender Organisationen vom Beginn der Verhandlungen zu unterrichten. Der Begriff der außenstehenden Organisationen wird im Gesetz nicht definiert. Unternehmensinterne Arbeitnehmervertretungen, zB Betriebsräte und Sprecherausschüsse sind von diesem Begriff nicht erfasst, da sie keine außenstehenden Organisationen sind; erfasst wird nur die Information Dritter.[223] Dabei wird der Kreis der Adressaten eingeschränkt durch das Erfordernis der Geeignetheit, dh auf solche Organisationen, die das BVG tatsächlich bei der Wahrnehmung seiner Aufgaben unterstützen können, zB Gewerkschaften.[224] Eine allgemeine Infor-

---

[216] Habersack/Henssler/*Henssler* SEBG § 14 Rn. 2; Henssler/Willemsen/Kalb/*Hohenstatt/Dzida* SEBG Rn. 26; Kölner Komm AktG/*Feuerborn* SEBG § 14 Rn. 3; Lutter/Hommelhoff/Teichmann SE/*Oetker* SEBG § 14 Rn. 10.
[217] Kölner Komm AktG/*Feuerborn* SEBG § 14 Rn. 3; Lutter/Hommelhoff/Teichmann SE/*Oetker* SEBG § 14 Rn. 7.
[218] Lutter/Hommelhoff/Teichmann SE/*Oetker* SEBG § 14 Rn. 7; NK-SE/*Evers/Bodenstedt* SEBG § 14 Rn. 2; *Hoops*, Die Mitbestimmungsvereinbarung in der Europäischen Aktiengesellschaft (SE), 2009, 87; MüKoAktG/*Jacobs* SEBG § 14 Rn. 3; aA Habersack/Drinhausen/*Hohenstatt/Müller-Bonanni* SEBG § 14 Rn. 2; Habersack/Henssler/*Henssler* SEBG § 14 Rn. 3; Kölner Komm AktG/*Feuerborn* SEBG § 13 Rn. 5.
[219] Lutter/Hommelhoff/Teichmann SE/*Oetker* SEBG § 14 Rn. 8; NK-ArbR/*Sagan* SEBG § 14 Rn. 2.
[220] Habersack/Drinhausen/*Hohenstatt/Müller-Bonanni* SEBG § 14 Rn. 2; Habersack/Henssler/*Henssler* SEBG § 14 Rn. 2; Kölner Komm AktG/*Feuerborn* SEBG § 14 Rn. 5; Lutter/Hommelhoff/Teichmann SE/*Oetker* SEBG § 14 Rn. 9; Nagel/Freis/Kleinsorge SE/*Freis* SEBG § 14 Rn. 6; *Forst*, Die Beteiligungsvereinbarung nach § 21 SEBG, 2010, 157 f.; aA *Hoops*, Die Mitbestimmungsvereinbarung in der Europäischen Aktiengesellschaft (SE), 2009, 87.
[221] Habersack/Drinhausen/*Hohenstatt/Müller-Bonanni* SEBG § 14 Rn. 2; Kölner Komm AktG/*Feuerborn* SEBG § 14 Rn. 6; MüKoAktG/*Jacobs* SEBG § 14 Rn. 4; aA Lutter/Hommelhoff/Teichmann SE/*Oetker* SEBG § 14 Rn. 12.
[222] Lutter/Hommelhoff/Teichmann SE/*Oetker* SEBG § 14 Rn. 10; MüKoAktG/*Jacobs* SEBG § 14 Rn. 4.
[223] Lutter/Hommelhoff/Teichmann SE/*Oetker* SEBG § 14 Rn. 16.
[224] Habersack/Henssler/*Henssler* SEBG § 14 Rn. 4; Lutter/Hommelhoff/Teichmann SE/*Oetker* SEBG § 14 Rn. 16; Nagel/Freis/Kleinsorge SE/*Freis* SEBG § 14 Rn. 12.

mation der Öffentlichkeit wird dagegen durch § 14 Abs. 2 SEBG nicht abgedeckt.[225] Darüber hinaus darf das BVG nur über den Beginn der Verhandlungen informieren, nicht jedoch über den Inhalt, Stand, Verlauf oder das Ergebnis der Verhandlungen.[226]

### 6. Abschluss der Verhandlungen

Das SEBG sieht mehrere Möglichkeiten vor, die Verhandlungen zwischen den Leitungen der beteiligten Gesellschaften und dem BVG zu beenden. Dies sind 133
– der Abschluss einer Beteiligungsvereinbarung,
– die Nichtaufnahme oder der Abbruch der Verhandlungen durch das BVG sowie
– der Ablauf der Verhandlungsfrist nach § 20 SEBG.

#### a) Abschluss der Beteiligungsvereinbarung

Der Abschluss der Beteiligungsvereinbarung erfolgt durch schriftliche Vereinbarung zwischen den Leitungen der an der Gründung beteiligten Gesellschaften und dem BVG nach entsprechender Beschlussfassung durch das BVG. Dabei sind auf Unternehmensseite etwaige zugunsten von Aufsichtsräten der beteiligten Gesellschaften bestehende Zustimmungsvorbehalte zu beachten. 134

#### b) Nichtaufnahme oder Abbruch der Verhandlungen

Daneben räumt § 16 SEBG dem BVG die Möglichkeit zum Beschluss ein, dass die Verhandlungen gar nicht erst aufgenommen oder abgebrochen werden sollen. In diesem Fall finden die Beteiligungsrechte nach dem SEBG keine Anwendung. Vielmehr kann in der SE gemäß § 47 Abs. 1 Nr. 2 SEBG in einem gesonderten Verfahren ein Europäischer Betriebsrat nach dem EBRG etabliert werden, soweit die SE selbst die Voraussetzung für die Bildung des EBR nach dem EBRG erfüllt.[227] Wenn das BVG die Verhandlungen abbricht, führt dies nicht dauerhaft zu einer Beteiligungsfreiheit der SE nach dem SEBG. Vielmehr kann unter den Voraussetzungen des § 18 Abs. 1, 2 SEBG die Verhandlung wieder aufgenommen werden (→ Rn. 164 ff.). Die Leitungen haben – anders als das BVG und anders als in § 23 Abs. 1 S. 1 Nr. 3 MgVG vorgesehen – keine Möglichkeit, die Verhandlungen einseitig vorzeitig zu beenden. 135

#### c) Ablauf der Verhandlungsfrist

Die Verhandlungen können auch dadurch enden, dass die maximale Verhandlungsdauer gemäß § 20 SEBG (Verhandlungsfrist) abläuft. Mit dieser Regelung wird erreicht, dass die Verhandlungen die SE-Gründung nicht unangemessen verzögern.[228] Nach § 20 Abs. 1 SEBG sind die Verhandlungen grundsätzlich binnen einer Frist von sechs Monaten nach Einsetzung des BVG abzuschließen. Der Begriff der „*Einsetzung*" ist in Art. 5 SE-RL nicht definiert. Nach § 20 Abs. 1 S. 2 SEBG ist für die Einsetzung das Datum maßgeblich, für das die Leitungen zur konstituierenden Sitzung des BVG einladen. Damit haben es die Leitungen in der Hand, den Beginn der Frist (wenn auch unter Berücksichtigung der Be- 136

---

[225] Habersack/Henssler/*Henssler* SEBG § 14 Rn. 4; Kölner Komm AktG/*Feuerborn* SEBG § 14 Rn. 10; Lutter/Hommelhoff/Teichmann SE/*Oetker* SEBG § 14 Rn. 16; eine Information der Öffentlichkeit erfolgt jedoch in der Regel durch die European Trade Union Confederation (ETUC) bzw. ihr Institut etui., das eine umfangreiche Datenbank zu SE-Gründungen unter der Adresse http://www.worker-participation.eu/ (zuletzt abgerufen am 14.9.2021) betreibt.
[226] Kölner Komm AktG/*Feuerborn* SEBG § 14 Rn. 11; Lutter/Hommelhoff/Teichmann SE/*Oetker* SEBG § 14 Rn. 15; NK-SE/*Evers/Bodenstedt* SEBG § 14 Rn. 7; NK-ArbR/*Sagan* SEBG § 14 Rn. 4.
[227] Lutter/Hommelhoff/Teichmann SE/*Oetker* SEBG § 16 Rn. 19.
[228] Habersack/Drinhausen/*Hohenstatt/Müller-Bonanni* SEBG § 20 Rn. 1; Habersack/Henssler/*Henssler* SEBG § 20 Rn. 1; Lutter/Hommelhoff/Teichmann SE/*Oetker* SEBG § 20 Rn. 1; MüKoAktG/Jacobs SEBG § 20 Rn. 1; NK-SE/*Evers/Hartmann/Bodenstedt* SEBG § 20 Rn. 1.

dürfnisse des BVG unter Berücksichtigung des Grundsatzes der vertrauensvollen Zusammenarbeit, vgl. → Rn. 121) zu bestimmen. Ob an dem Tag, für den zur konstituierenden Sitzung eingeladen wurde, die Sitzung tatsächlich stattfindet oder die Konstituierung abgeschlossen wird, ist unerheblich.[229] Ändern die Leitungen den Termin nachträglich, verschiebt sich auch der Fristbeginn entsprechend.[230] Für die Berechnung der Frist gelten §§ 187, 188, 193 BGB.[231]

137 Durch Vereinbarung gemäß § 20 Abs. 2 SEBG können die Parteien die Verhandlungsfrist auf 12 Monate **verlängern.** Nach dem Wortlaut der Vorschrift ist zwischen den Parteien eine Einigung über die Verlängerung zwingende Voraussetzung. Anders als teilweise angenommen, lässt sich aus dem Grundsatz der vertrauensvollen Zusammenarbeit nicht herleiten, dass die Parteien verpflichtet sind, einer Verlängerung unter bestimmten Umständen zuzustimmen, da es hierfür im Hinblick auf die gesetzliche Auffanglösung keinen Grund gibt.[232] Da sich aus dem Grundsatz der vertrauensvollen Zusammenarbeit kein Anspruch auf Verhandlung herleiten lässt (→ Rn. 121), wäre ein solcher Zwang im Übrigen sinnlos. Die Verlängerung erfolgt durch Einigung zwischen den Parteien, die formfrei erfolgen kann, jedoch zu Beweiszwecken schriftlich dokumentiert werden sollte und auf Seiten des BVG eines Beschlusses nach § 15 Abs. 2 SEBG bedarf.[233] Die maximale Verhandlungsdauer von 12 Monaten stellt nur die Obergrenze dar, wie sich aus dem Wortlaut von § 20 Abs. 2 SEBG („*bis zu insgesamt einem Jahr*") ergibt. Die Parteien können daher auch vereinbaren, die Verhandlungsfrist um weniger als sechs Monate zu verlängern; ferner sind mehrere aufeinanderfolgende kürzere Verlängerungen möglich, solange insgesamt die maximale Verhandlungsdauer von 12 Monaten insgesamt nicht überschritten wird.[234] In jedem Fall muss die Vereinbarung vor Ablauf der ursprünglichen Verhandlungsfrist gemäß § 20 Abs. 1 SEBG erfolgen, so dass eine später getroffene Verlängerungsabrede unwirksam ist.[235]

138 Nach Ablauf der maximalen (ggf. verlängerten) Verhandlungsfrist ohne Abschluss einer Beteiligungsvereinbarung bleibt die SE – anders als im Fall der Nichtaufnahme oder des Abbruchs der Verhandlungen durch das BVG – nicht beteiligungsfrei. Stattdessen finden gemäß § 22 Abs. 1 SEBG die gesetzlichen Auffangregelungen für den SE-BR kraft Gesetzes in §§ 22–33 SEBG sowie unter den Voraussetzungen des § 34 SEBG die Regelungen für die Mitbestimmung im Aufsichts- oder Verwaltungsrat der Gesellschaft gemäß §§ 34–38 SEBG Anwendung. In diesem Fall hat jedoch der SE-BR die Möglichkeit, unter den Voraussetzungen des § 26 SEBG die Wiederaufnahme der Verhandlungen zu verlangen, um selbst zu versuchen, mit der Leitung der SE eine Einigung über den Abschluss einer Beteiligungsvereinbarung zu erzielen (→ Rn. 186 f.).

---

[229] Begr. RegE, BT-Drs. 15/3405, 51; Kölner Komm AktG/*Feuerborn* SEBG § 20 Rn. 3; Lutter/Hommelhoff/Teichmann SE/*Oetker* SEBG § 20 Rn. 6 mwN; krit. NK-ArbR/*Sagan* SEBG § 20 Rn. 1, der diese Regelung für richtlinienwidrig hält.
[230] Habersack/Drinhausen/*Hohenstatt/Müller-Bonanni* SEBG § 20 Rn. 2; Lutter/Hommelhoff/Teichmann SE/*Oetker* SEBG § 20 Rn. 6.
[231] Habersack/Drinhausen/*Hohenstatt/Müller-Bonanni* SEBG § 20 Rn. 2; Habersack/Henssler/*Henssler* SEBG § 20 Rn. 2; Lutter/Hommelhoff/Teichmann SE/*Oetker* SEBG § 20 Rn. 5; NK-SE/*Evers/Hartmann/Bodenstedt* SEBG § 20 Rn. 3.
[232] So auch Habersack/Drinhausen/*Hohenstatt/Müller-Bonanni* SEBG § 20 Rn. 2; NK-ArbR/*Sagan* SEBG § 20 Rn. 3; aA Lutter/Hommelhoff/Teichmann SE/*Oetker* SEBG § 20 Rn. 8; NK-SE/*Evers/Hartmann/Bodenstedt* SEBG § 20 Rn. 4; Habersack/Henssler/*Henssler* SEBG § 20 Rn. 3.
[233] Kölner Komm AktG/*Feuerborn* SEBG § 20 Rn. 5; Lutter/Hommelhoff/Teichmann SE/*Oetker* SEBG § 20 Rn. 9, 11; MüKoAktG/*Jacobs* SEBG § 20 Rn. 3.
[234] Lutter/Hommelhoff/Teichmann SE/*Oetker* SEBG § 20 Rn. 10; NK-ArbR/*Sagan* SEBG § 20 Rn. 3.
[235] Habersack/Drinhausen/*Hohenstatt/Müller-Bonanni* SEBG § 20 Rn. 3; Habersack/Henssler/*Henssler* SEBG § 20 Rn. 3; Kölner Komm AktG/*Feuerborn* SEBG § 20 Rn. 7; Lutter/Hommelhoff/Teichmann SE/*Oetker* SEBG § 20 Rn. 13.

## III. Beschlussfassung des BVG

### 1. Vertretung der Arbeitnehmer im BVG

Das BVG entscheidet durch Beschluss (§ 15 Abs. 1 SEBG). Solange in einzelnen Mitgliedstaaten nach Ablauf der 10-Wochen-Frist gemäß § 11 Abs. 1 S. 1 SEBG kein BVG-Mitglied gewählt ist, werden die Arbeitnehmer aus diesem Mitgliedstaat nicht im BVG vertreten, so dass sie auch für die Ermittlung des Stimmengewichts bei der Beschlussfassung nicht zu berücksichtigen sind. Wird jedoch ein Mitglied nachgewählt, vertritt dieses fortan die Arbeitnehmer seines Mitgliedstaates im BVG. 139

Wie die Anteile der vertretenen Arbeitnehmer sich auf die einzelnen Mitglieder verteilen, bestimmt sich nach den nationalen Regelungen.[236] Die für Deutschland gewählten Mitglieder des BVG vertreten gemäß § 15 Abs. 2 S. 2 SEBG alle Arbeitnehmer unabhängig von ihrer Unternehmenszugehörigkeit zu gleichen Teilen; diese Vertretungsregelung gilt sowohl für einfache Beschlüsse, als auch für Beschlüsse, die eine qualifizierte Mehrheit erfordern.[237] Bei dieser Verteilung wird nur auf die tatsächliche Zahl der gewählten Mitglieder abgestellt, und nicht auf die Zahl der Mitglieder, die das BVG bei ordnungsgemäßer Besetzung hätte. 140

### 2. Allgemeine Beschlüsse

Beschlüsse des BVG bedürfen im Allgemeinen gemäß § 15 Abs. 2 SEBG einer **qualifizierten doppelten Mehrheit,** nämlich der Mehrheit ihrer Mitglieder, die zugleich die Hälfte der von ihnen vertretenen Arbeitnehmer umfassen muss (doppelte Mehrheit"). Dadurch wird erleichtert, dass auch Vertreter aus Mitgliedstaaten mit wenigen Arbeitnehmern Gehör finden, zugleich jedoch eine Beschlussfassung gegen den Willen der Mehrheit der repräsentierten Arbeitnehmer verhindert. Entscheidend ist nicht die Zahl der Mitglieder, die an der Abstimmung teilnehmen, oder die Zahl der Mitglieder, die das BVG bei ordnungsgemäßer Besetzung haben müsste, sondern die Zahl der tatsächlich gewählten bzw. bestellten Mitglieder.[238] Damit wird – indirekt – auch die Beschlussfähigkeit des BVG insoweit definiert, als mindestens die Hälfte der Mitglieder des BVG an der Beschlussfassung mitwirken und diese zugleich auch die Hälfte aller Arbeitnehmer vertreten müssen, da ansonsten die notwendigen Mehrheiten nicht zustande kommen können; eine relative Mehrheit der anwesenden Mitglieder reicht nicht aus.[239] Enthaltungen und Abwesenheit einzelner Mitglieder bei der Beschlussfassung wirken wie eine Ablehnung des Beschlusses.[240] 141

Besondere **Formvorschriften** für die Beschlussfassung sind nicht vorgesehen, so dass die Abstimmung auch offen erfolgen kann. Zu berücksichtigen ist jedoch, dass Beschlüsse nur in einer ordnungsgemäß einberufenen Präsenzsitzung gefasst werden können.[241] Um- 142

---

[236] Begr. RegE, BT-Drs. 15/3405, 49; Habersack/Drinhausen/*Hohenstatt/Müller-Bonanni* SEBG § 15 Rn. 3; Habersack/Henssler/*Henssler* SEBG § 15 Rn. 4; Kölner Komm AktG/*Feuerborn* SEBG § 15 Rn. 7; MüKoAktG/*Jacobs* SEBG § 15 Rn. 3; Nagel/Freis/Kleinsorge SE/*Freis* SEBG § 15 Rn. 7.
[237] Lutter/Hommelhoff/Teichmann SE/*Oetker* SEBG § 15 Rn. 6.
[238] Lutter/Hommelhoff/Teichmann SE/*Oetker* SEBG § 15 Rn. 12; NK-ArbR/*Sagan* SEBG § 15 Rn. 3.
[239] Kölner Komm AktG/*Feuerborn* SEBG § 15 Rn. 9; Lutter/Hommelhoff/Teichmann SE/*Oetker* SEBG § 15 Rn. 12; NK-SE/*Evers/Bodenstedt* SEBG § 15 Rn. 4.
[240] Habersack/Drinhausen/*Hohenstatt/Müller-Bonanni* SEBG § 15 Rn. 3; Kölner Komm AktG/*Feuerborn* SEBG § 15 Rn. 8; Lutter/Hommelhoff/Teichmann SE/*Oetker* SEBG § 15 Rn. 13; Nagel/Freis/Kleinsorge SE/Freis SEBG § 20 Rn. 5.
[241] Die mit dem Betriebsrätemodernisierungsgesetz eingeführte Möglichkeit der Sitzung per Videokonferenz für den Betriebsrat nach dem BetrVG wurde nicht auf die Europäische Arbeitnehmerbeteiligung erweitert, so dass es insoweit bei dem Grundsatz der Beschlussfassung in Präsenzsitzungen bleibt.

laufbeschlüsse sowie die Stimmvertretung durch ein anderes Mitglied sind daher nicht zulässig.²⁴²

143 Eine **Niederschrift** von Beschlüssen, in die auch die jeweiligen Beschlussmehrheiten aufzunehmen sind, ist in § 17 SEBG nur für den Beschluss über die Beteiligungsvereinbarung sowie über die Nichtaufnahme oder den Abbruch der Verhandlungen (hierzu → Rn. 151 ff) vorgesehen. Ein Verstoß gegen die Pflicht zur Anfertigung der Niederschrift für diese Beschlüsse, die von dem Vorsitzenden des BVG und einem weiteren Mitglied des BVG zu unterzeichnen ist, führt nicht zur Unwirksamkeit der Beschlüsse.²⁴³ Sonstige Beschlüsse sind von Gesetzes wegen nicht zwingend in einer Niederschrift zu dokumentieren. Die Geschäftsordnung des BVG kann jedoch vorsehen, dass und welche Beschlüsse in einer Niederschrift zu dokumentieren sind, sowie im Rahmen des § 17 SEBG weitere Formalien der Niederschrift festlegen.²⁴⁴

### 3. Beschlussfassung bei Minderung der Mitbestimmungsrechte

144 Eine Sonderregelung ist in § 15 Abs. 3, 4 SEBG für bestimmte Fälle vorgesehen, in denen durch einen Beschluss über eine Beteiligungsvereinbarung die Rechte der Arbeitnehmer auf Mitbestimmung gemindert werden. Solche Beschlüsse sind grundsätzlich nur für den Fall der Gründung durch Verschmelzung oder durch Gründung einer Holding- oder Tochter-SE zulässig, während eine Minderung des Mitbestimmungsniveaus im Falle der formwechselnden Umwandlung gemäß § 15 Abs. 5 SEBG unzulässig ist. Die Minderung der Mitbestimmung bedarf einer besonderen Mehrheit von zwei Dritteln der Mitglieder des BVG, die zugleich zwei Drittel der vertretenen Arbeitnehmer in mindestens zwei Mitgliedstaaten repräsentiert, sofern
– bei der Gründung durch Verschmelzung die Mitbestimmung sich auf mindestens 25 % der Arbeitnehmer der beteiligten Gesellschaften und betroffenen Tochtergesellschaften erstreckt, bzw.
– bei der Gründung einer Holding- oder Tochter-SE die Mitbestimmung sich auf mindestens 50 % der Arbeitnehmer der beteiligten Gesellschaften und betroffenen Tochtergesellschaften erstreckt.

145 Entscheidend für die Berechnung des Quorums ist die Zahl der Arbeitnehmer, denen Mitbestimmungsrechte zustehen, nicht nur diejenige der Arbeitnehmer, denen eine Minderung der Mitbestimmungsrechte droht.²⁴⁵ Nicht abschließend geklärt ist, ob dabei nur das tatsächlich ausgeübte, Statut („Ist-Zustand") maßgeblich ist²⁴⁶ oder ob auf das nach den gesetzlichen Regelungen einschlägige, aber ggf. nicht ausgeübte Statut („Soll-Zustand") abzustellen ist.²⁴⁷ Da Mitbestimmung im Sinne von § 2 Abs. 12 SEBG das Recht zur Wahl

---

²⁴² Für das Umlaufverfahren wie hier auch Kölner Komm AktG/*Feuerborn* SEBG § 15 Rn. 8; MüKoAktG/ *Jacobs* SEBG § 15 Rn. 4.
²⁴³ Habersack/Drinhausen/*Hohenstatt/Müller-Bonanni* SEBG § 17 Rn. 1; Habersack/Henssler/*Henssler* § 17 Rn. 2; Lutter/Hommelhoff/Teichmann SE/*Oetker* SEBG § 17 Rn. 9; Gaul/Ludwig/Forst EuMitbestR/*Fleischmann* § 2 Rn. 240; aA NK-SE/*Evers/Bodenstedt* SEBG § 17 Rn. 1; MüKoAktG/*Jacobs* SEBG § 17 Rn. 1.
²⁴⁴ Kölner Komm AktG/*Feuerborn* SEBG § 17 Rn. 7; Lutter/Hommelhoff/Teichmann SE/*Oetker* SEBG § 17 Rn. 5.
²⁴⁵ Begr. RegE, BT-Drs. 15/3405, 49; Habersack/Drinhausen/*Hohenstatt/Müller-Bonanni* SEBG § 15 Rn. 7; Habersack/Henssler/*Henssler* SEBG § 15 Rn. 7; Lutter/Hommelhoff/Teichmann SE/*Oetker* SEBG § 15 Rn. 29; MüKoAktG/*Jacobs* SEBG § 15 Rn. 7; NK-SE/*Evers/Bodenstedt* SEBG § 15 Rn. 8; aA *Güntzel*, Die Richtlinie über die Arbeitnehmerbeteiligung in der Europäischen Aktiengesellschaft (SE) und ihre Umsetzung in das deutsche Recht, 2006, 210 f.
²⁴⁶ Für die Frage der Minderung der Mitbestimmungsrechte im Rahmen der gesetzlichen Auffanglösung wird dies zB angenommen durch LG München ZIP 2018, 1546; LG Berlin ZIP 2019 2057; Henssler/ Willemsen/Kalb/*Hohenstatt/Dzida* SEBG Rn. 48; Lutter/Hommelhoff/Teichmann SE/*Oetker* SEBG § 34 Rn. 15; MüKoAktG/*Jacobs* SEBG § 34 Rn. 5; Habersack/Henssler/*Henssler* SEBG § 34 Rn. 12a.
²⁴⁷ Für den Fall der gesetzlichen Auffanglösung: OLG München NZG 2020, 783; OLG Frankfurt am Main NZG 2018, 1254; *Behme* EWiR 2018, 333 (334); *Grambow* BB 2012, 902; Gaul/Ludwig/Forst EuMitbestR/*Forst* § 2 Rn. 464; Ege/Grzimek/Schwarzfischer DB 2011, 1205 (1206); offen gelassen durch BGH

oder Bestellung von Mitgliedern im Aufsichts- oder Verwaltungsrat der SE bezeichnet, nicht jedoch auf die tatsächliche Ausübung dieses Rechts abstellt, ist der Soll-Zustand maßgeblich.

Das Gesetz stellt in § 15 Abs. 3 SEBG bei der Ermittlung der von der Mitbestimmung erfassten Arbeitnehmer entgegen Art. 3 Abs. 4 UAbs. 1 S. 3 SE-RL nicht nur auf die Arbeitnehmer der beteiligten Gesellschaften ab, sondern auch auf die Arbeitnehmer in den betroffenen Tochtergesellschaften.[248] Die Erweiterung durch den deutschen Gesetzgeber stellt nicht ausschließlich eine Besserstellung der Arbeitnehmer dar, sondern kann sich in bestimmten Konstellationen auch zu deren Nachteil der Arbeitnehmer auswirken.[249]

**Beispiel:**
Die in Deutschland ansässige und nach dem DrittelbG mitbestimmte Gesellschaft D (1.000 Arbeitnehmer) soll mit der in Irland ansässigen, nicht mitbestimmten Gesellschaft I (3.000 Arbeitnehmer) zu einer SE verschmolzen werden. I hat eine Tochtergesellschaft $I_T$, die 100 Arbeitnehmer beschäftigt und ebenfalls keinem Mitbestimmungsstatut unterliegt.
Bei Betrachtung nur der Arbeitnehmerzahlen in den beteiligten Gesellschaften D und I wäre der Schwellenwert in § 15 Abs. 3 S. 2 Nr. 1 SEBG überschritten, und das BVG müsste mit der besonderen, qualifizierten Mehrheit entscheiden. Unter Einbeziehung der Arbeitnehmer der $I_T$ reicht jedoch für den Beschluss zur Minderung der Beteiligungsrechte eine doppelte, absolute Mehrheit gemäß § 15 Abs. 2 SEBG aus.

Angesichts des klaren Wortlauts von § 15 Abs. 3 SEBG kommt eine richtlinienkonforme einengende Auslegung indes nicht in Betracht.[250]

Unklar ist, auf welchen Zeitpunkt für die Ermittlung der von der Mitbestimmung erfassten Arbeitnehmer abzustellen ist. Zwar wird überwiegend davon ausgegangen, dass der Zeitpunkt der Information gemäß § 4 Abs. 2 SEBG maßgeblich sei[251], jedoch geht der BGH zumindest für den Fall eines zwischenzeitlich eingeleiteten Statusverfahrens davon aus, dass auch Änderungen bis zum Abschluss des Beteiligungsverfahrens zu berücksichtigen seien[252], so dass jeweils eine punktgenaue Betrachtung durchgeführt werden sollte.

Wann eine Minderung der Mitbestimmungsrechte vorliegt, regelt das Gesetz in § 15 Abs. 4 SEBG. Nach § 15 Abs. 4 Nr. 1 SEBG ist dies zum einen der Fall, wenn der Anteil der Arbeitnehmervertreter in Unternehmensorganen abnimmt. Maßgeblich ist ausschließlich die Verringerung des prozentualen Anteils der Arbeitnehmervertreter, nicht die ab-

---

NZG 2019, 1157, der aber bei einem vor Eintragung der SE eingeleitetem Statusverfahren von der Maßgeblichkeit des Soll-Zustandes ausgeht.
[248] Für eine Richtlinienwidrigkeit: Kölner Komm AktG/*Feuerborn* SEBG § 15 Rn. 17ff.; NK-SE/*Evers/Bodenstedt* SEBG § 15 Rn. 12; Habersack/Henssler/*Henssler* SEBG § 15 Rn. 9f.; NK-ArbR/*Sagan* SEBG § 15 Rn. 10; *Güntzel*, Die Richtlinie über die Arbeitnehmerbeteiligung in der Europäischen Aktiengesellschaft (SE) und ihre Umsetzung in das deutsche Recht, 2006, 418ff; *Scheibe*, Die Mitbestimmung der Arbeitnehmer in der SE unter besonderer Berücksichtigung des monistischen Systems, 2007, 114ff; aA: *Niklas* NZA 2004, 1203; Nagel/Freis/Kleinsorge SE/*Freis* SEBG § 15 Rn. 14ff.; Henssler/Willemsen/Kalb/*Hohenstatt/Dzida* SEBG Rn. 28; Habersack/Drinhausen/*Hohenstatt/Müller-Bonanni* SEBG § 15 Rn. 7; MüKoAktG/*Jacobs* SEBG § 15 Rn. 9f.
[249] Lutter/Hommelhoff/Teichmann SE/*Oetker* SEBG § 15 Rn. 31.
[250] NK-ArbR/*Sagan* SEBG § 15 Rn. 10; s. a. Habersack/Henssler/*Henssler* SEBG § 15 Rn. 10a mwN, der diese Frage jedoch im Ergebnis unentschieden lässt.
[251] Habersack/Drinhausen/*Hohenstatt/Müller-Bonanni* SEBG § 15 Rn. 7; Kölner Komm AktG/*Feuerborn* SEBG § 15 Rn. 15; NK-SE/*Evers/Bodenstedt* SEBG § 15 Rn. 10; ähnlich Habersack/Henssler/*Henssler* SEBG § 15 Rn. 8; Lutter/Hommelhoff/Teichmann SE/*Oetker* SEBG § 15 Rn. 32; MüKoAktG/*Jacobs* SEBG § 15 Rn. 8; *Grobys* NZA 2005, 84 (88), jeweils davon ausgehend, dass Änderungen nur dann zu berücksichtigen sind, wenn diese zu einer Neubesetzung des BVG gemäß § 5 Abs. 4 SEBG führen.
[252] BGH NZG 2019, 1157; ob ein Statusverfahren bei einer SE durchgeführt werden kann, ist noch nicht abschließend gerichtlich geklärt; für die Statthaftigkeit eines solchen Verfahrens: LG München I ZIP 2018, 1546; OLG München NZG 2020, 783; dagegen zB LG Berlin ZIP 2019, 2057.

solute Zahl der Arbeitnehmervertreter.[253] Soweit ein Wechsel vom dualistischen in das monistische System erfolgt, ist für die Bestimmung des prozentualen Anteils der Arbeitnehmervertreter im Verwaltungsrat nicht zwingend auf alle Mitglieder abzustellen. Sind geschäftsführende Direktoren kraft Satzung zugleich Mitglieder des Verwaltungsrates, sind diese nicht mitzuzählen, da auch im dualistischen System die Vorstände, die mit den geschäftsführenden Direktoren vergleichbar sind, nicht in die Betrachtung einbezogen werden.[254] Richtlinienwidrig ist dagegen der Versuch des Gesetzgebers in § 15 Abs. 4 Nr. 2 SEBG, auch in einer qualitativen Verringerung der Beteiligungsrechte eine Minderung der Mitbestimmung zu sehen, da nach Art. 3 Abs. 4 SE-RL die Minderung sich ausschließlich auf die Absenkung des prozentualen Anteils der Arbeitnehmervertreter bezieht.[255]

149 Für die Berechnung der Beschlussmehrheiten ist zu berücksichtigen, dass trotz der auf den ersten Blick missverständlichen Regelung in § 15 Abs. 3 SEBG
– zum einen zwei Drittel aller Mitglieder des BVG den Beschluss tragen,
– diese zugleich zwei Drittel aller im BVG vertretenen Arbeitnehmer repräsentieren und
– die zustimmenden Mitglieder aus mindestens zwei unterschiedlichen Mitgliedstaaten stammen müssen.

Nicht erforderlich ist, dass die zustimmenden Mitglieder die Mehrheitserfordernisse auch für ihren jeweiligen Mitgliedstaat isoliert erfüllen.[256]

150 Das Gesetz sieht für den Beschluss keine besonderen Formalien vor; Regelungen in der Geschäftsordnung sind jedoch zulässig. Er muss in einer ordnungsgemäß einberufenen Sitzung gefasst werden, so dass eine Beschlussfassung im Umlaufverfahren sowie eine Stimmvertretung unzulässig sind (→ Rn. 142). Da ein Beschluss über die Minderung der Mitbestimmung gleichzeitig ein Beschluss über die Beteiligungsvereinbarung ist, muss er gemäß § 17 SEBG in einer Niederschrift dokumentiert werden (→ Rn. 143).

### 4. Beschluss über Nichtaufnahme oder Abbruch der Verhandlungen

151 Anders als die Leitungen der beteiligten Gesellschaften, die nur die Wahl haben, die Verhandlungen durchzuführen oder den Ablauf der Verhandlungsfrist nach § 20 SEBG (→ Rn. 136) abzuwarten, kann das BVG unter den Voraussetzungen des § 16 SEBG beschließen, die Verhandlungen gar nicht erst aufzunehmen oder abzubrechen. Dieser Beschluss bedarf, wie auch der Beschluss über die Minderung der Mitbestimmungsrechte einer qualifizierten Mehrheit von zwei Dritteln der Mitglieder, die mindestens zwei Drittel der Arbeitnehmer in mindestens zwei Mitgliedstaaten vertreten. Die Nichtaufnahme sowie der Abbruch der Verhandlungen führen dazu, dass kein Verfahren zur Unterrichtung und Anhörung eingerichtet wird und kein Mitbestimmungsstatut gilt, da in diesem Fall die gesetzliche Auffangregelung nach dem SEBG und die nationalen Mitbestimmungsgesetze keine Anwendung finden. Um zu verhindern, dass im Falle der formwechselnden Umwandlung die Mitbestimmung gemindert bzw. beseitigt wird, ist in § 16 Abs. 3 SEBG vorgesehen, dass in dieser Konstellation ein Beschluss über die Nichtaufnahme oder den Abbruch der Verhandlungen nicht gefasst werden darf, wenn den Arbeitnehmern der formwechselnden Gesellschaft Mitbestimmungsrechte zustehen. Mitbestimmungsrechte von Arbeitnehmern der Tochtergesellschaften sind insoweit ohne Belang.

---

[253] Begr. RegE, BT-Drs. 15/3405, 50; Habersack/Drinhausen/*Hohenstatt/Müller-Bonanni* SEBG § 15 Rn. 5; Kölner Komm AktG/*Feuerborn* SEBG § 15 Rn. 25; MüKoAktG/*Jacobs* SEBG § 15 Rn. 12; Nagel/Freis/Kleinsorge SE/*Freis* SEBG § 15 Rn. 21; Habersack/Henssler/*Henssler* SEBG § 15 Rn. 14.
[254] Habersack/Henssler/*Henssler* SEBG § 15 Rn. 15; MüKoAktG/*Jacobs* SEBG § 15 Rn. 13.
[255] Habersack/Henssler/*Henssler* SEBG § 15 Rn. 12; *Grobys* NZA 2004, 781; *von der Heyde,* Die Beteiligung der Arbeitnehmer in der Societas Europaea (SE), 2007, 198; aA MüKoAktG/*Jacobs* SEBG § 15 Rn. 16; *Köstler* in Theisen/Wenz EurAG 345; *Krause* BB 2005, 1226 f.; *Niklas* NZA 2004, 1203; *Scheibe,* Die Mitbestimmung der Arbeitnehmer in der SE unter besonderer Berücksichtigung des monistischen Systems, 2007, 111 f.
[256] Lutter/Hommelhoff/Teichmann SE/*Oetker* SEBG § 15 Rn. 34.

## C. Verhandlungsverfahren § 14

Das Gesetz sieht für den Beschluss keine besonderen Formalien vor; Regelungen in der Geschäftsordnung sind jedoch zulässig. Er muss in einer ordnungsgemäß einberufenen Sitzung gefasst werden, so dass eine Beschlussfassung im Umlaufverfahren sowie eine Stimmvertretung unzulässig sind (→ Rn. 142). Über den Beschluss ist eine Niederschrift (→ Rn. 143) anzufertigen, die den Leitungen zu übermitteln ist (§ 17 SEBG). Der Beschluss kann erst nach der Konstituierung des BVG gefasst werden. Zudem muss er vor dem Ablauf der Verhandlungsfrist nach § 20 SEBG gefasst sein.[257] Den Verfassern ist jedoch kein praktischer Fall bekannt, in dem ein Beschluss nach § 16 Abs. 1 SEBG gefasst wurde. 152

### IV. Kosten der Verhandlungen

Die Kosten der Bildung des BVG und Verhandlungen machen in der Praxis, insbesondere bei der Beteiligung einer Vielzahl von Mitgliedstaaten, einen erheblichen Anteil an den Kosten der Gründung der SE aus. Gemäß § 19 SEBG sind die erforderlichen Kosten während des Gründungsverfahrens von den beteiligten Gesellschaften und nach der Gründung zusätzlich von der SE als Gesamtschuldner zu tragen. Unklar ist die Verteilung der Kostenlast im Innenverhältnis. So wird vertreten, dass die Kosten zumindest während der Gründung anteilig von den beteiligten Gesellschaften entsprechend den Arbeitnehmerzahlen zu tragen sind.[258] Hingegen sollen sie nach der Gründung im Innenverhältnis nur von der SE zu tragen sein.[259] In der Regel werden die Kosten der Gründung der SE durch Vereinbarung zwischen den beteiligten Gesellschaften generell der SE zugewiesen. 153

Zu tragen sind nur **erforderliche Kosten** der Gründung und Tätigkeit des BVG, die unmittelbar mit der Tätigkeit des BVG zusammenhängen. Entsprechend dem Gebot der vertrauensvollen Zusammenarbeit, hat das BVG unnötige Ausgaben zu vermeiden und sparsam zu haushalten[260] sowie die Verhältnismäßigkeit zu beachten[261]. Allerdings hat das BVG insoweit einen Beurteilungsspielraum, so dass auf die zu § 40 BetrVG entwickelten Grundsätze zurückgegriffen werden kann.[262] Die Kostentragungspflicht setzt einen ordnungsgemäßen Beschluss des BVG voraus. 154

§ 19 S. 2 SEBG enthält keine abschließende Aufzählung, wie sich aus dem Wortlaut („*insbesondere*") ergibt. Daher sind zB auch Kosten für 155
– Sachverständige[263],
– notwendige Rechtsverfolgung des BVG[264],
– allgemeine Übersetzungen[265] sowie
– Fortbildungskosten einzelner Mitglieder[266]
zu tragen.

---

[257] Lutter/Hommelhoff/Teichmann SE/*Oetker* SEBG § 16 Rn. 9.
[258] Habersack/Drinhausen/*Hohenstatt/Müller-Bonanni* SEBG § 19 Rn. 2; Kölner Komm AktG/*Feuerborn* SEBG § 19 Rn. 5; MüKoAktG/*Jacobs* SEBG § 19 Rn. 1; dagegen jedoch Lutter/Hommelhoff/Teichmann SE/*Oetker* SEBG § 19 Rn. 14.
[259] Habersack/Drinhausen/*Hohenstatt/Müller-Bonanni* SEBG § 19 Rn. 2; Habersack/Henssler/*Henssler* SEBG § 19 Rn. 1; Kölner Komm AktG/*Feuerborn* SEBG § 19 Rn. 5; Lutter/Hommelhoff/Teichmann SE/*Oetker* SEBG § 19 Rn. 14; NK-SE/*Evers/Hartmann/Bodenstedt* SEBG § 19 Rn. 6.
[260] Habersack/Drinhausen/*Hohenstatt/Müller-Bonanni* SEBG § 19 Rn. 3; MüKoAktG/*Jacobs* SEBG § 19 Rn. 2; Habersack/Henssler/*Henssler* SEBG § 19 Rn. 3.
[261] Kölner Komm AktG/*Feuerborn* SEBG § 19 Rn. 12; Lutter/Hommelhoff/Teichmann SE/*Oetker* SEBG § 19 Rn 8; Nagel/Freis/Kleinsorge SE/*Freis* SEBG § 19 Rn. 4.
[262] Kölner Komm AktG/*Feuerborn* SEBG § 19 Rn. 13; Lutter/Hommelhoff/Teichmann SE/*Oetker* SEBG § 19 Rn. 7f.; allgemein zu § 40 BetrVG *Fitting* BetrVG § 40 Rn. 5ff. mwN.
[263] So ausdrücklich Begr. RegE, BT-Drs. 15/3405, 51; ebenso MüKoAktG/*Jacobs* SEBG § 19 Rn. 4.
[264] Lutter/Hommelhoff/Teichmann SE/*Oetker* SEBG § 19 Rn. 7; MüKoAktG/*Jacobs* SEBG § 19 Rn. 4.
[265] Lutter/Hommelhoff/Teichmann SE/*Oetker* SEBG § 19 Rn. 7.
[266] Lutter/Hommelhoff/Teichmann SE/*Oetker* SEBG § 19 Rn. 11; NK-SE/*Evers/Hartmann/Bodenstedt* SEBG § 19 Rn. 4.

156 Zwar sind im Rahmen der Kostentragungspflicht gemäß § 19 SEBG auch die Kosten einzelner Mitglieder des BVG zu tragen, jedoch betrifft dies nicht die Entgeltfortzahlung während der Teilnahme an Sitzungen des BVG. Sie richtet sich nach § 42 SEBG in Verbindung mit den Gesetzen und Gepflogenheiten der Mitgliedstaaten, in denen die BVG-Mitglieder jeweils beschäftigt sind.[267]

## V. Schutz der BVG-Mitglieder

157 BVG-Mitglieder, die zugleich Arbeitnehmer der beteiligten Gesellschaften oder ihrer Tochtergesellschaften sind, genießen gemäß § 42 S. 1 Nr. 1 SEBG den gleichen Schutz und die gleichen Sicherheiten wie die Arbeitnehmervertreter nach nationalen Gesetzen und Gepflogenheiten ihres jeweiligen Mitgliedstaates. Da die nationalen Bestimmungen jeweils unterschiedliche Schutzniveaus für Arbeitnehmervertreter vorsehen, genießen die BVG-Mitglieder daher unterschiedlich intensiven Schutz. Dies wird jedoch teilweise durch das allgemeine **Benachteiligungsverbot** (§ 44 SEBG) ausgeglichen, das für alle BVG-Mitglieder neben § 42 S. 1 Nr. 1 SEBG Anwendung findet und eine Benachteiligung wegen der Ausübung des Amtes als BVG-Mitglied verbietet.

158 Für die deutschen Mitglieder des BVG ist die Regelung in § 42 SEBG insoweit problematisch, als die deutschen Gesetze keine vergleichbaren Arbeitnehmervertreter kennen. Zutreffend wird aber unter Bezugnahme auf § 40 EBRG, der bei der Gründung des europäischen Betriebsrats die BVG-Mitglieder den Mitgliedern des europäischen Betriebsrats gleichstellt, davon ausgegangen, dass die BVG-Mitglieder nach dem SEBG den Mitgliedern des SE-BR gleichzustellen sind.[268] In Deutschland sind die BVG-Mitglieder im Ergebnis daher den Betriebsratsmitgliedern bzw., sofern sie leitende Angestellte sind, den Sprecherausschussmitgliedern gleichgestellt. BVG-Mitglieder, die keine leitenden Angestellten sind, genießen mithin den (auch nachwirkenden) Kündigungsschutz gemäß § 15 KSchG; ihre Kündigung bedarf zudem während der Ausübung des Amtes der Zustimmung des Betriebsrats nach § 103 BetrVG.[269] BVG-Mitglieder, die leitende Angestellte sind, genießen den aus dem allgemeinen Benachteiligungsverbot gemäß § 2 Abs. 3 S. 2 SprAuG folgenden relativen Kündigungsschutz.[270] Zudem haben die Mitglieder des BVG während der Zeiten, in denen sie ihre Aufgaben als BVG-Mitglied wahrnehmen, Anspruch auf Entgeltfortzahlung wie Betriebsrats- bzw. Sprecherausschussmitglieder.[271]

159 **Bewerber** für das Amt eines BVG-Mitglieds werden nicht ausdrücklich in den Schutz von § 42 S. 1 Nr. 1 SEBG einbezogen. Insoweit wird vertreten, dass die Regelung analoge Anwendung findet, so dass die Kandidaten in Deutschland den gleichen Schutz wie Bewerber für das Amt eines Betriebsratsmitglieds oder eines Sprecherausschussmitglieds genießen.[272]

160 Neben dem Schutz vor Benachteiligung in §§ 42, 44 SEBG wird durch § 44 Nr. 3 SEBG die **Begünstigung** von Mitgliedern des BVG verboten. Untersagt ist jede Besserstellung der BVG-Mitglieder mit vergleichbaren Arbeitnehmern wegen der Ausübung des Amtes als BVG-Mitglied, die nicht durch sachliche Gründe gerechtfertigt ist.

---

[267] Kölner Komm AktG/*Feuerborn* SEBG § 19 Rn. 6; Nagel/Freis/Kleinsorge SE/*Freis* SEBG § 19 Rn. 13.
[268] Habersack/Henssler/*Henssler* SEBG § 42 Rn. 6; Kölner Komm AktG/*Feuerborn* SEBG § 42 Rn. 11; Lutter/Hommelhoff/Teichmann SE/*Oetker* SEBG § 42 Rn. 7; NK-SE/*Kleinemann/Kujath* SEBG § 42 Rn. 4.
[269] Habersack/Henssler/*Henssler* SEBG § 42 Rn. 7; Lutter/Hommelhoff/Teichmann SE/*Oetker* SEBG § 42 Rn. 9; NK-SE/*Kleinemann/Kujath* SEBG § 42 Rn. 4; MüKoAktG/*Jacobs* SEBG § 42 Rn. 6; Nagel/Freis/Kleinsorge SE/*Nagel* SEBG § 42 Rn. 5; *Kienast* in Jannott/Frodermann SE-HdB Kap. 13 Rn. 523.
[270] Lutter/Hommelhoff/Teichmann SE/*Oetker* SEBG § 42 Rn. 10; Nagel/Freis/Kleinsorge SE/Nagel SEBG § 42 Rn. 5.
[271] Lutter/Hommelhoff/Teichmann SE/*Oetker* SEBG § 42 Rn. 18 mwN.
[272] Habersack/Drinhausen/*Hohenstatt/Müller-Bonanni* SEBG § 42 Rn. 2; Nagel/Freis/Kleinsorge SE/*Nagel* SEBG § 42 Rn. 8.

## VI. Verschwiegenheitspflichten

Da die Mitglieder des BVG sowie Dolmetscher und Sachverständige im Rahmen der Verhandlungen sensible Informationen erhalten können, unterliegen sie einer umfassenden Verschwiegenheitspflicht nach § 41 Abs. 2, 4 SEBG hinsichtlich geheimhaltungsbedürftiger Informationen[273], die sie aufgrund ihrer Tätigkeit im bzw. für das BVG erhalten haben und die von den Leitungen ausdrücklich als geheimhaltungsbedürftig bezeichnet wurden. Wurden die Informationen durch das BVG-Mitglied anderweitig rechtmäßig erlangt, gilt die Verschwiegenheitspflicht aus dem SEBG nicht.[274] Die Verschwiegenheitspflicht gilt darüber hinaus gemäß § 41 Abs. 5 S. 1, 2 Nr. 1 SEBG nicht gegenüber anderen Mitgliedern des BVG, Dolmetschern und Sachverständigen, um den Informationsfluss nicht zu behindern. Die Verschwiegenheitspflicht gemäß § 41 SEBG gilt unabhängig davon, aus welchem Mitgliedstaat die Mitglieder in das BVG entsandt wurden.[275] Neben den Verschwiegenheitspflichten im SEBG können sich auch aus Spezialgesetzen Verschwiegenheitspflichten für die BVG-Mitglieder ergeben.

161

## VII. Sonderfälle

Neben der Verhandlung über die Beteiligung der Arbeitnehmer in der SE während der Gründung gibt es weitere Fälle, in denen erneut oder ggf. erstmalig über die Beteiligung der Arbeitnehmer in einer bereits bestehenden SE mit einem neuen BVG oder mit dem SE-BR zu verhandeln ist.

162

### 1. Neuverhandlungen

Grundsätzlich gilt, dass nach Abschluss der Verhandlungen, sei es durch Abschluss einer Vereinbarung, Ablauf der Verhandlungsfrist nach § 20 SEBG oder Nichtaufnahme bzw. Abbruch der Verhandlungen durch das BVG die Beteiligung im Wege der Unterrichtung und Anhörung sowie das Mitbestimmungsstatut der SE abschließend geregelt sind. Gleichwohl gibt es einige gesetzlich geregelte Fälle, in denen erneut über den Abschluss einer Beteiligungsvereinbarung zu verhandeln ist. Zudem besteht die Möglichkeit, dass die Leitungen und das BVG vereinbaren, wann die Verhandlungen wiederaufzunehmen sind.

163

#### a) Neuverhandlungen nach Nichtaufnahme oder Abbruch der Verhandlungen

Sofern das BVG einen Beschluss fasst, die Verhandlungen nicht aufzunehmen oder vor Ablauf der Verhandlungsfrist nach § 20 SEBG (→ Rn. 136) abzubrechen, finden in der SE weder eine vereinbarte noch die im SEBG vorgesehene gesetzliche Auffanglösung zur Beteiligung der Arbeitnehmer Anwendung. Dies bedeutet jedoch nicht, dass die SE auf Dauer beteiligungsfrei bleibt. Neben der Möglichkeit, in der SE ggf. einen europäischen Betriebsrat zu bilden besteht nach § 18 Abs. 1 S. 1 SEBG die Möglichkeit, dass auf Antrag von mindestens 10 % der Arbeitnehmer der SE, ihrer Tochtergesellschaften und Betriebe oder deren Vertretern die Verhandlungen über den Abschluss einer Beteiligungsvereinbarung erneut aufgenommen werden.

164

Wer die „*Vertreter*" der Arbeitnehmer sind, ist im Gesetz nicht klar geregelt. Nach richtigem Verständnis sind damit die Arbeitnehmervertreter gemeint, dh in Deutschland gemäß § 2 Abs. 6 SEBG Betriebsrat, Gesamtbetriebsrat, Konzernbetriebsrat oder eine nach § 3 Abs. 1 Nr. 1 bis 2 BetrVG gebildete Vertretung. Zwar ist der Ausschluss der Sprecher-

165

---

[273] Für eine Bestimmung im Einzelfall auch Begr. RegE, BT-Drs. 15/3405, 56; Habersack/Drinhausen/*Hohenstatt*/*Müller-Bonanni* SEBG § 41 Rn. 3.
[274] Habersack/Drinhausen/*Hohenstatt*/*Müller-Bonanni* SEBG § 41 Rn. 4; MüKoAktG/*Jacobs* SEBG § 41 Rn. 6.
[275] Begr. RegE, BT-Drs. 15/3405, 56.

ausschüsse aus der Definition der Arbeitnehmervertretungen europarechtswidrig, jedoch können diese aufgrund des eindeutigen Wortlauts von § 2 Abs. 6 SEBG nicht einbezogen werden.[276]

166 Unklar ist, ob die Gremien als Gesamtheit den Antrag zu stellen haben, oder auch die einzelnen Mitglieder den Antrag stellen können. Vergleichbar mit der Lage bei Antragstellung zur Gründung eines europäischen Betriebsrats gemäß § 9 Abs. 2 EBRG, ist zumindest in Deutschland davon auszugehen, dass die Antragstellung durch einzelne Betriebsratsmitglieder nicht ausreicht.[277] Die Gremien müssen zudem 10% der Arbeitnehmer vertreten.[278] Die Antragstellung durch 10% der Arbeitnehmervertreter (unabhängig von der Zahl der vertretenen Arbeitnehmer) reicht dagegen nicht aus.[279] Berechtigt sind jedoch alle betriebsverfassungsrechtlichen Gremien nebeneinander, wobei eine doppelte Vertretung (zB durch Konzernbetriebsrat und Betriebsrat) für die Ermittlung des erforderlichen Quorums der vertretenen Arbeitnehmer unberücksichtigt bleibt.[280]

167 Adressat des Antrags ist die Leitung der SE, dh deren Vorstand oder deren geschäftsführende Direktoren.[281] Der Antrag muss gemäß § 18 Abs. 1 S. 1 SEBG schriftlich gestellt werden, dh von allen Arbeitnehmern oder deren Vertretern unterzeichnet sein. Der Antrag kann nicht sofort nach dem durch das BVG verursachten Scheitern gestellt werden. Es gilt eine Wartefrist von zwei Jahren. Das bedeutet, dass ein vor dem Ablauf der Frist gestellter Antrag insgesamt unwirksam und unbeachtlich ist.[282] Das hindert die Leitung der SE als zuständigem Gremium jedoch nicht, gleichwohl die Verhandlungen vor Ablauf der Wartefrist wieder aufzunehmen.[283] Die Frist kann nach § 18 Abs. 1 S. 2 SEBG durch Vereinbarung zwischen den Leitungen und dem BVG der ersten Verhandlungen[284] durch Vereinbarung abgekürzt werden, indem sie vereinbaren, dass bereits vor Ablauf der Wartefrist erneut ein Verfahren eingeleitet wird. Die Vereinbarung, die keiner Form bedarf, aber auf Seiten des BVG einen ordnungsgemäßen Beschluss erfordert,[285] kann nur bis zum Beschluss des BVG über die Nichtaufnahme oder den Abbruch der Verhandlungen geschlossen werden, da mit einem solchen Beschluss des BVG die Verhandlungen und die Existenz des BVG enden.[286]

168 Bei Vorliegen eines wirksamen Antrags wird nach den Vorschriften der §§ 4ff. SEBG das BVG auf Grundlage der aktuellen Gegebenheiten in der SE und ihren Tochtergesellschaften neu gebildet; es wird nicht etwa das alte BVG wieder eingesetzt.[287] Dieses BVG

---

[276] A-A. Lutter/Hommelhoff/*Teichmann* SE/*Oetker* SEBG § 18 Rn. 11.
[277] A-A aber Kölner Komm AktG/*Feuerborn* SEBG § 18 Rn. 7; MüKoAktG/*Jacobs* SEBG § 18 Rn. 3; ähnlich wie hier Lutter/Hommelhoff/*Teichmann* SE/*Oetker* SEBG § 18 Rn. 11.
[278] Habersack/Drinhausen/*Hohenstatt/Müller-Bonanni* SEBG § 18 Rn. 2; Habersack/Henssler/*Henssler* SEBG § 28 Rn. 4; Lutter/Hommelhoff/*Teichmann* SE/*Oetker* SEBG § 18 Rn. 11; NK-SE/*Evers/Bodenstedt* SEBG § 18 Rn. 4.
[279] A-A Kölner Komm AktG/*Feuerborn* SEBG § 18 Rn. 7; MüKoAktG/*Jacobs* SEBG § 18 Rn. 3.
[280] A-A (Antragsberechtigung nur durch das hierarchisch höchste Gremium) NK-ArbR/*Sagan* SEBG § 18 Rn. 9.
[281] Lutter/Hommelhoff/*Teichmann* SE/*Oetker* SEBG § 18 Rn. 12.
[282] Habersack/Henssler/*Henssler* SEBG § 18 Rn. 3; Lutter/Hommelhoff/*Teichmann* SE/*Oetker* SEBG § 18 Rn. 9; NK-ArbR/*Sagan* SEBG § 18 Rn. 8; *Forst*, Die Beteiligungsvereinbarung nach § 21 SEBG, 2010, 172.
[283] Habersack/Drinhausen/*Hohenstatt/Müller-Bonanni* SEBG § 18 Rn. 2; Habersack/Henssler/*Henssler* SEBG § 18 Rn. 3; Kölner Komm AktG/*Feuerborn* SEBG § 18 Rn. 6.
[284] Lutter/Hommelhoff/*Teichmann* SE/*Oetker* SEBG § 18 Rn. 14; aA *Kienast* in Jannott/Frodermann SE-HdB Kap 13 Rn. 371, der die Entscheidung auch dem neuen BVG überlässt, dabei aber verkennt, dass das neue BVG erst nach dem wirksamen Antrag zur rechten Zeit gebildet wird.
[285] Lutter/Hommelhoff/*Teichmann* SE/*Oetker* SEBG § 18 Rn. 15.
[286] Weniger strikt jedoch Habersack/Henssler/*Henssler* SEBG § 18 Rn. 3; Lutter/Hommelhoff/*Teichmann* SE/*Oetker* SEBG § 18 Rn. 14, die auch eine nachträgliche Vereinbarung zulassen; aA *Kienast* in Jannott/Frodermann SE-HdB Kap. 13 Rn. 371, der dem neuen BVG die Kompetenz zum Abschluss der Vereinigung zubilligt.
[287] Habersack/Drinhausen/*Hohenstatt/Müller-Bonanni* SEBG § 18 Rn. 3; Habersack/Henssler/*Henssler* SEBG § 18 Rn. 5; Henssler/Willemsen/Kalb/*Hohenstatt/Dzida* SEBG Rn. 31; Lutter/Hommelhoff/*Teichmann* SE/*Oetker* SEBG § 18 Rn. 39; in sich widersprüchlich *Kienast* in Jannott/Frodermann SE-HdB Kap. 13

ist nicht gezwungen, mit der Leitung der SE über den Abschluss einer Beteiligungsvereinbarung zu verhandeln, sondern kann über die Wiederaufnahme beschließen. Anders als bei dem Beschluss des ersten BVG über die Nichtaufnahme gemäß § 16 SEBG beschließt das neue BVG jedoch mit der doppelten absoluten Mehrheit gemäß § 15 Abs. 2 SEBG, bedarf also keiner Zweidrittelmehrheit für den Beschluss, nicht in die Verhandlungen einzutreten.[288] Ob darüber hinaus auch der Abbruch der Verhandlungen nur eines Beschlusses nach § 15 Abs. 2 SEBG bedarf, regelt das Gesetz nicht ausdrücklich; der Verweis auf die Bestimmungen für die erste Verhandlung in § 18 Abs. 4 SEBG spricht dafür, dass für den Abbruch durch das neue BVG die Beschlussmehrheiten gemäß § 16 Abs. 1 SEBG erforderlich sind.[289] Sofern das neue BVG die Verhandlungen aufnimmt, aber keine Einigung mit der Leitung der SE gemäß § 21 SEBG erzielt, finden die Auffangregelungen für die Beteiligung kraft Gesetzes nach §§ 22–28 SEBG gemäß § 18 Abs. 2 SEBG dauerhaft keine Anwendung.[290] Gleiches gilt für den Fall, dass das BVG erneut die Verhandlungen gemäß § 16 Abs. 1 SEBG abbricht; auch dies stellt eine Nichteinigung dar, so dass nicht etwa gemäß § 18 Abs. 1 SEBG nach weiteren zwei Jahren ein drittes Mal ein BVG gebildet werden kann.

### b) Neuverhandlungen bei strukturellen Änderungen

**aa) Herleitung.** Neben der Wiederaufnahme der Verhandlungen nach der Nichtaufnahme oder dem Abbruch der Verhandlungen durch das BVG ist in § 18 Abs. 3 SEBG auch für den Fall der strukturellen Änderung, die in der SE zu einer Minderung der Beteiligungsrechte führen kann (aber nicht muss), eine erneute Verhandlung über den Abschluss einer Beteiligungsvereinbarung vorgesehen. Diese Regelung ist europarechtskonform, wenngleich die Neuverhandlungen in der SE-RL für diesen Fall nicht ausdrücklich vorgesehen sind. Sie findet eine ausreichende Grundlage im Erwägungsgrund 18 SE-RL, wonach die Sicherung der erworbenen Rechte nicht nur bei der Gründung der SE sondern auch bei strukturellen Änderungen sicherzustellen ist.[291]

169

**bb) Voraussetzungen/Einzelfälle.** Weder die SE-RL noch das SEBG enthalten eine Definition der **strukturellen Änderung**. Zutreffend wird davon ausgegangen, dass zur Vermeidung stetiger Neuverhandlungen die Regelung restriktiv auszulegen ist und eine strukturelle Änderung nur dann vorliegt, wenn es sich um einen Vorgang mit **gründungsähnlichem Charakter** handelt.[292] Demgemäß stellen grundsätzlich nur **korporative Akte**, die eine Satzungsänderung erforderlich machen, eine strukturelle Änderung dar, da nur sie mit der Gründung vergleichbar sind.[293]

170

---

Rn. 369 f., der das alte BVG wieder einberufen will, aber gleichwohl die neuen Arbeitnehmerzahlen für die Sitzverteilung dabei berücksichtigen will.

[288] Habersack/Henssler/*Henssler* SEBG § 18 Rn. 5; Lutter/Hommelhoff/Teichmann SE/*Oetker* SEBG § 18 Rn. 42; MüKoAktG/*Jacobs* SEBG § 18 Rn. 4.

[289] A-A Habersack/Henssler/*Henssler* SEBG § 18 Rn. 5, der auch insoweit die Mehrheiten gemäß § 15 Abs. 2 SEBG ausreichen lassen will.

[290] Im Erg. auch Habersack/Henssler/*Henssler* SEBG § 18 Rn. 6.

[291] Kölner Komm AktG/*Feuerborn* SEBG § 18 Rn. 17; Lutter/Hommelhoff/Teichmann SE/*Oetker* SEBG § 18 Rn. 2; Nagel/Freis/Kleinsorge SE/*Freis* SEBG § 18 Rn. 1; *Forst*, Die Beteiligungsvereinbarung nach § 21 SEBG, 2010, 175.

[292] Habersack/Drinhausen/*Hohenstatt/Müller-Bonanni* SEBG § 18 Rn. 9; Habersack/Henssler/*Henssler* SEBG § 18 Rn. 8; Henssler/Willemsen/Kalb/*Hohenstatt/Dzida* SEBG Rn. 32; Kölner Komm AktG/*Feuerborn* SEBG § 18 Rn. 24; MüKoAktG/*Jacobs* SEBG § 18 Rn. 12; NK-ArbR/*Sagan* SEBG § 18 Rn. 12; *Kienast* in Jannott/Frodermann SE-HdB Kap. 13 Rn. 456; *Müller-Bonanni/Melot de Beauregard* GmbHR 2005, 195 (199); *Müller-Bonanni/Müntefering* BB 2009, 1699 (1702); *Wollburg/Banerjea* ZIP 2005, 277 (208); aA *Hoops*, Die Mitbestimmungsvereinbarung in der Europäischen Aktiengesellschaft (SE), 2009, 57 ff.; *Scheibe*, Die Mitbestimmung der Arbeitnehmer in der SE unter besonderer Berücksichtigung des monistischen Systems, 2007, 153 ff.; *Köstler* in Theisen/Wenz EurAG 370; Lutter/Hommelhoff/Teichmann SE/*Oetker* SEBG § 18 Rn. 16.

[293] Habersack/Drinhausen/*Hohenstatt/Müller-Bonanni* SEBG § 18 Rn. 9; Henssler/Willemsen/Kalb/*Hohenstatt/Dzida* SEBG Rn. 32; MüKoAktG/*Jacobs* SEBG § 18 Rn. 12; *Kienast* in Jannott/Frodermann SE-

**171** Neuverhandlungen sind nicht bei jeder strukturellen Änderung, sondern nur dann durchzuführen, wenn sich für die Arbeitnehmer nach der strukturellen Änderung ein **quantitativ oder qualitativ geringeres Ausmaß an Beteiligungsrechten** ergeben kann, als dies ohne die strukturelle Änderung der Fall wäre. Der Begriff der Beteiligungsrechte in § 18 Abs. 3 SEBG umfasst nicht nur die Unternehmensmitbestimmung,[294] sondern auch die Unterrichtung und Anhörung,[295] dies jedoch nur auf europäischer Ebene.[296] Geschützt werden dabei nur die Arbeitnehmer, die auch nach der strukturellen Änderung noch Arbeitnehmer der SE oder ihrer Tochtergesellschaften sind, nicht jedoch in Folge einer Änderung ausscheidende Arbeitnehmer, da deren Rechte durch Neuverhandlungen innerhalb der SE nicht geregelt werden können.[297] Zudem müssen Rechte der Arbeitnehmer gegenüber ihrem jeweiligen Arbeitgeber betroffen sein, so dass Rechte, die allein aufgrund einer Konzernzurechnung bestanden, nicht berücksichtigt werden.[298]

**172** Von diesen Grundsätzen ausgehend, gilt folgendes für die nachfolgend genannten **Einzelfälle:**

(1) **Verschmelzungen** unter Beteiligung einer SE stellen bei dieser grundsätzlich eine strukturelle Änderung dar, die eine Minderung der Beteiligungsrechte mit sich bringen kann, wenn das Beteiligungsniveau in der verbleibenden SE geringer ist. Eine Neuverhandlung ist jedoch nur dann durchzuführen, wenn die SE im Rahmen der Verschmelzung nicht erlischt.[299] Erlischt sie, kann eine neue Beteiligungsvereinbarung nicht verhandelt werden, wenn nicht der aufnehmende Rechtsträger auch eine SE ist. Konzerninterne Verschmelzungen unter Beteiligung nur von Tochtergesellschaften der SE lösen keine Pflicht zu Neuverhandlungen gemäß § 18 Abs. 3 SEBG aus. Umstritten ist, ob eine grenzüberschreitende Verschmelzung der SE eine strukturelle Änderung darstellt und unter welchen Bedingungen ggf. das Beteiligungsverfahren nach dem MgVG durchzuführen ist. Insoweit ist zu differenzieren:

– Geht aus der Verschmelzung der SE eine neue SE hervor, finden die Regelungen zur grenzüberschreitenden Verschmelzung nach dem UmwG und das MgVG keine Anwendung.[300] Stattdessen ist, wie bei jeder anderen Gründung auch, nach §§ 4 ff. SEBG über den Abschluss der Beteiligungsvereinbarung zu verhandeln.

---

HdB Kap. 13 Rn. 456; *Ege/Grzimek/Schwarzfischer* DB 2011, 1205 (1207); *Wollburg/Banerjea* ZIP 2005, 277 (208); abgeschwächt (grundsätzlich) Habersack/Henssler/*Henssler* SEBG § 18 Rn. 8; aA Kölner Komm AktG/*Feuerborn* SEBG § 18 Rn. 25; Lutter/Hommelhoff/Teichmann SE/*Oetker* SEBG § 18 Rn. 24.

[294] So aber *Grobys* NZA 2005, 88 (91); *Schmid*, Mitbestimmung in der Europäischen Aktiengesellschaft (SE), 2010, 139 ff.

[295] Habersack/Henssler/*Henssler* SEBG § 18 Rn. 10; Kölner Komm AktG/*Feuerborn* SEBG § 18 Rn. 29; Lutter/Hommelhoff/Teichmann SE/*Oetker* SEBG § 18 Rn. 31; MüKoAktG/*Jacobs* SEBG § 18 Rn. 15.

[296] Habersack/Drinhausen/*Hohenstatt/Müller-Bonanni* SEBG § 18 Rn. 14.

[297] Habersack/Drinhausen/*Hohenstatt/Müller-Bonanni* SEBG § 18 Rn. 15; Habersack/Henssler/*Henssler* SEBG § 18 Rn. 10; Kölner Komm AktG/*Feuerborn* SEBG § 18 Rn. 30; *Feldhaus/Vanscheidt* BB 2008, 2246 (2250); *Schmid*, Mitbestimmung in der Europäischen Aktiengesellschaft (SE), 2010, 149 f.; *Braun*, Die Sicherung der Unternehmensmitbestimmung im Lichte des Europäischen Rechts, 2005, 107.

[298] Habersack/Drinhausen/*Hohenstatt/Müller-Bonanni* SEBG § 18 Rn. 15; Habersack/Henssler/*Henssler* SEBG § 18 Rn. 11; aA Lutter/Willemsen/Kalb/*Hohenstatt/Dzida* SEBG § 18 Rn. 32; Kölner Komm AktG/*Feuerborn* SEBG § 18 Rn. 33; Feldhaus/Vanscheidt BB 2008, 2248; *Wollburg/Banerjea* ZIP 2005, 277 (279 f.); *Braun*, Die Sicherung der Unternehmensmitbestimmung im Lichte des Europäischen Rechts, 2005, 106 f.; *Hoops*, Die Mitbestimmungsvereinbarung in der Europäischen Aktiengesellschaft (SE), 2009, 64; *Schmid*, Mitbestimmung in der Europäischen Aktiengesellschaft (SE), 2010, 148 f.; MüKoAktG/*Jacobs* SEBG § 18 Rn. 14; Lutter/Hommelhoff/Teichmann SE/*Oetker* SEBG § 18 Rn. 36; *Scheibe*, Die Mitbestimmung der Arbeitnehmer in der SE unter besonderer Berücksichtigung des monistischen Systems, 2007, 156 f.

[299] Begr. RegE, BT-Drs. 15/3405, 50; Habersack/Henssler/*Henssler* SEBG § 18 Rn. 14; Kölner Komm AktG/*Feuerborn* SEBG § 18 Rn. 26; MüKoAktG/*Jacobs* SEBG § 18 Rn. 16; *Rieble* BB 2005, 2018 (2022); *Wollburg/Banerjea* ZIP 2005, 277 (279).

[300] Kallmeyer/Marsch-Barner UmwG § 122b Rn. 3; Schmitt/Hörtnagl/Stratz/*Hörtnagl*, 8. Aufl. 2018, UmwG § 122b Rn. 7; Semler/Stengel/*Drinhausen* UmwG § 122b Rn. 5; Habersack/Henssler/*Henssler* Einl. SEBG Rn. 146; *Grambow/Stadler* BB 2010, 977 (979 f.); NK-ArbR/*Sagan* SEBG § 18 Rn. 19.

## C. Verhandlungsverfahren § 14

- Erfolgt eine grenzüberschreitende Verschmelzung der SE auf eine Kapitalgesellschaft nach dem Recht eines Mitgliedstaats, zB eine deutsche Aktiengesellschaft, so dass die SE untergeht und kein Beteiligungsregime nach dem SEBG mehr gelten kann, ist das MgVG einschlägig.[301]
- Erfolgt eine grenzüberschreitende Verschmelzung auf eine SE, führt dies unter den Voraussetzungen des § 18 Abs. 3 SEBG zu einer Neuverhandlung, wenn Beteiligungsrechte gemindert werden können. Das Beteiligungsverfahren nach dem MgVG ist nicht durchzuführen, da das in § 18 Abs. 3 SEBG vorgesehene Verfahren zur Sicherung der Beteiligungsrechte (Unterrichtung und Anhörung sowie Mitbestimmung) spezieller ist.[302]

(2) **Spaltungen** der SE stellen keine strukturellen Änderungen dar, die zu einer Minderung der Beteiligungsrechte führen können. Die Rechte der aus der SE ausscheidenden Arbeitnehmer können nicht in einer neuen Beteiligungsvereinbarung geregelt werden, während die Rechte der verbleibenden Arbeitnehmer weiterhin durch das bestehende Beteiligungsregime in der SE geregelt werden und sich damit keine Änderung ergeben kann. Spaltungen allein auf Ebene von Tochtergesellschaften der SE sind ebenfalls unbeachtlich. 173

(3) Der Abschluss oder die Änderung von **Beherrschungsverträgen** zwischen der SE und anderen Gesellschaften stellen keine strukturellen Änderungen dar, die eine im Rahmen des § 18 Abs. 3 SEBG beachtliche Minderung von Beteiligungsrechten nach sich ziehen können. Ist die SE die beherrschende Gesellschaft, ist insbesondere unbeachtlich, dass die Gesellschaft als AG ggf. durch Hinzurechnung von Arbeitnehmern erstmals Schwellenwerte nach den deutschen Mitbestimmungsgesetzen überschreiten würde. Da § 18 Abs. 3 SEBG nicht die Chance auf die Mitbestimmung, sondern nur bereits vorhandene Beteiligungsrechte schützt[303], ist für solche Alternativbetrachtungen kein Raum. Wird die SE beherrscht, entfällt durch Abschluss des Beherrschungsvertrags nicht die Mitbestimmung innerhalb der SE. 174

(4) Ein **Beteiligungserwerb** durch eine SE kann zwar Auswirkungen auf die Beteiligungsrechte der Arbeitnehmer in den erworbenen Gesellschaften haben, jedoch sind diese unerheblich. Unterliegt die SE zB einem geringeren Mitbestimmungsniveau als die bisherige Konzernobergesellschaft der erworbenen Tochtergesellschaft, realisiert sich in der SE dadurch kein SE-typisches Risiko, dem durch eine Neuverhandlung der Beteiligungsvereinbarung begegnet werden müsste.[304] Der Erwerb der Anteile an der SE führt in keinem Fall zu einer Änderung der Struktur der SE selbst.[305] 175

(5) Die **Veräußerung von Beteiligungen** stellt aus den gleichen Gründen, wie oben zur Spaltung dargestellt (→ Rn. 173), keine im Rahmen von § 18 Abs. 3 SEBG zu berücksichtigende strukturelle Änderung dar. 176

(6) Die **Sitzverlegung** in einen anderen Mitgliedstaat stellt ebenfalls keine strukturelle Änderung dar, weil sie aufgrund der in der SE-RL enthaltenen einheitlichen Vorga- 177

---

[301] Im Ergebnis so auch Habersack/Henssler/*Henssler* Einl. SEBG Rn. 146.
[302] A-A NK-ArbR/*Sagan* SEBG § 18 Rn. 19; ebenso Habersack/Drinhausen/*Thüsing/Forst* Einl. SEBG Rn. 31 ff. (zudem für eine analoge Anwendung des EBRG für die Unterrichtung und Anhörung plädierend); ähnlich Gaul/Ludwig/Forst EuMitbestR/*Gaul/Ludwig* § 5 Rn. 78 ff., die aber für die Unterrichtung und Anhörung § 18 Abs. 3 SEBG anwenden wollen; differenzierend *Grambow* BB 2001, 977 (980), der bei Verschmelzung auf eine Vorrats-SE § 18 Abs. 3 SEBG für vorrangig hält, während – ohne nachvollziehbaren Grund – bei einer aktiven SE mit bestehender Beteiligungsvereinbarung das MgVG Vorrang haben soll.
[303] Habersack/Henssler/*Henssler* SEBG § 18 Rn. 10.
[304] Habersack/Henssler/*Henssler* SEBG § 18 Rn. 11; Henssler/Willemsen/Kalb/*Hohenstatt/Dzida* SEBG Rn. 32; Kölner Komm AktG/*Feuerborn* SEBG § 18 Rn. 33; MüKoAktG/*Jacobs* SEBG § 18 Rn. 14; *Rieble* BB 2005, 2018 (2022); *Wollburg/Banerjea* ZIP 2005, 277 (279); aA Lutter/Hommelhoff/Teichmann SE/*Oetker* SEBG § 18 Rn. 36; *Nagel*, ZIP 2011, 2047 (2049).
[305] Habersack/Henssler/*Henssler* SEBG § 18 Rn. 17; MüKoAktG/*Jacobs* SEBG § 18 Rn. 17.

ben, die in den einzelnen Mitgliedstaaten jeweils in nationales Recht umgesetzt wurden, keine Minderung der Beteiligungsrechte nach sich ziehen kann.[306]

178 (7) Ein Wechsel von dem **dualistischen System** in das **monistische System** und umgekehrt stellt angesichts der Gleichstellung der beiden Systeme keine strukturelle Änderung dar, die geeignet ist, die Beteiligungsrechte zu mindern.[307]

179 (8) Der **Formwechsel** der SE in eine andere Rechtsform stellt zwar eine strukturelle Änderung dar, die auch zur Minderung der Beteiligungsrechte führen kann, zB wenn in eine AG zurückgewandelt wird, in der dann nur die Arbeitnehmer im Sitzstaat Beteiligungsrechte haben. Allerdings findet § 18 Abs. 3 SEBG auf diese Fälle einer anderen Rechtsform keine Anwendung.

180 (9) Ein **Betriebs(teil)übergang auf eine SE** kann für die übergehenden Arbeitnehmer zur Minderung von Beteiligungsrechten führen; er bedeutet jedoch grundsätzlich keine strukturelle Änderung der Gesellschaft, weil die gesellschaftsrechtliche Struktur durch ihn nicht berührt wird.[308] Dass die Arbeitnehmer durch den Betriebsübergang Beteiligungsrechte verlieren können, ist kein der SE typisches Risiko, das eine Neuverhandlung erfordern würde.[309] Der bei sorgsamer Formulierung der Beteiligungsvereinbarung unwahrscheinliche Fall, dass durch den Betriebsübergang Arbeitnehmer in „neuen" Mitgliedstaaten hinzukommen, die nicht hinreichend in der Beteiligungsvereinbarung berücksichtigt werden, begründet ebenfalls nicht die Anwendung des § 18 Abs. 3 SEBG. Vielmehr sind Regelungen der Beteiligungsvereinbarung, die zu einem Ausschluss von Arbeitnehmern in einzelnen Mitgliedstaaten von der Beteiligung führen, wegen eines Verstoßes gegen das primärrechtlich normierte europarechtliche Gleichbehandlungsgebot unwirksam, so dass insoweit die gesetzlichen Auffangregelungen greifen oder die Beteiligungsvereinbarung bei einem in ihr enthaltenen entsprechenden Vorbehalt neu zu verhandeln ist. Ein **Betriebsteilübergang von einer SE auf eine andere Gesellschaft** stellt ebenfalls keine im Rahmen des § 18 Abs. 3 SEBG zu berücksichtigende strukturelle Änderung dar, da die Rechte der ausscheidenden Arbeitnehmer einer Neuregelung im Rahmen der Beteiligungsvereinbarung nicht zugänglich sind.

181 (10) Das **organische Wachstum** der SE oder ihre organische **Schrumpfung** stellen ebenfalls keine strukturelle Änderung gemäß § 18 Abs. 3 SEBG dar.[310] Dies gilt selbst

---

[306] Habersack/Drinhausen/Hohenstatt/Müller-Bonanni SEBG § 18 Rn. 10; Habersack/Henssler/Henssler SEBG § 18 Rn. 11; Kölner Komm AktG/Feuerborn SEBG § 18 Rn. 22; Lutter/Hommelhoff/Teichmann SE/Oetker SEBG § 18 Rn. 35; MüKoAktG/Jacobs SEBG § 18 Rn. 17; Forst, Die Beteiligungsvereinbarung nach § 21 SEBG, 2010, 177 f.; Güntzel, Die Richtlinie über die Arbeitnehmerbeteiligung in der Europäischen Aktiengesellschaft (SE) und ihre Umsetzung in das deutsche Recht, 2006, 300 ff.; Hoops, Die Mitbestimmungsvereinbarung in der Europäischen Aktiengesellschaft (SE), 2009, 60; Scheibe, Die Mitbestimmung der Arbeitnehmer in der SE unter besonderer Berücksichtigung des monistischen Systems, 2007, 158; Schmid, Mitbestimmung in der Europäischen Aktiengesellschaft (SE), 2010, 145 f.

[307] Habersack/Drinhausen/Hohenstatt/Müller-Bonanni SEBG § 18 Rn. 10, 13; Habersack/Henssler/Henssler SEBG § 18 Rn. 20a; Kölner Komm AktG/Feuerborn SEBG § 18 Rn. 22; Scheibe, Die Mitbestimmung der Arbeitnehmer in der SE unter besonderer Berücksichtigung des monistischen Systems, 2007, 146 f.

[308] Henssler/Willemsen/Kalb/Hohenstatt/Dzida SEBG Rn. 32; MüKoAktG/Jacobs SEBG § 18 Rn. 19; Ege/Grzimek/Schwarzfischer DB 2011, 1205 (1209); Rieble BB 2006, 2018 (2022); Braun, Die Sicherung der Unternehmensmitbestimmung im Lichte des Europäischen Rechts, 2005, 105; aA Kölner Komm AktG/Feuerborn SEBG § 18 Rn. 27, 36; Lutter/Hommelhoff/Teichmann SE/Oetker SEBG § 18 Rn. 36; differenzierend (nur im Ausnahmefall) Habersack/Henssler/Henssler SEBG § 18 Rn. 18; anders auch Wollburg/Bannerjea ZIP 2005, 277 (281), die bei einem Betriebsübergang, der mit einer Sacheinlage verknüpft ist, einen ausreichenden koporativen Akt annehmen.

[309] Wollburg/Bannerjea ZIP 2005, 277 (281).

[310] Habersack/Drinhausen/Hohenstatt/Müller-Bonanni SEBG § 18 Rn. 10; Habersack/Henssler/Henssler SEBG § 18 Rn. 13; Kölner Komm AktG/Feuerborn SEBG § 18 Rn. 23; Lutter/Hommelhoff/Teichmann SE/Oetker SEBG § 18 Rn. 23; MüKoAktG/Jacobs SEBG § 18 Rn. 18; Rieble BB 2006, 2018 (2022); Wollburg/Bannerjea ZIP 2005, 277 (281); Hoops, Die Mitbestimmungsvereinbarung in der Europäischen Aktiengesellschaft (SE), 2009, 60, 63; Scheibe, Die Mitbestimmung der Arbeitnehmer in der SE unter besonderer Berücksichtigung des monistischen Systems, 2007, 154; Schmid, Mitbestimmung in der Europäischen Ak-

## C. Verhandlungsverfahren § 14

dann, wenn die Gesellschaft unter die ursprünglich vor der Umwandlung geltenden Schwellenwerte nationaler Mitbestimmungsgesetze fällt.[311]

(11) **Gesetzesänderungen** (zB Einführung der Frauenquote für den Aufsichtsrat in § 17 Abs. 2 SEAG, § 24 Abs. 3 SEAG) und das **Ausscheiden einzelner Mitliedstaaten** aus der EU/dem EWR stellen ebenfalls keine strukturellen Änderungen in der SE dar.[312] 182

**cc) Durchführung der Verhandlungen und Ergebnis.** Sofern eine im Rahmen des § 18 Abs. 3 SEBG zu berücksichtigende strukturelle Änderung vorliegt, werden die Neuverhandlungen nur auf Veranlassung der Leitungen oder des SE-BR durchgeführt. Ohne entsprechendes Tätigwerden einer Seite werden neue Verhandlungen nicht durchgeführt und bleiben die bisherigen Regelungen in Kraft. Für die Einleitung der Neuverhandlung genügt eine formlose Aufforderung der anderen Seite, Neuverhandlungen aufzunehmen. 183

Verhandelt wird zwischen der Leitung der SE und einem gemäß § 18 Abs. 3 S. 2 SEBG neu zu bildenden BVG. Alternativ dazu sieht § 18 Abs. 3 S. 2 SEBG die Möglichkeit vor, dass anstelle des BVG der SE-BR und Vertreter der bislang nicht vertretenen Arbeitnehmer über eine neue Beteiligungsvereinbarung verhandeln. Dies bedarf jedoch eines zustimmenden Beschlusses des SE-BR und der Vertreter der bislang nicht vertretenen Arbeitnehmer.[313] Die bloße Regelung in der bestehenden Beteiligungsvereinbarung, dass bei strukturellen Änderungen der SE-BR an die Stelle des BVG tritt, ist insoweit nicht bindend. Wie die Vertreter der bislang nicht in der SE vertretenen Arbeitnehmer an den Verhandlungen zu beteiligen sind, ist in der Vereinbarung über die Verhandlung mit dem SE-BR und den anderen Vertretern zu vereinbaren.[314] 184

Das Verhandlungsverfahren richtet sich nach den auch für die erstmalige Verhandlung geltenden Regelungen (→ Rn. 103 ff.). Die Arbeitnehmerseite hat in diesem Fall jedoch einen Anspruch gegen die Leitung, das Verfahren für die Bildung des BVG zu initiieren und das BVG zur konstituierenden Sitzung zu laden.[315] Ein Anspruch auf Verhandlungen besteht jedoch, wie bei der Gründung, nicht. Schließen die Parteien keine neue Beteiligungsvereinbarung ab, finden die Regelungen der gesetzlichen Auffangregelung gemäß §§ 22–38 SEBG Anwendung; dabei ist insbesondere für die Mitbestimmung zu berücksichtigen, dass es sich um eine Rechtsgrundverweisung handelt.[316] Der Umfang der Mitbestimmung gemäß § 35 Abs. 2 S. 2 SEBG richtet sich insoweit nach dem zum Zeitpunkt der strukturellen Änderung bestehenden Rechte auf Mitbestimmung in der SE sowie bei den hinzukommenden Mitarbeitern.[317] 185

---

tiengesellschaft (SE), 2010, 143 f.; aA Nagel/Freis/Kleinsorge SE/*Freis* SEBG § 18 Rn. 11; *Köstler* in Theisen/*Wenz* EurAG 370 f.

[311] Vgl. hierzu Habersack/Henssler/*Henssler* SEBG § 18 Rn. 21 ff. mwN, der aber vorschlägt, in der zur Minderung der Mitbestimmung beabsichtigten Rückumwandlung in eine nationale Gesellschaftsform eine strukturelle Änderung zu sehen, aufgrund derer neu zu verhandeln sei.

[312] Habersack/Henssler/*Henssler* SEBG § 18 Rn. 20.

[313] Begr. RegE, BT-Drs. 15/3405, 51; Habersack/Henssler/*Henssler* SEBG § 18 Rn. 25; Henssler/Willemsen/Kalb/*Hohenstatt*/*Dzida* SEBG Rn. 33; Nagel/Freis/Kleinsorge SEBG/*Freis* SEBG § 18 Rn. 18; MüKoAktG/*Jacobs* SEBG § 18 Rn. 22; *Forst*, Die Beteiligungsvereinbarung nach § 21 SEBG, 2010, 179.

[314] Ähnlich NK-ArbR/*Sagan* SEBG § 18 Rn. 22, der eine zwingende Beteiligung der Vertreter bislang nicht in der SE beteiligter Arbeitnehmer fordert; NK-SE/*Evers*/*Bodenstedt* SEBG § 18 Rn. 16; aA (Vereinbarung nur mit dem SE-BR) Habersack/Drinhausen/*Hohenstatt*/*Müller-Bonanni* SEBG § 18 Rn. 17; Habersack/Henssler/*Henssler* SEBG § 18 Rn. 25; Henssler/Willemsen/Kalb/*Hohenstatt*/*Dzida* SEBG Rn. 33; Lutter/Hommelhoff/Teichmann SE/*Oetker* SEBG § 18 Rn. 40.

[315] Siehe im einzelnen hierzu Habersack/Henssler/*Henssler* SEBG § 18 Rn. 26 mwN.

[316] Habersack/Henssler/*Henssler* SEBG § 18 Rn. 28; Lutter/Hommelhoff/Teichmann SE/*Oetker* SEBG § 18 Rn. 47; MüKoAktG/*Jacobs* SEBG § 18 Rn. 25; NK-SE/*Evers*/*Bodenstedt* SEBG § 18 Rn. 18.

[317] Habersack/Drinhausen/*Hohenstatt*/*Müller-Bonanni* SEBG § 18 Rn. 18; Habersack/Henssler/*Henssler* SEBG § 18 Rn. 28; Henssler/Willemsen/Kalb/*Hohenstatt*/*Dzida* SEBG Rn. 33; MüKoAktG/*Jacobs* SEBG § 18 Rn. 24; NK-ArbR/*Sagan* SEBG § 18 Rn. 24; *Kienast* in Jannott/Frodermann SE-HdB Kap. 13 Rn. 476.

### c) Neuverhandlungen bei Anwendung der gesetzlichen Auffanglösung

**186** Gemäß § 26 SEBG ist die Neuverhandlung über den Abschluss einer Beteiligungsvereinbarung für den Fall vorgesehen, dass infolge ergebnislosen Verstreichens der Verhandlungsfrist nach § 20 SEBG (→ Rn. 136) die gesetzliche Auffangregelung Anwendung findet. In diesem Fall hat der SE-BR vier Jahre nach seiner Einsetzung, dh dem Termin, zu dem für die Konstituierung des SE-BR eingeladen wurde,[318] darüber zu beschließen, ob er selbst die Verhandlungen über den Abschluss einer Beteiligungsvereinbarung aufnehmen will. Unklar ist, ob die Frist genau einzuhalten ist; teilweise wird angenommen, der SE-BR könne auch vor dem Ablauf der Frist den Beschluss fassen,[319] während andererseits angenommen wird, dass auch ein unverzüglich nach Ablauf der Frist gefasster Beschluss ausreiche.[320] Zu beachten ist, dass der Beschluss der Zustimmung der Mehrheit aller Mitglieder bedarf und nicht, wie beim SE-BR kraft Gesetzes sonst üblich, der Mehrheit der anwesenden Mitglieder.

**187** Soweit ein entsprechender Beschluss des SE-BR vorliegt, gelten nach § 26 Abs. 2 S. 1 SEBG für die Verhandlungen die Regelungen in §§ 13 bis 15, 17, 20 und 21 SEBG entsprechend. Ein Beschluss über den Abbruch der Verhandlungen gemäß § 16 SEBG ist jedoch ausgeschlossen. Die Regelungen zu den Kosten des BVG gelten ebenfalls nicht entsprechend, so dass die Regelungen zu den Kosten des SE-BR (→ Rn. 295) weiter Anwendung finden. Ein Anspruch auf Verhandlungen gegen die Leitungen besteht auch im Falle der Neuverhandlungen gemäß § 26 SEBG nicht. Kommt innerhalb der auch hier geltenden Verhandlungsfrist nach § 20 SEBG keine Einigung über eine Beteiligungsvereinbarung zustande, findet gemäß § 26 Abs. 2 S. 2 SEBG weiterhin die gesetzliche Auffangregelung Anwendung. Eine erneute Beschlussfassung über die Wiederaufnahme der Verhandlung nach weiteren vier Jahren ist dann nicht mehr möglich, da § 26 Abs. 1 SEBG auf die Einsetzung, dh die erstmalige Konstituierung des SE-BR als Dauerorgan (→ Rn. 269) abstellt.[321]

### d) Wiederaufnahme aufgrund Vereinbarung

**188** Neben den gesetzlich vorgesehenen Fällen einer erneuten Verhandlung über eine Beteiligungsvereinbarung sollen die Parteien in der Beteiligungsvereinbarung gemäß § 21 Abs. 1 Nr. 6 SEBG selbst vorsehen, wann und unter welchen Voraussetzungen eine Vereinbarung neu ausgehandelt werden soll und welches Verfahren dabei zur Anwendung kommen soll. In der Praxis finden sich solche Regelungen insbesondere im Zusammenhang mit vereinbarten Kündigungsregelungen oder bei Anpassungsbedarf, der sich aus Situationen ergibt, die keine strukturelle Änderung darstellen.

## 2. Aktivierung einer Vorrats-SE

**189** Einen Sonderfall, in dem eine nachgelagerte (erstmalige) Verhandlung über die Beteiligung der Arbeitnehmer erfolgt, stellt die sog. Aktivierung einer Vorrats-SE dar. Deren Zulässigkeit wird überwiegend anerkannt.[322] Ein Beteiligungsverfahren ist in diesem Fall mangels Verhandlungspartner nicht durchzuführen, da weder die beteiligten Gesellschaften

---

[318] Habersack/Drinhausen/*Hohenstatt/Müller-Bonanni* SEBG § 26 Rn. 2; Kölner Komm AktG/*Feuerborn* SEBG § 26 Rn. 4; MüKoAktG/*Jacobs* SEBG Vor § 23 Rn. 7.

[319] Begr. RegE, BT-Drs. 15/3405, 52; Kölner Komm AktG/*Feuerborn* SEBG § 26 Rn. 3; ähnlich Habersack/Drinhausen/*Hohenstatt/Müller-Bonanni* SEBG § 26 Rn. 2, die aber meinen, die Leitung der SE müsse sich dann erst nach Ablauf der Frist auf die Neuverhandlungen einlassen.

[320] Annuß/Kühn/Rudolph/Rupp/*Kühn* SEBG § 26 Rn. 2.

[321] Habersack/Drinhausen/*Hohenstatt/Müller-Bonanni* SEBG § 26 Rn. 3; Kölner Komm AktG/*Feuerborn* SEBG § 26 Rn. 8; aA noch in der Vorauflage van Hulle/Maul/Drinhausen/*Köklü*, 1. Aufl. 2007, Kap. 6 Rn. 175.

[322] AG Düsseldorf ZIP 2006, 287; AG München ZIP 2006, 1300; Lutter/Hommelhoff/Teichmann SE/*Bayer* SE-VO Art. 2 Rn. 31 ff. mwN; kritisch NK-EBRG/*Carlson* SE Rn. 54.

selbst noch die betroffenen Tochtergesellschaften zum Zeitpunkt der Gründung Arbeitnehmer beschäftigten.[323] In der Praxis wird eine Vorrats-SE oft für die schnelle „Gründung" einer SE eingesetzt, in dem zB die Vorrats-SE erworben und dann durch Übertragung des laufenden Geschäftsbetriebs (zB durch Asset Deal, Verschmelzung nach nationalem Recht oder Anwachsung) auf die SE aktiviert wird. Die Aktivierung setzt in diesem Fall nicht den vorherigen Abschluss der Verhandlungen mit den Arbeitnehmern über die Mitbestimmung in der SE voraus, so dass zB auch eine regelmäßig erforderliche Satzungsänderung ohne vorheriges Verhandlungsverfahren in das Handelsregister eingetragen werden kann.[324]

Allgemein anerkannt ist, dass im Falle der Aktivierung einer SE das Verhandlungsverfahren nachgeholt werden muss. Umstritten ist jedoch, ob in diesem Fall das Verhandlungsverfahren in Analogie zu den Vorschriften des § 18 Abs. 3 SEBG oder den originären Gründungsvorschriften in §§ 4ff. SEBG durchzuführen ist.[325] Überzeugender ist es, § 18 Abs. 3 SEBG analog anzuwenden, da es bei einer Anwendung der Verhandlungsregelungen bei einer Gründung gemäß §§ 4ff. SEBG die Leitung der SE in der Hand hätte, das Verfahren einzuleiten.[326] Bei der analogen Anwendung von § 18 Abs. 3 SEBG ist nicht erforderlich, dass alle Tatbestandsvoraussetzungen des § 18 Abs. 3 SEBG im Übrigen erfüllt sind. Insbesondere ist eine Minderung von Mitbestimmungsrechten nicht Voraussetzung für die Durchführung eines Verhandlungsverfahrens.[327] Die abweichende Ansicht, die allerdings nur auf den Verlust von Mitbestimmungsrechten von in die SE eintretenden Arbeitnehmern abstellt[328], übersieht, dass in der SE auch die Beteiligungsrechte der Unterrichtung und Anhörung zu regeln sind und ein Unterbleiben des Verhandlungsverfahrens dazu führen würde, dass die SE systemwidrig komplett beteiligungsfrei bliebe.[329] Das Beteiligungsverfahren ist daher in jedem Fall bei der Aktivierung einer SE durchzuführen.[330]

Bei der erstmaligen Verhandlung im Rahmen der Aktivierung einer SE ist zu berücksichtigen, dass hinsichtlich der Beteiligungsrechte entsprechend dem zu § 18 Abs. 3 SEBG Ausgeführten (→ Rn. 171) für die Frage der Aufrechterhaltung des Status Quo nicht nur auf die Mitbestimmungsrechte in der SE, sondern auch auf die in der im Rahmen der Aktivierung hinzukommenden Arbeitnehmer abzustellen ist.[331]

## D. Die Beteiligungsvereinbarung

Ziel der Verhandlungen ist, eine Beteiligungsvereinbarung abzuschließen, in der die Beteiligung der Arbeitnehmer durch Unterrichtung und Anhörung (entsprechend der Verein-

---

[323] Ähnlich, aber davon ausgehend, dass für die Durchführung der Verhandlungen eine ausreichende Zahl an Arbeitnehmern für die Besetzung aller Sitze im BVG vorhanden sein müsse (hierzu → Rn. 45): Habersack/Drinhausen/*Hohenstatt/Müller-Bonanni* SEBG § 3 Rn. 10; Habersack/Henssler/*Henssler* SEBG § 18 Rn. 31; MüKoAktG/*Jacobs* SEBG § 3 Rn. 4; kritisch NK-EBRG/*Carlson* SE Rn. 54, die Löschung der SE von Amts wegen fordernd, wenn das Beteiligungsverfahren nicht unverzüglich nachgeholt wird.
[324] Habersack/Drinhausen/*Hohenstatt/Müller-Bonanni* SEBG § 3 Rn. 13; Kölner Komm AktG/*Kiem* SE-VO Art. 12 Rn. 54; MüKoAktG/*Jacobs* SEBG § 3 Rn. 6; *Seibt* ZIP 2005, 2248 (2250); aA *Forst* NZG 2009, 687 (691).
[325] Für die analoge Anwendung von § 18 Abs. 3 SEBG: OLG Düsseldorf ZIP 2009, 920; Habersack/Drinhausen/*Hohenstatt/Müller-Bonanni* SEBG § 3 Rn. 12; Habersack/Henssler/*Henssler* SEBG § 18 Rn. 32; Lutter/Hommelhoff/Teichmann SE/*Bayer* SE-VO Art. 2 Rn. 35; MüKoAktG/*Jacobs* SEBG § 3 Rn. 6; *Forst* NZG 2009, 687 (690f.); für die Anwendung der Gründungsvorschriften gemäß §§ 4ff. SEBG *Schubert* ZESAR 2006, 340 (345ff.).
[326] *Forst* NZG 2009, 687 (691).
[327] *Forst* NZG 2009, 689 (691).
[328] Habersack/Henssler/*Henssler* SEBG § 18 Rn. 32; ähnlich: Habersack/Drinhausen/*Hohenstatt/Müller-Bonanni* SEBG § 3 Rn. 11 unter Verweis auf die Missbrauchsvorschriften in § 42 SEBG.
[329] Gegen eine solche Beteiligungsfreiheit auch *Luke* NZA 2013, 941 (944f.).
[330] Im Ergebnis auch *Luke* NZA 2013, 941 (944f.).
[331] Habersack/Henssler/*Henssler* SEBG § 18 Rn. 32.

barung nach dem EBRG) und ggf. die Unternehmensmitbestimmung im Einzelnen geregelt werden.

## I. Rechtsnatur

193 Weder die SE-RL noch das SEBG geben Auskunft über die Rechtsnatur der Beteiligungsvereinbarung im Einzelnen. Da die Beteiligungsvereinbarung normativ bindend die Beteiligung der Arbeitnehmer in der SE regelt und damit das im SEBG vorgesehene Modell der Beteiligung in der Auffangregelung ersetzt, stellt sie keinen rein schuldrechtlichen Vertrag dar.[332] Auch ist sie weder Tarifvertrag noch Betriebsvereinbarung.[333] Es handelt sich um einen Kollektivvertrag sui generis, der an die Stelle der gesetzlichen Regelungen zur Beteiligung der Arbeitnehmer auf europäischer Ebene und im Rahmen der Unternehmensmitbestimmung tritt.[334] Da die Beteiligungsvereinbarung das gesetzlich geltende System der Beteiligung der Arbeitnehmer nach nationalen Gesetzen ersetzt und normative Wirkung entfaltet, gelten für ihre Auslegung die für Gesetze entwickelten Grundsätze, so dass sie objektiv auszulegen ist.[335] Regelungslücken, die sich nicht aus dem Zusammenhang der Regelungen der Beteiligungsvereinbarung heraus schließen lassen, sind unter Rückgriff auf die gesetzlichen Auffangregelungen zu füllen.[336]

194 Bei der Ausgestaltung der Beteiligungsvereinbarung sind insbesondere die gesetzlichen Schranken aus dem SEBG sowie die gesellschaftsrechtlichen Vorgaben zu beachten.[337] Insbesondere kann es zu Regelungskonflikten zwischen der Beteiligungsvereinbarung und der Satzung der Gesellschaft kommen. Dies ist allerdings nur denkbar, soweit sowohl den Parteien der Vereinbarung als auch dem Satzungsgeber eine Regelungsbefugnis zukommt.[338] Setzt sich die Beteiligungsvereinbarung durch, ist die Satzung gemäß Art. 12 Abs. 4 SE-VO entsprechend anzupassen.[339]

---

[332] Habersack/Henssler/*Henssler* SEBG § 21 Rn. 14; MüKoAktG/*Jacobs* SEBG § 21 Rn. 8.; NK-ArbR/*Sagan* SEBG § 21 Rn. 2.
[333] Habersack/Henssler/*Henssler* SEBG § 21 Rn. 12 mwN.
[334] Habersack/Drinhausen/*Hohenstatt*/*Müller-Bonanni* SEBG § 21 Rn. 4; Habersack/Henssler/*Henssler* SEBG § 21 Rn. 12; Kölner Komm AktG/*Feuerborn* SEBG § 21 Rn. 16; Lutter/Hommelhoff/Teichmann SE/*Oetker* SEBG § 21 Rn. 25; MüKoAktG/*Jacobs* SEBG § 21 Rn. 9; Nagel/Freis/Kleinsorge SE/*Freis* SEBG § 21 Rn. 4; NK-ArbR/*Sagan* SEBG § 21 Rn. 3; Gaul/Ludwig/Forst EuMitbestR/*Kuhnke*/*Hoops* § 2 Rn. 246; NK-SE/*Evers*/*Hartmann*/*Bodenstedt* SEBG § 21 Rn. 8; *Calle-Lambach,* Die Beteiligung der Arbeitnehmer in der Europäischen Gesellschaft (SE), 2004, 172; *Forst,* Die Beteiligungsvereinbarung nach § 21 SEBG, 2010, 86 ff.; *Güntzel,* Die Richtlinie über die Arbeitnehmerbeteiligung in der Europäischen Aktiengesellschaft (SE) und ihre Umsetzung in das deutsche Recht, 2006, 442 f.; *Scheibe,* Die Mitbestimmung der Arbeitnehmer in der SE unter besonderer Berücksichtigung des monistischen Systems, 2007, 98; *Steinberg,* Mitbestimmung in der Europäischen Aktiengesellschaft, 2006, 192.
[335] Annuß/Kühn/Rudolph/Rupp/*Rupp* SEBG § 21 Rn. 7, unter Verweis auf EBRG § 17 Rn. 26; Habersack/Drinhausen/*Hohenstatt*/*Müller-Bonanni* SEBG § 21 Rn. 4; Kölner Komm AktG/*Feuerborn* SEBG § 21 Rn. 17; Lutter/Hommelhoff/Teichmann SE/*Oetker* SEBG § 21 Rn. 27; MüKoAktG/*Jacobs* SEBG § 21 Rn. 10; Gaul/Ludwig/Forst EuMitbestR/*Kuhnke*/*Hoops* § 2 Rn. 268; im Erg. auch Habersack/Henssler/*Henssler* SEBG § 21 Rn. 17.
[336] Habersack/Drinhausen/*Hohenstatt*/*Müller-Bonanni* SEBG § 21 Rn. 4; Habersack/Henssler/*Henssler* SEBG § 21 Rn. 17; Kölner Komm AktG/*Feuerborn* SEBG § 21 Rn. 17; Lutter/Hommelhoff/Teichmann SE/*Oetker* SEBG § 21 Rn. 27; MüKoAktG/*Jacobs* SEBG § 21 Rn. 10; Gaul/Ludwig/Forst EuMitbestR/*Kuhnke*/*Hoops* § 2 Rn. 268.
[337] Näher hierzu *Forst,* Die Beteiligungsvereinbarung nach § 21 SEBG, 2010, 193 ff.
[338] *Forst,* Die Beteiligungsvereinbarung nach § 21 SEBG, 2010, 94; Gaul/Ludwig/Forst EuMitbestR/*Kuhnke*/*Hoops* § 2 Rn. 263.
[339] *Forst,* Die Beteiligungsvereinbarung nach § 21 SEBG, 2010, 94; Gaul/Ludwig/Forst EuMitbestR/*Kuhnke*/*Hoops* § 2 Rn. 264.

D. Die Beteiligungsvereinbarung                                           § 14

## II. Zustandekommen/Abschluss

**Parteien** der Beteiligungsvereinbarung sind einerseits das **BVG** als Vertreter der Arbeitnehmer und andererseits die an der Gründung der SE **beteiligten Gesellschaften**. Im Falle der Neuverhandlung nach Scheitern der Verhandlungen (§ 26 SEBG, → Rn. 186 ff.), tritt an die Stelle des BVG der SE-BR. Bei Verhandlungen infolge struktureller Änderungen kann anstelle des BVG der SE-BR mit den Vertretern der hinzugekommenen Arbeitnehmer zuständig sein (→ Rn. 169 ff.). Das **BVG** wird auch beim Abschluss durch den Vorsitzenden vertreten (→ Rn. 114). Das BVG hat jedoch zuvor ordnungsgemäß einen Beschluss über den Abschluss der Beteiligungsvereinbarung zu fassen; eine Niederschrift des Beschlusses, die den Leitungen zuzuleiten ist, muss zu diesem Zeitpunkt noch nicht vorliegen, weil diese keine Wirksamkeitsvoraussetzung für den Beschluss ist (→ Rn. 143). Entsprechendes gilt für den Fall, dass der SE-BR Partei der Vereinbarung ist. Im Falle der Verhandlung durch den SE-BR zusammen mit den bislang nicht vom SE-BR vertretenen Arbeitnehmern ist die Vertretungsbefugnis entsprechend im Beschluss über den Abschluss der Beteiligungsvereinbarung festzulegen. Die beteiligten Gesellschaften werden durch die **Leitungen** vertreten, was zu einem gewissen Spannungsverhältnis zu den Aufsichtsorganen und den Anteilseignern führen kann, da insbesondere im Hinblick auf die Besetzung des Aufsichtsrats oder des Verwaltungsrats grundlegende Entscheidungen in der Beteiligungsvereinbarung getroffen werden.[340] Die Vereinbarung selbst bedarf der **Schriftform** gemäß § 126 BGB.

195

## III. Inhalt

§ 21 SEBG regelt den Inhalt der Beteiligungsvereinbarung. Dabei beschränkt sich das Gesetz auf diejenigen Inhalte, die zwingend aufzunehmen sind; allerdings können in die Beteiligungsvereinbarung weitere Regelungsgegenstände aufgenommen werden, soweit zwingende gesetzliche Regelungen nicht entgegenstehen. Zu unterscheiden ist zwischen allgemeinen Regelungen, Regelungen über die Unterrichtung und Anhörung und Regelungen zur Mitbestimmung im Aufsichts- oder Verwaltungsrat. Auch wenn die in § 21 Abs. 1 und 2 SEBG genannten Regelungen dem Wortlaut nach zwingend in der Beteiligungsvereinbarung zu treffen sind, folgt aus dem Fehlen einzelner Regelungen nicht zwingend die Unwirksamkeit der gesamten Beteiligungsvereinbarung; vielmehr ist dann ergänzend die gesetzliche Auffangregelung heranzuziehen.[341]

196

### 1. Allgemeine Regelungen

#### a) Räumlicher Geltungsbereich

Nach § 21 Abs. 1 Nr. 1 SEBG ist in der Beteiligungsvereinbarung der räumliche Geltungsbereich der Vereinbarung zu regeln. Fehlt es an einer solchen Regelung, so ist der Geltungsbereich, wie auch bei der gesetzlichen Auffangregelung auf die Mitgliedstaaten der EU und des EWR beschränkt. Dies ergibt sich aus dem Grundsatz, dass im Zweifel bei Regelungslücken die gesetzliche Auffangregelung heranzuziehen ist.[342] Die Parteien

197

---

[340] Krit. auch NK-ArbR/*Sagan* SEBG § 21 Rn. 8.
[341] Henssler/Willemsen/Kalb/*Hohenstatt/Dzida* SEBG Rn. 34; Lutter/Hommelhoff/Teichmann SE/*Oetker* SEBG § 21 Rn. 94; aA Nagel/Freis/Kleinsorge SE/Freis SEBG § 21 Rn. 7, der die Unwirksamkeit der Beteiligungsvereinbarung und unter Verkennung der Prüfungskompetenzen des Handelsregisters ein Eintragungshindernis annimmt; ähnlich NK-EBRG/*Carlson* SE Rn. 111, die zwar die generelle Unwirksamkeit der Beteiligungsvereinbarung annimmt, aber die Auffangregelung für anwendbar erklären will.
[342] Anders Lutter/Hommelhoff/Teichmann SE/*Oetker* SEBG § 21 Rn. 31 mwN, der bei Fehlen der Regelung zum räumlichen Geltungsbereich die Unwirksamkeit der gesamten Beteiligungsvereinbarung annimmt.

dürfen den räumlichen Geltungsbereich der Beteiligungsvereinbarung nicht auf einige Mitgliedstaaten beschränken und somit Arbeitnehmer anderer Mitgliedstaaten von der Beteiligung in der SE gänzlich ausschließen. Die Parteien der Beteiligungsvereinbarung können den Geltungsbereich hingegen auf Gebiete und ggf. auch einzelne Gesellschaften außerhalb der EU und des EWR erweitern.[343] Eine solche Erweiterung bedarf jedoch der Zustimmung der betroffenen Gesellschaften in den Drittstaaten.[344]

### b) Geltungsdauer

198 Nach § 21 Abs. 1 Nr. 6 SEBG sind in der Beteiligungsvereinbarung der Zeitpunkt ihres Inkrafttretens und ihre Laufzeit anzugeben. Nicht erforderlich ist, dass von vornherein eine feste Laufzeit vorgesehen wird. Vielmehr können die Parteien flexible Regelungen treffen, indem sie zB die Vereinbarung auf unbestimmte Zeit abschließen und lediglich Beendigungstatbestände, wie zB Kündigung oder auflösende Bedingungen regeln.[345] Ohne ausdrückliche Regelung ist die Vereinbarung mangels einer entsprechenden gesetzlichen Bestimmung auch dann nicht ordentlich kündbar, wenn sie auf unbestimmte Zeit abgeschlossen wurde.[346] Ist dagegen eine Kündigung vorgesehen, steht das Kündigungsrecht vorbehaltlich abweichender Regelungen in der Beteiligungsvereinbarung den Leitungen der SE und dem SE-BR zu.[347] Stets ist eine außerordentliche Kündigung zulässig, wenn der kündigenden Partei (Leitung oder SE-BR) ein Festhalten an der Beteiligungsvereinbarung nicht zuzumuten ist.[348]

199 Für den Fall der ordentlichen Kündigung oder des Ablaufs der vereinbarten Geltungsdauer steht es den Parteien frei, Regelungen für eine Übergangslösung zu treffen, zB indem eine Fortgeltung der Vereinbarung bis zur Ablösung durch eine neue Vereinbarung oder die Anwendung der gesetzlichen Auffanglösung sowie das Verfahren einer Neuverhandlung einschließlich etwaiger Verhandlungsfristen vereinbart wird.[349] Bei Fehlen einer solchen Regelung bietet es sich an, die gesetzliche Auffangregelung anzuwenden, soweit sich nicht aus der Beteiligungsvereinbarung ein abweichender Wille zur Aufrechterhaltung der Beteiligungsvereinbarung entnehmen lässt.[350]

---

[343] Begr. RegE, BT-Drs. 15/3405, 51; Annuß/Kühn/Rudolph/Rupp/*Rupp* SEBG § 21 Rn. 10; Habersack/Drinhausen/*Hohenstatt*/Müller-Bonanni SEBG § 21 Rn. 9; Habersack/Henssler/*Henssler* SEBG § 21 Rn. 19; Kölner Komm AktG/*Feuerborn* SEBG § 21 Rn. 23; Lutter/Hommelhoff/Teichmann SE/*Oetker* SEBG § 21 Rn. 31; MüKoAktG/*Jacobs* SEBG § 21 Rn. 24; NK-SE/*Evers/Hartmann/Bodenstedt* SEBG § 21 Rn. 13; Nagel/Freis/Kleinsorge SE/*Freis* SEBG § 21 Rn. 10; NK-ArbR/*Sagan* SEBG § 21 Rn. 12.
[344] Lutter/Hommelhoff/Teichmann SE/*Oetker* SEBG § 21 Rn. 31; MüKoAktG/*Jacobs* SEBG § 21 Rn. 24; NK-SE/*Evers/Hartmann/Bodenstedt* SEBG § 21 Rn. 13; Gaul/Ludwig/Forst EuMitbestR/*Kuhnke/Hoops* § 2 Rn. 271.
[345] Lutter/Hommelhoff/Teichmann SE/*Oetker* SEBG § 21 Rn. 34; Gaul/Ludwig/Forst EuMitbestR/*Kuhnke/Hoops* § 2 Rn. 274.
[346] Habersack/Henssler/*Henssler* SEBG § 21 Rn. 23; Lutter/Hommelhoff/Teichmann SE/*Oetker* SEBG § 21 Rn. 34; Gaul/Ludwig/Forst EuMitbestR/*Kuhnke/Hoops* § 2 Rn. 276; aA MüKoAktG/*Jacobs* SEBG § 21 Rn. 27, der eine Kündigung mit dreimonatiger Frist analog § 77 Abs. 5 BetrVG annimmt.
[347] Lutter/Hommelhoff/Teichmann SE/*Oetker* SEBG § 21 Rn. 36; Hoops, Die Mitbestimmungsvereinbarung in der Europäischen Aktiengesellschaft (SE), 2009, 130.
[348] Habersack/Drinhausen/*Hohenstatt*/Müller-Bonanni SEBG § 21 Rn. 16; Habersack/Henssler/*Henssler* SEBG § 21 Rn. 22; Kölner Komm AktG/*Feuerborn* SEBG § 21 Rn. 37; Lutter/Hommelhoff/Teichmann SE/*Oetker* SEBG § 21 Rn. 34; MüKoAktG/*Jacobs* SEBG § 21 Rn. 27; Gaul/Ludwig/Forst EuMitbestR/*Kuhnke/Hoops* § 2 Rn. 277.
[349] Lutter/Hommelhoff/Teichmann SE/*Oetker* SEBG § 21 Rn. 37 mwN.
[350] *Forst* EUZW 2011, 333 (334); Habersack/Henssler/*Henssler* SEBG § 21 Rn. 24; aA für eine Neuverhandlung entsprechend § 18 Abs. 3 SEBG: Habersack/Drinhausen/*Hohenstatt*/Müller-Bonanni SEBG § 21 Rn. 17; Lutter/Hommelhoff/Teichmann SE/*Oetker* SEBG § 21 Rn. 38; MüKoAktG/*Jacobs* SEBG § 21 Rn. 29.

## c) Neuverhandlungen

Gemäß § 21 Abs. 1 Nr. 6 SEBG können die Parteien vereinbaren, dass die Beteiligungsvereinbarung bei Vorliegen gestimmter Umstände ganz oder in Teilen neu zu verhandeln ist, welches Verfahren anzuwenden ist und was bei Scheitern der Verhandlungen gelten soll. Umstritten ist, ob solche Regelungen vorgesehen werden müssen.[351] Nicht möglich ist es jedoch, für den Fall einer strukturellen Änderung gemäß § 18 Abs. 3 SEBG die Neuverhandlungspflicht abzubedingen oder das Verfahren der Neuverhandlung abweichend von den gesetzlichen Bestimmungen zu gestalten (→ Rn. 184).[352] Soweit für bestimmte Konstellationen die Notwendigkeit einer Neuverhandlung vereinbart wird, ist auch das anzuwendende Verfahren festzulegen. Die Parteien können insbesondere vorsehen, dass die Verhandlungen mit dem SE-BR statt dem BVG zu führen sind und bestimmen, welche Regelungen bei Scheitern der Verhandlungen gelten sollen.[353] Fehlen solche Regelungen, ist im Zweifel von einem Fortbestand der vormals anwendbaren Regelungen auszugehen.[354] Die Beteiligungsvereinbarung kann ferner jederzeit ohne weiteres einvernehmlich abgeändert werden.[355] Vorbehaltlich einer abweichenden Regelung in der Beteiligungsvereinbarung ist auf Seiten der Arbeitnehmer für den Abschluss einer Änderungsvereinbarung der SE-BR zuständig.[356]

## d) Sprache der Vereinbarung

Nicht geregelt ist im Gesetz, in welcher Sprache die Beteiligungsvereinbarung zu verfassen ist. Es steht den Parteien frei, die Sprache für die Beteiligungsvereinbarung frei zu bestimmen.[357] Aus dem Grundsatz der vertrauensvollen Zusammenarbeit ergibt sich jedoch, dass bei der Verhandlung der Beteiligungsvereinbarung den BVG-Mitgliedern Übersetzungen in ihnen verständlichen Sprachen zur Verfügung zu stellen sind. Wird die Beteiligungsvereinbarung in mehreren Sprachen ausgefertigt, sollte ausdrücklich geregelt werden, welche Sprache bindend ist.

## e) Rechtswahl

Im Geltungsbereich des SEBG ist eine abweichende Rechtswahl in der Beteiligungsvereinbarung nicht zulässig. Das Verhandlungsverfahren richtet sich nach § 3 Abs. 1 S. 1 SEBG bei einer Gründung einer SE mit Sitz in Deutschland ausschließlich nach dem SEBG. Die Wahl bzw. Bestellung der BVG-Mitglieder richtet sich jeweils nach dem nationalen Recht des Mitgliedstaates. Auch soweit es um die Wirksamkeit der Beteiligungsvereinbarung geht, ist das SEBG zwingend anzuwenden.[358] Zudem sind im Rahmen der Mitbestimmung die zwingenden Vorgaben des nach der SE-VO anwendbaren Gesellschaftsrechts zu berücksichtigen.[359]

---

[351] Dagegen: Habersack/Henssler/*Henssler* SEBG § 21 Rn. 25; *Forst*, Die Beteiligungsvereinbarung nach § 21 SEBG, 2010, 197 f.; aA Gaul/Ludwig/Forst EuMitbestR/*Kuhnke*/*Hoops* § 2 Rn. 281.
[352] Kölner Komm AktG/*Feuerborn* SEBG § 21 Rn. 76.
[353] Gaul/Ludwig/Forst EuMitbestR/*Kuhnke*/*Hoops* § 2 Rn. 282.
[354] Habersack/Henssler/*Henssler* SEBG § 21 Rn. 27; Lutter/Hommelhoff/Teichmann SE/*Oetker* SEBG § 21 Rn. 41; *Forst*, Die Beteiligungsvereinbarung nach § 21 SEBG, 2010, 212; *Hoops*, Die Mitbestimmungsvereinbarung in der Europäischen Aktiengesellschaft (SE), 2009, 312.
[355] Habersack/Henssler/*Henssler* SEBG § 21 Rn. 28; Lutter/Hommelhoff/Teichmann SE/*Oetker* SEBG § 21 Rn. 42.
[356] Habersack/Henssler/*Henssler* SEBG § 21 Rn. 28; Lutter/Hommelhoff/Teichmann SE/*Oetker* SEBG § 21 Rn. 42, jeweils unter Bezugnahme auf die Möglichkeit der Neuverhandlung mit dem SE-BR nach § 18 Abs. 3 S. 2 SEBG bzw. § 26 SEBG.
[357] Habersack/Drinhausen/*Hohenstatt*/*Müller-Bonanni* SEBG § 21 Rn. 2; NK-ArbR/*Sagan* SEBG § 21 Rn. 10.
[358] *Forst*, Die Beteiligungsvereinbarung nach § 21 SEBG, 2010, 213; Gaul/Ludwig/Forst EuMitbestR/*Kuhnke*/*Hoops* § 2 Rn. 247; aA Annuß/Kühn/Rudolph/Rupp/*Rupp* SEBG § 21 Rn. 4, der eine freie Rechtswahl befürwortet.
[359] Lutter/Hommelhoff/Teichmann SE/*Oetker* SEBG § 21 Rn. 15.

### f) Konfliktlösung

203 Nicht selten finden sich in Beteiligungsvereinbarungen Regelungen über die Beilegung von Streitigkeiten im Rahmen eines besonderen Verhandlungsverfahrens oder durch eine **Schiedsstelle**. Solche Regelungen sind grundsätzlich für Streitigkeiten bei der Anwendung der Beteiligungsvereinbarung zulässig, können jedoch keine bindenden Regelungen für Streitigkeiten zwischen den Organen der Gesellschaft treffen.[360] Auch für Streitigkeiten, die nach § 2a Abs. 1 Nr. 3e ArbGG dem arbeitsgerichtlichen Beschlussverfahren zugewiesen sind, können verbindliche Entscheidungsbefugnisse nicht auf ein Schiedsgericht übertragen werden, da nach § 4 ArbGG eine Entscheidung durch ein Schiedsgericht im Beschlussverfahren ausgeschlossen ist.[361]

204 Eine **Gerichtsstandsvereinbarung**, die vielfach in Beteiligungsvereinbarungen zu treffen ist, ist im Hinblick auf § 82 Abs. 3 ArbGG, der zwingend die Zuständigkeit des Gerichts am Sitz der Gesellschaft festlegt, in aller Regel ohne eigenständige Bedeutung. Lediglich wenn, zB aufgrund des Auseinanderfallens von Satzungs- und Verwaltungssitz unterschiedliche Gerichtsstände begründet sind, wirkt eine Gerichtsstandsvereinbarung konstitutiv.[362]

205 Soweit ein **Statusverfahren** im Rahmen der verhandelten Mitbestimmung durchzuführen ist[363], kann durch die Beteiligungsvereinbarung ebenfalls keine von den §§ 96 ff. AktG bzw. §§ 24 ff. SEAG abweichende Regelung über das Verfahren und die sich daraus ergebenden Zuständigkeiten der ordentlichen Gerichte getroffen werden.

### g) Salvatorische Klausel

206 Nicht selten finden sich in Beteiligungsvereinbarungen salvatorische Klauseln, wonach bei Unwirksamkeit einzelner Regelungen der Beteiligungsvereinbarungen die Beteiligungsvereinbarung im Übrigen von der Unwirksamkeit unberührt bleibt und zur Lückenfüllung dann ggf. die gesetzliche Auffangregelung heranzuziehen ist. Solche Regelungen sind weitestgehend klarstellender Natur, da wie auch bei Betriebsvereinbarungen die Beteiligungsvereinbarung nur dann insgesamt unwirksam ist, wenn die verbleibenden wirksamen Bestimmungen, ggf. ergänzt um die Regelungen der gesetzlichen Auffanglösung nicht sinnvoll allein fortbestehen können.[364]

### h) Definitionen

207 Beteiligungsvereinbarungen enthalten häufig eigene Definitionen bestimmter Begriffe. Soweit das nicht der Fall ist, wird üblicherweise auf die Begriffsdefinitionen im SEBG bzw. der SE-RL zurückgegriffen.

## 2. Unterrichtung und Anhörung

### a) Allgemeines

208 Allen Beteiligungsvereinbarungen ist gemein, dass sie Regelungen über die Unterrichtung und Anhörung der Arbeitnehmer in internationalen Angelegenheiten enthalten müssen. Die Unterrichtung und Anhörung ist auch dann zu regeln, wenn die SE nicht der Unter-

---

[360] Lutter/Hommelhoff/Teichmann SE/*Oetker* SEBG § 21 Rn. 86.
[361] Lutter/Hommelhoff/Teichmann SE/*Oetker* SEBG § 21 Rn. 87; *Forst*, Die Beteiligungsvereinbarung nach § 21 SEBG, 2010, 417; aA (allgemeine Möglichkeit der Vereinbarung einer außergerichtlichen Streitbeilegung) Gaul/Ludwig/Forst EuMitbestR/*Kuhnke*/*Hoops* § 2 Rn. 291.
[362] Gaul/Ludwig/Forst EuMitbestR/*Kuhnke*/*Hoops* § 2 Rn. 292.
[363] Zu dessen Zulässigkeit allgemein Habersack/Henssler/*Henssler* SEBG § 21 Rn. 77 ff. mwN.
[364] Habersack/Drinhausen/*Hohenstatt*/*Müller-Bonanni* SEBG § 21 Rn. 7; Kölner Komm AktG/*Feuerborn* SEBG § 21 Rn. 90; Lutter/Hommelhoff/Teichmann SE/*Oetker* SEBG § 21 Rn. 93; MüKoAktG/*Jacobs* SEBG § 21 Rn. 12; Nagel/Freis/Kleinsorge SE/*Nagel* SEBG § 21 Rn. 48; iE auch *Forst*, Die Beteiligungsvereinbarung nach § 21 SEBG, 2010, 326 f.

nehmensmitbestimmung unterliegt. Den Parteien steht es nicht offen, auf die Regelung der Unterrichtung und Anhörung ganz zu verzichten.[365] Die Parteien haben aber bei der Ausgestaltung der Unterrichtung und Anhörung einen weiteren Gestaltungsspielraum. Die gesetzliche Auffanglösung setzt keinen Mindeststandard fest, der zwingend einzuhalten wäre, wenngleich in der Praxis vielfach die gesetzliche Auffangregelung den Ausgangspunkt für die Gestaltung der Unterrichtung und Anhörung in der Beteiligungsvereinbarung bildet und oft nur punktuell abweichende Regelungen getroffen werden. In der Regel wird daher in den Beteiligungsvereinbarungen ein SE-BR als transnationales Organ für die Unterrichtung und Anhörung in grenzüberschreitenden Angelegenheiten gebildet. Auch § 21 Abs. 1 SEBG sieht die Bildung eines SE-BR als Regelfall und gibt vor, welche Regelungen die Beteiligungsvereinbarung dafür mindestens enthalten soll.

### b) Größe des SE-BR und Sitzverteilung

Soweit nach § 21 Abs. 1 Nr. 2 SEBG die „*Zusammensetzung des SE-Betriebsrates*" zu regeln ist, bezieht sich dies zunächst auf die Größe des SE-BR und die Verteilung der Sitze auf die einzelnen Mitgliedstaaten. Bei der Festlegung der Größe des SE-BR haben die Parteien einen weiten Spielraum. Nicht erforderlich ist, dass für jeden Mitgliedstaat ein eigener Vertreter im SE-BR vorgesehen wird, wenn eine (zumindest mittelbare) Repräsentation jedes Mitgliedstaats auf andere Weise sichergestellt ist.[366] Zulässig sind daher Regelungen, die 209

– abweichend von der gesetzlichen Auffangregelung (→ Rn. 264 ff.) die Sitzverteilung regeln,
– Schwellenwerte für die Zuweisung eigener Sitze an Mitgliedstaaten vorsehen,[367]
– die Einrichtung von Entsendekreisen enthalten,[368]
– die maximale Größe des Gremiums sowie das Verfahren zur seiner Verkleinerung festlegen,[369]

solange sichergestellt ist, dass die rechtsstaatlich geltenden Grundsätze der Repräsentativität und Proportionalität angemessen berücksichtigt sind.[370] Soweit einzelnen Mitgliedstaaten keine Sitze im SE-BR zugewiesen werden (sei es als eigene Sitze oder zusammen mit anderen Mitgliedstaaten in Entsendekreisen) sollte zumindest die Vertretung durch andere Vertreter im SE-BR geregelt werden, um ihnen die Anhörungs- und Unterrichtungsrechte nicht gänzlich zu entziehen.[371]

Nach § 21 Abs. 1 Nr. 2 SEBG ist zu regeln, welche Auswirkungen wesentliche Änderungen der Arbeitnehmerzahlen auf die Zusammensetzung des SE-BR haben. Das Gesetz sagt nicht selbst, wann eine wesentliche Änderung der Arbeitnehmerzahlen vorliegt, so dass von den Parteien in weitem Umfang selbst geregelt werden kann, unter welchen Voraussetzungen Änderungen in der Lebenswirklichkeit eine Änderung des SE-BR zur Folge haben. Nicht selten finden sich in Beteiligungsvereinbarungen zB Regelungen, die in An- 210

---

[365] Annuß/Kühn/Rudolph/Rupp/*Rupp* SEBG § 21 Rn. 20; Habersack/Drinhausen/*Hohenstatt/Müller-Bonanni* SEBG § 21 Rn. 19; Kölner Komm AktG/*Feuerborn* SEBG § 21 Rn. 42; Lutter/Hommelhoff/Teichmann SE/*Oetker* SEBG § 21 Rn. 46; MüKoAktG/*Jacobs* SEBG § 21 Rn. 17; *Forst,* Die Beteiligungsvereinbarung nach § 21 SEBG, 2010, 216; *von der Heyde,* Die Beteiligung der Arbeitnehmer in der Societas Europaea (SE), 2007, 218 ff.; aA *Herfs-Röttgen,* NZA 2002, 358, 361; Gaul/Ludwig/Forst EuMitbestR/*Kuhnke/Hoops* § 2 Rn. 295.
[366] Gaul/Ludwig/Forst EuMitbestR/*Kuhnke/Hoops* § 2 Rn. 297 f.; Henssler/Willemsen/Kalb/Hohenstatt/*Dzida* SEBG Rn. 35; Habersack/Drinhausen/*Hohenstatt/Müller-Bonanni* SEBG § 21 Rn. 10.
[367] Habersack/Drinhausen/*Hohenstatt/Müller-Bonanni* SEBG § 21 Rn. 10; Gaul/Ludwig/Forst EuMitbestR/*Kuhnke/Hoops* § 2 Rn. 297 f.; *Forst,* Die Beteiligungsvereinbarung nach § 21 SEBG, 2010, 226.
[368] Habersack/Drinhausen/*Hohenstatt/Müller-Bonanni* SEBG § 21 Rn. 10; Gaul/Ludwig/Forst EuMitbestR/*Kuhnke/Hoops* § 2 Rn. 297 f.; *Forst,* Die Beteiligungsvereinbarung nach § 21 SEBG, 2010, 226.
[369] Gaul/Ludwig/Forst EuMitbestR/*Kuhnke/Hoops* § 2 Rn. 297 f.
[370] Annuß/Kühn/Rudolph/Rupp/*Rupp* SEBG § 21 Rn. 12.
[371] *Forst,* Die Beteiligungsvereinbarung nach § 21 SEBG, 2010, 226.

lehnung an § 25 SEBG vorsehen, dass zur Hälfte der Amtszeit die Sitzahl im SE-BR neu zu bestimmen ist und ggf. (partiell) Neuwahlen durchzuführen sind.

### c) Wahl/Bestellung der SE-BR-Mitglieder

211 Als wesentlicher Teil der „*Zusammensetzung des SE-Betriebsrates*" ist in der Beteiligungsvereinbarung auch das Verfahren für die Bestimmung der SE-BR-Mitglieder zu regeln. Auch insoweit haben die Parteien der Beteiligungsvereinbarung einen weiten Gestaltungsspielraum.

212 Die Parteien können frei bestimmen, ob die Mitglieder des SE-BR durch die Arbeitnehmer (direkt oder indirekt, zB durch ein Wahlgremium) **gewählt** oder durch andere Arbeitnehmervertretungen (zB durch Betriebsräte) **bestellt** werden sollen.[372] Wird als primäre Lösung eine Bestellung durch Arbeitnehmervertretungen vorgesehen, sollte die Urwahl als Auffanglösung für den Fall vorgesehen werden, dass in einem Mitgliedstaat eine entsprechende Arbeitnehmervertretung nicht besteht.[373]

213 Dem Grundsatz der Selbstrepräsentation folgend, ist in jedem Fall sicherzustellen, dass die Mitglieder des SE-BR **zumindest mittelbar durch die Arbeitnehmer der beteiligten Gesellschaften legitimiert** sind, so dass zB eine Wahl oder Bestellung durch ein externes Gremium nicht zulässig ist.[374] Dies schließt jedoch die Bestellung der Mitglieder des ersten SE-BR durch das BVG nicht aus, weil die Mitglieder des BVG zumindest mittelbar durch die Arbeitnehmer der beteiligten Gesellschaften legitimiert sind.[375] Ebenso ist es möglich, Dritten Vorschlagsrechte für Kandidaten einzuräumen, solange das Entscheidungsrecht bei den Arbeitnehmern oder deren Vertretungen bleibt.[376] Ein Kooptationsrecht in der Weise, dass der SE-BR nach erstmaliger Wahl die weiteren/zukünftigen Mitglieder des SE-BR bestimmt, darf hingegen nicht vorgesehen werden.[377]

214 Auch das **passive Wahlrecht** können die Parteien weitgehend frei bestimmen. Dabei ist es zulässig, neben Arbeitnehmern der SE und ihrer Tochtergesellschaften externen Dritten das passive Wahlrecht zuzugestehen, soweit den Arbeitnehmern bzw. ihren Vertretern das Bestimmungsrecht für die Mitglieder vorbehalten bleibt.[378] Nicht überzeugend ist es, wenn dagegen eingewandt wird, § 23 Abs. 1 S. 2 SEBG lege programmatisch auch für die Beteiligungsvereinbarung bindend fest, dass nur Arbeitnehmer Mitglied des SE-BR sein dürften.[379]

215 In den Beteiligungsvereinbarungen finden sich vielfach detaillierte Regelungen zum **Wahl- oder Bestellungsvorgang,** wobei auch hier die Parteien für die Bestimmung von Formalien und Fristen etc. einen weiten Spielraum haben. Zulässig ist es aber auch, nur die Rahmenbedingungen des Wahlverfahrens in der Beteiligungsvereinbarung zu regeln (zB Einleitung der Wahl, Verantwortung für die Durchführung und Zeitpunkt, bis zu dem gewählt werden muss) und die Ausfüllung des Rahmens dem für die Organisation der Wahl zuständigen Gremium zu überlassen.

---

[372] Zu berücksichtigen ist dabei, dass bei Anwendung der gesetzlichen Auffangregelungen es in einigen Ländern auch zur Wahl durch Gewerkschaftsdelegierte kommen kann, vgl. hierzu Gaul/Ludwig/Forst EuMitbestR/*Kuhnke/Hoops* § 2 Rn. 307.

[373] So auch Gaul/Ludwig/Forst EuMitbestR/*Kuhnke/Hoops* § 2 Rn. 302.

[374] *Forst,* Die Beteiligungsvereinbarung nach § 21 SEBG, 2010, 219; Gaul/Ludwig/Forst EuMitbestR/*Kuhnke/Hoops* § 2 Rn. 304; *Thüsing* ZIP 2006, 1469 1474.

[375] *Forst,* Die Beteiligungsvereinbarung nach § 21 SEBG, 2010, 220, der jedoch zutreffend darauf hinweist, dass auch bei Benennung der ersten Mitglieder in der Beteiligungsvereinbarung die Leitungen kein Mitspracherecht haben dürfen.

[376] *Forst,* Die Beteiligungsvereinbarung nach § 21 SEBG, 2010, 223.

[377] Gaul/Ludwig/Forst EuMitbestR/*Kuhnke/Hoops* § 2 Rn. 304; kritisch auch *Forst,* Die Beteiligungsvereinbarung nach § 21 SEBG, 2010, 223.

[378] *Forst,* Die Beteiligungsvereinbarung nach § 21 SEBG, 2010, 222.

[379] So aber Habersack/Drinhausen/*Hohenstatt/Müller-Bonanni* SEBG § 21 Rn. 10; Gaul/Ludwig/Forst EuMitbestR/*Kuhnke/Hoops* § 2 Rn. 308; im Ergebnis auch Kölner Komm AktG/*Feuerborn* SEBG § 21 Rn. 30.

Nicht zwingend erforderlich, aber in der Praxis üblich, ist eine Regelung zur Wahl von **Ersatzmitgliedern,** die möglichst gleichzeitig mit der Bestellung oder Wahl der regulären Mitglieder erfolgen sollte. 216

Die Parteien sollen auch die **Amtsdauer** der Mitglieder des SE-BR in der Beteiligungsvereinbarung näher regeln. Dies kann insbesondere erfolgen durch 217
- Regelungen zur regulären Amtsdauer, die in der Praxis vielfach vier bis fünf Jahre beträgt;
- Regelungen zur Abberufung einzelner Mitglieder durch die Wahlgremien oder durch gerichtliche Entscheidung;
- Regelungen zu sonstigen Gründen des Ausscheidens, wie Rücktritt, Verlust der Wählbarkeit, Wechsel des Mitglieds in einen anderen Mitgliedstaat, Anfechtung der Wahl oder Feststellung der Nichtigkeit.

Für die **Anfechtung der Wahl/Bestellung** enthält das Gesetz keine Regelung. Vielfach finden sich Bestimmungen in der Beteiligungsvereinbarung, wobei die Parteien sich häufig an den Anfechtungsregelungen für die Arbeitnehmervertreter im Aufsichts- oder Verwaltungsrat der SE (§ 37 Abs. 2 SEBG) orientieren. Zuständig für die Entscheidung über die Anfechtung der Wahl ist nach den zwingenden Regelungen in § 2a Abs. 1 Nr. 3d ArbGG iVm § 82 Abs. 3 ArbGG das Arbeitsgericht am Sitz der Gesellschaft, wovon in der Beteiligungsvereinbarung nicht abgewichen werden darf.[380] Für die **Nichtigkeit der Wahl/Bestellung** gelten die allgemeinen arbeitsrechtlichen Grundsätze, so dass von einer nichtigen Wahl auszugehen ist, wenn so grobe Fehler oder Mängel vorliegen, dass von einer ordnungsgemäßen Wahl oder Bestellung nicht einmal dem äußeren Anschein nach gesprochen werden kann.[381] 218

### d) Binnenverfassung/Beschlussfassung

Die Parteien können frei darüber entscheiden, ob und in welcher Detailtiefe sie die Binnenverfassung des SE-BR regeln. Insoweit finden sich in Beteiligungsvereinbarungen vielfach Regelungen zu folgenden Punkten: 219
- konstituierende Sitzung nach der Wahl,
- Wahl eines Vorsitzenden und von Stellvertretern sowie deren Vertretungsbefugnisse und Aufgaben,
- Bildung eines geschäftsführenden Ausschusses und ggf. weiterer Gremien,
- Sitzungen des SE-BR und Teilnahmemodalitäten,
- Beschlussfähigkeit und Beschlussfassung.

Zu den **Sitzungen** des SE-BR sagt § 21 Abs. 1 Nr. 4 SEBG lediglich, dass die *„Häufigkeit der Sitzungen des SE-Betriebsrats"* festzulegen ist, während die Parteien im Übrigen die Sitzungsmodalitäten für den SE-BR und ggf. auch die Ausschüsse frei regeln können. Dies gilt nicht nur für die gemeinsamen Sitzungen des SE-BR mit der Leitung der SE, sondern auch für die sonstigen Sitzungen des SE-BR.[382] Üblicherweise enthalten Beteiligungsvereinbarungen detaillierte Regelungen zu Turnus und Ort der Sitzungen sowie zur Sitzungssprache. Unklar ist, ob in der Beteiligungsvereinbarung vorgesehen werden darf, dass Sitzungen auch virtuell, zB per Telefon- oder Video-Konferenz abgehalten werden können.[383] 220

In der Beteiligungsvereinbarung kann frei bestimmt werden, mit welchen Mehrheiten Beschlüsse jeweils zu fassen sind. So kann generell auf § 24 Abs. 3 SEBG verwiesen oder eine differenzierende Regelung vereinbart werden, wie zB das Erfordernis einer doppelten 221

---

[380] *Forst,* Die Beteiligungsvereinbarung nach § 21 SEBG, 2010, 256.
[381] *Forst,* Die Beteiligungsvereinbarung nach § 21 SEBG, 2010, 254.
[382] NK-SE/*Evers/Hartmann/Bodenstedt* SEBG § 21 Rn. 30.
[383] Hierfür Gaul/Ludwig/Forst EuMitbestR/*Kuhnke/Hoops* § 2 SEBG Rn. 312 f.; gerade die im Hinblick auf die Coronapandemie vorübergehend eingeführte Regelung in § 48 SEBG zur Teilnahme an Sitzungen per Video- und Telefonkonferenz und die damit gemachten Erfahrungen zeigen, dass eine solche Regelung in der Praxis sehr wohl handhabbar ist und zu guten Ergebnissen führen kann.

Mehrheit entsprechend § 15 Abs. 1 SEBG oder weiterer qualifizierter Mehrheiten für besondere Beschlüsse, wie zB die Kündigung der Beteiligungsvereinbarung.

### e) Verfahren zur Unterrichtung und Anhörung

222 Gemäß § 21 Abs. 1 Nr. 3 SEBG sind als wesentlicher Bestandteil der Beteiligung der Arbeitnehmer „*die Befugnisse und das Verfahren zur Unterrichtung und Anhörung*" in der Beteiligungsvereinbarung zu regeln. Wird kein SE-BR etabliert, so sind dennoch gemäß § 21 Abs. 2 SEBG die Durchführungsmodalitäten des Verfahrens oder der Verfahren zur Unterrichtung und Anhörung festzulegen.[384]

223 Das Verfahren zur Unterrichtung und Anhörung können die Parteien der Beteiligungsvereinbarung frei gestalten. Sie können insbesondere entscheiden, zu welchen Gegenständen der SE-BR (oder ein anderes Gremium, hierzu → Rn. 230) zu unterrichten und anzuhören ist, und daher den Kreis der Sachverhalte, zu denen eine Unterrichtung und Anhörung erfolgen soll, weiter oder enger zu ziehen, als nach der gesetzlichen Auffanglösung (→ Rn. 278 ff.) vorgesehen.[385] In der Praxis orientieren sich Beteiligungsvereinbarungen bei der Ausgestaltung des Verfahrens häufig an dem Verfahren für die Unterrichtung und Anhörung nach §§ 28, 29 SEBG und sehen vor:
– jährlich eine oder mehrere regelmäßige Unterrichtungen und Anhörungen des SE-BR oder eines Ausschusses über die allgemeine Entwicklung der SE-Gruppe und Maßnahmen, über die eine retrospektive Unterrichtung ausreichend erscheint;
– außerordentliche Unterrichtungen und Anhörungen, in denen der SE-BR (oder ggf. ein Ausschuss) vor Durchführung der Maßnahme angehört werden soll.

224 In der Praxis werden außerordentliche Unterrichtungen und Anhörungen häufig an strenge Voraussetzungen gebunden. Insbesondere wird häufig verlangt, dass eine bestimmte Mindestzahl von Arbeitnehmern betroffen sein muss.[386]

225 Zudem wird vielfach – entsprechend den Regelungen in § 30 SEBG – vorgesehen, dass der SE-BR die Arbeitnehmervertreter oder Arbeitnehmer über die Unterrichtung und Anhörung in bestimmter Weise zu informieren hat.

### f) Arbeitsbedingungen des SE-Betriebsrats/Kosten

226 Nach § 21 Abs. 1 Nr. 5 SEBG sind in der Beteiligungsvereinbarung die „*für den SE-Betriebsrat bereitzustellenden finanziellen und materiellen Mittel*" zu regeln. Dies bezieht sich auf die Mittel, die für die eigentliche Arbeit des SE-BR zur Verfügung zu stellen sind, wie zB
– Büroausstattung und Kommunikationsmittel,
– Büroräume und personelle Ausstattung,
– Kostenübernahme für notwendige Reisen, Dolmetscher, Sachverständige und Fortbildung.

227 Zwar sind die Parteien bei der Gestaltung der Regelungen zur Ausstattung und Kostenübernahme weitgehend frei, jedoch ist in jedem Fall das auch für die Beteiligungsvereinbarung geltende Benachteiligungs- und Begünstigungsverbot gemäß § 44 Nr. 3 SEBG zu beachten. Daraus folgt, dass zB Reisekosten entsprechend den auch im BetrVG geltenden Grundsätzen erstattet werden dürfen. Unter Berücksichtigung des für den SE-BR geltenden Tätigkeitsschutzes gemäß § 44 Nr. 2 SEBG ist zudem bei der Vereinbarung darauf zu achten, dass dem SE-BR durch eine Beschränkung der Kostenerstattung die Arbeit nicht unangemessen erschwert wird. In der Praxis ist es aufgrund der vorgenannten Beschränkungen daher üblich, eine an den Regelungen der §§ 31–33 SEBG orientierte Regelung

---

[384] Lutter/Hommelhoff/Teichmann SE/*Oetker* SEBG § 21 Rn. 46; MüKoAktG/*Jacobs* SEBG § 21 Rn. 17, jeweils mwN; ähnlich NK-SE/*Evers/Hartmann/Bodenstedt* SEBG § 21 Rn. 22, die bei Fehlen von Regelungen zur Unterrichtung und Anhörung die gesetzliche Auffanglösung für anwendbar erklären.
[385] Annuß/Kühn/Rudolph/Rupp/*Rupp* SEBG § 21 Rn. 14; Lutter/Hommelhoff/Teichmann SE/*Oetker* SEBG § 21 Rn. 48; NK-SE/*Evers/Hartmann/Bodenstedt* SEBG § 21 Rn. 23.
[386] S. hierzu Gaul/Ludwig/Forst EuMitbestR/*Kuhnke/Hoops* § 2 Rn. 324.

aufzunehmen, wobei die Grenzen der Erforderlichkeit durch Regelbeispiele verdeutlicht werden.

Nicht unter § 21 Abs. 1 Nr. 5 SEBG fallen Regelungen zu den materiellen Arbeitsbedingungen. Noch nicht abschließend geklärt ist jedoch, inwieweit in der Beteiligungsvereinbarung ein über das Niveau des § 42 SEBG hinausgehender Schutz vereinbart werden darf. Weithin angenommen, dass die Parteien ein einheitliches, über § 42 SEBG hinausgehendes Schutzniveau vereinbaren können.[387] Dem ist im Lichte des § 44 Nr. 2 SEBG zuzustimmen, soweit die Schutzverstärkung auf spezifische mit der Tätigkeit im SE-BR verbundene Risiken reagiert. 228

Im SEBG ist nicht abschließend geregelt, wer die Kosten für die Tätigkeit eines durch Vereinbarung etablierten SE-BR zu tragen hat. Fehlt eine Regelung in der Beteiligungsvereinbarung, ist regelmäßig davon auszugehen, dass die Kosten entsprechend dem in § 33 SEBG formulierten Grundsatz von der SE zu tragen sind. 229

### g) Alternative Verfahren für Unterrichtung und Anhörung

§ 21 Abs. 2 SEBG sieht ausdrücklich vor, dass anstelle eines SE-BR ein alternatives Verfahren zur Unterrichtung und Anhörung vereinbart werden kann. Auch in diesem Fall haben die Parteien einen weiten Gestaltungsspielraum.[388] Zu berücksichtigen ist jedoch, dass auch nach § 21 Abs. 2 SEBG ein institutionalisiertes Verfahren zur Unterrichtung und Anhörung in grenzüberschreitenden Angelegenheiten vorgesehen werden muss, bei dem ein grenzüberschreitender Austausch der Arbeitnehmer bzw. ihrer Vertretungen sichergestellt ist.[389] 230

### h) Einführung betrieblicher Mitbestimmung?

Umstritten ist, ob in der Beteiligungsvereinbarung über ein Verfahren zur Unterrichtung und Anhörung hinaus dem SE-BR oder einem anderen Gremium echte Mitbestimmungsrechte (außerhalb der Unternehmensmitbestimmung, s. hierzu → Rn. 232 ff.) eingeräumt werden können. Zwar wird dies vielfach abgelehnt, weil sich aus der Systematik des § 21 Abs. 1 SEBG ergebe, dass der SE-BR ein reines Konsultationsorgan sei,[390] jedoch überzeugt diese Ansicht nicht. Schon aus der Definition des SE-BR in § 2 Abs. 7 SEBG ergibt sich vielmehr, dass diesem auch *„Mitbestimmungsrechte und sonstige Beteiligungsrechte in Bezug auf die SE"* zugewiesen werden können. Auch dann müssen allerdings die Vertretungsstrukturen nach nationalem Recht unberührt bleiben,[391] so dass etwaige Konflikte zwischen SE-BR und nationalen Vertretungsorganen zugunsten der nationalen Vertretungsorgane aufzulösen sind. 231

---

[387] Für ein weitgehendes Regelungsrecht insoweit: Annuß/Kühn/Rudolph/Rupp/*Rupp* SEBG § 42 Rn. 2; Habersack/Henssler/*Henssler* SEBG § 42 Rn. 12 f.; Kölner Komm AktG/*Feuerborn* SEBG § 42 Rn. 3; Lutter/Hommelhoff/Teichmann SE/*Oetker* SEBG § 42 Rn. 8; Nagel/Freis/Kleinsorge SE/*Nagel* SEBG § 42 Rn. 3; NK-SE/*Kleinemann/Kujath* SEBG § 42 Rn. 5.

[388] Annuß/Kühn/Rudolph/Rupp/*Rupp* SEBG § 21 Rn. 20; NK-SE/*Evers/Hartmann/Bodenstedt* SEBG § 21 Rn. 32; Nagel/Freis/Kleinsorge SE/*Freis* SEBG § 21 Rn. 15.

[389] Annuß/Kühn/Rudolph/Rupp/*Rupp* SEBG § 21 Rn. 21 unter Verweis auf Annuß/Kühn/Rudolph/Rupp/*Rupp* EBRG § 19 Rn. 6; NK-ArbR/*Sagan* SEBG § 21 Rn. 17; ähnlich Nagel/Freis/Kleinsorge SE/*Freis* SEBG § 21 Rn. 16, die fordert, dass dieselben Mindestinhalte wie für den SE-BR vorgesehen werden.

[390] Annuß/Kühn/Rudolph/Rupp/*Rupp* SEBG § 21 Rn. 15; Habersack/Drinhausen/*Hohenstatt/Müller-Bonanni* SEBG § 21 Rn. 12; Kölner Komm AktG/*Feuerborn* SEBG § 21 Rn. 33; Lutter/Hommelhoff/Teichmann SE/*Oetker* SEBG § 21 Rn. 48; MüKoAktG/*Jacobs* SEBG § 21 Rn. 31.

[391] Vgl. Begr. RegE, BT-Drs. 15/3405, 44.

### 3. Unternehmensmitbestimmung

232 Nach § 21 Abs. 3 und 6 SEBG kann bzw. (unter bestimmten Umständen) muss die Beteiligungsvereinbarung auch Regelungen zur Mitbestimmung im Aufsichts- oder Verwaltungsorgan der Gesellschaft enthalten.

#### a) Pflicht zur Regelung der Mitbestimmung?

233 Grundsätzlich sind die Parteien frei, Regelungen über die Unternehmensmitbestimmung in der Beteiligungsvereinbarung vorzusehen; aus dem Wortlaut von § 21 Abs. 4 S. 1 SEBG ergibt sich in Umsetzung von Art. 4 Abs. 2 lit. g. SE-RL, dass die Parteien auch vereinbaren können, dass die Gesellschaft mitbestimmungsfrei ist.[392] Lediglich im Fall der formwechselnden Umwandlung darf das Mitbestimmungsniveau vor der Umwandlung nicht gemindert werden, so dass eine vor der Umwandlung bestehende Mitbestimmung aufrechtzuerhalten ist, wie in § 21 Abs. 6 SEBG noch einmal ausdrücklich festgehalten wird.[393] Umstritten ist, ob darüber hinaus auch sonstige, nach deutschem Recht geltende Grundsätze der Mitbestimmung, insbesondere die besonderen Wahlbestimmungen für Gewerkschaftsvertreter, zu berücksichtigen sind.[394] Zutreffend wird jedoch davon ausgegangen, dass eine solche Ausweitung europarechtswidrig wäre, so dass in Ergebnis nur der Anteil der Arbeitnehmervertreter im Aufsichts- oder Verwaltungsorgan bei der Umwandlung nicht gemindert werden darf.[395] Im Falle der Gründung der SE durch Verschmelzung oder als Holding- oder Tochter-SE müssen dagegen nur die besonderen Mehrheitserfordernisse gemäß § 15 Abs. 3 SEBG beachtet werden, wenn das BVG über den Abschluss der Beteiligungsvereinbarung beschließt.

#### b) Rahmen und Grenzen der Vereinbarungsautonomie bei der Unternehmensmitbestimmung

234 Die Parteien der Beteiligungsvereinbarung haben bei der Ausgestaltung der Unternehmensmitbestimmung einen weiten Spielraum. Dies bedeutet jedoch nicht, dass sie die Beteiligung der Arbeitnehmer im Aufsichts- oder Verwaltungsrat ohne jegliche Schranken regeln dürfen. So dürfen die Parteien in der Beteiligungsvereinbarung nur originäre, die Unternehmensmitbestimmung unmittelbar betreffende Regelungen vereinbaren und gesetzlich geregelte Fragen, die nur Reflexwirkungen auf die Unternehmensmitbestimmung haben, nicht abweichend regeln.[396] Darüber hinaus sind gesellschaftsrechtliche Vorgaben

---

[392] Begr. RegE, BT-Drs. 15/3405, 51; Habersack/Drinhausen/*Hohenstatt*/*Müller-Bonanni* SEBG § 21 Rn. 20; Kölner Komm AktG/*Feuerborn* SEBG § 21 Rn. 45; Lutter/Hommelhoff/Teichmann SE/*Oetker* SEBG § 21 Rn. 51; MüKoAktG/*Jacobs* SEBG § 21 Rn. 18; *Kienast* in Jannott/Frodermann SE-HdB Kap. 13 Rn. 381; *Forst*, Die Beteiligungsvereinbarung nach § 21 SEBG, 2010, 259; *Güntzel*, Die Richtlinie über die Arbeitnehmerbeteiligung in der Europäischen Aktiengesellschaft (SE) und ihre Umsetzung in das deutsche Recht, 2006, 227 f.; *Grobys* NZA 2005, 84 (85); *Herfs-Röttgen* NZA 2002, 358 (363).

[393] Dass das BVG den Beschluss zur Absenkung des Mitbestimmungsniveaus bei der Umwandlung nicht fassen kann, ergibt sich bereits aus § 15 Abs. 5 SEBG, so dass es der Klarstellung genaugenommen nicht bedurft hätte.

[394] So BAG NZA 2021, 287 für den Fall der formwechselnden Umwandlung; Wißmann/Kleinsorge/Schubert /*Kleinsorge* EU-Recht Rn. 110; Nagel/Freis/Kleinsorge SE/*Freis* SEBG § 21 Rn. 44; Kölner Komm AktG/*Feuerborn* SEBG § 21 Rn. 82; NK-EBRG/*Carlson* SE Rn. 118 f.; *Güntzel*, Die Richtlinie über die Arbeitnehmerbeteiligung in der Europäischen Aktiengesellschaft (SE) und ihre Umsetzung in das deutsche Recht, 2006, 233; *Köstler* in Theisen/Wenz EurAG 349.

[395] LAG Baden-Württemberg ZIP 2018, 2414; ArbG Mannheim BB 2018, 1655; MüKo-AktG/*Jacobs* SEBG § 21 Rn. 53; Habersack/Henssler/*Henssler* SEBG § 21 Rn. 58; Habersack/Drinhausen/*Hohenstatt*/*Müller-Bonanni* SEBG § 21 Rn. 31; Habersack/Drinhausen/*Seibt* SEVO Art. 40 Rn. 71; Gaul/Ludwig/Forst EuMitbestR/*Kuhnke*/*Hoops* § 2 Rn. 287; Kölner Komm AktG/*Paefgen* SEVO Art. 40 Rn. 110; *Forst*, Die Beteiligungsvereinbarung nach § 21 SEBG, 2010, 203 f.; *Jacobs*/*Modi* FS Windbichler, 2020, 249 ff.

[396] Habersack/Henssler/*Henssler* SEBG § 21 Rn. 30; Kölner Komm AktG/*Feuerborn* SEBG § 21 Rn. 48; Lutter/Hommelhoff/Teichmann SE/*Oetker* SEBG § 21 Rn. 54; MüKoAktG/*Jacobs* SEBG § 21 Rn. 19; *Hoops*, Die Mitbestimmungsvereinbarung in der Europäischen Aktiengesellschaft (SE), 2009, 115; *Kepper*, Die mitbestimmte monistische SE deutschen Rechts, 2010, 199 f.

D. Die Beteiligungsvereinbarung                                                            § 14

der SE-VO, des SEAG und des AktG zu berücksichtigen, soweit sich nicht aus dem Gesetz ein Vorrang der Beteiligungsvereinbarung herleiten lässt.[397] Zudem ist stets zu prüfen, ob im konkreten Fall der Satzungsautonomie Vorrang vor der Beteiligungsvereinbarung einzuräumen ist.[398]

Noch nicht abschließend geklärt ist, ob die Parteien zwingend die in § 21 Abs. 2 S. 2 SEBG aufgeführten Regelungsgegenstände zur Zahl der Arbeitnehmervertreter, deren Wahl und deren Rechte in die Beteiligungsvereinbarung aufnehmen müssen. So wird teilweise angenommen, die Gestaltung von § 21 Abs. 2 S. 2 SEBG als Soll-Vorschrift spreche dagegen.[399] Hingegen deutet Art. 4 Abs. 2 lit. g SE-RL darauf hin, dass der in § 21 Abs. 3 S. 2 SEBG genannte Katalog bindend ist.[400] Soweit entsprechende Regelungen in der Beteiligungsvereinbarung fehlen, ist die entstehende Lücke durch eine entsprechende Anwendung der Regelungen der gesetzlichen Auffangregelung zu füllen.[401] 235

### c) Einzelne Regelungen in der Beteiligungsvereinbarung

**aa) Zahl der Arbeitnehmervertreter.** Gemäß § 21 Abs. 3 S. 2 Nr. 1 SEBG ist in der Beteiligungsvereinbarung die *„Zahl der Arbeitnehmervertreter"* im Aufsichts- bzw. Verwaltungsorgan zu bestimmen. Vielfach wird vertreten, dass in der Beteiligungsvereinbarung damit auch die Größe des Aufsichts- oder Verwaltungsorgans regeln kann, indem die Zahl der Arbeitnehmervertreter insgesamt und deren Anteil an den Gesamtmitgliedern abschließend festgelegt werden.[402] Da aber die Mitbestimmung nach § 2 Abs. 12 SEBG nur das Recht umfasst, *„einen Teil der Mitglieder des Aufsichts- oder Verwaltungsorgans"* zu bestimmen, spricht dies dafür, dass in der Beteiligungsvereinbarung nur die nähere Ausgestaltung des den Arbeitnehmervertretern zugewiesenen Anteils und nicht auch seine Größe bestimmt werden kann.[403] Soweit in der Beteiligungsvereinbarung dennoch Angaben zur Gesamtgröße des Aufsichts- oder Verwaltungsrats gemacht werden, sind sie nicht bindend. 236

**bb) Verfahren zur Ausübung der Mitbestimmung.** Die gemäß § 21 Abs. 3 S. 2 Nr. 2 SEBG genannten Regelungen zum Verfahren für die Ausübung der Mitbestimmung beziehen sich auch auf die Verteilung der Sitze für die Arbeitnehmervertreter im Aufsichts- oder Verwaltungsrat in geographischer und funktioneller Hinsicht sowie auf das Verfahren zur Bestimmung der Arbeitnehmervertreter. 237

---

[397] Habersack/Henssler/*Henssler* SEBG § 21 Rn. 32; Kölner Komm AktG/*Feuerborn* SEBG § 21 Rn. 49; Lutter/Hommelhoff/Teichmann SE/*Oetker* SEBG § 21 Rn. 54; NK-SE/*Evers/Hartmann/Bodenstedt* SEBG § 21 Rn. 40.
[398] Lutter/Hommelhoff/Teichmann SE/*Oetker* SEBG § 21 Rn. 55 ff. mwN.
[399] Habersack/Henssler/*Henssler* SEBG § 21 Rn. 36; MüKoAktG/*Jacobs* SEBG § 21 Rn. 34; *Kienast* in Jannott/Frodermann SE-HdB Kap. 13 Rn. 414; *Scheibe*, Die Mitbestimmung der Arbeitnehmer in der SE unter besonderer Berücksichtigung des monistischen Systems, 2007, 79.
[400] Habersack/Drinhausen/*Hohenstatt/Müller-Bonanni* SEBG § 21 Rn. 20; Kölner Komm AktG/*Feuerborn* SEBG § 21 Rn. 47; *Hoops*, Die Mitbestimmungsvereinbarung in der Europäischen Aktiengesellschaft (SE), 2009, 114; *Kleinsorge* RdA 2002, 343 (350).
[401] Habersack/Drinhausen/*Hohenstatt/Müller-Bonanni* SEBG § 21 Rn. 20; Habersack/Henssler/*Henssler* SEBG § 21 Rn. 36; Lutter/Hommelhoff/Teichmann SE/*Oetker* SEBG § 21 Rn. 52; MüKoAktG/*Jacobs* SEBG § 21 Rn. 36; NK-SE/*Evers/Hartmann/Bodenstedt* SEBG § 21 Rn. 39.
[402] LG Nürnberg-Fürth NZG 2010, 547; Henssler/Willemsen/Kalb/*Hohenstatt/Dzida* SEBG Rn. 36; Nagel/Freis/Kleinsorge SE/*Freis* SEBG § 21 Rn. 22; *Kienast* in Jannott/Frodermann SE-HdB Kap. 13 Rn. 414; *Schmid*, Mitbestimmung in der Europäischen Aktiengesellschaft (SE), 2010, 202 ff.; *Seibt* ZIP 2010, 1057 (1061).
[403] Habersack/Henssler/*Henssler* SEBG § 21 Rn. 37; Kölner Komm AktG/*Feuerborn* SEBG § 21 Rn. 55; MüKoAktG/*Jacobs* SEBG § 21 Rn. 35 f.; NK-ArbR/*Sagan* SEBG § 21 Rn. 23; *Forst*, Die Beteiligungsvereinbarung nach § 21 SEBG, 2010, 262 ff.; *Hoops*, Die Mitbestimmungsvereinbarung in der Europäischen Aktiengesellschaft (SE), 2009, 140 ff.; *Kepper*, Die mitbestimmte monistische SE deutschen Rechts, 2010, 206 ff.; *Kraft*, Die Europäisierung der deutschen Mitbestimmung durch das SE-Beteiligungsgesetz, 2005, 170; *Scheibe*, Die Mitbestimmung der Arbeitnehmer in der SE unter besonderer Berücksichtigung des monistischen Systems, 2007, 125; *Steinberg*, Mitbestimmung in der Europäischen Aktiengesellschaft, 2006, 212 ff.

238  Bei der **Verteilung der Sitze** haben die Parteien einen weiten Spielraum, der nur durch das Willkürverbot begrenzt wird.[404] Sie können zB
— Sitze auf einzelne Mitgliedstaaten verteilen,
— bestimmte Wahlkreise bilden,
— eine einheitliche Wahl für alle Mitgliedstaaten vorsehen, oder
— Sitze nach Sparten oder Geschäftsbereichen verteilen.[405]
Bei der Verteilung der Sitze sind zwar möglichst alle Arbeitnehmer an der Mitbestimmung zu beteiligen, jedoch ist hinzunehmen, dass bei einer begrenzten Zahl der Sitze für Arbeitnehmervertreter im Aufsichts- oder Verwaltungsorgan gegebenenfalls nicht allen Arbeitnehmern ein (direktes oder indirektes) Recht zur Bestimmung der Arbeitnehmervertreter zugestanden wird.[406]

239  Auch bei der **Festlegung des Verfahrens für die Bestimmung** der Arbeitnehmervertreter genießen die Parteien einen großen Spielraum. So können die Parteien festlegen, ob die Arbeitnehmervertreter durch die Arbeitnehmer gewählt oder durch Arbeitnehmervertretungen bestellt werden. Auch ist es zulässig, ein Kooptationsverfahren vorzusehen, wie sich aus der Definition der Mitbestimmung in § 2 Abs. 12 Nr. 2 SEBG ergibt. Dabei ist jedoch sicherzustellen, dass einzelnen Arbeitnehmergruppen nicht in unangemessener Weise die Rechte zur Ausübung der Mitbestimmung vorenthalten werden und die Entscheidung (zumindest indirekt) von den Arbeitnehmern getroffen wird.[407] Daraus folgt, dass zwar in der Beteiligungsvereinbarung vorgesehen werden kann, dass Dritte (zB Gewerkschaften) bindende Vorschläge für die Wahl von Arbeitnehmervertretern machen können, die Auswahlentscheidung (wenn auch nur in Form eines Rechts zur Ablehnung) jedoch den Arbeitnehmern vorbehalten bleiben muss.[408]

240  Zulässig und üblich sind Regelungen zum **passiven Wahlrecht,** wobei die Parteien jedoch nicht missbräuchlich Hürden für den Zugang zum Amt als Arbeitnehmervertreter aufstellen dürfen.[409] Zulässig sind zB Regelungen über ein Mindestalter oder eine Mindestbeschäftigungsdauer von Kandidaten.[410] Auch können die Parteien festlegen, dass einzelne Sitze auf Gewerkschaftsvertreter oder leitende Angestellte entfallen.[411] Soweit gesetzlich zwingende persönliche Anforderungen an Aufsichtsratsmitglieder gestellt werden, können diese in der Beteiligungsvereinbarung nicht abgesenkt werden. Die Aufnahme solcher Anforderungen in die Beteiligungsvereinbarung hat insoweit nur deklaratorischen Charakter. Unbenommen ist es aber den Parteien der Beteiligungsvereinbarung, im Rahmen ihres Ermessens, angemessene weitere Anforderungen an Arbeitnehmervertreter aufzustellen.

241  Eine **Benennung der ersten Arbeitnehmervertreter** in der Beteiligungsvereinbarung ist unter dem Gesichtspunkt, dass die Mitglieder des BVG zumindest mittelbar durch

---

[404] Habersack/Henssler/*Henssler* SEBG § 21 Rn. 42; MüKoAktG/*Jacobs* SEBG § 21 Rn. 37.
[405] Habersack/Henssler/*Henssler* SEBG § 21 Rn. 42 mwN.
[406] *Forst,* Die Beteiligungsvereinbarung nach § 21 SEBG, 2010, 275.
[407] Habersack/Drinhausen/*Hohenstatt/Müller-Bonanni* SEBG § 21 Rn. 24; Habersack/Henssler/*Henssler* SEBG § 21 Rn. 43; Kölner Komm AktG/*Feuerborn* SEBG § 21 Rn. 59; Lutter/Hommelhoff/Teichmann SE/*Oetker* SEBG § 21 Rn. 71; MüKoAktG/*Jacobs* SEBG § 21 Rn. 39; *Forst,* Die Beteiligungsvereinbarung nach § 21 SEBG, 2010, 272 f.; *Hoops,* Die Mitbestimmungsvereinbarung in der Europäischen Aktiengesellschaft (SE), 2009, 144 f.
[408] Habersack/Drinhausen/*Hohenstatt/Müller-Bonanni* SEBG § 21 Rn. 24; Lutter/Hommelhoff/Teichmann SE/*Oetker* SEBG § 21 Rn. 71; Habersack/Henssler/*Henssler* SEBG § 21 Rn. 43; Kölner Komm AktG/*Feuerborn* SEBG § 21 Rn. 59.
[409] Kölner Komm AktG/*Feuerborn* SEBG § 21 Rn. 60; MüKoAktG/*Jacobs* SEBG § 21 Rn. 40; Habersack/Henssler/*Henssler* SEBG § 21 Rn. 44.
[410] Kölner Komm AktG/*Feuerborn* SEBG § 21 Rn. 60; *Hoops,* Die Mitbestimmungsvereinbarung in der Europäischen Aktiengesellschaft (SE), 2009, 148.
[411] Habersack/Drinhausen/*Hohenstatt/Müller-Bonanni* SEBG § 21 Rn. 24; MüKoAktG/*Jacobs* SEBG § 21 Rn. 38; weiter BAG NZA 2020, 287 (289), das zumindest für den Fall der formwechselnden Umwandlung davon ausgeht, dass alle, das deutsche Mitbestimmungsrecht prägenden Elemente, insbesondere vor der Umwandlung bestehende Mindestsitze für Gewerkschaften garantiert werden müssen; ähnlich auch NK-EBRG/*Carlson* SE Rn. 118.

die Arbeitnehmer legitimiert sind, zulässig[412] und in der Praxis zur Vermeidung eines nur mit Anteilseignervertretern besetzten ersten Aufsichtsrats üblich.

In der Beteiligungsvereinbarung kann und sollte die **Amtsdauer** der Arbeitnehmervertreter geregelt werden; dabei spricht viel für die Anpassung der Amtsdauer an die Amtsdauer der Anteilseignervertreter.[413] Zulässig wäre jedoch auch die Einführung eines sogenannten „staggered boards", so dass einzelne Mitglieder zu unterschiedlichen Terminen bestellt werden, was jedoch spätere Anpassungen erschwert, zB wenn die Satzungsgeber beschließen, den Aufsichtsrat zu verkleinern. 242

Üblich und zulässig sind zudem Regelungen in der Beteiligungsvereinbarung zur **Abberufung** und **Anfechtung der Wahl**. Dabei kann auch das weitere Verfahren geregelt werden, zB indem der Kreis der Anfechtungsberechtigten und die Anfechtungsfristen näher geregelt werden.[414] 243

Anders als zT in der Literatur vertreten[415] muss die Beteiligungsvereinbarung die Bestellung der Arbeitnehmervertreter im Aufsichtsrat nicht der Hauptversammlung vorbehalten, sondern sie kann deren unmittelbar wirksame Wahl bzw. Bestellung vorsehen; dies ergibt sich unmittelbar aus Art. 40 Abs. 2 S. 3 SE-VO, Art. 43 Abs. 3 S. 3 SE-VO[416]. Dies schließt jedoch nicht aus, dass die Beteiligungsvereinbarung eine abschließende Bestellung erst durch die Hauptversammlung vorsieht, wobei die Hauptversammlung in diesem Falle an das Wahlergebnis bzw. das Ergebnis des Bestellungsvorganges nach der Beteiligungsvereinbarung gebunden ist. 244

**cc) Rechte der Arbeitnehmervertreter.** Bei der Festlegung der Rechte der Arbeitnehmervertreter haben die Parteien der Beteiligungsvereinbarung weniger freie Hand als bei den anderen in § 21 Abs. 2 S. 2 SEBG genannten Regelungsbereichen. Insbesondere haben Sie den auch in § 38 Abs. 1 SEBG verankerten Gleichbehandlungsgrundsatz zu berücksichtigen. Daraus folgt, dass insbesondere eine Einschränkung von Stimmrechten der Arbeitnehmervertreter im Aufsichts- oder Verwaltungsrat nicht zulässig ist.[417] Unter Berücksichtigung der Definition der Mitbestimmung in § 2 Abs. 12 SEBG als Teilhabe im Aufsichts- bzw. Verwaltungsorgan ist eine Regelung in der Beteiligungsvereinbarung unzulässig, nach der die Teilhabe der Arbeitnehmer auf besondere Arbeitnehmervertretungsorgane ausgelagert wird.[418] Die vorgenannten Einschränkungen gelten freilich nur, soweit nicht auf eine echte Mitbestimmung der Arbeitnehmer verzichtet werden darf. 245

Sofern eine Mitbestimmung vorgesehen wird, darf im Falle der paritätischen Mitbestimmung gemäß Art. 50 Abs. 2 SE-VO von der Möglichkeit des **Stichentscheids** bei Stimmengleichheit weder durch die Beteiligungsvereinbarung noch durch die Satzung abgewichen werden. 246

Unter Berücksichtigung des Begünstigungs- und Benachteiligungsverbots gemäß § 44 Nr. 3 SEBG können die Parteien zudem Regelungen zur **persönlichen Rechtsstellung** der Arbeitnehmervertreter treffen, insbesondere zu 247

---

[412] Habersack/Henssler/*Henssler* SEBG § 21 Rn. 47; Kölner Komm AktG/*Feuerborn* SEBG § 21 Rn. 63; *Forst*, Die Beteiligungsvereinbarung nach § 21 SEBG, 2010, 269.
[413] *Forst*, Die Beteiligungsvereinbarung nach § 21 SEBG, 2010, 267.
[414] Lutter/Hommelhoff/Teichmann SE/*Oetker* SEBG § 21 Rn. 75 mwN.
[415] MüKoAktG/*Jacobs* SEBG § 21 Rn. 39; Habersack/Henssler/*Henssler* SEBG § 21 Rn. 45; *Hoops*, Die Mitbestimmungsvereinbarung in der Europäischen Aktiengesellschaft (SE), 2009, 149 ff.; *Scheibe*, Die Mitbestimmung der Arbeitnehmer in der SE unter besonderer Berücksichtigung des monistischen Systems, 2007, 129 f.
[416] Lutter/Hommelhoff/Teichmann SE/*Oetker* SEBG § 21 Rn. 70 mwN.
[417] Habersack/Drinhausen/*Hohenstatt/Müller-Bonanni* SEBG § 21 Rn. 27; MüKoAktG/*Jacobs* SEBG § 21 Rn. 42; Habersack/Henssler/*Henssler* SEBG § 21 Rn. 46; *Forst*, Die Beteiligungsvereinbarung nach § 21 SEBG, 2010, 277; aA für den Verwaltungsrat *Hoops*, Die Mitbestimmungsvereinbarung in der Europäischen Aktiengesellschaft (SE), 2009, 156; *Kallmeyer* ZIP 2004, 1142 (1444); *Scheibe*, Die Mitbestimmung der Arbeitnehmer in der SE unter besonderer Berücksichtigung des monistischen Systems, 2007, 138.
[418] Lutter/Hommelhoff/Teichmann SE/*Oetker* SEBG § 21 Rn. 79; MüKoAktG/*Jacobs* SEBG § 21 Rn. 49; Habersack/Henssler/*Henssler* SEBG § 21 Rn. 48 mwN.

- Schulungsmaßnahmen,
- Zugang zu Informationen und
- Rede- und Teilnahmerechten an den Sitzungen.[419]

248 **dd) Sonstige Regelungen.** § 21 Abs. 2 SEBG regelt nur den Mindestinhalt für die Beteiligungsvereinbarung im Hinblick auf die Mitbestimmung. Die Parteien können daher grundsätzlich auch weitere Regelungen in die Beteiligungsvereinbarung zur Mitbestimmung aufnehmen. So können unter Berücksichtigung des Gleichbehandlungsgrundsatzes für Arbeitnehmer- und Anteilseignervertreter auch deren Pflichten (zB zur Geheimhaltung) in der Beteiligungsvereinbarung geregelt werden.[420]

249 Hinsichtlich sonstiger weiterer Regelungen ist jedoch im Einzelfall zu prüfen, ob diese unter Berücksichtigung der Satzungsautonomie zulässig sind. Keiner Regelung in der Beteiligungsvereinbarung zugänglich sind daher
- die organisatorische Grundentscheidung für das monistische oder dualistische System der Unternehmensleitung[421]
- die innere Ordnung des Aufsichts- oder Verwaltungsrats der SE, weil dadurch unmittelbar auch die Rechte der Anteilseignervertreter betroffen sind[422],
- die Binnenorganisation oder Bestellungsformalien der Leitungsorgane[423], zB im Hinblick auf die Pflicht zur Bestellung eines Arbeitsdirektors[424],
- Regelungen zum Verhältnis zwischen Aufsichts- oder Verwaltungsrat einerseits und Leitung andererseits (zB durch Aufnahme von Zustimmungskatalogen in die Beteiligungsvereinbarung).[425]

## 4. Möglichkeit der (teilweisen) Anwendung der Auffanglösung

250 § 21 Abs. 5 SEBG regelt überflüssigerweise, dass die Parteien die gesetzliche Auffangregelung für die Unterrichtung und Anhörung bzw. die Mitbestimmung ganz oder teilweise für anwendbar erklären können. Da die gesetzlichen Regelungen in diesem Fall aufgrund Vereinbarung gelten,[426] ist mithilfe der allgemeinen Auslegungsmethoden (→ Rn. 193) zu ermitteln, ob eine statische oder dynamische Verweisung beabsichtigt ist.[427]

---

[419] Habersack/Drinhausen/*Hohenstatt*/*Müller-Bonanni* SEBG § 21 Rn. 26; Habersack/Henssler/*Henssler* SEBG § 21 Rn. 46; Kölner Komm AktG/*Feuerborn* SEBG § 21 Rn. 62; Lutter/Hommelhoff/Teichmann SE/*Oetker* SEBG § 21 Rn. 78; MüKoAktG/*Jacobs* SEBG § 21 Rn. 3; ausführlich *Forst*, Die Beteiligungsvereinbarung nach § 21 SEBG, 2010, 279 ff. mwN.
[420] Habersack/Drinhausen/*Hohenstatt*/*Müller-Bonanni* SEBG § 21 Rn. 26; Lutter/Hommelhoff/Teichmann SE/*Oetker* SEBG § 21 Rn. 81.
[421] Lutter/Hommelhoff/Teichmann SE/*Oetker* SEBG § 21 Rn. 82; Habersack/Henssler/*Henssler* SEBG § 21 Rn. 48, jeweils mwN.
[422] Habersack/Drinhausen/*Hohenstatt*/*Müller-Bonanni* SEBG § 21 Rn. 27; Henssler/Willemsen/Kalb/*Hohenstatt*/*Dzida* SEBG Rn. 36; Lutter/Hommelhoff/Teichmann SE/*Oetker* SEBG § 21 Rn. 82; ausführlich mit Beispielen Habersack/Henssler/*Henssler* SEBG § 21 Rn. 49 mwN.
[423] Lutter/Hommelhoff/Teichmann SE/*Oetker* SEBG § 21 Rn. 83 mwN.
[424] Habersack/Drinhausen/*Hohenstatt*/*Müller-Bonanni* SEBG § 21 Rn. 27; Henssler/Willemsen/Kalb/*Hohenstatt*/*Dzida* SEBG Rn. 36; Kölner Komm AktG/*Feuerborn* SEBG § 21 Rn. 68; Lutter/Hommelhoff/Teichmann SE/*Oetker* SEBG § 21 Rn. 83; MüKoAktG/*Jacobs* SEBG § 21 Rn. 50; *Forst*, Die Beteiligungsvereinbarung nach § 21 SEBG, 2010, 302 f; *Hoops*, Die Mitbestimmungsvereinbarung in der Europäischen Aktiengesellschaft (SE), 2009, 169; *Oetker* FS K. Schmidt, 2019, 813; aA Habersack/Henssler/*Henssler* SEBG § 21 Rn. 52 mwN; *Kepper*, Die mitbestimmte monistische SE deutschen Rechts, 2010, 199.
[425] Habersack/Henssler/*Henssler* SEBG § 21 Rn. 51; Lutter/Hommelhoff/Teichmann SE/*Oetker* SEBG § 21 Rn. 84; MüKoAktG/*Jacobs* SEBG § 21 Rn. 19e.
[426] Annuß/Kühn/Rudolph/Rupp/*Rudolph* SEBG § 21 Rn. 37; Nagel/Freis/Kleinsorge SE/*Freis* SEBG § 21 Rn. 31.
[427] Annuß/Kühn/Rudolph/Rupp/*Rudolph* SEBG § 21 Rn. 37.

## IV. Mängel der Beteiligungsvereinbarung

Welche Auswirkungen Mängel der Beteiligungsvereinbarung haben, richtet sich danach, 251
ob es sich um formelle Mängel beim Zustandekommen der Beteiligungsvereinbarung oder
inhaltliche Mängel handelt.

**Mängel beim Abschluss der Beteiligungsvereinbarung** führen nur, aber dann stets, 252
zur Unwirksamkeit der gesamten Beteiligungsvereinbarung, wenn die verletzte Verfahrensvorschrift als wesentlich für das Zustandekommen der Vereinbarung angesehen wird.[428]
Dies ist insbesondere im Hinblick auf die Mehrheitserfordernisse bei der Beschlussfassung
gemäß § 15 SEBG der Fall[429] sowie für den Fall der Verletzung der Schriftform gemäß
§ 21 Abs. 1 SEBG.[430] Einfache Verfahrensfehler, wie das Fehlen der Niederschrift gemäß
§ 17 SEBG,[431] oder Rechtsverstöße während des Verhandlungsverfahrens, die so geringer
Natur sind, dass sie das Verhandlungsergebnis nicht in Frage stellen,[432] sind hingegen unbeachtlich. Gleiches gilt für eine fehlerhafte und nur anfechtbare Besetzung des BVG, solange nicht vor Abschluss der Vereinbarung rechtskräftig über eine Anfechtung entschieden
ist.[433] Eine nichtige Wahl des BVG führt dagegen auch ohne vorherige gerichtliche Feststellung zur Unwirksamkeit der Beteiligungsvereinbarung.[434]

**Inhaltliche Mängel der Beteiligungsvereinbarung** führen in der Regel nicht zur 253
Gesamtunwirksamkeit der Beteiligungsvereinbarung, sondern grundsätzlich allenfalls zu ihrer Teilnichtigkeit; dies gilt auch dann, wenn die Beteiligungsvereinbarung keine salvatorische Klausel enthält (→ Rn. 206). Nur wenn der verbleibende Rest der Beteiligungsvereinbarung nicht für sich eine sinnvolle Regelung enthält, ist von Gesamtnichtigkeit
auszugehen.[435] Soweit Teilnichtigkeit vorliegt, können Lücken durch die ergänzende Anwendung der gesetzlichen Auffangregelung gefüllt werden, wenn sich nicht aus der Auslegung der Beteiligungsvereinbarung ein entgegenstehender Wille der Parteien ergibt.[436]

## E. Beteiligung kraft Gesetzes

Zur Umsetzung der Vorgaben in Art. 7 SE-RL iVm Anh. Teil 1 bis 3 SE-RL ist in 254
§§ 22 ff. SEBG für den Fall, dass die Parteien innerhalb der Verhandlungsfrist nach § 20
SEBG (→ Rn. 136) keine Einigung über die Beteiligung der Arbeitnehmer erzielen, eine
gesetzliche Auffanglösung für die Unterrichtung und Anhörung sowie für die Mitbestim-

---

[428] Habersack/Henssler/*Henssler* SEBG § 21 Rn. 64; Lutter/Hommelhoff/Teichmann SE/*Oetker* SEBG § 21 Rn. 90; MüKoAktG/*Jacobs* SEBG § 21 Rn. 12; Gaul/Ludwig/Forst EuMitbestR/*Kuhnke/Hoops* § 2 Rn. 382.
[429] Lutter/Hommelhoff/Teichmann SE/*Oetker* SEBG § 21 Rn. 90.
[430] Habersack/Henssler/*Henssler* SEBG § 21 Rn. 65; Lutter/Hommelhoff/Teichmann SE/*Oetker* SEBG § 21 Rn. 18.
[431] Habersack/Drinhausen/*Hohenstatt/Müller-Bonanni* SEBG § 21 Rn. 6; Habersack/Henssler/*Henssler* SEBG § 21 Rn. 64; Lutter/Hommelhoff/Teichmann SE/*Oetker* SEBG § 21 Rn. 91.
[432] Habersack/Drinhausen/*Hohenstatt/Müller-Bonanni* SEBG § 21 Rn. 6; Lutter/Hommelhoff/Teichmann SE/*Oetker* SEBG § 21 Rn. 91; MüKoAktG/*Jacobs* SEBG § 21 Rn. 12; Gaul/Ludwig/Forst EuMitbestR/*Kuhnke/Hoops* § 2 Rn. 382.
[433] Habersack/Henssler/*Henssler* SEBG § 21 Rn. 63; *Forst*, Die Beteiligungsvereinbarung nach § 21 SEBG, 2010, 310 f.; *Hoops*, Die Mitbestimmungsvereinbarung in der Europäischen Aktiengesellschaft (SE), 2009, 183 f.; Gaul/Ludwig/Forst EuMitbestR/*Kuhnke/Hoops* § 2 Rn. 382.
[434] Habersack/Henssler/*Henssler* SEBG § 21 Rn. 63; *Forst*, Die Beteiligungsvereinbarung nach § 21 SEBG, 2010, 310 f.; *Hoops*, Die Mitbestimmungsvereinbarung in der Europäischen Aktiengesellschaft (SE), 2009, 183 f.; Gaul/Ludwig/Forst EuMitbestR/*Kuhnke/Hoops* § 2 Rn. 382.
[435] Habersack/Drinhausen/*Hohenstatt/Müller-Bonanni* SEBG § 21 Rn. 7; Habersack/Henssler/*Henssler* SEBG § 21 Rn. 66; Lutter/Hommelhoff/Teichmann SE/*Oetker* SEBG § 21 Rn. 93; *Forst*, Die Beteiligungsvereinbarung nach § 21 SEBG, 2010, 326.
[436] Lutter/Hommelhoff/Teichmann SE/*Oetker* SEBG § 21 Rn. 93; Gaul/Ludwig/Forst EuMitbestR/*Kuhnke*/§ 2 Rn. 269.

mung vorgesehen. Diese Regelungen finden nur Anwendung, wenn die zu gründende SE ihren Sitz in Deutschland hat. Für eine SE im EU-/EWR-Ausland gelten die Regelungen des jeweiligen Mitgliedstaates.

## I. Unterrichtung und Anhörung kraft Gesetzes

### 1. Voraussetzung für die Anwendung

255 §§ 22 bis 33 SEBG regeln die Unterrichtung und Anhörung der Arbeitnehmer kraft Gesetzes durch Einrichtung eines SE-BR kraft Gesetzes. § 22 SEBG regelt drei Fälle, in denen die gesetzliche Auffanglösung für den SE-BR kraft Gesetzes Anwendung findet:
– Zunächst stellt § 22 Abs. 1 Nr. 1 SEBG überflüssigerweise klar, dass die Regelungen zum SE-BR kraft Gesetzes Anwendung finden, wenn die Parteien dies **vereinbaren.** Wie bereits oben (→ Rn. 250) dargestellt, handelt es sich dann jedoch nicht um eine Beteiligung kraft gesetzlicher Anordnung, sondern um eine Beteiligung kraft Vereinbarung.[437] Dies ist insbesondere für die Frage der Neuverhandlung im Falle der Anwendbarkeit der gesetzlichen Auffangregelung (→ Rn. 186 ff.) von Bedeutung, wenn sich im Wege der Auslegung der Vereinbarung ergibt, dass die Neuverhandlung nach § 26 SEBG ausgeschlossen werden sollte.[438]

256 – Nach § 22 Abs. 1 Nr. 2 SEBG findet die Unterrichtung und Anhörung kraft Gesetzes zudem im Falle der Neugründung Anwendung, wenn die Parteien bis zum Ablauf der Verhandlungsfrist nach § 20 SEBG (→ Rn. 136) keine Einigung erzielt haben und das BVG vor Ablauf der Frist keinen Beschluss über die Nichtaufnahme oder den Abbruch der Verhandlungen gemäß § 16 SEBG gefasst hat. Zwar fehlt im Gesetz die weitere in Art. 7 Abs. 1 UAbs. 2 lit. b SE-RL enthaltene Voraussetzung der Zustimmung der zuständigen Organe der beteiligten Gesellschaften. Da aber die Umwandlung der SE nicht ohne die Zustimmung der Gesellschaften und ihrer Organe eingetragen wird, hat diese richtlinienwidrige Auslassung keine Auswirkungen.[439]

257 – Der dritte Fall der Anwendbarkeit der Unterrichtung und Anhörung kraft Gesetzes liegt gemäß § 22 Abs. 2 SEBG bei einer Strukturänderung gemäß § 18 Abs. 3 SEBG vor, wenn binnen der erneuten Verhandlungsfrist nach § 20 SEBG keine Einigung zustande kommt und das auf Seiten der Arbeitnehmer zuständige Verhandlungsgremium keinen Beschluss gemäß § 16 SEBG gefasst hat. Die Verhandlungsfrist beginnt in diesem Fall erst mit der Aufnahme der Verhandlungen, so dass sie auch uU erst nach der Strukturänderung ablaufen kann und die gesetzliche Auffanglösung ggf. auch erst nach der Strukturänderung wirkt.[440] Läuft die Verhandlungsfrist jedoch vor dem Wirksamwerden der strukturellen Änderung ab, gilt die gesetzliche Auffanglösung erst mit dem Wirksamwerden der Änderung.[441] Für den Fall, dass entgegen § 18 Abs. 3 SEBG keine Verhandlungen durchgeführt werden, bleibt es bei der bestehenden Regelung.[442]

258 Die gesetzliche Auffangregelung findet keine Anwendung, wenn das BVG beschließt, die Verhandlungen nicht aufzunehmen oder abzubrechen. § 16 Abs. 2 S. 2 SEBG bestimmt für diesen Fall ausdrücklich, dass die Regelungen der §§ 22–38 SEBG keine Anwendung finden (→ Rn. 151). In diesem Fall kann jedoch in der SE ein Europäischer

---

[437] Annuß/Kühn/Rudolph/Rupp/*Kühn* SEBG § 22 Rn. 6; Kölner Komm AktG/*Feuerborn* SEBG § 22 Rn. 8; Nagel/Freis/Kleinsorge SE/*Freis* SEBG § 22 Rn. 1; NK-ArbR/*Sagan* SEBG § 22 Rn. 2.
[438] Ist ein solcher Ausschluss beabsichtigt, sollte dies vorsorglich in der Beteiligungsvereinbarung aufgenommen werden.
[439] Annuß/Kühn/Rudolph/Rupp/*Kühn* SEBG § 22 Rn. 9; Kölner Komm AktG/*Feuerborn* SEBG § 22 Rn. 10; NK-ArbR/*Sagan* SEBG § 22 Rn. 3.
[440] Habersack/Drinhausen/*Hohenstatt/Müller-Bonanni* SEBG § 22 Rn. 4; Gaul/Ludwig/Forst EuMitbestR/*Siemers* § 2 Rn. 398.
[441] Habersack/Drinhausen/*Hohenstatt/Müller-Bonanni* SEBG § 22 Rn. 4; Gaul/Ludwig/Forst EuMitbestR/*Siemers* § 2 Rn. 398; NK-ArbR/*Sagan* SEBG § 22 Rn. 4.
[442] Habersack/Drinhausen/*Hohenstatt/Müller-Bonanni* SEBG § 22 Rn. 5.

# E. Beteiligung kraft Gesetzes § 14

Betriebsrat nach dem EBRG gebildet werden, wie sich aus § 47 Abs. 1 Nr. 2 SEBG ergibt.

## 2. Errichtung des SE-Betriebsrats kraft Gesetzes

Sofern die gesetzliche Auffangregelung Anwendung findet, ist nach § 23 Abs. 1 S. 1 SEBG 259 ein SE-BR zu bilden, der für die Unterrichtung und Anhörung der Arbeitnehmer der SE und ihrer Tochtergesellschaften in den Mitgliedstaaten in grenzüberschreitenden Angelegenheiten zuständig ist. § 23 Abs. 1 SEBG regelt im Übrigen durch eine teilweise nur schwer überschaubare Verweisung auf die Regelungen zur Bildung des BVG die Wahl/Bestellung der Mitglieder des SE-BR in Deutschland.

### a) Zeitpunkt der Bildung

Der SE-BR ist bei einer Neugründung erst zu bilden, wenn die SE in das Handelsregister 260 eingetragen wurde, weil erst ab diesem Zeitpunkt die Regelungen über die Unterrichtung und Anhörung kraft Gesetzes Anwendung finden. Daraus folgt, dass zwar vorbereitende Akte auch vor der Eintragung der SE in das Handelsregister durchgeführt werden können, jedoch die Bildung des SE-BR selbst erst nach der Eintragung durchgeführt werden kann. Eine gleichwohl vorher durchgeführte Wahl kann ggf. angefochten werden, wenn zB durch die Nichtberücksichtigung von aktiv oder passiv wahlberechtigten Arbeitnehmern, die bis zur Wirksamkeit der Gründung durch Eintragung hinzugekommen sind, das Ergebnis beeinflusst werden konnte. Bei einer Bildung des SE-BR kraft Gesetzes infolge einer Strukturänderung kann dieser erst nach Ablauf der Verhandlungsfrist nach § 20 SEBG (→ Rn. 136), frühestens jedoch nach Wirksamwerden der Änderung, gebildet werden.

### b) Arbeitnehmer als Mitglieder

§ 23 Abs. 1 S. 2 SEBG regelt in Übereinstimmung mit Anh. Teil 1 lit. a) SE-RL ausdrück- 261 lich und einheitlich für die Vertreter aller Mitgliedstaaten, dass **nur Arbeitnehmer** der SE oder ihrer Tochtergesellschaften und Betriebe Mitglieder des SE-BR sein können. Insbesondere Gewerkschaftsvertreter sind nicht wählbar.[443] **Leitende Angestellte** im Sinne des § 5 Abs. 3 S. 2 BetrVG können ebenfalls Mitglieder des SE-BR sein, wie sich aus der Definition des Arbeitnehmers in § 2 Abs. 1 SEBG ergibt.[444] Anders als im BVG ist den leitenden Angestellten in Deutschland jedoch kein Sitz im SE-BR garantiert, da § 23 Abs. 1 S. 3 SEBG nicht auf die Regelung in § 6 Abs. 4 SEBG verweist.[445]

**Männer und Frauen** sollen für die aus Deutschland in den SE-BR entsandten Mit- 262 glieder entsprechend ihrem zahlenmäßigem Verhältnis entsandt werden, wie sich aus § 23 Abs. 1 S. 3 SEBG iVm § 6 Abs. 2 S. 2 SEBG ergibt. Eine Nichtbeachtung dieser Sollvorschrift führt jedoch, wie auch bei der Besetzung des BVG (→ Rn. 48), nicht zur Unwirksamkeit einer Bestellung/Wahl der Mitglieder.[446]

Soweit die nationalen Bestimmungen der anderen Mitgliedstaaten für die Bestellung/ 263 Wahl der Mitglieder des SE-BR **weitere Voraussetzungen** aufstellen, sind diese gemäß § 23 Abs. 1 S. 3 SEBG iVm § 6 Abs. 1 SEBG ebenfalls zu berücksichtigen.[447]

---

[443] Annuß/Kühn/Rudolph/Rupp/*Kühn* SEBG § 23 Rn. 2.
[444] Habersack/Drinhausen/*Hohenstatt*/Müller-Bonanni SEBG § 23 Rn. 3; NK-ArbR/*Sagan* SEBG § 23 Rn. 2; Gaul/Ludwig/Forst EuMitbestR/Siemers § 2 Rn. 407.
[445] Habersack/Drinhausen/*Hohenstatt*/Müller-Bonanni SEBG § 23 Rn. 3; Gaul/Ludwig/Forst EuMitbestR/Siemers § 2 Rn. 407.
[446] Annuß/Kühn/Rudolph/Rupp/*Kühn* SEBG § 23 Rn. 3; Habersack/Drinhausen/*Hohenstatt*/Müller-Bonanni SEBG § 23 Rn. 3; Gaul/Ludwig/Forst EuMitbestR/Siemers § 2 Rn. 408.
[447] NK-SE/*Kleinemann*/*Kujath* SEBG § 23 Rn. 3.

## c) Sitzverteilung

264 Gemäß § 23 Abs. 1 S. 3 SEBG iVm § 5 Abs. 1 SEBG erfolgt auch bei einem SE-BR kraft Gesetzes die Verteilung der Sitze auf die Mitgliedstaaten unter Berücksichtigung der Grundsätze der Repräsentativität und Proportionalität, indem für jeden angefangenen 10-Prozent-Anteil eines Mitgliedstaates an der Gesamtzahl der Arbeitnehmer ein Sitz auf diesen Mitgliedstaat entfällt. Nach dem Ausscheiden des Vereinigten Königreichs aus der EU kann der SE-BR daher maximal 39 Mitglieder umfassen.

265 Nach § 23 Abs. 1 S. 4 SEBG ist für den Fall der Neugründung und der Anwendung der gesetzlichen Auffanglösung infolge Ablaufs der Verhandlungsfrist (→ Rn. 136) nach § 22 Abs. 1 Nr. 2 SEBG auf die Arbeitnehmerzahlen bei Ablauf der Verhandlungsfrist gemäß § 20 SEBG abzustellen. Bei einer vereinbarten Anwendung der gesetzlichen Auffangregelung ist dagegen auf die Arbeitnehmerzahlen bei Einleitung des Bestellungs-/Wahlverfahrens abzustellen, soweit nichts Abweichendes vereinbart ist.[448] Gleiches gilt bei folgenden Bestellungen/Wahlen sowie für den Fall der Anwendbarkeit der gesetzlichen Auffangregelung nach Ablauf der Verhandlungsfrist bei Neuverhandlungen im Rahmen des § 18 Abs. 3 SEBG.

266 Für die Bestimmung der maßgeblichen Arbeitnehmerzahlen ist abweichend von den für die Bestellung des BVG maßgeblichen Arbeitnehmerzahlen gemäß § 23 Abs. 1 S. 3 SEBG nur noch auf die SE, deren Tochtergesellschaften und Betriebe abzustellen. Diese Regelung weicht vom Wortlaut in Anh. Teil 1 lit. e SE-RL ab, der auf die an der Gründung beteiligten Gesellschaften, die betroffenen Tochtergesellschaften und deren Betriebe abstellt. Mit dieser Abweichung wird jedoch ein dem EU-Gesetzgeber bei der Fassung der SE-RL unterlaufenes redaktionelles Versehen korrigiert, wie sich aus Anh. Teil 1 lit. a SE-RL ergibt, in dem anders als in Anh. Teil 1 lit. e SE-RL ebenfalls nur auf die SE, ihre Tochtergesellschaften und Betriebe abgestellt wird.[449] Soweit zumindest für den Fall der Gründung einer Tochter-SE davon ausgegangen wird, dass § 23 Abs. 1 S. 3 SEBG richtlinienkonform auszulegen und auf die beteiligten Gesellschaften, die betroffenen Tochtergesellschaften und deren Betriebe abzustellen sei,[450] überzeugt das nicht. Unabhängig davon, dass eine „richtlinienkonforme Auslegung" entgegen dem klaren Wortlaut nicht zulässig ist,[451] erscheint es wenig sinnvoll, bei der Gründung einer Tochter-SE die Arbeitnehmerzahlen der beteiligten Obergesellschaften zu berücksichtigen (s. zur Gründung des BVG → Rn. 39), da dies zu erheblichen Verzerrungen bei der Sitzverteilung führen könnte.[452] Daher sind auch bei den ersten Wahl nach jeder Gründung nur die Arbeitnehmer der SE, ihrer Tochtergesellschaften und Betriebe zu berücksichtigen.[453] Zutreffend wird zwar darauf hingewiesen, dass die SE erst mit der Eintragung in das Handelsregister entstehe und insbesondere die Tochter-SE dann ggf. noch keine Arbeitnehmer habe;[454] „Arbeitnehmer der SE" sind in diesem Fall diejenigen Arbeitnehmer der beteiligten Gesellschaften, die bei Wirksamwerden der Umwandlung zu Arbeitnehmern der SE werden.

267 Für die aus Deutschland in den SE-BR entsandten Mitglieder ist gemäß § 23 Abs. 1 S. 3 SEBG iVm § 7 Abs. 2 SEBG eine Verteilung der Sitze auf die in Deutschland ansässigen Gesellschaften vorzunehmen (näheres hierzu s. → Rn. 53 ff.).

---

[448] NK-ArbR/*Sagan* SEBG § 23 Rn. 5; unscharf Annuß/Kühn/Rudolph/Rupp/*Kühn* SEBG § 23 Rn. 6, der grundsätzlich auf den Wahlbeginn abstellen will.
[449] Kölner Komm AktG/*Feuerborn* SEBG § 23 Rn. 4.
[450] MüKoAktG/*Jacobs* SEBG Vor § 23 Rn. 3; kritisch auch *Grobys* NZA 2005, 84 (89).
[451] Im Erg. auch Annuß/Kühn/Rudolph/Rupp/*Kühn* SEBG § 23 Rn. 5; Gaul/Ludwig/Forst EuMitbestR/Siemers § 2 Rn. 402 f.
[452] Habersack/Drinhausen/*Hohenstatt/Müller-Bonanni* SEBG § 23 Rn. 4; NK-ArbR/*Sagan* SEBG § 23 Rn. 3; ähnlich Kölner Komm AktG/*Feuerborn* SEBG § 23 Rn. 4.
[453] Annuß/Kühn/Rudolph/Rupp/*Kühn* SEBG § 23 Rn. 5; Habersack/Drinhausen/*Hohenstatt/Müller-Bonanni* SEBG § 23 Rn. 4; NK-ArbR/*Sagan* SEBG § 23 Rn. 3; ähnlich Kölner Komm AktG/*Feuerborn* SEBG § 23 Rn. 4; Gaul/Ludwig/Forst EuMitbestR/Siemers § 2 Rn. 402 f.
[454] MüKoAktG/*Jacobs* SEBG Vor § 23 Rn. 3; Annuß/Kühn/Rudolph/Rupp/*Kühn* SEBG § 23 Rn. 5.

### d) Wahlverfahren

268 Im Hinblick auf das eigentliche Wahlverfahren verweist § 23 Abs. 1 S. 3 SEBG auf die Regelungen für die Bildung des BVG. Das bedeutet, dass die Wahl der Mitglieder des SE-BR kraft Gesetzes aus Deutschland wie auch die BVG-Mitglieder grundsätzlich durch ein Wahlgremium gewählt werden, das sich grundsätzlich aus dem oder den auf höchster Ebene gebildeten Betriebsräten zusammensetzt, während nur in Ausnahmefällen eine teilweise oder vollständige Urwahl vorgesehen ist.[455] Für die Bestellung/Wahl der Mitglieder aus den übrigen Mitgliedstaaten gelten jeweils die nationalen Bestimmungen dieser Mitgliedstaaten, vgl. § 23 Abs. 1 S. 3 SEBG iVm § 7 Abs. 1 SEBG.[456]

### e) Amtsdauer

269 Der SE-BR kraft Gesetzes ist ein **Dauerorgan,** so dass er nach erstmaliger Konstituierung unabhängig vom Ausscheiden einzelner oder aller Mitglieder fortbesteht.[457] Lediglich die **Amtsdauer der einzelnen Mitglieder** wird durch das SEBG lückenhaft geregelt:

aa) § 23 Abs. 1 S. 5 SEBG regelt einheitlich für alle Mitglieder aus allen Mitgliedstaaten lediglich den Beginn der Mitgliedschaft im SE-BR mit Wahl oder Bestellung, während die Amtsdauer nur für die für Deutschland gewählten Mitglieder in § 23 Abs. 1 S. 6 SEBG geregelt ist und vier Jahre beträgt. Für die Arbeitnehmer aus den übrigen Mitgliedstaaten bestimmt sich die Amtsdauer nach den jeweiligen nationalen Bestimmungen, so dass dies zu unterschiedlich langen Amtszeiten und einer gestaffelten Besetzung führen kann.[458]

bb) Die **Abberufung** der für Deutschland gewählten Mitglieder erfolgt gemäß § 23 Abs. 1 S. 7 SEBG spiegelbildlich zur Wahl durch das Wahlgremium. Die Abberufung der für andere Mitgliedstaaten entsandten Mitglieder richtet sich dagegen ebenfalls nach den jeweiligen nationalen Bestimmungen dieser Mitgliedstaaten.[459]

cc) Zudem scheidet das Mitglied in folgenden Fällen **vorzeitig** aus dem Amt aus:
- Amtsniederlegung,[460]
- Beendigung des Arbeitsverhältnisses mit der SE oder einer Tochtergesellschaft, da dadurch die Bestellungs-/Wählbarkeitsvoraussetzung gemäß § 23 Abs. 1 S. 2 SEBG entfällt,[461]
- rechtskräftige Feststellung der Unwirksamkeit der Wahl eines für Deutschland gewählten Mitglieds nach Anfechtung entsprechend den Regelungen in § 37 SEBG[462] sowie bei Nichtigkeit der Wahl (in diesem Fall ist die Wahl ex tunc unwirksam) und Anfechtung nach den jeweils nationalen Bestimmungen der anderen Mitgliedstaaten,
- Neubestellung oder Neuwahl infolge einer neuen Sitzverteilung gemäß § 25 S. 3 SEBG,[463]
- Bildung des SE-BR aufgrund Vereinbarung nach Neuverhandlung gemäß § 26 Abs. 2 SEBG.[464]

---

[455] Im Einzelnen zum Wahlverfahren s. o. → Rn. 58 ff.
[456] S. auch die Übersicht unter http://www.worker-participation.eu/European-Company-SE/Countries-Transposition (zuletzt abgerufen am 14.9.2021).
[457] Annuß/Kühn/Rudolph/Rupp/*Kühn* SEBG § 23 Rn. 12; Kölner Komm AktG/*Feuerborn* SEBG § 23 Rn. 6; MüKoAktG/*Jacobs* SEBG Vor § 23 Rn. 4; Nagel/Freis/Kleinsorge SE/*Nagel* SEBG § 23 Rn. 3.
[458] Habersack/Drinhausen/*Hohenstatt/Müller-Bonanni* SEBG § 23 Rn. 7; Gaul/Ludwig/Forst EuMitbestR/*Siemers* § 2 Rn. 410.
[459] Kölner Komm AktG/*Feuerborn* SEBG § 23 Rn. 6; Gaul/Ludwig/Forst EuMitbestR/*Siemers* § 2 Rn. 410.
[460] Annuß/Kühn/Rudolph/Rupp/*Kühn* SEBG § 23 Rn. 14.
[461] Annuß/Kühn/Rudolph/Rupp/*Kühn* SEBG § 23 Rn. 16.
[462] Annuß/Kühn/Rudolph/Rupp/*Kühn* SEBG § 23 Rn. 10.
[463] Annuß/Kühn/Rudolph/Rupp/*Kühn* SEBG § 23 Rn. 17.
[464] Annuß/Kühn/Rudolph/Rupp/*Kühn* SEBG § 23 Rn. 18.

### 3. Binnenverfassung des SE-BR kraft Gesetzes

270  Unmittelbar nach Benennung der bestellten bzw. gewählten Mitglieder im SE-BR lädt die Leitung der SE (dh der Vorstand oder die geschäftsführenden Direktoren) zur **konstituierenden Sitzung** ein. Sollte die Leitung es versäumen, zur konstituierenden Sitzung einzuladen, können die Mitglieder des SE-BR (auch einzeln) die Durchführung der konstituierenden Sitzung vor dem zuständigen Arbeitsgericht gerichtlich erzwingen.[465]

271  In der konstituierenden Sitzung, die nur unvollständig im Gesetz geregelt ist, werden ein **Vorsitzender und ein Stellvertreter** des SE-BR gewählt.[466] Die Zuständigkeiten und Befugnisse des Vorsitzenden bzw. im Falle seiner Verhinderung des Stellvertreters entsprechen denen des Vorsitzenden des EBR bzw. des Betriebsrats nach dem BetrVG. Der Vorsitzende bzw. sein Stellvertreter vertritt den SE-BR gemäß § 23 Abs. 3 S. 1 SEBG nach Außen nur im Rahmen der vom SE-BR gefassten Beschlüsse; sie sind „Vertreter in der Erklärung".[467] Zudem sind gemäß § 23 Abs. 3 S. 2 SEBG der Vorsitzende bzw. bei seiner Verhinderung dessen Stellvertreter zur Entgegennahme von Erklärungen gegenüber dem SE-BR zuständig. Das Gesetz sieht keine feste Amtszeit für den Vorsitzenden vor. Da es sich bei dem SE-BR um ein Dauerorgan handelt, das sich nicht nach jeder Wahl neu konstituiert, muss die Wahl nicht regelmäßig wiederholt werden; der Vorsitzende bleibt im Amt, bis er aus dem SE-BR ausscheidet, das Amt des Vorsitzenden niederlegt, ein neuer Vorsitzender gewählt wird oder ein Gericht die Unwirksamkeit der Wahl feststellt.[468]

272  Neben der Wahl des Vorsitzenden und dessen Stellvertreter ist im SE-BR zwingend[469] ein **geschäftsführender Ausschuss** zu bilden, der sich aus dem Vorsitzenden und zwei weiteren Mitgliedern zusammensetzt. Der stellvertretende Vorsitzende des SE-BR ist nicht zwingend Mitglied des geschäftsführenden Ausschusses.[470] Der Geschäftsführende Ausschuss ist für die Erledigung der **laufenden Geschäfte** des SE-BR zuständig. Diese sind nicht im Einzelnen im SEBG definiert; vergleichbar der Lage beim Betriebsrat sind dies jedoch die sich stets wiederholenden Geschäfte, bei denen die Entscheidung des gesamten Gremiums nicht erforderlich ist. Dazu gehören insbesondere technische und verwaltende Tätigkeiten, wie zB die Vorbereitung der Sitzungen des SE-BR sowie die Vorbereitung der Beschlüsse.[471] Neben den laufenden Geschäften kann der SE-BR dem geschäftsführenden Ausschuss auch die Wahrnehmung des Rechts zur außerordentlichen Unterrichtung und Anhörung nach § 29 Abs. 2, 3 SEBG teilweise übertragen (→ Rn. 284 ff.).

273  Gemäß § 24 Abs. 1 SEBG soll der SE-BR sich eine **Geschäftsordnung** geben, die abweichend von der üblichen Regelung für die Beschlussfassung des SE-BR in § 24 Abs. 3 SEBG von der Mehrheit aller Mitglieder (nicht nur der anwesenden Mitglieder) zu beschließen ist.[472] Entgegen dem Wortlaut ist der Erlass der Geschäftsordnung **zwingend**.[473] Der Inhalt der Geschäftsordnung wird nicht im Einzelnen vorgegeben. Üblicherweise enthält die Geschäftsordnung Regelungen

---

[465] Annuß/Kühn/Rudolph/Rupp/*Kühn* SEBG § 23 Rn. 25, der auch ein Recht auf „Selbstzusammentritt" annimmt.
[466] Ausführlich zur Wahl Annuß/Kühn/Rudolph/Rupp/*Kühn* SEBG § 23 Rn. 27 ff.
[467] Habersack/Drinhausen/*Hohenstatt/Müller-Bonanni* SEBG § 23 Rn. 11; Kölner Komm AktG/*Feuerborn* SEBG § 23 Rn. 8; Nagel/Freis/Kleinsorge SE/*Nagel* SEBG § 23 Rn. 5.
[468] Im Einzelnen s. hierzu Annuß/Kühn/Rudolph/Rupp/*Kühn* SEBG § 23 Rn. 27 ff.
[469] Begr. RegE, BT-Drs. 15/3405, 52; Habersack/Drinhausen/*Hohenstatt/Müller-Bonanni* SEBG § 23 Rn. 12; Kölner Komm AktG/*Feuerborn* SEBG § 23 Rn. 9; Nagel/Freis/Kleinsorge SE/*Nagel* SEBG § 23 Rn. 7.
[470] Nagel/Freis/Kleinsorge SE/*Nagel* SEBG § 23 Rn. 7; Gaul/Ludwig/Forst EuMitbestR/*Siemers* § 2 Rn. 413; zum Wahlverfahren und der Amtsdauer im Einzelnen s. Annuß/Kühn/Rudolph/Rupp/*Kühn* SEBG § 23 Rn. 50 ff.
[471] Annuß/Kühn/Rudolph/Rupp/*Kühn* SEBG § 23 Rn. 59.
[472] Annuß/Kühn/Rudolph/Rupp/*Kühn* SEBG § 24 Rn. 3; dies gilt auch für nachfolgende Änderungen der Geschäftsordnung.
[473] Vgl. auch Anhang zur SE-RL Teil 1 lit. d); Habersack/Drinhausen/*Hohenstatt/Müller-Bonanni* § 24 SEBG § 24 Rn. 2; Kölner Komm AktG/*Feuerborn* SEBG § 24 Rn. 2; Lutter/Hommelhoff/Teichmann SE/*Oetker* SEBG § 24 Rn. 1; NK-ArbR/*Sagan* SEBG § 24 Rn. 2; NK-SE/*Kleinemann/Kujath* SEBG § 24 Rn. 2.

### E. Beteiligung kraft Gesetzes                                          § 14

– zur Vorbereitung, Einberufung und Durchführung der Sitzungen des SE-BR (nur des Organs und nicht der gemeinsamen Sitzungen, die in Abstimmung mit der Leitung zu gestalten sind),
– zu Zuständigkeiten und der inneren Ordnung des geschäftsführenden Ausschusses,
– ergänzende Regelungen zu der Vertretung durch Ersatzmitglieder,
– zur Arbeitssprache im SE-BR und
– sonstige Regelungen zur Binnenverfassung, die durch das SEBG nicht ausgestaltet werden.[474]

§ 24 Abs. 2 SEBG regelt die **Sitzungen** des SE-BR. Danach kann der SE-BR oder der geschäftsführende Ausschuss vor gemeinsamen Sitzungen mit den Leitungen eigene Sitzungen abhalten. Weitere Sitzungen sind nach § 24 Abs. 2 S. 2 SEBG nur mit Einverständnis der Leitungen zulässig. Allerdings wird zutreffend davon ausgegangen, dass die Leitung bei der Entscheidung über das Einverständnis den Grundsatz der vertrauensvollen Zusammenarbeit (§ 40 SEBG) zu beachten hat. Die Leitung kann daher im Einzelfall zur Erteilung des Einverständnisses verpflichtet sein[475], zB wenn nach der Sitzung noch Nachbereitungsbedarf besteht, der nicht außerhalb einer Sitzung erledigt werden kann. Die Sitzungen sind nicht öffentlich, wie sich aus § 24 Abs. 2 S. 3 SEBG ergibt; Sachverständige und Berater können jedoch auf Beschluss des SE-BR hinzugezogen werden, sofern dies für die ordnungsgemäße Erfüllung der Aufgaben zu einzelnen Punkten der Tagesordnung erforderlich ist.[476] Bei der Beschlussfassung dürfen sie jedoch nicht mitwirken. 274

Anders als das BVG fasst der SE-BR seine Entscheidungen vorbehaltlich abweichender Regelungen mit der einfachen Mehrheit der anwesenden Mitglieder, vgl. § 24 Abs. 3 SEBG, wobei der SE-BR beschlussfähig ist, wenn mindestens die Hälfte seiner Mitglieder anwesend ist. Eine abweichende Regelung in der Geschäftsordnung ist nicht zulässig.[477] Daraus folgt, dass – anders als im BVG – die Mitglieder im SE-BR von arbeitnehmerstarken Mitgliedstaaten von den die Minderheit der Arbeitnehmer vertretenden Mitgliedern im SE-BR überstimmt werden können. Aus dem Umstand, dass für die Beschlussfähigkeit die Teilnahme an der Sitzung erforderlich ist und der Beschluss mit der Mehrheit der Stimmen der anwesenden Mitglieder gefasst wird (§ 24 Abs. 3 SEBG), folgt auch, dass Beschlüsse des SE-BR, wie bei Beschlüssen von Arbeitnehmervertretungen allgemein vorgesehen, nur in Sitzungen durch die anwesenden Mitglieder gefasst werden können. Eine Beschlussfassung durch Umlaufbeschluss oder Teilnahme von einzelnen Mitgliedern des SE-BR durch Video- oder Telefonkonferenzschaltung ist grundsätzlich nicht zulässig.[478] Dies schließt jedoch die Vorbereitung von Beschlussfassungen per Video- und Telefonkonferenz nicht aus. 275

### 4. Prüfung der Zusammensetzung des SE-BR kraft Gesetzes

Zur Sicherung der Repräsentativität und Proportionalität der Sitzverteilung im SE-BR[479] auch während der laufenden Amtszeit der SE-BR-Mitglieder ist die Leitung der SE gemäß § 25 S. 1 und 2 SEBG verpflichtet, alle zwei Jahre (unabhängig vom Termin der letzten Neuwahlen aller oder einzelner Mitglieder) zu prüfen, *„ob Änderungen der SE und ihrer Tochtergesellschaften und Betriebe, **insbesondere bei den Arbeitnehmerzahlen** in den einzelnen Mitgliedstaaten eingetreten sind"* und dem SE-BR das Ergebnis dieser Prüfung mitzuteilen. 276

---

[474] Zum Inhalt im Einzelnen auch Annuß/Kühn/Rudolph/Rupp/*Kühn* SEBG § 24 Rn. 5; Gaul/Ludwig/Forst EuMitbestR/*Siemers* § 2 Rn. 415; NK-ArbR/*Sagan* SEBG § 24 Rn. 2.
[475] Habersack/Drinhausen/*Hohenstatt/Müller-Bonanni* SEBG § 24 Rn. 5; NK-ArbR/*Sagan* SEBG § 24 Rn. 4.
[476] Habersack/Drinhausen/*Hohenstatt/Müller-Bonanni* SEBG § 24 Rn. 6; MüKoAktG/*Jacobs* SEBG Vor § 23 Rn. 6.
[477] Annuß/Kühn/Rudolph/Rupp/*Kühn* SEBG § 24 Rn. 5.
[478] Annuß/Kühn/Rudolph/Rupp/*Kühn* SEBG § 24 Rn. 21; anders jedoch § 48 SEBG in der bis zum 30.6.2021 geltenden Fassung, der im Rahmen der Unterrichtung und Anhörung eine Sitzung und Beschlussfassung auch mittels Video- und Telefonkonferenz regelte.
[479] Begr. RegE, BT-Drs. 15/3405, 52.

Die Prüfung und Mitteilung hat auch dann zu erfolgen, wenn keine Änderungen ersichtlich sind.[480] Außerhalb der gesetzlich vorgeschriebenen Überprüfung findet keine Prüfung und ggf. Anpassung der Zusammensetzung des SE-BR statt.[481] Die Leitung hat das Ergebnis dem SE-BR mitzuteilen, der prüft, ob der SE-BR anders zusammenzusetzen ist, dh die Sitzverteilung im Gremium sich ändert. Ist dies der Fall, hat der SE-BR Neuwahlen bzw. -bestellungen punktuell in den Mitgliedstaaten zu initiieren, in denen sich die Zahl der Sitze verändert.[482] Sofern sich die Sitzzahl in einem Mitgliedstaat ändert, sind alle Mitglieder für diesen Mitgliedstaat neu zu wählen, unabhängig davon, ob Sitze entfallen oder neue Sitze hinzukommen.[483] Der SE-BR führt die Wahlen/Bestellungen jedoch nicht selbst durch, sondern leitet diese durch Aufforderung der nach nationalem Recht der jeweiligen Mitgliedstaaten dafür zuständigen Stellen ein, die dann die Wahl durchzuführen haben.

### 5. Neuverhandlungen über den Abschluss einer Beteiligungsvereinbarung

277 Der SE-BR kann gemäß § 26 SEBG einmalig vier Jahre nach seiner Einsetzung beschließen, dass erneute Verhandlungen mit der Leitung der SE über den Abschluss einer Beteiligungsvereinbarung aufzunehmen sind (→ Rn. 186f.).

### 6. Unterrichtung und Anhörung des SE-BR kraft Gesetzes

#### a) Allgemeines

278 Die Hauptaufgabe des SE-BR ist die Wahrnehmung der Rechte auf Unterrichtung und Anhörung in *„Angelegenheiten, die die SE selbst, eine ihrer Tochtergesellschaften oder einen ihrer Betriebe in einem anderen Mitgliedstaat betreffen oder die über die Befugnisse der zuständigen Organe auf der Ebene des einzelnen Mitgliedstaats hinausgehen"*, vgl. § 27 SEBG. Der SE-BR kraft Gesetzes ist nur für grenzüberschreitende Angelegenheiten zuständig, so dass rein nationale Angelegenheiten nicht in den Zuständigkeitsbereich des SE-BR fallen.[484] Eine grenzüberschreitende Angelegenheit erfordert nicht, dass Maßnahmen in mehreren Mitgliedstaaten durchgeführt werden; vielmehr reicht es aus, dass eine umgesetzte Maßnahme in einem Mitgliedstaat Auswirkungen auf Arbeitnehmer in einem anderen Mitgliedstaat zeitigt.[485]

#### b) Reguläre Anhörung

279 Nach § 28 SEBG trifft sich die Leitung der SE mindestens **einmal im Kalenderjahr** mit dem SE-BR, um den SE-BR über die Entwicklung der Geschäftslage und die Perspektiven der SE zu unterrichten und anzuhören. Anspruch auf weitere Unterrichtung und Anhörung hat der SE-BR nur, soweit die Voraussetzungen für eine Unterrichtung zu außer-

---

[480] Habersack/Drinhausen/*Hohenstatt/Müller-Bonanni* SEBG § 25 Rn. 2; Kölner Komm AktG/*Feuerborn* SEBG § 25 Rn. 4; NK-SE/*Kleinmann/Kujath* SEBG § 25 Rn. 2; Gaul/Ludwig/Forst EuMitbestR/*Siemers* § 2 Rn. 421.
[481] Annuß/Kühn/Rudolph/Rupp/*Kühn* SEBG § 25 Rn. 6.
[482] Habersack/Drinhausen/*Hohenstatt/Müller-Bonanni* SEBG § 25 Rn. 4; Kölner Komm AktG/*Feuerborn* SEBG § 25 Rn. 6; Lutter/Hommelhoff/Teichmann SE/*Oetker* SEBG § 25 Rn. 1.
[483] Habersack/Drinhausen/*Hohenstatt/Müller-Bonanni* SEBG § 25 Rn. 4; NK-ArbR/*Sagan* SEBG § 25 Rn. 3.
[484] Begr. RegE, BT-Drs. 15/3405, 53; Annuß/Kühn/Rudolph/Rupp/*Kühn* SEBG § 27 Rn. 2; Habersack/Drinhausen/*Hohenstatt/Müller-Bonanni* SEBG § 27 Rn. 3; Kölner Komm AktG/*Feuerborn* SEBG § 27 Rn. 1; MüKoAktG/*Jacobs* SEBG Vor § 23 Rn. 11; Nagel/Freis/Kleinsorge SE/*Nagel* SEBG § 27 Rn. 1; NK-ArbR/*Sagan* SEBG § 27 Rn. 2f.; aA NK-SE/*Kleinemann/Kujath* SEBG § 27 Rn. 1, der nur für Angelegenheiten, die die Befugnisse der nationalen Organe der Arbeitnehmervertretung übersteigen, einen grenzüberschreitenden Bezug annimmt.
[485] Annuß/Kühn/Rudolph/Rupp/*Kühn* SEBG § 27 Rn. 3; Kölner Komm AktG/*Feuerborn* SEBG § 27 Rn. 3; NK-ArbR/*Sagan* SEBG § 27 Rn. 2.

gewöhnlichen Umständen nach § 29 SEBG erfüllt sind.[486] Gleichwohl kann die Leitung freiwillig zu weiteren regulären Unterrichtungen und Anhörungen einladen.[487]

§ 28 SEBG regelt den **Gegenstand der Unterrichtung und Anhörung** nicht abschließend. Vielmehr enthält § 28 Abs. 2 SEBG nur Regelbeispiele für Gegenstände, die in jedem Fall in die Unterrichtung und Anhörung einzubeziehen sind, so dass auch über weitere grenzüberschreitende Umstände zu unterrichten und anzuhören sein kann.[488] Wie sich aus den genannten Regelbeispielen ergibt, hat die Unterrichtung und Anhörung sowohl retrospektiven wie prospektiven Charakter. Sie betrifft also nicht nur Entwicklungen in der Zukunft, sondern auch zurückliegende Ereignisse. Ausgeschlossen ist eine Unterrichtung und Anhörung gemäß § 41 Abs. 1 SEBG, soweit durch die Unterrichtung Betriebs- oder Geschäftsgeheimnisse der SE oder der Tochtergesellschaften gefährdet sind, wobei dies objektiv unter Berücksichtigung der Verschwiegenheitspflichten der SE-BR-Mitglieder nach § 41 Abs. 2 SEBG zu bestimmen ist.[489]

280

Die **Durchführung der Unterrichtung und Anhörung** selbst erfolgt in einem zweistufigen Verfahren. Zunächst ist die Leitung verpflichtet, dem SE-BR kraft Gesetzes die **erforderlichen Unterlagen** rechtzeitig zuzuleiten, dh so zeitig, dass der SE-BR die Auswirkungen auf die Arbeitnehmer prüfen und die Anhörung vorbereiten kann.[490] Nach der nicht abschließenden Aufzählung in § 28 Abs. 1 S. 2 SEBG sind vorzulegen die Geschäftsberichte, die Tagesordnungen aller Sitzungen der Leitung sowie des Aufsichts- und Verwaltungsorgans und Kopien aller Unterlagen, die der Hauptversammlung der Anteilseigner vorgelegt werden. Diese Unterlagen sind in jedem Fall vorzulegen.[491] Darüber hinaus kann es zB bei der Unterrichtung über eine Restrukturierung erforderlich sein, die dafür eingeholten wirtschaftlichen Gutachten und Planungen vorzulegen.[492] Eine strukturierte Zusammenfassung der Unterlagen ist zwar rechtlich nicht geboten, kann sich aber im Einzelfall empfehlen. Soweit die SE-BR-Mitglieder aufgrund fehlender Sprachkenntnisse nicht in der Lage sind, die überlassenen Unterlagen zu verstehen, müssen diese entweder übersetzt werden[493] oder muss dem SE-BR die Möglichkeit gegeben werden, auf Kosten der SE eine Übersetzung zu beschaffen (→ Rn. 295).

281

In einem weiteren Schritt erfolgt, ggf. nach einer vorbereitenden Sitzung des SE-BR, eine **gemeinsame Sitzung** der Leitung und des SE-BR, zu der die Leitung einlädt, so dass ihr auch die Terminierung obliegt.[494] In dieser Sitzung erfolgt die Unterrichtung, soweit sie durch die Überlassung der Unterlagen noch nicht abschließend erfolgt ist, und die Anhörung des SE-BR. Dem SE-BR ist es darüber hinaus gestattet, auch nach der gemeinsamen Sitzung seine Stellungnahmen zu den in der gemeinsamen Sitzung behandelten Angelegenheiten abzugeben.[495]

282

Soweit die Leitung Ihrer Pflicht zur Unterrichtung und Anhörung nicht nachkommt, kann der SE-BR die Unterrichtung und Anhörung im Beschlussverfahren vor dem zu-

283

---

[486] Annuß/Kühn/Rudolph/Rupp/*Kühn* SEBG § 28 Rn. 12; Habersack/Drinhausen/*Hohenstatt/Müller-Bonanni* SEBG § 28 Rn. 6; NK-ArbR/*Sagan* SEBG § 28 Rn. 3; Gaul/Ludwig/Forst EuMitbestR/Siemers § 2 Rn. 433.
[487] NK-ArbR/*Sagan* SEBG § 28 Rn. 3.
[488] Begr. RegE, BT-Drs. 15/3405, 53; Habersack/Drinhausen/*Hohenstatt/Müller-Bonanni* SEBG § 28 Rn. 2.
[489] Gaul/Ludwig/Forst EuMitbestR/Siemers § 2 Rn. 434.
[490] Vgl. § 2 Abs. 10 SEBG; im Einzelnen auch Habersack/Drinhausen/*Hohenstatt/Müller-Bonanni* SEBG § 28 Rn. 4; Kölner Komm AktG/*Feuerborn* SEBG § 28 Rn. 5; NK-SE/*Kleinemann/Kujath* SEBG § 28 Rn. 3; Gaul/Ludwig/Forst EuMitbestR/Siemers § 2 Rn. 436.
[491] Habersack/Drinhausen/*Hohenstatt/Müller-Bonanni* SEBG § 28 Rn. 3.
[492] S. hierzu auch die weitere Aufzählung von Beispielen bei Annuß/Kühn/Rudolph/Rupp/*Kühn* SEBG § 28 Rn. 6.
[493] Annuß/Kühn/Rudolph/Rupp/*Kühn* SEBG § 28 Rn. 8.
[494] Annuß/Kühn/Rudolph/Rupp/*Kühn* SEBG § 28 Rn. 11; Habersack/Drinhausen/*Hohenstatt/Müller-Bonanni* SEBG § 28 Rn. 6.
[495] Habersack/Drinhausen/*Hohenstatt/Müller-Bonanni* SEBG § 28 Rn. 5.

ständigen Arbeitsgericht gerichtlich erzwingen.[496] Die nicht rechtzeitige oder unterlassene Beteiligung des SE-BR stellt überdies eine Ordnungswidrigkeit gemäß § 46 Abs. 1 Nr. 2 SEBG dar, die mit einem Bußgeld bis zu EUR 20.000,00 geahndet werden kann. Ein Unterlassungsanspruch des SE-BR kraft Gesetzes bei Verstoß gegen die Beteiligungsrechte nach § 28 SEBG besteht nicht.[497]

### c) Unterrichtung und Anhörung im Sonderfall

284 Neben der regulären jährlichen Unterrichtung und Anhörung gemäß § 28 SEBG hat die Leitung nach § 29 Abs. 1 SEBG SE-BR kraft Gesetzes über **außergewöhnliche Umstände,** die erhebliche Auswirkungen auf die Interessen der Arbeitnehmer haben, **rechtzeitig** unter Vorlage der erforderlichen Unterlagen zu unterrichten. Diese Regelung dient der Umsetzung der in Anh. Teil 2 lit. c) SE-RL enthaltenen Regelungen zur Unterrichtung und Anhörung in Sonderfällen.

285 Der Gegenstand der Unterrichtung über außergewöhnliche Umstände ist im Gesetz nicht abschließend geregelt, sondern – wie auch schon bei der regulären Anhörung – in § 29 Abs. 1 S. 2 SEBG nur durch Regelbeispiele konkretisiert worden. Danach sind außergewöhnliche Umstände insbesondere
 – die Verlegung oder Verlagerung von Unternehmen, Betrieben oder wesentlichen Betriebsteilen;
 – die Stilllegung von Unternehmen, Betrieben oder wesentlichen Betriebsteilen;
 – Massenentlassungen.
Auffällig ist, dass der nicht abschließende Katalog in § 29 Abs. 1 S. 2 SEBG Gegenstände enthält, die auch Gegenstand der regelmäßigen Anhörung nach § 28 Abs. 2 Nr. 7–10 SEBG sind. In der Sache geht es darum, dass solche Maßnahmen, die besonders schwerwiegende Auswirkungen auf die Interessen der Arbeitnehmer haben können,[498] bereits vor ihrer Durchführung mit dem SE-BR zu verhandeln sind.[499]

286 Das Beteiligungsverfahren gemäß § 29 SEBG weicht in wesentlichen Punkten von der Beteiligung nach § 28 SEBG ab. Auch bei ihm sind die Leitungen verpflichtet, den SE-BR über die außergewöhnlichen Umstände unter Vorlage der dafür erforderlichen Unterlagen zu unterrichten. Da eine gemeinsame Sitzung zur Durchführung der Anhörung gemäß § 29 Abs. 2 SEBG nur auf Verlangen des SE-BR oder des geschäftsführenden Ausschusses erfolgt, muss bereits die schriftliche Unterrichtung abschließend sein. Nur auf Antrag des SE-BR ist mit der Leitung oder einer zur eigenständigen Entscheidung befugten Leitungsebene zum Zwecke der Anhörung eine gemeinsame Sitzung durchzuführen. Die Ausübung des Rechts auf eine Anhörung kann gemäß § 29 Abs. 3 SEBG durch Beschluss des SE-BR dem geschäftsführenden Ausschuss übertragen werden; in diesem Falle dürfen an der Anhörung ergänzend die SE-BR-Mitglieder jener Mitgliedstaaten teilnehmen, die von den Maßnahmen unmittelbar betroffene Arbeitnehmer vertreten. Sollte die Leitung der SE einer vom SE-BR oder dem geschäftsführenden Ausschuss abgegebenen Stellungnahme nicht folgen, kann der SE-BR verlangen, ein weiteres Mal mit der Leitung der SE zusammenzutreffen, um eine Einigung herbeizuführen (vgl. § 29 Abs. 4 SEBG).

---

[496] Annuß/Kühn/Rudolph/Rupp/*Kühn* SEBG § 28 Rn. 18 f.; Habersack/Drinhausen/*Hohenstatt/Müller-Bonanni* SEBG § 28 Rn. 8; MüKoAktG/*Jacobs* SEBG Vor § 23 Rn. 11; Gaul/Ludwig/Forst EuMitbestR/Siemers § 2 Rn. 439; *Kienast* in Jannott/Frodermann SE-HdB Kap. 13 Rn. 289.
[497] Annuß/Kühn/Rudolph/Rupp/*Kühn* SEBG § 28 Rn. 17; Gaul/Ludwig/Forst EuMitbestR/Siemers § 2 Rn. 439.
[498] Vgl. Begr. RegE, BT-Drs. 15/3405, 53.
[499] Habersack/Drinhausen/*Hohenstatt/Müller-Bonanni* SEBG § 29 Rn. 2; Kölner Komm AktG/*Feuerborn* SEBG § 28 Rn. 3; MüKoAktG/*Jacobs* SEBG Vor § 23 Rn. 13; Gaul/Ludwig/Forst EuMitbestR/Siemers § 2 Rn. 441.

### E. Beteiligung kraft Gesetzes

§ 14

Die Leitungen sind jedoch nicht gezwungen, eine Einigung mit dem SE-BR herbeizuführen.[500]

Umstritten ist, ob der SE-BR im Fall der außerordentlichen Unterrichtung und Anhörung einen Anspruch auf Unterlassung hat, bis die Unterrichtung und Anhörung abgeschlossen ist.[501] Die unterlassene oder nicht rechtzeitig durchgeführte Unterrichtung und Anhörung stellt eine Ordnungswidrigkeit nach § 46 Abs. 1 Nr. 2 SEBG dar. 287

#### d) Information der nationalen Arbeitnehmervertretungen

Nach § 30 S. 1 SEBG hat der SE-Betriebsrat die Arbeitnehmervertreter der SE sowie ihrer Tochtergesellschaften und Betriebe auf nationaler Ebene über den Inhalt und die Ergebnisse der grenzüberschreitenden Unterrichtungs- und Anhörungsverfahren zu informieren. Das sind in Deutschland die auf höchster Ebene gebildeten Betriebsräte (Betriebsrat, Gesamtbetriebsrat, Konzernbetriebsrat) sowie ggf. die Sprecherausschüsse.[502] In den übrigen Mitgliedstaaten sind die nach den dortigen Rechtsvorschriften bzw. Gepflogenheiten vorgesehenen Vertreter der Arbeitnehmer zu unterrichten. Für den Fall, dass es keine Arbeitnehmervertretung gibt, ist gemäß § 30 S. 2 SEBG sicherzustellen, dass die Arbeitnehmer direkt unterrichtet werden. 288

Gegenstand der Information der nationalen Gremien sind nur der Inhalt und die Ergebnisse der Unterrichtung und Anhörung, nicht jedoch sämtliche Einzelheiten der Unterrichtung und Anhörung. Die Form der Information kann durch den SE-BR frei bestimmt werden.[503] Soweit die Arbeitnehmer unmittelbar zu informieren sind, ist der SE-BR durch das Verschwiegenheitsgebot in § 41 Abs. 2 SEBG daran gehindert, den Arbeitnehmern Geschäfts- und Betriebsgeheimnisse zu offenbaren. Bei der Information von Arbeitnehmervertretungen gelten diese Beschränkungen gemäß § 41 Abs. 3 Nr. 2 SEBG nicht, da die Arbeitnehmervertretungen selbst gemäß § 41 Abs. 4 Nr. 3 SEBG ebenfalls der Vertraulichkeit unterliegen. 289

### 7. Arbeitsbedingungen des SE-BR kraft Gesetzes

Die allgemeinen Arbeitsbedingungen des SE-BR sind in den §§ 31–33 SEBG näher geregelt. Diese Regelungen enthalten mit Ausnahme der Regelungen zur Fortbildung keine Normen zu den Rechten und Pflichten der einzelnen Mitglieder des SE-BR kraft Gesetzes; diese sind gesondert in den §§ 40–41 SEBG geregelt (→ Rn. 326 ff.). 290

#### a) Fortbildung

Nach § 31 S. 1 SEBG kann der SE-BR kraft Gesetzes Mitglieder zur Teilnahme an Schulungs- und Bildungsveranstaltungen bestimmen, soweit diese für die Tätigkeit als SE-BR- 291

---

[500] Lutter/Hommelhoff/Teichmann SE/*Oetker* SEBG § 29 Rn. 3; NK-ArbR/*Sagan* SEBG § 29 Rn. 6; Gaul/Ludwig/Forst EuMitbestR/Siemers § 2 Rn. 443.
[501] Generell gegen einen Unterlassungsanspruch: Annuß/Kühn/Rudolph/Rupp/*Kühn* SEBG § 29 Rn. 26 mwN auch zu der vergleichbaren Regelung in § 30 EBRG; Habersack/Drinhausen/*Hohenstatt/Müller-Bonanni* SEBG § 29 Rn. 7; Henssler/Willemsen/Kalb/*Hohenstatt/Dzida* SEBG Rn. 44; für einen Unterlassungsanspruch dagegen: Kölner Komm AktG/*Feuerborn* SEBG § 29 Rn. 12; MüKoAktG/*Jacobs* SEBG Vor § 23 Rn. 13; Nagel/Freis/Kleinsorge SE/*Nagel* SEBG § 29 Rn. 7; NK-ArbR/*Sagan* SEBG § 29 Rn. 5.
[502] Begr. RegE, BT-Drs. 15/3405, 53; Annuß/Kühn/Rudolph/Rupp/*Kühn* SEBG § 30 Rn. 1; Habersack/Drinhausen/*Müller-Bonanni* SEBG § 30 Rn. 5; Kölner Komm AktG/*Feuerborn* SEBG § 30 Rn. 5; NK-ArbR/*Sagan* SEBG § 30 Rn. 2; Gaul/Ludwig/Forst EuMitbestR/Siemers § 2 Rn. 445; NK-SE/*Kleinemann/Kujath* SEBG § 30 Rn. 1; aA (keine Einbeziehung der Sprecherausschüsse): MüKoAktG/*Jacobs* SEBG Vor § 23 Rn. 11; Lutter/Hommelhoff/Teichmann SE/*Oetker* SEBG § 30 Rn. 1; NK-ArbR/*Sagan* SEBG § 30 Rn. 2; aA (Information aller Arbeitnehmervertretungen, egal auf welcher Ebene): Nagel/Freis/Kleinsorge SE/*Nagel* SEBG § 30 Rn. 1.
[503] NK-ArbR/*Sagan* SEBG § 30 Rn. 2; NK-SE/*Kleinemann/Kujath* SEBG § 30 Rn. 1; Gaul/Ludwig/Forst EuMitbestR/Siemers § 2 Rn. 446.

Mitglied **erforderliche Kenntnisse** vermitteln. Wann dies der Fall ist, ist entsprechend den für die Teilnahme von Betriebsratsmitgliedern an Bildungsveranstaltungen nach dem BetrVG entwickelten Grundsätzen zu bestimmen. Danach ist die Schulung/Fortbildung erforderlich, wenn sie dem Gremium für eine sachgerechte Aufgabenwahrnehmung benötigte Kenntnisse vermittelt, wobei der SE-BR insoweit einen gewissen Einschätzungsspielraum hat.[504] Daraus folgt, dass der SE-BR neue Mitglieder grundsätzlich zu einer Basisschulung betreffend die Rechte und Pflichten des SE-BR entsenden kann, während Spezialschulungen nur vorgesehen werden können, soweit sie im Einzelfall erforderlich sind.[505]

292 § 31 SEBG regelt nur einen **kollektiven Anspruch** des Gremiums: Einzelne Betriebsratsmitglieder können aus § 31 SEBG keinen Anspruch auf Fortbildung herleiten. Sie haben erst nach Beschluss des SE-BR einen Anspruch gegen die SE auf Kostenübernahme gemäß § 33 SEBG sowie gegen ihren Arbeitgeber Anspruch auf bezahlte Freistellung und ggf. Freizeitausgleich bei Durchführung der Schulung während der Freizeit.[506]

293 Nach § 31 S. 3 SEBG sind die betrieblichen Notwendigkeiten bei der Festlegung der **zeitlichen Lage** der Fortbildung zu berücksichtigen. Die Berufung auf betriebliche Notwendigkeit darf aber grundsätzlich nicht dazu führen, die Schulung oder Fortbildung vollständig und dauerhaft zu untersagen.[507] Nach § 31 S. 2 SEBG hat der SE-BR der SE die Teilnahme einzelner seiner Mitglieder an Schulungs- und Fortbildungsmaßnahmen rechtzeitig vorher mitzuteilen. Die Mitteilung muss so frühzeitig erfolgen, dass die Leitung prüfen kann, ob die Voraussetzungen in § 31 S. 1 und 3 SEBG erfüllt sind.[508]

### b) Sachverständige

294 Nach § 32 S. 1 SEBG darf der SE-BR oder der geschäftsführende Ausschuss sich durch Sachverständige seiner Wahl unterstützen lassen, soweit dies für die ordnungsgemäße Erfüllung der Aufgaben erforderlich ist. Als Sachverständige kommen gemäß § 32 S. 2 SEBG auch Gewerkschaftsvertreter in Betracht. Da Anh. Teil 2 lit. f) SE-RL das Kriterium der Erforderlichkeit nicht vorsieht, wird teilweise vertreten, dass dieses Kriterium auch bei der Wahl der Sachverständigen nur für die Pflicht der SE zur Erstattung der Kosten nach § 33 SEBG eine Rolle spiele und daher auf die Bestellung eines Sachverständigen im Übrigen keine Anwendung finde.[509] Jedoch ergibt sich bereits aus dem Grundsatz der vertrauensvollen Zusammenarbeit nach § 40 SEBG, dass der SE-BR kraft Gesetzes nicht beliebig viele Dritte für seine Arbeit heranziehen darf, die so etwa auch Kenntnisse über Geschäfts- und Betriebsgeheimnisse erlangen können.[510] Erforderlich ist die Hinzuziehung von Sachverständigen dann, wenn diese dem SE-BR Kenntnisse vermitteln, die dieser nicht besitzt und die für eine ordnungsgemäße Erfüllung seiner Aufgaben erforderlich sind.[511]

---

[504] Habersack/Drinhausen/*Hohenstatt/Müller-Bonanni* SEBG § 31 Rn. 3; Kölner Komm AktG/*Feuerborn* SEBG § 31 Rn. 5; Lutter/Hommelhoff/Teichmann SE/*Oetker* SEBG § 31 Rn. 1; NK-ArbR/*Sagan* SEBG § 31 Rn. 2; NK-SE/*Kleinemann/Kujath* SEBG § 31 Rn. 2; Gaul/Ludwig/Forst EuMitbestR/Siemers § 2 Rn. 448.
[505] Habersack/Drinhausen/*Hohenstatt/Müller-Bonanni* SEBG § 31 Rn. 3; Kölner Komm AktG/*Feuerborn* SEBG § 31 Rn. 5; NK-ArbR/*Sagan* SEBG § 31 Rn. 2.
[506] Habersack/Drinhausen/*Hohenstatt/Müller-Bonanni* SEBG § 31 Rn. 2; Lutter/Hommelhoff/Teichmann SE/*Oetker* SEBG § 31 Rn. 1; Nagel/Freis/Kleinsorge SE/*Nagel* SEBG § 31 Rn. 1; NK-SE/*Kleinemann/Kujath* SEBG § 31 Rn. 3; NK-ArbR/*Sagan* SEBG § 31 Rn. 1.
[507] Habersack/Drinhausen/*Hohenstatt/Müller-Bonanni* SEBG § 31 Rn. 4; NK-ArbR/*Sagan* SEBG § 31 Rn. 3.
[508] Habersack/Drinhausen/*Hohenstatt/Müller-Bonanni* SEBG § 31 Rn. 5; NK-ArbR/*Sagan* SEBG § 31 Rn. 3.
[509] NK-ArbR/*Sagan* SEBG § 32 Rn. 2, der aber im Ausnahmefall eine Einschränkung unter Berücksichtigung des Grundsatzes der vertrauensvollen Zusammenarbeit nach § 40 SEBG vornehmen will; generell Nagel/Freis/Kleinsorge SE/*Nagel* SEBG § 32 Rn. 2.
[510] Habersack/Drinhausen/*Hohenstatt/Müller-Bonanni* SEBG § 32 Rn. 2; im Ergebnis auch Lutter/Hommelhoff/Teichmann SE/*Oetker* SEBG § 32 Rn. 1.
[511] Habersack/Drinhausen/*Hohenstatt/Müller-Bonanni* SEBG § 32 Rn. 2; NK-ArbR/*Sagan* SEBG § 32 Rn. 2; Gaul/Ludwig/Forst EuMitbestR/Siemers § 2 Rn. 453.

## c) Kosten und Sachaufwand

§ 33 S. 1 SEBG stellt unter Verweis auf § 19 S. 2 SEBG klar, dass die SE die für die Tätigkeit des SE-BR erforderlichen Kosten zu tragen hat. Dazu gehören insbesondere die Kosten für
- Räume,
- sachliche Mittel,
- Übersetzungen und Dolmetscher,
- Sachverständige sowie
- Reise und Unterkunft im Zusammenhang mit der Teilnahme an den Sitzungen.[512]

## II. Mitbestimmung kraft Gesetzes

§§ 34 ff. SEBG ergänzen die Bestimmungen über die Beteiligung der Arbeitnehmer im Wege der Unterrichtung und Anhörung und sehen vor, dass unter bestimmten Voraussetzungen die SE der Unternehmensmitbestimmung unterliegt.

### 1. Vorrausetzungen der Mitbestimmung kraft Gesetzes

Die SE unterliegt nicht automatisch bei Erfüllung der Voraussetzungen des § 22 SEBG auch der Unternehmensmitbestimmung. Aus § 34 Abs. 1 SEBG ergibt sich zwar zunächst, dass für die Anwendung der Mitbestimmung kraft Gesetzes nach den §§ 34 ff. SEBG die allgemeinen Voraussetzungen für die Beteiligung kraft Gesetzes gemäß § 22 SEBG vorliegen müssen (→ Rn. 255 ff.), jedoch müssen zusätzlich die in § 34 SEBG genannten ergänzenden Voraussetzungen erfüllt sein. Eine Ausnahme gilt nur für den Fall, dass die Parteien die Anwendbarkeit der Regelungen für die Mitbestimmung kraft Gesetzes in einer wirksam abgeschlossenen Vereinbarung vorgesehen haben.[513] Haben jedoch die Parteien lediglich festgestellt, dass die Verhandlungen gescheitert sind, liegt darin nicht eine Vereinbarung der Regelungen über die Mitbestimmung kraft Gesetzes.[514] Die besonderen Voraussetzungen der Mitbestimmung kraft Gesetzes sind in Übereinstimmung mit Art. 7 Abs. 2 SE-RL je nach Gründungsform unterschiedlich geregelt.

### a) formwechselnde Umwandlung

Im Falle der Gründung durch formwechselnde Umwandlung unterliegt die SE gemäß § 34 Abs. 1 Nr. 1 SEBG der Mitbestimmung kraft Gesetzes, wenn die umgewandelte Gesellschaft vor der Umwandlung ebenfalls der Unternehmensmitbestimmung unterlag; unterliegt nur eine betroffene Tochtergesellschaft der Unternehmensmitbestimmung, ist das hingegen unbeachtlich.[515] Aus dem Gesetzeswortlaut ergibt sich nicht, ob es für die Erfüllung der besonderen Voraussetzungen ausreicht, dass die Gesellschaft nach geltendem Recht vor der Umwandlung mitbestimmt sein müsste, dies jedoch tatsächlich nicht ist. Soweit gelegentlich vertreten wird, dass es nur darauf ankomme, aber auch erforderlich sei, dass eine gesetzliche Form der Mitbestimmung praktiziert wird,[516] überzeugt das nicht. Gegen diese Ansicht spricht zunächst der Wortlaut der Regelung in § 34 Abs. 1 Nr. 1 SEBG, der nur die Geltung von Bestimmungen über die Mitbestimmung verlangt. Zudem zielt die Auffangregelung in §§ 34 ff. SEBG auf die Wahrung der in den beteiligten Ge-

---

[512] Zu den Einzelheiten s.o. → Rn. 153 ff.
[513] Habersack/Henssler/*Henssler* SEBG § 34 Rn. 9; Kölner Komm AktG/*Feuerborn* SEBG § 34 Rn. 9; Lutter/Hommelhoff/Teichmann SE/*Oetker* SEBG § 34 Rn. 8; MüKoAktG/*Jacobs* SEBG § 34 Rn. 3.
[514] Lutter/Hommelhoff/Teichmann SE/*Oetker* SEBG § 34 Rn. 9; MüKoAktG/*Jacobs* SEBG § 22 Rn. 3.
[515] Habersack/Drinhausen/*Hohenstatt/Müller-Bonanni* SEBG § 34 Rn. 4.
[516] Habersack/Drinhausen/*Hohenstatt/Müller-Bonanni* SEBG § 34 Rn. 6; Habersack/Henssler/*Habersack* SEBG § 34 Rn. 12a; Lutter/Hommelhoff/Teichmann SE/*Oetker* SEBG § 34 Rn. 15; MüKoAktG/*Jacobs* SEBG § 34 Rn. 5.

sellschaften bestehenden **Mitbestimmungsrechte**,[517] die jedoch unabhängig von der tatsächlich ausgeübten Mitbestimmung bestehen. Aus diesem Grund erscheint es richtig, im Rahmen des § 34 Abs. 1 Nr. 1 SEBG nur darauf abzustellen, ob die Gesellschaft vor der Umwandlung nach gesetzlichen Regelungen mitbestimmt sein müsste, so dass es nicht auf die tatsächlich ausgeübte Mitbestimmung ankommt.[518] Maßgeblicher Zeitpunkt ist insoweit das Ende der Verhandlungen.[519] Aufgrund der Gleichstellung von monistischem und dualistischem System ist ein **Wechsel in die monistische Unternehmensverfassung** im Rahmen der formwechselnden Umwandlung zulässig.[520] Entgegen einer in der Literatur vertretenen Ansicht,[521] bezieht sich die Aufrechterhaltung der Mitbestimmung nur auf den Umstand, dass in den Aufsichts- oder Verwaltungsrat Arbeitnehmervertreter zu entsenden sind, während sich die Anzahl der Arbeitnehmervertreter ausschließlich nach § 35 SEBG richtet (→ Rn. 303 ff.).

### b) Verschmelzung

299 Im Falle der Gründung einer SE durch Verschmelzung muss für die Anwendung der Regelungen über die Mitbestimmung kraft Gesetzes in mindestens einer der beteiligten Gesellschaften vor der Eintragung der SE bei Ablauf der Verhandlungsfrist gemäß § 20 SEBG (→ Rn. 136) ein Mitbestimmungsstatut gegolten haben; auf die tatsächliche Ausübung der Mitbestimmung kommt es nicht an.[522] Weiterhin erforderlich ist für die automatische Anwendung der Regelungen für die Mitbestimmung kraft Gesetzes, dass **mindestens 25 % der Arbeitnehmer** der beteiligten Gesellschaften und deren Tochtergesellschaften bei Ablauf der Verhandlungsfrist gem. § 20 SEBG[523] Mitbestimmungsrechte bei einer der beteiligten Gesellschaften hatten. Die **Einbeziehung der Tochtergesellschaften** für die Berechnung der Schwellenwerte gemäß § 34 Abs. 1 Nr. 2 lit. a SEBG ist **europarechtswidrig**, da ihre Einbeziehung in Art. 7 Abs. 2 lit. b SE-RL nicht vorgesehen ist und dazu führen kann, dass die allein aufgrund Konzernzurechnung bestehende Mitbestimmung in der SE fortgesetzt wird, obwohl dies europarechtlich nicht vorgesehen ist.[524]

---

[517] Habersack/Henssler/*Habersack* SEBG § 34 Rn. 12; NK-EBRG/*Carlson* SE Rn. 133.
[518] OLG München NZG 2020, 783; OLG Frankfurt a. M. NZG 2018, 1254; Nagel/Freis/Kleinsorge SE/*Nagel* SEBG § 34 Rn. 4; NK-ArbR/*Sagan* SEBG § 34 Rn. 3; *Ege/Grzimek/Schwarzfischer* BB 2011, 1206; Gaul/Ludwig/Forst EuMitbestR/*Forst* § 2 Rn. 464; ähnlich für den Fall des zwischenzeitlich eingeleiteten Statusverfahrens BGH NZG 2019, 1157, der zumindest dann von dem Sollzustand ausgeht, wenn dies im Statusverfahren festgestellt wird.
[519] *Grobys* NZA 2005, 84 (90); aA (Eintragung der Umwandlung in das Handelsregister): NK-ArbR/*Sagan* SEBG § 34 Rn. 8; aA (Zeitpunkt der Information): Kölner Komm AktG/*Feuerborn* SEBG § 34 Rn. 26; MüKoAktG/*Jacobs* SEBG § 34 Rn. 12; Habersack/Drinhausen/*Hohenstatt/Müller-Bonanni* SEBG § 34 Rn. 5, die aber inkonsequent annehmen, dass ein zwischenzeitlicher Entfall der Mitbestimmung zu berücksichtigen sei.
[520] Habersack/Henssler/*Habersack* SEBG § 34 Rn. 14; MüKoAktG/*Jacobs* SEBG § 34 Rn. 5; Nagel/Freis/Kleinsorge SE/*Nagel* SEBG § 34 Rn. 4.
[521] Nagel/Freis/Kleinsorge SE/*Nagel* SEBG § 34 Rn. 4; NK-EBRG/*Carlson* SE Rn. 135; s. auch → Rn. 233 für den Fall der Aufrechterhaltung der Mitbestimmung im Falle des Abschlusses einer Beteiligungsvereinbarung.
[522] Gaul/Ludwig/Forst EuMitbestR/*Forst* § 2 Rn. 464; NK-ArbR/*Sagan* SEBG § 34 Rn. 6; NK-EBRG/*Carlson* SE Rn. 133; aA (tatsächlich gelebte Mitbestimmung): Habersack/Drinhausen/*Hohenstatt/Müller-Bonanni* SEBG § 34 Rn. 6; Habersack/Henssler/*Habersack* SEBG § 34 Rn. 15.
[523] *Grobys* NZA 2005, 84 (90); aA MüKoAktG/*Jacobs* SEBG § 34 Rn. 12, der auf den Verhandlungsbeginn abstellt; aA NK-ArbR/*Sagan* SEBG § 34 Rn. 8, der auf den Zeitpunkt der Eintragung abstellt; aA auch die wohl vorherrschende Meinung, die auf die Information nach § 4 SEBG abstellt: Habersack/Henssler/*Habersack* SEBG § 34 Rn. 18; MüKoAktG/*Jacobs* SEBG § 34 Rn. 12; Lutter/Hommelhoff/Teichmann SE/*Oetker* SEBG § 34 Rn. 19; Habersack/Drinhausen/*Hohenstatt/Müller-Bonanni* SEBG § 34 Rn. 8; *Kienast* in Jannott/Frodermann SE-HdB Kap. 13 Rn. 133; Kölner Komm AktG/*Feuerborn* SEBG § 34 Rn. 26.
[524] Lutter/Hommelhoff/Teichmann SE/*Oetker* SEBG § 34 Rn. 19; NK-ArbR/*Sagan* SEBG § 34 Rn. 7; Gaul/Ludwig/Forst EuMitbestR/*Forst* § 2 Rn. 464; kritisch auch: Habersack/Drinhausen/*Hohenstatt/Müller-Bonanni* SEBG § 34 Rn. 9; Habersack/Henssler/*Habersack* SEBG § 34 Rn. 18; *Grobys* NZA 2004, 777

Zudem kann die Einbeziehung der betroffenen Tochtergesellschaften auch zur Benachteiligung der Arbeitnehmer der beteiligten Gesellschaften durch Entzug der Mitbestimmungsrechte führen, wenn zwar in den beteiligten Gesellschaften allein die Schwellenwerte überschritten würden, nicht aber bei Hinzurechnung der Arbeitnehmer der Tochtergesellschaften.[525] Dass eine europarechtskonforme Auslegung gegen den insoweit eindeutigen Wortlaut der Regelung möglich ist, ist jedoch zu bezweifeln.[526] Ist mindestens eine der beteiligten Gesellschaften mitbestimmt und scheitert die Anwendung der Regelungen zur Mitbestimmung kraft Gesetzes an der Überschreitung der Schwellenwerte, kann das BVG nach § 34 Abs. 1 Nr. 2 lit. b SEBG durch Beschluss mit der doppelten absoluten Mehrheit gemäß § 15 Abs. 2 SEBG bis zum Ablauf der Verhandlungsfrist beschließen, dass die SE gleichwohl der Unternehmensmitbestimmung unterliegt.[527]

### c) Holding- oder Tochter-SE

Die Voraussetzungen für die Anwendung der Mitbestimmung kraft Gesetzes bei Gründung einer Holding- oder Tochter-SE sind nahezu identisch mit den Regelungen für eine Gründung durch Verschmelzung (→ Rn. 299). Lediglich der Schwellenwert, ab dem automatisch die Mitbestimmung kraft Gesetzes eingreift, ist auf 50 % erhöht worden. 300

### d) Bestimmung der Form der Mitbestimmung

Welche Form der Mitbestimmung (Repräsentations- oder Kooptationsmodell) im Fall der Gründung durch Verschmelzung oder Gründung einer Holding- bzw. Tochter-SE anzuwenden ist, wenn bei den beteiligten Gesellschaften mehrere Formen der Mitbestimmung bestehen, richtet sich nach § 34 Abs. 2 SEBG. Der Anteil der Arbeitnehmervertreter im Aufsichts- oder Verwaltungsorgan der beteiligten Gesellschaft bestimmt sich dagegen nach § 35 Abs. 2 SEBG.[528] § 34 Abs. 2 SEBG überlässt es zunächst dem BVG, welche Form der Mitbestimmung Anwendung finden soll. Trifft das BVG bis zum Abschluss der Verhandlungen keine Entscheidung, gilt das Repräsentationsmodell, soweit eine beteiligte Gesellschaft aus dem Inland der Mitbestimmung unterlag, ansonsten das Modell, das auf die meisten Arbeitnehmer Anwendung fand. Wie auch bei der Frage der Überschreitung der Schwellenwerte, ist die Zahl der Arbeitnehmer bei Ablauf der Verhandlungsfrist nach § 20 SEBG (→ Rn. 136) entscheidend. 301

### e) Mitteilung an die Leitungen

Gemäß § 34 Abs. 3 SEBG hat das BVG die Leitungen über die Beschlüsse gemäß § 34 Abs. 1 Nr. 2 lit. b, Nr. 3 lit. b sowie Abs. 2 S. 1 SEBG zu unterrichten. Eine besondere Form ist nicht geboten, doch sollte die Mitteilung mindestens in Textform erfolgen. 302

---

(781); *Kienast* in Jannott/Frodermann SE-HdB Kap 13 Rn. 308 ff.; aA MüKoAktG/*Jacobs* SEBG § 34 Rn. 11; Nagel/Freis/Kleinsorge SE/*Nagel* SEBG § 34 Rn. 8.
[525] Kölner Komm AktG/*Feuerborn* SEBG § 34 Rn. 25.
[526] Kritisch Gaul/Ludwig/Forst EuMitbestR/*Forst* § 2 Rn. 468; aA Habersack/Drinhausen/*Hohenstatt/Müller-Bonanni* SEBG § 34 Rn. 9; Habersack/Henssler/*Habersack* SEBG § 34 Rn. 18; Kölner Komm AktG/*Feuerborn* SEBG § 34 Rn. 25; Lutter/Hommelhoff/Teichmann SE/*Oetker* SEBG § 34 Rn. 21; NK-SE/*Kleinemann/Kujath* SEBG § 34 Rn. 4; NK-ArbR/*Sagan* SEBG § 34 Rn. 7.
[527] Habersack/Drinhausen/*Hohenstatt/Müller-Bonanni* SEBG § 34 Rn. 8; Kölner Komm AktG/*Feuerborn* SEBG § 34 Rn. 29; Lutter/Hommelhoff/Teichmann SE/*Oetker* SEBG § 34 Rn. 22; MüKoAktG/*Jacobs* SEBG § 34 Rn. 13.
[528] Habersack/Drinhausen/*Hohenstatt/Müller-Bonanni* SEBG § 34 Rn. 11; Lutter/Hommelhoff/Teichmann SE/*Oetker* SEBG § 34 Rn. 23; MüKoAktG/*Jacobs* SEBG § 34 Rn. 16; Nagel/Freis/Kleinsorge SE/*Nagel* SEBG § 34 Rn. 11; NK-ArbR/*Sagan* SEBG § 34 Rn. 11; Gaul/Ludwig/Forst EuMitbestR/*Forst* § 2 Rn. 473.

## 2. Umfang der Mitbestimmung

303 Der Umfang der Mitbestimmung kraft Gesetzes wird in § 35 SEBG näher geregelt. Die Regelung unterscheidet zwischen der Gründung durch formwechselnde Umwandlung einerseits und den Gründungsformen der Verschmelzung sowie der Gründung einer Holding- oder Tochter-SE andererseits.

### a) formwechselnde Umwandlung

304 Bei der formwechselnden Umwandlung in eine SE bleibt gemäß § 35 Abs. 1 SEBG die vor der Umwandlung in der Gesellschaft bestehende Regelung der Mitbestimmung erhalten. Dies bezieht sich allerdings nur auf den Anteil der Arbeitnehmervertreter im Aufsichts- bzw. Verwaltungsrat.[529] Die Größe des Aufsichts- oder Verwaltungsorgans wird dagegen alleine durch die Satzung bestimmt.[530] Lediglich im Falle der paritätischen Mitbestimmung ist darauf zu achten, dass der Aufsichtsrat bei dualistischer Verfassung der SE eine gerade Anzahl an Mitgliedern hat.[531] Die Form der Mitbestimmung gemäß § 2 Abs. 12 SEBG richtet sich dagegen nach § 34 Abs. 2 SEBG. Da §§ 36, 37 SEBG die **Zusammensetzung** sowie § 38 SEBG **die Rechte und Pflichten** der Arbeitnehmervertreter abschließend regeln, lässt sich aus § 35 Abs. 1 SEBG auch kein Rückschluss auf die Besetzung der Sitze der Arbeitnehmervertreter und die innere Ordnung des Aufsichts- oder Verwaltungsorgans ziehen.[532]

305 Aus § 35 Abs. 1 SEBG ergibt sich nicht, ob die Gesellschaft **monistisch oder dualistisch** verfasst sein muss; Form und Umfang der Mitbestimmung bleiben daher bei der Gründung der SE durch formwechselnde Umwandlung grundsätzlich auch bei einem Systemwechsel erhalten.[533] Als verfassungsrechtlich bedenklich wird jedoch teilweise die Aufrechterhaltung der paritätischen Mitbestimmung im monistischen System angesehen, da die Rechte der Arbeitnehmervertreter durch die verstärkte Möglichkeit der Einflussnahme auf die laufende Geschäftsführung einen unzulässigen Eingriff in das Eigentumsrecht der Anteilseigner bedeuten.[534] Zudem wird vertreten, dass bei der Berechnung der von der Arbeitnehmerseite zu bestellenden Mitglieder im Verwaltungsrat die geschäftsführenden Direktoren, die zugleich auch Mitglied des Verwaltungsrats sind, nicht mitzuzählen seien.[535]

---

[529] Habersack/Drinhausen/*Hohenstatt/Müller-Bonanni* SEBG § 35 Rn. 3; Kölner Komm AktG/*Feuerborn* SEBG § 35 Rn. 12; Lutter/Hommelhoff/Teichmann SE/*Oetker* SEBG § 35 Rn. 8; MüKoAktG/*Jacobs* SEBG § 35 Rn. 9; Habersack/Henssler/*Habersack* SEBG § 35 Rn. 6; ansatzweise auch NK-SE/*Kleinemann/Kujath* SEBG § 35 Rn. 2.; Gaul/Ludwig/Forst EuMitbestR/*Forst* § 2 Rn. 483; aA Nagel/Freis/Kleinsorge SE/*Nagel* SEBG § 35 Rn. 2, der vertritt, dass auch die Zahl der Arbeitnehmervertreter gemäß § 35 Abs. 1 SEBG aufrecht zu erhalten bleibe.
[530] *Ihrig/Wagner* BB 2004, 1749 (1755); *Seibt* ZIP 2010, 1057 (1062).
[531] Habersack/Drinhausen/*Hohenstatt/Müller-Bonanni* SEBG § 35 Rn. 3; Kölner Komm AktG/*Feuerborn* SEBG § 35 Rn. 12; Habersack/Henssler/*Habersack* SEBG § 35 Rn. 6.
[532] Habersack/Drinhausen/*Hohenstatt/Müller-Bonanni* SEBG § 35 Rn. 3f.; Kölner Komm AktG/*Feuerborn* SEBG § 35 Rn. 13ff.; Lutter/Hommelhoff/Teichmann SE/*Oetker* SEBG § 35 Rn. 9f.; MüKoAktG/*Jacobs* SEBG § 35 Rn. 9; Habersack/Henssler/*Habersack* SEBG § 35 Rn. 5; Gaul/Ludwig/Forst EuMitbestR/*Forst* § 2 Rn. 486f.
[533] Habersack/Drinhausen/*Hohenstatt/Müller-Bonanni* SEBG § 35 Rn. 5; Kölner Komm AktG/*Feuerborn* SEBG § 35 Rn. 10.
[534] Habersack/Drinhausen/*Hohenstatt/Müller-Bonanni* SEBG § 35 Rn. 12; Habersack/Henssler/*Habersack* SEBG § 35 Rn. 4; *Steinberg*, Mitbestimmung in der Europäischen Aktiengesellschaft, 2006, 235f.; ausführlich MüKoAktG/*Jacobs* SEBG § 35 Rn. 16ff. mwN.; aA (unter Bezug insbesondere auf die Freiwilligkeit des Wechsels): Kölner Komm AktG/*Feuerborn* SEBG § 35 Rn. 24f.; Lutter/Hommelhoff/Teichmann SE/*Oetker* SEBG § 35 Rn. 13f.; NK-SE/*Kleinemann/Kujath* SEBG § 35 Rn. 2; ausführlich hierzu *Kepper*, Die mitbestimmte monistische SE deutschen Rechts, 2010, 292ff.; *Kraft*, Die Europäisierung der deutschen Mitbestimmung durch das SE-Beteiligungsgesetz, 2005, 214; *Scheibe*, Die Mitbestimmung der Arbeitnehmer in der SE unter besonderer Berücksichtigung des monistischen Systems, 2007, 211ff.
[535] MüKoAktG/*Jacobs* SEBG § 35 Rn. 22ff. mwN.

## E. Beteiligung kraft Gesetzes § 14

### b) Verschmelzung, Holding- oder Tochter-SE

§ 35 Abs. 2 SEBG regelt den Anteil der Arbeitnehmervertreter im Aufsichts- oder Verwaltungsorgan der SE, wenn diese durch Verschmelzung bzw. Gründung einer Holding- oder Tochter-SE gegründet wird. § 35 Abs. 2 S. 1 SEBG wiederholt zunächst den Grundsatz aus Anh. Teil 3 lit. b SE-RL, dass die Gesellschaft entweder im Repräsentationsmodell oder im Kooptationsmodell mitbestimmt ist, wobei diese Modelle gleichwertig nebeneinander stehen.[536] Nach § 35 Abs. 2 S. 2 SEBG bestimmt sich – anders als der Wortlaut nahelegt – der **proportionale Anteil der Arbeitnehmervertreter** im Aufsichts- oder Verwaltungsorgan nach dem höchsten Anteil an Arbeitnehmervertretern, der in den Organen der beteiligten Gesellschaften bestanden hat.[537]

306

### c) Auswirkung von späteren Änderungen auf die Mitbestimmung

Die Form und der Umfang der Mitbestimmung in der SE, die sich aus § 34 Abs. 2 SEBG, § 35 SEBG ergeben, sind in der SE grundsätzlich auf Dauer gesichert und außerhalb des Sonderfalls der strukturellen Änderung gemäß § 18 Abs. 3 SEBG gegen spätere Änderungen, zB der Arbeitnehmerzahlen, die nach nationalen Regelungen eine geändertes Mitbestimmungsniveau verlangen würden, immun.[538]

307

### 3. Sitzverteilung und Bestellung

#### a) Verteilung der Sitze auf die einzelnen Mitgliedstaaten

Nach § 36 Abs. 1 S. 1 SEBG verteilt der SE-BR durch Beschluss mit einfacher Mehrheit die Sitze der Arbeitnehmervertreter im Aufsichts- oder Verwaltungsorgan auf die jeweiligen Mitgliedstaaten. Dabei hat er gemäß § 36 Abs. 1 S. 2 SEBG die Sitze entsprechend dem **Zahlenverhältnis** der Arbeitnehmer in den einzelnen Mitgliedstaaten zu verteilen. Die Regelung weicht vom Wortlaut in Anh. Teil 3 lit. b Abs. 3 SE-RL ab, da nicht nur auf die Arbeitnehmer in der SE, sondern auf alle Arbeitnehmer (einschließlich derjenigen der Tochtergesellschaften) abgestellt wird. Allgemein wird jedoch davon ausgegangen, dass es sich bei der Formulierung in Anh. Teil 3 lit. b Abs. 1 SE-RL um ein gesetzgeberisches Versehen handelt und in der Sache auch die Tochtergesellschaften einbezogen sein sollten, so dass die Regelung in § 36 Abs. 1 S. 2 SEBG richtlinienkonform ist.[539] Der vom SE-BR kraft Gesetzes anzuwendende **Verteilungsmodus** wird in § 36 Abs. 1 S. 2 SEBG nicht vorgegeben, jedoch ist es sachgerecht, die Verteilung der Sitze nach dem **d'Hondtschen Höchstzahlverfahren** durchzuführen, um Bruchteile an Sitzen bei der Berechnung zu vermeiden.[540] Bei gleichen Arbeitnehmerzahlen in zwei oder mehreren Mitgliedstaaten

308

---

[536] Habersack/Drinhausen/*Hohenstatt/Müller-Bonanni* SEBG § 35 Rn. 8; Habersack/Henssler/*Habersack* SEBG § 35 Rn. 7.
[537] Begr. RegE, BT-Drs. 15/3405, 54; Habersack/Drinhausen/*Hohenstatt/Müller-Bonanni* SEBG § 35 Rn. 7; Kölner Komm AktG/*Feuerborn* SEBG § 35 Rn. 18; Lutter/Hommelhoff/Teichmann SE/*Oetker* SEBG § 35 Rn. 18; MüKoAktG/*Jacobs* SEBG § 35 Rn. 12; Nagel/Freis/Kleinsorge SE/*Nagel* SEBG § 35 Rn. 3; Habersack/Henssler/*Habersack* SEBG § 35 Rn. 11; Kienast in Jannott/Frodermann SE-HdB Kap. 13 Rn. 279.
[538] Habersack/Drinhausen/*Hohenstatt/Müller-Bonanni* SEBG § 35 Rn. 10; Kölner Komm AktG/*Feuerborn* SEBG § 35 Rn. 29; Habersack/Henssler/*Habersack* SEBG § 35 Rn. 14; Ege/Grzimek/Schwarzfischer DB 2011, 1205 (1206); Feldhaus/Vanscheid BB 2008, 2246 (2247); Müller-Bonanni/Melot de Beauregard GmbHR 2005, 195 (197 f.).
[539] Habersack/Drinhausen/*Hohenstatt/Müller-Bonanni* SEBG § 36 Rn. Rn. 2; Kölner Komm AktG/*Feuerborn* SEBG § 36 Rn. 4; NK-SE/*Kleinemann/Kujath* SEBG § 36 Rn. 2; MüKoAktG/*Jacobs* SEBG § 36 Rn. 2; Nagel/Freis/Kleinsorge SE/*Nagel* SEBG § 36 Rn. 3; Habersack/Henssler/*Henssler* SEBG § 36 Rn. 7; aA Lutter/Hommelhoff/Teichmann SE/*Oetker* SEBG § 36 Rn. 5.
[540] Habersack/Drinhausen/*Hohenstatt/Müller-Bonanni* SEBG § 36 Rn. 2; Kölner Komm AktG/*Feuerborn* SEBG § 36 Rn. 6; Lutter/Hommelhoff/Teichmann SE/*Oetker* SEBG § 36 Rn. 6; NK-SE/*Kleinemann/Kujath* SEBG § 36 Rn. 3; MüKoAktG/*Jacobs* SEBG § 36 Rn. 2; Nagel/Freis/Kleinsorge SE/*Nagel* SEBG § 36 Rn. 3; Habersack/Henssler/*Henssler* SEBG § 36 Rn. 8.

kann durch Los entschieden werden.[541] Unklar ist, auf welchen **Zeitpunkt** für die Ermittlung der Arbeitnehmerzahlen abzustellen ist. Die Heranziehung der gemäß § 4 Abs. 2, 4 SEBG mitgeteilten Arbeitnehmerzahlen erscheint nicht sachgerecht.[542] Dies ließe unberücksichtigt, dass die gemäß § 4 Abs. 2 SEBG mitzuteilenden Zahlen nicht mehr auf die SE und ihre Tochtergesellschaften abstellen und Änderungen auch schon im Verhandlungsverfahren zu berücksichtigen sind. Vielmehr ist davon auszugehen, dass der SE-BR bei der Verteilung in billigem Ermessen einen Stichtag zeitnah zum Tag der Sitzverteilung festzulegen hat und vor jeder Neuwahl bzw. erneuten Bestellung bei Ablauf der Wahlperiode (nicht jedoch dazwischen) eine Neuverteilung anhand der aktualisierten Arbeitnehmerzahlen vorzunehmen hat.[543] Der Grundgedanke der Anpassung der Sitzverteilung ist dem Gesetz nicht unbekannt, sondern für den SE-BR kraft Gesetzes in § 25 ausdrücklich vorgesehen.

309 **Reichen die Sitze nicht aus,** um bei der Verteilung nach dem d'Hondtschen Höchstzahlverfahren allen Mitgliedstaaten einen Sitz zuzuteilen, sieht § 36 Abs. 1 S. 3 SEBG vor, dass der letzte zu verteilende Sitz einem bislang nicht berücksichtigen Mitgliedstaat unabhängig von den Zahlenverhältnissen zuzuweisen ist.[544] Gemäß § 36 Abs. 1 S. 4 SEBG ist dem Sitzstaat der SE der letzte Sitz im Aufsichts- oder Verwaltungsorgan zuzuweisen, sofern der Sitzstaat der SE bislang nicht berücksichtigt wurde[545] und soweit dies angemessen ist. Weder aus dem SEBG noch aus der SE-RL lässt sich herleiten, wann die Zuweisung des letzten Sitzes an den Sitzstaat nicht mehr angemessen ist. Dies ist anzunehmen, wenn unter Berücksichtigung der Arbeitnehmerzahlen der beteiligten Mitgliedstaaten die Zuweisung eines Sitzes unter Repräsentationsgesichtspunkten offensichtlich nicht zu rechtfertigen ist.[546] Ist der letzte Sitz nicht dem Sitzstaat zuzuweisen, hat der SE-BR diesen Sitz nach pflichtgemäßem Ermessen einem anderen bislang nicht berücksichtigten Mitgliedstaat zuzuweisen. Dabei ist umstritten, ob der SE-BR diesen Sitz immer dem noch nicht berücksichtigten Mitgliedstaat mit den meisten Arbeitnehmern zuzuweisen hat[547] oder ob auch andere Gesichtspunkte berücksichtigt werden können.[548]

### b) Wahl/Bestellung der Mitglieder

310 Grundsätzlich erfolgt die Besetzung der Sitze im Aufsichts- oder Verwaltungsorgan in den Mitgliedstaaten nach den jeweiligen nationalen Gesetzen.[549] Nur wenn die nationalen Regelungen der anderen Mitgliedstaaten die Wahl oder Bestellung nicht regeln, entscheidet der SE-BR nach § 36 Abs. 2 SEBG über die Besetzung der auf das Ausland entfallenden Sitze durch Beschluss gemäß § 24 Abs. 3 SEBG mit der Mehrheit der Stimmen der anwesenden Mitglieder.

311 § 36 Abs. 3 SEBG regelt die Wahl der Arbeitnehmervertreter aus Deutschland im Aufsichts- oder Verwaltungsorgan der SE. Dabei verweist die Regelung in ähnlich komplizierter Weise wie für die Wahl des SE-BR punktuell auf die Regelungen zur Wahl der BVG-Mitglieder in § 6 Abs. 2 bis 4 SEBG, § 8 Abs. 1 S. 2 bis 5, Abs. 2–7 SEBG, §§ 9 und 10 SEBG. Anders als nach den sonstigen deutschen Regelungen zur Unternehmensmitbestimmung erfolgt damit die Wahl grundsätzlich durch ein **besonderes Wahlgremium,** das aus dem oder den Betriebsrat/-räten auf höchster Ebene bei der SE, ihren Tochterge-

---

[541] Habersack/Henssler/*Henssler* SEBG § 36 Rn. 8.
[542] So aber Kölner Komm AktG/*Feuerborn* SEBG § 36 Rn. 5; Lutter/Hommelhoff/Teichmann SE/*Oetker* SEBG § 36 Rn. 5; MüKoAktG/*Jacobs* SEBG § 36 Rn. 2.
[543] So auch Habersack/Henssler/*Henssler* SEBG § 36 Rn. 18.
[544] Kritisch Habersack/Henssler/*Henssler* SEBG § 36 Rn. 13 ff.
[545] Habersack/Henssler/*Henssler* SEBG § 36 Rn. 12.
[546] Habersack/Drinhausen/*Hohenstatt/Müller-Bonanni* SEBG § 36 Rn. 4; Kölner Komm AktG/*Feuerborn* SEBG § 36 Rn. 9; MüKoAktG/*Jacobs* SEBG § 36 Rn. 3; Habersack/Henssler/*Henssler* SEBG § 36 Rn. 12.
[547] So MüKoAktG/*Jacobs* SEBG § 36 Rn. 3.
[548] Habersack/Drinhausen/*Hohenstatt/Müller-Bonanni* SEBG § 36 Rn. 3 mwN.
[549] Begr. RegE, BT-Drs. 15/3405, 55.

sellschaften und Betrieben im Inland besteht. Nur im Fall des § 8 Abs. 5 SEBG setzt sich das Wahlgremium zT auch aus direkt gewählten Vertretern zusammen, während eine Urwahl nur erfolgt, wenn keine Betriebsräte bestehen. Zu den Einzelheiten der Zusammensetzung des Wahlgremiums und des Wahlverfahrens s. → Rn. 58 ff.; auf folgende Punkte ist gesondert hinzuweisen:

- Gemäß § 36 Abs. 3 S. 2 SEBG iVm § 6 Abs. 3 SEBG, § 8 Abs. 1 S. 2 SEBG ist jeder dritte auf Deutschland entfallende Sitz der Arbeitnehmervertreter im Aufsichts- oder Verwaltungsorgan mit einem **Gewerkschaftsvertreter** zu besetzen, der von einer in der SE, ihren Tochtergesellschaften und Betrieben (zur Einbeziehung der Tochtergesellschaften und Betriebe → Rn. 50) vertretenen Gesellschaft vorgeschlagen wird. Wie bei der Wahl der Mitglieder in das BVG wird auch diese Regelung als europarechtlich problematisch angesehen.[550]

312

- Gemäß § 36 Abs. 3 S. 2 SEBG iVm § 6 Abs. 4 SEBG ist jeder siebte auf das Inland entfallende Sitz im Aufsichts- oder Verwaltungsorgan mit einem von den Sprecherausschüssen bzw. ggf. den leitenden Angestellten vorgeschlagenen Vertreter der **leitenden Angestellten** zu besetzen. In der Praxis wird dies jedoch selten vorkommen.[551]

- Neben den allgemeinen **Voraussetzungen für die Bestellung** zum BVG müssen die Arbeitnehmervertreter die persönlichen Voraussetzungen für die Bestellung zum Organmitglied gemäß Art. 47 Abs. 2 SE-VO, § 100 AktG, § 27 SEAG[552] sowie etwaige spezialgesetzliche Anforderungen (zB aufsichtsrechtliche Anforderungen an die Qualifikation von Organmitgliedern) erfüllen.

- Nach § 36 Abs. 3 S. 3 SEBG ist das **Ergebnis der Wahl** der Leitung der SE, dem SEBR, den Gewählten, den Sprecherausschüssen und den Gewerkschaften **mitzuteilen**. Diese Mitteilungspflicht trifft das Wahlgremium, das durch seinen Vorsitzenden bzw. Wahlleiter vertreten wird.[553] Die Mitteilung kann **formfrei** erfolgen, sollte zu Beweiszwecken jedoch mindestens in Textform vorgenommen werden.[554] Die Mitteilung muss gegenüber der Leitung der SE so rechtzeitig erfolgen, dass die Hauptversammlung entsprechend den gesetzlichen Bestimmungen über die Bestellung entscheiden kann.[555]

### c) Bestellung durch die Hauptversammlung und gerichtliche Bestellung

Entsprechend dem in Art. 40 Abs. 2 S. 1 SE-VO, Art. 43 Abs. 3 S. 1 SE-VO verankerten Gedanken ist gemäß § 36 Abs. 4 S. 1 SEBG auch für die Arbeitnehmervertreter nach der Wahl/Bestellung durch die jeweiligen Gremien die formelle **Bestellung durch die Hauptversammlung** erforderlich. Die Hauptversammlung ist an die Wahl durch das Wahlgremium gebunden und kann die Bestellung nur verweigern, wenn die Voraussetzungen für eine Abberufung gemäß § 103 Abs. 3 AktG, § 29 Abs. 3 SEAG vorliegen.[556]

313

---

[550] Habersack/Drinhausen/*Hohenstatt/Müller-Bonanni* SEBG § 36 Rn. 10; Habersack/Henssler/*Henssler* SEBG § 36 Rn. 25; *Kallmeyer* ZIP 2004, 1442 (1443); *Wisskirchen/Prinz* DB 2004, 1238; aA Nagel/Freis/Kleinsorge SE/*Kleinsorge* SEBG § 36 Rn. 7.
[551] Habersack/Drinhausen/*Hohenstatt/Müller-Bonanni* SEBG § 36 Rn. 11; Lutter/Hommelhoff/Teichmann SE/*Oetker* SEBG § 36 Rn. 12; Habersack/Henssler/*Henssler* SEBG § 36 Rn. 28.
[552] Habersack/Drinhausen/*Hohenstatt/Müller-Bonanni* SEBG § 36 Rn. 12; Kölner Komm AktG/*Feuerborn* SEBG § 36 Rn. 14.
[553] Kölner Komm AktG/*Feuerborn* SEBG § 36 Rn. 19; Lutter/Hommelhoff/Teichmann SE/*Oetker* SEBG § 36 Rn. 13; Nagel/Freis/Kleinsorge SE/*Nagel* SEBG § 36 Rn. 8.
[554] Kölner Komm AktG/*Feuerborn* SEBG § 36 Rn. 19.
[555] Kölner Komm AktG/*Feuerborn* SEBG § 36 Rn. 19; Lutter/Hommelhoff/Teichmann SE/*Oetker* SEBG § 36 Rn. 13.
[556] Kölner Komm AktG/*Feuerborn* SEBG § 36 Rn. 20; Habersack/Henssler/*Henssler* SEBG § 36 Rn. 30; ähnlich Lutter/Hommelhoff/Teichmann SE/*Oetker* SEBG § 36 Rn. 16, der jedoch zur Frage des wirksamen Wahlvorschlages ein Prüfungsrecht der Hauptversammlung zumindest hinsichtlich der ordnungsgemäßen Besetzung der Pflichtsitze für Gewerkschaften und leitende Angestellte annimmt.

Unter den Voraussetzungen der § 104 Abs. 4 S. 1 AktG, § 30 Abs. 1 S. 3 SEAG ist auch eine **Bestellung durch das Gericht** möglich.[557]

### 4. Abberufung und Anfechtung

314 § 37 SEBG enthält nur für die Arbeitnehmervertreter aus Deutschland Bestimmungen zur Abberufung und zur Anfechtung der Wahl. Diese Regelungen finden keine wörtliche Entsprechung in der SE-RL, bilden jedoch eine Einheit mit den Regelungen zur Besetzung der Sitze der Arbeitnehmervertreter, so dass insoweit die Aufnahme einer entsprechenden Regelung zulässig war. Die Abberufung oder Anfechtung der Wahl der auf das Ausland entfallenden Mitglieder des Aufsichts- oder Verwaltungsorgans richtet sich nach dem jeweils in dem betreffenden Mitgliedstaat anwendbaren Recht.

### a) Abberufung

315 Die Abberufung eines für Deutschland[558] bestellten Arbeitnehmervertreters erfolgt auf **Antrag** eines der in § 37 Abs. 1 S. 1 SEBG genannten Antragsberechtigten. Die in § 37 Abs. 1 S. 2 Nr. 1 SEBG genannten Arbeitnehmervertretungen, die das Wahlgremium gemäß § 36 Abs. 3 SEBG bilden, sind die einzelnen Arbeitnehmervertretungen, aus denen das Wahlgremium zusammengesetzt ist; ein Antrag des gesamten Wahlgremiums ist daher nicht erforderlich.[559] Im Falle der Urwahl (weil keine Arbeitnehmervertretung besteht), kann der Antrag gemäß § 37 Abs. 1 S. 2 Nr. 2 SEBG auch durch drei Arbeitnehmer gestellt werden. Wenn sich die tatsächlichen Umstände für die Bildung des Wahlgremiums oder die Wahl im Laufe der Zeit geändert haben, sind die nunmehr zuständigen Gremien antragsberechtigt. Für die Abberufung eines Gewerkschaftsvertreters bzw. eines Vertreters der leitenden Angestellten ist eine Gewerkschaft bzw. der Sprecherausschuss antragsberechtigt, wie sich aus § 37 Abs. 1 S. 2 Nr. 3, 4 SEBG ergibt. Die Abberufung erfolgt gemäß § 37 Abs. 1 S. 3 SEBG unter entsprechender Anwendung der Wahlvorschriften gemäß §§ 8–10 SEBG, so dass die **Abberufung durch das Wahlgremium** erfolgt. Eines besonderen Grundes bedarf es für die Abberufung nicht.[560] Erforderlich ist jedoch gemäß § 37 Abs. 1 S. 3 SEBG ein Beschluss über die Abberufung mit einer qualifizierten Mehrheit von drei Vierteln der abgegebenen Stimmen, wobei durch den Verweis auf § 10 Abs. 1 S. 1 SEBG mindestens zwei Drittel der Mitglieder des Wahlgremiums, die zugleich zwei Drittel der Arbeitnehmer vertreten, anwesend sein müssen. Wie auch bei der Wahl der inländischen Arbeitnehmervertreter, bewirkt der Beschluss über die Abberufung nicht den sofortigen Amtsverlust des Arbeitnehmervertreters, da gemäß § 37 Abs. 1 S. 4 SEBG die Abberufung formell erst durch die Hauptversammlung erfolgt, wobei die Hauptversammlung an die Entscheidung des Wahlgremiums gebunden ist.[561] Neben der Abberufung

---

[557] Habersack/Drinhausen/*Hohenstatt/Müller-Bonanni* SEBG § 36 Rn. 13; Kölner Komm AktG/*Feuerborn* SEBG § 36 Rn. 20.
[558] Die Abberufung der in einem anderen Mitgliedstaat gewählten oder bestellten Arbeitnehmervertreter richtet sich nach den jeweiligen Regelungen und Gepflogenheiten des betreffenden Mitgliedstaates.
[559] Habersack/Drinhausen/*Hohenstatt/Müller-Bonanni* SEBG § 37 Rn. 6; Kölner Komm AktG/*Feuerborn* SEBG § 37 Rn. 10; Habersack/Henssler/*Henssler* SEBG § 37 Rn. 4; Lutter/Hommelhoff/Teichmann SE/*Oetker* SEBG § 37 Rn. 5.
[560] Habersack/Drinhausen/*Hohenstatt/Müller-Bonanni* SEBG § 37 Rn. 4; Kölner Komm AktG/*Feuerborn* SEBG § 37 Rn. 8; Lutter/Hommelhoff/Teichmann SE/*Oetker* SEBG § 37 Rn. 4; Habersack/Henssler/*Henssler* SEBG § 37 Rn. 9.
[561] Habersack/Drinhausen/*Hohenstatt/Müller-Bonanni* SEBG § 37 Rn. 8; Kölner Komm AktG/*Feuerborn* SEBG § 37 Rn. 15; Lutter/Hommelhoff/Teichmann SE/*Oetker* SEBG § 37 Rn. 7; MüKoAktG/*Jacobs* SEBG § 37 Rn. 4; Nagel/Freis/Kleinsorge SE/*Nagel* SEBG § 37 Rn. 4; Habersack/Henssler/*Henssler* SEBG § 37 Rn. 10.

E. Beteiligung kraft Gesetzes                                              § 14

nach § 37 Abs. 1 SEBG ist auch die **Abberufung des Arbeitnehmervertreters aus wichtigem Grund gemäß § 103 Abs. 3 AktG sowie § 29 Abs. 3 S. 1 SEAG** möglich.[562]

b) Anfechtung und Nichtigkeit der Wahl

**aa) Anfechtung.** Für den Fall, dass bei der Wahl eines Arbeitnehmervertreters aus Deutschland[563] gegen **wesentliche Vorschriften** über das Wahlrecht, die Wählbarkeit oder das Wahlverfahren verstoßen wurde, keine Berichtigung erfolgt ist und der Verstoß das Wahlergebnis beeinflussen oder ändern konnte, sieht § 37 Abs. 2 SEBG vor, dass die Wahl angefochten werden kann. Zuständig für die Entscheidung ist das Arbeitsgericht am Sitz der Gesellschaft. Antragsberechtigt sind neben den in § 37 Abs. 1 S. 2 SEBG genannten Personen/Gremien auch der SE-BR und die Leitung der SE. Anders als bei der Abberufung sind neben der Leitung und dem SE-BR nicht nur die jeweils auch zur Abberufung berechtigten Personen antragsberechtigt; die Wahl der Gewerkschaftsvertreter zB kann daher auch durch drei Arbeitnehmer angefochten werden.[564] Die Anfechtung durch den SE-BR oder andere antragsberechtigte Arbeitnehmervertretungen erfordert jeweils einen ordnungsgemäßen Beschluss des Gremiums nach den insoweit maßgeblichen Bestimmungen.[565]

316

**Wesentliche Vorschriften** sind – vergleichbar der Rechtslage bei der Anfechtung gemäß §§ 21, 22 MitbestG[566] – nur zwingende Vorschriften über die Wahl, während der Verstoß gegen Soll- und Ordnungsvorschriften nicht zur Anfechtung berechtigt.[567] Wurde der Fehler bei der Wahl des Arbeitnehmervertreters aus dem Inland in zulässiger Weise **berichtigt,** so kann er die Anfechtung nicht tragen; insoweit gelten für die Berichtigung die gleichen Grundsätze wie bei der Anfechtung gemäß § 21 MitbestG.[568] Eine Anfechtung ist im Übrigen nur begründet, wenn durch den Verstoß das **Wahlergebnis geändert oder beeinflusst** werden konnte, wobei eine mögliche, nicht unwahrscheinliche Auswirkung des Fehlers auf das Wahlergebnis ausreicht.[569] Die Anfechtung der Wahl kann gemäß § 37 Abs. 2 S. 3 SEBG nur binnen einer **Frist** von einem Monat nach dem Beschluss der Hauptversammlung über die Bestellung erfolgen und wirkt – im Falle ihrer Begründetheit – erst ab Rechtskraft der Entscheidung des Arbeitsgerichts über die Anfechtung.[570] § 37 Abs. 2 SEBG gilt nur für Fehler bei der Wahl der Arbeitnehmervertreter, nicht jedoch für Fehler bei der Bestellung der Arbeitnehmervertreter durch die Hauptversammlung; insoweit ist gemäß § 17 Abs. 4 SEAG, § 32 SEAG das in § 251 AktG vorgesehene Anfech-

317

---

[562] Habersack/Drinhausen/*Hohenstatt/Müller-Bonanni* SEBG § 37 Rn. 9; Kölner Komm AktG/*Feuerborn* SEBG § 37 Rn. 8; Lutter/Hommelhoff/Teichmann SE/*Oetker* SEBG § 37 Rn. 8; MüKoAktG/*Jacobs* SEBG § 37 Rn. 3; Habersack/Henssler/*Henssler* SEBG § 37 Rn. 11.
[563] Die Anfechtung der Wahl eines Mitglieds aus einem anderen Mitgliedstaat richtet sich dagegen nach den Bestimmungen des jeweiligen Mitgliedstaats.
[564] Habersack/Drinhausen/*Hohenstatt/Müller-Bonanni* SEBG § 37 Rn. 11; MüKoAktG/*Jacobs* SEBG § 37 Rn. 9; NK-SE/*Kleinmann/Kujath* SEBG § 37 Rn. 7; Nagel/Freis/Kleinsorge SE/*Nagel* SEBG § 37 Rn. 7; aA Kölner Komm AktG/*Feuerborn* SEBG § 37 Rn. 24; Wißmann/Kleinsorge/Schubert/*Kleinsorge*, EU-Recht Rn. 54; *Kraft*, Die Europäisierung der deutschen Mitbestimmung durch das SE-Beteiligungsgesetz, 2005, 198.
[565] Für die Anfechtung durch den SE-BR Kölner Komm AktG/*Feuerborn* SEBG § 37 Rn. 25; Lutter/Hommelhoff/Teichmann SE/*Oetker* SEBG § 37 Rn. 14.
[566] S. hierzu nur die Kommentierung bei Habersack/Henssler/*Henssler* MitbestG § 21 Rn. 17 ff. mwN.
[567] Habersack/Drinhausen/*Hohenstatt/Müller-Bonanni* SEBG § 37 Rn. 12; Kölner Komm AktG/*Feuerborn* SEBG § 37 Rn. 21; MüKoAktG/*Jacobs* SEBG § 37 Rn. 8: Nagel/Freis/Kleinsorge SE/*Nagel* SEBG § 37 Rn. 6; Habersack/Henssler/*Henssler* SEBG § 37 Rn. 14.
[568] Habersack/Drinhausen/*Hohenstatt/Müller-Bonanni* SEBG § 37 Rn. 13; Habersack/Henssler/*Henssler* SEBG § 37 Rn. 16; zu § 21 MitbestG vergl. Habersack/Henssler/*Henssler* MitbestG § 21 Rn. 25 f.
[569] Habersack/Drinhausen/*Hohenstatt/Müller-Bonanni* SEBG § 37 Rn. 14; Kölner Komm AktG/*Feuerborn* SEBG § 37 Rn. 23; Habersack/Henssler/*Henssler* SEBG § 37 Rn. 17; zur vergleichbaren Rechtslage bei der Anfechtung der Betriebsratswahl gemäß § 19 BetrVG zB BAG AP Nr. 62 zu § 19 BetrVG 1972.
[570] MüKoAktG/*Jacobs* SEBG § 37 Rn. 9; Habersack/Henssler/*Henssler* SEBG § 37 Rn. 18; *Wißmann* FS Richardi, 2007, 855.

tungsverfahren einschlägig, in dem jedoch nicht Fehler bei der Wahl der Arbeitnehmervertreter, sondern nur der Bestellungsakt durch die Hauptversammlung zu prüfen ist.[571]

318 **bb) Nichtigkeit der Wahl.** Wie im Betriebsverfassungsrecht und bei der Wahl nach dem MitbestG und dem DrittelbG kann die Wahl der Arbeitnehmervertreter im Falle besonders schwerwiegender und offensichtlicher Verstöße gegen **wesentliche Wahlprinzipien** nichtig sein; die Feststellung der Nichtigkeit der Wahl wirkt auf den Zeitpunkt der Wahl zurück.[572] Nichtig ist die Wahl jedoch nur, wenn aufgrund des Fehlers von einer nicht einmal dem Anschein nach ordnungsgemäßen Wahl ausgegangen werden kann; die bloße Häufung von Fehlern, die für sich nur eine Anfechtung begründen, reicht dafür nicht aus.[573] Die Nichtigkeit der Wahl kann von jedermann und jederzeit durch Antrag beim Arbeitsgericht geltend gemacht werden.[574] Dies gilt jedoch nur für die Wahl selbst; die Geltendmachung der Nichtigkeit des **formellen Bestellungsaktes** durch die Hauptversammlung richtet sich nach § 250 AktG bzw. § 31 SEAG.[575]

319 **cc) Kein Beschluss der Hauptversammlung erforderlich.** Die gerichtliche Entscheidung über die Wirksamkeit der Anfechtung oder die Nichtigkeit der Wahl wirkt unmittelbar, dh es bedarf zur Entfernung des Arbeitnehmervertreters aus dem Amt keines gesonderten Beschlusses der Hauptversammlung.

### 5. Rechtsstellung; Innere Ordnung

320 § 38 SEBG regelt einzelne Aspekte der Rechte und Pflichten der Arbeitnehmervertreter im Aufsichts- bzw. Verwaltungsorgan der SE sowie dessen innere Ordnung. Diese Regelungen sind jedoch nicht abschließend, sondern ergänzen nur die allgemeinen gesellschaftsrechtlichen Regelungen zu den Rechten und Pflichten der Mitglieder des Aufsichts- und Verwaltungsorgans.

321 § 38 Abs. 1 SEBG bestimmt entsprechend Anh. Teil 3 lit. b Abs. 4 SE-RL, dass die Arbeitnehmervertreter im Aufsichts- oder Verwaltungsorgan die gleichen Rechte und Pflichten haben wie die Vertreter der Anteilseigner; sie haben damit die **gleichen Mitwirkungs-, Stimm- und Informationsrechte** wie die Vertreter der Anteilseigner.[576] Dies gilt für das Gesamtgremium wie für einzelne Ausschüsse, wenngleich kein genereller Anspruch auf die Beteiligung der Arbeitnehmervertreter in Ausschüssen besteht.[577] Zugleich haben die Arbeitnehmervertreter auch die gleichen Pflichten wie die Anteilseignervertreter; dies betrifft insbesondere die Haftung gemäß Art. 51 SE-VO sowie die

---

[571] Kölner Komm AktG/*Feuerborn* SEBG § 37 Rn. 18; Lutter/Hommelhoff/Teichmann SE/*Oetker* SEBG § 37 Rn. 17; MüKoAktG/*Jacobs* SEBG § 37 Rn. 7; Habersack/Henssler/*Henssler* SEBG § 37 Rn. 19; *Ihrig/Wagner* BB 2004, 1755 (1757); *Wißmann*, FS Richardi, 2007, 853 f.

[572] Habersack/Drinhausen/*Hohenstatt/Müller-Bonanni* SEBG § 37 Rn. 15; Hensssler/Willemsen/Kalb/*Hohenstatt/Dzida* SEBG § 37 Rn. 51; Kölner Komm AktG/*Feuerborn* SEBG § 37 Rn. 17; Lutter/Hommelhoff/ Teichmann SE/*Oetker* SEBG § 37 Rn. 16; MüKoAktG/*Jacobs* SEBG § 37 Rn. 12; NK-SE/*Kleinemann/ Kujath* SEBG § 37 Rn. 9; Nagel/Freis/Kleinsorge SE/*Nagel* SEBG § 37 Rn. 17; Habersack/Henssler/ *Henssler* SEBG § 37 Rn. 20.

[573] Habersack/Henssler/*Henssler* SEBG § 37 Rn. 20; für § 19 BetrVG BAG AP Nr. 54 zu § 19 BetrVG 1972; aA Nagel/Freis/Kleinsorge SE/*Nagel* SEBG § 37 Rn. 16.

[574] Habersack/Drinhausen/*Hohenstatt/Müller-Bonanni* SEBG § 37 Rn. 15; Kölner Komm AktG/*Feuerborn* SEBG § 37 Rn. 17; Lutter/Hommelhoff/Teichmann SE/*Oetker* SEBG § 37 Rn. 16; MüKoAktG/*Jacobs* SEBG § 37 Rn. 12; Nagel/Freis/Kleinsorge SE/*Nagel* SEBG § 37 Rn. 17; Habersack/Henssler/*Henssler* SEBG § 37 Rn. 21.

[575] MüKoAktG/*Jacobs* SEBG § 37 Rn. 11.

[576] Habersack/Drinhausen/*Hohenstatt/Müller-Bonanni* SEBG § 38 Rn. 2; Kölner Komm AktG/*Feuerborn* SEBG § 38 Rn. 6; Lutter/Hommelhoff/Teichmann SE/*Oetker* SEBG § 38 Rn. 5; MüKoAktG/*Jacobs* SEBG § 38 Rn. 2; NK-SE/*Kleinemann/Kujath* SEBG § 38 Rn. 2; Nagel/Freis/Kleinsorge SE/*Nagel* SEBG § 38 Rn. 1; Habersack/Henssler/*Habersack* SEBG § 38 Rn. 9.

[577] Habersack/Drinhausen/*Hohenstatt/Müller-Bonanni* SEBG § 38 Rn. 3; Kölner Komm AktG/*Feuerborn* SEBG § 38 Rn. 6; Lutter/Hommelhoff/Teichmann SE/*Oetker* SEBG § 38 Rn. 6; Nagel/Freis/Kleinsorge SE/*Nagel* SEBG § 38 Rn. 8; ausführlich Habersack/Henssler/*Habersack* SEBG § 38 Rn. 37 ff.

### E. Beteiligung kraft Gesetzes        § 14

Verschwiegenheitspflichten nach Art. 49 SE-VO.[578] Eine wesentliche Ausnahme von der Gleichstellung der Arbeitnehmervertreter mit den Anteilseignervertretern bildet jedoch der unabdingbare **Stichentscheid** gemäß Art. 50 Abs. 2 SE-VO im Falle der paritätischen Mitbestimmung.

Abweichend von §§ 16, 40 SEAG bestimmt § 38 Abs. 2 SEBG, dass für die kraft Gesetzes mitbestimmte SE mindestens zwei Vorstandsmitglieder oder geschäftsführende Direktoren zu berufen sind und einer von ihnen die Aufgaben im Bereich Arbeit und Soziales zu übernehmen hat. Dies entspricht der Funktion des **Arbeitsdirektors** gemäß § 33 MitbestG sowie § 13 MontanMitbestG; diese Regelung gilt unabhängig davon, ob zuvor ein Arbeitsdirektor zu bestellen war.[579] Auch wenn eine ausschließliche Zuständigkeit als Arbeitsdirektor gesetzlich nicht vorgeschrieben ist,[580] wird die in der SE-RL nicht vorgesehene, zwingende Regelung des Arbeitsdirektors in der SE zutreffend als nicht mit Art. 13 Abs. 2 SE-RL vereinbar angesehen.[581]   322

In Anlehnung an das deutsche System der **Montanmitbestimmung** sieht § 38 Abs. 3 SEBG vor, dass die Vertreter der Anteilseigner und der Arbeitnehmer auf gemeinsamen Vorschlag ein weiteres Mitglied in das Aufsichts- oder Verwaltungsorgan zu wählen haben, wenn bei einer der beteiligten Gesellschaften das Aufsichtsorgan aus der gleichen Zahl von Anteilseigner- und Arbeitnehmervertretern und einem weiteren Mitglied besteht. Diese Regelung ist aufgrund eines Verstoßes gegen Art. 42, 52 Abs. 2 SE-VO sowie Art. 13 Abs. 2 SE-RL europarechtswidrig.[582] Der Vorschlag für die Wahl muss gemäß § 38 Abs. 3 SEBG **gemeinsam** erfolgen und bedarf daher jeweils der Mehrheit der Stimmen der Anteilseignervertreter und der Arbeitnehmervertreter.[583] Die Wahl erfolgt durch die Hauptversammlung der SE.[584] Die Hauptversammlung kann den Wahlvorschlag ablehnen; unklar ist, ob dann die Hauptversammlung unmittelbar einen eigenen Kandidaten bestellen kann.[585]   323

---

[578] Habersack/Drinhausen/*Hohenstatt/Müller-Bonanni* SEBG § 38 Rn. 2; Lutter/Hommelhoff/Teichmann SE/*Oetker* SEBG § 38 Rn. 8; MüKoAktG/*Jacobs* SEBG § 38 Rn. 2; ausführlich Habersack/Henssler/*Habersack* SEBG § 38 Rn. 34 ff.

[579] Lutter/Hommelhoff/Teichmann SE/*Oetker* SEBG § 38 Rn. 10.

[580] Habersack/Drinhausen/*Hohenstatt/Müller-Bonanni* SEBG § 38 Rn. 6; Kölner Komm AktG/*Feuerborn* SEBG § 38 Rn. 10; Lutter/Hommelhoff/Teichmann SE/*Oetker* SEBG § 38 Rn. 11 f.; MüKoAktG/*Jacobs* SEBG § 38 Rn. 3; Habersack/Henssler/*Habersack* SEBG § 38 Rn. 43.

[581] Ebenso Kölner Komm AktG/*Feuerborn* SEBG § 38 Rn. 12; *Forst*, Die Beteiligungsvereinbarung nach § 21 SEBG, 2010, 206; *Güntzel*, Die Richtlinie über die Arbeitnehmerbeteiligung in der Europäischen Aktiengesellschaft (SE) und ihre Umsetzung in das deutsche Recht, 2006, 472 ff.; *Grobys* NZA 2005, 84 (90); an der Vereinbarkeit mit der Richtlinie zweifelnd auch Habersack/Henssler/*Habersack* SEBG § 38 Rn. 2; aA MüKoAktG/*Jacobs* SEBG § 38 Rn. 4; Nagel/Freis/Kleinsorge SE/*Nagel* SEBG § 38 Rn. 5; *Krause* BB 2005, 1221 (1228); *Kepper*, Die mitbestimmte monistische SE deutschen Rechts, 2010, 225; ähnlich *Scheibe*, Die Mitbestimmung der Arbeitnehmer in der SE unter besonderer Berücksichtigung des monistischen Systems, 2007, 236 f., die den Arbeitsdirektor als eine gemäß 3. Erwägungsgrund zur SE-RL aufrecht zu erhaltende Institution ansieht; differenzierend Lutter/Hommelhoff/Teichmann SE/*Oetker* SEBG § 38 Rn. 10; Habersack/Drinhausen/*Hohenstatt/Müller-Bonanni* SEBG § 38 Rn. 5, die den Anwendungsbereich der Regelung auf den Fall beschränken, in dem in einer an der Gründung beteiligten Gesellschaft ein Arbeitsdirektor zu bestellen war.

[582] Kölner Komm AktG/*Feuerborn* SEBG § 38 Rn. 16; MüKoAktG/*Jacobs* SEBG § 38 Rn. 5; Habersack/Henssler/*Habersack* SEBG § 38 Rn. 2; *Forst*, Die Beteiligungsvereinbarung nach § 21 SEBG, 2010, 206 f.; *Güntzel*, Die Richtlinie über die Arbeitnehmerbeteiligung in der Europäischen Aktiengesellschaft (SE) und ihre Umsetzung in das deutsche Recht, 2006, 474 ff.; *Grobys* NZA 2005, 84 (90); *Henssler* RdA 2005, 330 (336); *Krause* BB 2005, 1221 (1228); Rieble/Junker Vereinbarte Mitbestimmung in der SE/*Rieble*, 2008, § 3 Rn. 8; aA Nagel/Freis/Kleinsorge SE/*Nagel* SEBG § 38 Rn. 7 Fn. 5; *Scheibe*, Die Mitbestimmung der Arbeitnehmer in der SE unter besonderer Berücksichtigung des monistischen Systems, 2007, 241 ff.

[583] Habersack/Drinhausen/*Hohenstatt/Müller-Bonanni* SEBG § 38 Rn. 10; Kölner Komm AktG/*Feuerborn* SEBG § 34 Rn. 14; Lutter/Hommelhoff/Teichmann SE/*Oetker* SEBG § 38 Rn. 15; Nagel/Freis/Kleinsorge SE/*Nagel* SEBG § 38 Rn. 7; Habersack/Henssler/*Habersack* SEBG § 38 Rn. 45.

[584] Habersack/Drinhausen/*Hohenstatt/Müller-Bonanni* SEBG § 38 Rn. 11; Kölner Komm AktG/*Feuerborn* SEBG § 34 Rn. 14; Lutter/Hommelhoff/Teichmann SE/*Oetker* SEBG § 38 Rn. 15 f.; Habersack/Henssler/*Habersack* SEBG § 38 Rn. 46.

## III. Arbeitnehmerbeteiligung in Tendenzbetrieben

**324** § 39 SEBG sieht, entsprechend der Rechtslage nach dem MitbestG und dem DrittelbG, vor, dass eine SE mit Sitz in Deutschland,[586] die *„unmittelbar und überwiegend*
1. *politischen, koalitionspolitischen, konfessionellen, karitativen, erzieherischen, wissenschaftlichen oder künstlerischen Bestimmungen oder*
2. *Zwecken der Berichterstattung oder Meinungsäußerung, auf die Artikel 5 Abs. 1 Satz 2 des Grundgesetzes anzuwenden ist,*

*dient",*

nicht der **Mitbestimmung** kraft Gesetzes unterliegt. Diese Regelung, die weit über den Wortlaut von Art. 8 Abs. 3 SE-RL hinausgeht, aber aus verfassungsrechtlichen Gründen[587] und unter Berücksichtigung des in der SE vorherrschenden Vorher-/Nachher-Prinzips[588] gleichwohl als europarechtskonform angesehen wird, ist in ihren Voraussetzungen den Regelungen in § 1 Abs. 4 S. 1 MitbestG und § 1 Abs. 2 S. 1 Nr. 2 DrittelbG nachgebildet, so dass für die Erfüllung der Voraussetzungen für den Tendenzschutz auf die einschlägigen Kommentierungen verwiesen werden kann.[589]

**325** Zusätzlich zu der Unanwendbarkeit der Regelungen für die Mitbestimmung kraft Gesetzes bestimmt § 39 Abs. 2 SEBG, dass bei Tendenzunternehmen zudem die **Unterrichtung und Anhörung** erheblich eingeschränkt ist. Zwar ist ein SE-BR kraft Gesetzes zu bilden, wenn die Voraussetzungen gemäß § 22 SEBG erfüllt sind, jedoch wird der Gegenstand der Unterrichtung und Anhörung auf die in § 28 Abs. 2 Nr. 5–10 SEBG sowie § 29 SEBG genannten Umstände beschränkt. Auch insoweit ist zudem nur über den Ausgleich oder die Milderung der wirtschaftlichen Nachteile von Änderungen zu informieren und anzuhören, nicht über die Änderungen als solche.[590]

## F. Grundsätze der Zusammenarbeit/Schutzbestimmungen

### I. Vertrauensvolle Zusammenarbeit/Verschwiegenheit

#### 1. Vertrauensvolle Zusammenarbeit

**326** § 40 SEBG bestimmt allgemein, dass der SE-BR kraft Gesetzes, der SE-BR kraft Vereinbarung oder eine sonstige Arbeitnehmervertretung nach dem SEBG mit den Leitungen im Rahmen der Unterrichtung und Anhörung vertrauensvoll zusammenarbeiten. Auf die Vertreter der Arbeitnehmer im Aufsichts- oder Verwaltungsrat findet diese Regelung keine Anwendung.[591] Die Bestimmung, die Art. 9 SE-RL in geltendes deutsches Recht umsetzt, entspricht in ihrem Regelungsgehalt § 2 Abs. 1 BetrVG, so dass die insoweit für die vertrauensvolle Zusammenarbeit zwischen Betriebsrat und Arbeitgeber entwickelten Grund-

---

[585] So Kölner Komm AktG/*Feuerborn* SEBG § 38 Rn. 14; Lutter/Hommelhoff/Teichmann SE/*Oetker* SEBG § 38 Rn. 16; Habersack/Drinhausen/*Hohenstatt/Müller-Bonanni* SEBG § 38 Rn. 10; aA (neuer Vorschlag durch Aufsichts-/Verwaltungsrat erforderlich): Habersack/Henssler/*Habersack* SEBG § 38 Rn. 46.
[586] NK-ArbR/*Sagan* SEBG § 39 Rn. 1; aA (auch Anwendung auf Arbeitnehmer aus dem Inland bei Sitz im Ausland): Habersack/Henssler/*Habersack* SEBG § 39 Rn. 4; Kölner Komm AktG/*Feuerborn* SEBG § 39 Rn. 9.
[587] Annuß/Kühn/Rudolph/Rupp/*Kühn* SEBG § 39 Rn. 6.
[588] Habersack/Drinhausen/*Hohenstatt/Müller-Bonanni* SEBG § 39 Rn. 2; Henssler/Willemsen/Kalb/*Hohenstatt/Dzida* SEBG Rn. 53; NK-SE/*Kleinemann/Kujath* SEBG § 39 Rn. 3; Habersack/Henssler/*Habersack* SEBG § 39 Rn. 2.
[589] Habersack/Henssler/*Habersack* SEBG § 39 Rn. 3; Lutter/Hommelhoff/Teichmann SE/*Oetker* SEBG § 39 Rn. 7; ausführlich MüKoAktG/*Jacobs* SEBG § 39 Rn. 5ff.
[590] Habersack/Henssler/SEBG § 39 Rn. 7; MüKoAktG/*Jacobs* SEBG § 39 Rn. 12f.
[591] Habersack/Drinhausen/*Hohenstatt/Müller-Bonanni* SEBG § 40 Rn. 2; Habersack/Henssler/*Henssler* SEBG § 40 Rn. 1; Lutter/Hommelhoff/Teichmann SE/*Oetker* SEBG § 40 Rn. 6; NK-ArbR/*Sagan* SEBG § 40 Rn. 2.

## F. Grundsätze der Zusammenarbeit/Schutzbestimmungen § 14

sätze zumindest teilweise übertragen werden können.[592] Aus dem Gebot der vertrauensvollen Zusammenarbeit folgen daher insbesondere
- das Gebot des ständigen und konstruktiven Dialogs,
- das Verbot schikanierenden Verhaltens und
- das Verbot von Arbeitskämpfen.[593]

§ 40 SEBG begründet jedoch keinen allgemeinen Unterlassungsanspruch gegen eine Partei bei Verstößen gegen einzelne Rechte bei der Unterrichtung und Anhörung selbst, so dass sich aus dem Grundsatz der vertrauensvollen Zusammenarbeit keine Rückschlüsse auf die Reichweite der Unterrichtung und Anhörung herleiten lassen.[594]   327

### 2. Geheimhaltung und Vertraulichkeit

§ 41 SEBG enthält entsprechend den Vorgaben in Art. 8 SE-RL Regelungen zum Schutz von Betriebs- und Geschäftsgeheimnissen. § 41 Abs. 1 SEBG regelt dazu, dass die Leitungen nicht verpflichtet sind, über Umstände zu informieren, soweit unter Zugrundelegung objektiver Kriterien Geschäfts- und Betriebsgeheimnisse gefährdet werden. Erfasst werden dabei insbesondere die Informations- bzw. Unterrichtungspflichten nach §§ 28, 29 SEBG, aber auch andere Informationspflichten und -obliegenheiten, wie zB nach § 4 Abs. 2 SEBG, § 13 Abs. 2 SEBG.[595] Der Begriff der Betriebs- und Geschäftsgeheimnisse, der im SEBG nicht näher definiert wird, entspricht dem Geheimnisbegriff aus dem BetrVG, SprAuG sowie AktG.[596] Aufgrund des Umstandes, dass § 41 Abs. 1 SEBG auf eine objektive Gefährdung abstellt, sind subjektive Eindrücke nicht zu berücksichtigen. Im Hinblick auf die Geheimhaltungspflichten nach § 41 Abs. 2 SEBG sowie Art. 49 SE-VO bedarf es zu einer Verweigerung der Information/Unterrichtung insbesondere von Arbeitnehmervertretern besonderer Umstände, die auf eine Gefährdung hindeuten.   328

Die   329
- Mitglieder und Ersatzmitglieder des SE-Betriebsrats,
- Mitglieder des BVG und ihre Ersatzmitglieder,
- Arbeitnehmervertreter der SE und ihrer Tochtergesellschaften und Betriebe,
- an einem Unterrichtungs- und Anhörungsverfahren mitwirkenden Arbeitnehmervertreter,
- sie unterstützenden Sachverständigen und Dolmetscher,

unterliegen nach § 41 Abs. 2, 4 SEBG der Verschwiegenheitspflicht. Diese Pflicht erstreckt sich auf die in Ausübung des Mandats bekannt gewordenen und von der Leitung der SE ausdrücklich als geheimhaltungsbedürftig bezeichneten Geschäfts- und Betriebsgeheimnisse. Die Pflicht gilt nicht für die Arbeitnehmervertreter im Aufsichts- oder Verwaltungsrat, für die die allgemeine Verschwiegenheitspflicht gemäß Art. 49 SE-VO gilt.[597] Die Verpflichtung besteht unabhängig von dem Aufenthaltsort des Verpflichteten;[598] sie gilt auch nach Ablauf des jeweiligen Mandats weiter und verbietet die Weitergabe von ausdrücklich

---
[592] Ähnlich: Habersack/Henssler/*Henssler* SEBG § 40 Rn. 1; Kölner Komm AktG/*Feuerborn* SEBG § 40 Rn. 4; MüKoAktG/*Jacobs* SEBG § 40 Rn. 1; Lutter/Hommelhoff/Teichmann SE/*Oetker* SEBG § 40 Rn. 7.
[593] Habersack/Drinhausen/*Hohenstatt/Müller-Bonanni* SEBG § 40 Rn. 3; Kölner Komm AktG/*Feuerborn* SEBG § 40 Rn. 7f.; MüKoAktG/*Jacobs* SEBG § 40 Rn. 10; NK-ArbR/*Sagan* SEBG § 40 Rn. 3; Gaul/Ludwig/Forst EuMitbestR/*B. Otto* § 2 Rn. 571.
[594] Habersack/Drinhausen/*Hohenstatt/Müller-Bonanni* SEBG § 40 Rn. 3, Kölner Komm AktG/*Feuerborn* SEBG § 40 Rn. 7; NK-ArbR/*Sagan* SEBG § 40 Rn. 3.
[595] Habersack/Drinhausen/*Hohenstatt/Müller-Bonanni* SEBG § 41 Rn. 2; MüKoAktG/*Jacobs* SEBG § 41 Rn. 2; NK-ArbR/*Sagan* SEBG § 41 Rn. 3.
[596] Begr. RegE, BT-Drs. 15/3405, 56; Habersack/Drinhausen/*Hohenstatt/Müller-Bonanni* SEBG § 41 Rn. 2.
[597] Begr. RegE, BT-Drs. 15/3405, 56; Habersack/Drinhausen/*Hohenstatt/Müller-Bonanni* SEBG § 41 Rn. 1; Habersack/Henssler/*Habersack* SEBG § 41 Rn. 1; Lutter/Hommelhoff/Teichmann SE/*Oetker* SEBG § 41 Rn. 11, MüKoAktG/*Jacobs* SEBG § 41 Rn. 1; Nagel/Freis/Kleinsorge SE/*Nagel* SEBG § 41 Rn. 7.
[598] Habersack/Drinhausen/*Hohenstatt/Müller-Bonanni* SEBG § 41 Rn. 3; MüKoAktG/*Jacobs* SEBG § 41 Rn. 5; NK-ArbR/*Sagan* SEBG § 41 Rn. 6.

als geheimhaltungsbedürftig bezeichneten Geheimnissen (formeller Geheimhaltungsbegriff)[599] an unbefugte Dritte.

330 § 41 Abs. 3 SEBG regelt, dass die Verschwiegenheitspflicht nicht im Innenverhältnis zwischen den Mitgliedern des SE-BR sowie gegenüber
– Arbeitnehmervertretern, die aufgrund der Regelungen in der Beteiligungsvereinbarung nach § 30 SEBG zu unterrichten sind,
– Arbeitnehmervertretern im Aufsichts- oder Verwaltungsrat der SE,
– Sachverständigen und Dolmetschern, die von einem SE-Betriebsrat zur Unterstützung herangezogen werden,
gilt. Flankiert wird die Verschwiegenheitspflicht durch die Strafvorschriften in § 45 Abs. 1 Nr. 1, Abs. 2 Nr. 1 SEBG.

## II. Schutz der Arbeitnehmervertreter

331 Nach § 42 SEBG genießen die
– Mitglieder des BVG,
– Mitglieder des SE-Betriebsrats,
– Arbeitnehmervertreter, die in sonstiger Weise an dem Verfahren zur Unterrichtung und Anhörung teilnehmen, sowie
– Arbeitnehmervertreter im Aufsichts- oder Verwaltungsrat,
die Beschäftigte der SE, ihrer Tochtergesellschaften oder Betriebe sind, den gleichen Schutz und die gleichen Sicherheiten wie die Arbeitnehmervertreter nach den Gesetzen und Gepflogenheiten des Mitgliedstaats, in dem sie beschäftigt sind. Teilweise wird vertreten, dass diese Regelung analog auf die Mitglieder des Wahlgremiums nach § 8 Abs. 5 S. 3–5 SEBG anzuwenden sei.[600] Diese Mitglieder sind zwar nicht zwingend nach nationalem Recht geschützte Mitglieder einer Arbeitnehmervertretung. Im Hinblick auf den allgemeinen, auch strafrechtlich sanktionierten Errichtungs- und Tätigkeitsschutz in § 44 SEBG erscheint es in der Praxis jedoch nicht erforderlich, die Regelungen in § 42 SEBG auf diesen Personenkreis zu erstrecken.

332 Durch den Verweis auf die jeweils nationalen Vorschriften, finden je nach Herkunft der Mitglieder des geschützten Personenkreises unterschiedliche nationale Schutzvorschriften Anwendung, die zu einem unterschiedlichen Schutzniveau in den jeweiligen Gremien führen können. Für die in § 42 S. 2 SEBG exemplarisch genannten Regelungsbereiche gilt in Deutschland folgendes: Die BVG-Mitglieder, SE-BR Mitglieder und Arbeitnehmervertreter in einem sonstigen Gremium zur Unterrichtung und Anhörung genießen
– **Kündigungsschutz** nach § 15 KSchG, § 103 BetrVG,
– haben Anspruch auf **bezahlte Freistellung zur Teilnahme an Sitzungen** entsprechend § 37 Abs. 2, 3 BetrVG, sowie
– **bezahlte Freistellung von der Arbeit** entsprechend § 37 Abs. 2–5 BetrVG, und zwar auch bei der Teilnahme an Fortbildungsveranstaltungen nach § 31 SEBG.[601]

Für BVG-Mitglieder, die leitende Angestellte sind, gilt dagegen nur ein abgeschwächtes Schutzniveau (→ Rn. 158). Für die Arbeitnehmervertreter im Aufsichts- und Verwaltungsrat gelten die vorgenannten Bestimmungen dagegen nicht, weil sie auch auf die Arbeitnehmervertreter im Aufsichtsrat nach dem MitbestG und anderen Mitbestimmungsgeset-

---

[599] Lutter/Hommelhoff/Teichmann SE/*Oetker* SEBG § 41 Rn. 10.
[600] Habersack/Drinhausen/*Hohenstatt*/Müller-Bonanni SEBG § 42 Rn. 2; MüKoAktG/*Jacobs* SEBG § 42 Rn. 3; Nagel/Freis/Kleinsorge SE/*Nagel* SEBG § 42 Rn. 2; aA: Kölner Komm AktG/*Feuerborn* SEBG § 42 Rn. 6; Lutter/Hommelhoff/Teichmann SE/*Oetker* SEBG § 42 Rn. 1; NK-ArbR/*Sagan* SEBG § 42 Rn. 2; *Grobys* NZA 2005, 84 (91).
[601] Habersack/Drinhausen/*Hohenstatt*/Müller-Bonanni SEBG § 42 Rn. 4; MüKoAktG/*Jacobs* SEBG § 42 Rn. 8; NK-ArbR/*Sagan* SEBG § 42 Rn. 4.

zen keine Anwendung finden.[602] Der in § 42 SEBG normierte Schutz der Arbeitnehmervertreter wird durch den in § 44 SEBG geregelten Errichtungs- und Tätigkeitsschutz flankiert, der gemäß § 45 Abs. 2 Nr. 2, 3 SEBG strafrechtlich abgesichert ist.

### III. Missbrauchsverbot

§ 43 SEBG enthält zur Umsetzung der Regelung in Art. 11 SE-RL das Verbot, den Arbeitnehmern durch Einsatz der SE Beteiligungsrechte missbräuchlich zu entziehen oder vorzuenthalten. Die Regelung ist inhaltlich umstritten, weil sie weder die Voraussetzungen, dh das Vorliegen des Missbrauchs, noch die Rechtsfolgen eines solchen Missbrauchs näher definiert. Zwar ist davon auszugehen, dass ein Missbrauch nur vorliegt, wenn durch eine unternehmerische Maßnahme den Arbeitnehmern Beteiligungsrechte nach § 2 Abs. 9 SEBG vorenthalten werden, so dass tatsächlich bestehende Rechte und nicht nur Chancen auf solche Rechte betroffen sind.[603] Desweiteren stellt die (Aus-)Nutzung der gesetzlichen Handlungsmöglichkeiten allein keinen Missbrauch dar.[604] Vielmehr ist notwendig, dass die Maßnahme ausschließlich zum Zwecke der Entziehung oder der Vorenthaltung von Beteiligungsrechten der Arbeitnehmer erfolgt und kein rechtlich akzeptabler sonstiger Grund für die Maßnahme ersichtlich ist.[605]

333

Vor diesem Hintergrund sind folgende Szenarien im Zusammenhang mit einer SE Gründung wie folgt zu bewerten:

334

– Die **SE-Gründung kurz vor Überschreiten von Schwellenwerten** nach nationalen Mitbestimmungsgesetzen stellt nach herrschender Ansicht selbst dann keinen Missbrauch dar, wenn die Umwandlung mit dem Ziel einer Perpetuierung des mitbestimmungsfreien Zustandes erfolgt, weil keine bestehenden Rechte entzogen oder vorenthalten werden.[606]

– Die **Sitzverlegung** der SE in einen anderen Mitgliedstaat nach Art. 8 SE-VO berührt den Bestand der Beteiligungsrechte grundsätzlich nicht, weil die Beteiligungsvereinbarung oder die Beteiligung kraft Gesetzes auch im neuen Sitzstaat fortbesteht.[607] Allein der Umstand, dass gesetzlich nach Art. 39 Abs. 2 S. 2 SE-VO in dem aufnehmenden Mitgliedstaat die Rechte des Aufsichts- oder Verwaltungsorgans im Hinblick auf die Bestellung der Leitung der SE verringert werden können, so dass die Arbeitnehmervertreter reflexartig einen Teil ihrer Aufgaben im Aufsichts- oder Verwaltungsorgan verlieren, kann einen Missbrauch nicht begründen.[608]

– Die **Rückumwandlung der SE** in eine nach nationalen Bestimmungen anderer Mitgliedstaaten mitbestimmungsfreie Rechtsform stellt ebenfalls keinen Missbrauch der Rechtsform der SE dar, weil die Mitbestimmungsfreiheit nicht durch die Rechtsform der SE, sondern durch die neue Rechtsform der Gesellschaft nach nationalem Recht begründet wird.[609]

---

[602] Habersack/Drinhausen/Hohenstatt/Müller-Bonanni SEBG § 42 Rn. 4; Kölner Komm AktG/Feuerborn SEBG § 42 Rn. 9 ff.; MüKoAktG/Jacobs SEBG § 42 Rn. 8; NK-ArbR/Sagan SEBG § 42 Rn. 4.
[603] Annuß/Kühn/Rudolph/Rupp/Rupp SEBG § 43 Rn. 1; NK-SE/Kleinemann/Kujath SEBG § 43 Rn. 2; Gaul/Ludwig/Forst EuMitbestR/Roock § 2 Rn. 580.
[604] Begr. RegE, BT-Drs. 15/3405, 57.
[605] Lutter/Hommelhoff/Teichmann SE/Oetker SEBG § 43 Rn. 8; NK-SE/Kleinemann/Kujath SEBG § 43 Rn. 2; MüKoAktG/Jacobs SEBG § 42 Rn. 3; Drinhausen/Keinath BB 2011, 2699 (2703).
[606] Habersack/Drinhausen/Hohenstatt/Müller-Bonanni SEBG § 43 Rn. 3; Habersack/Henssler/Henssler SEBG § 43 Rn. 8; NK-ArbR/Sagan SEBG § 43 Rn. 9; Drinhausen/Keinath BB 2011, 2699; Gaul/Ludwig/Forst EuMitbestR/Roock § 2 Rn. 580; aA Lutter/Hommelhoff/Teichmann SE/Oetker SEBG § 43 Rn. 7.
[607] Lutter/Hommelhoff/Teichmann SE/Oetker SEBG § 43 Rn. 7; NK-ArbR/Sagan SEBG § 43 Rn. 9; ähnlich LAG Hamburg, 29.10.2020 – 3 TaBV 1/20, das allerdings bei einer Sitzverlegung nach Deutschland § 18 Abs. 3 SEBG für die Sitzverlegung für unanwendbar hält.
[608] Drinhausen/Keinath BB 2011, 2699 (2703).
[609] NK-ArbR/Sagan SEBG § 43 Rn. 9; Drinhausen/Keinath BB 2011, 2699 (2704) mwN; aA Lutter/Hommelhoff/Teichmann SE/Oetker SEBG § 43 Rn. 7.

- Die **Gründung einer Vorrats-SE** stellt aufgrund des Erfordernisses der Durchführung eines Verhandlungsverfahrens bei Aktivierung der Vorrats-SE (→ Rn. 189 ff.) keinen Missbrauch dar.[610]
- Einen gesetzlich ausdrücklich geregelten Fall stellt der in § 43 S. 2 SEBG beschriebene Sachverhalt der **strukturellen Änderung** binnen eines Jahres nach Gründung der SE dar, der unmittelbar zur einer Minderung von Beteiligungsrechten führt, ohne dass eine Neuverhandlung gemäß § 18 Abs. 3 SEBG erfolgt. Unabhängig davon, dass die Vermutung des Missbrauchs widerlegt werden kann, indem ein legitimes unternehmerisches Interesse an einer Maßnahme dargelegt wird,[611] dürfte dieser Fall in der Praxis im Hinblick auf die sanktionierte Pflicht zur Durchführung des Verhandlungsverfahrens nur selten auftreten.[612]

335 **Verstöße** gegen das Missbrauchsverbot in § 43 SEBG sind gemäß § 45 Abs. 1 Nr. 2 SEBG strafrechtlich sanktioniert. Nicht abschließend geklärt ist dagegen, ob ein Verstoß daneben noch weitere Folgen haben kann, wie zB
- die Unwirksamkeit der jeweiligen unternehmerischen Maßnahme nach § 134 BGB,[613]
- einen Unterlassungsanspruch analog § 1004 Abs. 1 BGB, § 823 BGB,[614] oder
- die Ablehnung der Eintragung einer missbräuchlichen Maßnahme durch das Registergericht.[615]

## IV. Allgemeine Schutzvorschriften

336 § 44 SEBG flankiert die besonderen Schutzbestimmungen im SEBG durch die Aufnahme eines allgemeinen Errichtungs-/Tätigkeitsschutzes für die nach dem SEBG zu bildenden Gremien (BVG, SE-BR, sonstige Vertretung für die Unterrichtung und Anhörung sowie Arbeitnehmervertreter im Rahmen der Mitbestimmung). Die Regelung folgt den im Arbeitsrecht bekannten Regelungen, insbesondere in § 20 Abs. 1, 2 BetrVG, § 119 Abs. 1 Nr. 1 BetrVG sowie § 20 Abs. 2 MitbestG, so dass insoweit auf die einschlägige Rechtsprechung und Literatur für die Anwendung dieser Schutzbestimmungen verwiesen werden kann.[616] Daneben enthält § 44 Nr. 3 SEBG ein den einschlägigen Regelungen im BetrVG und MitbestG nachgebildetes Verbot der Begünstigung oder Benachteiligung der gebildeten Arbeitnehmervertretungen und deren Mitglieder; auch insoweit kann für die Anwendung dieser Verbotsnorm auf die einschlägige Rechtsprechung und Literatur verwiesen werden.[617] Ein Verstoß gegen die in § 44 SEBG enthaltenen Schutzvorschriften ist strafrechtlich gemäß § 45 Abs. 2 Nr. 3 SEBG sanktioniert.

---

[610] Lutter/Hommelhoff/Teichmann SE/*Oetker* SEBG § 43 Rn. 7; anders wird dies jedoch gesehen, wenn die Vorratsgesellschaft ein Treuhänder ist und dieser trotz des späteren Erwerbs von Tochtergesellschaften nicht der Mitbestimmung unterliegen soll, vgl. hierzu NK-ArbR/*Sagan* SEBG § 43 Rn. 9; Drinhausen/Keinath BB 2011, 2699 (2704).
[611] Annuß/Kühn/Rudolph/Rupp/*Rupp* SEBG § 43 Rn. 3; NK-SE/*Kleinmann/Kujath* SEBG § 43 Rn. 3.
[612] Habersack/Drinhausen/*Hohenstatt/Müller-Bonanni* SEBG § 43 Rn. 5; Gaul/Ludwig/Forst EuMitbestR/*Roock* § 2 Rn. 581.
[613] So Habersack/Henssler/*Henssler* SEBG § 43 Rn. 15; Lutter/Hommelhoff/Teichmann SE/*Oetker* SEBG § 43 Rn. 12; NK-SE/*Kleinemann/Kujath* SEBG § 43 Rn. 4; Nagel/Freis/Kleinsorge SE/*Nagel* SEBG § 43 Rn. 8; kritisch MüKoAktG/*Jacobs* SEBG § 43 Rn. 3.
[614] So Lutter/Hommelhoff/Teichmann SE/*Oetker* SEBG § 43 Rn. 13 mwN.
[615] So Lutter/Hommelhoff/Teichmann SE/*Oetker* SEBG § 43 Rn. 12; NK-SE/*Kleinemann/Kujath* SEBG § 43 Rn. 4.
[616] Gaul/Ludwig/Forst EuMitbestR/*Roock* § 2 Rn. 582 ff.
[617] Gaul/Ludwig/Forst EuMitbestR/*Roock* § 2 Rn. 588.

# G. Unterschiede bei grenzüberschreitender Verschmelzung

Die im Gesetz über die Mitbestimmung der Arbeitnehmer bei grenzüberschreitenden Verschmelzungen (MgVG) geregelte Arbeitnehmerbeteiligung bei der grenzüberschreitenden Verschmelzung weist deutliche Parallelen zur Arbeitnehmerbeteiligung bei der Gründung einer SE auf, unterscheidet sich jedoch in einigen Punkten von dieser. Wesentlicher Unterschied ist, dass in der durch die grenzüberschreitende Verschmelzung entstehenden Gesellschaft nach dem MgVG kein gesondertes Organ zur Unterrichtung und Anhörung der Arbeitnehmer errichtet werden muss; stattdessen kann unter den Voraussetzungen des EBRG gegebenenfalls ein EBR gegründet werden. Im Übrigen ist das Verhandlungsverfahren über den Abschluss einer Mitbestimmungsvereinbarung in der neuen Gesellschaft strukturell mit dem Verfahren bei der SE-Gründung vergleichbar, so dass im Folgenden nur auf die wesentlichen Unterschiede eingegangen wird: 337

1. § 3 Abs. 1 MgVG regelt zunächst entsprechend der Rechtslage bei einer SE-Gründung die Anwendung des MgVG bei grenzüberschreitenden Verschmelzungen nach Deutschland, so dass die neue Gesellschaft ihren Sitz im Inland hat sowie bei Verschmelzungen in einen anderen Mitgliedstaat für die im Inland beschäftigten Arbeitnehmer. Ein wesentlicher Unterschied liegt jedoch darin, dass auf die aus der Verschmelzung hervorgehende Gesellschaft hinsichtlich der Mitbestimmung nach § 4 MgVG die nationalen Bestimmungen Anwendung finden, sofern nicht nach § 5 MgVG die Regelungen des MgVG über die Mitbestimmung kraft Vereinbarung bzw. kraft Gesetzes gelten. Hierzu enthält § 5 SEBG in Umsetzung von Art. 133 Abs. 2 und 3 GesR-RL (vormals Art. 16 Abs. 2, 3 MgV-RL) drei in einem Alternativverhältnis zueinander stehende[618] weitere Voraussetzungen, die zur Anwendung des MgVG führen, nämlich 338
   – die Überschreitung eines Schwellenwertes von 500 Arbeitnehmern bei Bestehen einer Mitbestimmung,
   – die Minderung bestehender Mitbestimmung infolge der Nichtexistenz entsprechender Regelungen im Sitzstaat, oder
   – Diskriminierung ausländischer Arbeitnehmer bei der Mitbestimmung im Sitzstaat.
2. Wie bei der SE-Gründung soll das Mitbestimmungsstatut vorrangig mit einem BVG einvernehmlich ausgestaltet werden. Die in §§ 6–21 MgVG enthaltenen Bestimmungen für die Bildung des BVG und das Verhandlungsverfahren entsprechen weitgehend den Regelungen im SEBG mit folgenden Ausnahmen: 339
   a) Bei der Bildung des BVG nach dem MgVG werden Tochtergesellschaften stärker berücksichtigt, insbesondere bei der Frage der Vertretung von Gewerkschaften für die Wahl der Gewerkschaftsvertreter aus dem Inland in § 8 Abs. 3 MgVG, § 10 Abs. 1 S. 2 MgVG sowie der Verteilung überschüssiger Sitze nach § 9 MgVG.
   b) Die Regelungen in § 17 MgVG zur Beschlussfassung des BVG bei Minderung der Mitbestimmungsrechte weichen von den Regelungen im SEBG insoweit ab, als
      – in § 17 Abs. 4 MgVG der Tatbestand der Minderung des Mitbestimmungsrechts um die Minderung des Anteils der Arbeitnehmervertreter in Ausschüssen und dem Leitungsorgan erweitert wird, um nationalen Besonderheiten einiger Mitgliedstaaten Rechnung zu tragen,
      – besondere Anforderungen an die Zulässigkeit der Minderung von Mitbestimmungsrechten vorgesehen werden (§ 17 Abs. 3 MgVG).
   c) Bei einem Beschluss über die Nichtaufnahme oder den Abbruch der Verhandlungen, der gemäß § 18 MgVG einer besonders qualifizierten Mehrheit bedarf, finden die nationalen Bestimmungen für die Mitbestimmung, dh bei der Verschmelzung nach Deutschland die Bestimmungen der deutschen Mitbestimmungsgesetze, auf die aus

---

[618] Henssler/Willemsen/Kalb/*Hohenstatt/Dzida* MgVG Rn. 8; MüKoAktG/*Jacobs* SEBG Vor § 1 Rn. 43; Gaul/Ludwig/Forst EuMitbestR/*Gaul/Ludwig* § 5 Rn. 82; aA Habersack/Drinhausen/*Thüsing/Forst* MgVG § 5 Rn. 3.

der Verschmelzung hervorgehende Gesellschaft Anwendung; dies bedeutet, dass ein entsprechender Beschluss nicht dazu führt, dass die Gesellschaft auf Dauer mitbestimmungsfrei ist, sondern dass lediglich die Arbeitnehmer aus den anderen Mitgliedstaaten von der Mitbestimmung ausgeschlossen sind.

d) Das MgVG enthält keine § 18 Abs. 3 SEBG entsprechende Regelung zur Neuverhandlung bei strukturellen Änderungen, so dass eine nach dem MgVG eingeführte Mitbestimmung gegen nachfolgende strukturelle Änderungen immun ist.[619] Dies gilt jedoch nicht, wenn das Verhandlungsverfahren nach dem MgVG aufgrund einer nachfolgenden grenzüberschreitenden Verschmelzung erneut durchgeführt werden muss.

340   3. Die **Mitbestimmung kraft Gesetzes** findet nicht nur Anwendung, wenn die Parteien dies vereinbart haben oder die Parteien innerhalb der Verhandlungsfrist nach § 21 MgVG keine Einigung über den Abschluss einer Mitbestimmungsvereinbarung erzielt haben. Vielmehr eröffnet § 23 Abs. 1 S. 1 Nr. 3 MgVG den Leitungen der beteiligten Gesellschaften die Möglichkeit, jederzeit vor Beschluss des BVG über die Nichtaufnahme oder den Abbruch der Verhandlungen[620] die Anwendung der Mitbestimmung kraft Gesetzes auch ohne vorherige Verhandlungen zu beschließen. Das BVG ist dennoch auch in diesem Fall zu bilden, um die ihm nach Gesetz auch in diesem Fall zugewiesenen Aufgaben zu übernehmen.[621]

341   4. § 24 Abs. 1 MgVG regelt den Anteil der **Arbeitnehmervertreter im Aufsichtsrat** der aus der Verschmelzung hervorgehenden Gesellschaft; die Möglichkeit der Einrichtung eines monistischen Systems mit einem Verwaltungsrat in Deutschland besteht bei einer grenzüberschreitenden Verschmelzung nicht. § 24 Abs. 2 MgVG regelt zudem, dass bei einer aus der Verschmelzung hervorgehenden GmbH ein mitbestimmter Aufsichtsrat zu errichten sein kann. § 24 Abs. 3 MgVG enthält zudem eine Art. 12 Abs. 4 SE-VO entsprechende Regelung zur Auflösung etwaiger Konflikte zwischen Satzung und den Regelungen über die Mitbestimmung kraft Gesetzes.

342   5. Bei der **Wahl der Arbeitnehmervertreter** im Aufsichtsrat erfolgt für die aus der grenzüberschreitenden Verschmelzung hervorgegangene Gesellschaft die Sitzverteilung gemäß § 25 Abs. 1 MgVG auf die einzelnen Mitgliedstaaten abweichend von der SE-Gründung durch das BVG. Soweit die nationalen Umsetzungsakte der einzelnen Mitgliedstaaten keine Regelungen zur Wahl der Arbeitnehmervertreter vorsehen, erfolgt die Wahl ebenfalls durch das BVG (§ 25 Abs. 2 MgVG). Diese Regelungen sind insoweit systemwidrig, als sie mit dem Grundsatz kollidieren, dass das BVG ein für die Verhandlung der Mitbestimmungsvereinbarung gebildetes ad-hoc-Organ ist, dessen Amtszeit mit Beendigung der Verhandlung endet. Im Ergebnis folgt daraus, dass für die Verteilung der Sitze sowie ggf. für die Wahlen jeweils ein neues BVG zu bilden ist.[622] Die Wahl der aus Deutschland in den Aufsichtsrat entsandten Arbeitnehmervertreter erfolgt wie bei der SE stets durch ein jeweils neu zu bestimmendes Wahlgremium; hier finden die Regelungen zur Wahl der BVG-Mitglieder weitgehend entsprechende Anwendung.

343   6. Die Bestellung der nach der Auffangregelung im MgVG gewählten Arbeitnehmervertreter im Aufsichtsrat erfolgt unmittelbar durch das Wahlgremium; es bedarf **keiner gesonderten Bestellung durch die Haupt- bzw. Gesellschafterversammlung**. Entsprechendes gilt für die Abberufung.

---

[619] Habersack/Drinhausen/*Thüsing*/Forst MgVG § 6–21 Rn. 11; Lutter/Hommelhoff/Teichmann SE/*Oetker* SEBG § 18 Rn. 3; MüKoAktG/*Jacobs* SEBG § 18 Rn. 25.
[620] Vgl. hierzu Habersack/Drinhausen/*Thüsing*/Forst MgVG § 23 Rn. 15; *Krauel/Mense/Wind* Der Konzern 2010, 541 (549); *Müller-Bonanni/Müntefering* NJW 2009, 2347 (2351).
[621] Habersack/Drinhausen/*Thüsing*/Forst MgVG § 23 Rn. 14; s. hierzu auch Gaul/Ludwig/Forst EuMitbestR/*Kienast* § 5 Rn. 200 ff.
[622] Vgl. Gaul/Ludwig/Forst EuMitbestR/*Kienast* § 5 Rn. 214, 218 ff., der allerdings annimmt, dass die Verteilung der Sitze auf die Mitgliedstaaten nur einmalig zu erfolgen habe.

7. Für die **Anfechtung der Wahl** der Arbeitnehmervertreter knüpft § 26 Abs. 2 S. 3 MgVG für die Berechnung der Anfechtungsfrist an die Bekanntgabe des Wahlergebnisses und nicht an die Bestellung an.

8. Auch im Fall der grenzüberschreitenden Verschmelzung sieht § 27 Abs. 2 S. 1 MgVG grundsätzlich vor, dass ein **Arbeitsdirektor** zu bestellen ist. Eine Ausnahme gilt nach § 27 Abs. 2 S. 2 MgVG jedoch für den Fall, dass die aus der Verschmelzung hervorgegangene Gesellschaft eine KGa-A ist.

# Abschnitt 7 – Grenzüberschreitende Sitzverlegung der SE

## § 15 Grenzüberschreitende Sitzverlegung

### Übersicht

|  | Rn. |
|---|---|
| A. Vorbemerkung | 1 |
| B. Einführung | 3 |
|    I. Der „Sitz" der Gesellschaft | 4 |
|       1. Internationales Gesellschaftsrecht | 5 |
|       2. Mitgliedstaatliches Sachrecht | 6 |
|       3. SE-Verordnung | 7 |
|    II. Rechtsrahmen der Sitzverlegung | 11 |
|    III. Wechsel des ergänzend anwendbaren Gesellschaftsrechts | 16 |
|    IV. Beteiligungsrechte der Arbeitnehmer | 17 |
| C. Verfahren der Sitzverlegung | 20 |
|    I. Überblick | 20 |
|    II. Ablauf der Sitzverlegung im Einzelnen | 23 |
|       1. Verlegungsplan | 23 |
|       2. Verlegungsbericht | 27 |
|       3. Verlegungsbeschluss | 35 |
|       4. Rechtmäßigkeitskontrolle | 37 |
|       5. Eintragung im neuen Sitzstaat | 43 |
| D. Schutz widersprechender Minderheitsaktionäre | 44 |
| E. Gläubigerschutz | 47 |
|    I. Gerichtsstand | 48 |
|    II. Sicherheitsleistung | 49 |
| F. Fortbestand öffentlich-rechtlicher Genehmigungen | 55 |

## A. Vorbemerkung

Mit der SE-Verordnung bot sich 2001 im europäischen Binnenmarkt erstmals die rechtlich gesicherte Möglichkeit einer identitätswahrenden Sitzverlegung über die Grenze. Mittlerweile hat die EuGH-Rechtsprechung zur Niederlassungsfreiheit, die grenzüberschreitende Sitzverlegung auch für Gesellschaften nationalen Rechts etabliert.[1] Die 2019 verabschiedete und bis 31.1.2023 in nationales Recht umzusetzende Richtlinie zur grenzüberschreitenden Mobilität von Gesellschaften[2] ermöglicht eine grenzüberschreitende Sitzverlegung dann auch für mitgliedstaatliche Aktiengesellschaften und Gesellschaften mit beschränkter Haftung. In all diesen Fällen ist die Sitzverlegung eine grenzüberschreitende Verlegung des Satzungssitzes unter Beibehaltung der Rechtspersönlichkeit. Sie entspricht damit dem nationalen Formwechsel (§§ 190 ff. UmwG). Die Gesellschaft wird durch die Sitzverlegung nicht aufgelöst; die **Identität des Rechtsträgers** und der Rechtsform bleiben gewahrt. Ebenso kann die innere Struktur der SE weitgehend unverändert beibehalten werden. Während sich bei einem nationalen Rechtsträger durch den grenzüberschreitenden Form-

1

---

[1] Zusammenfassend *Teichmann/Knaier* in Lipp/Münch, Aktuelle notarielle Herausforderungen in der Praxis des Gesellschaftsrechts, 2019, 55 ff.
[2] RL (EU) 2019/2121 des EP und des Rates v. 27.11.2019 zur Änderung der RL (EU) 2017/1132 in Bezug auf grenzüberschreitende Umwandlungen, Verschmelzungen und Spaltungen, ABl. EU 2019 L 321, 1.

wechsel das anwendbare Gesellschaftsrecht ändert,[3] bleibt die SE naturgemäß der SE-Verordnung unterworfen. Ungeachtet dessen kommt die SE-Sitzverlegung zumindest partiell einer Änderung des anwendbaren Gesellschaftsrechts nahe, weil sich die Referenzrechtsordnung ändert, auf die in zahlreichen Normen der SE-Verordnung verwiesen wird (dazu → Rn. 16).

2  Nach einer Einführung (→ Rn. 3 ff.) folgt das Verfahren der Sitzverlegung (→ Rn. 20 ff.), bevor die mit der Sitzverlegung verbundenen Fragen des Schutzes der Minderheitsaktionäre (→ Rn. 44 ff.) und der Gläubiger (→ Rn. 47 ff.) behandelt werden.

## B. Einführung

3  Einführend ist auf den Sitzbegriff der SE-Verordnung (→ Rn. 4 ff.), auf den rechtlichen Rahmen der Sitzverlegung (→ Rn. 11 ff.), den damit verbundenen partiellen Statutenwechsel (→ Rn. 16) und auf Fragen der Arbeitnehmerbeteiligung (→ Rn. 17 ff.) einzugehen.

### I. Der „Sitz" der Gesellschaft

4  Die Verlegung des Sitzes über die Grenze ist ein Thema mit vielfältigen Implikationen. Zunächst ist Klarheit darüber herzustellen, was mit dem Sitz, der verlegt werden soll, gemeint ist. Der Begriff des Sitzes ist von Bedeutung für das Internationale Gesellschaftsrecht (→ Rn. 5), für das nationale Gesellschaftsrecht (→ Rn. 6) und für die SE-Verordnung (→ Rn. 7 ff.).

#### 1. Internationales Gesellschaftsrecht

5  Die in Deutschland lange Zeit unangefochten herrschende Sitztheorie versteht unter dem „Sitz" einer Gesellschaft, der über das anwendbare Recht entscheidet, den **Verwaltungssitz.** Dies ist der Ort, an dem die grundlegenden Entscheidungen der Unternehmensleitung effektiv in laufende Geschäftsführungsakte umgesetzt werden.[4] Dieser Begriff ist allerdings nur relevant für die Frage, welches Recht auf eine Gesellschaft anwendbar sein soll. Die Bedeutung der Sitztheorie ist im Zuge der Rechtsprechung des EuGH zur Niederlassungsfreiheit stark zurückgegangen. Gegenüber Gesellschaften EU-ausländischen Rechts lässt sie sich in der bisherigen Ausprägung nicht aufrechterhalten.[5] Inwieweit bei Ermittlung des auf eine SE anwendbaren Rechts das Internationale Gesellschaftsrecht hinzugezogen werden kann, ist umstritten und wird an anderer Stelle näher behandelt.[6]

#### 2. Mitgliedstaatliches Sachrecht

6  Das kollisionsrechtlich ermittelte anwendbare Recht hält häufig auch im Sachrecht Regelungen darüber bereit, wie der Sitz der Gesellschaft festzulegen ist. In diesem Fall ist jedoch der **Satzungssitz** gemeint, also der Ort, der in der Satzung der Gesellschaft als Sitz festgelegt wird (vgl. § 5 AktG: „Sitz der Gesellschaft ist der Ort, den die Satzung bestimmt."). In **§ 2 SEAG** war vorgesehen, dass die Satzung der SE als Sitz den Ort zu

---

[3] Der formwechselnde Rechtsträger muss eine typengleiche Rechtsform des Zuzugsstaates annehmen (vgl. Art. 86a ff. GesR-RL). Zum Statutenwechsel als Kern einer jeden grenzüberschreitenden Umwandlung *Teichmann* NZG 2019, 241 (242).
[4] BGHZ 97, 269 (272).
[5] Zusammenfassend MHdB GesR VI/*Thölke,* 5. Aufl. 2022 (in Vorbereitung), § 1 Rn. 94 ff.
[6] Vgl. → § 3 Rn. 11 f.

bestimmen hat, an dem die Hauptverwaltung geführt wird. Die Vorschrift des § 2 SEAG ist jedoch durch das MoMiG ersatzlos gestrichen worden.

## 3. SE-Verordnung

Die recht strenge Regelung des ehemaligen § 2 SEAG hat ihren Ursprung in Art. 7 SE-VO, der nun allein maßgeblich ist. Dieser Artikel enthält zwei Aussagen: Erstens muss eine SE **Sitz und Hauptverwaltung** in ein und demselben Mitgliedstaat haben (Art. 7 S. 1 SE-VO). Zweitens können die Mitgliedstaaten darüber hinaus vorschreiben, dass Sitz und Hauptverwaltung auch innerhalb des Mitgliedstaats an demselben Ort liegen müssen. Auf diese Ermächtigung stützte sich § 2 SEAG. Mit dem Wegfall der Vorschrift existiert in Deutschland nunmehr kein Einheitlichkeitserfordernis mehr.

Art. 64 SE-VO sieht vor, dass einer SE die Auflösung droht, wenn sie über einen längeren Zeitraum Sitz und Hauptverwaltung – entgegen der Vorschrift des Art. 7 S. 1 SE-VO – in verschiedenen Mitgliedstaaten hat; das Nähere hierzu regelt § 52 SEAG.

Art. 8 SE-VO trifft dann die hier interessierende Regelung, dass die SE ihren Sitz in einen anderen Mitgliedstaat verlegen kann. Aus der Zusammenschau der einschlägigen Vorschriften wird deutlich, dass die SE-Verordnung immer dann, wenn sie vom „Sitz" der Gesellschaft spricht, den **Satzungssitz** meint.[7] Den Verwaltungssitz spricht die Verordnung in Art. 7 S. 1 mit dem Begriff der „Hauptverwaltung" an; dieselbe Unterscheidung findet sich in Art. 64 SE-VO. Wenn die SE-Verordnung vom „Sitz" spricht, ist folglich nicht die Hauptverwaltung, sondern der satzungsmäßige Sitz gemeint.[8]

Die Sitzverlegung nach Art. 8 SE-VO ist also eine Verlegung des Satzungssitzes über die Grenze.[9] Sie setzt eine Änderung der Satzung voraus und eine Eintragung im Register, das für den neuen Satzungssitz zuständig ist. Die **Verlegung der Hauptverwaltung** ist zwar nicht Verfahrensbestandteil der Sitzverlegung nach Art. 8 SE-VO, muss ihr aber nach der Systematik der SE-VO vorausgehen.[10] Denn Satzungssitz und Hauptverwaltung müssen in demselben Mitgliedstaat liegen (Art. 7 SE-VO).[11] Die anlässlich der Sitzverlegung geänderte Satzung muss also als Sitz einen Ort enthalten, der in dem Mitgliedstaat liegt, in welchem sich künftig auch die Hauptverwaltung befindet. Demnach muss die zuständige Stelle des Zuzugsstaates bei ihrer Rechtmäßigkeitsprüfung **vor Eintragung** der Sitzverlegung einen Nachweis über die Verlegung der Hauptverwaltung fordern. Dass Satzungssitz und Hauptverwaltung nicht dauerhaft auseinanderfallen dürfen, bestätigt Art. 64 SE-VO, der allerdings den umgekehrten Fall meint, in dem der Satzungssitz gleich bleibt und die Hauptverwaltung in einen anderen Mitgliedstaat verlegt wird.

---

[7] So schon *Schwarz* ZIP 2001, 1847; weiterhin *Teichmann* ZGR 2002, 383 (456); *Wenz* in Theisen/*Wenz* EurAG 221. Auch *Zang*, Sitz und Verlegung des Sitzes einer Europäischen Aktiengesellschaft mit Sitz in Deutschland, 2005, 5 ff. gelangt nach Abwägung aller Auslegungsgesichtspunkte zu dem Ergebnis (*Zang*, Sitz und Verlegung des Sitzes einer Europäischen Aktiengesellschaft mit Sitz in Deutschland, 2005, 42), dass der Satzungssitz gemeint sei.
[8] In der französischen Sprachfassung des Art. 7 SE-VO „siège statutaire", in der englischen „registered office".
[9] Vgl. auch Art. 8 Abs. 2 SE-VO, wonach der Verlegungsplan den „vorgesehenen neuen Sitz" der SE enthalten muss (in der französischen Fassung „le siège statutaire envisagé", in der englischen „the proposed registered office"). Siehe weiterhin *Schwarz* SE-VO Art. 8 Rn. 4 und *Zang*, Sitz und Verlegung des Sitzes einer Europäischen Aktiengesellschaft mit Sitz in Deutschland, 2005, 104.
[10] So überzeugend *Schwarz* SE-VO Art. 8 Rn. 52 und *Zang*, Sitz und Verlegung des Sitzes einer Europäischen Aktiengesellschaft mit Sitz in Deutschland, 2005, 234 f. (früher noch aA *Teichmann* ZGR 2002, 383 (458); gleichfalls aA Habersack/Drinhausen/*Diekmann* SE-VO Art. 8 Rn. 99).
[11] Diese Regelung ist als primärrechtskonform anzusehen (BeckOGK/*Casper* 1.6.2021, SE-VO Art. 7 Rn. 2; so bereits *Teichmann* ZGR 2003, 367 (399 f.); ebenso mit Hinweis auf die *Cartesio*-Entscheidung des EuGH *Casper/Weller* NZG 2009, 681 (683)); aA *Drinhausen/Nohlen* ECL 2009, 14 ff.; *Oechsler* ZIP 2018, 1269.

## II. Rechtsrahmen der Sitzverlegung

11 Eine Sitzverlegung über die Grenze war vor Erlass der SE-Verordnung mit großen rechtlichen Unsicherheiten behaftet. Staaten, die der Sitztheorie folgten, behandelten bereits die Verlegung des Verwaltungssitzes als eine implizite Auflösung der Gesellschaft; erst recht galt dies für einen ausdrücklichen Beschluss, den Satzungssitz über die Grenze zu verlegen.[12] Gründungstheoriestaaten lassen zwar eine Verlegung des Verwaltungssitzes zu; eine Änderung des Registersitzes ist aber auch dort nicht vorgesehen.[13] Insoweit war Art. 8 SE-VO, der eine Verlegung des Satzungssitzes über die Grenze ohne Auflösung der Gesellschaft ermöglicht und damit die **Kontinuität des Rechtsträgers** wahrt, im europäischen Binnenmarkt ein Novum, das nun mit der Mobilitäts-Richtlinie (vgl. → Rn. 1) auch auf Gesellschaften nationalen Rechts erstreckt wurde.

12 Rechtsgrundlage einer Sitzverlegung der SE ist in erster Linie **Art. 8 SE-VO,** der das Verfahren umfassend regelt. Hinzu treten die Regeln über Organisation und Ablauf der vor der Sitzverlegung einzuberufenden Hauptversammlung; die SE-Verordnung regelt diesen Bereich nur rudimentär und beruft ergänzend das mitgliedstaatliche Aktienrecht zur Anwendung (Art. 53 SE-VO). Für die Rechtspraxis ergibt sich ein gewisses Problem aus dem Umstand, dass Art. 8 SE-VO das Verfahren nur in seinen Grundzügen regelt. Die teilweise anzutreffende Feststellung, Art. 8 SE-VO regele die Einzelheiten des Verfahrens abschließend,[14] vermag nicht zu überzeugen. Beispielsweise fehlen Angaben zur Form von Verlegungsplan und -bericht und zum Inhalt des Verlegungsberichts. Weiterhin ist unklar, welche Rechtsfolgen Verfahrensfehler nach sich ziehen.

13 Die **Lückenfüllung** im Rahmen des Art. 8 SE-VO muss nach den methodischen Grundsätzen des Unionsrechts im Wege einer europäisch autonomen Auslegung der Vorschrift erfolgen. Anders als im Verschmelzungsrecht, für welches Art. 18 SE-VO auf das nationale Verschmelzungsrecht verweist,[15] sieht die SE-Verordnung bei der Sitzverlegung keinen ergänzenden Rückgriff auf nationales Recht vor. Dies dürfte seinen Grund vor allem darin haben, dass die meisten Rechtsordnungen der Mitgliedstaaten ein Verfahren der grenzüberschreitenden Sitzverlegung bislang nicht kennen (zur Reform → Rn. 1). Daher kann grundsätzlich auch nicht unterstellt werden, es handele sich im Sinne des Art. 9 Abs. 1 lit. c ii SE-VO um einen nur „teilweise geregelten Bereich", der um das Aktienrecht des SE-Sitzstaates zu ergänzen sei.[16]

14 In der Rechtspraxis wird es sich aber dennoch empfehlen, das vergleichbare nationale Fallmaterial zu berücksichtigen. Denn zum einen werden Rechtsstreitigkeiten über Verfahrensfehler einer Sitzverlegung zunächst vor den nationalen Gerichten ausgetragen, und zum Zweiten wird der Europäische Gerichtshof keinesfalls eine vergleichbare Entscheidungsdichte erlangen, wie sie im nationalen Recht der Strukturmaßnahmen anzutreffen ist. Für das deutsche Recht springt insoweit die **Parallele zum Formwechsel** der §§ 190 ff. UmwG ins Auge.[17] Daran ist im Gegensatz zur Verschmelzung nur ein Rechtsträger beteiligt. Und auch beim Formwechsel liegt der wesentliche Grund für die Notwendigkeit einer Beschlussfassung durch die Anteilseigner in der qualitativen Veränderung der Anteilsrechte, die der Wechsel in eine neue Rechtsform mit sich bringt.[18] Bei der grenzüberschreitenden Sitzverlegung der SE ist dies Folge des Statutenwechsels (s. dazu

---

[12] Siehe nur BayObLG BB 2004, 570. Zur Diskussion ausführlich *Teichmann,* Binnenmarktkonformes Gesellschaftsrecht, 2006, 168 ff.
[13] *Hoffman,* ZHR 164 (2000), 43 (55).
[14] So etwa Habersack/Drinhausen/*Diekmann* SE-VO Art. 8 Rn. 16 und Lutter/Hommelhoff/Teichmann SE/Ringe SE-VO Art. 8 Rn. 18.
[15] Vgl. hierzu die Ausführungen über das anwendbare Recht bei einer SE-Gründung durch Verschmelzung → § 5 Rn. 11 ff.
[16] Siehe zur Bedeutung des Art. 9 SE-VO den → § 3 Rn. 7 ff. über das anwendbare Recht.
[17] Ebenso *Oechsler* AG 2004, 373 (374); MüKoAktG/*Oechsler* SE-VO Art. 8 Rn. 3; für das österreichische Recht Kalss/Hügel/*Kalss* SEG Vor § 6 Rn. 3.
[18] Siehe zum Gesetzeszweck stellvertretend für andere nur Lutter/*Hoger* UmwG § 192 Rn. 1 ff.

## B. Einführung § 15

→ Rn. 16), der im Einzelfall zu durchaus einschneidenden Veränderungen in der Rechtsposition der Aktionäre führen kann – sind doch die innere Struktur von Aktiengesellschaften und die individuellen Aktionärsrechte in Europa bislang nur teilweise harmonisiert worden.[19]

Das **Beschlussverfahren** bei der Sitzverlegung richtet sich zunächst nach den Vorschriften der Art. 52 ff. SE-VO über die Hauptversammlung.[20] Da Art. 53 SE-VO für die Organisation und den Ablauf der Hauptversammlung sowie für das Abstimmungsverfahren auf das Aktienrecht im SE-Sitzstaat verweist, ist hier in weiten Bereichen ergänzend das nationale Aktienrecht heranzuziehen. Auch die Rechtsfolgen von Beschlussmängeln richten sich daher weitgehend nach nationalem Recht. 15

### III. Wechsel des ergänzend anwendbaren Gesellschaftsrechts

Soweit die SE-Verordnung selbst eine Rechtsfrage regelt, ändert sich die Rechtslage durch die Sitzverlegung nicht. Dasselbe gilt für Satzungsregelungen, die sich auf ausdrückliche Regelungsermächtigungen in der SE-Verordnung stützen können. Im Übrigen jedoch führt die Sitzverlegung über die Grenze zu einem Wechsel des ergänzend anwendbaren nationalen Gesellschaftsrechts. Dies ist eine mittelbare Folge der Verweisungsnormen der SE-Verordnung, die generell auf **das im Sitzstaat geltende Aktienrecht** Bezug nehmen.[21] Stellvertretend sei die allgemeine Rechtsanwendungsnorm des Art. 9 Abs. 1 lit. c ii SE-VO genannt. Wenn es dort heißt, für alle durch die Verordnung nicht oder nur teilweise geregelten Bereiche gälten die Rechtsvorschriften der Mitgliedstaaten, die auf eine „nach dem Recht des Sitzstaats der SE" gegründete Aktiengesellschaft Anwendung finden würden, so verweist dies vor der Sitzverlegung auf eine andere Rechtsordnung als danach. Dasselbe gilt, soweit Spezialverweisungen zur Anwendung des Sitzstaatsrechts führen, beispielsweise Art. 5 SE-VO, der für das Kapital der SE auf diejenigen Vorschriften verweist, die für eine Aktiengesellschaft „mit Sitz in dem Mitgliedstaat, in dem die SE eingetragen ist", gelten würden. Dieser weite Bereiche des Gesellschaftsrechts erfassende **Statutenwechsel** verursacht einen gewissen Beratungs- und Planungsaufwand (insbesondere muss die Satzung der SE an die Rechtslage im Zuzugsstaat angepasst werden), kann aber auch gerade der Grund für eine Sitzverlegung sein, indem Regelungsunterschiede zwischen den Mitgliedstaaten gezielt ausgenutzt werden.[22] 16

### IV. Beteiligungsrechte der Arbeitnehmer

Fraglich ist, ob und in welcher Weise sich der Statutenwechsel auf die **Beteiligungsrechte der Arbeitnehmer** in der SE auswirkt.[23] Diese stützen sich auf die SE-Richtlinie in ihrer Umsetzung durch das nationale Recht. Es ändert sich also das anwendbare nationale Transformationsgesetz;[24] wegen der inhaltlichen Vorgaben durch die SE-Richtlinie dürfte dies aber streng genommen keine qualitativen Auswirkungen auf die Arbeitnehmerbeteiligung haben. Im konkreten Fall ist allerdings auch danach zu unterscheiden, ob eine Vereinbarungslösung getroffen wurde oder mangels Vereinbarung auf die gesetzliche Auffanglösung zurückgegriffen werden musste. Eine einmal geschlossene **Vereinbarung** hat auch 17

---

[19] Eine gewisse Harmonisierung wurde durch die Aktionärsrechterichtlinie erreicht (RL 2007/36/EG, reformiert durch RL (EU) 2017/828), die aber nur für börsennotierte Aktiengesellschaften gilt.
[20] Vgl. hierzu → § 13 Rn. 40 ff.
[21] Dazu ausführlich im → § 3 Rn. 7 ff. über das auf die SE anwendbare Recht.
[22] In diesem Sinne *Enriques* ZGR 2004, 735 ff. für die SE als Vehikel der Wanderung zwischen den Jurisdiktionen.
[23] Hierzu allgemein → § 14 Rn. 1 ff. über die Arbeitnehmerbeteiligung in der SE.
[24] In Deutschland ist dies das SE-Beteiligungsgesetz.

gegenüber dem Statutenwechsel Bestand.[25] Denn es ist ein Grundprinzip der SE-Richtlinie, dass die privatautonom getroffene Regelung Vorrang vor den gesetzlichen Arbeitnehmerbeteiligungsregelungen hat.[26] Auch dann sollte aber in jedem Fall geprüft werden, ob nicht die Vereinbarung selbst eine Regelung für den Fall der Sitzverlegung trifft. Eine für diesen Anlass geltende Anpassungsklausel dürfte bei einer sorgfältig ausgehandelten Vereinbarung häufig anzutreffen sein.[27]

18    Fehlt eine Vereinbarung, gilt die **gesetzliche Auffangregelung.** Die Sitzverlegung führt dann zur Anwendung des im Zuzugsstaat geltenden nationalen Transformationsgesetzes. Dies wiederum muss dem **Vorher-Nachher-Grundsatz** der Richtlinie gerecht werden, wonach sich die vor Gründung der SE bestehenden Beteiligungsrechte grundsätzlich in der SE fortsetzen.[28] Die von der SE-Richtlinie geforderte Auffangregelung muss in jedem Mitgliedstaat sicherstellen, dass sich das Mitbestimmungsstatut derjenigen Gründungsgesellschaft durchsetzt, welches das höchste Beteiligungsniveau gewährt.[29] Im Ergebnis bleiben also die zuvor bestehenden Beteiligungsrechte der Arbeitnehmer erhalten.[30] Soweit eine in Deutschland ansässige SE die unternehmerische Mitbestimmung nach deutschem Muster implementiert hat, besteht dies auch nach einer Sitzverlegung über die Grenze fort. In Konsequenz dessen ist die Sitzverlegung grundsätzlich **kein Anlass für Neuverhandlungen** nach § 18 SEBG; denn diese Vorschrift greift nur dann ein, wenn „strukturelle Änderungen der SE geplant (sind), die geeignet sind, Beteiligungsrechte der Arbeitnehmer zu mindern".[31]

19    Dennoch bedarf die Frage der Arbeitnehmerrechte im Einzelfall stets genauer Prüfung. Denn es ist nicht auszuschließen, dass die Transformationsgesetzgebung anderer Mitgliedstaaten entweder einem anderen Verständnis der SE-Richtlinie folgt oder – wie bei der Umsetzung von Richtlinien stets denkbar – in den Einzelheiten von der deutschen Gesetzgebung abweicht. Ein Beispiel dafür ist **Österreich,** das in § 228 Abs. 2 Arbeitsverfassungsgesetz die Sitzverlegung ausdrücklich als Strukturmaßnahme definiert, die zu Neuverhandlungen führt.[32]

---

[25] Ebenso Lutter/Hommelhoff/Teichmann SE/*Ringe* SE-VO Art. 8 Rn. 13; *Schwarz* SE-VO Art. 8 Rn. 10; Kölner Komm AktG/*Veil* SE-VO Art. 8 Rn. 29; und *Zang,* Sitz und Verlegung des Sitzes einer Europäischen Aktiengesellschaft mit Sitz in Deutschland, 2005, 121.
[26] Voraussetzung für die Anwendung der Auffangregelung ist daher, dass die Parteien dies vereinbart haben oder die Verhandlungen zu keinem Ergebnis geführt haben (vgl. Art. 7 SE-RL). Ausführlich hierzu → § 14 Rn. 162 ff. über die Arbeitnehmerbeteiligung.
[27] Für deutsche SE ergibt sich dies auch aus der Soll-Vorschrift des § 21 Abs. 4 SEBG.
[28] Auch hierzu ausführlich im → § 14 Rn. 162 ff. über die Arbeitnehmerbeteiligung.
[29] Entgegen *Oechsler* AG 2004, 373 (376 f.), besteht daher kein Anlass, in der Sitzverlegung einen Wegfall der Geschäftsgrundlage für eventuelle Vereinbarungen über die Arbeitnehmerbeteiligungen zu sehen.
[30] Ebenso Lutter/Hommelhoff/Teichmann SE/*Ringe* SE-VO Art. 8 Rn. 12a; *Zang,* Sitz und Verlegung des Sitzes einer Europäischen Aktiengesellschaft mit Sitz in Deutschland, 2005, 122.
[31] Ebenso Widmann/Mayer/*Heckschen* Anh. 14 Rn. 35 f.; *Hunger* in Jannott/Frodermann SE-HdB 9. Kap. Rn. 37; *Schwarz* SE-VO Art. 8 Rn. 10; *Zang,* Sitz und Verlegung des Sitzes einer Europäischen Aktiengesellschaft mit Sitz in Deutschland, 2005, 229. Die Gegenauffassung bejaht zwar grundsätzlich eine strukturelle Änderung iSd § 18 Abs. 3 SEBG, will aber dennoch keine Neuverhandlungen zulassen, da es an einem Eingriff in Beteiligungsrechte fehle (Habersack/Drinhausen/*Diekmann* SE-VO Art. 8 Rn. 21). Sie gelangt somit in der Regel zu demselben Ergebnis wie die hier vertretene Auffassung.
[32] Der österreichische Gesetzgeber begründet dies mit denkbaren Änderungen in der Unternehmensstruktur und Änderungen hinsichtlich der Anzahl und Nationalität der Arbeitnehmer (siehe Abdruck der Gesetzesgründung bei Kalss/Hügel S. 783). Allerdings führt die Verlegung des Satzungssitzes per se zu keinen Veränderungen in der Arbeitnehmerschaft. Ein Wechsel des Leitungsmodells könnte eine Strukturänderung sein, muss aber mit der Sitzverlegung gleichfalls nicht zwingend einhergehen, da die SE in allen EU-Staaten sowohl das monistische als auch das dualistische Leitungsmodell einsetzen kann. Es ist daher vorzugswürdig, eventuelle Nachverhandlungsansprüche von materiellen Veränderungen abhängig zu machen, nicht vom rein formalen Akt der Sitzverlegung.

## C. Verfahren der Sitzverlegung

### I. Überblick

Das von der SE-Verordnung geregelte Verfahren der Sitzverlegung weist eine für gesellschaftsrechtliche Strukturmaßnahmen bekannte **Grundstruktur** auf, die in manchem an die Verschmelzung erinnert: Es sind ein Verlegungsplan und ein Verlegungsbericht zu erstellen; die Aktionäre erhalten diese Unterlagen zur Kenntnis und beschließen in einer Hauptversammlung über die geplante Sitzverlegung; die SE ist anschließend im Register des Zuzugsstaats einzutragen und im Register des Wegzugsstaats zu löschen. Diese Verfahrensschritte sind unmittelbar in Art. 8 SE-VO geregelt. Hinzu kommen Vorschriften des nationalen Rechts über die Durchführung der Hauptversammlung (mittels der Verweisung in Art. 53 SE-VO),[33] sowie Regelungen des nationalen Rechts zum Schutz von Minderheitsaktionären und Gläubigern.

Für die **zeitliche Planung** sind folgende Fristen zu beachten und gegebenenfalls aufeinander abzustimmen:[34]

– Verlegungsplan und Verlegungsbericht müssen mindestens einen Monat vor der Hauptversammlung zur Einsichtnahme durch die Aktionäre und die Gläubiger der SE bereitstehen; auf Verlangen sind auch unentgeltliche Abschriften dieser Unterlagen auszuhändigen (Art. 8 Abs. 4 SE-VO).
– Der Verlegungsbeschluss kann erst zwei Monate nach der Offenlegung des Verschmelzungsplans gefasst werden (Art. 8 Abs. 6 SE-VO); innerhalb dieser zwei Monate können Gläubiger ihren eventuell bestehenden Anspruch auf Sicherheitsleistung anmelden (§ 13 SEAG).[35]

**Ausgeschlossen** ist die Sitzverlegung, wenn gegen die SE ein Verfahren wegen Auflösung, Liquidation, Zahlungsunfähigkeit oder vorläufiger Zahlungseinstellung oder ein ähnliches Verfahren eröffnet worden ist (Art. 8 Abs. 15 SE-VO). Außerdem darf die Sitzverlegung nicht anlässlich einer Umwandlung in eine SE vorgenommen werden (Art. 37 Abs. 3 SE-VO).

### II. Ablauf der Sitzverlegung im Einzelnen

#### 1. Verlegungsplan

Das Leitungs- oder Verwaltungsorgan der SE erstellt den Verlegungsplan mit folgendem Inhalt (Art. 8 Abs. 2 S. 2 SE-VO):

– „bisherige **Firma**, bisheriger **Sitz** und bisherige **Registriernummer** der SE". Das Firmenrecht regelt die SE-Verordnung nicht; es findet also das jeweilige Firmenrecht im Sitzstaat der SE Anwendung.[36] Demzufolge kann sich anlässlich der Sitzverlegung die Notwendigkeit einer Änderung der Firma ergeben; die neue Firma ist gemäß Art. 8 Abs. 2 S. 2 lit. b SE-VO im Verlegungsplan mitzuteilen.
– „der vorgesehene **neue Sitz** der SE". Mit dem neuen Sitz ist der satzungsmäßige Sitz gemeint (vgl. → Rn. 9).
– „die für die SE vorgesehene **Satzung** sowie gegebenenfalls die **neue Firma**": Änderungsbedarf für die Satzung ergibt sich regelmäßig schon dadurch, dass mit der Sitzverlegung das ergänzend anwendbare Gesellschaftsrecht wechselt (s. → Rn. 16); darunter

---

[33] Siehe hierzu → § 13 Rn. 40 ff.
[34] Vgl. hierzu auch den Ablaufplan bei Wenz in Theisen/Wenz EurAG 236.
[35] Nach Art. 8 Abs. 14 SE-VO können die Rechtsvorschriften eines Mitgliedstaats außerdem vorsehen, dass innerhalb dieser Zwei-Monats-Frist ein behördlicher Einspruch aus Gründen des öffentlichen Interesses erhoben werden kann. Deutschland hat von dieser Regelungsoption jedoch keinen Gebrauch gemacht.
[36] Schwarz SE-VO Art. 8 Rn. 6; Zang, Sitz und Verlegung des Sitzes einer Europäischen Aktiengesellschaft mit Sitz in Deutschland, 2005, 118.

fällt auch das nationale Firmenrecht, so dass die Sitzverlegung unter Umständen eine Änderung der Firma erforderlich macht.
- „die etwaigen Folgen der Verlegung für die Beteiligung der **Arbeitnehmer**": die auf die SE-Richtlinie gestützten Beteiligungsrechte bleiben grundsätzlich gleich; allerdings wechselt die SE in den Anwendungsbereich eines anderen nationalen, zur Umsetzung der Richtlinie erlassenen Transformationsgesetzes (dazu → Rn. 17 ff.).
- „der vorgesehene **Zeitplan** für die Verlegung": rechtliche Vorgaben zum Zeitplan sind die Monatsfrist zur Einsichtnahme von Verlegungsplan und -bericht durch Aktionäre und Gläubiger (Art. 8 Abs. 4 SE-VO) sowie die Wartefrist von zwei Monaten von der Offenlegung des Verlegungsplans bis zur Beschlussfassung der Hauptversammlung (Art. 8 Abs. 6 SE-VO). Im Übrigen liegt die Gestaltung des Zeitplans in Händen der SE-Geschäftsleitung.[37]
- „etwaige zum Schutz der **Aktionäre** und/oder der **Gläubiger** vorgesehene Rechte": Das deutsche SE-Ausführungsgesetz regelt ein Austrittsrecht zum Schutz der Minderheitsaktionäre (→ Rn. 44 ff.) und ein Recht auf Sicherheitsleistung zu Gunsten der Gläubiger (→ Rn. 49 ff.).

24 Umstritten ist, ob die Regelung des Art. 8 Abs. 2 S. 2 SE-VO zum Inhalt des Verlegungsplans als **abschließend** zu verstehen ist.[38] Ein Umkehrschluss zu Art. 20 Abs. 2 SE-VO liegt nahe: Dort werden zusätzliche Angaben ausdrücklich zugelassen; das Schweigen in Art. 8 SE-VO könnte also bedeuten, dass hier keine zusätzlichen Angaben möglich sind. Allerdings sind an einer SE-Verschmelzung mehrere Gesellschaften aus verschiedenen Rechtsordnungen beteiligt; ohne ausdrückliche Regelung im europäischen Recht hätte also die Gefahr bestanden, dass sich die jeweils geltenden Anforderungen an den Verlegungsplan widersprechen. Da sich diese Problematik bei der Sitzverlegung nicht stellt, bedeutet das Schweigen des europäischen Rechtstextes nicht zwingend, dass hier zusätzliche Angaben untersagt seien. Zur Klärung der Frage ist von der Funktion des Verlegungsplans auszugehen. Er ist Gegenstand des Hauptversammlungsbeschlusses der SE über die Sitzverlegung. Ein Hauptversammlungsbeschluss in der SE richtet sich jedoch nicht allein nach den ausdrücklich in der SE-Verordnung anzutreffenden Vorschriften, sondern ergänzend auch nach dem Aktienrecht im Sitzstaat der SE. Soweit also das über die Verweisungsnormen der SE-Verordnung anwendbare nationale Aktienrecht zusätzliche Angaben im Verlegungsplan erforderlich macht, sind diese auch zulässig. Art. 8 Abs. 2 S. 2 SE-VO ist insoweit nicht als abschließende Regelung zu verstehen.[39] Für die Praxis bleibt anzumerken, dass zusätzliche Informationen, die nicht auf einer rechtlichen Verpflichtung beruhen, sondern freiwilliger Natur sind, ebenso gut und rechtlich unproblematischer in den – sogleich zu behandelnden – Verlegungsbericht aufgenommen werden können.

25 Eine bestimmte **Form** schreibt Art. 8 SE-VO für den Verlegungsplan nicht vor. In welcher Form das Leitungs- oder Verwaltungsorgan der Gesellschaft den Plan intern aufstellt, ist daher rechtlich nicht vorgegeben.[40] Im weiteren Verlauf des Verlegungsverfahrens ergibt sich allerdings zwangsläufig die Notwendigkeit, den Verlegungsplan gegebenenfalls auch schriftlich vorzulegen. So haben Aktionäre und Gläubiger der Gesellschaft vor der Hauptversammlung, die über die Verlegung beschließen soll, mindestens einen Monat lang das Recht, eine Abschrift des Verlegungsplans zu verlangen (Art. 8 Abs. 4 SE-VO). Weiterhin

---

[37] Zu den dabei zu beachtenden Verfahrensschritten *Zang*, Sitz und Verlegung des Sitzes einer Europäischen Aktiengesellschaft mit Sitz in Deutschland, 2005, 122 ff.
[38] In diesem Sinne Habersack/Drinhausen/*Diekmann* SE-VO Art. 8 Rn. 18; eingehend zur Diskussion *Zang*, Sitz und Verlegung des Sitzes einer Europäischen Aktiengesellschaft mit Sitz in Deutschland, 2005, 125 ff.
[39] So im Ergebnis *Schwarz* SE-VO Art. 8 Rn. 14.
[40] Strenger *Schwarz* SE-VO Art. 8 Rn. 16, der Schriftform verlangt, dies aber insbesondere mit der Notwendigkeit begründet, auf Verlangen Abschriften zu erteilen. Dann muss es auch genügen, die schriftliche Fassung erst anlässlich derartiger Verlangen zu erstellen. Schriftliche Aufstellung verlangen auch Habersack/Drinhausen/*Diekmann* SE-VO Art. 8 Rn. 16; Widmann/Mayer/*Heckschen* Anh. 14 Rn. 417; NK-SE/*Schröder* SE-VO Art. 8 Rn. 30, 36; Kölner Komm AktG/*Veil* SE-VO Art. 8 Rn. 38; *Zang*, Sitz und Verlegung des Sitzes einer Europäischen Aktiengesellschaft mit Sitz in Deutschland, 2005, 116.

sind die nationalen Regeln über die Einberufung der Hauptversammlung zu beachten. Insbesondere muss die Tagesordnung der Hauptversammlung bei der Einberufung in den Gesellschaftsblättern bekannt gemacht werden (§ 124 Abs. 1 S. 1 AktG); dabei ist auch der Wortlaut der vorgeschlagenen Satzungsänderung bekannt zu machen (§ 124 Abs. 2 S. 2 AktG). Die Hauptversammlung selbst ist durch notariell aufgenommene Niederschrift zu beurkunden (§ 130 Abs. 1 S. 1 AktG); die notarielle Form ist auch deshalb geboten, weil der Verlegungsplan die neue Satzung der Gesellschaft enthält (vgl. § 23 Abs. 1 S. 1 AktG).[41]

Der Verlegungsplan ist **offenzulegen.** Hierzu verweist Art. 8 Abs. 2 S. 1 SE-VO auf Art. 13 SE-VO; dieser wiederum beruft das nationale in Umsetzung der Ersten gesellschaftsrechtlichen Richtlinie (inzwischen aufgegangen in der Richtlinie über bestimmte Aspekte des Gesellschaftsrechts) erlassene Recht zur Anwendung. Das in Deutschland auf Aktiengesellschaften anwendbare Recht regelt allerdings die grenzüberschreitende Sitzverlegung bislang nicht (zur Reform → Rn. 1), insoweit ist nach Parallelen im Recht der Umstrukturierungsmaßnahmen zu suchen. Die Bekanntmachung im Rahmen der Einberufung der Hauptversammlung (§ 124 AktG) genügt nicht, denn diese richtet sich ihrem Sinn und Zweck nach an die Aktionäre, während die Offenlegung des Art. 13 SE-VO eine an die Allgemeinheit gerichtete Offenlegung meint. Zudem muss die Offenlegung mindestens zwei Monate vor der Hauptversammlung erfolgen (Art. 8 Abs. 6 SE-VO), während die Einberufung nur einer Frist von einem Monat bedarf (§ 123 Abs. 1 AktG). Eine Parallele bietet die Offenlegung des Verschmelzungsplans, der gemäß § 61 UmwG vor Einberufung der Hauptversammlung zum Handelsregister einzureichen ist. Ebenso ist der Verlegungsplan vor Einberufung der Hauptversammlung zum **Handelsregister** einzureichen.[42] 26

## 2. Verlegungsbericht

Das Leitungs- oder Verwaltungsorgan der SE erstellt einen Bericht, in dem die wesentlichen rechtlichen und wirtschaftlichen Aspekte der Verlegung erläutert und begründet und die Auswirkungen der Verlegung für die Aktionäre, die Gläubiger sowie die Arbeitnehmer im Einzelnen dargelegt werden (Art. 8 Abs. 3 SE-VO). Nähere Angaben zum notwendigen Inhalt des Berichts macht die SE-Verordnung nicht. Zwar bestehen funktional gewisse Parallelen zum Verschmelzungsbericht oder anderen Berichten anlässlich von Restrukturierungsmaßnahmen, wie etwa zu der in § 293a AktG geregelten Berichtspflicht beim Abschluss von Unternehmensverträgen, weshalb man sich an den hierzu entwickelten Anforderungen orientieren kann.[43] Anderseits ist der Verlegungsbericht auch in seiner besonderen Eigenart zu würdigen. Er dient nicht nur der Information der Aktionäre, sondern – wie Art. 8 Abs. 4 SE-VO deutlich macht – auch derjenigen der Gläubiger. Anders 27

---

[41] Entgegen Widmann/Mayer/*Heckschen* Anh. 14 Rn. 417, und auch – für das österreichische Recht – *Kalss*/Hügel/*Kalss* SEG § 6 Rn. 7, muss es aber genügen, den Beschluss notariell zu beurkunden, und nicht bereits den Verlegungsplan. Denn mit der Aufstellung des Verlegungsplans ist die neue Satzung noch nicht festgestellt; es handelt sich lediglich um einen Vorschlag des Leitungs- oder Verwaltungsorgans, der von den Aktionären beschlossen werden muss. Für notarielle Beurkundung des Beschlusses auch *Wenz* in Theisen/*Wenz* EurAG 240. Gegen notarielle Beurkundung des Verlegungsplanes Habersack/Drinhausen/*Diekmann* SE-VO Art. 8 Rn. 16 (mwN), der allerdings ebenso wie hier vertreten, eine notarielle Beurkundung des Verlegungsbeschlusses fordert (Habersack/Drinhausen/*Diekmann* SE-VO Art. 8 Rn. 52).

[42] Widmann/Mayer/*Heckschen* Anh. 14 Rn. 418; Lutter/Hommelhoff/Teichmann SE/*Ringe* SE-VO Art. 8 Rn. 21; *Zang*, Sitz und Verlegung des Sitzes einer Europäischen Aktiengesellschaft mit Sitz in Deutschland, 2005, 131.

[43] *Hunger* in Jannott/Frodermann SE-HdB 9. Kap. Rn. 60; *Zang*, Sitz und Verlegung des Sitzes einer Europäischen Aktiengesellschaft mit Sitz in Deutschland, 2005, 137 ff. zieht insbesondere eine Parallele zum Verschmelzungsbericht. Grundlegend monographisch *Bühler*, Berichtspflichten bei Strukturmaßnahmen von Aktiengesellschaften, 2017.

als der Verschmelzungsbericht (§ 8 Abs. 3 UmwG) wird man daher auf den Verlegungsbericht **nicht verzichten** können, selbst wenn alle Anteilsinhaber dem zustimmen sollten.[44]

28 Auch für den **Inhalt** des Berichts ist eine Anlehnung an die funktional vergleichbaren Berichte über Verschmelzungen oder andere Strukturmaßnahmen denkbar. Andererseits sind die rechtlichen und wirtschaftlichen Änderungen einer Sitzverlegung zumeist weniger gravierend als diejenigen einer Verschmelzung, bei der insbesondere die Unternehmensbewertung einen Schwerpunkt der Berichterstattung bildet. Dafür wirft bei der Sitzverlegung der grenzüberschreitende Charakter der Transaktion besondere Komplikationen auf, über die gegebenenfalls zu berichten ist. Eine Parallele im nationalen Recht findet am ehesten in § 192 UmwG zum **Formwechsel;** auch hier bleibt die Identität des Rechtsträgers erhalten, während das rechtliche Umfeld sich ändert. Ähnlich wie der Formwechsel nach § 190 UmwG lässt die Sitzverlegung der SE zwar die Anteilseignerstruktur unberührt, kann aber zu einer qualitativen Veränderung der aus dem Anteil fließenden Rechtspositionen führen. Denn die aktienrechtliche Harmonisierung in Europa hat bislang die interne Struktur der Gesellschaft und die individuellen Aktionärsrechte weitgehend ausgespart.[45] Auch wenn die Auslegung des Art. 8 SE-VO methodisch eine Frage des europäischen Rechts ist, dürfte es aus praktischen Erwägungen sinnvoll sein, sich in Ermangelung einschlägiger Rechtsprechung des Europäischen Gerichtshofs an der deutschen Rechtspraxis zum Formwechsel zu orientieren. Ausgangspunkt ist dabei die **Funktion** des Berichts, die Aktionäre im Vorfeld der Beschlussfassung in die Lage zu versetzen, sich eine fundierte Meinung über die Sitzverlegung zu bilden und über diese in Kenntnis aller entscheidungsrelevanten Umstände abzustimmen.[46]

29 Hinsichtlich der **rechtlichen Aspekte** der Sitzverlegung sind die wesentlichen Verfahrensschritte zu erläutern; dabei sollte deutlich gemacht werden, dass die Sitzverlegung nicht mit einer Auflösung der Gesellschaft verbunden ist. Der Erläuterung bedarf auch die künftige Organstruktur der SE. Die SE kann zwar europaweit sowohl das dualistische als auch das monistische Leitungsmodell wählen (Art. 38 SE-VO) und das einmal gewählte Modell folglich auch nach einer Sitzverlegung beibehalten. Da die SE-Verordnung jedoch dem nationalen Gesetzgeber bei der Ausgestaltung der Leitungssysteme einen gewissen Regelungsfreiraum gewährt, sind von Land zu Land zumindest geringfügige Abweichungen nicht auszuschließen.

30 Zu den **wirtschaftlichen Aspekten** gehören die Gründe, die für eine Sitzverlegung sprechen, sowie die damit verbundenen wirtschaftlichen Vor- und Nachteile.

31 Zu erläutern ist weiterhin die Rechtsposition der **Aktionäre** nach dem Aktienrecht im Zuzugsstaat, soweit dieses über Art. 9 SE-VO oder andere Verweisungsnormen auf die SE Anwendung findet.[47] Dabei ist namentlich an die Rechte von Minderheitsaktionären zu denken, die sich durch die Sitzverlegung verändern können.[48] Sie benötigen Informatio-

---

[44] BeckOGK/*Casper,* 1.6.2021, SE-VO Art. 8 Rn. 11; Habersack/Drinhausen/*Diekmann* SE-VO Art. 8 Rn. 32; Widmann/Mayer/*Heckschen* Anh. 14 Rn. 422; *Hunger* in Jannott/Frodermann SE-HdB 9. Kap. Rn. 78; Kölner Komm AktG/*Veil* SE-VO Art. 8 Rn. 45; *Zang,* Sitz und Verlegung des Sitzes einer Europäischen Aktiengesellschaft mit Sitz in Deutschland, 2005, 149. Die Gegenauffassung vertritt MüKoAktG/*Oechsler* SE-VO Art. 8 Rn. 22, allerdings ohne auf das Informationsinteresse der Gläubiger einzugehen.
[45] Siehe zu den rechtlichen Unterschieden im Innenrecht der Aktiengesellschaft beispielhaft die rechtsvergleichende Arbeit von *Grechenig,* Spanisches Aktien- und GmbH-Recht – Das einstufige Verwaltungssystem in Beziehung zur Hauptversammlung und zu Gesellschafterrechten, 2005.
[46] Wie hier Habersack/Drinhausen/*Diekmann* SE-VO Art. 8 Rn. 33, *Hunger* in Jannott/Frodermann SE-HdB 9. Kap. Rn. 62, sowie zu den inhaltlichen Aspekten des Berichts *Hunger* in Jannott/Frodermann SE-HdB 9. Kap. Rn. 67 ff.; auch *Zang,* Sitz und Verlegung des Sitzes einer Europäischen Aktiengesellschaft mit Sitz in Deutschland, 2005, 138 f. stellt auf die Funktion ab, die Aktionäre in der Weise über die geplante Maßnahme zu unterrichten, dass sie in Kenntnis aller wesentlichen Umstände ihre Stimme in der Hauptversammlung abgeben können.
[47] Habersack/Drinhausen/*Diekmann* SE-VO Art. 8 Rn. 33.
[48] Gefordert ist also keine umfassende Darstellung des ausländischen Gesellschaftsrechts, sondern eine Darstellung der Rechtspositionen, bei denen bedeutsame Änderungen eintreten (*Brandt* NZG 2002, 991 (994); MüKoAktG/*Oechsler* SE-VO Art. 8 Rn. 22).

nen über ihre künftige Rechtsstellung, um über die Verlegung abstimmen und sich gegebenenfalls für das Austrittsrecht (→ Rn. 44 ff.) entscheiden zu können.

Bezüglich der **Gläubiger** ist insbesondere auf den gemäß Art. 8 Abs. 16 SE-VO fortbestehenden Gerichtsstand und auf den eventuell gegebenen Anspruch auf Sicherheitsleistung (→ Rn. 49 ff.) hinzuweisen. Das auf die einzelnen Vertragsbeziehungen anwendbare Recht wird sich hingegen durch die Sitzverlegung zumeist nicht ändern. 32

Bei den Folgen der Sitzverlegung für die **Arbeitnehmer** ist zwischen den individualvertraglichen und den kollektivarbeitsrechtlichen Aspekten zu unterscheiden. Der individuelle Arbeitsvertrag ändert sich durch die Sitzverlegung grundsätzlich nicht; denkbar ist allerdings, dass der Arbeitgeber anlässlich der Sitzverlegung von vertraglichen Versetzungsrechten Gebrauch machen will, wie sie sich in Arbeitsverträgen von Führungskräften nicht selten finden. Auf der kollektivarbeitsrechtlichen Ebene bleibt es bei der Einrichtung eines SE-Betriebsrats. Allerdings wechselt durch die Sitzverlegung die hierauf anwendbare Begleitgesetzgebung (für Deutschland: SE-Beteiligungsgesetz). Im Verlegungsbericht ist zu erläutern, ob und inwieweit sich die Rechtsposition des SE-Betriebsrats hierdurch ändert. Sollte eine Form der unternehmerischen Mitbestimmung bestehen, bleibt diese grundsätzlich erhalten (→ Rn. 17 ff.); auch über die damit verbundenen Aspekte ist im Bericht Auskunft zu geben. 33

Eine bestimmte **Form** schreibt die SE-Verordnung für den Verlegungsbericht nicht vor. Soweit die Informationsfunktion gewährleistet bleibt, wird man daher nicht zwingend die Vorlage eines schriftlichen Berichts fordern müssen.[49] Andererseits lassen sich die weiteren mit dem Verfahren verbundenen Anforderungen in praktischer Hinsicht nur durch die Vorlage schriftlicher Dokumente erfüllen. So müssen Verlegungsplan und -bericht nach Art. 13 SE-VO offengelegt und nach Art. 8 Abs. 4 SE-VO den Aktionären und Gläubigern zur Einsichtnahme bereitgestellt werden, denen darüber hinaus ausdrücklich das Recht zusteht, die Aushändigung von „**Abschriften** dieser Unterlagen" zu verlangen.[50] Denkbar erscheint zwar auch die Bereitstellung der Informationen auf elektronischem Wege, etwa indem Aktionären oder Gläubigern das Übersenden der Texte in einer Datei angeboten wird. Verlangt ein Aktionär oder Gläubiger jedoch ausdrücklich eine Abschrift, muss die Gesellschaft dem nachkommen. Hingegen ist eine Unterzeichnung des Verlegungsberichts durch alle Mitglieder des Leitungs- oder Verwaltungsorgans gemäß der parallel gelagerten Rechtsprechung zu § 8 UmwG nicht erforderlich.[51] 34

### 3. Verlegungsbeschluss

Die Hauptversammlung der SE hat über die Sitzverlegung auf Basis des Verlegungsplans **Beschluss** zu fassen. Art. 8 Abs. 4 SE-VO setzt dies voraus, wenn er regelt, dass die Aktionäre „vor der Hauptversammlung, die über die Verlegung befinden soll, mindestens einen Monat lang das Recht haben, am Sitz der SE den Verlegungsplan und den Verlegungsbericht einzusehen oder Abschriften zu verlangen"; weiterhin ordnet Art. 8 Abs. 6 SE-VO an, dass der Verlegungsbeschluss erst zwei Monate nach Offenlegung des Verlegungsplans gefasst werden kann. 35

---

[49] Enger *Hunger* in Jannott/Frodermann SE-HdB 9. Kap. Rn. 64; Kölner Komm AktG/*Veil* SE-VO Art. 8 Rn. 45; *Zang*, Sitz und Verlegung des Sitzes einer Europäischen Aktiengesellschaft mit Sitz in Deutschland, 2005, 135: Bericht muss schriftlich sein.
[50] Ebenso legen die französische und englische Fassung („copies de ces documents" und „copies of those documents") die Interpretation nahe, dass auch die Ursprungstexte schriftlich vorliegen müssen.
[51] KG Berlin ZIP 2005, 167 f.; anders die Vorinstanz LG Berlin ZIP 2003, 2027 ff., wonach ein Verschmelzungsbericht, der nicht von allen Vorstandsmitgliedern unterzeichnet ist, unwirksam sein soll. Nach Auffassung von *Hunger* in Jannott/Frodermann SE-HdB 9. Kap. Rn. 66, „sollte" der Bericht von allen Mitgliedern des Leitungs- bzw. Verwaltungsorgans unterzeichnet werden. Auch *Zang*, Sitz und Verlegung des Sitzes einer Europäischen Aktiengesellschaft mit Sitz in Deutschland, 2005, 136, fordert Unterzeichnung durch alle Mitglieder des Leitungs- oder Verwaltungsorgans.

36  Organisation und Ablauf der Hauptversammlung richten sich weitgehend nach nationalem Aktienrecht.[52] Für die **Mehrheit** gilt Art. 59 SE-VO (vgl. auch Art. 8 Abs. 6 S. 2 SE-VO). Eine Satzungsänderung, um die es sich bei der Sitzverlegung handelt, bedarf demnach einer Mehrheit von nicht weniger als zwei Dritteln der abgegebenen Stimmen, sofern die Rechtsvorschriften des Sitzstaates keine größere Mehrheit vorsehen oder zulassen. Für SE mit Sitz in Deutschland ist § 179 Abs. 2 AktG zu beachten. Dieser verlangt für Satzungsänderungen eine Mehrheit von mindestens drei Viertel des bei der Beschlussfassung vertretenen Grundkapitals. Das deutsche Recht modifiziert nicht die Stimmenmehrheit, sondern stellt mit der **Kapitalmehrheit** eine zusätzliche Hürde auf. Art. 59 SE-VO lässt indessen keinen Raum für zusätzliche Erfordernisse, sondern nur für eine höhere Stimmenmehrheit.[53] Fraglich ist, ob Regelungen des deutschen Rechts über die Kapitalmehrheit einer SE-spezifischen Auslegung zugänglich sind, bei welcher sie im Sinne einer **Stimmenmehrheit** gelesen werden.[54] Ausgangspunkt ist die bindende Vorgabe der SE-Verordnung, die nur eine Erhöhung der Stimmenmehrheit zulässt. Diese europäische Vorgabe ist einer national geprägten Auslegung nicht zugänglich. Auslegungsfähig ist aber das nationale Recht. Da im deutschen Aktienrecht Mehrstimmrechte unzulässig sind (§ 12 Abs. 2 AktG), lässt sich zwar aus Regelungen wie § 179 Abs. 2 AktG, die eine Kapitalmehrheit vorschreiben, der grundsätzliche Wille des Gesetzgebers ablesen, dass eine entsprechende Zahl der anwesenden stimmberechtigen Aktionäre dem Beschluss zustimmen soll. Es gibt aber auch Ausnahmen, in denen eine Kapitalmehrheit nicht mit einer Stimmenmehrheit in gleicher Höhe identisch ist. Daher begegnet es Bedenken, § 179 Abs. 2 AktG so zu interpretieren, dass er generell eine höhere Stimmenmehrheit vorsieht als Art. 59 SE-VO. Es sprechen die besseren Gründe dafür, in der Kapitalmehrheit ein *aliud* gegenüber der Stimmenmehrheit zu sehen; wenn man dem folgt, bleibt es bei der **Zwei-Drittel-Mehrheit** des Art. 59 SE-VO.[55] Für eine **Drei-Viertel-Mehrheit** spricht allerdings der Umstand, dass mit der SE-Sitzverlegung eine Satzungsänderung einhergeht.[56] Für die Praxis empfiehlt es sich angesichts der unklaren Rechtslage, den Verlegungsbeschluss nach Möglichkeit nicht nur mit der Mehrheit von zwei Dritteln der abgegebenen Stimmen, sondern zugleich mit der von § 179 Abs. 2 AktG geforderten Kapitalmehrheit von drei Vierteln zu fassen.

### 4. Rechtmäßigkeitskontrolle

#### a) Wegzugsstaat

37  Im Wegzugsstaat stellt die zuständige Behörde eine **Bescheinigung** aus, aus der zweifelsfrei hervorgehen muss, dass die der Verlegung vorangehenden Rechtshandlungen und Formalitäten durchgeführt wurden (Art. 8 Abs. 8 SE-VO). Für die Ausstellung der Bescheinigung ist bei einer SE mit Sitz in Deutschland das Amtsgericht als **Registergericht**

---

[52] Dies folgt aus der Verweisung des Art. 53; vgl. → § 14 Rn. 1 ff. über die Hauptversammlung.
[53] *Schwarz* SE-VO Art. 57 Rn. 9.
[54] In diesem Sinne *Brandt,* Die Hauptversammlung der Europäischen Aktiengesellschaft (SE), 2004, 250, und ihm folgend *Schwarz* SE-VO Art. 57 Rn. 10. Beide fordern eine Mehrheit von drei Vierteln des bei der Beschlussfassung vertretenen Grundkapitals; auch Widmann/Mayer/*Heckschen* Anh. 14 Rn. 431, Kölner Komm AktG/*Veil* SE-VO Art. 8 Rn. 57 verlangen Drei-Viertel-Mehrheit, allerdings ohne das hier angesprochene Problem zu diskutieren. *Zang,* Sitz und Verlegung des Sitzes einer Europäischen Aktiengesellschaft mit Sitz in Deutschland, 2005, 184 schlägt eine kumulative Lösung vor, nach welcher immer beide Mehrheitsregeln erfüllt sein müssen.
[55] So → § 13 Rn. 68.
[56] BeckOGK/*Casper,* 1.6.2021, SE-VO Art. 8 Rn. 12; Habersack/Drinhausen/*Diekmann* SE-VO Art. 8 Rn. 46; Lutter/Hommelhoff/Teichmann SE/*Ringe* SE-VO Art. 8 Rn. 39; Kölner Komm AktG/*Veil* SE-VO Art. 8 Rn. 57.

zuständig (§ 4 S. 1 SEAG).[57] Die Bescheinigung ist Voraussetzung der Eintragung im Zuzugsstaat, dient somit einer Abschichtung der Rechtmäßigkeitskontrolle hinsichtlich der Rechtshandlungen und Formalitäten, für deren Überprüfung die Behörden des Wegzugsstaats naturgemäß über die größere Kompetenz verfügen.[58]

Dieser Funktion gemäß muss sich das Registergericht vor Ausstellung der Bescheinigung Gewissheit darüber verschaffen, dass keine Verfahrensfehler aufgetreten sind.[59] § 14 SEAG verlangt aus diesem Grund die aus dem deutschen Verschmelzungsrecht (§ 16 Abs. 2 UmwG) bekannte **Negativerklärung** der Vertretungsorgane der SE, dass eine Klage gegen die Wirksamkeit des Verlegungsbeschlusses nicht oder nicht fristgemäß erhoben oder eine Klage rechtskräftig abgewiesen oder zurückgenommen sei. Diese Regelung entspricht derjenigen in § 16 Abs. 2 UmwG. Das Freigabeverfahren des § 16 Abs. 3 UmwG hat der Gesetzgeber hingegen nicht in den § 14 SEAG aufgenommen. Für eine analoge Anwendung dürfte kein Raum sein, da eine Sitzverlegung nicht in derselben Weise auf eine zügige Abwicklung drängt wie eine Verschmelzung.[60]

Weiterhin muss vor Ausstellung der Bescheinigung der Nachweis erbracht sein, dass die Schutzrechte der **Gläubiger** und **Minderheitsaktionäre** beachtet wurden (Art. 8 Abs. 7 SE-VO). Hinsichtlich der Gläubiger ist vom Vertretungsorgan der SE eine Erklärung darüber abzugeben, dass allen Gläubigern, die einen Anspruch auf Sicherheitsleistung geltend machen konnten (→ Rn. 49 ff.), angemessene Sicherheit geleistet wurde (§ 13 Abs. 3 SEAG). Der spezifische Schutz der Minderheitsaktionäre (→ Rn. 44 ff.) vollzieht sich im Spruchverfahren, hindert also die Ausstellung der Bescheinigung nicht.

Beantragt die SE die Ausstellung der Rechtmäßigkeitsbescheinigung des Art. 8 Abs. 8 SE-VO, sind demnach folgende **Unterlagen** zum Handelsregister einzureichen:[61] Verlegungsplan, Niederschrift des Verlegungsbeschlusses, Sitzverlegungsbericht, Versicherung zur Leistung von Sicherheiten an Gläubiger, Negativerklärung betreffend eventuelle Anfechtungsklagen. Das Registergericht stellt daraufhin zunächst die Bescheinigung nach Art. 8 Abs. 8 SE-VO aus. Die Eintragung der Sitzverlegung im Register des Wegzugsstaates und damit die **Löschung** der dort registrierten SE darf erst erfolgen, nachdem das Register des Zuzugsstaates die Sitzverlegung eingetragen hat (Art. 8 Abs. 11 SE-VO).

### b) Zuzugsstaat

Die zuständige Behörde im Zuzugsstaat darf die Sitzverlegung erst eintragen, nachdem die von Art. 8 Abs. 8 SE-VO vorgesehene Bescheinigung des Wegzugsstaates vorgelegt wurde (Art. 8 Abs. 9 SE-VO). Zusätzlich prüft sie die Erfüllung der Formalitäten, die nach dem neuen Sitzstaatsrecht erforderlich sind.[62] Dazu gehört die Rechtmäßigkeitsprüfung der **Satzung**, die wegen der zahlreichen Verweisungen des SE-Statuts auf das nationale Aktienrecht zumeist einer Anpassung an das Recht des Zuzugsstaats bedarf.[63] Bei Sitzverlegung einer SE nach Deutschland müsste beispielsweise darauf geachtet werden, dass jedenfalls die neue Satzung notarieller Beurkundung bedarf. Hier stellt sich die Frage, ob Beurkundung durch einen Notar im bisherigen Sitzstaat der SE ausreicht. Dies wird man bejahen müssen; denn gerade die Sitzverlegung erweist den supranationalen Charakter der SE und

---

[57] Habersack/Drinhausen/*Diekmann* SE-VO Art. 8 Rn. 77; Lutter/Hommelhoff/Teichmann SE/*Ringe* SE-VO Art. 8 Rn. 56; *Schwarz* SE-VO Art. 8 Rn. 46; *Hermanns* DNotZ 2016, 297 (304); Kölner Komm AktG/*Veil* SE-VO Art. 8 Rn. 84.
[58] Vgl. hierzu auch *Zang*, Sitz und Verlegung des Sitzes einer Europäischen Aktiengesellschaft mit Sitz in Deutschland, 2005, 217 ff.
[59] Näher Habersack/Drinhausen/*Diekmann* SE-VO Art. 8 Rn. 81 ff.; *Schwarz* SE-VO Art. 8 Rn. 45; *Zang*, Sitz und Verlegung des Sitzes einer Europäischen Aktiengesellschaft mit Sitz in Deutschland, 2005, 221 ff.
[60] Ebenso Kölner Komm AktG/*Veil* SE-VO Art. 8 Rn. 63. Für eine analoge Anwendung des § 16 Abs. 3 UmwG hingegen Habersack/Drinhausen/*Diekmann* SE-VO Art. 8 Rn. 59; MüKoAktG/*Oechsler/Mihajlova* SE-VO Art. 8 Rn. 48.
[61] Widmann/Mayer/*Heckschen* Anh. 14 Rn. 440.
[62] Habersack/Drinhausen/*Diekmann* SE-VO Art. 8 Rn. 88 ff.
[63] Habersack/Drinhausen/*Diekmann* SE-VO Art. 8 Rn. 94.

fordert eine europarechtskonforme Interpretation des nationalen Formerfordernisses, bei welcher an das Gleichwertigkeitserfordernis geringe Anforderungen gestellt werden müssen.[64]

42 Die Rechtmäßigkeitsprüfung erstreckt sich – entgegen einer in der Literatur vertretenen Auffassung[65] – nicht auf die allgemeinen aktienrechtlichen Gründungsvorschriften; denn die Sitzverlegung vollzieht sich unter Wahrung der Identität des Rechtsträgers, lässt sich also keinesfalls einer Neugründung gleichstellen.[66] Auch die Regeln über die Kapitalaufbringung sind wegen des identitätswahrenden Charakters der Sitzverlegung nicht anwendbar.[67] Art. 5 SE-VO verweist zwar für das Kapital auf das nationale Aktienrecht im Sitzstaat. Dies stützt sich allerdings wie manch andere Verweisung auf die Prämisse, dass die hierfür geltenden Rechtsregeln europaweit harmonisiert sind.[68] Dem entsprechend ist, wenngleich das deutsche Recht insoweit vielfach strenger verfährt als andere Rechtsordnungen, jedenfalls für die supranationale Rechtsform SE von einer Gleichwertigkeit der nationalen Regeln über Kapitalaufbringung und Kapitalschutz auszugehen. Beispielsweise widerspräche es dem Charakter der SE als europäischer Rechtsform, die Kapitalaufbringung einer in Frankreich gegründeten SE im Nachhinein anlässlich einer Sitzverlegung nach Deutschland am Maßstab der deutschen Regelungen (und Rechtsprechung) über die Sacheinlage messen zu wollen.

### 5. Eintragung im neuen Sitzstaat

43 Die Sitzverlegung wird mit der Eintragung im Register des neuen Sitzes wirksam (Art. 8 Abs. 10 SE-VO). Das Register des früheren Sitzes löscht die SE erst nach Eingang der Eintragungsmitteilung vom Register des neuen Sitzes (Art. 8 Abs. 11 SE-VO). Eintragung und Löschung sind offenzulegen (Art. 8 Abs. 12 SE-VO). Mit der Offenlegung der Eintragung des neuen Sitzes erlangt die Sitzverlegung auch gegenüber Dritten **Wirksamkeit;** diese können sich allerdings noch auf ihre Unkenntnis von der Sitzverlegung berufen, solange die Löschung des früheren Sitzes nicht offengelegt worden ist (Art. 8 Abs. 13 SE-VO).

## D. Schutz widersprechender Minderheitsaktionäre

44 Aktionären, die gegen den Verlegungsbeschluss Widerspruch zur Niederschrift erklären, muss die SE den Erwerb ihrer Aktien gegen eine angemessene **Barabfindung** anbieten (§ 12 SEAG). Das entsprechende Angebot ist bereits in den Verlegungsplan aufzunehmen (vgl. Art. 8 Abs. 2 S. 2 lit. e SE-VO sowie § 12 Abs. 1 S. 3 SEAG). Hintergrund dieses Schutzes ist der Wechsel des subsidiär anwendbaren Rechts, auf Grund dessen die Sitzverlegung einem Formwechsel zumindest materiell sehr nahe kommt.[69]

---

[64] So *Schwarz* SE-VO Art. 6 Rn. 17, mit dem einleuchtenden Hinweis, dass der Einwand der mangelnden Kenntnis des inländischen Rechts bei der notariellen Beurkundung von Rechtsakten einer SE als europäischer Rechtsform weniger stark ins Gewicht falle. Hingegen fordert Widmann/Mayer/*Heckschen* Anh. 14 Rn. 202 ff. auch für die SE eine strenge Handhabung des Gleichwertigkeitserfordernisses.
[65] *Wenz* in Theisen/*Wenz* EurAG 259; *Zang*, Sitz und Verlegung des Sitzes einer Europäischen Aktiengesellschaft mit Sitz in Deutschland, 2005, 236.
[66] So zu Recht BeckOGK/*Casper*, 1.6.2021, SE-VO Art. 8 Rn. 20; Habersack/Drinhausen/*Diekmann* SE-VO Art. 8 Rn. 97; MüKoAktG/*Oechsler* SE-VO Art. 8 Rn. 62; Lutter/Hommelhoff/Teichmann SE/*Ringe* SE-VO Art. 8 Rn. 70; *Schwarz* SE-VO Art. 8 Rn. 51.
[67] Habersack/Drinhausen/*Diekmann* SE-VO Art. 8 Rn. 98; *Schwarz* SE-VO Art. 8 Rn. 56; aA Lutter/Hommelhoff/Teichmann SE/*Ringe* SE-VO Art. 8 Rn. 77.
[68] Vgl. Erwägungsgrund 9 SE-VO; weiterhin *Schwarz* SE-VO Art. 5 Rn. 1.
[69] Habersack/Drinhausen/*Diekmann* SE-VO Art. 8 Rn. 39; Lutter/Hommelhoff/Teichmann SE/*Ringe* SE-VO Art. 8 Rn. 33. Siehe dazu → Rn. 16; zum Sinn und Zweck des Abfindungsangebots bei Sitzverlegung

Der Verlegungsbeschluss kann nicht mit der Begründung angefochten werden, die Barabfindung sei zu niedrig bemessen oder nicht ordnungsgemäß angeboten worden (§ 12 Abs. 2 SEAG iVm § 7 Abs. 5 SEAG). Stattdessen wird die gerichtliche Auseinandersetzung über die Barabfindung in das **Spruchverfahren** verwiesen, welches dem Vollzug der Sitzverlegung nicht entgegensteht (§ 12 Abs. 2 SEAG iVm § 7 Abs. 7 SEAG).[70] Die Einzelheiten der Geltendmachung und Ermittlung der Barabfindung entsprechen der Regelung über die Verschmelzung, weshalb auf die entsprechenden Ausführungen im Abschnitt über die Verschmelzung (→ § 5 Rn. 83 ff.) verwiesen sei. 45

Die Sitzverlegung weist allerdings gegenüber der Verschmelzung eine Besonderheit auf: Art. 8 SE-VO schreibt ausdrücklich vor, dass der **Verlegungsplan** über etwaige zum Schutz der Aktionäre vorgesehene Rechte Auskunft geben muss (Art. 8 Abs. 2 S. 2 lit. e SE-VO). Sollte diese Angabe völlig fehlen, kann das nicht ohne jede Sanktion bleiben.[71] Zwar hat der deutsche Gesetzgeber in § 210 UmwG Anfechtungsklagen gegen den Verschmelzungsbeschluss auch für den Fall ausgeschlossen, in dem eine Barabfindung überhaupt nicht angeboten worden ist,[72] und § 7 Abs. 5 SEAG hat dies für die Verschmelzung zur SE übernommen. Weiterhin richten sich die Folgen eines Beschlussmangels in der SE-Hauptversammlung kraft der Verweisung des Art. 53 SE-VO nach dem nationalen Aktienrecht. Indessen ist – anders als in Art. 20 SE-VO zum Verschmelzungsplan – für den Sitzverlegungsplan die Information der Aktionäre ausdrücklich in der SE-Verordnung vorgeschrieben. Diese im europäischen Recht wurzelnde Informationspflicht darf das nationale Recht nicht gänzlich ignorieren, will es dem europäischen Recht nicht jede Wirksamkeit versagen. Der Verweis des § 12 Abs. 2 SEAG auf § 7 Abs. 5 SEAG ist daher in der Weise einschränkend auszulegen, dass bei einem gänzlichen Fehlen der von Art. 8 Abs. 2 S. 2 lit. e SE-VO vorgeschriebenen Aktionärsinformation die Anfechtungsklage eröffnet ist.[73] 46

## E. Gläubigerschutz

Der Gläubigerschutz bei Sitzverlegung einer SE setzt sich aus verschiedenen Regelungen der SE-Verordnung und des SEAG zusammen: Art. 8 Abs. 16 SE-VO lässt den Gerichtsstand im Wegzugsstaat fortbestehen (→ Rn. 48); § 13 SEAG gewährt Gläubigern, deren Forderung durch die Sitzverlegung gefährdet ist, einen Anspruch auf Sicherheitsleistung (→ Rn. 49 ff.). 47

### I. Gerichtsstand

Allgemeiner Gerichtsstand einer Handelsgesellschaft ist nach der Europäischen Brüssel Ia-Verordnung (Verordnung (EU) 2015/2012) sowohl der Registersitz als auch der Sitz der Hauptverwaltung.[74] Nach Abschluss der Sitzverlegung – also der Verlegung des Satzungssitzes und der Hauptverwaltung – hat die SE ihren allgemeinen Gerichtsstand einheitlich 48

---

und der darüber geführten Diskussion vor Inkrafttreten des SEAG Teichmann in Theisen/Wenz EurAG 721 f.
[70] Zur Frage der Zuständigkeit der deutschen Spruchstelle MüKoAktG/*Oechsler* SE-VO Art. 8 Rn. 75; Kölner Komm AktG/*Veil* SE-VO Art. 8 Rn. 110.
[71] So zu Recht MüKoAktG/*Oechsler* SE-VO Art. 8 Rn. 19.
[72] Der BGH wendet die Vorschrift auch in diesem Sinne an (BGHZ 146, 179 (183 ff.); dort auch zur rechtspolitischen Problematik der sanktionslos bleibenden Informationsverletzung).
[73] Ebenso Habersack/Drinhausen/*Diekmann* SE-VO Art. 8 Rn. 56.
[74] Art. 63 Abs. 1 Brüssel Ia-VO: „Gesellschaften und juristische Personen haben für die Anwendung dieser Verordnung ihren Wohnsitz an dem Ort, an dem sich a) ihr satzungsmäßiger Sitz, b) ihre Hauptverwaltung oder c) ihre Hauptniederlassung befindet." Der Wohnsitz wiederum entscheidet gemäß Art. 4 Brüssel Ia-VO über den allgemeinen Gerichtsstand. Vgl. außerdem die besonderen Gerichtsstände in den Art. 11, 14, 18 und 21 Brüssel Ia-VO.

im Zuzugsstaat.[75] Im Falle der Sitzverlegung fingiert **Art. 8 Abs. 16 SE-VO** für bereits bestehende Forderungen, dass der Satzungssitz weiterhin im Wegzugsstaat besteht; die SE kann also dort noch verklagt werden. Geschützt werden dadurch Gläubiger, deren Forderung vor Eintragung der SE im Zuzugsstaat entstanden ist.[76] Soweit sich im Wegzugsstaat noch Betriebe oder Zweigniederlassungen der SE befinden, kann sie auf Basis von Art. 7 Nr. 5 Brüssel Ia-VO auch am Ort des Betriebs bzw. der Zweigniederlassung verklagt werden.

## II. Sicherheitsleistung

49  Gemäß **§ 13 SEAG** können Gläubiger, die glaubhaft machen, dass durch die Sitzverlegung die Erfüllung ihrer Forderung gefährdet wird, **binnen zwei Monaten** nach dem Tag, an dem der Verlegungsplan offen gelegt worden ist, Sicherheitsleistung verlangen. Die Vorschrift ist § 22 UmwG nachgebildet, der im Falle der Verschmelzung einen Anspruch auf Sicherheitsleistung gewährt, der binnen sechs Monaten nach Eintragung der Verschmelzung geltend zu machen ist. Im Unterschied dazu regelt § 13 SEAG ein der Strukturmaßnahme vorgeschaltetes Verfahren; denn ein nach der Sitzverlegung greifender Schutz könnte gerade in denjenigen Fällen, in denen durch die Sitzverlegung die Erfüllung der Forderung gefährdet wird, keine Wirksamkeit entfalten.[77]

50  Erste tatbestandliche Voraussetzung für den Anspruch auf Sicherheitsleistung ist die Verlegung des Sitzes nach Maßgabe von Art. 8 SE-VO, zweite die Glaubhaftmachung einer Gefährdung der Forderung. Nach der Konzeption des Gesetzes folgt aus der Sitzverlegung nicht automatisch eine Gefährdung; denn dann hätte das SEAG jedem Gläubiger einen Anspruch auf Sicherheitsleistung einräumen müssen. Der jeweilige Gläubiger muss also für eine **Erfüllungsgefährdung** iSd. § 13 SEAG zusätzliche Anhaltspunkte ins Feld führen.[78] Denkbar sind Vermögensverlagerungen größeren Ausmaßes oder auch eine besondere Erschwerung der Rechtsdurchsetzung im Ausland; dies kommt auch innerhalb der Europäischen Union immer wieder einmal vor.[79]

51  Die nach Art. 8 Abs. 8 SE-VO zu erstellende **Rechtmäßigkeitsbescheinigung** hängt davon ab, dass die Anforderungen zum Gläubigerschutz eingehalten worden sind. Art. 8 Abs. 7 SE-VO regelt ausdrücklich, dass die zuständige Behörde die Bescheinigung erst ausstellt, nachdem die SE den Nachweis erbracht hat, dass die Interessen der Gläubiger und sonstigen Forderungsberechtigten in Bezug auf alle vor der Offenlegung des Verlegungsplans entstandenen Verbindlichkeiten im Einklang mit den Anforderungen des Wegzugsstaats angemessen geschützt sind.

52  In der rechtspolitischen Diskussion hat dies die Befürchtung geweckt, einzelne Gläubiger könnten ihren Anspruch auf Sicherheitsleistung – ähnlich wie „räuberische" Aktionäre ihr Anfechtungsrecht – instrumentalisieren, um die Sitzverlegung zu blockieren und die Gesellschaft damit unter Druck zu setzen.[80] Indessen lässt sich das Behinderungspotential eines einzelnen Gläubigers nicht mit demjenigen eines Aktionärs vergleichen. Denn anders als die Anfechtungsklage kann der Anspruch des Gläubigers durch Sicherheitsleistung abgewendet werden. Ein Gläubiger mit geringen Forderungen kann auch nur eine Sicherheitsleistung in entsprechend geringer Höhe verlangen, der Gesellschaft also nicht wirklich

---

[75] Habersack/Drinhausen/*Diekmann* SE-VO Art. 8 Rn. 120; *Schwarz* SE-VO Art. 8 Rn. 68; *Zang*, Sitz und Verlegung des Sitzes einer Europäischen Aktiengesellschaft mit Sitz in Deutschland, 2005, 250 f.
[76] Habersack/Drinhausen/*Diekmann* SE-VO Art. 8 Rn. 122; *Zang*, Sitz und Verlegung des Sitzes einer Europäischen Aktiengesellschaft mit Sitz in Deutschland, 2005, 252: Entstehungsgrund muss gelegt sein.
[77] Dazu bereits *Teichmann* ZGR 2002, 383 (460 ff.).
[78] Habersack/Drinhausen/*Diekmann* SE-VO Art. 8 Rn. 67 ff.
[79] Vgl. hierzu BeckOGK/*Casper*, 1.6.2021, SE-VO Art. 8 Rn. 15; *Schindler/Teichmann* in Theisen/Wenz EurAG 772 ff.
[80] Vgl. Habersack/Drinhausen/*Diekmann* SE-VO Art. 8 Rn. 82; *Brandt* DStR 2003, 1208 (1214); zur Diskussion auch *Teichmann* in Theisen/Wenz EurAG 725.

im Wege stehen. Wenn hingegen ein bedeutender Gläubiger glaubhaft machen kann, dass durch die Sitzverlegung seine Forderungen gefährdet werden, bedarf er auch des Schutzes.

Von anderer Seite wiederum wird der Schutz des § 13 SEAG als nicht weitgehend genug empfunden, weil die Gläubiger eine konkrete Gefährdung geltend machen müssen, die Sitzverlegung aber regelmäßig als **abstrakte Gefährdung** anzusehen sei.[81] Zur Unterstützung dieses Arguments wird insbesondere darauf verwiesen, dass Art. 8 Abs. 7 SE-VO einen angemessenen Schutz in Bezug auf „alle" vor der Offenlegung des Verlegungsplans entstandenen Verbindlichkeiten verlangt.[82] Andererseits muss dies nicht zwingend bedeuten, dass auch tatsächlich alle Verbindlichkeiten zu besichern wären. Es genügt, wie in § 13 Abs. 1 SEAG vorgesehen, dass alle Gläubiger dieselbe Möglichkeit haben, eine eventuelle Gefährdung ihrer Forderung geltend zu machen. Denn es lässt sich kaum generell behaupten, dass alle Gläubiger einer Gesellschaft in jedem Fall einer Sitzverlegung in gleicher Weise gefährdet seien. Die maßgeblichen materiellen Werte eines Unternehmens finden sich zumeist nicht in der Hauptverwaltung, sondern in den Produktionsstätten, die bei einer Verlegung des Satzungssitzes typischerweise nicht den Standort wechseln. Vom konkreten Nachweis einer Gefährdung sollte man daher im Lichte der vielfältigen Sitzverlegungs-Konstellationen und im Interesse der verlegungswilligen Gesellschaft nicht absehen. Die Möglichkeit hierzu steht allen Gläubigern offen, insoweit ist den Anforderungen des Art. 8 Abs. 7 SE-VO Genüge getan.

Teilweise wird aber auch eingewandt, schon die existierende Regelung der Sicherheitsleistung verstoße gegen die gemeinschaftsrechtliche **Niederlassungsfreiheit,** weil sie den Wegzug in unverhältnismäßiger Weise behindere.[83] Dagegen spricht bereits der Umstand, dass die kürzlich verabschiedete Mobilitätsrichtlinie (vgl. → Rn. 1) gleichfalls einen solchen Gläubigerschutz vorsieht (Art. 86j GesR-RL). Durch die *Kornhaas*-Entscheidung des Europäischen Gerichtshofes ist außerdem deutlich geworden, dass mitgliedstaatliche Maßnahmen zum konkreten Gläubigerschutz durchaus mit der Niederlassungsfreiheit zu vereinbaren sind.[84]

## F. Fortbestand öffentlich-rechtlicher Genehmigungen

Die SE-Verordnung enthält keine Anhaltspunkte dazu, inwieweit öffentlich-rechtliche Genehmigungen, welche die SE im Wegzugsstaat erhalten hat, nach der Sitzverlegung fortgelten. Eine Antwort auf diese Frage wird man zunächst in der einschlägigen öffentlich-rechtlichen Regelung suchen müssen.[85] Dabei ist danach zu differenzieren, ob die Genehmigung an den **Rechtsträger** anknüpft oder an eine **Betriebsstätte.** Wurde beispielsweise die Tätigkeit einer bestimmten Produktionsstätte unter umweltschutzrechtlichen Aspekten genehmigt, dürfte der Wechsel des Satzungssitzes ins Ausland hierfür ohne Belang sein, da die Betriebsstätte ihren Ort durch die Sitzverlegung nicht verändert. Soweit allerdings Genehmigungen an die Gesellschaft gerichtet sind, könnte die Notwendigkeit entstehen, die entsprechende Genehmigung im Zuzugsstaat neu zu beantragen. Soweit ersichtlich, fehlt selbst in unionsrechtlich harmonisierten Bereichen, wie etwa dem Bank- und Versicherungsrecht, eine Regelung zur grenzüberschreitenden Sitzverlegung.[86] In der Praxis

---

[81] In diesem Sinne etwa MüKoAktG/*Oechsler* SE-VO Art. 8 Rn. 49.
[82] MüKoAktG/*Oechsler* SE-VO Art. 8 Rn. 49.
[83] Kalss/Hügel/*Hügel* SEG § 23 Rn. 8; unter Bezugnahme auf seine gleichlautende Kritik gegenüber dem Austrittsrecht von Minderheitsaktionären Kalss/Hügel/*Hügel* SEG § 17 Rn. 26.
[84] Eingehend *Teichmann* in Gebauer/Teichmann, Europäisches Privat- und Unternehmensrecht, Band 6 der Enzyklopädie Europarecht, 2021, § 9 Rn. 55 ff.
[85] Vgl. dazu auch *Kalss*/Hügel/*Kalss* SEG Vor § 6 Rn. 11 ff.
[86] Aufschlussreich ist insoweit der Bericht von Bartman/*Werlauff*, European Company Law in Accelerated Progress, 2006, 159, 170 ff. über die im Bankaufsichtsrecht wurzelnden Schwierigkeiten der skandinavischen Nordea-Bank, eine Verschmelzung zur SE durchzuführen.

empfiehlt sich eine frühzeitige Abstimmung mit der zuständigen **Aufsichtsbehörde.** Diese ist gehalten, die einschlägigen Vorschriften europarechtskonform zu handhaben. Insbesondere ist in Rechnung zu stellen, dass die SE als supranationale Rechtsform ihren Sitz identitätswahrend verlegen kann, und dies weder als Auflösung noch als Neugründung betrachtet werden darf (Art. 8 Abs. 1 S. 2 SE-VO). Es ist daher auch bei der Anwendung öffentlich-rechtlicher Vorschriften gegebenenfalls durch gemeinschaftsrechtskonforme Auslegung sicherzustellen, dass die SE ihre Tätigkeit nicht wegen Verlust ihrer Genehmigung im Wegzugsstaat und der Notwendigkeit, im Zuzugsstaat eine neue Genehmigung zu beantragen, unterbrechen muss.

# Abschnitt 8 – Grenzüberschreitende Verschmelzung

## § 16 Grenzüberschreitende Verschmelzung

### Übersicht

|  | Rn. |
|---|---|
| A. Einführung | 1 |
| B. Begriff der grenzüberschreitenden Verschmelzung | 2 |
|    I. Bedeutung und Vorgaben der GesR-RL | 2 |
|    II. Verschmelzung | 4 |
|    III. Grenzüberschreitend | 5 |
| C. Ablauf der grenzüberschreitenden Verschmelzung | 9 |
|    I. Vorbereitungsphase | 11 |
|       1. Schlussbilanz des übertragenden Rechtsträgers | 11 |
|       2. Aufstellung des Verschmelzungsplans (§ 122c UmwG) | 14 |
|       3. Bekanntmachung des Verschmelzungsplans (§ 122d UmwG) | 39 |
|       4. Verschmelzungsbericht (§§ 8, 122e UmwG) | 46 |
|       5. Verschmelzungsprüfung (§§ 9–12, 122f UmwG) | 53 |
|       6. Kartellrechtliche Aspekte | 59 |
|       7. Vorbereitung der Hauptversammlung | 61 |
|       8. Beachtung der Nachgründungsvorschriften (§ 67 UmwG) | 67 |
|    II. Beschlussphase | 69 |
|       1. Erforderliche Mehrheit | 70 |
|       2. Zustimmungsvorbehalt im Hinblick auf Arbeitnehmermitbestimmung | 71 |
|       3. Entbehrlichkeit der Beschlussfassung | 74 |
|       4. Zustimmungsvorbehalt im Hinblick auf das Umtauschverhältnis | 77 |
|       5. Zustimmungsvorbehalt hinsichtlich eines etwaigen Abfindungsangebots | 84 |
|       6. Kapitalerhöhung | 86 |
|    III. Vollzugsphase | 95 |
|       1. Beteiligung einer deutschen SE als übertragende Gesellschaft (§§ 16, 17, 122k UmwG) | 96 |
|       2. Beteiligung einer deutschen SE als übernehmende Gesellschaft (§ 122l UmwG) | 107 |

## A. Einführung

Die SE kann nicht nur im Wege der grenzüberschreitenden Verschmelzung nach dem in Art. 2 Abs. 1 SE-VO, Art. 17–31 SE-VO, §§ 5 ff. SEAG geregelten Verfahren entstehen (→ § 5 Rn. 1 ff.), sondern eine SE mit Sitz in Deutschland kann auch als übertragender oder übernehmender Rechtsträger an einer grenzüberschreitenden Verschmelzung nach den §§ 2 ff., 122a ff. UmwG beteiligt sein.[1] Diese Beteiligung der deutschen SE an einer grenzüberschreitenden Verschmelzung ist Gegenstand der folgenden Ausführungen. Dabei wird zunächst der Begriff der grenzüberschreitenden Verschmelzung iSd §§ 122a ff. UmwG erläutert. Sodann wird der Ablauf der grenzüberschreitenden Verschmelzung dargestellt. Dabei wird auf die Besonderheiten der Beteiligung einer SE als übertragender sowie als übernehmender Rechtsträger eingegangen, wobei im letzteren Fall ausschließlich die Verschmelzung durch Aufnahme behandelt wird. Die Beteiligung einer existierenden

1

---

[1] Begr. RegE, BT-Drs. 16/2919, 14 zu § 122b Abs. 1 UmwG; *Ege/Klett* GWR 2011, 399; Henssler/Strohn/*Polley* UmwG § 122b Rn. 3 f. mwN; Goebel/Ungemach/*Galla/Heßeling/Jürgensen/Nölle* Kap. III Rn. 80.

SE mit Sitz im Inland an einer grenzüberschreitenden Verschmelzung durch Neugründung kommt demgegenüber nur als übertragender Rechtsträger in Betracht.

## B. Begriff der grenzüberschreitenden Verschmelzung

### I. Bedeutung und Vorgaben der GesR-RL

2 § 122a Abs. 1 UmwG definiert den Begriff der grenzüberschreitenden Verschmelzung und steckt damit den sachlichen Anwendungsbereich des 10. Abschnittes des UmwG ab. Der 10. Abschnitt wurde durch das 2. UmwÄndG vom 19.4.2007 (BGBl. 2007 I 542) in das UmwG eingefügt und dient der Umsetzung der RL 2005/56/EG. Die RL 2005/56/EG wurde zwischenzeitlich durch die GesR-RL aufgehoben und neu kodifiziert, ohne ihren Inhalt relevant zu verändern. Nach dieser Legaldefinition ist eine grenzüberschreitende Verschmelzung eine Verschmelzung, bei der mindestens eine der beteiligten Gesellschaften dem Recht eines anderen Mitgliedstaats der EU oder eines anderen Vertragsstaats des Abkommens über den europäischen Wirtschaftsraum unterliegt. Bei dieser Formulierung geht der deutsche Gesetzgeber davon aus, dass mindestens eine beteiligte Gesellschaft inländischem Recht unterliegt. Die in § 122a Abs. 1 UmwG enthaltene Definition entspricht inhaltlich Art. 118 GesR-RL (früher Art. 1 RL 2005/56/EG), wo von mindestens zwei dem Recht verschiedener Mitgliedstaaten unterliegenden Gesellschaften die Rede ist.[2] Die Definition umfasst, entsprechend der Überschrift des neu eingefügten 10. Abschnittes, im Grundsatz nur Kapitalgesellschaften, wie sich aus § 122b UmwG ergibt. Mit Blick auf den Brexit wurde durch 4. UmwÄndG vom 19.11.2018 (BGBl. 2018 I 2694) allerdings der Anwendungsbereich des 10. Abschnitts des zweiten Buches des UmwG (Grenzüberschreitenden Verschmelzung von Kapitalgesellschaften) zum Teil auf Personenhandelsgesellschaften (allerdings mit einer auf 500 beschränkten Arbeitnehmerzahl) erweitert. Dazu wurde in § 122a Abs 2 UmwG ein neuer S. 2 eingefügt, weitere Folgeänderungen finden sich in § 122b Abs. 1 UmwG (neue Nr. 2), § 122c Abs. 2 UmwG (neue Nr. 13), § 122e UmwG (neuer Hs. 2 in S. 3) bzw. betreffen § 122f UmwG und § 122l UmwG; zudem wurde der 10. Abschnitt um den neuen § 122m UmwG ergänzt.

3 § 122a UmwG und § 122b UmwG bestimmen den Anwendungsbereich der §§ 122a ff. UmwG in Übereinstimmung mit Art. 118 GesR-RL (früher Art. 1 RL 2005/56/EG) im Grundsatz folglich so, dass diese Bestimmungen nur Anwendung finden, wenn an einer Verschmelzung Kapitalgesellschaften beteiligt sind, die dem Recht verschiedener Mitgliedstaaten unterliegen und ihren satzungsmäßigen Sitz, ihre Hauptverwaltung oder ihre Hauptniederlassung in einem EU- oder EWR-Staat haben. Der neue § 122m UmwG trägt dem Umstand Rechnung, dass mit dem Wirksamwerden des Brexit (31.1.2020) nach Ablauf der bis zum 31.12.2020 befristeten Übergangszeit für Gesellschaften, die nach britischem Recht gegründet wurden bzw. im Vereinigten Königrech ihren Satzungssitz, ihre Hauptverwaltung oder ihre Hauptniederlassung haben, mangels bis zu diesem Zeitpunkt geschaffener bilateraler Regelungen zwischen dem Vereinigten Königreich und der EU die Möglichkeit künftig entfällt, sich an grenzüberschreitenden Verschmelzungen iSv § 122a UmwG zu beteiligen.[3] Auch droht Limiteds mit Verwaltungssitz in Deutschland deswegen die Umqualifizierung in eine deutsche Personengesellschaft bzw. in ein vollhaftendes Einzelunternehmen.[4] Zu Einzelheiten des § 122m UmwG → Rn. 113 ff.

---

[2] Schmitt/Hörtnagl/*Hörtnagl* UmwG § 122a Rn. 4.
[3] Lutter/*Bayer* UmwG § 122 m Rn. 1.
[4] Vgl. *Lieder/Bialluch* NJW 2019, 805 (806); BGH 27.10.2008, NJW 2009, 289 –Trabrennbahn.

## II. Verschmelzung

Der Begriff der Verschmelzung in den §§ 122a ff. UmwG entspricht § 2 UmwG, der für alle Vorschriften des Zweiten Buches und damit auch für die §§ 122a ff. UmwG gilt. § 2 UmwG definiert den Begriff in Übereinstimmung mit Art. 119 Nr. 2 GesR-RL (früher Art. 2 Nr. 2 RL 2005/56/EG).[5]

## III. Grenzüberschreitend

Grenzüberschreitend ist eine Verschmelzung nach § 122a Abs. 1 UmwG, wenn mindestens eine der beteiligten Gesellschaften dem Recht eines anderen EU-/EWR-Mitgliedstaats unterliegt. Die Frage, welchem Recht eine Gesellschaft unterliegt, beantwortet sich im Rahmen der Anwendung der §§ 122a ff. UmwG nach (deutschem) Internationalem Privatrecht. Aufgrund des Fehlens einer ausdrücklichen Kollisionsnorm kommt es dabei für gesellschaftsbezogene Sachverhalte, wie etwa für Verschmelzungen, auf das Gesellschaftsstatut der jeweils betroffenen Gesellschaft an.[6] In Deutschland wurde das Gesellschaftsstatut zwar lange Zeit nach der Sitztheorie bestimmt; danach bestimmte sich das Personalstatut einer Gesellschaft nach dem Recht des tatsächlichen Verwaltungssitzes.[7] Nach der neueren Rechtsprechung des EuGH findet jedoch für innerhalb der EU gegründete, der Niederlassungsfreiheit gem. Art. 49, 54 AEUV (früher Art. 43, 48 EGV) unterfallende Gesellschaften die Gründungstheorie Anwendung.[8] Daher unterliegt eine Kapitalgesellschaft deutschem Recht, wenn sie nach deutschem Recht gegründet wurde und folglich ihren Satzungssitz in Deutschland hat. Die durch das MoMiG neugefassten Regelungen in § 4a GmbHG und § 5 AktG verlangen denn auch keine notwendige Verbindung zwischen dem Satzungssitz und dem Verwaltungssitz mehr, dh der Verwaltungssitz kann durchaus von vornherein außerhalb Deutschlands liegen. Unterliegt eine Gesellschaft nach dem anwendbaren IPR ausländischem Recht, finden auf diese Gesellschaft die §§ 122a ff. UmwG keine Anwendung. Nach dem aus deutscher Sicht anwendbaren IPR des anderen EU-/EWR-Landes wird die andere beteiligte Gesellschaft wegen der Anwendbarkeit der Gründungstheorie regelmäßig dem Recht dieses Landes unterfallen.[9]

Aufgrund der Anwendbarkeit der Gründungstheorie und der damit verbundenen Anknüpfung an das Gründungsstatut ist es für das Tatbestandsmerkmal „grenzüberschreitend" nicht erforderlich, dass die beteiligten Rechtsträger ihren (Verwaltungs-)Sitz in unterschiedlichen Staaten haben; eine grenzüberschreitende Verschmelzung liegt somit selbst dann vor, wenn zB der nach EU-/EWR-ausländischem Recht gegründete andere beteiligte Rechtsträger seinen Verwaltungssitz in Deutschland hat.[10] Überdies ist eine Verschmelzung auch dann grenzüberschreitend, wenn etwa eine deutsche Gesellschaft mit Verwaltungssitz im EU-/EWR-Ausland mit einer nach EU-/EWR-ausländischem Recht gegründeten anderen Gesellschaft verschmolzen wird, die ihren Verwaltungssitz im Inland hat.

Da der Wortlaut von § 122a Abs. 1 UmwG auf die „beteiligten" Gesellschaften abstellt, liegt eine grenzüberschreitende Verschmelzung ferner auch dann vor, wenn bei einer Verschmelzung durch Neugründung sämtliche übertragenden Gesellschaften dem Recht des-

---

[5] Schmitt/Hörtnagl/*Hörtnagl* UmwG § 122a Rn. 4.
[6] Kölner Komm UmwG/*Simon/Rubner* UmwG Vor § 122a Rn. 7 ff.
[7] Staudinger/*Großfeld*, 1998, IntGesR Rn. 38 ff.; MüKoBGB/*Kindler* IntGesR Rn. 44 ff.
[8] EuGH 5.11.2002, NJW 2002, 3614 – Überseering; 30.9.2003, NJW 2003, 3331 – Inspire Art.
[9] Zu Ausnahmen Kölner Komm UmwG/*Simon/Rubner* UmwG § 122a Rn. 11; Henssler/Strohn/*Polley* UmwG § 122 Rn. 8a; gem. Art. 31 EWR-Abkommen gilt die europarechtliche Niederlassungsfreiheit aber auch für die EFTA-Staaten Island, Liechtenstein und Norwegen, sodass die Anwendung der Rechtsprechung des EuGH zur Gründungstheorie, zB für Liechtenstein, die BGH 19.9.2005, BB 2005, 2373, vornimmt, nur konsequent ist; vgl. hierzu auch *Binz/Mayer* BB 2005, 2361 (2363).
[10] *Müller* NZG 2006, 286 f.; *Winter* DK 2007, 24 (27); Semler/Stengel/*Drinhausen* UmwG § 122a Rn. 10.

selben EU-/EWR-Mitgliedstaats unterliegen und nur die neue, durch die Verschmelzung gegründete Gesellschaft dem Recht eines anderen Staates der EU bzw. des EWR unterliegt. Denn auch die neue Gesellschaft ist an der Verschmelzung „beteiligt". Diese Auslegung mag angesichts des Wortlautes von Art. 118 GesR-RL (früher Art. 1 RL 2005/56/ EG), in dem nur auf die nach dem Recht verschiedener Mitgliedstaaten gegründeten Ausgangsgesellschaften abgestellt wird, nicht auf der Hand liegen, entspricht aber der hM, da diese Frage, die im Ergebnis zur Annahme einer überschießenden Umsetzung der Richtlinie führt, bereits während des Gesetzgebungsverfahrens diskutiert worden ist.[11]

8   Innerstaatliche Verschmelzungen und Verschmelzungen mit Gesellschaften aus Drittstaaten unterfallen nicht den §§ 122a ff. UmwG.

## C. Ablauf der grenzüberschreitenden Verschmelzung

9 Nach § 122a Abs. 2 UmwG sind die sonstigen umwandlungsrechtlichen Vorschriften, die für innerstaatliche Verschmelzungen deutscher Gesellschaften gelten, subsidiär zu den §§ 122a ff. UmwG entsprechend anzuwenden; demgemäß finden die Bestimmungen des Ersten Teils (Allgemeine Vorschriften) und des Zweiten (Verschmelzung unter Beteiligung von Gesellschaften mit beschränkter Haftung), Dritten (Verschmelzung unter Beteiligung von Aktiengesellschaften) und Vierten Abschnitts (Verschmelzung unter Beteiligung von Kommanditgesellschaften auf Aktien) des Zweiten Teils des UmwG Anwendung, soweit die §§ 122a ff. UmwG keine Sonderregelungen enthalten. Damit folgt der Gesetzgeber bei der Regelung der grenzüberschreitenden Verschmelzung der bisherigen Systematik des UmwG.

10 Der Ablauf der grenzüberschreitenden Verschmelzung folgt somit dem Leitbild des UmwG, dh auch die grenzüberschreitende Verschmelzung erfolgt in den bekannten drei Phasen des Umwandlungsrechts, der Vorbereitungsphase, der Beschlussphase und der Vollzugsphase.[12]

### I. Vorbereitungsphase

#### 1. Schlussbilanz des übertragenden Rechtsträgers

11 Die Schlussbilanz des übertragenden Rechtsträgers gibt regelmäßig den Zeitplan für die Verschmelzung vor. Gemäß § 122k Abs. 1 S. 2 UmwG, § 17 Abs. 2 S. 4 UmwG darf das Registergericht die Verschmelzung im Grundsatz nur eintragen, wenn der Stichtag für die Schlussbilanz höchstens acht Monate vor dem Tag der Anmeldung liegt. Zu beachten ist hier allerdings die befristete Sonderregelung durch das Gesetz zur Abmilderung der Folgen der COVID-19-Pandemie im Zivil-, Insolvenz- und Strafverfahrensrecht (COVFAG) vom 27.3.2020 (BGBl. 2020 I 569), zuletzt geändert durch Art. 11 KostenrechtsänderungsG 21.12.2020 (BGBl. 2020 I 3229): Nach Art. 2 COVFAG, der Sonderregelungen unter anderem für Aktiengesellschaften, Kommanditgesellschaften auf Aktien, die SE und Versicherungsvereine auf Gegenseitigkeit enthält (im folgenden: COVMG), „genügt es für die Zulässigkeit der Eintragung, wenn die Bilanz auf einen höchstens zwölf Monate vor der Anmeldung liegenden Stichtag aufgestellt worden ist" (§ 4 COVMG). Diese Sonderrege-

---

[11] Schmitt/Hörtnagl/*Hörtnagl* UmwG § 122a Rn. 9; Semler/Stengel/*Drinhausen* UmwG § 122a Rn. 10; Lutter/*Bayer* UmwG § 122a Rn. 24 ff.; Kölner Komm UmwG/*Simon/Rubner* UmwG § 122a Rn. 13 ff.; aA Widmann/Mayer/*Heckschen* Rn. 72 f., der darauf hinweist, dass der Gesetzgeber sich ansonsten sehr eng an der GesR-RL (früher RL 2005/56/EG) orientiert hat.

[12] *Böhringer* BWNotZ 1995, 97; *Breithaupt* in Breithaupt/Ottersbach GesR § 1 Rn. 18; Henssler/Strohn/*Polley* UmwG § 122a Rn. 12; Goebel/Ungemach/*Galla/Heßeling/Jürgensen/Nölle* Kap. I Rn. 12; *Mayer/Vossius* MittBayNot 1994, 493; *Schwarz* DStR 1994, 1694.

lung des § 4 COVMG ist nach § 7 Abs. 4 COVMG „nur auf Anmeldungen anzuwenden, die im Jahr 2020 vorgenommen werden"; die generelle Befristung der Regelungen in Art. 2 COVFAG, dh der Bestimmungen des COVMG, folgt aus § 7 COVMG. Für die Fristberechnung gelten die §§ 187 ff. BGB. Für die übertragende ausländische Gesellschaft gilt diese Beschränkung bei der Hereinverschmelzung nicht, stattdessen sind die Anforderungen nach dem jeweiligen nationalen Recht zu beachten.

In der Praxis verbreitet ist die Nutzung der Bilanz des letzten Geschäftsjahrs als Verschmelzungsbilanz; gleichsam ist auch die Aufstellung einer Zwischenbilanz eigens für die Verschmelzung zulässig. Ein Rumpfgeschäftsjahr entsteht in diesem Fall nicht.[13] 12

Die Schlussbilanz ist von sämtlichen Vertretungsorganen des übertragenden Rechtsträgers – dh ungeachtet der allgemeinen Vertretungsregelung – zu unterzeichnen, dh bei Beteiligung einer dualistischen SE als übertragender Rechtsträger von allen Mitgliedern des Vorstandes, bei der monistischen SE von sämtlichen geschäftsführenden Direktoren. Ob die Schlussbilanz darüber hinaus festgestellt sein muss, ist umstritten, wird allerdings mehrheitlich bejaht.[14] 13

## 2. Aufstellung des Verschmelzungsplans (§ 122c UmwG)

### a) Allgemeines

Der gemeinsame Verschmelzungsplan gemäß § 122c UmwG tritt bei der grenzüberschreitenden Verschmelzung an die Stelle des Verschmelzungsvertrags. Als wichtigstes Element einer grenzüberschreitenden Verschmelzung legt er die relevanten Bedingungen der Verschmelzung verbindlich fest, denen die Gesellschafter der betroffenen Gesellschaften zustimmen. Zwar gilt die Bestimmung unmittelbar nur für die deutschen an einer grenzüberschreitenden Verschmelzung beteiligten Gesellschaften, jedoch bestehen aufgrund der einheitlichen Vorgabe in Art. 122 GesR-RL (früher Art. 5 RL 2005/56/EG) in den anderen Mitgliedstaaten der EU/des EWR entsprechende Umsetzungsbestimmungen. Wegen der hervorgehobenen Bedeutung des Verschmelzungsplanes für die grenzüberschreitende Verschmelzung regelt § 122c Abs. 1 UmwG eine Verpflichtung der Leitungs- bzw. Verwaltungsorgane der sich verschmelzenden Gesellschaften, den Plan mit dem in Abs. 2 vorgeschriebenen Mindestinhalt aufzustellen. 14

Der in § 122c Abs. 2 UmwG geregelte Inhalt des Verschmelzungsplans ist weitestgehend identisch mit den in Art. 122 GesR-RL (früher Art. 5 RL 2005/56/EG) geforderten Angaben. Über die in § 5 UmwG für die inländische Verschmelzung geforderten Angaben hinausgehend muss der Verschmelzungsplan die Satzung der übernehmenden bzw. aus der Verschmelzung hervorgehenden Gesellschaft (§ 122c Abs. 2 Nr. 9 UmwG), Angaben zum Verfahren zur Festlegung der Arbeitnehmermitbestimmung (§ 122c Abs. 2 Nr. 10 UmwG), Angaben zur Bewertung des Aktiv- und Passivvermögens (§ 122c Abs. 2 Nr. 11 UmwG) und die Bilanzstichtage der beteiligten Gesellschaften (§ 122c Abs. 2 Nr. 12 UmwG) enthalten. Anders als für die inländische Verschmelzung in § 5 Abs. 1 Nr. 2 UmwG vorgesehen muss der Verschmelzungsplan jedoch keine Vereinbarung über die Vermögensübertragung enthalten. Die ausdrückliche Erwähnung aller durch Art. 122 GesR-RL (früher Art. 5 RL 2005/56/EG) vorgegebenen Mindestbestandteile des Verschmelzungsplanes entspricht zwar nicht der sonstigen Regelungstechnik des UmwG (Verweis auf andere Bestimmungen), hat aber den Vorteil, dass den Beteiligten die Bedeutung jedes Bestandteiles vor Augen geführt wird und im Übrigen größtmögliche Übereinstimmung hinsichtlich des Inhalts mit den beteiligten ausländischen Rechtsordnungen erzielt 15

---

[13] Goebel/Ungemach/*Galla/Heßeling/Jürgensen/Nölle* Kap. II Rn. 4; Semler/Stengel/*Schwanna* UmwG § 17 Rn. 15.
[14] LG Kempten Rpfleger 2001, 433; Widmann/Mayer/*Fronhöfer* UmwG § 17 Rn. 74; Henssler/Strohn/*Heidinger* UmwG § 17 Rn. 18; Schmitt/Hörtnagl/*Hörtnagl* UmwG § 17 Rn. 18; aA Kallmeyer/*Lanfermann* UmwG § 17 Rn. 19.

wird.[15] Die in § 122c Abs. 2 UmwG geforderten Angaben sind überdies nicht als abschließende Aufzählung zu verstehen.

16 § 122c Abs. 2 UmwG trifft Regelungen für den Mindestinhalt des Verschmelzungsplans oder seines Entwurfs. Das Aufgreifen eines Entwurfs entspricht § 5 Abs. 1 UmwG und bestätigt, dass auch § 4 Abs. 2 UmwG – Erfordernis des Entwurfs des Verschmelzungsvertrages bei Abschluss des Verschmelzungsvertrages zeitlich nach Fassung der Zustimmungsbeschlüsse gem. § 13 UmwG – Anwendung findet. Die Anteilsinhaber der beteiligten Gesellschaften können somit die Zustimmungsbeschlüsse bereits auf Basis eines mit dem endgültigen Plan identischen Entwurfes des Verschmelzungsplans fassen. Die nach Abs. 4 erforderliche notarielle Beurkundung erfolgt dann zu einem späteren Zeitpunkt.[16]

17 § 122c Abs. 3 UmwG regelt wie § 5 Abs. 2 UmwG Erleichterungen für die Verschmelzung einer zu 100 % von der übernehmenden Gesellschaft gehaltenen Tochtergesellschaft. Abs. 4 ordnet – wie § 6 UmwG für die nationale Verschmelzung – an, dass der Verschmelzungsplan notariell beurkundet werden muss.

### b) Rechtsnatur

18 Der Verschmelzungsplan ist kein schuldrechtlicher Vertrag, die terminologische Abweichung von den §§ 4 ff. UmwG (Verschmelzungsvertrag) ist nicht zufällig. Der Verschmelzungsplan ist ein gesellschaftsrechtlicher Organisationsakt, der keine schuldrechtlichen Pflichten erzeugt.[17] Dieses Verständnis harmoniert mit dem Regelungsansatz der GesR-RL (früher RL 2011/35/EU, zuvor RL 78/855/EWG, sowie RL 82/891/EWG), der SE-VO und der SCE-VO, die bereits ein „europäisches Modell für Strukturmaßnahmen" vorgegeben haben.[18] Überdies gehen viele andere europäische Rechtsordnungen davon aus, dass ein Verschmelzungsplan nur organisationsrechtliche, aber keine schuldrechtliche Qualität hat.[19] Die praktische Bedeutung dieser Streitfrage ist gering, da sich die betroffenen Gesellschaften ohnehin auf einen gemeinsamen Plan einigen müssen, eine Bindung der betroffenen Gesellschaften spätestens mit Wirksamwerden der Verschmelzung eintritt und es den Parteien unbenommen bleibt, im Verschmelzungsplan oder in einer separaten Urkunde schuldrechtliche Verpflichtungen ausdrücklich zu regeln, zB durch „Business Combination Agreements".[20] Erfolgt die Aufnahme der weiteren schuldrechtlichen Abreden zwischen den Verschmelzungspartnern in den Verschmelzungsplan, erfasst die Zustimmung der Gesellschafter der beteiligten Gesellschaften auch diese.[21]

### c) Zuständigkeit

19 Art. 122 GesR-RL (früher Art. 5 RL 2005/56/EG) weist die Kompetenz für die Aufstellung des gemeinsamen Verschmelzungsplanes den „Leitungs- und Verwaltungsorganen" der sich verschmelzenden Gesellschaften zu. Nach § 122c Abs. 1 UmwG ist der gemeinsame Verschmelzungsplan von den „Vertretungsorganen einer beteiligten Gesellschaft zusam-

---

[15] *Simon/Rubner* DK 2006, 835 (837); Kallmeyer/*Marsch-Barner/Wilk* UmwG § 122a Rn. 2.
[16] Schmitt/Hörtnagl/*Hörtnagl* UmwG § 122a Rn. 7; Henssler/Strohn/*Polley* UmwG § 122c Rn. 10.
[17] Ebenso Widmann/Mayer/*Mayer* UmwG § 122a Rn. 17; Lutter/*Bayer* UmwG § 122a Rn. 3; *Kallmeyer* AG 2007, 472 (474); Kallmeyer/*Marsch-Barner/Wilk* UmwG § 122a Rn. 4; Schmitt/Hörtnagl/*Hörtnagl* UmwG § 122a Rn. 5; *Schott*, Grenzüberschreitende Verschmelzung von Kapitalgesellschaften, 2009, 106; aA Kölner Komm UmwG/*Simon/Rubner* UmwG § 122a Rn. 6; *Winter* DK 2007, 24 (33); *Vetter* AG 2006, 613 (617); *Krause/Kulpa* ZHR 171 (2007), 38 (56); offengelassen von Semler/Stengel/*Drinhausen* UmwG § 122a Rn. 6.
[18] *Bayer/Schmidt* NJW 2006, 401 (402); Lutter/*Bayer* UmwG § 122a Rn. 3; ähnlich für die SE MüKoAktG/*Schäfer* SE-VO Art. 20 Rn. 3; Henssler/Strohn/*Polley* UmwG § 122c Rn. 5.
[19] *Kiem* WM 2006, 1091 (1094); *Teichmann* ZGR 2002, 383 (419).
[20] Hierzu *Aha* BB 2001, 2225 ff.; *Teichmann* ZGR 2002, 383 (419); *Reichert* ZGR 2015, 1 ff.; *Hippeli/Diesing* AG 2015, 185; Semler/Stengel/*Drinhausen* UmwG § 122a Rn. 6 mit der Empfehlung, schuldrechtliche Nebenabreden in ein separates Dokument aufzunehmen; Lutter/*Bayer* UmwG § 122a Rn. 4; Widmann/Mayer/*Mayer* UmwG § 122a Rn. 18 mwN.
[21] Widmann/Mayer/*Mayer* UmwG § 122a Rn. 18.

men mit den Vertretungsorganen der übrigen beteiligten Gesellschaften" aufzustellen. Bei der dualistisch verfassten SE ergibt sich aus dieser sprachlichen Abweichung keine Unklarheit, da es hier keinen Unterschied zwischen dem Leitungs- und dem Vertretungsorgan gibt und somit unzweifelhaft der Vorstand zuständig ist.[22] Bei der monistisch verfassten SE mit Sitz in Deutschland ist allerdings zwischen der Verwaltung der Gesellschaft, die gemäß § 22 SEAG Aufgabe des Verwaltungsrates ist, und der Vertretung der Gesellschaft, für die nach §§ 40, 41 SEAG die geschäftsführenden Direktoren zuständig sind, zu differenzieren, sodass bei wörtlicher Anwendung von § 122c Abs. 1 UmwG diese zuständig wären und ein Verstoß gegen die Kompetenzanordnung in Art. 122 GesR-RL vorläge. Nach zutreffender hM ist § 122c Abs. 1 UmwG für den Fall der monistischen SE jedoch richtlinienkonform dahin auszulegen, dass die Aufstellungskompetenz bei dem Verwaltungsrat liegt.[23]

### d) Gemeinsamer Verschmelzungsplan und anwendbares Recht

Während die SE-VO für die Gründung einer SE durch Verschmelzung festlegt, dass die sich verschmelzenden Gesellschaften einen gleichlautenden Verschmelzungsplan aufstellen müssen, dem sodann zugestimmt wird (Art. 20, 26 Abs. 3 SE-VO), verlangt § 122c Abs. 1 UmwG die Aufstellung eines „gemeinsamen" Planes. Hieraus ist zu schließen, dass es sich bei dem gemeinsamen Verschmelzungsplan um ein einheitliches Dokument handeln muss; gleichlautende, in unterschiedlichen Dokumenten enthaltene Verschmelzungspläne reichen nicht aus.[24] Aus dem Wortlaut von § 122l Abs. 2 UmwG folgt nichts anderes, da durch den Hinweis auf einen „gemeinsamen, gleichlautenden" Plan nur sichergestellt werden soll, dass nach Aufstellung des gemeinsamen Planes an der Textfassung keine Änderungen mehr vorgenommen wurden.[25]

Überdies ist es zweckmäßig, den Verschmelzungsplan sogleich als zwei- oder mehrsprachiges Dokument zu erstellen, weil der Verschmelzungsplan ohnehin den Anteilsinhaberversammlungen, die jedenfalls bei derjenigen an der grenzüberschreitenden Verschmelzung beteiligten Gesellschaft, für die deutsches Recht gilt (→ Rn. 5 ff.), nach § 1 Abs. 2 COVMG auch übergangsweise eine virtuelle Hauptversammlung sein kann (→ Rn. 61 ff.), der beteiligten Gesellschaften in der jeweiligen Landessprache vorzulegen ist, und zur Offenlegung und bei Anmeldung der Verschmelzung zum Register bzw. den entsprechenden ausländischen Behörden in der jeweiligen Amtssprache einzureichen ist (dies folgt für die Anmeldung im Inland aus § 488 Abs. 3 FamFG, § 184 GVG;[26] bei mehrsprachigen Dokumenten empfiehlt es sich mit Blick auf Art. 128 GesR-RL (früher Art. 11 RL 2005/56/EG), die Gerichtssprache der Rechtsordnung, der die aus der Verschmelzung hervorgehende Gesellschaft unterliegt, für die Auslegung kleinerer Divergenzen der Sprachfassungen als maßgeblich zu bezeichnen, da es bei Rechtstexten in der Praxis häufig nicht gelingt, eine wörtlich absolut übereinstimmende Übersetzung zu erzielen).[27] Eine (beglaubigte) deutsche Übersetzung des Verschmelzungsplans reicht jedenfalls für das deutsche Registerverfahren aus.[28]

---

[22] Semler/Stengel/*Drinhausen* UmwG § 122a Rn. 8.
[23] Semler/Stengel/*Drinhausen* UmwG § 122a Rn. 9; Schmitt/Hörtnagl/*Hörtnagl* UmwG § 122a Rn. 8; Kallmeyer/*Marsch-Barner/Wilk* UmwG § 122a Rn. 5; Lutter/*Bayer* UmwG § 122a Rn. 6; nun auch Widmann/Mayer/*Mayer* UmwG § 122a Rn. 22.
[24] Semler/Stengel/*Drinhausen* UmwG § 122a Rn. 5; Schmitt/Hörtnagl/*Hörtnagl* UmwG § 122a Rn. 6; Widmann/Mayer/*Mayer* UmwG § 122a Rn. 19; *Kulenkamp*, Grenzüberschreitende Verschmelzung von Kapitalgesellschaften in der EU, 2009, 165 f., 168; Henssler/Strohn/*Polley* UmwG § 122c Rn. 7.
[25] Widmann/Mayer/*Mayer* UmwG § 122a Rn. 20.
[26] Vgl. auch Semler/Stengel/*Drinhausen* UmwG § 122a Rn. 5.
[27] Henssler/Strohn/*Polley* UmwG § 122c Rn. 8.
[28] *Tebben/Tebben* DB 2007, 2355 (2357).

22  Der gemeinsame Verschmelzungsplan muss nach ganz hM kumulativ allen Rechtsordnungen aller beteiligten Rechtsträger entsprechen.[29] Sofern einzelne nationale Umsetzungsvorschriften Angaben verlangen, die über die Vorgaben der Richtlinie bzw. des § 122c Abs. 2 UmwG hinausgehen, sind diese zusätzlichen Angaben entsprechend der Vereinigungstheorie mit aufzunehmen.

### e) Inhalt

23  Über den in § 122c Abs. 2 UmwG geregelten, eng an Art. 122 GesR-RL (früher Art. 5 RL 2005/56/EG) orientierten Mindestinhalt eines Verschmelzungsplans hinaus können weitere Angaben in den gemeinsamen Verschmelzungsplan aufgenommen werden. Dies sind zum einen weitere Regelungen, die nach nationalen Umsetzungsvorschriften erforderlich sind. Zum anderen können sonstige (auch schuldrechtliche) Abreden der sich verschmelzenden Gesellschaften aufgenommen werden (Erwägungsgrund 57 GesR-RL, früher Erwägungsgrund 4 RL 2005/56/EG).[30]

24  Nach Abs. 2 Nr. 1 sind die Rechtsform, die Firma und der Sitz der übertragenden und übernehmenden oder neuen Gesellschaft anzugeben. Über § 5 Abs. 1 Nr. 1 UmwG hinaus wird also zwecks Erleichterung der Prüfung der Beteiligtenfähigkeit die Angabe der Rechtsform verlangt, obwohl diese grundsätzlich aus der Firma der beteiligten inländischen Gesellschaft erkennbar ist.[31] Die Angabe der Rechtsform muss daher separat neben der Firma und unter Aufgreifen der in Art. 119 GesR-RL sowie in Anhang II GesR-RL (früher Art. 1 RL 2009/101/EG) benutzten Terminologie erfolgen. Übliche Abkürzungen sind zwar zulässig, ratsam ist es aber, diese zur Erleichterung der Prüfung durch das ausländische Register zu vermeiden. Die Firma muss der aktuellen, im Handelsregister eingetragenen Firma entsprechen; die Firmen der übrigen beteiligten Gesellschaften den jeweiligen ausländischen Rechtsordnungen. Beschlossene, noch nicht eingetragene Firmenänderungen sollten angegeben werden. Als Sitz iSv Abs. 2 Nr. 1 ist stets der Satzungssitz, nicht der ggf. abweichende Verwaltungssitz anzugeben.[32]

25  Nach Nr. 2 muss der Verschmelzungsplan das Umtauschverhältnis der Gesellschaftsanteile und ggf. die Höhe der baren Zuzahlungen angeben. Angaben zur Mitgliedschaft iSv § 5 UmwG werden nicht gefordert, da nur Kapitalgesellschaften beteiligt sind. Wie beim Verschmelzungsvertrag gem. § 5 UmwG bilden diese Angaben das Kernstück des Verschmelzungsplans, da hiermit die Anteilsinhaber der übertragenden Gesellschaft darüber informiert werden, in welchem Maße sie künftig an der übernehmenden oder neuen Gesellschaft beteiligt sein werden.[33] Umtauschverhältnis und bare Zuzahlung sind in dem Plan nur anzugeben, jedoch nicht weiter zu erläutern, da dies Gegenstand des Verschmelzungsberichts (§ 122e UmwG) und des Prüfungsberichts (§ 122f UmwG) ist. Zur Feststellung des Umtauschverhältnisses ist in der Regel eine Bewertung der beteiligten Gesellschaften erforderlich. Die beteiligten Gesellschaften müssen sich hier auf eine in allen betroffenen Staaten anerkannte Bewertungsmethode verständigen.[34] Die Angabe einer Verhältniszahl, die erläutert, wie viele Anteile an der übernehmenden oder neuen Gesellschaft der Anteilsinhaber für seine Anteile an der übertragenden Gesellschaft erhält, kann bei Verschmelzung auf eine inländische SE ausreichend sein.[35] Bei der Höhe der baren Zuzahlungen ist bei Beteiligung einer SE als übernehmender Rechtsträger § 68 Abs. 3 UmwG zu beachten. Angaben zum Umtauschverhältnis können nach § 122c Abs. 3

---

[29] Vgl. nur Kölner Komm UmwG/*Simon/Rubner* UmwG § 122a Rn. 8 mwN; Kallmeyer/*Marsch-Barner/Wilk* UmwG § 122a Rn. 2; aA *Kallmeyer* AG 2007, 472 (474); *Krüger* GS Gruson, 2009, 265 (271), wonach nur das Recht des Aufnahmestaates anwendbar sein soll.
[30] Begr. RegE, BT-Drs. 16/2919, 15 zu § 122c Abs. 2 UmwG.
[31] Widmann/Mayer/*Mayer* UmwG § 122a Rn. 40.
[32] Schmitt/Hörtnagl/*Hörtnagl* UmwG § 122a Rn. 12.
[33] Semler/Stengel/*Drinhausen* UmwG § 122a Rn. 14; Henssler/Strohn/*Polley* UmwG § 122c Rn. 13.
[34] Semler/Stengel/*Drinhausen* UmwG § 122a Rn. 16.
[35] Schmitt/Hörtnagl/*Hörtnagl* UmwG § 122a Rn. 14.

UmwG entfallen, wenn alle Anteile der übertragenden Gesellschaft von der übernehmenden Gesellschaft gehalten werden, da in diesem Fall keine Anteile gewährt werden. Die Gewährung von Anteilen kann überdies unterbleiben, wenn alle Anteilsinhaber eines übertragenden Rechtsträgers darauf verzichten (§ 122a Abs. 2 UmwG, § 54 Abs. 1 S. 3 UmwG, § 68 Abs. 1 S. 3 UmwG).

§ 122c Abs. 2 Nr. 3 UmwG entspricht im Wesentlichen § 5 Abs. 2 Nr. 4 UmwG. Bei Kapitalgesellschaften ist darauf hinzuweisen, ob zur Durchführung der Verschmelzung eigene Anteile des übernehmenden Rechtsträgers übertragen oder neue Anteile durch eine Kapitalerhöhung geschaffen werden sollen. Ist eine AG, KGaA oder SE übertragender Rechtsträger, so ist grundsätzlich gemäß § 71 UmwG ein Treuhänder anzugeben, der für die Aktionäre des übertragenden Rechtsträgers die Aktien bzw. baren Zuzahlungen in Empfang nimmt. 26

§ 122c Abs. 2 Nr. 4 UmwG regelt die Angaben zu Auswirkungen auf die Beschäftigung und ähnelt damit § 5 Abs. 1 Nr. 9 UmwG. Der Unterschied im Hinblick auf die erforderlichen Angaben ergibt sich jedoch aus dem unterschiedlichen Zweck beider Bestimmungen. Während die Angaben gemäß § 5 Abs. 1 Nr. 9 UmwG der Information der Anteilsinhaber *und* des Betriebsrates dienen, dem der Verschmelzungsvertrag zuzuleiten ist, dienen die Angaben gemäß § 122c Abs. 2 Nr. 4 UmwG ausschließlich der Information der Anteilsinhaber und müssen deshalb nur die für die Anteilsinhaber insofern bedeutsamen Gesichtspunkte umfassen.[36] Eine Zuleitungspflicht besteht jedoch gegenüber dem Betriebsrat nicht, da die Information des Betriebsrates und/oder der Arbeitnehmer durch Zugänglichmachung des Verschmelzungsberichts nach § 122e Abs. 2 UmwG erfolgt.[37] Daher müssen im Verschmelzungsplan lediglich Angaben zu den aktuellen und zu erwartenden Mitarbeiterzahlen, zu den mit einem etwaigen Arbeitsplatzabbau verbundenen Kosten und zu künftigen Mitbestimmungsregeln erfolgen.[38] Angaben zu den Folgen für die Arbeitnehmervertretungen verlangt § 122c Abs. 2 Nr. 4 UmwG nicht, da Nr. 10, wonach Angaben zum Verfahren über die Festlegung der Arbeitnehmerbeteiligung erfolgen, insofern als lex specialis vorgeht.[39] Soweit Nr. 4 von „voraussichtlichen" Auswirkungen spricht, bezieht sich dies darauf, dass sich zwischen Aufstellung und Bekanntmachung des Verschmelzungsplans (§ 122d UmwG) Veränderungen ergeben können, die dann im Verschmelzungsbericht angegeben werden.[40] 27

Nach § 122c Abs. 2 Nr. 5 UmwG sind der Zeitpunkt, von dem an die Gesellschaftsanteile deren Inhabern das Recht auf Beteiligung am Gewinn gewähren, sowie alle Besonderheiten, die eine Auswirkung auf dieses Recht haben, anzugeben. Diese Regelung entspricht § 5 Abs. 1 Nr. 5 UmwG und bezieht sich demgemäß auf die neuen Anteile, die die Anteilsinhaber der übertragenden Gesellschaft an der übernehmenden oder neuen Gesellschaft erhalten. In der Praxis beginnt die Gewinnbeteiligung in der Regel am Verschmelzungsstichtag, auf den meist auch die Feststellung des Werteverhältnisses der beteiligten Gesellschaften erfolgt.[41] Derartige Angaben entfallen bei der Konzernverschmelzung nach Abs. 3. 28

§ 122c Abs. 2 Nr. 6 UmwG fordert die Angabe des Zeitpunktes, von dem an die Handlungen der übertragenden Gesellschaften unter dem Gesichtspunkt der Rechnungsle- 29

---

[36] Schmitt/Hörtnagl/*Hörtnagl* UmwG § 122a Rn. 19; *Vetter* AG 2006, 613 (619); *Klein* DNotZ 2007, 565 (581); *Kulenkamp*, Die grenzüberschreitende Verschmelzung von Kapitalgesellschaften in der EU, 2009, 182 f.; krit. zur systematischen Stellung der Nr. 4 auch *Schott*, Grenzüberschreitende Verschmelzung von Kapitalgesellschaften, 2009, 127; aA Widmann/Mayer/*Mayer* UmwG § 122a Rn. 98, der aus Gründen der Rechtssicherheit vollständige Angaben iSv § 5 Abs. 1 Nr. 9 UmwG fordert; ebenso *Simon/Hinrichs* NZA 2008, 391 (392); so auch Semler/Stengel/*Drinhausen* UmwG § 122a Rn. 21.
[37] Kallmeyer/*Willemsen* UmwG § 122a Rn. 18 mwN.
[38] Henssler/Strohn/*Polley* UmwG § 122c Rn. 15; *Simon/Rubner* DK 2006, 835 (838); *Vetter* AG 2006, 613 (619 f.).
[39] Lutter/*Bayer* UmwG § 122a Rn. 19.
[40] Widmann/Mayer/*Mayer* UmwG § 122a Rn. 96.
[41] Schmitt/Hörtnagl/*Hörtnagl* UmwG § 122a Rn. 20.

gung als für Rechnung der übernehmenden oder neuen Gesellschaft vorgenommen gelten (Verschmelzungsstichtag). Diese Formulierung entspricht fast wörtlich § 5 Abs. 1 Nr. 6 UmwG. Eine dingliche Rückwirkung der Verschmelzung ist mit der Rückbeziehung auch bei Nr. 6 nicht verbunden; stattdessen geht es allein darum, den Stichtag festzusetzen, ab dem Geschäftsvorfälle der übernehmenden/neuen Gesellschaft für Zwecke der Bilanzierung zugerechnet werden, unabhängig davon, ob diese Geschäftsvorfälle tatsächlich noch von den übertragenden Gesellschaften vorgenommen werden.[42] Für die handels- und steuerrechtliche Gewinnermittlung kommt dem Verschmelzungsstichtag damit große Bedeutung zu.[43] Die beteiligten Gesellschaften können den Verschmelzungsstichtag frei bestimmen, die zeitlich unmittelbar vorausgehende Schlussbilanz der übertragenden Gesellschaft hat sich allerdings hieran auszurichten.[44]

30   Nach § 122c Abs. 2 Nr. 7 UmwG muss der Verschmelzungsplan Angaben über die Rechte, die die übernehmende oder neue Gesellschaft den mit Sonderrechten ausgestatteten Gesellschaftern und den Inhabern von anderen Wertpapieren als Gesellschaftsanteilen gewährt, oder Angaben zu den für diese Personen vorgeschlagenen Maßnahmen enthalten. Diese Bestimmung entspricht Art. 122 lit. g GesR-RL (früher § 5 lit. g RL 2005/56/EG) und präzisiert, dass es um Rechte geht, die die übernehmende oder neue Gesellschaft gewährt, weicht aber von § 5 Abs. 1 Nr. 7 UmwG ab. Die Bestimmung ist anders als § 5 Abs. 1 Nr. 7 UmwG nur darauf gerichtet, dass die Rechte genannt werden, die Inhabern von Sonderrechten in einer übertragenden Gesellschaft im Austausch für bisher bestehende Sonderrechte gewährt werden; erstmalig im Rahmen der grenzüberschreitenden Verschmelzung gewährte Rechte sind angesichts der insoweit klaren Fassung der Bestimmung nicht anzugeben, obwohl dies sinnvoll wäre.[45] Die Überprüfbarkeit der Beachtung des gesellschaftsrechtlichen Gleichbehandlungsgrundsatzes wird dadurch erschwert.[46] Anzugeben sind die bestehenden Sonderrechte (zB Mehrstimmrechte, Benennungs- und Vorschlagsrechte usw) ebenso wie die im Austausch dafür nach ausländischem Recht gewährten Rechte und Wertpapiere. Ebenfalls anzugeben sind die Rechte, die Inhabern von anderen Wertpapieren als Gesellschaftsanteilen (zB Genussrechte) gewährt werden. Kommt es bei den mit Sonderrechten ausgestatteten Gesellschaftern/Inhabern von anderen Wertpapieren als Gesellschaftsanteilen nicht zur Gewährung neuer Rechte durch die übernehmende/ neue Gesellschaft, müssen die stattdessen vorgesehenen Maßnahmen (zB Abfindungszahlungen) genannt werden.

31   Nach § 122c Abs. 2 Nr. 8 UmwG müssen im Verschmelzungsplan – wie gemäß § 5 Abs. 1 Nr. 8 UmwG bei der inländischen Verschmelzung – etwaige besondere Vorteile für Sachverständige, die den Verschmelzungsplan prüfen, oder für Organmitglieder der beteiligten Gesellschaften angegeben werden. Den Anteilsinhabern soll auf diese Weise die Prüfung ermöglicht werden, ob die beteiligten Organmitglieder möglicherweise in ihrer Objektivität beeinträchtigt waren. Organe in diesem Sinne sind auch fakultative Organe (zB Beiräte), sofern diese echte Überwachungsfunktionen ausüben.[47] Sondervorteile an den Abschlussprüfer, die im Regelfall bereits aus berufsrechtlichen Gründen nicht gewährt werden dürfen,[48] sind jedoch nicht erfasst.

32   Gemäß § 122c Abs. 2 Nr. 9 UmwG ist die Satzung der übernehmenden oder neuen Gesellschaft im Verschmelzungsplan wiederzugeben. Selbst wenn die Satzung im Rahmen der Verschmelzung nicht geändert wird, ist sie aufzunehmen.[49] Nachrichtlich anzugeben ist der volle Wortlaut; die Beifügung der Satzung als Anlage zum Verschmelzungsplan ist

---
[42] Schmitt/Hörtnagl/*Hörtnagl* UmwG § 122a Rn. 21.
[43] Semler/Stengel/*Drinhausen* UmwG § 122a Rn. 24.
[44] Schmitt/Hörtnagl/*Hörtnagl* UmwG § 122a Rn. 21.
[45] Schmitt/Hörtnagl/*Hörtnagl* UmwG § 122a Rn. 24; aA HK-UmwG/*Becker/Uxa* UmwG § 122a Rn. 30.
[46] Schmitt/Hörtnagl/*Hörtnagl* UmwG § 122a Rn. 24.
[47] Goebel/Ungemach/*Galla/Heßeling/Jürgensen/Nölle* Kap. II Rn. 8.
[48] Schmitt/Hörtnagl/*Hörtnagl* UmwG § 122a Rn. 25.
[49] *Heckschen* DNotZ 2007, 444 (456); Schmitt/Hörtnagl/*Hörtnagl* UmwG § 122a Rn. 26.

nach zutreffender allgemeiner Meinung ausreichend.[50] Nachträgliche Änderungen der Satzung sind zulässig, es sei denn, es handelt sich um eine Verschmelzung zur Neugründung einer inländischen Gesellschaft.[51]

Der Verschmelzungsplan muss nach § 122c Abs. 2 Nr. 10 UmwG ferner Angaben zu 33
dem Verfahren enthalten, nach dem die Einzelheiten über die Beteiligung der Arbeitnehmer an der Festlegung ihrer Mitbestimmungsrechte in der aus der grenzüberschreitenden Verschmelzung hervorgehenden Gesellschaft geregelt werden. Dies bestimmt sich in Fällen, in denen die übertragende oder neue Gesellschaft deutschem Recht unterliegt, nach dem MgVG. Wegen der Formulierung „gegebenenfalls" kann auf solche Angaben verzichtet werden, wenn es nicht zu einem derartigen Verfahren kommt, etwa weil die beteiligten Gesellschaften keine Arbeitnehmer haben oder die beteiligten Gesellschaften vor und nach der Verschmelzung keinen Mitbestimmungsregeln unterliegen, dh keiner der Tatbestände des § 5 MgVG greift, eine entsprechende Negativerklärung ist jedoch im Verschmelzungsplan zu vermerken.[52] Wird ein derartiges Verfahren durchgeführt, ist das Verfahren zur Bildung des Besonderen Verhandlungsgremiums in den Grundzügen darzustellen sowie die möglichen Ergebnisse des Verfahrens, dh eine Vereinbarung über die Mitbestimmung iSv § 15 Abs. 1 S. 1 MgVG, § 22 MgVG oder ein Eingreifen der gesetzlichen Auffangregelungen iSv §§ 23–28 MgVG knapp darzustellen.[53] Sofern eine Vereinbarung oder ein sonstiges Verfahrensergebnis bei Aufstellung des Verschmelzungsplans bereits vorliegt (bereits vor Offenlegung des Verschmelzungsplans kann ein Verfahren gemäß §§ 6 ff. MgVG durchgeführt und abgeschlossen werden), ist dieses kurz zu erläutern.[54] Findet auf die übernehmende oder neue Gesellschaft ausländisches Recht Anwendung, gelten dessen Umsetzungsbestimmungen zu Art. 133 GesR-RL (früher Art. 16 RL 2005/56/EG), deutsches Recht gilt dann nur für die Wahl der deutschen Vertreter im Besonderen Verhandlungsgremium; beides ist im Plan knapp wiederzugeben.[55]

Der Verschmelzungsplan muss des Weiteren Angaben zur Bewertung des Aktiv- und 34
Passivvermögens, das auf die übernehmende oder neue Gesellschaft übertragen wird, enthalten (§ 122c Abs. 2 Nr. 11 UmwG). Nach überwiegender Ansicht beziehen sich die Angaben auf die Wertansätze, mit denen das übertragene Vermögen in das Rechnungswesen der aufnehmenden Gesellschaft übernommen werden soll, ob also in Ausübung des Wahlrechtes nach § 24 UmwG die Buchwerte oder Teil- oder Zwischenwerte angesetzt werden.[56] Denn der übernehmende Rechtsträger hat als Folge der Regelung des § 24 UmwG die Wahl, die übergehenden Wirtschaftsgüter entweder mit den in der Schlussbilanz gemäß § 17 Abs. 2 UmwG ausgewiesenen Werten fortzuführen oder nach dem Anschaffungskostenprinzip zu erfassen.[57] Umstritten ist, ob die Angaben im Verschmelzungsplan bei Ausübung von bilanziellen Bewertungswahlrechten bereits verbindlich sind[58] oder ob die Angabe, eine Entscheidung sei noch nicht getroffen, die Anforderung nach Abs. 2 Nr. 11 ebenfalls erfüllt.[59]

§ 122c Abs. 2 Nr. 12 UmwG bestimmt schließlich, dass im Verschmelzungsplan der 35
Stichtag der Bilanzen der an der Verschmelzung beteiligten Gesellschaften, die zur Festle-

---

[50] Vgl. Semler/Stengel/*Drinhausen* UmwG § 122a Rn. 30; Henssler/Strohn/*Polley* UmwG § 122c Rn. 20 mwN.
[51] Semler/Stengel/*Drinhausen* UmwG § 122a Rn. 30; Widmann/Mayer/*Mayer* UmwG § 122a Rn. 120; HK-UmwG/*Becker/Uxa* UmwG § 122a Rn. 33.
[52] Semler/Stengel/*Drinhausen* UmwG § 122a Rn. 31.
[53] Kallmeyer/*Willemsen* UmwG § 122a Rn. 29.
[54] Semler/Stengel/*Drinhausen* UmwG § 122a Rn. 31.
[55] Zu Einzelheiten bei deutsch-österreichischem Verschmelzungen *Herrler/S. Schneider* GmbHR 2011, 795 (796).
[56] *Kiem* WM 2006, 1091 (1095); *Simon/Rubner* DK 2006, 835 (838); Semler/Stengel/*Drinhausen* UmwG § 122a Rn. 35; Henssler/Strohn/*Polley* UmwG § 122c Rn. 22.
[57] Schmitt/Hörtnagl/*Hörtnagl* UmwG § 122a Rn. 30; zu Einzelheiten Schmitt/Hörtnagl/*Hörtnagl* UmwG § 24 Rn. 20 ff.
[58] So Semler/Stengel/*Drinhausen* UmwG § 122a Rn. 36.
[59] So *Limmer* ZNotP 2007, 242 (255); *Vetter* AG 2006, 613 (619); *Simon/Rubner* DK2006, 835 (838).

gung der Bedingungen der Verschmelzung verwendet werden, anzugeben ist. Vollständige Bilanzen müssen nicht aufgenommen werden.[60]

36 Je nach Sachlage können weitere Angaben hinzutreten, ebenso können bestimmte Angaben im Einzelfall entbehrlich sein. Bei den in der Praxis häufigen Upstream-Verschmelzungen etwa entfallen gemäß § 122c Abs. 3 UmwG die Angaben gemäß Abs. 2 Nr. 2, 3 und 5. Außerhalb des Anwendungsbereichs dieser Vorschrift empfiehlt es sich indes, das Nichtvorliegen einzelner Katalogtatbestände im Verschmelzungsplan klarstellend zu vermerken.

37 Bei Vorliegen der Voraussetzungen des § 122i UmwG ist die übertragende Gesellschaft nach dieser Vorschrift verpflichtet, der Verschmelzung widersprechenden Anteilsinhabern im Verschmelzungsplan oder seinem Entwurf ein Abfindungsangebot zu unterbreiten. Diese Vorschrift betrifft Fälle der Hinausverschmelzung und soll die Anteilsinhaber der übertragenden, deutschen Gesellschaft davor schützen, eine Beteiligung an einer ausländischen Gesellschaft entschädigungslos hinnehmen zu müssen.[61] Die Bestimmung passt die für nationale Verschmelzungen geltenden Bestimmungen zum Ausscheiden von Minderheitsgesellschaftern gegen Barabfindung an die Besonderheiten der grenzüberschreitenden Verschmelzung an, indem sie die Entschädigungspflicht dem übertragenden Rechtsträger auferlegt, da der deutsche Gesetzgeber eine Entschädigungspflicht der ausländischen übernehmenden Gesellschaft nicht anordnen kann.

38 Der Verschmelzungsplan muss gemäß § 122i Abs. 1 S. 1 UmwG das Ausscheiden gegen angemessene Barabfindung anbieten. Gemäß S. 3 gilt § 30 UmwG entsprechend; mithin muss die Barabfindung die Verhältnisse des übertragenden Rechtsträgers im Zeitpunkt der Beschlussfassung berücksichtigen. Nach § 30 Abs. 1 UmwG ergibt sich ein Zinsanspruch aus § 15 Abs. 2 UmwG. Gemäß dem ebenfalls kraft Verweisung anwendbaren § 30 Abs. 2 UmwG muss ein Verschmelzungsprüfer die anzubietende Barabfindung prüfen. Sofern auf die Verschmelzungsprüfung und/oder auf einen Verschmelzungsprüfungsbericht verzichtet wird, was nur bei Verzicht aller Anteilsinhaber oder bei Konzernverschmelzungen möglich ist (vgl. → Rn. 57 f.), muss ebenfalls ausdrücklich auf die Prüfung des Abfindungsangebotes verzichtet werden.[62]

### 3. Bekanntmachung des Verschmelzungsplans (§ 122d UmwG)

39 § 122d UmwG regelt, dass der Verschmelzungsplan vor der Beschlussfassung der Anteilsinhaber bekannt zu machen ist. Die Bestimmung dient der Umsetzung von Art. 123 GesR-RL (früher Art. 6 RL 2005/56/EG), entspricht inhaltlich Art. 22 SE-VO und bezweckt den Schutz von Gesellschaftern und Dritten durch eine möglichst frühe Information über die grenzüberschreitende Verschmelzung (vgl. Erwägungsgrund 58 GesR-RL, früher Erwägungsgrund 5 RL 2005/56/EG).[63]

### a) Voraussetzungen

40 Nach S. 1 ist der Verschmelzungsplan oder sein Entwurf spätestens einen Monat vor der Versammlung der Anteilsinhaber (die nach § 1 Abs. 2 COVMG auch eine virtuelle Versammlung sein kann; vgl. → Rn. 61 ff.), die nach § 13 UmwG über die Zustimmung zum Verschmelzungsplan beschließen soll, dem Register einzureichen. Schuldner der Einreichungspflicht sind die jeweils beteiligten inländischen Kapitalgesellschaften.[64] Sind mehrere Kapitalgesellschaften beteiligt, muss jede Gesellschaft entsprechende Unterlagen einrei-

---

[60] Semler/Stengel/*Drinhausen* UmwG § 122a Rn. 37; Schmitt/Hörtnagl/*Hörtnagl* UmwG § 122a Rn. 33; aA *Haritz/v. Wolff* GmbHR 2006, 340 (341).
[61] Goebel/Ungemach/*Galla/Heßeling/Jürgensen/Nölle* Kap. III Rn. 91; Henssler/Strohn/*Polley* UmwG § 122i Rn. 2.
[62] Schmitt/Hörtnagl/*Hörtnagl* UmwG § 122i Rn. 12.
[63] Lutter/*Bayer* UmwG § 122a Rn. 1.
[64] Widmann/Mayer/*Mayer* UmwG § 122a Rn. 9; Schmitt/Hörtnagl/*Hörtnagl* UmwG § 122a Rn. 2.

chen. Für jede beteiligte Gesellschaft erfolgt die Bekanntmachung getrennt. Für ausländische Gesellschaften gelten im Hinblick auf Einreichung und Bekanntmachung ausschließlich die nationalen Umsetzungsvorschriften, nicht aber § 122d UmwG. Das „Registergericht" im Sinne der Bestimmung bestimmt sich nach §§ 376, 377 Abs. 1 FamFG iVm § 23a Abs. 1 Nr. 2, Abs. 2 Nr. 3 GVG. Zuständig ist demnach das Amtsgericht, in dessen Bezirk der Satzungssitz der betroffenen inländischen Gesellschaft liegt.

Eingereicht werden muss der Verschmelzungsplan oder sein Entwurf. Dabei sind auch die in S. 2 Nr. 2–4 genannten Angaben dem Register mitzuteilen. Der Entwurf muss mit der Version identisch sein, über die die Gesellschafterversammlung beschließt. Sofern nachträglich Änderungen erfolgen, kann der Zustimmungsbeschluss angefochten werden,[65] es sei denn, es erfolgt eine erneute Einreichung und ggf. eine erneute (fristrelevante) Bekanntmachung.[66] Ist nach § 122i UmwG ein Abfindungsangebot zu unterbreiten, so muss im Rahmen der Bekanntmachung auch der Wortlaut des Abfindungsangebotes wiedergegeben werden.[67] Die Übermittlung muss unter Beachtung von § 12 Abs. 2 HGB in elektronischer Form erfolgen. 41

Die Monatsfrist wird nach den allgemeinen Vorschriften der §§ 187ff. BGB berechnet.[68] Die Frist beginnt mit der Einreichung und der Mitteilung aller Angaben nach S. 2 Nr. 2–4 und nicht erst mit der Bekanntmachung des Verschmelzungsplans oder seines Entwurfs.[69] Die Monatsfrist ist rückwärts, ausgehend vom Tag der Anteilsinhaberversammlung, der selbst nicht mitzurechnen ist (§ 187 Abs. 1 BGB), zu berechnen. Die Frist „endet" also mit Beginn des Tages, der durch seine Zahl dem Tag der Anteilsinhaberversammlung entspricht (§ 188 Abs. 2 BGB). Mithin muss die Einreichung spätestens einen Tag vor dem so errechneten Fristbeginn erfolgt sein. Bedarf es bei einer Konzernverschmelzung keines Gesellschafterbeschlusses der übertragenden Gesellschaft (§ 122 g Abs. 2 UmwG), findet § 62 Abs. 4 S. 3 UmwG entsprechende Anwendung: Die Einreichung hat dann innerhalb eines Monats nach Aufstellung des Verschmelzungsplans oder seines Entwurfes zu erfolgen.[70] 42

### b) Rechtsfolgen

Die Nichteinreichung, die nicht vollständige oder verspätete Einreichung führt zur Anfechtbarkeit des Zustimmungsbeschlusses.[71] Wird der Verschmelzungsplan nicht oder nicht vollständig eingereicht oder werden die von der Bestimmung geforderten Angaben nicht oder unvollständig mitgeteilt, besteht ein Eintragungshindernis.[72] Das Registergericht kann nach § 14 HGB auf die Einreichung durch die verpflichteten Organe der beteiligten Gesellschaften notfalls durch die Festsetzung von Zwangsgeld hinwirken.[73] 43

Das Gericht hat unverzüglich die Angaben zusammen mit dem Hinweis auf die Einreichung des Verschmelzungsplanes oder seines Entwurfes nach § 10 HGB bekanntzumachen (bei der nationalen Verschmelzung von Aktiengesellschaften wird dagegen nur der Hinweis auf die Einreichung des Verschmelzungsvertrages oder seines Entwurfes bekanntgemacht, § 61 UmwG). Als Folge der elektronischen Registerführung erfolgt auch die Bekanntmachung gemäß § 122d S. 2 UmwG in elektronischer Form in dem von der 44

---

[65] Schmitt/Hörtnagl/*Hörtnagl* UmwG § 122a Rn. 6; Henssler/Strohn/*Polley* UmwG § 122d Rn. 4.
[66] Krauel/Mense/*Wind* DK 2010, 541 (542f.).
[67] Lutter/*Bayer* UmwG § 122d Rn. 11; Lutter/*Grunewald* UmwG § 29 Rn. 21ff.
[68] Semler/Stengel/*Drinhausen* UmwG § 122a Rn. 10; Widmann/Mayer/*Mayer* UmwG § 122a Rn. 26f.
[69] Semler/Stengel/*Drinhausen* UmwG § 122a Rn. 9; Schmitt/Hörtnagl/*Hörtnagl* UmwG § 122a Rn. 9; Freundorfer/Festner GmbHR 2010, 195 (198).
[70] Semler/Stengel/*Drinhausen* UmwG § 122a Rn. 8.
[71] Widmann/Mayer/*Mayer* Rn. 40; Schmitt/Hörtnagl/*Hörtnagl* Rn. 3.
[72] Widmann/Mayer/*Mayer* UmwG § 122a Rn. 42; für die nationale Verschmelzung von Aktiengesellschaften vgl. Semler/Stengel/*Diekmann* UmwG § 61 Rn. 19.
[73] Schmitt/Hörtnagl/*Hörtnagl* UmwG § 122a Rn. 3.

### c) Kein Verzicht

45 Da die Bekanntmachung gemäß § 122d UmwG nicht nur dem Gesellschafter-, sondern auch dem Gläubigerschutz dient, ist ein Verzicht auf die Bekanntmachung durch Verzicht auf Einreichung entsprechender Unterlagen nicht zulässig, selbst wenn alle Gesellschafter aller beteiligten Gesellschaften zustimmen.[74] In Betracht kommt allenfalls eine Verkürzung der Monatsfrist bei Zustimmung aller Gesellschafter aller beteiligten Gesellschaften, da die Frist für die Geltendmachung des Anspruchs auf Sicherheitsleistung nach § 122j UmwG nicht mit der Einreichung, sondern mit der Bekanntmachung aller Angaben gemäß S. 2 Nr. 1–4 zu laufen beginnt.[75] Unabhängig davon muss jedoch die Monatsfrist für die Zugänglichmachung des Verschmelzungsberichtes nach § 122e UmwG insbesondere zugunsten der Arbeitnehmer eingehalten werden.

### 4. Verschmelzungsbericht (§§ 8, 122e UmwG)

46 Die Vertretungsorgane der beteiligten Rechtsträger sind verpflichtet, einen Verschmelzungsbericht zu erstellen (§ 8 UmwG). Dieser ausführliche schriftliche Bericht soll den Anteilsinhabern ermöglichen, eine Plausibilitätskontrolle vorzunehmen.[76] Die Anteilsinhaber erhalten auf diese Weise Informationen zu Einzelheiten der Verschmelzung, auf deren Grundlage sie über die Zustimmung beschließen können. Zu den wesentlichen Informationen zählen insbesondere das Umtauschverhältnis und die Höhe der Barabfindung für die der Verschmelzung widersprechenden Anteilsinhaber.

47 Für die grenzüberschreitende Verschmelzung erweitert § 122e UmwG den notwendigen Umfang des Verschmelzungsberichts zunächst dahingehend, dass die Auswirkungen der Verschmelzung auf die Gläubiger und die Arbeitnehmer zu erläutern sind. Der Verschmelzungsbericht dient also auch dem Schutz der Arbeitnehmer, was daran deutlich wird, dass der Verschmelzungsbericht auch dem Betriebsrat bzw. bei Fehlen eines Betriebsrates den einzelnen Arbeitnehmern zugänglich zu machen ist. Dem Verschmelzungsbericht kommen somit im Hinblick auf die Arbeitnehmer vergleichbare Funktionen zu wie dem Verschmelzungsvertrag, der nach § 5 Abs. 3 UmwG dem Betriebsrat zuzuleiten ist. Anders als der Verschmelzungsplan ist der Verschmelzungsbericht grundsätzlich nicht gemeinsam, sondern von jeder Gesellschaft zu verfassen, und bezieht sich dann auch nur auf die jeweiligen Gläubiger und Arbeitnehmer jeder Gesellschaft. Ein gemeinsamer Bericht ist jedoch zulässig, sofern die Rechtsordnungen der beteiligten ausländischen Rechtsträger diesen ebenfalls kennen und der gemeinsame Bericht auch den Anforderungen aller sonstigen betroffenen Rechtsordnungen entspricht.[77]

48 Da anders als beim „normalen" Verschmelzungsbericht nach § 8 UmwG nicht ausschließlich den Interessen der Anteilsinhaber gedient wird, können diese nach dem Verweisungsausschluss in § 122e S. 3 UmwG nicht auf die Erstellung des Berichts verzichten.[78] Allerdings wird im Rahmen einer teleologischen Reduktion von S. 3 der Bestimmung von der hM vertreten, dass die Anteilsinhaber dann auf den Verschmelzungsbericht ausnahmsweise verzichten können, wenn die an der Verschmelzung beteiligten

---

[74] Schmitt/Hörtnagl/*Hörtnagl* UmwG § 122a Rn. 10 mwN.
[75] Semler/Stengel/*Drinhausen* UmwG § 122a Rn. 12; Schmitt/Hörtnagl/*Hörtnagl* UmwG § 122a Rn. 10; Lutter/*Bayer* UmwG § 122a Rn. 18; nun auch Widmann/Mayer/*Mayer* UmwG § 122a Rn. 30.
[76] OLG Hamm 19.6.1988, DB 1988, 1842; OLG Karlsruhe 30.6.1989, WM 1989, 1134; Henssler/Strohn/*Polley* UmwG § 122e Rn. 3.
[77] Semler/Stengel/*Drinhausen* UmwG § 122a Rn. 5; Schmitt/Hörtnagl/*Hörtnagl* UmwG § 122a Rn. 4; Henssler/Strohn/*Polley* UmwG § 122a Rn. 6; Tebben/*Tebben* DB 2007, 2355 (2359).
[78] *Ege/Klett* GWR 2011, 399; Widmann/Mayer/*Mayer* UmwG § 122a Rn. 37; Henssler/Strohn/*Polley* UmwG § 122a Rn. 10.

Gesellschaften – verbundene Unternehmen sind nicht einzubeziehen – keine Arbeitnehmer haben.[79] Ein Verzicht wird des Weiteren dann für zulässig gehalten, wenn alle Anteilsinhaber aller beteiligten Gesellschaften sowie die zuständigen Betriebsräte oder, falls es keinen Betriebsrat gibt, die betroffenen Arbeitnehmer der an der grenzüberschreitenden Verschmelzung beteiligten Gesellschaften auf die Erstattung des Verschmelzungsberichtes verzichten.[80] Bei einem Verzicht – auch der Arbeitnehmer – gilt grundsätzlich § 8 Abs. 3 S. 3 UmwG (notarielle Beurkundung). Da sich der Bestand der Arbeitnehmer ständig ändern kann und der Wortlaut von § 122e S. 3 UmwG eindeutig ist, ist in der Praxis von einem Verzicht auf den Verschmelzungsbericht abzuraten.[81]

Nach § 122e S. 2 UmwG ist der Verschmelzungsbericht den Anteilsinhabern sowie dem Betriebsrat der an der grenzüberschreitenden Verschmelzung beteiligten inländischen Gesellschaft spätestens einen Monat vor der Versammlung der Anteilsinhaber, die über die Verschmelzung beschließt, zugänglich zu machen. Existiert in der betreffenden Gesellschaft kein Betriebsrat, so ist der Bericht den Arbeitnehmern der beteiligten inländischen Gesellschaft zugänglich zu machen. Anders als bei der nationalen Verschmelzung differenziert § 122e S. 2 UmwG bei der Zugänglichmachung nicht rechtsformspezifisch, sondern ordnet einheitlich Zugänglichmachung nach § 63 Abs. 1 Nr. 4 UmwG an. Gemeint ist hier nur der Bericht der betroffenen inländischen Gesellschaft,[82] die Berichte der anderen beteiligten (ausländischen) Gesellschaften müssen jedenfalls nicht nach § 122e S. 2 UmwG zugänglich gemacht werden. Die Zugänglichmachung der Verschmelzungsberichte der beteiligten ausländischen Gesellschaften im Interesse derer Anteilsinhaber und Arbeitnehmer erfolgt nach dem jeweils anwendbaren ausländischen Recht.[83]

49

Da die Bestimmung nur von Zugänglichmachung unter anderem gegenüber den Arbeitnehmern spricht, bedarf es insbes. nicht der Zuleitung des Berichtes an den Betriebsrat, das schlichte Auslegen des Verschmelzungsberichtes ist ausreichend.[84] Für die Einsichtnahme durch Arbeitnehmervertreter ist im Regelfall der Gesamtbetriebsrat zuständig. Ist kein Gesamtbetriebsrat vorhanden, sind die Betriebsräte der beteiligten inländischen Gesellschaft zur Einsichtnahme berechtigt.

50

Die Zugänglichmachung zugunsten von Anteilsinhabern und Arbeitnehmern hat schließlich in dem Geschäftsraum der Gesellschaft durch Auslegung zu erfolgen. Ausgelegt werden muss nur der Bericht der beteiligten inländischen Gesellschaft; anders als § 63 Abs. 1 Nr. 4 UmwG, der die Berichte aller an der nationalen Verschmelzung beteiligten Gesellschaften meint, bezieht sich § 122e S. 2 UmwG nur auf den Bericht der betroffenen inländischen Gesellschaft. Nur den Anteilsinhabern von AG/KGaA/SE sind überdies die Berichte der anderen beteiligten in- und ausländischen Rechtsträger nach § 122a Abs. 2 UmwG iVm § 63 Abs. 1 Nr. 4 UmwG zugänglich zu machen.[85] Nach § 63 Abs. 4 UmwG entfällt die Verpflichtung zur Auslegung nach § 63 Abs. 1 UmwG und der Anspruch auf Erteilung von Abschriften nach § 63 Abs. 3 S. 1 UmwG, wenn die Unterlagen für denselben Zeitraum (gemeint ist der Zeitraum von Einberufung der Gesellschafterversammlung bis zur Beschlussfassung nach § 13 UmwG) über die Internetseite der Gesellschaft zugänglich sind.

51

---

[79] Semler/Stengel/*Drinhausen* UmwG § 122a Rn. 13; Schmitt/Hörtnagl/*Hörtnagl* UmwG § 122a Rn. 14; *Kulenkamp*, Die grenzüberschreitende Verschmelzung von Kapitalgesellschaften in der EU, 2009, 228; Henssler/Strohn/*Polley* UmwG § 122a Rn. 11; aA *Limmer* ZNotP 2007, 282 (283); *Freundorfer/Festner* GmbHR 2010, 795 (798); Widmann/Mayer/*Mayer* UmwG § 122a Rn. 38.
[80] Semler/Stengel/*Drinhausen* UmwG § 122a Rn. 13; *H.-F. Müller* DK 2007, 81 (82); *Gesell/Krömker* DB 2006, 2558 (2562); aA Kölner Komm UmwG/*Simon/Rubner* UmwG § 122a Rn. 12.
[81] Zutr. Kölner Komm UmwG/*Simon/Rubner* UmwG § 122a Rn. 12 ff.; *Freundorfer/Festner* GmbHR 2010, 195 (198).
[82] Kallmeyer/*Marsch-Barner/Wilk* UmwG § 122a Rn. 4.
[83] Schmitt/Hörtnagl/*Hörtnagl* UmwG § 122a Rn. 15.
[84] Semler/Stengel/*Drinhausen* UmwG § 122a Rn. 17; Schmitt/Hörtnagl/*Hörtnagl* UmwG § 122a Rn. 18.
[85] Schmitt/Hörtnagl/*Hörtnagl* UmwG § 122a Rn. 18.

52  Zur Berechnung der Monatsfrist für die Zugänglichmachung nach S. 2 der Bestimmung gelten die allgemeinen Bestimmungen. Die Pflicht zur Zugänglichmachung endet mit dem Beginn der Gesellschafterversammlung (zu Einzelheiten, wie etwa die virtuelle Abhaltung der Versammlung, vgl. → Rn. 62), die über die Zustimmung zum Verschmelzungsplan beschließt.[86] Da § 63 Abs. 3 S. 1 UmwG durch S. 2 der Bestimmung nicht in Bezug genommen ist, können Arbeitnehmervertreter oder Arbeitnehmer keine kostenlose Abschrift des Verschmelzungsberichtes verlangen.[87] Für die Anteilsinhaber einer inländischen AG/KGaA/SE findet § 63 Abs. 3 UmwG jedoch über § 122a Abs. 2 UmwG Anwendung, sodass jedenfalls die Anteilsinhaber der genannten Kapitalgesellschaften eine Abschrift fordern können, falls die Gesellschaft die Unterlagen nicht auf ihrer Internetseite zugänglich gemacht hat (§ 63 Abs. 4 UmwG).[88]

### 5. Verschmelzungsprüfung (§§ 9–12, 122 f UmwG)

53  § 122f UmwG setzt Art. 125 GesR-RL (früher Art. 8 RL 2005/56/EG) um und ordnet eine Prüfung des Verschmelzungsplanes durch einen oder mehrere unabhängige Sachverständige nach den Bestimmungen der §§ 9–12 UmwG an. Die von der Bestimmung angeordnete Prüfungspflicht gilt für alle inländischen an der grenzüberschreitenden Verschmelzung beteiligten Gesellschaften iSv § 122b UmwG.[89] Der Umfang der Prüfung bezieht sich auf die formelle und materielle Richtigkeit des Verschmelzungsplans bzw. seines Entwurfs. Sie dient dem Schutz der Anteilsinhaber, woraus folgt, dass insbesondere das Umtauschverhältnis einen Schwerpunkt der Prüfung bildet.[90]

54  Die Bestellung des Verschmelzungsprüfers erfolgt nach § 10 Abs. 1 S. 2 UmwG auf Antrag der Vertretungsorgane durch das Landgericht am Sitz einer der übertragenden Gesellschaften. Diese Bestimmung wäre grundsätzlich unanwendbar, wenn eine inländische Gesellschaft nur als übernehmender Rechtsträger beteiligt ist. Nach allgemeiner Meinung wird für diesen Fall von einer Regelungslücke ausgegangen; die Zuständigkeitsregelung des § 10 Abs. 2 UmwG soll auf diesen Fall entsprechende Anwendung finden.[91] Dies gilt allerdings nur, wenn an der grenzüberschreitenden Verschmelzung keine sonstigen inländischen Gesellschaften als übertragende Rechtsträger beteiligt sind, denn in diesem Fall sind deren Landgerichte örtlich zuständig.[92] § 10 Abs. 4 UmwG ermächtigt zudem die Landesregierungen zu einer Konzentration der örtlichen Zuständigkeiten.[93]

55  Entscheiden sich die beteiligten Gesellschaften für eine gemeinsame Prüfung, ist diese – übereinstimmend mit Art. 125 Abs. 2 GesR-RL (früher Art. 8 Abs. 2 RL 2005/56/EG) – gemäß § 10 Abs. 1 S. 2 UmwG zulässig, wenn die Rechtsordnungen der übrigen beteiligten Gesellschaften eine gemeinsame Prüfung ebenfalls zulassen. Letzteres dürfte der Regelfall sein, da entsprechende Bestimmungen in Ausführung von Art. 125 GesR-RL (früher Art. 8 RL 2005/56/EG) geschaffen wurden.[94] Bei zulässiger gemeinsamer Prüfung kann der Antrag auf Bestellung des Prüfers in jedem Mitgliedstaat, dessen Recht einer der sich verschmelzenden Rechtsträger unterliegt, oder im Sitzstaat der aus der Verschmelzung hervorgehenden Gesellschaft gestellt werden (Art. 125 Abs. 2 GesR-RL, früher Art. 8

---

[86] Schmitt/Hörtnagl/*Hörtnagl* UmwG § 122a Rn. 19; Widmann/Mayer/*Mayer* UmwG § 122a Rn. 14f.; Kölner Komm UmwG/*Simon/Rubner* UmwG § 122a Rn. 18.
[87] Widmann/Mayer/*Mayer* UmwG § 122a Rn. 21.
[88] Schmitt/Hörtnagl/*Hörtnagl* UmwG § 122a Rn. 20.
[89] Widmann/Mayer/*Mayer* UmwG § 122a Rn. 1.
[90] Semler/Stengel/*Drinhausen* UmwG § 122a Rn. 2; Goebel/Ungemach/*Galla/Heßeling/Jürgensen/Nölle* Kap. II Rn. 14; Henssler/Strohn/*Polley* UmwG § 122a Rn. 6.
[91] Semler/Stengel/*Drinhausen* UmwG § 122a Rn. 4; Schmitt/Hörtnagl/*Hörtnagl* UmwG § 122a Rn. 3; Kallmeyer/*Marsch-Barner/Wilk* UmwG § 122a Rn. 8; Lutter/*Bayer* UmwG § 122a Rn. 5; Holzborn/Mayston ZIP 2012, 2380 (2384).
[92] Lutter/*Bayer* UmwG § 122a Rn. 5.
[93] Übersicht bei *Limmer* in Limmer HdB Unternehmensumwandlung Teil 2 Rn. 1063.
[94] Schmitt/Hörtnagl/*Hörtnagl* UmwG § 122a Rn. 2.

Abs. 2 RL 2005/56/EG). In diesem Fall richtet sich das Verfahren nach dem Recht des jeweiligen Staates.[95] Mit der Wahl des zuständigen Gerichtes haben die Parteien auch die Möglichkeit, das auf die Prüfung anzuwendende Recht zu bestimmen.[96] Inhaltlich ist bei gemeinsamer Verschmelzungsprüfung kumulativ den Anforderungen der Rechtsordnungen aller beteiligten Rechtsträger zu entsprechen, da bei Absehen von der Vereinigungstheorie die Gefahr des Missbrauchs zulasten der Anteilsinhaber besteht.[97]

Der Prüfungsbericht ist gemäß § 122f S. 1 UmwG, § 12 Abs. 1 S. 1 UmwG schriftlich zu erstellen. Zentrales Thema ist neben der Vollständigkeit und Richtigkeit des Verschmelzungsplans die Angemessenheit des vorgeschlagenen Umtauschverhältnisses und etwaiger ggf. vorgesehener barer Zuzahlungen.[98] Auch ein etwaiges Barabfindungsgebot nach § 122i UmwG wird geprüft. Werden gemeinsame Verschmelzungsprüfer bestellt, müssen diese einheitlich berichten. Selbst bei personenverschiedenen Verschmelzungsprüfern ist eine gemeinsame Berichterstattung möglich (§ 12 Abs. 1 S. 2 UmwG); auch hierbei kommt es darauf an, dass das ausländische Recht Entsprechendes vorsieht. Auch bei einer derartigen gemeinsamen Berichterstattung muss der Inhalt des Prüfungsberichtes nach der Vereinigungstheorie dem Inhalt aller Rechtsordnungen aller beteiligten Gesellschaften entsprechen; auch hierbei setzt sich die jeweils strengste Regelung durch und muss daher beachtet werden. Dies gilt auch für das eigentliche Prüfungstestat.[99] Der Bericht muss in deutscher Sprache erstellt sein; im Falle einer gemeinsamen Verschmelzungsprüfung ist daher mindestens auch eine deutsche Fassung zu erstellen.[100] Der Verschmelzungsprüfungsbericht muss nach S. 2 spätestens einen Monat vor der Versammlung (zu Einzelheiten, wie etwa der virtuellen Abhaltung, vgl. → Rn. 61 ff.) der Anteilsinhaber, die nach § 13 UmwG über die Zustimmung zum Verschmelzungsplan beschließen soll, vorliegen; hiermit wird Art. 125 Abs. 1 S. 1 GesR-RL (früher Art. 8 Abs. 1 S. 1 RL 2005/56/EG) umgesetzt. 56

Wenn alle Anteilsinhaber aller beteiligten Gesellschaften auf Verschmelzungsprüfung und Verschmelzungsprüfungsbericht verzichten, sind die Prüfung und der entsprechende Bericht obsolet, § 122f S. 1 UmwG iVm § 9 Abs. 3 UmwG, § 12 Abs. 3 UmwG und § 8 Abs. 3 UmwG.[101] Mithin müssen auch die ausländischen Anteilsinhaber den Verzicht erklären.[102] Grundsätzlich gilt für den Verzicht gemäß § 8 Abs. 3 S. 2 UmwG das Erfordernis der notariellen Beurkundung, und zwar auch dann, wenn sich die Anteilsinhaber der deutschen Gesellschaft nicht im Inland aufhalten.[103] Strittig ist, ob die Verzichtserklärungen der Anteilsinhaber der ausländischen Gesellschaften ebenfalls in notariell beurkundeter Form erklärt werden müssen (der genannte Verweis auf die diesbezüglichen Bestimmungen der nationalen Verschmelzung steht im Einklang mit Art. 125 Abs. 4 GesR-RL, früher Art. 8 Abs. 4 RL 2005/56/EG).[104] Die Beurkundung der Verzichtserklärung der Anteilsinhaber der beteiligten ausländischen Gesellschaft vor einem deutschen Notar genügt 57

---

[95] Lutter/*Bayer* UmwG § 122a Rn. 3; Semler/Stengel/*Drinhausen* UmwG § 122a Rn. 5; Widmann/Mayer/*Mayer* UmwG § 122a Rn. 12.
[96] Bayer/*Schmidt* NZG 2006, 841 (843); Semler/Stengel/*Drinhausen* UmwG § 122a Rn. 5; Schmitt/Hörtnagl/*Hörtnagl* UmwG § 122a Rn. 3.
[97] Widmann/Mayer/*Mayer* UmwG § 122a Rn. 11; HK-UmwG/*Becker/Uxa* UmwG § 122a Rn. 7; aA Bayer/J. *Schmidt* NZG 2006, 841 (842f.); Lutter/*Bayer* UmwG § 122a Rn. 3.
[98] Schmitt/Hörtnagl/*Hörtnagl* UmwG § 122a Rn. 4, Henssler/Strohn/*Polley* UmwG § 122a Rn. 6.
[99] Schmitt/Hörtnagl/*Hörtnagl* UmwG § 122a Rn. 5.
[100] Semler/Stengel/*Drinhausen* UmwG § 122a Rn. 6; ebenso für die Gründungsprüfung einer durch Verschmelzung entstehenden SE *Scheifele*, Die Gründung der Europäischen Aktiengesellschaft (SE), 2004, 202.
[101] Semler/Stengel/*Drinhausen* UmwG § 122a Rn. 7.
[102] Semler/Stengel/*Drinhausen* UmwG § 122a Rn. 7; Widmann/Mayer/*Mayer* UmwG § 122a Rn. 24; Kallmeyer/*Lanfermann* UmwG § 122a Rn. 4; *H.-F. Müller* DK 2007, 81 (82).
[103] Kallmeyer/*Lanfermann* UmwG § 122a Rn. 4.
[104] Dafür Widmann/Mayer/*Mayer* UmwG § 122a Rn. 25; Semler/Stengel/*Drinhausen* UmwG § 122a Rn. 7; Drinhausen/*Keinath* BB 2006, 725 (729); Henssler/Strohn/*Polley* UmwG § 122f Rn. 9; aA *H.-F. Müller* DK 2007, 81 (82).

für das Formerfordernis in jedem Fall,[105] ist aber nicht zwingend erforderlich, da für die Beurkundung die jeweilige Ortsform ausreicht.[106]

58 Die Verschmelzungsprüfung und/oder der Prüfungsbericht sind gemäß § 8 Abs. 3 S. 1 UmwG entbehrlich, wenn sich alle Anteile eines übertragenden Rechtsträgers in der Hand des übernehmenden Rechtsträgers befinden (Upstream-Verschmelzung; dies entspricht Art. 132 Abs. 1 GesR-RL, früher Art. 15 Abs. 1 RL 2005/56/EG). Die Zulässigkeit des Verzichtes der ausländischen Anteilsinhaber bzw. eine etwaige Entbehrlichkeit bestimmt sich bei der Mutter-Tochter-Konstellation dabei nach der jeweils betroffenen ausländischen Rechtsordnung.[107]

### 6. Kartellrechtliche Aspekte

59 Kartellrechtliche Vorgaben können im Rahmen einer beabsichtigten Verschmelzung relevant werden und müssen dann beachtet werden. In Betracht kommen hier zum einen die Vorschriften der FKVO, wonach ein Zusammenschluss bzw. Verschmelzung unter bestimmten Voraussetzungen bei der EU-Kommission anzumelden ist (Art. 4 FKVO), zum anderen nationale Vorschriften der Zusammenschlusskontrolle nach den §§ 35 ff. GWB. Im letztgenannten Fall ist die Verschmelzung vor ihrem Vollzug beim Bundeskartellamt anzumelden (§ 39 Abs. 1 GWB).

60 Solange eine erforderliche Freigabe bzw. Befreiung durch die zuständige Kartellbehörde nicht vorliegt, besteht ein Vollzugsverbot (Art. 7 FKVO, § 41 Abs. 1 S. 1 GWB), das die schwebende Unwirksamkeit des Verschmelzungsplans zur Folge hat. Wird ein solcher Umwandlungsvorgang dennoch vollzogen, droht die Rückabwicklung nach Art. 8 FKVO bzw. § 41 Abs. 3 S. 1 GWB. Es kann sich daher empfehlen, eine aufschiebende Bedingung in den Verschmelzungsplan aufzunehmen, wonach die Wirksamkeit von der Erteilung der kartellrechtlichen Genehmigung abhängen soll.[108]

### 7. Vorbereitung der Hauptversammlung

61 Nach §§ 122 g, 13 UmwG bedarf der Verschmelzungsplan der Zustimmung der Anteilsinhaber der beteiligten Rechtsträger, bei Beteiligung einer SE also unter anderem der Aktionäre. § 13 Abs. 1 S. 2 UmwG bestimmt, dass die Beschlussfassung in einer Versammlung der Anteilsinhaber zu erfolgen hat, ein Umlaufbeschluss ist nicht zulässig.[109] Nach dem zeitlich beschränkt geltenden § 1 COVMG (§ 7 Abs. 1 bestimmt, dass § 1 (nur) auf Hauptversammlungen und Abschlagszahlungen auf den Bilanzgewinn anzuwenden ist, die bis einschließlich 31.5.2022 stattfinden) ist allerdings unter anderem vorgesehen, dass der Vorstand mit Zustimmung des Aufsichtsrates (§ 1 Abs. 6 COVMG) die Entscheidungen über die Teilnahme der Aktionäre an der Hauptversammlung im Wege elektronischer Kommunikation nach § 118 Abs. 1 S. 2 AktG (elektronische Teilnahme) sowie weitere Erleichterungen betreffend die Stimmabgabe im Wege elektronischer Kommunikation, die Teilnahme von Aufsichtsratsmitgliedern im Wege der Bild- und Tonübertragung und die Zulassung der Bild- und Tonübertragung nach § 118 AktG auch ohne Ermächtigung durch die Satzung oder eine Geschäftsordnung treffen kann (zu Einzelheiten vgl. § 1 Abs. 1 COVMG, insbesondere § 1 Abs. 8 COVMG).

---

[105] Schmitt/Hörtnagl/*Hörtnagl* UmwG § 122a Rn. 7; Widmann/Mayer/*Mayer* UmwG § 122a Rn. 25.
[106] Semler/Stengel/*Drinhausen* UmwG § 122a Rn. 7; Kallmeyer/*Lanfermann* UmwG § 122a Rn. 4; für notarielle Beurkundung nach dem jeweiligen ausländischen Recht Widmann/Mayer/*Mayer* UmwG § 122a Rn. 25.
[107] Schmitt/Hörtnagl/*Hörtnagl* UmwG § 122a Rn. 8.
[108] Goebel/Ungemach/*Galla/Heßeling/Jürgensen/Nölle* Kap. II Rn. 18.
[109] Goebel/Ungemach/*Galla/Heßeling/Jürgensen/Nölle* Kap. II Rn. 22; Semler/Stengel/*Gehling* UmwG § 13 Rn. 14; Kallmeyer/*Zimmermann* UmwG § 13 Rn. 3.

## C. Ablauf der grenzüberschreitenden Verschmelzung § 16

Der Vorstand kann mit Zustimmung des Aufsichtsrates überdies entscheiden, dass die Versammlung ohne physische Präsenz der Aktionäre oder ihrer Bevollmächtigten als virtuelle Hauptversammlung abgehalten wird (zu Einzelheiten vgl. § 1 Abs. 2 COVMG, insbesondere § 1 Abs. 8 COVMG). Andere Länder, wie zB Österreich, haben vergleichbare Regelungen geschaffen (vgl. Verordnung der Bundesministerin für Justiz, öBGBl. II Nr. 140/2020). Im Falle einer monistisch strukturierten SE trifft diese Entscheidung (nur) der Verwaltungsrat (zu Einzelheiten vgl. § 1 COVMG, insbesondere § 1 Abs. 8 COVMG). 62

Auch sind weitere Erleichterungen für die Einberufung der Hauptversammlung (zB Verkürzung der Einberufungsfrist) und für die Entscheidung des Vorstands, Abschlagszahlungen auf den Bilanzgewinn zu zahlen, in § 1 Abs. 3 f. COVMG vorgesehen. 63

Soll ein Zustimmungsbeschluss zu einer grenzüberschreitenden Verschmelzung in einer ordentlichen Hauptversammlung der SE gefasst werden, ist zu beachten, dass nach § 1 Abs. 8 COVMG die Hauptversammlung innerhalb der ersten acht Monate des Geschäftsjahres stattfinden muss, die Sonderregelung des § 1 Abs. 5 COVMG findet nach § 1 Abs. 8 S. 2 COVMG auf die SE keine Anwendung. 64

Die Vorbereitung der jeweiligen Gesellschafterversammlung ist in verschiedenen Bestimmungen geregelt (vgl. auch § 1 COVMG).[110] Nach § 122d UmwG muss der Verschmelzungsplan oder sein Entwurf jeweils einschließlich der Satzung der übernehmenden/neuen Gesellschaft spätestens einen Monat vor der Gesellschafterversammlung zum Register eingereicht werden. Das Gericht ist verpflichtet, die in § 122d S. 2 UmwG geforderten Angaben unverzüglich bekanntzumachen. Auf die Einreichung des Verschmelzungsplanes kann nicht verzichtet werden. Der Verschmelzungsplan ist nicht dem Betriebsrat der beteiligten inländischen Gesellschaft zuzuleiten oder auf andere Art zugänglich zu machen. Der Verschmelzungsbericht jedoch ist spätestens einen Monat vor der Versammlung den Anteilsinhabern der beteiligten inländischen Gesellschaft und dem Betriebsrat – bei Fehlen eines Betriebsrates den Arbeitnehmern der inländischen Gesellschaft – durch Auslegung in den Geschäftsräumen oder (bei AG, KGaA und SE) nach § 63 Abs. 4 UmwG durch Veröffentlichung auf der Internetseite der Gesellschaft zugänglich zu machen. 65

Bei AG, KGaA und SE müssen die in § 63 UmwG aufgeführten Unterlagen (insbesondere Verschmelzungsplan, Verschmelzungsbericht und Verschmelzungsprüfungsbericht sowie die Jahresabschlüsse der letzten drei Geschäftsjahre aller an der Verschmelzung beteiligten Gesellschaften und etwaig erforderliche Zwischenbilanzen) in den Geschäftsräumen ausgelegt werden. Nach § 63 Abs. 4 UmwG (eingefügt durch das ARUG vom 30.7.2009, BGBl. 2009 I 2479) bedarf es nicht der Auslegung bzw. der Übersendung von Abschriften, sofern die relevanten Unterlagen über die Internetseite der Gesellschaft zugänglich sind. Im Hinblick auf die beteiligten ausländischen Rechtsträger sind ebenfalls entsprechende Unterlagen (Jahresabschlüsse, einzeln erstattete Verschmelzungs- und Verschmelzungsprüfungsberichte) entweder auszulegen[111] oder in der Form des § 63 Abs. 4 UmwG den Anteilsinhabern zugänglich zu machen. Die Unterlagen bezogen auf die ausländischen beteiligten Gesellschaften sind überdies vor Auslegung oder Zugänglichmachung in die deutsche Sprache zu übersetzen.[112] Im Übrigen gelten für die Vorbereitung der Gesellschafterversammlung die allgemeinen gesetzlichen Bestimmungen sowie etwaige Satzungsregelungen. 66

---

[110] Vgl. den Überblick bei Kallmeyer/*Zimmermann* UmwG § 13 Rn. 3 ff.
[111] Schmitt/Hörtnagl/*Hörtnagl* UmwG § 122a Rn. 4.
[112] Semler/Stengel/*Drinhausen* UmwG § 122a Rn. 4; Schmitt/Hörtnagl/*Hörtnagl* UmwG § 122a Rn. 4; aA *Louven* ZIP 2006, 2021 (2022).

### 8. Beachtung der Nachgründungsvorschriften (§ 67 UmwG)

67 § 67 UmwG, der bei einer grenzüberschreitenden Verschmelzung gemäß § 122a Abs. 2 UmwG (unter Beteiligung einer SE) anwendbar ist, soll gewährleisten, dass durch die Verschmelzung nicht die Voraussetzungen einer Nachgründung nach § 52 AktG umgangen werden, der gemäß Art. 9 Abs. 1 lit. c Ziff. ii SE-VO auch auf die SE anwendbar ist. Die Nachgründungsvorschriften gelten also entsprechend, wenn die Verschmelzung in den ersten zwei Jahren seit Gründung (respektive wirtschaftlicher Neugründung) der übernehmenden Gesellschaft erfolgt. Dies gilt jedoch nicht, wenn die neuen Aktien nicht mehr als 10 % des Grundkapitals der Gesellschaft ausmachen. In die Berechnung sind jegliche den neuen Aktionären zu gewährenden Aktien aufzunehmen.[113]

68 Der Aufsichtsrat hat vor der Beschlussfassung der Hauptversammlung den Verschmelzungsplan zu prüfen und einen schriftlichen Nachgründungsbericht zu erstatten, der sinngemäß dem Gründungsbericht nach § 32 AktG entspricht. Auch eine Nachgründungsprüfung entsprechend den für eine Gründungsprüfung nach §§ 33 ff. AktG geltenden Vorgaben ist erforderlich, wobei der Verschmelzungsprüfer zweckmäßigerweise auch zum Nachgründungsprüfer bestimmt werden sollte.[114] Der Handelsregisteranmeldung der Verschmelzung oder ggf. der vorangehenden Anmeldung der Kapitalerhöhung sind die in § 52 Abs. 6 AktG genannten Unterlagen beizufügen.

## II. Beschlussphase

69 Für die Beschlussfassung der Anteilsinhaber ergeben sich aus § 122 g UmwG keine Besonderheiten; nach § 122a Abs. 2 UmwG finden die allgemeinen Regelungen für die GmbH (§§ 50, 51 UmwG) und für die deutsche AG/KGaA/SE (§§ 65, 78 UmwG), ergänzt durch § 1 COVMG, Anwendung.

### 1. Erforderliche Mehrheit

70 Nach § 65 UmwG ist der Zustimmungsbeschluss grundsätzlich mit einer Mehrheit von drei Vierteln des bei der Beschlussfassung vertretenen Grundkapitals zu fassen, wobei freilich stets die Beschlussfähigkeit der Hauptversammlung nach den allgemeinen Vorschriften gegeben sein muss. Für die SE mit Sitz im Inland ist umstritten, welche Stimmenmehrheit daneben erforderlich ist, sofern die Satzung keine größere Stimmen- oder Kapitalmehrheit oder sonstige Erfordernisse festlegt: Teilweise wird hier die in Art. 59 Abs. 1 SE-VO vorgesehene Zweidrittel-Stimmenmehrheit zusätzlich für anwendbar gehalten.[115] Teilweise wird die Dreiviertel-Kapitalmehrheit im Wege einer SE-spezifischen Auslegung in eine Dreiviertel-Stimmenmehrheit umgedeutet.[116] Nicht zu begründen sein dürfte jedoch, dass ohne entsprechende Satzungsbestimmung neben der Dreiviertel-Kapitalmehrheit nur eine einfache Stimmenmehrheit erforderlich ist.[117]

### 2. Zustimmungsvorbehalt im Hinblick auf Arbeitnehmermitbestimmung

71 § 122 g Abs. 1 UmwG ermöglicht es den Anteilsinhabern, ihre Zustimmung nach § 13 UmwG davon abhängig zu machen, dass die Art und Weise der Mitbestimmung der Arbeitnehmer der übernehmenden oder neuen Gesellschaft ausdrücklich von ihnen bestätigt wird. Da bei einer grenzüberschreitenden Verschmelzung die aus einer Verschmelzung

---

[113] Goebel/Ungemach/Galla/Heßeling/Jürgensen/Nölle Kap. III Rn. 40; Kallmeyer/Marsch-Barner/Oppenhoff UmwG § 67 Rn. 4.
[114] Kallmeyer/Marsch-Barner/Oppenhoff UmwG § 67 Rn. 7.
[115] Lutter/Bayer UmwG § 122a Rn. 22.
[116] MüKoAktG/Kubis SE-VO Art. 57 Rn. 7.
[117] Für möglich gehalten von Kallmeyer/Zimmermann UmwG § 122a Rn. 13.

hervorgehende Gesellschaft ggf. dem Mitbestimmungsregime eines anderen Mitgliedstaates der EU/des EWR unterliegt, räumt Abs. 1 den Gesellschaftern ein Letztentscheidungsrecht über die Ausgestaltung der Mitbestimmung ein.[118] Die Gesellschafter können die Verschmelzung somit verhindern, wenn sie mit der Umsetzung der Arbeitnehmermitbestimmung nicht einverstanden sind.

Der Bestätigungsvorbehalt bildet einen Bestandteil des Zustimmungsbeschlusses, ohne ein selbständiger Beschluss zu sein.[119] Daher bedarf der Bestätigungsvorbehalt als Teil des Zustimmungsbeschlusses der qualifizierten Mehrheit nach § 122a Abs. 2 UmwG iVm § 50 UmwG bzw. § 65 UmwG.[120] Machen die Anteilsinhaber von dem Vorbehalt Gebrauch, bedarf es nach Festlegung der anzuwendenden Mitbestimmungsregelung einer zusätzlichen Versammlung. Die Anforderungen an die Vorbereitung und Durchführung dieser weiteren Versammlung bestimmen sich nach dem jeweiligen für die beteiligte Gesellschaft geltenden in- oder ausländischen Recht,[121] ohne dass die besonderen Regelungen des UmwG, zB im Hinblick auf die Vorbereitung der Versammlung, zu beachten sind. Dies gilt allerdings dann nicht, wenn zB aufgrund der Regelung über die Arbeitnehmermitbestimmung eine veränderte Satzung und somit ein neugefasster Verschmelzungsplan (§ 122c Abs. 2 Nr. 9 UmwG) erforderlich ist. Der Beschluss, mit dem die Arbeitnehmermitbestimmung bestätigt wird, erfordert ebenso die qualifizierte Mehrheit wie der Zustimmungsbeschluss selbst,[122] da davon die Erteilung der Verschmelzungsbescheinigung (§ 122k UmwG) und somit die gesamte Verschmelzung abhängt.[123] Auf die Frage, ob ggf. nach Festlegung der Mitbestimmung der Verschmelzungsplan wegen einer angepassten Satzung neu zu beschließen ist, oder das Argument, dass Vereinbarungen über die Mitbestimmung grundsätzlich eine Geschäftsführungsmaßnahme darstellen, kommt es demgegenüber nicht entscheidend an. Eine geringere Mehrheit ist nur dann zulässig, wenn diese im Verschmelzungsbeschluss ausdrücklich zugelassen wird.[124]

Die Befugnis im Hinblick auf den Bestätigungsbeschluss kann von den Anteilseignern nicht auf andere Organe übertragen werden, da die Letztentscheidung über die Ausgestaltung der Mitbestimmung der Arbeitnehmer bei den Anteilsinhabern und nicht bei einem anderen Organ liegen soll.[125] Solange die Bestätigung durch die Anteilsinhaber fehlt, fehlt es an der wirksamen Zustimmung der Anteilsinhaberversammlung. Wird die Zustimmung der Anteilsinhaber endgültig nicht erteilt, wird die Verschmelzung mangels Zustimmung der Anteilsinhaberversammlung nicht wirksam und kann demzufolge nicht eingetragen werden.[126]

### 3. Entbehrlichkeit der Beschlussfassung

§ 122g Abs. 2 UmwG regelt, dass ein Verschmelzungsbeschluss der Anteilsinhaber der übertragenden Gesellschaft nicht erforderlich ist, wenn sich alle Anteile einer übertragenden Gesellschaft in der Hand der übernehmenden Gesellschaft befinden. Da die beschlie-

---

[118] Widmann/Mayer/*Heckschen* UmwG § 122a Rn. 3 f.; Henssler/Strohn/*Polley* UmwG § 122g Rn. 5.
[119] Widmann/Mayer/*Heckschen* Rn. 109; Begr. RegE, BT-Drs. 16/2919, 16 zu § 122 g Abs. 1 UmwG; Schmitt/Hörtnagl/*Hörtnagl* UmwG § 122a Rn. 8.
[120] Widmann/Mayer/*Heckschen* UmwG § 122a Rn. 112; Schmitt/Hörtnagl/*Hörtnagl* UmwG § 122a Rn. 8; aA Semler/Stengel/*Drinhausen* UmwG § 122a Rn. 10; Lutter/*Bayer* UmwG § 122a Rn. 30: die einfache Stimmenmehrheit soll ausreichen.
[121] Semler/Stengel/*Drinhausen* UmwG § 122a Rn. 11.
[122] Schmitt/Hörtnagl/*Hörtnagl* UmwG § 122a Rn. 10, Widmann/Mayer/*Heckschen* UmwG § 122a Rn. 137; Kallmeyer/*Zimmermann* UmwG § 122a Rn. 20; aA Semler/Stengel/*Drinhausen* UmwG § 122a Rn. 11; Lutter/*Bayer* UmwG § 122a Rn. 33.
[123] Schmitt/Hörtnagl/*Hörtnagl* UmwG § 122a Rn. 10.
[124] *Simon/Rubner* Konzern 2006, 835 (839); Kölner Komm UmwG/*Simon/Rubner* UmwG § 122a Rn. 19; Schmitt/Hörtnagl/*Hörtnagl* UmwG § 122a Rn. 10.
[125] Widmann/Mayer/*Heckschen* UmwG § 122a Rn. 132 f.; Lutter/*Bayer* UmwG § 122a Rn. 34; Kallmeyer/*Zimmermann* UmwG § 122a Rn. 19; aA Kölner Komm UmwG/*Simon/Rubner* UmwG § 122a Rn. 18.
[126] Semler/Stengel/*Drinhausen* UmwG § 122a Rn. 12; Schmitt/Hörtnagl/*Hörtnagl* UmwG § 122a Rn. 10.

ßenden Gesellschafter in diesem Fall identisch wären mit der Geschäftsführung der übernehmenden Gesellschaft, die bereits den Verschmelzungsplan gemeinsam mit den übrigen beteiligten Gesellschaften aufgestellt hat, wäre ein separater Zustimmungsbeschluss eine überflüssige Formalität;[127] Abs. 2 macht von der Ermächtigung in Art. 132 Abs. 1 zweiter Spiegelstrich GesR-RL (früher Art. 15 Abs. 1 zweiter Spiegelstrich RL 2005/56/EG) Gebrauch. Die Bestimmung gilt nur für übertragende Gesellschaften, für die deutsches Recht Anwendung findet;[128] sie findet auch dann Anwendung, wenn gleichzeitig mehrere 100%-ige Tochtergesellschaften auf die übernehmende Mutter verschmolzen werden.[129] Sind an der Verschmelzung auch übertragende Rechtsträger beteiligt, deren Anteile nicht zu 100% von der übernehmenden Gesellschaft gehalten werden, findet auf diese Gesellschaften Abs. 2 keine Anwendung, es bedarf eines Zustimmungsbeschlusses der Anteilsinhaber bei diesen Gesellschaften.[130] Befindet sich die übertragende Gesellschaft im Ausland, ist nach dem anwendbaren ausländischen Recht zu entscheiden, ob eine § 122 g Abs. 2 UmwG vergleichbare Erleichterung angewandt werden kann.

75 Für die Frage, ob alle Anteile in der Hand der übernehmenden Gesellschaft gehalten werden, zählen Unterbeteiligungen und stille Gesellschaften nicht mit.[131] Anteile, die im eigenen Namen, jedoch für Rechnung der übernehmenden Gesellschaft durch einen Dritten gehalten werden, werden ebenso wenig mitgezählt[132] wie eigene Anteile der übertragenden Gesellschaft.[133] Ein Verschmelzungsbericht ist allerdings auch bei Konzernverschmelzungen immer erforderlich.

76 In den Fällen des § 62 Abs. 1 UmwG, der bei Beteiligung einer inländischen AG, SE oder KGaA mit mindestens 90% an der übertragenden (ausländischen) Kapitalgesellschaft gemäß § 122a Abs. 2 UmwG anwendbar ist,[134] kann im Übrigen auf eine Beschlussfassung der übernehmenden Gesellschaft verzichtet werden. Dies gilt nicht, wenn mindestens 5% der Anteilinhaber der übernehmenden Gesellschaft oder eine von der Satzung vorgesehene geringere Minderheit von Anteilsinhabern eine Beschlussfassung verlangt (vgl. § 62 Abs. 2 UmwG).

### 4. Zustimmungsvorbehalt im Hinblick auf das Umtauschverhältnis

77 § 122h UmwG passt die Regelungen von § 14 Abs. 2 UmwG (Klageausschluss wegen zu niedrigen Umtauschverhältnisses) und § 15 (Verbesserung des Umtauschverhältnisses) an die Besonderheiten der grenzüberschreitenden Verschmelzung an. Nach § 14 Abs. 2 UmwG können die Anteilsinhaber des übertragenden Rechtsträgers einer inländischen Verschmelzung eine Klage gegen die Wirksamkeit des Verschmelzungsbeschlusses nicht darauf stützen, dass das Umtauschverhältnis zu niedrig bemessen sei, stattdessen haben sie die Möglichkeit, gemäß § 15 UmwG einen Anspruch gegen den übernehmenden Rechtsträger auf Kompensation eines unangemessenen Umtauschverhältnisses durch bare Zuzahlung im Spruchverfahren geltend zu machen.

78 Im Fall der grenzüberschreitenden Verschmelzung bestimmt § 122h Abs. 1 UmwG, dass die §§ 14 Abs. 2 UmwG, § 15 UmwG nur Anwendung finden, wenn die Anteilsinhaber der beteiligten ausländischen Gesellschaften „im Verschmelzungsbeschluss ausdrücklich zustimmen." Bei europarechtskonformer Auslegung unter Berücksichtigung des insofern weiteren Wortlautes von Art. 127 Abs. 3 S. 1 GesR-RL (früher Art. 10 Abs. 3 S. 1 RL

---

[127] Schmitt/Hörtnagl/*Hörtnagl* UmwG § 122a Rn. 11.
[128] Semler/Stengel/*Drinhausen* UmwG § 122a Rn. 14; Schmitt/Hörtnagl/*Hörtnagl* UmwG § 122a Rn. 11.
[129] Widmann/Mayer/*Heckschen* UmwG § 122a Rn. 153.
[130] Schmitt/Hörtnagl/Stratz/*Hörtnagl* UmwG § 122a Rn. 11; Henssler/Strohn/*Polley* UmwG § 122g Rn. 8.
[131] Schmitt/Hörtnagl/*Hörtnagl* UmwG § 122a Rn. 12.
[132] Widmann/Mayer/*Heckschen* UmwG § 122a Rn. 145.
[133] Vgl. für den ähnlichen Fall § 62 Abs. 1 S. 2 UmwG Schmitt/Hörtnagl/*Hörtnagl* UmwG § 122a Rn. 12.
[134] Schmitt/Hörtnagl/*Hörtnagl* UmwG § 122a Rn. 14, der wohl diesen Fall einschließlich einer Verschmelzung mit weiteren übertragenden inländischen Gesellschaften meint, weil anderenfalls eine nationale Verschmelzung vorläge.

2005/56/EG) ergibt sich indes, dass die Zustimmung auch in einem separaten Beschluss gefasst werden kann. Für diesen gelten die Mehrheitserfordernisse, die für die Zustimmung zum Verschmelzungsplan von der jeweiligen ausländischen Rechtsordnung gefordert werden.[135]

Das Zustimmungserfordernis dient dem Schutz der Anteilsinhaber der beteiligten ausländischen Gesellschaften, da das Spruchverfahren grundsätzlich dazu führt, dass entweder das Umtauschverhältnis zu Gunsten der beteiligten Anteilsinhaber der übertragenden inländischen Gesellschaft verbessert wird oder die bare Zuzahlung erhöht wird und so im Ergebnis eine wirtschaftliche Belastung der aufnehmenden oder neuen Gesellschaft eintritt.[136] Die Zustimmung ist entbehrlich, wenn das Recht des beteiligten ausländischen Rechtsträgers ein dem deutschen Spruchverfahren entsprechendes Verfahren nicht nur allgemein, sondern speziell für grenzüberschreitende Verschmelzungen vorsieht[137] (dies ist derzeit im europäischen Raum ersichtlich zB in Österreich der Fall, vgl. § 12 öEU-VerschmG, §§ 225b ff. öAktG), da dann diesem Schutzzweck genügt wird.[138]

Fehlt es an der notwendigen Zustimmung der Anteilsinhaber der beteiligten ausländischen Gesellschaften, ist die Anfechtungsklage nach § 14 Abs. 2 UmwG nicht ausgeschlossen. Des Weiteren haben die Anteilsinhaber des übertragenden inländischen Rechtsträgers keinen im Spruchverfahren geltend zu machenden Anspruch gemäß § 15 UmwG. Stattdessen kann die Anfechtungsklage auch auf die Unangemessenheit des Umtauschverhältnisses gestützt werden.[139]

Finden hingegen die § 14 Abs. 2 UmwG, § 15 UmwG Anwendung, so ist im Spruchverfahren der materielle Anspruch nach § 15 UmwG durchzusetzen. Antragsberechtigt sind auch die Anteilsinhaber einer inländischen übertragenden Gesellschaft, die keinen Widerspruch zu Protokoll erklärt haben; denn der Widerspruch ist bei § 122h UmwG anders als in § 122i UmwG kein Tatbestandsmerkmal.[140] Das deutsche Landgericht des Bezirks des übertragenden Rechtsträgers (§ 2 SpruchG) ist gemäß Art. 7 Nr. 1 lit. a Brüssel Ia-VO (früher Art. 5 Nr. 1 lit. a Brüssel I-VO) international zuständig. Sieht das Recht des ausländischen übernehmenden Rechtsträgers ein dem Spruchverfahren vergleichbares Verfahren vor, besteht eine Parallelzuständigkeit des für den Sitz dieses Rechtsträgers zuständigen ausländischen Gerichts gemäß Art. 4 Abs. 1 Brüssel Ia-VO, Art. 63 Abs. 1 Brüssel Ia-VO (früher Art. 2 Abs. 1 Brüssel I-VO, Art. 60 Abs. 1 Brüssel I-VO).[141] Gemäß § 13 S. 2 SpruchG kommt der Entscheidung Inter-omnes-Wirkung zu. Sie gilt somit auch für die Anteilsinhaber der ausländischen Rechtsträger.[142]

Nach § 122h Abs. 2 UmwG können die Anteilsinhaber der übertragenden ausländischen Rechtsträger bei Vorliegen bestimmter Voraussetzungen ebenfalls ein Verfahren nach § 15 UmwG vor den deutschen Gerichten im Interesse der Verbesserung des Umtauschverhältnisses herbeiführen. Anwendbar ist die Vorschrift bei grenzüberschreitenden Hereinverschmelzungen und ebenso bei Herausverschmelzungen bei Beteiligung weiterer ausländischer übertragender Rechtsträger. Die Regelung zielt allerdings nur auf die Inanspruchnahme des deutschen Spruchverfahrens; ein materieller Anspruch auf Verbesserung des Umtauschverhältnisses wird den Anteilsinhabern der beteiligten ausländischen Gesellschaften nicht gewährt, dieser ergibt sich ggf. aus der ausländischen Rechtsordnung.[143]

---

[135] Schmitt/Hörtnagl/*Hörtnagl* UmwG § 122a Rn. 7.
[136] Henssler/Strohn/*Polley* UmwG § 122h Rn. 2.
[137] Lutter/*Bayer* UmwG § 122a Rn. 21 mwN.
[138] HM, s. etwa Begr. RegE, BT-Drs. 16/2919, 16; Semler/Stengel/*Drinhausen* UmwG § 122a Rn. 5; HK-UmwG/*Becker* UmwG § 122a Rn. 5; *Kiem* WM 2006, 1091 (1097); Henssler/Strohn/*Polley* UmwG § 122h Rn. 6.
[139] Begr. RegE, BT-Drs. 16/2919, 16.
[140] So auch Widmann/Mayer/*Heckschen* UmwG § 122 h Rn. 32.
[141] *Simon/Rubner* DK 2007, 835 (840); HK-UmwG/*Becker* UmwG § 122a Rn. 6.
[142] Lutter/*Bayer* UmwG § 122a Rn. 24.
[143] Schmitt/Hörtnagl/*Hörtnagl* UmwG § 122a Rn. 12.

83  Voraussetzung für die Inanspruchnahme des deutschen Spruchverfahrens durch Anteilsinhaber ausländischer Rechtsträger ist zum einen, dass das Recht des ausländischen Rechtsträgers ein dem deutschen Spruchverfahren entsprechendes Verfahren zur Verbesserung des Umtauschverhältnisses vorsieht (dies trifft derzeit nur für Österreich zu) und zum anderen muss die internationale Zuständigkeit der deutschen Gerichte gegeben sein.[144] Diese kann entweder durch eine Gerichtsstandsvereinbarung oder gemäß Art. 7 Nr. 1 lit. a Brüssel Ia-VO (früher Art. 5 Nr. 1 lit. a Brüssel I-VO) begründet werden. Allerdings bleibt die Parallelzuständigkeit der ausländischen Gerichte bestehen.[145]

### 5. Zustimmungsvorbehalt hinsichtlich eines etwaigen Abfindungsangebots

84  § 122i Abs. 2 UmwG bestimmt, dass das Spruchverfahren nach den §§ 32, 34 UmwG denselben Einschränkungen unterliegt, die § 122h UmwG für das Spruchverfahren nach §§ 14 Abs. 2, 15 UmwG anordnet.[146] Bei einer nationalen Verschmelzung kann nach diesen Bestimmungen eine Unwirksamkeitsklage gegen den Verschmelzungsbeschluss der übertragenden Gesellschaft nicht darauf gestützt werden, dass eine zu niedrige, keine oder eine nicht ordnungsgemäße Barabfindung angeboten worden ist. Diese Bewertungsrügen führen lediglich zur Anwendbarkeit des Spruchverfahrens und zur Festsetzung einer angemessenen Barabfindung. Da die später im Spruchverfahren im Nachgang zu der Verschmelzung festgesetzte Barabfindung aus dem Vermögen der übernehmenden Gesellschaft zu bezahlen ist, findet eine Verbesserung der Barabfindung auch bei § 122i UmwG gemäß Abs. 2 S. 1 dieser Bestimmung nur dann statt, wenn entweder die Rechtsordnungen der übrigen beteiligten Rechtsträger ein Verfahren zur Abfindung von Anteilsinhabern vorsehen (dies gilt derzeit bspw. für die Niederlande und Österreich) oder die Anteilsinhaber aller übrigen beteiligten ausländischen Rechtsträger im Verschmelzungsbeschluss der Anwendbarkeit des Spruchverfahrens gemäß §§ 32, 34 UmwG ausdrücklich zustimmen.[147] Auch hier kann die Zustimmung bei, vor oder nach dem Verschmelzungsbeschluss erteilt werden. Diese Regelung entspricht § 122h Abs. 1 UmwG.

85  Wenn die für einen beteiligten ausländischen Rechtsträger geltende Rechtordnung ein Spruchverfahren zur gerichtlichen Nachprüfung der Barabfindung vorsieht, gilt § 34 UmwG nach § 122i Abs. 2 S. 2 UmwG für die Gesellschafter einer ausländischen übertragenden Gesellschaft entsprechend. Bei Vorliegen der Voraussetzungen können daher die Anteilsinhaber der ausländischen Gesellschaft ein Spruchverfahren in Deutschland einleiten. Wie bei der Parallelbestimmung in § 122h Abs. 2 UmwG begründet die Norm keine materiellen Ansprüche zugunsten der ausländischen Anteilsinhaber. Desgleichen verbleibt es bei der Parallelzuständigkeit ausländischer Gerichte.

### 6. Kapitalerhöhung

#### a) Kapitalerhöhungsverbote

86  § 68 Abs. 1 S. 1 UmwG, der gemäß § 122a Abs. 2 UmwG auch bei einer grenzüberschreitenden Verschmelzung (unter Beteiligung einer SE) Anwendung findet, enthält zunächst eine abschließende Aufzählung der Fälle, in denen ein Kapitalerhöhungsverbot besteht. Im ersten Fall (Nr. 1) hält die übernehmende Gesellschaft Anteile an der übertragenden Gesellschaft, sodass gemäß § 20 Abs. 1 Nr. 3 S. 1 Hs. 2 UmwG kein Übergang der Anteile auf die Anteilsinhaber der übertragenden Gesellschaft stattfindet. Eine Kapitalerhöhung stünde daher im Widerspruch zum Gebot der realen Kapitalaufbringung.

---

[144] Vgl. *Kiem* WM 2006, 1091 (1097).
[145] *Simon/Rubner* DK 2007, 835 (841).
[146] Semler/Stengel/*Drinhausen* UmwG § 122i Rn. 11; Goebel/Ungemach/Galla/Heßeling/Jürgensen/Nölle Kap. III Rn. 93.
[147] Semler/Stengel/*Drinhausen* UmwG § 122i Rn. 11.

Auch im Fall des § 68 Abs. 1 S. 1 Nr. 2 UmwG (eigene Anteile des übertragenden Rechtsträgers) gehen gemäß § 20 Abs. 1 Nr. 3 S. 1 Hs. 2 UmwG keine Anteile auf die Anteilsinhaber der übertragenden Gesellschaft über, da auch in diesem Fall letztlich eigene Anteile erworben würden. Im dritten Fall (Nr. 3) hält der übertragende Rechtsträger nicht voll einbezahlte Aktien an der übernehmenden Gesellschaft. Durch die Verschmelzung würde die übernehmende AG/SE Schuldnerin der Einlageforderung, diese würde folglich durch Konfusion erlöschen, eine Kapitalaufbringung fände nicht statt.[148]

### b) Kapitalerhöhungswahlrechte

In den Fällen des § 68 Abs. 1 S. 2 UmwG besteht ein Wahlrecht, ob die den neuen Anteilsinhabern zu gewährenden Anteile durch eine Kapitalerhöhung generiert werden oder nicht. Dies ist der Fall, wenn die übernehmende AG/SE eigene Aktien besitzt (Nr. 1) oder durch die Verschmelzung erwirbt und diese voll einbezahlt sind (Nr. 2). In beiden Fällen können die jeweils vorhandenen Aktien den neuen Aktionären gewährt werden, sodass die Schaffung neuer Aktien durch eine Erhöhung des Grundkapitals entbehrlich wird.

§ 68 Abs. 1 S. 3 UmwG regelt sodann, dass keine Aktien gewährt werden müssen, wenn alle Anteilsinhaber des übertragenden Rechtsträgers in notariell beurkundeter Form auf die Gewährung verzichten. Dies geschieht in der Praxis oftmals, da eine Kapitalerhöhung aus wirtschaftlicher Sicht selten notwendig ist und zudem das Erfordernis einer kostspieligen Werthaltigkeitsbescheinigung nach sich zieht, da die Kapitalerhöhung im Rahmen einer Verschmelzung stets Sachkapitalerhöhung ist.[149]

Werden in den Fällen des § 68 Abs. 1 UmwG die betroffenen Aktien von einem Dritten treuhänderisch gehalten, so finden die dortigen Regelungen gemäß Abs. 2 gleichwohl Anwendung.

Bare Zuzahlungen, also Geldleistungen der übernehmenden Gesellschaft zusätzlich zu den gewährten Geschäftsanteilen, können im Verschmelzungsvertrag festgelegt werden, gemäß § 68 Abs. 3 UmwG jedoch nur bis zur Höhe von 10 % des Gesamtnennbetrags der gewährten Aktien. Für spätere, gemäß § 15 UmwG gerichtlich festgesetzte Zuzahlungen gilt diese Begrenzung nicht.[150] Eine verdeckte Unter-pari-Emission darf durch die Zuzahlungen nicht entstehen.[151]

### c) Verschmelzung mit Kapitalerhöhung

Liegt kein Kapitalerhöhungsverbot nach § 68 Abs. 1 S. 1 UmwG vor, kann die übernehmende AG/SE ihr Grundkapital erhöhen. Die Kapitalerhöhung ist gemäß § 66 UmwG vor Eintragung der Verschmelzung im Handelsregister einzutragen, damit die neuen Aktien im Zeitpunkt des Wirksamwerdens der Verschmelzung den neuen Aktionären tatsächlich zur Verfügung stehen.[152]

§ 69 UmwG modifiziert dabei die Vorschriften des AktG zur Kapitalerhöhung. Zunächst finden gemäß § 69 Abs. 1 UmwG die § 182 Abs. 4 AktG, § 184 Abs. 1 S. 2 AktG keine Anwendung, dh auch im Fall noch ausstehender Einlagen ist die Kapitalerhöhung zulässig, da zur Durchführung der Verschmelzung in der Regel keine neuen Finanzmittel erforderlich sind.[153] In der Konsequenz erübrigt sich auch die Erklärung nach § 184 Abs. 1 S. 2 AktG. Die Nichtanwendbarkeit der §§ 185, 186, 187 Abs. 1 AktG, § 188 Abs. 3 Nr. 1 AktG resultiert daraus, dass bei der Verschmelzung bereits feststeht, wer die neuen Aktien bekommt, der Verschmelzungsvertrag bzw. Verschmelzungsplan ersetzt den Zeichnungs-

---

[148] *Limmer* in Limmer HdB Unternehmensumwandlung Teil 2 Rn. 317.
[149] Goebel/Ungemach/*Galla/Heßeling/Jürgensen/Nölle* Kap. III Rn. 12.
[150] Goebel/Ungemach/*Galla/Heßeling/Jürgensen/Nölle* Kap. III Rn. 15.
[151] *Limmer* in Limmer HdB Unternehmensumwandlung Teil 2 Rn. 337.
[152] Semler/Stengel/*Diekmann* UmwG § 66 Rn. 1; Goebel/Ungemach/*Galla/Heßeling/Jürgensen/Nölle* Kap. III Rn. 35.
[153] Kallmeyer/*Marsch-Barner/Oppenhoff* UmwG § 69 Rn. 5.

schein.¹⁵⁴ Schließlich ist auch § 188 Abs. 2 AktG, der auf die § 36 Abs. 2 AktG, §§ 36a, 37 AktG verweist, ausgeschlossen, da keine Bareinlage geleistet wird und die Leistung der Sacheinlage durch die Gesamtrechtsnachfolge gewährleistet ist.¹⁵⁵

93   Eine Prüfung der Sacheinlage nach § 183 Abs. 3 AktG, die grundsätzlich einer verbotenen Unter-pari-Emission vorbeugen soll,¹⁵⁶ ist ebenfalls entbehrlich, sofern nicht eine der in § 69 Abs. 1 UmwG genannten Fallgruppen einschlägig ist. Zur Vereinfachung kann der Verschmelzungsprüfer zugleich Prüfer der Sacheinlage sein (§ 69 Abs. 1 S. 4 UmwG).¹⁵⁷ § 69 Abs. 1 S. 2, 3 UmwG regelt, dass die Kapitalerhöhung auch durch Rückgriff auf genehmigtes Kapital erfolgen kann, wobei dann konsequenterweise auch § 203 Abs. 3 AktG, der § 182 Abs. 4 AktG entspricht, nicht gilt.

94   § 69 Abs. 2 UmwG erweitert § 188 Abs. 3 AktG dahingehend, dass auch der Verschmelzungsvertrag – hier: Verschmelzungsplan – und die Zustimmungsbeschlüsse der Anmeldung beizufügen sind.

## III. Vollzugsphase

95   Die Vollzugsphase jeder Verschmelzung beginnt mit der (ersten) Anmeldung zum Handelsregister und endet mit der (letzten) Eintragung, mit der die Verschmelzung wirksam wird. Für die grenzüberschreitende Verschmelzung sehen die §§ 122k ff. UmwG Sonderregelungen vor. Dabei regelt § 122k UmwG die Beteiligung einer deutschen Gesellschaft als übertragender Rechtsträger, während § 122l UmwG den Fall des übernehmenden oder – für die SE nicht einschlägig – des neu aus der Verschmelzung hervorgehenden Rechtsträgers regelt, soweit dieser deutschem Recht unterliegt. Hingegen richtet der Vollzug für die beteiligten ausländischen Gesellschaften sich nach der jeweils für sie einschlägigen Rechtsordnung.

### 1. Beteiligung einer deutschen SE als übertragende Gesellschaft (§§ 16, 17, 122k UmwG)

96   Nach § 122k Abs. 1 UmwG muss das Vertretungsorgan der übertragenden Gesellschaft – mehrere Mitglieder in vertretungsberechtigter Anzahl¹⁵⁸ – „das Vorliegen der sie betreffenden Voraussetzungen" anmelden. Die Anmeldung muss bei dem Register des Sitzes der inländischen übertragenden Gesellschaft eingereicht werden; sie hat in der Form des § 12 HGB zu erfolgen.¹⁵⁹ Anders als bei der nationalen Verschmelzung ist der Anmeldungsvorgang also auf die in der übertragenden Gesellschaft liegenden Aspekte beschränkt. Auf der anderen Seite besteht anders als im nationalen Recht nicht die Möglichkeit, die Anmeldung der übernehmenden Gesellschaft zu überlassen. Dies ist konsequent, da das Registerverfahren dieser im Ausland ansässigen Gesellschaft anderen Bestimmungen folgt.¹⁶⁰

97   Im Übrigen wird auf die für die nationale Verschmelzung geltenden Bestimmungen verwiesen. Die Anmeldenden haben also nach § 16 Abs. 2 UmwG anlässlich der Anmeldung (dh nicht notwendigerweise in der Anmeldung)¹⁶¹ zu erklären, dass eine Klage gegen die Wirksamkeit des Beschlusses der Anteilsinhaber der übertragenden deutschen Gesellschaft erhoben nicht oder nicht fristgerecht erhoben, abgewiesen oder zurückgenommen wurde. Die Erklärung ist nicht erforderlich, wenn es sich um eine Konzernverschmelzung iSv § 122g Abs. 2 UmwG handelt, wenn die Anteilseigner in notariell beurkundeter Form

---

¹⁵⁴ Lutter/*Grunewald* Rn. 15 f.; Schmitt/Hörtnagl/*Westerburg* UmwG § 69 Rn. 7.
¹⁵⁵ Schmitt/Hörtnagl/*Westerburg* UmwG § 69 Rn. 11.
¹⁵⁶ Henssler/Strohn/*Junker* UmwG § 69 Rn. 6.
¹⁵⁷ Semler/Stengel/*Diekmann* UmwG § 69 Rn. 12a.
¹⁵⁸ Semler/Stengel/*Drinhausen* UmwG § 122a Rn. 7; Henssler/Strohn/*Polley* UmwG § 122k Rn. 3.
¹⁵⁹ Henssler/Strohn/*Polley* UmwG § 122k Rn. 4.
¹⁶⁰ Goebel/Ungemach/*Galla/Heßeling/Jürgensen/Nölle* Kap. III Rn. 97.
¹⁶¹ Schmitt/Hörtnagl/*Hörtnagl* UmwG § 122a Rn. 10; Kallmeyer/*Zimmermann* UmwG § 122a Rn. 6.

auf die Klage verzichtet haben oder wenn im Fall einer Klage ein Unbedenklichkeitsbeschluss des Prozessgerichts nach § 16 Abs. 3 UmwG, der nach § 16 Abs. 3 S. 9 UmwG (eingefügt durch ARUG vom 30.7.2009, BGBl. 2009 I 2479) immer unanfechtbar ist, vorliegt und dies in der Anmeldung vermerkt wird.[162]

Über die Erklärung nach § 16 Abs. 2 UmwG hinaus haben die Anmeldenden gemäß § 122k Abs. 1 S. 3 UmwG zu versichern, dass allen Gläubigern, die nach § 122j UmwG Sicherheitsleistung verlangen können, eine angemessene Sicherheit geleistet wurde. Die Abgabe einer falschen Versicherung ist in § 314a UmwG unter Strafe gestellt. § 122j UmwG betrifft ausschließlich Hinausverschmelzungen und soll die Gläubiger der übertragenden deutschen Gesellschaft vor dem Risiko schützen, das darin liegen kann, dass sie ihre Ansprüche demnächst im Ausland geltend machen müssen.[163] Die Gläubiger haben ihre Ansprüche nach § 122j Abs. 1 S. 1 UmwG innerhalb von zwei Monaten nach Bekanntmachung des Verschmelzungsplans anzumelden und eine konkrete Gefährdung ihrer Ansprüche glaubhaft zu machen. Zu sichern sind grundsätzlich alle obligatorischen Ansprüche, die gemäß § 122j Abs. 2 UmwG vor oder bis zu 15 Tage nach Bekanntmachung des Verschmelzungsplans oder seines Entwurfes entstanden, aber innerhalb der Anmeldefrist noch nicht fällig sind. Die Nichtfälligkeit ist materielle Anspruchsvoraussetzung, da fällige Forderungen geltend zu machen sind; eine Sicherung der Gläubiger scheidet in diesen Fällen aus, weil diese iSd Bestimmung „Befriedigung" verlangen können. Durch das Anknüpfen an die Bekanntmachung wird die vom Gesetzgeber beabsichtigte Vorverlagerung des Gläubigerschutzes erreicht; der Zeitpunkt des Wirksamwerdens der Verschmelzung spielt anders als bei § 22 UmwG somit keine Rolle.

98

Die Anmeldung der Forderung muss schriftlich, also in der Form des § 126 BGB (die Form des § 126a BGB reicht; ein Telefax ist nicht ausreichend), erfolgen und muss den Anspruch nach Grund und Höhe bezeichnen.[164] Die Zweimonatsfrist ist eine materielle Ausschlussfrist, die nach den Bestimmungen der §§ 187 ff. BGB berechnet wird. Fristbeginn ist trotz des Wortlautes von Abs. 1 nicht der Tag der Bekanntmachung des Verschmelzungsplans oder seines Entwurfes, sondern der Tag der elektronischen Bekanntmachung aller nach § 122d S. 2 UmwG erforderlichen Angaben gemäß § 10 HGB.[165] Fristende ist das Ende des Tages, der dem Tag der Bekanntmachung im zweiten Monat entspricht; § 193 BGB findet Anwendung. Eine Anmeldung vor Beginn der Zweimonatsfrist ist wirksam.[166]

99

Wie bei § 22 UmwG muss der Gläubiger eine Gefährdung der Erfüllung seines Anspruchs durch die Verschmelzung glaubhaft machen. Eine Gefährdung ist etwa anzunehmen, wenn durch Verschmelzung auf eine wirtschaftlich schwache Gesellschaft eine signifikante Verschlechterung der Liquiditätslage oder der Eigenkapitalquote zu erwarten ist oder wenn eine Prozessführung im Ausland mit konkreten Nachteilen, etwa überlanger Verfahrensdauer oder Kostentragungspflicht auch im Obsiegensfall, verbunden wäre.[167]

100

§ 122k UmwG verweist weiterhin auf § 17 UmwG, dh es sind die dort genannten Anlagen beizufügen, soweit sie sich auf die anmeldende übertragende Gesellschaft beziehen. Einzureichen sind folglich (jeweils in beglaubigter Abschrift):
– Verschmelzungsplan
– Verschmelzungsbeschluss der Anteilsinhaber der übertragenden Gesellschaft
– erforderliche Zustimmungserklärungen einzelner Anteilsinhaber der übertragenden Gesellschaft

101

---

[162] *Limmer* ZNotP 2007, 282 (286).
[163] *Goebel/Ungemach/Galla/Heßeling/Jürgensen/Nölle* Kap. III Rn. 94.
[164] Lutter/*Bayer* UmwG § 122j Rn. 12; Lutter/*Grunewald* UmwG § 22 Rn. 18; Schmitt/Hörtnagl/*Hörtnagl* UmwG § 122j Rn. 7; Henssler/Strohn/*Polley* UmwG § 122j Rn. 6; Widmann/Mayer/*Vossius* UmwG § 122j Rn. 25.
[165] Semler/Stengel/*Drinhausen* UmwG § 122j Rn. 8 mwN; *Pfeiffer/Heilmeier* GmbHR 2009, 1317 (1318).
[166] Semler/Stengel/*Drinhausen* UmwG § 122j Rn. 8; Schmitt/Hörtnagl/*Hörtnagl* UmwG § 122j Rn. 7.
[167] Kallmeyer/*Marsch-Barner/Wilk* UmwG § 122a Rn. 7.

- Verschmelzungsbericht
- Verschmelzungsprüfungsbericht oder Verzichtserklärungen aller Anteilsinhaber
- Schlussbilanz

102 Machen die Anteilsinhaber von ihrem Zustimmungsvorbehalt im Hinblick auf Arbeitnehmermitbestimmung Gebrauch, so ist auch der Bestätigungsbeschluss einzureichen.[168] Weiterhin können etwaige staatliche Genehmigungen hinzutreten, soweit die übertragende Gesellschaft solche benötigt. Nicht beigefügt werden muss hingegen eine etwa vorliegende Vereinbarung über die Mitbestimmung der Arbeitnehmer oder ein sonstiger Nachweis über den Abschluss eines Verfahrens zur Regelung der Arbeitnehmermitbestimmung, da die Prüfung dieser Punkte ausschließlich durch die zuständige Kontrollstelle der aufnehmenden oder neuen Gesellschaft erfolgt.[169] Zweckmäßig ist die Beibringung eines geeigneten Nachweises der Mutter-Tochter-Konstellation (zB Einbringungsvertrag) auch bei Entbehrlichkeit des Zustimmungsbeschlusses iSv § 122g Abs. 2 UmwG.[170]

103 Gemäß § 122k Abs. 2 UmwG prüft das Registergericht die ordnungsgemäße Durchführung des Verschmelzungsverfahrens, soweit diese der anmeldenden, übertragenden Gesellschaft oblag. Die Prüfung bezieht sich also nicht auf sonstige beteiligte in- und ausländische Gesellschaften, da für diese das zuständige Gericht für übertragende Gesellschaften entweder eine Verschmelzungsbescheinigung ausstellt oder die Eintragung der Verschmelzung vornimmt.[171] Der Prüfungsumfang entspricht in formeller und materieller Hinsicht im Wesentlichen dem einer nationalen Verschmelzung. Die Prüfung bezieht sich insbesondere auf die Verschmelzungsfähigkeit der beteiligten Gesellschaften (§ 122b UmwG), den gemeinsamen Verschmelzungsplan in formeller und inhaltlicher Hinsicht (dazu gehört auch das ggf. erforderliche Abfindungsangebot, nicht jedoch die Prüfung von dessen Angemessenheit) sowie die ordnungsgemäße Vertretung der beteiligten Gesellschaften bei Aufstellung des Plans, die ordnungsgemäße Bekanntmachung des Verschmelzungsplans und der sonstigen Angaben nach § 122d UmwG, die Erstellung und Zugänglichmachung des (ggf. gemeinsamen) Verschmelzungsberichts (insbes. wegen dessen Informationswerts für Gläubiger und Arbeitnehmer), die Verschmelzungsprüfung und die Erstellung eine Verschmelzungsprüfungsberichtes (wenn keine Verzichtserklärungen in der erforderlichen Form vorliegen), den Verschmelzungsbeschluss samt der ordnungsgemäßen Einberufung und einen eventuell erforderlichen Bestätigungsbeschluss nach § 122g Abs. 1 UmwG, die Frage, ob den Gläubigern Sicherheit geleistet wurde sowie die Prüfung der Negativerklärung nach § 16 Abs. 2 UmwG bzw. das Vorliegen einer Freigabeentscheidung nach § 16 Abs. 3 UmwG. Bei Unklarheiten ermittelt das Gericht von Amts wegen.[172]

104 Hat die übertragende Gesellschaft nach dem Ergebnis der Prüfung alle Voraussetzungen erfüllt, stellt das Registergericht eine Verschmelzungsbescheinigung aus. Indes wird eine solche Bescheinigung nicht gesondert erstellt, vielmehr gilt die Nachricht über die Eintragung der Verschmelzung im Register der übertragenden Gesellschaft als Verschmelzungsbescheinigung.[173] Verlangt die ausländische Behörde jedoch darüber hinausgehend eine Verschmelzungsbescheinigung iSv Art. 127 Abs. 2 GesR-RL (früher Art. 10 Abs. 2 RL 2005/56/EG), besteht ein Anspruch auf eine gesonderte Bescheinigung über die Eintragungsnachricht hinaus.[174] Die Eintragung muss den Vermerk enthalten, dass die Verschmelzung unter den Voraussetzungen des auf die übernehmende Gesellschaft anwendbaren Rechts wirksam wird.

---

[168] Semler/Stengel/*Drinhausen* UmwG § 122a Rn. 11.
[169] Lutter/*Bayer* UmwG § 122a Rn. 13; Semler/Stengel/*Drinhausen* UmwG § 122a Rn. 11; aA Widmann/Mayer/*Vossius* UmwG § 122a Rn. 22.
[170] *Herrler/Schneider* DStR 2009, 2433 (2435).
[171] Schmitt/Hörtnagl/*Hörtnagl* UmwG § 122a Rn. 14.
[172] Schmitt/Hörtnagl/*Hörtnagl* UmwG § 122a Rn. 14; Henssler/Strohn/*Polley* UmwG § 122k Rn. 13.
[173] Semler/Stengel/*Drinhausen* UmwG § 122a Rn. 17; Goebel/Ungemach/*Galla/Heßeling/Jürgensen/Nölle* Kap. III Rn. 98.
[174] Semler/Stengel/*Drinhausen* UmwG § 122a Rn. 22; Schmitt/Hörtnagl/*Hörtnagl* UmwG § 122a Rn. 16.

Das Registergericht übermittelt die Verschmelzungsbescheinigung nicht an die für die 105
Verschmelzung zuständige Stelle im Ausland, dies obliegt nach § 122k Abs. 3 UmwG dem
Vertretungsorgan der übertragenden Gesellschaft. Die Übermittlung hat binnen sechs Monaten zu erfolgen, die Rechtsfolgen einer Fristversäumnis bestimmen sich indes nach dem
Statut der übernehmenden Gesellschaft.[175]

Die Eintragung im Register des inländischen übertragenden Rechtsträgers erfolgt vor 106
Erteilung der Verschmelzungsbescheinigung mit dem Vermerk, dass die grenzüberschreitende Verschmelzung unter den Voraussetzungen des Rechtes des Staates, dem die übernehmende oder neue Gesellschaft unterliegt, wirksam wird (§ 122k Abs. 2 S. 3 UmwG).
Diese vorläufige Eintragung entspricht der Abwicklung einer nationalen Verschmelzung
nach § 19 UmwG. Das Register der übernehmenden Gesellschaft teilt dem deutschen
Registergericht sodann das Wirksamwerden der Verschmelzung mit. Nach § 122k Abs. 4
UmwG vermerkt auch das deutsche Registergericht den Tag des Wirksamwerdens. Die
Bekanntmachung der Eintragung der grenzüberschreitenden Verschmelzung erfolgt nach
§ 122a Abs. 2 UmwG, § 19 Abs. 3 UmwG in der Form des § 10 HGB.

## 2. Beteiligung einer deutschen SE als übernehmende Gesellschaft (§ 122l UmwG)

Nach § 122l Abs. 1 Var. 1 UmwG muss im Fall der grenzüberschreitenden Verschmelzung 107
durch Aufnahme das Vertretungsorgan der übernehmenden Gesellschaft die Verschmelzung zur Eintragung im Handelsregister anmelden. Auch hier reicht eine Anmeldung
durch Organmitglieder der übernehmenden Gesellschaft in vertretungsberechtigter Anzahl.[176] Die Registeranmeldung der Verschmelzung durch Aufnahme ist bei dem Registergericht der übernehmenden inländischen Gesellschaft einzureichen.

Mit der Anmeldung sind der Verschmelzungsplan sowie die Verschmelzungsbescheini- 108
gungen aller übertragenden Rechtsträger einzureichen, ferner ggf. die Vereinbarung über
die Beteiligung der Arbeitnehmer. Bei Verschmelzung durch Aufnahme ist eine zur
Durchführung der Verschmelzung ggf. durchgeführte Kapitalerhöhung ebenfalls anzumelden (§ 53 UmwG, § 66 UmwG, § 69 Abs. 2 UmwG). Demgegenüber stellt § 122 l Abs. 1
UmwG klar, dass die § 16 Abs. 2 und 3 UmwG, § 17 UmwG bzgl. der übertragenden
Gesellschaften nicht gelten. Dies ist folgerichtig, da das Registerverfahren dem jeweiligen
Statut der übertragenden Gesellschaft folgt und für das deutsche Registerverfahren ausschließlich die Verschmelzungsbescheinigung der ausländischen Stelle den Nachweis liefert,
dass das dortige Verfahren ordnungsgemäß durchlaufen wurde.[177]

§ 16 Abs. 2 und 3 UmwG, § 17 UmwG gelten demgegenüber für die übernehmende 109
Gesellschaft, dh der Anmeldung sind über die in § 122l Abs. 1 UmwG ausdrücklich genannten Anlagen hinaus der Verschmelzungsbeschluss der Anteilsinhaber der übernehmenden Gesellschaft, ggf. erforderliche Zustimmungserklärungen einzelner Anteilsinhaber, der
Verschmelzungsbericht und der Verschmelzungsprüfungsbericht oder entsprechende Verzichtserklärungen beizufügen.[178] Die Anmeldenden haben ferner die Negativerklärung gemäß § 16 Abs. 2 UmwG abzugeben, sofern diese wegen Vorliegens einer Freigabeentscheidung gemäß § 16 Abs. 3 UmwG nicht entbehrlich ist (→ Rn. 103).

Das Registergericht prüft gemäß § 122l Abs. 2 UmwG, ob das Verschmelzungsverfahren 110
ordnungsgemäß durchgeführt wurde. Dabei darf es sich grundsätzlich auf die Richtigkeit der
erhaltenen Verschmelzungsbescheinigungen verlassen,[179] sodass die inhaltliche Prüfung sich
auf die Unterlagen der übernehmenden Gesellschaft beschränkt. Allerdings muss das Regis-

---

[175] Goebel/Ungemach/Galla/Heßeling/Jürgensen/Nölle Kap. III Rn. 99.
[176] Semler/Stengel/Drinhausen UmwG § 122k Rn. 7; Henssler/Strohn/Polley UmwG § 122l Rn. 3.
[177] Goebel/Ungemach/Galla/Heßeling/Jürgensen/Nölle Kap. III Rn. 101.
[178] Semler/Stengel/Drinhausen UmwG § 122l Rn. 7.
[179] Goebel/Ungemach/Galla/Heßeling/Jürgensen/Nölle Kap. III Rn. 102; Henssler/Strohn/Polley UmwG § 122l Rn. 15.

tergericht prüfen, ob die Verschmelzungsbescheinigung von der sachlich zuständigen Stelle ausgestellt wurde und ob sie die ordnungsgemäße Durchführung des Verfahrens bei der übertragenden Gesellschaft bescheinigt.[180] Hinsichtlich des gesetzlichen Tatbestandsmerkmals der Zustimmung zu einem gemeinsamen, gleichlautenden Verschmelzungsplan darf sich das Registergericht nicht allein auf die vorgelegte Verschmelzungsbescheinigung verlassen, sondern muss den eingereichten Verschmelzungsbeschluss darauf hin prüfen, ob einem gemeinsamen Plan zugestimmt wurde. Dazu ist auch die Prüfung des Zustimmungsbeschlusses der übertragenden Gesellschaft erforderlich.[181]

111 Der Prüfungsumfang hinsichtlich der aufnehmenden Gesellschaft wird im Gesetz nicht abschließend vorgegeben, sondern nur beispielhaft (entsprechend Art. 128 Abs. 1 S. 2 GesR-RL, früher Art. 11 Abs. 1 S. 2 RL 2005/56/EG) genannt. Insbesondere ist danach zu prüfen, ob die Anteilsinhaber aller an der grenzüberschreitenden Verschmelzung beteiligten Gesellschaften einem gemeinsamen, gleichlautenden Verschmelzungsplan zugestimmt haben und ob ggf. eine Vereinbarung über die Beteiligung der Arbeitnehmer geschlossen wurde. Die letztgenannte Formulierung ist missverständlich, da auch der Nichtabschluss einer entsprechenden Vereinbarung mit den Arbeitnehmern kein Eintragungshindernis darstellt, wenn feststeht, dass statt einer Vereinbarung die gesetzliche Auffangregelung gemäß §§ 23 ff. MgVG eingreift. Das Gericht hat somit nur zu prüfen, ob das Verfahren nach MgVG ordnungsgemäß abgeschlossen wurde, wobei es nicht darauf ankommt, ob die Regelung über die Beteiligung der Arbeitnehmer durch Abschluss einer Vereinbarung (§ 22 MgVG) oder durch Beschluss über die Nichtaufnahme oder den Abbruch von Verhandlungen (§ 18 MgVG) oder Zeitablauf (§ 23 Abs. 1 S. 1 Nr. 2 MgVG) in Form der gesetzlichen Auffangregelung zustande gekommen ist.[182] Das Registergericht prüft dabei auch, ob die Satzung der Mitbestimmungsregelung entspricht; ist dies nicht der Fall, ist die Satzung – unter Wiederholung der erforderlichen Verfahrensschritte – entsprechend anzupassen.[183]

112 Verläuft die Prüfung nach § 122l Abs. 2 UmwG beanstandungslos, trägt das Registergericht die Verschmelzung ein. Hierdurch wird die grenzüberschreitende Verschmelzung gemäß § 122a Abs. 2 UmwG, § 20 UmwG wirksam. Das deutsche Registergericht ist dann gemäß § 122l Abs. 3 UmwG verpflichtet, eine Mitteilung über die Wirksamkeit an die zuständigen ausländischen Stellen zu machen, sobald es die Eintragung vorgenommen hat. Dies entspricht Art. 130 S. 2 GesR-RL (früher Art. 13 S. 2 RL 2005/56/EG) und stellt sicher, dass die Register der übertragenden Gesellschaften Kenntnis vom Eintragungsdatum im Register des übernehmenden oder neuen Rechtsträgers erlangen[184] und das Wirksamwerden der Verschmelzung bei den übertragenden Gesellschaften vermerken können. Auf die mit Eintragung eingetretene Wirksamkeit ist hierbei im Interesse der ausländischen Register hinzuweisen.[185]

113 § 122m UmwG wurde durch das 4. UmwÄndG vom 19.12.2018 (BGBl. 2018 I 2694) in das UmwG eingefügt und am 1.1.2019 wirksam. Mit dieser Bestimmung wollte der Gesetzgeber dafür Sorge zu tragen, dass die ca. 8.000 Unternehmen in der Rechtsform einer private company limited by shares (Limited),[186] die ihren Verwaltungssitz in der Bundesrepublik Deutschland haben, auch noch nach dem Wirksamwerden des Brexit auf einen übernehmenden oder neuen Rechtsträger deutschen Rechts verschmolzen werden können, vorausgesetzt der Verschmelzungsplan wurde noch vor dem Brexit (31.1.2020), spätestens aber vor Ablauf der Übergangszeit, in der das Vereinigte Königreich in der Bun-

---

[180] Widmann/Mayer/*Vossius* UmwG § 122a Rn. 26 ff.
[181] Semler/Stengel/*Drinhausen* UmwG § 122a Rn. 8.
[182] Vgl. auch Lutter/*Bayer* UmwG § 122a Rn. 15.
[183] Lutter/*Bayer* UmwG § 122a Rn. 15.
[184] Begr. RegE, BT-Drs. 16/2919, 18; Henssler/Strohn/*Polley* UmwG § 122l Rn. 19.
[185] Schmitt/Hörtnagl/*Hörtnagl* UmwG § 122a Rn. 16.
[186] Nicht aber die Limited Liability Partnership (LLP), die nach hM nicht als Kapitalgesellschaft anzusehen ist, vgl. Lutter/*Bayer* UmwG § 122b Rn. 5 mwN; Henssler/Strohn/*Polley* UmwG § 122m Rn. 2.

desrepublik noch weiterhin als Mitgliedstaat der EU gilt, dh bis zum 31.12.2020, notariell beurkundet und die Verschmelzung wurde unverzüglich spätestens zwei Jahre nach dem bis zum 31.12.2020 geltenden Übergangszeitraums zur Registereintragung angemeldet.[187] § 122m UmwG zielt vor allem auf Unternehmen, die von der durch das 4. UmwÄndG geschaffenen Möglichkeit (vgl. § 122a Abs. 2 S. 2 UmwG, § 122b Abs. 1 Nr. 2 UmwG, § 122c Abs. 2 Nr. 13 UmwG, § 122e S. 3 Hs. 2 UmwG nF) der Verschmelzung auf eine deutsche Personenhandelsgesellschaft, dh auf eine OHG oder eine KG bzw. eine UG (haftungsbeschränkt) & Co. KG Gebrauch machen wollen.[188]

Tatbestandlich kommt bei § 122m UmwG als übertragender Rechtsträger jede Kapitalgesellschaft iSv § 122b Abs. 1 Nr. 1 UmwG in Betracht, die dem Recht des Vereinigten Königreichs unterliegt (also alle companies limited by shares und companies limited by guarantee, nicht aber die Limited Liability Partnership – LLP; vgl. Fn. 186). Übernehmender Rechtsträger kann jede Kapitalgesellschaft deutschen Rechts sein sowie jede deutsche Personenhandelsgesellschaft, soweit diese nach der Verschmelzung in der Regel nicht mehr als 500 Arbeitnehmer beschäftigt (§ 122b Abs. 1 Nr. 2 UmwG nF).[189] Diese Beschränkung will Verschmelzungen auf eine mitbestimmungsfreie GmbH & Co. KG, die mehr als 500 Arbeitnehmer hat, also eine Flucht aus der Mitbestimmung, verhindern.[190]

114

Hinzuweisen ist darauf, dass seitens der Praxis bezweifelt wird, dass die von britischer Seite auszustellenden Dokumente iSv § 122l Abs. 1 S. 2 UmwG für die betroffenen Unternehmen zeitnah ausgestellt werden.[191] Generell wird daher das zur Rückholung britischer Limiteds mit Verwaltungssitz in Deutschland geschaffene 4. UmwÄndG zu Recht sehr kritisch gesehen.[192] Alternativ wird zB die Übertragung der Limited-Anteile auf eine neu gegründete GmbH vorgeschlagen, die sodann mit dem Brexit und dem dadurch verursachten Erlöschen der Limited (der Wegfall der EU-rechtlichen Niederlassungsfreiheit führt zur Umqualifizierung der Limited in eine Personengesellschaft oder einen Einzelkaufmann, vgl. → Rn. 2) durch Verlegung des Verwaltungssitzes zu deren Rechtsnachfolgerin wird.[193] Des Weiteren wird der Asset Deal als Alternative genannt.[194]

115

---

[187] Lutter/*Bayer* UmwG § 122m Rn. 1.
[188] Vgl. Begr. RegE 4. UmwÄndG, BR-Drs. 505/18, 6; Henssler/Strohn/*Polley* UmwG § 122m Rn. 2.
[189] Lutter/*Bayer* UmwG § 122b Rn. 14a.
[190] Vgl. Begr. RegE, BT-Drs. 16/2919, 30.
[191] Lutter/*Bayer* UmwG § 122m Rn. 5 mwN.
[192] *Behme* ZRP 2018, 204 ff.; Lutter/*Bayer* UmwG § 122 m Rn. 6 mwN.
[193] *Miras/Tonner* GmbHR 2018, 601 ff.; Lutter/*Bayer* UmwG § 122m Rn. 6.
[194] *Zwirlein/Großerichter/Gätsch* NZG 2017, 1041 (1043); Lutter/*Bayer* UmwG § 122m Rn. 6.

# Abschnitt 9 – Konzernrecht

## § 17 Konzernrecht

### Übersicht

| | Rn. |
|---|---|
| A. Besonderheiten gegenüber dem Konzernrecht nationalen Rechts | 1 |
| B. Anwendung der konzernrechtlichen Regelungen auf die SE | 2 |
| C. Allgemeine Vorschriften | 3 |
| D. Vertragskonzern | 4 |
|     I. Abschluss von Unternehmensverträgen | 5 |
|     II. Beherrschungsverträge | 7 |
|         1. Die SE als herrschendes Unternehmen | 8 |
|         2. Die SE als abhängige Gesellschaft | 12 |
|     III. Gewinnabführungsverträge | 21 |
| E. Faktische Unternehmensverbindungen | 22 |
|     I. Die SE als herrschendes Unternehmen | 23 |
|     II. Die SE als abhängige Gesellschaft | 24 |
|         1. Eigenverantwortliche Leitung | 24 |
|         2. Abhängigkeitsbericht | 25 |
|         3. Haftung der Organmitglieder der abhängigen SE | 26 |
| F. Existenzvernichtender Eingriff – qualifiziert faktischer Konzern | 27 |
| G. Eingliederung | 28 |
|     I. Hauptgesellschaft | 28 |
|     II. Eingegliederte Gesellschaft | 29 |
| H. Grenzüberschreitende Sachverhalte | 30 |
|     I. Beherrschungs- und Gewinnabführungsverträge | 31 |
|     II. Faktische Unternehmensverbindungen | 33 |
|     III. Eingliederung | 34 |

## A. Besonderheiten gegenüber dem Konzernrecht nationalen Rechts

Auf SE mit Sitz in Deutschland, die Teil eines Unternehmensverbundes sind, finden die 1
Regelungen zum deutschen Konzernrecht zu den Vertragskonzernen und den faktischen
Unternehmensverbindungen im Grundsatz in gleicher Weise wie auf Aktiengesellschaften
Anwendung (s. → Rn. 2 ff.). Das beruht darauf, dass die SE-Verordnung selbst keine materiellen Regelungen zum Konzernrecht beinhaltet, was nach der Vorgabe des deutschen
Gesetzgebers zur Anwendung des nationalen Aktienrechts führt. Die SE kann also Partner
eines Beherrschungs- oder Gewinnabführungsvertrages oder Glied einer faktischen Unternehmensverbindung sein. Ebenso kann sie sich an einer Eingliederung beteiligen. Für die
Behandlung einer SE im Konzern ist daher auf die aktienrechtlichen Instrumente und Regelungen zurückzugreifen. Anpassungsbedarf besteht bei dualistisch strukturierten SE im
Ergebnis nicht: Dort tritt an die Stelle des Vorstands das Leitungsorgan und an diejenige
des Aufsichtsrats das Aufsichtsorgan. Bei monistisch strukturierten SE sind wegen der andersartigen Verwaltungsstruktur im Vergleich zum deutschen Ausgangsmodell mit Vorstand- und Aufsichtsrat, auf die die aktienrechtlichen Regelungen zugeschnitten sind, gewisse Anpassungen erforderlich. Diesbezüglich sind vor allem die folgenden Problemkreise
zu beachten:
1. Im Rahmen von Unternehmensverbindungen auf Grundlage eines Beherrschungsvertrages stellt sich im Hinblick auf die abhängige SE die Frage, wer anzuweisen ist (der
geschäftsführende Direktor) und wie zu verfahren ist, wenn die Weisung über den

Kompetenzbereich der geschäftsführenden Direktoren hinausgeht und in denjenigen des Verwaltungsrats eingreift. Zudem sind bei der Anwendung des § 308 Abs. 3 AktG gewisse Anpassungen erforderlich.
2. Im Rahmen von faktischen Unternehmensverbindungen besteht insbesondere die Problematik, dass der Abhängigkeitsbericht durch die (weisungsabhängigen) geschäftsführenden Direktoren aufgestellt wird und durch den Verwaltungsrat, der auch an der Geschäftsführung beteiligt ist, zu prüfen ist, so dass es zu Interessenkollisionen kommen kann.
3. Im Hinblick auf die Haftung der Organmitglieder stellt sich unabhängig davon, ob es sich um beherrschungsvertragliche oder faktische Unternehmensverbindungen handelt, die Frage, wie die Haftung der geschäftsführenden Direktoren in der herrschenden bzw. abhängigen SE ausgestaltet ist, wenn sie auf Weisung des Verwaltungsrats gehandelt haben (s. → Rn. 10, 18).

## B. Anwendung der konzernrechtlichen Regelungen auf die SE

2 Die SE-Verordnung selbst enthält keine konzernrechtlichen Regelungen im materiellen Sinn, wenn man von Art. 61 und 62 SE-VO absieht, die sich mit der Aufstellung, Prüfung und Offenlegung des Konzernabschlusses befassen. Nach teilweise vertretener Ansicht soll das Konzernrecht auf die abhängige SE mit Sitz in Deutschland zu großen Teilen nicht anwendbar sein, da es zur Folge habe, dass eine vertraglich gebundene oder faktisch abhängige SE von einem herrschenden Unternehmen geleitet und geschädigt werden könne, was gegen das Prinzip der eigenverantwortlichen Leitung verstoße, und in das Kapital der SE eingegriffen werden könne, was nicht mit Art. 5 SE-VO vereinbar sei.[1] Nach dieser Ansicht seien nur diejenigen Regelungen des deutschen Konzernrechts auf abhängige SE mit Sitz in Deutschland anwendbar, soweit diesen ein zusätzlicher Schutzcharakter zukomme.[2] Die ganz herrschende Meinung und der deutsche Gesetzgeber gehen zutreffender Weise im Ergebnis von einer Anwendbarkeit des deutschen Konzernrechts – mit gewissen minimalen Anpassungen (s. → Rn. 3 ff.) – auf SE mit Sitz in Deutschland aus.[3] Dass der deutsche Gesetzgeber diese Mindermeinung ablehnt, ergibt sich mittelbar aus § 49 SEAG, der für monistisch organisierte SE im Hinblick auf die Vorschriften der §§ 308 bis 318 AktG und §§ 319 bis 327 AktG an die Stelle des Vorstandes die geschäftsführenden Direktoren treten lässt.[4] Denn die Zuweisung dieser Aufgaben an den geschäftsführenden Direktor setzt implizit die Anwendung der konzernrechtlichen Regelungen des deutschen Aktiengesetzes auf SE voraus. Zudem spricht gegen diese einschränkende Ansicht, dass die SE-Verordnung ausweislich ihrer Begründung (Erwägungsgrund Nr. 16)

---

[1] *Hommelhoff* AG 2003, 179 (182); für eine Nichtanwendbarkeit der Verlustausgleichspflicht *Mülbert* FS Lutter, 2000, 535 (5553 f.); zur Diskussion s. Kölner Komm AktG/*Paefgen* Schlussanh. II Rn. 10 f.; MüKoAktG/ *Ego* SE-VO Anh. Art. 9 Rn. 9 ff., 23; s. aber *Hommelhoff/Lächler* AG 2014, 257 (263 f.); s. auch Lutter/ Hommelhoff/Teichmann SE/*Hommelhoff/Lächler* SE-Konzernrecht Rn. 5.
[2] *Hommelhoff* AG 2003, 179 (183 ff.).
[3] MüKoAktG/*Ego* SE-VO Anh. Art. 9 Rn. 19, 23; Kölner Komm AktG/*Paefgen* Schlussanhang II Rn. 7 ff.; *Maul* ZGR 2003, 743; *Teichmann* ZGR 2002, 383 (444 ff.); *Thümmel* Persönliche Haftung Rn 7; NK-SE/ *Schröder* SE-VO Art. 9 Rn. 38, 61 ff.; *Hopt* ZGR 2003, 199 (205); Langenbucher AktKapMarktR/*Engert* § 5 Rn. 139 f.; *Schwarz* Einl. Rn. 165 ff.; *Habersack/Verse* EuGesR § 13 Rn. 49; *Habersack* ZGR 2003, 724 (729 ff.); Emmerich/Habersack/*Habersack* Einl. Rn. 45 ff.; *Veil* WM 2003, 2169 (2172 ff.); *Veil* in Jannott/ Frodermann SE-HdB § 11 Rn. 3; *Brandi* NZG 2003, 889 (889 f.); *Neye/Teichmann* AG 2003, 169 f. (178 f.).
[4] So auch *Maul* ZGR 2003, 743 f.; *Maul*, Die faktisch abhängige SE (Societas Europaea) im Schnittpunkt zwischen deutschem und europäischem Recht, 1998, 13 ff. – zu dem Entwurf des SE-Statuts aus dem Jahr 1991; *Habersack* ZGR 2003, 724 (725); *Schwarz* Einl. Rn. 165 ff.; MüKoAktG/*Ego* SE-VO Anh. Art. 9 Rn 23 ff.; *Engert* ZVglRWiss 104 (2005), 444 (448); Langenbucher AktKapMarktR/*Engert* § 5 Rn. 139; *Hommelhoff/Lächler* AG 2014, 257 (263 ff.); Kölner Komm AktG/*Paefgen* Schlussanh. II Rn 15; NK-SE/ *Schröder* SE-VO Art. 9 Rn. 23, 39 ff.; Habersack/Drinhausen/*Schürnbrandt* SE-VO Art. 9 Rn. 31.

hinsichtlich der Konzern-Sachverhalte auf das nationale Recht verweisen will; die Balance zwischen Eigen- und Konzerninteresse also jeweils in dem betreffenden Mitgliedstaat vorzunehmen ist.[5] Das Ausführungsgesetz hat offengelassen, auf welche Grundlage es die Verweisung auf das nationale Recht stützen will. In der Literatur stehen sich insoweit im Rahmen der herrschenden Ansicht wiederum zwei Auffassungen gegenüber. Eine Ansicht sieht das Konzernrecht als außerhalb der SE-Verordnung liegend an, so dass zur Ermittlung des anwendbaren Sachrechts auf die Grundsätze des internationalen Privatrechts zurückgegriffen werden müsse (kollisionsrechtlicher Ansatz).[6] Nach einer weiteren stark im Vordringen befindliche Meinung ist indessen vom Vorliegen einer **Regelungslücke** in der SE-Verordnung auszugehen, die unter Heranziehung des deutschen Konzernrechts auszufüllen ist, indem die Regelungen zum deutschen Konzernrecht über die Verweisungsnorm des Art. 9 Abs. 1 lit c SE-VO angewendet werden.[7] Für letztere Auffassung spricht ganz klar die historische Auslegung. Denn Art. 114 SE-VO-Vorschlag von 1989 hatte hinsichtlich der konzernrechtlichen Regelungen noch auf das Sitzstaatrecht der SE verwiesen. Diese Vorschrift ist im Vorschlag von 1991 gestrichen worden, wobei aus der Begründung zu diesem Vorschlag ersichtlich ist, dass die Streichung wegen der neu eigefügten Generalverweisungsnorm des Art. 7 SE-VO aF (die dem heutigen Art. 9 SE-VO entspricht) vorgenommen wurde. Im Rahmen dieses Ansatzes ist wiederum umstritten, welchen genauen Inhalt die Verweisung des Art. 9 Abs. 1 lit c SE-VO beinhaltet. Nach der herrschenden Auffassung soll es sich bei dieser Verweisung des Art. 9 SE-VO um eine Sachnormverweisung handeln, wonach das deutsche Konzernrecht direkt unter Ausschluss des Kollisionsrechts auf das Sachrecht des Sitzstaates der SE Bezug nimmt.[8] Nach aA ist diesbezüglich von einer Gesamtnormverweisung auszugehen (s. → § 3 Rn. 12).[9] Nach dieser Auffassung bezieht der Verweis auf die Regelungen der Mitgliedstaaten das nationale Kollisionsrecht mit ein; so dass auf eine im Sitzstaat der SE gegründete Aktiengesellschaft auch das nationale Kollisionsrecht zur Anwendung gelange (so → § 3 Rn. 12). Im Ergebnis müssten dann auch ausländische Gerichte die Grundsätze des deutschen IPR anwenden und umgekehrt. Dem ist nicht zu folgen. Neben der historischen Auslegung (s.o.) spricht der Wortlaut des Art. 9 Abs. 1 lit. c. SE-VO und des Art. 10 SE-VO, nach dem die SE wie eine Aktiengesellschaft zu behandeln ist, dafür, dass für die Klärung der Frage darauf abzustellen ist, welchem Recht eine in Deutschland ansässige AG unterliegt. Dies richtet sich in grenzüberschreitenden Fällen (etwa Muttergesellschaft hat ihren Sitz in einem anderen EU-Staat) nach den Regelungen und Grundsätzen des IPR und ist von dem angerufenen in- oder ausländischen Gericht nach den von ihnen jeweils anzuwendenden in- oder ausländischen IPR-Regelungen zu beurteilen, also nicht stets nach deutschem IPR (s. im

---

[5] *Habersack* ZGR 2003, 724 (737 ff.); *Brandi* NZG 2003, 889 (892); Theisen/Wenz EurAG/*Maul* 408.
[6] *Casper* FS Ulmer, 2003, 51 (65 f.) mwN; BeckOGK/*Casper*, 1.2.2021, SE-VO Art. 9 Rn. 7, 12; Lutter/Hommelhoff/Teichmann SE/*Hommelhoff/Lächler* SE-VO Art. 9 (§ 1 SEAG), Rn. 23, 28 ff.; Kölner Komm AktG/*Veil* SE-VO Art. 9 Rn. 21 f.; *Habersack* ZGR 2003, 724 (726 ff.); *Schwarz* Europäisches Gesellschaftsrecht, 2000, 577; *Brandt/Scheifele* DStR 2002, 547 (553); *Wagner* NZG 2002, 985 (987); *Veil* in Jannott/Frodermann SE-HdB § 11 Rn. 3 ff.; *Lutter/Hommelhoff* EU-Gesellschaft/*Hommelhoff* 19 f.; nach MüKo AktG/*Ego* SE-VO Anh. Art. 9 Rn. 24 soll der Meinungsstreit dahinstehen können, da das deutsche Konzernrecht in jedem Fall anwendbar sei.
[7] MüKoAktG/*Ego* SE-VO Anh. Art. 9 Rn. 23 ff.; Kölner Komm AktG/*Paefgen* Schlussanh. II Rn. 20; *Teichmann*, Binnenmarktkonformes Gesellschaftsrecht, 2006, 251 ff.; → § 3 Rn. 12; Lutter/Hommelhoff EU-Gesellschaft/*Maul* 251 f.; *Schwarz* Einl. Rn. 175; Langenbucher AktKapMarktR/*Engert* § 5 Rn. 139; Habersack/Drinhausen/*Schürnbrandt* SE-VO Art. 9 Rn. 26.
[8] MüKoAktG/*Ego* SE-VO Anh. Art. 9 Rn. 24; Kölner Komm AktG/*Paefgen* Schlussanhang II Rn. 20 mwN; Habersack/Drinhausen/*Schürnbrandt* SE-VO Art. 9 Rn. 34 f.; *Brandt*, Die Gründung der Europäischen Aktiengesellschaft (SE), 2004, 44; *Lächler/Oplustil* NZG 2005, 381 f.; *Scheifele*, Die Hauptversammlung der Europäischen Aktiengesellschaft (SE), 2004, 31; *Wagner* NZG 2002, 985 (987); MüKoAktG/*Schäfer* SE-VO Art. 9 Rn. 3; *Maul* ZGR 2003, 743 (763); *Lächler*, Das Konzernrecht der Europäischen Gesellschaft (SE), 2007, 84 f.
[9] *Teichmann*, Binnenmarktkonformes Gesellschaftsrecht, 2006, 281 ff; *Schwarz* Einl. Rn. 211 ff.; *Brandi* NZG 2002, 889 (891); *Hommelhoff* AG 2003, 179 (180, 184); nach *Drinhausen/Teichmann* soll es in der Rechtspraxis zwischen beiden Auffassung kaum zu unterschiedlichen Ergebnissen kommen (s. → § 3 Rn. 13).

Einzelnen → Rn. 30). Ebenso wie eine AG soll nach dem Wortlaut des Art. 9 SE-VO und des Art. 10 SE-VO eine SE mit Sitz in Deutschland behandelt werden; der Verweis kann daher nicht zu einer weitergehenden Anwendung des IPR kommen, als es auf eine deutsche AG zur Anwendung gelangen würde.

## C. Allgemeine Vorschriften

3 Die §§ 15 bis 19 AktG, die verschiedene Tatbestände der Verbindung rechtlich selbständiger Unternehmen definieren, finden auf SE ohne weitere Anpassungen Anwendung. Die Begriffe des verbundenen Unternehmens (§ 15 AktG), des in Mehrheitsbesitz stehenden Unternehmens (§ 16 AktG), des abhängigen und herrschenden Unternehmens (§ 17 AktG), des Konzernunternehmens (§ 18 AktG), der Vertragsteile eines Unternehmensvertrages und der wechselseitigen Beteiligungen sind über die Verweisungsnorm des Art. 9 Abs. 1 lit. c ii SE-VO auf SE anzuwenden.[10]

## D. Vertragskonzern

4 Aufgrund der Anwendbarkeit der Regelungen zum Vertragskonzern auf SE kann eine SE sich wie eine deutsche AG am Abschluss eines Beherrschungs- oder Gewinnabführungsvertrages iSv § 291 AktG (s. → Rn. 5 und 21) beteiligen.

### I. Abschluss von Unternehmensverträgen

5 Für den Abschluss eines Unternehmensvertrages zwischen einer SE mit Sitz in Deutschland und dem anderen Vertragsteil mit Sitz in Deutschland sind die §§ 291 ff. AktG anwendbar.[11] Die Entscheidung über das Ob des Vertrages, den konkreten Inhalt und die Vertragsvorbereitungen fallen im dualistischen Modell in die Leitungskompetenz des Leitungsorgans (Art. 39 Abs. 1 SE-VO). Die Vertretung beim Abschluss des Vertrages verbleibt ebenfalls beim Leitungsorgan (§ 78 AktG). Ist die SE nach dem monistischen Modell organisiert, kommt die erste Aufgabe dem Verwaltungsrat zu, da die betreffenden Unternehmensverträge regelmäßig die Unternehmensstruktur verändern (§ 22 Abs. 6 SEAG). Die Vertretung beim Abschluss des Vertrages obliegt nach § 41 SEAG den geschäftsführenden Direktoren. Der Vertragsabschluss bedarf der Schriftform (§ 293 Abs. 3 AktG). Erforderlich sind zudem die notwendigen **Zustimmungsbeschlüsse** der jeweiligen Hauptversammlungen bei der SE und dem anderen Vertragsteil, wenn es sich bei ihm um eine AG, KGaA oder SE handelt (§ 293a AktG).[12] Im Hinblick auf die Frage, welcher Mehrheit die Zustimmungsbeschlüsse bedürfen, geht die hM in der Literatur (s. → Rn. 2) von einer Mehrheit von drei Viertel des vertretenen Grundkapitals aus. Nach Auffassung von *Teichmann/Oplustil* müsste geklärt werden, ob Art. 59 SE-VO anwendbar ist. Insoweit ist von Bedeutung, dass der Beschluss der Hauptversammlung zum Abschluss des Beherrschungsvertrages zwar nicht auf eine Satzungsänderung gerichtet ist, ihm jedoch nach der

---

[10] Theisen/Wenz EurAG/*Maul* 473; *Schwarz* Einl. Rn. 183 ff.; Kölner Komm AktG/*Paefgen* Schlussanh. II Rn. 29.
[11] *Maul* ZGR 2003, 743 (751, 763); Kölner Komm AktG/*Paefgen* Schlussanh. II Rn. 59; MüKoAktG/*Ego* SE-VO Anh. Art. 9 Rn. 30; *Schwarz* Einl. Rn. 202 ff.; zu grenzüberschreitenden Sachverhalten s. → Rn. 30.
[12] Zu dem Zustimmungserfordernis, wenn es sich bei dem anderen Vertragsteil um eine GmbH handelt, s. *Emmerich/Habersack* KonzernR § 32 II 2.

D. Vertragskonzern § 17

ganz hM satzungsüberlagernde Wirkung zukommt,[13] so dass nach dieser Auffassung die Verordnungsregelungen über die Satzungsänderung (Art. 59 SE-VO) Anwendung finden müssen, also jedenfalls eine Zweidrittelstimmenmehrheit vorliegen müsste. Im Hinblick auf die in diesem Zusammenhang weitere Frage, ob neben der Zweidrittelstimmenmehrheit die Dreiviertelkapitalmehrheit nach § 293 Abs. 1 AktG erforderlich ist, ist auf die Ausführungen unter → § 13 Rn. 68 zu verweisen.[14]

In diesem Zusammenhang müssen im dualistischen Modell von den Leitungsorganen bzw. im monistischen Modell von den geschäftsführenden Direktoren, da es sich insoweit um eine Geschäftsführungsaufgabe nach § 40 Abs. 2 SEAG handelt,[15] Berichte, die sich insbesondere mit der Art und der Höhe des Ausgleichs befassen, aufgestellt und durch Vertragsprüfer überprüft werden (§§ 293a, b AktG). Zudem sind das Bestehen und die Art des Unternehmensvertrages in das **Handelsregister** der beherrschten bzw. zur Gewinnabführung verpflichteten Gesellschaft einzutragen und bekannt zu machen (§ 294 AktG). Eine Bekanntmachung im europäischen Amtsblatt nach Art. 14 SE-VO ist nicht erforderlich. Vom Leitungsorgan bzw. den geschäftsführenden Direktoren sind das Bestehen und die Art des Vertrages sowie die Firma des herrschenden bzw. gewinnberechtigten anderen Vertragsteils anzugeben (§ 294 AktG). Dazu müssen dem Registergericht der Unternehmensvertrag sowie die notariell protokollierten Niederschriften der Zustimmungsbeschlüsse der Hauptversammlungen vorgelegt werden. 6

## II. Beherrschungsverträge

Bei Abschluss eines Beherrschungsvertrages, durch den sich die abhängige Gesellschaft den Weisungen des anderen Vertragsteils unterstellt, kommen die §§ 291 bis 310 AktG auf SE mit geringen Ausnahmen in gleicher Weise wie auf deutsche Aktiengesellschaften zur Anwendung. 7

### 1. Die SE als herrschendes Unternehmen

#### a) Weisungsbefugnis

Die SE als der andere Vertragsteil kann der abhängigen Gesellschaft wie eine deutsche AG Weisungen erteilen (§ 308 Abs. 1 AktG s. hierzu im Einzelnen → Rn. 13).[16] Die Weisungsfreiheit des Vorstandes der abhängigen Gesellschaft wird aufgehoben. Ist die SE dualistisch organisiert, sind die Weisungen durch das Leitungsorgan auszusprechen.[17] Ist sie demgegenüber monistisch organisiert, obliegt diese Aufgabe den geschäftsführenden Direktoren, da sie als gesetzliche Vertreter der SE fungieren (§ 41 Abs. 1 SEAG).[18] Wie bei einer Aktiengesellschaft können Weisungen erteilt werden, die für die abhängige Gesellschaft **nachteilig** sind, wenn sie den Belangen des herrschenden Unternehmens oder konzernverbundenen Gesellschaften dienen. Dem steht nicht die SE-VO entgegen (s. → Rn. 2). Zur Anwendung gelangt auch § 291 Abs. 3 AktG, wonach Leistungen der abhängigen Gesellschaft, die aufgrund des Beherrschungsvertrages getätigt werden, nicht als **Verstoß gegen § 57 AktG** gelten. Zwar ist insoweit bereits im Hinblick auf die Aktiengesellschaft umstritten, ob diese Regelung des § 291 Abs. 3 AktG mit der Kapitalrichtlinie 8

---

[13] BGHZ 105, 324 (333) = NJW 1990, 295 – Supermarkt; MüKoAktG/*Pentz* AktG § 23 Rn. 54; s. auch *Emmerich*/Habersack/*Emmerich* AktG § 291 Rn. 26.
[14] S. insoweit *Schwarz* Einl. Rn. 202, spricht sich für eine Mehrheit von drei Viertel des vertretenen Grundkapitals aus.
[15] A-A *Schwarz* Einl. Rn. 207, wonach die Berichtspflichten als grundlegende Verwaltungsaufgaben dem Verwaltungsrat obliegen sollen.
[16] *Hommelhoff* AG 2003, 179 (183); *Brandi* NZG 2003, 889 (891); Theisen/Wenz EurAG/*Maul* 447 f.
[17] Kölner Komm AktG/*Paefgen* Schlussanh. II Rn. 74.
[18] Theisen/Wenz EuAG/*Maul* 489; *Schwarz* Einl. Rn. 225; Kölner Komm AktG/*Paefgen* Schlussanh. II Rn. 74; *Brandi* NZG 2003, 889 (892).

vereinbar ist. Insbesondere der Umstand, dass die Kapitalrichtlinie aus ihrer Entstehungsgeschichte heraus keine Konzernsachverhalte regeln will, spricht aber für die Zulässigkeit des § 291 Abs. 3 AktG.[19] Ohne weitere Besonderheiten umsetzbar auf die SE ist **§ 308 Abs. 3 S. 2 AktG,** der die Stellung des Aufsichtsrats des herrschenden Unternehmens dahin regelt, dass bei einer erneuten Weisung des herrschenden Unternehmens, der der Aufsichtsrat desselben zustimmt, die mangelnde Zustimmung des Aufsichtsrats der abhängigen Gesellschaft überwunden werden kann. Im dualistischen Modell tritt an die Stelle des Aufsichtsrats das Aufsichtsorgan[20] und im monistischen Modell an diejenige des Aufsichtsrats der Verwaltungsrat (§ 22 Abs. 6 SEAG).[21]

### b) Schutz der Aktionäre und Gläubiger

9  Auf die herrschende SE finden die Regelungen zum Verlustausgleich (§ 302 Abs. 1 AktG), zur Sicherheitsleistung (§ 303 AktG) und zu den Ausgleichs- und Abfindungszahlungen (§§ 304, 305 AktG) ohne Abweichungen Anwendung.[22]

### c) Haftung der Vertreter des herrschenden Unternehmens

10  § 309 Abs. 2 AktG, der die Haftung der gesetzlichen Vertreter des herrschenden Unternehmens gegenüber der Untergesellschaft für die Erteilung von beherrschungsvertraglichen Weisungen vorsieht, wenn sie die Schranken aus dem Beherrschungsvertrag, der Satzung der abhängigen Gesellschaft oder dem Gesetz schuldhaft missachten (die hier nicht näher darzustellende Haftung des anderen Vertragsteils selbst ergibt sich aus allgemeinen Grundsätzen), ist ebenfalls auf SE umsetzbar.[23] Beim dualistischen System bestehen keine Umsetzungsprobleme: An die Stelle des Vorstandes tritt das Leitungsorgan; seine Mitglieder trifft als gesetzliche Vertreter der herrschenden SE die Haftung aus § 309 Abs. 2 AktG.[24] Im monistischen Modell sind aufgrund der Weisungs- und Leitungsbefugnis des Verwaltungsrats Anpassungen erforderlich, wobei zwischen der Haftung der **geschäftsführenden Direktoren** und derjenigen des Verwaltungsrats zu differenzieren ist. Im Hinblick auf die geschäftsführenden Direktoren gilt im Grundsatz, dass sie bei der **Erteilung sorgfaltswidriger Weisungen** gegenüber der abhängigen Gesellschaft als gesetzliche Vertreter der Gesellschaft (§ 41 Abs. 1 SEAG) die Haftung nach § 309 Abs. 2 AktG trifft, da sie nach § 49 Abs. 1 SEAG an die Stelle des Vorstands treten.[25] Allerdings stellt sich insoweit die Frage, welche Folgen es nach sich zieht, wenn die Handlung des geschäftsführenden Direktors auf einer **Weisung des Verwaltungsrats** beruht. Insoweit ist zu unterscheiden: War der Beschluss des Verwaltungsrats, auf dem die Weisung beruht, **nichtig,** weil er gegen Gesetz oder Satzung verstoßen hat,[26] darf der geschäftsführende Direktor diesen Be-

---

[19] MüKoAktG/*Ego* SE-VO Anh. Art. 9 Rn. 28; Lutter/Hommelhoff/Teichmann SE/*Teichmann,* SE-VO Anh. Art. 43 (§ 49 SEAG) Rn. 2; Lutter/Hommelhoff/Teichmann SE/*Hommelhoff/Lächler* SE-Konzernrecht Rn. 5, 20; *Teichmann,* Binnenmarktkonformes Gesellschaftsrecht, 2011, 307; *Veil* in Jannott/Frodermann SE-HdB 11. Kap. Rn. 6; *Habersack* ZGR 2003, 724 (735 ff.); *Schön* FS Kropff, 1997, 298 f.; aA *Hommelhoff* AG 2003, 179 (182); *Lächler,* Das Konzernrecht der Europäischen Gesellschaft (SE), 2007, 161, 166; *Meilicke* DB 2001, 2385 f.

[20] *Brandi* NZG 2003, 889 (891).

[21] Theisen/Wenz EurAG/*Maul* 457, 492; *Maul* ZGR 2003, 743 (749 f.); *Schwarz* Einl. Rn. 225; MüKoAktG/*Ego* SE-VO Anh. Art. 9 Rn. 31; Kölner Komm AktG/*Paefgen* Schlussanh. II Rn. 69, 70.

[22] MüKoAktG/*Ego* SE-VO Anh. Art 9 Rn. 29; Kölner Komm AktG/*Paefgen* Schlussanh. II Rn. 60; *Schwarz* Einl. Rn. 205; Theisen/Wenz Eur AG/*Maul* 457, 488, 493; *Maul* ZGR 2003, 743 (750); *Brandi* NZG 2003, 889 (893); *Veil* WM 2003, 2169 (2174); aA *Mülbert* FS Lutter, 2000, 535 (553 f.).

[23] HM, vgl. MüKoAktG/*Altmeppen* AktG § 309 Rn. 68 ff.; Kölner Komm AktG/*Koppensteiner* AktG § 309 Rn. 8 f.; GroßkommAktG/*Würdinger* AktG § 309 Rn. 3; aA für eine weitergehende Auslegung *Hüffer/Koch/Koch* AktG § 309 Rn. 14; *Emmerich*/Habersack/*Emmerich* AktG § 309 Rn. 28 ff.

[24] Kölner Komm AktG/*Paefgen* Schlussanh. II Rn. 79; *Schwarz* Einl. Rn. 225; Theisen/Wenz EurAG/*Maul* 457, 488; *Brandi* NZG 2003, 889 (892).

[25] Kölner Komm AktG/*Paefgen* Schlussanh. II Rn. 80; *Brandi* NZG 2003, 889 (892); *Schwarz* Einl. Rn. 225.

[26] Zur Nichtigkeit von Aufsichtsratsbeschlüssen, vgl. *Hüffer/Koch/Koch* AktG § 108 Rn. 17.

D. Vertragskonzern

schluss trotz der Weisung des Verwaltungsrats nicht befolgen; kommt er ihm nach, haftet er aus § 309 Abs. 2 AktG. Etwas anderes kann gelten, wenn es am Verschulden des geschäftsführenden Direktors fehlt, weil er die Unzulässigkeit der Weisung nicht erkennen konnte.[27] Handelt es sich um eine **rechtmäßige Weisung** des Verwaltungsrats, deren zugrunde liegendes unternehmerisches Ermessen nicht angreifbar ist, hat der geschäftsführende Direktor die Weisung zu befolgen. Weniger klar ist der Fall einer **erkennbar nachteiligen Weisung** (hier für die abhängige Gesellschaft), die **nicht als gesetzeswidrig** eingestuft werden kann. Die Begründung zum SEAG verweist insoweit darauf, dass die Stellung des geschäftsführenden Direktors aufgrund der Weisungsabhängigkeit und jederzeitigen Abberufbarkeit eher derjenigen eines GmbH-Geschäftsführers gleiche, was bei der Auslegung der unbestimmten Rechtsbegriffe zu berücksichtigen sei (Begründung zu § 40 Abs. 8 SEAG). Zweifelhaft ist indessen, ob der GmbH-rechtliche Ansatz bei der Aktiengesellschaft tragen kann, soweit damit gemeint ist, dass der geschäftsführende Direktor bei Befolgung einer nachteiligen Weisung durch den Verwaltungsrat nicht gegenüber der Gesellschaft haften soll, was sich für die GmbH mittelbar aus § 43 Abs. 3 GmbHG ergibt und durch die Rechtsprechung bestätigt worden ist.[28] Zu sehen ist insoweit, dass im GmbH-Recht die Gesellschafterversammlung das weisungsgebende Organ ist, der Geschäftsführer also an die Weisungen des obersten Organs der GmbH gebunden ist, was bei einem Verwaltungsrat einer SE nicht der Fall ist. Zudem bestehen Unterschiede insoweit, als die GmbH-Gesellschafter die Gesellschaft (soweit keine Minderheitsinteressen berührt sind) schädigen dürfen, was bei der AG bzw. SE nicht der Fall ist. Im Ergebnis spricht daher vieles dafür, dass die **Haftungsfreistellung** im Aktienrecht nicht so weit gehen kann wie im GmbH-Recht. Bei Anwendung dieser Prinzipien auf den Fall des § 309 Abs. 2 AktG wird man daher davon auszugehen haben, dass eine nachteilige (wenn auch nicht rechtswidrige) Weisung des Verwaltungsrats den geschäftsführenden Direktor nicht freistellen kann. Dies gilt erst recht, da es im § 309 Abs. 2 AktG nicht um Ansprüche der eigenen Gesellschaft, sondern um solche der abhängigen Gesellschaft geht.

Neben den geschäftsführenden Direktoren können auch die **Mitglieder des Verwaltungsrats,** soweit sie die sorgfaltswidrige Weisung durch den geschäftsführenden Direktor erteilt haben, haften.[29] Zwar sehen weder die SE-Verordnung noch das Ausführungsgesetz eine solche ausdrückliche Haftungsregelung vor. Es ist jedoch von einer Regelungslücke auszugehen, die in entsprechender Anwendung von § 309 Abs. 2 AktG zu füllen ist. Grund hierfür ist zum einen, dass nach dem Konzept des Aktiengesetzes an die Ausübung von Leitungsmacht Verantwortlichkeiten geknüpft werden[30] und der Verwaltungsrat – anders als beispielsweise ein leitender Angestellter – über diese Leitungsmacht aufgrund seines Weisungsrechts verfügt. Zum anderen sieht § 309 Abs. 2 AktG eine **direkte Haftung der Vertreter des herrschenden Unternehmens** gegenüber der Tochtergesellschaft und damit eine gesellschaftsübergreifende Haftung vor, was bei dem nach teilweise vertretener Ansicht zur Anwendung gelangenden § 93 AktG nicht der Fall ist.[31] Er befasst sich mit der Haftung der Organmitglieder gegenüber ihrer Gesellschaft.

11

---

[27] Vgl. Baumbach/Hueck/*Zöllner/Noack* GmbHG § 43 Rn. 29.
[28] Vgl. BGHZ 31, 259 (278) = NJW 1960, 285; BGHZ 75, 321 (326) = NJW 1980, 589; *Fleck* GmbHR 1974, 224 (226).
[29] Kölner Komm AktG/*Paefgen* Schlussanh. II Rn. 80; Theisen/Wenz EurAG/*Maul* 457, 488; *Brandi* NZG 2003, 889 (892); *Schwarz* Einl, Rn. 225.
[30] BegrRegE *Kropff* 404.
[31] S. insoweit zu den faktischen Unternehmensverbindungen auch *Veil* in Jannott/Frodermann SE-HdB § 11 Rn. 20. S. auch *Schwarz* Einl. Rn. 225, der eine Haftung aus § 309 ablehnt, da dem Beschluss nur interne Bindung zukomme.

## 2. Die SE als abhängige Gesellschaft

12  Ist die SE abhängige Gesellschaft, kommen die Regelungen der §§ 291 ff. AktG auf sie zur Anwendung. Sie ist den Weisungen des herrschenden Unternehmens unterworfen; wie im deutschen Recht wird ihr Eigeninteresse durch das Konzerninteresse überlagert.

### a) Beherrschungsvertragliche Weisungen

13  Will das herrschende Unternehmen von seinem **Weisungsrecht** nach § 308 Abs. 1 AktG Gebrauch machen, hat es im dualistischen Modell das Leitungsorgan, das wie der Vorstand den gesamten Tätigkeitsbereich der Geschäftsführung unter sich hat, anzuweisen.[32] Im monistischen Modell ist der geschäftsführende Direktor der SE anzuweisen (§ 49 Abs. 1 SEAG),[33] was insoweit zu Abweichungen von dem aktienrechtlichen Konzept führen kann, da den geschäftsführenden Direktoren nicht der Gesamtbereich der Leitung, sondern lediglich die tägliche Geschäftsführung unterliegt. Werden vom herrschenden Unternehmen gegenüber dem geschäftsführenden Direktor Weisungen ausgesprochen, die über die Zuständigkeiten der geschäftsführenden Direktoren hinausgehen, sondern vielmehr in den Verantwortungsbereich des Verwaltungsrats fallen, werden auch dessen Befugnisse durch die Weisung des herrschenden Unternehmens überlagert.[34] Lediglich bei Geschäften, die der **Zustimmung des Gesamtverwaltungsrats** bedürfen, verbleibt es bei Mitentscheidungsrechten im Sinne des § 308 Abs. 3 AktG.[35] Das ergibt sich aus dem Sinn und Zweck der beherrschungsvertraglichen Regelung des § 308 Abs. 1 AktG. Er ist darauf gerichtet, die Geschäftsführungszuständigkeit insgesamt auf das herrschende Unternehmen zu übertragen[36] und nicht nur die laufende Geschäftsführung.[37] Das Problem, dass das Weisungsrecht in den Kompetenzbereich eines weiteren Organs eingreifen kann, ist im Zusammenhang mit dem GmbH-Recht bereits durch die Rechtsprechung geklärt. Der II. Zivilsenat des Bundesgerichtshofs hat im „Supermarkt"-Beschluss festgestellt, dass durch den Beherrschungsvertrag die Weisungskompetenz der Gesellschafterversammlung auf die herrschende Gesellschaft übertragen wird, und hat damit dem herrschenden Unternehmen das Recht zugebilligt, in die Kompetenzen des Weisungsorgans einzugreifen.[38] Diesem Ergebnis steht auch nicht die SE-Verordnung entgegen, da sie keine konzernrechtlichen oder sonstigen Regelungen beinhaltet, die einer Überlagerung des Tochterinteresses durch das Konzerninteresse entgegenstehen.[39]

14  In die **Kompetenzen der Hauptversammlung** der abhängigen SE – dualistisch oder monistisch strukturiert – kann das Weisungsrecht des herrschenden Unternehmens demgegenüber nicht eingreifen. Die Kompetenzen der Hauptversammlung, die ihr durch die SE-Verordnung (zB Satzungsänderungen) oder durch das Aktiengesetz iVm. den Verweisungsnormen der Verordnung übertragen sind (etwa Zuständigkeiten nach § 119 AktG so-

---

[32] Siehe dazu *Neye/Teichmann* AG 2003, 169 (176).
[33] MüKoAktG/*Ego* SE-VO Anh. Art. 9 Rn. 31; Kölner Komm AktG/*Paefgen* Schlussanh. II Rn. 67; Lutter/Hommelhoff EU-Gesellschaft/*Maul* 253 f.; Habersack/Drinhausen/*Verse* SEAG § 49 Rn. 25; *Brandi* NZG 2003, 889 (891); aA Lutter/Hommelhoff/Teichmann SE/*Hommelhoff/Lächler* SE-Konzernrecht Rn. 18.
[34] So im Ergebnis *Maul* ZGR 2003, 743 (746 ff.); Theisen/Wenz EurAG/*Maul* 457, 489 ff.; Kölner Komm AktG/*Paefgen* Schlussanh. II Rn. 67; MüKoAktG/*Ego* SE-VO Anh. Art. 9 Rn. 31; *Veil* WM 2003, 2169 (2174); *Schwarz* Einl. Rn. 208.
[35] So *Maul* ZGR 2003, 743 (747 f.); Lutter/Hommelhoff EU-Gesellschaft/*Maul* 249, 251 f.; *Schwarz* Einl. Rn. 208; MüKoAktG/*Ego* SE-VO Anh. Art. 9 Rn. 31; Kölner Komm AktG/*Paefgen* Schlussanh. II Rn. 69; s. aber auch Lutter/Hommelhoff/Teichmann SE/*Hommelhoff/Lächler* SE-Konzernrecht Rn. 19.
[36] Vgl. ausführlich dazu *Maul* ZGR 2003, 743 (747); *Kropff* 403.
[37] Zum Begriff Kölner Komm AktG/*Mertens*, 2. Aufl. 1988, AktG § 76 Rn. 4; GroßkommAktG/*Kort* AktG § 76 Rn. 28; *Fleischer* ZIP 2003, 1 (5 f.).
[38] BGHZ 105, 324 (331) = NJW 1989, 295 – Supermarkt; vgl. auch *Zöllner* ZGR 1992, 173 (182).
[39] A-A insoweit *Hommelhoff* AG 2003, 179 (183).

wie **Gelatine/Holzmüller-Sachverhalte**, s. → § 13 Rn. 37),[40] gehören nicht mehr zur Leitung der Gesellschaft im Sinne von §§ 308, 76 AktG und können somit von vornerein nicht von der Leitungsmacht des herrschenden Unternehmens erfasst werden.[41] In diesem Punkt unterscheidet sich die Lage der beherrschten monistischen SE nicht von derjenigen einer beherrschten dualistischen AG, zumal die Hauptversammlungskompetenzen aufgrund der Verweisung auf das nationale Recht praktisch identisch sind.

### b) Umsetzung des § 308 Abs. 3 AktG

Die Regelung des § 308 Abs. 3 AktG, wonach die Stellung des Aufsichtsrats der abhängigen Gesellschaft dahin geregelt wird, dass die Weigerung des Aufsichtsrats, seine Zustimmung zu einem zustimmungsbedürftigen Geschäft zu erteilen, bedeutungslos wird, wenn die Weisung – ggf. mit Zustimmung des Aufsichtsrats des herrschenden Unternehmens – wiederholt wird, ist ebenfalls auf SE umsetzbar. Beim dualistischen System der SE ist die Regelung ohne weiteres umsetzbar: an die Stelle des Aufsichtsrats tritt das Aufsichtsorgan. Bei einer monistisch strukturierten SE besteht ein gewisser Anpassungsbedarf. Bei ihr tritt an die Stelle des Aufsichtsrats der abhängigen Gesellschaft gem. § 22 Abs. 6 SEAG der Verwaltungsrat,[42] so dass es für die Frage des § 308 Abs. 3 AktG darauf ankommt, ob bei den zustimmungspflichtigen Geschäften das vorherige Einverständnis des Verwaltungsrats vorliegt. Dass die Verordnung bei dem monistischen System anstatt von einer Zustimmung des Aufsichtsrats von einem **Beschluss des gesamten Verwaltungsrats** spricht,[43] ist insofern ohne Belang. Die nach § 308 AktG notwendige Zustimmung setzt gemäß § 108 Abs. 1 AktG ebenfalls zwingend einen ausdrücklichen Beschluss des Aufsichtsrats voraus, weshalb insofern im Ergebnis keine Unterschiede bestehen.[44]

Aufgrund der unterschiedlichen Kompetenzaufteilung zwischen Vorstand und Aufsichtsrat einerseits und Verwaltungsrat und geschäftsführendem Direktor andererseits sind die Kompetenzen des Verwaltungsrates im Hinblick auf zustimmungspflichtige Geschäfte im Regelfall wesentlich umfassender als die des Aufsichtsrates (s. → § 12 Rn 45ff.). Das kann wiederum zur Folge haben, dass das Verfahren nach § 308 Abs. 3 AktG häufiger durchgeführt werden muss. Diese Gefahr steht aber der Anwendbarkeit der Vorschrift nicht entgegen und kann in der Praxis durch eine entsprechende Ausgestaltung des **Zustimmungskatalogs** in der Satzung der SE vermieden werden.[45]

Weisungen an den geschäftsführenden Direktor, der zugleich Mitglied des Verwaltungsrats ist, führen nicht dazu, dass das Verwaltungsratsmitglied aufgrund einer Doppelstellung bei einem Beschluss des Gesamtverwaltungsrats an die zuvor erteilte Weisung gebunden ist.[46] Grund hierfür ist zum einen, dass die Weisung nur das in seiner Funktion angewiesene Organ, also den geschäftsführenden Direktor, binden und ihre Wirkung nicht in einem anderen Organ, dem Verwaltungsrat, fortsetzen kann, auch wenn die dort agierende Person identisch ist. Zum anderen kommt eine solche Bindung auch deshalb nicht in Betracht, weil § 308 AktG die dort geforderte Zustimmung des Aufsichtsrats bzw. die Wiederholung der Weisung zur Wirksamkeitsvoraussetzung der Weisung macht.[47] Eine

---

[40] BGHZ 83, 122; hierzu zuletzt *Zimmermann/Pentz* FS Welf Müller, 2001, 151 ff.; *Henze* FS Ulmer, 2003, 211; Emmerich/Habersack/*Habersack* AktG Vor § 311 Rn. 33 ff.; BGH NZG 2004, 575 – Gelatine I und BGH NJW 2004, 1860 – Gelatine II.
[41] OLG Karlsruhe AG 1991, 144 (146) – ASEA/BBC; *Maul* ZGR 2003, 743 (762); Lutter/Hommelhoff EU-Gesellschaft/*Maul* 249, 255; *Schwarz* Einl. Rn. 208; Kölner Komm AktG/*Paefgen* Schlussanh. II Rn. 68.
[42] MüKoAktG/*Ego* SE-VO Anh. Art. 9 Rn. 32; Kölner Komm AktG/*Paefgen* Schlussanh. II Rn. 70; *Schwarz* Einl. Rn. 203; Theisen/Wenz EurAG/*Maul* 457, 492; *Maul* ZGR 2003, 743 (749 f.).
[43] *Maul* ZGR 2003, 743 (749); Theisen/Wenz EurAG/*Maul* 491 f.; *Schwarz* Einl. Rn. 208.
[44] Hüffer/Koch/*Koch* AktG § 111 Rn. 19.
[45] *Maul* ZGR 2003, 743 (750).
[46] *Maul* ZGR 2003, 743 (749); Theisen/Wenz EurAG/*Maul* 492; MüKoAktG/*Ego* SE-VO Anh. Art. 9 Rn. 32; Kölner Komm AktG/*Paefgen* Schlussanh. II Rn. 70.
[47] Für die Durchführung des Verfahrens auch *Veil* WM 2003, 2169 (2175).

Weisung ohne diese besondere Voraussetzung kann mithin überhaupt keine Wirkung entfalten.[48]

### c) Haftung der Organmitglieder der abhängigen Gesellschaft

18 Hinsichtlich der Haftung der Organmitglieder der abhängigen Gesellschaft einer SE ist § 310 AktG anzuwenden, wobei von der hM von einer Pflichtverletzung ausgegangen wird, wenn in sorgfaltswidriger Weise unzulässige schädigende Weisungen befolgt worden sind.[49] Im Einzelnen ist zwischen dem dualistischen und dem monistischen Modell zu unterscheiden. Im dualistischen System ist die Umsetzung unproblematisch: Die Mitglieder des Leitungsorgans haften neben den Ersatzpflichtigen nach § 309 AktG, wenn sie unter Verletzung ihrer Pflichten gehandelt haben, wobei ihre Ersatzpflicht nicht dadurch ausgeschlossen wird, dass das Aufsichtsorgan die Handlung gebilligt hat (§ 310 Abs. 2 AktG). Die Mitglieder des Aufsichtsorgans trifft die Haftung aus § 310 Abs. 1 AktG, soweit sie Pflichten verletzt haben (zB Verhinderung der Befolgung rechtswidriger Weisungen sowie Pflichtverletzungen bei der Erteilung der Zustimmung).[50] Im monistischen System unterliegen der Haftung aus § 310 Abs. 1 AktG zunächst die geschäftsführenden Mitglieder; sie treten nach § 49 Abs. 1 SEAG an die Stelle des Vorstandes. Auch in diesem Zusammenhang gilt der unter Rn. 10 ausgeführte Grundsatz, dass es bei einer Befolgung von nachteiligen aber nicht gesetzwidrigen Weisungen durch den Verwaltungsrat der abhängigen Gesellschaft nicht zu einer **Freistellung** der geschäftsführenden Direktoren von einer Haftung kommen kann (s. → Rn. 10). Unproblematisch umzusetzen im monistischen Modell ist auch § 310 Abs. 2 AktG. Er ist in diesem Zusammenhang so zu lesen, dass die Ersatzpflicht der geschäftsführenden Direktoren nicht dadurch ausgeschlossen wird, dass der Verwaltungsrat die Handlung gebilligt hat.[51]

19 Zudem können die Mitglieder des Verwaltungsrats nach § 310 Abs. 1 AktG haften, wenn sie Pflichten verletzt haben (zB Weisung zur Befolgung einer rechtswidrigen Weisung des herrschenden Unternehmens, Verhinderung der Befolgung rechtswidriger Weisungen). Das ergibt sich aus § 26 Abs. 6 SEAG.

### d) Rechte der Aktionäre und Gläubiger

20 SE-spezifische Fragen treten weder bei den Rechten auf Verlustausgleich und Sicherheitsleistung (§§ 302, 303 AktG) noch auf Ausgleich und Abfindung (§§ 304, 304 AktG) auf. Insoweit können die aktienrechtlichen Regelungen auf die SE angewendet werden, ohne dass Anpassungen erforderlich sind.[52]

## III. Gewinnabführungsverträge

21 Die Regelungen zu den Gewinnabführungsverträgen sind ohne Abweichungen auf herrschende als auch abhängige SE anzuwenden.[53]

---

[48] So auch *Emmerich*/Habersack/*Emmerich* AktG § 308 Rn. 70 ff.
[49] Hüffer/Koch/*Koch* AktG § 310 Rn. 3; Kölner Komm AktG/*Koppensteiner* AktG § 310 Rn. 11; MüKo-AktG/*Altmeppen* AktG § 310 Rn. 31; s. für eine weitere Auslegung *Emmerich*/Habersack/*Emmerich* AktG § 310 Rn. 10 f.
[50] MüKoAktG/*Ego* SE-VO Anh. Art. 9 Rn. 33; Kölner Komm AktG/*Paefgen* Schlussanh. II Rn. 63.
[51] Kölner Komm AktG/*Paefgen* Schlussanh. II Rn. 72.
[52] Hierzu ausführlich *Brandi* NZG 2003, 889 (893); Theisen/Wenz EurAG/*Maul* 448 f.; Kölner Komm AktG/*Paefgen* Schlussanh. II Rn. 60; MüKoAktG/*Ego* SE-VO Anh. Art. 9 Rn. 37 ff.; *Schwarz* Einl. Rn. 205; *Veil* WM 2003, 2169 (2174).
[53] Theisen/Wenz EurAG/*Maul* 410 ff.; *Veil* in Jannott/Frodermann SE-HdB § 11 Rn. 38; *Schwarz* Einl. Rn. 204 f.; Kölner Komm AktG/*Paefgen* Schlussanh. II Rn. 59 ff. mwN; MüKoAktG/*Ego* SE-VO Anh. Art. 9 Rn. 27 ff. mwN.

## E. Faktische Unternehmensverbindungen

Im Fall von faktischen Unternehmensverbindungen finden die Regelungen der §§ 311 ff. 22
AktG mit geringen Anpassungen auf SE mit Sitz in Deutschland Anwendung.[54]

### I. Die SE als herrschendes Unternehmen

Das herrschende Unternehmen in Form der SE kann **nachteilige Geschäfte und Maß-** 23
**nahmen** veranlassen und ist dann, wenn sie befolgt werden, zum Nachteilsausgleich bzw. Schadensersatz gegenüber der abhängigen Gesellschaft verpflichtet (§§ 311, 317 Abs. 1 S. 1 AktG).[55] Zudem kann die SE gegenüber den Aktionären der abhängigen Gesellschaft verantwortlich sein, soweit sie einen eigenen Schaden erlitten haben (§ 317 Abs. 1 S. 2 AktG). Anzuwenden ist mit gewissen Anpassungen auch die Regelung des § 317 Abs. 3 AktG, nach der neben dem herrschenden Unternehmen dessen gesetzliche Vertreter gegenüber der abhängigen Gesellschaft für die Veranlassung nachteiliger Rechtsgeschäfte oder Maßnahmen auf **Schadensersatz** haften (§ 317 Abs. 3 AktG). Im dualistischen Modell trifft die Mitglieder des Leitungsorgans als gesetzliche Vertreter der herrschenden SE diese Haftung.[56] Im monistischen Modell sind zunächst die geschäftsführenden Direktoren als gesetzliche Vertreter der Gesellschaft (§ 41 Abs. 1 SEAG) der Haftung aus § 317 Abs. 3 AktG ausgesetzt (§ 49 Abs. 1 SEAG).[57] Soweit das Tätigwerden der geschäftsführenden Direktoren auf einer Weisung beruht, gelten die unter → Rn. 10 dargelegten Grundsätze.[58] Neben den geschäftsführenden Direktoren können auch die Mitglieder des Verwaltungsrats, soweit sie die pflichtwidrige Veranlassung durch den geschäftsführenden Direktor zu vertreten haben, haften. Es liegt insoweit eine Regelungslücke vor, die durch entsprechende Anwendung des § 317 Abs. 3 AktG zu füllen ist, zumal § 317 AktG seinem Sinn und Zweck nach die Verantwortung an die Möglichkeit der Einflussnahme knüpft, die dem Verwaltungsrat aufgrund seiner Weisungskompetenz zusteht (s. → § 12 Rn. 23).[59] Gegenüber einer Tochter-GmbH mit Sitz in Deutschland treffen die herrschende SE die Pflichten des GmbH-Konzernrechts, insbesondere das sich aus der **Treuepflicht ergebende Schädigungsverbot** und die Haftung aus **existenzvernichtendem** Eingriff (s. → Rn. 27).

### II. Die SE als abhängige Gesellschaft

#### 1. Eigenverantwortliche Leitung

Ebenso wie im faktischen AG-Konzern der Vorstand der eigenverantwortlichen Leitung 24
der Gesellschaft verpflichtet ist, ist im dualistischen Modell das Leitungsorgan bzw. im monistischen Modell der geschäftsführende Direktor der eigenverantwortlichen Leitung verpflichtet; die §§ 76, 93 AktG finden auch auf die SE Anwendung.[60] Beide sind daher nicht verpflichtet, nachteiligen Veranlassungen des herrschenden Unternehmens nachzu-

---

[54] S. im Einzelnen Lutter/Hommelhoff EU-Gesellschaft/*Maul* 257 ff.; *Schwarz* Einl. Rn. 226 ff.
[55] Theisen/Wenz EurAG/*Maul* 424 ff.; *Hommelhoff* AG 2003, 179 (182 f.); *Brandi* NZG 2003, 889 (894); *Schwarz* Einl. Rn. 227.
[56] Kölner Komm AktG/*Paefgen* Schlussanh. II Rn. 53; MüKoAktG/*Ego* SE-VO Anh. Art. 9 Rn. 43.
[57] Kölner Komm AktG/*Paefgen* Schlussanh. II Rn. 53.
[58] Vgl. BGHZ 31, 259 (278) = NJW 1960, 285; BGHZ 75, 321 (326) = NJW 1980, 589; *Fleck* GmbHR 1974, 224 (226).
[59] Kölner Komm AktG/*Paefgen* Schlussanh. II Rn. 58; Kölner Komm AktG/*Siems* SE-VO Art. 51 (§ 49 SEAG) Rn. 14; Habersack/Drinhausen/*Verse* SEAG § 49 Rn. 16; aA MüKoAktG/*Ego* SE-VO Anh. Art. 9 Rn. 43; Lutter/Hommelhoff/Teichmann SE/*Hommelhoff/Lächler* SE-Konzernrecht Rn. 13; für eine Anwendung von § 93 AktG *Veil* in Jannott/Frodermann SE-HdB § 11 Rn. 20.
[60] Kölner Komm AktG/*Paefgen* Schlussanh. II Rn. 32; MüKoAktG/*Ego* SE-VO Anh. Art. 9 Rn. 35.

kommen. Vielmehr dürfen sie nachteiligen Veranlassungen nur unter den Voraussetzungen des § 311 AktG nachgehen; das gilt im monistischen Modell trotz der Weisungsgebundenheit des geschäftsführenden Direktors. Leitungsorgan bzw. geschäftsführender Direktor haben daher zu prüfen, ob die Maßnahme im Konzerninteresse liegt, der Nachteil **ausgleichsfähig** ist und das herrschende Unternehmen zum Ausgleich bereit und imstande ist.[61] Ebenso hat im dualistischen Modell das Aufsichtsorgan und im monistischen Modell der Verwaltungsrat seine Tätigkeit an den **Interessen der abhängigen Gesellschaft,** die nach dem Modell der §§ 311 ff. AktG zu wahren sind, auszurichten. Aufsichtsorgan und Verwaltungsrat haben darauf zu achten, dass nachteilige Maßnahmen nur durchgeführt bzw. angewiesen werden, wenn ein Nachteilsausgleich zu erwarten ist und dem Nachteilsausgleich nicht zugängliche Maßnahmen unterbleiben.[62] Das gilt auch im Hinblick auf zustimmungspflichtige Geschäfte durch das Aufsichtsorgan bzw. Geschäfte, die eines Gesamtbeschlusses des Gesamtverwaltungsrats bedürfen.

### 2. Abhängigkeitsbericht

25 Die Verpflichtung, den Abhängigkeitsbericht nach § 312 AktG aufzustellen, trifft im dualistischen Modell das Leitungsorgan der beherrschten Gesellschaft. Im monistischen System ist diese Aufgabe von dem geschäftsführenden Direktor durchzuführen (§ 49 Abs. 1 SEAG); der geschäftsführende Direktor der SE tritt an die Stelle des Vorstandes im Aktiengesetz.[63] Im Abhängigkeitsbericht haben Leitungsorgan bzw. geschäftsführender Direktor alle konzernrelevanten Geschäfte zu dokumentieren und auf ihre Angemessenheit zu überprüfen.[64] Die Prüfung durch den Abschlussprüfer nach § 313 AktG bleibt bei der SE unverändert; sie hat bei großen und mittelgroßen SE zu erfolgen (§ 267 Abs. 1 S. 1 HGB). Beide Berichte sind im dualistischen Modell durch das Aufsichtsorgan und im monistischen Modell durch den Verwaltungsrat (§ 22 Abs. 6 SEAG) dahin gehend zu prüfen (§ 314 AktG), ob der Abhängigkeitsbericht des geschäftsführenden Direktors richtig und vollständig ist.[65] Zudem ist in dem Bericht an die Hauptversammlung (§ 171 Abs. 2 AktG) über das Ergebnis der Prüfung zu berichten. Im monistischen System führt die Prüfung des Abhängigkeitsberichtes durch den Verwaltungsrat im Ergebnis zu einer weniger trennscharfen Aufgabenteilung als im dualistischen System der deutschen Aktiengesellschaft mit Vorstand und Aufsichtsrat, da der Verwaltungsrat an zahlreichen Geschäftsführungsmaßnahmen aufgrund der ihm obliegenden Oberleitung der Gesellschaft beteiligt sein wird. Folge hiervon ist, dass der Verwaltungsrat bei Prüfung des Abhängigkeitsberichts zum Teil Entscheidungen überprüft, die er selbst zuvor getroffen hat, was noch dadurch verschärft wird, dass der Verwaltungsrat – wie in Konzernsituationen üblich – mit Vertretern des herrschenden Unternehmens besetzt ist.[66] Um ein solches Prüfen in eigener Sache zumindest für börsennotierte Gesellschaften zu reduzieren, erscheint es sinnvoll, die Prüfung des Abhängigkeitsberichts – zumindest für monistisch strukturierte SE – einem besonderen **Prüfungsausschuss** zuzuweisen.[67]

---

[61] S. zu diesem Grundsatz des deutschen Rechts Emmerich/Habersack/*Habersack* AktG § 311 Rn. 78 mwN; MHdB GesR IV/*Krieger* AktG § 69 Rn. 24.
[62] S. zum deutschen Recht Emmerich/Habersack/*Habersack* AktG § 311 Rn. 81.
[63] Kölner Komm AktG/*Paefgen* Schlussanhang II Rn. 40.
[64] *Maul* ZGR 2003, 743 (754 f.); Lutter/Hommelhoff EU-Gesellschaft/*Maul* 249 Rn. 258; *Schwarz* Einl. Rn. 216; s. auch ausführlich zur Funktion des Abhängigkeitsberichts: Geßler/Hefermehl/Eckardt/Kropff/ *Kropff* AktG § 312 Rn. 1 ff. mwN.
[65] Kölner Komm AktG/*Paefgen* Schlussanhang II Rn. 41 und 47; MüKoAktG/*Ego* SE-VO Anh. Art. 9 Rn. 38; *Maul* ZGR 2003, 743 (754).
[66] Ausführlich dazu Theisen/Wenz EurAG/*Maul* 424 ff.; *Teichmann* ZGR 2002, 444; das Problem analysierend auch: Kölner Komm AktG/*Paefgen* Schlussanhang II Rn. 48.
[67] Theisen/Wenz EurAG/*Maul* 424 ff.; *Maul* ZGR 2003, 741 (758 f.); *Schwarz* Einl. Rn. 216 Fn. 605; s. auch *Veil* in Jannott/Frodermann SE-HdB § 11 Rn. 22; s. auch MüKoAktG/*Ego* SE-VO Anh. Art. 9 Rn. 38, der vorschlägt, dass de lege ferenda die Einführung von Prüfungsausschüssen erwogen werden sollte, der aber Sonderregelungen für die SE ausschließt.

## 3. Haftung der Organmitglieder der abhängigen SE

Zur Anwendung auf die Organmitglieder einer abhängigen SE gelangt zudem § 318 26 Abs. 1 und 2 AktG iVm Art. 9 SE-VO, wonach die Mitglieder des Leitungsorgans bzw. die geschäftsführenden Direktoren (§ 49 Abs. 1 SEAG) sowie das Aufsichtsorgan bzw. der Verwaltungsrat der abhängigen SE neben den nach § 317 AktG Ersatzpflichtigen als Gesamtschuldner haften, wenn sie ihre Berichtspflicht nach § 312 AktG bzw. die Prüfungspflicht nach § 314 AktG verletzt haben. Bei dualistisch organisierten SE trifft diese Haftung das Leitungs- bzw. Aufsichtsorgan.[68] Im monistischen Modell ist zu unterscheiden: Die Haftung aus § 318 Abs. 1 AktG wegen der **Verletzung der Berichtspflicht** trifft den geschäftsführenden Direktor, wobei die Grundsätze unter → Rn. 10 zur Anwendung gelangen.[69] Daneben haften die Mitglieder des Leitungsorgans bzw. die geschäftsführenden Direktoren nach § 93 AktG für eine **Verletzung sonstiger Pflichten,** die sich für sie infolge und trotz des Abhängigkeitsverhältnisses ergeben, etwa die Pflicht, einer nachteiligen Veranlassung nicht nachzukommen, soweit der Nachteilsausgleich ungewiss ist oder verweigert wird (s. → Rn. 24).[70] Hat der geschäftsführende Direktor auf Weisung des Verwaltungsrats gehandelt, kommen wiederum die Grundsätze unter → Rn. 10 zur Anwendung, wonach eine Übertragung des Grundsatzes der **Haftungsfreistellung** bei rechtmäßiger aber nachteiliger Weisung als nicht gerechtfertigt erscheint.[71] Zudem haften nach § 318 Abs. 2 AktG die Mitglieder des Aufsichtsorgans bzw. des Verwaltungsrats neben den nach § 317 Abs. 1 AktG Ersatzpflichtigen, wenn sie ihre Prüfungspflichten nach § 314 AktG verletzt haben. Soweit die Mitglieder des Verwaltungsrats nachteilige Veranlassungen an die geschäftsführenden Direktoren weitergegeben haben, können auch sie analog § 93 AktG iVm § 40 Abs. 8 SEAG haften.

## F. Existenzvernichtender Eingriff – qualifiziert faktischer Konzern

In der aktienrechtlichen Literatur ist bislang umstritten, ob die zur GmbH entschiedenen 27 Grundsätze zum existenzvernichtenden Eingriff[72] auf Aktiengesellschaften und in der Folge auch SE unter Aufgabe der Grundsätze zum qualifiziert faktischen Konzern übernommen werden sollen. Von Bedeutung ist insoweit, dass die zum existenzvernichtenden Eingriff entwickelten Grundsätze keine Reaktion auf eine spezifisch konzernrechtliche Situation darstellen, sondern es darum geht, dem Gesellschafter zu verwehren, zum eigenen Vorteil die Liquidationsvorschriften zu verletzen. Die Lösung der Durchgriffshaftung stellt also eine gleichsam neben die Kapitalaufbringungs- und Kapitalerhaltungsvorschriften tretende dritte Schutzsäule dar, die in ihrer Ausgestaltung zudem strengeren Kriterien folgt. Der Umstand, dass der Schutz der Gläubiger der Aktiengesellschaft nicht hinter demjenigen einer GmbH zurückbleiben darf, spricht für eine Übernahme der Regelungen auf die AG und damit SE.[73] Ob neben dem existenzvernichtenden Eingriff weiterhin die Regelungen zum qualifiziert faktischen Konzern (§§ 302 ff. AktG analog) zur Anwendung gelangen können, wenn bspw. der Einzelausgleich aufgrund einer Waschkorblage unmög-

---

[68] Kölner Komm AktG/*Paefgen* Schlussanhang II Rn. 41.
[69] *Veil* in Jannott/Frodermann SE-HdB § 11 Rn. 19; Kölner Komm AktG/*Paefgen* Schlussanhang II Rn. 63.
[70] Emmerich/Habersack/*Habersack* AktG § 311 Rn. 78.
[71] Kölner Komm AktG/*Paefgen* Schlussanhang II Rn. 72.
[72] S. die Urteile BGH ZIP 2001, 1874 – Bremer Vulkan; ZIP 2002, 1578 – KBV; NJW-RR 2005, 335 – Autovertragshändler; NZG 2005, 214 – Handelsvertreter; NJW 2007, 2689 – Trihotel; BGHZ 176, 204 – Gamma; NZG 2009, 545 – Sanitary; NZG 2912, 667 (699); BGH DStR 2013, 1094 (1096); s. hierzu *Röhricht* FS 50 Jahre BGH, 2000, 98 ff.; Gehrlein/Born/Simon GmbHG/*Maul* Anh. 2 Rn. 69 ff.
[73] Theisen/Wenz EurAG/*Maul* 459 f.; Kölner Komm AktG/*Paefgen* Schlussanhang II Rn. 97 f.; *Schwarz* Einl. Rn. 217; aA gegen eine Übernahme auf die AG: Emmerich/Habersack/*Habersack* AktG Anh. § 317 Rn. 5a; *Veil* in Jannott/Frodermann SE-HdB § 11 Rn. 44; Hüffer/Koch/*Koch* AktG § 311 Rn. 30; *K. Schmidt* GesR § 31 IV 4a.

lich wird, ist nicht geklärt. Zum Teil werden die Regelungen für anwendbar erklärt;[74] zum Teil wird erwogen, diesbezüglich das Treupflicht-Konzept weiter zu entwickeln.[75]

## G. Eingliederung

### I. Hauptgesellschaft

28   Die SE kann entsprechend den §§ 319 ff. AktG wie eine AG die Stellung einer Hauptgesellschaft übernehmen (s. → Rn. 2).[76] In diesem Fall kommen die Regelungen der §§ 319 ff. AktG mit geringen Anpassungen im monistischen Modell zu Anwendung. Im dualistischen Modell vertritt das Leitungsorgan die Hauptgesellschaft bei der Ausübung des Weisungsrechts. Im monistischen Modell obliegt diese Aufgabe den geschäftsführenden Direktoren (§ 49 Abs. 2 SEAG).[77] Die Verantwortlichkeit der Mitglieder der Hauptgesellschaft richtet sich nach § 309 AktG, so dass auf die Ausführungen zum Beherrschungsvertrag (s. → Rn. 10) verwiesen werden kann. Gleiches gilt im Ergebnis im Hinblick auf das auch bei Eingliederungen zur Anwendung kommende Zustimmungsverfahren des § 308 Abs. 3 AktG; auch insoweit kann auf die Ausführungen zum Beherrschungsvertrag verwiesen werden (s. → Rn. 15). Die Pflicht zur Bestellung der Prüfer zur Eingliederungsprüfung (§ 320 Abs. 3 S. 2 AktG) obliegt bei einer SE im dualistischen Modell dem Leitungsorgan bzw. im monistischen Modell den geschäftsführenden Direktoren (§ 49 Abs. 2 SEAG).

### II. Eingegliederte Gesellschaft

29   Handelt es sich bei der SE um die eingegliederte Gesellschaft, ist das Leitungsorgan bzw. der geschäftsführende Direktor (§ 49 Abs. 2 SEAG) verpflichtet, die Weisungen der Hauptgesellschaft zu befolgen (§ 323 Abs. 1 S. 2 iVm § 308 Abs. 2 S. 1 AktG).[78] Werden von der Hauptgesellschaft gegenüber dem geschäftsführenden Direktor Weisungen ausgesprochen, die über die Zuständigkeiten der geschäftsführenden Direktoren hinausgehen, sondern vielmehr in den Verantwortungsbereich des Verwaltungsrats fallen, werden auch dessen Befugnisse durch die Weisung der Hauptgesellschaft überlagert (s. → Rn. 13). Im Hinblick auf die Verantwortlichkeit der Organmitglieder der eingegliederten Gesellschaft gilt § 310 AktG, so dass auf die Ausführungen zum Beherrschungsvertrag verwiesen werden kann (s. → Rn. 18).[79] Die zusätzlich in den §§ 319 ff. AktG geregelten Pflichten – die Anmeldung und die Beendigung der Eingliederung (§ 319 Abs. 4 AktG und § 327 Abs. 3 AktG) – finden auf SE ohne Probleme Anwendung. Im dualistischen Modell obliegt diese Aufgabe dem Leitungsorgan und im monistischen Modell dem geschäftsführenden Direktor (§ 49 Abs. 2 SEAG).

## H. Grenzüberschreitende Sachverhalte

30   Ist die SE Teil einer grenzüberschreitenden Unternehmensverbindung, was aufgrund der Gründungsverfahren häufig der Fall sein wird, unterliegt sie den gleichen Grundsätzen

---

[74] Emmerich/Habersack/*Habersack* AktG Anh. § 317 Rn. 5a; aA etwa Kölner Komm AktG/*Paefgen* Schlussanhang II Rn. 98.
[75] Hüffer/Koch/*Koch* AktG § 1 Rn. 26.
[76] *Brandi* NZG, 2003, 889 (896); *Schwarz* Einl. Rn. 228.
[77] Kölner Komm AktG/*Paefgen* Schlussanhang II Rn. 83.
[78] Kölner Komm AktG/*Paefgen* Schlussanhang II Rn. 85; *Schwarz* Einl. Rn. 200.
[79] Kölner Komm AktG/*Paefgen* Schlussanhang II Rn. 85.

## H. Grenzüberschreitende Sachverhalte § 17

und Regelungen wie eine AG, die Teil einer solchen Unternehmensverbindung ist. Welches Recht zur Anwendung gelangt, richtet sich im Grundsatz nach den Vorschriften und Grundsätzen des Internationalen Privatrechts (IPR) und ist von dem angerufenen in- oder ausländischen Gericht nach den jeweils anwendbaren in- oder ausländischen IPR-Regelungen zu beurteilen.[80] Nach der deutschen Rechtsprechung gilt der Grundsatz, dass das Statut der Gesellschaft, bei der der Gefahrenschwerpunkt des Konzernverhältnisses liegt, die Beziehungen zwischen Mutter- und Tochtergesellschaft regelt.[81]

### I. Beherrschungs- und Gewinnabführungsverträge

Ist eine SE mit Sitz in Deutschland abhängige Gesellschaft und Partei eines grenzüberschreitenden Unternehmensvertrages, dessen Abschluss von der ganz hM als zulässig angesehen wird,[82] sind nach hM die Regelungen des deutschen Rechts auf das ausländische Unternehmen anzuwenden, da die abhängige Gesellschaft **hauptbetroffene** Partei ist: Sie wird aufgrund des Weisungsrechts faktisch in diese eingegliedert und ist der Gefahr nachteiliger Weisungen ausgesetzt. Ist ein grenzüberschreitender **Beherrschungsvertrag** abgeschlossen worden, steht dem ausländischen herrschenden Unternehmen das Weisungsrecht aus § 308 AktG zu, und es trifft die Pflichten aus den §§ 302 bis 305 AktG.[83] Ist die SE mit Sitz in Deutschland hingegen herrschendes Unternehmen und befindet sich das abhängige Unternehmen im Ausland, so richten sich die Rechtsverhältnisse der ausländischen abhängigen Gesellschaft nach ihrem Heimatrecht.[84] 31

Das Gleiche gilt im Ergebnis für grenzüberschreitende **Gewinnabführungsverträge.** Auch sie können mit einem ausländischen Unternehmen als anderem Vertragsteil abgeschlossen werden. Indessen kommt diesen Verträgen in der Praxis keine Bedeutung zu, da die deutsche Steuerpraxis Gewinnabführungsverträge mit ausländischen Organträgern nicht anerkennt, weil die Begründung einer grenzüberschreitenden steuerlichen **Organschaft** grundsätzlich ausgeschlossen ist.[85] Abweichendes gilt insoweit nach § 18 KStG, wenn das ausländische herrschende Unternehmen im Inland eine im Handelsregister eingetragene Zweigniederlassung hat und der Gewinnabführungsvertrag unter der Firma dieser Zweigniederlassung abgeschlossen worden ist (eingeschränkte ausländische Organschaft).[86] 32

### II. Faktische Unternehmensverbindungen

Besteht eine faktische Unternehmensverbindung zwischen einer Muttergesellschaft mit Sitz im Ausland und einer Tochter-SE mit Sitz im Inland, ist das deutsche Recht (§§ 311 ff. AktG) auf die abhängige SE anwendbar. Da für die abhängige Gesellschaft aus der Unternehmensverbindung die Besorgnis nachteiliger Einflussnahme resultiert, liegt bei ihr der **Gefahrenschwerpunkt.** Gegenüber der ausländischen Muttergesellschaft können auf der Grundlage deutschen Rechts Ansprüche (etwa nach den § 317 AktG) geltend gemacht werden. Gleiches gilt in dem Fall, wenn das herrschende Unternehmen ebenfalls eine SE ist. In dem vom Ausgangsfall umgekehrten Fall, dass eine Mutter SE mit Sitz in 33

---

[80] *V. Bar* IPR AT I Rn. 404 ff.
[81] OLG Hamburg IPRspr. 1974, Nr. 11, S. 46–48; OLG Frankfurt a. M. AG 1988, 267; Staudinger/*Großfeld,* 1998, IntGesR Rn. 503.
[82] *Bayer,* Der grenzüberschreitende Beherrschungsvertrag, 1988, 66; *Bärwaldt/Schabacker* AG 1998, 183 ff. – auch zu den formalen Anforderungen.
[83] Theisen/Wenz EurAG/*Maul* 495; *Schwarz* Einl. Rn. 209 f.
[84] Theisen/Wenz EurAG/*Maul* 496; *Brandi* NZG 2003, 889 (891); *Schwarz* Einl. Rn. 226.
[85] MüKoAktG/*Altmeppen* AktG Einl. §§ 291 ff. Rn. 46; *Bayer,* Der grenzüberschreitende Beherrschungsvertrag, 1988, 76 ff.
[86] MüKoAktG/*Altmeppen* AktG § 291 Rn. 164; *Bayer,* Der grenzüberschreitende Beherrschungsvertrag, 1988, 76 ff.

Deutschland eine Gesellschaft mit Sitz im Ausland beherrscht (zB SA mit Sitz in Frankreich), kommen die Regelungen der §§ 311 ff. AktG nach den deutschen IPR-Regelungen nicht zur Anwendung. Die Konzernbeziehung unterliegt vielmehr dem Statut der abhängigen Gesellschaft (im Beispielsfall: französisches Recht).[87]

## III. Eingliederung

34 Ein Eingliederungskonzern kann nur zwischen inländischen Gesellschaften und damit auch SE begründet werden (s. § 319 Abs. 1 AktG, § 320 Abs. 1 AktG). Eine grenzüberschreitende Eingliederung ist ausgeschlossen.[88]

---

[87] Zu Haftungsproblemen in deutsch-französischen Unternehmensverbindungen s. *Maul* NZG 1998, 965 ff.
[88] *Brandi* NZG 2003, 889 896; *Schwarz* Einl. Rn. 219.

# Abschnitt 10 – Besteuerung

# § 18 EU-Vorgaben

## Übersicht

| | Rn. |
|---|---|
| A. Besteuerung der Gründungsvorgänge der SE nach EU-Recht | 1 |
| I. Überblick über die Gründungsvorgänge der SE | 1 |
| II. Überblick über die einschlägigen Regelungen der EU-Fusionsrichtlinie | 4 |
| 1. Ausgangslage | 4 |
| 2. Sachlicher Anwendungsbereich | 6 |
| 3. Persönlicher Anwendungsbereich | 7 |
| 4. Transparente bzw. hybride Unternehmen | 8 |
| 5. Missbrauchsvorbehalt | 9 |
| 6. Weiterhin vorhandene Probleme | 10 |
| 7. Steueraufschub für die Sitzverlegung der Europäischen Aktiengesellschaft (Societas Europaea – SE) und der Europäischen Genossenschaft (Societas Cooperativa Europaea – SCE) | 11 |
| 8. Klarstellende Regelung der Umwandlung von einer Betriebsstätte in eine Tochtergesellschaft | 14 |
| III. Ertragsteuerliche Behandlung der Gründung einer SE im Einzelnen | 15 |
| 1. Verschmelzungsgründung | 15 |
| 2. Gründung einer Holding-SE | 22 |
| 3. Gründung einer Tochter-SE | 25 |
| 4. Formwechselnde Umwandlung einer AG in eine SE | 29 |
| IV. Anwendung der Kapitalverkehrsteuerrichtlinie | 31 |
| B. Besteuerung der grenzüberschreitenden Sitzverlegung der SE | 35 |
| I. Sitzverlegung der SE | 35 |
| II. Besteuerung der Sitzverlegung nach der Fusionsrichtlinie | 39 |
| C. Laufende Besteuerung der SE | 47 |
| I. Keine steuerlichen Regelungen für die Besteuerung der SE auf EU-Ebene | 47 |
| II. Körperschaftsteuerliche Probleme und Hindernisse | 48 |
| III. Europäische Rechtsgrundlagen für die laufende Besteuerung einer SE | 53 |
| 1. Mutter-Tochter-Richtlinie | 53 |
| 2. Zins- und Lizenzgebührenrichtlinie | 54 |
| 3. Verrechnungspreise | 55 |
| 4. Grenzüberschreitender Verlustausgleich | 57 |

## A. Besteuerung der Gründungsvorgänge der SE nach EU-Recht

### I. Überblick über die Gründungsvorgänge der SE

Die SE-VO beinhaltet als mögliche Gründungsvorgänge für eine SE die Verschmelzung, 1
die Gründung einer Holding-SE, die Gründung einer Tochter-SE und den Formwechsel
(Art. 2 SE-VO).[1] Dabei enthält die SE-VO selbst keine steuerrechtlichen Regelungen –
weder für die Gründung noch die laufende Besteuerung der SE. Die Besteuerung der
Gründungsvorgänge erfolgt daher in der Regel nach nationalem Recht, für Deutschland
insb. nach dem EStG, KStG und UmwStG.

---

[1] Vgl. → § 3 Rn. 1 ff.

2  Auf europäischer Ebene ist für die Gründung einer SE insb. die Fusionsrichtlinie relevant, welche auch Eingang in das deutsche UmwStG gefunden hat. Zudem ist das europäische Primärrecht (insb. die Grundfreiheiten) zu beachten.[2]

3  Im Folgenden wird ein Überblick über die wesentlichen Regelungen der EU-Fusionsrichtlinie gegeben, bevor die steuerliche Behandlung der einzelnen Gründungsvorgänge der SE erläutert werden.

## II. Überblick über die einschlägigen Regelungen der EU-Fusionsrichtlinie

### 1. Ausgangslage

4  Die Fusionsrichtlinie RL 2009/133/EG[3] beinhaltet wettbewerbsneutrale steuerliche Regelungen für Fusionen, Spaltungen, Abspaltungen, die Einbringung von Unternehmensteilen und den Austausch von Anteilen, die Gesellschaften verschiedener Mitgliedstaaten betreffen, um die Anpassung von Unternehmen an die Erfordernisse des Binnenmarktes, eine Erhöhung ihrer Produktivität und eine Stärkung ihrer Wettbewerbsfähigkeit auf internationaler Ebene zu ermöglichen. Daher sieht die Fusionsrichtlinie vor, dass entsprechende Umstrukturierungsvorgänge, sofern die weiteren in der Richtlinie enthaltenen Voraussetzungen erfüllt sind, zu einem Besteuerungsaufschub, dh nicht zu einer unmittelbaren Aufdeckung und Besteuerung der steuerverhafteten **stillen Reserven,** führen. Diese sollen grundsätzlich wie bei derartigen Vorgängen im rein nationalen Kontext erst bei tatsächlicher Realisierung besteuert werden.

5  Bleiben daher die stillen Reserven weiterhin im selben Mitgliedstaat steuerverhaftet, so schreibt die Fusionsrichtlinie vor, dass keine Besteuerung erfolgen darf. Die Besteuerung wird also im Hinblick auf **Veräußerungsgewinne** aufgeschoben, sofern das Aktiv- und Passivvermögen der einbringenden Gesellschaft tatsächlich einer Betriebsstätte der übernehmenden Gesellschaft im Mitgliedstaat der übertragenden Gesellschaft zugerechnet wird und die steuerlichen Buchwerte fortgeschrieben werden. Rückstellungen und Rücklagen können übernommen werden, falls sie nicht aus ausländischen **Betriebsstätten** stammen. Die Übernahme von Verlusten, sofern auch in rein nationalen Vorgängen möglich, wird ermöglicht. Es kommt nicht zur Besteuerung von Gewinnen aus dem Wegfall von Beteiligungen an einem übernommenen Unternehmen. Ebenso entfällt die Besteuerung der Anteilseigner für die neu erhaltenen Anteile aufgrund eines Umstrukturierungsvorgangs, sofern die Buchwerte der untergegangenen Anteile fortgeführt werden.

### 2. Sachlicher Anwendungsbereich

6  Insoweit die SE-Gründungsmöglichkeiten eine gesellschaftsrechtliche Fusion, die Einbringung von Unternehmensteilen oder den Anteilstausch zum Inhalt haben, werden sie vom sachlichen Anwendungsbereich der Fusionsrichtlinie im Grundsatz erfasst.[4] Dies ist prinzipiell für die drei ersten der genannten Varianten der Gründung einer SE der Fall: die Verschmelzungsgründung, die Gründung einer Holding-SE sowie die Gründung einer Tochter-SE. Die Gründung einer SE durch Formwechsel wird nicht von der Fusionsrichtlinie

---

[2] Allerdings soll das Primärrecht dann keine Anwendung finden, wenn in der Richtlinie eine abschließende Regelung getroffen wurde; vgl. hierzu Musil/Weber-Grellet/*Musil* Fusions-RL Art. 1 Rn. 7.
[3] Richtlinie über das gemeinsame Steuersystem für Fusionen, Spaltungen, Abspaltungen, die Einbringung von Unternehmensteilen und den Austausch von Anteilen, die Gesellschaften verschiedener Mitgliedstaaten betreffen, sowie für die Verlegung des Sitzes einer Europäischen Gesellschaft oder einer Europäischen Genossenschaft von einem Mitgliedstaat in einen anderen Mitgliedstaat, Richtlinie 2009/133/EG des Rates vom 19.10.2009, ABl. 2009, L 310, 34. Hier insbes. Erwägensgrund 2.
[4] Die Fusions-RL gilt auch für die Abspaltung von Unternehmensteilen, dh wenn eine bestehende Gesellschaft einen oder mehrere Tätigkeitsbereiche an eine bestehende oder neu gegründete Gesellschaft überträgt.

erfasst, da sich die Rechtsidentität der Gesellschaft durch Formwechsel nicht ändert und damit auch ertragsteuerlich fortbesteht.

### 3. Persönlicher Anwendungsbereich

Der persönliche Anwendungsbereich der Richtlinie gemäß Art. 3 ist auf Gesellschaften in einer der im Anhang zur Richtlinie aufgeführten Rechtsformen beschränkt, welche in einem Mitgliedstaat als steuerrechtlich ansässig angesehen werden (und nicht aufgrund eines DBA mit einem Drittstaat als außerhalb der Gemeinschaft ansässig angesehen wird) und welche ohne Wahlmöglichkeit der Körperschaftsteuer unterliegen ohne von dieser befreit zu sein. Die hier in Rede stehende Rechtsform „Societas Europaea" (SE) (ebenso wie die Europäische Genossenschaft SCE[5]) wurde mit der Änderung der FRL (vgl. Richtlinienvorschlag vom 17.2.2005[6]) mit Wirkung zum 1.1.2006 auf die Liste im Anhang der Fusionsrichtlinie aufgenommen. Die Diskussion, ob die Fusionsrichtlinie auf die SE nicht schon allein aufgrund ihrer Gleichstellung mit nationalen Aktiengesellschaften bereits vor ihrer Aufnahme auf die Liste Anwendung findet, hat sich damit erübrigt.[7]

7

### 4. Transparente bzw. hybride Unternehmen

Einige der Rechtsformen, welche sich auf der Liste der Rechtsformen befinden, werfen besondere Fragen ihrer Einordnung als Körperschaft bzw. Personengesellschaft auf. So kann der Fall eintreten, dass ein Mitgliedstaat, in dem eine Körperschaft ansässig ist, diese als körperschaftsteuerpflichtig behandelt, während ein anderer Mitgliedstaat, dessen Steuerpflichtiger an der betreffenden Körperschaft beteiligt ist, diese als **steuerlich transparent** ansieht (**„hybride" Gesellschaft**). Letzterer Mitgliedstaat rechnet den Gewinn der betreffenden Körperschaft seinem Steuerpflichtigen zu, der die Beteiligung hält, und besteuert ihn dementsprechend. Dieser Mitgliedstaat sollte verpflichtet sein, die Richtlinienvergünstigungen auch auf diesen Steuerpflichtigen auszuweiten, da die Gewinne sonst doppelt besteuert werden. Angesichts des Umstandes, dass diese körperschaftsteuerpflichtigen Gesellschaften in den Mitgliedstaaten steuerlich verschieden behandelt werden, steht es den Mitgliedstaaten frei, die entsprechenden Bestimmungen bei der Besteuerung eines Gesellschafters dieser steuerpflichtigen Gesellschaft nicht anzuwenden (vgl. Art. 11 Abs. 1 Fusions-RL). Die Doppelbesteuerung soll durch eine Anrechnung der fiktiven Steuer auf den Veräußerungsgewinn bei Nichtanwendung der Fusionsrichtlinie vermieden werden (vgl. Art. 11 Abs. 2 Fusions-RL). Die SE sollte in aller Regel jedoch nicht als hybride Rechtsform angesehen werden können.

8

### 5. Missbrauchsvorbehalt

Art. 15 Fusions-RL enthält einen allgemeinen Missbrauchsvorbehalt dergestalt, dass die Regelungen der Fusionsrichtlinie keine Anwendung auf Vorgänge finden, wenn deren hauptsächlicher Beweggrund oder einer der hauptsächlichen Beweggründe die Steuerhinterziehung oder -umgehung ist. Ein solcher Beweggrund wird angenommen, wenn der Vorgang nicht auf vernünftigen wirtschaftlichen Gründen – insbesondere der Umstrukturierung oder der Rationalisierung der beteiligten Gesellschaften – beruht. In diesem Zu-

9

---

[5] Verordnung (EG) Nr. 1435/2003 des Rates vom 22.7.2003 über das Statut der Europäischen Genossenschaft (SCE) und Richtlinie 2003/72/EG des Rates vom 22.7.2003 zur Ergänzung des Statuts der Europäischen Genossenschaft hinsichtlich der Beteiligung der Arbeitnehmer, ABl. L 207 vom 18.8.2003.
[6] Vorschlag für eine Richtlinie des Rates zur Änderung der Richtlinie 90/434/EWG des Rates vom 23.7. 1990 über das gemeinsame Steuersystem für Fusionen, Spaltungen, die Einbringung von Unternehmensteilen und den Austausch von Anteilen, die Gesellschaften verschiedener Mitgliedstaaten betreffen (KOM(2003) 0613 endg.).
[7] Vgl. Vorauflage. Vgl. NK-SE/*Lammel/Preißer/Ruhlmann* Teil D Kapitel 2 Rn. 16.

sammenhang ist die Rechtsprechung des EuGH zu berücksichtigen, wonach pauschale bzw. typisierende Missbrauchsvermutungen, ohne die Möglichkeit einen Gegenbeweis führen zu können, die Versagung der Anwendung der Fusionsrichtlinie nicht rechtfertigen.[8]

### 6. Weiterhin vorhandene Probleme

10 Der Gründungsvorgang einer SE kann aber selbst bei Anwendung der Fusionsrichtlinie auf die Verschmelzung zu einer SE, die Gründung einer Holding-SE oder Tochter-SE noch einige steuerliche Probleme aufwerfen. So ist insbesondere denkbar, dass gemäß den nationalen Bestimmungen und den anwendbaren **Doppelbesteuerungsabkommen** die **stillen Reserven** in ausländischen Beteiligungen oder Wirtschaftsgütern aufgedeckt und besteuert werden müssen. Dabei sind jedoch die Regelungen in Art. 10 Abs. 1 und 2 Fusions-RL zu beachten.

### 7. Steueraufschub für die Sitzverlegung der Europäischen Aktiengesellschaft (Societas Europaea – SE) und der Europäischen Genossenschaft (Societas Cooperativa Europaea – SCE)

11 Die steuerliche Behandlung der Sitzverlegung ist in den Anwendungsbereich der Fusionsrichtlinie einbezogen, allerdings nur für die Europäische Aktiengesellschaft SE und die Europäische Genossenschaft SCE. Sind die Voraussetzungen der Fusionsrichtlinie erfüllt, löst die Verlegung des eingetragenen Sitzes einer SE oder einer SCE in einen anderen Mitgliedstaat somit keine sofortige Besteuerung einer nicht realisierten Wertsteigerung von Vermögensgegenständen aus, die im Wegzugsstaat verbleiben. Der Gesellschaft wird **Steueraufschub** für den **Veräußerungsgewinn** gewährt, der iVm. dem Teil ihres Vermögens anfällt, der ihrer künftigen **Betriebsstätte** in dem Mitgliedstaat, in dem sie vor der Sitzverlegung für Steuerzwecke ansässig war, zugerechnet wird.

12 Die bereits in den Art. 5, 6 und 10 Fusions-RL festgelegten Regeln gelten auch für diesen Fall. Die für die Sitzverlegung anwendbare Steuerregelung bezieht folglich auch vor dem Vorgang von der Gesellschaft gebildete Rückstellungen oder Rücklagen, die etwaige Übernahme von Verlusten und die Existenz einer **Betriebsstätte** in einem dritten Mitgliedstaat ein.

13 In einer gesonderten Bestimmung (vgl. Art. 14 Fusions-RL) wird außerdem festgelegt, dass die Verlegung des Gesellschaftssitzes keine Besteuerung der Gesellschafter auslösen darf. Diese Regelung ist Ausdruck der im AEU-Vertrag verankerten **Niederlassungsfreiheit.** Der anlässlich einer späteren tatsächlichen Veräußerung der Anteile anfallende Gewinn kann dagegen durch die Mitgliedstaaten besteuert werden.

### 8. Klarstellende Regelung der Umwandlung von einer Betriebsstätte in eine Tochtergesellschaft

14 Ein anderes Problem in der Praxis war bisher die Unsicherheit in Bezug auf die Anwendung der Richtlinie bei der Umwandlung von Niederlassungen in Tochtergesellschaften. Gemäß Art. 4 Abs. 1 Fusions-RL kann ein **Steueraufschub** gewährt werden, wenn das übertragene Aktiv- und Passivvermögen weiterhin einer **Betriebsstätte** der übernehmenden Gesellschaft im Staat der einbringenden Gesellschaft zugerechnet wird. Dies ist aber nicht der Fall, wenn eine Niederlassung einer ausländischen Gesellschaft in eine Tochtergesellschaft umgewandelt wird, da das Aktiv- und Passivvermögen nicht tatsächlich einer Betriebsstätte im Mitgliedstaat der einbringenden Gesellschaft, sondern der übernehmen-

---

[8] Vgl. NK-SE/*Lammel/Preißer/Ruhlmann* Teil D Kapitel 2 Rn. 76. Vgl. ebenso und ausführlich Kokott EU-SteuerR § 7 Rn. 100 ff.

## A. Besteuerung der Gründungsvorgänge der SE nach EU-Recht § 18

den Gesellschaft zugerechnet wird. Deshalb wurde die Auffassung vertreten, dass die Fusionsrichtlinie den Fall der Umwandlung einer Niederlassung in eine Tochtergesellschaft nicht abdeckt. Da die Richtlinie nach ihrer Zielsetzung aber auch diese Vorgänge erfasst, ist dies nunmehr in Art. 10 Abs. 1 UAbs. 4 Fusions-RL klargestellt. Der nach Maßgabe der Richtlinie gewährte **Steueraufschub** kann somit dann in Anspruch genommen werden, wenn das Unternehmen die Umwandlung einer Zweigniederlassung in eine Tochtergesellschaft beschließt. Die Besteuerungsrechte der Mitgliedstaaten bleiben davon unberührt, da das übertragene Aktiv- und Passivvermögen weiterhin derselben Steuerhoheit unterliegt.

### III. Ertragsteuerliche Behandlung der Gründung einer SE im Einzelnen

#### 1. Verschmelzungsgründung

Bei einer Verschmelzung übertragen eine oder mehrere Gesellschaften unter Auflösung ohne Abwicklung ihr gesamtes Aktiv- und Passivvermögen entweder auf eine bereits bestehende Gesellschaft (Verschmelzung durch Aufnahme) oder auf eine im Rahmen der Verschmelzung neu gegründete Gesellschaft (Verschmelzung zur Neugründung) (vgl. Art. 2 Nr. a) Fusions-RL). Die Gesellschafter der übertragenden Gesellschaft(en) erhalten dabei neue Anteile an der aufnehmenden Gesellschaft. Eine bare Zuzahlung bis zu 10 % des Nennwerts der gewährten Anteile wird durch die Fusionsrichtlinie erlaubt.[9]

15

Auf Ebene der übertragenden Gesellschaften werden bei der Verschmelzungsgründung die **stillen Reserven** nicht aufgedeckt, wenn das übertragene Vermögen einer **Betriebsstätte** der SE im Staat der Gründungsgesellschaft zugerechnet wird und damit steuerverhaftet bleibt. Der Begriff der Betriebsstätte ist entsprechend des nationalen Rechts bzw. der anzuwendenden DBAs auszulegen.[10] Die Nicht-Besteuerung der **stillen Reserven** im Betriebsstättenstaat (Art. 4 Abs. 1 und 2 Fusions-RL) geht einher mit der Steuerbefreiung im Ansässigkeitsstaat. Die übernehmende SE führt die bestehenden Buchwerte (Art. 4 Abs. 2 Fusions-RL), die angewandten Abschreibungsmethoden (Art. 4 Abs. 4 Fusions-RL), die existierenden Rückstellungen und Rücklagen (Art. 5 Fusions-RL) und – sofern dies im nationalen Kontext erlaubt ist[11] – eventuelle **Verlustvorträge** (Art. 6 Fusions-RL) fort.

16

Mit Ausnahme der Vorgabe, dass bei Vorliegen entsprechender innerstaatlicher Regelungen auch im Rahmen der Verschmelzungsgründung einer SE steuerlich bei der übertragenden Gesellschaft noch nicht berücksichtigte Verluste bei der übernehmenden Gesellschaft zu berücksichtigen sind (vgl. Art. 6 Fusions-RL), schreibt die Fusionsrichtlinie keine Übernahme von Verlustvorträgen der einbringenden Gesellschaft aus anderen Mitgliedstaaten vor. Mit anderen Worten soll eine **Diskriminierung** zwischen rein inländischen Fällen und Fällen mit Einbezug von Gesellschaften aus anderen Mitgliedstaaten dadurch verhindert werden, dass für beide Fälle die gleichen Vorschriften zur Verlustübernahme gelten müssen. Dies bedeutet aber auch, dass bei Fehlen solcher Vorschriften im nationalen Kontext, **Verlustvorträge** bei der Gründung einer SE in einigen Mitgliedstaaten verloren gehen könnten. Eine solche Verlustberücksichtigung kann sich sodann nur aus der Anwendung der Grundfreiheiten ergeben.[12]

17

Etwaige Übernahmegewinne, wenn der Buchwert der untergehenden Anteile geringer ist als der Buchwert der übergehenden Wirtschaftsgüter, unterliegen auf Ebene der übernehmenden Gesellschaft keiner Besteuerung (Art. 7 Fusions-RL). Diese Differenz entsteht

18

---

[9] Vgl. zur baren Zuzahlung Musil/Weber-Grellet/*Musil* Fusions-RL Art. 2 Rn. 4.
[10] Vgl. NK-SE/*Lammel/Preißer/Ruhlmann* Teil D Kapitel 2 Rn. 37.
[11] Deutschland hat eine entsprechende Verlustübertragungsmöglichkeit durch § 12 Abs. 3 UmwStG iVm § 4 Abs. 2 UmwStG abgeschafft.
[12] Vgl. hierzu auch Kokott EU-SteuerR § 7 Rn. 80 mwN sowie der Vorlagebeschluss des BFH zu sog. finalen Verlusten, BFH DStR 2020, 2354.

durch nicht ausgeschüttete Gewinne oder **stille Reserven** der einbringenden Gesellschaft. In ihrer Eigenschaft als einbringende Gesellschaft könnte die übernehmende Gesellschaft diese einbehaltenen Gewinne ebenso gut in Form einer Gewinnausschüttung vereinnahmen. Bei einer solchen **Gewinnausschüttung** würde unter Umständen die Mutter-Tochter-Richtlinie greifen. Hat die übernehmende Gesellschaft daher eine „ausreichende Beteiligung" im Sinne der Mutter-Tochter-Richtlinie in Höhe von mindestens 10%, soll deshalb im Falle einer Verschmelzung oder Spaltung die Fusionsrichtlinie einen vergleichbaren Steuervorteil gewähren und die oben erwähnte Differenz nicht besteuern. Hinsichtlich eines eventuell entstehenden Übernahmeverlusts enthält die Fusionsrichtlinie keine Regelung. Dessen Behandlung folgt daher dem nationalen Recht, welches üblicherweise dessen Berücksichtigung nicht vorsieht.[13]

19  Verfügt die übertragende Gesellschaft über eine Betriebsstätte in einem anderen Mitgliedstaat, so regelt Art. 10 Abs. 1 Fusions-RL, dass der Mitgliedstaat der einbringenden Gesellschaft endgültig auf sein Recht zur Besteuerung dieser Betriebsstätte verzichtet. Dies sollte in Fällen einer Freistellungsbetriebsstätte grundsätzlich zu keinem Besteuerungsverlust des entsprechenden Mitgliedstaats führen – unter Außerachtlassung von Missbrauchsvermeidungsnormen wie z. B. bei der Anwendung von Switch-over-Regelungen von der Freistellung zur Anrechnung oder von Subject-to-tax-Regelungen. Wurden vor der Verschmelzung Verluste der ausländischen Betriebsstätte durch den Stammhausstaat berücksichtigt, erlaubt die Fusionsrichtlinie, diese wieder dem Gewinn hinzuzurechnen, soweit diese Verluste noch nicht wieder ausgeglichen worden sind.

20  Auf Ebene der Gesellschafter werden die **stillen Reserven** in den untergehenden Anteilen ebenfalls nicht aufgelöst, sofern die von der SE ausgegebenen Aktien nicht höher bewertet werden als die hingegebenen Anteile der Gründungsgesellschaften. Es kommt zu keiner Besteuerung des Veräußerungsgewinns (Art. 8 Abs. 1 Fusions-RL), sofern die Buchwerte bzw. Anschaffungskosten bei den erworbenen Anteilen fortgeführt werden (Art. 8 Abs. 4 Fusions-RL). Bare Zuzahlungen sind jedoch steuerpflichtig (Art. 8 Abs. 9 Fusions-RL). Die Mitgliedstaaten können die Besteuerung bei der Veräußerung der so erhaltenen Anteile vorsehen, wie diese bei einer Veräußerung der Anteile an der übertragenden Gesellschaft möglich gewesen wäre (Art. 8 Abs. 6 Fusions-RL).

21  Hinzuweisen ist auf die Diskussion der ratierlichen Versteuerung der aufgedeckten stillen Reserven aus Verschmelzungsvorgängen basierend insb. auf der EuGH-Rechtsprechung zu National Grid Indus.[14] Hierzu wird diskutiert, dass auch eine über die Regelungen der Fusionsrichtlinie hinausgehende Stundungslösung im nationalen Recht vorgesehen werden müsse, da eine sofortige Entstrickungsbesteuerung wegen der bei Umwandlungen fehlenden Liquidität eine unverhältnismäßige Belastung für die übernehmende Körperschaft darstelle.[15]

## 2. Gründung einer Holding-SE

22  Bei der Gründung einer Holding-SE qua Anteilstausch bringen die Gesellschafter der Gründungsgesellschaften ihre Anteile in die Holding-SE ein und erhalten hierfür im Austausch Anteile am Gesellschaftskapital der Holding-SE und ggf. eine bare Zuzahlung (diese darf maximal 10% des Nennwerts der im Zuge des Austauschs ausgegebenen Anteile betragen) (vgl. Art. 2 Nr. e) Fusions-RL). Die eingebrachten Anteile müssen der Holding-SE die Mehrheit der Stimmrechte an dieser verleihen. Dieses Erfordernis sollte bereits aufgrund von Art. 32 Abs. 2 SE-VO erfüllt sein, wonach mehr als 50% der Stimmrechte von den Aktionären eingebracht werden müssen.

---

[13] Vgl. NK-SE/*Lammel/Preißer/Ruhlmann* Teil D Kapitel 2 Rn. 61.
[14] Vgl. EuGH DStR 2011, 2334.
[15] Vgl. NK-SE/*Lammel/Preißer/Ruhlmann* Teil D Kapitel 2 Rn. 80ff. mwN; Kokott EU-SteuerR § 7 Rn. 91 ff.; *Rautenstrauch/Seitz* Ubg 2012, 13 ff.

Auf Gesellschafterebene erfolgt keine Besteuerung des Veräußerungsgewinns (Art. 8 Abs. 1 Fusions-RL) aufgrund des Anteilstauschs. Voraussetzung hierfür ist, dass der Gesellschafter die erworbenen Anteile (an der Holding-SE) mit keinem höheren steuerlichen Wert bemisst, als die hingegebenen Anteile (Buchwertfortführung) (Art. 8 Abs. 3 Fusions-RL). Anders formuliert werden die **stillen Reserven** nicht besteuert, wenn die eingetauschten Aktien der SE nicht höher bewertet werden als die hingegebenen Aktien der Gründungsgesellschaften. 23

Keine Regelung enthält die Fusionsrichtlinie, mit welchem Wert die Holding-SE die erhaltenen Anteile ansetzen muss.[16] Dies ist nach dem jeweiligen nationalem Recht zu bestimmen. 24

### 3. Gründung einer Tochter-SE

Eine Tochter-SE kann durch zwei Aktiengesellschaften verschiedener Mitgliedstaaten (Art. 2 Abs. 3 SE-VO) oder durch eine SE (Art. 3 Abs. 3 SE-VO) in Form von Bar- oder Sacheinlagen gegründet werden. Dies kann zum einen durch die Einbringung mehrheitsvermittelnder Anteile (siehe oben) und zum anderen durch die Einbringung von Unternehmensteilen erfolgen. Die Einbringung von Unternehmensteilen wird definiert als ein Vorgang, durch den eine Gesellschaft, ohne aufgelöst zu werden, ihren Betrieb insgesamt oder einen oder mehrere Teilbetriebe in eine andere Gesellschaft gegen Gewährung von Anteilen am Gesellschaftskapital der übernehmenden Gesellschaft einbringt (Art. 2 Nr. d) Fusions-RL). 25

Das Teilbetriebserfordernis der Fusionsrichtlinie führte zu einer „Europäisierung" des Teilbetriebsbegriffs, welchem auch die deutsche Finanzverwaltung folgt.[17] Nach der Definition in Art. 2 Nr. j) Fusions-RL ist ein Teilbetrieb die Gesamtheit der in einem Unternehmensteil einer Gesellschaft vorhandenen aktiven und passiven Wirtschaftsgüter, die in organisatorischer Hinsicht einen selbständigen Betrieb, dh eine aus eigenen Mitteln funktionsfähige Einheit, darstellen.[18] 26

Aufgrund der entsprechenden Anwendung von Art. 4, 5 und 6 Fusions-RL bei der Einbringung von Unternehmensanteilen (vgl. Art. 9 Fusions-RL) darf die Sacheinlage in die Tochter-SE nicht zu einer Besteuerung auf Ebene des Gesellschafters führen, wenn die eingebrachten Vermögenswerte einer Betriebsstätte der übernehmenden Tochter-SE im Mitgliedstaat der einbringenden Gründungsgesellschaft zugerechnet werden und die Buchwerte fortgeführt werden. Hinsichtlich der Einbringung von ausländischen Betriebsstätten, Übergang von Rückstellungen und Rücklagen sowie dem Übergang von Verlustvorträgen kann auf die entsprechenden Ausführungen im Rahmen der Verschmelzungsgründung verwiesen werden. 27

Die Richtlinie enthält keine Regelung für die steuerliche Behandlung der Vorgänge auf Ebene der Gründungsgesellschaft. Folgende Fälle sind zu unterscheiden: Sofern Bareinlagen erbracht werden, dürfte der Vorgang steuerneutral möglich sein. Werden einzelne Wirtschaftsgüter eingelegt, kommt es zur Auflösung der **stillen Reserven** (Behandlung tauschähnlicher Vorgänge wie Veräußerungsgeschäfte). Allerdings gibt es eine Ausnahme: Bei **Sacheinlage** durch Einbringung eines Betriebes/Teilbetriebes und Buchwertansatz auf Ebene der Tochter-SE bleibt es in der Regel bei der Steuerneutralität. 28

---

[16] Vgl. MüKoAktG/*Fischer* Bd. 7, III. Besteuerung der Europäischen Aktiengesellschaft/Societas Europaea Rn. 49; NK-SE/*Lammel/Preißer/Ruhlmann* Teil D Kapitel 3 Rn. 30 ff.
[17] Vgl. UmwSt-Erlass, Schreiben vom 11. 11. 2011, BStBl. I 2011, 1314, Rn. 15.02.
[18] Vgl. hierzu NK-SE/*Lammel/Preißer/Ruhlmann* Teil D Kapitel 4 Rn. 24 ff.

## 4. Formwechselnde Umwandlung einer AG in eine SE

29 Die Umwandlung einer bestehenden Aktiengesellschaft in eine SE wird nicht in Bestimmungen des EU-Steuerrechts, und insbesondere nicht durch die Fusionsrichtlinie, geregelt. Das einschlägige Steuerrecht der Mitgliedstaaten basiert in ähnlicher Weise auf dem Prinzip, dass rein formwechselnde Umwandlungsvorgänge, bei denen der Rechtsformwechsel die Eigentümerstruktur (Rechtsträger) und wirtschaftliche Substanz unverändert lässt, steuerneutral vorgenommen werden können. Somit ist im Prinzip weder auf Ebene der SE noch der Gründungsgesellschaft noch der Gesellschafter eine Auflösung stiller Reserven möglich. Die Einzelheiten im nationalen Steuerrecht der Mitgliedstaaten sind dabei aber durchaus unterschiedlich geregelt.

30 Zudem wäre in einem praktischen Fall auch zu prüfen, wie sich der Rechtsformwechsel zur SE womöglich auf die steuerliche Behandlung von Beteiligungen und Wirtschaftsgütern in anderen Mitgliedstaaten auswirkt.

## IV. Anwendung der Kapitalverkehrsteuerrichtlinie

31 Neben der **Körperschaftsteuer** kann die SE auch Fragen bezüglich anderer Steuerarten aufwerfen. Dabei ist insbesondere an Kapitalverkehrsteuern (zB die Gesellschaftssteuer) zu denken. Der Kapitalverkehrsteuerrichtlinie RL 69/335/EWG,[19] zuletzt geändert 2008 durch die Richtlinie betreffend die indirekten Steuer auf die Ansammlung von Kapital RL 2008/7/EG („Gesellschaftssteuerrichtlinie" – EU-Kapital-ErtragsteuernRL)[20], zufolge müssen die Mitgliedstaaten Vorgänge der Kapitalausgabe oder -erhöhung grundsätzlich von der Steuer befreien (Art. 5 RL 2008/7/EG). Lediglich Mitgliedstaaten, die zum 1.1.2006 noch eine Gesellschaftssteuer erhoben haben, dürfen diese noch fortführen. Umstrukturierungen wie die Verschmelzung oder der Anteilstausch (vgl. Art. 4 RL 2008/7/EG) werden jedoch in der Richtlinie nicht als Kapitalzuführungen definiert und sind daher seit dem 1.1.2009 von einer Besteuerung ausgenommen.

32 Wiederum ist der persönliche Anwendungsbereich der Gesellschaftssteuerrichtlinie in eine abschließende Rechtsformliste gefasst (Art. 2 Abs. 1 RL 2008/7/EG), welche Kapitalgesellschaften iSd Richtlinie aufzählt. Zudem sind Gesellschaften, Personenvereinigungen oder juristische Personen umfasst, deren Anteile in einem Mitgliedstaat börsenfähig sind.

33 Wendet man diese Regelungen auf die oben erläuterten vier Gründungsvarianten der SE an, so ergibt sich folgendes Bild:
1. Die Erhebung der Gesellschaftssteuer auf die Verschmelzung zweier Kapitalgesellschaften in eine SE ist in der Richtlinie ausdrücklich verboten (vgl. Art. 4 Abs. 1 Nr. a) RL 2008/7/EG).
2. Ebenfalls ist die Erhebung der Gesellschaftssteuer bei Gründung einer Holding-SE durch einen qualifizierten Anteilstausch in Art. 4 Abs. 1 Nr. b) RL 2008/7/EG verboten.
3. Erfolgt die Gründung einer Tochter-SE durch eine Sacheinlage eines Betriebs oder Teilbetriebs kann nach Art. 4 Abs. 1 Nr. a) RL 2008/7/EG ebenfalls keine Gesellschaftssteuer mehr erhoben werden.
4. Erfolgt die Gründung einer Tochter-SE durch Bareinlage oder durch Sacheinlage einzelner Wirtschaftsgüter (vgl. Art. 3 Nr. c) RL 2008/7/EG), kann der Mitgliedstaat noch Gesellschaftssteuer bis zu maximal 1% des tatsächlichen Werts erheben.
5. Die formwechselnde Umwandlung einer Aktiengesellschaft in eine SE ist nicht steuerbar.

---

[19] Richtlinie 69/335/EWG des Rates vom 17.7.1969 betreffend die indirekten Steuern auf die Ansammlung von Kapital, ABl. Nr. L 249, 25.
[20] Richtlinie 2008/7/EG des Rates vom 12.2.2008 betreffend die indirekten Steuer auf die Ansammlung von Kapital, ABl. Nr. L 46, 11.

Die Sitzverlegung einer SE (vgl. hierzu sogleich) in einen anderen Mitgliedstaat unterfällt gemäß Art. 3 Nr. e) und f) RL 2008/7/EG nicht der Gesellschaftssteuer. 34

## B. Besteuerung der grenzüberschreitenden Sitzverlegung der SE

### I. Sitzverlegung der SE

Die Verlegung des Gesellschaftssitzes ist eine Möglichkeit, die in den Art. 49 und 54 35
AEUV verankerte **Niederlassungsfreiheit** auszuüben. Nach Art. 8 (1) SE-VO kann eine SE ihren Sitz identitätswahrend in einen anderen Mitgliedstaat verlegen, dh. die Sitzverlegung führt weder zur Auflösung der SE noch zur Gründung einer neuen juristischen Person. Unter Sitz der SE ist dabei der sog. Satzungssitz oder Registersitz, dh der in der Satzung festgelegte Sitz der SE, zu verstehen (vgl. § 11 AO im deutschen Steuerrecht). Da entsprechend Art. 7 SE-VO die Hauptverwaltung einer SE sich am Sitz der SE befinden muss, ist grundsätzlich bei einer Sitzverlegung einer SE in einen anderen Mitgliedstaat auch ihre Hauptverwaltung, dh der Verwaltungssitz, entsprechend zu verlegen.[21] Fallen Satzungssitz und Verwaltungssitz auseinander, kann dies zur Liquidation der SE führen (vgl. Art. 64 SE-VO). In aller Regel sollte der Begriff der Hauptverwaltung mit dem steuerlichen Begriff „Ort der Geschäftsleitung" (vgl. § 10 AO im deutschen Steuerrecht) identisch sein.[22]

Bis zur Änderung der Fusionsrichtlinie in 2005 waren die ertragsteuerlichen Folgen der 36
grenzüberschreitenden Sitzverlegung europarechtlich nicht geregelt. Daher waren auf diese neue gesellschaftsrechtliche Möglichkeit der Sitzverlegung allgemeine steuerliche Prinzipien und Vorschriften anzuwenden.[23] Diese besagen grundsätzlich, dass eine derartige Sitzverlegung ohne gesellschaftsrechtliche Auflösung der SE und Neugründung im Zuzugsstaat aus steuerlicher Sicht so zu behandeln ist, als sei die SE im Wegzugstaat aufgelöst und im Zuzugsstaat neu gegründet worden. Dies führte in der Regel im Wege einer Schluss- oder **Wegzugsbesteuerung** zur Aufdeckung und Besteuerung der im Wegzugsstaat angesammelten **stillen Reserven.**

Die ratio dieser Besteuerung liegt auf der Hand: Der Sitzstaat (bzw. der Ort der effekti- 37
ven Geschäftsleitung) hat prinzipiell das Recht auf Besteuerung des Welteinkommens, dessen Ausübung durch nationales Steuerrecht (insbesondere die Definition der unbeschränkten, beschränkten sowie ggf. erweiterten beschränkten Steuerpflicht) und die Bestimmungen der anwendbaren **Doppelbesteuerungsabkommen** (insbesondere die Anwendung der Freistellungs- oder Anrechnungsmethode) präzisiert wird. Demgegenüber darf der Belegenheitsstaat einer **Betriebsstätte** nur das inländische Einkommen der **Betriebsstätte** besteuern. Verbleibt in dem betroffenen Wegzugstaat, etwa im Fall der Wegzug einer Holdinggesellschaft, nicht einmal mehr eine Betriebsstätte, geht dem Staat der Zugriff auf das Steuersubstrat vollkommen verloren.

Die Sitzverlegung und die Verlegung der Hauptverwaltung ist von der **Betriebsverle-** 38
**gung,** der vollständigen Aufgabe aktiver wirtschaftlicher Betätigung und deren Verlagerung in einen anderen Mitgliedstaat, zu unterscheiden. Bei der **Betriebsverlegung** wird (unter anderem) der Sitz der SE in einen anderen Mitgliedstaat verlegt, ohne dass eine **Betriebsstätte** im ursprünglichen Mitgliedstaat zurückbleibt. Dies führt in der Regel sys-

---

[21] Zu verschiedenen Fällen des Auseinanderfallens von Sitz, Hauptverwaltung und steuerlichem Ort der Geschäftsleitung vgl. Lutter/Hommelhoff/Teichmann SE/*Schön* Die SE im Steuerrecht Rn. 70 (Auseinanderfallen nur in seltenen Einzelfällen), 71 ff.
[22] Vgl. Lutter/Hommelhoff/Teichmann SE/*Schön* Die SE im Steuerrecht Rn. 71; MüKoAktG/*Fischer* Bd. 7, III. Besteuerung der Europäischen Aktiengesellschaft/Societas Europaea Rn. 88; NK-SE/*Lammel/Preißer/Ruhlmann* Teil D Kapitel 6 Rn. 1.
[23] Eine ausführliche Darstellung der Problematik und Diskussion potenzieller Lösungsmöglichkeiten innerhalb des deutschen Ertragsteuerrechts findet sich bei *Förster/Lange* RIW 2002, 585 ff.

temgerecht zur Schlussbesteuerung unter Aufdeckung sämtlicher im Inland steuerverhafteter **stillen Reserven** (in Deutschland gemäß § 11 KStG), da der Wegzugsstaat endgültig den Zugriff auf das Steuersubstrat verliert.

## II. Besteuerung der Sitzverlegung nach der Fusionsrichtlinie

39 Die Fusionsrichtlinie enthält Bestimmungen, die sicherstellen, dass die Sitzverlegung einer SE steuerneutral möglich ist, wenn und soweit Wirtschaftsgüter der SE im Rahmen einer **Betriebsstätte** im Wegzugsstaat steuerverstrickt verbleiben. Hintergrund ist, dass bei einer (reinen) Verlegung des Satzungssitzes (sowie der Hauptverwaltung) einer SE grundsätzlich keine Vermögensgegenstände übertragen werden und daher bei der betreffenden Gesellschaft und ihren Gesellschaftern durch diesen Vorgang keine Steuerpflicht von in diesem Mitgliedstaat generierten stillen Reserven in den Vermögensgegenständen bzw. Anteilen entstehen sollten.

40 Der Anwendungsbereich der Fusionsrichtlinie auf die Sitzverlegung einer SE oder SCE wird in Art. 1 Nr. b) RL 2008/7/EG bestimmt. Dabei wird die Sitzverlegung definiert als der Vorgang, durch den eine SE oder eine SCE ihren Sitz von einem Mitgliedstaat in einen anderen Mitgliedstaat verlegt, ohne dass dies zu ihrer Auflösung oder zur Gründung einer neuen juristischen Person führt (Art. 2 Nr. k) RL 2008/7/EG). Aufgrund des nahezu identischen Wortlauts mit Art. 8 Abs. 1 SE-VO kann davon ausgegangen werden, dass mit dem Begriff „Sitz" in Art. 2 Nr. k) RL 2008/7/EG der Satzungssitz gem. Art. 7 SE-VO und nicht der steuerliche Ort der Geschäftsleitung gemeint ist.[24]

41 Werden daher bei der Sitzverlegung die Vermögensgegenstände der SE (bzw. der SCE) tatsächlich weiter einer ihrer **Betriebsstätten** in dem Mitgliedstaat zugerechnet, in dem die SE bzw. die SCE vorher ansässig war, gelten für diese **Betriebsstätte** in Bezug auf steuerfreie Rückstellungen und Rücklagen, Verlustübernahme und Besteuerung der **Betriebsstätten** der betreffenden Gesellschaft in einem dritten Mitgliedstaat – unter der Voraussetzung der Buchwertfortführung – dieselben Regelungen wie bei einer grenzüberschreitenden Verschmelzung (ähnlich einer Herausverschmelzung).

42 Dementsprechend schreibt Art. 12 RL 2008/7/EG vor, dass aus einer Verlegung des (Satzungs-)Sitzes einer SE in einen anderen Mitgliedstaat oder ihres steuerlichen Sitzes in einen anderen Mitgliedstaat keine Besteuerung des Veräußerungsgewinns nach Art. 4 Abs. 1 RL 2008/7/EG resultieren darf. Voraussetzung ist hierfür – wie bei der grenzüberschreitenden Verschmelzung –, dass im Wegzugsstaat eine Betriebsstätte verbleibt, die Wirtschaftsgüter dieser Betriebsstätte für steuerliche Zwecke zugerechnet werden und die Buchwerte der Wirtschaftsgüter fortgeführt werden. Besteht nach dem Recht des Mitgliedstaats des bisherigen Satzungssitzes der SE jedoch die Möglichkeit auch andere Werte als die Buchwerte anzusetzen und nimmt die SE diese Möglichkeit in Anspruch, können die so aufgedeckten stillen Reserven besteuert werden. Ebenfalls entsprechend der Regelungen für eine grenzüberschreitende Verschmelzung sind nach Art. 13 Abs. 1 RL 2008/7/EG die in den zurückbleibenden Betriebsstätten vorhandenen Rückstellungen und Rücklagen fortzuführen.

43 Gewährt der Mitgliedstaat des bisherigen Sitzes der SE bei rein nationalen Verlagerungen des Satzungssitzes die Möglichkeit, steuerlich noch nicht berücksichtigte Verluste vor- oder zurückzutragen, schreibt Art. 13 Abs. 2 RL 2008/7/EG vor, dass auch bei einer grenzüberschreitenden Sitzverlegung der SE die noch nicht genutzten Verluste durch die zurückbleibende Betriebsstätte künftig genutzt werden können – soweit dies bei einem nationalen Vorgang zu vergleichbaren Bedingungen möglich wäre. Grundsätzlich sollte bei rein nationalen Sitzverlegungen keine Verlustabzugsbeschränkung bestehen, da die Gesellschaft auch weiterhin in ihrem Ansässigkeitsstaat unbeschränkt steuerpflichtig bleibt. Ob-

---

[24] Vgl. NK-SE/*Lammel/Preißer/Ruhlmann* Teil D Kapitel 6 Rn. 9.

wohl die Sitzverlegung einer SE in einen anderen Mitgliedstaat regelmäßig zu einem Wechsel von der unbeschränkten zur beschränkten Steuerpflicht führen sollte (unter der Annahme, dass der Verwaltungssitz ebenfalls verlegt wird und dieser mit dem steuerlichen Ort der Geschäftsleitung identisch ist), ist davon auszugehen, dass Art. 13 Abs. 2 RL 2008/7/EG dem Mitgliedstaat eine Beschränkung des Verlustabzugs untersagt, auch dann wenn Verluste vorliegen, welche durch eine Auslandstätigkeit der SE entstanden sind.[25]

Zu beachten ist, dass die oben genannten Grundsätze nicht gelten, wenn Wirtschaftsgüter im Rahmen der Sitzverlegung nicht mehr der Betriebsstätte des bisherigen Sitzstaates zugeordnet werden können. Dies kann beispielsweise der Fall sein, wenn bestimmtes Führungspersonal oder (Zentral-)Funktionen in den Staat des neuen Satzungssitzes wechselt (zum Beispiel zusammen mit der Hauptverwaltung) und diesen bestimmte Wirtschaftsgüter zuzuordnen sind. Eine solche zum Teil „automatische" Überführung von Wirtschaftsgütern kann bei immateriellen Wirtschaftsgütern oder Beteiligungen vorliegen.[26] Entsprechend der Ausführungen bei grenzüberschreitenden Verschmelzungen (vgl. oben) ist auch bei der grenzüberschreitenden Sitzverlegung einer SE auf die Diskussion bzgl. einer ratierlichen Versteuerung der aufgedeckten stillen Reserven von Wirtschaftsgütern, welche nicht in der Betriebsstätte des bisherigen Sitzstaates verbleiben, sondern in den Mitgliedstaat des neuen Sitzes überführt werden, hinzuweisen.[27] 44

Ebenfalls darauf hinzuweisen ist, dass die Fusionsrichtlinie keine steuerlichen Regelungen für die zuziehende SE im Aufnahmemitgliedstaat enthält. Die Behandlung, insb. die Bewertung der nunmehr steuerverstrickten Wirtschaftsgüter der zugezogenen SE, soweit diese nicht in der Betriebsstätte des bisherigen Sitzstaates verbleiben, wird daher dem nationalen Recht überlassen. 45

Für die Gesellschafter einer SE, welche ihren Sitz in einen anderen Mitgliedstaat verlegt, gilt, dass eine solche Sitzverlegung an sich keine Besteuerung auf Ebene der Gesellschafter auslösen darf (vgl. Art. 14 Abs. 1 RL 2008/7/EG). Nicht geregelt ist allerdings der Fall, dass die Sitzverlegung zu einem Wechsel des Besteuerungsrechts in den Anteilen führt. Dies kann der Fall sein, wenn mit dem neuen Sitzstaat der SE kein DBA mit dem Wohnsitzstaat des Gesellschafters existiert oder dieses (untypischerweise) das Besteuerungsrecht dem Sitzstaat der SE zuweist. Allerdings erlaubt die Fusionsrichtlinie den Gewinn aus einer späteren Veräußerung der Anteile auf Gesellschafterebene zu besteuern – ggf. auch als Treaty-Override gegenüber DBA-Regelungen.[28] 46

## C. Laufende Besteuerung der SE

### I. Keine steuerlichen Regelungen für die Besteuerung der SE auf EU-Ebene

Die SE-VO beinhaltet keine steuerrechtlichen Regelungen für die laufende Besteuerung einer SE. Da es auch keine europäischen Vorgaben für die Ermittlung der steuerlichen Bemessungsgrundlage gibt, erfolgt die laufende Besteuerung der SE auf Grundlage des nationalen Steuerrechts. Eine SE mit Sitz und Ort der Geschäftsleitung in Deutschland wird wie eine deutsche Aktiengesellschaft behandelt, ist also unbeschränkt körperschaftsteuerpflichtig und unterliegt mit ihrem gesamten Welteinkommen der deutschen Körperschaftsteuer und Gewerbesteuer. 47

---

[25] Vgl. NK-SE/*Lammel/Preißer/Ruhlmann* Teil D Kapitel 6 Rn. 15; Lutter/Hommelhoff/Teichmann SE/*Schön* Die SE im Steuerrecht Rn. 110.

[26] Vgl. MüKoAktG/*Fischer* Bd. 7, III. Besteuerung der Europäischen Aktiengesellschaft/Societas Europaea Rn. 91.

[27] Vgl. hierzu auch NK-SE/*Lammel/Preißer/Ruhlmann* Teil D Kapitel 6 Rn. 18f. Ausführlich vgl. Lutter/Hommelhoff/Teichmann SE/*Schön* Die SE im Steuerrecht Rn. 98ff.

[28] Vgl. NK-SE/*Lammel/Preißer/Ruhlmann* Teil D Kapitel 6 Rn. 16; Lutter/Hommelhoff/Teichmann SE/*Schön* Die SE im Steuerrecht Rn. 118ff.

## II. Körperschaftsteuerliche Probleme und Hindernisse

48  Grundsätzlich unterliegt die SE in ihrer laufenden Geschäftstätigkeit nicht anderen steuerlichen Problemen und Hindernissen als jede andere Kapitalgesellschaft. Besonderheiten bestehen insofern nicht. In Anbetracht der besonderen Bedeutung von **Betriebsstätten** für die SE sei jedoch besonders auf die in der Regel einschlägige Freistellung ausländischer Betriebsstättengewinne nach DBA hingewiesen. Die allgemeinen, komplexen Probleme der Betriebsstättenbesteuerung (zB bezüglich der Aufteilung von Finanzierungsaufwendungen, Gewinnaufteilung, Überführung von Wirtschaftsgütern) und insbesondere der Behandlung von Verlusten in ausländischen **Betriebsstätten** werden gesondert dargestellt.

49  Aus übergeordneter EU-Sicht sind zusammenfassend insbesondere folgende Problembereiche von Bedeutung:[29] Konzerninterne Verrechnungspreise; die Besteuerung grenzüberschreitender Zahlungen von Dividenden, Zinsen und Lizenzgebühren zwischen verbundenen Unternehmen; Beschränkungen des grenzüberschreitenden Verlustausgleichs; die steuerliche Behandlung von grenzübergreifenden Umstrukturierungen (zB Fusionen, Abspaltungen, Transfers uÄ) uvm. Die meisten dieser Probleme sind darauf zurückzuführen, dass sich die Unternehmen in der EU in der Praxis auf siebenundzwanzig verschiedene Regelwerke einstellen müssen. Bedenkt man dabei, dass diese Unternehmen in zunehmendem Maße die EU als einen einzigen Markt ansehen, so ist dies mit wirtschaftlich effizienten Unternehmensplanungen und -strukturen nicht vereinbar. Die Vielzahl von Steuergesetzen, -abkommen und -praktiken zieht erhebliche Befolgungskosten nach sich und stellt an sich schon ein Hindernis für die grenzüberschreitende Wirtschaftstätigkeit dar.

50  Die Europäische Kommission schlug dabei eine zweigleisige Strategie zur Lösung der ermittelten Probleme und Hindernisse vor, bestehend aus (i) mehreren gezielten Einzelmaßnahmen zur Lösung klar umrissener Probleme und (ii) so genannten „umfassenden" Lösungsansätzen, um alle oder wenigstens die meisten dieser Hindernisse „auf einen Schlag" zu beseitigen. Die gezielten Maßnahmen sollen zunächst kurz- und mittelfristig einen Beitrag zur Lösung der dringendsten Probleme leisten. Demgegenüber ist eine umfassende Lösung der Art, dass die Unternehmen für ihre Tätigkeiten in der gesamten EU eine einzige konsolidierte **Körperschaftsteuer**-Bemessungsgrundlage anwenden können, systematischer und längerfristig wirksam. Beide „Schienen" dieser zweigleisigen Strategie enthalten Elemente, die für die potenzielle Besteuerung der SE von besonderer Bedeutung sind.[30]

51  Unabhängig von der Rechtsform hat sich die EU-Kommission grundsätzlich für die Entwicklung einer umfassenden Lösung für die gegenwärtigen Probleme der Unternehmensbesteuerung ausgesprochen. Unternehmen, die innerhalb der EU grenzüberschreitend oder international tätig sind, sollte es möglich sein, ihren (körperschaft-)steuerlichen Verpflichtungen für ihre EU-weiten Aktivitäten anhand eines einzigen Regelwerkes, einer sog. gemeinsamen konsolidierten Körperschaftsteuer-Bemessungsgrundlage (GKKB), nachzukommen und für steuerliche Zwecke eine konsolidierte steuerliche Bemessungsgrundlage zu ermitteln (um die potenziellen steuerlichen Wirkungen rein konzerninterner Geschäfte auszuschalten). Das so ermittelte EU-weite zu versteuernde Einkommen würde dann, ähnlich der Zerlegung für die **Gewerbesteuer** in Deutschland, mittels eines gemeinsam festgelegten Zurechnungsmechanismus wieder den einzelnen Mitgliedstaaten zuerkannt, die wiederum den jeweils geltenden nationalen Steuersatz auf ihren Anteil an der Steuerbemessungsgrundlage anwendeten.[31]

---

[29] Siehe auch die Darstellung in der Mitteilung der Kommission KOM(2001) 582, 11 f.

[30] Siehe Mitteilung der Kommission an den Rat, das Europäische Parlament und den Wirtschafts- und Sozialausschuss: „Ein Binnenmarkt ohne unternehmenssteuerliche Hindernisse – Ergebnisse, Initiativen, Herausforderungen" (KOM(2003) 726).

[31] Zu Einzelheiten siehe neben den genannten Kommissionsmitteilungen die Studie „Unternehmensbesteuerung im Binnenmarkt", Teil IV.C. SEK(2001) 1681, Teil III, Kapitel 3.3.1.

Die Initiative der GKKB stellt aus Unternehmenssicht einen kohärenten und systematischen Ansatz dar und sorgt für eine Gleichbehandlung aller teilnehmenden Unternehmen und Staaten. Die EU Kommission hat im Oktober 2016 einen Vorschlag zur Neuauflage der GKKB vorgelegt – der erste Vorschlag stammte aus dem Jahr 2011 –, wonach die GKKB als verpflichtendes Regelwerk für die größten Unternehmensgruppen in der EU in zwei Stufen implementiert werden soll: In einem ersten Schritt soll nur eine gemeinsame Körperschaftsteuer-Bemessungsgrundlage beschlossen werden, während die Regelungen zur Konsolidierung und Aufteilung dieser Bemessungsgrundlage erst in einem zweiten Schritt umgesetzt werden sollen.[32] Durch die Mitteilung der Europäischen Kommission vom 18.5.2021[33] wurde nunmehr angekündigt, die GKKB durch BEFIT (Business in Europe: Framework for Income Taxation) zu ersetzen. Diese soll – ähnlich wie die GKKB – einheitliche Vorschriften für die Körperschaftsbesteuerung innerhalb der Europäischen Union und eine gerechte Aufteilung der Steuerhoheit zwischen den Mitgliedstaaten beinhalten. Der entsprechende rechtliche Rahmen soll bis 2023 erarbeitet werden. Diese Arbeiten könnten jedoch vor dem Hintergrund der OECD-Arbeiten zu Pillar 1 und Pillar 2 künftig wieder mehr in den Fokus geraten.[34]

52

### III. Europäische Rechtsgrundlagen für die laufende Besteuerung einer SE

#### 1. Mutter-Tochter-Richtlinie

Die Mutter-Tochter-Richtlinie RL 90/435/EWG[35] bzw. RL 2011/96/EU (Neufassung)[36] sieht im Prinzip vor, dass den Bedingungen der Richtlinie gemäß die Mitgliedstaaten auf Gewinnausschüttungen, die Gesellschaften des betroffenen Mitgliedstaates von Tochtergesellschaften eines anderen Mitgliedstaates zufließen, keine Steuer erheben bzw. bereits auf diesen Gewinn bezahlte Steuern anrechnen, und dass Gewinnausschüttungen von Tochtergesellschaften des betroffenen Mitgliedstaates an Gesellschaften anderer Mitgliedstaaten von **Quellensteuern** befreit sind.[37] Dabei muss eine Mindestbeteiligung von 10% am Kapital (oder aufgrund bilateraler Vereinbarungen von 10% der Stimmrechte) der Tochtergesellschaft vorliegen (vgl. Art. 3 Abs. 1 Nr. a) und Abs. 2 RL 2011/96/EU). Ähnlich der Fusionsrichtlinie findet die Richtlinie nur auf Gesellschaften in einer der im Anhang zur Richtlinie aufgeführten Rechtsformen Anwendung, welche zudem in einem EU-Mitgliedstaat ansässig sein muss und ohne Wahlmöglichkeit einer der im Anhang I Teil B aufgeführten Steuer unterfallen muss (vgl. Art. 2 Nr. a) RL 2011/96/EU). Im Rahmen der Revision der Richtlinie 2003 wurde deren persönlicher Anwendungsbereich explizit um die SE erweitert.[38] Die SE muss nach Art. 7 SE-VO ihren Sitz und ihre Hauptverwaltung in einem Mitgliedstaat der EU haben, so dass auch die Ansässigkeitsvoraussetzung regelmäßig erfüllt sein sollte, unter der Voraussetzung dass der steuerliche Ort der Geschäftsleitung mit

53

---

[32] Vgl. hierzu die Webseite der EU Kommission: https://ec.europa.eu/taxation_customs/common-consolidated-corporate-tax-base-ccctb_de (Stand: Oktober 2021).
[33] Vgl. Pressemitteilung der Europäischen Kommission vom 18.5.2021: Zukunftsfähige Besteuerung – Kommission schlägt neue ambitionierte Agenda für Unternehmensbesteuerung vor.
[34] Vgl. hierzu Proposal for a Council Directive on ensuring a global minimum level of taxation for multinational groups in the Union, vom 22.12.2021, COM(2021) 823 final, sowie die Webseite der OECD: https://www.oecd.org/tax/beps/beps-actions/action1/ (zuletzt abgerufen am 21.5.2021).
[35] Richtlinie des Rates vom 23.7.1990 über das gemeinsame Steuersystem der Mutter- und Tochtergesellschaften verschiedener Mitgliedstaaten ABl. 1990 L 225, 6.
[36] Richtlinie 2011/96/EU des Rates vom 30.11.2011 über das gemeinsame Steuersystem der Mutter- und Tochtergesellschaften verschiedener Mitgliedstaaten (Neufassung), ABl. 2011 L 345, 8.
[37] Eine Beschreibung der Regelungen mit Blick auf die SE findet sich bei: NK-SE/*Preißer/Ruhlmann* Teil D Kapitel 1 *Rn. 9*.
[38] Richtlinie 2003/123/EG des Rates vom 22.12.2003 zur Änderung der Richtlinie 90/435/EWG über das gemeinsame Steuersystem der Mutter- und Tochtergesellschaften verschiedener Mitgliedstaaten, ABl. 2004 L 7, 41.

dem Begriff der Hauptverwaltung inhaltlich übereinstimmt. Zudem unterliegt die SE als Kapitalgesellschaft grundsätzlich der Körperschaftsteuer (vorbehaltlich persönlicher Steuerbefreiungen), womit auch die letzte Voraussetzung für die SE erfüllt ist.

### 2. Zins- und Lizenzgebührenrichtlinie

54 Analog zum Vorgehen bei der Mutter-Tochter-Richtlinie bestimmt die Richtlinie über eine gemeinsame Steuerregelung für Zahlungen von Zinsen und Lizenzgebühren zwischen verbundenen Unternehmen verschiedener Mitgliedstaaten,[39] dass **Quellensteuern** auf derartige Zahlungen eliminiert werden müssen.[40] Ein Vorschlag zur Erweiterung des persönlichen Anwendungsbereichs der Richtlinie,[41] namentlich auch um die SE, ist noch im Rat anhängig. Es ist allerdings davon auszugehen, dass die Zins- und Lizenzgebührenrichtlinie aufgrund der Gleichstellung der SE mit nationalen Aktiengesellschaften auch auf die SE Anwendung findet.

### 3. Verrechnungspreise

55 Außerdem ist der breite und komplexe Bereich der Verrechnungspreise von grundsätzlicher Tragweite für SEs. Wiederum erscheinen aufgrund der besonderen SE-Struktur dabei die gegenwärtig bereits allgemein streitig diskutierten Schwierigkeiten der Gewinnabgrenzung zwischen **Betriebsstätten** von besonderer Bedeutung.

56 Demgegenüber ist die **Schieds(verfahrens)konvention**,[42] deren Anwendbarkeit anders als bei den genannten Richtlinien nicht auf Unternehmen bestimmter Rechtsformen beschränkt ist, unmittelbar auch auf die SE anwendbar. Ziel der Schiedskonvention ist es, im Bereich der Verrechnungspreise und Betriebsstätten Doppelbesteuerungen aus Gewinnberichtigungen in einem Vertragsstaat ohne entsprechende Gegenkorrektur im anderen Vertragsstaat zu verhindern. Dies erfolgt weitestgehend auf Basis von verfahrensrechtlichen Vorschriften.

### 4. Grenzüberschreitender Verlustausgleich

57 Der aus dem Jahr 1990 stammende Richtlinienvorschlag[43] wurde von der EU Kommission zurückgezogen und Ende 2006 mit der Mitteilung „Steuerliche Behandlung von Verlusten bei grenzübergreifenden Sachverhalten" (KOM(2006) 824) ein EU-weit koordiniertes Konzept beim grenzüberschreitenden Ausgleich von Verlusten in anderen Mitgliedstaaten vorgeschlagen. Dabei wird die einschlägige Rechtsprechung des EuGH naturgemäß von hoher Bedeutung sein.

58 Handelt es sich um eine SE, die ihre ausländischen Aktivitäten in Form von **Betriebsstätten** und nicht von Tochtergesellschaften führt, ist die Rechtsprechung zur Berücksich-

---

[39] Richtlinie des Rates über eine gemeinsame Steuerregelung für Zahlungen von Zinsen und Lizenzgebühren verbundenen Unternehmen verschiedener Mitgliedstaaten, 2003/49/EG des Rates vom 3.6. 2003, ABl. 2003, L 157, 49.
[40] Eine Beschreibung der Regelungen mit Blick auf die SE findet sich bei: NK-SE/*Preißer/Ruhlmann* Teil D Kapitel 1 Rn. 44 ff.
[41] Vorschlag für eine Richtlinie des Rates über eine gemeinsame Steuerregelung für Zahlungen von Zinsen und Lizenzgebühren zwischen verbundenen Unternehmen verschiedener Mitgliedstaaten (Neufassung) (KOM(2011) 714).
[42] Übereinkommen 90/436/EWG über die Beseitigung der Doppelbesteuerung im Falle von Gewinnberichtigungen zwischen verbundenen Unternehmen, ABl. 1990 L 225, 10. Allgemein zur Schiedskonvention vgl. Kokott EU-SteuerR § 7 Rn. 137 ff.
[43] Vorschlag für eine Richtlinie des Rates über eine Regelung für Unternehmen zur Berücksichtigung der Verluste ihrer in anderen Mitgliedstaaten belegenen Betriebsstätten und Tochtergesellschaften (KOM(90) 595), ABl. C 53, 30.

tigung von Verlusten einer ausländischen **Betriebsstätte** von besonderem Interesse, welche immer noch nicht als abgeschlossen betrachtet werden kann.[44]

---

[44] Vgl. hierzu MüKoAktG/*Fischer* Bd. 7, III. Besteuerung der Europäischen Aktiengesellschaft/Societas Europaea Rn. 102 sowie der Vorlagebeschluss des BFH zu sog. finalen Verlusten, BFH DStR 2020, 2354.

# § 19 Die SE im deutschen Steuerrecht

## Übersicht

| | Rn. |
|---|---|
| A. Einleitung | 1 |
| B. Grundlagen der Besteuerung der SE | 3 |
|   I. Behandlung der SE generell als Kapitalgesellschaft | 3 |
|   II. Besondere Bedeutung der Regelungen zur Entstrickung und Verstrickung von Wirtschaftsgütern | 8 |
|     1. Hintergrund | 8 |
|     2. Entstrickung | 9 |
|     3. Verstrickung | 15 |
|   III. Behandlung der SE im UmwStG | 20 |
| C. Die Besteuerung der SE-Gründungsvorgänge | 24 |
|   I. Gründungsvarianten | 24 |
|   II. Gründung durch Verschmelzung | 25 |
|     1. Grundlagen | 25 |
|     2. Herausverschmelzung | 29 |
|     3. Hereinverschmelzung | 46 |
|     4. Ausländische Verschmelzung mit Inlandsbezug | 56 |
|   III. Gründung einer Holding-SE | 59 |
|     1. Gesellschaftsrechtliche Grundlagen | 59 |
|     2. Anwendungsbereich des UmwStG | 60 |
|     3. Steuerliche Folgen für die Gründungsgesellschaften | 61 |
|     4. Steuerliche Folgen für die übernehmende Holding-SE | 62 |
|     5. Steuerliche Folgen beim Einbringenden | 64 |
|     6. Folgen bei Weiterveräußerung der eingebrachten Anteile durch die erwerbende Holding-SE | 68 |
|   IV. Gründung einer Tochter-SE | 70 |
|     1. Gesellschaftsrechtliche Grundlagen | 70 |
|     2. Beteiligte Rechtsträger und Einbringungsgegenstände | 71 |
|     3. Steuerliche Folgen für die übernehmende Tochter-SE | 74 |
|     4. Steuerliche Folgen für die einbringenden Gründungsgesellschaften | 77 |
|     5. Folgen der Veräußerung durch den Einbringenden/Anteilseigner nach der Einbringung | 82 |
|   V. Formwechsel | 85 |
| D. Sitzverlegung | 87 |
|   I. Gesellschaftsrechtliche Grundlagen | 87 |
|   II. Steuerliche Behandlung der Sitzverlegung | 88 |
|     1. Allgemeines | 88 |
|     2. Sitzverlegung aus dem Inland ins EU/EWR-Ausland | 91 |
|     3. Sitzverlegung aus dem Ausland ins Inland | 101 |
|     4. Sitzverlegung zwischen verschiedenen ausländischen EU/EWR-Staaten | 104 |

## A. Einleitung

Die verabschiedete Version der SE-Verordnung vom 8.10.2001 enthält anders als ihre 1 Entwurfsfassungen keine normativen Vorgaben zur Besteuerung der SE.[1] Zur steuerrecht-

---

[1] Verordnung (EG) Nr. 2157/2001 des Rates vom 8.10.2001 über das Statut der Europäischen Gesellschaft (SE), ABl. EG 2001 L 294, 1. Lediglich Art. 9 Abs. 1 Buchst. c ii) der SE-VO ordnet ganz allgemein an, dass die SE in Bezug auf die nicht von der SE-VO geregelten Bereiche den nationalen Rechtsvorschriften für Aktiengesellschaften des jeweiligen Sitzstaates unterliegt. Demgegenüber hat sich der ursprüngliche Entwurf über das Statut der SE aus dem Jahre 1970 noch in sechs Artikeln mit der SE-eigenen Besteuerung beschäftigt. Vgl. *Herzig/Griemla* StuW 2002, 55 ff.

lichen Flankierung der SE wurde die Fusions-RL vom 23.7.1990 im Februar 2005[2] persönlich und sachlich erweitert.[3] Die Transformation der entsprechenden Vorgaben in nationales Steuerrecht erfolgte durch das SEStEG[4] vom 7.12.2006. Insbesondere wurden an verschiedenen Stellen im EStG, KStG und UmwStG Regelungen eingeführt, welche die zwangsweise Gewinnrealisierung bei Ausschluss oder Beschränkung deutschen Besteuerungsrechts hinsichtlich des Gewinns aus der Veräußerung oder der Nutzung von Wirtschaftsgütern durch Überführung oder Zuordnung derselben ins Ausland (Entstrickung) und – umgekehrt – die Fiktion einer Einlage/Anschaffung bei Begründung oder Erweiterung deutschen Besteuerungsrechts (Verstrickung) anordnen. Ferner wurde der damals grundsätzlich auf Inlandsfälle[5] beschränkte Anwendungsbereich des UmwStG auf EU/EWR-Fälle ausgeweitet.

2   Die durch das SEStEG eingeführten Regelungen wurden anschließend mehrfach geändert und ergänzt.[6] Für Änderungsbedarf sorgte insbesondere das Unionsrecht in Gestalt verschiedener Judikate des EuGH und die EU-Anti-Steuervermeidungs-Richtlinie (ATAD) im Jahr 2016.[7] Letztere verpflichtet die Mitgliedstaaten ua zur Anpassung ihrer steuerlichen Regelungen über die Entstrickungs- und Verstrickungsbesteuerung, soweit diese nicht bereits dem Mindeststandard gem. Art. 5 ATAD entsprechen. Die maßgeblichen Bestimmungen wurden durch das ATADUmsG[8] vom 21.5.2021 in das EStG und KStG in nationales Recht umgesetzt. Parallel dazu wurde der Anwendungsbereich des UmwStG und des KStG durch das KöMoG[9] vom 25.6.2021 dahingehend erweitert, dass ab dem 1.1.2022 auch Umwandlungen mit Drittstaatenbezug steuerneutral möglich sein werden.[10]

## B. Grundlagen der Besteuerung der SE

### I. Behandlung der SE generell als Kapitalgesellschaft

3   Die Besteuerung der SE weist gegenüber der Besteuerung anderer unbeschränkt oder beschränkt steuerpflichtiger Kapitalgesellschaften grundsätzlich keine Besonderheiten auf. Die für die SE wesentlichen steuerrechtlichen Sachfragen betreffen den Bereich der direkten Steuern, namentlich die Bestimmungen über die Entstrickung und Verstrickung stiller Reserven ohne Rechtsträgerwechsel im EStG bzw. KStG und Umwandlungsvorgänge mit

---

[2] Richtlinie 2005/19 EG des Rates vom 17.2.2005, ABl. EG 2005 L 58, 19.
[3] Inzwischen Richtlinie 2009/133 EG des Rates vom 19.10.2009 über das gemeinsame Steuersystem für Fusionen, Spaltungen, die Einbringung von Unternehmensteilen und den Austausch von Anteilen, die Gesellschaften verschiedener Mitgliedstaaten betreffen, sowie für die Verlegung des Sitzes einer Europäischen Gesellschaft oder einer Europäischen Genossenschaft von einem Mitgliedstaat in einen anderen Mitgliedstaat, ABl. EG 2009 L 310, 34, geändert durch Richtlinie 2013/13/EU vom 13.5.2013, ABl. EU 2013 L 141, 30.
[4] Gesetz über steuerliche Begleitmaßnahmen zur Einführung der Europäischen Gesellschaft und zur Änderung weiterer steuerrechtlicher Vorschriften vom 7.12.2006, BGBl. 2006 I 2782, ber. BGBl. 2007 I 68.
[5] Ausnahmen waren damals Einbringungsfälle betreffend EU-Kapitalgesellschaften nach § 23 UmwStG.
[6] Insbesondere durch das JStG 2010 vom 8.10.2010, BGBl. 2010 I 1768.
[7] Richtlinie (EU) 2016/1164 des Rates vom 12.7.2016 mit Vorschriften zur Bekämpfung von Steuervermeidungspraktiken mit unmittelbaren Auswirkungen auf das Funktionieren des Binnenmarkts, ABl. EU 2016 L 193, 1, geändert durch Art. 1 Richtlinie (EU) 2017/952 des Rates vom 29.5.2017 zur Änderung der Richtlinie (EU) 2016/1164 bezüglich hybrider Gestaltungen mit Drittländern, ABl. EU 2017 L 144, 1.
[8] Gesetz zur Umsetzung der Anti-Steuervermeidungsrichtlinie (ATAD-Umsetzungsgesetz) vom 21.5.2021, BGBl. 2021 I 2035. Die Umsetzung hätte bereits Ende des Jahres 2019 erfolgen und die Änderungen ab dem 1.1.2020 angewendet werden müssen.
[9] Gesetz zur Modernisierung des Körperschaftsteuerrechts (Körperschaftsteuermodernisierungsgesetz – KöMoG), BGBl. 2021 I 2050.
[10] Die Globalisierung der Umwandlung für Körperschaften erfolgt durch Neufassung des § 1 UmwStG und die Streichung von § 12 Abs. 2, 3 KStG.

## B. Grundlagen der Besteuerung der SE § 19

Rechtsträgerwechsel im UmwStG. Im Recht der Doppelbesteuerungsabkommen wird die SE wie eine gewöhnliche Aktiengesellschaft behandelt.[11] Im Bereich der Grunderwerbsteuer sind in Bezug auf die SE die für Kapitalgesellschaften geltenden Regelungen zu beachten, insbesondere die Vereinigung von ab dem 1.7.2021 mindestens 90 % der Anteile an einer inländischen Grundbesitz haltenden Gesellschaft (§ 1 Abs. 3 GrEStG) und der Gesellschafterwechsel bei grundbesitzenden Kapitalgesellschaften (§ 1 Abs. 2b GrEStG). Die indirekten Steuern, also die Umsatzsteuer und die speziellen Verbrauchsteuern, enthalten keine SE-spezifischen Besonderheiten, insofern spielt die Rechtsform des Steuerpflichtigen ohnehin kaum eine Rolle.

Wie eine inländische Aktiengesellschaft oder GmbH ist die SE nach § 1 Abs. 1 Nr. 1 KStG unbeschränkt körperschaftsteuerpflichtig, wenn sie ihre Geschäftsleitung oder ihren Sitz im Inland hat. Sämtliche Einkünfte einer unbeschränkt steuerpflichtigen SE sind gem. § 8 Abs. 2 KStG solche aus Gewerbebetrieb. Die SE kann unter den Voraussetzungen des § 14 Abs. 1 KStG Organgesellschaft sein, wenn die Gesellschaft ihre Geschäftsleitung im Inland hat, und gem. § 14 Abs. 1 S. 1 Nr. 2 iVm § 1 KStG Organträgerin. Bei beschränkter Steuerpflicht der Organträgerin muss die Beteiligung an der Organgesellschaft einer inländischen Betriebsstätte der Organträgerin derart zuzurechnen sein, dass sichergestellt ist, dass das Organeinkommen der inländischen Besteuerung unterliegt.

Eine SE, die im Inland weder Geschäftsleitung noch Sitz hat, ist nach § 2 Nr. 1 KStG, § 8 Abs. 1 KStG mit ihren in § 49 EStG aufgeführten inländischen Einkünften beschränkt körperschaftsteuerpflichtig.[12] Im Ausland gegebene Besteuerungsmerkmale bleiben nach dem Grundsatz der isolierenden Betrachtungsweise außer Betracht, soweit bei ihrer Berücksichtigung inländische Einkünfte nicht angenommen werden könnten (§ 49 Abs. 2 EStG). Beschränkt steuerpflichtige Einkünfte sind danach insbesondere Einkünfte aus Gewerbebetrieb, für den im Inland eine Betriebsstätte (§ 12 AO) unterhalten wird oder ein ständiger Vertreter (§ 13 AO) bestellt ist (§ 49 Abs. 1 Nr. 2 Buchst. a EStG). Fehlt es an einer Betriebsstätte oder einem ständigen Vertreter, so können inländische gewerbliche Einkünfte nach den Sondertatbeständen des § 49 Abs. 1 Nr. 2 Buchst. b-f EStG erzielt werden, beispielsweise Einkünfte aus der Veräußerung von Anteilen an Kapitalgesellschaften gem. § 17 EStG oder aus der Nutzungsüberlassung oder der Veräußerung von inländischem unbeweglichem Vermögen, Sachinbegriffen oder Rechten, oder inländische Einkünfte aus Vermögensverwaltung, insbesondere Kapitaleinkünfte (§ 49 Abs. 1 Nr. 5 EStG).

Ein Sonderfall bei der ertragsteuerlichen Gewinnermittlung der SE betrifft die Abzugsfähigkeit von Verwaltungsratsvergütungen.[13] Nach § 10 Nr. 4 KStG sind die Hälfte der Vergütungen jeder Art, die an Mitglieder des Aufsichtsrats, Verwaltungsrats oder andere mit der Überwachung der Geschäftsführung beauftragte Personen gewährt werden, nichtabziehbare Aufwendungen; bei beschränkt Steuerpflichtigen wird zudem nach § 50a Abs. 1 Nr. 4 und Abs. 2 EStG ein Steuerabzug von grundsätzlich 30 % der Vergütungen erhoben. Vergütungen, die Mitglieder der Geschäftsleitung (Vorstand, Geschäftsführer) beziehen, sind demgegenüber in voller Höhe als Arbeitslohn abziehbar, sie unterliegen dem Lohnsteuerabzug. Während für die dualistisch verfasste SE bei der Frage der Einordnung von Verwaltungsratsvergütungen als Vorstands- oder Aufsichtsratsbezüge Einvernehmen besteht, diese analog zur Aktiengesellschaft zu behandeln, ist die Frage der Zuordnung bei der monistisch verfassten SE für nicht an der laufenden Geschäftsführung beteiligte „non-executive directors" nicht abschließend geklärt.[14] Die praktische Bedeutung dieser Frage

---

[11] Lutter/Hommelhoff/Teichmann SE/*Schön* Die SE im Steuerrecht Rn. 44 ff.
[12] Lutter/Hommelhoff/Teichmann SE/*Schön* Die SE im Steuerrecht Rn. 37–39.
[13] Zu der Diskussion ausführlich vgl. *Schön* FS Haarmann, 2015, 874 ff., der sich dafür ausspricht, die Vergütungen an die Mitglieder des Verwaltungsrats einer monistisch verfassten SE für steuerlich voll abzugsfähig zu erklären.
[14] Zur ebenfalls unklaren Behandlung der Vergütungen an die Mitglieder des Verwaltungsrats einer monistisch verfassten SE für abkommensrechtliche Zwecke vgl. Lutter/Hommelhoff/Teichmann SE/*Schön* Die SE im Steuerrecht Rn. 46.

scheint begrenzt zu sein, weil sich bei den in Deutschland registrierten SE die monistische Fassung nicht durchgesetzt hat.

7 Für Zwecke der Gewerbsteuer richtet sich die Steuerpflicht der SE nach § 2 GewStG. Gem. § 2 Abs. 2 S. 1 GewStG gilt die Tätigkeit der SE stets und in vollem Umfang als Gewerbebetrieb, so dass die SE der Gewerbesteuer gem. § 2 Abs. 1 GewStG unterliegt, soweit sie im Inland eine Betriebsstätte (§ 12 AO) unterhält. Nach § 2 Abs. 2 GewStG gilt eine Kapitalgesellschaft, darunter namentlich eine SE, als Betriebsstätte des Organträgers, wenn sie Organgesellschaft iSv § 14 KStG ist. Die Voraussetzungen der gewerbesteuerlichen Organschaft sind vollständig an die Voraussetzungen der körperschaftsteuerlichen Organschaft angeglichen.

## II. Besondere Bedeutung der Regelungen zur Entstrickung und Verstrickung von Wirtschaftsgütern

### 1. Hintergrund

8 Im Rahmen des SEStEG schuf der deutsche Steuergesetzgeber Ende des Jahres 2006 Vorschriften zur zwangsweisen Aufdeckung und Besteuerung steuerverhafteter stiller Reserven bei Ausschluss oder Beschränkung des deutschen Besteuerungsrechts (Entstrickung) und – spiegelbildlich dazu – die Einlage-/Anschaffungsfiktion bei Begründung oder Erweiterung deutschen Besteuerungsrechts (Verstrickung). Die wesentlichen Sachfragen betreffen drei Konstellationen, in denen die steuerneutrale Übertragung von Wirtschaftsgütern versagt wird oder ein Ersatzrealisationstatbestand greift, weil Wirtschaftsgüter steuerlich einem ausländischen Unternehmen(steil) zuzuordnen sind: Die Überführung einzelner Wirtschaftsgüter oder von Sachgesamtheiten (ggf. einschließlich dazugehöriger betrieblicher Funktionen) ins Ausland, die Verlegung von Sitz und/oder Geschäftsleitung des Unternehmens ins Ausland und die Übertragung von Wirtschaftsgütern im Zusammenhang mit (grenzüberschreitenden) Umstrukturierungen/Umwandlungen. Das Konzept der Entstrickung steht naturgemäß in einem Spannungsverhältnis zu der unionsrechtlich garantierten Niederlassungsfreiheit, wenn vergleichbare Inlandssachverhalte keine Besteuerung auslösen, und war wiederholt Gegenstand von Entscheidungen der Unionsgerichte. Im Bereich des sekundären Unionsrechts hat die ATAD I-Richtlinie 2016/1164/EU vom 12.7.2016 den Mitgliedstaaten Regelungen zur betrieblichen Besteuerung von Entstrickung und Verstrickung vorgegeben. Der deutsche Gesetzgeber hat diese (erst) im Rahmen des ATADUmsG vom 25.6.2021 umgesetzt.

### 2. Entstrickung

9 Die Überführung eines Wirtschaftsguts vom Inland ins Ausland löst eine Gewinnrealisierung aus, wenn hierdurch das deutsche Besteuerungsrecht hinsichtlich des Gewinns aus der Veräußerung oder der Nutzung des Wirtschaftsguts ausgeschlossen oder beschränkt wird. Für Körperschaften wird in diesen Fällen die Veräußerung bzw. Überlassung des Wirtschaftsguts zum gemeinen Wert fingiert (§ 12 Abs. 1 KStG).[15] Ein Ausschluss oder eine Beschränkung des Besteuerungsrechts hinsichtlich des Gewinns aus der Veräußerung eines Wirtschaftsguts liegt insbesondere vor, wenn ein bisher einer inländischen Betriebsstätte einer Körperschaft zuzuordnendes Wirtschaftsgut einer ausländischen Betriebsstätte dieser Körperschaft zuzuordnen ist (§ 12 Abs.1 S. 2 KStG). Hierunter fallen nicht nur Fälle, in denen ein Wirtschaftsgut in eine ausländische Betriebsstätte überführt wird, die in einem Staat belegen ist, mit dem Deutschland in Bezug auf den Gewinn aus der Veräußerung des Wirtschaftsguts abkommensrechtlich die Freistellungsmethode vereinbart hat

---

[15] Für den Bereich der Einkommensteuer fingiert das Gesetz in diesen Fällen eine Entnahme zum gemeinen Wert (§ 4 Abs. 1 S. 3 EStG, § 6 Abs. 1 Nr. 4 S. 1 Hs. 2 EStG).

### B. Grundlagen der Besteuerung der SE § 19

(Ausschluss inländischen Besteuerungsrechts), sondern auch die Überführung in eine ausländische Betriebsstätte, die in einem Staat belegen ist, mit dem Deutschland kein Doppelbesteuerungsabkommen geschlossen oder abkommensrechtlich die Anrechnungsmethode vereinbart hat (Beschränkung inländischen Besteuerungsrechts). Der Umstand, dass das Wirtschaftsgut auch nach der Überführung in die ausländische Betriebsstätte im gleichen Unternehmen weiterhin genutzt wird und kein Umsatzakt am Markt stattfindet, ändert an diesem Ergebnis nichts.

Umstritten ist, ob neben den Fällen der aktiven Entstrickung, die auf einer Handlung des Steuerpflichtigen beruhen, auch die Fälle der passiven Entstrickung durch Abschluss oder Änderung eines DBA zur Besteuerung führen. Die Frage wird von der Literatur und Finanzverwaltung unterschiedlich beantwortet. Finanzverwaltung[16] und Teile der Literatur gehen davon aus, dass auch die passive Entstrickung durch Abschluss oder Änderung eines DBA eine Besteuerung auslösen kann. Demgegenüber wird die Auffassung vertreten, dass es für die Entstrickung einer dem Steuerpflichtigen zurechenbaren Handlung bedürfe, da Ansprüche aus dem Steuerschuldverhältnis nach § 38 AO nur entstehen können, wenn die Verwirklichung des Tatbestands dem Steuerpflichtigen zugerechnet werden kann.[17] 10

Um der drohenden Unionsrechtswidrigkeit der Besteuerung stiller Reserven allein aufgrund der Überführung von Wirtschaftsgütern in eine ausländische EU-Betriebsstätte entgegenzutreten, wurde im Rahmen des SEStEG für Wirtschaftsgüter des Anlagevermögens in § 4g EStG die Möglichkeit zur Bildung Ausgleichspostens für die Gewinne aus einer fiktiven Entnahme (§ 4 Abs. 1 S. 3 EStG) bzw. Veräußerung (§ 12 Abs. 1 S. 1 KStG) geschaffen.[18] Der Ausgleichsposten ist im Wirtschaftsjahr der Überführung und in den folgenden vier Wirtschaftsjahren zu jeweils einem Fünftel aufzulösen (§ 4g Abs. 2 S. 1 EStG). Die Regelung führt damit zur ratierlichen Steuerzahlung auf die aufgedeckten stillen Reserven. Eine Verzinsung der Steuerraten sieht das Gesetz nicht vor. Der Ausgleichsposten ist für jedes Wirtschaftsgut getrennt auszuweisen (§ 4g Abs. 1 S. 2 EStG).[19] Die Bildung des Ausgleichspostens ist antragsgebunden, ein gestellter Antrag ist unwiderruflich (§ 4g Abs. 1 S. 4 EStG). 11

Durch das ATADUmsG wurde der Anwendungsbereich des § 4g EStG dahingehend erweitert, dass sämtliche Wirtschaftsgüter (und nicht nur solche des Anlagevermögens), neben EU- nunmehr auch EWR-Staaten[20] und neben unbeschränkt nunmehr auch beschränkt Steuerpflichtige erfasst sind (§ 4g Abs. 1 S. 1 EStG, § 36 Abs. 5 S. 1 EStG).[21] Damit gilt die Stundungsregelung auch für die Überführung von Wirtschaftsgütern aus einer inländischen Betriebsstätte in ein ausländisches EU/EWR-Stammhaus oder dessen ausländische EU/EWR-Betriebsstätte und bei Überführung in eine ausländische EU/EWR-Personengesellschaft. Sie gilt ferner für die Gewinnrealisierung bei den mit der Unternehmensspitze wegziehenden Wirtschaftsgütern anlässlich der grenzüberschreitenden Sitzverlegung innerhalb von EU/EWR. Weiterhin keine Anwendung findet die Ausgleichspostenmethode in Bezug auf die im UmwStG geregelten Entstrickungstatbestände (§ 4g Abs. 1 S. 4 EStG). 12

Der Ausgleichsposten ist sofort in vollem Umfang aufzulösen, wenn ein Ereignis iSd § 36 Abs. 5 S. 4 EStG eintritt oder der Steueranspruch aus der Auflösung des Ausgleichspostens gefährdet erscheint (§ 4g Abs. 2 S. 2 EStG). Schädliche Ereignisse in diesem Sinne liegen vor, (i) soweit ein Wirtschaftsgut veräußert, entnommen, in einen nicht EU/EWR- 13

---

[16] BMF-Schreiben vom 26.10.2018, IV B 5 – S 1348/07/10002–01, BStBl. I 2018, 1104.
[17] Zur Diskussion vgl. *Blumenberg* JbFSt 2019/2020, 413 ff.
[18] BT-Drs. 16/2710, 57. Den ausdrücklichen Verweis auf § 4g EStG in § 12 Abs. 1 S. 1 KStG fügte der Gesetzgeber erst mit dem JStG 2008 vom 20.12.2007, BGBl. 2007 I 3150 ein.
[19] Das bisherige Erfordernis, wonach das Antragsrecht für jedes Wirtschaftsjahr für sämtliche Wirtschaftsgüter nur einheitlich ausgeübt werden konnte (ehemals § 4g Abs. 1 S. 3 EStG), wurde durch das ATADUmsG gestrichen.
[20] Weitere Voraussetzung ist, dass sich die EU/EWR-Staaten im Rahmen der Amtshilfe und der Beitreibung von Steuern gegenseitig unterstützen (§ 36 Abs. 5 S. 1 EStG).
[21] Vgl. § 4g EStG in der durch das ATADUmsG vom 25.6.2021 geänderten Fassung.

Staat verlagert oder verdeckt in eine Kapitalgesellschaft eingelegt wird, (ii) wenn der Betrieb oder Teilbetrieb während des maßgeblichen Zeitraums eingestellt, veräußert oder in einen Nicht-EU/EWR-Staat verlegt wird, (iii) wenn der Steuerpflichtige aus der inländischen unbeschränkten Steuerpflicht oder der unbeschränkten Steuerpflicht in EU/EWR-Staaten ausscheidet oder in einem anderen als den EU/EWR-Staaten ansässig wird, (iv) wenn der Steuerpflichtige Insolvenz anmeldet oder abgewickelt wird, und (v) wenn der Steuerpflichtige seinen Verpflichtungen im Zusammenhang mit den Ratenzahlungen nicht nachkommt und über einen angemessenen Zeitraum, der zwölf Monate nicht überschreiten darf, keine Abhilfe für seine Situation schafft. Der Brexit stellt kein schädliches Ereignis dar; allein der Austritt des Vereinigten Königreichs Großbritannien und Nordirland aus der Europäischen Union hat nicht dazu geführt, dass ein als entnommen geltendes Wirtschaftsgut als aus der Besteuerungshoheit der Mitgliedstaaten der EU ausgeschieden gilt (§ 4g Abs. 6 EStG). Bei Gefährdung des Steueranspruchs aus der Auflösung des Ausgleichspostens hat die Finanzverwaltung die Möglichkeit, vom Steuerpflichtigen eine Sicherheit zu verlangen. Wird diese vom Steuerpflichtigen nicht gestellt, ist der Ausgleichsposten ebenfalls in vollem Umfang gewinnerhöhend aufzulösen (§ 4g Abs. 2 S. 2 EStG).

14 Der EuGH hat sich mit der Vereinbarkeit von Entstrickungsnormen der Mitgliedstaaten mit dem Unionsrecht mehrfach beschäftigt. Auch wenn die bisherige Spruchpraxis keineswegs gradlinig war,[22] so sind folgende Eckpunkte festzustellen:[23] Den Mitgliedstaaten steht unstreitig das Recht zu, in ihrem Hoheitsgebiet entstandene stille Reserven zu besteuern und die Steuerveranlagung allein stellt trotz der mit ihr verbundenen verfahrensrechtlichen Belastungen noch keine unverhältnismäßige Maßnahme zur Rechtfertigung eines Grundfreiheitenverstoßes dar.[24] Umgekehrt ist davon auszugehen, dass die Steuerfestsetzung mit sofortiger Fälligkeit unionsrechtswidrig sein dürfte. Obwohl der EuGH nicht befunden hat, wie ein Ersatzrealisationstatbestand konkret ausgestaltet sein muss (was auch nicht zu seinen Aufgaben gehört), hat sich für betriebliche Wirtschaftsgüter als Leitbild herausgebildet, dass die ratierliche Geltendmachung der festgesetzten Steuer bei zeitlicher Streckung über einen Zeitraum von fünf Jahren eine objektiv gerechtfertigte Maßnahme zur Wahrung der Aufteilung der Besteuerungsbefugnis zwischen den Mitgliedstaaten sein dürfte.[25] Da sich die unionsrechtliche Entstrickungsbesteuerung in Art. 5 Abs. 1, 2 ATAD an dieser Leitlinie orientiert, erscheint es wenig wahrscheinlich, dass der EuGH diese Regeln als für mit den Grundfreiheiten unvereinbar erklären wird.

### 3. Verstrickung

15 Das Pendant zur Entstrickung bildet die Verstrickung, bei der Wirtschaftsgüter nach Deutschland überführt werden oder anderweitig unter den deutschen Besteuerungszugriff geraten. Auch insoweit hat die ATAD Änderungen im nationalen Recht erforderlich gemacht.

---

[22] Vgl. EuGH Urt. v. 27.9.1988 – C-81/87 = NJW 1989, 2186 – Daily Mail, Slg. 1988, 5483; EuGH Urt. v. 29.11.2011 – C-371/10 = EuZW 2011, 951 – National Grid Indus, Slg. 2011, I-12273; EuGH Urt. v. 6.9.2012 – C-38/10, ECLI:EU:C:2012:521 = EuZW 2012, 947 – Kommission/Portugal; EuGH Urt. v. 31.1.2013 – C-301/11, ECLI:EU:C:2013:47 = BeckRS 2013, 80253 – Kommission/Niederlande; EuGH Urt. v. 15.4.2013 – C-64/11, ECLI:EU:C:2013:264 = BeckRS 2013, 80877 – Kommission/Spanien; EuGH Urt. v. 18.7.2013 – C-261/11, ECLI:EU:C:2013:480 = BeckRS 2013, 81546 – Kommission/Dänemark; EuGH Urt. v. 23.1.2014 – C-164/12, ECLI:EU:C:2014:20 = EuZW 2014, 273 – DMC; EuGH Urt. v. 21.5.2015 – C-657/13, ECLI:EU:C:2015:331 = DStR 2015, 1166 – Verder LabTec; EuGH Urt. v. 23.11.2017 – C- 292/16, ECLI:EU:C:2017:888 = EuZW 2018, 80 – A Oy.
[23] Hierzu *Englisch* in Schaumburg/Englisch EurSteuerR Rn. 7.229 ff.
[24] Vgl. EuGH Urt. v. 29.11.2011 – C-371/10 = EuZW 2011, 951 – National Grid Indus, Slg. 2011, I-12273; EuGH Urt. v. 25.4.2013 – C-64/11, ECLI:EU:C:2013:264 = BeckRS 2013, 80877 – Kommission/Spanien; EuGH Urt. v. 21.5.2015 – C-657/13, ECLI:EU:C:2015:331 = DStR 2015, 1166 – Verder LabTec; EuGH Urt. v. 23.11.2017 –C- 292/16, ECLI:EU:C:2017:888 = EuZW 2018, 80 – A Oy.
[25] Vgl. EuGH Urt. v. 23.1.2014 – C-164/12, ECLI:EU:C:2014:20 = EuZW 2014, 273 – DMC; EuGH Urt. v. 21.5.2015 – C-657/13, ECLI:EU:C:2015:331 = DStR 2015, 1166 – Verder LabTec.

Nach bisherigem Recht stellte die Begründung des Besteuerungsrechts der Bundesrepublik Deutschland hinsichtlich des Gewinns aus der Veräußerung eines Wirtschaftsguts eine fingierte Einlage in das inländische Betriebsvermögen dar, die zum gemeinen Wert anzusetzen war (§ 4 Abs. 1 S. 8 Hs. 2 EStG, § 6 Abs. 1 Nr. 5 EStG, KStR 8.1 Nr. 1). Anders als im Falle der Entstrickung, wo auch die Beschränkung des deutschen Besteuerungsrechts zur Entnahme/Veräußerungsfiktion führte, stellte das Erstarken des deutschen Besteuerungsrechts (beispielsweise die Überführung eines Wirtschaftsguts aus einer ausländischen Anrechnungsbetriebsstätte in das deutsche Stammhaus) keine Entnahme zum gemeinen Wert dar, weshalb in den Fällen des Erstarkens der Buchwert des Wirtschaftsguts fortzuführen war. 16

Mit der ATAD verpflichtet der Unionsgesetzgeber alle EU/EWR-Staaten für Kapitalgesellschaften zur Einführung einer Entstrickungsbesteuerung durch den abgebenden Mitgliedstaat und ordnet für den aufnehmenden Mitgliedstaat eine korrespondierende Wertverknüpfung an.[26] Dazu soll der Wertansatz des Mitgliedstaates, der die Entstrickungsbesteuerung anwendet, im aufnehmenden Mitgliedstaat anerkannt werden, es sei denn dieser Wertansatz spiegelt nicht den Marktwert wider (Art. 5 Abs. 5 ATAD). Vorgesehen ist die Wertverknüpfung sowohl in den Fällen einer (erstmaligen) Begründung als auch einer Verstärkung eines (bereits bestehenden) Besteuerungsrechts. Deutschland hat die unionsrechtlichen Vorgaben in Bezug auf die Wertverknüpfung für die Fälle der Begründung des deutschen Besteuerungsrechts in § 4 Abs. 1 S. 8 Hs. 2 EStG, § 6 Abs. 1 Nr. 5a EStG umgesetzt. Die Fälle, in denen ein bereits bestehendes deutsches Besteuerungsrecht hinsichtlich des Gewinns aus der Veräußerung eines Wirtschaftsguts verstärkt wird, sind in § 4 Abs. 1 S. 3 Hs. 2, S. 9 EStG, § 6 Abs. 1 Nr. 5b EStG sowie § 12 Abs. 1 S. 3 KStG geregelt. 17

Die Begründung des Besteuerungsrechts der Bundesrepublik Deutschland hinsichtlich des Gewinns aus der Veräußerung eines Wirtschaftsguts, beispielsweise aufgrund der Überführung eines Wirtschaftsguts aus einer ausländischen Freistellungsbetriebsstätte in eine inländische Betriebsstätte, gilt als Einlage in das inländische Betriebsvermögen des Steuerpflichtigen (§ 4 Abs. 1 S. 8 Hs. 2 EStG). Diese ist bei Anwendung einer Entstrickungsbesteuerung im überführenden Mitgliedstaat mit dem Wert anzusetzen, den der andere Staat der Besteuerung zugrunde gelegt hat (Wertverknüpfung), höchstens jedoch mit dem gemeinen Wert (§ 6 Abs. 1 Nr. 5a EStG). 18

Darüber hinaus kann die Verstrickungsbesteuerung auch Anwendung finden, wenn das inländische Besteuerungsrecht hinsichtlich des Gewinns aus der Veräußerung eines Wirtschaftsguts verstärkt wird (also eine Beschränkung des Besteuerungsrechts entfällt), beispielsweise aufgrund der Überführung eines Wirtschaftsguts aus einer ausländischen Anrechnungsbetriebsstätte in eine inländische Betriebsstätte, sofern im anderen Staat eine Entstrickungsbesteuerung erfolgt. Gesetzestechnisch erfolgt dies für Körperschaften in der Weise, dass auf Antrag zunächst eine Veräußerung und anschließend eine Anschaffung des Wirtschaftsguts mit dem ausländischen Entstrickungswert, höchstens zum gemeinen Wert, fingiert wird (§ 12 Abs. 1 S. 3 KStG). Zur Vermeidung einer Doppelbesteuerung auf die fiktive Veräußerung kann unter den Voraussetzungen des § 26 KStG iVm § 34c EStG die ausländische Steuer angerechnet oder abgezogen werden. Durch die Neubewertung des Wirtschaftsguts im Zuge der Anschaffungsfiktion entsteht im Inland zusätzliches Abschreibungspotenzial. Verzichtet der Steuerpflichtige auf die Antragstellung, werden im Inland zunächst keine stillen Reserven aufgedeckt, wenn der abgebende Staat seiner Entstrickungsbesteuerung einen höheren Wert als den deutschen Buchwert zugrunde legt, gleichzeitig wird jedoch auch kein zusätzliches Abschreibungspotenzial generiert.[27] 19

---

[26] Die Umsetzung erfolgte durch das ATADUmsG vom 25.6.2021. Die Wertverknüpfung war bereits Gegenstand des Referentenentwurfs zum SEStEG im Jahre 2006, wurde damals allerdings nicht eingeführt.
[27] BT-Drs. 19/28652, 32.

## III. Behandlung der SE im UmwStG

20 Da die SE nur im Wege der Umstrukturierung von bestehenden Unternehmen errichtet werden kann, spielen die Verschonungsregeln des UmwStG für die SE-Gründung eine herausragende Rolle. Der Zweck des UmwStG besteht insbesondere darin, betriebswirtschaftlich erwünschte Umstrukturierungen der Wirtschaft nicht durch steuerliche Folgen zu behindern oder verhindern.[28] Diesem Regelungsanliegen trägt das UmwStG Rechnung, indem bei Umwandlungen, die einen Vermögensübergang bewirken, auf Antrag auf die Realisierung stiller Reserven verzichtet werden kann, wenn die bei dem Überträger angesetzten Buchwerte vom Übernehmer fortgeführt werden und dieser weitestgehend in die steuerliche Rechtsstellung des Überträgers eintritt. Die Buchwertfortführung setzt dabei regelmäßig voraus, dass die Besteuerung der übertragenen stillen Reserven in Zukunft gesichert ist. Ist dies der Fall, unterliegen die stillen Reserven erst bei tatsächlicher Marktrealisierung durch den Übernehmer der Besteuerung. Die Vorschriften des UmwStG regeln ausschließlich die ertragsteuerliche Behandlung von Umwandlungen. Während das UmwStG also lex specialis gegenüber den Vorschriften des KStG, EStG und GewStG ist, gilt es für andere Steuerarten, wie etwa die Umsatzsteuer, Grunderwerbsteuer oder Erbschaftsteuer nicht.[29]

21 Bis zum Inkrafttreten des SEStEG im Jahre 2006 fand das UmwStG, von wenigen Ausnahmen abgesehen,[30] lediglich auf rein inländische Umwandlungen Anwendung. Mit dem SEStEG wurden auch „europäische" Umwandlungen in den Anwendungsbereich des UmwStG einbezogen. Sind etwa Kapitalgesellschaften, die nach dem Recht eines EU/EWR-Mitgliedstaats gegründet wurden und ihren Sitz und Ort der Geschäftsleitung in einem EU/EWR-Mitgliedstaat haben, an einer Umwandlung beteiligt, ist das UmwStG grundsätzlich auch anwendbar, sofern die Umwandlung nach ausländischem Recht einer inländischen Umwandlung vergleichbar ist (§ 1 Abs. 1, 2 UmwStG). Gerade vor dem Hintergrund der unionsrechtlich verbürgten Niederlassungsfreiheit (Art. 49 ff. AEUV) sah sich der deutsche Gesetzgeber im Interesse der Gewährleistung eines unionsrechtskonformen Umwandlungssteuerrechts zu dessen „Europäisierung" veranlasst. Mit dem KöMoG[31] wurde ab dem 1.1.2022 – über die unionsrechtlichen Anforderungen hinaus – eine Globalisierung der für die Umwandlung von Körperschaften maßgeblichen Teile des UmwStG eingeführt; flankierend dazu wurden – mangels Regelungsnotwendigkeit – die Regelungen für Drittstaatenverschmelzungen in § 12 Abs. 2, 3 KStG aufgehoben.[32]

22 Die vom UmwStG begünstigten Umwandlungsarten sind enumerativ in § 1 UmwStG aufgezählt. In sachlicher Hinsicht umfasst das UmwStG erstens insbesondere die Ver-

---

[28] BT-Drs. 12/6885, 14.
[29] BMF-Schreiben betr. Anwendung des Umwandlungssteuergesetzes idF des Gesetzes über steuerliche Begleitmaßnahmen zur Einführung der Europäischen Gesellschaft und zur Änderung weiterer steuerrechtlicher Vorschriften (SEStEG) – Umwandlungssteuererlass (UmwStE 2011) vom 11.11.2011, IV C 2 – S 1978 b/08/10001, BStBl. I 2011, 1314, zuletzt geändert durch BMF-Schreiben vom 23.2.2018, BStBl. I 2018, 319 Rn. 01.01.
[30] S. insbesondere § 23 UmwStG 1995 aF für bestimmte Einbringungsvorgänge innerhalb der EU.
[31] BGBl. 2021 I 2050 ff.
[32] Rechtstechnisch wird die Globalisierung des UmwStG insbesondere durch Aufhebung der § 1 Abs. 2 UmwStG, § 12 Abs. 2 und 3 KStG sowie Streichungen in § 1 Abs. 4 UmwStG bewerkstelligt. Steuerneutral möglich sind zukünftig auch Ab- oder Aufspaltungen von Drittstaatengesellschaften sowie Verschmelzungen auch über Staatsgrenzen hinweg, soweit derartige grenzüberschreitende Umwandlungen nach dem Recht der betroffenen Staaten möglich sind. § 12 Abs. 2 KStG wird in das UmwStG integriert (unter Wegfall des Erfordernisses, dass die Verschmelzung zwischen Körperschaften desselben Drittstaates stattfinden muss), die zwingende Liquidationsbesteuerung bei Wegzügen von Körperschaften in Drittstaaten (§ 12 Abs. 3 KStG) wird gestrichen und der persönliche Anwendungsbereich des UmwStG wird auf Drittstaatenspaltungen und Umwandlungen von Körperschaften unter Beteiligung von anderen übernehmenden Rechtsträgern als Körperschaften unter Beteiligung von Rechtsträgern aus Drittstaaten erweitert. Voraussetzung für eine Steuerneutralität ist auch in den neu hinzukommenden Fällen, dass die Umwandlung die Strukturmerkmale einer inländischen Umwandlung aufweist und keine Besteuerungsrechte der Bundesrepublik Deutschland beschränkt oder ausgeschlossen werden.

schmelzung, die Spaltung in Form der Auf- und Abspaltung (nicht die steuerlich als Einbringung zu behandelnde Ausgliederung nach § 123 Abs. 3 UmwStG) sowie diesen Vorgängen vergleichbare ausländische Vorgänge (§ 1 Abs. 1 UmwStG). In persönlicher Sicht umfasst werden hiervon nach § 1 Abs. 2 UmwStG Umwandlungen unter Beteiligung von EU- und EWR-Rechtsträgern, einschließlich die Verschmelzung zur Gründung einer SE (Art. 17 ff. SE-VO) oder einer SCE (Art. 19 ff. SCE-VO). Vom sachlichen Anwendungsbereich des UmwStG umfasst sind zweitens die in §§ 20 ff. UmwStG geregelten Einbringungsvorgänge (Einbringung von Unternehmensteilen und Anteilen) gem. § 1 Abs. 3 UmwStG. Auch für diese Einbringungen gilt in persönlicher Hinsicht bis Ende 2021, dass es sich um EU- bzw. EWR-Umwandlungsvorgänge handeln muss (§ 1 Abs. 4 UmwStG). Hierzu zählen auch Vorgänge zur Gründung einer Holding-SE (Art. 32 SE-VO) und einer Tochter-SE (Art. 35 SE-VO). Für Umwandlungen ab dem 1.1.2022 wird der persönliche Anwendungsbereich auch auf Umwandlungen mit Drittstaatenbezug erweitert.

Das UmwStG enthält einige Prinzipien, die sich als roter Faden durch das Gesetz ziehen: Gegenstand der Übertragungen müssen ganze Betriebe oder Teilbetriebe sein, wobei sowohl Mitunternehmeranteile als auch die Beteiligung an einer Kapitalgesellschaft, die das gesamte Nennkapital der Gesellschaft umfasst, als Teilbetrieb zu qualifizieren sein können. Auf Rechtsfolgenseite ordnet das UmwStG für die Übertragung zwar zunächst regelmäßig den Ansatz des gemeinen Werts an (Gewinnrealisierung). Hiervon kann aber auf Antrag abgewichen werden, sofern die zukünftige Besteuerung der übertragenen stillen Reserven gesichert ist und das deutsche Besteuerungsrecht hinsichtlich des übertragenen Vermögens durch den Umwandlungs- oder Einbringungsvorgang nicht ausgeschlossen oder beschränkt wird. In diesen Fällen gestattet das Gesetz auf Antrag die Fortführung des Buchwerts oder eines Zwischenwerts (mit teilweiser Gewinnrealisierung), höchstens dem gemeinen Wert. Einkommen und Vermögen sind nach § 2 Abs. 1 UmwStG so zu ermitteln, als ob das Vermögen der Körperschaft mit Ablauf des Stichtags der Bilanz, die dem Vermögensübergang zugrunde liegt (steuerlicher Übertragungsstichtag), ganz oder teilweise auf den Übernehmer übergegangen wäre. Die steuerliche Rückwirkung ermöglicht es den Steuerpflichtigen grundsätzlich, die steuerlichen Wirkungen von Umwandlungen in die Vergangenheit zurückzubeziehen.[33] Aus Gründen der Missbrauchsverhinderung wird die Rückwirkung für bestimmte Konstellationen versagt (§ 2 Abs. 4 S. 3–6 UmwStG).

## C. Die Besteuerung der SE-Gründungsvorgänge

### I. Gründungsvarianten

Art. 2 SE-VO gibt einen Numerus Clausus der Gründungsformen der SE vor, bei dem die SE nur im Wege der Umstrukturierung bereits bestehender Unternehmen errichtet werden kann. Es existieren vier Gründungsmöglichkeiten, deren ertragsteuerrechtliche Implikationen im Folgenden erörtert werden:
– Die Verschmelzung zu einer SE, entweder im Wege der Aufnahme oder durch Neugründung (Art. 17 ff. SE-VO);

---

[33] Als Rückwirkungsgrenze bestimmt § 17 Abs. 2 S. 4 UmwG einen Zeitpunkt, der bis zu acht Monate vor der Anmeldung der Umwandlung zum Handelsregister liegt. Im Rahmen der Corona-Gesetzgebung wurde dieser Zeitraum für die Jahre 2020 und 2021 auf maximal zwölf Monate verlängert; Gesetz zur Abmilderung der Folgen der COVID-19-Pandemie im Zivil-, Insolvenz- und Strafverfahrensrecht vom 27.3.2020, BStBl. I 2020, 569; Verordnung des Bundesministeriums der Justiz und für Verbraucherschutz zu Maßnahmen im Gesellschafts-, Genossenschafts-, Vereins- und Stiftungsrecht zur Bekämpfung der Auswirkungen der COVID-19-Pandemie vom 22.10.2020 (BGBl. 2020 I 2258). Entsprechende Regelungen finden sich in § 9 Satz 3 UmwStG für den Formwechsel in eine Personengesellschaft und in § 20 Abs. 6 S. 1, 3 UmwStG für Betriebseinbringungen; vgl. § 27 Abs. 15 S. 2 UmwStG.

- die Gründung einer Holding-SE (Art. 32 ff. SE-VO);
- die Gründung einer Tochter-SE (Art. 35, 36 SE-VO); und
- die Umwandlung (Formwechsel) einer bestehenden Aktiengesellschaft in eine SE (Art. 37 SE-VO).

## II. Gründung durch Verschmelzung

### 1. Grundlagen

25  Eine SE kann durch Verschmelzung von mindestens zwei Aktiengesellschaften gegründet werden, die nach dem Recht eines Mitgliedstaates errichtet worden sind und ihren Sitz sowie ihre Hauptverwaltung in der Gemeinschaft haben, sofern mindestens zwei der beteiligten Gesellschaften dem Recht verschiedener Mitgliedstaaten unterliegen (Art. 2 Abs. 1 SE-VO). Die Verschmelzung kann durch Aufnahme oder durch Neugründung erfolgen (Art. 17 Abs. 2 SE-VO):
- Bei der Verschmelzung durch Aufnahme geht das gesamte Aktiv- und Passivvermögen der übertragenden Gesellschaft auf die übernehmende Gesellschaft über, welche die Form der SE annimmt. Die übertragende Gesellschaft erlischt. Die Anteilseigner der übertragenden Gesellschaft erhalten Anteile an der übernehmenden Gesellschaft (Art. 29 Abs. 1 SE-VO). Möglich ist auch die Verschmelzung einer Tochtergesellschaft auf ihre Muttergesellschaft, die dadurch zur SE wird. Ist die Mutter zu 100% an der Tochter beteiligt, so scheidet die Gewährung von Anteilen an der übernehmenden Muttergesellschaft aus (Art. 31 Abs. 1 SE-VO).
- Bei der Verschmelzung durch Neugründung geht im Verschmelzungszeitpunkt das gesamte Aktiv- und Passivvermögen der übertragenden Gesellschaften auf eine neue SE über. Die übertragenden Gesellschaften erlöschen, ihre Anteilseigner werden Anteilseigner der neu gegründeten SE (Art. 29 Abs. 2 SE-VO).

26  Zum gesellschaftsrechtlichen Ablauf im Einzelnen s. → § 5 Rn. 1 ff.

27  Die ertragsteuerliche Behandlung der Verschmelzung richtet sich nach §§ 11–13 UmwStG (§ 1 Abs. 1, 2 UmwStG). § 11 UmwStG bestimmt die Folgen für die übertragende Körperschaft. Die Folgen für die übernehmende Körperschaft sind in § 12 UmwStG geregelt. Die ertragsteuerliche Behandlung der Anteilseigner der übertragenden D-AG richtet sich nach § 13 UmwStG bzw. nach § 20 Abs. 4a EStG.

28  Für die Erörterung der wesentlichen ertragsteuerlichen Fragen im Zusammenhang mit der Gründungsverschmelzung des SE bietet sich eine Unterteilung in drei Fallgruppen entsprechend der Verschmelzungsrichtung an:
- Die sog. Herausverschmelzung, bei der die übertragende Aktiengesellschaft in Deutschland ansässig ist und die übernehmende SE Sitz und Hauptverwaltung im EU-Ausland hat (→ Rn. 29 ff.).
- Die sog. Hereinverschmelzung, bei der die übertragende Aktiengesellschaft im Ausland und die übernehmende SE im Inland ansässig ist (→ Rn. 46 ff.).
- Ausländische Verschmelzungen mit Inlandsbezug, bei denen sowohl die übertragende Gesellschaft als auch die übernehmende SE im Ausland ansässig sind, jedoch ein Inlandsbezug dergestalt besteht, dass inländisches Vermögen übergeht oder inländische Gesellschafter an den betroffenen Gesellschaften beteiligt sind (→ Rn. 56 ff.).

### 2. Herausverschmelzung

29  Infolge der Verschmelzung einer inländischen Aktiengesellschaft auf eine im Ausland ansässige Aktiengesellschaft, die dadurch zur SE wird, geht die übertragende inländische Aktiengesellschaft unter und scheidet aus der unbeschränkten Steuerpflicht gem. § 1 Abs. 1 Nr. 1 KStG aus. Die übernehmende ausländische SE, die weder Sitz noch Geschäftsleitung

## C. Die Besteuerung der SE-Gründungsvorgänge    § 19

im Inland unterhält, ist mit ihren inländischen Einkünften beschränkt steuerpflichtig, insbesondere mit Einkünften, die einer inländischen Betriebsstätte zuzuordnen sind, (§ 2 Nr. 1 KStG, § 49 Abs. 1 Nr. 2 Buchst. a EStG). Soweit im Zusammenhang mit der Verschmelzung inländisches Betriebsvermögen auf das ausländische Stammhaus übergeht, stellt sich aus steuerrechtlicher Sicht die Frage nach der Entstrickung.

**Beispiel:** 30

Die deutsche D-AG wird auf die bestehende französische F-SA verschmolzen, die dadurch zur SE (F-SE) wird (Verschmelzung zur Aufnahme). An der D-AG mit Sitz und Hauptverwaltung in Deutschland sind in Deutschland ansässige Aktionäre beteiligt. Die deutschen Aktionäre erhalten für ihre Aktien an der D-AG Anteile an der F-SE. Durch die Verschmelzung geht das Vermögen der D-AG auf die F-SE über. Die F-SE unterhält anschließend in Deutschland eine Betriebsstätte.

### a) Besteuerung auf Gesellschaftsebene

Die übertragende D-AG hat auf den steuerlichen Übertragungsstichtag eine steuerliche 31 Schlussbilanz zu erstellen, in welcher sie die auf die F-SE übergehenden Wirtschaftsgüter, einschließlich entgeltlich erworbener oder selbst geschaffener immaterieller Wirtschaftsgüter nach der Grundregel des § 11 Abs. 1 UmwStG mit dem gemeinen Wert anzusetzen hat; für die Bewertung von Pensionsrückstellungen ist hingegen § 6a EStG zu beachten, womit die steuerwirksame Aufholung stiller Lasten aus Pensionsverpflichtungen verhindert wird. Im Ergebnis kommt es grundsätzlich zu einem voll steuerpflichtigen Übertragungsgewinn.

Um den steuerpflichtigen Übertragungsgewinn zu vermeiden, gestattet § 11 Abs. 2 S. 1 32 UmwStG der übertragenden D-AG auf Antrag, die übergehenden Wirtschaftsgüter in der steuerlichen Schlussbilanz einheitlich mit dem Buchwert oder einem höheren Wert anzusetzen, höchstens jedoch dem gemeinen Wert, soweit: (i) sichergestellt ist, dass die Wirtschaftsgüter später bei der übernehmenden Körperschaft der Besteuerung mit Körperschaftsteuer unterliegen, und (ii) das Recht der Bundesrepublik Deutschland hinsichtlich der Besteuerung des Gewinns aus der Veräußerung der übertragenen Wirtschaftsgüter bei der übernehmenden F-SA nicht ausgeschlossen oder beschränkt wird, und (iii) eine Gegenleistung nicht gewährt wird oder in Gesellschaftsrechten besteht.[34] Für den Buchwertansatz sind die Ansätze in einer etwaigen Handelsbilanz nicht maßgeblich; die Prüfung der Voraussetzungen des § 11 Abs. 2 S. 1 UmwStG erfolgt bezogen auf die Verhältnisse zum steuerlichen Übertragungsstichtag.[35]

Der Antrag zum Buchwertansatz ist bei dem für die Besteuerung nach §§ 20, 26 AO 33 zuständigen Finanzamt der übertragenden Körperschaft spätestens bis zur erstmaligen Abgabe der steuerlichen Schlussbilanz zu stellen (§ 11 Abs. 3 iVm § 3 Abs. 2 S. 2 UmwStG). Wie der Antrag genau auszusehen hat, sagt das Gesetz nicht. Er bedarf keiner besonderen Form, ist bedingungsfeindlich und unwiderruflich. Zudem genügt für die Antragstellung die Erklärung, dass es sich bei der Steuerbilanz iSd § 4 Abs. 1 EStG, § 5 Abs. 1 EStG um eine steuerliche Schlussbilanz handelt.[36] Insoweit liegt mit der Einreichung der steuerlichen Schlussbilanz eine Antragsfiktion vor.[37]

Die zentrale Sachfrage im Zusammenhang mit der grenzüberschreitenden Verschmel- 34 zung ist, ob bzw. inwieweit die Verschmelzung zur Gewinnrealisierung aufgrund einer Entstrickung der Wirtschaftsgüter der D-AG führt. Hierzu ist zunächst festzustellen, dass

---

[34] Sonderregelungen gelten für den Spezialfall des Down-stream-Merger einer Muttergesellschaft auf ihre Tochtergesellschaft hinsichtlich des Wertansatzes der Beteiligung der übertragenden Muttergesellschaft an der übernehmenden Tochtergesellschaft (§ 11 Abs. 2 S. 2 und 3 UmwStG).
[35] UmwStE 2011, Rn. 11.05.
[36] UmwStE 2011 vom 11.11.2011, Rn. 03.27 und Rn. 03.29.
[37] BT-Drs. 16/2710, 37.

die Wirtschaftsgüter bei der übertragenden D-AG bis zum Anlauf des steuerlichen Übertragungsstichtags unverändert der deutschen Besteuerung unterliegen, weshalb eine Besteuerung nach den allgemeinen Entstrickungsnormen (§ 4 Abs.1 S. 3 EStG, § 12 Abs. 1 KStG) allenfalls beim übernehmenden Rechtsträger erfolgen kann.[38] Vor diesem Hintergrund ordnet § 11 Abs. 2 S. 1 Nr. 2 UmwStG als lex specialis die Besteuerung für die Fälle an, in denen die inländische Steuerverhaftung der stillen Reserven der übergehenden Wirtschaftsgüter endet oder beschränkt wird; es kommt zur Entstrickungsbesteuerung in der letzten logischen Sekunde der Steuerverhaftung beim übertragenden Rechtsträger in dessen steuerlicher Schlussbilanz.[39]

35 Die Gründe für eine verschmelzungsbedingte Entstrickung können grundsätzlich rechtlicher oder tatsächlicher Natur sein. Bei der Herausverschmelzung einer inländischen AG auf eine ausländische SE stehen die Gründe in Gestalt einer möglicherweise veränderten Zuordnung von Wirtschaftsgütern zu in- und ausländischen Betriebsstätten im Einheitsunternehmen im Vordergrund. Zwar ändert die grenzüberschreitende Umwandlung für sich genommen grundsätzlich nicht die Zuordnung von Wirtschaftsgütern zu einer in- oder ausländischen Betriebsstätte.[40] Zu beachten sind aber die Grundsätze über die Betriebsstättengewinnaufteilung. Für nach dem 31.12.2014 endende Wirtschaftsjahre gilt für die abkommensrechtliche Zuordnung von Wirtschaftsgütern gem. § 1 Abs. 5 AStG und der hierzu ergangenen Betriebsstättengewinnaufteilungsverordnung (BsGaV[41]) der sog. Authorized OECD Approach (AOA), der eine (weitestgehende) Selbstständigkeitsfiktion der Betriebsstätte und damit eine Annäherung an das korporationsrechtliche Verhältnis zwischen Mutter- und Tochtergesellschaft entsprechend Art. 9 OECD-MA beinhaltet.[42]

36 Nach dem AOA ist für die steuerliche Zuordnung von Einkünften zu einer Betriebsstätte eines Unternehmens zunächst eine Funktions- und Risikoanalyse der Geschäftstätigkeit der Betriebsstätte als Teil der Geschäftstätigkeit des Gesamtunternehmens durchzuführen und darauf aufbauend – in erster Linie anhand der sog. Personalfunktionen – eine Zuordnung der Vermögenswerte auf die in- und ausländische Betriebsstätte vorzunehmen. Erforderlich ist eine konkrete, begründete Zuordnungsentscheidung hinsichtlich jedes einzelnen Wirtschaftsguts, eine pauschalierende Zuordnung ist nicht gestattet.[43] Nach Maßgabe des AOA werden Wirtschaftsgüter, die im Zuge einer detaillierten Funktionsanalyse des Gesamtunternehmens keiner Betriebsstätte zugeordnet werden können, regelmäßig dem Stammhaus zugerechnet.

37 In Bezug auf das o.g. Beispiel ist damit zu prüfen, welche Wirtschaftsgüter der D-AG weiterhin der inländischen Betriebsstätte und welche dem französischen Stammhaus der übernehmenden F-SE zuzuordnen sind. Soweit Anteile an Körperschaften oder Personenvereinigungen in Höhe von mindestens 10% auf das Stammhaus übergehen, ist ein Entstrickungsgewinn im Ergebnis zu 95% steuerfrei (§ 12 Abs. 1 KStG iVm § 8b Abs. 2, 3 KStG).[44] Gravierender sind die steuerlichen Konsequenzen in Bezug ins Ausland überge-

---

[38] Auch die Finanzverwaltung stellt bei der Prüfung der Voraussetzungen des § 11 Abs. 2 S. 1 Nr. 2 UmwStG auf die Verhältnisse am steuerlichen Übertragungsstichtag ab.
[39] Rödder/Herlinghaus/van Lishaut/Rödder UmwStG § 1 Rn. 265 mwN.
[40] UmwStE 2011 vom 11.11.2011, Rn. 03.20.
[41] Verordnung zur Anwendung des Fremdvergleichsgrundsatzes auf Betriebsstätten nach § 1 Abs. 5 AStG (Betriebsstättengewinnaufteilungsverordnung, BSGaV) vom 13.10.2014, BGBl. 2014 I 1603.
[42] Die Finanzverwaltung hat Einzelheiten zum AOA umfassend in den Verwaltungsgrundsätzen Betriebsstättengewinnaufteilung (VWG BsGa) niedergelegt; Schreiben betr. Grundsätze für die Anwendung des Fremdvergleichsgrundsatzes auf die Aufteilung der Einkünfte zwischen einem inländischen Unternehmen und seiner ausländischen Betriebsstätte und auf die Ermittlung der Einkünfte der inländischen Betriebsstätte eines ausländischen Unternehmens nach § 1 Abs. 5 AStG und der Betriebsstättengewinnaufteilungsverordnung vom 22.12.2016, BStBl. I 2017, 182.
[43] Wassermeyer IStR 2012, 277 (280); Baldamus IStR 2012, 317 (319, 321); Adrian/Franz BB 2013, 1879 (1882); Schnitger IStR 2012, 633 (639); Wilke IWB 2012, 271 (274); Ditz ISR 2012, 48 (53).
[44] Würde es sich bei der übertragenden Gesellschaft um eine reine Holdinggesellschaft handeln, bliebe nach der Verschmelzung ggf. keine Betriebsstätte zurück, sodass sämtliche der in den Anteilen der übertragen-

hende immaterielle Wirtschaftsgüter, zB selbst geschaffene Patente, Marken oder einen etwaigen Goodwill. Nach dem AOA sollen „marketing intangibles" wie Marken und Warenzeichen danach zugeordnet werden, wer über die Strategie ihres Schutzes und ihre Weiterentwicklung entscheidet; „trade intangibles" wie Patente sollen dem Ort der sie betreffenden Willensbildung, also nach der Entscheidungsverantwortung für ihre Entwicklung und den damit verbundenen Risiken zugeordnet werden.

**38** Der Ausschluss oder die Beschränkung des deutschen Besteuerungsrechts hinsichtlich des Gewinns aus der Veräußerung des übertragenen Wirtschaftsguts setzen voraus, dass ein solches Recht zuvor bestanden hat. Für Vermögen, dass bei der Überträgerin einer ausländischen DBA-Freistellungs-Betriebsstätte zuzuordnen ist, kann es zu keinem Ausschluss oder Beschränkung des deutschen Besteuerungsrechts kommen.[45] Anders kann sich dies bei einer verschmelzungsbedingten Änderung der Zuordnung von Wirtschaftsgütern zu einer Anrechnungsbetriebsstätte verhalten:[46]

**Beispiel:**
Die D-AG unterhält u. a. eine Betriebsstätte in einem Nicht-DBA-Land, mit dem Deutschland die Doppelbesteuerung nach nationalem Recht im Wege der Anrechnungsmethode (§ 34c EStG, § 26 KStG) beseitigt. Wird diese Betriebsstätte im Anschluss an die Verschmelzung der D-AG auf die F-SE fortan der F-SE zugerechnet, so käme es zu einer Beschränkung des deutschen Besteuerungsrechts, obwohl Deutschland die auf die Betriebsstätteneinkünfte entfallenden ausländischen Steuern zuvor anrechnen musste. Die D-AG hätte die stillen Reserven der Betriebsstätte danach in der steuerlichen Schlussbilanz aufzudecken und zu versteuern; ausländische Steuern wären, soweit sie überhaupt anfielen, anzurechnen.

**39** Im Gegensatz zu den allgemeinen Entstrickungsnormen des § 4 Abs. 1 S. 3 EStG und § 12 Abs. 1 KStG oder zur Wegzugsbesteuerung nach § 6 AStG ist in Bezug auf die in der steuerlichen Schlussbilanz aufzudeckenden stillen Reserven keine Entlastung von der Sofortbesteuerung vorgesehen. Insbesondere bleiben die Vorschriften des UmStG für Zwecke des § 4g EStG unberührt (§ 4g Abs. 1 S. 3 EStG). Entsprechend sehen sich die umwandlungssteuergesetzlichen Entstrickungsregelungen dem Verdacht des Verstoßes gegen die unionsrechtlichen Grundfreiheiten ausgesetzt. Das mitunter vorgebrachte Argument, dass die Stundungslösung für die betriebliche Wegzugsbesteuerung tatsächlich undurchführbar sein, weil es sich um Massenfälle handeln würde, erscheint als Rechtfertigungsgrund für eine Diskriminierung wenig überzeugend.[47]

**40** Steuerliche Verluste, Verlustvorträge, Zins- und EBITDA-Vorträge gem. Zinsschranke der übertragenden inländischen Gesellschaft gehen – ungeachtet der ansonsten normierten steuerlichen Gesamtrechtsnachfolge – im Rahmen der Verschmelzung nicht auf den Übernehmer über (§ 12 Abs. 3 UmwStG iVm § 4 Abs. 2 S. 2 UmwStG). Der Wegfall der Verluste etc. gilt sowohl für grenzüberschreitende Verschmelzungen als auch für reine Inlandsverschmelzungen. Verfügt die übertragende Gesellschaft über einen steuerlichen Verlustvortrag, sollte erwogen werden, diesen durch Ansatz des gemeinen Werts oder eines Zwischenwerts – und die damit bewirkte Aufdeckung stiller Reserven für zukünftig erhöhtes Abschreibungspotenzial – letztmalig zu nutzen (Step-up). Dabei ist allerdings die Mindestbesteuerung nach § 10d Abs. 2 EStG zu beachten.

**41** Seit dem Veranlagungszeitraum 2006 können auch Körperschaften, die in einem anderen EU-Mitgliedstaat der unbeschränkten Steuerpflicht unterliegen, eine nicht steuer-

---

den Beteiligungen enthaltenen stillen Reserven der Besteuerung unterliegen, siehe NK-SE/Lammel/Preißer/Ruhlmann Kap. 2 Rn. 42a; Haase Ubg 2020, 640 (644).
[45] Rödder/Herlinghaus/van Lishaut/Rödder UmwStG § 11 Rn. 279; Haase Ubg 2020, 640 (644).
[46] So der Regierungsentwurf zum SEStEG vom 12.7.2016, BT-Drs. 16/2710.
[47] Rödder/Herlinghaus/van Lishaut/Rödder UmwStG § 11 Rn. 284 ff.

pflichtige Einlagenrückgewähr erbringen.[48] Voraussetzung hierfür ist ein Antrag, in dem die leistende ausländische Körperschaft die für die Berechnung der Einlagenrückgewähr erforderlichen Umstände darlegt (§ 27 Abs. 8 S. 7 KStG). Zudem muss die ausländische Körperschaft ihren Anteilseignern eine dem § 27 Abs. 3 KStG entsprechende Bescheinigung ausstellen (§ 27 Abs. 8 S. 8 KStG). Damit ist im Anschluss an die Verschmelzung der D-AG auf die F-SE eine steuerfreie Einlagenrückgewähr durch die F-SE an inländische Aktionäre grundsätzlich möglich.

### b) Besteuerung der Anteilseigner

42  Infolge der Verschmelzung erhalten die Aktionäre der übertragenden inländischen AG Aktien an der übernehmenden ausländischen SE. Aus Sicht des Anteilseigners stellt sich dieser Vorgang als Tausch dar, bestehend aus der Veräußerung der bisherigen und der Anschaffung der erhaltenen Anteile. Die steuerliche Behandlung dieses Vorgangs richtet sich nach den Bestimmungen des § 13 UmwStG und § 20 Abs. 4a EStG.

43  In Bezug auf Anteile, die im Betriebsvermögen gehalten werden, Anteile iSv § 17 EStG und auf einbringungsgeborene Anteile iSv § 21 Abs. 1 UmwStG 1995 findet § 13 UmwStG Anwendung. § 13 Abs. 1 UmwStG enthält als Grundregel eine Veräußerungs- und Anschaffungsfiktion der alten bzw. neuen Anteile zum gemeinen Wert, die unabhängig davon gilt, ob im Rahmen der Umwandlung neue Anteile an der übernehmenden Körperschaft ausgegeben werden.[49] Für steuerverhaftete Anteile löst der Anteilstausch daher grundsätzlich eine Gewinnrealisierung aus.[50] Um diese zu vermeiden, können auf Antrag des jeweiligen Anteilseigners gemäß § 13 Abs. 2 UmwStG die Anteile an der übernehmenden Körperschaft mit dem Buchwert oder den Anschaffungskosten der Anteile an der übertragenden Körperschaft angesetzt werden, wenn das Besteuerungsrecht der Bundesrepublik Deutschland hinsichtlich der Besteuerung des Gewinns aus der Veräußerung der Anteile an der übernehmenden Körperschaft nicht ausgeschlossen oder beschränkt wird oder Art. 8 Fusions-RL anzuwenden ist.[51] Ein Zwischenwertansatz ist nicht gestattet.[52] Die Anteile der übernehmenden ausländischen SE treten dann rechtsfolgenseitig ohne Gewinnrealisierung an die Stelle der Anteile der inländischen AG mit der Folge, dass die steuerliche Qualität der Altanteile auf die Neuanteile übergeht (sog. verschmelzungsgeborene Anteile).[53] Gehören die Anteile an der übertragenden Körperschaft nicht zu einem Betriebsvermögen (im Privatvermögen gehaltene Anteile iSv § 17 EStG), treten an die Stelle des Buchwerts die Anschaffungskosten (§ 13 Abs. 2 S. 3 UmwStG).

44  Die Buchwertfortführung nach § 13 UmwStG wird nicht gewährt, wenn dem Anteilseigner der übertragenden Körperschaft keine in Gesellschaftsrechten bestehende Gegenleistung gewährt wird. Derartige Gegenleistungen stellen beim Anteilseigner einen Veräußerungserlös für seine Anteile dar. Bei einer anteiligen Veräußerung der Anteile, etwa im Falle eines Spitzenausgleichs, sind dem Veräußerungserlös die anteiligen Anschaffungskosten der Anteile am übertragenden Rechtsträger gegenüberzustellen. In diesen Fällen gilt § 13 UmwStG nur für den übrigen Teil der Anteile.[54] Ebenfalls nicht anzuwenden ist § 13

---

[48] *Blumenberg/Lechner* BB-Special 8/2006, 25 (33).
[49] UmwStE 2011 vom 11.11.2011, Rn. 13.05.
[50] Für im Privatvermögen gehaltene Anteile kann sich die Besteuerung nach § 17 EStG ergeben (eine Besteuerung nach § 20 Abs. 2 S. 1 Nr. 1 EStG scheidet dagegen regelmäßig wegen § 20 Abs. 4a EStG aus); für Kapitalgesellschaften als Anteilseigner gilt grundsätzlich eine Steuerbefreiung von de facto 95 % nach § 8b Abs. 2, 3 KStG.
[51] Die letztere Tatbestandsvariante betrifft Fälle, in denen zwischen Deutschland und dem Ansässigkeitsstaat der übernehmenden Körperschaft DBAs abgeschlossen wurden, die vom OECD-Musterabkommen abweichen. Dies ist im Verhältnis zu Tschechien, der Slowakei und Zypern der Fall, siehe Schmitt/Hörtnagl/Schmitt UmwStG § 13 Rn. 44.
[52] *Klingberg* in Deubert/Förschle/Störk Sonderbilanzen Abschn. K Rn. 209; UmwStE 2011 vom 11.11.2011, Rn. 13.10.
[53] *Klingberg* in Deubert/Förschle/Störk Sonderbilanzen Abschn. K Rn. 209.
[54] UmwStE 2011 vom 11.11.2011, Rn. 13.02.

## C. Die Besteuerung der SE-Gründungsvorgänge                                § 19

UmwStG, soweit es im Rahmen der Umwandlung zu einer Wertverschiebung zwischen den Anteilen der beteiligten Anteilseigner kommt. Hierbei handelt es sich um eine Vorteilszuwendung zwischen den Anteilseignern, die nach den für sie geltenden allgemeinen steuerlichen Grundsätzen zu behandeln ist.[55]

In Bezug auf im Privatvermögen gehaltene Anteile, die nicht unter § 17 EStG fallen und auch nicht einbringungsgeboren nach § 21 Abs. 1 UmwStG 1995 sind, gilt bei Verschmelzung einer Körperschaft die sog. Kleinanlegerregelung des § 20 Abs. 4a EStG. Ohne dass es eines Antrags bedarf, treten in diesen Fällen des Anteilstauschs die erhaltenen Anteile an die Stelle der hingegebenen Anteile, d.h. die Anschaffungskosten der hingegebenen Anteile werden fortgeführt.[56] Voraussetzung dafür ist, dass (i) der Anteilstausch auf gesellschaftsrechtlichen Maßnahmen beruht, wovon auch die Verschmelzung umfasst ist und (ii) das deutsche Besteuerungsrecht hinsichtlich der von dem übernehmenden Rechtsträger erhaltenen Anteile nicht ausgeschlossen oder beschränkt ist, oder (iii) die Fusions-RL Anwendung findet.[57] Die Steuerneutralität greift jedoch nur insofern, wie der Anteilseigner neben den erhaltenen Anteilen keine Gegenleistung in Form einer Barzahlung erhält, § 20 Abs. 4a S. 2 EStG. Eine Solche gilt als Kapitalertrag gemäß § 20 Abs. 1 S. 1 EStG und unterliegt dem Steuerabzug.

### 3. Hereinverschmelzung

Die steuerliche Behandlung der Hereinverschmelzung einer Aktiengesellschaft, die ihren Sitz und ihre Hauptverwaltung im EU/EWR-Ausland hat, auf eine inländische (unbeschränkt steuerpflichtige) Aktiengesellschaft, die dadurch zur SE wird, richtet sich ebenso wie die Herausverschmelzung nach den Vorschriften der §§ 11–13 UmwStG (§ 1 Abs. 1, 2 UmwStG). Sie ist in Bezug auf die Gewinnrealisierung inländischen Betriebsvermögens regelmäßig weniger problematisch als die Herausverschmelzung. Steuerfragen stellen sich vor allem im Hinblick auf die Verstrickung bei der inländischen Übernehmerin, dh den Ansatz von Vermögen der übertragenden ausländischen Gesellschaft, das infolge der Verschmelzung oder danach dem inländischen Stammhaus zuzuordnen ist.

**Beispiel:**

Die französische F-SA wird auf die deutsche D-AG verschmolzen, die dadurch zur SE (D-SE) wird. An der F-SA, die ihren Sitz und ihre Hauptverwaltung in Frankreich hat, sind in Frankreich und in Deutschland ansässige Aktionäre beteiligt, an der D-AG sind es nur in Deutschland ansässige Aktionäre. Die F-SA unterhält Betriebsstätten außerhalb Frankreichs, u.a. in Deutschland. Durch die Verschmelzung geht das Vermögen der F-SA auf die D-SE über und die D-SE unterhält anschließend eine Betriebsstätte in Frankreich. An der D-SE sind in Deutschland und in Frankreich ansässige Aktionäre beteiligt.

### a) Besteuerung auf Ebene der übertragenden Gesellschaft

Die übertragende F-SA hat auf den steuerlichen Übertragungsstichtag eine steuerliche Schlussbilanz nach deutschen Besteuerungsgrundsätzen zu erstellen, in der die übergehenden Wirtschaftsgüter, einschließlich nicht entgeltlich erworbener oder selbst geschaffener Wirtschaftsgüter grundsätzlich mit dem gemeinen Wert anzusetzen sind (§ 11 Abs. 1 S. 1 UmwStG). Nach Auffassung der Finanzverwaltung gilt dies „insbesondere" für die grenzüberschreitende Hereinverschmelzung.[58] Nach der hier vertretenen Auffassung sollte eine

---
[55] UmwStE 2011 vom 11.11.2011, Rn. 13.03.
[56] Blümich/*Ratschow* EStG § 20 Rn. 431.
[57] In den unter die Fusions-RL fallenden Fällen ist der spätere Veräußerungsgewinn ist so zu besteuern wie ein Gewinn aus der Veräußerung der hingegebenen Anteile, abweichende Regelungen in DBA finden keine Anwendung.
[58] UmwStE 2011, Rn. 11.02.

Schlussbilanz nach deutschen Grundsätzen entbehrlich sein, wenn diese für inländische Besteuerungszwecke nicht benötigt wird.[59]

49 Die F-SA kann die übergehenden Wirtschaftsgüter auf Antrag einheitlich mit dem Buchwert oder einem Zwischenwert ansetzen, soweit die spätere Besteuerung mit Körperschaftsteuer sichergestellt ist, deutsches Besteuerungsrecht weder ausgeschlossen noch beschränkt wird und keine Gegenleistung besteht oder diese in Gesellschaftsrechten besteht (§ 11 Abs. 2 S. 1 UmwStG). Wie bei der Herausverschmelzung ist im Einzelfall zu bestimmen, welche Wirtschaftsgüter der französischen F-SA nach der Verschmelzung einer Betriebsstätte in Frankreich und welche dem deutschen Stammhaus der D-SE zuzuordnen sind.

50 Im Beispielsfall, in dem die übertragende F-SA über inländisches Betriebsstättenvermögen verfügt, welches im Rahmen der Verschmelzung auf die D-SE übergeht, dürften die Voraussetzungen des § 11 Abs. 2 S. 1 UmwStG für einen Übergang zum Buchwert regelmäßig erfüllt sein.[60] Es stellt sich die Frage, ob der Buchwertansatz darüber hinaus auch für bislang lediglich in Frankreich steuerverhaftete Wirtschaftsgüter gilt, die infolge der Verschmelzung auf die D-SE übergehen. § 11 Abs. 2 UmwStG verlangt, dass das Ansatzwahlrecht „einheitlich" ausgeübt wird. Nach der hier vertretenen Auffassung kann es insofern aber nur auf das Vermögen ankommen, für das bereits ein inländisches Besteuerungsrecht bestanden hat.[61] Soweit bislang in Frankreich befindliches Vermögen der F-SA ins Inland überführt wird oder nach AOA-Grundsätzen dem inländischen Unternehmensteil zuzuordnen ist, kommt es zur Begründung eines inländischen Besteuerungsrechts hinsichtlich eines Gewinns aus der Veräußerung dieses Vermögens. Nach der hier vertretenen Auffassung hat die D-SE das übergehende Vermögen nach Verstrickungsgrundsätzen mit dem gemeinen Wert anzusetzen, selbst wenn das auf sie übergehende Betriebsstättenvermögen auf Antrag zum Buchwert angesetzt wird.

51 In Bezug auf Vermögen der F-SA, welches bislang nicht in Deutschland steuerverhaftet war und auch nach der Verschmelzung in Frankreich verbleibt (also der französischen Betriebsstätte der D-SE zugeordnet wird), sollten sich aus deutscher Sicht aufgrund der im DBA-Frankreich vorgesehenen Freistellungsmethode für Betriebsstättengewinne keine Besteuerungsfolgen ergeben. Ein etwaiger Übertragungsgewinn wäre allenfalls in Frankreich steuerpflichtig.

**b) Besteuerung auf Ebene der übernehmenden Gesellschaft**

52 Die übernehmende D-SE hat die auf sie übergehenden Wirtschaftsgüter mit den in der steuerlichen Schlussbilanz der übertragenden Körperschaft enthaltenen Werten iSd § 11 UmwStG zu übernehmen (§ 12 Abs. 1 S. 1 UmwStG). Sie tritt in die steuerliche Rechtsstellung der übertragenden Körperschaft ein; verrechenbare Verluste, Verlustvorträge, Zinsvorträge etc der inländischen Betriebsstätte der F-SA gehen indes nicht auf die D-SE über (§ 12 Abs. 3 UmwStG iVm § 4 Abs. 2 UmwStG).

53 Handelt es sich bei F-SA um eine Tochtergesellschaft, die auf ihre inländische Muttergesellschaft D-AG verschmolzen wird (Up-stream Merger), entsteht in Höhe des Unterschieds zwischen dem Buchwert der Anteile an der übertragenden F-SA und dem Wert, mit dem die übergegangenen Wirtschaftsgüter zu übernehmen sind, abzüglich der Kosten

---

[59] Vgl. auch BR-Drs. 542/06, 65.
[60] Eine Sonderkonstellation, die zu einem Ausschluss des deutschen Besteuerungsrechts und damit zu einer steuerpflichtigen Aufdeckung der in einem Wirtschaftsgut liegenden stillen Reserven führen kann, könnte vorliegen, wenn die D-AG der F-SA zuvor Wirtschaftsgüter zur Nutzung überlassen hat, welche die F-SA in ihrer Betriebsstätte in Frankreich betrieblich genutzt hat. Soweit die überlassenen Wirtschaftsgüter nach der Verschmelzung aufgrund ihrer betrieblichen Veranlassung der französischen Betriebsstätte zuzuordnen wären und inländisches Besteuerungsrecht ausgeschlossen würde, käme es zur Entstrickung. Vgl. NK-UmwR/*Schrade* UmwStG § 11 Rn. 200.
[61] So auch Blümich/*Klingberg* UmwStG § 11 Rn. 33a; Rödder/Herlinghaus/van Lishaut/*Rödder* UmwStG § 11 Rn. 350.

für den Vermögensübergang, ein Übernahmegewinn oder -verlust, der steuerlich außer Ansatz bleibt (§ 12 Abs. 2 S. 1 UmwStG). Allerdings unterliegen 5 % eines etwaigen Übernahmegewinns als nichtabzugsfähige Betriebsausgabe der inländischen Besteuerung (§ 12 Abs. 2 S. 2 UmwStG, § 8b Abs. 2, 3 KStG). Hierin wird ein Verstoß gegen Art. 7 Fusions-RL gesehen.[62] Nach Auffassung der Finanzverwaltung ist das Übernahmeergebnis nach § 12 Abs. 2 S. 1 UmwStG in allen Fällen der Auf-, Ab- und Seitwärtsverschmelzung zu ermitteln, und zwar ungeachtet einer Beteiligung der Übernehmerin an der Überträgerin.[63] Der BFH hat diese Ansicht bestätigt und damit der ganz überwiegenden Auffassung in der Literatur[64] widersprochen; § 12 Abs. 2 S. 1 UmwStG beschreibe die Voraussetzungen für die Steuerfreiheit des Übernahmeergebnisses abstrakt ohne Bezug zu einem konkreten Beteiligungsverhältnis.[65] Dementsprechend können Kosten des Vermögensübergangs auch bei Abwärts- und Seitwärtsverschmelzung nicht als Betriebsausgabe abgezogen werden. Transaktionskosten finden also nur insoweit Berücksichtigung, als sie die Höhe der pauschalen nichtabziehbaren Betriebsausgaben nach § 8b Abs. 3 KStG mindern.

### c) Besteuerung der Anteilseigner

Für die im Inland ansässigen Aktionäre der D-AG hat die Verschmelzung keine Auswirkungen, da sich diese aus ihrer Sicht als reiner Rechtsformwechsel (AG in SE) darstellt, der – vergleichbar dem Formwechsel einer GmbH in eine AG oder umgekehrt – keine Besteuerung auslöst. Ebenfalls keine deutschen Steuerfolgen ergeben sich für die in Frankreich ansässigen Anteilseigner der F-SA, weil Deutschland für Gewinne, welche ein in Frankreich ansässiger Aktionär aus der Übertragung von Anteilen an der F-SA erzielt, grundsätzlich kein Besteuerungsrecht besitzt (Art. 7 Abs. 4 DBA Frankreich iVm Art. 7 Abs. 5 DBA Frankreich).[66]  54

In Bezug auf die in Deutschland ansässigen Anteilseigner der F-SA kann auf die Ausführungen zur Besteuerung der Anteilseigner bei der Herausverschmelzung verwiesen werden (→ Rn. 42 ff.). Die Besteuerung richtet sich für die Fälle des Betriebsvermögens und für Anteile iSv § 17 EStG nach den Regelungen des § 13 UmwStG. In Bezug auf im Privatvermögen gehaltenen Anteile unterhalb der Beteiligungsgrenze des § 17 EStG treten die übernommenen Anteile nach § 20 Abs. 4a EStG steuerlich zwingend an die Stelle der bisherigen Anteile.  55

### 4. Ausländische Verschmelzung mit Inlandsbezug

Fragen der steuerlichen Gewinnrealisierung stellen sich auch in Fällen, in denen weder der übertragende noch der übernehmende Rechtsträger im Inland ansässig sind, der übertragende Rechtsträger aber über inländisches Vermögen – insbesondere in einer inländischen Betriebsstätte – verfügt, welches im Rahmen der Verschmelzung übertragen wird.  56

---

[62] *Rödder/Schumacher* DStR 2006, 1525 (1533). Die Mindestbeteiligungsquote der übernehmenden Gesellschaft an der übertragenden beträgt seit dem 1.1.2009 10 % (Art. 7 Abs. 2 S. 2 FusionsRL). Die vom Gesetzgeber vorgetragene Begründung, dass der Vorgang wirtschaftlich mit einer Anteilsveräußerung vergleichbar sei (BR-Drs. 542/06, 65, 66), vermag nicht zu überzeugen. So mittlerweile auch die hM in der Literatur, vgl. *Herbort/Schwenke* IStR 2016, 567 (571 f.) mwN.
[63] UmwStE 2011, Rn. 12.05.
[64] Blümich/*Klingberg* UmwStG § 12 Rn. 35; Schmitt/Hörtnagl/*Schmitt* UmwStG § 12 Rn. 43; Rödder/Herlinghaus/van Lishaut/*Rödder* UmwStG § 12 Rn. 220.
[65] BFH Urt. v. 9.1.2013 – I R 24/12 = NZG 2013, 474, BStBl. II 2018, 509.
[66] Unter den abkommensrechtlichen Begriff der Veräußerung im Sinne der Vorschrift sind alle Vorgänge zu fassen, die einen Veräußerungsgewinn auslösen, siehe Wassermeyer/*Kramer* DBA Frankreich Art. 7 Rn. 34.

**57 Beispiel:**

Die in den Niederlanden ansässige NL-NV unterhält eine Betriebsstätte in Deutschland. Die NL-NV wird auf die in Belgien ansässige BEL-SA verschmolzen. Anschließend unterhält die BEL-SE eine Betriebsstätte in Deutschland.

58 Auch für die im EU-Ausland stattfindende Verschmelzung kommen die Vorschriften der §§ 11–13 UmwStG zur Anwendung, da beide Gesellschaften nach den Rechtsvorschriften (je) eines EU-Mitgliedstaats gegründet sind und sich ihr jeweiliger Sitz und Ort der Geschäftsleitung innerhalb des Hoheitsgebiets dieser Staaten befinden (§ 1 Abs. 1 S. 1 Nr. 1, Abs. 2 S. 1 Nr. 1 UmwStG[67]). Damit kann die NL-NV die der deutschen Betriebsstätte zuzuordnenden Wirtschaftsgüter, die auf die BEL-SE übertragen werden, unter den Voraussetzungen des § 11 Abs. 2 UmwStG (Sicherstellung der Besteuerung mit Körperschaftsteuer bei der BEL-SE, keine Beschränkung des deutschen Besteuerungsrechts, keine Gegenleistung oder Gegenleistung in Gesellschaftsrechten) auf Antrag mit dem Buchwert – wahlweise einem höheren Wert, maximal dem gemeinen Wert – ansetzen und so einen steuerpflichtigen Übertragungsgewinn vermeiden.[68] Die übernehmende BEL-SE übernimmt die inländischen Wirtschaftsgüter mit den Buchwerten und tritt in die Rechtsstellung der NL-NV ein (§ 12 Abs. 1 S. 1, Abs. 3 UmwStG iVm § 4 Abs. 2, 3 UmwStG). Für Wirtschaftsgüter, die als Folge der Verschmelzung nicht mehr einer inländischen Betriebsstätte zuzurechnen sind, ergeben sich die oben dargestellten Fragen der Entstrickungsbesteuerung.

## III. Gründung einer Holding-SE

### 1. Gesellschaftsrechtliche Grundlagen

59 Eine SE kann als Holding-SE gegründet werden, die ihren Sitz und ihre Hauptverwaltung in einem Mitgliedstaat der Gemeinschaft hat (Art. 2 Abs. 2 SE-VO, Art. 32 SE-VO). Die Gründung vollzieht sich durch Anteilstausch, indem die Gesellschafter der die Gründung anstrebenden Gesellschaften ihre Anteile in eine SE einbringen und dafür Aktien an der SE erhalten (Art. 33 Abs. 1, 2, 4 SE-VO). Eingebracht werden müssen mehr als 50% der Stimmrechte jeder die Gründung anstrebenden Gesellschaft (Art. 32 Abs. 2 S. 4 SE-VO). Bei den die Gründung anstrebenden Gesellschaften muss es sich um Aktiengesellschaften oder Gesellschaften mit beschränkter Haftung im Sinne des Anhangs II der SE-VO handeln, die nach dem Recht eines Mitgliedstaates gegründet worden sind und ihren Sitz sowie ihre Hauptverwaltung in der Gemeinschaft haben, sofern mindestens zwei der Gesellschaften entweder (a) dem Recht verschiedener Mitgliedstaaten unterliegen oder (b) seit mindestens zwei Jahren eine dem Recht eines anderen Mitgliedstaates unterliegende Tochtergesellschaft oder eine Zweigniederlassung in einem Mitgliedstaat haben (Art. 2 Abs. 2 SE-VO). Zum gesellschaftsrechtlichen Ablauf im Einzelnen → § 6 Rn. 1 ff.

---

[67] Nach KöMoG vom 25.6.2021, BGBl. I 2021, 2050 ff., sind ab 1.1.2022 auch Umwandlungen von Drittstaatengesellschaften steuerneutral möglich; § 1 Abs. 2 UmwStG wird gestrichen.
[68] Bei Vermögensübertragungen zwischen Gesellschaften, die in Nicht-EU/EWR-Staaten ansässig sind, kommt es bis Ende 2021 in Bezug auf Wirtschaftsgüter, die einer inländischen Betriebsstätte der übertragenden Gesellschaft zuzuordnen sind, nur dann nicht zur Aufdeckung stiller Reserven, wenn die beteiligten ausländischen Körperschaften in demselben ausländischen Drittstaat ansässig sind und der Übertragungsvorgang einer Verschmelzung nach § 2 UmwG entspricht (§ 12 Abs. 2 S. 1 KStG). Ab dem 1.1. 2022 sind entfällt diese Beschränkung.

## C. Die Besteuerung der SE-Gründungsvorgänge  §19

### 2. Anwendungsbereich des UmwStG

Die Einbringung von Kapitalgesellschaftsanteilen in Kapitalgesellschaften wird steuerlich als Anteilstausch behandelt. Die wesentlichen Steuerfolgen ergeben sich auf Ebene der Anteilseigner, die ihre Anteile an den Gründungsgesellschaften gegen neue Anteile an der Holding-SE tauschen. Die steuerliche Behandlung richtet sich im Wesentlichen nach § 21 UmwStG,[69] der für Fälle des qualifizierten Anteilstauschs eine Einbringung zu Buchwerten gestattet. Voraussetzung für die Anwendung des § 21 UmwStG ist, dass die erwerbende Holding-SE in der EU bzw. dem EWR ansässig ist (§ 1 Abs. 4 S. 1 Nr. 1 UmwStG).[70] Diese Voraussetzung deckt sich mit den oben genannten Erfordernissen der SE-VO. Auch die Einbringung von Drittlandsbeteiligungen in eine inländische oder eine im EU/EWR-Ausland ansässige Holdinggesellschaft ist nach UmwStG steuerneutral möglich (§ 1 Abs. 3 Nr. 5 UmwStG). 60

### 3. Steuerliche Folgen für die Gründungsgesellschaften

Für inländische Gründungsgesellschaften einer Holding-SE kommt es durch die Einbringung zu keinerlei Vermögensumschichtung, da das Vermögen weiterhin bei der Gründungsgesellschaft verbleibt (Trennungsprinzip). Auch wenn die Gründung einer Holding-SE für die Gründungsgesellschaften damit grundsätzlich ertragsteuerneutral ist, kann der Gesellschafterwechsel zum Untergang nicht genutzter Verluste, Verlustvorträge, Zins- und EBITDA-Vorträge im Sinne der Zinsschranke nach den Regelungen des § 8c KStG führen. Auch kann Grunderwerbsteuer in Bezug auf von den Gründungsgesellschaften gehaltenen inländischen Grundstücken ausgelöst werden. 61

### 4. Steuerliche Folgen für die übernehmende Holding-SE

Die Übertragung von Gesellschaftsanteilen im Wege der Sachgründung stellt aus Sicht der auf diese Weise gegründeten Holding-SE grundsätzlich einen steuerneutralen Anschaffungsvorgang dar. Aus Sicht der Holding-SE ist der Ansatz der erhaltenen Anteile für die Höhe der stillen Reserven relevant, unmittelbare ertragsteuerliche Belastungen resultieren aus dem Anschaffungsvorgang jedoch nicht. 62

Auswirkungen hat die Bewertung der eingebrachten Anteile durch die übernehmende Holding-SE aber aufgrund der in § 21 Abs. 1, 2 UmwStG angeordneten Wertverknüpfung auf die steuerliche Behandlung von inländischen Einbringenden. Die übernehmende Holding-SE hat die erhaltenen Anteile grundsätzlich mit dem gemeinen Wert anzusetzen (§ 21 Abs. 1 S. 1 UmwStG). Hiervon abweichend kann sie die eingebrachten Anteile mit dem Buchwert oder einem höheren Wert, höchstens dem gemeinen Wert (Zwischenwert) ansetzen, wenn (i) sie nach der Einbringung auf Grund ihrer Beteiligung einschließlich der eingebrachten Anteile nachweisbar unmittelbar die Mehrheit der Stimmrechte an den erworbenen Gesellschaften hat (qualifizierter Anteilstausch – nach Art. 32 Abs. 2 S. 4 SE-VO müssen ohnehin mehr als 50% jeder die Gründung anstrebenden Gesellschaft eingebracht werden) und soweit (ii) der gemeine Wert von sonstigen Gegenleistungen, die neben den neuen Anteilen gewährt werden, nicht mehr beträgt als (a) 25% des Buchwerts der eingebrachten Anteile oder (b) 500.000 Euro, höchstens jedoch den Buchwert der eingebrachten Anteile. In den Fällen der Buchwertverknüpfung löst der Anteilstausch für den Einbringenden keine Gewinnrealisierung aus (siehe sogleich). Für die Ausübung des steuerlichen Bewertungswahlrechts ist der Ansatz in der Handelsbilanz unbeachtlich.[71] 63

---

[69] Für Kleinanleger gilt § 20 Abs. 4a EStG, wonach die Anteile an der übernommenen Gesellschaft an die Stelle der eingebrachten Anteile treten.
[70] Nach KöMoG sind ab 1.1.2022 auch Umwandlungen von Drittstaatengesellschaften steuerneutral möglich.
[71] Kein Maßgeblichkeitsgrundsatz, vgl. UmwStE 2011, Rn. 21.11.

Maßgeblicher Zeitpunkt des Anteilstauschs ist der Zeitpunkt der Übertragung des wirtschaftlichen Eigentums der eingebrachten Anteile auf die übernehmende Gesellschaft.[72] Im Gegensatz zur Einbringung von Unternehmensteilen nach § 20 UmwStG sieht der Anteilstausch nach § 21 UmwStG die Möglichkeit einer steuerlichen Rückbeziehung nicht vor.

### 5. Steuerliche Folgen beim Einbringenden

64  Die Einbringung von Anteilen an der Gründungsgesellschaft in die neue Holding-SE stellt aus Sicht der einbringenden Anteilseigner einen Tauschvorgang dar, dh die Veräußerung der Anteile an der Gründungsgesellschaft und die Anschaffung der Aktien an der Holding-SE. Für Anteile im Betriebsvermögen, im Privatvermögen gehaltene Anteile iSv § 17 EStG und für einbringungsgeborene Anteile iSd § 21 Abs. 1 UmwStG 1995 bestimmt sich die ertragsteuerliche Behandlung nach § 21 UmwStG. Für die übrigen Fälle (im Privatvermögen gehaltene Anteile) gilt die zwingende Wertfortführung nach § 20 Abs. 4a S. 1, 2 EStG.

65  Der Wert, mit dem die übernehmende Gesellschaft die erhaltenen Anteile ansetzt, gilt gem. § 21 Abs. 2 S. 1 UmwStG beim Einbringenden als Veräußerungspreis der eingebrachten Anteile und gleichzeitig als Anschaffungskosten der im Gegenzug erhaltenen Anteile. Wie oben dargestellt, hat die übernehmende Holding-SE die eingebrachten Anteile zum gemeinen Wert anzusetzen (§ 21 Abs. 1 S. 1 UmwStG), was zur Gewinnrealisierung in Bezug auf die eingebrachten Anteile führen würde. Abweichend davon ist ein steuerneutraler Anteilstausch ist bei sog. qualifiziertem Anteilstausch möglich, sofern keine schädliche Gegenleistung gewährt wird (§ 21 Abs. 1 S. 2). Ist hingegen das Besteuerungsrecht der Bundesrepublik Deutschland hinsichtlich des Gewinns aus der Veräußerung der eingebrachten Anteile ausgeschlossen oder beschränkt, erfolgt die Bewertung der eingebrachten Anteile beim Einbringenden mit dem gemeinen Wert (§ 21 Abs. 2 S. 2 Hs. 1 UmwStG). Die gleiche Rechtsfolge tritt ein, wenn das Besteuerungsrecht der Bundesrepublik Deutschland hinsichtlich des Gewinns aus der Veräußerung der erhaltenen Anteile ausgeschlossen oder beschränkt ist (§ 21 Abs. 2 S. 2 Hs. 2 UmwStG). Hiervon gestattet § 21 Abs. 2 S. 3 UmwStG wiederum eine Rückausnahme: Der Einbringende hat ein Wahlrecht, als Veräußerungspreis für die eingebrachten Anteile und als Anschaffungskosten für die erhaltenen Anteile den Buchwert (oder einen Zwischenwert) anzusetzen. Voraussetzung hierfür ist ein Antrag spätestens bis zur erstmaligen Abgabe der Steuererklärung bei dem für die Besteuerung des einbringenden zuständigen Finanzamts und, dass (i) entweder das Besteuerungsrecht der Bundesrepublik Deutschland hinsichtlich des Gewinns aus der Veräußerung der erhaltenen Anteile nicht ausgeschlossen oder beschränkt ist oder (ii) ein Einbringungsgewinn aufgrund Art. 8 Fusions-RL nicht besteuert werden darf (§ 21 Abs. 2 S. 3 UmwStG). In diesen Fällen kommt es auf den Wertansatz bei der übernehmenden Gesellschaft nicht an, das Erfordernis der doppelten Buchwertverknüpfung greift nicht. In den Fällen der Anwendung der Fusions-RL unterliegt ein Gewinn aus einer späteren Veräußerung der erhaltenen Anteile jedoch ungeachtet der Bestimmungen eines DBA der inländischen Besteuerung (§ 21 Abs. 2 S. 3 Nr. 2, Hs. 2 UmwStG, sog. Treaty Override).[73]

66  **Beispiel 1:**

Die in Deutschland ansässige Gesellschafterin A ist alleinige Gesellschafterin der inländischen D-GmbH. A bringt ihre Anteile an der D-GmbH in die in den Niederlanden ansässige NL-SE ein und erhält als Gegenleistung ausschließlich neue Aktien an der NL-SE.

---

[72] UmwStE 2011, Rn. 21.16.
[73] Die spätere Besteuerung dürfte mit der Fusions-RL vereinbar sein, allerdings nur im Hinblick auf diejenigen stillen Reserven, die bis zum Zeitpunkt des Anteilstauschs entstanden sind (vgl. Art. 8 Abs. 6 Fusions-RL, wonach die Mitgliedstaaten nicht gehindert sind, den Gewinn aus einer späteren Veräußerung der

## C. Die Besteuerung der SE-Gründungsvorgänge                              § 19

Die Einbringung richtet sich nach § 21 UmwStG. Zwar wäre der Buchwertansatz des § 21 Abs. 2 S. 2 UmwStG trotz mehrheitsvermittelnder Beteiligung ausgeschlossen, weil das Rechts Deutschlands hinsichtlich des Gewinns aus der Veräußerung der eingebrachten Anteile an der D-GmbH ausgeschlossen wäre (das Besteuerungsrecht für Gewinne aus der Veräußerung der Anteile an der D-GmbH steht nach Einbringung in die NL-SE nach DBA-Niederlande ausschließlich den Niederlanden zu). In Rückausnahme hierzu kann die einbringende A die erhaltenen Aktien an der NL-SE nach § 21 Abs. 2 S. 3 Nr. 1 UmwStG mit dem Buchwert (bzw. den Anschaffungskosten) ansetzen, wenn das Recht Deutschlands hinsichtlich des Gewinns aus der Veräußerung der erhaltenen Aktien an der NL-SE nicht ausgeschlossen ist beschränkt ist. Ausschluss oder Beschränkung liegen aber nicht vor, weil das alleinige Besteuerungsrecht für Gewinne aus der Veräußerung der Aktien an der NL-SE Deutschland zusteht (Art. 13 Abs. 5 DBA-Niederlande).

**Beispiel 2:**                                                                67

Die in Deutschland ansässige B-GmbH bringt sämtliche von ihr gehaltenen Anteile an einer A-GmbH in die tschechische X-SE ein.[74]

In diesem Fall ist das deutschen Besteuerungsrecht hinsichtlich des Gewinns aus der Veräußerung der erhaltenen Aktien an der tschechischen X-SE beschränkt, da das Besteuerungsrecht dem Sitzstaat der X-SE – mithin Tschechien – zusteht. Damit wäre grundsätzlich der gemeine Wert der einbrachten Anteile an der GmbH als Veräußerungspreis und Anschaffungskosten anzusetzen. Weil aber die Fusions-RL zur Anwendung kommt, kann auf Antrag der Buchwert angesetzt werden.

### 6. Folgen bei Weiterveräußerung der eingebrachten Anteile durch die erwerbende Holding-SE

Erfolgt der Anteilstausch iSv § 21 UmwStG unterhalb des gemeinen Werts, kommt es bei   68
Veräußerung der erhaltenen Anteile an der Holding-SE oder der eingebrachten Anteile durch die Holding-SE sowie bei Verwirklichung eines einer Veräußerung gleichgestellten Ersatzrealisationstatbestands innerhalb eines Zeitraums von sieben Jahren nach dem Einbringungszeitpunkt dazu, dass der Einbringenden rückwirkend auf den Einbringungszeitpunkt einen sog. „Einbringungsgewinn II" als Gewinn aus der Veräußerung von Anteilen zu versteuern hat (§ 22 Abs. 2 UmwStG). Dies gilt nur insoweit, als beim Einbringenden der Gewinn aus der Veräußerung der eingebrachten Anteile im Einbringungszeitpunkt nicht nach § 8b Abs. 2 KStG steuerfrei gewesen wäre (§ 22 Abs. 2 S. 1 UmwStG). Dies ist insbesondere dann der Fall, wenn der Einbringende eine natürliche Person oder ein Kreditinstitut oder ein Lebens- oder Krankenversicherungsunternehmen in der Rechtsform einer Körperschaft ist, bei der die Steuerbefreiung der eingebrachten Anteile ausgeschlossen ist (§ 8b Abs. 7, 8 KStG). Regelungshintergrund für die nachträgliche Besteuerung des Einbringungsvorgangs ist der Gedanke der „Statusverbesserung", die gegeben ist, wenn Gewinne aus der Veräußerung durch die übernehmende Gesellschaft günstiger besteuert werden als Gewinne aus der Veräußerung des eingebrachten Vermögens durch den Einbringenden.

Zur Berechnung des Einbringungsgewinns II ist der gemeine Wert der eingebrachten   69
Anteile auf den Einbringungszeitpunkt zu ermitteln. Der Einbringungsgewinn II vermindert sich für jedes seit dem Einbringungszeitpunkt abgelaufene Zeitjahr um ein Siebtel (§ 22 Abs. 2 S. 3 UmwStG), schmilzt also ratierlich über sieben Jahre auf null ab. Zusätzlich zur rückwirkenden Besteuerung des Einbringungsgewinns II erfolgt die Besteuerung der Veräußerung der sperrfristverhafteten Anteile durch den Einbringenden nach den all-

---

erworbenen Anteile in gleicher Weise zu besteuern wie den Gewinn aus einer Veräußerung der vor dem Erwerb vorhandenen Anteile).

[74] In Anlehnung an das Beispiel im UmwStE 2011, Rn. 21.15.

gemeinen Vorschriften über die Veräußerung von Kapitalgesellschaftsanteilen (zB §§ 13, 15, 16, 17 und 18 EStG iVm § 3 Nr. 40 EStG sowie §§ 20, 32d Abs. 1 EStG, § 8b KStG). Der Einbringungsgewinn II gilt als nachträgliche Anschaffungskosten der erhaltenen Anteile, reduziert also den Gewinn aus der tatsächlichen Anteilsveräußerung durch den Einbringenden. Während der siebenjährigen Sperrfrist sind besondere Nachweisanforderungen zu beachten (§ 22 Abs. 3 UmwStG).

## IV. Gründung einer Tochter-SE

### 1. Gesellschaftsrechtliche Grundlagen

70 Gesellschaften iSd Art. 54 Abs. 2 AEUV und juristische Personen des öffentlichen oder privaten Rechts, die nach dem Recht eines Mitgliedstaates gegründet worden sind und ihren Sitz sowie ihre Hauptverwaltung in der Gemeinschaft haben, können eine Tochter-SE durch Zeichnung ihrer Aktien gründen (Art. 2 Abs. 3 SE-VO, Art. 35 SE-VO). Die Gründung kann mittels Bar- oder Sachgründung erfolgen. Als Gründer kommen aufgrund des Verweises auf Art. 48 Abs. 2 EG-Vertrag (heute Art. 54 Abs. 2 AEUV) auch Personengesellschaften in Betracht, nicht aber natürliche Personen. Die Gründungsgesellschaften müssen entweder dem Recht unterschiedlicher Mitgliedstaaten unterliegen oder seit mindestens zwei Jahren eine dem Recht eines anderen Mitgliedstaates unterliegende Tochtergesellschaft oder eine Zweigniederlassung in einem anderen Mitgliedstaat haben. Darüber hinaus kann eine bereits existierende SE eine Tochter-SE gründen (Art. 3 Abs. 2 SE-VO).

Zum gesellschaftsrechtlichen Ablauf im Einzelnen → § 7 Rn. 1 ff.

### 2. Beteiligte Rechtsträger und Einbringungsgegenstände

71 Beteiligte Rechtsträger an der Gründung einer Tochter-SE sind die die Bar- oder Sacheinlage leistenden Gründungsgesellschaften und die diese Einlage empfangene Tochter-SE. Die Gesellschafter der Gründungsgesellschaften sind am Gründungsvorgang nicht unmittelbar beteiligt. Die Gründung einer Tochter-SE im Wege der Bareinlage gegen Gewährung von Gesellschaftsrechten ist grundsätzlich ein ertragsteuerlich neutraler Vorgang. Die Gründung der Tochter-SE im Wege der Sacheinlage stellt ertragsteuerlich einen tauschähnlichen Vorgang dar, bei dem sich aus Sicht des Einbringenden die Frage der Gewinnrealisierung stellt. Steuerneutral möglich ist die Sacheinlage nach § 20 UmwStG, wonach die Einbringung von Betrieben, Teilbetrieben und Mitunternehmeranteilen unter bestimmten Voraussetzungen zum Buchwert erfolgen kann. Liegen die Voraussetzungen des § 20 UmwStG nicht vor, kommt es in Bezug auf die im Inland steuerverhafteten, eingebrachten Wirtschaftsgüter nach allgemeinen Grundsätzen zur Aufdeckung und Besteuerung der stillen Reserven (§ 6 Abs. 6 EStG, § 8 Abs. 1 KStG).

72 Einbringender Rechtsträger kann bei der Gründung einer Tochter-SE nach der SE-VO jede Gesellschaft gemäß Art. 54 AEUV sein, die nach den Vorschriften eines EU/EWR-Mitgliedstaats gegründet ist und ihren Sitz sowie ihre Hauptverwaltung im Hoheitsgebiet eines solchen Staates hat. Entsprechende Voraussetzungen gelten steuerlich in Bezug auf den subjektiven Anwendungsbereich des § 20 UmwStG. Nach § 1 Abs. 4 Nr. 1, 2 UmwStG müssen die übertragende und die übernehmende Gesellschaft nach dem Recht eines EU/EWR-Mitgliedstaats gegründet sein und ihren Sitz und Ort der Geschäftsleitung in einem EU/EWR-Mitgliedstaat haben. Die SE als übernehmende Gesellschaft erfüllt diese Anforderungen, da sie gemäß § 1 Abs. 2 S. 2 UmwStG als in dem Mitgliedstaat gegründet angesehen wird, in dessen Hoheitsgebiet sich ihr Sitz befindet und ihr Sitz sich nach Art. 7 SE-VO im EU/EWR-Raum befinden muss.[75] Ist einbringende Gesellschaft eine Perso-

---

[75] Die im Rahmen des KöMoG vorgenommene Internationalisierung des UmwStG erstreckt sich nicht auf

## C. Die Besteuerung der SE-Gründungsvorgänge § 19

nengesellschaft, so gilt zusätzlich, dass an ihnen Körperschaften, Personenvereinigungen, Vermögensmassen oder natürliche Personen unmittelbar oder mittelbar über eine oder mehrere Personengesellschaften beteiligt sein müssen, welche ihrerseits kumulativ die Voraussetzungen des subjektiven Anwendungsbereichs erfüllen.[76] Es wird somit ein gesellschafterbezogener Betrachtungsmaßstab gefordert.

Als begünstigten Einbringungsgegenstand sieht § 20 Abs. 1 UmwStG einen Betrieb, Teilbetrieb oder einen Mitunternehmeranteil vor. Was unter einem Betrieb und einem Teilbetrieb zu verstehen ist, definiert das Gesetz nicht. Grundsätzlich ist ein Teilbetrieb die Gesamtheit der in einem Unternehmensteil einer Gesellschaft vorhandenen aktiven und passiven Wirtschaftsgüter, die in organisatorischer Hinsicht einen selbständigen Betrieb darstellen, dh eine aus eigenen Mitteln funktionsfähige Einheit.[77] Zu einem Teilbetrieb gehören alle funktional wesentlichen Betriebsgrundlagen sowie dem Teilbetrieb nach wirtschaftlichen Zusammenhängen zuordenbaren Wirtschaftsgüter. Die Voraussetzungen eines Teilbetriebs sind nach Maßgabe der einschlägigen Rechtsprechung unter Zugrundelegung der funktionalen Betrachtungsweise aus der Perspektive des übertragenden Rechtsträgers zu beurteilen.[78] Aufgrund der Unbestimmtheit der Rechtsbegriffe kann ihre Anwendung im Einzelfall streitbehaftet sein. Bei einem Mitunternehmeranteil als gesetzlichem Typusbegriff handelt es sich um jeden Anteil einer natürlichen oder juristischen Person bzw. Personengesellschaft an einer Mitunternehmerschaft, welche einen Gewerbebetrieb, Land- und Forstwirtschaft oder eine freiberufliche Tätigkeit zum Gegenstand hat und mit Gewinnerzielungsabsicht tätig wird.[79] Ebenfalls umfasst sind vermögensverwaltende Personengesellschaften, sofern sie gewerblich geprägt sind, § 15 Abs. 3 S. 2 EStG. Eine Beteiligung an einer Kapitalgesellschaft, die das gesamte Nennkapital umfasst, gilt nach § 15 Abs. 1 S. 3 UmwStG als Teilbetrieb. Handelt es sich beim Einbringungsgegenstand um Kapitalgesellschaftsanteile, die keinen Teilbetrieb darstellen, liegt ein Anteilstausch gemäß § 21 UmwStG vor, der für Fälle des qualifizierten Anteilstauschs eine Einbringung zu Buchwerten gestattet, es gelten die oben dargestellten Ausführungen zur Gründung einer Holding-SE.

### 3. Steuerliche Folgen für die übernehmende Tochter-SE

Aus Sicht der Tochter-SE stellt sich die Gründung durch Sacheinlage als grundsätzlich ertragsteuerneutralen Anschaffungsvorgang dar. Der Wert, mit dem die Tochter-SE das empfangene Vermögen ansetzt (zum gemeinen Wert, zum Buchwert beim Einbringenden oder einem Zwischenwert) wirkt sich auf die Höhe der Abschreibungen und die stillen Reserven im empfangenen Vermögen aus. Die Bewertung des übernommenen Vermögens bezieht sich nach allgemeiner Meinung nicht auf jedes einzelne übergehende Wirtschaftsgut, sondern auf die übernommene Sachgesamtheit.[80] Handelt es sich beim übertra-

73

74

---

den subjektiven Anwendungsbereich des § 20 UmwStG. § 20 UmwStG findet weiterhin nur Anwendung, wenn entweder hinsichtlich der erhaltenen Anteile das Besteuerungsrecht der Bundesrepublik Deutschland nicht ausgeschlossen oder beschränkt ist (§ 1 Abs. 4 S. 1 Nr. 2 b) oder der Einbringende in einem EU/EWR-Staat ansässig ist. Regelungstechnisch wird dies umgesetzt, indem § 1 Abs. 4 S. 1 UmwStG nunmehr direkt auf Art. 54 AEUV verweist. Der Gesetzgeber hat von der vollständigen Globalisierung des Umwandlungssteuerrechts unter Einbeziehung auch der Regelungen zur Einbringung und zum Anteilstausch abgesehen, da eine aufkommensneutrale einheitliche Regelung (Sicherung des Besteuerungsrechts auf der zweiten Ebene über § 22 UmwStG hinaus) mit Einschränkungen für Einbringende aus EU/EWR-Staaten gegenüber der geltenden Rechtslage verbunden gewesen wäre, siehe BT-Drs. 19/28656, 29.

[76] Rödder/Herlinghaus/van Lishaut/*Herlinghaus* UmwStG § 20 Rn. 202.
[77] Vgl. Art. 2 Buchst. j Richtlinie 2009/133/EG; UmwStE 2011, Rn. 15.02.
[78] UmwStE 2011, Rn. 15.02 mwN; vgl. auch Rödder/Herlinghaus/van Lishaut/*Herlinghaus* UmwStG § 20 Rn. 63.
[79] Haritz/Menner/Bilitewski/*Menner* UmwStG § 20 Rn. 61; Schmitt/Hörtnagl/*Schmitt* UmwStG § 20 Rn. 133.
[80] Siehe Schmitt/Hörtnagl/*Schmitt* UmwStG § 20 Rn. 271, siehe auch UmwStE 2011, Rn. 20.17 iVm Rn. 3.07.

genen Vermögen um inländischen Grundbesitz, so löst die Einbringung Grunderwerbsteuer aus (§ 1 Abs. 1 Nr. 1 GrEStG). Darüber hinaus bestimmt die Bewertung der Sacheinlage durch die übernehmende Tochter-SE die steuerliche Behandlung der Einbringung auf Ebene der Gründungsgesellschaften (Veräußerungspreis/Anschaffungskosten, → Rn. 77).

75 Grundsätzlich hat die übernehmende Tochter-SE das eingebrachte Betriebsvermögen mit dem gemeinen Wert anzusetzen; für die Bewertung von Pensionsrückstellungen gilt § 6a EStG (§ 20 Abs. 2 S. 1 UmwStG). Abweichend hiervon kann das übernommene Betriebsvermögen auf Antrag einheitlich mit dem Buchwert oder einem höheren Wert, höchstens jedoch mit dem gemeinen Wert angesetzt werden (§ 20 Abs. 2 S. 2 UmwStG), soweit (kumulativ) (i) sichergestellt ist, dass es später bei der übernehmenden Körperschaft (vorliegend der Tochter-SE) der Besteuerung mit Körperschaftsteuer unterliegt, (ii) die Passivposten des eingebrachten Betriebsvermögens die Aktivposten nicht übersteigen, (iii) das inländische Besteuerungsrecht hinsichtlich der Besteuerung des Gewinns aus der Veräußerung des eingebrachten Betriebsvermögens bei der übernehmenden Gesellschaft nicht ausgeschlossen oder beschränkt wird und (iv) der gemeine Wert von sonstigen Gegenleistungen, die neben den neuen Gesellschaftsanteilen gewährt werden, nicht mehr beträgt als 25% des Buchwerts des eingebrachten Betriebsvermögens oder 500.000 Euro, höchstens jedoch den Buchwert des eingebrachten Betriebsvermögens (§ 20 Abs. 2 S. 2 UmwStG). Das steuerliche Bewertungswahlrecht des § 20 Abs. 2 S. 2 UmwStG kann unabhängig vom Wertansatz in der Handelsbilanz ausgeübt werden.[81]

76 Die Einbringung iSv § 20 UmwStG erfolgt steuerlich grundsätzlich zu dem Zeitpunkt, zu dem das wirtschaftliche Eigentum an dem eingebrachten Vermögen auf die übernehmende Gesellschaft übergeht (steuerlicher Übertragungsstichtag). Abweichend hiervon darf der steuerliche Übertragungsstichtag gem. § 20 Abs. 5, 6 UmwStG auf Antrag der übernehmenden Gesellschaft um bis zu acht Monate bzw. für die Jahre 2020 und 2021 zwölf Monate zurückbezogen werden.[82] Die Betriebs- oder Teilbetriebsvoraussetzungen müssen bereits am steuerlichen Übertragungsstichtag vorgelegen haben.[83] Der Antrag auf Buch- oder Zwischenwertansatz ist spätestens bis zur erstmaligen Abgabe der steuerlichen Schlussbilanz bei dem für die Besteuerung der übernehmenden Gesellschaft zuständigen Finanzamt zu stellen, § 20 Abs. 2 S. 3 UmwStG. Das Antragswahlrecht bezieht sich auf die einzelne Sacheinlage nach § 20 Abs. 1 UmwStG, dh es kann innerhalb einer Sacheinlage nicht unterschiedlich ausgeübt werden.[84] Werden mehrere Sacheinlagen erbracht, besteht für jede Sacheinlage ein eigenes Antragswahlrecht.[85] Eine Änderung oder der Widerruf eines einmal gestellten Antrags ist nach Auffassung der Finanzverwaltung nicht möglich.[86]

### 4. Steuerliche Folgen für die einbringenden Gründungsgesellschaften

77 Der Wert, mit dem die übernehmende Gesellschaft das eingebrachte Betriebsvermögen ansetzt, gilt für den Einbringenden als Veräußerungspreis des eingebrachten Betriebsvermögens und zugleich als Anschaffungskosten der erhaltenen Gesellschaftsanteile (§ 20 Abs. 3 S. 1 UmwStG). Infolge dieser sog. doppelten Buchwertverknüpfung kommt es zu einer Verdopplung der stillen Reserven, da diese wie bisher im übergehenden Betriebsver-

---

[81] UmwStE 2011, Rn. 20.20.
[82] Im Rahmen der sog. Corona-Gesetzgebung wurde dieser Zeitraum für die Jahre 2020 und 2021 auf maximal zwölf Monate verlängert; Gesetz zur Abmilderung der Folgen der COVID-19-Pandemie im Zivil-, Insolvenz- und Strafverfahrensrecht vom 27.3.2020, BStBl. I 2020, 569; Verordnung des Bundesministeriums der Justiz und für Verbraucherschutz zu Maßnahmen im Gesellschafts-, Genossenschafts-, Vereins- und Stiftungsrecht zur Bekämpfung der Auswirkungen der COVID-19-Pandemie vom 22.10.2020 (BGBl. I 2020, 2258), § 27 Abs. 15 UmwStG.
[83] UmwStE 2011, Rn. 20.14.
[84] Schmitt/Hörtnagl/*Schmitt* UmwStG § 20 Rn. 267.
[85] Rödder/Herlinghaus/van Lishaut/*Herlinghaus* UmwStG § 20 Rn. 270.
[86] UmwStE 2011, Rn. 20.24.

## C. Die Besteuerung der SE-Gründungsvorgänge                                                 § 19

mögen als auch in den neu gewährten Anteilen an der Tochter-SE enthalten sind.[87] Bei grenzüberschreitenden Einbringungen gelten Besonderheiten.

Eine Ausnahme vom Grundsatz der doppelten Buchwertverknüpfung gilt, wenn das Recht der Bundesrepublik Deutschland hinsichtlich der Besteuerung des Gewinns aus der Veräußerung des eingebrachten Betriebsvermögens im Zeitpunkt der Einbringung ausgeschlossen ist und dieses auch nicht durch die Einbringung begründet wird, beispielsweise bei der Einbringung einer ausländischen DBA-Freistellungsbetriebsstätte. In diesen Fällen bestimmen sich die Anschaffungskosten der Anteile für den Einbringenden nach dem gemeinen Wert des Betriebsvermögens im Zeitpunkt der Einbringung (§ 20 Abs. 3 S. 2 UmwStG). Durch die Sacheinlage werden die erhaltenen Anteile an der Tochter-SE mit dem gemeinen Wert verstrickt. Praktische Bedeutung hat die Regelung in den Fällen, in denen die aufnehmende Tochter-SE das übernommene Betriebsvermögen zum Buch- oder Zwischenwert angesetzt hat. Durch die Regelung wird verhindert, dass die im Ausland bereits entstandene stillen Reserven indirekt bei Veräußerung der Anteile der deutschen Besteuerung unterliegen. 78

Ein weiterer Sonderfall betrifft die in § 20 Abs. 7 UmwStG iVm § 3 Abs. 3 UmwStG geregelte Einbringung einer ausländischen DBA-Anrechnungsbetriebsstätte.[88] Wird im Rahmen einer grenzüberschreitenden Einbringung eine in einem anderen EU-Mitgliedstaat liegende Betriebsstätte eingebacht, so hat der Mitgliedstaat der einbringenden Gesellschaft nach Art. 10 Abs. 1 S. 1 Fusions-RL endgültig auf seine Besteuerungsrechte aus dieser Betriebsstätte zu verzichten. Wendet der verzichtende Mitgliedstaat ein System der Welteinkommensbesteuerung an, darf er den auf die Betriebsstätte entfallenden Veräußerungsgewinn besteuern, wenn er die fiktiv im Betriebsstättenstaat auf den Einbringungsgewinn entfallende Steuer anrechnet (Art. 10 Abs. 2 Fusions-RL). Wird einer Betriebsstätte in einem anderen EU-Mitgliedstaat zuzurechnendes Betriebsvermögen, für die Deutschland die Doppelbesteuerung beim Einbringenden (ausnahmsweise) durch die Anwendung der Anrechnungsmethode vermeidet, in eine in einem anderen EU-Mitgliedstaat ansässige Gesellschaft eingebracht, wird das deutsche Besteuerungsrecht im Hinblick auf diese Betriebsstätte ausgeschlossen. Damit ist das der ausländischen Betriebsstätte zuzurechnende Betriebsvermögen zwingend mit dem gemeinen Wert anzusetzen (§ 20 Abs. 2 S. 2 Nr. 3 UmwStG). Darüber hinaus ist die Steuer, die im Betriebsstättenstaat im Veräußerungsfall anfallen würde, fiktiv auf die auf den Einbringungsgewinn entfallende Steuer anzurechnen (§ 20 Abs. 7 UmwStG, § 3 Abs. 3 UmwStG). 79

**Beispiel:**[89] 80

Eine in Deutschland ansässige GmbH unterhält eine Betriebsstätte in Portugal, die passive Einkünfte erzielt (dadurch deutsches Besteuerungsrecht mit Anrechnungsverpflichtung). Die GmbH bringt ihre portugiesische Betriebsstätte in eine spanische SE gegen Gewährung von Anteilen ein.

Dich die Einbringung der Betriebsstätte in die spanische SE wird das deutsche Besteuerungsrecht an der Betriebsstätte in Portugal ausgeschlossen., es kommt zu einer Besteuerung des Einbringungsgewinns (§ 20 Abs. 2 S. 2 Nr. 3 UmwStG), was nach Art. 10 Abs. 2 Fusions-RL auch zulässig ist, weil Deutschland ein System Weltbesteuerung hat. Allerdings ist die fiktive Steuer, die im Falle der Veräußerung der Wirtschaftsgüter der Betriebsstätte in Portugal anfallen würde, auf die deutsche Steuer anzurechnen (§ 20 Abs. 7 UmwStG, § 3 Abs. 3 UmwStG).

Einen weiteren Sonderfall regelt § 20 Abs. 8 UmwStG in Bezug auf die grenzüberschreitende Einbringung einer oder durch eine in einem anderen EU-Mitgliedstaat ansässi- 81

---
[87] Rödder/Herlinghaus/van Lishaut/*Herlinghaus* UmwStG § 20 Rn. 380.
[88] Vgl. die ausführliche Behandlung im UmwStE 2011, dort Rn. 20.36. siehe auch Rödder/Herlinghaus/van Lishaut/*Herlinghaus* UmwStG § 20 Rn. 489 ff.; vgl. auch Haase Ubg 2020, 640 (650).
[89] Angelehnt an UmwStE 2011, Rn. 20.36.

ge steuerlich transparente Gesellschaft im Sinne der Fusions-RL (Art. 11 Abs. 1 Fusions-RL).[90]

### 5. Folgen der Veräußerung durch den Einbringenden/Anteilseigner nach der Einbringung

82 Erfolgt die Sacheinlage gem. § 20 UmwStG unterhalb des gemeinen Werts, so löst die Veräußerung der erhaltenen Anteile an der Tochter-SE durch den Einbringenden innerhalb eines Zeitraums von sieben Jahren nach dem Einbringungszeitpunkt rückwirkend die Besteuerung des Gewinns aus der Einbringung (Einbringungsgewinn I) im Wirtschaftsjahr der Einbringung aus (§ 22 Abs. 1 UmwStG).[91] Einbringungsgewinn I ist der Betrag, um den der gemeine Wert des eingebrachten Betriebsvermögens im Einbringungszeitpunkt nach Abzug der Kosten für den Vermögensübergang den Wert übersteigt, mit dem die übernehmende Tochter-SE das eingebachte Betriebsvermögen angesetzt hat (§ 22 Abs. 1 S. 2 UmwStG). Entsprechendes gilt bei Eintritt bestimmter, einer Veräußerung gleichgestellter Ersatzrealisationstatbestände nach § 22 Abs. 1 S. 6 UmwStG, beispielsweise der unentgeltlichen Übertragung der sperrfristverhafteten Anteile (im Wege der verdeckten Einlage, der verdeckten Gewinnausschüttung usw.), der entgeltlichen Übertragungen in Form von Umwandlungen, Einbringungen usw. (sofern nicht diese wiederum begünstigte Kettenumwandlungen darstellen), oder der Auflösung und Abwicklung der Tochter-SE. Wird nur ein Teil der sperrfristbehafteten Anteile veräußert (oder insoweit ein gleichgestellter Ersatzrealisationstatbestand ausgelöst), so erfolgt die rückwirkende Besteuerung des Einbringungsgewinns I nur anteilig. Ist Einbringender eine Personengesellschaft, ist aufgrund des für diese geltenden Transparenzprinzips sowohl die Veräußerung der sperrfristbehafteten Anteile durch die Personengesellschaft selbst als auch die Veräußerung eines Mitunternehmeranteils, zu dessen Betriebsvermögen die sperrfristbehafteten Anteile gehören, durch den Mitunternehmer ein Veräußerungsvorgang iSv § 22 Abs. 1 S. 1 UmwStG.

83 In den Fällen der Anteilsveräußerung und bei der Veräußerung gleichgestellten Tatbeständen sind damit die im Einbringungszeitpunkt vorhandenen stillen Reserven zu bestimmen. Der rückwirkend zu versteuernde Einbringungsgewinn I reduziert sich für jedes seit dem Einbringungszeitpunkt abgelaufene Zeitjahr um ein Siebtel.[92] Wertänderungen der Anteile innerhalb der Sperrfrist wirken sich auf den zu versteuernden Einbringungsgewinn I nicht aus, da dieser auf den Zeitpunkt der Einbringung zu bestimmen ist. Um die Besteuerung des Einbringungsgewinns in den Fällen eines schädlichen Ereignisses sicherzustellen, muss der Einbringende innerhalb der siebenjährigen Sperrfrist jährlich spätestens bis zum 31. Mai nachweisen, wem die sperrfristbehafteten Anteile und bei Weitereinbringung die auf diesen Anteilen beruhenden Anteile zuzurechnen sind.[93] Wird der Nachweis nicht erbracht, kommt es zur Besteuerung des Einbringungsgewinns I (§ 22 Abs. 3 UmwStG).

84 Die steuerliche Behandlung der Veräußerung der sperrfristbehafteten Anteile an der Tochter-SE unterliegt den allgemeinen Vorschriften über die Veräußerung von Kapitalanteilen. Der Einbringungsgewinn I gilt als nachträgliche Anschaffungskosten der erhaltenen Anteile an der Tochter-SE. Auf diese Weise mindert sich der Gewinn aus der Veräußerung der Anteile bzw. kann ein Verlust entstehen oder sich erhöhen.

---

[90] Vgl. UmwStE 2011, Rn. 20.37; Rödder/Herlinghaus/van Lishaut/*Herlinghaus* UmwStG § 20 Rn. 497 ff.
[91] Die Veräußerung der erhaltenen Anteile gilt als rückwirkendes Ereignis iSv § 175 Abs. 1 S. 1 Nr. 2 AO (§ 22 Abs. 1 S. 2 UmwStG).
[92] Dem liegt die Überlegung zu Grunde, dass die Missbrauchsvermutung iSv Art. 11 Fusions-RL mit zunehmendem Abstand zum Einbringungszeitpunkt abnimmt.
[93] Im Falle der Einbringung durch eine Personengesellschaft als Einbringende ist nachzuweisen, wem die Mitunternehmeranteile zuzurechnen sind.

## V. Formwechsel

Eine inländische Aktiengesellschaft kann formwechselnd in eine SE umgewandelt werden, wenn sie nach dem Recht eines Mitgliedstaates gegründet worden ist, ihren Sitz sowie ihre Hauptverwaltung in der Gemeinschaft hat und sie seit mindestens zwei Jahren eine dem Recht eines anderen Mitgliedstaates unterliegende Tochtergesellschaft hat (Art. 2 Abs. 4 SE-VO, Art. 37 SE-VO). Zum gesellschaftsrechtlichen Ablauf im Einzelnen → § 8 Rn. 1 ff. 85

Für den Fall des Formwechsels einer deutschen AG in eine SE enthält das deutsche Steuerrecht keine Regelung. Dies ist auch nicht erforderlich, da das Steuerrecht beim Formwechsel den identitätswahrenden Charakter der handelsrechtlichen Umwandlung nachvollzieht. Steuerliche Auswirkungen ergeben sich weder für die formgewechselte Gesellschaft noch für ihre Anteilseigner.[94] Auch der Formwechsel einer ausländischen Mutter-AG in eine SE, die an einer inländischen Tochtergesellschaft beteiligt ist, hat für die inländische Tochter keinerlei steuerliche Konsequenzen. 86

## D. Sitzverlegung

### I. Gesellschaftsrechtliche Grundlagen

Die SE kann nach der direkt anwendbaren SE-VO (Art. 8 SE-VO iVm Art. 7 SE-VO) ihren Sitz ohne Verlust der Rechtspersönlichkeit (identitätswahrend) in einen anderen Mitgliedstaat verlegen; die Verlegung führt weder zur Auflösung der SE noch zur Gründung einer neuen juristischen Person. Voraussetzung ist nach Art. 7 SE-VO lediglich, dass sich der Sitz der Hauptverwaltung und der Satzungssitz im gleichen Mitgliedstaat befinden.[95] Zum gesellschaftsrechtlichen Ablauf im Einzelnen → § 15 Rn. 1 ff. 87

### II. Steuerliche Behandlung der Sitzverlegung

#### 1. Allgemeines

Im Gegensatz zu den nach nationalem Recht der Mitgliedstaaten gegründeten Gesellschaften verfügt die SE als Rechtsform europäischen Rechts über einen supranationalen Charakter, der es ihr ermöglicht, ihren Sitz von einem EU/EWR-Mitgliedstaat in einen anderen zu verlegen, ohne dass es zur Auflösung der bestehenden und Gründung einer neuen juristischen Person kommt. Da die SE gem. Art. 7 Abs. 1 SE-VO ihren durch Satzung festgelegten Sitz und ihre Hauptverwaltung im selben Mitgliedstaat haben muss, werden nachfolgend nur diejenigen Fälle der Sitzverlegung erörtert, in denen sowohl Satzungs- als auch Verwaltungssitz in einen anderen Mitgliedstaaten verlegt werden.[96] 88

Vorgaben des sekundären Unionsrechts zur Sitzverlegung der SE (und der SCE) finden sich in den Art. 12–14 Fusions-RL vom 19.10.2009 (RL 2009/133/EG). Die Kernaussage des Art. 12 Fusions-RL besteht in der Anordnung, dass stille Reserven in Wirtschaftsgütern, die in inländischen Betriebsstätten verbleiben, aus Anlass der Sitzverlegung nicht aufgedeckt werden dürfen. Art. 13 Fusions-RL bestimmt, dass Rückstellungen, Rücklagen und steuerliche Verlustvorträge von der wegziehenden SE von der zurückbleibenden Betriebsstätte fortgeführt werden. Keine Vorgaben enthält die Fusions-RL zur Verstrickung, 89

---

[94] UmwStE 2011 vom 11.11.2011, Rn. 01.11 und Rn. 01.12 zum Formwechsel.
[95] Ist dies nicht der Fall, kann die SE gezwungen werden, Satzungs- und Verwaltungssitz in einem Mitgliedstaat zusammenzuführen (Art. 64 SE-VO).
[96] Zur steuerrechtlichen Behandlung bei Auseinanderfallen von Satzungs- und Verwaltungssitz s. Lutter/Hommelhoff/Teichmann SE/*Schön* Die SE im Steuerrecht Rn. 71 ff.

also darüber, wie Vermögensmehrungen in Bezug auf in den anderen Mitgliedstaat überführte Wirtschaftsgüter steuerlich zu erfassen sind.[97] Nach Art. 14 Fusions-RL darf die Sitzverlegung allein auch auf Ebene der Gesellschafter keine Besteuerung auslösen.

90  Der deutsche Gesetzgeber hat die Vorgaben der Fusions-RL Ende des Jahres 2006 im Rahmen des SEStEG in das nationale Recht (EStG/KStG) überführt. Der Umstand, dass eine unbeschränkt steuerpflichtige Körperschaft ihren Sitz und ihre Geschäftsleitung (oder eines von beiden) ins EU/EWR-Ausland verlegt und dadurch aus der unbeschränkten inländischen Steuerpflicht ausscheidet, löst für sich genommen keine Besteuerung aus. Auch fällt die Sitzverlegung einer SE, mangels Vermögensübertragung auf einen anderen Rechtsträger, nicht in den Anwendungsbereich des UmwStG. Anwendbar auf die Sitzverlegung sind vielmehr die allgemeinen Regelungen über die steuerliche Entstrickung bzw. Verstrickung von Betriebsvermögen im EStG/KStG, die durch die ATAD bzw. das ATADUmsG unionsrechtlich vereinheitlicht wurden. Im Folgenden werden zunächst die steuerlichen Konsequenzen der Sitzverlegung für den Wegzugsfall einer inländischen SE ins EU/EWR-Ausland und sodann für den Zuzugsfall einer SE aus dem EU/EWR-Ausland ins Inland behandelt.

## 2. Sitzverlegung aus dem Inland ins EU/EWR-Ausland

### a) Behandlung auf Gesellschaftsebene

91  Verlegt eine inländische SE ihren Sitz und Ort der Geschäftsleitung in einen anderen EU/EWR-Mitgliedstaat, so zu prüfen, ob eine Entstrickung nach § 12 Abs. 1 KStG vorliegt. Dies ist der Fall, soweit infolge der Sitzverlegung der SE das deutsche Besteuerungsrecht hinsichtlich des Gewinns aus der Veräußerung oder der Nutzung eines Wirtschaftsguts ausgeschlossen oder beschränkt wird, insbesondere, wenn ein bisher einer inländischen Betriebsstätte der SE zuzuordnendes Wirtschaftsgut einer ausländischen Betriebsstätte zuzuordnen ist. Rechtsfolge ist die fiktive Veräußerung oder Überlassung des Wirtschaftsguts zum gemeinen Wert (§ 12 Abs. 1 KStG). Demnach ist zu fragen, ob vor der Sitzverlegung ins Ausland ein Besteuerungsrecht an einem Wirtschaftsgut in Deutschland bestanden hat und dieses nach der Sitzverlegung dieses Besteuerungsrecht unverändert fortbesteht. In Bezug auf die Entstrickung werden nachfolgend drei Konstellationen unterschieden.[98]

92  Steuerlich entstrickt werden zunächst Wirtschaftsgüter, die im Zuge der Sitzverlegung vom Inland ins Ausland überführt werden. Insoweit gelten die vorstehend dargestellten allgemeinen Regelungen mit der Rechtsfolge der fiktiven Veräußerung des Wirtschaftsguts zum gemeinen Wert gem. § 12 Abs. 1 KStG. Kommt es durch die Sitzverlegung zugleich zur Übertragung betrieblicher Funktionen, stellt sich die Frage nach dem Verhältnis zwischen den allgemeinen Entstrickungsregeln und der Berichtigung von Einkünften nach § 1 AStG, insbesondere der Funktionsverlagerung. Zwar setzt die Funktionsverlagerung nach § 1 Abs. 3 S. 9 AStG Geschäftsvorfälle zwischen einander nahestehenden Personen voraus und ist damit auf Vorgänge innerhalb eines Rechtsträgers nicht anwendbar. Indem aber § 1 Abs. 5 S. 1 AStG die Regelungen des § 1 Abs. 3 AStG für entsprechend anwendbar erklärt, dürften die Grundsätze der Funktionsverlagerung aber auch für Beziehungen zwischen Stammhaus und Betriebsstätte gelten.[99] Dadurch dass § 1 Abs. 5 AStG schuldrechtliche Vereinbarungen zwischen dem Stammhaus eines Unternehmens und seinen Betriebsstätten wie auch im Verhältnis verschiedener Betriebsstätten untereinander fingiert, erscheint eine Entstrickungsbesteuerung in Gestalt einer Funktionsverlagerung bei Überführung von Sachgesamtheiten in eine ausländische Betriebsstätte nicht ausgeschlossen.[100]

---

[97] Lutter/Hommelhoff/Teichmann SE/*Schön* Die SE im Steuerrecht Rn. 67.
[98] Rödder/Herlinghaus/van Lishaut/*Ritzer* UmwStG Anh. 6 Rn. 104.
[99] Gosch KStG/*Lampert* KStG § 12 Rn. 40; so auch Haase Ubg 2020, 640 (656).
[100] Herrmann/Heuer/Raupach/*Kolbe* KStG § 12 Rn. 25; Gosch KStG/*Lampert* KStG § 12 Rn. 39.

## D. Sitzverlegung § 19

In der Literatur ist die Rechtsfolge des Konkurrenzverhältnisses aus einfacher Entstrickung und Funktionsverlagerung umstritten.[101]

Des Weiteren kann eine Sitzverlegung ins Ausland auch ohne die physische Überführung zu einer steuerlichen Zuordnung von Wirtschaftsgütern vom Inland ins Ausland führen (sog. passive Entstrickung). Die insofern notwendige Zuordnung von Wirtschaftsgütern erfolgt nach Auffassung der Finanzverwaltung nach der zu § 1 Abs. 5 AStG erlassenen BsGaV. Wie im Zusammenhang mit der SE-Gründung durch Verschmelzung dargestellt, kann sich die Zuordnung von Wirtschaftsgütern im Einzelfall als schwierig erweisen. Dies gilt insbesondere für Beteiligungen, die keiner in einer Betriebsstätte ausgeübten Tätigkeit dienen, dem Gesamtunternehmen dienende Finanzmittel sowie selbst geschaffenen und entgeltlich erworbenen immateriellen Wirtschaftsgütern. Nach § 7 BsGaV ist in Bezug auf die Zuordnung von Beteiligungen, Finanzanlagen und ähnlichen Vermögenswerten auf die Nutzung des Wirtschaftsgutes im Sinne eines funktionalen Zusammenhangs mit der Geschäftstätigkeit der Betriebsstätte abzustellen. Immaterielle Wirtschaftsgüter wie Patente, Lizenzen, Marken etc. sind im Grundsatz derjenigen Betriebsstätte zuzuordnen, aufgrund deren Personalfunktion der immaterielle Wert geschaffen oder erworben wurde. 93

Schließlich kann es zu einer Entstrickung in Bezug auf Wirtschaftsgüter kommen, die aufgrund des Welteinkommensprinzips bis zur Sitzverlegung im Inland steuerverstrickt waren, bei denen aber der Wechsel von der unbeschränkten in die beschränkte Steuerpflicht einen Ausschluss oder eine Beschränkung des deutschen Besteuerungsrechts bewirkt. Dies ist etwa dann der Fall, wenn die wegziehende SE in einem ausländischen Staat eine Betriebsstätte unterhält, mit dem kein DBA besteht oder die Anrechnungsmethode vereinbart ist. Mit der Sitzverlegung ins EU/EWR-Ausland heraus tritt ein Wechsel von der unbeschränkten Steuerpflicht zur beschränkten Steuerpflicht ein. Das deutsche Besteuerungsrecht hinsichtlich der Wirtschaftsgüter in der ausländischen Anrechnungs-Betriebsstätte wird in Ermangelung beschränkt steuerpflichtiger Inlandseinkünfte iSd § 49 EStG ausgeschlossen.[102] 94

Werden im Zuge der Sitzverlegung stille Reserven aufgedeckt und unterliegen der Besteuerung, kann deren Besteuerung auf Antrag des Steuerpflichtigen gemäß § 4g EStG (in der Fassung des ATADUmsG) auf fünf Jahre gestreckt werden. Buchungstechnisch erfolgt dies, indem ein über fünf Wirtschaftsjahre aufzulösender Ausgleichsposten gebildet wird. Zu beachten sind Anzeige-, Aufzeichnungs-, und Mitwirkungspflichten; bei Verstoß ist der Ausgleichsposten in Bezug auf das betroffene Wirtschaftsgut gewinnerhöhend aufzulösen. Die Inanspruchnahme der ratierlichen Steuerstundung ist nicht zu verzinsen und kann ohne Leistung einer Sicherheit in Anspruch genommen werden. Im Übrigen wird auf die Ausführungen zu § 4g EStG → Rn. 11 ff. verwiesen. 95

Der Wegzug bewirkt insbesondere keinen Verlustuntergang. Auf die nach dem Wegzug beschränkt steuerpflichtige SE (§ 2 Nr. 1 KStG iVm § 49 Abs. 1 Nr. 2 Buchst. a EStG) findet insbesondere § 10d EStG unverändert Anwendung, ein Rechtsträgerwechsel findet nicht statt. Eventuell bei der SE vorhandene Verluste und Verlustvorträge können daher weiterhin innerhalb der inländischen Betriebsstätte genutzt werden. Gleiches gilt für Zinsvorträge und EBITDA-Vorträge iSd Zinsschranke etc. Dies entspricht der Regelung in Art. 13 Abs. 2 Fusions-RL. 96

### b) Behandlung auf Gesellschafterebene

Für die Gesellschafter einer inländischen SE, die Sitz und Geschäftsleitung ins Ausland verlegt, hat die Sitzverlegung in der überwiegenden Zahl der Fälle keine steuerlichen Konse- 97

---

[101] Gosch KStG/*Lampert* KStG § 12 Rn. 40 hält § 12 KStG mit einer im Einzelfall abweichenden Bewertung des Vorfalls (§ 1 Abs. 1 S. 4 AStG) weiter für anwendbar, ebenso Rödder/Herlinghaus/Neumann/*von Freeden* KStG § 12 Rn. 37; Herrmann/Heuer/Raupach/*Kolbe* KStG § 12 Rn. 25, aA Frotscher/Drüen/*Frotscher* KStG § 12 Rn. 13, der in § 1 AStG die speziellere Vorschrift sieht.
[102] Rödder/Herlinghaus/van Lishaut/*Ritzer* UmwStG Anh. 6 Rn. 113.

quenzen. Die Mehrzahl der von Deutschland abgeschlossenen DBA sieht im Einklang mit Art. 13 OECD-MA vor, dass dem Ansässigkeitsstaat des Gesellschafters das Besteuerungsrecht aus dem Verkauf der Anteile an der Gesellschaft zusteht, unabhängig davon, wo diese ihren Sitz hat.

98  Ausnahmsweise kann die Sitzverlegung der SE vom Inland ins EU-Ausland zu einem Verlust bzw. einer Beschränkung des inländischen Besteuerungsrechts an den SE-Anteilen führen, wenn das anwendbare DBA das Besteuerungsrecht aus dem Verkauf der Anteile dem Ansässigkeitsstaat der Gesellschaft zuweist.

**Beispiel:**
Der in Deutschland unbeschränkt steuerpflichtige A hält 100 % der Anteile an der D-SE im Privatvermögen (Beteiligung gem. § 17 EStG). Die SE verlegt ihren Sitz nach Tschechien.

99  Die Sitzverlegung der SE nach Tschechien führt zur Beschränkung des deutschen Besteuerungsrechts hinsichtlich des Gewinns aus der Veräußerung der SE-Anteile, da Art. 23 Abs. 1 Buchst. b Nr. 3 iVm Art. 13 Abs. 3 DBA-Tschechien die Besteuerung im Ansässigkeitsstaat der Gesellschaft gestattet unter Anrechnung der tschechischen Steuer. Folge dessen ist die fiktive Veräußerung der Anteile zum gemeinen Wert (§ 17 Abs. 5 S. 1 EStG). Da dies aber der Fusions-RL widerspricht, ordnet § 17 Abs. 5 S. 2, 3 EStG an, dass bei einer späteren tatsächlichen Anteilsveräußerung der Gewinn ungeachtet der abkommensrechtlichen Bestimmungen in der Art und Weise zu besteuern ist, wie die Veräußerung der Anteile ohne Sitzverlegung zu besteuern gewesen wäre (dh ohne Anrechnung der tschechischen Steuer). Für im Privatvermögen gehaltene Anteile, die die Beteiligungsschwelle des § 17 Abs. 1 S. 1 EStG nicht erreichen, sind keine Entstrickungsregelungen vorgesehen.

100  Entsprechende Regelungen gelten, wenn die Anteile in einem Betriebsvermögen gehalten werden (§ 15 Abs. 1a EStG). Auch in diesen Fällen sind Gewinne aus späterer Veräußerung ungeachtet der Bestimmungen etwaiger DBA so zu versteuern, wie wenn keine Sitzverlegung stattgefunden hätte. Dies hat zur Folge, dass auch die stillen Reserven, die während der Ansässigkeit im Ausland entstehen, bei einer Veräußerung der Anteile dem deutschen Steuerzugriff unterliegen.[103] Wenn der ausländische Ansässigkeitsstaat ebenfalls auf die in seiner Sphäre entstandenen stillen Reserven zugreift, kommt es aufgrund der Vorschrift zu einer Doppelbesteuerung. Eine Anrechnung der ausländischen Steuer gemäß § 26 KStG iVm § 34c EStG ist nach dem Wortlaut der Vorschrift nicht vorgesehen.[104] Im Schrifttum wird hierin eine Beschränkung der EU-Grundfreiheiten erblickt und vorgeschlagen, dass im Falle einer späteren Veräußerung nur der Gewinn in Höhe der stillen Reserven besteuert werden darf, die im Zeitpunkt des Wegzuges vorhanden waren.[105]

### 3. Sitzverlegung aus dem Ausland ins Inland

101  Verlegt eine ausländische SE ihren Sitz und ihre Geschäftsleitung aus dem EU/EWR-Ausland ins Inland, so wird sie im Inland erstmalig unbeschränkt steuerpflichtig, § 1 Abs. 1 Nr. 1 KStG. Eine unmittelbare inländische Steuerbelastung ist damit nicht verbunden. Die sich in diesem Falle ergebenden Steuerfragen des Zuzugs entsprechen denen bei Hereinverschmelzung einer SE (→ Rn. 46 ff.). Soweit ins Inland überführtes Vermögen einer zuziehenden SE bislang nicht in Deutschland steuerverhaftet war, ist dieses nach der allgemeinen Verstrickungsregelung des § 4 Abs. 1 S. 8, Hs. 2 EStG grundsätzlich wie eine Einlage zu behandeln, die nach § 6 Abs. 1 Nr. 5a EStG mit dem gemeinen Wert anzusetzen ist. In den Fällen, in denen es im Ausland zu einer Entstrickungsbesteuerung kommt, ist nach § 6 Abs. 1 Nr. 5a EStG der Wert, den der andere Staat einer Entstrickungsbe-

---

[103] Rödder/Herlinghaus/van Lishaut/*Ritzer* UmwStG Anh. 6 Rn. 136.
[104] Rödder/Herlinghaus/van Lishaut/*Ritzer* UmwStG Anh. 6 Rn. 137.
[105] Musil/Weber-Grellet/*Kister* EStG § 17 Rn. 29 mwN.

steuerung zugrunde gelegt hat, höchstens jedoch der gemeine Wert anzusetzen. Soweit die ausländische SE zuvor Wirtschaftsgüter in einer Betriebsstätte im Inland unterhalten hat, ergeben sich keine Besteuerungsfolgen, insbesondere sind die Buchwerte in der nunmehr inländischen Stammhaus-Betriebsstätte fortzuführen.[106]

Derzeit ungeklärt ist, ob beim Zuzug einer SE ins Inland im EU/EWR-Ausland erzielte steuerliche Verluste im Inland zu berücksichtigen sind, wenn im Ausland keine Betriebsstätte der SE verbleibt und damit die Auslandsverluste endgültig verloren sind oder ob sie als „finale Verluste" ausnahmsweise im Inland genutzt werden können. Die in § 4 Abs. 2 S. 2 UmwStG enthaltene Regelung verhindert dies nicht, weil es bei Sitzverlegung zu keinem Vermögensübergang auf einen anderen Rechtsträger kommt. Andererseits ist keine Vorschrift erkennbar, nach welcher ein ausländischer Verlustvortrag im Inland erstmals festgestellt wird. Auch die Fusions-RL trifft zu der Frage keine Aussage; die Regelung des Art. 13 Abs. 2 richtet sich nur an den Mitgliedstaat, aus dessen Hoheitsgebiet die SE wegzieht, nicht aber an den Zuzugsstaat. Die Rechtsprechung des EuGH zur Rechtsfigur der finalen Verluste war in der Vergangenheit wechselhaft. Der BFH hat dem EuGH mit Beschluss vom 6.11.2019[107] verschiedene Einzelfragen zur Klärung der Behandlung finaler Verluste vorgelegt. 102

Nach dem Zuzug einer ausländischen SE ins Inland ist das steuerliche Einlagekonto zu ermitteln. § 27 Abs. 2 S. 3 KStG sieht hierfür vor, dass bei Eintritt in die unbeschränkte Steuerpflicht der Bestand der nicht in das Nennkapital geleisteten Einlagen auf den Zeitpunkt des Eintritts in die Steuerpflicht gesondert festzustellen ist. Damit sind die im Ausland geleisteten Einlagen bei der Ermittlung des Einlagekontos zu berücksichtigen. 103

### 4. Sitzverlegung zwischen verschiedenen ausländischen EU/EWR-Staaten

Im Falle der Sitzverlegung zwischen verschiedenen ausländischen EU/EWR-Staaten wird das deutsche Besteuerungsrecht nur ausnahmsweise berührt. Zur Entstrickung kann es zB kommen, wenn eine Körperschaft ihren Sitz von Tschechien nach Österreich verlegt und diese Gesellschaft Anteile an einer deutschen Tochtergesellschaft hält. Während Deutschland nach dem DBA Deutschland-Tschechien das Besteuerungsrecht an Gewinnen aus der Veräußerung von Anteilen an der deutschen Tochtergesellschaft hatte, ist dies nach dem DBA Deutschland-Österreich nicht der Fall. Mit der Sitzverlegung der Muttergesellschaft von Tschechien nach Österreich endet das Besteuerungsrecht hinsichtlich der Gewinne aus der Veräußerung der Anteile an der deutschen Tochtergesellschaft.[108] In Einklang mit der Fusions-RL sollte die Sitzverlegung allein aber keine Enstrickungsbesteuerung auslösen, es gelten die oben dargestellten Regelungen. 104

---

[106] NK-SE/*Lammel/Preißer/Ruhlmann* Kap. 6 Rn. 53.
[107] BFH Beschl. v.06.11.2019 – I R 32/18 = DStR 2020, 2354, BStBl. II 2021, 68.
[108] Rödder/Herlinghaus/van Lishaut/*Ritzer* UmwStG Anh. 6 Rn. 148.

# Abschnitt 11 – Rechnungslegung

## § 20 Rechnungslegung, Abschlussprüfung und Offenlegung

### Übersicht

|   | Rn. |
|---|---|
| A. Besonderheiten gegenüber der Rechnungslegung, Abschlussprüfung und Offenlegung einer deutschen Aktiengesellschaft | 1 |
| B. Gesetzliche Regelungstechnik | 3 |
| C. Finanzberichterstattungsprozess einer deutschen SE | 4 |
|     I. Dualistisches Modell | 4 |
|     II. Monistisches Modell | 5 |
|         1. Aufstellung des Jahresabschlusses | 6 |
|         2. Führung der Handelsbücher und Risikomanagement | 7 |
|         3. Überprüfung des Jahresabschlusses durch den Verwaltungsrat | 8 |
|         4. Feststellung des Jahresabschlusses | 11 |
|         5. Haftung | 13 |
|     III. Besonderheiten bei Unternehmen von öffentlichem Interesse | 14 |
| D. Offenlegungspflichten der deutschen Zweigniederlassung einer ausländischen SE | 17 |
| E. Rechnungslegungsaspekte bei der Verschmelzung zu einer deutschen SE | 18 |
|     I. Vorbereitung der beschließenden Hauptversammlungen der beteiligten Rechtsträger | 19 |
|     II. Schlussbilanz der übertragenden Aktiengesellschaft | 22 |
|     III. Bilanzierung bei der übernehmenden deutschen SE | 23 |
| F. Rechnungslegungsaspekte bei der Gründung einer deutschen Holding-SE | 30 |
| G. Rechnungslegungsaspekte bei der Gründung einer deutschen Tochter-SE | 32 |
| H. Rechnungslegungsaspekte beim Formwechsel | 36 |
| I. Rechnungslegungsaspekte bei der Sitzverlegung einer SE | 37 |
|     I. Zuzug der SE nach Deutschland | 37 |
|     II. Wegzug der SE aus Deutschland | 38 |

## A. Besonderheiten gegenüber der Rechnungslegung, Abschlussprüfung und Offenlegung einer deutschen Aktiengesellschaft

Die SE-VO trifft bis auf zwei Regelungen, die auf das Sitzstaatrecht der SE verweisen, 1
keine eigenständigen Vorschriften zur Rechnungslegung, Abschlussprüfung und Offenlegung. Auf eigenständige Regelungen ist durch den europäischen Gesetzgeber sowohl für die Fälle bereits bestehender SE als auch für solche der (grenzüberschreitenden) Gründung bewusst verzichtet worden. Vielmehr lässt er es ausreichen, dass SE den bereits bestehenden EU-Regelungen zur Harmonisierung der Rechnungslegung, Abschlussprüfung und Offenlegung[1] unterliegen, die insbesondere auf eine möglichst breite Anwendung der internationalen Rechnungslegungsstandards (IAS/IFRS) abzielen.[2] Da auch der deutsche Gesetzgeber im Rahmen des Gesetzes zur Einführung der Europäischen Gesellschaft (SEAG) bis auf bestimmte Übergangsvorschriften (§§ 54 ff. SEAG) keine besonderen Regelungen zur Rechnungslegung, Abschlussprüfung und Offenlegung getroffen hat, sind auf eine SE mit Sitz in Deutschland grundsätzlich **die bestehenden Regelungen zur**

---

[1] Mitteilung der Europäischen Kommission: „Rechnungslegungsstrategie der EU: Künftiges Vorgehen", KOM(2000) 359 vom 13.6.2000.
[2] Vgl. Van Hulle WPg 2003, 976 ff.

Rechnungslegung, Abschlussprüfung und Offenlegung einer deutschen Aktiengesellschaft anzuwenden.

2   Fragen zur Anwendung dieser nationalen Regelungen auf die SE bestehen daher auch nur in wenigen Fällen.
1. Im monistischen Modell bestehen Besonderheiten hinsichtlich der Zuständigkeit für die Aufstellung des Jahres- und Konzernabschlusses und die (Letzt-)Verantwortlichkeit für dieselben (s. → § 20 Rn. 5 ff.).
2. Bei **grenzüberschreitenden Verschmelzungen** bestehen unabhängig vom gewählten Verwaltungsmodell aufgrund der grenzüberschreitenden Komponente Unklarheiten im Hinblick auf die Vorbereitung der über die Verschmelzung beschließenden Hauptversammlungen (vorzulegende Rechnungslegungsunterlagen), die Aufstellung der Schlussbilanz des übertragenden Rechtsträgers (Notwendigkeit bzw. Frage des anzuwendenden Rechtes) sowie die Übernahme des Vermögens des übertragenden Rechtsträgers in die Bilanz der übernehmenden deutschen SE (Ansatz- und Bewertungsfragen).

## B. Gesetzliche Regelungstechnik

3   Die SE-Verordnung enthält lediglich in zwei Artikeln (Art.61 und 62 SE-VO) spezifische Bestimmungen für die Rechnungslegung einer SE. Art. 61 SE-VO legt grundsätzlich fest, dass hinsichtlich der Aufstellung eines Jahres- oder Konzernabschlusses einschließlich des dazugehörigen Lageberichtes sowie deren Prüfung und Offenlegung die Vorschriften des Sitzstaates der jeweiligen SE Anwendung finden. Der ergänzende Art. 62 SE-VO befasst sich in Abs. 1 mit der speziellen Kategorie der Kredit- und Finanzinstitute und verweist auf die im Zusammenhang mit der Bankbilanzrichtlinie[3] erlassenen Vorschriften des jeweiligen Sitzstaates der SE. In gleicher Weise wird in Abs. 2 für die Versicherungsunternehmen auf die im Zusammenhang mit der Versicherungsbilanzrichtlinie[4] erlassenen Vorschriften des Sitzstaates der SE verwiesen.

## C. Finanzberichterstattungsprozess einer deutschen SE

### I. Dualistisches Modell

4   Im dualistischen Modell kommt es zu keinerlei Problemen bei der Frage, wer den Jahresabschluss aufzustellen, zu prüfen und festzustellen hat. Insoweit kommt es zu einer Anwendung der aktienrechtlichen Regelungen in Deutschland.

### II. Monistisches Modell

5   Im monistischen Modell sind demgegenüber aufgrund der anderen Aufteilung der Funktionen Anpassungen erforderlich.

#### 1. Aufstellung des Jahresabschlusses

6   Im Rahmen des monistischen Modells lässt sich aus Art. 47 Abs. 1 SE-VO entnehmen, dass die geschäftsführenden Direktoren den Jahresabschluss und Lagebericht sowie den

---

[3] Richtlinie 2000/12/EG des Europäischen Parlaments und des Rates vom 20.3.2000 über die Aufnahme und Ausübung der Tätigkeit der Kreditinstitute, ABl. 2000 L 126, 1 vom 26.5.2000.
[4] Richtlinie 91/674/EWG des Rates vom 19.12.1991 über den Jahresabschluss und den konsolidierten Abschluss von Versicherungsunternehmen, ABl. 1991 L 374, 7 vom 31.12.1991.

Konzernjahresabschluss und –lagebericht aufzustellen haben. Nach dieser Vorschrift haben die geschäftsführenden Direktoren den Jahresabschluss und den Lagebericht unmittelbar nach ihrer Aufstellung dem Verwaltungsrat zuzuleiten und zugleich einen Vorschlag für die Verwendung des Bilanzgewinns vorzulegen, wobei diese Verpflichtung ebenfalls hinsichtlich eines nach § 290 HGB aufzustellenden Konzernabschlusses und –lageberichtes gilt.[5] Die Verantwortlichkeit der geschäftsführenden Direktoren beschränkt sich auf den **technischen Vorgang der Aufstellung.** Dieser beinhaltet zunächst nicht die Verantwortung für die laufende Verbuchung von Geschäftsvorfällen oder die Organisation eines geeigneten internen Kontrollsystems zur korrekten Erfassung der Geschäftsvorfälle. Vielmehr obliegen diese Aufgaben dem Verwaltungsrat (s. → § 12 Rn. 4 ff.).

## 2. Führung der Handelsbücher und Risikomanagement

Nach § 22 Abs. 3 SEAG hat der Verwaltungsrat für eine ordnungsmäßige Buchführung und insbesondere auch für die Einrichtung eines Risikomanagementsystems zur Früherkennung von bestandsgefährdenden Risiken zu sorgen. Der Verwaltungsrat einer börsennotierten Gesellschaft hat darüber hinaus ein im Hinblick auf den Umfang der Geschäftstätigkeit und die Risikolage des Unternehmens angemessenes und wirksames internes Kontrollsystem und Risikomanagementsystem einzurichten.[6] Insofern trifft den Verwaltungsrat insgesamt eine Organisationsverantwortung. Dabei ist eine Delegation dieser beiden Aufgaben auf einen Ausschuss des Verwaltungsrates nicht zulässig (§ 34 Abs. 4 SEAG). Dennoch sollte die tatsächliche Durchführung dieser Aufgaben auf einen oder mehrere geschäftsführende Direktoren oder nachgelagerte Führungsebenen übertragbar sein. Dabei obliegt den Verwaltungsratsmitgliedern eine **besondere Überwachungspflicht,** die es jedem Verwaltungsratsmitglied gebietet, bei Vorliegen von Anzeichen, dass diese Aufgaben nicht ordnungsgemäß durch die geschäftsführenden Direktoren oder nachgelagerte Führungsebenen durchgeführt werden, entsprechende Gegenmaßnahmen zu ergreifen.[7]

7

## 3. Überprüfung des Jahresabschlusses durch den Verwaltungsrat

Der Aufstellung durch die geschäftsführenden Direktoren folgt die **Abschlussprüfung** gemäß §§ 316 ff. HGB, die eine Voraussetzung für die Feststellung des Jahresabschlusses bzw. Billigung des Konzernabschlusses ist (§ 316 Abs. 2 HGB). In der Folge hat der **gesamte Verwaltungsrat** die vorgelegten Jahresabschlüsse und Lageberichte sowie Konzernabschlüsse und -lageberichte zu prüfen (§ 47 Abs. 3 SEAG iVm § 171 Abs. 1 und 2 AktG). In diesem Zusammenhang sind jedem Mitglied des Verwaltungsrates die Vorlagen (Jahresabschlüsse, Konzernabschlüsse und dazugehörige Lageberichte) sowie die Prüfungsberichte des Abschlussprüfers auszuhändigen, um ihnen die Möglichkeit zu geben, hiervon Kenntnis zu erlangen (§ 47 Abs. 2 SEAG). Sofern die SE einen Bilanzausschuss (Prüfungsausschuss) eingerichtet hat, gilt dies im gleichen Maße auch für dessen Mitglieder.

8

Die **Prüfung der aufgestellten und vom Abschlussprüfer geprüften Jahresabschlüsse durch den gesamten Verwaltungsrat** ist dabei nicht unproblematisch, da die Gefahr eines Interessenkonflikts besteht: Zunächst können die für die Aufstellung verantwortlichen geschäftsführenden Direktoren Teil des Verwaltungsrates sein, so dass bei einer

9

---

[5] So auch ausdrücklich in der Gesetzesbegründung zu § 47, vgl. BT-Drs. 15/3405, 39 re. Sp., abgedruckt in: Neye, Die Europäische Aktiengesellschaft, 2005, 150.
[6] Das interne Kontrollsystem umfasst Grundsätze, Verfahren und Maßnahmen zur Sicherung der Wirksamkeit und Wirtschaftlichkeit der Geschäftstätigkeit, zur Sicherung der Ordnungsmäßigkeit der Rechnungslegung und der Einhaltung der maßgeblichen rechtlichen Vorschriften. Die Wirksamkeit eines Systems bedeutet, dass es zur Aufdeckung, Steuerung und Bewältigung aller wesentlichen Risiken geeignet ist (BT-Drs. 19/26966, 115, 119).
[7] Zur Unterscheidung von Leitung und Geschäftsführung und den hieraus resultierenden Pflichten der Unternehmensleitung vgl. MHdB GesR IV/Wentrup § 19 Rn. 16.

Mitgliedschaft der geschäftsführenden Direktoren im Verwaltungsrat deren Interessenkollision offenkundig wäre. Der Verwaltungsrat insgesamt ist zudem verantwortlich für die dem technischen Vorgang der Aufstellung vorgelagerte Buchführung und für das Risikomanagementsystem und könnte darüber hinaus bei der Aufstellung aufgrund der fehlenden Eigenverantwortlichkeit der geschäftsführenden Direktoren auch in die Bilanzpolitik der SE eingreifen. Insofern scheint die vom deutschen Gesetzgeber angestrebte Funktionstrennung nicht erreicht worden zu sein, da Interessenkonflikte letztlich bei allen Mitgliedern des Verwaltungsrates nicht ausgeschlossen werden können.

10 Zur Vermeidung von Interessenkonflikten könnte ein Prüfungsausschusses eingesetzt werden, der mit fachlich kompetenten und mehrheitlich aus unabhängigen nicht-geschäftsführenden Direktoren besetzt wird (§ 34 Abs. 4 SEAG) und der die Aufgabe des gesamten Verwaltungsrates zur Prüfung zumindest vorbereitend übernehmen könnte.[8] § 34 Abs. 4 SEAG iVm § 107 Abs. 3 S. 2 AktG geben mögliche Aufgaben eines solchen Prüfungsausschusses vor. Da aber die Prüfungspflicht nach § 47 Abs. 3 SEAG nicht delegierbar ist, ist daraus zu schließen, dass zumindest die Feststellung als solche, die wesentlich auf dem Ergebnis der Prüfung basiert, im Sinne von § 171 AktG ebenfalls nur durch den gesamten Verwaltungsrat erfolgen kann. Dies gilt auch für die Billigung des Konzernabschlusses.

### 4. Feststellung des Jahresabschlusses

11 Die **Feststellung des Jahresabschlusses** erfolgt im Regelfall im Wege der Billigung durch den Verwaltungsrat. Die Beschlussfassung des Verwaltungsrates hierzu richtet sich nach den allgemeinen Bestimmungen der §§ 34 und 35 SEAG. Alternativ kann der Verwaltungsrat auch beschließen, die Feststellung der Hauptversammlung zu überlassen (§ 47 Abs. 6 SEAG). Bei einer Feststellung durch die Hauptversammlung sind gemäß § 47 Abs. 6 SEAG die Bestimmungen des § 173 Abs. 2 und 3 AktG anzuwenden, die die Einstellung in Gewinnrücklagen und die Notwendigkeit einer Nachtragsprüfung sowie eines Bestätigungsvermerkes für die von der Hauptversammlung vorgenommenen Änderungen betreffen.

12 Die vom Verwaltungsrat getroffenen Beschlüsse zur Feststellung bzw. Billigung sind in den **Bericht des Verwaltungsrates an die Hauptversammlung** aufzunehmen. Die Hauptversammlung ist zwecks Entgegennahme des festgestellten bzw. gebilligten Abschlusses und Lageberichtes durch den Verwaltungsrat gemäß § 48 Abs. 1 SEAG unverzüglich einzuberufen. Dies gilt ausdrücklich auch für die Beschlussfassung über die Verwendung des Bilanzgewinns und die Entgegennahme eines vom Verwaltungsrat gebilligten Konzernabschlusses und -lageberichtes.

### 5. Haftung

13 Die Haftung der geschäftsführenden Direktoren und des Verwaltungsrats für die Aufstellung bzw. Feststellung des Jahresabschlusses sowie die ordnungsmäßige Organisation richtet sich nach den allgemeinen Grundsätzen des § 93 AktG. Im Einzelnen ist dabei wie folgt zwischen den **Aufgaben der geschäftsführenden Direktoren und denjenigen des Verwaltungsrats zu unterscheiden.** Die geschäftsführenden Direktoren haften nach § 40 Abs. 8 SEAG iVm § 93 AktG bei einer nicht ordnungsgemäßen Aufstellung des Jahresabschlusses, wobei aufgrund der Möglichkeit, dass die geschäftsführenden Direktoren eine Weisung des Verwaltungsrats befolgt haben, bspw. auch im Rahmen von bilanzpolitischen Entscheidungen, zu differenzieren ist: War der Beschluss des Verwaltungsrats, auf

---

[8] Wentrup sieht die Kontrollfunktion im Board-Modell nur durch die Einrichtung von Ausschüssen des Boards, zB Audit Committees, erfüllt; dem gesamten Verwaltungsrat billigt er jedoch keine Kontrollfunktion zu; vgl. MHdB GesR IV/Wentrup, 3. Aufl. 2007, § 19 Rn. 4.

dem die Weisung beruht, nichtig, weil sie gegen Gesetz oder die Satzung verstoßen hat, darf der geschäftsführende Direktor diesen Beschluss trotz der Weisung des Verwaltungsrats nicht befolgen. Kommt er ihm nach, haftet er nach § 93 AktG. Etwas anders kann insoweit nur gelten, wenn es am Verschulden des geschäftsführenden Direktors fehlt. Handelt es sich um eine rechtmäßige Weisung, so hat sie der geschäftsführende Direktor zu befolgen; Haftungsansprüche sind insoweit von vorneherein ausgeschlossen. Im Hinblick auf für die Gesellschaft nachteilige aber rechtmäßige Weisungen ist auf die Ausführungen → § 12 Rn. 23 zu verweisen. Die Mitglieder des Verwaltungsrats sind nach § 39 SEAG iVm § 93 AktG verantwortlich, wenn sie eine rechtswidrige Weisung an den geschäftsführenden Direktor weitergegeben haben und dieser der Weisung nachgekommen ist. Zudem können sie wegen ihrer Gesamtverantwortung in die Haftung kommen. Denn auch wenn die Zuständigkeit für die Aufstellung des Jahres- und Konzernabschlusses ausschließlich den geschäftsführenden Direktoren zugewiesen ist, ist zu berücksichtigen, dass dem Verwaltungsrat eine Leitungsfunktion hinsichtlich der gesamten Unternehmensausrichtung (iSv § 76 AktG) zukommt und die Feststellung des Jahresabschlusses durch den Verwaltungsrat als ein Ausdruck der besonderen Pflicht zur Überwachung der Aufstellung des Jahresabschlusses gesehen werden kann.[9] Die Verantwortung für die Aufstellung des Jahresabschlusses verbleibt also auch beim gesamten Verwaltungsrat. Zudem können die Mitglieder des Verwaltungsrats nach § 93 AktG verantwortlich sein, soweit es zu Mängeln bei der Organisation der Buchführung oder der Einrichtung und Überwachung des Risikomanagementsystems kommt; insoweit gelten die gleichen Grundsätze wie im Aktiengesetz. Gleiches gilt für die Haftung im Rahmen der Prüfung und Feststellung des Jahresabschlusses.

### III. Besonderheiten bei Unternehmen von öffentlichem Interesse

Im Zuge der EU-Abschlussprüferreform[10] und des Finanzmarktintegritätsstärkungsgesetzes (FISG)[11] wurden erweiterte Anforderungen an Aufsichts- bzw. Verwaltungsräte von Unternehmen von öffentlichem Interesse gestellt. Unternehmen von öffentlichem Interesse sind gem. 316a HGB:
- kapitalmarktorientierte Unternehmen iSd § 264d HGB,
- CRR-Kreditinstitute iSd § 1 Abs. 3d S. 1 KWG, mit Ausnahme derjenigen Institute, die in § 2 Abs. 1 Nr. 1 und 2 KWG und in Art. 2 Abs. 5 Nr. 5 RL 2013/36/EU genannt sind und
- Versicherungsunternehmen iSd Art. 2 Abs. 1 RL 91/674/EWG.

Solche Gesellschaften sind ab 2022 verpflichtet, einen Prüfungsausschuss zu bilden (§ 340k Abs. 5 HGB, § 341k Abs. 3 HGB iVm § 324 HGB, § 107 Abs. 4 AktG, § 34 Abs. 5 SEAG). Jeder Prüfungsausschuss muss mindestens über zwei Finanzexperten verfügen: ein Mitglied muss über Sachverstand auf dem Gebiet der Rechnungslegung und mindestens ein weiteres Mitglied über Sachverstand auf dem Gebiet der Abschlussprüfung verfügen. Die Mitglieder des Aufsichts- bzw. Verwaltungsrates müssen zudem in ihrer Gesamtheit mit dem Sektor, in dem die SE tätig ist, vertraut sein (§ 34 Abs. 5 SEAG iVm § 100 Abs. 5 AktG).

§ 34 Abs. 4 SEAG iVm § 107 Abs. 3 S. 2 AktG geben die Aufgaben des Prüfungsausschusses vor. Dabei hat der Prüfungsausschussvorsitzende ein direktes Auskunftsrecht bei den Leitern derjenigen Zentralbereiche der SE, die für die Aufgaben zuständig sind, die den Prüfungsausschuss betreffen (§ 34 Abs. 5 SEAG). Die Abschlussprüferverordnung (Ab-

---

[9] Zur Unterscheidung von Leitung und Geschäftsführung und den hieraus resultierenden Pflichten der Unternehmensleitung vgl. MHdB GesR IV/Wentrup § 19 Rn. 16.
[10] Ausführlich dazu IDW (2020) – IDW Positionspapier: Inhalte und Zweifelsfragen der EU-Verordnung und der Abschlussprüferrichtlinie (Stand: 27.5.2020).
[11] FISG-RegE, BT-Drs. 19/26966.

schlussprüfer-VO)[12] legt besondere Pflichten des Prüfungsausschusses in Bezug auf den Abschlussprüfer fest:
- Durchführung eines formellen Auswahlverfahrens nach Art. 16 Abs. 3 Abschlussprüfer-VO,
- Vorlage einer begründeten Auswahlempfehlung (Art. 16 Abs. 2 Abschlussprüfer-VO) mit mindestens zwei Vorschlägen unter Angabe einer Präferenz,
- Billigung von zulässigen Nicht-Prüfungsleistungen des Abschlussprüfers nach Art. 5 Abs. 4 Abschlussprüfer-VO.

## D. Offenlegungspflichten der deutschen Zweigniederlassung einer ausländischen SE

17 Art. 61 SE-VO iVm § 325a HGB findet auch auf eine deutsche Zweigniederlassung einer SE mit Sitz in einem anderen Mitgliedstaat Anwendung. Die **ständigen Vertreter** der deutschen SE-Zweigniederlassung (§ 13e Abs. 2 Nr. 3 HGB) sind dafür verantwortlich, dass die Rechnungslegungsunterlagen der Hauptniederlassung, die nach dem für die Hauptniederlassung geltenden Recht erstellt, geprüft und offengelegt worden sind, auch nach den einschlägigen Vorschriften des HGB (§§ 325, 328, 329 Abs. 1 HGB) in Deutschland offen gelegt werden.

## E. Rechnungslegungsaspekte bei der Verschmelzung zu einer deutschen SE

18 Bei der grenzüberschreitenden Verschmelzung unter Beteiligung eines aufnehmenden Rechtsträgers mit Sitz in Deutschland oder durch Gründung einer neuen SE mit Sitz in Deutschland sind in verschiedenen Stadien Besonderheiten, die sich aus dem grenzüberschreitenden Charakter der Transaktion herleiten, zu beachten.

### I. Vorbereitung der beschließenden Hauptversammlungen der beteiligten Rechtsträger

19 Welche Rechnungslegungsunterlagen der Hauptversammlung bei der Beschlussfassung über die Verschmelzung vorliegen müssen ergibt sich mangels Regelung in der SE-Verordnung aus dem jeweils zur Anwendung kommenden nationalen Recht. Im Hinblick auf die Hauptversammlung einer deutschen Aktiengesellschaft, die über die Zustimmung des Verschmelzungsplanes entscheiden soll, sind nach § 63 UmwG die **Jahresabschlüsse und Lageberichte** der beteiligten Rechtsträger der letzten drei Geschäftsjahre sowie ggf. eine Zwischenbilanz für das laufende Geschäftsjahr vorzulegen. Letzteres gilt nur, sofern bereits sechs Monate seit Ablauf des letzten Geschäftsjahres überschritten sind. Diese Informationsanforderungen sind auch bei Hauptversammlungen von Rechtsträgern mit Sitz in anderen EU-Mitgliedstaaten von Bedeutung. Denn nach **Art. 97 GesR-RL,**[13] der auch von anderen nationalen Gesetzgebern in dessen Recht umzusetzen war, sind die anderen an der Verschmelzung beteiligten Aktiengesellschaften, die ihren Sitz in einem anderen EU-

---

[12] Verordnung (EU) Nr. 537/2014 des Europäischen Parlaments und des Rates vom 16.4.2014 über spezifische Anforderungen an die Abschlussprüfung bei Unternehmen von öffentlichem Interesse und zur Aufhebung des Beschlusses 2005/909/EG der Kommission, ABl. 2014 L 158, 77 vom 27.5.2014.

[13] Richtlinie (EU) 2017/1132 des Europäischen Parlaments und des Rates vom 14.6.2017 über bestimmte Aspekte des Gesellschaftsrechts, ABl. 2017 L 169, 46 vom 30.6.2017.

E. Rechnungslegungsaspekte bei der Verschmelzung zu einer deutschen SE  § 20

Mitgliedstaat haben, ebenfalls gehalten, die letzten drei Jahresabschlüsse und Lageberichte der beteiligten Rechtsträger sowie ggf. eine Zwischenbilanz zur Verfügung zu stellen.

Für die genannten Rechnungslegungsinformationen ist es ausreichend, dass sie nach den **Rechnungslegungsvorschriften des Sitzstaates** des jeweiligen Unternehmens aufgestellt worden sind. Nicht erforderlich ist eine Anpassung dieser Abschlüsse an einen gemeinsamen Rechnungslegungsrahmen, um eine vollständige Vergleichbarkeit der Finanzinformationen zu erlangen. Vielmehr ist bereits ein Mindestmaß an Vergleichbarkeit durch die vorhandene Harmonisierung im Rahmen der EU-Rechnungslegungsrichtlinien gegeben. Sofern ein IFRS-Einzelabschluss durch die betroffenen Unternehmen erstellt wurde, dürfte die Vergleichbarkeit in der Regel gegeben sein. Gleiches gilt auch hinsichtlich der Aufstellung der **Zwischenbilanz.** Auch hier sollten die in den bisherigen Jahresabschlüssen angewandten Bilanzierungsgrundsätze weiter fortgeführt werden. Der Zwischenabschluss kann ohne Vornahme einer Inventur aus dem zuletzt aufgestellten Jahresabschluss fortentwickelt werden. 20

Bei Vorlage von Rechnungslegungsunterlagen an die Aktionäre der beschließenden Hauptversammlung des deutschen aufnehmenden Rechtsträgers sollten die Dokumente des übertragenden ausländischen Rechtsträgers zwecks ausreichender Verständlichkeit in die deutsche **Sprache** übersetzt werden. Ob dies für die Hauptversammlung des übertragenden ausländischen Rechtsträgers notwendig ist, ergibt sich aus den jeweiligen nationalen Regelungen. 21

## II. Schlussbilanz der übertragenden Aktiengesellschaft

Eine übertragende Aktiengesellschaft mit Sitz in Deutschland hat nach § 17 Abs. 2 UmwG eine **Schlussbilanz** zu dem Stichtag aufzustellen, der höchstens acht Monate vor der Anmeldung liegt.[14] Bei der Verschmelzung durch Gründung einer neuen SE mit Sitz in Deutschland nach Art. 17 Abs. 2 lit. b SE-VO wird aber mindestens ein übertragender Rechtsträger seinen Sitz in einem anderen Mitgliedstaat der EU haben. Möglich erscheint dies auch bei einer Verschmelzung nach Art. 17 Abs. 2 lit. a SE-VO unter Beteiligung eines aufnehmenden Rechtsträgers mit Sitz in Deutschland, wenn neben einem ausländischen Rechtsträger auch ein deutscher eingebracht wird. Soweit in diesen Fällen das jeweilige nationale Recht einen anderen Stichtag für die Erstellung der Schlussbilanz vorsieht als § 17 Abs. 2 UmwG, erscheint es angebracht, für den übertragenden ausländischen Rechtsträger eine Schlussbilanz zu einem Stichtag unmittelbar vor dem Verschmelzungsstichtag aufzustellen. Praktische Gründe, die hierfür sprechen, sind eine zutreffende **Vermögens- und Erfolgszuordnung** zwischen übertragendem und übernehmendem Rechtsträger sowie die Schaffung einer geeigneten Ausgangsgrundlage für die Einbuchung von Vermögensgegenständen und Schulden beim übernehmenden Rechtsträger. Die einzubringenden Vermögensgegenstände und Verbindlichkeiten sind in der Schlussbilanz nach den allgemeinen HGB-Vorschriften zu bewerten. Es gelten die allgemeinen HGB-Vorschriften: Die Anschaffungs- oder Herstellungskosten bilden die Wertobergrenze (§ 253 Abs. 1 S. 1 HGB). Zuschreibungen sind nur im Rahmen der HGB-Vorschriften (§ 253 Abs. 5 HGB) geboten, wenn die Gründe der außerplanmäßigen Abschreibungen weggefallen sind.[15] Daher kann insoweit grundsätzlich der letzte Jahresabschluss herangezogen werden. Zu sehen ist aber, dass die Aufstellung einer Schlussbilanz eines deutschen übertragenden Rechtsträgers einen begründeten Ausnahmefall im Sinne von § 252 Abs. 2 HGB zur **Durchbrechung der Bewertungsstetigkeit**[16] darstellen kann, mit der Folge, 22

---

[14] Sofern bis zur Eintragung der Verschmelzung noch ein weiterer Jahresabschlussstichtag liegen sollte, zu dem ein Jahresabschluss des übertragenden Rechtsträgers aufzustellen ist, so sind die allgemeinen Grundsätze des IDW RS HFA 42 anwendbar.
[15] IDW RS HFA 42 Rn. 15.
[16] So auch IDW RS HFA 42 Rn. 17.

dass die Bewertungsmethoden an diejenigen der übernehmenden deutschen SE angepasst werden können. Sofern für einen ausländischen übertragenden Rechtsträger keine entgegenstehenden rechtlichen Vorschriften des Sitzstaates bestehen, kann auch im Rahmen einer **freiwillig aufgestellten Schlussbilanz** des ausländischen Rechtsträgers hinsichtlich des Ansatzes, der Bewertung und des Ausweises der Vermögensgegenstände und Schulden bereits eine Anpassung an die Bilanzierungs- und Bewertungsmethoden der übernehmenden deutschen SE erfolgen. Nach § 17 Abs. 2 S. 2 UmwG ist die Schlussbilanz eines deutschen übertragenden Rechtsträgers nach § 316 ff. HGB zu prüfen[17]. Für einen ausländischen übertragenden Rechtsträger bestimmt sich die Notwendigkeit einer **Abschlussprüfung** nach den im Sitzstaat geltenden nationalen Vorschriften.

### III. Bilanzierung bei der übernehmenden deutschen SE

23   Die **übernehmende SE** hat den durch die Verschmelzung erfolgenden Vermögensübergang als einen **laufenden Geschäftsvorfall** zu erfassen. Die Erfassung erfolgt zum Zeitpunkt des wirtschaftlichen Übergangs. Bei der Verschmelzung erfolgt der wirtschaftliche Übergang spätestens mit der Eintragung in das deutsche Register. Das wirtschaftliche Eigentum kann jedoch auch zu einem früheren Zeitpunkt übergehen.[18] Ausgangsgrundlage der Erfassung ist die Schlussbilanz des übertragenden Rechtsträgers. Die Anschaffungskostenfiktion (§ 253 Abs. 1 HGB) bezieht sich auf die Schlussbilanzwerte des (ausländischen) übertragenden Rechtsträgers, die nicht mit den Bilanzierungsvorschriften des HGB übereinstimmen müssen. Dies kann insbesondere für immaterielle Vermögenswerte relevant sein, sofern das jeweilige nationale Recht des übertragenden Rechtsträgers bspw. in weiterem Umfang die Aktivierung von Forschungs- und Entwicklungskosten zulässt. Die übernehmende SE hat nach § 24 UmwG ein Wahlrecht, das sowohl bei der Verschmelzung durch Aufnahme als auch durch Neugründung Anwendung findet: Die SE kann die übernommenen Vermögensgegenstände und Schulden entweder mit den Buchwerten aus der Schlussbilanz des übertragenden Rechtsträgers **(Buchwertfortführung)** oder mit den Zeitwerten zum Übergangszeitpunkt ansetzen **(Zeitwertansatz)**. Ausgeübt werden die Wahlrechte durch den Aufsichts- oder Verwaltungsrat der übernehmenden SE. Bei der Verschmelzung durch Aufnahme sind die übernommenen Vermögensgegenstände und Schulden des übertragenden (ausländischen) Rechtsträgers aktivierungsfähig, soweit die **Voraussetzungen des § 246 Abs. 1 HGB** erfüllt sind. Das Aktivierungsverbot für selbst erstellte immaterielle Vermögensgegenstände des § 248 Abs. 2 HGB gilt nicht; die originären immateriellen Vermögensgegenstände des übertragenden Rechtsträgers werden bei der übernehmenden SE derivativ erworbenen und mit den ihnen zuzuordnenden Anschaffungskosten aktiviert (§ 246 Abs. 1 S. 1 HGB).[19]

24   Bei der Verschmelzung im Wege der **Neugründung** hat die zu gründende SE spätestens bei der Eintragung ins Handelsregister nach § 242 Abs. 1 HGB eine **Eröffnungsbilanz** aufzustellen. Hierbei sind alle Geschäftsvorfälle seit dem Verschmelzungsstichtag erfolgswirksam zu erfassen, da sie auf Rechnung der neu gegründeten SE erfolgen. Zumindest das Inventar der Vermögensgegenstände und Schulden kann aus einer Schlussbilanz des übertragenden Rechtsträgers entnommen werden.

25   Bei dem ausländischen übertragenden Rechtsträger ist jedoch darauf zu achten, dass die deutschen Ansatzvorschriften des § 246 Abs. 1 HGB jeweils erfüllt werden. Bei der Wahl des **Zeitwertansatzes gemäß § 24 UmwG,** dh einem Wertansatz des übernommenen Vermögens zu Anschaffungskosten iSv § 255 Abs. 1 HGB, ist danach zu unterscheiden, ob eine Verschmelzung mit oder ohne Kapitalerhöhung erfolgt. Bei einer **Kapitalerhöhung** stellt sich der Vermögensübergang als eine Sacheinlage dar, für deren Bewertung die allge-

---

[17] Zu den Besonderheiten dieser Abschlussprüfungen, vgl. IDW RS HFA 42.
[18] IDW RS HFA 42 Rn. 29.
[19] IDW RS HFA 42 Rn. 36.

## E. Rechnungslegungsaspekte bei der Verschmelzung zu einer deutschen SE § 20

meinen Grundsätze gelten. Für die Bestimmung der Anschaffungskosten sind drei Fälle zu unterscheiden:[20]

1. Der Gesellschafterbeschluss bestimmt die nominelle Kapitalerhöhung und setzt ein Agio fest. Die Anschaffungskosten sind durch den Ausgabebetrag bestimmt.
2. Der Gesellschafterbeschluss bestimmt die nominelle Kapitalerhöhung und legt weiterhin fest, dass eine Differenz zwischen Nominalkapitalerhöhung und Zeitwert des übernommenen Vermögens in die Kapitalrücklage einzustellen ist. Die Anschaffungskosten sind durch Nominalkapitalerhöhung und Rücklagenzuführung bestimmt.
3. Der Gesellschafterbeschluss legt nur die Nominalkapitalerhöhung fest. Dann ist durch Auslegung zu ermitteln, ob die Anschaffungskosten durch die Nominalkapitalerhöhung bestimmt sind oder ob ein Agio bis zur Höhe der Differenz zum Zeitwert in die Kapitalrücklage (§ 272 Abs. 2 Nr. 1 HGB) eingestellt werden darf.

Bei **fehlender Kapitalerhöhung** sind Anteile der übernehmenden SE an dem übertragenden Rechtsträger sowie eigene Anteile des übertragenden Rechtsträgers zur Durchführung der Verschmelzung heranzuziehen. Zu den eigenen Anteilen des übertragenden Rechtsträgers gehören auch die aufgrund § 7 SEAG erworbenen Anteile von abzufindenden Aktionären. Es handelt sich um einen tauschähnlichen Vorgang, für den die GoB anzuwenden sind. Entsprechendes gilt, wenn die übernehmende SE zur Durchführung der Verschmelzung eigene Anteile verwendet. Es sind drei Methoden zur Bestimmung der Anschaffungskosten zulässig:[21] 26

– Fortsetzung der Buchwerte der untergehenden oder hingegebenen Anteile,
– Ansatz der Zeitwerte der untergehenden oder hingegebenen Anteile,
– Ansatz eines ergebnisneutralen Zwischenwertes.

Die so bestimmten Anschaffungskosten sind nach einem **sachgerechten Verfahren** auf die anzusetzenden Vermögensgegenstände, Schulden und Rechnungsabgrenzungsposten **zu verteilen,** wobei die Zeitwerte bei Vermögensgegenständen nicht überschritten und bei Schulden nicht unterschritten werden dürfen. Das Verteilungsverfahren ist im Anhang nach § 284 Abs. 2 Nr. 1 HGB zu erläutern. Die einzelnen Vermögensgegenstände sind auch im Anlagenspiegel als Zugang zu zeigen. Übersteigen die Anschaffungskosten die Zeitwerte der übernommenen Vermögensgegenstände abzüglich der Zeitwerte der Schulden, so ist der **Differenzbetrag** als Geschäfts- oder Firmenwert nach § 246 Abs. 1 S. 4 HGB zu aktivieren und planmäßig abzuschreiben. 27

Bei der Alternative der **Buchwertfortführung nach § 24 UmwG** ist die übernehmende SE grundsätzlich an die **Bilanzierungsentscheidungen** aus der Schlussbilanz des übertragenden Rechtsträgers gebunden. Das gilt für die Ausübung von Ansatz- und Bewertungswahlrechten, unabhängig davon, ob sie dem übernehmenden Rechtsträger zugestanden hätten. Für künftige Jahresabschlüsse ist der übernehmende Rechtsträger nicht durch das Stetigkeitsgebot (§ 252 Abs. 1 Nr. 6 HGB) an die Methoden und Ermessensausübung des übertragenden Rechtsträgers gebunden. Die Schlussbilanzwerte des Anlagevermögens sind als Zugangswerte im Anlagespiegel der aufnehmenden SE auszuweisen (§ 284 Abs. 3 S. 3 Nr. 3 HGB). Ein Überschreiten dieser Werte ist nicht, auch nicht im Wege der Wertaufholung, zulässig (§ 253 Abs. 1 S. 1 HGB), selbst wenn die Werte beim übertragenden Rechtsträger auf eine außerplanmäßige Abschreibung zurückzuführen sind.[22] 28

Die Verschmelzung unter Buchwertfortführung kann bei der übernehmenden SE zu Differenzbeträgen zwischen dem einzubuchenden Vermögenssaldo und der Kapitalerhöhung bzw. der auszubuchenden Beteiligung führen. Ist das übergehende Reinvermögen zu Buchwerten höher als der Ausgabebetrag der Kapitalanteile **(positiver Differenzbetrag),** ist der Differenzbetrag, abzüglich barer Zuzahlungen, die als Verbindlichkeit zu passivieren sind, in die Kapitalrücklage einzustellen (§ 272 Abs. 2 Nr. 1 HGB). Ergibt sich ein **negati-** 29

---

[20] IDW RS HFA 42 Rn. 43.
[21] IDW RS HFA 42 Rn. 46.
[22] IDW RS HFA 42 Rn. 64.

ver **Differenzbetrag** (Reinvermögen zu Buchwerten ist geringer als der Ausgabebetrag), so entsteht ein sofort aufwandswirksam zu behandelnder Verschmelzungsverlust.[23] Ein Verschmelzungsverlust oder -gewinn ist regelmäßig nach § 285 Nr. 31 HGB im Anhang anzugeben. Bei einer Verschmelzung ohne Kapitalerhöhung ist zu unterscheiden: soweit die Verschmelzung gegen Untergang der Beteiligung erfolgt, ist ein positiver Differenzbetrag zwischen Reinvermögen zu Buchwerten und auszubuchender Beteiligung sofort ergebniswirksam über die GuV zu verrechnen. Soweit die Verschmelzung gegen Hingabe eigener Anteile erfolgt, ist nach der Systematik des § 272 Abs. 1b HGB die Gegenbuchung bis zum Nennbetrag im gezeichneten Kapital vorzunehmen; ein verbleibender Differenzbetrag (ursprüngliche Anschaffungskosten abzüglich Nennbetrag) ist den freien Rücklagen gutzubringen, aus denen er beim ursprünglichen Erwerb entnommen wurde[24].

## F. Rechnungslegungsaspekte bei der Gründung einer deutschen Holding-SE

30 Im Fall der Gründung einer Holding-SE findet auf Ebene der Gesellschafter der bisher eigenständigen Kapitalgesellschaften mit Sitz in Deutschland ein Tausch der Anteile der ehemals eigenständigen Gesellschaften gegen die Anteile an der neu gegründeten Holding-SE mit Sitz in Deutschland statt. Dieser Vorgang des Anteilstausches hat **keine unmittelbaren Konsequenzen** auf die Bilanzierung der ehemals eigenständigen Gesellschaften. Die neu gegründete Holding-SE muss spätestens zum Tag ihrer Handelsregistereintragung eine **Eröffnungsbilanz** aufstellen (§ 242 Abs. 1 HGB). Dabei sind die von den Gesellschaftern der ehemals eigenständigen Aktiengesellschaften eingebrachten Anteile anzusetzen. Die Bewertung erfolgt zumindest mit dem Nennbetrag der eingebrachten Anteile und kann bis zum Verkehrswert der eingebrachten Anteile reichen.

31 Die Schaffung einer übergeordneten Holding-SE kann die Entstehung einer **Konzernrechnungslegungspflicht** bei der Holding-SE auslösen, sofern durch die Schaffung der übergeordneten Holding-SE ein Mutter-Tochter-Verhältnis iSv § 290 HGB entsteht. Im Gegenzug können die einzelnen Tochter-Aktiengesellschaften durch die Aufstellung eines befreienden Konzernabschlusses durch die Holding-SE von der Pflicht zur Aufstellung eines eigenständigen (Teil-) Konzernabschlusses befreit werden. Der Konzernabschluss der Holding-SE muss entweder nach HGB-Vorschriften oder nach § 315a HGB nach IFRS aufgestellt werden. Bei einer Börsennotierung ist er nach § 315a Abs.1 HGB nach IFRS aufzustellen.

## G. Rechnungslegungsaspekte bei der Gründung einer deutschen Tochter-SE

32 Bei Gründung einer Tochter-SE müssen die gründenden Aktiengesellschaften die Anteile mit ihren effektiven Anschaffungskosten bilanzieren. Der Vorgang erfolgt **erfolgsneutral.** Der Ausweis hängt von der Absicht zur Nutzung der Anteile ab. Die Tochter-SE selbst hat spätestens am Tag ihrer Handelsregistereintragung eine **Eröffnungsbilanz** aufzustellen (§ 242 Abs. 1 HGB). Auf die Eröffnungsbilanz sind die für den Jahresabschluss geltenden Vorschriften entsprechend heranzuziehen, soweit sie sich auf die Bilanz beziehen (§ 242 Abs. 1 S. 2 HGB). Für die Eröffnungsbilanz der SE sind die **allgemeinen Vorschriften** (§§ 243 bis 245 HGB) zu beachten. Darüber hinaus gelten die Ansatz- und Bewertungsvorschriften (§§ 246 bis 256 HGB), die insbesondere für Sacheinlagen von Bedeutung

---

[23] IDW RS HFA 42 Rn. 70.
[24] IDW RS HFA 42 Rn. 73.

sind. Weiterhin sind für die SE als Kapitalgesellschaft die ergänzenden Vorschriften der §§ 264 ff. HGB maßgeblich. Für Kreditinstitute und Versicherungsunternehmen in der Rechtsform der SE gelten weiterhin die einschlägigen Vorschriften.

Bei einer **Sachgründung** haben die Gründer der Tochter-SE nach § 27 AktG iVm Art. 15 Abs. 1 SE-VO den Wert der Sacheinlage in der Satzung festzulegen. Auch ist der Nennbetrag bzw. bei Stückaktien die Zahl der für die Sacheinlage zu gewährenden Aktien in der Satzung festzulegen. Im Rahmen der Gründungsprüfung wird überprüft, ob der Verkehrs- oder Zeitwert der Sacheinlage tatsächlich den in der Satzung festgelegten Wert erreicht. Für ausländische Vermögenswerte und Schulden sind grundsätzlich deutsche Bewertungsmethoden heranzuziehen, da es sich um die Gründung einer deutschen SE handelt. Dabei ist nach der Sichtweise der neu gegründeten SE vorzugehen. Bei der Wertermittlung einzelner Vermögensgegenstände sind die in Deutschland allgemein gültigen Grundsätze und Verfahren zur Ermittlung des Verkehrs- oder Zeitwertes anzuwenden. Bezüglich der Bewertung ganzer Unternehmen kann auf die Unternehmensbewertungsgrundsätze des Instituts der Wirtschaftsprüfer e.V., IDW S1, zurückgegriffen werden. Diese **Bewertung der Sacheinlagen** nach deutschen Grundsätzen bestimmt die Anschaffungskosten der zukünftigen Bilanzierung der SE. Ist der Zeitwert der Sacheinlage höher als der geringste bzw. höhere Ausgabebetrag, bestehen verschiedene Möglichkeiten: 33

– Bewertung der Sacheinlage mit dem Betrag, der dem geringsten Ausgabebetrag der zu gewährenden Anteile bzw. dem höheren Ausgabebetrag entspricht, dh keine Kapitalrücklage in Höhe der Differenz zum Zeitwert;
– Bewertung der Sacheinlage mit einem höheren Zeitwert; der den Nennbetrag übersteigende Teil wird in die Kapitalrücklage eingestellt.

Bei der **Einbringung eines gesamten Unternehmens** ist eine sachgerechte Verteilung des Unternehmenswertes auf einzelne Vermögensgegenstände und Schulden vorzunehmen. Für Vermögensgegenstände bedeutet dies maximale Bewertung zum Zeit- oder Verkehrswert, bei Schulden die Dotierung mit mindestens dem Zeit- oder Verkehrswert. Ein übersteigender Betrag stellt den Geschäfts- oder Firmenwert dar. 34

Die Gründung einer Tochter-SE kann ggf. eine **Konzernrechnungslegungspflicht** der gründenden Aktiengesellschaften begründen. Für die deutsche Obergesellschaft gilt dies, soweit ein Mutter-Tochter-Verhältnis iSv § 290 HGB hergestellt wird. Die konkrete Einbeziehung in einen neu aufzustellenden oder bereits vorher aufzustellenden Konzernabschluss richtet sich nach der Einflussnahme auf die Tochter-SE; es kommt eine Einbeziehung in den Konzernabschluss der Obergesellschaften im Rahmen der Vollkonsolidierung, der Quotenkonsolidierung, der „At equity" – Bewertung sowie als Beteiligung in Betracht. 35

## H. Rechnungslegungsaspekte beim Formwechsel

Bei einem Formwechsel einer AG ergeben sich grundsätzlich keine Besonderheiten hinsichtlich der Bilanzierung, da der Formwechsel nicht zu einer grenzüberschreitenden Sitzverlegung führen darf.[25] Daher ändert sich der Jahresabschluss der umzuwandelnden deutschen Aktiengesellschaft nicht. Da die deutsche SE rechtsidentisch mit ihrer Vorgängergesellschaft, der deutschen Aktiengesellschaft, ist, ergeben sich aufgrund des **Going-Concern-Grundsatzes** keine Konsequenzen, da auch hier die deutschen Rechnungslegungsregeln für Kapitalgesellschaften gelten. Aufgrund der Rechtsidentität gilt beispielsweise auch hinsichtlich eines aufzustellenden Konzernabschlusses die Möglichkeit der Ausnutzung der Übergangsfrist für die Anwendung von US-GAAP weiter, sofern die entsprechenden Voraussetzungen bei der Vorgängergesellschaft bereits vorgelegen haben. 36

---

[25] → § 8 Rn. 1

Beim Formwechsel könnte jedoch die **Struktur des Eigenkapitals** zu beachten sein, sofern sich aus dem Formwechsel hier uU Umgruppierungen im Ausweis des Eigenkapitals der SE ergeben sollten.[26]

## I. Rechnungslegungsaspekte bei der Sitzverlegung einer SE

### 1. Zuzug der SE nach Deutschland

37 Die Rechnungslegungspflicht einer über Art. 8 SE-VO nach Deutschland verlagerten SE beginnt **spätestens mit der Eintragung** im deutschen Handelsregister. Zu diesem Zeitpunkt hat die SE spätestens eine Eröffnungsbilanz gemäß § 242 HGB aufzustellen[27]. Diese Eröffnungsbilanz umfasst alle der SE wirtschaftlich zugehörigen Vermögensgegenstände und Schulden. Bei der Aufstellung der Eröffnungsbilanz ist zu beachten, dass diese auf **deutsche Bilanzierungs- und Bewertungsmethoden** umzustellen ist. Daher ist die bisherige, nach den Rechnungslegungsregelungen des Wegzugstaates aufgestellte Bilanz in einer Weise umzustellen, dass die fortgeführten Buchwerte an deutsche Bilanzierungsmethoden angepasst werden. Dabei sind gegebenenfalls Anpassungen hinsichtlich des Ansatzes, der Bewertung und des Ausweises der Vermögensgegenstände notwendig. Der hiermit verbundene praktische Aufwand wird insofern erleichtert, als die geltenden EU-Rechnungslegungsrichtlinien bereits eine Mindestharmonisierung der Rechnungslegung zum Einzelabschluss herbeigeführt haben. Da der Grundsatz der Buchwertfortführung gilt, ist eine Zeitwertbewertung der Vermögensgegenstände und Schulden ausgeschlossen. Aufgrund der rechtlichen Identität ist beispielsweise auch **kein Ansatz von selbst geschaffenen immateriellen Vermögensgegenständen** möglich (§ 248 Abs. 2 HGB). Aus den Umstellungen auf die deutschen Bilanzierungs- und Bewertungsregelungen kann sich ein **Unterschiedsbetrag** ergeben. Dieser Unterschiedsbetrag soll mit den Kapitalrücklagen iSv § 272 Abs. 2 HGB verrechnet werden. Dies erscheint sachgerecht, da hier Ansatz- oder Bewertungsanpassungen im Hinblick auf Vorperioden vorgenommen werden. Ein gegebenenfalls zu erstellender IFRS-Konzernabschluss unterliegt grundsätzlich keinen Änderungen. Neu könnten hier lediglich zusätzlich zu machende Angaben nach § 315a HGB sein (zB ein deutscher Konzernlagebericht). Ein HGB-Konzernabschluss erfordert, wie auch beim HGB-Einzelabschluss, **Anpassungen des ausländischen Konzernabschlusses** an den deutschen Bilanzierungs- und Bewertungsrahmen. Da es sich bei dem Konzern um eine rechtsidentische Unternehmensgruppe handelt, erscheint eine erneute Erstkonsolidierung nicht angebracht. Sich ergebende Unterschiedsbeträge sind ebenfalls mit den Konzernkapitalrücklagen zu verrechnen.

### II. Wegzug der SE aus Deutschland

38 In gleicher Weise wie eine SE unter Wahrung ihrer Rechtsidentität nach Deutschland zuziehen kann, ist es ihr auch möglich, ihren Sitz von Deutschland in einen anderen EU-Mitgliedstaat zu verlagern. Die **Rechnungslegungspflicht** einer aus Deutschland wegziehenden SE endet nicht erst mit der Löschung im deutschen Handelsregister, sondern bereits mit der Eintragung im Handelsregister des Zuzugstaates, da ab diesem Zeitpunkt die SE dem Recht des neuen Sitzstaates unterliegt (Art. 8 Abs. 10 SE-VO).[28] Eine wegziehende SE kann freiwillig eine **Schlussbilanz** auf Grundlage der HGB-Vorschriften aufstellen.

---

[26] IDW RS HFA 41: Auswirkungen eines Formwechsels auf den handelsrechtlichen Jahresabschluss.
[27] So auch Wenz, Die Europäische Aktiengesellschaft (SE) – Praxishinweise zur Rechnungslegung in: Bilanzbuchhalter und Controller 2004, 77 ff.
[28] So auch Wenz, Die Europäische Aktiengesellschaft (SE) – Praxishinweise zur Rechnungslegung in: Bilanzbuchhalter und Controller 2004, 77 ff.

## I. Rechnungslegungsaspekte bei der Sitzverlegung einer SE

Es sind jedoch ggf. steuerliche Erfordernisse zu beachten (s. → § 19 Rn. 88). Da die SE nicht aufgelöst wird, ist die Schlussbilanz auf der Grundlage des Prinzips der Unternehmensfortführung (Going Concern) aufzustellen. Eine **Eröffnungsbilanz** für den Zuzugstaat ist nach den Bestimmungen des Zuzugstaates aufzustellen. Auch die Behandlung von Umstellungsdifferenzen richtet sich nach dessen Bestimmungen.

# Abschnitt 12 – Auflösung, Abwicklung und Insolvenz

## § 21 Auflösung, Abwicklung und Insolvenz

### Übersicht

|  | Rn. |
|---|---|
| A. Abweichungen vom nationalen Recht | 1 |
| B. Verweisungstechnik | 2 |
| C. Auflösungsgründe | 3 |
| D. Abwicklung | 6 |
|     I. Anwendbares Recht | 6 |
|     II. Aufgabenverteilung | 7 |
|         1. Abwickler | 7 |
|         2. Aufsichtsrat/Verwaltungsrat | 9 |
|         3. Hauptversammlung | 10 |
|     III. Anmeldung zum Handelsregister | 11 |
|     IV. Fortsetzung | 12 |
|     V. Nachtragsliquidation | 13 |
| E. Insolvenz | 14 |
| F. Auflösungsbesteuerung | 16 |

## A. Abweichungen vom nationalen Recht

Die Auflösung, Abwicklung und Insolvenz einer SE unterscheidet sich im Ergebnis nur 1 unwesentlich von derjenigen einer nationalen AG. Soweit die Auflösungsgründe betroffen sind, tritt zu den aktienrechtlichen Gründen das Auseinanderfallen von Sitz und Hauptverwaltung hinzu (s. → Rn. 3). Im Hinblick auf die Abwicklung der SE kommen im dualistischen Modell ausnahmslos die aktienrechtlichen Regelungen zur Anwendung. Im monistischen Modell gestaltet sich die Anwendung der aktienrechtlichen Abwicklungsvorschriften schwieriger, da es an einer passenden Überleitungsvorschrift fehlt. Der **Satzungsgestaltung** kommt daher in diesem Bereich besondere Bedeutung zu (s. → Rn. 6). In der Insolvenz der SE kommen die auf eine Aktiengesellschaft anwendbaren Regelungen (AktG, FamFG, InsO, EuInsVO) zur Anwendung. Insoweit sind lediglich im Rahmen des monistischen Modells einige durch das SEAG vorgegebene Anpassungen erforderlich (s. → Rn. 14). Zudem ist die Löschung der SE im Europäischen Amtsblatt zu veröffentlichen (s. → Rn. 15).

## B. Verweisungstechnik

Art. 63 SE-VO verweist nach hM hinsichtlich der **Auflösung und Liquidation** auf das 2 für die AG anwendbare Recht des Sitzstaates. Art. 63 SE-VO als verdrängende Spezialvorschrift gegenüber Art. 9 Abs. 1 lit. c SE-VO beinhaltet insoweit eine Sachnormverweisung, dh, dass die Regelungen des nationalen Rechts unmittelbar – ohne den Umweg über das internationale Privatrecht anzuwenden sind.[1] **Welchen Inhalt die Verweisung**

---

[1] HM Kölner Komm AktG/*Kiem* SE-VO Art. 63 Rn. 1 f.; BeckOGK/Eberspächer, 1.2.2021, SE-VO Art. 63 Rn. 1; MüKoAktG/*Schäfer* SE-VO Art. 63 Rn. 1; Lutter/Hommelhoff/Teichmann SE/*Ehricke* SE-VO Art. 63 Rn. 14; Habersack/Drinhausen/*Bachmann* SE-VO Art. 63 Rn. 9 f.; *Schwarz* Art. 63 Rn. 8, Cas-

des Art. 63 SE-VO im Hinblick auf die **Zahlungsunfähigkeit, Zahlungseinstellung** und ähnliche Verfahren beinhaltet, ist streitig. Nach teilweise vertretener Auffassung ist der Verweis als Sachnormverweisung zu qualifizieren, so dass auf SE mit Sitz in Deutschland immer die Insolvenzordnung zur Anwendung gelangt, ohne dass zuvor über Art. 4 Abs. 1 Insolvenz-VO das anwendbare Recht zu qualifizieren wäre.[2] Nach überwiegender Meinung wird aufgrund Erwägungsgrund 20 SE-VO, in dem ausgeführt wird, dass die Konkursordnung nicht von der SE-VO erfasst ist, davon ausgegangen, dass die SE-VO nicht auf die insolvente SE zur Anwendung kommt, sich vielmehr das anwendbare Insolvenzrecht allein nach der Insolvenz-VO richtet.[3] Überzeugender erscheint es – auch wenn es zu keinem anderen Ergebnis kommt – für den Fall der Insolvenz von einer Gesamtnormverweisung auszugehen, die das jeweilige Kollisionsrecht des Staates mit einbezieht. Folge ist, dass es bei grenzüberschreitenden Fällen zunächst über Art. 4 Abs. 1 Insolvenz-VO, wonach das Insolvenzrecht des Staates zur Anwendung gelangt, in dem das Verfahren eröffnet wird, zu ermitteln ist, welche Rechtsordnung Anwendung findet.[4] Den Verweisungsumfang grenzt Art. 63 SE-VO mit den Begriffen Auflösung, Liquidation, Zahlungsunfähigkeit, Zahlungseinstellung und ähnliche Verfahren ein. Diese Begriffe sind nicht im nationalen Sinne auszulegen, sondern geben lediglich Zweck und Ziel der nationalen Verfahren, die auf die SE zur Anwendung kommen sollen, vor.[5] Für SE mit Sitz in Deutschland gelten daher die Verfahren der Auflösung, der Nichtigerklärung (Auflösung iSd SE-VO), der Abwicklung (Liquidation iSd SE-VO) und das Insolvenzverfahren (Zahlungsunfähigkeit, Zahlungseinstellung und ähnliche Verfahren iSd SE-VO) wie sie durch das AktG, das FamFG, die Insolvenz-VO und die InsO vorgesehen sind.

## C. Auflösungsgründe

3   Bei den Auflösungsgründen ist zwischen denjenigen, die sich aus der SE-Verordnung und denjenigen, die sich aufgrund der Verweisung aus dem Aktiengesetz ergeben, zu unterscheiden. Nach Art. 64 SE-VO iVm § 52 SEAG ist die SE aufzulösen, wenn sich der **Sitz** der SE nicht in der Gemeinschaft bzw. in dem Mitgliedstaat, in dem ihre Hauptverwaltung ist, befindet (**Auseinanderfallen von Sitz und Hauptverwaltung**, Art. 7 SE-VO; s. → § 15 Rn. 7).[6] Demgegenüber stellt die nachträgliche Aufgabe der **Mehrstaatlichkeit** keinen Auflösungsgrund dar.[7] Auch kommt es nicht zur Auflösung der SE bei einem **Fehler der Gründungskontrolle** nach Art. 25, 26 SE-VO; der nationale Gesetzgeber hat von dieser in Art. 30 SE-VO enthaltenen Ermächtigung keinen Gebrauch gemacht.[8] Indessen kann es nach den auf SE zur Anwendung gelangenden Regelungen des Aktiengesetzes zur Auflösung der SE durch **Hauptversammlungsbeschluss** nach Maßgabe des

---

per FS Ulmer, 2003, 51 (54); *Wagner* NZG 2002, 985 (988); *Brandt,* Die Hauptversammlung der Europäischen Aktiengesellschaft (SE), 2004, 29; *Habersack* ZGR 2003, 724 (727 f.).
[2] MüKoAktG/*Schäfer* SE-VO Art. 63 Rn. 1.
[3] Henssler/Strohn/*Servatius* IntGesR Rn. 339; Kölner Komm AktG/*Kiem* SE-VO Art. 63 Rn. 7 ff.; Lutter/Hommelhoff/Teichmann SE/*Ehricke*, SE-VO Art. 63 Rn. 4, 17 f.; Theisen/Wenz EurAG/*Nolting* 627.
[4] *Schwarz* Art. 63 Rn. 8; Habersack/Drinhausen/*Bachmann* SE-VO Art. 63 Rn. 66. BeckOGK/*Eberspächer*, 1.2.2021, SE-VO Art. 63 Rn. 6 differenziert zwischen verfahrens- und materiellrechtlichen Gründen. In verfahrensrechtlicher Sicht sei Art. 63 SE-VO als Gesamtnormverweisung zu werten, ansonsten als Sachnormverweisung (etwa hinsichtlich der Gründe).
[5] *Schwarz* Art. 63 Rn. 7, 9.
[6] Kölner Komm AktG/*Kiem* SE-VO Art. 63 Rn. 22; Habersack/Drinhausen/*Bachmann* SE-VO Art. 63 Rn. 11.
[7] *Schwarz* Art. 63 Rn. 18; Kölner Komm AktG/*Kiem* SE-VO Art. 63 Rn. 24; Lutter/Hommelhoff/Teichmann SE/*Ehricke*, SE-VO Art. 63 Rn. 32; BeckOGK/*Eberspächer*, 1.2.2021, SE-VO Art. 63 Rn. 3; MüKoAktG/*Schäfer* SE-VO Art. 63 Rn. 3; *Mahi*, Die Europäische Aktiengesellschaft, 2004, 117.
[8] *Schwarz* Art. 63 Rn. 22; Kölner Komm AktG/*Kiem* SE-VO Art. 63 Rn. 23; Habersack/Drinhausen/*Bachmann* SE-VO Art. 63 Rn. 14; *Roitsch*, Auflösung, Liquidation und Insolvenz der Europäischen Aktiengesellschaft (SE) mit Sitz in Deutschland, 2006, Teil II B. I. 3.

§ 262 Abs. 1 Nr. 2 AktG kommen. Die Beschlussfassung richtet sich entsprechend Art. 63 Hs. 2 SE-VO nach nationalem Recht und damit nicht nach Art. 57 und 59 SE-VO.[9] Erforderlich für die Fassung eines Auflösungsbeschlusses ist die Dreiviertelkapitalmehrheit (§ 262 Abs. 1 Nr. 2 AktG) sowie die einfache Mehrheit der Stimmen (§ 133 AktG).

Zudem kommt eine Auflösung in Betracht durch **Zeitablauf** (§ 262 Abs. 1 Nr. 1 AktG), die rechtskräftige **Feststellung eines Satzungsmangels** nach § 399 FamFG (§ 262 Abs. 1 Nr. 5 AktG, s. → § 2 Rn. 13 ff.),[10] die **insolvenzrechtlichen** Gründe des § 262 Abs. 1 Nr. 3 bis 5 AktG (Insolvenzverfahrenseröffnung, Ablehnung der Insolvenzeröffnung mangels Masse sowie die Löschung der Gesellschaft wegen Vermögenslosigkeit nach durchgeführtem Insolvenzverfahren)[11] sowie „aus anderen Gründen", wobei zu letzteren bspw. die Auflösung aus Gründen des Gemeinwohls zählt (§ 396 Abs. 1 AktG). Zur Anwendung auf SE gelangen auch die Auflösungsgründe aufgrund von nationalen **Sondergesetzen,** beispielsweise die Auflösung nach §§ 35, 38 KWG, § 87 VAG oder § 3 Abs. 1 S. 1 VereinsG, §§ 2, 17 Nr. 1 VereinsG.[12] Die §§ 275 ff. AktG **(Nichtigerklärung)** kommen auf SE mit Sitz in Deutschland ebenfalls zur Anwendung. Bei der Verschmelzung entfaltet Art. 30 SE-VO jedoch hinsichtlich Fehlern im Zusammenhang mit der Verschmelzung Sperrwirkung.[13]

Mit der Auflösung wird die Abwicklung (Liquidation) eingeleitet. Welche Rechtsfolge 5 der Eintritt des Auflösungsgrundes hat, wann die SE vollbeendet ist und wann sie zu löschen ist, ergibt sich aus den jeweils anwendbaren nationalen Rechtsvorschriften.

## D. Abwicklung

### I. Anwendbares Recht

Die Abwicklung (Liquidation) der SE richtet sich für SE mit Sitz in Deutschland nach 6 dem Aktiengesetz (Art. 63 SE-VO, s. → Rn. 2). Im Hinblick auf das **Abwicklungsverfahren** sind die §§ 264 ff. AktG auf die SE anwendbar, was sich bei der dualistisch strukturierten SE als unproblematisch darstellt: Die Mitglieder des Leitungsorgans haben die Abwicklung zu besorgen (§ 265 Abs. 1 AktG) und das Aufsichtsorgan hat sie zu überwachen (§ 268 Abs. 2 AktG). Nicht geklärt durch das SEAG ist indessen, wie bei der monistisch strukturierten SE zu verfahren ist, da es keine spezifischen Regelungen zur Anpassung der aktienrechtlichen Rechte und Pflichte auf das monistische Modell enthält. Vielmehr hält es lediglich die allgemeine „Auffangregel" des § 22 Abs. 6 SEAG vor, wonach die Mitglieder des Verwaltungsrats die Pflichten des Vorstandes und Aufsichtsrats zu übernehmen haben (§ 22 Abs. 6 SEAG).[14] Diese Regelung ist indessen nicht passend. Zunächst lässt sie offen, wie mit den in der werbenden AG vorhandenen geschäftsführenden Direktoren in der Liquidation zu verfahren ist, insbesondere, ob sie im Amt bleiben. Zudem überträgt sie die Rechte und Pflichten des Vorstandes auf den Verwaltungsrat als Gesamtorgan und nicht auf die einzelnen Mitglieder desselben, wie dies erforderlich wäre, wenn die Aufgaben des § 264 AktG durch die Verwaltungsratsmitglieder wahrgenommen werden sollten. Es besteht daher eine **Regelungslücke** im SEAG, die dadurch zu schließen ist, dass das ansonsten im SEAG niedergelegte Prinzip der Anpassung der aktienrechtlichen Regelungen an das monistische System mit seiner typischen Aufgabenverteilung angewendet

---

[9] *Schwarz,* Art. 63 Rn. 15 f.; Kölner Komm AktG/*Kiem,* Art. 63 Rn. 25; aA *Roitsch,* Auflösung, Liquidation und Insolvenz der Europäischen Aktiengesellschaft (SE) mit Sitz in Deutschland, 2006, Teil II B. VII. 1.
[10] Kölner Komm AktG/*Kiem* SE-VO Art. 63 Rn. 25.
[11] Kölner Komm AktG/*Kiem* SE-VO Art. 63 Rn. 25.
[12] Kölner Komm AktG/*Kiem* SE-VO Art. 63 Rn. 28 ff.
[13] Habersack/Drinhausen/*Bachmann* SE-VO Art. 63 Rn. 26; s. insoweit auch *Schwarz* Art. 63 Rn. 23.
[14] S. *Frege/Klawa* in Janott/Frodermann SE-HdB § 12 Rn. 51.

wird.[15] Bei einer solchen entsprechenden Aufteilung sind die **geschäftsführenden Direktoren** als **Abwickler** einzustufen (str.),[16] da ihnen die Aufgaben, die den Vorstandmitgliedern als Abwicklern nach dem Aktiengesetz obliegen (nämlich die Abwicklung der laufenden Geschäfte, die Vertretung der Gesellschaft, die Aufstellung von Bilanzen und Jahresabschlüssen und die Anmeldung beim Handelsregister) in entsprechender Weise bei der werbenden SE zukommen (s. → § 12 Rn. 18 ff., 39 f.). Im Hinblick auf die Aufgabenzuweisung an den **Verwaltungsrat** wird unter Heranziehung von § 22 Abs. 6 SEAG vertreten, dass die Mitglieder des Verwaltungsrats neben den geschäftsführenden Mitgliedern in einer Doppelfunktion zu ihrem Amt als Verwaltungsorganmitglied Abwickler sein sollen, wobei von ihrer Tätigkeit aufgrund der Regelungen des SEAG wiederum die Abwicklung der laufenden Geschäfte, die Vertretung, die Bilanz- und Jahresabschlussaufstellung sowie die Anmeldungen zum Handelsregister ausgenommen sein sollen.[17] Vorzugswürdig erscheint es, die Verwaltungsratsmitglieder nicht als Abwickler einzusetzen und dem Verwaltungsrat lediglich die Aufgabe der Überwachung der Abwickler (§ 268 Abs. 2 AktG) und die Leitung der Gesellschaft (§ 22 Abs. 1 SEAG) nebst dem **Weisungsrecht** (str.)[18] gegenüber den geschäftsführenden Direktoren (Abwicklern) zukommen zu lassen.[19] Hierfür sprechen die übliche Aufteilung des monistischen Modells sowie der Umstand, dass § 22 Abs. 6 SEAG und sein Prinzip (Übertragung aller Rechte und Pflichten auf den Verwaltungsrat) nicht, wie bereits dargelegt, auf den Abwicklungsfall passt. In der Praxis sollte jedenfalls vorbeugend durch eine Regelung in der **Satzung** (§ 265 Abs. 2 AktG), die die geschäftsführenden Direktoren als alleinige Abwickler einsetzt und vorsorglich den Mitgliedern des Verwaltungsrats die Abwicklereigenschaft aberkennt, möglichen Unklarheiten vorgebeugt werden; nach Beginn des Abwicklungsverfahrens auftretende Unklarheiten in der Person der Abwickler können über § 265 Abs. 2 AktG noch mittels eines **Hauptversammlungsbeschlusses** gelöst werden.[20]

## II. Aufgabenverteilung

### 1. Abwickler

7 Bei der dualistisch strukturierten SE sind die Mitglieder des Leitungsorgans Abwickler. Im Rahmen des monistischen Modells kommt diese Aufgabe in entsprechender Anpassung der Auflösungsvorschriften an das monistische Modell den geschäftsführenden Direktoren zu (streitig, s. → Rn. 6), die als Abwickler im Amt bleiben. Im Hinblick auf die Bestellung von Abwicklern gilt § 265 Abs. 2 bis 4 AktG. Die besondere Antragsberechtigung der qualifizierten Minderheit nach § 265 Abs. 3 S. 1 AktG sowie die Grenzwerte gelten auch für die SE.[21]

8 Die Abwickler sind nach § 268 AktG zur Abwicklung der **laufenden Geschäfte** berufen und **vertreten** die abzuwickelnde SE (§ 269 Abs. 1 AktG iVm § 41 Abs. 1 SEAG).

---

[15] So auch *Schwarz* Art. 63 Rn. 32.
[16] So auch Lutter/Hommelhoff/Teichmann SE/*Ehricke* SE-VO Art. 63 Rn. 42; Habersack/Drinhausen/*Bachmann* SE-VO Art. 63 Rn. 48 und 54; NK-SE/*Schröder* Art. 63 Rn. 26; *Frege/Nicht* in Jannott/Frodermann SE-HdB Kap. 12 Rn. 67; *Schwarz* Art. 63 Rn. 36; aA für den Verwaltungsrat als Abwickler: MüKoAktG/*Schäfer* SE-VO Art. 63 Rn. 4; für Aufteilung wesentliche Entscheidungen: Verwaltungsrat und tägliche Geschäftsführung: geschäftsführende Direktoren: BeckOGK/Eberspächer, 1.2.2021, SE-VO Art. 63 Rn. 4; Kölner Komm AktG/*Kiem* SE-VO Art. 63 Rn. 37.
[17] Kölner Komm AktG/*Kiem* SE-VO Art. 63 Rn. 37; *Schwarz* Art. 63 Rn. 35 ff.
[18] Für Weisungsrecht Habersack/Drinhausen/*Bachmann* SE-VO Art. 63 Rn. 50; BeckOGK/Eberspächer, 1.2. 2021, SE-VO Art. 63 Rn. 4; *Schwarz* Art. 63 Rn. 37; aA gegen Bestehen des Weisungsrechts: Kölner Komm AktG/*Kiem* SE-VO Art. 63 Rn. 38.
[19] Habersack/Drinhausen/*Bachmann* SE-VO Art. 63 Rn. 57.
[20] Habersack/Drinhausen/*Bachmann* SE-VO Art. 63 Rn. 47, 55.
[21] *Schwarz* Art. 63 Rn. 29; *Roitsch*, Auflösung, Liquidation und Insolvenz der Europäischen Aktiengesellschaft (SE) mit Sitz in Deutschland, 2006, Teil III C. I. 1. c).

Für die Vertretungsbefugnis gilt § 269 AktG.[22] Die Abwickler haben den **Gläubigeraufruf** nach § 267 durchzuführen.[23] Der Gläubigeraufruf wird im Handelsregister eingetragen; für die Eintragung im Amtsblatt der EG gibt es keine Rechtsgrundlage.[24] Zudem haben sie nach § 270 AktG die **Eröffnungsbilanz**, die laufenden **Jahresabschlüsse**, den **Lagebericht** und nach § 273 AktG die **Schlussrechnung** aufzustellen. Im monistischen Modell haben die abwickelnden Geschäftsführer den **Weisungen** des Verwaltungsrats zu folgen (§ 44 Abs. 2 SEAG, s. → Rn. 6). Zur Anmeldung s. → Rn. 6. Die Abwickler **haften** nach § 93 AktG (§ 264 Abs. 3 AktG, § 40 Abs. 8 SEAG). Für die **Vergütung** gilt § 40 Abs. 7 SEAG, § 264 Abs. 3 AktG, § 265 Abs. 5 S.2 AktG.

### 2. Aufsichtsrat/Verwaltungsrat

Im dualistischen Modell bleibt das Aufsichtsorgan bei der Abwicklung – wie im Aktiengesetz – im Amt. Er hat die Abwickler zu überwachen (§ 268 Abs. 2 S. 2 AktG) und über zustimmungspflichtige Geschäfte zu entscheiden.[25] Es bestehen insoweit keine Abweichungen vom Aktiengesetz (s. → Rn. 6). Auch im monistischen Modell bleibt der Verwaltungsrat im Amt; im Hinblick auf Fragen der Zusammensetzung und die Zahl der Mitglieder finden die §§ 23 ff. SEAG Anwendung.[26] Der Verwaltungsrat hat die Abwickler zu **überwachen** (im Einzelnen streitig, s. → Rn. 6). Er hat ggf. erforderliche Zustimmungsbeschlüsse zu fassen. Leitungsaufgaben, die dem Verwaltungsrat grundsätzlich zustehen, kann er über das ihm zustehende Weisungsrecht nach § 44 Abs. 2 SEAG gegenüber den abwickelnden geschäftsführenden Direktoren durchsetzen. Im Hinblick auf die **Haftung** und die **Vergütung** gelten die allgemeinen Regelungen (s. → § 11 Rn. 38 ff., → § 12 Rn. 53 f.). 9

### 3. Hauptversammlung

Für die Hauptversammlung der sich in Abwicklung befindlichen SE gelten die §§ 264 ff. AktG. Die SE-Hauptversammlung hat über die Feststellung der **Eröffnungsbilanz** und des **Jahresabschlusses** sowie über die **Entlastung** der Abwickler und der Mitglieder des Aufsichts- bzw. Verwaltungsrats zu entscheiden. Zudem kann sie durch Beschluss andere Abwickler bestellen und abberufen (§ 265 Abs. 2, 5 AktG) und die **Fortsetzung** der Gesellschaft nach § 274 AktG beschließen. Die Beschlussfassung richtet sich entsprechend Art. 63 Hs. 2 SE-VO nach nationalem Recht und damit nicht nach Art. 57 und 59 SE-VO.[27] 10

## III. Anmeldung zum Handelsregister

Im dualistischen Modell sind die **ersten Abwickler** (zum Begriff s. → Rn. 6) sowie ihre Vertretungsbefugnis durch das Leitungsorgan zur Eintragung in das Handelsregister anzumelden (§ 266 Abs. 1 AktG).[28] Im monistischen Modell, das keine ausdrückliche und ausreichende Anpassungsregel in diesem Zusammenhang enthält (s. → Rn. 6), obliegt die 11

---

[22] *Schwarz* Art. 63 Rn. 38; Habersack/Drinhausen/*Bachmann* SE-VO Art. 63 Rn. 59; Kölner Komm AktG/*Kiem* SE-VO Art. 63 Rn. 41; s. aber BeckOGK/Eberspächer, 1.2.2021, SE-VO Art. 63 Rn. 4; MüKo-AktG/*Schäfer* SE-VO Art. 63 Rn. 4.
[23] Habersack/Drinhausen/*Bachmann* SE-VO Art. 63 Rn. 59; aA Verwaltungsrat: Kölner Komm AktG/*Kiem* SE-VO Art. 63 Rn. 37, 43.
[24] So *Schwarz* Art. 63 Rn. 39; aA *Roitsch*, Auflösung, Liquidation und Insolvenz der Europäischen Aktiengesellschaft (SE) mit Sitz in Deutschland, 2006, Teil III D. I. 3.
[25] *Hüffer/Koch/Koch* AktG § 268 Rn. 6.
[26] *Schwarz* Art. 63 Rn. 43.
[27] *Schwarz* Art. 63 Rn. 15 f.
[28] Habersack/Drinhausen/*Bachmann* SE-VO Art. 63 Rn. 57.

Pflicht zur Anmeldung in entsprechender Anwendung der Aufteilungsregelungen des monistischen Systems den geschäftsführenden Direktoren als Abwickler, da Anmeldeverpflichtungen zum Handelsregister ihnen auch ansonsten nach § 40 Abs. 4 S. 2 SEAG und § 46 SEAG obliegen.[29] Die Abwickler (zum Begriff s. → Rn. 6) haben zudem jeden **Wechsel** in ihren Reihen und im Hinblick auf ihre **Vertretungsbefugnis** anzumelden (§ 266 Abs. 1 AktG). Sie haben ihre **Namensunterschrift** zur Aufbewahrung beim Gericht einzureichen, wenn sie dies nicht bereits vorher als Mitglied des Leitungsorgans oder als geschäftsführender Direktor getan haben (§ 266 Abs. 5 AktG). Die übrigen Regelungen des § 266 Abs. 2 bis 4 AktG kommen ohne Abweichungen auf die SE zur Anwendung. Nach Beendigung der Abwicklung und Legung der Schlussrechnung haben die Abwickler den **Schluss der Abwicklung** in das **Handelsregister** eintragen zu lassen (§ 273 Abs. 1 AktG).[30] Die Löschung der SE ist nach Art. 14 SE-VO zu Informationszwecken im **Amtsblatt der EU** zu veröffentlichen.

## IV. Fortsetzung

12 Für die Fortsetzung einer aufgelösten SE gilt § 274 AktG (Art. 63 SE-VO). Die Fortsetzung ist von den Abwicklern (zum Begriff s. → Rn. 6) zum Handelsregister anzumelden (s. → Rn. 6).[31] Für den Beschluss bedarf es der **Dreiviertelkapitalmehrheit** (§ 274 Abs. 1 AktG, Art. 63 Hs. 2 SE-VO). Die Abwickler erhalten mit der Fortsetzung ihre alte Stellung zurück.[32]

## V. Nachtragsliquidation

13 Bei einer Nachtragsliquidation hat das Gericht auf Antrag eines Beteiligten die bisherigen Abwickler (s. → Rn. 6) neu zu bestellen oder andere Abwickler zu berufen (§ 273 Abs. 3 AktG, Art. 63 SE-VO).

## E. Insolvenz

14 Die SE ist **insolvenzrechtsfähig,** wobei sich die mit der Insolvenz zusammenhängenden Fragen für SE mit Sitz in Deutschland nach der Insolvenzordnung richten (s. → Rn. 2). Im Fall von grenzüberschreitenden Fällen kommt es zudem, nachdem Art. 63 SE-VO als Gesamtnormverweisung (s. → Rn. 2; str.) zur Anwendung der Insolvenz-VO. **Insolvenzreife** besteht, wenn die SE zahlungsunfähig oder überschuldet ist (§§ 16 ff. InsO). Für den **Eigenantrag** genügt, wie durch das Aktiengesetz vorgesehen ist, auch die drohende Zahlungsunfähigkeit (§ 18 InsO). Nach § 15a InsO muss in diesem Fall bei SE mit dualistischem System das **Leitungsorgan** ohne schuldhaftes Zögern, spätestens aber binnen dreier Wochen, die Eröffnung des Insolvenzverfahrens beantragen. Die **Insolvenzanmeldungspflicht** trifft jedes Mitglied des Leitungsorgans; gleiches gilt für die Beschwerdebefugnis gem. § 34 InsO. Bei SE mit monistischem System trifft diese Aufgabe den **Verwaltungsrat** (§ 22 Abs. 5 S. 2 SEAG); auch im Rahmen dieses Organs ist jedes Organmitglied antragsbefugt

---

[29] *Schwarz* Art. 63 Rn. 48; so auch Habersack/Drinhausen/*Bachmann* SE-VO Art. 63 Rn. 57, 59.
[30] Habersack/Drinhausen/*Bachmann* SE-VO Art. 63 Rn. 58.
[31] Zu den Fortsetzungsfällen siehe eingehend *Roitsch*, Auflösung, Liquidation und Insolvenz der Europäischen Aktiengesellschaft (SE) mit Sitz in Deutschland, 2006, Teil III G. II.; s. auch *Brandt*, Die Hauptversammlung der Europäischen Aktiengesellschaft (SE), 2004, 145.
[32] *Schwarz* Art. 63 Rn. 50; aA *Hüffer*/Koch/Koch AktG § 274 Rn. 35.

E. Insolvenz     § 21

nach § 15 Abs. 1 InsO.[33] Der frühere Streit, betreffend die Antragspflicht im monistischen System, hat sich durch die Neufassung des § 22 SEAG (MoMiG) erledigt. Zudem obliegt dem Leitungsorgan bzw. dem Verwaltungsrat die Pflicht, unverzüglich die Hauptversammlung einzuberufen und ihr dies anzuzeigen, wenn sich bei der Aufstellung der Jahresbilanz oder einer Zwischenbilanz ergibt oder es bei pflichtgemäßem Ermessen anzunehmen ist, dass ein Verlust in der Hälfte des Grundkapitals besteht (§ 92 Abs. 1 AktG, § 22 Abs. 5 S. 1 SEAG). Im monistischen Modell hat der geschäftsführende Direktor zudem, wenn die Gesellschaft **zahlungsunfähig** wird oder sich eine **Überschuldung** der Gesellschaft ergibt (§ 40 Abs. 3 S. 2 SEAG), dem Vorsitzenden des Verwaltungsrats hierüber zu berichten. Ist Zahlungsunfähigkeit eingetreten oder hat sich eine Überschuldung ergeben, tritt das **Zahlungsverbot** des § 92 Abs. 2 AktG ein; im dualistischen Modell trifft diese Verpflichtung das Leitungsorgan. Für das monistische Modell sieht § 22 Abs. 5 S. 2 SEAG vor, dass § 92 Abs. 2 AktG entsprechend gilt. Teilweise wird davon ausgegangen, dass diese Regelung in erweiternder Auslegung sowohl die geschäftsführenden Direktoren als auch den Verwaltungsrat trifft.[34] Nach aA trifft diese Pflicht nur den Verwaltungsrat. Letzterer habe jedoch die geschäftsführenden Direktoren, die die täglichen Geschäfte und Zahlungen abwickeln, zur Einstellung der Zahlungen anzuweisen.[35] Vorzugswürdig erscheint erste Auffassung, da § 22 Abs. 5 S. 2 SEAG nach seinem Sinn und Zweck diejenigen erfassen will, die auch tatsächlich für die Auszahlungen zuständig sind. Wurden entgegen dem Zahlungsverbot Zahlungen geleistet, gilt im Hinblick auf die Mitglieder des Leitungsorgans bzw. Verwaltungsrats § 93 Abs. 3 Nr. 6 AktG. Folgt man zweiter Auffassung, haften die geschäftsführenden Direktoren, soweit sie sich über die Anweisung hinwegsetzen, nach § 93 AktG iVm § 49 Abs. 8 SEAG. Mit der Bekanntmachung des Eröffnungsbeschlusses (§ 9 Abs. 1 InsO und Art. 65 SE-VO) kommt es zur Einsetzung des Insolvenzverwalters (§ 27 Abs. 1 InsO), der gem. § 80 InsO die Vertretungsbefugnis über das Vermögen der SE übernimmt und dabei neben die Organe der SE tritt. Im monistischen System bleiben auch die geschäftsführenden Direktoren im Amt und unterliegen – wie zuvor – den Weisungen des Verwaltungsrats,[36] soweit nicht der Vermögensbereich, der in die Befugnisse des Insolvenzverwalters fällt, betroffen ist. Den Pflichten der §§ 97 bis 99 InsO unterliegen die Organe der SE; im monistischen System sowohl die geschäftsführenden Direktoren als auch der Verwaltungsrat.[37]

Im Hinblick auf die Offenlegung der Beendigung der SE gelten die nationalen Regelungen ohne Abänderung: Nach § 30 InsO ist die Geschäftsstelle des Insolvenzgerichts für die Bekanntmachung zuständig; der Abschluss des Insolvenzverfahrens ist nach § 200 Abs. 2 oder § 215 InsO offenzulegen. Bei einer Auflösung infolge Insolvenz ergeben sich weitere Bekanntmachungspflichten aus § 23 InsO (Bekanntmachung der Verfügungsbeschränkung), § 252 InsO (Beschluss über Insolvenzplan) und § 273 InsO (Anordnung der Eigenverwaltung oder deren Aufhebung). Die Löschung der SE ist außerdem nach Art. 14 SE-VO zu Informationszwecken im *Amtsblatt* **der EU** zu veröffentlichen. 15

---

[33] *Schwarz* Art. 63 Rn. 64; Habersack/Drinhausen/*Bachmann* SE-VO Art. 63 Rn. 72; BeckOGK/*Eberspächer*, 1.2.2021, SE-VO Art. 63 Rn. 7; *Roitsch*, Auflösung, Liquidation und Insolvenz der Europäischen Aktiengesellschaft (SE) mit Sitz in Deutschland, 2006, Teil IV f. I. 3. b).
[34] Kölner Komm AktG/*Kiem* SE-VO Art. 63 Rn. 53; Habersack/Drinhausen/*Bachmann* SE-VO Art. 63 Rn. 72; BeckOGK/*Eberspächer*, 1.2.2021, SE-VO Art. 63 Rn. 8; *Roitsch*, Auflösung, Liquidation und Insolvenz der Europäischen Aktiengesellschaft (SE) mit Sitz in Deutschland, 2006, 136 f.
[35] *Schwarz* Art. 63 Rn. 70; Lutter/Hommelhoff/Teichmann SE/*Ehricke* SE-VO Art. 63 Rn. 52; Theisen/Wenz EurAG/*Nolting* 617, 641.
[36] Kölner Komm AktG/*Kiem* SE-VO Art. 63 Rn. 55; Habersack/Drinhausen/*Bachmann* SE-VO Art. 63 Rn. 74; gegen Weisungsrecht Lutter/Hommelhoff/Teichmann SE/*Ehricke* SE-VO Art. 63 Rn. 52.
[37] BeckOGK/*Eberspächer*, 1.2.2021, SE-VO Art. 63 Rn. 8; *Schwarz* Art. 63 Rn. 73; Lutter/Hommelhoff/Teichmann SE/*Ehricke* SE-VO Art. 63 Rn. 52; Habersack/Drinhausen/*Bachmann* SE-VO Art. 63 Rn. 74.

## F. Auflösungsbesteuerung

16 Die Besteuerung der SE bei der Auflösung richtet sich nach nationalem Recht (s. → § 19 Rn. 3).

# Sachverzeichnis

Die fett gedruckten Zahlen ohne Paragraf verweisen auf den Abschnitt. Die fettgedruckten Zahlen mit Paragraf auf den zugehörigen Unterabschnitt. Magere Zahlen bezeichnen die Randnummer.

**Abbruch der Verhandlungen** 6 § 14 135, 151
- im Falle der Umwandlung 6 § 14 151
- Neuverhandlung nach 6 § 14 164 ff.
- Niederschrifterfordernis bei 6 § 14 143, 152
- Rechtsfolgen bei 6 § 14 135

**Abhängigkeitsbericht** 9 § 17 25
- Prüfung 9 § 17 25

**Abschlussprüfer**
- Auswahl 11 § 20 16
- Bestellung 5 § 13 17
- erster 4 § 7 12
- Nicht-Prüfungsleistungen 11 § 20 16
- Widerruf der Wahl 5 § 13 31

**Abschlussprüfung** 11 § 20 1

**Abwickler** 12 § 21 6
**Aufgaben** 12 § 21 6, 8
- Bestellung 12 § 21 7
- Entlastung 12 § 21 10
- erster 12 § 21 11
- Haftung 12 § 21 8
- Vergütung 12 § 21 8
- Vertretungsmacht 12 § 21 8, 11

**Abwicklung der Gesellschaft**
 s. auch Liquidation
- Abwicklungsverfahren 12 § 21 6
- SE 12 § 21 1, 6

**Acquisition SE** 1 § 1 76 ff.
- Beteiligung der Arbeitnehmer 1 § 1 83
- Europäische Corporate Culture 1 § 1 84
- Europäische Corporate Identity 1 § 1 84
- Europäischer Goodwill 1 § 1 84
- Organisationsstruktur, statutarische 1 § 1 79 ff.
- System der Unternehmensleitung 1 § 1 83
- Up-stream merger 1 § 1 77
- Verschmelzung, grenzüberschreitende 1 § 1 79
- Zusammenschluss, grenzüberschreitender 1 § 1 53

**Ad-hoc Gremium** 6 § 14 9
**Agio** 11 § 20 25
**Aktionärsklage** s. auch Gesellschafterklage
**Allianz AG** s. Praxisbeispiele
**Anfechtung** 5 § 13 74
**Anhörung** 6 § 14 8
- Begriff 6 § 14 15
- als Gegenstand einer Vereinbarung über Arbeitnehmerbeteiligung 6 § 14 208 ff.
- des SE-Betriebsrats kraft Gesetzes 6 § 14 255 ff.
- erneute 6 § 14 286

**Ansatz- und Bewertungsstetigkeit** 11 § 20 20, 22, 28
**Anwendbares Recht** 3 § 3 6 ff.
- bestehende SE 3 § 3 7 ff.

**Arbeitnehmer** 6 § 14 7 f.
- Begriff 6 § 14 7
- inländischer Gesellschaften im BVG 6 § 14 28
- leitende Angestellte als 6 § 14 8

**Arbeitnehmerbeteiligung** 2 § 2 8, 18; 5 § 13 8; 4 § 7 2, 10; 4 § 9 2
- Auffangregelung s. dort
- Besonderes Verhandlungsgremium s. dort
- Formen s. SE-Betriebsrat
  - der Unterrichtung s. dort
  - der Anhörung s. dort
  - der Mitbestimmung s. dort
- Vereinbarung über s. dort
- Verhandlungsverfahren s. dort

**Arbeitnehmervertreter**
- im Aufsichts- oder Verwaltungsrat 6 § 14 232 ff., 296 ff.
  - Abberufung 6 § 14 314 ff.
  - Bestellung durch die Hauptversammlung bei Mitbestimmung kraft Gesetzes 6 § 14 313
- Information durch den SE-Betriebsrat kraft Gesetzes 6 § 14 278 f.

**Arbeitnehmervertretung** 6 § 14 14
- Begriff 6 § 14 23

**Arbeitnehmerzahlen**
- Änderungen bei laufenden Verhandlungen 6 § 14 33
- Maßgeblichkeit 6 § 14 29

**Arbeitsdirektor** 6 § 14 249, 320
**ATAD** 10 § 19 2, 8, 12, 14 ff., 90
**At equity-Bewertung** 11 § 20 35
**Audit Committee** 11 § 20 15
**Auffangregelung**
- als Gegenstand einer Vereinbarung über Arbeitnehmerbeteiligung 6 § 14 250
- Lückenschluss durch 6 § 14 251 ff.
- SE-Betriebsrat kraft Gesetzes s. dort
- zur Unterrichtung und Anhörung s. SE-Betriebsrat kraft Gesetzes
- zur Mitbestimmung s. dort

**Auflösung der Gesellschaft**
- Auflösungsbeschluss 5 § 11 3; 5 § 13 20
- Besteuerung 12 § 21 16
- Gründe 12 § 21 3
- SE 2 § 2 14; 12 § 21 1

**Aufsichtsorgan** 2 § 2 5, 8, 19 ff.
- Abberufung 5 § 11 24
- Abberufung von Leitungsorganmitgliedern 5 § 11 13
- Abstellung als Leitungsorganmitglied 5 § 11 26
- Amtszeit 5 § 11 23
- Anzahl der Mitglieder 5 § 11 19

## Sachverzeichnis

- Aufgaben  5 § 11 1, 18, 29
- bei der Abwicklung  12 § 21 9
- Beschlussfassung  5 § 11 25, 35 ff.
- Bestellung  5 § 11 19 ff.
- Bestellung des Leitungsorgans  5 § 11 3 ff.
- Bestellung durch Satzung  5 § 11 21
- Einberufung der Hauptversammlung  5 § 13 48
- Entsendung  5 § 11 21
- Entsendungsrecht  5 § 13 9
- erstes Aufsichtsorgan  4 § 7 12; 5 § 11 22; 5 § 13 9
- Haftung (strafrechtlich)  5 § 11 40
- Haftung (zivilrechtlich)  5 § 11 39
- Information durch Leitungsorgan  5 § 11 28 ff.
- innere Organisation  5 § 11 25 f.
- Mitbestimmung der Arbeitnehmer  5 § 11 22, 25, 35, 37
- persönliche Voraussetzungen  5 § 11 20
- Sitzzahl bei vereinbarter Mitbestimmung  6 § 14 236
- Überwachung der Geschäftsführung  5 § 11 1, 18
- Vertretung der SE  5 § 11 27
- Vorsitzender  5 § 11 25
- Vorsitzender, Stellvertreter  5 § 11 25
- Vorsitzender, Zweitstimme  5 § 11 25, 35, 37
- Zusammensetzung  5 § 11 19 ff.
- zustimmungsbedürftige Geschäfte  5 § 11 33 f.

**Aufsichtsorganmitglied**
- Abberufung  5 § 13 27
- Bestellung  5 § 13 9
- Entlastung  5 § 13 16
- Vergütung  5 § 13 29

**Aufsichtsrat der SE**  *s. Aufsichtsorgan*

**Ausgliederung**  4 § 7 10; 4 § 9 1, 6, 8 f.; *s. auch Spaltung*
- Ausgliederungsbericht  4 § 9 8
- Ausgliederungsvertrag  4 § 9 8
- Handelsregistereintragung  4 § 9 8

**Auskunftsanspruch des BVG**  6 § 14 122 ff.

**Auskunftsrecht**
- Aktionär  5 § 13 61

**Auslegung**  3 § 3 14 f.
- Auslegung nationalen Rechts  3 § 3 14
- Auslegung Satzung der SE  3 § 3 15
- Auslegung SE-VO  3 § 3 14

**außergewöhnliche Umstände**  6 § 14 222 ff., 284 ff.

**außenstehende Organisationen**  6 § 14 53

**Bankbilanzrichtlinie**  11 § 20 3
**Bargründung**  4 § 7 10; 4 § 9 1, 6, 9
**Beendigung der Gesellschaft**  *s. Auflösung*
**Behandlung, steuerliche**  10 § 18 47 ff.; *s. Cross Border SE; European Group SE; Joint Venture SE; Merger SE; Reengineering SE; Reorganisation SE*
**Beherrschungsvertrag**  9 § 17 7
- Abfindung  9 § 17 9, 20
- Ausgleich  9 § 17 9, 20
- grenzüberschreitender  9 § 17 31
- Organhaftung  9 § 17 10, 18
- Sicherheitsleistung  9 § 17 9, 20
- Verlustausgleich  9 § 17 9, 20
- Weisungen  9 § 17 7, 10 f., 13, 17, 31

**Bericht des Verwaltungsrates an die Hauptversammlung**  11 § 20 12

**Beschluss**
- Sonderbeschlüsse  5 § 13 73

**Beschlussfassung**
- Information  6 § 14 132

**Besonderes Verhandlungsgremium (BVG)**
- Abbruch von Verhandlungen  6 § 14 75 ff.
  - im Falle der Umwandlung  6 § 14 151
  - Niederschrifterfordernis  6 § 14 143, 152
  - Rechtsfolgen  6 § 14 135
  - Wiederaufnahme  6 § 14 164 ff.
- Ad-Hoc Gremium  6 § 14 9
- Amtsdauer  6 § 14 9
- Änderungen der Arbeitnehmerzahlen bei laufenden Verhandlungen  6 § 14 43
- Arbeitnehmerzahlen  6 § 14 35 ff.
- Aufforderung zur Bildung  6 § 14 17 ff.
- Aufgabe  6 § 14 9
- Auskunftsanspruch des  6 § 14 122 ff.
- Beschluss bei Mitbestimmungskonkurrenzen  6 § 14 301
- Beschlussfassung  6 § 14 139 ff.
  - bei Abbruch oder Nichtaufnahme von Verhandlungen  6 § 14 151 f.
  - Niederschrifterfordernis  6 § 14 143, 150, 152
  - bei Minderung der Mitbestimmungsrechte  6 § 14 144 ff.
  - Präsenzsitzung  6 § 14 142, 150, 152
- Beschlussfähigkeit  6 § 14 141
- Binnenverfassung des  6 § 14 110 ff.
- einvernehmliche Festlegung der Verhandlungsmodalitäten  6 § 14 125 f.
- Errichtungs- und Tätigkeitsschutz  6 § 14 331 f.
- Ersatzmitglieder im  6 § 14 44
- Frist für die Wahl oder Bestellung der Mitglieder  6 § 14 99 ff.
- Geschäftsordnung  6 § 14 115 f.
- Geschlechterverhältnis  6 § 14 48
- Gewerkschaftsvertreter  6 § 14 49 ff.
  - Garantiesitze  6 § 14 50
- Grundsatz der vertrauensvollen Zusammenarbeit  6 § 14 72, 105, 115, 117, 120 f., 123, 125 f. 129, 136 f., 154, 201, 274, 294, 326 f.
- Höchstmitgliederzahl  6 § 14 70
- Informationsrechte  6 § 14 21 ff., 122 ff.
- Information über das Gründungsvorhaben  6 § 14 122 ff.
- Information über die Mitglieder  6 § 14 96 ff.
- Initiativrecht  6 § 14 17
- innere Organisation  6 § 14 110 ff.
- konstituierende Sitzung  6 § 14 103 ff.

# Sachverzeichnis

- Kosten  6 § 14 153 ff.
  - für Sachverständige  6 § 14 155
  - Umfang der Kostentragungspflicht  6 § 14 154
- leitende Angestellte  6 § 14 131
  - als Mitglieder im BVG  6 § 14 52
  - Sitzgarantie  6 § 14 52
- Mehrstaatlichkeit des  6 § 14 40
- Minderung der Mitbestimmungsrechte  6 § 14 144 ff.
- Mindestgröße  6 § 14 38
- Neuverhandlungen  6 § 14
  - nach Abbruch oder Nichtaufnahme von Verhandlungen  6 § 14 168
  - bei Strukturänderungen  6 § 14 183 ff.
- Nichtaufnahme von Verhandlungen  6 § 14 151 f.
  - im Falle der Umwandlung  6 § 14 151
  - Niederschrifterfordernis  6 § 14 152
  - Rechtsfolgen  6 § 14 151
- Niederschrifterfordernis für Beschlüsse  6 § 14 143, 150, 152
- passives Wahlrecht  6 § 14 47 ff.
  - Arbeitnehmer  6 § 14 48
  - Gewerkschaftsmitglieder  6 § 14 49 ff.
  - leitende Angestellte  6 § 14 52
- persönliche Voraussetzungen der auf das Inland entfallenden Mitglieder  6 § 14 47 ff.
- Rechtsfähigkeit  6 § 14 9
- Sachverständige  6 § 14 128 ff.
  - Kosten  6 § 14 155
- Schutz der Mitglieder  6 § 14 157 ff.
- Sitzgarantie der Gewerkschaftsvertreter  6 § 14 49 ff.
- Sitzgarantie der leitenden Angestellten  6 § 14 52
- Sitzungen
  - des BVG  6 § 14 103 ff.
  - gemeinsame Verhandlungssitzungen  6 § 14 125 ff.
- Sprache  6 § 14 115, 126
- stellvertretender Vorsitzender  6 § 14 110
- Stimmgewichtung  6 § 14 140
- Teilnahmerecht bei Sitzungen  6 § 14 109, 117, 128
- Unterrichtung außenstehender Organisationen  6 § 14 132
- Verschwiegenheitpflicht der Mitglieder  6 § 14 161
- Verteilung der auf das Inland entfallenden Sitze  6 § 14 53 ff.
- Urwahl  6 § 14 87 ff.
- Vertretung der Arbeitnehmer  6 § 14 9
- Vorsitzender des BVG  6 § 14 110, 114
  - Wahl  6 § 14 110
  - Aufgaben  6 § 14 114
- Wahl der Mitglieder  6 § 14 46 ff.
  - im Ausland  6 § 14 93 ff.
  - im Inland  6 § 14 46 ff.
- Wahlgremium  6 § 14 58 ff.
  - Einberufung  6 § 14 71
  - Größe  6 § 14 70
  - Stimmabgabe  6 § 14 79
  - Stimmverteilung  6 § 14 75 ff.
  - Wahlgrundsätze  6 § 14 81
  - Wahlverfahren  6 § 14 81 ff.
  - Wahlvorschläge  6 § 14 82
  - Zusammensetzung  6 § 14 59 ff.
- weitere Sitzungen  6 § 14 117 f.
- zusätzliche Mitglieder im BVG bei Verschmelzungs-SE  6 § 14 41 ff.

**Besonderes Vertretungsorgan der Arbeitnehmer**  s. *SE-Betriebsrat*

**Besteuerung**
- Auflösung  12 § 21 16
- Betriebsstätte  10 § 18 15 ff., 31 ff., 35 ff., 47 ff.; 10 § 19 9, 19, 91 ff.
- Betriebsvermögen  10 § 18 5, 11 ff., 16, 19, 27, 37 f., 39 f., 48, 56, 58; 10 § 19 43, 46, 55, 64, 75, 77, 100
- beschränkte Steuerpflicht  10 § 19 4 ff., 12, 16, 29, 38, 46, 49, 94, 96
- Bewertung  10 § 19 19, 31, 63, 65, 74 ff.
- Buchwertfortführung
  - Holding-SE  10 § 18 15 ff.; 10 § 19 60, 63, 65
  - Tochter-SE  10 § 18 22 ff.; 10 § 19 71, 73 ff., 77 f.
  - Verschmelzung  10 § 18 25 ff.; 10 § 19 32, 43 f., 49 f., 58
- direkte Steuern  10 § 18 15 ff., 35 ff., 47 ff.; 10 § 19 3
- Doppelbesteuerungsabkommen  10 § 18 10, 37; 10 § 19 3, 9 f., 38, 65, 78 f.
- Einbringungsgewinn I  s. *Tochter-SE → Besteuerungsfolgen bei Veräußerung der erhaltenen Anteile*
- Einbringungsgewinn II  s. *Holding-SE → Besteuerung bei Weiterveräußerung der eingebrachten Anteile*
- Einlagen  10 § 19 16, 18
  - Bareinlage  10 § 18 28; 10 § 19 71
  - Sacheinlage  10 § 18 28; 10 § 19 71, 74, 76, 78, 82
  - Einlagenrückgewähr  10 § 19 41
- Funktionsverlagerung  10 § 19 92
- Gewinnrealisierung  10 § 18 1 ff.; 10 § 19 1, 9, 12, 21, 24, 34, 43, 46, 65, 71
- Halte-/Sperrfristen  10 § 19 69, 82 ff.
- Nachweispflichten  10 § 19 69, 83
- Privatvermögen  10 § 19 43, 45, 55, 64, 99
- Sacheinlage  4 § 7 17
- stille Reserven  10 § 18 4, 16 ff., 23, 26, 28, 39; 10 § 19 14, 21, 39 f., 62, 71, 77 f., 83, 89, 95, 100; s. auch *ATAD*
- steuerliches Einlagekonto  10 § 19 103
- steuerliche Rückbeziehung  10 § 19 63
- unbeschränkte Steuerpflicht  10 § 19 4, 12 f., 29, 41, 46, 90, 94, 101, 103

## Sachverzeichnis

- Verlustvorträge **10 § 18** 5, 16 ff., 43, 57; **10 § 19** 40, 52, 61, 89, 96, 102
- Wahlrechte **10 § 19** 50, 65, 75 f.
- Wegzugsbesteuerung **10 § 18** 36; **10 § 19** 39, 91 ff.
- Zuordnung von Wirtschaftsgütern zu einer Betriebsstätte **10 § 18** 44; **10 § 19** 35

**Beteiligung der Arbeitnehmer** **1 § 1** 43 ff.;
s. auch *Acquisition SE; Arbeitnehmerbeteiligung; Cross Border SE; European Group SE; Joint Venture SE; Merger SE; Reengineering SE; Reorganisation SE; Zielsetzungen*
- grenzüberschreitende Verschmelzung **8 § 16** 49 ff.

**Beteiligungsrechte** **6 § 14** 13 ff.

**Beteiligungsvereinbarung** **6 § 14** 192 ff.
- Anhörung **6 § 14** 208 ff.
- Anpassung **6 § 14** 200
- anwendbares Recht **6 § 14** 202
- Auffangregelung, Vereinbarung der Anwendung **6 § 14** 250
- Auslegung **6 § 14** 193
- Berücksichtigung struktureller Veränderungen bereits in der Vereinbarung **6 § 14** 200
- Drittstaaten **6 § 14** 197
- Einschränkung der Verhandlungsfreiheit **6 § 14** 194
- Form **6 § 14** 195
- Grundsatz der Verhandlungsfreiheit **6 § 14** 208, 234
- Inhalt
  - Geltungsbereich der Vereinbarung **6 § 14** 197
  - Geltungsdauer der Vereinbarung **6 § 14** 198 f.
  - Inkrafttreten **6 § 14** 198 f.
  - Konfliktlösung **6 § 14** 203 ff.
  - Kosten **6 § 14** 226 ff.
  - Laufzeit der Vereinbarung **6 § 14** 198 f.
  - Mitbestimmung, betriebliche **6 § 14** 231
  - Neuverhandlungen **6 § 14** 200
  - Sprache **6 § 14** 201
  - Strukturänderungen **6 § 14** 200
  - Rechtswahl **6 § 14** 202
  - Unternehmensmitbestimmung **6 § 14** 232 ff.
  - Unterrichtung und Anhörung **6 § 14** 208 ff.
- Leitungsverfassung als Gegenstand der Vereinbarung **6 § 14** 249
- Mängel **6 § 14** 251 ff.
- Parteien **6 § 14** 195
- Rechtsnatur **6 § 14** 193
- Schranken der Vereinbarungsfreiheit **6 § 14** 194, 234 f.
- Umwandung **6 § 14** 233
- Unternehmensmitbestimmung **6 § 14** 232 ff.
  - Abbdingbarkeit **6 § 14** 233
  - Größe des Aufsichts- oder Verwaltungsorgan **6 § 14** 236

- Rechte der Arbeitnehmervertreter **6 § 14** 245
- Satzungsautonomie **6 § 14** 234
- Sitzzahl **6 § 14** 236
- Sitzverteilung **6 § 14** 238
- Verfahren **6 § 14** 237 ff.
- Wahlverfahren **6 § 14** 239 ff.
- Unterrichtung und Anhörung **6 § 14** 208 ff.
  - Alternativen zum SE-Betriebsrat **6 § 14** 208, 230
  - Arbeitsbedingungen **6 § 14** 226
  - Binnenverfassung des SE-Betriebsrats **6 § 14** 219 ff.
  - Drittstaaten **6 § 14** 197
  - Größe **6 § 14** 209 ff.
  - SE-Betriebsrat **6 § 14** 209 ff.
  - Sitzverteilung **6 § 14** 209 ff.
  - Verfahren **6 § 14** 222
  - Wahlverfahren **6 § 14** 211 ff.
- Verhältnis zur Satzung **6 § 14** 194

**Betriebsrat** **6 § 14** 114 ff.
- Europäischer **6 § 14** 135, 258, 337
- SE-Betriebsrat s. *dort*

**Betriebsverfassungsrecht**
- im Verhältnis zum SEBG **6 § 14** 231
- Fortbestehen nationaler betrieblicher Arbeitnehmervertretungsstrukturen **6 § 14** 231

**Bewertung**
- Sacheinlage **4 § 7** 2, 17

**Bezugsrecht**
- Ausschluss **2 § 2** 2

**Bilanz** s. auch *Jahresabschluss*
- grenzüberschreitende Verschmelzung **8 § 16** 11

**Bilanzgewinn** s. *Gewinn*
**Bilanzpolitik** **11 § 20** 9
**Binnenverfassung**
- des BVG **6 § 14** 115 f.
- des SE-Betriebsrats **6 § 14** 219 ff., 270 ff.

**Board-Modell** s. *monistisches System*
**Brenner Basis Tunnel BBT SE** s. *Praxisbeispiele*
**Brexit** **8 § 16** 113
**Buchwert** **11 § 20** 23, 28
**Buchwertfortführung** **11 § 20** 23, 28

**Chairman of the Board** **5 § 10** 2
**Chief Executive Officer** **5 § 10** 2
**Corporate Governance** s. *System der Unternehmensleitung*
**Cross Border SE** **1 § 1** 110 ff.
- Behandlung, steuerliche **1 § 1** 112
- Beteiligung der Arbeitnehmer **1 § 1** 111
- Sitzverlegung, grenzüberschreitende **1 § 1** 55, 110 f.
- Steuerplanung, internationale **1 § 1** 113
- System der Unternehmensleitung **1 § 1** 111
- Wegzugsstaat **1 § 1** 110 f.
- Zuzugsstaat **1 § 1** 110 f.

# Sachverzeichnis

**Dauer der Verhandlungen** 6 § 14 133 ff.
- Fristbeginn 6 § 14 136
- Höchstdauer 6 § 14 136 f

**Diskriminierungsverbot** 6 § 14 157, 331 f.

**Drittstaaten bei Arbeitnehmerbeteiligung** 6 § 14 197

**Dualistisches System** 5 § 10 1
- anwendbares Recht 5 § 11 1
- Aufsichtsorgan 5 § 11 18 ff.; s. auch Aufsichtsorgan
- Geschäftsführung 5 § 11 1 f., 18; s. auch Leitungsorgan Geschäftsführung
- Grundstruktur 5 § 11 1
- Informationsfluss 5 § 11 28 ff.
- Leitungsorgan 5 § 11 2 ff.; s. auch Leitungsorgan
- Organe 5 § 11 1
- Überwachung der Geschäftsführung 5 § 11 1, 18; s. auch Aufsichtsorgan Überwachung
- Unterschiede zum monistischen System 5 § 10 2; 5 § 11 2

**Durchbrechung der Bewertungsstetigkeit** 11 § 20 22, 28

**Eingliederung** 9 § 17 28
- Anmeldung 9 § 17 29
- Beendigung 9 § 17 29
- grenzüberschreitende 9 § 17 34
- Organhaftung 9 § 17 28 f.
- Prüfung 9 § 17 28
- Weisungen 9 § 17 28 f.

**Einlage** 2 § 2 2; 4 § 7 12; s. auch Sacheinlage

**Elcoteq** s. Praxisbeispiele

**Entlastung**
- Einzelentlastung 5 § 13 16
- Gesamtentlastung 5 § 13 16

**Entstrickung**
- aktive Entstrickung 10 § 19 9 ff., 34 f., 37, 91 f., 94, 101
- passive Entstrickung 10 § 19 10, 93
- Vereinbarkeit mit Unionsrecht 10 § 19 14

**Eröffnungsbilanz** 11 § 20 24

**EU-Rechnungslegungsrichtlinien** 11 § 20 20, 37

**Europäische Corporate Culture** s. auch Acquisition SE; Merger SE; Reengineering SE; Reorganisation SE; Zielsetzungen

**Europäische Corporate Identity** s. auch Acquisition SE; Merger SE; Reengineering SE; Reorganisation SE; Zielsetzungen

**Europäischer Corporate Goodwill** s. auch Acquisition SE; Merger SE; Reengineering SE; Reorganisation SE; Zielsetzungen

**Europäisierung von Unternehmen und Konzernen** 1 § 1 27 ff.

**European Group SE** 1 § 1 99 ff.
- Behandlung, steuerliche 1 § 1 103
- Beteiligung der Arbeitnehmer 1 § 1 101
- Organisationsstruktur, statutarische 1 § 1 100
- Prinzip der Satzungsstrenge 1 § 1 102

- Reorganisation und Reengineering 1 § 1 54
- System der Unternehmensleitung 1 § 1 101
- Umwandlung, grenzüberschreitende 1 § 1 100
- Zusammenschluss, grenzüberschreitender 1 § 1 53

**European Holding SE** s. Reorganisation SE

**European Single Entity SE** s. Reorganisation SE

**Existenzvernichtungshaftung** 9 § 17 23, 27

**Faktischer Konzern** s. faktische Unternehmensverbindungen

**faktische Unternehmensverbindungen** 9 § 17 22
- Abhängigkeitsbericht 9 § 17 25
- existenzvernichtender Eingriff 9 § 17 23; s. auch Existenzvernichtungshaftung
- grenzüberschreitende 9 § 17 33
- Haftung des herrschenden Unternehmens 9 § 17 23
- Konzernleitung 9 § 17 24
- Nachteilsausgleich 9 § 17 23 f.
- Organhaftung 9 § 17 23, 26
- Weisungen 9 § 17 23

**fehlerhafte Gesellschaft** 2 § 2 13

**Feststellung des Jahresabschlusses** 11 § 20 11

**Financial merger** s. Merger SE

**Firma** 2 § 2 4

**Flexibilität, grenzüberschreitende** 1 § 1 7 ff.

**Formkaufmann** 2 § 2 4

**Formwechsel** 4 § 8 1 ff.; 10 § 18 29 f.
- Abschlussprüferbestellung 4 § 8 43
- Abweichungen zu Formwechsel nach UmwG 4 § 8 3 ff.
- Amtskontinuität 4 § 8 43
- Anmeldung zur Eintragung 4 § 8 47
- anwendbares Recht 4 § 8 8 f.
- Aufsichtsorgan der SE 4 § 8 43
- Aufsichtsrat der AG 4 § 8 43
- Austrittsrecht gegen Barabfindung 4 § 8 20, 54 ff.
- Barabfindungsangebot 4 § 8 20, 54 ff.
- bedingtes Kapital 4 § 8 50
- Bekanntmachung der Eintragung 4 § 8 49
- Bekanntmachung des Umwandlungsplans s. Umwandlungsplan; Bekanntmachung
- Bescheinigung über Nettovermögenswerte s. Werthaltigkeitsbescheinigung
- Besteuerung 10 § 19 85 f.
- Beteiligung der Arbeitnehmer 4 § 8 31, 48
- Beteiligungsfähige Rechtsträger 4 § 8 14 ff.
- Betriebsrat 4 § 8 28
- Eintragung 4 § 8 2, 13, 46 ff.
- genehmigtes Kapital 4 § 8 50
- Gründungsbericht 4 § 8 7, 38, 51 ff.
- Gründungsphasen 4 § 8 10 ff.
- Gründungsprüfung 4 § 8 7, 38, 51 ff.
- Gründungsprüfungsbericht 4 § 8 7, 38, 51 ff.
- Hauptversammlung, Einberufung 4 § 8 39 f.

# Sachverzeichnis

- Hauptversammlung, Vorbereitung  4 § 8 17 ff.
- Hauptversammlungsbeschluss  4 § 8 2, 12, 41 ff.
- Identität des Rechtsträgers  4 § 8 2, 50
- Kapitalaufbringung  4 § 8 53
- Negativerklärung  4 § 8 47
- Offenlegung der Eintragung  4 § 8 49
- Offenlegung des Umwandlungsplans  s. Umwandlungsplan; Offenlegung
- Satzung der SE  4 § 8 22, 42, 50
- Sitzverlegung  4 § 8 1, 58
- Umwandlungsbericht  4 § 8 23, 32 ff.; s. auch Umwandlungsbericht
- Umwandlungsplan  4 § 8 10 ff.; s. auch Umwandlungsplan
- Verbesserung des Beteiligungsverhältnisses  4 § 8 50
- Verwaltungsrat der SE  4 § 8 36
- Wirksamkeit  4 § 8 43
- Wirkungen  4 § 8 43

**Formwechselbeschluss**  4 § 8 2, 6, 34 ff.
- Anfechtbarkeit  4 § 8 38
- Form  4 § 8 34

**Fortbildung**
- Arbeitnehmervertreter in Aufsichts- oder Verwaltungsorgan  6 § 14 247
- SE-Betriebsratsmitglieder  6 § 14 226, 291 f.

**Fortsetzung der Gesellschaft SE**  12 § 21 12
**Full merger**  s. Merger SE
**Fusionskontrolle**  8 § 16 59 f.
**Fusionsrichtlinie**  10 § 18 4 ff., 15 ff., 35 ff.;  10 § 19 43, 53

**Gelatine Urteil**  4 § 7 14; 4 § 9 9; 5 § 13 2, 37, 74; 9 § 17 14
**Gemeinsame Tochter-SE**  s. auch Tochter-SE
**Gründung**
- ad-hoc-Meldepflicht  4 § 7 20
- Anmeldung zum Handelsregister  4 § 7 18
- eingeschränkte Mehrstaatigkeit  4 § 7 9
- Gründungsbericht  4 § 7 12
- Gründungsgesellschaften  4 § 7 5, 14
- Gründungsplan  4 § 7 11
- Gründungsprotokoll  4 § 7 12
- Gründungsprüfung  4 § 7 12
- Gründungsverfahren  4 § 7 1, 10
- Handelsregistereintragung  4 § 7 19
- Satzung  4 § 7 2, 12

**Genussrechte**  5 § 13 18
**Geschäftsführende Direktoren**  5 § 10 2;  5 § 12 3
- Abberufung  5 § 10 2; 5 § 12 3, 25, 34 f.
- Amtszeit  5 § 12 34
- Anstellungsvertrag  5 § 12 36
- Aufgaben  5 § 12 18 ff.
- Berichtspflichten  5 § 12 19 f., 41 ff.
- Beschlussfassung  5 § 12 52
- Bestellung  5 § 12 30 ff.
- Bezüge  5 § 12 36
- Entlastung  5 § 12 56
- Gesamtvertretung  5 § 12 40
- Geschäftsführung  5 § 12 3, 17 f., 22 f., 28 f., 32
- Geschäftsordnung  5 § 12 37
- Haftung im Konzern  s. Haftung
- Haftung (strafrechtlich)  5 § 12 57
- Haftung (zivilrechtlich)  5 § 12 55
- Hauptversammlung  5 § 12 27 ff.
- innere Ordnung  5 § 12 37 f.
- Personenidentität mit Verwaltungsrat  5 § 12 30 f., 43
- Pflichtverletzung  5 § 12 55
- rechtswidrige Weisung  5 § 12 55
- Sprecher  5 § 12 37
- Vertretung der SE  5 § 12 17, 39 f.
- Verwaltungsrat, Verhältnis zu  5 § 10 2;  5 § 12 22 ff.
- Vorsitzender  5 § 12 37 f.
- Weisungsgebundenheit  5 § 10 2; 5 § 12 3, 23, 27 ff., 55
- Zusammensetzung  5 § 10 2; 5 § 12 30 ff., 43
- Zustimmungsbedürftige Geschäfte  5 § 12 45 ff.

**Geschäftsführung in der SE**  s. Monistisches System Geschäftsführung bzw. Dualistisches System Geschäftsführung
**Geschäfts- und Firmenwert**  11 § 20 27, 34
**Gesellschafterklage**
- Aktionärsklage  5 § 13 74

**GesR-RL**  8 § 16 2 ff.
**Gewerbesteuer**  9 § 1 57
**Gewerkschaftsvertreter im BVG**  s. Besonderes Verhandlungsgremium
**Gewinnabführungsvertrag**  9 § 17 21
- grenzüberschreitender  9 § 17 32
- Organschaft  9 § 17 32

**Gewinnschuldverschreibung**  s. Schuldverschreibung
**Gewinnverwendung**
- Beschluss  5 § 13 15
- Rücklagen  5 § 13 15

**Gleichbehandlungsgrundsatz**  5 § 13 61
**Going-Concern-Grundsatz**  11 § 20 36, 38
**grenzüberschreitende Verschmelzung**  6 § 14 337 ff.
**Gründung**
- Bargründung  4 § 7 10; 4 § 9 1, 6, 9
- Einpersonengründung  4 § 9 1, 5
- durch Formwechsel  s. Formwechsel
- gemeinsame Tochter-SE  4 § 7 1 ff.
- grenzüberschreitende  s. Zielsetzungen
- Handelsregistereintragung  2 § 2 16, 19
- Mängel  2 § 2 14
- Nachgründung  5 § 13 23
- Sachgründung  4 § 7 10; 4 § 9 1, 6, 9
- Tochter-SE  4 § 9 1 ff.; s. auch Tochter-SE

**Gründung Holding-SE**  s. Holdinggründung
**Gründungsplan (Holding-SE)**
- Auslegung für Anteilseigner  4 § 6 15
- Bekanntmachung  4 § 6 12

## Sachverzeichnis

- Beurkundung 4 § 6 11
- Erstellung 4 § 6 6
- Form 4 § 6 11
- Inhalt 4 § 6 4, 6 ff., 10, 56
- Offenlegung 4 § 6 12
- Prüfung des 4 § 6 4, 13 f.
- Satzung der SE 4 § 6 10 f.; s. auch Holdinggründung Satzung der SE

**Haftung** 11 § 20 13
- im Konzern 9 § 17 23
- geschäftsführender Direktor 9 § 17 10, 18, 23, 26; 5 § 12 55 ff.
- Mitglieder des Aufsichtsorgans 9 § 17 18, 26; 5 § 11 40 f.
- Mitglieder des Leitungsorgans 9 § 17 10, 18, 23, 26; 5 § 11 39, 41
- Mitglieder der Verwaltungsrats 9 § 17 10 f., 19, 23, 26; 5 § 12 53 f., 57

**Handelndenhaftung in der Vor-SE** 4 § 4 13 ff.

**Handelsregisteranmeldungen in der monistischen SE** 5 § 12 21

**Hauptversammlung** 5 § 13 1 ff.
- Ablauf 5 § 13 2, 40, 61
- außerordentliche 5 § 13 39, 41
- bei der Abwicklung 12 § 21 10
- Beschluss 5 § 13 62; s. auch Beschluss
- Beschlussmehrheiten 5 § 13 2, 62
- Covid-19 Pandemie 5 § 13 41
- COVMG 5 § 13 41
- Einberufung 5 § 13 45; 12 § 21 14
- erste 5 § 13 41
- Leitung 5 § 13 61
- Letztentscheidungsrecht 5 § 13 28
- ordentliche 5 § 13 38, 41, 46
- Ort 5 § 13 42
- Sprache 5 § 13 44
- Tagesordnung 5 § 13 57
- Teilnahmerecht 5 § 13 61
- virtuelle Hauptversammlung 5 § 13 41
- Vorbereitung bei grenzüberschreitender Verschmelzung 8 § 16 61 ff.
- Zuständigkeit 5 § 13 2 f.

**Hauptverwaltung der Gesellschaft** 4 § 7 8; 12 § 21 3

**Höchststimmrecht** 5 § 13 68, 70

**Holdinggründung** 4 § 6 1 ff.
- 50%-Schwelle 4 § 6 4, 9, 55
- Anfechtung 4 § 6 19, 45, 61
- Anmeldung zur Eintragung 4 § 6 30 ff.
- Anteilseignerversammlung, Beschlussfassung 4 § 6 16 ff.
- Anteilseignerversammlung, Einberufung 4 § 6 15
- Anteilseignerversammlung, Vorbereitung 4 § 6 4, 6 ff.
- Anteileinbringung 4 § 6 2, 4, 9, 20 ff., 30, 34 f., 41

- Anteilstausch 4 § 6 2, 23, 28; s. auch Holdinggründung Umtauschverhältnis
- anwendbares Recht 4 § 6 3
- Austrittsrecht gegen Barabfindung 4 § 6 8, 49 ff., 66 ff.
- Barabfindungsangebot 4 § 6 8, 49 ff., 66 ff.
- Barzuzahlung 4 § 6 27, 43 ff.
- Bekanntmachung des Gründungsplans s. Gründungsplan (Holding-SE) Bekanntmachung
- Beteiligung der Arbeitnehmer 4 § 6 10, 18, 20
- Beteiligungsfähige Rechtsträger 4 § 6 5
- Drei-Monats-Frist s. Holdinggründung Einbringungsfrist
- Einbringung der Anteile 4 § 6 2, 4, 9, 20 ff., 30, 34, 41
- Einbringungsfrist 4 § 6 4, 20 f., 25, 34, 37
- Einbringungsfrist, Verlängerung 4 § 6 25
- Ein-Monats-Frist s. Holdinggründung Nachfrist
- Eintragung 4 § 6 4, 12, 18, 21, 30 ff., 45, 55, 67
- Erwerb eigener Aktien 4 § 6 8, 57 ff.
- Freigabeverfahren 4 § 6 33, 45
- GmbH 4 § 6 5, 8, 15, 17, 22, 51
- Grundkapital der SE 4 § 6 11, 25, 35 f., 61
- Gründungsbericht 4 § 6 7, 11 f., 15, 31 f.; s. auch Holdinggründungsbericht
- Gründungsbericht nach AktG 4 § 6 30 ff.
- Gründungsphasen 4 § 6 4
- Gründungsplan 4 § 6 4, 6 ff., 20 f., 24, 32, 35 f., 49, 56, 58, 64 f.; s. auch Gründungsplan (Holding-SE)
- Gründungsprüfung nach AktG 4 § 6 30 ff.
- Gründungsprüfungsbericht s. Gründungsplan (Holding-SE) Prüfung des
- Konzernbildung 4 § 6 8, 39 f., 41 f., 51, 63, 65
- Mehrheit bei Beschlussfassung 4 § 6 17, 20
- Minderheitenschutz 4 § 6 8, 25, 28, 49 ff., 53 ff., 63, 65 ff.
- Minderheitsgesellschafter 4 § 6 8, 25, 28, 39 f., 49 ff., 54, 63, 66 f.
- Mindestprozentsatz 4 § 6 4, 9, 11, 21, 24 f., 30, 34 f., 55, 61
- Mitteilungsfrist s. Holdinggründung Einbringungsfrist
- Nachfrist 4 § 6 25, 34, 55
- Negativerklärung 4 § 6 33, 45
- Offenlegung der Erreichung des Mindestprozentsatzes 4 § 6 24 f.
- Offenlegung des Gründungsberichts 4 § 6 12
- Offenlegung des Gründungsplans 4 § 6 12, 24
- Prüfung 4 § 6 4, 13 ff., 31 f., 36
- Prüfungsbericht 4 § 6 13, 15
- Rechtsfolgen für Gründungsgesellschaften 4 § 6 39 f.
- Sachverständiger 4 § 6 4, 13 f., 65
- Satzung der SE 4 § 6 10, 35 f.
- Spruchverfahren 4 § 6 29, 44, 46, 48
- Spruchverfahren, internationale Zuständigkeit 4 § 6 48

465

## Sachverzeichnis

- Spruchverfahren, Zustimmung ausländischer Gesellschaften **4 § 6** 47 f.
- Squeeze-out **4 § 6** 40
- Umtauschverhältnis **4 § 6** 10 f., 13, 26 ff., 43 ff., 65
- Umtauschverhältnis, Verbesserung **4 § 6** 26
- Versammlung der Anteilseigner **4 § 6** 4, 6 ff., 15 ff., 20 ff., 35 f., 41 f.; *s. auch Holdinggründung; Anteilseignerversammlung*
- Voraussetzungen **4 § 6** 5
- Vorbehalt bzgl. Arbeitnehmerbeteiligung **4 § 6** 18, 20
- Widerspruch **4 § 6** 8, 50, 56, 59
- Wirkungen der Eintragung **4 § 6** 37 f.
- WpÜG, Anwendbarkeit **4 § 6** 63 ff.
- Zaunkönigsregel *s. Holdinggründung; Nachfrist*

**Holdinggründungsbericht** **4 § 6** 7
- Auslegung für Anteilseigner **4 § 6** 15
- Bekanntmachung **4 § 6** 12
- Inhalt **4 § 6** 6 f.
- Offenlegung **4 § 6** 12

**Holding-SE** **4 § 7** 14; **5 § 13** 11; **10 § 18** 22 ff.; *s. auch European Holding SE; Zielsetzungen*
- Besteuerung der Holding-SE **10 § 19** 62 ff.
- Besteuerung des Einbringenden **10 § 19** 64 ff.
- Besteuerung bei Weiterveräußerung der eingebrachten Anteile **10 § 19** 68 ff.

**Holzmüller Urteil** **4 § 7** 14; **4 § 9** 9; **5 § 13** 2, 37, 74; **9 § 17** 14

**IFRS** **11 § 20** 20, 31, 37

**Informationspflicht der Leitungen** **6 § 14** 14 ff.
- bei Gründung des BVG
  - Adressat **6 § 14** 23
  - Fehler **6 § 14** 32
  - Form **6 § 14** 25
  - Inhalt **6 § 14** 26 ff.
  - Korrektur **6 § 14** 33
  - Sprache **6 § 14** 25
  - Verpflichteter **6 § 14** 22
  - Zeitpunkt der Information **6 § 14** 24
- des BVG
  - Form **6 § 14** 123
  - Informationsanspruch **6 § 14** 123
  - Inhalt **6 § 14** 122
  - Sprache **6 § 14** 123

**Insolvenz**
- SE **12 § 21** 1, 14

**Insolvenzantragspflicht**
- in der monistischen SE **5 § 12** 19
- Leitungsorganmitglied **12 § 21** 14
- Verwaltungsrat **12 § 21** 14

**Jahresabschluss**
- Aufstellung in der monistischen SE **5 § 12** 21, 32
- Feststellung in der monistischen SE **5 § 12** 32
- Feststellung **5 § 13** 10 f., 32

- Lagebericht **12 § 21** 8

**Joint Venture SE** **1 § 1** 85 ff.; **4 § 4** 1
- Behandlung, steuerliche **1 § 1** 88
- Beteiligung der Arbeitnehmer **1 § 1** 87
- Organisationsstruktur, statutarisch **1 § 1** 87
- Prinzip der Satzungsstrenge **1 § 1** 88
- Zusammenschluss, grenzüberschreitender **1 § 1** 53

**Kapitalerhöhung**
- grenzüberschreitende Verschmelzung **8 § 16** 86 ff.
  - Kapitalerhöhungsverbote **8 § 16** 86
  - Kapitalerhöhungswahlrechte **8 § 16** 87 ff.

**Kapitalrücklagen** **11 § 20** 25

**konstituierende Sitzung**
- des BVG **6 § 14** 103 ff.
- des SE-Betriebsrats **6 § 14** 269

**Konzern**
- faktischer *s. faktische Unternehmensverbindungen*
- qualifiziert faktischer *s. qualifiziert faktischer Konzern*
- Vertragskonzern *s. dort*

**Konzernrecht** **9 § 17**
- Anwendung der konzernrechtlichen Regelungen auf die SE **9 § 17** 2
- Besonderheiten gegenüber dem Konzernrecht nationalen Rechts **9 § 17** 1

**Konzernrechnungslegungspflicht** **11 § 20** 31

**Kosten**
- des BVG **6 § 14** 70 ff.
- SE-Betriebsrat
  - nach gesetzlicher Auffanglösung **6 § 14** 295
  - nach Vereinbarung **6 § 14** 226 ff.

**Lagebericht** **12 § 21** 8

**Leistungsfähigkeit** **1 § 1** 27 ff.

**leitende Angestellte**
- als Arbeitnehmer **6 § 14** 8
- als Mitglieder im BVG **6 § 14** 52, 83
- Sitzgarantie **6 § 14** 52

**Leitung**
- Begriff **6 § 14** 11

**Leitungsorgan** **2 § 2** 8; **5 § 11** 2 ff.
- Abberufung **5 § 11** 7, 13
- Abstellung eines Aufsichtsorganmitglieds **5 § 11** 26
- Amtszeit **5 § 11** 9 ff.
- Anzahl der Mitglieder **5 § 11** 3 f.
- Aufgaben **5 § 11** 2, 16 f.
- Berichtspflichten **5 § 11** 28 ff.
- Beschlussfassung **5 § 11** 35 ff.
- Bestellung **5 § 11** 7
- Bestellung durch Gericht **5 § 11** 8
- Einberufung der Hauptversammlung **5 § 13** 48
- Geschäftsführer für laufende Geschäfte **5 § 11** 17
- Geschäftsführung **5 § 11** 1 f.

466

# Sachverzeichnis

- Geschäftsordnung **5 § 11** 15
- Haftung im Konzern  s. *Haftung*
- Haftung (strafrechtlich) **5 § 11** 40
- Haftung (zivilrechtlich) **5 § 11** 38
- innere Organisation **5 § 11** 14 f.
- juristische Person als Mitglied **5 § 11** 5
- Mitbestimmung der Arbeitnehmer **5 § 11** 4
- persönliche Voraussetzungen **5 § 11** 5 f.
- Sprecher **5 § 11** 14
- Überwachung durch Aufsichtsorgan **5 § 11** 1, 18
- Vertretung der SE **5 § 11** 16 f.
- Vorsitzender **5 § 11** 14
- Wiederbestellung **5 § 11** 11
- Zusammensetzung **5 § 11** 2 ff., 26
- Zustimmungsbedürftige Geschäfte **5 § 11** 33 f.
- Zweitstimmrecht **5 § 11** 14

**Leitungsorganmitglied**
- Bestellung **5 § 13** 10
- Entlastung **5 § 13** 16
- Entzug des Vertrauens **5 § 13** 25
- Haftung **9 § 17** 10

**Liquidation**  s. auch *Abwicklung*
- Eröffnungsbilanz **12 § 21** 8, 10
- Jahresabschluss **12 § 21** 8, 10
- Lagebericht **12 § 21** 8
- Nachtragsliquidation **12 § 21** 13
- Schlussrechnung **12 § 21** 8
- SE **12 § 21** 2

**Liquidationseröffnungsbilanz** **12 § 21** 8, 10
**Liquidator**  s. *Abwickler*

**Mehrstaatlichkeit** **4 § 9** 4; **12 § 21** 3
- Arbeitnehmerbeteiligung **6 § 14** 40
- eingeschränkte **4 § 7** 9

**Mehrstimmrecht** **5 § 13** 68, 70
**Merger SE** **1 § 1** 56 ff.
- Behandlung, steuerliche **1 § 1** 66 ff.
- Beteiligung der Arbeitnehmer **1 § 1** 64
- Europäische Corporate Culture **1 § 1** 65
- Europäische Corporate Identity **1 § 1** 65
- Europäischer Goodwill **1 § 1** 65
- Financial merger **1 § 1** 56
- Full merger **1 § 1** 56
- Organisationsstruktur, statutarische **1 § 1** 60 ff.
- Side-stream merger **1 § 1** 73
- Steuerplanung, internationale **1 § 1** 71
- System der Unternehmensleitung **1 § 1** 64
- Up-stream merger **1 § 1** 68
- Verschmelzung, grenzüberschreitende **1 § 1** 67 ff.
- Zusammenschluss, grenzüberschreitender **1 § 1** 53

**Minderung der Mitbestimmungsrechte** **6 § 14** 144
**Mindestinhalt der Vereinbarung**  s. *Vereinbarung*
**Missbrauch der SE** **6 § 14** 333 ff.
- Begriff **6 § 14** 333

- Einzelfälle **6 § 14** 334
- Sanktionen bei **6 § 14** 335

**Missbrauchsverbot** **6 § 14** 333 ff.
**Mitbestimmung**
- als Gegenstand einer Vereinbarung über Arbeitnehmerbeteiligung **6 § 14** 232 ff.
- Arbeitsdirektor **6 § 14** 322
- Begriff **6 § 14** 16
- kraft Gesetzes **6 § 14** 296 ff.
  - Abberufung von Arbeitnehmervertretern im Aufsichts- oder Verwaltungsrat der SE **6 § 14** 315
  - Anfechtung der Wahl **6 § 14** 316 f
  - Anteil der Arbeitnehmervertreter **6 § 14** 303 ff.
  - Arbeitsdirektor **6 § 14** 322
  - Bestellung durch Hauptversammlung **6 § 14** 313
  - Binnenverfassung des Aufsichts- oder Verwaltungsorgns **6 § 14** 320 ff.
  - Form **6 § 14** 301
  - Gewerkschaftsvertreter **6 § 14** 312
  - leitende Angestellte **6 § 14** 312
  - Mitteilung des BVG **6 § 14** 302
  - Montanmitbestimmung **6 § 14** 323
  - Nichtige Wahl **6 § 14** 318
  - Rechte der Arbeitnehmervertreter **6 § 14** 321
  - Sicherung des Status Quo **6 § 14** 307
  - Sitzverteilung **6 § 14** 308 f.
  - Stichentscheid durch Vorsitzenden **6 § 14** 321
  - Umfang **6 § 14** 303 ff.
  - Voraussetzungen **6 § 14** 297 ff.
  - Wahlverfahren **6 § 14** 310 ff.

**Mitbestimmungskonkurrenzen**
- Beschluss des BVG **6 § 14** 299
  - Tendenzunternehmen  s. *dort*
- Anteil der Arbeitnehmervertreter **6 § 14** 303 ff.
- Bestellung durch die Hauptversammlung **6 § 14** 313
- Minderung der **6 § 14** 144 ff.
- Montanmitbestimmung **6 § 14** 323

**Mitgliedschaft**
- Mitgliedschaftspflichten **2 § 2** 3
- Mitgliedschaftsrechte **2 § 2** 3

**Mobilität, grenzüberschreitende** **1 § 1** 7 ff.
**Monistisches System** **5 § 10** 2
- anwendbares Recht **5 § 12** 1
- geschäftsführende Direktoren **5 § 12** 18 ff.; s. auch *Geschäftsführende Direktoren*
- Geschäftsführung **5 § 10** 2; **5 § 12** 2, 32, 37; s. auch *Verwaltungsrat Geschäftsführung; Verwaltungsrat Geschäftsleitung; Geschäftsführende Direktoren Geschäftsführung*
- Geschäftsführung, Satzungsregelungen **5 § 12** 37, 45 ff.
- Grundstruktur **5 § 12** 1 ff.

## Sachverzeichnis

- Informationsfluss  5 § 12 19 f., 41 ff.
- Organe  5 § 10 2; 5 § 12 2 f.
- Satzung, Gestaltungsfreiheit  5 § 10 2
- Überwachung der Geschäftsführung  5 § 10 2; 5 § 12  2, 5, 16, 22, 32, 43
- Unterschiede zum dualistischen System  5 § 10 2; 5 § 12 2
- Verwaltungsrat  5 § 10 2; 5 § 12 4 ff.; *s. auch Verwaltungsrat*
- Vorteile  5 § 10 2

**Montanmitbestimmung**  6 § 14 323

**Nachgründung**  5 § 13 23
- grenzüberschreitende Verschmelzung  8 § 16 67 f.

**Nachtragsliquidation**  12 § 21 13

**Nationales Recht**
- Anwendung auf bestehende SE  3 § 3 7 ff.
- Anwendung bei Gründung der SE  3 § 3 6
- subsidiäre Geltung  3 § 3 5, 7

**Nettovermögenswerte**  *s. Bescheinigung der Werthaltigkeitsbescheinigung*

**Neuverhandlungen**
- als Mindestinhalt einer Vereinbarung über Arbeitnehmerbeteiligung  6 § 14 200
- Beschluss des SE-Betriebsrats kraft Gesetzes zur Aufnahme  6 § 14 186 f.
- nach Abbruch oder Nichtaufnahme von Verhandlungen  6 § 14 164 ff.
  - Scheitern  6 § 14 168
- bei Strukturänderungen  6 § 14 169 ff.
  - Scheitern  6 § 14 185

**Nichtaufnahme oder Abbruch der Verhandlungen**  6 § 14 151 f.
- im Falle der Umwandlung  6 § 14 151
- Niederschrifterfordernis  6 § 14 152
- Rechtsfolgen  6 § 14 151

**Nichtigkeit**
- Hauptversammlungsbeschlüsse  5 § 13 74

**Nichtigkeitsklage**  2 § 2 14

**Nordea Bank Gruppe**  *s. Praxisbeispiele*

**Normenhierarchie**  3 § 3 5 ff.

**Offenlegung**  11 § 20 1, 17

**Organisationsstruktur, statutarische**  *s. auch Acquisition SE; European Group SE; Joint Venture SE; Merger SE; Reorganisation SE; Zielsetzungen*

**Organschaft**  9 § 17 32

**Praxisbeispiele**
- Allianz SE  1 § 1 73
- Brenner Basis Tunnel BBT SE  1 § 1 86
- Elcoteq  1 § 1 108
- Nordea Bank Gruppe  1 § 1 55
- Strabag AG  1 § 1 108

**Prinzip der Satzungsstrenge**  *s. European Group SE; Joint Venture SE*

**Prüfungsberichte des Abschlussprüfers**  11 § 20 8

**qualifiziert faktischer Konzern**  9 § 17 27

**Quotenkonsolidierung**  11 § 20 35

**Rechnungslegung**  11 § 20 1

**Rechnungslegungspflicht**  11 § 20 37 f.

**Rechtsformspezifika**  1 § 1 21 ff.

**Rechtspersönlichkeit**  2 § 2 1

**Rechtsquellen der SE**  3 § 3 1 ff.

**Reengineering SE**  1 § 1 104 ff.
- Behandlung, steuerliche  1 § 1 109
- Beteiligung der Arbeitnehmer  1 § 1 105 f.
- Europäische Corporate Culture  1 § 1 107
- Europäische Corporate Identity  1 § 1 107
- Europäischer Goodwill  1 § 1 107
- Reorganisation und Reengineering  1 § 1 53
- System der Unternehmensleitung  1 § 1 105
- Umwandlung, grenzüberschreitende  1 § 1 104
- Zusammenschluss, grenzüberschreitender  1 § 1 53

**Reorganisation SE**  1 § 1 89 ff.
- Behandlung, steuerliche  1 § 1 97
- Beteiligung der Arbeitnehmer  1 § 1 96
- Europäische Corporate Culture  1 § 1 95
- Europäische Corporate Identity  1 § 1 95
- Europäischer Goodwill  1 § 1 95
- European Holding SE  1 § 1 90 ff.
- European Single Entity SE  1 § 1 90 ff.
- Organisationsstruktur, statutarische  1 § 1 89 ff.
- Reorganisation und Reengineering  1 § 1 53; *s. auch European Group SE; Reengineering SE; Reorganisation SE*
- System der Unternehmensleitung  1 § 1 96
- Zusammenschluss, grenzüberschreitender  1 § 1 53

**Richtlinie zur Beteiligung der Arbeitnehmer**  *s. SE-ErgRiL*

**Risikomanagementsystem**  11 § 20 7

**Rückumwandlung der SE**  *s. Renationalisierung der SE*

**Sacheinlage**  10 § 18 25; *s. auch Sachgründung*
- Besteuerung  4 § 7 17
- Bewertung  4 § 7 2, 17
- verdeckte  2 § 2 2

**sachgerechte Verteilung des Unternehmenswertes**  11 § 20 34

**Sachgründung**  4 § 7 10; 4 § 9 1, 6, 9

**Sachverständige**
- im BVG  6 § 14 128 ff.
  - Kosten  6 § 14 155
- im SE-Betriebsrat kraft Gesetzes  6 § 14 294
  - Kosten  6 § 14 295

**Satzung**  2 § 2 6; 4 § 7 2, 12; 4 § 9 2, 7; 12 § 21 6
- fakultative Satzungsregelungen  2 § 2 11
- notwendiger Satzungsinhalt  2 § 2 8

**Satzungsautonomie**  2 § 2 7; 6 § 14 234
- Satzungsmängel  2 § 2 13

# Sachverzeichnis

**Satzungsänderungen** 2 § 2 6; 5 § 13 5
– Mehrheitserfordernisse 5 § 13 68
– Zuständigkeit 5 § 13 5
**Satzungssitz** 10 § 18 35, 39f., 42ff.
**Satzungsstrenge** 5 § 13 36
**Schlussbilanz** 11 § 20 22
**Schuldverschreibung**
– Gewinnschuldverschreibung 5 § 13 18
– Wandelschuldverschreibung 5 § 13 18
**Schutz der Arbeitnehmervertreter** 6 § 14 331f.
**SE (Societas Europaea)**
– Handelsgesellschaft 2 § 2 1
– juristische Person 2 § 2 1
– Missbrauch 6 § 14 333ff.
**SEAG** 3 § 3 4, 9
**SE-Beteiligungsgesetz (SEBG)** 3 § 3 4
– Anhörung *s. dort*
– Arbeitnehmerbeteiligung *s. dort*
– Arbeitnehmervertretung *s. dort*
– Arbeitnehmerzahlen *s. dort*
– Besonderes Verhandlungsgremium 6 § 14 9
– Beteiligung der Arbeitnehmer kraft Vereinbarung 6 § 14 192ff.
– Beteiligung der Arbeitnehmer kraft Gesetzes 6 § 14 254ff.
– Errichtungs- und Tätigkeitsschutz 6 § 14 331f.
– Geheimhaltung 6 § 14 328ff.
– Grundsatz der vertrauensvollen Zusammenarbeit 6 § 14 120ff., 326ff.
– Informationspflicht der Leitungen 6 § 14 21f., 122ff.
  – Adressat der Information 6 § 14 23
  – Inhalt der Informationen 6 § 14 26ff.
  – Zeitpunkt der Information 6 § 14 24
– leitende Angestellte *s. dort*
– Leitung *s. dort*
– Missbrauchverbot *s. dort*
– Mitbestimmung *s. dort*
– Schutz der Arbeitnehmervertreter 6 § 14 331f.
– SE-Betriebsrat *s. dort*
– Sprecherausschuss *s. dort*
– Unterrichtung *s. dort*
– Verhältnis der SEBG-Regelungen
  – zu nationalen Regelungen über die Unternehmensmitbestimmung 6 § 14 6
  – zu nationalen Regelungen über die Beteiligungsrechte der Arbeitnehmer im Betrieb 6 § 14 13, 231
  – zu den Regelungen des Europäischen Betriebsräte-Gesetzes (EBRG) 6 § 14 135, 258, 337
– Verhandlungsverfahren *s. dort*
– Vorher-Nachher-Betrachtung 6 § 14 2
– Wahlgremium *s. dort*
**SE-Betriebsrat**
– als Dauereinrichtung 6 § 14 269
– aufgrund einer Vereinbarung 6 § 14 208ff.
– kraft Gesetzes 6 § 14 255ff.
  – Abberufung 6 § 14 269
  – Amtsdauer § 14 269
  – Anhörung 6 § 14 278ff.
  – Beschluss zur Aufnahme von Neuverhandlungen 6 § 14 186f.
  – Beschlussfähigkeit 6 § 14 275
  – Beschlussfassung 6 § 14 275
  – Binnenverfassung § 14 270ff.
  – Dauer der Mitgliedschaft 6 § 14 269
  – Entgeltfortzahlung § 14 332
  – Errichtung 6 § 14 259ff.
  – Errichtungs- und Tätigkeitsschutz 6 § 14 332
  – Fortbildung durch Teilnahme an Schulungs- und Bildungsveranstaltungen 6 § 14 291ff.
  – Geltung bei Scheitern der Verhandlungen infolge struktureller Änderungen 6 § 14 185
  – geschäftsführender Ausschuss 6 § 14 272
  – Geschäftsordnung 6 § 14 273
  – Information nationaler Arbeitnehmervertretungen § 14 288f.
  – keine Einrichtung bei Nichtaufnahme oder Abbruch der Verhandlungen durch BVG 6 § 14 151
  – konstituierende Sitzung 6 § 14 270
  – Kosten der Einsetzung und Tätigkeit 6 § 14 295
  – passives Wahlrecht § 14 261ff.
  – Prüfungspflicht der Leitungen hinsichtlich Zusammensetzung 6 § 14 276
  – Mitteilungspflichten bei Teilnahme an Fortbildung 6 § 14 293
  – Nicht-Öffentlichkeit der Sitzungen 6 § 14 274
  – Sachverständige 6 § 14 294
  – Schutz der Mitglieder 6 § 14 331f.
  – Sitzverteilung § 14 264ff.
  – Sitzungen § 14 274
  – Unterrichtung und Anhörung 6 § 14 278ff.
  – Unterrichtung der nationalen Arbeitnehmervertreter 6 § 14 288f.
  – außergewöhnliche Umstände und Unterrichtungs- und Anhörungsrecht 6 § 14 284ff.
  – Verschwiegenheitspflicht 6 § 14 328ff.
  – Wahlverfahren § 14 268
  – Zeitpunkt der Bildung § 14 260
**SEEG** 3 § 3 4
**SE-ErgRiL** 3 § 3 1, 3f.
**Selbst geschaffene immaterielle Vermögensgegenstände** 11 § 20 23, 37
**SEStEG** 10 § 19 1f., 8, 11, 22, 90
**SE-VO**
– Anwendbarkeit nationalen Rechts 3 § 3 5ff.
– Ausführungsgesetze 3 § 3 4, 9f.; *s. auch SEAG*
– Ermächtigungsnormen 3 § 3 5, 9
– Regelungsbereiche 3 § 3 2

## Sachverzeichnis

- Regelungslücke  3 § 3 5, 7 ff., 10
- Sachnormverweisung  3 § 3 11 ff.
- Satzungsregelungen der SE  3 § 3 7 ff.
- Spezialitätsprinzip  3 § 3 5, 10
- unmittelbare Geltung  3 § 3 1

**Side-stream merger**  *s. Merger SE*

**Sitz**  2 § 2 5; 4 § 7 8; 5 § 13 42; 12 § 21 3; *s. auch Verschmelzung, Sitzverlegung*
- Hauptverwaltung  7 §15 7 ff., 48
- Internationales Gesellschaftsrecht  7 §15 5
- Satzungssitz  7 §15 6, 9 ff., 48
- Sitztheorie  7 §15 5

**Sitzverlegung**  5 § 13 11; 7 § 15 1; 10 § 18 35 ff.; *s. auch Cross Border SE; Zielsetzungen*
- Arbeitnehmer  7 § 15 17 ff., 33
- Barabfindung  7 § 15 44 ff.
- Besteuerung der Sitzverlegung ins Ausland  10 § 19 91 ff.
- Besteuerung der Sitzverlegung ins Inland  10 § 19 101 ff.
- Eintragung  7 § 15 37, 40, 43
- Formwechsel  7 § 15 14, 28
- Gläubigerschutz  7 § 15 47 ff.
- grenzüberschreitende  1 § 1 55
- Hauptverwaltung  7 § 15 10, 48
- Minderheitsaktionäre  7 § 15 44 ff.
- Niederlassungsfreiheit  7 § 15 54
- Planung  7 § 15 21
- Rechtmäßigkeitskontrolle  7 § 15 37 ff.
- Rechtsgrundlage  7 § 15 12
- Sitz  7 § 15 4 ff.
- Statutenwechsel  7 § 15 16 f.
- Verlegungsbericht  7 § 15 21, 27 ff.
- Verlegungsbeschluss  7 § 15 15, 21, 35 f., 44 f.
- Verlegungsplan  7 § 15 23 ff.

**Sitzungen**
- Aufsichts- und Verwaltungsorgan  6 § 14 247, 320 ff.
- BVG  6 § 14 103 ff.
- SE-Betriebsrat
  - kraft Gesetzes  6 § 14 274
  - kraft Vereinbarung  6 § 14 220
- Wahlgremium  6 § 14 71 ff.

**Sonderprüfer**
- Bestellung  5 § 13 19

**Sonderprüfung**  5 § 13 34

**Spaltung**
- Ausgliederung  4 § 7 10

**Sprecherausschuss**  6 § 14 14, 21, 236

**ständiger Vertreter**  11 § 20 17

**Steuerplanung**
- internationale  *s. auch Cross Border SE; Merger SE*

**Stimmrecht**
- Aktionär  5 § 13 61, 70
- Ausschluss  5 § 13 71
- Höchststimmrecht  5 § 13 68, 70
- Mehrstimmrecht  5 § 13 68, 70

**Stimmrechtslose Vorzugsaktien**  5 § 13 70
**Stimmrechtsvertretung**  5 § 13 61
**Stimmverbot**
- Aktionär  5 § 13 61

**Strabag AG**  *s. Praxisbeispiele*
- als Arbeitnehmervertretung  6 § 14 28
- Adressat der Information bei Gründung des BVG  6 § 14 23
- Nominierungsrecht des  6 § 14 83
- Gleichstellung mit Mitgliedern des  6 § 14 158

**Strukturänderungen**  6 § 14 169 ff.
- Begriff  6 § 14 170 ff.
- Berücksichtigung bereits in der Vereinbarung  6 § 14 184
- Einzelfälle  6 § 14 172 ff.
- Neuverhandlungen  6 § 14 169 ff.
- Verhandlungsverfahren  6 § 14 183 ff.
- während der Tätigkeitsdauer des BVG  6 § 14 33

**System der Unternehmensleitung**  *s. auch Acquisition SE; Cross Border SE; European Group SE; Merger SE; Reengineering SE; Reorganisation SE; Zielsetzungen*

**Tätigkeits- und Errichtungsschutz**  6 § 14 331 f.
**Tendenzschutz in der SE**  6 § 14 245
**Tendenzunternehmen**  6 § 14 324 f.
- Begriff  6 § 14 324
- Einschränkung bei Unterrichtung und Anhörung  6 § 14 325
- Milderung der wirtschaftlichen Nachteile  6 § 14 325
- Mitbestimmung  6 § 14 324

**Tochter-SE**  10 § 18 25 ff.
- Besteuerung der einbringenden Gesellschaften  10 § 19 77 ff.
- Besteuerung der Tochter-SE  10 § 19 74 ff.
- Besteuerungsfolgen bei Veräußerung der erhaltenen Anteile  10 § 19 82 ff.
- gemeinsame  4 § 7 1 ff.
- Gründung  10 § 18 1 ff.
  - Einpersonengründung  4 § 9 1, 5
  - Gründungsplan  4 § 9 7
  - Gründungsverfahren  4 § 9 3 6
  - Mehrstaatlichkeit  4 § 9 4
- Mitbestimmung kraft Gesetz  6 § 14 296 ff.
- Satzung  4 § 9 2, 7

**Überschuldung**  12 § 21 14
**Umwandlung**  *s. auch Verschmelzung*
- grenzüberschreitende  *s. European Group SE; Reengineering SE; Zielsetzungen*

**Umwandlungsbericht**  4 § 8 23, 32 ff.
- Auslegung für Aktionäre  4 § 8 40
- Erstellung  4 § 8 32 f.
- Inhalt  4 § 8 32 f.
- Offenlegung  4 § 8 23, 32
- Verzichtbarkeit  4 § 8 34

# Sachverzeichnis

**Umwandlungsplan** 4 § 8 17 ff.
- Auslegung für Aktionäre 4 § 8 40
- Bekanntmachung 4 § 8 29 f.
- Beurkundung 4 § 8 24 ff.
- Form 4 § 8 24 ff.
- Inhalt 4 § 8 18 ff.
- Offenlegung 4 § 8 29 ff.
- Prüfung des 4 § 8 37
- Satzung der SE 4 § 8 22
- Zuleitung an Betriebsrat 4 § 8 28

**Umwandlungs-SE** 10 § 18 15 ff.
- Beschlussfassung des BVG 6 § 14 144, 151
- Mitbestimmung 6 § 14 144, 151
- Nichtaufnahme oder Abbruch der Verhandlungen 6 § 14 151
- Vereinbarung 6 § 14 233

**Unternehmen von öffentlichem Interesse** 11 § 20 14

**Unternehmensmitbestimmung** s. Mitbestimmung

**Unternehmensverträge**
- Abschluss 9 § 17 5
- Berichte 9 § 17 6
- Beherrschungsvertrag 9 § 17 7; s. auch Beherrschungsvertrag
- Gewinnabführungsvertrag 9 § 17 21; s. auch Gewinnabführungsvertrag
- Handelsregistereintragung 9 § 17 6
- Zustimmungsbeschlüsse 9 § 17 5

**Unterrichtung** 6 § 14 14, 208 ff., 255 ff.
- als Gegenstand einer Vereinbarung über Arbeitnehmerbeteiligung 6 § 14 208 ff.
- außenstehender Organisationen durch das BVG 6 § 14 132
- Begriff 6 § 14 14
- der nationalen Arbeitnehmervertreter durch den SE-Betriebsrat 6 § 14 288 f.
- des SE-Betriebsrats kraft Gesetzes 6 § 14 255 ff.
- Gegenstände 6 § 14 223, 280, 285
- über außergewöhnliche Umstände 6 § 14 284 ff.

**Unterrichtungspflicht der Leitungen** s. *Informationspflicht der Leitungen*

**Unterschiedsbeträge** 11 § 20 27

**Up-stream merger** s. *Merger SE; Acquisition SE*

**Urwahl** s. *Wahlgremium*

**Verbot**
- der Behinderung, Beeinflussung oder Störung in Bezug auf die Wahl und die Tätigkeit 6 § 14 332
- der Benachteiligung oder Begünstigung 6 § 14 332

**Verdeckte Gewinnausschüttung** 2 § 2 2

**Verdeckte Sacheinlage** 2 § 2 2

**Vereinbarung über Arbeitnehmerbeteiligung** 6 § 14 192 ff.; s. *Beteiligungsvereinbarung*

**Vergleich**
- Ansprüche aus Gründungshaftung 5 § 13 22
- Schadensersatzansprüche gegen Mitglieder der Leitungsorgans, Verwaltungsrats und gegen geschäftsführende Direktoren 5 § 13 22

**Verhandlungen** s. *Verhandlungsverfahren*

**Verhandlungspartner** 6 § 14 2; s. *Verhandlungsverfahren*

**Verhandlungsverfahren** 6 § 14 103 ff.
- Abbruch oder Nichtaufnahme von Verhandlungen 6 § 14 151 f.
- Aufnahme von Verhandlungen 6 § 14 103 ff.
- Dauer 6 § 14 136 ff
- einvernehmliche Festlegung der Verhandlungsmodalitäten 6 § 14 125 ff.
- Folgen ergebnisloser Verhandlungen 6 § 14 138, 254 ff.
- Grundsatz der vertrauensvollen Zusammenarbeit 6 § 14 120
- Missbrauch s. *dort*
- Nichtaufnahme oder Abbruch der Verhandlungen 6 § 14 151 f.
- Wiederaufnahme von Verhandlungen 6 § 14 164 ff.

**Verkehrswert** 11 § 20 23, 25, 33

**Vermögens- und Erfolgszuordnung** 11 § 20 22

**Verschmelzung** 2 § 2 14; 4 § 5 1; 4 § 7 12; 5 § 13 11; 10 § 18 15 ff.; 12 § 21 4
- Aktienübertragung 4 § 5 36
- Anfechtungsklage 4 § 5 63, 82, 85
- Arbeitnehmer 4 § 5 8, 42, 58 ff.
- Ausgleichsleistung 4 § 5 35
- Barabfindung 4 § 5 63, 69, 83 ff.
- Barabfindungsangebot 4 § 5 44, 83
- Besteuerung bei Herausverschmelzung 10 § 19 29 ff.
- Besteuerung bei Hineinverschmelzung 10 § 19 46 ff.
- Besteuerung bei Auslandsverschmelzung mit Inlandsbezug 10 § 19 56 ff.
- Beteiligte Gesellschaften 4 § 5 21 ff., 50 ff.
- Betriebsrat 4 § 5 48
- Beurkundung 4 § 5 47
- Eintragung 4 § 5 67
- Firmenrecht 4 § 5 33
- Formen 4 § 5 4 f.
- Gläubigerschutz 4 § 5 86 ff.
- grenzüberschreitende 8 § 16 1 ff.; s. *Acquisition SE; Merger SE: Zielsetzungen*
- Grundprinzipien 4 § 5 6
- Gründungsphasen 4 § 5 15 ff.
- Hauptversammlungsbeschluss 4 § 5 61 ff.
- Hauptverwaltung 4 § 5 27
- Konzernverschmelzungen 4 § 5 52 ff.
- Mitbestimmung kraft Gesetzes bei 6 § 14 299
- Niederlassungsfreiheit 4 § 5 84, 89
- Offenlegung 4 § 5 55 ff., 60

## Sachverzeichnis

- Optionslösung bei Gründung einer SE **6 § 14** 299
- Rechtmäßigkeitsprüfung **4 § 5** 38, 65 f.
- Rechtswahlklausel **4 § 5** 46
- Regelungstechnik **4 § 5** 11 ff.
- Richtlinie zur grenzüberschreitenden Verschmelzung **4 § 5** 1; **8 § 16** 2 ff.
- Satzung **4 § 5** 41
- Sitz **4 § 5** 27, 33 f.
- Sitztheorie **4 § 5** 24 ff.
- Sitzverlegung **4 § 5** 34
- Sonderrechte **4 § 5** 39
- Sondervorteile **4 § 5** 40
- Spruchverfahren **4 § 5** 63, 75 ff.
- Stichtag **4 § 5** 35, 37 f.
- Umtauschverhältnis **4 § 5** 35, 63, 68 f., 75 ff.
- Unternehmensbewertung **4 § 5** 68 ff.
- Verfahren **4 § 5** 5 ff., 15 ff.
- Verschmelzungsbericht **4 § 5** 49 ff.
  - grenzüberschreitende Verschmelzung **8 § 16** 46 ff.
- Verschmelzungsplan **4 § 5** 29 ff.; **8 § 16** 14 ff.
  - Aufstellung **8 § 16** 14 ff.
  - Bekanntmachung **8 § 16** 39 ff.
- Verschmelzungsprüfung **4 § 5** 54
  - grenzüberschreitende Verschmelzung **8 § 16** 53 ff.
- zusätzliche Mitglieder im BVG **6 § 14** 41 ff.

**Verschmelzungsgewinn oder -verlust 11 § 20** 29

**Verschwiegenheitspflichten 6 § 14** 328 ff.
- der Arbeitnehmervertreter im Aufsichtsrat oder Verwaltungsrat der SE **6 § 14** 329
- der Mitglieder des BVG **6 § 14** 328 f.
- des SE-Betriebsrats **6 § 14** 190 ff.

**Versicherungsbilanzrichtlinie 11 § 20** 3

**Verstrickung 10 § 19** 15 ff., 46, 50, 78, 89 f., 101

**Vertragskonzern** *s. auch Beherrschungsvertrag; Gewinnabführungsvertrag*

**Vertrauensschutz 2 § 2** 14

**vertrauensvolle Zusammenarbeit**
- zwischen BVG und Leitungen **6 § 14** 120
- zwischen SE-Betriebsrat und Leitung der SE **6 § 14** 326

**Vertretung der SE**
- dualistische SE **5 § 11** 16 f., 27
- monistische SE **5 § 12** 17, 36, 39 f.

**Vertretungsorgan der Arbeitnehmer**
*s. SE-Betriebsrat*

**Verwaltungsrat 2 § 2** 8; **5 § 10** 1 f.; **5 § 12** 4 ff.
- Abberufung **5 § 12** 13
- Abberufung geschäftsführender Direktoren **5 § 10** 2; **5 § 12** 3, 16, 25
- Amtszeit **5 § 12** 11
- Anzahl der Mitglieder **5 § 12** 9
- Aufgaben **5 § 12** 4 ff., 26
- Ausschüsse **5 § 12** 16
- bei der Abwicklung **12 § 21** 9
- Beschlussfassung **5 § 12** 48 ff.
- Bestellung **5 § 12** 8 ff.
- Bestellung durch Gericht **5 § 12** 10
- Bestellung durch Satzung **5 § 12** 8
- Bestellung geschäftsführender Direktoren **5 § 10** 2; **5 § 12** 16, 28, 30 ff.
- Einberufung der Hauptversammlung **5 § 13** 48
- Ein-Personen-Verwaltungsrat **5 § 12** 31
- Entlastung **5 § 12** 54
- Entsendungsrecht **5 § 13** 9
- erster Verwaltungsrat **4 § 7** 12; **5 § 13** 9; **5 § 12** 8
- geschäftsführende Direktoren, Verhältnis zu **5 § 10** 2; **5 § 12** 3 17, 22 ff.
- Geschäftsführung **5 § 10** 2; **5 § 12** 4 ff., 16, 28, 45
- Geschäftsleitung **5 § 10** 2; **5 § 12** 5, 23, 26, 32
- Geschäftsordnung **5 § 10** 2; **5 § 12** 15
- Geschäftsverteilung **5 § 12** 18, 24
- Haftung (strafrechtlich) **5 § 12** 57
- Haftung (zivilrechtlich) **5 § 12** 53
- Hauptversammlung **5 § 12** 27 ff.
- Information durch geschäftsführende Direktoren **5 § 12** 19 f., 41 ff.
- innere Ordnung **5 § 12** 14 ff.
- Jahresabschluss, Feststellung **5 § 12** 32
- juristische Person als Mitglied **5 § 12** 12
- Leitungsverantwortung **5 § 12** 5
- Mitbestimmung der Arbeitnehmer **5 § 10** 2; **5 § 12** 8 f.
- Personenidentität mit geschäftsführenden Direktoren **5 § 12** 30 f., 43
- persönliche Voraussetzungen **5 § 12** 12
- Pflichtverletzung **5 § 12** 53
- rechtswidrige Weisung **5 § 12** 55
- Sprecher **5 § 12** 14
- Stimmverbot **5 § 12** 24
- Überwachung **5 § 12** 2, 5, 16, 22, 32, 43
- Vertretung der SE **5 § 12** 17, 36
- Vorsitzender **5 § 12** 14 f., 51; *s. auch Verwaltungsratsvorsitzender*
- Weisungsbefugnis **5 § 10** 2; **5 § 12** 3, 23 f., 28
- Zusammensetzung **5 § 10** 2; **5 § 12** 8 ff.
- Zustimmungsbedürftige Geschäfte **5 § 12** 45 ff.

**Verwaltungsratsmitglied**
- Abberufung **5 § 13** 27
- Entlastung **5 § 13** 16
- erster **5 § 13** 9
- Haftung **9 § 17** 11
- Vergütung **5 § 13** 29

**Verwaltungsratsvorsitzender 5 § 12** 14 f., 51
- Amtszeit **5 § 12** 11
- Stellvertreter **5 § 12** 15
- Wahl **5 § 12** 14
- Zweitstimmrecht **5 § 12** 51

**Verwaltungssitz 10 § 18** 35, 43

# Sachverzeichnis

**Verwaltungsstruktur der SE, Wahlrecht** 5 § 10 1
**Verzicht**
– auf Ansprüche aus Gründungshaftung 5 § 13 22
– auf Schadensersatzansprüche gegen Mitglieder der Leitungsorgans, Verwaltungsrats und gegen geschäftsführende Direktoren 5 § 13 22
**Vollkonsolidierung** 11 § 20 35
**Vorher-Nachher-Betrachtung** *s. auch SE-Beteiligungsgesetz*
**Vorrang für Verhandlungen** 6 § 14 1
**Vorschlag für die Verwendung des Bilanzgewinns** 11 § 20 6
**Vor-SE** 2 § 2 1
– Handelndenhaftung 4 § 7 12
**Vorstand der SE** *s. Leitungsorgan*
**Vorrats-SE**
– Beteiligungsverfahren bei Aktivierung 6 § 14 190
– Beteiligungsverfahren bei Gründung 6 § 14 189

**Wahl**
– Arbeitnehmervertreter im Aufsichtsrat oder Verwaltungsrat der SE
 – bei Mitbestimmung kraft Gesetzes 6 § 14 310 ff.
 – bei Mitbestimmung kraft Vereinbarung 6 § 14 239 ff.
– der Mitglieder des BVG *s. Besonderes Verhandlungsgremium*
– des SE-Betriebsrats
 – kraft Gesetzes 6 § 14 268
 – kraft Vereinbarung 6 § 14 211 ff.
**Wahlanfechtung**
– Arbeitnehmervertretung im Aufsichts- oder Verwaltungsorgan 6 § 14 243, 316
– BVG-Mitglieder 6 § 14 90
– SE-Betriebsratsmitglieder 6 § 14 217, 269
– Vorsitzender des BVG 6 § 14 113
**Wahlgremium**
– Beschlussfähigkeit 6 § 14 74
– Einberufung 6 § 14 72
– Einladung der Mitglieder 6 § 14 71 ff.
– Höchstzahl Mitglieder 6 § 14 70
– Mitglieder des 6 § 14 59 ff.
 – Mischsachverhalte mehrerer Unternehmensgruppen, Unternehmen oder Betriebe 6 § 14 67 ff.
 – nur ein Betrieb im Inland 6 § 14 66
 – nur ein Unternehmen im Inland 6 § 14 65
 – nur eine Unternehmensgruppe im Inland 6 § 14 60 ff.
 – partielle Urwahl 6 § 14 68 f.
– Stimmenverteilung auf die Mitglieder 6 § 14 75 ff.
– Wahl der inländischen Mitglieder des BVG 6 § 14 58 ff.
– Zusammensetzung 6 § 14 59 ff.
**Wandelschuldverschreibung** *s. Schuldverschreibung*
**Wegzugsstaat** *s. Cross Border SE*
**Weisungen**
– bei Beherrschungsverträgen 9 § 17 7, 10, 13, 17, 31
– bei Eingliederung 9 § 17 28 f.
– bei faktischen Unternehmensverbindungen 9 § 17 23
**Werthaltigkeitsbescheinigung** 4 § 8 35 ff.
– Inhalt 4 § 8 35
– Prüfer 4 § 8 35 f.
– Sachverständiger 4 § 8 35 f.
– Unabhängigkeit des Sachverständigen 4 § 8 36
**Wiederaufnahme von Verhandlungen** *s. Neuverhandlungen*

**Zahlungsunfähigkeit**
– SE 12 § 21 2, 14
**Zeitwert** 11 § 20 23, 25, 33
**Zielsetzungen** 1 § 1 15 ff.
– Beteiligung der Arbeitnehmer 1 § 1 16
– Europäische Corporate Culture 1 § 1 16
– Europäische Corporate Identity 1 § 1 16
– Europäischer Corporate Goodwill 1 § 1 16
– Gründung, grenzüberschreitende 1 § 1 16
– Holding SE 1 § 1 16
– Organisationsstruktur, statutarische 1 § 1 16
– Sitzverlegung, grenzüberschreitende 1 § 1 16
– System der Unternehmensleitung 1 § 1 16
– Umwandlung, grenzüberschreitende 1 § 1 16
– Verschmelzung, grenzüberschreitende 1 § 1 16
**Zusammenschluss, grenzüberschreitender** *s. Acquisition SE; European Group SE; Joint Venture SE; Merger SE; Reengineering SE; Reorganisation SE*
**Zusammensetzung**
– des BVG *s. Besonderes Verhandlungsgremium*
– des Wahlgremiums *s. dort*
**Zuständigkeiten des SE-Betriebsrats** *s. SE-Betriebsrat*
**Zustimmungsbedürftige Geschäfte**
– dualistische SE 5 § 11 33 f.
– monistische SE 5 § 12 45 ff.
**Zustimmungsvorbehalt**
– grenzüberschreitende Verschmelzung
 – Abfindung 8 § 16 71 ff.
 – Arbeitnehmermitbestimmung 8 § 16 77 ff.
 – Umtauschverhältnis 8 § 16 84 f.
**Zuzugsstaat** *s. Cross Border SE*
**Zwischenbilanz** 11 § 20 19
**Zwischenwert** 11 § 20 26